KB057396

처음 공개된 역학비전

명命·복卜·상相·의醫·산山 점술학전서

편저 : 김우영

命 - 인간의 이해
卜 - 사태의 예측과 처치
相 - 물체의 관찰
醫 - 질병의 치료
山 - 인간의 완성

법문북스

易學總玉

五術傳書

時丁卯之新春

于齋主人銀芽

머 리 말

옛날 흔히 잡지 등에서 각계 각층의 저명한 人士(인사)를 상대로 「만약 당신이 無人島(무인도)로 流配(유배) 당할 때 단 한 권의 책을 所持(소지)할 것을 허가받았을 경우에 무슨 책을 가지고 가겠는가?」라는 設問(설문)을 내어 그 회답을 실은 일이 있었다.

어떤 사람은 「바이불」이라고 하였으며, 어떤 사람은 「唐詩集(당시집), 易經(역경), 法華經(법화경), 論語(논어), 菜根譚(채근담)」 등이라고 여러가지 응답이 있었다. 몇 날이고 몇 년이고 단지 한권의 책을 되풀이하며 읽을 책은 그다지 흔하지 않다.

그러한데 이 책이 그에 해당된다. 이 책은 아무리 되풀이 하여 읽어도 절대로 싫증나지 않는 천하에 드문 책이다 라고 하여도 그것은 이 책이 잘된 문장이라든지 지은 사람이 훌륭하다든지 하는 자화자찬을 늘어 놓는것도 아니다.

이 책으로는 인간이 살아가는 道理(도리)라고 하기 보다는 세상을 살아가는 힘과 지혜가 보다 상세히 설명되어 있다. 그러나,지금까지 처럼 얌전 뺀 宗敎的(종교적), 道德的(도덕적)인 哲學的(철학적) 냄새를 품은 인생독본 등과는 전연 다른 당신 자신의 일이 구체적으로 해설되어 있다.

즉 인간이 오늘날 생생하게 피부로 느끼고 있는 五慾(오욕)을 간직한 온갖 처세술에 관한 것이 쓰여져 있다. 더구나 읽으면 읽을수록 읽는쪽 사람에 따라 그 내용의 느끼는 방법이 달라져 가는 내용이 설명되어 있는 것이다.

이 책에 있는 「五術」(이 용어에 대해서는 本文중 상세하게 실려 있다)이란 이와 같은 불가사의한 것을 해설한 中國三千年 동안의 庶民(서민)을 위해서의 살아가는 지혜, 생각하는 힘, 事物을 보는 눈,

- 3 -

그러한 것들의 對處術(대처술) 등을 구체적으로 記述한 것이다.

「占(점)」도 있다. 「疾病(질병) 지료법」도 있다. 「人間觀察法(인간관찰법)」도 있다. 「轉禍爲福法(전화위복법)」도 있다. 이 밖에 온갖 인간의 예상밖의 일을 불러 일으키는 사회의 처세술이 이 「五述」이라는 명칭아래 網羅(망라)되어 있다.

이 책은 중국 이외는 처음 공개되므로 보지 못하고 듣지 못한 머리글이 되어 버렸지만 하여간 최후까지 읽어주기를 간절히 바란다. 이 「五術」은 廣大(광대)한 내용을 듬뿍 담고 있다.

이 「五術」중의 한 두 가지는 반드시 당신의 마음을 꽉 잡고야만 할 대목이 있을 것이다.

著者 씀

이 책을 바르게 읽는 방법

——— 이 책을 읽는 분을 위해 ———

1. 이 책은 中國 이외는 처음 공개된 내용이므로 눈에 익지않은 글자나, 들어 보지 못한 용어가 많이 나오고 있다. 그러나 이것은, 성급하게 서둘지만 않으면 쉽게 익혀지며 이해할 수 있는 내용이다. 꼭 바라건데 서둘지 않도록 당부한다.

2. 이 책을 읽는 방법은 반드시 다음 순서에 따라서 읽어 주기 바란다. 건성으로 읽어서는 절대로 이해할 수 있는 것이 아니다.

3. 제일 먼저 「序章(서장)」을 납득할 때 까지 읽어 주기 바란다. 이 章은 몇번이고 읽어주기 바라는 章이다.

4. 다음에 「第一章」으로 나아가 주기 바란다. 이 章과 序章을 읽어만 주면, 여기서 비로소 독자 여러분이 다음 章을 읽는다든지, 연구 납득하는 術이 능력에 따라 결정될 것이다. 만약 이 章을 읽어도, 자신이 지금부터 읽는 章이나 납득 연구할 術이 쓰여 있는 章이 결정되지 않았을 때는, 이 책의 차례에 따라 읽어 나가 주기 바란다. 이 경우에는 한벌 차례 이 책의 各章의 순서대로 끝까지 읽어 나가면 처음 자신이 결정하지 않았던 術이나 章 등이 여기에서 결정되게 된다. 그 때 다시 한번 그 정한 術의 章을 충분히 되풀이 하면서 읽어야 한다. 그 경우, 또 다시 한번 序章과 一章을 되풀이 하여 읽으면 더욱 이해가 빨라지게 된다.

5. 各章에는 반드시 入門이나 기본적인 내용을 먼저 설명하여 두었으며, 다음에 본론으로 들어가고 있다. 그러므로 반드시 入門이나 기본인 곳에서 읽어 나아가 주기 바란다. 처음에는 왜 이런 구차한 설명이 필요하냐고 의문을 갖는 사람이 대부분일 것이다. 그러나, 事物에는 순서가 있으며, 기초 지식이나 약속등은 어

떤 일에도 필요한 것이다. 가령 麻雀(마작)을 생각해 보자. 그 약속(룰一)은 실로 대단하다. 그러므로 말미암아 마작은 재미있다. 이 책에서의 術도 똑 같다. 바꾸어 말을 한다면, 약속이 복잡할수록 흥미가 쏟는 占術이며 的中率(적중율)이 높은 것이 된다.

6. 이 책속의 「命(명)·卜(복)·相(상)」의 占術인 章에서 흥미본위의 길흉판단의 항목만은 절대로 건성으로 읽어서는 안된다. 「五」에서 말한 것처럼 이 五術에는 확실한 약속이나 기본이나 기초 등이 있어 그에 따라서 훌륭하게 構成(구성)되어 있다. 이러한 치밀성에 의해 비로소 그것들의 자세하고 정확한 판단이나 처세술이나 효과적인 대처 방법을 알 수 있게 된다.

일반 사람들은 그런대로 흥미에 끌리는 때문인지 이상의 약속을 빼 버리고 바로 판단 항목을 처음 펴 놓고 건성으로 주어 읽다가 다시 그 項目으로 되풀이 하여 읽는다. 그리하여 어렵다, 모르겠다 하면서 책이나 筆者(필자)를 비난한다. 이것은 절대로 안되는 讀法(독법)이다. 이러한 종류의 책은 매우 이해를 산만하게 하는 결과가 되어 버린다.

아무쪼록 순서대로 읽어 나아가 주기 바란다. 혹시나, 가령 어렵게 느끼든지 모르는 곳이 나타나면, 그 때는 앞으로 읽어 나아가는 것을 중지하고 책을 덮어버리는 것이다. 그리하여 다시 시간의 틈을 보아 읽는 것이 가장 좋은 방법이다. 이러한 종류의 책을 읽을 때, 또는 책에 따라 어떤 종류의 기술적인 것을 연구할 때는, 이렇게 하는 방법이 가장 좋은 방법이다.

7. 이 책의 내용은 인간의 吉凶(길흉) 禍福(화복) 成敗(성패)에 관해서의 모든 것이 記述되어 있다. 그러므로 그렇게 단순한 회답이나 결과 등이 바로 나타낼 수 있다고 하면 인간의 吉

凶禍福成敗도 또한 단순한 것이라고 되어 버리고 만다. 그러나, 현재는 그렇지 않다는 것을 알고 있으리라 믿는다.

인간생활이나 사회생활이 복잡하면, 그것을 占치는 것도 방침을 세우는 것도, 대책도 복잡하다는 것은 당연한 일이다. 아무쪼록 이 책을 바르게 사용하는 방법과 바르게 읽는 방법을 취해 줄 것을 거듭 바란다.

8. 十章에 五術占例集(오술점례집)이 있으므로 本文과 대조하면서 그 응용법을 연구하여 주기 바란다.

9. 五術은 각각의 圖表(도표)를 사용한다. 그 때문에 별책에 각각의 도표와 八十七年間의 萬年曆(만년력)을 붙여 두었다.

10. 이 책은 성격 자체가 동양철학의 易學(역학)부문의 내용이 담긴 문장이므로 전문적인 어려운 한자용어에 대해서는 독자 여러분의 여망에 따라 가급적 쉽게 표현할려고 노력하였으나 전문용어만은 한자로 記述(기술) 아니할 수 없어 (   )안에 토를 붙여 읽기에 편하도록 하였다.

그러나, 같은 용어가 여러번 되풀이 되는 경우가 많아서 그런 용어에는 하나하나 토를 달기가 번거러워 漢字(한자) 그대로 記述한 곳도 많이 있으니 읽고 해석하는데 앞의 문장 등에 유의하여 익혀주기 바란다.

目　　　次

序章 올바른 運命學

第一節 올바른 運命學이란?

「運命學」이란 것을 一般的으로는 「占」 또는 「易」 또는 「八卦」라고 불리어지고 있으나, 올바른 意味에서 말한다면, 이러한 명칭은 그다지 알맞지 못하다. 「運命學」의 발상지인 중국에서는 이것을 「五術」이라고 하고 있다.

즉 日本 또는 韓國에서는 「運命學」을 어느 특정한 좁은 의미에서 이용하고 있기 때문에 前記한 「占・易・八卦」 등으로 적당하게 맞추어 단지 어떤 事實의 吉凶判斷만을 뜻하고 있는 것 같이 생각한다든가, 또 그러한 事實에 이용되고 있다. 그러나 「올바른 運命學」이라고 하는 것은 그런 것이 아니고 더욱 크고 넓은 뜻을 가진 것으로서 그것을 端的으로 表現한 것이 中國에서 말하는 「五術」인 것이다.

그러면 「五術」이란 文字 그대로 「다섯가지 術」이라는 것이다. 「術」이란, 學問(학문), 技法(기법)・方術(방술)── 等이라는 뜻을 지니고 있다. 다시 말하면, 이 다섯가지 學問・다섯가지 技法・다섯가지 方術이라는 것이다.

왜 「運命學」이 「五術」이라고 말하느냐 하면 「인간의 모든 운명을 좋게 하기 위해서는 다섯가지의 技法・方術이 필요하다」라고 생각되었기 때문이다.

日本에서는 인간의 運命을 좁은 의미에서 취했기 때문에 單只 운명을 占(점)치는 것이 「運命學」이라고 생각했는 것 같다. 그러나 中國에서는 그러한 좁은 생각에서가 아닌 人間을 좋게 하기 위해서의 術이라는 입장에서 運命을 생각하고, 運命學을 하였던 것이다. 그리하여 人間을 보다 좋은 人生살이를 하기 위해서 그 人間의 運命을 好轉(호전)시킨다는 것을 上眼으로 하여 반드시 필요한 方術이

-25-

다섯가지 있다는 것을 생각해 낸 것이 이 「五術」이다. 다시 말해서 「五術」이란 「인간의 幸福을 위해서 設計(설계)된 다섯가지의 方術」이라는 것이다.

五術이란 「命」(명)·「卜」(복)·「相」(상)·「醫」(의)·「山」(산)을 말한다. 이 五術(命·卜·相)의 三術만이 運命學으로 取擇(취택)되고, 「醫는 醫學」, 「山은 仙道·宗教·武術」 등의 범주속에 들어간 것 같다.

이것은 인간의 吉凶(길흉)에 關한 것으로 보는 方法의 差異겠지만 역시 中國式의 인간의 행복이라는 커다란 목표를 主眼으로 한 것이 바른 생각인 것 같다. (理由는 뒤에 상세하게 설명한다.)

中國에는 「門派(문파)·掌門(장문)」이라는 것이 있다. 門派란 일종의 流派로서 「五術」의 門派를 말한다. 즉 五術 研究의 習得을 위해 또는 五術을 이용하여 營業(영업)을 하기 위해 조직화된 단체라는 뜻이다.

「掌門(장문)」이라는 것은 이 五術의 門派의 宗家(종가)라는 뜻으로 많은 제자를 양성배출하여 그 학술의 연구를 後世에 전달하는 것을 主로 하고 있다.

이 掌門은 五術이 갖추어져 있는 派일수록 우수한 掌門으로 보여지며, 五術의 數가 적은 掌門일수록 낮추어 보게 된다. 물론 數(수)(五術의 數)뿐 만이 아니고 그 術의 質的(질적)인 面도 보지마는 하여간 다섯가지 術法이 갖추어진다는 것은 중요한 것이며 귀중하다는 認識(인식)을 하고 있다.

그러면 「올바른 運命學」이란 「五術이 갖추어지고, 그 五術을 바르게 應用하는 것」이라는 定義(정의)를 내릴 수 있다. 왜 五術이 「바른 運命學」이라고 말할 수 있는 것은 다음 第二節에 의해 理解가 될 것이라 믿지마는, 여기서는 「바른 運命學」이란 五術을

말하며, 五術이란 「命·卜·相·醫·山」이라는 것을 기억하여 두기
만 하면 된다.

第二節 運命學과 五術

人間의 행복을 위해 考案(고안)된 五術은 제마다 다른 의미를 지
녀 제마다의 특색과 특질을 지니면서 다섯가지의 術은 서로서로 관
련을 맺고 있다.   이 五術을 正面에서 살펴보면 대단히 독특한 성질
을 갖춘 術法이며, 이것을 側面에서 살펴보면, 五術은 제마다 매우
密接(밀접)하고 더우기 微妙(미묘)한 橫的(횡적)인 연락을 가
지고 있는 術法이라고 할 수 있다.

이런 五術의 지닌 意味나 특질을 이해하지 않으면 인간의 運命을
알아보는 것과 改善(개선)하는 것도 할 수 없으며 五術의 올바른
응용법도 應用(응용)할 수도 없으므로 이 節에서 자세하게 설명키
로 한다.

命 …… 人間의 理解

「命」이란 인간에 主眼을 두어, 인간의 이해를 하는 術法이다.
어떤 사람의 운명을 보다 좋게 하기 위해서는 먼저 그 사람의 모든
것을 理解하지 않으면 안된다.

더욱 쉽게 말하자면 어떤 인간의 生理(생리)와 心理(심리)를
확실히 파악하여 그것에 따라 그 사람에 있어서의 부적당한 것을 피
하고 가장 쉽게 行할 수 있는 것을 이룩할 수 있도록 하는 術法을
「命」이라 한다.   다시 具體的(구체적)으로 말한다면

이 사람은 어떤 性格인가?

이 사람은 어떤 體質인가?

라는 기본적인 것부터 시작하여 이 사람의 才能(재능)의 適性·모든 운명 등을 안다.

그러면 무엇을 資料(자료)로 인간의 성격이나 체질을 이해할 수 있느냐고 하면 그 사람의 「生年·月·日·時」와는 커다란 時間的인 흐름의 어느 한 點을 잡은 것을 利用한다. 이 「生年·月·日·時」에 판단할 수 있는 것은

1. 그 사람의 性格(성격)과 才能
2. 그 사람의 父母와 兄弟
3. 배우자와 夫婦生活(부부생활)
4. 子女의 多寡(다과)와 관계
5. 獲財(획재), 理財(이재), 蓄財(축재) 등의 능력
6. 건강상태와 疾病에 걸리기 쉬운 部位(부위)
7. 스스로 일으키는 事故(사고)
8. 다른 사람으로부터 받는 評價(평가)
9. 手上이나 手下와의 對人關係(대인관계)
10. 職務能力(직무능력)과 알맞는 직업
11. 享樂(향락)의 機會(기회)

等이다. 이러한 것들을 태어날 때부터 알고 있었으므로 부모가 자식에 대한 養育方法(양육방법)도 어느 정도 정확하게 파악될 수도 있으며 靑年期에 이르러서는 自身이 取(취)해야 할 人生의 進路(진로)에 대한 방침도 어느 정도 바르게 잡을 수 있게 될 것이다.

또 앞에서 말한 것 以外에도 「生年·月·日·時」로 부터는

1. 十年을 一期로 한 運의 吉凶(길흉)
2. 每年(一年間)의 運의 길흉
3. 每月(一個月)의 運의 길흉

等을 정확하게 측정할 수가 있다.

어떻게 이러한 「生年月日時」의 「命」에서 인간의 운명을 알 수 있는가 라는 의문을 가질 것이라 믿는다. 이것은 매우 어려운 문제이지마는 하나의 인간의 類型化 (유형화)의 整理法 (정리법)이라고 생각한다면 어느 정도는 해득되지 않을까? 한다.

다만 여기에서 한가지 一般에게 매우 誤解를 받고 있는 點이 있다. 인간의 吉凶 (길흉)이 「生年月日時」로서 定해진다는 것은 우스꽝스럽다. 고 力說 (역설)하는 사람이 흔히 있다.

이것은 큰 잘못으로서 決코 「生年月日時」에 의해 인간의 吉凶이 定해지는 것이 아니고, 定해져 있는 인간의 吉凶을 「生年月日時」로서 判斷 (판단)하는 것 뿐이다. 결과는 같더라도 그의 뜻은 매우 다르다.

卜 (복) ⋯ 事態 (사태)의 豫測 (예측)과 處置 (처치)

前述 (전술)한 「命」이 인간에 主眼을 둔 術法이라는 것에 對해 이 「卜」은 事項 (사항)에 主眼을 둔 術法으로서 「事態의 豫測과 處置」를 하는 것이다.

具體的으로 말하면 대부분 自己의 「生年月日時」(다시 말해 자기의 命)에서는 測定되지 않는다. 또는 自己의 命에서 일어나지 않는 여러가지 事項이 自己에 對해서 어느 程度 영향을 받는 수가 대단히 많이 있다. 그러할 때 여러가지 對處法에 依해서 有利하게 할 수도 있으며, 不利하게 될 경우도 있으니 그 對處法에 따라 자기의 운명이 크게 달라지게 된다. 다시 말해 어떤 事項을 어떻게 움직이게 하면 자기에게 有利하게 되는가.

자기의 능력 범위에서는 절대로 움직일 수 없는 事項에 對해서 자기가 어떻게 움직이면 有利할 수 있을까.

等을 알지 못하면 運命을 좋게 한다는 것은 어리석은 짓이며, 안정된

人生마져 보내기 어렵게 된다. 이것을 능숙하게 應用하여 대처하는 것이 「卜」의 術法이다. 더욱 간단하게 말한다면 「卜」이란 「事態의 예측·事態의 처치」라고 말할 수 있다.

그러면 어떤 方法으로 事態를 예측하고 처치할 것이냐 하면, 먼저 「事態의 발생한 時間」 혹은 「자기가 占치는 時間」에 따라 「方位」(방위)를 생각하면서 事項의 過程(과정)을 예측하며 또 對處法(대처법)도 생각한다. 즉

이 일은 언제 일어났나.

이 일은 언제 어느 方向으로 向해 일어난 것인가.

이 일은 언제 자기로부터 봐서 어느 方向에 해당되는 곳에서 일어난 것인가.

等을 조사하여 판단상의 자료로 삼는다.

그러나 이 「卜」의 범위의 事項은 方位를 알지 못하면 안될 경우도 있으며 方位를 몰라도 좋을 경우도 있어서 各各의 事態에 따라서 多少 틀리는 수도 있다. 例를 들면 失物(실물) 등은 잃어버린 方位를 알고 있다면 당연히 그 곳을 조사하면 될 것이므로 새삼 卜을 할 必要는 없을 것이다.

즉 「卜」이란 時間과 方位를 주체로 이용하는 術法이지만 때로는 한 쪽만의 경우도 있게 되는 것이다.

相 …… 物體의 観察(물체의 관찰)

지금까지의 「命」이나 「卜」은 인간의 生年月日時의 時間이라든가 事項의 發生한 時間이라든가 空間(方位) 등을 판단의 자료로 삼았으나 전연 時間을 쓰지 않고, 다만 눈에 보이는 것만으로 자료로 하는 術法을 「相」이라 한다.

즉 「눈에 보이는 物體의 관찰」을 하는 術法이다.

이 相의 術法은 보통 「印相·名相·人相·家相·墓相」의 五種으로 나누어 그것들의 시간이나 작용 범위가 구별된다.

醫 …… 疾病(질병)의 治療(치료)

「醫」라는 것은, 現代에서 말하는 醫學(의학)이나 醫術을 뜻하는 것으로서 인간의 "육체"에 主眼을 둔 術法이다.

醫療라고도 하여 인간의 건강을 지켜 疾病을 고치는 術法을 말한다. 더구나 현대에서 말하는 醫學이라고 말하더라도 참된 意味는, 현대醫學·醫療에 해당되는 것이 五術의 醫라는 것으로서 그 術法의 내용이나 치료법은 오늘날의 醫學과는 틀린다.

具體的으로 말 한다면 한방의학·한방치료를 醫라고 한다. 옛날 中國에서는 지금과 같은 서양醫學은 없었으므로 당연한 일이다. 그러나 오래 된 옛 것이라고 써서는 안 된다는 法은 없으며 오히려 부작용이 없는 한방醫學의 부활에 까지 現代 세상을 떠들썩하게 한 것이 이 五術속의 醫의 術法이다.

이 醫의 術法은 보통 「方劑·鍼灸·靈治(영치)」의 세가지로 나누어져 각각 특색이 있어 쓸 가치가 있다.

山 …… 人間의 完成(완성)

「山」이라는 것은 肉體(육체)와 精神(정신)의 修練(수련)에 의해 몸과 마음을 굳세게 하여 人間硏究를 목적으로 하는 術法이다. 옛날에는 山에 가서 修業(수업)(반드시 山이 아니면 안된다는 術法이라는 것은 아니다) 하였기 때문에 「山」이라고 불리워졌다.

이 「山」의 術法은 보통 사람들에게는 귀에 익지 않는 用語이기 때문에 어떤 것인지 짐작이 어려울 것 같으나 詳細한 것은 第九章을 읽어 주기를 바라고, 여기서는 다만 다음과 같은 것이라고만 생각하여 주기 바란다. 요즈음 흔히 말하는 「禪(선)·요一가·仙道(선도)・其他 자연 건강법 등의 부류에 속한다고 보면 될 것이다. 그러나 엄밀한 의미에서는 이러한 것들과는 본질적으로 틀리는 것으로서 무리하게 例를 든다면 이러한 것들에 해당된다는 것 밖에 지나지 않는다.

「五術」에서 말하는 「山」은 앞에서 말한 「禪・요ー가・仙道」등의 어떤 部分과 呼吸法(호흡법)이나 正座法(정좌법)・自然食餌法(자연 식이법)등을 五術의 최대목표에 맞도록 활용하는 것이다. 또 中國의 流派(門派)에 따라서는 이 「山」속에 「武道」(무도)도 포함될 것이며 때로는 「房中術」(방중술)이나 식이요법, 단식요법」등도 포함되어 있는 수도 있다.

다만 여기에서 말하는 「山」이란 커다란 의미에서의 인간 완성을 主眼으로 한 術法이다. 고 생각해 두면 그만이다.

以上 설명을 한 다섯가지 術法이 五術이니 이것이 「올바른 運命方術」이다.

오늘날 말하는 運命學은 매우 좁은 의미에서의 運命의 길흉을 맞추는 占에 不過(불과)하다는 정도 밖에 생각되지 않았으나 中國에서 말하는 참다운 運命學이란 커다란 의미에서의 인간의 행복을 목표에 둔 다섯가지 術法, 즉 五術이 그것에 해당된다는 것이다.

이것은 우리 나라의 지금까지의 運命學이 틀렸다는 것이 아니라, 어느 좁은 一部分을 취하여 이용하고 있다는 것에 불과하다.

第三節 五術의 種類(종류)

바른 運命學에는 다섯가지의 術法이 있으며 그들은 각각 특색과 다섯 術法은 서로서로 관련이 있다는 것을 앞 章에서 설명하였다. 그런데, 이 五術에는 다시 몇 가지의 종류가 있으며 내용도 조금씩은 다른 곳이 있다. 그것에 대해 이 節에서 설명하기로 한다.

「五術」에는 「命·卜·相·醫·山」이 있지마는 이 五種類의 方術은 다시 몇 가지의 종류로 나누어진다. 그리하여 그들 내용도 각각 틀려 應用法(응용법)도 틀린다.

이 五術의 종류를 나눈 방법에는 目的別(목적별)로 나누는 分類와 術法의 使用法則(사용법칙)에 의한 분류법과 術法의 難易(난이)에 의한 분류법·五術의 門派의 독특한 해설에 의한 분류법……… 등 많이 있다. 이 節에서는 一般的인 목적별에 의한 분류별을 열거하여 그것들의 術法 내용을 해설하면서 마지막으로 筆者(필자)의 門派의 독특한 분류법을 설명할까 한다.

五術의 目的別 分類法(목적별분류법)

「命」은 인간의 운명을 推定(추정)하는 목적을 위해서 「推命」(추명)이라고 불리워지며 그 方術에는 「紫薇斗數」(자미두수)「子平推平」(자평추평)「星平會海」(성평회해)가 있다. 「子平推命」은 일반적으로 「四柱推命術」(사주추명술)이라고 부르고 있으며, 「星平會海」는 「七政星學」(칠정성학) 또는 「張果星宗」(장과성종)이라고도 말하고 있다.

「卜」은 사태의 예측과 처치의 목적을 위해서 다시 仔細(자세)한 목적별로 분류하고 있다. 즉 「占卜」「選吉」(선길)「測局」(측국)의 三種이다. 다시 占卜에는 「斷易」(단역)「六壬神課」(육임신과)가 있으며 選吉에는 「奇門遁甲」(기문둔갑)이 있고, 測局에는 「太乙神數」(태을신수)가 있다.

일반적으로 斷易에는 五行易 또는 「鬼谷易」(귀곡역)이라고도 하며 기문둔갑은 「遁甲」(둔갑)이라고 간략하게도 하며 「八門遁甲」(팔문둔갑)이라고도 하기도 한다. 또 太乙神數는 「太乙」이라고도 하고 있다.

　　註　日本에서 현재 行하고 있는 「周易」은 目的別로 말한다면 「卜
　　　」속의 「占卜」에 해당한다.　그러나 中國에서는 周易은 四書
　　　五經의 학문으로서 취급되고 있으나 占으로서는 周易은 전연 이
　　　용되고 있지 않다.　또 經學으로서 周易을 취급하는 것도 宋代
　　　까지 만으로서 淸代以後에는 經學的（경학적）으로도 의문시되
　　　어지고 있다.

　相은 현재 形體（형체）가 있는 것을 본다는 목적을 위해서　다시
상세하게 목적별로 나누어진 방법을 하고 있다.　즉 「印相」「名
相」「人相」「家相」「墓相」의 다섯 종류가 있다.　이 가운데
人相은 다시 「面相」과 「手相」으로 나누어진다.　정식적인 명칭은
「金面」「玉掌」（옥장）이라고 부른다.　우리나라에서 보통 부르
고 있는 것이 이것에 해당한다.

　名相은 「姓名判斷（성명판단） 姓名術」에 해당한다.　墓相은 「
族相」（족상）・「陰宅」（음택）이라고도 하지마는 정식으로는　「
風水」라고 한다.　家相은 「陽宅」（양택）이라 한다.

　醫는 앞에서 설명한 대로 질병을 치료하기 위한 목적으로 「方劑
」（방제）「鍼灸」（침구）로 나누고 있다.

　山은 몸과 마음을 强하게 하기 위한 術法으로 「玄典」（현전）「
養生」（양생）「修密」（수밀）로 나눌 수 있다.　다시 양생은 「
栽接」（제접）「築基」（축기）「食餌」（식이）의 세가지로 나눌
수 있다.

　以上의 五術의 종류를 목적별로 분류한 것으로서 中國의 표준적인
五術의 종류와 분류내용이다.　다시 이 밖에도 여러가지 특수한　것
도 있으며 門派에 따라서도 다르다.

　文章으로 설명할려니 매우 복잡하여 이해하기 어려운 것 같은　느

껌이 있겠지만 다음 페―지의 表를 보면 쉽게 이해가 갈 것이다.

더우기 다음 表에서 「方術」로서 나타나 있는 것이라도 三段째의 「目的」에만 사용한다고는 한정되어 있는 것은 아니다. 다만 우선 적으로 三段째의 「目的」에 사용하는 것이 가장 잘 맞춰지고 있다 는 것이다. 그의 구체적인 例로서 다음에 설명하여 본다.

「紫薇斗數」(자미두수)는 主目的이 推命(추명)이지마는 紫薇 斗數家相・紫薇斗數方位・紫薇斗數占卜 등도 있다.

「星平會海」(성평회해)는 主目的이 推命이지마는 卜理(복리)・ 擇理(택리)・相理(상리)・墓理(묘리)・宅理(택리) 등도 있다.

「斷易(단역)(五行易)」은 主目的이 雜點(잡점)이지만 奇門 遁甲・家相等에 利用하고 있다.

「六任神課」(육임신과)는 主目的이 雜占이지마는 家相・金面・ 推命等도 있다.

「奇門遁甲」(기문둔갑)은 主目的이 方位이지만 遁甲占卜・遁甲推 命・遁甲家相・印相・玉掌(옥장) 등도 있다.

第四節   五術繼承의 門派

이러한 것들의 「五術」은 五術이 모두 갖추어져 門派에 전해져 있 는 것도 있으나 五術가운데 한가지 方術 또는 두 가지 方術만이 傳 해져 있는 門派들도 있다. 또 流派에 따라서는 五術 가운데 한가지 方術만이 있으나 그 하나의 方術이 여러가지로 상세하게 나누어져 있 다는 門派도 있다.

그러나 中國에서는 五術이 완전하게 갖추어져 그 五術의 종류가 많 으며, 그 術法의 質이 좋을수록 뛰어난 門派라고 할 수 있다.

透派(투파)의 五術分類法

筆者(필자)의 門派는 正式으로는 「明澄派」(명증파)라고 하며 줄여서 말하기를 「透派」(투파)라고 한다. 이 透派라고 하는 門派는 현재 중국의 福建省(복건성)에서 태어난 五術의 門派로서 年代는 明나라 時代(시대)의 末期에 해당된다. 初代의 掌門(장문)은 梅素香(매소향)이라는 女性이다. 지금의 掌門은 十三代째가 되는 中國人인 張耀文(장요문)이며 日本에서는 「佐藤六龍·佐藤文栞」이 이 문파의 五術을 이어 받아 傳하고 있다. 「透派의 掌門은 「文」字를 이름의 끝 字에 붙였으며 遇數代(우수대)의 掌門은 「文」字를 이름의 위에 붙이는 規定이다.

筆者(필자)(張曜文)은 十三代째이므로 曜文이며 十代째는 「王文澤」이라고 붙여져 있다.

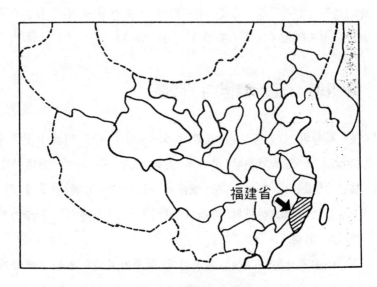

圖　福建省　略圖

-36-

또 門下生은 모두 「文」字가 붙게 된다.　初代의 掌門은 「素香」 (소향)을 고쳐서 「鵑文」(견문)이라 하여 透派의　初代가 되었다.

그러면 이 透派는 현재도 완전한 形의 五術을 傳하고 있다.　그러나 筆者(필자) 自身이 말한다는 것은 우스꽝스러운 일이지만, 形만 갖추어져 있는 것이 아니고, 五術의 質 그 자체도 대단히　우수하다고 自負(자부)하고 있다.

「透派」에서는 五術의 분류를 대체로 五術의 목적별을 橫的(횡적)인 連結(연결)로 하고 五術의 習得硏究(습득연구)의　難易別(난이별)을 종적인 連結로 한 분류법을 취하고 있다.

먼저 五術의 목적별을 다섯 종류인 「命·卜·相·醫·山」으로 나누어, 다음에 그 術法은 難易順(난이순)으로 三種類인 「第一線, 第二線, 第三線」으로 나누고 있다.

中國에서는 중요한 門派는 이 분류法을 사용하고 있는 곳이　많지마는, 그러나 五術이 第三線까지 있는 門派는 매우 적으며　그 대부분은 第一線이나 第二線까지 만으로서 끝맺고 있다.

이 세가지 종류는 第一線이 가장 쉬우며, 第二線, 第三線으로 갈수록 어려운 術法으로 되어 있다.　第一線을 설명한다면 「命」에서는 「紫薇斗數」, 「卜」에서는 「六壬神課」, 「相」에서는 「人相」, 「醫」에서는 「方劑」, 「山」에서는 「玄典」으로 되어 있다.　이 가운데 「人相」은 「金面·玉掌」의 두가지가 포함되어 있다.

「第二線」을 설명한다면 「命」에서는 「子平推命」, 「卜」에서는 「奇門遁甲」, 「相」에서는 「陽宅」, 「醫」에서는 「鍼灸」, 「山」에서는 「丹鼎」으로 되어 있다. 「陽宅」은 家相이라는 뜻이며, 「丹鼎」은 養生을 뜻한다.

「第三線」을 설명하면, 「命」에서 「張果星宗」(장과성종), 「

相	医	山
물체의 모양에 主 眼을 둔 占術	인간의 육체에 主 眼을 둔 方術、육체의 질병에 대한 고민을 규명한다.	인간의 정신을 主 眼으로 한 方術、인간의 물심양면의 향상발전을 규명한다.
風水 遁甲과 斷易에 依해 墓相盤을 만들어 地勢와 물의 흐름의 方向에 따라 그곳에 居住하는 사람의 吉凶을 占쳐 吉을 증대하여 凶을 눌러버리는 占術	**靈治** 心理的인 面을 규명하여 方劑·鍼灸 以外의 치료법에 依해 질병을 고치는 方術	**符呪** 얼핏보아 이상하다고 생각하게 될 여러가지 行法을 術法이나 藥이나 그밖의 術에 依해 可能하게 하는 仙道秘術(선도비술)
陽宅 遁甲을 기본으로 하여 門과 家屋의 方向에 따라 그곳에 居住하는 사람의 吉凶을 占쳐 吉을 증대하여 凶을 눌러버리는 占術	**鍼灸** 漢方獨自의 진단법에 依하여 證(表裏·熱寒·實虛)를 決定하고 斷易六十四卦와 그 十二支를 應用하여 鍼灸를 이용하는 한방 醫術	**丹鼎** 正座法(정좌법)과 呼吸법과 食餌法의 天·人·地 三法에 의해 몸과 마음의 兩面의 강화를 꾀하는 方術
인간의 面相과 手相의 兩面에서 그 사람의 現象을 추리하여 장래의 길흉을 예측하는 方術	**方劑** 漢方獨自의 진단법에 依하여 證(表裏·熱寒·虛實)를 決定하고 基本易卦(八卦)를 應用하여 藥方을 이용하는 한방 醫術	**玄典** 老子·莊子·西遊記의 三書에 의해 인간의 정신면의 弱點을 강화하여 五欲(오욕)의 조절을 效果적으로 이용하는 方術

透派五術体系表

五術 ＼ 三線	命	卜
	인간에 主眼을 둔 占術、生年月日時를 기본으로 하여 사람의 宿命을 규명한다.	事件(사건)에 主眼을 둔 占術、어떤 時間과 어떤 方位를 기본으로 하여 사건을 規明한다.
第三線 최고급의 方術로서 使用되는 기본事象이 多數로 이용된다	**星宗** 生年月日時를 기본으로 하며、虛星과 實星과 十干을 表出하여 그것들의 종합판단에 依해서 인간의 길흉・성패・화복・수명을 占치는 본격적인 점성술	**太乙** 시간의 흐름과 方位와 干支를 기본으로 하여 天下・國家의 大勢를 占치는 複數的인 인 雜占術
第二線 중급적인 方術로서 使用되는 기본事象이 複數로 이용된다	**子平** 生年月日時를 기본으로 하여 十干을 表出하여 그 배합의 조화상태와 계절의 조화에 따라 인간의 길흉・성패・화복・수명을 占치는 方術	**遁甲** 어느 時間과 어느 方位를 기본으로 하여 八方位盤을 만들어 그것에 따라 길흉・성패를 예측하여 凶을 굴러버리고 敗를 흩어버리는 轉禍爲福의 方位術
第一線 초급적인 方術로서 使用되는 기본사상이 단독으로 이용된다.	**紫薇** 生年月日時를 기본으로 하며、虛星을 表出하여 그의 配合에 따라 인간의 길흉・성패・화복・수명을 占치는 占星術	**六壬** 事件이 있는 時點을 기본으로 하여 太陽의 위치와 十二支에 의해 天地盤을 만들어 그것에 따라서 事件의 성패와 推移를 占치는 雜占術
基本 五術의 모든 基本이 되어 여러곳에 應用된다.	**斷易** 十二支를 기본으로 한 卜占術、그러나 第二線에 모두 應用하나 특수한 占法	

卜」에서는 「太乙神數」, 相에서는 「凡水」, 「醫」에서는 「靈治」
(영치), 「山」에서는 「符呪」으로 되어 있다. 「張果星宗」은 「
星平會海」를 뜻하며, 「凡水」는 「墓相」을 뜻하며, 「符呪」는 「
修密」을 가르킨다.

이 分類法은 「五術」의 학문적 체계를 매우 요령있게 정리한 것
으로서 세로의 관계와 가로의 관계가 緊密한 연관성을 지닌 분류 방
법이다.

그렇지마는 이 「透派五術體系表」로 다른 五術과 다른 點은 「斷
易」(五行易)과 「名相·印相」이 「五術」속에 들어 있지 않다는
것이다. 이것은 「名相·印相」은 第一線의 「紫薇」나 第二線의 「
遁甲」을 사용하기 위해 그 속에 포함하여 생각한 것이라는 것과 「
斷易」은 독립된 術法으로 취급되지 않고, 모든 五術의 기본이 되는
것으로서, 五術以前의 필수적인 術法으로서 「五術」의 三線 앞에 있
는 것이라고 하기 때문이다.

第五節　五術各要素의　相互關係

올바른 運命學으로서 「五術」이 여러가지 있으며 다시 그 五術이
細分되어 있는 것은 어떤 意義(의의)를 가진 것인지 생각해 보기로
하자.

이 五術의 의미와 목적을 가로로 살펴 보면 어쩐지 중요한 연관성
이 있는 요소가 생각되므로 이상스럽다.

「命」—— 인간의 이해

「卜」—— 사태의 예측과 처치

「相」—— 물체의 관찰

「醫」—— 질병의 치료

「山」 ─ ─ 인간의 완성

이런 것들은 인간이라는 목적이 같으며 같은 것처럼 「인생에 대한 寄與」라 할 수 있는 것들 뿐이다. 더욱 卑俗(비속)한 케케묵은 표현 방법으로 말한다면 인간 五欲을 어떻게 잘 콘토로─루하여 다른 사람보다 먼저 성공하여 長壽(장수)를 보존할 수 있을 것인가 ─ 라는 인간 최대의 목적을 향해 인생의 모든 문제를 보다 잘 처리해 나가기 위해 이 다섯가지의 다른 術法이 考案(고안)된 것이다.

다시 이 다섯가지의 方術은 모두 같은 법칙으로 정리되어 있다는 點도 이 가로의 연관성에 커다란 관련을 갖고 있다.

例를 들면 여기에 한 인간이 있다고 하자. 이 사람은 자신이든, 타인이든 또 敵軍(적군)이든 我軍(아군)이든 상관 없다. 먼저, 인간을 잘 파악하여야 한다. 자신이라면 스스로를 잘 알지 못하면 안되며 敵軍이라면 더욱 그러할 것이다. "적을 알고 자기를 안다면 百戰百勝한다"라는 속담이 있다. 이와 같이 적을 알고 자신을 알기 위해서 「인간의 이해」를 위해서의 方術의 「命」이 있다.

다시 그 인간이 닥아 오는 온갖 사태에 대하여 어떻게 발전하는가를 예측하지 못하면 안될 것이며, 예측한 뒤의 대처하는 방법도 예측 이상으로 중요하다. 그 때문에 「사태의 수습」을 위해서 方術의 「卜」이 있다.

따라서 인간의 사태의 여러가지 型態(형태)를 잘 파악하는 것에 따라 더욱 충분한 대처방법이 생각날 수 있다. 즉 「물체의 관찰」을 위해서의 方術의 「相」이 있다.

따라서, 인간의 육체의 성쇠에 따라 疾病이 일어나게 된다. 질병을 고치고 육체의 건강을 지키는 「질병의 치료」를 위해서의 方術인 「醫」가 있다.

마지막으로 앞의 네가지 方術에 따라 어느 정도 인간의 좋은 행운을 잡은 사람이 그 좋은 점을 간직하여 인간성의 향상을 위해 전진하는 「인간 완성」을 위해서의 方術에 「山」이 있다.

이와 같이 「命・卜・相・醫・山」은 매우 중요한 左右(좌우) 관계를 가지고 있다.

다시 이 五術을 「透派」의 三線에 의한 분류에서 상호관계를 살펴 보면, 더욱 이론적으로 이 五術을 규명할 수 있게 된다.

「透派」에서는 五術의 三線분류와 상호관계를 다음과 같이 생각하고 있다.

1. 세로의 관계는 主로 術法의 難易(난이)이다.
   세로의 관계라는 것은 第一線, 第二線과 第三線의 上下관계를 가르킨다. 즉 透派의 五術의 모든 것이 第一線이 쉽고, 第二線이 상당히 어렵고, 第三線은 매우 高度라는 것이다.

2. 가로의 관계는 主로 術法의 目的別이다.
   가로의 관계라는 것은 「命・卜・相・醫・山」의 좌우 관계를 가르킨다. 이것은 前述했던 목적별에 의한 방법으로서 모두가 다른 流派와 같은 방법이다.

3. 術法의 法則으로서는 第一線의 五術에는 가로와의 관계는 없다.
   第一線의 術法은 各各 독립된 것으로 좌우 관계가 없으며, 그다지 그 법칙을 활용하기에 알맞지 않다.

4. 第二線과 第三線의 五術은 법칙이 가로의 관계로 이어져 있다.
   第一線의 五術이 단독으로 그 법칙을 발휘하고 있는데 對해 第二線과 第三線은 그 법칙이나 작용이 서로 연락을 하고 있다.
   특히 第三線의 術法은 세로의 관계와 가로의 관계와 前後左右(전후좌우)에 그 법칙이 관련짓고 있다.
   「子平(四柱推命)」과 「遁甲」은 「十干」의 배합의 길흉법칙으로 관련짓고 있으며 「遁甲」과 「家相」으로는 그 법칙이 대부분 같게 된다.

5. 「斷易(五行易)」는 第二線과 第三線에 종횡으로 응용된다. 中國에서는 「斷易」은 「卜」으로서 매우 중요시 되고 있다. 韓國이나 日本처럼 周易으로 「卜」을 하는 일은 거의 없다. 그러나 透派에서는 이 「斷易」을 「六壬」과 같은 모양으로 「卜」으로 사용하고 있지마는 그 보다 많이 第二線, 第三線의 術法에 중점을 두고 사용하고 있다. 즉 透派에서는 「五術」의 根底(근저)에 있는 것이라고 하여 무엇에든지 응용하고 있다. 「遁甲」이나 「家相」이나 「風水」이든 모두 처음이나 끝에는 「斷易」의 법칙을 응용하는 것이 특색이다. 그러므로 透派(中國에서 일반이 사용하는 방법도 이와 같다.)에서는 五術을 마스터ー 하는데는 最低(최저)의 기본으로 이 「斷易」의 지식이 기초적인 상식화 되어 있다.

以上과 같이 五術에는 각각 세로와 가로의 관계가 있으며, 다시 五術의 細分(세분)된 術法도 모두 종횡으로 밀접한 관계에 의해 구성되어 있다. 이것은 「인간의 행복」이라는 커다란 목표를 달성시키기 위해 先人들이 생각해 낸 하나의 수단이라 할 것이다. 즉 커다란 網(망)을 쳐 놓고 어디에서든지 도와 줄 수 있도록 한 지혜의 集大成(집대성)이라 하겠다.

日本처럼 단지 하나만의 術法으로 커다란 목표를 향해 있는 것은 五術의 관련성에서 보면 지극히 위험하다고 할 수 밖에 달리 할 말이 없다.

人相을 主로 하고 있는 사람은 星占(命에 해당함)을 숙명적이라고 헐뜯으며, 星占을 하는 사람은 周易을 우발적이라고 헐뜯고, 周易을 하는 사람은 周易이야말로 占의 王者라고 큰소리치고 있다. (周

易은 占이 아니다. 또 學問으로서 周易을 중요시한 것도 宋나라 시대까지 뿐이다.)

그러나 이러한 말을 하고 있는 것을 卑俗(비속)한 例로 한다면, 五術이 있는데 단지 하나의 術만으로 事件을 결정하기 때문에 배가 아픈데 치과의사에게 치료를 받는 것과 같은 비유이다. 「命」을 보는데 『卜』으로 하든가, 「相」을 보는 用件인데 「卜」이나 「命」으로 한다든지 하는 것이 日本에서 하나의 術法만을 이용하는 사람들의 하고 있는 實狀(실상)이다.

또 五術의 左右의 연락이라는 것이 誤解(오해)받고 있는 點도 있다. 例를 들면 「斷易」을 여러가지 五術에 사용한다는 것을 表面上(표면상)으로만 취하고, 그 응용법을 모르기 때문에 이것 저것 비난하고 있는 사람도 있다.

五術속의 「醫」에 있는 「方劑」나 「鍼灸」는 「易(八卦의 斷易)」을 매우 많이 이용하지 만은 이용 방법에 특별한 활용법이 있는 것이다. 그것을 이해하지 않고 단지 「易」 일반적인 이용방법의 筮竹(서죽)을 짜랑짜랑하여 우발적인 立卦(입괘)하는 것을 실병 「醫」에 응용하는 것은 미신이다. 라고 日本의 한방의사들은 비난받고 있다.

그러나 사실은 그렇지 않다. 질병은 「醫」의 術法을 가지고 확실한 치료법이나 진단법이 있다. 그 치료법이나, 진단법에 「易」을 應用하는 것이지, 「易」을 사용하는 것은 아니다. 「易」을 사용하는 것과 응용한다는 것은 五術로서는 하늘과 땅과의 차이만큼 결과에 나타나는 것이다. 예를 들어 말한다면 「易」을 記號化(기호화)하여, 하나의 카루테든지 處方(처방) 등의 정리방법으로 하는 것과 비슷하다 하겠다. 그것을 알지 못하기 때문에 「易」을 직접 「醫」에 사용하는 것처럼 오해해 버려 미신 云云(운운)하는 것처럼 말하고

-44-

있다.

德川時代(덕천시대)에 "易醫"라고 하는 「易」을 세우고 藥을 처방하든가 병자를 진단한 일이 한 때 있었다. 이것은 前述한 「醫」의 術法에 「易」의 관련이 있어 응용한다는 것을 너무 지나쳐서 「易」을 직접 「醫」에 사용해 버린 결과 나타난 큰 잘못이다. 이 잘못이라는 점을 보지 않고, 바로 「易」을 漢方에 사용하는 것은 미신이라고 한의사들이 비난 받는 것은 예상 밖이라 할 것이다.

第六節 透派의 五術運命學

앞서 말한 것처럼 中國에서는 五術을 연구·습득·영업 등을 하기 위해서의 단체를 「門派」라고 하여 그 門派에는 저마다의 「掌門」이라는 최고 지휘자가 있어 一門을 통솔하고 그 五術을 傳承(전승)하고 있다. 그러나 中國에서는 현재 門派가 해산되기도 하였으나 一部는 홍콩이나 台灣(대만)으로 건너 가서 「五術」을 전하고 있는 것 같다.

現在 中國에서 輸入(수입)되어 약국에서 팔리고 있는 약용술로서 『蔘茸酒』(삼용주)라는 것은 中國의 北京 同仁堂의 제품이지만, 이 「同仁堂」은 五術속의 「醫」를 계승하고 있는 門派라고 한다.

좀 私事(사사)롭지만 五術을 바르게 이해하여 주기 위해서 筆者의 門派의 일이나 학술체계를 조금 여기에서 말할까 한다.

「透派」는 정식 이름을 「明澄派」라고 하여 中國의 明나라 末(약 三五〇년전)에 福建者의 산골에서 태어났다. 그 당시의 五術의 名門인 「梅花門派」(매화문파)의 맏딸이 어떤 사연으로 자기의 姉夫(매부)의 아들을 자기의 후계자로 삼는 조건으로 「梅花門派」와는 따로 새로운 五術門派를 만든 것이 「透派」이다.

-45-

즉 梅花門派의 맏딸인 素香(소향)이라는 사람이 당시에 미워했던 五術門派의 세력다툼에 말려들어 어떤 사유에서 새로운 「五術門派」를 만들었던 것이 「透派」로써 그 명칭도 「맑고 깨끗하여 티끌 하나 없는 그야말로 맑은 五術의 門派」라는 의미이다. 그렇게 하여 自身이 初代가 되어 以後에 「文」이라는 文字를 掌門으로 부르게 되었다고 자신이 기록을 남기고 있는 五術의 秘傳(비전)을 전한다는 두가지 조건을 생각해 낸 것이다.

이 五術의 秘傳(비전)이라는 것이 앞서 말한 「透派의 五術分類法」에 있는 五術이다. 이 五術은 「大法」이라는 명칭으로 지금도 筆者(十二代재 張曜文・日本에서는 佐藤六郎・佐藤文栞)의 手中에 보관되어 있다.

이 「大法」은 前述한 「五術의 三線」의 모든 것을 요령있게 정리된 秘傳書로서 五術의 三線이므로 모두 十五種 있다. 즉 紫薇大法・六壬大法・面掌大法・方劑大法・玄典大法・子平大法・遁甲大法・陽宅大法・鍼灸大法・養生大法・星宗大法・太乙大法・風水大法・靈治大法・修密大法 ─ 의 十五種의 秘傳書이다. 이 밖에 「透派」의 歷史(역사)를 기록한 「透派源流」(투파원류)라는 책이나 「洩天機」라는 「子平大法」의 응용과 깊은 뜻을 설명한 책들도 있다. 또 十代재가 되는 王文澤이 一生의 연구 결과를 총정리한 「心得」이라는 책도 十五種이나 傳해지고 있다.

初代의 素香(鵑文)은 女姓이면서도 不世出(불세출)의 五術의 大家라고 생각된 것은 이 大法의 內容의 훌륭함을 봐서도 능히 알 수 있다. 특히 透派에서는 「命」의 占術인 「子平」에 뛰어나고 있다. 「子平大法」의 四柱推命術 등은 현재 東洋에서는 가장 으뜸이라고 생각된다.

「洩天機」는 天의 機密(기밀)을 빠져 나오게 한다는 뜻으로 四

柱推命術의 干（간）의 실례를 男女別로 설명한 것이다. 더구나 그
것이 漢詩의 七言絕句로 구성되어 禪宗（선종）에서 말하는 公案（
공안）과 같은 것으로 되어 있어 그 詩의 生年·月·日·時에 해당
하는 사람이 一平生中에 어떻게도 할 수 없는 어려움에 맞닿았을 때
에 그 詩를 보면 救生道（구생도）가 알 수 있다는 놀라울 만큼 훌
륭하다는 것이다.（中國에서는 이것을 집 한채 몫의 값에 버금간다
한다.） 이것이 三五〇 數年前에 한 女姓의 힘으로 이루어 졌다고는
믿기 어려울 만큼 훌륭한 것이다. 「洩天機」（설천기） 속에 다음
과 같은 懺의 한 句節（구절）이 있다.

　　大地普照水未乾　　（大地普照는 아직 물이 마르지 않도다.）
　　煩火長門禍水身（번화장문화수신）
　　　　（煩火의 長門은 禍水의 身이요　）
　　不知何日脫凡塵（부지하일탈범진）
　　　　（어느 날인지 모르도다 凡塵을 벗어나는 날을）
　　可憐翠閣嬌羅女（가련취각교라여）
　　　　（사랑하도다.　翠閣의 嬌羅한 女人을）
　　猶是太虛境裡人（유시태허경리인）
　　　　（오직 이는 太虛러니 境裡할 사람이로다.）

　처음의 一行째가 이 「懺」（참）의 제목과 같은 것에 해당하여 「
子平（四柱推命）」의 生年·月·日·時의 「干支」를 나타내고 있다.
　「大地普照는 아직 물이 마르지 않도다」란 大地의 太陽이 쉬지 않
고 비추고는 있으나, 물이 많아 아직도 마르지 않으니, 濕氣（습기）
가 있다는 상태의 生年月日時의 干支를 가지고 태어난 사람이라는 뜻
이다. 즉,
　生年은 丙辰, 生月은 己亥, 生日은 己未 生時는 癸酉.

라는 干支가 된 이 生年月日時의 干支인 사람이 한 平生 속의 어려울 때에, 이 「懺」(참)을 보면 네줄의 七言絕句의 詩속에 그 대처 방법이 쓰여져 있는 것이다.

(生年의 天干인 丙이 太陽, 生月, 生日의 天干의 己가 土로서 大地, 生時의 天干 癸가 水, 그것에 地支에 辰과 亥의 水가 있으며, 그때문에 太陽이 土를 비추고 있지마는 水는 아직도 마르고 있지 않고 있다는 뜻)

이 干支에 태어난 女姓은 煩惱(번뇌)의 火를 사람에게 주어 男性을 煩惱의 못에 빠지게 하는 것이다. 언제 이 本意 아닌 運命에서 빠져 나갈 수 있을까, 좀처럼 그렇게 되기에는 힘들것 같다. 가엾다. 異性을 홀리는 女性이라 할까 아무리 性急(성급) 하더라도 이것은 元來부터 변하지 않는 運命인 사람이다 라는 뜻이다. 그러나 마지막의 넷째 줄의 「오직 이는 太虛러니 境裡할 사람이로다」라는 句節(구절)은 이 干支의 女姓이 그 때에 이르러 생각하지 않으면 아무리 우리들이 풀이하더라도 적절한 풀이를 할 수는 없다. 당사자인 자신만이 느낄 수 있는 文句이다 라고 해설에 설명하고 있다.

初代인 「素香」은 죽음에 이르렀을 때, 十五卷의 「大法」을 石上에 놓고 自身은 石塚(석총) 깊숙히 들어 가서 폭약을 사용하여 石塚을 무너뜨리고 죽어 버렸다. 그 「大法」에는 다음과 같은 詩가 실려져 있었다.

　　芳身藏石塚(방신장석총)

　　　　(꽃다운 몸은 石塚에 간직되니)

　　墨跡留餘哀(묵적유여애)

　　　　(먹물의 자취는 한없는 슬픔을 남기고)

-48-

天上魂歸去 (천상혼귀거)

　　(혼은 하늘로 돌아 가 버리니)

人間不再來 (인간불재래)

　　(사람은 다시 오지를 않도다.)

　이 詩의 뜻은 내 몸은 石塚에 묻혀 墨跡 (大法의 秘傳書)만이 나
의 슬픔을 그치게 할 것이다.　天上을 向해 魂은 돌아 가니 이제 괴
로운 이 세상에는 다시 오지 않으리 」라는 슬픈 시이다.

　그러면 다음 章에서 말할 五術은 모두 「 透派大法 」에 실렸던　바
른 占術과 醫術과 仙道를 여러 사람들에게 알 수 있도록 설명한 것
이다.　어디까지나 初步者 (초보자)에게도 이해할 수 있도록 애 썼
다.

　더우기, 이 以上 또는 더욱 전문적으로 透派大法의 五術을 연구하
고 싶은 사람은 筆者에게 문의하여 주기 바란다.

五　術　年　表

時　代	著　者	書　　　　　名	種　類
殷			
周	老　子	道德經	山・玄典
	莊　子	南華經	山・玄典
奏	黃石公	太公兵法	卜・遁甲
漢	京　房	京氏易傳	卜・斷易
	張仲景	傷寒論	醫・方劑
蜀	諸葛亮	六壬	卜・六壬
晋	皇甫謐	甲乙經	醫・鍼灸
	魏伯陽	參同契	山・築基
	葛　洪	抱朴子	山・食餌
南北朝			
隋			
唐	楊筠松	摵龍經	相・家相
五　代			
宋	徐子平	淵海子平	命・子平
	王惟一	鍼灸圖經	醫・鍼灸
	張紫陽	悟眞篇	山・築基
	陳希夷	紫薇斗數全書	命・紫薇
	陳希夷	痲衣神相	相・人相
元			
明	野　鶴	增刪卜易	卜・斷易
	郭載騋	六壬大全	卜・六壬
	李時珍	本草綱目	醫・方劑
	吳承恩	西遊記	山・玄典
	陳白得	琴火重光	山・食餌
	劉伯溫	紫薇闡微錄	命・紫薇
	劉伯溫	滴天髓	命・子平
	劉伯溫	奇門天地書	卜・遁甲
	劉伯溫	金面玉掌記	相・人相
	劉伯溫	陽宅遁甲圖	相・家相
	梅素香	透派五術大法	五術
清			

第一章 五術의 基本思想

第一節   五術의 基本的 考察法

「五術」이란 얼핏 보기에 지저분하게 보이지마는「人生에 대한 寄與(기여)」라는 하나의 커다란 목적을 위해 깨끗하게 정리되어 하나의 體系를 이루고 있다.   이「五術」은 모두 同一한 법칙으로 묶어져 있으며 部分的인 방법만이 다를 뿐이다.   이 법칙이 中國의 五術의 기본 思想(사상)이라고 볼 수 있을 것이다.

그러면 이 법칙이란「支」「易」「星」「干」의 四種이다. 東洋의 五術은 모두 어떤 복잡한 것이라도 이 四種으로 구성되어 있다. 이 기본 思想이 중요함으로 五術의 術法에 들어 가기에 앞서 조금 記述할까 한다.

十二支 …… 時間과 空間 表示

「支」는 十二가 있으므로「十二支」라 하고 있다.   또 空間과 時間을 表現하기 위해 사용되므로「地支」라고도 한다.   일반적으로「××年生」이라고 하는 動物에 비유한 것을「支」라고 부르고 있다.

이「地支」는 五術만이 갖는 것이 아니고 모든 中國文化와는 끊을려야 끊을 수 없는 관계에 있는 것이다.

「十二支」란 다음 十二를 가르킨다.

子(쥐)	丑(소)	寅(범)
卯(토끼)	辰(용)	巳(뱀)
午(말)	未(양)	申(원숭이)
酉(닭)	戌(개)	亥(돼지)

그러면 이「十二支」로「時間」과「空間」을 나타낸다면 다음과

같이 된다.

時·空 十二支	時　　　　　間			空　間
	時　　　　　間	月	方　位
子	午後十一時에서 午前 一時까지	十二月	北
丑	午前 一時에서 午前 三時까지	一 月	北北東
寅	午前 三時에서 午前 五時까지	二 月	東北東
卯	午前 五時에서 午前 七時까지	三 月	東
辰	午前 七時에서 午前 九時까지	四 月	東南東
巳	午前 九時에서 午前十一時까지	五 月	南南東
午	午前十一時에서 午後 一時까지	六 月	南
未	午後 一時에서 午後 三時까지	七 月	南南西
申	午後 三時에서 午後 五時까지	八 月	西南西
酉	午後 五時에서 午後 七時까지	九 月	西
戌	午後 七時에서 午後 九時까지	十 月	西北西
亥	午後 九時에서 午後十一時까지	十一月	北北西

※ 空間月은 陽曆임.

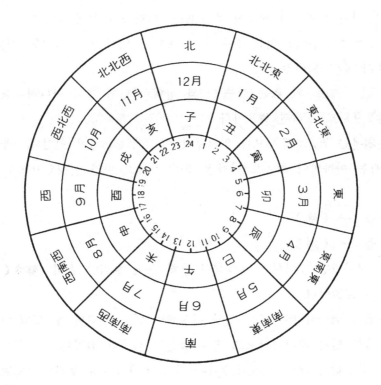

時間・方位角

　이　「十二支」　그　자체는　그다지　재미는　느끼지　못하지마는　五術을
배운다든지,　中國을　연구하는　데는　필요한　기초지식이다.　즉　「十二
支」는　"쥐"라든지　"범"이라는　동물을　나타내는　것이　아니고　「
時間・空間」의　表示라고　기억해　두어야　할　法則이다.

易 …… 中國思想의　根本

　우리들이　흔히　쓰고　있는　「數」(수)는　「十進法」(십진법)에
의해　나타낸　數이다.　0,　1,　2,　3,　4,　5,　6,　7,　8,　9이라고
세어서　하나를　더　나아가면　數의　자리가　한　자리　달라진다.　즉　「

一○」마다 나아가기 때문에 「十進法」이라고 부르게 되었다.

「二進法」이라고 하는 것은 0 과 1 만이 있어 0, 1, 10, 100, 101 과 같이 나아간다.

이 「二進法」의 數는 콤퓨―터와 함께 발명된 것이 아니며 實은 十進法보다도 오래된 數法이다.

中國에는 五, 六千年보다 앞서부터 이 「二進法」이 있었다. 물론 그 때는 아라비아 數字로 나타낸 것이 아니고 다만 記號(기호)로서,

0 을 -- (陰)

1 을 ― (陽)

라고 나타냈던 것이다. 市中에서 흔히 눈에 뜨이는 易의 算木(산목)의 記號이다.

中國의 周나라 時代에는 벌써 여섯자리 數를 나타낼 수 있었으나, 처음에는 단지 세자리만으로 적은 數를 나타내고 있었다.

이 「二進法」의 「―(1)」과 「--(0)」의 두가지 記號를 써서 세자리로 짜 맞추니까 여덟가지 방법으로 짜 맞출 수 있게 되었다. 이 짜 맞추기를 數가 많은 것부터 먼저 취한 것을 놓고 그것에 數의 이름을 붙인 것이 「八卦」 즉 「易」이다.

7	☰	乾(건)
6	☱	兌(태)
5	☲	離(리)
4	☳	震(진)
3	☴	巽(손)
2	☵	坎(감)
1	☶	艮(간)
0	☷	坤(곤)

이것이 中國思想의 근본이다. 모든 思想은 이 「八卦」를 법칙으로 하여 분류하여 계통화된 것이다.

周나라 時代에 이 「八卦」에 다시 「八卦」를 짜 맞추어 8×8 = 64의 짜 맞춤이 「六十四卦」로 하고 있다. 이것이 보통 불리어 지고 있는 「易」의 「六十四卦」이다.

五術의 가장 기본단계나 초보단계는 모두 이 「易」의 응용이다. 즉 「八卦」나 「六十四卦」를 활용한다. 다시 五術의 단계가 나아가면 「星」을 활용하게 되며 더욱 깊이 파고 들려면 「十干」을 활용하게 된다.

星 …… 浪漫夢幻의 世界

運命學(운명학)에는 다시 말해 五術에 활용되고 있는 「星」에는 「實星」과 「虛星」의 두가지가 있다. 「實星」이란, 실제로 있는 星(별)으로서 하늘에서 언제나 빛나고 있는 별을 가르킨다.

「虛星」이란 실제로는 있지 않는 별로서, 사람의 마음 속에 있는 虛像(허상)의 별이다. 즉 환상에 의해 생긴 별로서 하늘에 그들의 별이 있다는 뜻이 아니고, 다만 여러가지 現像에 따라 星(虛星)을 빌려서 풀이한 것이다.

以上과 같은 占術로서는 「實星」·「虛星」의 두가지를 구분하여 사용한다. 이러한 것을 지금까지의 사람들은 전연 모르고서 月曆(월력)에 있는 九星(虛星)을 가리켜 하늘에 있다느니 없다느니 하고 있다. 즉 이러한 사람들은 實星과 虛星을 같이 취급하고 있는 것이다.

그러면, 이 大空에는 數千數萬(수천수만) 헤아릴 수 없을 만큼의 별이 있지마는, 그 별 속에서 가장 지구에서 가까운 星(實星)이 「五術」에 활용된다.

그것은 다음의 七種이다.

太陽　　　　　　太陰　　　　　　木星　　　　　　火星

土星　　　　　　金星　　　　　　水星

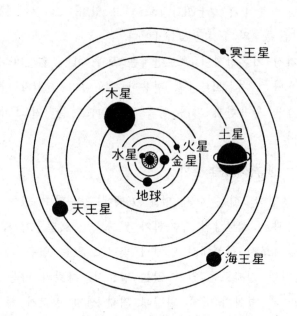

太陽系座表

太陰이란 月(달)을 가르킨다. 木星에서 水星까지를 五星이라고
부르며 다시 太陽과 太陰을 加하여 五術家들은 「七政」이라 부르고
있다.

현재 주간지 등에서 실려고 있는 「西洋星占」(서양성점)의 ××
座生이라고 하는 것은 이 實星인 七星에 海王星(해왕성)・ 天王星
(천왕성)・ 冥王星(명왕성)을 加해서 사용하고 있는 占術이다.

東洋占術보다 西洋占術쪽이 실제로 있는 星을 사용하기 때문에 정
확하다고 말하고 있는 西洋占星術家가 있지마는, 實星이나 虛星의 구
별도, 또 東洋에서도 西洋과 같이 實星을 사용한다는 것을 모르는 無

知(무지)한 말이라고 할 수 있을 것이다. 라고 하는 것은 西洋의 星占으로는 實星만을 쓰고 있는데 對해 東洋의 「太乙數」(태을수)나 「星平會海」(성평회해)(두가지가 透派에서는 第三線의 최고의 方術이다.)로는 西洋의 占星術과는 완전히 같으며, 實星(七星)을 사용하고도 다시 虛星까지 倂用(병용)하여 보기 때문이다.

占術의 좋고 나쁨은 「별」의 數에 의한 것이 아니며 더더구나 實在나 상상이라는 點에서 말하는 것도 아니다. 중요한 것은 術 그 자체의 구성되어 있는 理論面(이론면)의 緻密(치밀)한 정도에 있다.

「虛星」은 아주 많지마는 主로 사용되는 것은 「紫薇斗數」에 사용되는 虛星으로 다음 二〇種이다.

紫薇星(자미성)	天機星(천기성)
太陽星(태양성)	武曲星(무곡성)
天同星(천동성)	廉貞星(염정성)
天府星(천부성)	太陰星(태음성)
貪狼星(탐랑성)	巨門星(거문성)
天相星(천상성)	天梁星(천량성)
七殺星(칠살성)	破軍星(파군성)
炎 星(염 성)	鈴 星(영 성)
文曲星(문곡성)	文昌星(문창성)
羊刃星(양인성)	陀羅星(타라성)

이러한 두가지 系統의 「實星·虛星」의 법칙을 구별하기 위해서 五術에서는 다음과 같이 부르고 있다.

「實星」에서는 「七政星學」이라고 부르며 「星平會海」에서와 특수한 「陽宅」에 사용한다.

「虛星」에서는 「紫薇星學」이라고 부르며 「紫薇斗數」나 「名相」 또는 특수한 「陽宅」이나 「印相」에 사용한다.

이 「星」은 대체로 「命」의 五術에 사용되는 것이 主가 되지마는 「相」의 「陽宅」(즉 家相)에도 많이 사용된다. 家相을 보는 방법에는, 三合派와 三元派와 三曜派의 세가지 종류가 있지마는 三元派와 三合派는 「虛星」을 사용하고, 三曜派는 「實星」을 사용한다.

「星」의 법칙은 보통 五術로서는 中級코ー스가 되지마는 透派의 五術로서는 「第一線」의 初級코ー스에 사용되고 있다. 各 코ー스 가운데 가장 재미있는 것은 무어라 하드라도 「星」이다. 「易」이나 「干」과는 달라서 「星」에는 로만틱한 전해 온 이야기가 있으므로 사람들을 浪漫夢幻(낭만몽환)의 세계로 誘導(유도)되게 된다.

특히 「虛星」을 사용하는 「紫薇星學」이라는 占術은 殷(은)나라 末의 史實(사실)을 배경으로 하고 있으며 各星이 나타내는 대표人物이 그 殷나라에 활약하는 영웅, 미인, 요부 등으로서 매우 로맨틱하게 되어 있다.

例를 들면 「紫薇星」은 氣品을 맡아 보고 있지마는 人物은 미남인 王子伯邑(왕자백읍)의 化身(화신)이다. 「貪狼星」은 욕망을 맡고 있지마는 人物은 淫婦(음부)인 妲己(저기)의 化身이며, 「巨門星」은 是非를 맡고 있지마는 人物은 말씨가 심하며 惡妻인 馬千金(마천금)〈낚시로 유명한 太公 望의 妻〉의 化身이다. 이와 같이 꿈이 섞여져 있다.

「虛星」과 神神의 역할을 설명한다면 다음과 같이 된다. 더우기 星의 象意(상의)는 실제로 占術에 사용한다.

紫薇星（자미성） —— 伯邑（백읍）－（文王의 長男），「尊貴
・氣品」의 임무를 맡고 있다.

天機星（천기성） —— 별명을 太公望，文王의 軍師，「知慧・精
神」의 임무를 맡고 있다.

太陽星（태양성） —— 比干（비간） 紂王의 忠臣,「光明・博愛
」의 임무를 맡고 있다.

武曲星（무곡성） —— 武王（무왕） 文王의 二男，伯邑의 아우,
아우로서 周나라를 일으킴，「武勇・財
富」의 임무를 맡고 있다.

天同星（천동성） —— 文王（伯邑과 武王의 父親），「融和・
溫順」의 임무를 맡고 있다.

廉貞星（염정성） —— 費仲（紂王의 간신）「歪曲・邪惡」의
임무를 맡고 있다.

天府星（천부성） —— 姜皇后（紂王의 后）「才能・慈悲」의
임무를 맡고 있다.

太陰星（태음성） —— 賈夫人（紂王의 충신인 黃飛虎의 妻）
「潔白・住宅」의 임무를 맡고 있다.

貪狼星（탐랑성） —— 妲己（紂王의 妻，九天玄女의 부하로서
狸의 妖精이 諸侯의 딸들의 몸에 들어가
女子가 되었다.「慾望・物質」의 임무
를 맡고 있다.

巨門星（거문성） —— 馬千金（文王의 軍師，姜尙의 妻）「疑
惑・是非」의 임무를 맡고 있다.

天相星（천상성） —— 聞太師（紂王의 충신）「慈愛・奉仕」의
임무를 맡고 있다.

天梁星（천량성） —— 李天王（武王의 충신）「恒常・統率」의

의 임무를 맡고 있다.

七殺星(칠살성) —— 黃飛虎(紂王의 忠臣, 뒤에 武王에 侍從
) 「 威嚴・激烈 」의 임무를 맡고 있다.

炎 星(염 성) —— 殷郊(紂王의 子) 「 亂暴・불이 타 옮
겨지는 빠르기 」의 임무를 맡고 있다.

鈴 星(영 성) —— 殷洪(紂王의 子) 「 亂暴・큰 소리에
놀람 」의 임무를 맡고 있다.

破軍星(파군성) —— 紂王(殷王朝의 폭군) 「 破損・消耗 」
의 임무를 맡고 있다.

文曲星(문곡성) —— 龍吉(姜尙을 도운 女將) 「 上品・優雅
・粉飾 」의 임무를 맡고 있다.

文昌星(문창성) —— 嬋王(武王을 도운 女將) 「 上品・優雅
・粉飾 」을 맡고 있다.

羊刃星(양인성) —— 楊戩(周軍의 大武將) 「 殘忍・粗暴 」의
임무를 맡고 있다.

陀羅星(타라성) —— 天化(賈夫人의 아들) 「 勇敢・殘忍 」의
임무를 맡고 있다.

十干 …… 天地最高의 法則

數에 弱한 옛 사람들은 손가락을 지금의 콤퓨터—의 대신으로 계산을 돕는 데 잘 사용하였다. 지금도 유치원의 어린이들은 손가락을 꼽으면서 셈을 하고 있다.

사람의 손가락이 열 개가 있었기 때문에 人間의 數 관념은 「十進法」으로 되어 왔다. 中國에서도 「二進法」과 並行(병행)하여 各國의 원시민족과 비슷하게 「十進法」의 싹이 텄던 것이다. 그러나 처음에는 양손 손가락을 모두 쓸 수 있는 능력이 없었으므로, 한 쪽

손가락 만을 사용하여 다섯 分類를 萬物에 짜 맞추어 事物을 처리하
였던 것이다.

　모든 事物을 五分類하던 것이 뒤에 五行思想이 되어 中國思想의
근본이 되었다.　有形無形(유형무형)을 불문하고 모든 것을 분류
할 때 사용한 中國古代의 思想이라 할 것이다.

　運命學을 조금 해 보겠다는 사람은 반드시 이 「五行」에 대한 지
식을 충분히 알고 있지 않으면 안된다.　그 「五行」이란 다음의 五
種을 말한다.

木(목)	火(화)	土(토)
金(금)	水(수)	

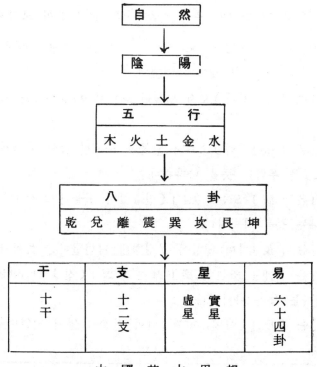

中 國 基 本 思 想

◈ 干支의 語源

보통 「干支」는 「支」의 편이 유명한 동물을 받아 들이고 있다. 「子」는 「쥐」, 「午」는 「말」, 「丑」은 「소」와 같이 ……‥.

또 五術의 전설상에는 爲政者(東方朔이라 부름)가 文字를 모르는 무식한 백성에 달력의 계절을 가르치기 위해 동물에 이름과 文字를 빌려 설명하였다고도 한다.

바른 학문상(說文學·최근의 金石學·甲骨文字學)으로는 분명하게 「十干·十二支」라고 文字의 관계에 대해서는 아직 究明되어 있지 않은 것 같지만 우선 지금까지의 說을 들어 보기로 하자.

「十干」이나 「十二支」도 계절이 변경하는 것을 풀이한 文字이기에 天時에 관계된 文字라 하겠다.

「子」는 「孳」(자)로서 만물이 태어나 번성하다는 뜻을 나타낸다.

「丑」은 「紐」(축)으로서 만물이 무성한 것이 묶어져 있다. 또는 그것을 푼다는 뜻을 나타낸다.

「寅」은 「演」 또는 「螾」(인)이며 만물이 스스로 자라기 시작한다는 뜻을 나타낸다.

「卯」는 「茂」이며 만물이 무성하게 나타난다는 뜻이다.

「辰」은 「伸」 또는 「震」 또는 「振」(진)이며, 만물이 떨쳐 퍼진다는 뜻을 나타낸다.

「巳」는 「已」(이미, 벌써)이며 만물이 벌써 되었다는 뜻을 나타낸다.

「午」는 「仵」이며 만물이 전성기를 지나서 기울어진다. 陰
과 陽의 엇갈리는 뜻을 나타낸다.

「未」는 「味」이며, 만물이 이루어져 재미를 갖는다는 뜻을
나타낸다.

「申」은 「身」이며, 만물의 신체가 되어 간다는 뜻을 나타낸
다.

「酉」는 「老」 또는 「飽」 또는 「繪」이며 만물이 충분히
老熟하는 뜻을 나타낸다.

「戌」은 「滅」이며 만물이 소멸되어 흙으로 돌아가는 뜻을 나
타낸다.

「亥」는 「核」이며, 만물이 다음 種子가 되는 뜻을 나타낸다.

以上이 「十二支」의 일단의 原義(원의)이다. 큰 길가에서
十二支를 큰 소리를 지르면서 册曆(책력)을 파는 사람들은 이
것을 써 두고 있으나, 「卯」를 「柳」, 「申」를 「伸」이라고
설명하고 있다.

「甲」은 「甲」(갑옷)이며, 만물이 갑옷을 벗고 나타난다는
뜻.

「乙」은 「軋」(알)이며 만물이 軋然(알연)하게 뻗어나는
뜻.

「丙」은 「炳」(병)이며, 만물이 태어나 번성하기가 불꽃같
다는 뜻.

「丁」은 壯(장)이며, 만물이 자라서 壯丁(장정)에 이른다
는 뜻.

「戊」은 「茂」이며 만물이 繁茂(번무)한다는 뜻.

「己」는 「起」이며 만물이 성하게 일어난다는 뜻.

「庚」은 「更」(갱)이며, 만물이 更新(갱신)한다는 뜻.

「辛」은 「新」이며, 만물이 一新한다는 뜻.

「壬」은 「任」 또는 「姙」이며, 만물이 養成(양성) 된다는 뜻.

「癸」는 「揆」이며, 만물이 揆然(계연)하게 싹이 튼다는 뜻.

以上 「十干·十二支」의 文字를 文字學上의 音韻(음운)과 六書로 풀이하여 四계절의 변화를 글로 나타낸 것이라 하겠다.

「易」에서 ━은 陽이며 ━━은 陰이라는 것은 이미 설명하였으나 이 「陰陽」과 지금까지 말해 왔던 「五行」과는 끊을려야 끊을 수 없는 관계가 있어서 모든 「五術」의 법칙의 기본 관념이 되어 있다. 이 中國의 기본사상인 「五行」은 지금까지는 매우 유치한 五行의 相剋相生(상극상생) 관계(水剋火·金剋木과 같은 五行의 관계)라고 생각되고 있지마는, 결코 그러한 것만은 아니다.

이 「五行」에 「陰陽」을 집어 넣어 보면 5×2＝10이 되어 단위가 「十」이 된다. 이와 같이 하여 「陰陽」과 「五行」의 짜 맞추기에 따라 이루어진 것이 「十干」이다. 「十干」을 든다면 다음과 같다. 甲(갑) 乙(을) 丙(병) 丁(정) 戊(무) 己(기) 庚(경) 辛(신) 壬(임) 癸(계)

(十二支干圖)

이 「十干」은 前述한 「陰陽」과 「五行」이 짜 맞춰졌기 때문에 다음 표와 같게 된다.

그러면 이 「十干」이 十干對 十干이라는 관계가 된다는 것을 생각해 보기로 하자. 즉 十干을 上下 또는 左右로 두개의 干을 사용하여 짜 맞추기를 한다. 그렇게 하니 百組의 十干의 짜 도움이 된다. 이 「十干」의 百組의 짜 모임의 뜻을 알게 되면, 거의 이 세계에 있어서 온갖 事物이 어슴푸레 하게 알 수 있게 된다.

五行\陰陽	木	火	土	金	水
陽	甲	丙	戊	庚	壬
陰	乙	丁	己	辛	癸

다시 이 「十干」의 짜 모임을 上, 中, 下 또는 左, 中, 右처럼 三干을 짜 맞춰 보면 千組의 짜 맞춤을 할 수 있다. 이 「十干」의 千組의 짜 맞추는 뜻을 알게 되면 모든 人的·物的 사항에 관한 것은 대부분 풀이할 수 있게 된다. 그처럼 十干이라는 것은, 정말 宇宙(우주)의 본질을 잘 표현되어 있어 모든 인간관계가 이 「十干」의 법칙의 範疇(범주)로 움직이고 있다는 것이 된다.

그러면 이 「十干」은 前述한 「十二支」를 함께 활용하기 때문에 「干支」라고 하여 支와는 떨어질 수 없는 관계에 있다. 운명학 또는 五術은 막히는 곳에서 이것들을 응용하는 것 밖에는 없다.

더우기, 「十二支」에도 「十干」과 같이 「五行」이 있으므로 다음에 나타내 본다. 위가 「五行」이며 밑이 「十二支」이다.

以上이 「五術」에 사용되는 기본사상인 「支, 易, 星, 干」의 전부이다. 여기에서 말한 것 以外의 것은 명칭을 바꾼 것으로서 모두 이 四種속에 包含된다. 현재 보통 사용되고 있는 「九星(一白 또는

木	火	土	金	水
寅	巳	丑 辰 未 戌	申	亥
卯	午		酉	子

五黃이라는 星)」은 「星」속의 虛星이며, 이 밖에 「二十八宿」이
라든가 「十二天將星」이라든가 「吉神・凶殺」 등 여러가지가 있으
나 모두 이 「五術」의 기본인 四種속의 하나에 불과하다.

中國의 보통 「五術」에서는 前述한 기본을 사용하는 법칙을 다음
과 같이 나누고 있다.

初等五術(초등)은 「支」와 「易」

中等五術(중등)은 「支」와 「星」

高等五術(고등)은 「支」와 「干」

「干支」를 사용하는 高等법칙인 「五術」은 그 수준에 따라 다시
다음 三種으로 나누어져 있다.

六 壬(육임)

遁 甲(둔갑)

太 乙(태을)

이 세가지의 「五術」은 함께 「卜」의 占術이지마는, 이는 어느 것
이나 「干支」를 사용하여 「式」을 만드는 데서부터 「三式」이라고
말하고 있다.

透派의 五術체계에서는 「五術」의 기본으로서・「支・易」의 법칙
의 술법을 이용하고 高等五術에서는 「支・干・易・星」을 縱橫(종
횡)으로 활용하는 法則의 술법을 사용하고 있다. (상세한 것은 다
음 節의 「五術」의 內容과 特徵」을 참조하기 바란다.)

第二節　五術의　內容과　特徵

지금까지　記述하여　온　「五術」을　다시　상세한　내용과　그　특질과　그　術法의　由來（유태）등을　「命・卜・相・醫・山」의　順으로　說明해　나가기로　한다.

이　「五術」의　내용과　그　사용방법은　從來（종래）　日本에　있어서는　많이　틀린　점이　있었다.　本節에서는　그런　것에　대해서도　상세하게　記述하여　바른　응용법을　설명하기로　한다.

命占術의　特質과　그　內容

「命」의　占術은　「紫薇斗數推命」과　「子平推命」「張果星宗（星平會海）」의　세가지가　대표적인　「命」의　占術이다.　다른　「卜」의　占術을　응용하여　「命」을　보는　「六壬推命」「五行易身命占」「遁甲推命」「河洛理數」등이　있으나, 그것은　어디까지나　다른　占術의　응용이지　本流인　「命」의　占術을　前記한　「紫薇・子平・星宗」이다.

日本에서는　왠　일인지　「命」을　보는　데　「周易・手相・人相・氣學」이라는　「命」以外의　占術로서　보고　있는　것　같으니　이것은　분명히　틀린　것이다.　지나친　易者는　성명이나　印相이나　도람프　등　「命」의　占術과는　거의　인연이　없는　占術로서　자기　平生을　占치고　있는　無知한　사람도　있다.　이것은　마치　사람의　心臟（심장）이　나쁜데도　獸醫（수의）를　찾는　것처럼　엉뚱한　짓을　해도　이만　저만이　아니라　하겠다.

「紫薇斗數」는　「支」와　「星（虛星）」을　사용하는　占術로서, 中國에서　宋나라　時代부터　陳希夷（진희이）라는　仙人이　정리한　것으로서　매우　오랜　역사를　지닌　것이다.　著書（저서）로서　傳해져　온　것은　「紫薇斗數全書」가　현재도　남아　있다.

「子平推命」은 「干」과 「支」를 사용하는 매우 간편한 占術이지마는, 그 본질은 매우 어려워 「干」과 「干」의 네개의 관계와 「支」를 중요시 하는 高度(고도)의 점술이다. 日本에서는 「四柱推命學」이라는 名稱으로 일반화되어 있으나, 대부분 바른 「子平(四柱推命)」과는 거의 인연이 먼 엉터리 推命이다. 이렇게 말하는 것은 「子平(四柱推命)」은 「干」끼리의 相互(상호) 관계를 말하는데, 日本에서는 어떻게 틀렸는지 「星(虛星)」을 넣어 판단하고 있다.

이 「子平」(四柱推命)은 역시 唐나라 때 정리되어 현재처럼 高度의 「子平推命」으로 완성하게 된 것은 明나라 때 劉伯溫(유백온)에 의해서이다. 이 劉伯溫은 모든 五術에 通한 不世出의 大五術家인 동시에 대정치가이기도 하여 "相國劉伯溫"이라고 著書에 명기되어 있다.

이 劉伯溫은 明나라 朱元璋(주원장)을 도와서 天下를 차지하여 저절로 相國(재상이라는 뜻)이 되어 정치를 잡은 中國史上에 빛나는 知惠(지혜)者이다. 著書에는 「滴天髓」(적천수)라는 「子平(四柱推命)」이라는 古今에서도 有名한 著書가 있다. 현재에도 「子平(四柱推命)」은 이 滴天髓에서 一步도 벗어날 수 없을 정도로 거의 완벽에 가까운 「子平(四柱推命)」의 秘傳書이다.

이 밖에도 역시 相國으로 淸나라의 陳素庵(진소암)이라는 大臣의 著書인 「子平錦綉集」이라는 유명한 책도 있으며 근대에 와서는 徐樂吾(서낙오)라는 사람의 著書인 「子平一得(자평일득)」이나 「命理一得(명리일득)」이라는 名著도 있다.

「星平會海」는 「紫薇」 등의 뒤에 정리된 것으로서 「命」의 占術로서는, 최고의 것이다.

五術에 사용되는 법칙인 「干」과 「支」와 「實星」과 「虛星」의

전부를 종횡으로 활용하는 高度의 占術이다. 「實星」을 사용하는
까닭으로 天文學(천문학)의 지식도 필요할 것이며 동시에 「虛星」
도 사용함으로 매우 복잡하다.

以上의 「命」의 占術은 人間을 占치는 것이므로, 그 인간의 정확
한 「生年·月·日·時」를 토대로 하여 활용하는 것이다.   生時가
분명하지 않는 사람은 활용할 수가 없다.   그런데 生時가 불명하여
활용할 수 없는 것은 불편하다.   그런 占術은 가치가 없다. 易者 자
신이 미숙하기 때문에 활용 못하는 것이다 ── 라고 하는   거치른
말을 하는 사람이 대단히 많이 있으므로 어렵게 되어 버린다.

生時가 분명하지 않는 사람이 많다는 것과 生時를 이용하는 占術
은 不便하다는 것과 「命」의 占術은 生時를 이용하여 보는 術이라는
것 ── 등 이 세가지는 전연 관계가 없는 것으로서, 그것을 一方的
으로 묶어 붙여서 云云하는 것은 事物을 바르게 보는 방법과 생각하는
방법을 할 수 없는 사람이 하는 말이다.

전화선이 없는 지방은 전화는 연결되지 않는 것으로서 그것이 불편
하다든지 무가치하다든지 와는 별 문제이다.   「命」의 術은, 生時
를 사용한다는 것이 이미 정해져 있는 것을 生時불명 운운하여 이러
니 저러니 하는 것은 전화는 배선이 되고 비로소 전화가 통한다는
전제를 무시해 버린 말과 같게 된다.

卜占術의 特質과 그 內容

「卜」占術에는 여러가지 종류가 있다. 日本에서 行하고 있는 占
에는 대부분 이 系統에 속하고 있다.   도람프占, 수판占, 돈占 ──
등이 그것이다.   그러나 이 「卜」占의 방법을 알고 사용하는 사람
은 거의 없다.

가끔 記述하였지마는 이 「卜」占術은 어디까지나 단시간의 작용을

하는 事件에 스포트를 맞추어 占하는 方術이지 인간에 스포트를 맞추는 것은 아니다. 인간을 占치는 것은 「命」이며 인간이 일으키는 事件을 占치는 것은 「卜」이라고 하는 것이 바른 사용 방법이다. 그러므로 인간 평생운세를 占하는데 도람프나 易을 사용하는 것은 그 占術의 사용 방법이 틀렸다는 뜻이다.

이 「卜」의 占術에는 「斷易(五行易)」과 「六壬神課」와 「奇門遁甲(八門遁甲)」과 「太乙神數」 등이 대표적인 「卜」의 占術이다. 이 「卜」의 占術은 占하는 목적에 따라 세가지로 分類된다.

이 「卜」은 「事」를 占하는 것이지마는 事物을 占하드라도 「占卜・選吉(선길)・測局(측국)」의 三분류의 占術에 依한다.

「占卜」이란 人事百般(인사백반)을 占하는 術法이며 「選吉」이란 擇日(택일)이나 方位를 골르는 것으로서 내는 時間에 있어서 내는 方位에 길흉을 占하는 術法이다. 「測局」이란 天下의 大勢를 占하는 술법이다. 「占卜」이 개인의 사건에 주안을 둔데 대해 「測局」은 大局的(대국적)인 사건에 주안을 두게 되어 그 중간에 있어서 「選吉」의 술법이 쌍방에 관계될 수 있도록 되어 있다.

「占卜」에는 「斷易(五行易)」과 「六壬神課」의 두가지 占術이 있다. 「選吉」에는 「奇門遁甲」「八門遁甲」의 占術이 있다. 「測局」에는 「太乙神數」의 점술이 있다.

「占卜」의 「斷易(五行易)」에는 배우기 쉬움과 吉凶의 斷의 결정을 쉽게 한다는 특징이 있으며 「六壬神課」에는 판단하는 폭의 넓이와 事象의 상세함을 특징으로 하고 있다.

「選吉」의 「奇門遁甲」(八門遁甲)은 어느 時間(큰 단위의 時間)에 對해 좋은 方位와 나쁜 方位가 있으니 그것을 잘 활용하는술법으로서 옛날에는 兵法에도 사용되었으며 지금은 方位가 있는 事件(方位가 없는 事件이란 인간의 운명 以外는 없다)의 모든 面에 응

-72-

용되는 占術이다.

「測局」의 「太乙神數」는 개인의 사건이 아닌 複數的(복수적)인 사건을 占하는 것으로서 世上의 동태에 따라 휩싸여 일어나는 사건의 길흉과 그의 진행 상황을 占하는 술법으로 世局을 예측할 수 있다는 뜻에서 「測局」이라 불리어지고 있다.

「斷易(五行易)」은 「支」와 「易」을 사용하고 있으며 「六壬・遁甲・太乙」의 三式은 「干」과 「支」를 사용하는 고등 占術이다. 특히 「奇門遁甲」은 日本에서는 전연 없으며 「太乙神數」에 있어서도 日本에서는 絕無(절무)하며 中國에서도 헤아릴 수 있는정도 밖에는 傳承者(전승자)가 없다. (日本에 없다는 것은 一般書冊이 없다는 뜻이며, 專問書冊(전문서책)으로서는 筆者가 日本에서 공개하고 있다. 一般書로서는 遁甲의 공개는 이 책이 日本에서는 처음이다.)

그러면 이 「卜」의 占術속의 「斷易(五行易)」 以外 즉 「六壬・遁甲・太乙」의 모든 것은 三國誌로 유명한 諸葛亮(제갈량)이라고 전해지고 있다. 이 諸葛公明은 郡雄割據(군웅할거)하는 三國時代에 蜀漢(촉한)에 벼슬자리에 있으면서 二十數年동안 활약했던 中國에서 첫째 가는 智者(지자)라고 일컫는 사람이다.

이 「卜」의 「三式(六壬・遁甲・太乙)」은 孔明이 젊은 시절 龜鹿道人(구록도인)이라는 仙人에게 道學을 배우고 있던 때에 어떤 기회로 그 仙人이 있는 산속의 女狸(여리)인 胡里女(호리여)로 부터 배우게 되었다는 전설이 남아 있다. 孔明은 아주 美男子였기 때문에 그 女狸가 깊은 사랑을 한 나머지 당시에 아무도 모르는 이 「卜」의 三式을 孔明에게 전했다고 한다.

諸葛孔明의 戰場(전장)에서의 占이라는 것은, 이 「六壬」을 車를 타면서 손바닥 속을 굽어 보고 軍陣에 이용하였던 것 같다. 또

孔明은 軍을 이끌고 종횡으로 전략전술을 구사하여 大國의 軍을 손 아귀 속에 잡았던 것은 「奇門遁甲」에 의한 方位陣을 펼치는 法을 썼다고 전해지고 있다.

지금까지도 전해지고 있는 孔明의 문집에 「八陣圖」라는 것이 있 으나 이것에는 조금이나마 「八門遁甲」의 내용이 보이는 듯 하다. 또 孔明은 자신의 死期도 死後蜀軍의 상태도 모두 「太乙神數」에 의 해 像測하고 있었다고 전해지고 있다. 「益部耆舊雜記」라는 책에 孔明이 病으로 쓰러졌을 때, 그 以後 國家 방침에 대해 의견을 요구 하였을 때의 회답이 실려 있으나, 이 正史와 전설을 비교해 보면 정 말 흥미진진한 것이 있다.

더우기 이 「奇門遁甲」은 현재도 諸葛孔明著라고 하는 「奇門遁甲 全書」라는 책이 남겨져 있다. 또 明나라의 劉伯溫著에 의한 「奇門 遁甲天書·地書」는 두 권이 오늘날 가장 대표적이며 정확한 「奇門 遁甲」을 전하고 있다는 말들을 하고 있다.

日本에서는, 이 「測局」과 다른 占術의 구별이 되어 있지 않기 때 문에, 전연 틀린 國家정세의 예측을 하고 있다. 개인을 占하는 「卜 」의 占을 가지고 天下의 大勢를 가끔 占하고 있다. 주간지에 실린 정치문제나 국가의 대세나 地震의 有無 등은 개인의 占術인 「易」 이나 「도람프」 등으로는 절대로 占할 수는 없는 것이다. 최근의 地震예측 등은 이러한 의미에서 틀린 방법으로 취급되고 있다 할 것 이다.

相占術의 特質과 그 內容

「相」占術은 「印相」과 「名相」과 「人相」과 「家相」과 「墓 相」의 五種으로 나눌 수 있다. 物體의 형체를 占하는 術로서 비교 적 쉽기 때문에 (사실은 어렵다) 많이 보급되어 있는 占術이다.

다만 이것도 대부분 응용법이라고 할 수 있는 사용하는 뜻을 모르고 있기 때문에 역시 일반에게 잘못 流布되어 있는 것 같다.

예를 들면, 「印相」으로 인간의 一生을 占해 버린다든지 「姓名」이나 「人相」으로 그 사람의 운세를 판단하고 있으나, 이것은 「相」이라는 占術의 時間的 관념이나 작용 범위를 과대평가하고 있기 때문에 일어나는 잘못된 占術사용법이다.

우선 이 「相」 占術을 작용되는 期間에 대해 말한다면 「印管一事(인관일사)」 「名管一期(명관일기)」 「人管一生(인관일생)」이라는 語句를 써서 그 「相」의 占術의 작용기간을 단적으로 나타내고 있다. 「管」이라는 文字의 뜻은 「임무를 맡아 본다」는 뜻이다.

즉 「印相」은 그 印章을 사용했던 어느 하나의 것에만 한해서 작용하고 있는 기간 만에 작용하며, 「人相」(面相과 手相)은 그 사람의 평생에 관계하고 있다고 말할 수 있다.

日本에서 흔히 말하는 「××印章」을 갖고 있으면 한 평생 평안무사하다고는 말할 수 없다. 印章은 어떤 하나의 일(事)에 지나지 않으므로, 財理(재리)에 좋은 印章은 직업에도 좋은 印章이 될 수는 없다. 더구나 一生을 통해 무슨 일에든지 좋은 印章이 된다고는 절대로 할 수 없다.

다음에 이 「相」의 占術을 前述한 作用기간과는 따로 작용 범위에 대하여 말한다면, 「人管一人」 「家管一家」 「墓管一族」이라는 말을 사용하여, 그 「相」의 占術에 미치는 작용범위를 분명히 나타내고 있다.

다시 말해서 「人間(面相·手相)」은 한사람의 사람에게만 작용하며, 「家相」은 그 집에 살고 있는 모든 家族에 작용하며, 「墓相」은 그 유골과 직계혈연을 지닌 사람의 一族에 作用한다는 것이다.

이것을 表로 나타내면 다음과 같다.

相	期　間	範　圍
印　相	一　事	一　體
名　相	一　期	一　個
人　相	一　生	一　人
家　相	一　代	一　家
墓　相	永　代	一　族

人相과 家相이 「一生・一代」이라는 것으로서 二重으로 되어 있다. 동시에, 印相과 名相과 人相이 「人間個人」이라는 것으로 二重으로 되어 있다.　이런 점으로 봐서도 論理整然 (논리정연) 하다고 하겠다.

「印相」과 「卜」占術인 「奇門遁甲」의 술법을 응용하여 「印章一事」라고 하는 것처럼 그 印章의 사용목적에 따라 각각 다른 모양의 彫刻 (조각) 법을 쓴다.　日本에서 보통 퍼져 있는 읽지도 못하는 괴상한 印章과는 전연 다르다.　바른 篆法 (전법) 에 따라 「奇門遁甲」의 「八門」과 「三奇・六儀」를 印面에 배치된 氣品이 있는 조각법을 한다.

우연이겠지만 이 「印相」에 새겨져 있는 財利의 인장과 日本國官印 (일본국관인) 인 「總裁之印 (총재지인) 」과는 똑같은 形 (형) 의 인장이다.　따로 「印相」에 의해 만들어진 것은 아니겠지만, 좋은 것은 누가 파드라도 一致한다는 매우 좋은 見本 (견본) 과　비슷한 것이다.　들은 바에 의하면 「총재지인」은 일본의 최고의 서도가, 전각가, 한학자, 문학가들과 상의하여 바른 書體로 세기는 도장이라 한다.

「名相」은 姓名의 相이라고 하는 뜻으로, 보통 말 하는 작명술인 것이다.　「名相」의 占術은 「筆劃」(필획), 「字形」(자형), 「

-76-

音靈」(음령)의 세가지 요소로서 성립되어 있다. 이것도 일본에서
는 中國과 같은 漢字를 쓰고 있으면서, 이 「名相」의 가장 중요한
요소인 「字形」을 완전히 빼버리고 단지 「筆畵·音靈」만을 취하고
있다.

「名相」에 있어서 「字形」은 한자형에 따라 星(虛星)을 表出하
여 글자의 靈的(영적) 작용을 찾아내는 것으로서 이 星은 「紫薇·
六壬·子平」의 三占術에 이용되는 것을 응용하는 술법이다.

더우기, 日本에서 보통 行하고 있는 「姓名術」의 筆畵으로 姓字의
數와 名字의 數가 같지 않는 姓名의 筆畵法은 틀린다.

「人相」은 手相과 面相으로 나눈다. 이것을 정식으로는 「面相·
手掌」 또는 「面掌」이라 부르고 있다. 이 「面相」에는 中國에서
대체로 세 種類의 계통이 있다. 즉 「麻衣相法(마의상법)」 「神
相鐵關刀(신상철관도)」 「金面玉掌(금면옥장)」의 세 流派이다.
日本에 전해져 있는 「面相」은 「麻衣相法」의 派이다.

「麻衣相法」은 얼굴 하나하나의 부분을 취해 길흉을 말하는 面相
術로서 아주 알기 쉬운 반면, 전연 응용할 수 없는 死物化(사물화)
된 相法이다. 귀가 이렇게 된 形은 吉, 입이 이렇게 된 相은 凶이
라고 매우 구체적으로 풀이하고 있으므로 입, 귀 등을 취하고 있을
때는 누구든지 쉽게 알 수 있다. 그러나, 입 만의 사람, 귀 만의 사
람은 없으므로 얼굴 전체를 보면 相反되는 부분이 나타나서 판단 못
하는 수가 있다.

다시 말해 「麻衣相法」은 나쁜 流派라는 것이 아니고, 제법 숙련
된 사람이 아니면 소화시킬 수 없을 것이라는 뜻이다.

「神相鐵關刀」는 쇠를 칼로 끊는 것과 같이 날카롭게 판단한다는
뜻이지만 이것은 명확한 판단을 할 수는 있으나 배우기 어려워 아무
나 할 수 없는 面相法이다.

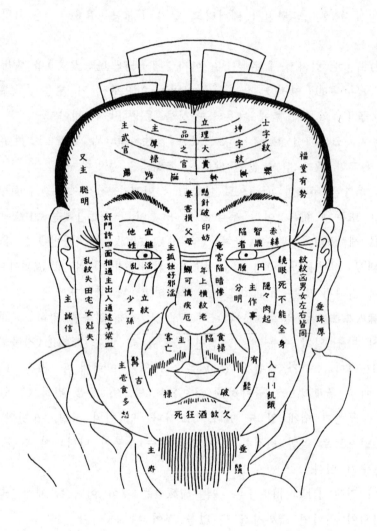

人 相 古 圖

-78-

「金面玉掌」은 面相이나 手相 등에 다른 占術(六壬·遁甲)을 잘 응용한, 매우 구체적이고 더구나 습득하기 쉬운 술법이다. 특히 「玉掌」의 手相은 쉬운 나머지 적중율이 현재 日本에서 行하고 있는 西洋式 手相法에 비교가 안된다. 라고 하는 것은 다른 占術을 手相·面相의 型으로 나누는데도 잘 이용하고 있기 때문에 보는 방법과, 정리방법이 확실하게 되어 있어 구체적으로 볼 수 있기 때문이다. 지금도 「金面玉掌記」라는 좋은 책이 전해지고 있다.

「家相」은 「陽宅」이라고도 하여 家屋의 相을 말하는 占術이다. 이 「家相」에도 前述한 것처럼 「三合派」와 「三元派」와 「三曜派」가 있다. 日本의 家相術은 이 가운데 「三合派」에 속한다.

「三合派」라는 것은 딴 이름으로는 「神殺派(신살파)」라고도 하여 유치한 占術을 이용하는 派이다. 「三元派」는 「卜」속에 있었던 「奇門遁甲」을 응용하는 가장 바른 流派이며, 「三曜派」는 實星을 主로 하여 占하기 때문에 家相을 每年每年의 吉凶에 主力을 둔 派이다.

「三曜派」는 實星을 이용하여 그 實星과 집의 각 相과의 관계를 본다. 「三元派」는 「奇門遁甲」에 있어서 법칙인 (天干·地干·九星·八門·八神·九宮」이라는 조건을 집의 向이나 大門의 向과 房에 종횡으로 응용하여 그 집의 길흉을 占하는 家相의 流派이다. 이 「三元派」의 家相을 설명한 책으로는 明나라의 劉伯溫著인 「陽宅遁甲圖」라고 하는 것이 지금도 여전하게 전해지고 있다. 「墓相」은 별명으로 「風水」라고도 하여 墓의 相과 墓의 地相을 말하는 占術이다. 「墓相」의 법칙은 「龍(용)·穴(혈)·砂(사)·水(수)·向(향)」의 다섯 조건에 의해 길흉을 풀이한다.

「龍」이란 地勢를 뜻하며, 「穴」이란 墓의 위치를 가르키며, 「砂」란 환경을 뜻하여 지질과 공기를 가르키고, 「水」란 물의 흐름을 말하며, 「向」이란 墓의 坐向(좌향)을 뜻한다.

현대는 土地가 비좁기 때문에 공원묘지가 설치되어 있어서 그다지 이 「風水」에 관계된 墓가 적은 것이 서운하다.

五蓬庚(오봉경) 合傷丙(합상병)	一心丁(일심정) 陳杜辛(진두심)	三壬丙(삼임병) 雀景癸(작경계)
四英壬(사영임) 陰生丁(음생정)	六 乙(육 을) 丙 乙(병 을)	八輔辛(팔보심) 地死甲(지사갑)
九禽戊(구금무) 蛇休庚(사휴경)	二柱甲(이주갑) 符開壬(부개임)	七冲癸(칠충계) 天驚戊(천경무)

屋옥
向향

門문
向향

正정
北북

戌卯(술묘)

陽 宅 遁 甲 圖(양택둔갑도)

❖ 諸葛公明(제갈공명)과 劉伯溫(유백온)

前述한 五術의 大家인 明나라 劉伯溫이 諸葛公明의 墓를 보고 자기의 墓相의 腕(팔)과 孔明의 腕과를 비교하려는 이야기가 남아 있다.

대수롭지 않게 만들어진 墓를 보기만 하고 知慧(지혜)가 있었던 劉伯溫은 우선 자기보다 孔明의 腕이 上(위)라는 것을 인정하였으나 劉伯溫의 제자들은 그것을 인정하려 하지 않고, 이 따위 墓는 헐어 버리려고 달려 들었다. 그런데 그 제자는 孔明의 墓에 몸이 딱 들어 붙어서 꼼짝 못하게 되었다.

劉伯溫이 墓에 가까이 가서 보니 墓碑(묘비)에 「古今第一軍師(고금제일군사)」라고 새겨져 있고, 그 옆에 작은 글자로 「脫甲而逃(탈갑이도)」라고 있었다. 甲이란 갑옷으로서, 劉伯溫은 「갑옷을 벗어 버리고 달아나라」라고 제자에게 지시하였다. 즉 죽은 몇 百年 뒤에 자기 무덤을 해치러 오는 난폭자가 武士(무사)로서 갑옷을 입고 있는 것을 짐작하고, 磁氣性(자기성)이 매우 强한 돌을 墓石으로 사용해 두었던 것이다.

「아 ——. 그야말로 古今에 제일 가는 軍師로다」라고 劉伯溫은 감탄하고 새삼 孔明의 五術의 뛰어남에 혀를 돌렸다는 이야기이다.

醫占術의 特質과 그 內容

「醫」는 질병의 치료를 주안으로 한 術法으로 韓國式으로 말하면 韓方醫學(한방의학)이다. 이것도 두 갈래로 분류된다. 하나는 「鍼灸」이며 또 하나는 「方劑」(방제)이다.

「鍼灸」는 일종의 자극치료법으로서 환자의 맥이나 그 밖의 방법으로 病의 뿌리를 찾아내어 그것을 치료하기 위해, 「經絡(경락)」이라는 신체의 어느 부분에 鍼 또는 灸를 하는 방법이다.

현재 行하고 있는 盲人(맹인)의 鍼이나 灸와는 다르다. 이것은 다만 通點(통점) 부위를 鍼 또는 灸를 하는 것으로 올바른 五術의 「醫」와는 조금 다른 것이다.

「方劑」란 藥을 사용하여 치료하는 術法으로 「湯藥(탕약)」라고도 하며 煎藥(전약)을 거의 한방약이라 하고 있다. 이것은 민간약과 「五術」의 方劑를 혼돈하고 있기 때문이다. 민들레, 결명, 율무 등은 모두 민간요법이지 한방약은 아니다.

그러면 이 「五術」의 「醫」인 「方劑」의 사용법의 법칙은 「實虛(실허)」「熱寒(열한)」「表裏(표리)」의 三원칙에 따라서 인간의 질병을 고치는 치료 方劑를 求한다. 그리하여 이것들에 「易卦」를 응용하여 약의 처방을 하고 있다. 한방의학을 하는 여러 분도 모두 이 三원칙에 따라 한방을 응용하고 있지마는 중요한 「易卦」의 응용을 中國에서 들어오지 못하게 하고 있어 어느 누구도 하고 있는 것을 볼 수 없다.

앞서 記述한 것처럼 한방의학을 하는 사람은 「易卦」를 응용한다는 것을 「易」을 치료에 사용한다는 것은 등한시하여 迷信(미신)하면서, 이 소중한 「易卦」의 응용을 하고 있지 않는 것이다. 그러므로, 三原則을 알고 있으면서 그 三原則과 처방의 정리나 관련된 일이 완전히 끊어져 있기 때문에 단지 경험적인 연구에만, 湯藥을 처방하는 것과 같은 것이 되어 버렸다.

西洋醫學을 했던 사람이 한방에 들어 와서 골머리를 앓는 것은 이 「三原則」과 치료법의 관련성과 응용법이 정말로 어렵기 때문이다. 그러나, 이것은 어려운 것이 아니고, 「易卦」의 응용을 모르기 때문에 어렵다고 생각하는 것 뿐이다.

여러 말 같지마는 「五術」의 「醫」는 「易卦」를 응용하여 아주 간단하게 方劑를 정리하고 있으나 그것은 「易」을 세운다든지 질병을 占하기 위해 「易」을 사용하는 것은 아니다. 질병을 다스리기 위해서의 「醫」의 원칙을 「易卦」를 응용하여 정리한 것에 불과하다. 이 點을 오해하지 않도록 주의하지 않으면 안된다.

「醫」書에는 대표적인 것으로서 「方劑」에는 後漢（후한）때 張仲景）에 의한 「傷寒論（상한론）」이 있으며 「鍼灸」에는 「 黃帝內經・難經（황제내경・난경）」 등이 지금도 전해지고 있다.

더우기 透派의 「醫」에서는 「第三線」에 「靈治」라는 것이 있으나, 이것은 요즈음 말하는 催眠術（최면술）법, 暗示療法（암시요법） 정신분석을 하는 것과 비슷한 치료법에 해당된다.

山占術의 特質과 그 內容

「山」은 인간의 생명력을 强하게 하는 術法으로서 한마디로 말하면, 인간의 完成이라고 말할 수 있을 것이다. 山에서 修業（수업）하는 수가 많기 때문에 「山」이라고 불려지고 있다. 이 「山」은 「五術」 가운데 가장 誤解하기 쉬운 術法이다. 라고 하는 것은 현재까지는 바르게 「山」의 五術에 대한 바른 해설이 전해져 있지 않기 때문에 어떻게든지 비슷하게 닮은 術法으로 설명하고 있기 때문에 틀리게 마련이다.

그러면 「山」에 비슷하게 닮은 術法이라고 하면 仙道（선도）, 禪（선）, 요─가, 呼吸法（호흡법）, 식이요법, 武術 등이 된다. 이러한 것들은 어디까지나 形體上（형체상）으로 굳이 비슷하게 닮은 것을 들었는 것에 불과하다.

이 「山」의 術法은 「五術」의 門派에 따라 각각 여러가지 方法이 있어, 특히 비밀로 되어 있다. 여기서 「山」의 體系를 말해 보기로 하자.

먼저 「山」은 제一단계가 「玄典（현전）」이며, 다음에 「養生（양생）」으로 옮겨 마지막에 「修密（수밀）」에 이른다.

「玄典」이란 「山」에 필요한 良書를 읽고 마음을 맑게 하는 것이며, 「養生」이란 여러가지 方法에 따라 몸을 단련하는 것이며 「修

密」이란 意念（정신 통일에 의한 行法）이나 武術 등에 의해 心身의 능력을 强하게 하는 方法이다. 「玄典」은 보통 「山」에서는 「老壯（노장）」이라 하여 「老子・壯子」의 두가지 책을 읽기를 권하고 있다. 다시 「列子」 등도 다음으로 꼽고 있다. 「透派」에서는 「西遊記（서유기）」와 「老子・壯子」의 三種을 이용하고 있다.

「西遊記」는 단순한 怪物（괴물）의 통쾌한 小說은 아니다. 이것은 仙道的（선도적） 해석으로서 아래에 記述하는 「西遊記」의 읽는 方法은 모두 「透派」의 「玄典大法（현전대법）」에 따른 것이다. 「西遊記」는 求道方法（구도방법）을 보다 상세하게 쓴 「山」 書이다. 三藏法師（삼장법사） 세가지 것을 간직하고 있다는 뜻이다. 즉 「山」에 있어서 人間의 최대의 것인 「精・氣・神」으로서 이것을 求한다는 것이 西方으로 經文을 가지러 가는 求道에 해당하는 뜻이 된다. 원숭이 悟空은 「하늘을 깨달아」라는 것이며 河童（하동）인 悟淨（오정）은 「淨을 깨닫다」라는 것이며 돼지인 悟能（오능）은 「능력을 깨닫고, 여덟가지 戒律（계율）을 지킨다」는 일이다. 또 映畵（영화） 등에서 유명한 金角大王・銀角大王이라 하는 怪物이 三藏一行을 괴롭히지마는 이것은 「金銀」（즉 물욕　유인（誘引）을 나타낸 것이다. 그 밖에 여러가지 怪物은 모두 인간의 求道上에 있어서 魔를 나타낸 것이며 그것을 어떻게 피하여 悟道의 心身을 단련할 것인가. 가 「山」의 「玄典」의 뜻이다.

「養生」에 있어서의 신체의 강화법은 「天丹・人丹・地丹」의 三종류로 나눈다. 이 地丹은 계절에 의한 「食餌法（식이법）」이며, 「人丹」은 男女간에 사랑의 營爲（영위）로 인한 「陽氣採取法（양기체취법）」이며 「天丹」은 그 陽氣를 몸속에 쉬지 않고 돌게 하여 인간을 젊게 하는 「靜座法（정좌법）」이다.

이 「山」의 三種도 지금까지 國內에 잘못 전해졌던 것과는　전연 틀린다. 野菜(야채)나 맛없이 먹는 「食餌法」도 아닐 것이며, 컵의 물을 페니스로 빨아 올린다는 「陽氣採取法(方中術)」의 비과학적인 것도 아니다. 또 「靜座法」에 이르러서는 禪이나 그 밖의 行法에 의해 座法과는 전연 틀린 것이다.

「修密」은 拳法(권법)이나 意念(정신통일의 行法)에 의해 心身을 强하게 하는 방법이다. 「透派」에서는 「符呪(부주)」라고 하여 과학적인 점도 없지 않다고도 본다.

以上이 中國에 있어서 「正統五術(정통오술)」의 全貌(전모)이다. 이 책에서는 다음 章부터 될 수 있는 대로 一般人에게 알고 있는 내용을 취재, 平易하게 해설하여 그 응용활용법을 풀어 나갈 예정이다. 그렇지마는 어느 정도 國內에 지금까지 전해졌던 「五術」에서 보면 異說(이설)인 것처럼 느껴진다든지 어려운 것같이 생각되는 점도 있다고 생각된다. 그러나 筆者가 혼자 좋은대로 異說을 세우는 것도 아니며, 國內의 지금까지의 占術을 헐뜯는 생각이 있는 것도 아니다. 東洋에 傳해져 있는 정말 바른 「五術」의 참된 모습을 公開하고 싶은 까닭이다.

끝으로 한 마디하고 싶은 일은 왜 같은 五術이면서도 이렇게 틀리게 전해졌는가 라는 점이다. 大別해서 그 원인은 다음과 같다.

1. 中國에서는 「五術」의 門派가 확립되어 있어 어느 정도 이외는 밖으로 비밀이 새어 나가지 않았기 때문이다.

2. 東洋術法의 특징이라고 할 수 있는 口傳이나 경험에 의한 傳承(전승) 이외에 公開되지 않았던 점.

3. 中國과 韓國과 日本의 國狀이 틀리므로 「五術」의 전승에도 이해부족이 있어 歪曲(외곡)되어 있는 점.

등의 이유에 의한 것이라 생각된다. 특히 日本에서는 1과 2의 이유에 의해 傳承이 불가능 하였기 때문에 하는 수 없이 書籍(서적)

에 의한 전승이 대부분이다. 그렇게 되면 3의 이해 부족이 나타나
게 되기 마련이다.

예를 들면 「子平(四柱推命)」에 관한 책은 國內서도 많이 나오
고 있으나 前述한 이유로 잘못이 투성이인 「子平(四柱推命)」이 國
內에서 公開되고 있다. 「可春可秋」(봄 좋고 가을 좋다) 「可秋
可冬」(가을 좋고 겨울 좋다) 前者는 一年中 좋다는 뜻으로 봄과
가을만 좋다는 뜻은 아니다. 後者는 가을 겨울만이 좋다는 뜻이다.
「子平(四柱推命)」에서 一年中 어느 月生이라도 좋다는 것과 가을
겨울의 月生만 좋다고 해서는 많이 달라진다. 이런 것의 구별이 國
內의 「子平書」에는 되어 있지 않다.

「二月甲木, 庚金得所 ……」이것은 二月生인 사람으로 甲木이 있
는 사람은 庚金이 덕을 볼 수 있는 조건을 갖추고 있다면 …… .
그러나 갖추어 있지 않다면 오히려 좋지 못하다는 반대 말과 같은 形
言(형언)이다. 그러나 지금까지의 책에는 모두 이 「得所」를 놓
쳐 버리고 二月의 甲木은 庚을 중요하다고 되어 있기 때문에 凶을 吉
로 해석해 내리고 있다.

「人有精神」(사람에 정신이 있으면)은 인간의 「生年月日時」에
水와 金이 있으면 —— 라고 하는 뜻이다. 精과 精液(정액), 腎精
이라는 뜻으로서 水를 의미하며 神은 金性을 의미하고 있다. 그러나
그런 것을 모르는 子平연구가는 사람의 정신(根性이라는 뜻)이 없
으면 —— 라고 해석하기에 이르러서는 웃지 못할 喜劇(희극)이라
할 것이다.

다시 말해 「五術」에는 이러한 뜻에서 올바르게 된 것이 적으므로
決코 筆者가 험을 들추어 다른 것을 헐뜯는 것은 아니다.

第三節 五術의 基礎知識

五術을 연구하는 데는 보통 사람들에게는 귀에 익숙하지 않는 用語(용어)가 많이 나와서 연구하는데 번거롭게 하고 있다. 이 책에서는 가급적 쉽게 설명하지마는 빈번히 나오게 되는 「十干」과 「十二支」만은 반드시 외워 두기 바란다. 이것이 설설 나오지 않으면 「五術」 특히 「命·卜·相」의 三術은 전연 사용할 수 없다. 불과 二十二字 뿐이니 暗記(암기)하여 주기 바란다.

十干과 十二支

十干과 十二支는 모두 曆書上(역서상)의 부호라고 생각하면 될 것이다. 일반적으로 六甲이라고 불리고 있는 것이다. 불과 二, 三年전에 아기를 낳아서는 안된다는 해라든가, 채소가게 順이는 男子를 잡아 먹는 해에 태어났다든가 하는 「丙午」가 이것에 해당된다. 즉이 「丙午」라는 것이 干支에 맞닿으니 「丙」이 十干이고 「午」가 十二支이다.

「十干」이란 다음 十種이다.

甲(갑)	乙(을)	丙(병)
丁(정)	戊(무)	己(기)
庚(경)	辛(신)	壬(임)
癸(계)		

「十二支」란 다음의 十二種이다.

子(자)	丑(축)	寅(인)
卯(묘)	辰(진)	巳(사)
午(오)	未(미)	申(신)
酉(유)	戌(술)	亥(해)

이 「十干」과 「十二支」가 짜 맞추어지므로 六十種의 干과 支가 짜 맞춰진다. 이것을 「六十干支」라고 하여 모든 占術의 曆上의 기본이 된다. 보통 六十一歲가 되면 「還甲」이라고 하여 壽宴(수연) 잔치를 하는 것은 자기가 태어난 해의 干支가 六十干支이므로 꼭 한바퀴 돌아서, 같은 干支의 해가 됨으로, 이것을 본래의 干支의 되돌아 왔다라는 의미로서 축하하는 것이다.

前述한 「백말띠」는 「丙午」이다. 이 六十干支의 짜 맞춤이 曆으로나 方位로도 사용된다. 우선 다음에 이 六十干支表를 실어 둔다.

六十干支表 (육십간지표)						
甲子 갑자	甲戌 갑술	甲申 갑신	甲午 갑오	甲辰 갑진	甲寅 갑인
乙丑 을축	乙亥 을해	乙酉 을유	乙未 을미	乙巳 을사	乙卯 을묘
丙寅 병인	丙子 병자	丙戌 병술	丙申 병신	丙午 병오	丙辰 병진
丁卯 정묘	丁丑 정축	丁亥 정해	丁酉 정유	丁未 정미	丁巳 정사
戊辰 무진	戊寅 무인	戊子 무자	戊戌 무술	戊申 무신	戊午 무오
己巳 기사	己卯 기묘	己丑 기축	己亥 기해	己酉 기유	己未 기미
庚午 경오	庚辰 경진	庚寅 경인	庚子 경자	庚戌 경술	庚申 경신
辛未 신미	辛巳 신사	辛卯 신묘	辛丑 신축	辛亥 신해	辛酉 신유
壬申 임신	壬午 임오	壬辰 임진	壬寅 임인	壬子 임자	壬戌 임술
癸酉 계유	癸未 계미	癸巳 계사	癸卯 계묘	癸丑 계축	癸亥 계해

年 . 月 . 日 . 時의 干支

五術 연구에서는 「時」를 매우 중요시한다. 이 「時」는 「年·月·日·時」의 四種으로 분류되어 인간은 이 네가지의 推移(추이) 속에서 생활하고 있다. 이 네가지의 「時」속에 각각 前述했던 「干支」(十干·十二支)가 배치되어 있어서 五術을 연구할 때에는 이 干支와 「時」를 바탕으로 하여 行하고 있다. 이것을 조금 더 쉽게 설명하면 每年·每月·每日·每時에는 각각의 干支가 있다는 것이 된다.

보통 「午」年生(말의 해)이라든가 「草木도 잠자는 丑三時」라는 것은, 이 年이나 時등의 干支속의 「十二支」를 가르키고 있다. 즉 어느 「年」이 「午」에 해당되었을 때에 태어난 사람이 「午年生」(말의 해)이며, 한 밤중의 一時에서 三時까지 사이인 「丑刻」에 해당되는 時間을 「丑三時(축삼시)」라고 한다.

또 一般化되어 있는 熟語(숙어)인 正午라는 것은 午時를 가르키는 것이다.

이와 같이 「年·月·日·時」에는 반드시 「干支」가 배치되어 있다. 엄밀하게는 前述한 것처럼 十干과 十二支를 짜 맞추면 「六十干支」이므로, 六十種의 干支가 年 또는 月 또는 日 또는 時등으로 배치되게 된다.

그러면 이런 것의 「時」의 干支는 「命의 占術에 있어서는 各人의 「生年·月·日·時」의 干支로서 판단상의 중요한 기본이 된다. 또 돌아오는 每年·每月의 運의 길흉을 볼 때도 그 해 또는 그 달의 「干支」로서 중요시 된다.

또 「卜」의 占術에 있어서는 事物을 占할 때 (年·月·日·時)의 干支로서 판단상의 기본이 된다.

그 밖에 「時」로서의 流動的(유동적)인 의미의 「干支」와는 달리, 움직임이 없는 固定化(고정화)된 의미의 「干支」도 이 「五術」에서 매우 많이 사용된다. 예를 들면 「易」의 卦에 「干支」를 배치하든가 「家相・方位」에 「干支」를 이용하든가 얼굴에 「十二支」를 手에 「十干」을 배치하기도 한다.

여러 곳의 「干支」의 사용方法은 各占術인 곳에서 記述한다. 일단은 이 第一章에서는 干支의 대략을 記述해 두었다.

第二章 命에 依한 人間의 理解(紫薇)

第一節 紫薇斗數推命術入門

紫薇斗數란 무엇인가?

「命」占術의 대표적인 것으로서는 이 「紫薇斗數」를 가장 먼저
들 수 있다.

日本에서는 "推命術"이란 말이 잘못 전해져 버려 「四柱推命術」
의 略語(약어)가 "推命術"인 것처럼 생각되어 있다. 바르게는,
「命」占術는 모두 "推命術"이라고 불리므로 日本처럼 「四柱」만
을 부르는 것은 아니다.

그러면 「紫薇斗數」란 우리 「透派」의 「命」占術의 위치에서 말
한다면, 第一線 즉 초급에 속하는 占術로 매우 쉽게 그리고 정확한
「命」의 占術이다. 「紫薇」란 紫色(보라빛)인 장미꽃으로 北斗
七星系(북두칠성계)의 星으로 본딴 것이다. 「斗」라는 것은 물건
을 計測(계측)하는 뜻이며, 「數」란 術數라는 中國語의 略語이니,
占하는 術이라는 뜻이다.

즉, 紫薇斗數란 「紫薇星과 그 밖의 여러가지 星을 써서 인간의 命
을 占하는 術」이라고 할 수 있게 된다. 이 占術은 星을 많이 쓰기
때문에, 星을 表出하는데(出生圖를 만든다) 조금 힘이 들지마는 다
음은 매우 많은 특색을 지니고 있는 「命」의 占術이다. 그 특색으
로서는,

1. 다른 占術과는 달라서 손쉽게 누구든지 판단할 수 있다. 骨이
   나 幹같은 전문적인 것은 조금도 필요없다.
2. 매우 구체적으로 인간의 운명에 관한 모든 길흉을 알 수 있
   다.

第二節　出生圖　作成法(1)（基本）

「紫薇斗數」는 인간이 이 세상에 태어나게 된 「生年·月·日·時」가 그 사람의 선천적인 宿命을 약속받은 것이라고 생각되는 바탕을 가지고 占하는 術이다.　즉 星占을 하려는 사람의 生年·生月·生日·生時의 干支를 表出하여 그 四組의 干支에서, 각각의 星을 뽑아내어서 보는 것이다.　이 干支나 星을 뽑아서 판단하기 쉽도록 記入하는 表를 「出生圖」라고 부른다.

出生圖에 對해

「出生圖」란 前述한 것처럼 그 사람의 「生年·月·日·時」의 干支와 그것을 기본으로 하여 나타난 여러가지 星을 記入한 것을 말하며 「챠―드」라고도 부르고 있다.

「出生圖」의 原型（定해진 形）은　95頁처럼 十二의 長方形（긴네모꼴）을 맞춘 것으로 각각 하나의 部位（長方形）에　前述한 十二支가 배치되어 있는 것이 定해진 出生圖이다.　이 出生圖로서는　十干은 쓰지 않는다.

이 形은 모두 같아서 변하지 않는다.　누구의 「出生圖」에도 이것과 같은 「十二支」가 와 있다.　다만 이곳에 記入되는 星이 각각의 生年·月·日·時에 따라 달라지게 될 뿐이다.

出生圖 作成法의 順番

먼저 첫째로 다음 그림과 같은 出生圖의 原型을 그린다.　반드시 十二支를 定해진 자리에 記入하여 주기 바란다.　그 곳에 지금부터 필요한 星을 記入하여 간다는 뜻이다.

이 「出生圖」를 작성하는 데는 （別册 四～一七八頁）와 紫薇斗數出生圖表（別册 一八〇～一九一頁）을 이용한다.

정확한 「生年·月·日·時」에서 別册의 「干支萬年曆(간지만년력)」에 따라 生年·生月·生日·生時의 各干支를 나타낸다. (나타내는 방법은 後述) 이것을 出生圖의 한가운데의 空白인 곳에 記入한다. 生年에서 차례로 生時까지 右에서 左로 記入한다. 여기까지가 초보의 기본이다.

巳	午	未	申
辰			酉
卯			戌
寅	丑	子	亥

紫微斗數推命術出生圖 (原型)

　다음에 이 기본을 토대로 하여 이제 星을 나타나게 한다. 그러기 위해서는 ① 星을 내기 위해서의 約束 (조건과 비슷한 것, 準備) 이 있다. ② 그 약속에 의해 나타나는 星이 있다. ③ 다시 차례 차례로 그들 星에 따라 다른 星이 나타나게 된다. ④ 大限이라고 하는 十年동안의 運의 길흉을 알기 위한 것을 나타낸다. ⑤ 少限이라고 하는 每年 돌아오는 運의 길흉을 알기 위한 것을 나타낸다. ⑥ 出生圖에 나타난 各星의 强弱(강약)을 나타낸다.

以上의 六個항목을 기입해 가는 것이 「出生圖」이다. 이것을 상세하게 箇條式(개조식)으로 쓴다면 다음과 같이 된다. 물론 別冊의 「干支萬年曆」과 「紫薇斗數出生圖表」를 사용한다. 表出방법은 다음 頁에 의해 설명하지마는 여기서는 順序만을 記述한다.

1. 정확한 生年·月·日·時에서 各人의 生年·生月·生日·生時의 각각의 「十干·十二支」를 나타낸다.

2. 그 生日은 「舊曆(太陰曆)」으로 고친다.

3. 年月支와 生時支를 對照(대조)하여 「命宮」의 十二支를 알아 본다.

4. 「命宮」의 十二支에 의해 「十二宮」을 나타낸다.

5. 生年의 十干과 「命宮」의 十二支를 대조하여 「五行局」을 나타낸다.

6. 「五行局」과 生日의 舊曆(太陰曆)의 數와를 對照하여 「紫薇星」을 나타낸다.

7. 「紫薇星」의 어떤 部位의 十二支를 바탕으로 하여 「紫薇系의 星(五種類)의 星」을 나타낸다.

8. 「紫薇星」의 어느 部位의 十二支를 바탕으로 하여 「天府星」을 나타낸다.

9. 「天府星」의 어느 部位를 바탕으로 하여 「天府系의 星(七種類의 星」을 나타낸다.

10. 生年의 十二支와 生時의 十二支를 대조하여 「炎星·鈴星」의

二星을 나타낸다.

11. 生時 十二時를 바탕으로 하여 「文曲星‧文昌星」의 二星을
    나타낸다.

12. 生年의 十干을 바탕으로 하여 「羊刃星‧陀羅星」의 二星을
    나타낸다.

　　── 여기까지 나타낸 二十箇星은 「主星」이라고 부르는 중요
    한 별들이다.

13. 生年의 十干을 바탕으로 하여 「天存星‧天魁星‧天鉞星」의
    三星을 나타낸다.

14. 生月의 十二支를 바탕으로 하여 「左輔星‧右弼星‧驛馬星」
    의 三星을 나타낸다.

15. 生時의 十二支를 바탕으로 하여 「天空星‧地劫星」의 二星을
    나타낸다.

　　── 여기까지의 나타낸 八箇星은 副星(부성)이라고 한다.

16. 生年의 十二支를 바탕으로 하여 「天耗星‧紅鸞星‧天喜星」의
    三星을 나타낸다.

17. 生月의 十二支를 바탕으로 하여 天姚星‧天刑星의 二星을 나
    타낸다.

　　── 여기까지의 五箇星을 「雜曜星」이라 부르고 있다.

18. 生年의 十干과 「紫薇系의 星‧天府系의 星」을 대조하여 「
    化祿星‧化權星‧化科星‧化忌星」의 四星을 나타낸다.

　　── 이 四箇星을 「化曜星」이라 한다.

19. 生年의 十干과 生日을 바탕으로 하여 「大限(十年運)」을
    나타낸다.

20. 生年의 十二支를 바탕으로 하여 「少限(一年運)」을 나타낸
    다.

21. 각각의 星과 그 星의 어느 部位의 十二支를 대조하여, 그 星의 强弱의 「廟(묘)·陷(함)·旺(왕)·失(실)」을 나타낸다.

以上의 二十一箇항에서 「出生圖」가 成立된다. 文章으로 내다 보니 매우 큰 일인 것같이 생각되겠지만 別册의 表를 보고 나타내게 됨으로 順序만 틀리지 않으므로 간단하게 할 수 있다. 다음에 以上二十一개 항목을 하나씩 자세하게 說明해 보기로 하자.

生年·月·日·時의 册曆보는 方法

生年·月·日·時는 언제나 돌고 있으므로 册曆에 의하지 않으면 안된다. 別册의 「干支萬年曆」(別册四～一七八頁)에 의해 각각의 生年月日時의 干支를 조사하는 것이다.

여기에서 이 册曆의 사용방법을 설명하기로 한다. 어느 頁이라도 좋으니 펴 봐주기 바란다. 가급적이면 자신의 生年頁이 좋을 것이다.

頁의 右側에 年號가 쓰여 있다. 위가 日本年號, 밑이 西洋年號이다. 左頁(奇數頁)의 左側에는 그 年의 干支가 있다. 즉 生年의 干支는 여기서 보면 된다. 그 밑에 있는 것은 「卜」占術의 「奇門遁甲」에 사용하는 것으로서 이 「命」占術에서는 사용하지 않는다. 그러면 右頁이든 左頁이든 같은 體裁(체제)인 表로 되어 있으므로, 「月, 節氣, 局·日」로 四段으로 위에서부터 차례로 구분되어 있다.

제일 위에는 「月」이 있지마는 그것은 그 年의 月로서 右에서 차례로 一月부터 六月까지와 七月부터 十二月까지로 되어 있다. 數字가 月이며 그 옆에 그 月의 「干支」가 있다. 예를 들면 「一辛丑」이라고 있으면, 一月의 辛丑인 干支라는 것이다. 즉 生月인 곳을 보면 그 生月의 干支가 바로 알게 된다.

七月生인 사람은 「七」, 十月生인 사람은 「十」인 곳을 보면 될 것이다.

二段째는 「節氣」라고 되어 있으나 이것은 「二十四節氣」라고 하여 一年 三百六十五日을 二十四의 계절로 구분한 것으로서 月과 月과의 경계를 나타낸다. 더우기, 이 「節氣」의 段에는 한달에 두개의 節氣가 들어 있지마는 右側의 「節氣」가 月과 月과의 경계를 나타내는 것이다.

두字의 한자는 「節氣」의 이름을 나타내고 있으며, 그 밑의 數字는 그 節氣가 되는 날자를 냈으며, 그 數字 밑의 十二支는 그날의 時間에서 그 「節氣」가 된다는 것을 나타내고 있다.

예를 들면 「小寒6末」이라고 있으면 一月은 六日의 末時(오후 一時이후)부터 二十四節氣中의 小寒에 들어간다는 뜻이다. 같은 방법으로 四月인 곳에 「清明5子」라고 있으면 四月은 五日의 子時 (오후 十一時이후)부터 清明으로 들어간다는 뜻이다.

이것은 그다지 어렵게 생각하지 말고 月과 月과의 경계가 되는 日과 時間이라고 해석하면 된다. 즉 이러한 占術로는 月의 경계는 三十一이나 一日이 아니고 이 「二十四節氣」의 右側의 「節氣」인 날의 十二支의 時間이 경계가 된다는 것이다. 보통 五月이라고 하면, 五月 一日의 밤 十二時부터 五月이 된다고 생각하고 있으나 占術上에서는 그렇지 않으며 이 月의 경계의 日이나 時부터가 정말 五月달이된다. 時間의 十二支는 別冊의 曆(一七八頁)에 있다.

그러므로 二段째의 「節氣」는 右側의 數字의 날이 그 달이 되는 경계이며, 十二支가 그 날의 그 時間부터 그 달이 되는 경계가 된다는 뜻이다. 이것도 左에서 옆으로 봐 나간다. 반드시 둘 있는 「節氣」의 右側을 사용한다는 것을 잊지 않도록 해 주기 바란다.

三段째는 「局」이라고 되어 있으나 이것은 그 달의 一個月간의 날의 干支와 「舊曆(太陰曆)」을 나타낸 것이다.   右頁이나 左頁 모두 함께 제일 右側 밑에 數字로 「12~30 31」라고 있는 것은 一箇月간의 날을 나타내고 있다.   이것으로 그 사람의 生日干支는 알 수 있다.

다시 各月의 밑에 數字와 干支와 數字의 세種類가 옆으로 줄지어 있으나, 이것은 「舊曆」인 날과 그날의 「干支」와 그날의 「局」을 나타낸 것이다.   예를 들면 「日」의 「6」의 옆에 「20丙申六」이라고 있으니 六日은 舊曆으로 二十日로서 「干支」가 「丙申」으로 「局」이 「六局」이라는 뜻이다.   더우기 이날의 「局」은 本章의 「命」占術에서는 사용하지 않는다.

그러면 생일의 干支를 表出하는 方法으로는, 四段째인 곳을 사용하면 곧 生日의 「干支」와 「別冊」과 「局」이 表出되도록 되어 있다.

以上은 「萬年曆」의 사용방법이다.   다시 한번 정리한다면 右頁의 右側 윗쪽은 日本年號, 그 밑은 西曆年號, 上段의 月이라고 있는 옆줄은 一月에서 六月까지의 各月의 干支, 二段째의 「節氣」라고 있는 옆줄은 月의 경계가 되는 日과 그 時間, 三段째의 「局」이라고 있는 옆줄은 各月의 局・四段째의 「日」이라고 있는 옆줄은 그날에 해당하는 舊曆의 日과 干支와 局이다.

左頁의 左側上段은 그 年의 干支, 그 밑은 그 年의 局, 나머지는 右頁와 같다.

生年・月・日・時의 干支表出法

앞에서 설명한 「生年・月・日・時」의 冊曆보는 방법을 이용하면, 各人의 生年・月・日・時의 干支는 간단하게 表出한다.

다만, 前述한 것처럼 年・月・日・時의 경계가 현재 사용되고 있는 것과는 많이 틀린다. 그러므로 주의하지 않으면 안된다.

年의 경계는 「立春」날을 기준으로 한다. 月의 경계가 一日이 아닌 것처럼, 年의 경계도 十二月 三十一日도 아니며 一月 一日도 아니다. 二月의 「立春」날(엄격히는 時間도 들어간다)이 年의 경계가 된다. 즉, 그 年의 一月부터 시작하는 것이 아니고 二月의 경계(즉 二月의 立春日)부터 그 年이 된다. 그래서 十二月이 그 年의 끝이 아니고, 다음 해의 一月 전부(즉 二月의 立春日 앞에까지)가 그 年이 된다.

이것을 生年・生月에 짜 맞추면, 一月生 또는 二月 一日이나 二日, 三日生인 사람은 前年生이 되는 셈이다. 이것은 그 해의 경계가 「立春」이며 立春보다 앞에 태어났다면 前年이라고 할 수 있다.

月의 경계는 前述한 「二十四節氣」인 右側의 節氣이다. 그러므로, 그 月의 一日이나 二日生은 반드시 前月生이 된다.

日의 경계는 오후 十一時이다. 이것도 현재의 十二時가 日의 경계가 되는 것과는 다르다. 예를 들면, 三日의 오후 十一時 五分生인 사람은 四日生이라고 할 수 있다. 즉 日의 하루라는 것은 오후 十一時부터 시작되기 때문이다.

그러면, 이상의 「경계」에 자신이 붙으면 各人의 生年의 頁의 「干支萬年曆」을 펴 보면, 곧 「生年・月・日」까지의 干支가 表出하게 된다. 다시 한번 개조식으로 설명하면,

1. 生年의 干支는 各人이 出生한 年의 頁의 干支를 본다.
2. 生月의 干支는 各人이 出生한 年이 頁의 가장 上段의 옆줄을 봐 가다가 各人의 生月인 곳을 본다.
3. 生日의 干支는 「2」의 生月干支 밑줄과 오른쪽 처음 「日」이라고 있는 줄과 대조시켜 各人의 生日인 곳을 본다.
4. 生時의 干支는 별도로 정해 두었으니 別册의 「時의 干支早見

表」(別冊 一七八頁를 본다.) 生日의 干에 따라 時의 干
支를 表出한다. 生日의 干이 「甲」日이면 表의 「甲己의 日
」의 項의 태어난 時間을 보면 되는 것이다. 예를 들면 「甲
」日生으로, 오후 三時五十分이면 甲己인 곳의 九段째에 있는
「壬申」이 된다. 같은 오후 三時五十分生이라도 生日의 干이
「壬」이면 「戊申」이 된다는 것이다.

以上으로 各人의 生年・月・日・時의 干支를 表出할 수 있게 되었
다는 것이다.

반드시 年과 月과 日의 경계를 틀리지 않도록 해야 한다. 즉, 一
月生인 사람, 二月 立春前에 태어난 사람은 前年의 干支를 봐야만 한
다. 다만 年은 달라져도 月과 日의 干支는 변하기 前의 項을 본다.
이와 같이 月初에 出生한 사람도 前年의 干支를 본다. 이 경우에도
月의 干支는 변하드라도 日의 干支는 변하기 前의 月의 項을 본다.

더우기, 表出한 「干支」는 出生圖의 한 가운데의 空白(十二支가
記入되어 있지 않는 부분)인 곳에 年부터 순서대로 다음 보기와 같
이 記入한다.

〔例一〕 一九三二年七月二十八日 午後 四時二十分生인 사람의 干支

　　　年干支　辛未

　　　月干支　乙未

　　　日干支　甲申

　　　時干支　壬申

〔例二〕 一九一四年一月十八日 午後 十時三十分生인 사람의 干支

　　　年干支　癸丑

　　　月干支　乙丑

　　　日干支　甲辰

　　　時干支　乙亥

이것은 一九一四年이 甲寅年이지마는 一月生이므로 「立春」節氣보다 앞에 태어났기 때문에 前年인 一九一三年의 年干支를 보지 않으면 안된다. 즉, 年干支는 「癸丑」이다. 그러나 月과 日을 보기 위해서는 一九一四年의 一月의 項을 보아 月과 日의 干支를 나타낸다.

〔例 3〕一九三四年 十二月 五日 午前 九時 三十五分生인 사람의 干支

　　　　年干支　甲戌

　　　　月干支　乙亥

　　　　日干支　庚戌

　　　　時干支　辛巳

이것은 十二月이 「丙子」로 되어 있으나 十二月의 경계의 節氣인 「大雪」은 「大雪 8 丑」이 되므로 정확하게는 「八日丑時」에서 十二月이 되기 때문에 이 사람처럼 五日生인 사람은 十一月의 月干支인 「乙亥」를 보아야 한다. 그러나 生日干支는 十一月의 干支를 보아서는 안된다. 반드시 태어난 月의 項을 보아야 한다. 이 경우에는 月이 경계前이라해서 十一月의 五日인 곳을 보면 生日干支는 틀린다.

〔例四〕一九五四年 二月 四日 午前 六時 三十分生인 사람의 干支

　　　　年干支　癸巳

　　　　月干支　乙丑

　　　　日干支　辛卯

　　　　時干支　辛卯

이 生年·月·日·時의 干支인 사람은 매우 주의하지 않으면 안될 生日로 태어난 사람이다. 이 一九五四年이라는 年의 경계(즉 立春)는 「立春 4 申」이라고 되어 있으니, 一九五四年 二月이라 하는 것은, 이 二月 四日의 申時(오후 三時後)부터가 된다. 그러므로 이 사람은 二月 四日의 오전 六時(卯)이므로 경계보다 앞이 되므로, 一月이 되어 一月의 干支 「乙丑」을 사용하며, 月이 一月이므로, 生

年의 年干支도 前年의 「癸巳」가 된다.

第三節　出生圖作成法(星表出法)

生年·月·日의 「干支」가 表出되었으면, 그것을 바탕으로 하여 여러가지 星을 表出하기로 한다.　그리고, 그 星을 前述한 「出生圖」에 記入하여 간다.　그 방법은 前述한 「出生圖作成法의 순서」에 의하지만 그 二十一항목을 하나씩 설명하기로 하자. 더욱 알기 쉽도록 실제의 生年·月·日·時의 實例를 두가지씩 들어 그것을 이용하여 모든 설명을 하기로 한다.

〔例一〕 一九二九年七月二十八日 午前 六時生인 女

〔例二〕 一九六七年 二月三日 午後 八時生인 男

① 生年.月.日.時의 干支表出法

이것은 앞 節의 「生年·月·日·時」의 干支表出法에　記述하였던 것처럼 그 사람의 生年·月·日·時인 각각의 十干과 十二支를 別冊의 萬年曆에 의해 表出하는 것이다.　이 경우에 年이나 月의 경계에 충분히 조심하지 않으면 안된다.　表出된 干支는 「出生圖」의 한가운데의 空白인 곳에 生年부터 生時까지 네 줄로 나누어 記入한다.

〈例一 （一九二九年七月二十八日 午前 六時生인 女）〉

生年　己巳

生月　辛未

生日　甲戌

生時　丁卯

〈例二 （一九六七年二月三日 午後 八時生인 男）〉

生年　丙午

生月　辛丑

生日　戊戌

生時　壬戌

② 生日의 訂正方法

이것은, 生日을 舊曆(太陰曆)으로 訂正하는 것이다. 太陰曆은 舊曆이라 하며 西洋文物의 영향을 받아 점차 일상생활에서 그 사용이 멀어지고 있지만 이 「紫薇斗數」에는 星을 表出하기 위해서는 이 太陰曆이 꼭 필요하다. 즉 生日이 이 舊曆의 어느 날에 속해 있나를 알기 위해서 陽曆을 陰曆으로 訂正하는 것이다. 예를 들면, 그 사람의 生日이 어느 月 三日生이라면 그 三日의 舊曆으로 몇日에 해당되고 있느냐를 보는 방법이다.

그 訂正방법은 「別冊萬年曆」에 의해 그 生日이 舊曆의 몇일에 해당하는가를 표출한다. 萬年曆의 제일 右端 위에서 세로에 1 ～ 31 까지 있으나 이것으로 그 사람의 生日을 안다. 左側의 干支의 數字가 舊曆의 日이다.

그러므로 訂正하려던 生日의 數를 各頁의 右端의 세로줄의 數를 본다. 三日生이면 3, 十九日生이면 19라는 곳을 찾는다. 다음에 그 곳을 左橫에 生月의 줄까지 나아가 마주 친 곳이 舊曆의 日에 해당된다.

이 舊曆의 訂正방법은 月의 경계(二十四節氣)에는 관계가 없다. 三月 一日이라도, 五月 三日이라도 前月을 보는 것이 아니고 그 달의 1 또는 3인 곳의 各月밑을 보고 舊曆으로 訂正한다.

〈 例一 (一九二九年 七月二十八日 午前 六時生인 女)〉

別冊의 萬年曆의 一九二九年의 頁의 七月인 곳의 右端이 「28」인 곳을 보면 「22」라고 있다. 즉, 二十八日을 舊曆으로 고치면 二十

二日이 된다는 것이다.

〈 例二 （一九六九年二月三日 오후 八時生인 男）〉

　이것은 매우 주의하지 않으면 안된다. 　生年·月·日·時의 干支를 표출할 때는 경계(節氣)를 中心으로 봐 가기 때문에 一九六九年 生이라도 경계가 二月 四日이므로 一九六六年의 干支를 나타낸다. 　이와 같이 月도 二月生의 경계(立春)은 四日이므로, 三日生인 이 사람은 一月의 干支를 나타내게 된다.

　그런데 生日을 고치기 위해서는 이 경계에 관계하지 않고 別冊의 一九六七年의 二月三日인 곳을 보고 舊曆의 生日을 表出하면 된다는 뜻이다. 　즉, 이 二月三日은 舊曆의 二十四日에 해당한다.

（父母）巳	（福德）午	（田宅）未	（官祿）申
（命宮）辰	丁甲辛己 卯戌未巳	一九二九年七月二十八日 午前六時生 舊曆六月二十二日　女命	（奴僕）酉
（兄弟）卯			（遷移）戌
（夫妻）寅	（男女）丑	（財帛）子	（疾厄）亥

出　生　圖（1）

-106-

③ 命宮表出法

이것은 生月支와 生時支를 대조하여 「命宮」의 十二支를 나타내는 것이다. 「命宮」이란 이 「紫薇斗數」의 기본이 되는 「十二宮」中의 하나로 여러가지 星이 表出되도록 되어 있다.

그 表出방법은 別冊의 「命宮早見表」(別冊 一八〇頁)를 이용한다. 즉 生月의 十二支와 生時의 十二支에서 이 「命宮」의 十二支를 나타낸다. 表의 제일 위에 있는 가로의 十二支는 生月支이며, 右端의 세로의 十二支는 生時支이다. 그러므로 出生圖를 작성하는 사람의 生月支를 上段에서 찾아 같은 방법으로 生時支를 右端의 세로 줄에서 찾아서 서로 맞닿는 곳의 十二支가 「命宮」의 十二支에 해당된다.

例를 들면 巳月 申時生인 사람의 命宮은 上段의 「巳」와 右端의 「申」과를 대조하여 맞닿는 「酉」가 「命宮」에 해당한다는 뜻이다.

다음에 이 「命宮」의 이 十二支를 알았다면 「出生圖」에 記入한다. 즉 「出生圖」의 十二宮(十二의 長方形으로 된 圖) 속에 지금 表出한 十二支에 해당하는 곳에 「命宮」을 記入한다. 十二支 위에 記入하면 보기 쉬울 것이다.

〈例一 (一九二九年七月二十八日 午前 六時生인 女子)〉

生年 己巳

生月 辛未
            命宮辰
生日 甲戌

生時 丁卯

〈例二 (一九六七年二月三日 午後 八時生인 男子)〉

生年 丙午

生月 辛丑
            命宮卯
生日 戊戌

生時　壬戌

④　十二宮　表出方法

이 「十二宮」이란 것은 「紫薇斗數」에 의해 인간의 모든 것을 보는 十二항목을 나타내는 말이다. "宮"이란 것은 「所·場所·房」이라는 뜻이 있음으로 「××를 보는 곳(所), ××를 나타내는 장소(場所)」라는 것이 된다.

이 十二宮이란 命宮·父母宮·兄弟宮·男女宮·財帛宮(재박궁)·疾厄宮(질액궁)·遷移宮(천이궁)·奴僕宮(노복궁)·官祿宮(관록궁)·田宅宮·福德宮 ―― 을 말한다.

이 「十二宮」은 「命宮」의 十二支를 바탕으로 하여 表出한다. (後述)

表出방법은 別冊의 「十二宮早見表」(冊 一八一頁)를 이용한다. 먼저 表出한 「命宮」의 十二支를 바탕으로 하여 다른 十二支에 各各의 十二宮을 배당해 가면 된다.

表의 가장 위에 있는 것은 「十二宮」이다. 右端의 세로의 十二支는 「命宮」의 十二支이다. 즉 이 命宮의 十二支에서 옆으로 다른 十二支를 봐서 그 위의 「十二支」를 알 수 있다. 그러므로 「出生圖」를 작성하는 사람의 命宮의 十二支를 右端의 세로줄에서 찾아서 그 가로의 十二支와 그 위의 十二宮을 보면 된다.

다음에는 이 十二宮을 알았으면 「出生圖」에 記入한다. 즉 「出生圖」의 그들 十二支인 곳에, 그 十二支에 해당되는 「十二宮」을 記入하여 간다. (命宮과 같은 방법으로 十二支의 위에 記入한다.)

〈例一 (一九二九年 七月二十八日 午前 六時生인 女子)〉

生年　己巳

生月　辛未　　　　命宮　辰

-108-

生日　甲戌

生時　丁卯

「命宮」이 辰이 됨으로 「巳」가 父母宮,「卯」가 兄弟宮,「寅」이 夫婦宮,「丑」이 男女宮,「子」가 財帛宮,「亥」가 疾厄宮,「戌」이 遷移宮,「酉」가 奴僕宮,「申」이 官祿宮,「未」가 田宅宮,「午」가 福德宮이 된다.

〈例二 （一九六七年二月三日　午後　八時生인　男子）〉

生年　丙午

生月　辛丑

生日　戊戌　　　　命宮　卯

生時　壬戌

「命宮」이 「卯」이므로 「辰」이 父母宮,「寅」이 兄弟宮,「丑」이 夫婦宮,「子」가 男女宮,「亥」가 財帛宮,「戌」이 疾厄宮,「酉」가 遷移宮,「申」이 奴僕宮,「未」가 官祿宮,「午」가 田宅宮,「巳」가 福祿宮이 된다.

⑤ 五行局 表出法

「五行局」이라는 것은 星을 表出하기 위해 구하는 것으로서,이「局」에는 五種類가 있다. 즉 「木局・火局・土局・金局・水局」이다. 表出方法은 生年의 十干과 앞에서 表出했던 「命宮」의 十二支와를 대조하여 「五行局」을 表出한다. 別冊의 「五行局早見表」（一八二頁 ）를 이용한다.

　表의 上段에 있는 十干은, 生年의 十干이다. 右端의 세로줄의 十二支는 命宮의 十二支이다. 즉 「出生圖」를 작성하는 사람의 「生年干」을 上段에서 찾아 右端에서 그 사람의 「命宮」의 十二支를 찾아 이것이 맞닿은 곳을 보면 「五行局」을 알 수 있다.

다음에는 이 「五行局」을 알았으면 「出生圖」에 記入한다. 즉, 出生圖의 한 가운데 空白(右端에 生年・月・日・時와 陰曆生日이 있으며, 한 가운데의 上段에 生年・月・日・時의 干支가 記入되어 있다.)에 「××局」이라 記入한다.

〈例一 (一九二九年七月 二十八日 午前 六時生인 女子)〉

生年　己巳

生月　辛未　　　　命宮　辰　木局

生日　甲戌

生時　丁卯

(父母)　巳	(福德)　午	(田宅)　未	(官祿)　申
(命宮)　辰	丁甲辛己 卯戌未巳 木局	一九二九年七月二十八日 午前六時生 舊曆六月二十二日生 女命	(奴僕)　酉
(兄弟)　卯			(遷移)　戌
(夫妻)　寅	(男女)　丑	(財帛)　子	(疾厄)　亥

出 生 圖 (2)

生年의 十干이 「己」로서 「命宮」의 十二支가 「辰」이므로 表에
따르면 「木局」이 된다.

〈例二 (一九六七年二月三日 午後 八時生인 男子)〉

　　生年　丙午
　　生月　辛丑
　　　　　　　　　命宮 卯 木局
　　生日　戊戌
　　生時　壬戌

生年의 十干이 「丙」으로 「命宮」의 十二支가 「卯」이므로, 表
를 보면 「木局」이다.

⑥ 紫薇星 表出法

이 「紫薇星」은 「紫薇斗數」의 기본이 되는 대표적인 星이다.
이 星을, 앞에서 표출했던 陰曆生日과 「五行局」과를 대조하여 나타
내게 된다. 「紫薇星」의 표출법은 別冊의 「紫薇星早見表」 (別冊
一八三頁)를 사용하여, 「五行局」과 「生日 (음력)」에서 나타난
다.

表의 上段에 있는 것은 「五行局」이다. 右端에 세로에 있는 數字
가 있는 것은 음력의 生日數이다. 이 生日은 먼저 表出한 生日을 음
력으로 고친 生日이므로 틀리지 않도록 하지 않으면 안된다. 數字의 가
로의 十二支는 「紫薇星」의 들어가는 十二支를 나타낸다.

즉, 「出生圖」를 작성하는 사람의 「五行局」을 上段에서 찾아서,
右端에서 그 사람의 生日 (陰曆)을 찾아 이것이 맞닿는 곳을 보면, 그
사람의 「紫薇星」의 들어가는 곳의 十二支를 안다.

다음에 이 「紫薇星」을 알았으면 「出生圖」에 記入한다. 즉, 「出
生圖」의 十二宮인 곳에 들어가게 되는 것이다.

〈例一 (一九二九年七月二十八日 午前 六時生인 女子)〉

生年　己巳

生月　辛未　　　陰曆　二十二日生

生日　甲戌　　　命宮　辰　木局

生時　丁卯

「五行局」이 「木局」으로 음력 생일이 「22」이므로, 表를 보면 「亥」라고 있으니 「出生圖」의 「亥」인 곳에 「紫薇星」이 들어 가게 된다.

〈 例二 （ 一九六七年二月三日　午後　八時生인　男子 ） 〉

生年　丙午

生月　辛丑　　　陰曆　二十四日生

生日　戊戌　　　命宮　卯　木局

生時　壬戌

「五行局」이 「木局」으로 음력 생일이 「24」이므로, 表에서 보면 「酉」라고 있으니 「出生圖」의 「酉」인 곳에 「紫薇星」이 들어 가게 된다.

⑦　紫薇系主星의　表出法

이것은 「紫薇星」의 主星으로서 六種類가 있다. 즉, 紫薇星・天機星・太陽星・武曲星・天同星・廉貞星 ── 의 六星을 가르킨다.

「紫薇系 主星」의 表出法은 別册의 「紫薇系主星早見表」（ 別册 一八四頁 ）를 사용하여 앞서 表出했던 「紫薇星」을 바탕으로 하여 찾는다.

表의 上段의 星은 「紫薇系主星」이다. 右端의 세로의 十二支는 「紫薇星」이 들어 있는 곳의 十二支이다. 그 옆의 十二支는 각각 上段의 主星이 들어가는 十二宮의 十二支를 나타낸다.

즉, 이러한 星을 표출하는 데는, 紫薇星이 들어 있는 十二支를 表의

右端의 세로 줄에서 찾아 그 옆의 十二支인 곳의 上段을 보고 各主星
이 들어갈 十二支를 안다.

다음에 이러한 主星인 五星(紫薇星은 이미 記入해 두었다.)을 「
出生圖」에 記入한다. 즉 「出生圖」의 각각의 十二支에 해당하는 곳
에 이 「紫薇系主星」을 記入한다. (以下例二는 생략)

〈例一 (一九二九年七月二十八日 午前 六時生인 女子)〉

  生年 己巳

  生月 辛未   命宮 辰 木局

  生日 甲戌   紫薇星 左支 亥

  生時 丁卯

「紫薇星」이 「亥」에 있으므로 「天機星」은 「戌」, 「太陽星」은
「申」, 「武曲星」은 「未」, 「天同星」은 「午」, 「廉貞星」은 「
卯」에 들어가게 되는 것이다.

⑧ 天府星의 表出法

이것은 「紫薇系」의 主星의 대표가 「紫薇星」인데 대해서 「天府
系」의 主星의 대표가 되는 星이다. 이 「天府星」의 표출방법은 別
册의 「天府星早見表」 (別册 一八四頁)를 사용하여 먼저 表出한 「
紫薇星」을 토대로 하여 찾는다.

表 右側의 十二支는 「紫薇星」이 있는 十二支로서, 그 左側의 十二
支는 「天府星이 들어 있는 十二支를 表의 右端의 세로줄에서 찾아 그
옆의 十二支인 곳에 「天府星」이 들어가게 된다. 예를 들면 前述한
例一의 女子는 「紫薇星」이 「亥」에 있으므로 「天府星」은 「巳 」
에 들어 가게 된다.

⑨ 天府系主星의 表出法

이것은 「天府系」의 主星으로 八종류가 있다. 즉, 天府星・太陰星

·貪狼星·巨門星·天相星·天梁星·七殺星·破軍星 ── 의 八星이 있다.

이 「天府系主星」의 表出法은 別册의 「天府系主星早見表」 (別册 一八五頁)를 사용하여 먼저 표출했던 「天府星」을 바탕으로 하여 찾는다.

表의 上段의 星은 각각 「天府系主星」이다. 右端의 세로의 十二支는 「天府星」이 들어있는 곳의 十二支이다. 그 가로의 十二支는 각각의 上段의 主星이 들어가는 十二支를 안다.

다음에 이러한 主星七星을 「出生圖」에 記入한다. 즉 「出生圖」의 각각의 十二支에 해당되는 곳에 이 「天府系主星」을 記入한다. 例를 들면 前述한 例一의 女姓은 「天府星」이 「己」에 있으므로 「太陽星」은 「午」,「貪狼星」은 「未」,「巨門星」은 「申」,「天相星」은 「酉」,「天梁星」은 「戌」,「七殺星」은 「亥」,「破軍星」은 「卯」에 들어 가게 된다.

⑩ 炎星 . 鈴星 表出法

이 「炎星·鈴星」 (二星 모두 主星)은 生年의 十二支와 生時의 十二支와를 대조하여 표출한다. 別册의 「炎星早見表」·「鈴星早見表」 (別册 一八六, 一八七頁)를 사용한다.

表의 上段에 있는 十二支는 生年의 十二支이다. 右端의 세로의 十二支는 生時의 十二支이다. 그의 가로의 十二支는 「炎星」 또는 「鈴星」이 들어가는 곳의 十二支이다. 즉 生年의 十二支를 上段에서 찾아 右端에 그 사람의 生時의 十二支를 찾아 이것의 맞닿는 곳을 보면 그 사람의 「炎星·鈴星」의 들어가는 十二支를 알 수 있다. 例를 들면 前述한 例一의 女姓은 生年支가 「巳」로서 生時支가 「卯」이므로 「午」에 「炎星」이 들어 가고, 丑에는 「鈴星」이 들어 간다.

-114-

다음에 이「炎星·鈴星」을 알았다면「出生圖」에 이 二星을 記入한다.

⑪ 文曲星 . 文昌星 表出法

이「文曲星·文昌星」(二星 모두 主星)은 生時의 十二支를 바탕으로 하고 표출한다. 別册(一八八頁)의「文曲星·文昌星早見表」를 사용한다.

表의 上段은「文曲星·文昌星」으로 右端의 세로줄의 十二支는, 生時의 十二支이다. 그 가로의 十二支는「文曲星·文昌星」이 들어갈 곳의 十二支이다. 즉 生時의 十二支를 右端 줄에서 찾아, 그 左側의 十二支가「文曲星·文昌星」이 들어가는 곳의 十二가 된다. 예를 들면, 前述한 例一의 女姓은 生時支가「卯」이므로「未」에「文曲星·文昌星」이 들어간다.

다음에 이「文曲星·文昌星」을 알았으면「出生圖」의 十二支인 곳에 이 二星을 記入한다.

⑫ 羊刃星 . 陀羅星의 表出法

이「羊刃星·陀羅星」(二星 모두 主星)은 生年 干支를 바탕으로 하여 표출한다. 別册(一八八頁)의「羊刃星·陀羅星早見表」를 사용한다. 表의 上段은「羊刃星·陀羅星」으로, 右端의 세로줄의 十干은 生年의 十干이다. 그의 가로의 十二支는「羊刃星 또는 陀羅星」이 들어갈 곳의 十二支이다. 즉, 生年干을 右端의 줄에서 찾아 그 左側의 十二支가「羊刃星·陀羅星」이 들어갈 곳의 十二支가 된다. 예를 들면, 前述한 例一의 女姓은 生年干이「己」이므로「未」에「羊刃星」이 들어가니,「巳」에「陀羅星」이 들어간다.

다음에, 이「羊刃星」·「陀羅星」을 알았으면,「出生圖」의 十二支인 곳에 이 二星을 記入한다.

여기까지의 星은 이 「紫微斗數」에서는 「主星」이라 하여 대단히 중요시 하는 별이다. 그러므로 「出生圖의 各十二支인 곳에는 上段에 記入하고 以後는 이것에서 부터 표출하는 「主星」 이외의 星을 그 밑에 記入하면, 보기 쉬운 「出生圖」가 될 수 있다.

⑬ **天存星 . 天魁星 . 天鉞星의 表出法**

이 「天存星・天魁星・天鉞星」(모두 副星)은 生年의 十干을 바탕으로 하여 나타낸다. 別冊(一八八頁)의 「年系副星早見表」를 사용한다.

陀 天 (父 羅 府 母) 巳	炎 太 天 (福 星 陰 同 德) 午	文 文 貪 武 (田 昌 曲 狼 曲 宅) 未	巨 太 (官 門 陽 祿) 申
(命 宮) 辰	丁 甲 辛 己 卯 戌 未 巳 木 局	偕 一 將 九 六 二 月 九 午 二 二 年 前 十 十 七 六 八 二 月 時 日 日 二 生 女 十 女 命 八 命	(奴 相 僕) 酉
破 廉 (兄 軍 貞 弟) 卯			天 天 (遷 梁 機 移) 戌
(夫 妻) 寅	鈴 (男 星 女) 丑	(財 帛) 子	七 紫 (疾 殺 薇 厄) 亥

出 生 圖 (3)

表의 上段은 「天存星・天魁星・天鉞星」이며 右端의 세로줄의 十干은, 生年의 十干이다. 그의 가로의 十二支는 각각의 星이 들어갈 곳의 十二支이다.

즉 生年干을 右端의 세로줄에서 찾아 그 左側의 十二支가 「天存星・天魁星・天鉞星」이 들어갈 곳의 十二支가 된다.

예를 들면, 前述한 例一의 女姓은 生年干이 「己」이므로 「午」에 「天存星」이, 「申」에 「天魁星」이, 「子」에 「天鉞星」이 들어간다.

다음에 이 三星을 알았으면 「出生圖」의 十二支인 곳에 이 三星을 記入한다.

⑭ 左輔星 . 右弼星 . 驛馬星의 表出法

이 「左輔星・右弼星・驛馬星(모두 副星)」은 生月의 十二支를 바탕으로 나타낸다. 別冊 一八九頁의 「月系副星早見表」를 사용한다.

表의 上段은 「左輔星・右弼星・驛馬星」으로 右端의 세로줄의 十二支는 生月의 十二支이다. 그 가로의 十二支는 각각의 星이 들어갈 곳의 十二支이다. 즉, 生月支를 右端의 줄에서 찾아 그 左側의 十二支가 (左輔星・右弼星・驛馬星」이 들어갈 곳의 十二支가 된다. 예를 들면, 前述의 例一의 女姓은 生月支가 「未」이므로 「酉」에 「左輔星」이 「巳」에 「右弼星」과 「驛馬星」이 들어간다.

다음에 이 三星을 알았으며 「出生圖」의 十二支인 곳에 이 三星을 記入한다.

⑮ 天空星 . 地劫星의 表出法

이 「天空星・地劫星」(모두 副星)은 生時의 十二支를 바탕으로 하여 나타낸다. 別冊(一八九頁)의 時系副星表를 사용한다. 表의 上段은 「天空星・地劫星」으로 右端의 세로줄의 十二支는 生時의 十

二支이다. 그 가로의 十二支는 각각의 星이 들어갈 곳의 十二支이다. 즉, 生時支를 右端의 줄에서 찾아 그 左側의 十二支가 「天空星·地劫星」이 들어갈 곳의 十二支가 된다.

例를 들면 前述한 例一의 女姓은 生時支가 「卯」이므로, 「申」에 「天空星」이, 「寅」에 「地劫星」이 들어간다.

다음은 이 二星을 알았으면 「出生圖」의 十二支인 곳에 이 二星을 記入한다.

여기까지의 星은, 이 「紫薇斗數」로서는 「副星」이라고 하여 「主

(父母) 陀羅 天府 馬弼 巳	(福德) 炎星 太陰 天同 姚耗存 午	(出宅) 文昌 文曲 武曲 貪狼 羊刃 未	(官祿) 巨門 太陽 空魁 申
(命宮) 喜 辰	丁 甲 辛 己 卯 戌 未 巳 一九二九年七月二十八日 午前六時生 舊曆六月二十二日 女命 木局		(奴僕) 天相 輔 酉
(兄弟) 破軍 廉貞 卯			(遷移) 天梁 天機 戌
(夫妻) 刑劫 寅	(男女) 鈴星 丑	(財帛) 鉞 子	(疾厄) 七殺 紫薇 亥

出 生 圖 (4)

星」에 붙어서 중요시 하고 있다.

　이 「副星」은 「主星」의 밑에 星의 명칭을 생략하여 한자만　記入
하면 보기 쉬운 「出生圖」가 된다.

⑯ 年支雜曜星의　表出法

　이 「天耗星・紅鸞星・天喜星」（모두 年支雜曜星）은 生年의　十二
支를 바탕으로 하여 나타내고 있다.　別冊（一八九頁）의　「年支雜曜
星早見表」를 사용한다.

　表의 上段은 「天耗星」「紅鸞星」「天喜星」으로, 右端의 세로줄
의 十二支는 生年의 十二支이다.　그 가로의 十二支는 각각의 星이 들
어가는 곳의 十二支이다.　즉 生年支를 右端의 줄에서 찾아, 그　左側
의 十二支가 「天耗星・天鸞星・天喜星」이 들어가는 곳의 十二支가 된
다.　예를 들면 例一의 女姓은, 生年支가 「巳」이므로, 「午」에　「
天耗星」이, 「戌」에 「紅鸞星」이, 「辰」에 「天喜星」이 들어간다.

　다음에 이 三星을 알았으면 「出生圖」의 十二支인 곳에 이　二星을
記入한다.

⑰ 月支雜曜星의　表出法

　이 「天姚星・天刑星」（모두 月支雜曜星）은 生月의 十二支를　바
탕으로 하여 나타낸다.　別冊（一九〇頁）의 「月支雜曜星 早見表」를
사용한다.

　表의 上段은 「天姚星・天刑星」으로, 右端의 세로줄의 十二支는 生
月의 十二支이다.　그 가로의 十二支는 각각의 星이 들어가는 곳의 十
二支이다.　즉 生月支를 右端의 줄에서 찾아, 그 左側의　十二支가 「
天姚星・天刑星」이 들어가는 곳의 十二支가 된다.　例를 들면 前述한
例一의 女姓은 生年支가 「未」이므로, 「午」에 「天姚星」이, 「　寅
」에 「天刑星」이 들어간다.

다음에 이 二星을 알았으면, 「出生圖」의 十二支인 곳에 이 二星을 記入한다.

⑱ 十干化曜星의 表出法

이 「化祿星·化權星·化科星·化忌星」은 특수한 星으로서 「出生圖」속에 이미 나타나 있는 「主星」인 곳에 붙어서 나타난 星으로, 이것을 「十二化曜星」이라고 한다. 이 星은 生年의 十干을 바탕으로 하여 「出生圖」에 記入되어 있는 「主星」과를 대조하여 표출한다.

別冊(一九〇頁)의 「十干化曜星早見表」를 사용한다. 表의 上段은 「化祿星·化權星·化科星·化忌星」이며 右端의 세로줄의 十干은 生年의 十干이다. 그 가로의 「主星」은 「出生圖」속에 있는 「主星」으로, 그 主星이 있는 곳에 이 「十干化曜星」(上段의 星)이 붙는다는 것이다. 예를 들면, 前述의 例一의 女姓은 生年干이 「己」이므로 그 옆줄을 보면 「武曲星·貪狼星·天梁星·文曲星」이라고 있으며, 이러한 「主星」에 각각 上段의 「十干化曜星」이 붙는다는 것이 된다.

다음에 이 四星을 알았으면, 「出生圖」의 각각의 「主星」이 있는 곳에 記入한다. 「主星」의 밑에 ( )를 하고 記入하면 보기 쉽게 된다.

⑲ 大限表出法

「大限」이란, 行運의 一種으로서 巡行해 오는 運을 말한다. 이 大限에는 一年運·二年運·三年運·四年運·五年運·六年運·七年運·八年運·九年運·十年運 —— 의 十種이 있다.

또 이 大限에는 順運과 逆運의 區別이 있다. 이것은 男女의 性別과 生年의 十干에 따라 달라진다.

〈順運生(男)〉

甲年生, 丙年生, 戊年生, 庚年生, 壬年生인 사람

〈順運生（女）〉

乙年生, 丁年生, 己年生, 辛年生, 癸年生인 사람

〈逆運生（男）〉

乙年生, 丁年生, 己年生, 辛年生, 癸年生인 사람

〈逆運生（女）〉

甲年生, 丙年生, 戊年生, 庚年生, 壬年生인 사람

　이 「大限」의 定하는 방법은 前記한 「順運·逆運」에 따라 다르지마는 모두 태어난 日時에서 月의 경계까지를 조사하여 나타낸다.

　「順運」인 사람은 生日（엄격히는 生時까지 생각한다.）날부터　다

〈父母〉 天府 陀羅 馬弼 巳	〈福德〉 天同 太陰 炎星 姚耗存 午	〈田宅〉 武曲 貪狼 文曲 文昌 羊刃 （祿權忌） 未	〈官祿〉 太陽 巨門 空魁 申
〈命宮〉 喜 辰	丁卯 甲戌 辛未 己巳　　木局	一九二九年七月二十八日 午前六時生 舊曆六月二十二日 女命	〈奴僕〉 天相 輔 酉
〈兄弟〉 廉貞 破軍 卯			〈遷移〉 天機 天梁 戌
〈夫妻〉 刑劫 寅	〈男女〉 鈴星 丑	〈財帛〉 鉞 子	〈疾厄〉 紫薇 七殺 亥

出　生　圖（５）

음 달(生月의 다음 달)의 경계까지 몇날인가를 조사한다.

「逆運」인 사람은 生日날부터 그 달(生月)의 경계까지 몇일 있는 가를 조사한다.

例를 들면 七月生의 逆運인 사람은 七月의 경계(즉 小署의 節氣, 六月과 七月의 경계)까지 몇일 있나를 조사하는 뜻이며, 「順運」인 사람은 八月의 경계(즉 立秋의 節氣, 七月과 八月의 경계)까지 몇일 있는가를 조사한다는 뜻이다.

이 日數가 계산 되었으면, 그 日數를 「三」으로 나눈다. 이 數가 「大限」에 들어가는 數이다. 예를 들면 「三」이라면 三歲에서 「大限」에 들어 간다는 것이 되며 「六」이라면 六歲부터 「大限」에 들어간다는 것이다.

혹시나 이 「三」으로 나눌 경우에 나누어지지 않을 때는, 다음과 같이 한다. 日數가 「三」이하의 경우는 「一」로 한다. 또 「一」이 남으면 그대로 끊어버리고, 「二」가 남으면, 답에 「一」을 보태어 「大限」의 數로 삼는다. 예를 들어 生日에서 경계까지 二十六日일 경우에 三으로 나누면 八이란 答이 나오지만, 二가 나옴으로 一을 加해서 「九」로 하여 九歲부터 「大限」에 들어가게 된다. 혹시나 二十五日인 경우는 三으로 나누면, 八이란 答이 나오지만 一이 남음으로 一을 끊어 버리고 「八」로 하여, 八歲부터 「大限」에 들어 간다고 하겠다.

이 「大限」의 數는 一單位를 十年間으로 하며 처음만은 이 「大限」의 數를 사용하고 다음은 十年씩 끊어 간다. 一年運은 一歲, 十一歲, 二十一歲, ………. 六年運은 六歲, 十六歲, 二十六歲, 三十六歲 …… 로 한다.

이 「大限」은 十年間으로 「命宮」에서 부터 시작한다. 「順運」 인 사람은 「出生圖」의 「命宮」에서 右側(命宮→父母宮→福德宮→

의 순서)을 回進(회진)한다.

「逆運」인 사람은 「出生圖」의 「命宮」에서 左廻進(命宮→ 兄弟宮→夫婦宮의 順序)한다.

다음에 「大限」을 알게 되었으면 「出生圖」의 각각의 「十二宮」위에 「大限」을 써 나아간다. (완성圖 참조)

例를 들면 前述한 例一의 女性은 生年干이 「巳」로서 女性이므로 「順運」이 된다. 그래서 生年, 月, 日은 一九二九年七月二十八日로서 다음의 경계(立秋)가 八月八日이므로 그 때까지 몇일인가를 조사한다. 28〜7이니 十一日間이 있게 되므로, 이것을 「三」으로 나누면 「三」으로 「二」가 남는다. 二가 남았을 때는 답에 一을 加해줌으로 「四」가 되니 「大限」의 數는 「四」가 되어 「四歲運」이라는 것을 알게 된다. 즉 「命宮」은 四歲부터 十三歲까지 「父母宮」은 十四歲부터 二十三歲까지, 「福德宮」은 二十四歲부터 三十三歲까지……로 된다.

그러나 같은 前述의 生年·月·日의 경우라도 그 사람이 男性이라면 生年干이 「己」이므로 「逆運」이 된다. 그래서 生日의 二十八日에서 生月의 경계(小暑)인 七月八日까지 몇일 있나를 조사한다. 二十日間 있으니 이것을 「三」으로 나누면 「六」이 되고 「二」가 남으니, 남은 「二」는 「一」을 加해 줌으로 七이 되니 「七歲運」이라는 것을 알게 된다. 즉 逆數인 사람은, 「命宮」은 七歲에서 十六歲까지 「兄弟宮」은 十七歲에서 二十六歲까지 「夫婦宮」은 二十七歲에서 三十六歲까지……가 된다.

⑳ 小限의 表出法

「小限」이란 行運의 一種으로서 每年 巡回에 오는 一年間의 運을 말한다. 이 小限의 표출방법은 生年의 「十二支」와 「男女」의 性別에 따라 구별하여 표출한다.

-123-

生年의 十二支가 「寅・午・戌」인 사람은 「辰」宮을 一歲로 한다.

生年의 十二支가 「申・子・辰」인 사람은 「戌」宮을 一歲로 한다.

生年의 十二支가 「巳・酉・丑」인 사람은 「未」宮을 一歲로 한다.

生年의 十二支가 「亥・卯・未」인 사람은 「丑」宮을 一歲로 한다.

다음에 一歲宮을 알게 되었으면, 男性은 十二支의 順에 女性은 十二支의 逆에 하나의 宮씩 나아간다.

例를 들면 前述의 例一의 女性은 巳年生이므로 「未」宮이 一歲가 된다. 또 女姓이므로 十二支의 逆으로 나타난다. 즉 「未」가 一歲, 「午」가 二歲, 「巳」가 三歲… 로 된다.

다음에 이 「小限」을 알았으면 각각의 年令을 「出生圖」에 記入한다. 「大限」의 옆에 記入하면 편리하다.

㉑ 各星의 廟陷旺失 (묘함왕실)의 表出法

이것은 主星 (二十星)의 强弱을 보는 방법이다. 이 「紫薇斗數」에 사용되는 星中에서, 主星인 星을 나눈다면 우선 吉星과 凶星으로 나눌 수 있다. 그러나, 그것은 어디까지나 대강을 나누었다는 것에 불과 하며, 정말은 그 星 (吉星)이 어느 곳의 十二支의 宮에 있나에 따라서 吉의 작용과 凶의 작용이 나타난다는 것이 바른 사용방법이다. 즉 각각의 「主星」은 그 星이 들어 있는 十二支에 따라 左右된다는 것이다.

이것을 四종류의 단계로 나누어 본다. 어느 「主星」이 있는 十二支인 곳에 들어가면 「廟・陷・旺・失」의 어느 것과의 관계가 된다. 가장 좋은 十二支 관계를 「廟」로 하고, 다음에 좋은 관계를 「旺」으로 하고 나쁜 관계를 「失」로 하고 가장 나쁜 관계를 「陷」으로 한다.

別册 (一九一頁)의 「主星廟陷旺失早見表」를 사용한다. 表의 上段은 「主星」인 二十星이다. 右端의 세로줄의 十二支는 「出生圖」의

十二支이다. 즉 上段의 「主星」이 右端의 十二支의 宮에 들어 가면, 左側의 「廟·陷·旺·失」의 관계가 된다.

「出生圖」에는 이 表를 사용하여 각각의 主星인 「廟·陷·旺·失」을 알고, 그것을 記號로서 「出生圖」에 記入한다. 그 경우에 각각의 「主星」위에 「廟」의 관계는 ⊙표, 「旺」의 관계는 ○표, 「失」의 관계는 △표, 「陷」의 관계는 ×표로 표시하면 보기에 매우 쉽다.

以上으로 완성된 「出生圖」가 된 셈이다. 매우 어려운 것같지마는 순서에 따라 각각의 表를 사용한다면 손쉽게 이용될 것이다. 이러한 表를 보는 방법은 문장으로 나타낼려고 하니 자자구레 하여 까다로운 것 같이 느끼겠지만 실제로 해 나가보면 그다지 어렵지는 않다.

中國(대만이나 홍콩)에서는, 大道의 易者들은 表를 쓰지 않고 손바닥이나 손가락만으로 이러한 星을 자유자재로 뽑아 내고 있다. 다음 頁에 「出生圖」의 완성된 것 二例를 들어 두었으므로 이것을 참고로 하여 自身의 「出生圖」를 만들어 주기 바란다.

二十四2　　三十四1（小限）

【父母】
×陀羅　○天府

馬弼
巳

【福德】
○炎星　△太陰　△天同

姚耗存
午

【田宅】
○○文昌　○文曲（忌）　○貪狼（權）　○武曲（祿）
○羊刃
未

【官祿】
△太陽　△巨門

空魁
申

3
十四

【命宮】

喜
辰

丁甲辛己
卯戌未巳

一九二九年七月二十八日午前六時生
舊曆六月二十二日　女命

木局

【奴僕】
△天相

輔
酉

12
四十四

4
四（大限）

【兄弟】
×破軍　×廉貞

卯

【遷移】
○天機　○天梁（科）

鸞
戌

11
五十四

5

10
六十四

【夫妻】

刑劫
寅

【男女】
△鈴星

丑

【財帛】

鉞
子

【疾厄】
○七殺　○紫薇

亥

9
七十四

6　　　7　　　8

-126-

【福德】 △武曲 △破軍 存　　　巳	【田宅】 ×羊刃 ⊙太陽 耗　　　午	【官祿】 ⊙天府 未	【奴僕】 ○天機（權） ○太陰 刑　　　申
【父母】 ○天同（祿） ○陀羅 辰	壬戊辛丙 戌戌丑午 一九六七年二月三日午後七時三十分生 舊曆十二月十四日　男命		【遷移】 △紫薇 △貪狼 鸞　劫　鉞 酉
【命宮】 喜　輔　　卯	木局		【疾厄】 ○巨門 戌
【兄弟】 △文曲 寅	【夫妻】 ○廉貞（忌） ○七殺 △鈴星 空　　　丑	【男女】 ⊙天梁 ⊙文昌（科） 姚　　　子	【財帛】 ○天相 △炎星 馬　弼　魁　亥

左側：２　二十一（巳）　１　十一（小限）（辰）　12　十一（大限）（卯）　11
右側：５　五十一（申）　６　六十一（酉）　７　七十一（戌）　８
下側：10　　9

紫薇斗數椎命術出生圖（男命）

第四節 紫薇斗數推命術의 判斷法

「出生圖」가 됐으면 그 곳에 어떤 星이 들어있나 그 星이 어떤 十
二支관계에 있나, 大限은 어디에 해당되어 있나, 小限은 어디에 해당
되어 있나 등을 다음의 紫薇斗數推命術判斷(一一四頁)에 설명한 것
에 의해 조사하여 판단한다.

그 보다 먼저, 판단상의 원칙을 記述해 보자.

十二宮의 나타내는 意味

「十二宮」은 인간의 운명을 확인하기 위해서의 항목을 가르킨다.
그러므로 어떤 운명을 나타내는 宮에 어떤 吉星이나 凶星이 들어 있나
하는 것을 보기 위해서는, 「十二宮」의 의미는 중요함으로 다음에 설
명한다.

「命宮」은 그 사람의 용모, 재능, 자신이 어느 시점에서 태어나서
어느 정도 발전할 것인가, 또는 후퇴할 것인가 ── 등을 나타내는 곳
이다.

「兄弟宮」은 형제자매, 친구, 동료 ── 등의 대인관계의 길흉을 나
타내는 곳이다.

「父母宮」은 그 사람의 父母의 길흉, 父母로부터의 은혜의 有無, 父
母와의 姻緣(인연)의 厚薄(후박)과 길흉 ── 등을 나타내는 곳이
다.

「夫婦宮」은 배우자의 타입이다. 배우자와의 인연의 厚薄과 吉凶,
부부생활의 정신면 ── 등을 나타내는 곳이다.

「男女宮」은 그 사람의 性生活, 生殖能力(생식능력), 子女와의 관
계 ── 등을 나타낸다.

「財帛宮」은 그 사람의 財物의 모든 것을 나타내는 곳이다. 즉, 돈

버는 수단, 돈을 버는가, 돈이 남는가, 사업의 상태 —— 등을 나타내
는 곳이다.

「疾厄宮」은 그 사람의 체질이나 건강상태, 病根 —— 등을 나타내
는 곳이다.

「遷移宮」은, 그 사람의 대외관계에 있어서의 행동능력, 재능발휘
의 有無, 旅行의 길흉 —— 등을 나타내는 곳이다.

「奴僕宮」은 手下, 部下, 고용인 길흉 —— 등을 나타내는 곳이다.

「官祿宮」은 上官과의 관계, 직업상태, 직업의 길흉 —— 등을 나
타내는 곳이다.

「田宅宮」은 가정생활의 길흉, 주거, 부동산 관계의 길흉 —— 등
을 나타내는 곳이다.

「福德宮」은 그 사람의 취미생활의 상태, 壽命, 신체상황의 길흉—
— 등을 나타내는 곳이다.

以上과 같이 「十二宮」은 各人의 人生에 있어서 實生活의 事相 (現
象)을 十二個 항목으로 나누어 본 것으로 이것에 따라 一生을 어떻게
지내는가를 손바닥을 가르키는 것처럼 바르게 판명된다.

宮에 星이 없을 경우의 判斷法

「十二宮」에 고루고루 「星」이 들어 간다고 定해져 있는 것만은
아니다. 어느 宮에는 전연 들어가지 않은 수도 가끔 있다. 그런 경
우에 보는 방법을 설명하기로 한다.

1. 어느 宮에 「主星」이 하나도 없다는 것은, 그 宮의 나타내는 人
   生살이에 대한 것에 특별한 運勢的인 특징이 없다고 생각하는 것
   이 좋을 것이다. 특징이 없다는 것은, 凶이라는 의미에서는 절대
   로 없으므로 주의해 주기 바란다.
2. 어느 宮에 「主星」이 하나도 없을 경우는, 다음 조건을 이용하

여 판단한다. 그럴 경우에는, 前述한 1의 內容을 충분히 고려하여 判斷하기 바란다.

「命宮」에 主星이 없을 때는 「遷移宮」에 있는 主星을 「命宮」의 主星으로서 판단한다.

「兄弟宮」에 主星이 없을 때는 「奴僕宮」에 있는 主星을 「兄弟宮」의 主星으로서 판단한다.

「夫婦宮」에 主星이 없을 때는 「官祿宮」에 있는 主星을 「夫婦宮」의 主星으로 判斷한다.

「男女宮」에 主星이 없을 때는 「田宅宮」에 있는 主星을 「男女宮」의 主星으로서 판단한다.

「財帛宮」에 主星이 없을 때는 「福德宮」에 있는 主星을 「財帛宮」의 主星으로 판단한다.

「疾厄宮」에 主星이 없을 때는 「父母宮」에 있는 主星을 「疾厄宮」의 主星으로 판단한다.

「遷移宮」에 主星이 없을 때는 「命宮」에 있는 主星을 「遷移宮」의 主星으로 判斷한다.

「奴僕宮」에 主星이 없을 때는 「兄弟宮」에 있는 主星을 「奴僕宮」의 主星으로 判斷한다.

「官祿宮」에 主星이 없을 때는, 「夫婦宮」에 있는 主星을 「官祿宮」의 主星으로 판단한다.

「田宅宮」에 主星이 없을 때는 「男女宮」에 있는 主星을 「田宅宮」의 主星으로 판단한다.

「福德宮」에 主星이 없을 때는 「財帛宮」에 있는 主星을 「福德宮」의 主星으로 판단한다.

「父母宮」에 主星이 없을 때는 「疾厄宮」에 있는 主星을 「父母宮」의 主星으로 판단한다.

十二宮의 判斷上의 注意

이 「紫薇斗數」는 家族制度가 확실했던 時代의 東洋의 六親(肉親) 관계를 설명한 것이다. 各人이 독립한 생활양식의 時代에는 다소 상식적으로 더구나 현대풍으로 판단하여 가지 않으면 안된다.

주의해야 할 十二宮으로서는 그러한 의미에서 「父母宮, 兄弟宮, 男女宮, 奴僕宮」 등을 들수 있다.

특히 조심하지 않으면 안될 것은, 현재 사회에서는 산아제한으로 형제의 數나 子女의 數는 숙명적인 암시와는 완전히 틀린 인공적인 암시로서 나타나고 있다는 點이다. 그러므로, 「兄弟宮, 男女宮」은 조심을 많이 하지 않으면 안된다.

다음에 같은 宮에 吉과 凶이 함께 일어난다는 것이다.

行運의 判斷法

行運에는 「大限」과 「小限」이 있다는 것을 前述하였다. 「大限」은 十年間의 吉凶을 보는 것이며, 「小限」은 一年間의 吉凶을 보는 것이다.

「大限」에 해당되는 「十二宮」이 十年間의 그 吉凶을 나타내는 것이다.

「小限」에 해당되는 「十二宮」이 一年間의 그 吉凶을 나타내는 것이다.

다만 이 「大限·小限」에 해당되는 「十二宮」은 무슨 「十二宮」이든지 「命宮」과 같은 방법으로 보는 것이 行運(즉 大限, 小限)의 특징이다.

가령, 六歲運의 「大限」으로 三十六歲에서 四十五歲까지가 꼭 「男女宮」에 해당되어 있었다고 한다. 또 「小限」의 三十六歲가 「奴僕宮」에 해당되어 있었다고 한다. 이 경우에 行運을 보는 것이기 때문에, 男女宮의 吉凶이나 「奴僕宮」의 吉凶이 十年間이나 一年間에 나타나는 것은 아니다. 즉 子女의 일이나 部下의 일이 일어난다는 등을 보는 것이 아니고 어디까지나 이 十年間이나 一年間 등은 「命宮」으로서 自身의 일의 吉凶이 나타난다고 생각하여 판단하여 간다. 그렇지 않으면 型에 딱 들어 박혀 버려 行運의 순서에 대인관계의 吉凶이 나타나게 돼 버린다. 예를 들면 「順運」인 女性은, 처음 자신의 일이 나타나며, 다음의 十年間이 兄弟의 일 다음의 十年間이 男便의 일, 다음이 子女라고 하는 형편이 되어 버려 奇現象이 된다. 다시 行運은 「子平推命(四柱推命)」을 併用한다면 멋진 適中率(적중율)을 나타낸다.

※ 胎生(태생)의 良·否

보통 「命」으로 "좋다·나쁘다"라고 하는 占을 했을 경우에, 그 개념이 매우 애매하지마는 「五術」에 있어서 「命」으로는 인간이 인생을 살아가는 위에서 "좋다·나쁘다"라고 하는 點에 對해 엄밀한 구별과 定義(정의)를 내리고 있다.

보통 말하는 "나쁘게 태어남(인간)"라고 말하는 것은 「凶命·賤命·貧命·夭命」을 함께 묶어서 말하고 있다. 다만 이 가운데, 賤命은 보통 나쁘다는 의미가 피부를 느낄 수 없기 때문에 그다지 취급되지 않는다.

반대로, 좋은 태어남이라는 것은 「吉命·貴命·富命·長命」을 함께 묶어서 말하고 있다.

즉, 인간에는 숙명적인 運이라 하여 「吉凶·貴賤·富貴·長夭」의 四型이 있다는 것이다. 돈은 가지고 있으나(富命), 賤한 행동을 취하는 사람(賤命)으로 苦生은 많으나(凶命), 그러나 건

강하여 長生하는(長命) 사람도 있다.   또 貴命이면서도   苦生이
많은 凶命인 사람도 있다.

이와 같이 「 命 」의 占術로는 좋고 나쁨이 복잡하다.

紫薇斗數推命術 判斷

命宮보는 法

「命宮」은 그 사람의 용모, 성격, 재능, 자기가 태어나면서부터 어느 정도의 發展을 할 수 있나 —— 등의 일을 보는 場所이다.

「命宮」에서는 紫薇星·天機星·太陽星·天同星·天府星·太陰星·天相星·天梁星·文曲星·文昌星·天存星·天魁星·天鉞星·左輔星·右弼星·化祿星·化權星 —— 등이 大吉의 作用을 하는 경향이 있다.

武曲星·七殺星·驛馬星·紅鸞星·天喜星 —— 등이 中吉의 作用을 하는 경향이 있다.

廉貞星·貪狼星·巨門星·破軍星·炎星·鈴星·羊刃星·陀羅星· 天姚星·天刑星·天耗星 —— 등이 凶의 作用을 하는 경향이 있다.

◈ 紫薇星

「紫薇星이 命宮에 들어 있으면 침착하여 매우 점잖게 보인다. 반드시 태어난 경우보다 以上으로 發展할 사람이며, 富와 名聲이 약속된다.

「紫薇星」이 「天府星」과 함께 있으면 물질적으로 혜택을 입을 행복을 잡는다.

「紫薇星」이 「貪狼星」과 함께 있으면 異性문제로 커다란 재난을 당하든가 損失을 초래하게 된다.

「紫薇星」이 「天相星」과 함께 있으면 衣食의 물질운에 크게 혜택을 받는다.

「紫薇星」에 「七殺星」과 함께 있으면 어떤 직업이나 작업에 있더라도 큰 권력을 잡을 수 있게 된다.

「紫薇星」이 炎星・鈴星・羊刃星・陀羅星・天空星・地劫星 —— 등과 함께 있으면 肉親(육친)과 剋(극)하여 고독하게 된다.

「紫薇星」이 「文曲星・文昌星・天存星・天魁星・天鉞星・左輔星・右弼星 —— 등과 함께 있으면 身分의 향상이 대단하다.

◈ 天機星

「天機星」이 「命宮」에 들면, 눈섭이 濃黑(농흑)하여 눈에 힘이 있으며, 이마가 넓고, 턱이 좁은 얼굴 모양이다. 조금 短氣(단기)이지만 마음씨가 유순한 사람이다. 머리는 그다지 나쁘지 않지만 思考方法이 조금 비현실적이나마 환상적인 경향이 있어 그 때문에 지혜로운 者가 지혜에 빠진다는 것과 같이 되기 쉽다.

命宮의 十二支와 「天機星」의 관계가 만약에 「廟・旺」관계이면, 여러가지 才能(재능)이나 지혜가 좋기 때문에 큰 성공과 발전을 할 수 있게 된다. 命宮의 十二支와 「天機星」의 관계가 만약에 「陷・失」이면, 短氣・性急・비현실적인 面만이 강조되어, 모든 面에서 성공하기가 어렵게 된다.

「天機星」이 「太陰星」과 함께 있으면, 地位 또는 금전에 혜택을 입게 된다. 「天機星」이 「巨門星」과 함께 있으면 壽命에 혜택을 입든지 금전에는 혜택을 입을까의 곳이다. 長壽하면 금전에는 혜택을 입지 못하며 부자가 되면 비교적 단명으로 맺게 된다.

「天機星」이 「天梁星」과 함께 있으면 모든 事物에 잘 대처하여 그 처리 방법이 훌륭하여 크게 성공하게 된다.

「天機星」이 炎星・鈴星・文曲星・文昌星 —— 등과 함께 있으면 인생살이에 파도가 있어 좋아졌다가 나빠졌다가 하는 반복이 자주 있다.

「天機星」에 羊刃星・陀羅星・天空星・地劫星 등이 함께 있으면 고독하여 쓸쓸하며 물질적으로도 혜택이 없는 一生을 보내기 쉽다.

「天機星」이 天存星・天魁星・天鉞星・左輔星・右弼星 ——등과 함께 있으면 地位 또는 금전에 혜택을 입는다.

◈ 太陽星

「太陽星」이 「命宮」에 들면, 얼굴에서 받는 인상이 원만하며, 그 위에 위엄이 있는 型이 된다. 총명하고 慈愛心(자애심)을 가져 事物에 대해 寬大하다. 行動力이나 氣力도 충분하지마는, 그것이 조금 과장하는 경향이 있어 허영심도 깊으니 그 때문에 실없는 浪費를 벗어날 수 없게 된다.

命宮의 十二支와 「太陽星」의 관계가 혹시나 「廟·旺」이라면 政界나 財界에 들어가면 크게 仲長될 수 있다. 命宮의 十二支와 「太陽星」의 관계가 혹시나 「陷·失」라면 젊을 때는 매우 활동적이지마는 中年이후 부터는 심한 게으름뱅이가 되어 버린다.

「太陽星」이 太陰星과 함께 있으면 일단은 상당히 높은 지위에 오를 수 있다. 그러나, 그 지위라는 것은, 단순한 名聲欲(명성욕)이나 권위욕을 만족시키는 것뿐인 虛名으로 끝나니 자신을 위해서의 實利에는 거의 먼 것이다. 즉 地位나 명성 때문에 바쁜 생각만 하다가 그치게 된다.

「太陽星」이 巨門星과 함께 있으면 그 길흉은 命宮의 十二支와 太陽星의 關係인 「廟陷·旺失」에 따라 定해진다. 「廟·旺」의 관계(命宮이 寅일 경우)에 있으면 명성이 하늘을 놀라게끔 높은 地位에 붙게 된다. 「陷·失」의 關係(命宮이 申일 경우)에 있으면, 젊을 시절에는 매우 부지런하여 그로 인해 일단은 성공하지마는, 中年이후 부터는 게으르게 되어 최후에는 실패하게 된다.

「太陽星」이 天梁星과 함께 있으면 그 길흉은 命宮의 十二支와 「太陽星」의 關係인 「廟陷·旺失」에 따라 定해진다. 「廟·旺」의 관계(命宮이 卯일 때)에 있으면 영화와 부귀가 약속된다. 「陷·失」의 관계(命宮이 酉일 때)에 있으면, 그 一生은 떠돌이 신세가 되어 고생의 연속이 될 경향으로 되기 쉽다.

「太陽星」이 炎星·鈴星·文曲星·文昌星 —— 등과 함께 있으면 그 吉凶은 命宮의 十二支와 「太陽星」의 관계인 「廟陷·旺失」에 따라 定해진다. 「太陽星」 자신이 「廟·陷」의 관계에 있으면 순조로운 立身出世가 약속된다. 「太陽星」 自身이 「廟·陷」의 관계에 있으면, 성공과 실패의 반복으로 굴곡이 심한 一生을 보내게 된다.

「太陽星」이 羊刃星·陀羅星·天空星·地劫星 —— 등과 함께 있으면, 그 길흉은 命宮의 十二支와 「太陽星」의 관계인 「廟·旺」의 관계에 있으면 굉장한 높은 地位에 붙으며, 또 巨額의 財物을 쌓게 된다. 「太陽星」이 「陷·失」의 관계에 있으면 한평생 혜택받는 일이 적으며 지극히 평범한 人生을 보내게 된다.

❖ 武曲星

「武曲星」이 命宮에 들면 그 사람은 약간 작은 몸집으로서 성격이 밝으며 순진하다. 좀 短氣한 곳도 있으며 또 速決하는 습성을 가졌기 때문에 깊은 思慮에 빠지는 點도 있다. 命宮에 나쁜 星이 없으면 財界人으로 성공한다.

「武曲星」이 天府星과 함께 있으면 큰 財物을 잡을 수 있으나 인색하기 쉽다.

「武曲星」이 天相星과 함께 있으면 知的 방면으로 仲長할 사람으로 많이 배워 많이 안다는 才人이 된다.

「武曲星」이 七殺星과 함께 있으면 매우 성격적으로 分明한 사람으로 事物에 꺼리낌없이 순진한 행동을 취하는 사람이다.

「武曲星」이 破軍星과 함께 있으면 家業을 害치든가 散財가 많아 一生을 고생하면서 보내게 된다.

「武曲星」이 天存星과 함께 있으면, 家業을 일으켜 많은 財物을 잡는다.

「武曲星」이 驛馬星과 함께 있으면 家出하든지 고향을 떠나 먼 곳

에서 발전한다. 그러나 집안에 들어 박히든지 부모곁에 있으면 一生
을 어둡게 살아가야 한다.

「武曲星」이 炎星・鈴星 —— 등과 함께 있으면 命宮의 十二支가「
寅・午・戌」 등의 경우만은 매우 발전한다. 그 밖의 十二支의 경우
는 평범한 一生이 된다.

「武曲星」이 文曲星・文昌星 —— 등과 함께 있으면 命宮의 十二支
가 「寅・午・戌」 등의 경우에만 평범한 一生을 보내게 된다. 그 밖
의 十二支의 경우는 富와 名聲을 얻을 행운의 人生을 보낸다.

「武曲星」이 羊刃星・陀羅星 —— 등과 함께 있으면 재물을 모우기
위해, 生命을 잃을 염려가 있다.

「武曲星」이 左輔星・右弼星・天魁星・天鉞星 —— 등과 함께 있으
면, 生家나 고향을 떠나면 大成하게 된다.

「武曲星」이 天空星・地劫星 —— 등과 함께 있으면 財物을 求하기
위해 오히려 財物을 잃게 되며, 심하면 一命을 잃는다.

◆ 天同星

「天同星」이 命宮에 들면, 그 사람은 부드럽고 평화스러운 얼굴 모
습이며 모든 事物에 對해 謹虛(근허)하고 점잖은 人品이다. 地位나
物質에 덕을 입으며, 命宮에 다른 나쁜 星이 없으면 一生을 富와 名聲
이 약속된다.

「天同星」이 太陰星과 함께 있으면, 그 길흉은 命宮의 十二支와 「
天同星」의 관계인 「廟陷・旺失」에 따라 결정된다. 「廟」의 관계
(命宮이 子일 때)에 있으면 유명한 의사나 학자가 되어 大成한다.
「失」의 관계(命宮이 午일 경우)에 있으면 一生을 다만 바쁘게 행
동할 뿐 실속이 없다.

「天同星」이 天梁星과 함께 있으면 그 길흉은 命宮의 十二支와 「
天同星」의 관계(廟陷・旺失)에 따라 결정된다.

「廟」의 관계 (命宮이 寅일 때)에 있으면, 높은 地位와 금전의 혜택이 약속된다. 「失」의 관계 (命宮이 申일 때)에 있으면 一生이 언제나 바쁠 뿐이지 평범한 셀러리맨으로 맺을 경향이 있다.

「天同星」이 巨門星과 함께 있으면, 異性의 일로 문제를 일으켜 그로 인해 地位나 名聲에 크게 영향을 받게 될 염려가 있다.

「天同星」이 大存星과 함께 있으면, 一生의 富貴가 약속되지만, 主로 붙질에 행운이 크게 작용한다.

「大同星」이 炎星・鈴星・羊刃星・陀羅星 —— 등과 함께 있으면, 地位나 名聲에 혜택을 입고 그 위에 금전 수입도 많아 富貴한 一生을 보내게 된다.

◈ 廉貞星

「廉貞星」이 命宮에 들면, 그 사람의 눈섭이 굵으며, 눈이 큰 얼굴 모양을 지닌 사람이다. 대단히 총명하지만 약간 약속을 어기는 경향이 있다. 命宮에 다른 星이 없으면, 권위와 재부를 한 몸에 모울 수 있게 된다.

「廉貞星」이 天府星과 함께 있으면, 地位와 名聲과 財가 돌아와 빛나는 人生을 보낼 것이다.

「廉貞星」이 貪狼星과 함께 있으면, 금전에는 혜택이 없으며, 一生을 고생을 하게 된다.

「廉貞星」이 天相星과 함께 있으면, 財界나 實業方面이 적합하며, 정치방면이나 학문방면은 부적당하다. 그러므로 이 星의 짜모임인 사람은 직업 선택에 많은 신경을 쓰지 않으면 안된다.

「廉貞星」이 七殺星과 함께 있으면 生家나 고향을 떠나면 발전하지만, 그렇지 못할 때는 一生이 그다지 훤하지 못하다.

「廉貞星」이 破軍星과 함께 있으면, 短命이거나 신체에 고장이 생기거나 어느 한 쪽이 되기 마련이다.

「廉貞星」에 天存星이 함께 있으면 地位와 금전에 運이 있다.

「廉貞星」에 炎星·鈴星·羊刃星·陀羅星 —— 등이 함께 있으면, 刑罰에 걸리기 쉬운 運命이다.

「廉貞星」에 文曲星·文昌星·天魁星·天鉞星 —— 등이 함께 있으면, 부귀가 약속된 一生이다.

「廉貞星」에 左輔星·右弼星 —— 등이 함께 있으면, 고제관계 등으로 좋은 기회를 얻고 그로 인해서 순조롭게 발전한다.

「廉貞星」이 天空星·地劫星 —— 등과 함께 있으면 뜻밖의 손실이나 不時의 損財가 끊임없이 일어나 一生을 물질적으로 근심하면서 보내게 된다.

❖天府星

「天府星」이 命宮에 들면 성질이 매우 온화한 人品으로 多學多知의 총명한 사람이 된다. 또 특이한 재능을 가져 그것을 잘 살려서 조용하게 보내는 運의 소유자이다.

「天府星」이 炎星·鈴星·天魁星·陀羅星 —— 등과 함께 있으면 先代後小有始無終(선대후소유시무)와 같이, 처음은 좋았으나 나중에는 좋지 못하다는 運으로서, 나이 많아질수록 고생이 많고 나쁜 運이 닥친다.

「天府星」에 文曲星·文昌星·天魁星·天鉞星 —— 등이 함께 있으면, 지능이 뛰어나 모든 시험을 돌파할 수 있다.

「天府星」에 左輔星·右弼星 —— 등과 함께 있으면, 교제활동이 능하여 社交上의 문제로 運이 트인다.

「天府星」이 天存星과 함께 있으면 거액의 財物을 모을 수 있게 되며, 地位도 상당한 위치까지 伸長될 수 있다.

「天府星」이 天空星·地劫星 —— 등과 함께 있으면 一生을 통해 고생이 많으며 재물운도 없다.

❖ 太陰星

「太陰星」이 命宮에 들면 대개는 美男美女의 型이 된다. 이 「太陰星」의 길흉은, 命宮의 十二支와 「太陰星」의 관계인 「廟陷·旺失」에 따라 제법 다르다. 「太陰星」이 「廟旺」의 관계에 있으면, 博學으로 才能에 혜택이 있어 名聲과 地位가 약속된다.

「太陰星」이 「陷·失」의 관계에 있으면, 배우자와 헤어져 살게 되며, 자신도 短命되기가 쉽다.

「太陰星」이 「廟·旺」의 관계로서 炎星·鈴星·羊刃星·陀羅星·天空星·地劫星 ── 등과 함께 있으면 才能運이 있어서 노력을 태만했기 때문에 그 才能의 長點을 취미생활 정도에만 살렸을 뿐으로 그치고 만다.

「太陰星」이 「廟·旺」의 관계로, 天存星·文曲星·文昌星· 天魁星·天鉞星·左輔星·右弼星 ── 등과 함께 있으면 巨額의 富와 높은 地位가 약속되어 훌륭한 人生살이를 할 것이다.

「太陰星」이 「陷·失」의 관계에서 「炎星·鈴星·羊刃星·陀羅星·天空星·地劫星」── 등과 함께 있으면, 酒色에 빠져 一生을 잘못된 생활로 보내게 된다.

「太陰星」이 「廟·旺」의 관계로서 天存星·驛馬星·天魁星·天鉞星·左輔星·右弼星 ── 등과 함께 있으면, 매우 온화한 성격으로 事物에 여유를 두고 행동하는 사람이다.

「太陰星」이 「陷·失」인 관계로 文曲星·文昌星 ── 등과 함께 있으면, 특수한 직업(종교관계, 점술, 心靈)을 갖게 된다.

◆ 貪狼星

「貪狼星」이 命宮에 들면, 눈섭 위 부분이 튀어난 얼굴 모양이 되며, 事物을 현실적으로 생각하고 行動하는 사람이 된다. 이 「貪狼星」이 命宮의 十二支와 「廟·旺」의 관계에 있으면 매우 福이 두텁고,

壽命도 긴 사람이 된다. 「貪狼星」이 命宮의 十二支와 「陷·失」의 관계에 있으면, 모든 일에 대해 策略과 잔 재주를 부리기 때문에 끊임없이 실패를 되풀이 한다.

「貪狼星」이 炎星·鈴星·天魁星·天鉞星 —— 등과 함께 있으면, 금전적으로나 물질적으로도 運이 있어 뛰어나 財利를 잡는다.

「貪狼星」이 文曲星·文昌星·羊刃星·陀羅星 —— 등과 함께 있으면, 물질적인 運이 없으며, 酒色에 빠지기 쉬운 나머지 刑罰에 걸릴 염려가 있다.

「貪狼星」이 左輔星·右弼星 —— 등과 함께 있으면 교제관계로 인해, 큰 물질적인 이익을 얻을 수 있게 된다.

「貪狼星」이 「天空星·地劫星」 —— 등과 함께 있으면 욕심이 너무 지나쳐 큰 損害를 초래하게 된다.

「貪狼星」이 天存星과 함께 있으면, 巨額의 富를 모우게 된다. 그러나, 그것은 「貪狼星」과 命宮의 十二支와의 관계가 「廟·旺」의 경우에만 限한다.

◈ 巨門星

「巨門星」이 命宮에 들면 얼핏 보아 사귀기 힘든 型으로서 좀처럼 친근감이 가지 않는다. 무엇을 하든지 事物에 장해가 많기 때문에, 中途에서 물러서는 수가 있어 성공하기 힘든 사람이다. 이 「巨門星」이 命宮의 十二支와 「廟·旺」의 관계에 있으면 매우 注意깊은 성격으로 뛰어난 才能을 지닌 사람이 된다. 「巨門星」이 命宮의 十二支와 「陷·失」의 관계에 있으면, 매우 주의 깊은 性格이지만, 그것이 度가 지나쳐 신경질이 되어 버려, 事物을 최후까지 뚫어나갈 氣力이 부족한 사람이 되어 버린다.

「巨門星」이 炎星·鈴星·文曲星·文昌星·羊刃星·陀羅星·天空星·地劫星 —— 등과 함께 있으면 총명하지만 短命이 될 경향이 있다.

그것이 심할 경우에는, 총명이 너무 지나쳐 自殺해 버리는 수도 있게
된다.

「巨門星」이 天魁星・天鉞星・左輔星・右弼星 —— 등과 함께 있으
면, 「巨門星」과 命宮의 十二支의 관계가 「陷・失」의 경우는 평범
한 인생을 보내게 된다.

◈ 天相星

「天相星」이 命宮에 들면 社交的 서ー비스 정신이 풍부한 사람이 된
다. 그러한 社交的인 點이 人氣가 있어 많은 사람들로 부터 친근하게
되어 원조를 받든가 하여 금전과 地位를 잡을 수 있게 된다. 그러나
그 「天相星」과 命宮의 十二支의 관계가 「失」로 되어 있을 경우에
는 다만 小企業이나 小賣人 정도의 發展이 있을 것이다.

「天相星」이 炎星・鈴星・羊刃星・陀羅星・天空星・地劫星 —— 등
과 함께 있으면, 그의 一生은 그다지 富貴는 기대하지 못한다. 잘 돼
야 겨우 평범한 생활을 할 수 있는 정도이다.

「天相星」이 文曲星・文昌星・天魁星・天鉞星・左輔星・右弼星・天
存星 —— 등과 함께 있으면 그 一生은 富와 權威가 約束되며 政界에
들어가면 제법 地位가 오를 수 있게 된다. 이 경우에 天相星과 命宮
의 十二支의 관계가 「失」이 되어 있어도 그다지 그 좋은 點에는 변
동이 없다.

◈ 天梁星

「天梁星」이 命宮에 들면, 매우 의젓한 태도로 침착성이 갖추어져
통솔력이 있다. 그 위에 총명하기도 하여 결코 그 총명스러움을 表面
化 하든가 策略을 쓰든가 하는 일이 없는 순수한 성격의 소유자가 된
다. 그러나 그 「天梁星」과 命宮의 十二支와의 관계가 「陷・失」이
되어 있으면, 매우 好色家가 되어 끊임없이 異性문제를 일으키게 된다.

「天梁星」이 炎星・鈴星・羊刃星・陀羅星・天空星・地劫星 —— 등

-143-

과 함께 있으면 배우자와 서로 헤어지기 쉬우며, 또 異性에 빠지기 쉽
게 된다.

「天梁星」이 文曲星·文昌星·天魁星·天鉞星·左輔星·右弼星 ―
― 등과 함께 있으면, 富와 地位의 運이 있어 一生을 幸福하게 보내게
된다.

「天梁星」이 天存星과 함께 있으면 巨額의 富를 잡을 수 있게 된다.

◆ 七殺星

「七殺星」이 命宮에 들면, 눈에 특징을 지닌 얼굴을 가졌으며, 表
情도 强하게 보인다. 매우 性急하며 감정의 기복도 매우 심하여 喜怒
哀樂(희노애락)도 表面에 나타낸다. 그러나 性格은 그렇지만 달리
나쁜 星이 들어 있지 않으면 相當하게 발전한다.

「七殺星」이 炎星·鈴星 ―― 등과 함께 있으면 命宮의 十二支가「
寅·午·戌」 등의 경우만은, 높은 地位의 運은 없으며, 그 밖의 十二
支의 경우는 평범한 一生이 된다.

「七殺星」이 天存星·驛馬星 ―― 등과 함께 있으면 富貴가 약속된
다.

「七殺星」이 文曲星·文昌星·天魁星·天鉞星 ―― 등과 함께 있으
면, 全國的으로 유명하게 되든지 높은 地位에 앉든지의 권세를 잡게 된
다.

「七殺星」이 羊刃星·陀羅星·天空星·地劫星 ―― 등과 함께 있으
면 壽命이 짧으며 가령 건강한 사람이더라도 急病이나 事故 등으로 死
亡하는 수가 있다.

◆ 破軍星

「破軍星」과 命宮의 十二支와의 관계가「旺」이 되어 있으면, 많
은 재산을 모아 올릴 수 있다. 그러나「破軍星」과 命宮의 관계가「
失」인 경우는, 커다란 일을 하게 되어 그 일로 오히려 가난하게 되는

수가 있다.

「破軍星」이 文曲星·文昌星·天魁星·天鉞星·左輔星·右弼星 ——
등과 함께 있으면, 권력과 재물의 두가지를 얻을 수 있게 된다.

「破軍星」이 炎星·鈴星·羊刃星·陀羅星·天空星·地劫星 —— 등
과 함께 있으면 한 平生은 많은 고생을 겪으면서 살아갈 것이다.

◆ 炎星 · 鈴星

「炎星」또는「鈴星」이 命宮에 들면, 말이 적은 表情을 지으면서
無口가 된다.　모든 일에 대해서 빨리 처리하는 것을 즐기며 치밀한 계
획이나 思考에는 등한시하여 통이 크게 되기 쉬운 型이다.　큰 일에만
마음이 움직이고 평범한 일에는 그다지 좋아하지 않는다.

이「炎星 또는 鈴星」과 命宮의 十二支와의 관계가「旺」이 되어
있으면 권위 運이 있으므로, 큰 地位나 권세를 잡을 수 있게 될 것이
다.　그러나 이「炎星」이나「鈴星」등과 命宮의 十二支의 관계가
「陷·失」이 되어 있으면 浮沈(부침)이 크며, 또 短命의 경향도 있
다.

「炎星」또는「鈴星」이 文曲星·文昌星 —— 등과 함께 있으면,
기술 방면의 일이나 노동력에 의한 일에 적합하며 政界나 財界로서는
발전하기 어렵게 된다.

「炎星 또는 鈴星」이 羊刃星·陀羅星 —— 등과 함께 있으면 不具
나 奇型인 몸이 되기 쉬우며, 때로는 傷處(상처)가 남을 정도의 대
수술을 하지 않으면 안될 일이 생기게 된다.　다만 命宮의 十二支가「
戌」인 경우에는 도리어 큰 부자가 된다.

「炎星 또는 鈴星」天魁星·天鉞星 —— 등과 함께 있으면 이들 별
과 命宮의 十二支와의 관계가「旺」인 경우는 권세와 富의 運이 있으
며「失」의 경우는 持病(지병)으로 근심하게 된다.

「炎星 또는 鈴星」이 左輔星·右弼星 —— 등과 함께 있으면, 이들

星과 命宮의 十二支와의 관계가 「旺」일 경우는 좋은 교제관계에 혜택이 있으며 「失」인 경우는 장기적인 권세와 富의 運이 있다.

「炎星 또는 鈴星」이 天空星·地劫星 —— 등과 함께 있으면 이들 星과 命宮의 十二支와의 관계가 「旺」인 경우는 허풍을 잘 떨며, 잘난체 하여 거들먹거리지마는, 「失」의 경우는 장기적인 권세와 富의 運이 있다.

「炎星 또는 鈴星」이 天存星·驛馬星과 함께 있으면, 이들 星이 命宮의 十二支와의 관계가 「旺」의 경우에는 한 평생을 통해 물질적으로는 運이 좋지만, 「失」의 경우에는 먼곳 또 旅行간 곳에서 災害를 당하여 생명이나 재물에 위험을 수반하게 된다.

◈ 文曲星 . 文昌星

「文曲星 또는 文昌星」이 命宮에 들면 눈썹이 아름답고, 눈이 맑으며, 두뇌도 총명하여 많이 배워 지식이 풍부하다는 型이다. 대단히 優雅(우아)하여 언제나 몸치장이나 行動에 신경을 쓰는 사람이다. 이 「文曲星 또는 文昌星」이 命宮의 十二支와의 관계가 「廟·旺」의 경우에는 地位에 있어 성공과 발전을 약속할 수 있다. 그러나 「陷·失」의 관계에 있으면 一生은 財運에는 혜택을 입지 못한다.

「文曲星 또는 文昌星」이 羊刃星·陀羅星 —— 등과 함께 있으면, 不具者가 되거나 短命되기 쉬우며, 만약에 地位나 名聲이 붙는다 하더라도 그것은 虛名空位(허명공위)에 불과하다.

「文曲星」 또는 「文昌星」이 天存星·天魁星·天鉞星·左輔星·右弼星 —— 등과 함께 있으면, 전국적으로 名聲을 떨칠 정도의 지위와 권위를 잡을 수 있다.

◈ 天存星

「天存星」이 命宮에 들면 壽命과 금전에 혜택을 입을 행운을 지닌 사람이다.

「天存星」이 左輔星·右弼星 —— 등과 함께 있으면, 政界나 財界에서 이름을 떨칠 것이다.

◈ 羊刃星 . 陀羅星

「羊刃星 또는 陀羅星」이 命宮에 들면, 결단성이 있는 매우 용감한 사람이 된다. 이 「羊刃星」 또는 「陀羅星」과 命宮의 十二支의 관계가 「旺」인 경우에는 그 결단력이 더욱 강해져 상당히 발전한다. 그러나 「陷」의 경우에는 災禍(재화)가 많으며 不具者가 되기 쉽다.

「羊刃星」 또는 「陀羅星」이 「天魁星·天鉞星」과 함께 있으면, 福分에 혜택을 받아 長壽한다.

「羊刃星」 또는 「陀羅星」이 「左輔星·右弼星」 —— 등과 함께 있으면 도적의 침입을 받아, 생명이나 재산의 피해를 입는 수가 있다. 그러나, 이 「羊刃星」 또는 「陀羅星」과 命宮의 十二支와의 관계가 「旺」의 경우에는 금전과 壽命의 혜택을 입는다.

「羊刃星」 또는 「陀羅星」이 天空星·地劫星 —— 등과 함께 있으면, 금전으로 一生을 고생하든지 또는 短命이 되든지 어느 한쪽이다.

◈ 天魁星 . 天鉞星

「天魁星」 또는 「天鉞星」이 命宮에 들면 위엄이 갖추어져 品位가 있는 사람이 된다.

「天魁星」 또는 「天鉞星」이 左輔星·右弼星 —— 등과 함께 있으면, 福分이 매우 두터우며, 또 건강하게 長壽를 保障할 수 있다.

「天魁星」 또는 「天鉞星」이 天空星과 地劫星 —— 등과 함께 있으면 오랫동안 慢性病(만성병)으로 고생한다.

◈ 左輔星 . 右弼星

「左輔星」 또는 「右弼星」이 命宮에 들면 心性이 溫和한 사람이다.

「左輔星」 또는 「右弼星」이 天空星·地劫星 —— 등과 함께 있으면, 一生을 통해 발전이라고는 없으며, 언제나 남의 밑에서만 살다가 그친다.

◈ 天空星．地劫星

「天空星」또는「地劫星」이 命宮에 들면, 浪費性이며, 浪費가 많은 생활을 보내는 사람이다. 그 一生은 굴곡이 심하여, 성공과 실패의 반복이다.

「天空星」또는「地劫星」이 驛馬星과 함께 있으면, 他鄕 또는 外國에서 죽게 된다.

◈ 驛馬星

「驛馬星」이 命宮에 들면 매우 旅行을 즐기는 사람이 된다. 또 旅行은 좋아 하지 않더라도 어떤 사정으로 旅行을 자주하게 된다.

◈ 天耗星(천모성)

「天耗星」이 命宮에 들면, 대단히 헛돈을 쓰는 사람으로서, 그 때문에 성공과 실패를 반복한다.

◈ 紅鸞星(홍란성)

「紅鸞星」이 命宮에 들면, 대단히 異性관계에 人氣가 있어 그로 인해 여러 가지 덕을 보게 된다.

◈ 天喜星(천희성)

「天喜星」이 命宮에 들면 매우 樂天家(낙천가)가 된다.

◈ 天姚星(천도성)

「天姚星」이 命宮에 들면, 酒色을 즐기게 된다.

◈ 天刑星

「天刑星」이 命宮에 들면, 고독한 사람이며, 또 刑罰에 부딪치기 쉬운 사람이다.

◈ 化祿星(화록성)

「化祿星」이 命宮에 들면, 地位에 혜택을 받을 運이 있다.

◈ 化權星(화권성)

「化權星」이 命宮에 들면, 권위運에 혜택이 있다.

◈ 化科星

「化科星」이 命宮에 들면 試驗運이 좋은 사람이다.

◈ 化忌星

「化忌星」이 命宮에 들면, 실패가 많은 사람으로 무슨 일을 하든지 제대로 잘 안된다.

父母宮을 보는 方法

「父母宮」은 그 사람의 父母의 길흉과 父母와의 인연의 厚薄(후박)과 父母로부터의 혜택의 有無 —— 등을 보는 곳이다.

「父母宮」에서는 太陽星・天府星・太陰星・天相星・天梁星・天魁星・天鉞星 등이 大吉의 작용을 하는 경향이 있다.

紫薇星・天機星・天同星・文曲星・文昌星・天存星・左輔星・右弼星 등은 中吉의 작용을 하는 경향이 있다. 武曲星만은 凶의 作用을 하는 경향이 있다.

廉貞星・貪狼星・巨門星・七殺星・破軍星・炎星・鈴星・羊刃星・陀羅星・天空星・地劫星・化忌星 등은 大凶의 작용을 하는 경향이 있다.

◈ 紫薇星

「紫薇星」이 父母宮에 들면, 父母로부터의 혜택이 많이 있다.

「紫薇星」이 天府星・天相星・文曲星・文昌星・天存星・天魁星・天鉞星・左輔星・右弼星 등과 함께 있으면, 父母로부터의 혜택이 많으며, 그것도 단순한 정신적만이 아니고 물질적인 은혜가 많이 있다.

「紫薇星」이 貪狼星과 함께 있으면, 아무리 같이 살고 있어도 정신적은 잘 되어 나가지 못하고 감정방면으로 대립만이 나타난다.

「紫薇星」이 七殺星・破軍星 등과 함께 있으면 일찍부터, 父母中 어느 한쪽을 剋하게 된다.

「紫薇星」이 炎星・鈴星・羊刃星・陀羅星・天空星・地劫星 등과 함께 있으면, 父母와의 인연이 얇아서 生離死別(생이사별)이 있든가 어떠한 사정으로 말미암아 함께 살 수 없게 된다.

◈ 天機星

「天機星」이 父母宮에 들면, 父母로부터의 혜택이 많으며, 그 은혜는 물질적인 面보다 교육방면에서 얻게 된다.

「天機星」이 太陰星・天梁星・天存星 등과 함께 있으면, 부모로부터의 혜택이 길며 中年까지 그 은혜를 받게 된다.

「天機星」이 巨門星과 함께 있으면, 父母로부터 받는 혜택은 짧으며, 일찍부터 片親을 잃는 경향으로 되기 쉽다.

「天機星」이 炎星・鈴星・羊刃星・陀羅星・天空星・地劫星 등과 함께 있으면, 일찍부터 片親으로부터 헤어지게 된다.

「天機星」이 文曲星・文昌星・天魁星・天鉞星・左輔星・右弼星 등과 함께 있으면, 父母로부터 받은 교육이 프라스가 되어 그것으로 인해 장래에 크게 발전하게 된다.

◈ 太陽星

「太陽星」이 父母宮에 들면 父親과의 인연이 두터우며, 혜택도 매우 크게 된다. 그러나, 이 「太陽星」과 父母宮의 十二支와의 관계가 「失」의 경우에는 일찍부터 父親과 死別할 경향이 있다.

「太陽星」이 太陰星・天梁星・天存星 등과 함께 있으면 父母로부터 커다란 혜택을 받게 된다.

「太陽星」이 巨門星과 함께 있으면, 父母와 사이가 잘 이루어지지 못해, 언제나 다툼이 일어나게 된다.

「太陽星」이 炎星・鈴星・羊刃星・陀羅星・天空星・地劫星 등과 함께 있으면 일찍부터 父親과의 인연이 없어진다.

「太陽星」이 文曲星・文昌星・天魁星・天鉞星・左輔星・右弼星 등과 함께 있으면, 父親으로부터 원조가 크게 있어, 그로 인해 社交上으로 매우 큰 덕을 입게 될 것이다.

◈ 武曲星

「武曲星」이 父母宮에 들면, 父母와의 인연이 엷게 되든지, 父母와의 사이가 제대로 안되지, 둘 중의 하나가 될 경향이다.

「武曲星」이 貪狼星・七殺星・破軍星 등의 함께 있으면, 父母를 剋하게 되어 生離死別 등이 있게 된다.

「武曲星」이 炎星・鈴星・羊刃星・陀羅星・天空星・地劫星 등과 함께 있으면, 일찍부터 父母를 剋하게 된다.

「武曲星」이 文曲星・文昌星・天魁星・天鉞星・左輔星・右弼星 등과 함께 있으면 父母로부터의 혜택이 교육이나 정신면만이 아니고, 물질면에서도 많이 있다.

◈ 天同星

「天同星」이 父母宮에 들면, 父母로 부터 많은 사랑을 받게 된다.

「天同星」이 太陰星・天梁星 등과 함께 있으면, 父母로부터의 사랑이 더욱 强하게 나타난다.

「天同星」이 巨門星・炎星・鈴星・羊刃星・陀羅星・天空星・地劫星 등과 함께 있으면, 父母로부터 사랑을 받지 못하며, 다툼이 일어나기 쉽다. 때로 父母의 어느 한쪽을 剋하게 될 것이다.

「天同星」이 文曲星・文昌星・天存星・天魁星・天鉞星・左輔星・右弼星 등과 함께 있으면 父母로부터 많은 愛情과 物質的 원조를 받을 것이다.

◈ 廉貞星

「廉貞星」이 父母宮에 들면 父母의 어느 한쪽을 剋하게 된다.

「廉貞星」이 天府星・天相星・文曲星・文昌星・天存星・天魁星・天鉞星・左輔星・右弼星과 함께 있으면 어릴 때 父母에게 많은 걱정을 끼친 사람이다. 그러나 父母를 剋하는데 까지는 아니다.

「廉貞星」이 貪狼星・七殺星・破軍星・炎星・鈴星・羊刃星・陀羅星

·天空星·地劫星 등과 함께 있으면, 中年 이전에 대체로 兩親과 生死
離別할 경향이며 어릴 때 부모중 어느 한쪽을 剋하게 된다.

◈ 天府星

「天府星」이 父母宮에 들면, 父母로 부터의 물질적인 도움을 크게
받는다.

「天府星」이 天存星과 함께 있으면, 父母로 부터 물질적인 은혜가
더욱 많아진다.

「天府星」이 炎星·鈴星·羊刃星·陀羅星·天空星·地劫星 등과 함
께 있으면, 父母의 어느 한쪽과 生死別 할 경향이 있다. 특히, 天空星
·地劫星의 경우는 이 경향이 강하게 나타난다.

「天府星」이 文曲星·文昌星·天魁星·天鉞星·左輔星·右弼星 등
과 함께 있으면 父母의 혜택이 매우 커서 그로 인해 풍부한 생활을 하
게 된다.

◈ 太陰星

「太陰星」이 父母宮에 들면 母親과의 인연이 두텁게 된다. 그러나
이 大陰星이 父母宮의 十二支와 「失」의 관계에 있으면, 도리어 母親
과의 인연이 엷어진다.

「太陰星」이 天存星과 함께 있으면, 母로 부터의 물질적인 원조가
많아진다.

「太陰星」이 炎星·鈴星·羊刃星·陀羅星·天空星·地劫星 등과 함
께 있으면, 일찍부터 母親을 剋하게 된다.

「太陰星」이 文曲星·文昌星·天魁星·天鉞星·左輔星·右弼星과 함
께 있으면, 母親으로 因해 사회적 발전을 약속할 수 있다.

◈ 貪狼星 (탐랑성)

「貪狼星」이 父母宮에 들면, 父母중 어느 한쪽을 剋하게 된다. 이
「貪狼星」이 父母宮의 十二支와 「陷·失」의 關係에 있으면, 兩親과

의 인연이 없다.

「貪狼星」이 文曲星・文昌星・天存星・左輔星・右弼星 등과 함께 있으면, 兩親을 剋하게 되겠지만, 그 時期는 늦어진다.

「貪狼星」이 天魁星・天鉞星과 함께 있으면 양친과 인연이 있다.

「貪狼星」이 炎星・鈴星・羊刃星・陀羅星・天空星・地劫星 등과 함께 있으면, 일찍부터 父母를 剋하게 된다.

◆ 巨門星

「巨門星」이 父母宮에 들면, 父母와 意見이 맞지 않아 매우 냉냉한 父子사이가 된다. 이 「巨門星」이 父母宮의 十二支와 「失」의 관계에 있으면, 반드시 좋아하는 쪽의 父母를 剋하게 될 것이다.

「巨門星」이 天存星과 함께 있으면, 그 凶兆는 조금 가벼워진다.

「巨門星」이 炎星・鈴星・羊刃星・陀羅星・天空星・地劫星 등과 함께 있으면, 역시 親子間의 相剋이 있어 生離死別이 있든가 사이가 좋지를 않다.

「巨門星」이 文曲星・文昌星・天魁星・天鉞星・左輔星・右弼星 등과 함께 있으면 역시 親子間에 相剋이 있으나 그 時期는 비교적 늦어진다.

◆ 天相星

「天相星」이 父母宮에 들면, 父母로부터의 惠澤이 많으며, 인연도 있다.

「天相星」이 天存星과 함께 있으면, 물질적인 혜택이 많다.

「天相星」이 炎星・鈴星・羊刃星・陀羅星・天空星・地劫星과 함께 있으면, 親子間에 相剋이 있어 生離死別이 일어난다.

「天相星」이 文曲星・文昌星・天魁星・天鉞星・左輔星・右弼星 등과 함께 있으면 父母의 힘이 매우 强해서 社會的으로도 그 힘으로 인해 발전한다.

◈ 天梁星

「天梁星」이 父母宮에 들면, 父母의 壽命이 길어진다. 그러나, 이 「天梁星」이 父母宮의 十二支와 「失」의 관계에 있으면, 역시 父母를 剋하게 되지만 그 時期는 비교적 늦어진다.

「天梁星」이 天存星과 함께 있으면, 父母로부터 물질적으로 많은 힘을 얻게 될 것이다.

「天梁星」이 炎星·鈴星·羊刃星·陀羅星·天空星·地劫星 등과 함께 있으면 父母중 어느 한쪽을 剋하게 된다.

「天梁星」이 文曲星·文昌星·天魁星·天鉞星·左輔星·右弼星 등과 함께 있으면 父母의 壽命이 매우 길어진다.

◈ 七殺星

「七殺星」이 父母宮에 들면, 父母의 壽命이 비교적 짧아진다. 일찍부터 父母의 어느 한쪽을 剋하게 될 것이며, 가령 吉星이 들어 있더라도 그 剋의 작용이 단지 時期的으로 늦어질 뿐이며 剋을 피할 수는 없다. 凶星이 함께 있으면 그 兩親을 매우 剋하게 될 것이다.

◈ 破軍星

「破軍星」이 父母宮에 들면, 일찍부터 父母중 한쪽을 剋하게 된다. 가령 吉星이 함께 들어 있어도 그 나쁜 경향은 면할 수는 없다. 凶星이 함께 들어 있으면 父母를 모두 剋하게 된다.

◈ 炎星·鈴星

「炎星」또는「鈴星」이 父母宮에 들면 片親만이 인연이 있다.

「炎星」또는「鈴星」이 天魁星·天鉞星과 함께 있으면, 이러한 凶作用이 조금은 줄게 될 것이다. 그 밖의 星은 아무리 들어 있더라도 凶兆는 줄일 수는 없다.

◈ 文曲星·文昌星

「文曲星」또는「文昌星」이 父母宮에 들면, 兩親과의 인연이 있다.

「文昌星」 또는 「文曲星」이 天魁星·天鉞星·天存星 등과 함께 있으면, 父母로부터 많은 혜택을 받게 된다.

「文曲星」 또는 「文昌星」이 羊刃星·陀羅星 등과 함께 있으면, 片親을 剋하게 된다.

◆ 羊刃星. 陀羅星

「羊刃星」 또는 「陀羅星」이 父母宮에 들면, 한쪽 父母가 剋하게 된다.

「羊刃星」 또는 「陀羅星」이 天空星·地劫星이 함께 들면, 兩親을 剋하게 된다. 가령 吉凶이 함께 들었드라도 단지 剋하는 時期가 늦을 뿐이며, 역시 剋을 면할 수는 없다.

◆ 天存星

「天存星」이 父母宮에 들면, 父母로 부터의 물질적인 혜택이 많다.

「天存星」이 左輔星·右弼星과 함께 들면, 父母로 부터의 恩惠가 물질면보다 無形인 面에 영향이 크다.

「天存星」이 天空星·地劫星과 함께 들면 일쩍부터 父母를 剋하게 된다.

◆ 天魁星. 天鉞星

「天魁星」 또는 「天鉞星」이 父母宮에 들면, 父母와의 인연이 두터워진다.

「天魁星」 또는 「天鉞星」이 左輔星·右弼星과 함께 있으면 父母로 부터의 혜택을 많이 받게 된다.

「天魁星」 또는 天鉞星이 天空星·地劫星이 함께 있으면, 이 二星은 凶星이지만 父母를 剋하는 일은 없다.

◆ 左輔星. 右弼星

「左輔星」 또는 「右弼星」이 父母宮에 들면, 父母와의 인연이 있다.

「左輔星」 또는 「右弼星」이 天空星·地劫星 등에 함께 있으면, 父

母 중 어느 한쪽과는 인연이 없다.

◈ 天空星 . 地劫星

「天空星」또는 「地劫星」이 父母宮에 들면, 父母와의 인연이 적어
진다.

◈ 化忌星

「化忌星」이 父母宮에 들면, 父母중 어느 쪽을 剋하게 된다.

註 여기까지 설명한 인연이 있고, 없고, 剋하고, 剋하지 않는다는것
은, 占術上의 用語로 一般에서 사용되고 있는 것보다는 넓은 의
미를 가지고 있다. 인연의 有無는 단순히 長命短命을 말하는 것
이 아니며, 九十歲까지 함께 살고 있드라도 의견이 맞지 않으면
인연은 없어, 剋한다는 用語로 나타내고 있다. 剋한다는 것은,
나쁜 관계의 熟語(숙어)로 취급함이 좋을 것이다. 다음에 지
금부터 설명하는 것에는 모두 이것에 準해 주기 바란다.

兄弟宮의 보는 方法

「兄弟宮」은 그 사람의 兄弟姉妹의 길흉, 兄弟姉妹와의 인연, 兄弟
姉妹와의 힘의 관계의 길흉 등을 보는 곳이다.

「兄弟宮」에서는 天機星・天同星・天府星・天相星・天梁星・天魁星
・天鉞星・左輔星・右弼星 등이 大吉의 作用을 하는 경향이 있다.

紫薇星・太陽星・太陰星・文曲星・文昌星・天存星 등이 中吉의 작용
을 하는 경향이 있다.

武曲星・炎星・鈴星등은 凶의 작용을 하는 경향이 있다.

廉貞星・貪狼星・巨門星・七殺星・破軍星・羊刃星・陀羅星・天空星・
地劫星・化忌星 등은 大凶의 작용을 하는 경향이 있다.

◈ 紫薇星

「紫薇星」이 兄弟宮에 들면, 많은 힘이 되어 줄 수 있는 兄弟가 있
다.

-156-

「紫薇星」이 天府星・天相星 등과 함께 있으면, 兄弟의 원조를 받을 수 있다.

「紫薇星」이 貪狼星과 함께 있으면, 좀처럼 結婚하지 않는 兄弟가 있다.

「紫薇星」이 七殺星과 함께 있으면, 兄弟를 剋하게 된다.

「紫薇星」이 破軍星과 함께 있으면, 兄弟를 剋하지마는 七殺星의 경우보다는 그 凶兆가 가벼워진다.

「紫薇星」이 天存星과 함께 있으면, 兄弟로부터 물질적인 원조를 받을 수 있게 된다.

「紫薇星」이 炎星・鈴星・羊刃星・陀羅星・天空星・地劫星 등과 함께 있으면 兄弟 사이의 우애가 그다지 좋지 않아 감정면에 잘 어울리지 않는다.

「紫薇星」에 文曲星, 文昌星, 天魁星, 天鉞星, 左輔星, 右弼星 등과 함께 있으면, 매우 사이가 좋은 和合的인 兄弟가 있다.

◈ 天機星

「天機星」이 兄弟宮에 들면, 兄弟의 數는 그다지 많지 않지만 매우 힘이 되어 주는 사람들이다. 그러나, 그 天機星과 兄弟宮의 十二支와의 관계가「失」의 경우는, 형제 사이가 나빠 反目하기에 이른다.

「天機星」이 太陰星・天梁星 등과 함께 있으면, 兄弟로부터 정신적인 면에서 도움이 있다.

「天機星」이 天存星・巨門星 등과 함께 있으면, 兄弟로부터 물질적인 원조를 받을 수 있다.

「天機星」이 炎星・鈴星・羊刃星・陀羅星・天空星・地劫星 등이 함께 있으면 和合心이 부족하여 서로 도우는 일이 없다.

「天機星」이 文曲星・文昌星・天魁星・天鉞星・左輔星・右弼星 등과 함께 있으면 정이 깊어 서로 도우며, 특히 兄은 부친을 대신하며 姉

는 모친을 대신한다.

◈ 太陽星

「太陽星」이 兄弟宮에 들면 兄弟宮의 十二支와의 관계가 「廟・旺」이 되어 있을 경우에는 형제의 힘을 얻을 수 있게 된다. 그러나, 「失」이 되어 있을 경우는 형제의 힘을 얻지 못할 뿐 아니라, 사이도 나빠진다.

「太陽星」이 太陰星・天梁星・天存星 등과 함께 있으면, 형제간의 인연도 깊이 서로의 힘을 얻을 수도 있다.

「太陽星」이 巨門星과 함께 있으면, 형제간의 인연이 적어진다.

「太陽星」이 炎星・鈴星・羊刃星・陀羅星・天空星・地劫星 등과 함께 있으면, 서로의 의견이 맞지 않아 사이도 그다지 좋지 않다.

「太陽星」이 文曲星・文昌星・天魁星・天鉞星・左輔星・右弼星 등과 함께 있으면, 형제간의 힘이 매우 크게 작용한다.

◈ 武曲星

「武曲星」이 兄弟宮에 들면, 형제의 數가 적어진다.

「武曲星」이 天府星・天相星・天存星 등과 함께 있으면, 형제간에서 물질면에서 많은 도움이 있을 것이다.

「武曲星」이 貪狼星・七殺星・破軍星 등과 함께 있으면, 兄弟간의 사이가 나빠 다툼질도 생길 염려가 있다.

「武曲星」이 炎星・鈴星・羊刃星・陀羅星・天空星・地劫星 등과 함께 있으면, 인연이 엷어지고 사이도 나빠진다. 그 때문에 형제가 있드라도 고독하게 된다.

「武曲星」이 文曲星・文昌星・天魁星・天鉞星・左輔星・右弼星 등과 함께 있으면 兄弟들로 부터 물질적인 원조는 있지마는 형제간에 生離死別이 있다.

◈ 天同星

「天同星」이 兄弟宮에 들면, 형제가 많으며, 사이도 매우 좋다.

「天同星」이 太陰星·天梁星·天存星과 함께 있으면, 앞에 설명한 것보다 더욱 좋은 경향이 된다.

「天同星」이 巨門星과 함께 있으며 앞서의 경향보다는 조금 약해진다.

「天同星」이 炎星·鈴星·羊刃星·陀羅星·天空星·地劫星 등과 함께 있으면 四方으로 헤어져 살게 되어 사이도 매우 나빠지게 된다.

「天同星」이 文曲星·文昌星·天魁星·天鉞星·左輔星·右弼星 등과 함께 있으면 매우 사이 좋은 관계를 가져 서로 힘을 돕는다.

❖ 廉貞星

「廉貞星」이 兄弟宮에 들면 형제의 수도 적고, 사이도 그다지 좋지 않다.

「廉貞星」이 天府星·天相星·天存星·文曲星·文昌星·天魁星·天鉞星·左輔星·右弼星 등과 함께 있으면, 형제의 힘을 얻을 수는 없지만, 사이는 그다지 나쁘지는 않다.

「廉貞星」이 貪狼星·七殺星·破軍星·炎星·鈴星·羊刃星·陀羅星·天空星·地劫星 등과 함께 있으면, 형제간의 사이가 매우 좋지 못하며 서로 다툼질을 일으키는 수도 있다.

❖ 天府星

「天府星」이 兄弟宮에 들면, 감정적으로도 매우 친밀한 사이가 된다.

「天府星」이 天存星과 함께 있으면, 兄弟로부터의 물질적인 원조를 받게 된다.

「天府星」이 炎星·鈴星·羊刃星·陀羅星과 함께 있으면 형제의 數도 적으며, 그다지 힘이 안된다.

「天府星」이 文曲星·文昌星·天魁星·天鉞星과 함께 있으면, 형제

사이가 매우 좋아 서로 도와 나간다.

「天府星」이 左輔星・右弼星과 함께 있으면, 형제로 부터의 도움이 많아 그로 인해 크게 出世한다.

「天府星」이 天空星・地劫星과 함께 있으면, 형제간의 사이가 매우 나빠 서로 헐뜯어 상처를 입을 수도 있다.

◆ 太陰星

「太陰星」이 兄弟宮에 들면, 兄弟宮의 十二支와의 관계가「廟・旺」이 되어 있을 경우에는 형제간의 힘도 强하고 數도 많게 된다. 그러나,「失」이 되어 있을 경우에는, 형제의 힘도 얻을 수 없게 되며, 또 數도 적어진다.

「太陰星」이 炎星・鈴星・羊刃星・陀羅星・天空星・地劫星 등과 함께 있으면, 사이도 좋지 못하고, 사방으로 헤어질 傾向이다.

「太陰星」이 文曲星・文昌星・天魁星・天鉞星・左輔星・右弼星과 함께 있으면, 형제간의 사이도 좋으며, 서로 도와가게 된다.

「太陰星」이 天存星과 함께 있으면, 물질적인 원조가 있다.

◆ 貪狼星

「貪狼星」이 兄弟宮에 들면, 兄弟宮의 十二支와의 관계가「旺」이 되어 있을 경우에는, 형제의 수효도 적으며, 그다지 힘도 얻을 수 없게 된다. 또「失」이 되어 있을 경우에는, 형제들로부터 손해를 입게 되든지, 상처를 입을 수도 있다. 이러한 星을 가진 사람은, 實際 형제이면서도, 다른 사람처럼 냉냉한 사이가 되든지, 때로는 못된 일을 꾸미는 형제의 인연도 있다.

「貪狼星」이 炎星・鈴星・羊刃星・陀羅星・天空星・地劫星 등과 함께 있으면, 형제로 말미암아 매우 어려운 일을 겪게 되는 일이 생긴다.

「貪狼星」이 文曲星・文昌星・天魁星・天鉞星・左輔星・右弼星 등과 함께 있으면 형제로부터 힘을 얻을 수 없으나, 사이는 좋은 편이며,

害를 받는 일은 없다.

「貪狼星」이 天存星과 함께 있으면, 형제간의 사이가 매우 좋아진
다.

◆ 巨門星

「巨門星」이 兄弟宮에 들면, 형제의 수효가 적어진다.

「巨門星」이 天存星과 함께 있으면, 앞의 傾向보다는 가벼워진다.

「巨門星」이 炎星・鈴星・羊刃星・陀羅星・天空星・地劫星 등과 함
께 있으면 형제 사이의 감정적인 응어리가 생겨, 상처를 입을 염려가
있다.

「巨門星」에 文曲星・文昌星・左輔星・右弼星 등이 함께 있으면, 형
제로 부터 힘은 얻을 수는 없으나, 특별히 나쁜 일이 없는 극히 평범
한 사이가 된다.

◆ 天相星

「天相星」이, 형제궁에 들면, 형제의 수효가 二, 三人 정도로 서로
도와 가며 산다.

「天相星」이, 天存星과 함께 있으면 형제로 부터 물질적인 원조가
있다.

「天相星」이 炎星・鈴星・羊刃星・陀羅星・天空星・地劫星 등과 함
께 있으면, 형제간의 인연이 엷은 경향이 된다.

「天相星」이 文曲星・文昌星・天魁星・天鉞星・左輔星・右弼星 등과
함께 있으면 형제 사이가 매우 친밀하여, 서로 힘을 얻을 수 있다.

◆ 天梁星

「天梁星」이 형제궁에 들면, 형제의 수효는 적지마는 서로 도와 가
는 사이 좋은 형제관계를 갖는다.

「天梁星」이 天存星과 함께 있으면, 형제들로부터 물질적인 원조를
얻는다.

「天梁星」이 炎星・鈴星・羊刃星・陀羅星・天空星・地劫星 등과 함께 있으면 형제간의 인연이 엷고, 또 사이도 매우 좋지 못하게 된다.

「天梁星」이 文曲星・文昌星・天魁星・天鉞星・左輔星・右弼星 등과 함께 있으면 형제간에 우애가 좋아 서로 도와주는 사이이다.

❖ 七殺星

「七殺星」이 형제궁에 들면 형제의 수효가 三人쯤 된다.

「七殺星」이 天存星과 함께 있으면, 물질적인 도움을 받을 수 있게 된다.

「七殺星」이 炎星・鈴星・羊刃星・陀羅星・天空星・地劫星 등과 함께 있으면, 형제간에 다툼이 끊이지 않아 상처를 입을 수도 있다.

「七殺星」이 文曲星・文昌星・天魁星・天鉞星・左輔星・右弼星 등과 함께 있으면, 형제간에 협조하는 사이 좋은 관계를 유지한다.

❖ 破軍星

「破軍星」이 兄弟宮에 들면, 비교적 형제의 수효는 많지만, 그다지 힘이 될 수 있는 사이는 못된다.

「破軍星」이 天存星과 함께 있으면, 물질적인 도움을 얻을 수 있다.

「破軍星」이 炎星・鈴星・羊刃星・陀羅星・天空星・地劫星이 함께 있으면, 형제가 없든지 있어도 전연 접촉이 없게 된다.

「破軍星」이 文曲星・文昌星・天魁星・天鉞星・左輔星・右弼星 등과 함께 있으면 사이가 좋아 서로 힘을 돕는 사이가 된다.

❖ 炎星・鈴星

「炎星」또는「鈴星」이 형제궁에 들면, 형제 사이가 그다지 좋지 않으며 감정적으로 냉냉한 사이이다.

「炎星」또는「鈴星」이 文曲星・文昌星・天存星 등과 함께 있으면, 前述한 凶兆가 조금 가벼워진다.

「炎星」또는「鈴星」이 羊刃星・陀羅星・天空星・地劫星 등과 함

-162-

께 있으면, 형제 때문에 여러가지 번거로운 문제가 생겨, 때로는 큰
손실을 초래하기도 한다.

◈ 文曲星 . 文昌星

「文曲星」 또는 「文昌星」이 兄弟宮에 들면, 형재와의 사이가 매
우 좋으며, 또 정신적인 면에서의 원조에 의해 크게 仲長하게 된다.

「文曲星」 또는 「文昌星」이, 天存星과 함께 있으면, 前述한 吉兆
가, 물질적인 面에서도 크게 작용한다.

「文曲星」 또는 「文昌星」이 天魁星・天鉞星・左輔星・右弼星 등
과 함께 있으면, 형제로부터의 여러가지 원조로 인해서, 편안한 생활
을 할 수 있게 된다.

「文曲星」 또는 「文昌星」이 羊刃星・陀羅星 등과 함께 있으면 형
제 인연이 적어 生離死別이 있다.

◈ 天存星

「天存星」이 兄弟宮에 들면, 형제들로부터 물질적인 혜택을크게 받
는다.

「天存星」이, 左輔星・右弼星 등과 함께 있으면, 형제간의 우애가
좋아 서로 돕는다.

「天存星」이 天空星・地劫星 등과 함께 있으면 형제간의 사이가 냉
냉하여, 때로는 큰 손해를 받는 경우가 있다.

◈ 羊刃星 . 陀羅星

「羊刃星」 또는 「陀羅星」이 형제궁에 들면, 형제의 수효가 매우
적다.

「羊刃星」 또는 「陀羅星」이 天魁星・天鉞星・左輔星・右弼星 등
과 함께 있으면 형제의 수효가 前述보다는 조금 늘어난다.

「羊刃星」 또는 「陀羅星」이 天空星・地劫星과 함께 있으면, 형제
사이가 다른 사람보다도 원수처럼 반목하는 사이가 된다.

◈ 天魁星 . 天鉞星

「天魁星」또는는 「天鉞星」이 형제궁에 들면, 형제로 많은 혜택을 받게 된다.

「天魁星」또는는 「天鉞星」이 左輔星・右弼星과 함께 있으면, 형제 사이가 좋아 서로 도우며 다정하다.

「天魁星」또는는 「天鉞星」이 天空星・地劫星과 함께 있으면, 형제 관계는 평범하다.

◈ 左輔星 . 右弼星

「左輔星」또는는 「右弼星」이, 兄弟宮에 들면, 우애가 있는 형제가 힘모아 서로 돕는다.

「左輔星」또는는 「右弼星」이 天空星・地劫星과 함께 있으면, 형제 간에 힘을 얻을 수도 없으며, 사이도 그다지 좋지 못하다.

◈ 天空星 . 地劫星

「天空星」또는는 「地劫星」이 兄弟宮에 들면, 형제 때문에 많은 고생을 겪게 된다.

◈ 化忌星

「化忌星」이 兄弟宮에 들면, 형제 때문에 자신이 희생이 될 수 있는 경우가 생긴다.

夫婦宮보는 方法

「夫婦宮」은 그 사람의 좋아하는 型, 그 사람의 배우자의 型, 배우자와의 관계, 부부생활의 정신면 등을 보는 곳이다.

「夫婦宮」에서는 太陽星・天同星・天府星・天梁星・天存星・天魁星이 大吉의 작용을 하는 경향이 있다.

紫薇星・天機星・太陰星・天相星・文曲星・文昌星 등이 中吉의 작용을 하는 경향이 있다.

武曲星・巨門星・炎星・鈴星・左輔星・右弼星・天姚星 등이 凶의 작용을 하는 경향이 있다.

廉貞星・貪狼星・七殺星・破軍星・羊刃星・陀羅星・天空星・地劫星・化忌星 등은 大凶의 작용을 하는 경향이 있다.

◈ 紫微星

「紫微星」이 夫婦宮에 들면, 배우자는 氣位가 높아지며, 그 때문에 부부사이가 그다지 잘 어울리지 않는다. 다만 晩婚(만혼)인 경우에는 그 氣位의 높이가 매력이 되어 도리어 극 되어 가게 된다.

「紫微星」이 天府星과 함께 있으면, 부부 사이가 좋아 끝까지 동반하게 된다.

「紫微星」이 貪狼星과 함께 있으면, 끝까지 동반하기 어렵다. 그러나, 이 貪狼星이 함께 있더라도, 다른 吉星이 있든지, 같은 나이 또래의 부부라면, 이런 凶運은 없어진다.

「紫微星」이 天相星과 함께 있으면 부부의 나이가 틀리면 그 결과는 더욱 커진다.

「紫微星」이 七殺星과 함께 있으면, 부부싸움이 끊이지 않으며, 生離死別이 일어나기 쉽다.

「紫微星」이 破軍星과 함께 있으면, 부부간 相剋이 심하며, 그렇지 않을 때는 不和가 일어난다. 다만 이 경우에 女性의 나이가 男性보다 많으면 이런 凶運은 면하게 된다.

「紫微星」이 天存星과 함께 있으면, 배우자로부터의 물질적인 은혜가 매우 크게 된다.

「紫微星」이 炎星・鈴星・羊刃星・陀羅星・天空星・地劫星 등과 함께 있으면 배우자를 剋하는 것 같이 된다.

「紫微星」이 文曲星・文昌星・天魁星・天鉞星・左輔星・右弼星 등과 함께 있으면 배우자로 인해 정신적인 기쁨을 크게 얻는다.

-165-

❖ 天機星

「天機星」이 夫婦宮에 들면, 男性인 경우에는 젊고 성격이 과격한 妻를 얻게 되며, 女性인 경우에는 매 연령차가 있는 남편에게 시집가게 된다.

「天機星」이 太陰星과 함께 있으면, 남성인 경우에는, 젊고 아름다운 女性과, 여성인 경우에는 미남자와 결혼하게 된다.

「天機星」이 巨門星과 함께 있으면 배우자는 매우 아름다운 사람이다.

「天機星」이 天梁星과 함께 있으면 배우자는 아름다우며 또 연령차이가 있는 부부이다.

「天機星」이 天存星과 함께 있으면 배우자는 매우 賢明(현명)한 사람이다.

「天機星」이 炎星・鈴星・羊刃星・陀羅星・天空星・地劫星 등과 함께 있으면 離婚(이혼)할 경향이 있다. 그러나 晚婚이라면, 그런 凶작용은 나타나지 않는다.

「天機星」이 文曲星・文昌星・天魁星・天鉞星・左輔星・右弼星 등과 함께 있으면 배우자는 매우 총명한 사람이다.

❖ 太陽星

「太陽星」이 부부궁에 들면, 배우자로 인해 신분상의 향상이 있다. 그러나 早婚(조혼)일 경우에는 도리어 배우자를 剋할 흉작용이 있다.

「太陽星」이 太陰星과 함께 있으면 배우자로 부터의 혜택이 매우 크다.

「太陽星」이 巨門星과 함께 있으면, 평범한 부부이다. 달리 나쁜 조건이 없는한 배우자를 剋하는 것 같은 일은 없을 것이다.

「太陽星」이 天梁星과 함께 있으면, 배우자는 매우 賢人이다.

「太陽星」이 天存星과 함께 있으면, 배우자로부터 물질적인 큰 혜택을 받게 된다.

「太陽星」이 炎星·鈴星·羊刃星·陀羅星·天空星·地劫星 등과 함께 있으면 배우자를 剋하는 경향이 있다. 그러나, 晚婚이면 그런 흉 작용은 나타나지 않는다.

「太陽星」이 文曲星·文昌星·天魁星·天鉞星·左輔星·右弼星 등과 함께 있으면 배우자로부터의 힘이 크게 도움된다. 정신면으로나 물질면으로 혜택을 입게 된다.

◈ 武曲星

「武曲星」이 夫婦宮에 들면, 배우자와 生離死別의 傾向이 있다. 늦게 결혼하든지, 같은 나이의 사람과 결혼하면, 이 凶運은 면할 수 있다.

「武曲星」이 天府星과 함께 있으면, 배우자로 인해 큰 재물을 잡을 수 있게 된다.

「武曲星」이 貪狼星과 함께 있으면 상당한 晚婚이 아니면 배우자를 剋하게 된다.

「武曲星」이 天相星과 함께 있으면, 부부사이가 좋지 못해 끊임없이 不和로 근심하게 된다.

「武曲星」이 七殺星과 함께 있으면, 生離死別이 있다.

「武曲星」이 天存星과 함께 있으면, 배우자로 인해 財物이 증가하게 된다.

「武曲星」이 炎星·鈴星·羊刃星·陀羅星·天空星·地劫星 등과 함께 있으면 보기 흉한 다툼을 하든지, 生離死別이 있든지 한다.

「武曲星」이 文曲星·文昌星·天魁星·天鉞星·左輔星·右弼星 등과 함께 있으면 배우자로 인해 재물을 얻을 수가 있다.

◈ 天同星

「天同星」이 夫婦宮에 들면, 그 배우자는 매우 온순한 사람이다.

-167-

「天同星」이 太陰星과 함께 있으면, 배우자는 용모가 매우 아름다운 사람으로 美男美女 型이다.

「天同星」이 巨門星과 함께 있으면, 배우자는 매우 현명한 사람이지만, 壽命이 짧은 경향이 있다.

「天同星」이 天梁星과 함께 있으면, 애정이 깊은 부부사이가 좋은 가정생활을 꾸릴 수 있게 된다.

「天同星」이 天存星과 함께 있으면, 부부사이 좋으며, 서로 협력하여 재산을 모아 나간다.

「天同星」이 炎星・鈴星・羊刃星・陀羅星・天空星・地劫星 등과 함께 있으면, 부부사이가 매우 나빠서 생이별 할 염려가 있다.

「天同星」이 文曲星・文昌星・天魁星・天鉞星・左輔星・右弼星 등과 함께 있으면 부부사이가 매우 좋으며 특히 정신면에의 즐거움이 많이 있다.

◈ 廉貞星

「廉貞星」이 夫婦宮에 들면, 부부사이에 生離死別이 될 염려가 있다.

「廉貞星」이 天府星・天相星・天存星 등과 함께 있으면, 개성이 강하고 성격이 격심한 사람과 결혼하기 쉬우므로 좀처럼 그 방면에 참지 않으면 싸움이 일어나게 된다.

「廉貞星」이 文昌星・文曲星・天魁星・天鉞星・左輔星・右弼星・등과 함께 있으면 前述한 天府星의 경우와 같아진다.

「廉貞星」이 貪狼星・七殺星・破軍星과 함께 있으면, 배우자와의 相剋이 심해 不和나 生離死別 등이 一生동안 몇차례나 있을 염려가 있다.

「廉貞星」이 炎星・鈴星・羊刃星・陀羅星・天空星・地劫星과 함께 있으면 前述한 貪狼星의 경우와 같다.

◈ 天府星

「天府星」이 夫婦宮에 들면, 배우자는 매우 재능이 있는 사람으로서 그 때문에 물질면에 혜택을 입는다.

「天府星」이 炎星·鈴星·羊刃星·陀羅星·天空星·地劫星 등과 함께 있으면, 배우자의 재능이 도리어 不和의 원인이 되든지, 정신면으로도 그다지 잘 어울리지 않는다.

「天府星」이 文曲星·文昌星·天魁星·天鉞星·左輔星·右弼星 등과 함께 있으면 배우자의 才能의 장점이 정신적·물질적으로 잘 움직여 좋은 부부생활을 영위할 수 있다.

◈ 太陰星

「太陰星」이 夫婦宮에 들면 배우자는 매우 아름다운 사람이지만 조금 氣位가 높은 점이 있다.

「太陰星」이 炎星·鈴星·羊刃星·陀羅星·天空星·地劫星 등과 함께 있으면 배우자의 미모와 氣位의 높이가 어떤 사정에 의해 생이별의 원인이 된다.

「太陰星」이 文曲星·文昌星·天貪星·天鉞星·左輔星·右弼星 등과 함께 있으면 사이가 좋은 부부가 될 수 있다.

◈ 貪狼星

「貪狼星」이 夫婦宮에 들면, 평생 여러 차례 배우자를 바꾸게 된다.

「貪狼星」이 天存星·炎星·鈴星·羊刃星·陀羅星·天空星·地劫星 등과 함께 있으면 이혼하게 된다.

「貪狼星」에 文昌星·文曲星·天魁星·天鉞星·左輔星·右弼星 등이 함께 있으면 晚婚함으로서 도리어 生離死別의 凶兆를 피하게 된다.

◈ 巨門星

「巨門星」이 부부궁에 들면, 부부간에 애정이 없어 끊임없이 싸움이 일어나는 관계이다.

「巨門星」이 天存星과 함께 있으면, 不和로운 부부로서 기분이 딱 들어 맞지 않는다.

「巨門星」이 炎星·鈴星·羊刃星·陀羅星·天空星·地劫星 등과 함

께 있으면, 이혼이나 死別 등이 있다.

「巨門星」이 文曲星·文昌星·天魁星·天鉞星·左輔星·右弼星 등이 함께 있으면 生離死別은 없으나 표면상으로는 사이좋은 부부처럼 보이지마는, 그다지 정신적으로 결합된 사이좋은 부부는 아니다.

❖ 天相星

「天相星」이 夫婦宮에 들면 男性의 나이가 여성보다 차이가 있는 부부가 되며, 친척이나 친구의 관계자와 결혼하게 된다.

「天相星」이 天存星과 함께 있으면, 부부가 서로 협력하여 물질적인 기초를 쌓아 올리게 된다.

「天相星」이 炎星·鈴星·羊刃星·陀羅星·天空星·地劫星 등과 함께 있으면, 매우 부부 사이가 나쁜 관계가 되어진다.

「天相星」이 文曲星·文昌星·天魁星·天鉞星·左輔星·右弼星 등과 함께 있으면 부부사이가 좋은 관계이다.

❖ 天梁星

「天梁星」이 夫婦宮에 들면, 배우자는 미모이다. 또 대체로 남편의 나이가 부인보다도 아래인 수가 많다.

「天梁星」이 天存星과 함께 있으면, 부부가 서로 존경하며, 정신적으로 어울리는 부부가 된다.

「天梁星」이 炎星·鈴星·羊刃星·陀羅星·天空星·地劫星 등과 함께 있으면, 사이가 좋지 못해 자주 싸움을 일으키는 부부가 된다.

「天梁星」이 文曲星·文昌星·天魁星·天鉞星·左輔星·右弼星 등과 함께 있으면 사이가 좋은 부부가 된다.

❖ 七殺星

「七殺星」이 夫婦宮에 들면 일찍부터 배우자를 剋하게 된다.

「七殺星」이 다른 吉星과 함께 있어도 이 凶兆는 단지 그 時期가 늦어질 뿐이지 나쁜 것을 피할 수는 없다.

「七殺星」이 炎星·鈴星·羊刃星·陀羅星·天空星·地劫星과 함께 있으면 一生中에 몇번이나 배우자를 바꾸는 일이 생긴다.

◆ 破軍星

「破軍星」이 夫婦宮에 들면, 일찍부터 배우자를 剋하게 된다.

「破軍星」이 다른 吉星과 함께 있더라도 그 凶작용은 시기적으로 늦어질 뿐이지, 역시 흉조는 피할 수 없다.

「破軍星」이 炎星·鈴星·羊刃星·陀羅星·天空星·地劫星 등과 함께 있으면, 몇번이나 배우자를 바꾸게 된다. 때로는 결혼이라기 보다 同棲(동서) 생활을 몇번이나 되풀이 하게 된다.

◆ 炎星. 鈴星

「炎星」 또는 「鈴星」이 夫婦宮에 들면, 이러한 星과 夫婦宮의 十二支와의 관계가 「旺」일 경우에는, 달리 吉星이 있으면, 부부간의 相剋을 면할 수 있다. 그러나, 이러한 星과 夫婦宮의 十二支의 관계가 「陷·失」인 경우나, 달리 凶星이 있을 경우 사이가 좋지 못한 부부로서 때로는 生離死別하는 수도 있다.

◆ 文曲星. 文昌星

「文曲星·文昌星」이 夫婦宮에 들면, 배우자는 매우 賢人이다. 또 이 二星이 함께 夫婦宮에 들어 있으면 동시에 두 사람의 異性과 관계를 갖게 된다.

◆ 羊刃星. 陀羅星

「羊刃星」 또는 「陀羅星」이 부부궁에 들면 배우자를 剋하게 된다.

◆ 天魁星. 天鉞星

「天魁星」 또는 「天鉞星」이 부부궁에 들면 배우자는 대단한 美人이다.

◆ 左輔星. 右弼星

「左輔星」 또는 右弼星이 부부궁에 들면, 배우자의 强한 협조로 인해 운세의 발전이 기대된다.

◈ 天空星 . 地劫星

「天空星」 또는 「地劫星」이 부부궁에 들면, 배우자로 말미암아 一生中에 큰 손해를 당하는 일이 반드시 한번은 있다.

◈ 天存星

「天存星」이 부부궁에 들면, 배우자로 인해 물질적인 향상이 있다.

◈ 天姚星

「天姚星」이 부부궁에 들면, 배우자와 주색을 즐기는 사람이다.

◈ 化忌星

「化忌星」이 부부궁에 들면, 배우자를 剋하게 된다.

男女宮을 보는 方法

「男女宮」은 그 사람의 子女의 일이다. 子女와의 관계, 子女의 多少 등을 보는 곳이다.

「男女宮」에서는, 太陽星・天同星・天府星・太陰星・天魁星・天鉞星 등이 大吉의 작용을 하는 경향이 있다.

紫薇星・天機星・天相星・天梁星・文曲星・天存星・左輔星・右弼星・ 등이 中吉의 작용을 하는 경향이 있다.

武曲星・破軍星 등이 凶의 작용을 하는 경향이 있다.

廉貞星・貪狼星・巨門星・七殺星・炎星・鈴星・羊刃星・陀羅星・ 天空星・地劫星・化忌星 등이 大凶의 작용을 하는 경향이 있다.

◈ 紫薇星

「紫薇星」이 男女宮에 들면, 크게 할 수 있는 子女를 낳는다.

「紫薇星」이 天府星과 함께 있으면, 그 子女의 出世發展(출세발전)은 財的 방면에 의해 이루어진다.

「紫薇星」이 貪狼星과 함께 있으면, 子女의 出世가 약속되지만, 자신의 男女관계가 홀트러지기 쉽다.

「紫薇星」이 天相星과 함께 있으면 그 子女의 출세발전은 政界方面에 의해 이루어진다.

「紫薇星」이 七殺星과 함께 있으면, 子女의 數가 적으며, 특히 男子가 겨우 한 두사람으로 그친다.

「紫薇星」이 破軍星과 함께 있으면, 子女를 剋하기 쉬우며, 父子 사이가 不和스럽게 되든지 生離死別이 일어나기 쉽다.

「紫薇星」에 天存星이 함께 있으면, 子女는 장래 財的으로 혜택을 받을 수 있게 되며, 그 때문에 늙어서 매우 편안하게 된다. 다만 이 경우에 天存星에 다시 天空星·地劫星 등이 들어가면, 도리어 財的으로 어렵게 되기 쉽다.

「紫薇星」에 炎星·鈴星·羊刃星·陀羅星·天空星·地劫星 등이 함께 들면, 親子간에 相剋이 있으며, 또 사이에 不和가 된다.

「紫薇星」에 文曲星·文昌星·天魁星·天鉞星·左輔星·右弼星 등이 함께 있으면 매우 훌륭한 子女의 혜택을 입는다. 孝子이며 머리가 좋은 子女가 생긴다.

◆ 天機星

「天機星」이 男女宮에 들면, 뛰어나고 머리가 좋은 子女가 태어난다. 그 子女는 흔히 볼 수 있는 머리가 아니고 모든 方面에 伸長할 수 있는 특수한 지능을 가진 子女이다.

「天機星」이 太陰星·天梁星과 함께 있으면 男女 모두 용모 단정한 子女가 태어난다.

「天機星」이 巨門星·天存星 등이 함께 있으면 아이디어에 능한 子女가 되어 사회적으로 크게 신장하게 된다.

「天機星」이 炎星·鈴星·羊刃星·陀羅星·天空星·地劫星 등이 함께 있으면, 어릴 때 死別하는 아이가 생긴다.

-173-

「天機星」이 文曲星・文昌星・天魁星・天鉞星・左輔星・右弼星 등과 함께 있으면 어릴 때부터 頭角(두각)을 나타내는 자식이 있다.

◆ 太陽星

「太陽星」이 男女宮에 들면, 男子로서 자기 스스로의 힘으로 地位의 향상이나 名聲이 올라가게 하는 빼어난 아들이 있다.

「太陽星」이 太陰星・巨門星 등과 함께 있으면, 子女들과 인연이 엷어질 경향이 있으며 어떤 사정으로 떨어져 살아야만 한다.

「太陽星」이 天梁星・天府星・등과 함께 있으면, 子女와의 인연이 두터워 老後에는 子女로부터 물질면이나 금전면의 효도가 크게 있다.

「太陽星」이 炎星・鈴星・羊刃星・陀羅星・天空星・地劫星 등이 함께 있으면, 子女와의 인연이 잘 어울리지 않아 끊임없이 不和로 근심하게 된다.

「太陽星」이 文曲星・文昌星・天魁星・天鉞星・左輔星・右弼星 등과 함께 있으면 매우 知的으로 뛰어난 子女가 있어 그로 인해 자신도 名聲이 오르게 된다.

◆ 武曲星

「武曲星」이 男女宮에 들면, 子女와 사이가 不和스럽거나 또는 子女를 剋하게하는 것처럼 된다.

「武曲星」이 天府星・天相星・天存星・文曲星・文昌星・天魁星・天鉞星・左輔星・右弼星 등과 함께 있으면 財的으로 크게 伸長하여 大成功을 할 자식이 있다.

「武曲星」이 貪狼星・七殺星・破軍星・炎星・鈴星・羊刃星・陀羅星・天空星・地劫星 등과 함께 있으면, 어릴 때 死別하게 되는 자식이 있든지, 또는 자식과 불화스럽게 되기도 한다.

◆ 天同星

「天同星」이 男女宮에 들면, 대체로 女子가 많으며 유순하고 아름다운 子女를 갖게 된다.

「天同星」이 太陰星과 함께 있으면, 대체로 딸이 많으며, 뛰어나게 아름다운 딸로 말미암아 도리어 여러가지 마음을 석혀야 할 일들이 생긴다.

「天同星」이 巨門星과 함께 있으면 子女들과의 사이가 나빠서, 親子간에 깊은 홈이 생기고 만다.

「天同星」이 天梁星과 함께 있으면, 아들보다도 딸의 인연이 두텁다.

「天同星」이 天存星과 함께 있으면, 子女들로부터 물질적인 혜택이 많이 있다.

「天同星」이 炎星·鈴星·羊刃星·陀羅星·天空星·地劫星 등과 함께 있으면, 子女들과의 타협이 잘 되지 않아 의견 충돌이 잦다.

「天同星」이 文曲星·文昌星·天魁星·天鉞星·左輔星·右弼星 등과 함께 있으면 子女와의 인연이 두터워 親子間이 매우 친밀하다.

❖ 廉貞星

「廉貞星」이 男女宮에 들면 親子間에 심한 相剋이 있으므로, 不和나 死別을 면할 수는 없다.

「廉貞星」이 天府星·天相星·天存星·文曲星·文昌星·天魁星·天鉞星·左輔星·右弼星 등과 함께 있으면, 子女의 수효는 적으며, 子女와의 사이가 不和하지는 않지만 그다지 어울리지는 않는다.

「廉貞星」이 貪狼星·七殺星·破軍星·炎星·鈴星·羊刃星·陀羅星 天空星·地劫星 등과 함께 있으면 親子間의 인연이 엷어 심한 相剋이 있으므로 어릴 시절에 生離死別한다.

❖ 天府星

「天府星」이 男女宮에 들면 子女의 수효가 많다. 그 가운데 財的으로 大成하는 子女가 있다.

-175-

「天府星」이 文曲星・文昌星・天魁星・天鉞星・등과 함께 있으면 좋은 子女에 혜택을 받으며 특히 老後에 편안하게 된다.

「天府星」에 左輔星・右弼星 등과 함께 있으면, 子女가 부모를 도와 家業을 이어 받아 발전하게 된다.

「天府星」이 炎星・鈴星・羊刃星・陀羅星・등과 함께 있으면 비교적 딸이 많이 태어난다.

「天府星」이 天空星・地劫星과 함께 있으면, 자식 때문에 심한 손해를 입든지 가장 사랑했던 자식을 잃든가 한다.

◆ 太陰星

「太陰星」이 男女宮에 들면 딸이 많을 경향이다. 또 아들은있더라도 평범한 아들에 불과하다. 발전 성공하는 것은 딸일 것이다. 이「太陰星」과 男女宮의 十二支의 관계가 「廟・旺」의 경우에나 吉星이 함께 있을 때는, 자녀 때문에 즐거운 일이 많이 생긴다. 그러나, 「太陰星」과 男女宮의 十二支의 관계가 「陷・失」인 경우에나 흉성이 함께 있을 때에는, 자녀 때문에 정신적인 근심이 생겨 괴로움이 그치지 않는다.

◆ 貪狼星

「貪狼星」이 男女宮에 들면, 자신은 정력이 매우 강해지며, 또 자녀로 인해 물질적인 부담을 짊어지지 않으면 안될 일이 계속 생긴다.

「貪狼星」이 天存星과 함께 있으면 前述한 나쁜 傾向이 조금은 가벼워진다.

「貪狼星」이 炎星・鈴星・羊刃星・陀羅星・天空星・地劫星 등과 함께 있으면 귀엽게 하던 자식을 잃게 된다.

「貪狼星」이 文曲星・文昌星・天魁星・天鉞星・左輔星・右弼星 등과 함께 있으면 子女運은 보통이며, 그다지 특징은 없다.

◆ 巨門星

「巨門星」이 兄弟宮에 들면, 親子間이 그다지 어울리지 않으며, 무언가 비밀을 지녀 기분을 거슬린다.

「巨門星」이 天存星과 함께 있으면, 서로 금전을 숨긴다든지, 금전 때문에 옥신각신하는 수가 일어나기 쉽다.

「巨門星」이 炎星・鈴星・羊刃星・陀羅星・天空星・地劫星 등과 함께 있으면 父子간 사이는 그다지 좋지 않아 자주 다툼이 일어나게 된다.

「巨門星」이 文曲星・文昌星・天魁星・天鉞星・左輔星・右弼星 등과 함께 있으면 親子간의 사이는 그다지 좋지는 않지만, 相對에 폐를 끼칠 정도의 不和까지에는 미치지 않는다.

◈ 天相星

「天相星」이 男女宮에 들면, 子女는 政界나 文壇(문단) 등에서 활약하게 된다.

「天相星」이 天存星과 함께 있으면, 子女는 政界나 문단 뿐이 아니고, 財界에서도 활약하게 되어 물질적으로 크게 신장할 것이다.

「天相星」이 炎星・鈴星・羊刃星・陀羅星・天空星・地劫星 등과 함께 있으면, 자식이 어릴 때부터 매우 애먹이게 한다.

「天相星」이 文曲星・文昌星・天魁星・天鉞星・左輔星・右弼星 등과 함께 있으면 효성이 지극한 子女가 많이 태어난다.

◈ 天梁星

「天梁星」이 男女宮에 들면, 子女중에서 특히 뛰어난 딸이 생긴다.

「天梁星」이 天存星과 함께 있으면, 財界에서 크게 발전하는 자식이 생긴다.

「天梁星」이 炎星・鈴星・羊刃星・陀羅星・天空星・地劫星과 함께 있으면 親子간에 의견충돌이 끊이지 않고 일어난다.

「天梁星」이 文曲星・文昌星・天魁星・天鉞星・左輔星・右弼星 등

과 함께 있으면 親子間에 기분이 딱 들어 맞아 매우 정신적인 결합이
强한 자식이 있다.

◈ 七殺星

「七殺星」이 男女宮에 들면, 자녀의 수효가 적으며, 특히 男子가 적
은 경향이다. 또 아들이 있더라도 곁에 있지 못하게 된다.

「七殺星」이 天存星과 함께 있으면, 前述한 경향이 조금 가벼워진
다.

「七殺星」이 炎星·鈴星·羊刃星·陀羅星·天空星·地劫星 등과 함
께 있으면, 子女와의 相剋이 있어 不和, 충돌, 死別 등이 일어나기 쉽
다.

「七殺星」이 文曲星·文昌星·天魁星·天鉞星·左輔星·右弼星 등
과 함께 있으면 子女와의 의견은 맞지 않으나 不和하지는 않다. 子女
가 독자적인 행동이나 處世를 하게 된다.

◈ 破軍星

「破軍星」이 男女宮에 들면, 親子間에 不和나 이별이 일어나게 된
다. 혹시 다른 吉星이 함께 있으면 前述한 凶運은 조금 가벼워진다.
반대로 凶星이 함께 있으면 前述의 凶兆가 한층 심해진다.

「破軍星」이 天存星과 함께 있으면, 財的으로 성공하는 아들이 있
다. 또 子女의 수효는 많으며, 달리 凶星이 함께 없으면 老後에는 子
女들로 인해 매우 편안하게 보낸다.

◈ 炎星·鈴星

「炎星」또는 「鈴星」이 男女宮에 들면, 子女의 수효는 적으며, 또
親子사이도 그다지 좋지는 않다. 이 炎星 또는 鈴星과 男女宮의 十二
支와의 關係가 「旺」일 경우나 吉星이 함께 있을 때에는 난폭한 자식
이지만, 장래는 크게 出世한다. 또 이 炎星이나 鈴星과 男女宮의 十
二支와의 관계가 「陷·失」의 경우나 凶星이 함께 있으면, 그 子女는

父母와 싸움을 하든지 젊어서 죽을 염려도 있다.

◆ 文曲星 . 文昌星

「文曲星」또는「文昌星」이 男女宮에 들면, 매우 총명스러운 子女가 있어, 학교의 성적이 좋은 건강하고 우량한 자녀를 두게 된다. 또 이 文曲星 · 文昌星과 男女宮의 十二支와의 관계가 「廟 · 旺」일 경우면, 장래 이 아이는 크게 발전하게 된다.

◆ 羊刃星 . 陀羅星

「羊刃星」또는「陀羅星」이 男女宮에 들면 아이들은 질병이나 몸에 상처를 많이 입게 되며, 때로는 젊어서 잃게 되는 자녀도 생기게 된다.

◆ 天魁星 . 天鉞星

「天魁星」또는「天鉞星」이 男女宮에 들면, 매우 온순하고 더구나 영리한 자녀가 태어난다.

◆ 左輔星 . 右弼星

「左輔星」또는「右弼星」이 男女宮에 들면, 매우 효성이 깊은 자녀를 둔다.

◆ 天空星 . 地劫星

「天空星」또는「地劫星」이 男女宮에 들면, 子女 때문에 큰 손해를 초래할 일이 생긴다. 또 가장 사랑하고 있던 자녀를 잃는 수도 있다.

◆ 天存星

「天存星」이 男女宮에 들면, 子女의 수효는 적으며, 대개는 한 사람 뿐이다.

◆ 化忌星

「化忌星」이 男女宮에 들면 子女를 剋하게 되기 쉽다.

財帛宮의 보는 法

「財帛宮」은 그 사람의 金錢에 관한 일, 즉 돈을 버는가, 돈벌이에 能한가, 돈이 남는가 등의 일을 보는 곳이다.

「財帛宮」에서는 紫薇星 . 太陽星・武曲星・天府星・太陰星・天存星 化祿星 등이 大吉의 작용을 하는 경향이 있다.

天機星・天同星・廉貞星・巨門星・天相星・天梁星・七殺星・破軍星 ・文曲星・文昌星・天魁星・天鉞星・左輔星・右弼星・化權星・化料星 등은 中吉의 작용을 하는 경향이 있다.

貪狼星・炎星・鈴星・羊刃星・陀羅星・化忌星 등이 凶의 작용을 하는 경향이 있다.

天空星・地劫星은 大凶의 작용을 하는 경향이 있다.

◈ 紫薇星

「紫薇星」이 財帛宮에 들면 귀금속의 賣買(매매)나 높은 報酬(보수)의 地位 등 비교적 上位의 사회에서 돈이 들어온다. 그 액수도 크며, 정기적으로 들어 오게 된다.

「紫薇星」이 天府星・天相星・天存星 등과 함께 있으면 地位나 名聲을 잘 이용한 사업에 의해 큰 재물을 잡게 된다.

「紫薇星」이 貪狼星・七殺星・破軍星 등과 함께 있으면, 재정권을 잡을 수는 있으나, 그 수입에 틈이 생겨 평균적으로는 그다지 이익이 있었다고 할 수 없다.

「紫薇星」이 炎星・鈴星・羊刃星・陀羅星・天空星・地劫星 등과 함께 있으면, 地位上의 체면을 유지하기 위해 支出이 많으니, 그때문에 收入과 支出의 균형이 잡히지 않아 고생하게 된다.

「紫薇星」이 文曲星・文昌星・天魁星・天鉞星・左輔星・右弼星 등과 함께 있으면 名聲과 地位와 함께 財的으로도 혜택을 받게 된다.

❖ 天機星

「天機星」이 財帛宮과 함께 있으면, 정신방면의 직업(학문,종교)에 의해 돈이 들어 오게 된다. 이 天機星과 財帛星의 十二支와의 관계가 「廟·旺」의 경우에는 수입이 대단히 많으며 「失」인 경우에는 적어진다.

「天機星」이 太陽星·巨門星 등과 함께 있으면, 취미나 특기 기타 종교나 정신면에서의 일이 하나의 계기가 되어 大收入源이 된다. 그러나 이 太陽星·巨門星과 財帛宮의 十二支와의 관계가 「失」인 경우에는 이런 吉兆는 나오지 않는다.

「天機星」이 天梁星·天存星 등과 함께 있으면, 학문이나 종교에 있어서의 地位나 名聲이 수입을 높일 수 있는 계기가 된다.

「天機星」이 炎星·鈴星·羊刃星·陀羅星·天空星·地劫星 등과 함께 있으면, 힘쓴 만큼의 收入이 없다.

「天機星」이 文曲星·文昌星·天魁星·天鉞星·左輔星·右弼星 등과 함께 있으면 매우 苦되었지만 그 苦된 만큼의 地位와 名聲이 向上되어 나중에는 금전에도 혜택을 입게 된다.

❖ 太陽星

「太陽星」이 財帛宮에 들면, 그 길흉은 財帛宮의 十二支와 「太陽星」과의 관계의 「廟·旺·失」에 따라 결정된다. 「廟·旺」의 관계면, 實業이나 著述(저술) 등에 의해 거액의 재물이 착실하게 들어온다. 「失」의 관계에 있으면 實業이나 著述로 인해 상당한 수입은 있지마는 사용방법이 대담하여 失費가 많아져 그다지 남지 않는다.

「太陽星」이 太陰星·巨門星과 함께 있으면, 억척같이 벌여놓고 손해보게 된다.

「太陽星」이 天梁星·天存星 등과 함께 있으면 금전운이 매우좋아, 점점 財物이 들어오게 된다.

「太陽星」이 炎星・鈴星・羊刃星・陀羅星・天空星・地劫星 등과 함께 있으면, 지출에 틈이 생기며, 그 위에 다시 낭비가 많기 때문에 아무리 돈이 들어와도 곧 나가버리게 된다.

「太陽星」이 文曲星・文昌星・天魁星・天鉞星・左輔星・右弼星 등과 함께 있으면, 수입과 지출의 균형이 잘 잡히고, 그 위에 낭비를 하지 않기 때문에 時日이 지날수록 돈이 모인다.

◈ 武曲星

「武曲星」이 財帛宮에 들면, 實業에 依해 큰 이익을 잡을 수 있게 된다. 어느 쪽이냐 하면 착실하게 돈이 들어 온다기 보다 일약천금이라는 경향으로 돈을 버는 수입이다. 그 때문에 凶星이 함께 있으면 돈은 들어오지마는 다른 면에서 위험을 초래한다.

「武曲星」이 天府星・天存星 등과 함께 있으면, 投機性(투기성)이 강하게 되지마는 수입은 착실하게 들어온다. 武曲星이 天相星과 함께 있으면 政界와 관계를 맺어 건실하게 재물을 모은다.

「武曲星」이 破軍星과 함께 있으면 자주 투기적인 일로 실패하니 크게 실패하게 된다.

「武曲星」이 炎星・鈴星・羊刃星・陀羅星과 함께 있으면, 武曲星과 함께 있는 이들 星의 하나가 財帛宮의 十二支와의 관계가 「旺」의 경우에만 大利가 있다. 또 반대로 武曲星과 함께 있는 이들 星의 하나가 財帛宮의 十二支와의 관계가 「陷・失」인 경우에는, 손실만이 있고 이익은 조금도 없다.

「武曲星」이 天空星・地劫星 등과 함께 있으면, 앞을 보는 짐작의 부족이나 着想의 잘못으로 投機에 크게 실패하여 再起하기 어려운 큰 타격을 초래하게 된다.

「武曲星」이 天魁星・天鉞星・左輔星・右弼星과 함께 있으면, 친척이나 친구의 도움으로 큰 이익을 얻을 수 있게 된다.

「武曲星」이 文曲星・文昌星과 함께 있게 되면, 그 지능면의 장점을 재운에 이용하여, 크게 이익을 잡게 된다.

◆ 天同星

「天同星」이 財帛宮에 들면, 서ー비스業, 오락업, 手工業 등으로 인해 한푼 없이도 財를 모은다. 착실하게 발전하여 가지만, 財를 잡아 성공하는 것은, 中年 이후이다.

「天同星」이 太陰星・天梁星・天存星・天魁星・天鉞星・左輔星・右弼星 등과 함께 있으면 상당한 큰 재산을 잡을 수 있게 된다.

「天同星」이 巨門星・炎星・鈴星・羊刃星・陀羅星・天空星・地劫星 등과 함께 있으면 재물의 出入이 심할 뿐이지 결과적으로는 그다지 좋지 않다.

「天同星」이 文曲星・文昌星 등과 함께 있으면, 아이디어 등에 의한 지능방면의 성공으로 매우 발전하며 거액의 富를 쌓아 올릴 수 있다.

◆ 廉貞星

「廉貞星」이 財帛宮에 들면, 사람의 意表를 붙인 일이나 수단에 의해 큰 재물을 잡는다.

「廉貞星」이 天府星・天存星・天相星 등과 함께 있으면, 공업・전기・상업 등의 거래하는 일로 인해 大金을 잡을 수 있게 될 것이며, 그 위에 사치도 많이 한다.

「廉貞星」이 貪狼星・七殺星・破軍星 등과 함께 있으면, 달라진 일로 큰 돈이 들어 오지마는 곧 나가 버린다. 收支出이 심할 뿐 손에 돈은 남지 않는다.

「廉貞星」이 炎星・鈴星・羊刃星・陀羅星・天空星・地劫星 등과 함께 있으면, 不正을 하지 않은 한에는 돈은 들어오지 않는다.

「廉貞星」이 文曲星・文昌星・天魁星・天鉞星・左輔星・右弼星 등

과 함께 있으면 많은 봉급으로 편안한 생활을 하게 된다.

◈ 天府星

「天府星」이 財帛宮에 들면, 큰 부자가 될 것을 약속할 수 있다.

「天府星」이 炎星・鈴星・羊刃星・陀羅星 등과 함께 있으면 財的으로나, 運勢的으로도 風浪이 심해, 貧富가 일정하지 않다.

「天府星」이 天空星・地劫星 등과 함께 있으면 많은 돈을 잡더라도 최후에는 無一分되어 버려, 말년에는 가난으로 고생하게 된다.

「天府星」이 文曲星・文昌星・天魁星・天鉞星 등과 함께 있으면, 운세에 큰 물결이 없으며, 해가 거듭될수록 富가 약속된다.

「左輔星・右弼星」등과 함께 있으면 거액의 富를 잡으며 그것으로 인해 정치적인 지위를 얻게 된다.

◈ 太陰星

「太陰星」이 財帛宮에 들면, 그 길흉은 財帛宮인 十二支와의 관계의 「廟・旺・失」이나, 함께 있는 星에 따라 결정된다. 「太陰星」과 財帛宮의 十二支와의 관계가 「廟・旺」의 경우나 吉星이 함께 있을 때는, 건실한 직업으로 착실하게 많은 재산을 잡을 수 있다. 또 「太陰星」과 財帛宮의 十二支와의 관계가 「失」인 경우나, 凶星이 함께 들어 있을 때는, 성패가 일정하지 않아 起伏이 심하기 때문에 많은 고생을 치루게 된다.

◈ 貪狼星

「貪狼星」이 財帛宮에 들면 그 길흉은 財帛宮의 十二支와 「貪狼星」과의 관계의 「廟・旺・失」이나, 함께 있는 星에 따라 결정된다. 貪狼星과 財帛宮의 十二支와의 관계가 「旺」인 경우에나, 吉星이 함께 있을 때는 젊을 때는 그다지 금전에는 혜택이 없지마는, 中年부터 돈이 들어오기 시작하여, 해를 거듭할수록 大金을 잡게 된다. 다시 이 貪狼星과 함께 있는 吉星속에 炎星・鈴星 (이 二星은 보통凶星)도

이 경우에는 들어 간다. 또 貪狼星도 財帛宮의 十二支와의 관계가 「陷·失」의 경우나, 凶星이 함께 있을 때는 젊을 때부터 晚年에 이르기까지 아무리 고생하더라도 돈은 들어오지 않는다. 또, 들어 오더라도 바로 나가 버리는 결과가 되니 한평생 금전적인 혜택은 입지 못한다.

◈ 巨門星

「巨門星」이 財帛宮에 들면, 그다지 正當한 方法으로 들어오는 돈은 아니지간 大金은 들어오게 된다. 더구나 그 大金은 司法이나 학술 등에 관계하는 것으로서, 그다지 물질면의 돈은 아니다.

다시 이 「巨門星」과 財帛宮의 十二支와의 관계가 「旺」의 경우나, 吉星과 함께 있을 때는, 그 들어온 돈은 남으며 또 불어 간다.
또 巨門星과 財帛宮의 十二支와의 관계가 「陷·失」의 경우나, 凶星과 함께 있을 때는 그 들어온 돈은 바로 나가버린다.

◈ 天梁星

「天梁星」이 財帛宮에 들면, 宗敎 또는 학술, 醫術이나 봉사 등을 통한 특수한 일로 大金이 들어오게 된다. 다시 이 天梁星과 財帛宮의 十二支와의 관계가 「廟·旺」의 경우는, 그 돈이 들어 오는 方法이 비교적 편하며, 스므스하게 들어온다. 또 天梁星과 財帛宮의 十二支와의 관계가 「失」의 경우는, 그 들어오는 方法이 고생끝에 들어오는 것 같이 된다.

「天梁星」이 炎星·鈴星·羊刃星·陀羅星·天空星·地劫星 등과 함께 있으면, 젊을 때는 매우 고생하게 된다. 그러나 中年 이후에, 그 고생의 보람이 있지만 큰 富者까지에는 이르지 못한다.

「天梁星」이 文曲星·文昌星·天魁星·天鉞星·左輔星·右弼星 등과 함께 있으면, 조금 무리를 하지 아니하고 편안한 생활을 하면서 비교적 스므스하게 돈이 들어오는 것 같이 된다.

❖ 天相星

「天相星」이 財帛宮에 들면, 금전적으로 혜택이 있는 생활을 하게 된다.

「天相星」이 炎星・鈴星・羊刃星・陀羅星・天空星・地劫星 등과 함께 있으면 생활에 어렵지 않은 정도의 돈으로서 남을 정도의 수입은 바랄 수 없다.

「天相星」이 文曲星・文昌星・天魁星・天鉞星・左輔星・右弼星 등과 함께 있으면 사람에 봉사하는 직업에 관계하여 大金이 들어온다.

❖ 七殺星

「七殺星」이 財帛宮에 들면, 사람의 意表를 따를 行動 등으로 大金을 잡을 수 있게 된다. 이 경우에는, 凶星이라 하지마는 이 의미는 같다.

「七殺星」이 天空星・地劫星 등과 함께 있으면, 매우 가난하여 고생하게 된다.

❖ 破軍星

「破軍星」이 財帛宮과 함께 있으면 투기적인 것으로 거액의 돈을 잡게 된다. 이 破軍星과 財帛宮의 十二支와의 관계가 「陷」의 경우는 破産하는 수도 생긴다.

「破軍星」이 炎星・鈴星・羊刃星・陀羅星・天空星・地劫星 등과 함께 있으면, 成功하고 실패하는 물결이 심하며 마지막에는 破産하는 상태에 이른다.

「破軍星」이 文曲星・文昌星・天魁星・天鉞星・左輔星・右弼星 등과 함께 있으면 성공과 실패의 물결이 격심하며, 이 破軍星과 財帛宮의 十二支의 관계가 「旺」의 경우는, 최후에는 성공하며 「陷・失」의 경우는 최후에 破産하게 된다.

❖ 天存星

「天存星」이 財帛宮에 들면, 大金을 잡을 수 있다는 약속을 할 수 있다. 그러나 이 大金은 한번에 들어오는 것이 아니고 건실한 수입에 의한 것이다.

◆ 炎星 . 鈴星

「炎星」 또는 「鈴星」이 財帛宮에 들면, 財的인 面에서 盛衰(성쇠)가 성하기 때문에 끊일 사이없이 부자와 가난을 되풀이 한다.

「炎星」 또는 「鈴星」이 文曲星·文昌星 등과 함께 있으면, 재능은 있으면서도 그것이 사회적으로 인정받지 못해 가난하여 고생하게 된다.

「炎星」 또는 「鈴星」이 羊刃星·陀羅星과 함께 있으면, 한 평생을 돈 때문에 고생하게 된다.

「炎星」 또는 「鈴星」이 天魁星·天鉞星 등과 함께 있으면 收入이 고르지 못해 때로는, 大金도 들어온다.

「炎星」 또는 「鈴星」이 左輔星·右弼星 등과 함께 있으면, 타인의 도움으로 재물을 잡을 수 있게 된다.

「炎星·鈴星」이 天空星·地劫星과 함께 있으면 지나쳤기 때문에 실패, 功을 급하게 서둘러 실패 등으로 인해 대단히 금전상으로 고생하게 된다.

◆ 文曲星 . 文昌星

「文曲星·文昌星」이 財帛宮에 들면, 財的으로 안정하며, 그 수입도 비교적 건실하게 들어온다.

「文曲星·文昌星」이 羊刃星·陀羅星 등과 함께 있으면 한평생을 작은 수입으로 쓸쓸하게 지낸다.

「文曲星·文昌星」이 天魁星·天鉞星 등과 함께 있으면, 금전적으로 많은 혜택을 입어 그다지 일하지 않아도 돈이 들어오게 돼 있다.

「文曲星」·「文昌星」이 左輔星·右弼星과 함께 있으면, 他人으로

부터의 소개나 손윗 사람의 원조로 돈을 쥘 수 있게 된다.

「文曲星」또는는「文昌星」이 天空星・地劫星과 함께 있으면, 남에게 속는 수가 많으며, 언제나 損害만 당한다. 또 물질적인혜택도 없다. 재능은 있으나 그것을 살릴 수 없이 고된 一生을 보내게 된다.

❖ 羊刃星・陀羅星

「羊刃星・陀羅星」이 財帛宮에 들면, 단지 바쁠 뿐이지 실속은 없다. 고된 생활을 하게 되며, 이들 星과 財帛宮의 十二支와의 관계가 「旺」의 경우는 正規의 수입 이외에 약간의 돈이 들어올 때가 있다.

「羊刃星・陀羅星」이 天魁星・天鉞星 등과 함께 있으면 고된 속에서도 小康을 보장하는 정도의 생활은 한다.

「羊刃星・陀羅星」이 左輔星・右弼星 등과 함께 있으면, 고된 생활을 보내겠지만, 타인의 도움으로 救濟(구제)받을 때가 가끔 있다.

「羊刃星・陀羅星」이 天空星・地劫星 등과 함께 있으면, 매우 貧苦로 근심하게 된다.

❖ 天魁星・天鉞星

「天魁星・天鉞星」이 財帛宮에 들면, 무리하지 않고 돈이 들어와서 편안한 생활을 하게 된다.

「天魁星・天鉞星」이 左輔星・右弼星 등과 함께 있으면, 한평생 넉넉하게 살 수 있게 된다.

「天魁星・天鉞星」이 天空星・地劫星 등과 함께 있으면, 살아나갈 수 있는 정도의 금전으로 돈을 가지지는 못할 것이다.

❖ 左輔星・右弼星

「左輔星・右弼星」이 財帛宮에 들면, 친구나 손윗사람으로 부터의 소개로 中年 이후에 돈이 들어오게 되며 그 때문에 老後에는 편안하게 보내게 된다.

「左輔星・右弼星」이 天空星・地劫星 등과 함께 있으면 어느 정도의 재운 뿐이지 그다지 쓸만한 돈은 들어오지 않는다.

◈ 天空星 . 地劫星

「天空星・地劫星」이 財帛宮에 들면, 평생에 무엇을 하든지 손해
만 보아 말년에는 금전으로 어렵게 된다.

◈ 化祿星

「化祿星」이 財帛宮에 들면, 큰 收入이 一生동안 계속한다.

◈ 化忌星

「化忌星」이 財帛宮에 들면, 평생에 금전의 혜택은 그다지 없다.

◈ 化權星

「化權星」이 財帛宮에 들면, 큰 재물을 쥐게 된다.

◈ 化科星

「化科星」이 財帛宮에 들면, 化權星의 다음가는 재물을 쥐게 된다.

疾厄宮의 보는 法

「疾厄宮」은 그 사람의 건강상태나 체질 그리고 걸리기 쉬운 疾病
등의 일을 보는 곳이다.

「疾厄宮」에서는 天同星・天府星・天相星・天梁星・天魁星・天鉞
星 등이 大吉의 작용을 하는 경향이 있다.

紫薇星・太陽星・太陰星・炎星・鈴星・天存星・左輔星・右弼星 등
이 中吉의 작용을 하는 경향이 있다.

天機星・武曲星・文曲星・文昌星 등이 凶의 작용을 하는 경향이 있
다.

廉貞星・貪狼星・巨門星・七殺星・破軍星・羊刃星・陀羅星・天空星
・地劫星・化忌星・等이 大凶의 작용을 하는 경향이 있다.

◈ 紫薇星

「紫薇星」이 疾厄宮에 들면 一生을 통해 그다지 질병에 걸리는 일

은 없다. 그러나 凶星이 함께 있으면, 뇌신경계통을 犯하는 일이 있다.

◈ 天機星

「天機星」이 疾厄宮에 들면, 평생을 통해 그다지 중병에 걸리는일은 없다. 어릴 때는 병약한 경향이 있다.

「天機星」이 太陰星과 함께 있으면, 腫氣(종기) 등으로 고생하는 일이 있게 된다.

「天機星」이 巨門星과 함께 있으면 貧血(빈혈)로 근심하게 된다.

「天機星」이 天梁星과 함께 있으면, 방광이나 下腹部의 病으로 걱정하게 된다.

「天機星」이 炎星・鈴星・羊刃星・陀羅星・天空星・地劫星 등과 함께 있으면 눈병에 걸리기 쉬운 型이다.

「天機星」이 文曲星・文昌星・天魁星・天鉞星・左輔星・右弼星 등과 함께 있으면 손발이 약한 경향이 있으며 왠지 힘이 나지 않는 체질이다.

◈ 太陽星

「太陽星」이 疾厄宮에 들면 눈병에 걸리기 쉽다. 그러나 이 太陽星과 疾厄宮과의 관계가 「廟・旺」의 경우나 길성이 함께 있으면 그렇지도 않다.

◈ 武曲星

「武曲星」이 疾厄宮에 들면, 코병에 걸리기 쉬운 체질이다. 또 어릴 때는 상처를 내기 쉬우며 손, 발, 머리 등에 이 상처가 남게 된다.

◈ 天同星

「天同星」에 疾厄宮이 들면, 귀병에 걸리기 쉬운 체질이다.

「天同星」이 太陰星・巨門星과 함께 있으면 심장이 약한 경향이 있다.

「天同星」이 天梁星・天存星 등과 함께 있으면, 혈액순환에 이상이 생긴다.

「天同星」에 炎星・鈴星・羊刃星・陀羅星・天空星・地劫星 등과 함께 있으면, 一生동안 몸이 약해 작은 병으로 근심하게 된다.

「天同星」이 文曲星・文昌星・天鉞星・天魁星・左輔星・右弼星 등과 함께 있으면 한평생 건강하여 그다지 중병에 걸리지는 않는다.

◈ 廉貞星

「廉貞星」이 疾厄宮에 들면, 一生을 통해 질병으로 걱정하는 일이 많다.

「廉貞星」이 天府星・天相星・天存星・文曲星・文昌星・天魁星・天鉞星・左輔星・右弼星 등과 함께 있으면 비교적 건강한 체질로 그다지 疾病으로 고생하는 일은 없을 것이다.

「廉貞星」이 貪狼星・七殺星・破軍星・炎星・鈴星・羊刃星・陀羅星・天空星・地劫星 등과 함께 있으면, 비교적 병약하여 一生을 어떤 病으로 근심하며 보내게 된다.

◈ 天府星

「天府星」이 疾厄宮에 들면, 평생 병에 걸리는 일 없으며, 혹 걸리는 일이 있드라도 구제되어 비교적 간단하게 낫는다. 다만 凶星이 함께 들면, 때로는 담 질환이나 정신병에 걸린다.

◈ 太陰星

「太陰星」이 疾厄宮에 들면, 그 星과 疾厄宮의 十二支와의 관계가 「廟・旺」의 경우나 吉星이 함께 있을 경우는 평생 건강하다. 그러나 이 星과 疾厄宮의 十二支와의 관계가 「失」의 경우나 凶星이 함께 있을 경우는, 간장기능이 약하기 때문에 평생을 그러한 병으로 고생하기 마련이다. 또 여성은 부인병에도 걸린다.

◈ 貪狼星

「貪狼星」이 疾厄宮에 들면, 성병이나 생식기병에 걸리기 쉽다.

◈ 巨門星

「巨門星」이 疾厄宮에 들면 어릴 때는 피부병에 걸리기 쉬우며, 성인 이후에는 위장병으로 고생하게 된다.

◈ 天相星

「天相星」이 疾厄宮에 들면, 災禍나 질병이 적으며 一生을 건강하게 지낸다.

◈ 天梁星

「天梁星」이 疾厄宮에 들면, 이 星과 疾厄宮의 十二支와의 관계가 「廟·旺」의 경우나 吉星이 함께 있으면 평생을 매우 건강하여 長壽할 수 있게 된다. 그러나 이 星과 疾厄宮의 十二支와의 관계가 「失」의 경우나 凶星이 함께 있다면, 심장병으로 고생하게 된다.

◈ 七殺星

「七殺星」이 疾厄宮에 들면, 어릴 때부터 질병에 걸리기 쉬우며 또 一生을 통해 腸이 약한 체질이다. 中年이후에는 치질에 걸릴 염려가 매우 많다.

◈ 破軍星

「破軍星」이 疾厄宮에 들면, 어릴때부터 瞳氣 등으로 고생하며 또 肺가 약한 체질이다.

◈ 天存星

「天存星」이 疾厄宮에 들면, 一生을 통해 그다지 병에 걸리는 일은 없다.

◈ 炎星·鈴星

「炎星·鈴星」이 疾厄宮에 들면 機能亢進症(기능항진증)的인 질환에 걸린다.

「炎星」 또는 「鈴星」이 文曲星·文昌星 등과 함께 있으면 機能失

調症 (기능실조증) 的인 질환에 걸린다.

「炎星·鈴星」이 羊刃星·陀羅星 등과 함께 있으면 短命의 경향이 있다.

「炎星·鈴星」이 天魁星·天鉞星 등과 함께 있으면 그다지 병에는 걸리지 않는다.

「炎星·鈴星」이 天空星·地劫星 등과 함께 있으면 평생 재난을 겪어야 하며 또 상처를 입기 쉽다.

❖ **文曲星 . 文昌星**

「文曲星·文昌星」이 疾厄宮에 들면, 外傷이나 골절을 당하게 될 경향이 있다.

❖ **天魁星 . 天鉞星**

「天魁星·天鉞星」이 疾厄宮에 들면, 一生을 건강하게 보내게 된다.

❖ **左輔星 . 右弼星**

「左輔星·右弼星」이 疾厄宮에 들면, 평생을 건강하게 보낸다.

❖ **天空星 . 地劫星**

「天空星·地劫星」이 疾厄宮에 들면 病弱하며, 氣分的으로도 깨운하지 않아 가벼운 병이 끊이지 않아 고민한다.

❖ **化忌星**

「化忌星」이 疾厄宮에 들면, 病身으로 短命의 경향이 있다.

遷移宮의 보는 法

「遷移宮 (천이궁)」은 그 사람의 사회적 재능, 대인관계의 행동력, 立身出世 등의 일을 보는 곳이다.

「遷移宮」으로는 紫薇星·太陽星·武曲星·廉貞星·天府星·太陰星·天相星·天梁星·文曲星·文昌星·天存星·天魁星·天鉞星·左輔星

・右弼星・化科星 등이 大吉의 작용을 하는 경향이 있다.

天機星・天同星・驛馬星・化祿星・化權星 등이 中吉의 작용을 하는 경향이 있다.

貪狼星・巨門星・七殺星・破軍星・炎星・鈴星・羊刃星・陀羅星 등이 凶의 작용을 하는경향이 있다.

天空星・地劫星・化忌星 등은 大凶의 작용을 하는 경향이 있다.

◈ 紫薇星

「紫薇星」이 遷移宮이 들면, 外地에서 많은 사람으로 부터 도움을 받아 성공을 한다.

「紫薇星」이 天府星・天相星・天存星 등과 함께 있으면, 外地에서 재물을 모아 비단 옷을 차려 입고 고향으로 돌아오게 된다.

「紫薇星」이 貪狼星・七殺星・破軍星 등과 함께 있으면 外地에서 윗 사람의 큰 도움을 받아 성공한다. 다만 色難(색난)을 받을 염려가 있으므로, 이성문제에 많은 주의를 하지 않으면 안된다.

「紫薇星」이 炎星・鈴星・羊刃星・陀羅星・天空星・地劫星 등과 함께 있으면, 무슨 일이든 안정이 되지 않아 끊임없는 고생의 연속이라 하겠다.

「紫薇星」이 文曲星・文昌星・天魁星・天鉞星・左輔星・右弼星 등과 함께 있으면 地位・名聲・금전 등을 한 손에 거둘 수 있을 것이다.

◈ 天機星

「天機星」이 遷移宮에 들면, 外地 또는 먼곳에서 생활할 경우에는 대인관계에 의한 吉兆가 있지마는 生家 또는 고향에서 가까운 곳에서 생활할 경우에는 고생이 많으며, 그다지 성공은 바랄 수 없다.

「天機星」이 太陰星・天存星・文曲星・文昌星・天魁星・天鉞星・左輔星・右弼星 등과 함께 있으면, 대단히 바쁘게 되겠지마는, 福分이 많으며, 外地와의 관계도 매우 잘 되어 갈 것이다.

「天機星」이 巨門星・天梁星・地劫星・炎星・鈴星・羊刃星・陀羅星・天空星・地劫星 등과 함께 있으면, 그다지 활동력도 없으며, 재물을 모을 수도 없다. 다만, 예능방면에 종사하는 사람은 대성공 한다.

◈ 太陽星

「太陽星」이 遷移宮에 들면 활동적인 일이나 生家 또는 고향을 떠남으로 인해 성공한다.

「太陽星」이 太陰星・天存星・文曲星・文昌星・天魁星・天鉞星・左輔星・右弼星 등과 함께 있으면 대단히 바쁜 생활을 보내게 되겠지만 상당히 福分도 두터워 발전하게 될 것이다.

「太陽星」이 巨門星・天梁星・炎星・鈴星・羊刃星・陀羅星・天空星・地劫星과 함께 있으면 바쁠 뿐이지 손해만 당하고 이익은 없다.

◈ 武曲星

「武曲星」이 遷移宮에 들면, 다만 바쁠 뿐이지 이익은 전연 없다.

「武曲星」이 天府星・貪狼星・天相星・七殺星・天存星 등과 함께 있으면 사람의 意表(소개 또는 알선)를 붙인 활동으로 재물을 잡게 된다.

「武曲星」이 破軍星・羊刃星・陀羅星・炎星・鈴星 등과 함께 있으면, 예능관계 以外는 고향을 떠나면 고생이 많으며 때로는 큰 재화를 당하게 된다.

「武曲星」이 文曲星・文昌星・天魁星・天鉞星・化科星 등과 함께 있으면 外地에서 성공하는 비율이 크며, 財物보다 名聲을 높이게 될 것이다.

「武曲星」이 左輔星・右弼星 등과 함께 있으면 外地에서 다른 사람의 강력한 원조로 인해 재물을 모으게 된다.

「武曲星」이 天空星・地劫星과 함께 있으면, 外地에서 다른 사람으로 부터 속임을 당해 재물을 잃게 된다. 때로는 생명의 위험 조차도 있다.

◈ 天同星

「天同星」이 遷移宮에 들면, 外地에서 年上의 이성의 호의(연애뿐만이 아니라 원조도 포함)에 의해 크게 仲長할 수 있다.

「天同星」이 太陰星・巨門星과 함께 있으면, 고생이 많으며 언제나 걱정거리로 근심한다.

「天同星」이 天梁星・天存星과 함께 있으면 여러 面에서 고생만 많고, 행동에 장해만 생기게 된다.

「天同星」이 文曲星・文昌星・天魁星・天鉞星・左輔星・右弼星 등과 함께 있으면 모든 面이 순조롭게 진행되며, 人氣로 인해 일이 원만하게 된다.

◈ 廉貞星

「廉貞星」이 遷移宮에 들면, 집에 있는 수가 적으며 언제나 外出하는 경향이 있다.

「廉貞星」이 天府星・天存星 등과 함께 있으면 다른 手段으로 大金을 잡게 되며, 外地에서 巨商이 될 수 있다.

「廉貞星」이 貪狼星・七殺星과 함께 있으면, 사람의 意表를 부친것으로, 큰이득을 보지마는 그것은 오래 계속하지 못하기 때문에 곧 그만 두게 된다.

「廉貞星」이 天相星・文曲星・文昌星・天魁星・天鉞星・左輔星・右弼星 등과 함께 있으면, 外地에서나 遠方에서 성공하겠지만, 고향에서는 대성하지 못한다.

「廉貞星」이 破軍星・炎星・鈴星・羊刃星・陀羅尾・天空星・地劫星 등과 함께 있으면 外地나 먼곳으로 감으로서 생명이나 재산의 위험이 일어날 가망이 있다.

◈ 天府星

「天府星」이 遷移宮에 들면, 사람들로 부터의 引導나 원조로서 財的으로 크게 신장할 수 있게 된다. 더우기 이런 경우에 凶星이 함께 있어도, 이 運勢는 변하지 않는다.

「天府星」이 天空星·地劫星과 함께 있으면 생명이나 재산을 잃는 수가 있게 된다.

❖ 太陰星

「太陰星」이 遷移宮에 들면, 外地에서 地位와 名聲과 재물을 크게 쥔다. 그러나 이 「太陰星」과 遷移宮의 十二支와의 관계가 「失」의 경우는 外地에서 복잡한 일로 재난을 당한다.

❖ 貪狼星

「貪狼星」이 遷移宮에 들면 外地에서의 고생이 많으며 생활의 여유를 가질 수가 없게 된다.

「貪狼星」이 吉星과 함께 있을 때는 사람이 다른 활동으로 재물을 모우게 된다. 凶星과 함께 있으면 강도나 타동적인 재난으로 無一分이 된다.

❖ 巨門星

「巨門星」이 遷移宮에 들면, 고생이 많으며 생활이 안정이 안된다. 吉이 함께 있드라도 그다지 좋은 일은 없으며, 凶星이 함께 있으면 그 고생이 다시 증대된다.

❖ 天相星

「天相星」이 遷移宮에 들면 外地에서 성공하여 크게 발전한다.

「天相星」이 天存星과 함께 있으면 물질적으로 안정될 수 있다.

「天相星」이 炎星·鈴星·羊刃星·陀羅星·天空星·地劫星 등과 함께 있으면 복잡한 일을 일으키며, 他人으로 부터 원수를 사든지, 部下로부터 성가심을 당하기도 한다.

「天相星」이 文曲星·文昌星·天魁星·天鉞星·左輔星·右弼星 등

과 함께 있으면, 外地에서 지위나 명성을 크게 얻을 수 있게 된다.

❖ 天梁星

「天梁星」이 遷移宮에 들면, 他人의 원조로서 크게 발전한다.

❖ 七殺星

「七殺星」이 遷移宮에 들면, 外出을 자주 하는 사람이 되기 쉽다.

「七殺星」이 天存星과 함께 있으면 발전한다.

「七殺星」이 炎星・鈴星・羊刃星・陀羅星・天空星・地劫星 등과 함께 있으면, 流浪的인 생활을 하기 쉬우며, 고생이 끊이지 않는다.

「七殺星」이 文曲星・文昌星・天魁星・天鉞星・左輔星・右弼星 등과 함께 있으면, 명성이나 지위에 의한 발전이 있다.

❖ 破軍星

「破軍星」이 遷移宮에 들면, 外地에서 고생이 많으며, 안정을 바랄 수 없다.

「破軍星」이 天存星과 함께 있으면, 外地에서 財的으로 발전하겠지마는, 그렇게 되기에는 많은 고생이 따른다.

「破軍星」이 炎星・鈴星・羊刃星・陀羅星・天空星・地劫星 등과 함께 있으면 취미로운 일이나, 藝能방면에만 나아질 뿐 그 밖의 일에는 성공을 바랄 수 없다.

「破軍星」이 文曲星・文昌星・天魁星・天鉞星・左輔星・右弼星 등과 함께 있으면 外地에서 안정된 생활을 할 수 있다.

❖ 炎星 . 鈴星

「炎星・鈴星」이 遷移宮에 들면 불안정하며 고생이 많다.

「炎星・鈴星」이 文曲星・文昌星・羊刃星・陀羅星・天空星・地劫星 등과 함께 있으면, 고생이 많으며 성공할 수 없다.

「炎星・鈴星」이 天存星・天魁星・天鉞星・左輔星・右弼星 등과 함께 있으면, 「炎星・鈴星」의 二星과 遷移宮의 十二支와의 관계가 「

旺 」의 경우에깐 성공발전이 약속되지만 그 以外는 고생의 연속일 뿐
이다.

❖ 文曲星 . 文昌星

「文曲星・文昌星 」이 遷移宮에 들면, 外地에서 매우 名聲을 떨치게
된다. 그러나 凶星이 들어 있을 경우는 도리어 명성을 떨어뜨리든가
신용을 잃기도 한다.

❖ 羊刃星 . 陀羅星

「羊刃星・陀羅星 」이 遷移宮에 들면, 이 二星과 遷移宮의 十二支와
의 관계가 「旺 」의 경우에는 사업면에서 성공할 수가 있다. 또 이
二星과 遷移宮의 十二支와의 관계가 「陷 」의 경우는 他人에게 속아
서 매우 고생한다. 때로는 再起不能 (재기불능)이라는 최악의 상태
까지도 이를 수 있다.

❖ 化祿星 . 天存星

「化祿星・天存星 」이 遷移宮에 들면, 성공한다.

❖ 天魁星 . 天鉞星

「天魁星・天鉞星 」이 遷移宮에 들면, 安定된 생활을 보낼 수 있다.

❖ 左輔星 . 右弼星

「左輔星・右弼星 」이 遷移宮에 들면, 격심한 경쟁에 이겨내어, 사
업 또는 지위 등에 大成하게 된다.

❖ 天空星 . 地劫星

「天空星・地劫星 」이 遷移宮에 들면, 外地에서 크게 실패하여 재기
불능 상태에 빠진다.

❖ 化科星

「化科星 」이 遷移宮에 들면, 才能을 인정받아 출세한다.

❖ 化忌星

「化忌星 」이 遷移宮에 들면, 아무리 노력하여도, 그 노력이나 그

재능을 인정받지 못해 出世할 수 없게 된다.

◆ 驛馬星

「驛馬星」이 遷移宮에 들면, 몸의 移動이나 外地로 가는 일이 매우 많게 된다.

◆ 化權星

「化權星」이 遷移宮에 들면 外地에서 地位나 신분상의 향상이 있다.

奴僕宮(노복궁)의 보는 법

「奴僕宮」은 手下, 部下, 使用人, 同僚 등과의 관계의 길흉을 보는 장소이다.

「奴僕宮」에서는 太陽星·天府星·太陰星·天相星·天梁星·文曲星·文昌星·天存星·天魁星·天鉞星·左輔星·右弼星 등이 大吉의 작용을 하는 경향이 있다.

紫薇星·武曲星·天同星·廉貞星·등이 中吉의 작용을 하는 경향이 있다.

天機星·貪狼星·破軍星·炎星·鈴星·化忌星 등이 凶의 作用을 하는 경향이 있다.

巨門星·七殺星·羊刃星·陀羅星·天空星·地劫星 등이 大凶의 작용을 하는 경향이 있다.

◆ 紫薇星

「紫薇星」이 奴僕宮에 들면, 힘이 될 수 있는 手下나 친구가 많이 있기 때문에 財的인 혜택을 입는다.

「紫薇星」이 天府星·天相星·天存星·文曲星·文昌星·天魁星·天鉞星·左輔星·右弼星 등과 함께 있으면 部下들이 힘이 되어 준다.

「紫薇星」이 貪狼星·七殺星·破軍星·炎星·鈴星·羊刃星·陀羅星

·天空星·地劫星·등과 함께 있으면 아무리 部下의 수효가 많드라도 힘이 될 수 있는 部下는 없다.

◈ 天機星

「天機星」이 奴僕宮이 들면, 힘이 있는 部下가 많이 모여 든다. 그러나 그 天機星과 奴僕宮의 十二支와의 관계가 「失」의 경우에는, 部下나 手下 사람들로 부터 원성을 듣는다.

「天機星」이 天梁星·天存星·文曲星·文昌星·天魁星·天鉞星· 左輔星·右弼星 등과 함께 있으면, 人生의 前半은 手下나 部下의 힘을 얻을 수는 없으나, 中年 이후부터는 部下나 친구들로부터의 혜택을 받을 수 있게 된다.

「天機星」이 太陰星·巨門星·炎星·鈴星·羊刃星·陀羅星·天空星 ·地劫星 등과 함께 있으면 部下가 힘이 되어 주지 않을 뿐 아니라 간접적인 대립 뿐이다.

◈ 太陽星

「太陽星」이 奴僕宮에 들면 이 太陽星과 奴僕宮의 十二支와의 관계가 「廟·旺」의 경우는 좋은 部下에 덕을 입어 그 힘으로 크게 발전한다. 그러나 太陽星과 奴僕宮의 十二支의 관계가 「陷·失」의 경우에는 部下의 힘을 얻을 수 없다. 도리어 원수를 사든가, 때로는 반역적인 행동으로 손실을 당하는 일조차도 있게 된다.

「太陽星」이 太陰星·天梁星·天存星 등과 함께 있으면, 어떤 직장이라도 좋은 同僚나 힘이 있는 部下에 혜택을 입는다. 成功의 하나의 계기를 만들 수 있게 된다.

「太陽星」이 巨門星과 함께 있으면, 部下와의 관계가 좋지 못해 서로가 성가시게 할 것이다.

「太陽星」이 炎星·鈴星·羊刃星·陀羅星·天空星·地劫星 등과 함께 있으면 部下의 배신으로 말미암아 몹씨 허를 찔리게 될 것이다.

「太陽星」이 文曲星・文昌星・天魁星・天鉞星・左輔星・右弼星 등
과 함께 있으면, 部下나 手下의 강력한 원조로 地位가 向上된다.

◈ 武曲星

「武曲星」이 奴僕宮에 들면, 部下運이 매우 좋기 때문에 크게 성공
한다.

「武曲星」이 天府星・天相星・天存星・文昌星・天魁星・天鉞星・
左輔星・右弼星 등과 함께 있으면 部下의 힘이 크게 작용한다. 특히
이성의 部下가 협력적이기 때문에 성공하는 일이 많이 있다.

「武曲星」이 貪狼星・七殺星・破軍星・炎星・鈴星・羊刃星・陀羅尾
・天空星・地劫星 등과 함께 있으면, 이성의 힘을 얻을 수 없을 뿐아
니라 이상한 꼬투리나 원한에서 대인관계가 순조롭지 않아 그것이 원
인이 되어 실패하게 된다.

◈ 天同星

「天同星」이 奴僕宮에 들면 部下나 친구의 힘이 크게 작용되어 성
공한다.

「天同星」이 太陰星・天梁星 등과 함께 있으면 部下와의 사이가 원
만하여 部下로부터 신임과 존경을 한몸에 받는다.

「天同星」이 巨門星・天存星 등과 함께 있으면, 부하에 대한 應待
를 잘 하지 못하기 때문에 언제나 부하와의 사이에 의견 차이가 생겨
그로 인해 손해보는 결과가 된다. 그러나 中年 이후에 갑자기 요령이
좋아져 부하운에 혜택이 있게 된다.

「天同星」이 炎星・鈴星・羊刃星・陀羅星・天空星・地劫星 등과 함
께 있으면 부하에 관대한 點으로 부하들로부터 친밀감을 갖게 하니,
이것이 원인이 되어 힘이 크게 결집되는 결과가 되어 성공한다.

◈ 廉貞星

「廉貞星」이 奴僕宮에 들면, 部下에 대하는 태도가 강하기 때문에

부하에 원한을 사든지, 때로는 심한 보복을 당하기도 한다.

「廉貞星」이 天府星·天相星·天存星 등과 함께 있으면, 前述한 나쁜 경향이 조금 가벼워진다.

「廉貞星」이 炎星·鈴星·羊刃星·陀羅星·天空星·地劫星 등과 함께 있으면 부하들로부터 신뢰가 없어, 언제나 반항 당하기 쉽다.

「廉貞星」이 文曲星·文昌星·天魁星·天鉞星·左輔星·右弼星 등과 함께 있으면 부하에 대해 매우 엄격하기 때문에, 手下나 部下에게 不滿을 갖게 하지만, 그 위엄에 눌려 그다지 害는 당하지 않는다.

❖ 天府星

「天府星」이 奴僕宮에 들면, 부하나 手下들이 매우 가까이 하며, 순종하는 태도를 취하기 때문에 기분이 좋은 대인관계를 유지할 수 있다.

「天府星」이 天存星과 함께 있으면 手下의 힘이 커서 그 때문에 財的으로 성공하게 된다.

「天府星」이 炎星·鈴星·羊刃星·陀羅星과 함께 있으면, 부하가 그다지 자기가 하는 말을 듣지 않기 때문에 고통을 받게 된다.

「天府星」이 文曲星·文昌星·天魁星·天鉞星과 함께 있으면, 部下運이 좋아 잘 복종하는 사람들이 모여 든다.

「天府星」이 左輔星·右弼星 등과 함께 있으면, 매우 유능한 부하를 만나, 그 힘으로 자신의 지위가 向上된다.

「天府星」이 天空星·地劫星과 함께 있으면 대단히 나쁜 부하가 있기 때문에 재기불능의 대실패를 초래한다.

❖ 太陰星

「太陰星」이 「奴僕宮」에 들면, 힘이 되어 주는 부하가 많이 모인다.

「太陰星」이 天存星과 함께 있으면, 물질적인 힘이 될 부하가 생긴다.

「太陰星」이 炎星・鈴星・羊刃星・陀羅星・天空星・地劫星 등과 함께 있으면, 부하 또는 手下들로부터 人氣가 없어 언제나 미움을 사기 때문에 간접적으로 잘 어울리지 않는다.

「太陰星」이 文曲星・文昌星・天魁星・天鉞星・左輔星・右弼星 등과 함께 있으면, 부하나 手下들로 부터 부모처럼 친근하게 된다.

❖ 貪狼星

「貪狼星」이 奴僕宮에 들면, 부하로 말미암아 큰 재난을 당하는 수가 생긴다. 혹시 이 경우에 吉星이 함께 있어도 이런 惡運은 없어지지 않는다. 凶星과 함께 있으면 나쁜 경향은 더욱 심하게 된다.

❖ 巨門星

「巨門星」은 奴僕宮에 들면, 부하로 말미암아 재난을 당하게 되니 큰 타격을 받게 된다. 혹시 凶星이 함께 있으면 그 凶作用은 더욱 심하게 된다.

❖ 天相星

「天相星」이 奴僕宮에 들면, 힘이 될 수 있는 부하가 많이 생긴다.

「天相星」이 天存星과 함께 있으면, 물질적인 힘을 가진 부하로부터 혜택이 있다.

「天相星」이 炎星・鈴星・羊刃星・陀羅星・天空星・地劫星 등과 함께 있으면 부하로부터 버림을 받게 되어 실패하게 된다.

「天相星」이 文曲星・文昌星・天魁星・天鉞星・左輔星・右弼星 등과 함께 있으면, 강력한 부하의 원조로서 신분이 향상된다.

❖ 天梁星

「天梁星」이 奴僕宮에 들면, 힘이 되어 주는 부하가 많이 생긴다. 다만 凶星이 함께 있을 경우는, 이 좋은 작용은 줄어진다.

❖ 七殺星

「七殺星」이 奴僕宮에 들면, 좋은 부하나 手下는 그다지 없다. 있더라도 교만한 태로를 취해 반항적인 태도를 가지기 쉽다. 吉星이 함께 있을 경우에도 이 凶作用의 경향은 줄어들지 않는다.

「七殺星」이 炎星・鈴星・羊刃星・陀羅星・天空星・地劫星 등과 함께 있으면, 부하로부터 재난을 당해 많은 손실을 당하게 된다.

◈ 破軍星

「破軍星」이 奴僕宮에 들면, 부하가 매우 반항하며, 원한을 품기 쉽다. 다만 이 破軍星과 奴僕宮의 十二支와의 관계가 「旺」이 되어 있을 경우에는 부하의 힘을 얻을 수 있다.

◈ 炎星 . 鈴星

「炎星・鈴星」이 奴僕宮에 들면, 아무리 部下의 형편을 봐 주드라도 도리어 그것이 원수가 되어 언제나 원한을 품게 되는 결과가 된다.

「炎星・鈴星」이 文曲星・文昌星과 함께 있으면, 부하로부터 배신 당해 많은 손실을 가져오게 된다.

「炎星・鈴星」이 羊刃星・陀羅星과 함께 있으면, 부하와의 사이에 다툼이 일어나 많은 손해를 입게 된다.

「炎星・鈴星」이 天魁星・天鉞星과 함께 있으면, 부하와의 사이는 단순한 儀禮的인 사이에 불과하여 인정도 없을 뿐 힘도 될 수 없다는 主從관계는 없다.

「炎星・鈴星」이 左輔星・右弼星과 함께 있으면 좋은 부하를 맞아 힘이 되어 준다.

「炎星・鈴星」이 天空星・地劫星 등과 함께 있으면 부하 때문에 손해를 입는 수가 있다.

◈ 文曲星 . 文昌星

「文曲星・文昌星」이 奴僕宮에 들면, 手下나 부하의 힘을 얻을 수 있게 된다. 그러나 이런 星과 奴僕宮의 十二支와의 관계가 「失」의 경우는 이 吉작용은 나타나지 않는다.

❖ 羊刃星 · 陀羅星

「羊刃星 · 陀羅星」이 奴僕宮에 들면, 부하로부터는 힘을 얻을 수는 없다. 또 그것만도 아니고 手下나 부하가 반대로 원한을 가지며, 때로는 害를 끼치려고 까지 한다.

❖ 天魁星 · 天鉞星

「天魁星 · 天鉞星」이 奴僕宮에 들면, 부하의 힘을 얻을 수 있게 되어, 그 때문에 지위의 향상이 있게 된다.

❖ 左輔星 · 右弼星

「左輔星 · 右弼星」에 奴僕宮에 들면, 좋은 부하와 手下를 만나게 되어 그의 협력으로 자신이 대우 유리한 지위를 유지하게 된다.

「左輔星 · 右弼星」이 天空星 · 地劫星 등과 함께 있다면, 부하나 手下의 힘을 얻을 수 있지만, 그것이 도리어 이익이 되지 않고, 때로는 역효과를 나타낸다.

❖ 天存星

「天存星」이 奴僕宮에 들면, 부하로부터의 財的인 힘으로 큰 발전을 얻게 된다. 그러나 이들 星에 天空星 · 地劫星 등이 함께 들어 있을 경우는, 도리어 그러한 일로 나쁜 결과로 그치게 된다.

❖ 化忌星

「化忌星」이 奴僕宮에 들면, 부하로부터의 심한 배신 때문에 큰 손실을 당하게 된다.

官祿宮 보는 法

「官祿運」은 目上과의 관계, 취직상황, 직업의 길흉 등을 보는 곳이다.

「官祿宮」에서는 紫薇星 · 太陽星 · 廉貞星 · 天相星 · 文曲星 · 文昌星 · 天存星 · 天魁星 · 天鉞星 · 左輔星 · 右弼星 · 化權星 등이 大吉의 작용

을 하는 傾向이 있다.

天機星·武曲星·天同星·天府星·太陰星·貪狼星·巨門星·天梁星·七殺星·破軍星·化祿星·化科星 등은 中吉의 작용을 하는 傾向이 있다.

炎星·鈴星·羊刃星·陀羅星·化忌星 등은 凶의 작용을 하는 경향이 있다.

天空星·地劫星은 大凶의 작용을 하는 경향이 있다.

◈ 紫薇星

「紫薇星」이 官祿宮에 들면 고급기술자나 사장, 지점장 혹은 관청 최고 책임자가 됨으로써 성공하게 된다.

「紫薇星」이 天府星·天相星 등과 함께 있으면, 권세와 지위에 혜택을 입어 財界에서나 政界에서도 크게 발전이 약속되어 명성과 이익을 잡게 된다.

「紫薇星」이 七殺星·破軍星 등과 함께 있으면, 보통 사람으로는 생각이 미치지 않는 일로 성공하게 된다.

「紫薇星」이 貪狼星과 함께 있으면, 異性을 이용하는 일로 지위가 향상된다.

「紫薇星」이 天存星과 함께 있으면, 지위의 향상과 함께 거액의 금전을 잡게 된다.

「紫薇星」이 炎星·鈴星·羊刃星·陀羅星·天空星·地劫星 등과 함께 있으면, 평범한 인생을 보낼 수 있게 된다.

「紫薇星」이 文曲星·文昌星·天魁星·天鉞星·左輔星·右弼星 등과 함께 있으면, 매우 직업運이 좋으며, 특히 사라리맨 등은 스므-스하게 出世한다.

◈ 天機星

「天機星」이 官祿宮에 들면 종교, 교육, 학술, 문화 등의 경신면의 분야에서 상당히 성공한다.

「天機星」이 太陰星・巨門星 등과 함께 있으면, 그 길흉은 이 二星과 官祿宮의 十二支와의 관계의「廟・旺・陷・失」에 의한다. 「廟」의 관계의 경우는 명성이 사회에 널리 떨치게 된다. 「失」의 관계의 경우는, 명성이 사회적으로 널리 떨치게 되지만, 그것이 오래 계속되지 못하고 바로 본래대로 되돌아 가게 된다.

「天機星」이 天梁星・天存星 등과 함께 있으면 政界에서나 財界에서도 매우 발전하여 지위와 권세를 잡게 된다.

「天機星」이 炎星・鈴星・羊刃星・陀羅星・天空星・地劫星 등과 함께 있으면, 수고는 많은 반면에 功은 없게 되니, 그다지 직업상에는 혜택이 없다.

「天機星」이 文曲星・文昌星・天魁星・天鉞星・左輔星・右弼星・등과 함께 있으면, 상당한 성과는 있지만, 그것은 명성이나 지위 뿐으로서, 그와 순반하는 권세나, 금전의 실질면은 잡지 못한다.

❖ 太陽星

「太陽星」이 官祿宮에 들면 어떤 사회나 부문에 있어서도, 최고의 지위에 있게 되며 財界나 政界에서도 적응되는 사람이다.

「太陽星」이 太陰星・天存星 등과 함께 있으면, 지위와 금전상의 혜택이 있다.

「太陽星」이 巨門星,・天梁星과 함께 있으면, 그 길흉은 이 二星과 官祿宮의 十二支와의「廟・旺・陷・失」의 관계에 의한다. 「廟」의 관계인 경우에는, 그 성공이 오래 계속된다.「失」의 관계인 경우에는 그 성공이 오래 계속하지 못한다.

「太陽星」이 炎星・鈴星・羊刃星・陀羅星・天空星・地劫星 등과 함께 있으면 그 成敗나 浮沈(부침)이 심하여 운세가 一定하지 않다.

「太陽星」이 文曲星・文昌星・天魁星・天鉞星・左輔星・右弼星 등

과 함께 있으면 그다지 成敗나 浮沈이 없이 안정된 발전을 한다.

❖ 武曲星

「武曲星」이 官祿宮에 들면, 금융, 공업, 교통 등의 사업분야에 발전한다.

「武曲星」이 天府星・天存星과 함께 있으면 金錢的으로나 지위면에서도 매우 혜택을 입을 수 있는 운세이다.

「武曲星」에 七殺星・天相星 등과 함께 있으면 권세나 지위에 혜택이 있겠으나 出生地나 生家를 떠나야만 성공할 수 있다.

「武曲星」이 貪狼星・破軍星 등과 함께 있으면, 政界에 들어 가면, 汚職으로 실패한다. 財界에 들어 가면 外地에서 성공하게 된다.

「武曲星」이 炎星・鈴星・羊刃星・陀羅星 등과 함께 있으면, 그다지 발전은 기대하지 못한다. 그러나 나쁘다는 정도는 아니다. 지극히 평범한 인생을 보낼 수 있게 된다.

「武曲星」이 文曲星・文昌星・左輔星・右弼星 등과 함께 있으면 매우 運이 좋으며, 특히 財界에 두면 크게 발전할 것이다.

「武曲星」이 天魁星・天鉞星 등과 함께 있으면 안정된 人生을 보낼 것이다.

「武曲星」이 天空星・地劫星 등이 함께 있으며 노력한 성과가 오르지 않으며, 일하면 일할수록 손해를 본다.

❖ 天同星

「天同星」이 福祿宮에 들면, 서ー비스業이나, 사무계통, 手工業의 분야에서 성공할 전망이 있다.

「天同星」이 太陰星・巨門星이 함께 있으면, 그 길흉은 이 二星과 官祿宮의 十二支와의 관계가 「廟・旺・陷・失」에 의한다. 「廟」의 관계의 경우는, 年齡과 함께 발전한다. 「失」의 경우는 一生을 역경에서 헤어나지 못한다.

「天同星」이 天梁星·天存星 등과 함께 있으면, 금전과 권세를 손에 넣을 수 있다.

「天同星」이 炎星·鈴星·羊刃星·陀羅星·天空星·地劫星 등과 함께 있으면, 실패가 많으며, 좀처럼 성공할 수 있는 기회는 없다.

「天同星」이 文曲星·文昌星·天魁星·天鉞星·左輔星·右弼星 등과 함께 있으면 名聲과 地位에 혜택이 있다.

❖ 廉貞星

「廉貞星」이 官祿宮에 들면, 어느 企業體의 책임자가 되어 성공하게 된다. 그러나 한때 활짝 피었다가 바로 져버리는 경향이 있어 그다지 오래 계속하지 못하는 경향이 있다.

「廉貞星」이 天存星과 함께 있으면 금전으로는 運이 있으나 名聲은 따르지 못하는 경향이 있다.

「廉貞星」이 破軍星과 함께 있으면 成敗가 심하니 안정된 運이라고 보장 못한다.

「廉貞星」이 天府星·天相星과 함께 있으면 富貴의 命이라 하니, 지위와 금전에 혜택이 있어 성공자가 된다.

「廉貞星」이 貪狼星·七殺星이 함께 있으면, 사람들이 하지 않는 특수한 일로 성공하든지, 특출한 행동 등으로 많은 재산을 모운다. 그러나 政界로서는 성공하지 못한다.

「廉貞星」이 炎星·鈴星·羊刃星·陀羅星·天空星·地劫星 등과 함께 있으면 成敗나 浮沈이 심하여 안정된 직업운은 기대 못한다.

「廉貞星」이 文曲星·文昌星·天魁星·天鉞星·左輔星·右弼星 등과 함께 있으면 높은 地位가 약속된다.

❖ 天府星

「天府星」이 福祿宮에 들면, 財界서나 政界서도 크게 성공하게 된다. 더우기 吉星과 함께 있으면, 그 성공과 발전이 한층 빨라지며 크게 된다. 반대로 凶星이 함께 있으면, 성공발전에 시간이 걸린다.

「天府星」이 天空星・地劫星 등과 함께 있으면 평범한 一生을 보내
게 될 것이다.

◈ 太陰星

「太陰星」이 官祿宮에 들면 건축이나 관청관계의 분야에서 성공한
다. 특히 吉星과 함께 있던지 太陰星이 官祿宮의 十二支와 「廟・旺
」의 관계의 경우는 지위의 향상이 약속된다. 반대로 凶星이 함께 있
던지, 太陰星이 官祿宮의 十二支와 「陷・失」의 관계인 경우는 成敗
나 浮沈(부침)이 많아 안정을 바랄 수 없다.

◈ 貪狼星

「貪狼星」이 官祿宮에 들면, 오락이나 문화의 직업분야로 성공하게
된다.

「貪狼星」이 天存星과 함께 있으면 오락이나 문화방면에서 大金을
쥘 수 있다.

「貪狼星」이 炎星・鈴星・左輔星・右弼星 등과 함께 있으면, 財界
에서 큰 권력을 쥔다.

「貪狼星」이 文曲星・文昌星・天魁星・天鉞星 등과 함께 있으면 政
界에서 큰 권력을 쥔다.

「貪狼星」이 羊刃星・陀羅星・天空星・地劫星이 함께 있으면 평범한
一生이다.

◈ 巨門星

「巨門星」이 官祿宮에 들면, 司法(사법)이나 학술분야로 기업화
하는데서 出世하게 된다.

「巨門星」이 天存星과 함께 있으면 出世와 함께 大金을 잡게 된다.

「巨門星」이 炎星・鈴星・羊刃星・陀羅星・天空星・地劫星 등과 함
께 있으면, 직업운이 불안정하여, 그다지 一定한 직업에 오래 계속하

지 못한다.

「巨門星」이 文曲星・文昌星・天魁星・天鉞星・左輔星・右弼星 등과 함께 있으면, 어떤 직업에 있드라도 발전과 성공이 약속된다.

❖ 天相星

「天相星」이 官祿宮에 들면, 醫界, 財界, 政界 등에서 성공한다.

「天相星」이 炎星・鈴星・羊刃星・陀羅星・天空星・地劫星 등과 함께 있으면, 어떤 직업에 있드라도 그 직장 사람들과의 타협이 잘 이루어지지 않으며 그들 사람들로부터 속임을 당하든지 하여 제대로 되는 일이 없다.

「天相星」이 文曲星・文昌星・天魁星・天機星・左輔星・右弼星 등과 함께 있으면, 政界에서 크게 권력을 잡게 될 것이다.

❖ 天梁星

「天梁星」이 官祿宮에 들면, 종교나 학술, 위생 등에 관계되는 기업이나 관청에서 크게 신장할 수 있다.

「天梁星」이 天存星과 함께 있으면 大金이 들어온다.

「天梁星」이 炎星・鈴星・羊刃星・陀羅星・天空星・地劫星 등과 함께 있으면, 一生이 평범하다.

「天梁星」이 文曲星・文昌星・天魁星・天鉞星・左輔星・右弼星 등과 함께 있으면 政界에서 크게 成功한다.

❖ 七殺星

「七殺星」이 官祿宮에 들면, 重工業, 軍人, 警察官 등의 분야에서 성공한다. 더우기 이 七殺星은 그다지 함께 된 다른 星의 영향은 받지 않는다.

❖ 破軍星

「破軍星」이 官祿宮에 들면 운수업, 군인, 경찰관 등의 활동적인 분야에서 성공한다.

「破軍星」이 炎星・鈴星・羊刃星・陀羅星・天空星・地劫星 등이 함께 있으면 그다지 직업적으로는 혜택이 없다.

「破軍星」이 文曲星・文昌星・天魁星・天鉞星・左輔星・右弼星 등과 함께 있으면 높은 지위에 오를 수 있다.

◆ 炎星 . 鈴星

「炎星・鈴星」이 官祿宮에 들면 젊을 때는, 成敗浮沈(성패부침)이 심해 一定하지 않지만 中年이후부터는 안정된다. 그러나 이들 星과 官祿宮의 十二支와의 관계가 「陷・失」의 경우에는 평생 浮沈을 되풀이 하게 된다.

「炎星・鈴星」이 文曲星・文昌星・天空星・地劫星 등과 함께 있으면 평생 평범하게 보내며, 그다지 화끈하지는 못하다.

「炎星・鈴星」이 天魁星・天鉞星・左輔星・右弼星 등과 함께 있으면 상업방면이나 財界에서 성공한다.

◆ 文曲星 . 文昌星

「文曲星・文昌星」이 官祿宮에 들면 학술, 문화방면에서 크게 出世한다. 그러나 이들 星과 官祿宮의 十二支와의 관계가 「失」의 경우에는 出世하지 못한다.

◆ 羊刃星 . 陀羅星

「羊刃星・陀羅星」의 官祿宮에 들면, 군인, 경찰관 등으로 성공한다. 그러나 이 二星과 官祿宮의 十二支와의 관계가 「陷」의 경우에는 성공하지 못한다. 羊刃星・陀羅星이 天空星・地劫星 등과 함께 있으면 殉職(순직)할 염려가 있다.

◆ 天存星

「天存星」이 官祿宮에 들면, 財界에서 성공한다. 그러나 天空星, 地劫星 등과 함께 있으면 성공하지 못한다.

◆ 天魁星 . 天鉞星

「天魁星・天鉞星」이 官祿宮에 들면, 政界에서 성공한다. 上官이
자기를 좋아하여 인정받음으로 다른 사람보다 빨리 성공한다.

◆ 左輔星 . 右弼星

「左輔星・右弼星」이 官祿宮에 들면, 政界에서 성공한다. 동료들
이나 부하들로 부터 신용이 두터워 다른 사람보다 빨리 성공하게 된다.

◆ 天空星 . 地劫星

「天空星・地劫星」이 官祿宮에 들면, 어떤 分野에서도 그다지 성공
하지 못한다.

◆ 化權星

「化權星」이 官祿宮에 들면, 어떤 分野에서 권력을 잡는다.

◆ 化忌星

「化忌星」이 官祿宮에 들면, 浮沈成敗가 심해, 평생 안정된 직업에
있을 수 없다.

田宅宮을 보는 法

「田宅宮」은 그 사람의 住宅이나 不動産관계의 多寡(다과) 등을
보는 곳이다.

「田宅宮」에서는 武曲星, 天府星・太陰星・天存星 등이 大吉의 작
용을 하는 경향이 있다.

紫薇星・太陽星・天同星・天相星・天梁星・七殺星・文曲星・ 文昌星
・天魁星・天鉞星・左輔星・右弼星 등이 中吉의 작용을 하는 경향이
있다. 天機星・廉貞星・巨門星・破軍星・炎星・鈴星・羊刃星・陀羅星
등의 凶의 작용을 하는 경향이 있다.

貪狼星・天空星・地劫星・化忌星 등이 大凶의 작용을 하는 경향이
있다.

◆ 紫薇星

「紫薇星」이 田宅宮에 들면, 不動産을 많이 갖게 된다.

「紫薇星」이 天府星・天存星 등과 함께 들면, 부동산을 많이 가질 것이며 해를 거듭할수록 더욱 많아진다.

「紫薇星」이 貪狼星・破軍星 등과 함께 들면, 부동산은 그다지 못 가질 것이지만 가지더라도 줄어 버리는 傾向이 있다.

「紫薇星」이 天相星・七殺星 등과 함께 있으면, 부동산을 사 모우게 된다. 다만 그 수량은 그다지 많지는 않다.

「紫薇星」이 炎星・鈴星・羊刃星・陀羅星・天空星・地劫星 등과 함께 있으면, 부동산을 많이 사고 팔고 한다. 그러나 결과는 남는 것이 없다.

「紫薇星」이 文曲星・文昌星・天魁星・天鉞星・左輔星・右弼星 등과 함께 있으면, 부동산이 늘어나며, 산 것에 가격도 늘어난다.

◈ 天機星

「天機星」이 田宅宮에 들면, 부동산을 일단을 없애 버리지만 또 다시 그것을 본래대로 늘리게 된다.

「天機星」이 巨門星・太陰星・등과 함께 있으면 이 二星과 田宅宮의 十二支와의 관계가 「朝」의 경우에는 先祖로부터 물려받은 부동산을 지킬 수는 있지마는 「失」의 경우에는 팔아버리게 된다.

「天機星」이 天梁星・天存星 등과 함께 있으면 젊을 때부터 부동산을 사 모우게 되어 그것이 해를 거듭할수록 불어난다.

「天機星」이 炎星・鈴星・羊刃星・陀羅星・天空星・地劫星 등과 함께 있으면, 부동산과는 인연이 없다.

「天機星」이 文曲星・文昌星・天魁星・天鉞星・左輔星・右弼星 등과 함께 있으면 부동산을 남길 수 있게 된다.

◈ 太陽星

「太陽星」이 田宅宮에 들면 부동산의 유산을 물려 받을 것이며, 그 부동산이 기반이 되어 다시 불어나게 된다. 그러나 이 星과 田宅宮의

十二支와의 관계가 「失」의 경우에는 中年이후부터 줄어들게 된다.

「太陽星」이 天梁星・巨門星 등과 함께 있으면, 이 二星과 田宅宮과의 十二支의 관계가 「廟」의 경우에는 부모로부터 물려 받은 부동산을 다시 불어나게 한다. 「失」의 경우는 팔아 버리게 된다.

「太陽星」이 太陰星・天存星 등과 함께 있으면 젊을 때부터 부동산을 사 모아 中年期에는 상당한 부동산을 갖게 된다.

「太陽星」이 炎星・鈴星・羊刃星・陀羅星・天空星・地劫星 등과 함께 있으면, 전연 부동산과는 인연이 없어 갖지를 못한다.

「太陽星」이 文曲星・文昌星・左輔星・右弼星 등과 함께 있으면 많은 부동산을 갖게 된다.

◈ 武曲星

「武曲星」이 田宅宮에 들면, 부동산을 제법 갖게 된다.

「武曲星」이 天府星・天存星・炎星・鈴星・文曲星・文昌星 등과 함께 있으면, 방대한 부동산을 갖게 된다.

「武曲星」이 貪狼星・天相星・天魁星・天鉞星・左輔星・右弼星 등과 함께 있으면, 晩年이 되어 부동산을 갖게 된다.

「武曲星」이 七殺星・羊刃星・陀羅星 등과 함께 있으면 부동산에는 관심이 없기 때문에 갖지 못한다.

「武曲星」이 破軍星・天空星・地劫星 등과 함께 있으면, 先祖로부터 물려 받은 부동산을 팔아 버리고 갖지 못하게 된다.

◈ 廉貞星

「廉貞星」이 田宅宮에 들면, 부동산과는 인연이 없으며, 부모로부터 물려 받은 부동산도 모두 잃어버리게 된다.

「廉貞星」이 天府星・七殺星・天存星・文曲星・文昌星・天魁星・天鉞星・左輔星・右弼星 등과 함께 있으면 부모의 유산을 지킬 수 있는 것이며, 또 조금은 불어나게 할 수는 있다.

「廉貞星」이 貪狼星・天相星・破軍星・炎星・鈴星・羊刃星・陀羅星・天空星・地劫星 등과 함께 있으면, 부모의 유산을 지킬 수 없으며, 모두 잃어버리게 된다.

❖ 天府星

「天府星」이 田宅宮에 들면, 부동산을 많이 갖게 된다. 부모의 유산도 지킬 수 있을 뿐 아니라 늘릴 수도 있다.

「天府星」이 天存星과 함께 있으면, 부동산을 젊을 때부터 사 모우게 되며, 中年이후에는 제법 많은 량의 부동산을 갖게 된다.

「天府星」이 炎星・鈴星・羊刃星・陀羅星 등과 함께 있으면 부동산의 매매가 심하며 그 成敗도 심하다.

「天府星」이 文曲星・文昌星・天魁星・天鉞星 등과 함께 있으면, 사모우는 부동산이 많으며, 晚年에는 많은 부동산을 가지게 된다.

「天府星」이 左輔星・右弼星 등과 함께 있으면, 부동산을 많이 갖게 된다.

「天府星」이 天空星・地劫星 등과 함께 있으면, 부동산은 못 가지며, 아무리 유산이 있더라도 모두 놓치게 된다.

❖ 太陰星

「太陰星」이 田宅宮에 들면, 함께 있는 星이나 太陰星과 田宅宮의 十二支와의 관계의 「廟・旺・陷・失」에 따라 각각 다르다. 太陰星과 田宅宮의 十二支와의 관계가 「廟・旺」의 경우나 吉星이 함께 있으면, 부동산을 가질 수 있게 되며 특히 農地나 牧場(목장) 등을 갖게 된다. 반대로 「失」인 경우나 凶星이 함께 있으면, 부동산 運이 없으며 가지고 있드라도 없애 버리고 만다.

❖ 貪狼星

「貪狼星」이 田宅宮에 들면, 부동산은 못 가지게 된다.

「貪狼星」이 天存星과 함께 있으면, 晚年이 되어야 부동산을 갖게 된다.

「貪狼星」이 炎星·鈴星 등과 함께 있으면 상당한 부동산을 갖게 된다. 그러나 화재를 당할 염려가 있으니 충분히 주의하지 않으면 손해를 보게 된다.

「貪狼星」이 天魁星·天鉞星 등과 함께 있으면, 상당한 부동산을 갖게 된다.

「貪狼星」이 文曲星·文昌星·左輔星·右弼星 등과 함께 있으면, 晚年이 되어야 부동산을 가질 수 있다.

「貪狼星」이 羊刃星·陀羅星·天空星·地劫星 등과 함께 있으면 평생 부동산과는 인연이 없다.

◈ 巨門星

「巨門星」이 田宅宮에 들면, 그 吉凶은 이 星과 田宅宮의 十二支와의 관계의 「旺·失」이나 함께 있는 吉星·凶星에 따라 틀린다. 「旺」의 관계의 경우나 吉星과 함께 있을 경우는 갑자기 돈이 생겨 그것으로 부동산을 많이 사 모으게 된다. 「失」 관계인 경우에나, 凶星이 함께 있을 경우에는, 부동산을 전연 가질 수 없다.

◈ 天相星

「天相星」이 田宅宮에 들면, 부동산 運이 强해 부동산으로 큰 이익을 보게 된다. 또 吉星이 함께 있을 경우에는, 부동산을 상당히 가질 수 있게 된다.

凶星이 함께 있을 경우에는 부동산을 전연 가질 수 없게 된다.

◈ 天梁星

「天梁星」이 田宅宮에 들면, 부동산을 가질 수 있게 된다. 凶星이 함께 있어도 역시 적지마는 부동산은 갖게 된다.

◈ 七殺星·破軍星

「七殺星·破軍星」이 田宅宮에 들면, 부모의 유산을 지킬 수는 있지마는, 그것을 더욱 늘릴 수는 없다. 또 七殺星 또는 破軍星과 田宅宮의 十二支와의 관계가 「陷·失」의 경우나, 凶星과 함께 있을 경우에는 남아 있던 부동산도 없애 버리고 만다.

◈ 炎星 . 鈴星

「炎星」 또는 「鈴星」이 田宅宮에 들면 선조로부터 받은 부동산을 없애 버리고 만다.

「炎星·鈴星」이 文曲星·文昌星·羊刃星·陀羅星·天空星·地劫星 등과 함께 있으면, 부동산은 전연 가질 수 없게 된다.

「炎星·鈴星」이 天存星·天魁星·天鉞星·左輔星·右弼星 등과 함께 있으면 부동산을 조금 늘리게 된다.

◈ 文曲星 . 文昌星

「文曲星·文昌星」이 田宅宮에 들면, 부모의 유산을 지킬 수 있으며, 그 위에도 더욱 늘릴 수도 있다. 그러나 이 二星과, 田宅宮의 十二支와의 관계가 「失」이 되든지 羊刃星·陀羅星·天空星·地劫星 등과 함께 있든지 할 경우에는 부동산은 줄리게 된다.

◈ 羊刃星 . 陀羅星

「羊刃星·陀羅星」이 田宅宮에 들면, 부동산을 잃어 버린다. 이 二星과 田宅宮의 十二支와의 관계가 「旺」이 되든지 吉星과 함께 있을 경우에는 부동산을 조금은 늘릴 수는 있다.

◈ 天存星

「天存星」이 田宅宮에 들면, 부동산을 많이·더구나 수입이 많은 부동산이 된다.

◈ 天魁星 . 天鉞星

「天魁星·天鉞星」이 田宅宮에 들면, 부모의 유산은 지킬 수 있다.

◈ 左輔星 . 右弼星

「左輔星·右弼星」이 田宅宮에 들면, 祖上의 유산은 지킬 수 있다.

❖ 天空星 · 地劫星

「天空星·地劫星」이 田宅宮에 들면, 가지고 있던 부동산도 잃어 버리고 살 수는 없다.

❖ 化忌星

「化忌星」이 田宅宮에 들면, 부동산과는 전연 인연이 없다.

福德宮의 보는 法

「福德宮」은 그 사람의 취미나, 인생의 즐거움 등을 보는 곳이다.

「福德宮」에서는 天同星·天府星·太陰星·天相星·天梁星·文曲星·文昌星·天魁星·天鉞星·左輔星·右弼星 등이 大吉의 작용을 하는 경향이 있다.

紫薇星·太陽星·天存星·驛馬星 등이 中吉의 작용을 하는 경향이 있다.

天機星·武曲星·廉貞星·七殺星·炎星·鈴星·羊刃星·陀羅星·天姚星 등이 凶의 작용을 하는 경향이 있다.

貪狼星·巨門星·破軍星·天空星·地劫星·化忌星 등이 大凶의 작용을 하는 傾向이 있다.

❖ 紫薇星

「紫薇星」이 福德宮에 들면, 공익사업에 열중하게 되어 유명人士와 교제하는 것을 樂을 삼는다.

「紫薇星」이 天府星·天相星·天存星·文昌星·文曲星·天魁星·天鉞星·左輔星·右弼星 등과 함께 있으면, 일생을 안락하게 더구나 즐겁게 보낼 수 있다.

「紫薇星」이 貪狼星·七殺星·破軍星·炎星·鈴星·羊刃星·陀羅星·天空星·地劫星 등과 함께 있으면 一生을 고생하게 된다.

「天機星」이 福德宮에 들면, 종교나 학술문화 방면에 열중하여 젊을 때는 고생하겠지만, 中年 이후에는 안정된 즐거운 생활을 하게 될 것이다.

「天機星」이 吉星과 함께 있으면, 정신적인 즐거움이 많으며, 一生을 기분좋게 보낸다.

「天機星」이 凶星과 함께 있으면, 정신적인 근심이 많아 一生을 고생속에서 보낸다.

◈ 太陽星

「太陽星」이 福德宮에 들면, 정치활동에 열중하게 되며, 지위가 높은 사람과 교제하는 것을 樂을 삼는다. 혹시 吉星과 함께 있으면 그 즐거움이 많이 있다. 凶星이 함께 있으면 바쁠 뿐이지 즐거움은 없다.

◈ 武曲星

「武曲星」이 福德宮에 들면 一生은 매우 바쁘며, 여가의 즐거움이나 취미의 시간은 가질 수는 없다.

◈ 天同星

「天同星」이 福德宮에 들면 친구와의 교제를 즐기게 된다. 특히 이성과의 교제관계에 혜택을 받는다.

◈ 廉貞星

「廉貞星」이 福德宮에 들면, 바쁘게 활동하는 것을 樂을 삼으며 여가가 생기면 도리어 고통스럽게 생각한다.

◈ 天府星

「天府星」이 福德宮에 들면, 田園生活이나 음식을 道樂으로 삼는다.

「天府星」이 天空星・地劫星 등과 함께 있으면, 금전의 부족이나 위장질환 때문에 그 즐거움을 맛볼 수 없게 된다.

◈ 太陰星

「太陰星」이 福德宮에 들면 田園生活이나 종교방면에 즐거움을 구한다.

◈ 貪狼星

「貪狼星」이 福德宮에 들면, 고생만 많고, 一生을 즐거웁게 보낼 수가 없다.

◈ 巨門星

「巨門星」이 福德宮에 들면, 일에 쫓기어 즐기운 시간을 못 갖는다.

◈ 天相星

「天相星」이 福德宮에 들면, 음식이나 의복에 취미를 갖는다. 또 壽命도 길며 一生을 즐겁게 보낼 수 있게 된다.

◈ 天梁星

「天梁星」이 福德宮에 들면, 교육이나 문화방면에 취미를 가져, 自費出版 등도 하며 글 쓰기를 樂을 삼는다.

◈ 七殺星

「七殺星」이 福德宮에 들면, 고생의 연속으로 그다지 즐거움은 없다.

◈ 破軍星

「破軍星」이 福德宮에 들면, 대단히 바빠서 평생을 단지 일만 하는 것으로 끝 마치게 된다.

◈ 炎星 . 鈴星 . 羊刃星 . 陀羅星 . 天空星 . 地劫星

이들 여러 星들이 福德宮에 들면, 人生으로서의 즐거움이 전연 없으며, 다만 일하는 것 뿐이지 논다는 것은 생각할 수도 없다.

◈ 文曲星 . 文昌星

「文曲星 · 文昌星」이 福德宮에 들면, 문화 예술방면에 취미를 구한다. 이 二星과 福德宮의 十二支와의 관계가 「廟 · 旺」의 경우에나, 吉星과 함께의 경우는, 자기의 취미를 충분히 즐길 수 있게 된다. 「失」의 경우나 凶星이 함께일 경우에는 취미를 박아 넣지만, 그 성과는 오르지 않는다.

❖ 天存星

「天存星」이 福德宮에 들면, 물질적인 혜택이 있어 취미를 풍부하게 살릴 수 있게 된다.

❖ 天魁星 . 天鉞星

「天魁星·天鉞星」이 福德宮에 들면, 공익사업에 열중하게 된다.

❖ 左輔星 . 右弼星

「左輔星·右弼星」이 福德宮에 들면, 社交(사교)에 매우 능해 이성과의 교제의 기회가 있다.

❖ 驛馬星

「驛馬星」이 福德宮에 들면, 여행이나 觀光에 취미를 갖게 된다.

❖ 天姚星

「天姚星」이 福德宮에 들면, 남녀의 異性交遊(이성교유)에 취미를 갖게 된다.

第三章 命에 依한 人間의 理解

第一節 子平(四柱推命)術入門

子平이란 무엇인가?

「命」의 점술속에 「紫薇斗數」와 함께 그 的中의 妙(묘)를 자랑하는 것이 이 「子平推命術」(자평추명술)이다. 中國에서는 「命」점술이라면 이 「子平」과 「紫薇」의 二種을 들어 「命」점술의 쌍벽을 이루고 있다.

韓國・日本에서는 「紫薇斗數」가 전연 流布(유포)되지 않고 이 子平이 四柱推命의 명칭아래 일반화 되고 있다.

특히 최근에는 S氏나 D氏가 "四柱推命術"이라는 이름 아래 틀린 (中國의 옳은 子平과는 전연 딴 것이라는 뜻) 四柱推命을 하고 있었기 때문에 점점 바른 子平으로 부터는 제법 먼 것이 유행되는것 같은 결과가 되어 버렸다.

前述한것 처럼 "推命"이란 「命」점술의 모든 것을 말한다. "四柱"란 生年・月・日・生의 四干支를 이용하는데서 나온 것이다. 「四柱・八字・子平」모두가 같은 의미이다.

그러면 「子平推命(四柱推命)」이란 「透派」의 「命」점술의 위치로 부터는 第二線 즉 中級班에 속하는 占術이다. 그러나 우리 門派로서는 中級에 속해 있지 마는, 明나라 때 부터 代代로 연구하여 이어 내려져 온 이 「子平」은 다른 학설이 따라오지 못할 독특한 점술觀을 가진 것으로서 동양에서 제一을 자부할 수 있는 훌륭한 내용의 것이다.

韓國이나 日本에서는 명칭만 一般化 되어버려 전연 내용으로서는 틀린 아무 소용없는 四柱推命(四柱라는 명칭을 쓰는 자체가 우습다)이 橫行(횡행)되고 있지만, 어떻게 든지 바른 「子平(四柱推命)」은 이 책과 같은 것이라는 것을 반드시 납득해 주기를 바라는 바이다.

이 「子平(四柱推命)」은 「紫薇斗教」와는 달라 星을 그다지 쓰

지 않는다. 겨우 十種의 星뿐이다. 이것 마저도 星이라고 하기 보다 生年·月·日·時의 상호관계를 나타내는 記號라고 할 수 있는 것이다.

이 「子平(四柱推命)」의 특색으로서는

1. 東西의 「命」에 관한 점술 가운데 가장 적중률이 높으며, 또한 이론적이다.

2. 吉凶成敗禍福(길흉성패화복)의 斷이 분명하다.

3. 行運(돌아오는 運)의 길흉이 여러가지 점술의 行運 가운데 무리(群)를 뚫어 뛰어나게 적중한다.

以上과 같이 뛰어난 특색이 있다. 그러나 그 반면에 다른 점술에 비교하여 매우 어렵다는 點이 없는것도 아니다. 그러나 이것은 노력과 연구만 한다면 어떻게던지 해결 될 수 있는 것이다.

第二節 出生圖 作成法

「子平(四柱推命)」은 「紫薇斗數」와 완전히 같은 생각의 바탕에서 그 사람의 生年·月·日·時라는 네개의 「時」를 바탕으로 하는 占術이다. 다만 紫薇斗數와는 달리 生年·月·日·時의 「干支」를 그대로 사용하는 것이 특색이라 하겠다.

「子平(四柱推命)」에서는 인간의 生年·月·日·時의 干支와 十個의 星을 이용하여 占하지 마는 「紫薇斗數」처럼 대규모인「出生圖」라는 것은 이용하지 않는다. 그 대신 「命式」을 이용하여 「出生圖」의 代用으로 삼는다.

命式에 대하여

「命式」이란 「子平(四柱推命)」에 필요한 「干支」를 나타낸 것으로서 그 사람의 "宿命인 모든 記號를 나타낸것"이라고도 할 수 있는 것이다. 즉, 그 사람의 生年·月·日·時의 각각의 「干支」에서 表出된 星(이것을 變通星이라 부른다)은 大運이라고 하는 十年간의 길흉을 보기 위한 것등, 三種을 「命式」이라고 부른다.

命式作成法의 順序

「子平(四柱推命)」에 있어 「命式」의 작성법은 前述한 「紫薇斗數」와 거의 비슷하다. 다른 點은 많은 星을 나타내지 않는다는 點뿐이다.

　　註)「命式」을 나타내는 방법은 紫薇斗數와 대부분 비슷하므로 페이지와 項目을 들어 그 곳을 참고 해 주기 바란다.

「命式」을 작성 하는데는 別册의 「干支萬年曆」 과 다음에 있는 「子平推命變通星早見表(자평추명변통성조견표)」 와 「月支藏干早見表」를 이용한다. 이것을 상세하게 개조식으로 써 보면, 다음과 같이 한다.

1. 정확한 生年月日時에서 그 사람의 生年月日時의 각각의 十干·十二支를 나타낸다.

2. 生月의 十二支에서 「藏干」을 表出한다.

3. 生日의 十干과 다른 十干(年干·月干·時干)을 대조하여 「變通星」을 나타낸다.

4. 生年의 十干과 生日을 바탕으로 하여 「大運」을 表出한다.

以上 四항목에서 「命式」이 성립된다. 이 가운데 2·3의 「藏干·變通星」만이 前述의 紫薇斗數의 出生圖와 다를 뿐으로서 나머지 1의 生年·月·日·時의 干支 표출방법도 4의 「大運」(紫薇斗數에서 大限이라 명칭)의 표출법도 똑같다.

生年·月·日·時의 책력 보는 法

前述한 紫薇斗數의 章의 「生年·月·日·時의 책력 보는 法」과 똑

같다. 參照(참조)해 주기 바란다.

生年·月·日·時 干支의 표출법

前述한 紫薇斗數의 章의 「生年·月·日·時의 干支 표출법」과 똑같으니 참조 해 주기 바란다.

生月의 藏干(장간) 표출법

이것은 「子平(四柱推命)」의 독특한 것이다. 生月의 十二支속에 포함되어 있는 「十干」을 표출 한다는 것이다. 이것은 生日과 生月의 경계(節氣)를 중심으로 하여 표출한다.

月支藏干早見表												
生月支\節氣	子	丑	寅	卯	辰	巳	午	未	申	酉	戌	亥
경계에서 6日까지	壬	癸	甲	甲	乙	丙	丙	丁	庚	庚	辛	壬
경계에서 12日까지	癸	癸	甲	乙	乙	丙	丁	丁	庚	辛	辛	壬
경계에서 13日이후	癸	己	甲	乙	戊	丙	丁	己	庚	辛	戊	壬

上의 「月支藏干早見表」를 사용한다. 表의 좌단은 生日과 月은 경계를 나타냈으며, 上端의 가로의 줄의 十二支는 生月의 十二支를 나타낸다. 그 세로의 十干이 生月의 「藏干」이다.

즉, 이들 藏干을 표출 하는데는 자기의 生日이 그 生月의 경계(절기)에서 몇일이 경과했느냐를 表에서 찾아 다음에 자기 生月의 十二支를 上端의 가로 줄에서 찾아 그 세로의 맞닿은 곳에 있는 「十干」이 「藏干」에 해당한다.

例를 들면, 一九二九年 七月 二十八日 午前 六時生의 사람이 「未」이다. 七月의 경계(節氣)는 八日이므로 生日의 二十八日은 경계보다 二十日이 경과되어 있으니 表의 「경계에서 十三日이후」에 해당되어「己」

가 된다는 뜻이다.

혹시 같은 一九二九年 七月生이더라도 十一日이라면 경계가 八日이므로 生日의 十一日까지는 경계에서 三日밖에 경과되지 않았으므로 表의 「경계에서 六日까지」에 해당되어 「丁」이 된다는 뜻이다.

그러면 표출된 「藏干」은 生月의 十二支 밑에 (   )를 하여 記入을 한다.

變通星의 표출法

이것은 十種의 星을 表出하는 것으로 星이라고 하지만 다른 「命」占術 (紫薇斗數나 星平會海등)의 星과는 의미가 틀린다. 비록 星(實星과 虛星)이라고 하기보다는 記號라고 하는 의미인 쪽이 적당할는지 모르겠다. 즉, 「子平(四柱推命)」에 있어 生年・月・日・時의 「十干」의 상호관계를 記號化한 것이라고 하겠으며, 다음부터는 이것을 일단 變通星(변통성)이라 부르겠다.

十種의 「變通星」이란 比肩, 劫財, 食神, 傷官, 偏財, 正財, 七殺, 正官, 偏印, 印綬등을 말한다. 이 星 자체에는 吉작용이나 凶작용이 전연 없다. 글자의 뜻에서 받는 느낌으로 「正財」가 좋고 「七殺, 劫財」가 나쁜것처럼 생각 해서는 안된다. 前述한 대로 이것은 어디까지나 「十干關係」(十干이 아니고 十干關係라는 點에 의미가 있다)의 記號化에 불과한 것이다. 日本에서 그릇된 「子平(四柱推命)」이 流布되어 버린 것은 이 星 自体에 吉作用, 凶作用이 있다고 했기 때문이다.

이 「變通星」의 표출 방법은 다음의 「子平推命變通星早見表」를 사용하여 生日의 十干을 바탕으로 하여 찾는다. 즉 生日의 十干・生月의 十干・生時의 十干과의 三者를 대조시켜서 「變通星」을 표출한다.

癸	壬	辛	庚	己	戊	丁	丙	乙	甲	日干＼變通星
癸	壬	辛	庚	己	戊	丁	丙	乙	甲	比肩
壬	癸	庚	辛	戊	己	丙	丁	甲	乙	劫財
乙	甲	癸	壬	辛	庚	己	戊	丁	丙	食神
甲	乙	壬	癸	庚	辛	戊	己	丙	丁	傷官
丁	丙	乙	甲	癸	壬	辛	庚	己	戊	偏財
丙	丁	甲	乙	壬	癸	庚	辛	戊	己	正財
己	戊	丁	丙	乙	甲	癸	壬	辛	庚	七殺
戊	己	丙	丁	甲	乙	壬	癸	庚	辛	正官
辛	庚	己	戊	丁	丙	乙	甲	癸	壬	偏印
庚	辛	戊	己	丙	丁	甲	乙	壬	癸	印綬

子平推命變通星早見表

　表 上段의 十干은 바탕이 되는 生日의 十干이다. 右端의 세로줄은 각각의 「變通星」이다. 그 가로의 十干은 生年 또는 生月·生時의 十干을 나타낸다. 즉, 이들 星을 나타내는데는 生日의 十干을 表의 上段에서 찾아 그 밑의 十干이 자기의 「命式」의 生年 또는 生月·生時 등에 있었던 경우에는 그 가로의 右端의 「變通數」가 生年 또는 生月의 變通星이다. 例를 들면, 生日의 十干이 「丁」인 사람으로 生年이 「戊」生月이 「癸」 生時가 「甲」의 「命式」인 사람은 生年에 「傷官」生月에 「七殺」 生時에 「印綬」가 표출된다.(生日에는 變通星이 나오지 않는다)

　　　　　傷官

生年　　戊　申

　　　　　七殺

生月　　癸　亥

生日　　丁　卯

　　　　　印綬

生時　　甲　辰

大運 표출法

이 「大運」은 前術한 「紫薇斗數」의 「大限」과 완전하게 같으며,
명칭만이 「大運」이라는 것뿐이다. 前術한 「紫薇斗數」의 章의 「大
限 표출法」와 똑 같으니 參照하여 주기 바란다.

　다만 「大運」의 數가 나왔으면 「紫薇斗數」는 「出生圖」의 命宮
에서 十年마다 나아가지만 「子平 (四柱推命)」은 여기부터 조금 틀
린다.

　「大運」의 數가 정해져 十年마다 끊으면 「子平 (四柱推命)」에서
는 生月의 「干支」에 관계시켜서 봐 간다.

　먼저 「順運」인 사람은 生月 「干支」의 다음 干支에 지금 나타낸
「大運」의 數를 맞추어 간다. 그리하여 「干支」를 순서대로 나아가
게 하고 「大運」의 數도 차례로 진행시킨다. 「逆運」인 사람은 生月
의 「干支」 앞의 「干支」에 지금 나타낸 「大運」의 數를 맞추어
간다. 그리하여 「干支」를 逆으로 진행시켜 「大運」의 數를 맞추어
간다.(六十干支表參照)

　例를 들면

生年　　乙　未

生月　　癸　未

生日　庚　辰

生時　乙　酉

「大運」의 數는 「七」（七歲運）인 女性으로서 生年干이 「乙」이므로 「順運」이 된다. 生月干支가 「癸未」이므로 「順運」인 경우에는 다음 干支부터이니, 甲申・乙酉・丙戌…이라는 순서대로 나아간다.

初　七　　甲　申（七歲～十六歲까지）

十　七　　乙　酉（十七歲～二十六歲까지）

二十七　　丙　戌（二十七歲～三十六歲까지）

三十七　　丁　亥（三十七歲～四十六歲까지）

四十七　　戊　子（四十七歲～五十六歲까지）

五十七　　己　丑（五十七歲～六十六歲까지）

六十七　　庚　寅（六十七歲～七十六歲까지）

七十七　　辛　卯（七十七歲～八十六歲까지）

혹시나 이 生年・月・日・時의 「干支」가 똑 같더라도 이것이 男性이면 모든 것이 달라진다. 먼저 男性으로 「乙未」年生이면 「逆運」이므로 生日에서 生月의 경계（절기）까지 몇일 있는가를 逆算하면은 「三」（三歲運）이 된다. 즉 「逆運三歲運」이라고 할 수 있다.

그렇게 되면 「逆運」이므로 生月干支인 「癸未」앞의 干支의 「壬午」가 되니 다시 逆으로 진행하게 되므로 辛巳・庚辰・己卯…라는 순서로 逆으로 진행한다.

初　三　　壬　午（三歲～十二歲까지）

十　三　　辛　巳（十三歲～二十二歲까지）

二十三　　庚　辰（二十三歲～三十二歲까지）

三十三　　己　卯（三十三歲～四十二歲까지）

四十三　　戊　寅（四十三歲～五十二歲까지）

五十三　　丁　丑（五十三歲～六十二歲까지）

六十三　　丙　子（六十三歲～七十二歲까지）

七十三　　乙　亥（七十三歲～八十二歲까지）

以上으로「子平（四柱推命）」의「命式」의 모든것을　나타냈다고 본다. 實例를 두가지를 들어 뒀으니 연구에 많은 참고 있기를 바란다.

「一九六八年 十一月 二十三日 午前 八時生 男命」

	傷官		初　五	甲	子
生年	戊	申	十　五	乙	丑
	七殺		二十五	丙	寅
生月	癸	亥（壬）	三十五	丁	卯
			四十五	戊	辰
生日	丁	酉	五十五	己	巳
	印綬		六十五	庚	午
生時	甲	辰	七十五	辛	未
			八十五	壬	申

「一九〇八年 十二月 二十九日 午後 十時生 女命」

	食神		初　七	丁	亥
生年	庚	戌	十　七	丙	戌
	比肩		二十七	乙	酉
生月	戊	子（癸）	三十七	甲	申
			四十七	癸	未
生日	戊	辰	五十七	壬	午
	正財		六十七	辛	巳
生時	癸	亥	七十七	庚	辰
			八十七	己	卯

第三節 子平推命 判斷法의 基本

「子平(四柱推命)」을 보기 위해서 「命式」이 됐더라도 바로
인간의 「命」인 吉凶은 판단되지 않는다. 여기가 前術한 「紫薇斗數」
와는 다른 點이다. 「出生圖」를 작성하는데 힘이 들지만 작성만 되면
바로 「命」의 吉凶이 판단되는 것이 「紫薇斗數」이다.

그런데 「子平(推命四柱)」의 「命式」은 바로 나오지마는 판단하
기에는 아직도 보기 위해서의 조건이 부족하다. 다음 그 판단하기 위
해서의 조건이라고 할 수 있는 「子平을 보는 방법의 基本」을 설명하
겠다. 재미도 없는 이런 까다로운 일을 왜 해야만 하는가하고 귀찮게 생
각하는 사람도 있을것이라 생각하고 미리 이런 말을 덧붙여 둔다.

즉, 「子平(四柱推命)」의 판단은 「命式」을 표출하고 그「命式」
은 길흉을 판단하기 위해 미리 여러가지 吉凶을 판단하는데 필요한 원
칙적인 조건을 조사해 둔다는 뜻이다.

그 조건을 크게 분류하면 「五行의 강약」「格局」「用神」「喜忌」
의 四조건이며, 다시 이 四조건을 보기 위해서의 여러가지 약속이 있으
니 이것이 매우 어렵고 그다지 재미도 없는 點이다. 그러나 이것을 해
두지 않고서는 「命」의 길흉을 판단할 수가 없는 것이다.

子平의 根本原理

「子平(四柱推命)」가운데 가장 먼저 취급되는 문제는 「五行」이
다. 인간의 선천적인 숙명을 「五行」이란 어떤 類型化된 記號라고도
할 수 있는 것에 따라서 여러가지로 판단한다. 그 根本的인 생각은「五
行」의 평균화, 中庸(중용)의 命을 吉命으로 하고 있다. 더우기 干
의 「五行」은 前述하였지만, 「子平(四柱推命)」에서 사용되는 支의
「五行」은 十干에 대한 十二支의 根(十干과 같은 五行의 性을 포함

한 十二支) 으로서의 五行을 사용하기 때문에 조금 다르다. 여기에서 사용되는 「五行」은 다음 表에 의한다.

여기에서 「子平(四柱推命)」은 「五行」에 대해 여러가지로 긴요하게 이용된다. 이 경우 「五行」이라는 것은 「命式」속에 있는 「五行」의 많고 적은 數가 문제되는 것이 아니고 强度의 문제를 가르킨다. 즉 「命式」속에 있어서의 五行의 强弱이 모든 판단의 근본이 된다.

癸壬	辛庚	己戊	丁丙	乙甲	十干	十干에 對한 十二支의 根으로서의 五行
水	金	土	火	木	五行	
亥 子 申 辰 丑	申 酉 巳 丑 戌	辰 戌 丑 未	巳 午 寅 戌 未	寅 卯 亥 未 辰	根으로서의 五行	

近來 行하고 있는 그릇된 推命術은 이 五行의 强弱과 많고 작은 수효와를 잘못 이해하고 五行의 많음을 가지고 吉凶을 云云 하였기 때문에 근본적으로 잘못된 推命術이 되어 버리고 만 것이 되었다. (현재 行해지고 있는 一部의 추명술은 五行의 多少 强弱의 조화를 말하는 推命術보다 더욱 정도가 낮은 神殺推命術로 이것을 올바르다든지 틀렸다든지 하기 이전의 것으로 「推命」이라는 명칭도 써서는 안될 유치하기 그지 없는 점술이다)

그러면 왜 「子平(四柱推命)」에서는 이처럼 「五行」의 강약을 중요시하고 그 강약을 定하지 않으면 안되느냐 하면 다음과 같은 理由가 있기 때문이다.

「子平(四柱推命)」은 매우 복잡한 반면에 , 그 판단의 제로라고 할 수 있는 「命式」은 다른 「命」占術에 비교하여 단지 八字의 文字인 「干支」만에 의해 있다. 즉 生年·月·日·時의 네개의 干支(干이 넷, 支가 넷의 모두 八字이다. 中國에서는 推命을 앞으로 부터는 八字라 稱한다)에 의해 있다.

이러한 理由에서 여러 가지 복잡한 원칙을 이용하여 「命式」을 판단해 나가기 위해, 「命式」을 보기 위해서의 여러 가지 기본원칙을 이용하여 「命式」을 판단해 가기 위해서, 「命式」을 보기 위해서 여러 가지 결정법을 바르게 보기 위해 중요시 한다. 그러면 구체적으로 「五行의 강약」은 「子平 (四柱推命) 」으로는 어떤 관련이 있느냐 하면,

1. 命式에 있어 格局의 결정法
2. 命式에 있어 用神의 결정法
3. 命式에 있어 喜忌의 결정法

등의 三原則은 손질을 해야 할 중요한 것이다.(本節에서는 그 格局 用神, 喜忌등의 말은 새로 나온 것이니 後節에서 상세하게 설명하기로 하자)

第四節 五行의 強弱 보는法

「五行」의 강약이라는 것은 生年·月·日·時의 「干支」의 배합상태를 말한다.

例를 들면 「木」이 強하다고 하는 것은 「甲」이나 「乙」등의 「木」이 되는 五行의 干이 「命式」에 있어 작용이 強하게 일고 있다는 것이다. 「木」이 弱하다는 것은 「甲·乙」의 干이 「命式」에 있어서 작용이 弱해져 있다는 것이다.

그러므로 「五行의 強度」라는 것은 「五行」의 작용하는 정도를 말하는 것으로서 「干支」그 자체 數의 多少를 말하는 것이 아니며 五行의 強하고 弱한 작용하는 정도를 말한다는 뜻이다.

干支의 約束

「五行」의 강약을 측정하기에 앞서 먼저 알아주지 않으면 안될 것은 干支五行强弱에 있어서의 약속이다.

「命式」을 작성했을 경우에 여러가지 「干」과 「支」가 나오게 된다. 이들 干支의 약속이란 무엇인가에 대해 설명하기로 한다. 즉 여러가지의 占術的인 이론도 있지마는 本書에서는 우선 約束이라는 이 약속의 공식을 기억해 주기 바란다.

먼저 「命式」에는 天干에의 「干合」이라는 干관계가 있다. 다음에 地支에는 「支合」과 「支冲」이라는 支관계가 있다. 다시 月支로는 「當令」이라는 干과 支의 관계가 있다.

「十干」이란 어느 「干」과 「干」의 두개의 干관계를 말한다. 즉 年干과 月干 또는 月干과 日干 또는 日干과 時干의 관계속에 다음에 記述된 사항이 있다면 이것을 「干合」이라 한다.

甲	乙	丙	丁	戊
干合	干合	干合	干合	干合
己	庚	辛	壬	癸

「支合」이란 「支」와 「支」의 두개의 관계를 말한다. 즉 年支와 月支 또는 月支와 日支 또는 日支와 時支의 관계속에 다음의 記述한 사항속에 있으면 이것을 「支合」이라 한다.

子	寅	卯	辰	巳	午
支合	支合	支合	支合	支合	支合
丑	亥	戌	酉	申	未

「支冲」이란 어느 「支」와 「支」의 두개의 支關係를 말한다. 즉 年支와 月支 또는 月支와 日支 또는 日支와 時支의 관계속에 다음에 記述된 사항이 있다면 이것을 「支冲」이라 한다.

子	丑	寅	卯	辰	巳
支冲	支冲	支冲	支冲	支冲	支冲
午	未	申	酉	戌	亥

「當令」이란 「命式」에 있는 「干」의 五行과 月支의 藏干의 五行과 같을때를 가르키는 用語이다. 이것은 前述한 「干合, 支合, 支冲」과는 달리 「干」과 「支」와의 관계에서 보는 것이다.

바꾸어 말하면 「命式」의 「干」이 月의 「藏干」과 같은 「五行」일 경우에 月支의 작용을 크게 받고 있다는 것에서 「當令 되어 있다」고 한다.

그러면 이 「當令 되어 있다」라고 하는 것은

「甲」 또는 「乙」이 봄계절에 있다.

「丙」 또는 「丁」이 여름계절에 있다.

「庚」 또는 「辛」이 가을계절에 있다.

「壬」 또는 「癸」가 겨울계절에 있다.

「戊」 또는 「己」가 四季의 土用의 季節에 있다.

등과 같은 때를 말한다.

여기에서 말하는 「春·夏·秋·多·土用」의 계절이라는 것은 다음과 같이 定해져 있으나 보통 말하는 四季와는 조금 다르다.

春의 季節이란 寅月(二月), 卯月(三月), 辰月(四月)의 節入後 十二日까지의 약 七十余日간을 말한다.

夏의 계절이란 巳月(五月), 午月(六月), 未月(七月)의 節入後의 十二日까지의 약 七十余日간을 말한다.

秋의 계절이란 申月(八月), 酉月(九月), 戌月(十月)의 節人後 十二日까지의 약 七十日余日간을 말한다.

多의 季節이란 亥月(十一月), 子月(十二月), 丑月(一月)의 節入後 十二日까지의 약七十여일간을 말한다.

四季의 土用의 계절이란 辰月（四月）, 未月（七月）, 戌月（十月）丑月（一月）의 各月의 節入十三日이후의 十八日간 즉, 七十二日간을 말한다.

대체로 以上의 네 가지 干支의 약속이 있다. 그 약속은 다음과 같다.

1. 「干合」되어 있는 干은 變化하는 「干合」과 變化하지 않는 「干合」과의 二種이 있다.

「命式」속에 干合관계가 있으면 곧 月支에 주의를 要한다. 그 「月支」의 「藏干」과 「干合」이 干관계가 같은 「五行」이였다면 變化하는 「干合」으로서 「月支藏干」과 같은 「五行」의 「干」으로 變化시킨다.

變化시킬 경우는 陽干은 陽干으로 陰干은 陰干으로 변화시킨다. 「干合」의 干관계는 다음과 같다.

$$
\begin{pmatrix} 甲 \\ 己 \end{pmatrix} 土化 \quad \begin{pmatrix} 乙 \\ 庚 \end{pmatrix} 金化 \quad \begin{pmatrix} 丙 \\ 辛 \end{pmatrix} 水化 \quad \begin{pmatrix} 丁 \\ 壬 \end{pmatrix} 木化 \quad \begin{pmatrix} 戊 \\ 癸 \end{pmatrix} 火化
$$

例를 들면 「丙·辛」의 干合의 命式으로 「月支」가 「亥」이고「藏干」이 「壬」인 경우는 「丙·辛」은 「水化」의 干合이며 그 위에 「月支藏干」이 「水化」와 같은 「壬」의 「水」이므로 이 「干合」은 변화한다. 그 경우에 「丙」은 陽干이므로 「壬」에 「辛」은 陰干이므로 「癸」로 變化하게 된다.

변화하지 않는 「干合」은 다음 조건을 참조하여 주기 바란다.

2. 「干合」으로 하고 있는 「干」이라도 변화하지 않는 「干合」은 작용이 없는 「干合」과 倍加되는 「干合」과의 二種이 있다.

변화하지 않는 「干合」이라는 것을 알았으면 그 「干合」이 어느 부분（年·月·日·時）에 있는가에 주의한다. 즉 「干合」은 두개의 「干」으로 이루어진 干관계이므로 年干과 月干 또는 月干과 日干 또

-241-

는 日干과 時干의 三種類속의 어느것이든 된다는 뜻이다.

「年干」과 「月干」의 干合은 無作用으로 한다. 즉, 그 곳에 (年과 月)는 干이 없다는 것과 같이 생각할 수 있을 것이다.

「月干」과 「日干」의 「干合」, 또는 「日干」과 「時干」의 「干合」은 모두 日干 이외의 干이 倍加된다고 생각된다. 즉, 干合한 月干 또는 日干 또는 時干등이 倍의 작용 (두개의 干이 있다는 것과 같은 의미)을 하는 까닭이다.

이 「干合」이라는 것은 「干」끼리가 껴안고 있다는 생각에서 이러한 무작용·변화·倍加의 세가지 뜻을 생각할 수 있다.

3. 「支合」하고 있는 「支」는 그 二支가 함께 작용하지 않는다.

4. 「支冲」하고 있는 「支」는 그 二支가 함께 작용하지 않는다. 「支合·支冲」 모두 二支가 작용하지 않는다는 것은 「干合」과 같아서 無작용이 되며 거기에 支가 없다고 생각하면 될것이다.

5. 「天干」에 없는 「五行」은 작용이 전연 없다. 이것은 天干에 없는 五行은 地支에 있더라도 작용하지 않는다는 것이다.

6. 동시에 「支冲」과 「支合」이 이웃끼리 있는 十二支 관계는 「冲」이나 「合」도 없다고 본다.

즉, 「支合」 「支冲」이 無作用이 되어 十二支가 그대로 있게 된다. 以上이 「五行」의 강약을 측정하기 이전의 약속이다.

五行强弱의 測定 (측정)방법

「五行」의 강약이라는 것은 비교하는 문제를 말한다. 즉, 「命式」에 있어서 이는 五行을 어느 五行과의 비교에서 强한지 弱한지를 결정하는 것이다. 그러므로 五行의 강약은 그를 비교하는 방법을 알면 강약의 측정방법은 간단하다. 다음에 五行의 강약법의 결정방법을 簡條式으로 적어 본다.

1. 天干에는 없이 地支에만 있는 五行은 모든 五行속에서 가장 약하다고 본다.

2. 地支에는 없이 天干에만 있는 五行은 前記한 1 다음에 약하다고 본다.

3. 地支에 많이 있는 五行을 강하다고 본다.

4. 地支에 있는 五行이 같을 경우는 天干에 많은 五行쪽이 강하다고 본다.

5. 天干도, 地支도 같은 五行인 경우는 「當令」되어 있는 쪽의 五行이 강하다고 본다.

以上의 원칙으로 대부분 「命式」의 五行의 강약은 결정된다. 때로는 이 원칙에서 빠져버리는 命式도 있으나 이것은 경험에 의한 以外는 달리 측정법이 없다.

「五行」의 강약을 알았으면 그 뒤에 강약의 순서를 정하지 않으면 안된다. 「命式」의 五行은 年干・月干・日干・時干이란 네개의 干이 있으며 많아야 五種 즉 五단계,적어야 二種 즉 二단계라고 할 수 있다. 「命式」속에 한개의 五行밖에 없을 때는 一種一段階가 아니고 한개의 五行과 없는 五行으로 二種二단계가 되는 뜻이다.

五단계 있는 命式으로는 「最强・强・平・弱・最弱」의 순위로 나타낸다.

四단계 있는 命式으로는 「最强・强・弱・最弱」의 순위로 나타낸다.

三단계 있는 命式으로는 「强・平・弱」의 순위로 나타낸다.

二단계 있는 命式으로는 「强・弱」의 순위로 나타낸다.

命式의 五行强弱實例

〔例一〕

生年	癸（水）	酉 ㇏
生月	乙（木）	卯 〈月令春季・乙〉
生日	丁（火）	未（土・木・火）
生時	辛（金）	亥（水・木）

이 「命式」은 天干에 「水・木・火・金」의 네줄이 있으며 地支에는 「卯酉」의 支冲관계가 있다. 즉, 卯酉는 無作用이다.

「木行」은 天干에 乙이 하나 있으며 地支에 「未・亥」의 두개가 있다. 모든 五行（水・木・金・火）속에서 地支가 가장 많으며 더구나 「當令」（木이 春의 계절）되어 있기 때문에 最强이 된다.

「火行」은 天干에 丁이 하나 있으며 地支에 未가 하나 있을 뿐이다. 天干에도 하나씩 있기 때문에 强이 된다.

「土行」은 天干에는 전연 없고 地支에 木이 있을 뿐이다. 모든 五行속에서 最弱이 된다.

「金行」은 天干에 辛이 하나 있으며 地支에는 아무것도 없다. 天干에만 있기 때문에 弱이 된다.

「水行」은 天干에 癸가 하나 있으며 地支에 亥가 하나 있을 뿐이다. 天干에도 地支에도 하나씩 뿐이니 앞의 火行의 丁과 같은 强度가 된다.

木 —— 最强 水・火 —— 强 金 —— 弱 土 —— 最弱

〔例二〕

生年	甲（木）	辰 ㇏
生月	甲（木）	戌 〈月令土用・戌〉
生日	壬（水）	寅 ㇏
生時	辛（金）	亥

이 「命式」은 天干에 木・水・金의 세줄이 있으며 地支에는 辰・戌

-244-

의 支沖, 寅·亥의 支合의 관계가 있다. 즉, 이 四地支는 전연 無作用
이라는 것이 된다.

「木行」은 天干에 甲이 두개 있으며 地支에는 아무것도 없으므로 强
이 된다.

「水行」은 天干에 壬이 한개 있으며, 地支에는 아무것도 없으므로
平이 된다.

「金行」은 天干에 辛이 한개 있으며, 地支에는 아무것도 없다. 前
記한 水行과 같은 平이 된다.

「土行·火行」은 天干에도 地支에도 전연 없으므로 모든 五行속에
서 弱이 된다.

木 —— 强　金·水 —— 平　火·土 —— 弱

〔例三〕

　　　生年　　丙（火）　寅（木·火）
　　　生月　　辛（金）　卯〈月令春季·乙〉
　　　生日　　癸（水）　酉
　　　生時　　戊（土）　午（火）

이 「命式」은 天干에 「火·金·水·土」의 四行이 있으며 地支에
는 卯酉의 「支沖」의 관계가 있다. 또 天干에는 丙·辛과 癸·戊의 두
개의 干合의 관계가 있다. 이것을 前述하였다. 약속에 대조해 본다.

「干合」이 있을 경우에는, 月支의 藏干의 五行에 주의 해야겠지만
그 命式으로는 乙의 本行이다. 丙·辛의 干合은 水行으로 乙의 木行과
는 같이 五行이 되지 않으므로 변화하지 않는 干合이다. 더구나 年干
·月干의 干合이므로 이것은 無作用이라 할 수 있다.

또 癸·戊의 干合은 火行으로 乙의 木行과는 같은 五行이 되지 않으
므로 역시 변화하지 않는 干合이다. 그러나 이 干合은 日干과 時干의
干合이므로 時干이 倍加된다. 즉, 戊가 두개 있으면 같은 작용이라 생

각할 수 있다.

즉, 이 命式에서는 癸와 戊의 强弱만을 측정하게 된다. 水行인 癸는 天干에 하나 뿐이고 地支에는 없다. 土行인 戊는 天干에 하나 뿐이지만 干合하여 둘 있는 작용을 하지마는 地支에는 없다.

이렇게 하여 보면 水行은 平, 土行은 强, 「木行·火行·金行」은 弱이 된다.

土 - 强　水 - 平　木·火 - 弱

〔例四〕

```
生年    甲（木）    寅（木·火）
生月    丙（火）    子〈月令多季·癸〉（水）
生日    壬（水）    寅 ）
生時    戊（土）    申 /
```

水 - 最强　木·火 - 强　土 - 弱　金 - 最弱

〔例五〕

```
生年    壬（水）    戌（土·火·金）
生月    乙（木）    巳〈月令夏季·丙〉（火）
生日    癸（水）    酉（金）
生時    戊（土）    午（火）
```

火 - 强　木·水 - 平　土·金 - 弱

第五節　格局（격국）·用神의 取法

「命式」의 五行의 强弱을 알고난 다음에 이번에는 「格局」이라는 것을 定하지 않으면 안된다. 이 「格局」이라는 것은 「子平（四柱推命）」을 보기 쉽게 하고 命式의 경향을 분류하기 위한 것이다.　하나의 型틀과 같은 것으로서　○○型, △△型이라고 하는 분류로　생각하면 된다.

格局의 分類

「格局」은 보통 大別해서 內格과 外格의 둘로 나누며, 다시 그것을
細分하여 간다.

【外格】	【內格】
一. 一行得氣型	一. 建祿格
1. 曲直格	二. 月刃格
2. 炎上格	三. 食神格
3. 稼穡格	四. 傷官格
4. 縱革格	五. 財帛格
5. 潤下格	六. 七殺格
二. 從格	七. 正官格
1. 從兒格	八. 印綬格
2. 從財格	
3. 從殺格	
4. 從强格	
5. 從旺格	
三. 化格	
1. 化木格	
2. 化火格	
3. 化土格	
4. 化金格	
5. 化水格	

以上과 같이 된다. 즉, 內格속에는 八種類의 格이 있으며 「外格」
속에는 三種類의 格이 있으며, 그 三種類속에는 다시 五種類씩 모두
十五種의 格이 있다는 것이다.

이들 「格」은 前述한 것과 같이 命式속에 五行의 강약에 따라 定해지는 것이며, 이 格이 定해지는 것에 따라 뒤에 記述하는 「用神」이나 「喜忌」가 定해져, 그 사람의 一代의 모든 것이 확실하게 알게 되는 것이다.

❖ 寶物제비와 交通事故

「命」의 占術로서 占하는 범위는 매우 좁으며, 보통 생각하고 있는 정도로 범위가 넓지는 않다. 우선 「命」의 占術은 어느 인간 개인의 生理(肉体)에 관하는 작용과 그 延長만 볼 수 없게 되는 것이다.

具体的으로 말하면 인간이 보통 생활을 하고 있었던 경우는 그 사람의 生理와 정신의 작용이 일 함으로 건강이 어떤지, 疾病, 死期는 판단할 수 있다. 그러나 어느 時期에 비행기에 타며 그 비행기가 떨어질지 어떨는지는 그에 탄 그 사람의 生理와 정신의 작용과는 전혀 관련이 없으므로 알 수 없으며 또 「命」에 그 사고의 有無는 나타나지 않는다.

즉, 불행한 數百名의 비행기 사고를 당한 사람은 결코 凶命이거나 夭命인 사람들만이 아니고 長命인 사람이나 吉命인 사람도 많이 있었을 것이다.

다만 機長이나 整備士 또는 항공회사의 책임자등은 多少 그 사람의 「命」에 관련이 있었 을 것이다. 그러나 一般 승객에 있어서는 전혀 관련이 없다.

이것은 一常 교통사고에서 일어나는 횡사에 대해 특별히 말할 수 있는 일이다. 자기가 직접 일으킨 사고는 「命」의 작용이다. 그러나 追突(추돌)이나 青信號(청신호)에 건너갔는데도 신호무시의 車나 보도를 돌진하는 음주 운전으로 입은 사고등은 전혀 자기의 「命」과는 관련이 없다.

이런것들은 결코 凶運의 日이나 月이나 年이기 때문이도 아니며 더구나 사고를 만나는 「命」도 아니다. 그것은 자기의 生理에도 정신에도 아무런 관련이 없는 작용이 他動的으로 돌발된 현상일 뿐이다. 오히려 「命」의 작용은 신호무시나 음주운전을 한 側에 있으며, 그는 아마도 凶運, 凶日이였기 때문이다.

이것은 吉인 일에도 마찬가지다. 보물 제비뽑기에 맞았다든지 어떤 추첨에 당첨이 된다는 것은, 「命」과는 전연 관련이 없다는 것이다. 보물제비의 번호를 정말 자유로이 골라 買入하는 제도이며 더구나 그 사람의 정신작용의 延長(연장)에서 그 買入하는 무언가의 행동을 정확하게 했던 경우였다면 이것은 그 사람의 「命」에 관련이 있다. 그러나 현재로서는 그러한 것을 생각할수 없으므로 「命」의 범주는 아니다.

格局의 取法……外格

前述한 「格局」은 「命式」의 干이나 支의 구성상태와 그 강약에 따라 定해진다. 그 「格局」의 取法을 지금부터 記述하겠다.

「曲直格」—— 木日(甲 또는 乙)의 春月生 地支에 木性이 많으며, 天干에 庚·辛이 없는 命式

「炎上格」—— 火日(丙 또는 丁)의 夏月生 地支에 火性이 많으며, 天干에 壬·癸가 없는 命式

「稼穡格」—— 土日(戊·己)의 四季의 土用月生 地支에 土性이 많으며, 天干에 甲·乙이 없는 命式

「縱革格」—— 金日(庚·辛)의 秋月生 地支에 金性이 많으며, 天干에 丙·丁이 없는 命式

「潤下格」—— 水日(壬·癸)의 冬月生 地支에 水性이 많으며, 天干에 戊·己가 없는 命式

「從兒格」—— 日干의 五行이 弱하고 命式속에 食神이나 傷官이 強하며, 印綬나 偏印이 없는 命式

「從財格」—— 日干의 五行이 弱하며, 命式속에 偏財나 正財가 強하

　　　　　　　고 印綬나 偏印이 없는 命式

「從殺格」── 日干의 五行이 弱하고 命式속에 七殺이나 正官이　强
　　　　　　　하며, 印綬나 偏印이 없는 命式

「從强格」── 日干의 五行이 强하고 命式속에 印綬나 偏印이　强하
　　　　　　　며, 七殺이나 正官이 없는 命式

「從旺格」── 日干의 五行이 强하고 命式속에 比肩이나 劫財가　强
　　　　　　　하며, 七殺이나 正官이 없는 命式

「化木格」── 丁日壬時, 壬月丁日, 壬月丁時, 丁月壬日生으로서 生
　　　　　　　月이 寅·卯·辰月의 節入後 十二日까지의　春季生의
　　　　　　　命式

「化火格」── 戊日癸時, 癸月戊日, 癸日戊時, 戊月癸日生등으로서,
　　　　　　　生月이 巳·午 未月의 節入後 十二日까지의 夏季生의
　　　　　　　命式

「化土格」── 甲日己時, 己月甲日, 己日甲時, 甲月己日生등으로서,
　　　　　　　生月이 丑·辰·未·戌月의 各月이 節入 十二日 이후의
　　　　　　　土用月生의 命式

「化金格」── 乙日庚時, 庚月乙日, 乙月庚日生등으로서, 生月이 申
　　　　　　　·酉·戌月의 節入後 十二日까지의 秋季生의 命式

「化水格」── 丙日辛時, 辛月丙日, 辛日丙時, 丙月辛日生등으로서,
　　　　　　　生月이 亥·子·丑月의 節入後 十二日까지의　冬季生
　　　　　　　의 命式등을 말한다.

　以上이 「外格」이다. 이 外格의 규칙을 확실히 납득하지 못하면,
바른 「子平(四柱推命)」을 할 수 없다. 一般推命書籍에는 이 「格」
의 取法을 「內格」부터 먼저 설명하고 있기 때문에 몇十年을 연구하
여도 「格局」을 取할 수 없게 돼 버린다.

　어떤 사람의 命式을 봤을때 제일 먼저 이 「命式」은 「外格」의 조

건이 꼭 들어맞는지 어떤지를 본다. 즉, 지금까지 설명해온 外格의 조건이다. 물론, 이 단계에서 外格의 조건에 맞춰져 있다면 「外格」으로서 받아 들여 外格속의 어느格인지를 결정한다.

혹시 여기서 아무리 命式을 규명하더라도 外格의 조건에 맞지않을때는 비로소 「內格」으로서 취급하여 그 內格의 조건에 따라서 內格속의 어느 「格」인가를 定하도록 한다.

格局의 取法……內格

「內格」의 取法은 보통 月支의 藏干의 「變通星」을 가지고 取하고 있다. 그러나 本書에서는 筆者의 門派의 秘傳인 훌륭한 「格局」의 取法을 공개한다. 먼저 格局의 取法은 다음 三原則을 응용하여 格局을 取해 간다. 이 三原則의 순서도 매우 중요하다.

1. 君 側
2. 靈 驗
3. 正 位

「君側」의 「君」이란 日柱(日干)를 가르치며, 「側」이란 兩側을 가르킨다. 합쳐서 말하자면 「君側」이란 月干과 時干을 가르킨다. 즉, 格局에 取해지는 干은 月干과 時干의 어느쪽에서 이며, 年干은 일단 제외되어 있다.

그러면 月干과 時干과의 어느쪽의 干을 格으로 취하면 좋으냐의 경우 그의 「靈驗(영험)」의 원칙을 응용한다. 「靈驗」이라는 것은 강한 작용이라는 의미로서 日柱(日干)에 대해 보다 강한 작용을 준다는 것을 말한다. 즉, 가장 日柱에 강한 작용을 주는 「干」을 「格局」으로 취하기 위해 이 靈驗을 보는 것이다.

그러면 日柱이외의 干으로서 日柱에 대하여 작용이 강한 차례로 「干」을 든다면 다음과 같이 된다.

1. 七殺·正官·傷官·偏印

2. 印綬・正財・食神

3. 偏財・劫財

4. 比肩

이 응용법은 예를들면 어떤 命式에 있어서

月干이 比肩

時干이 劫財

인 경우에 이 「靈驗(영험)」의 순서에서 보면, 時干의 劫財를 「格局」으로 취한다. 그러나 이 「靈驗」이라도 어느쪽이 어떤지 구별 못할 때가 있다. 예를 들면, 어느 命式에 있어서 「七殺」과 「正官」의 경우에는 모두가 靈驗으로 같아져 버린다. 즉, 靈驗이 같을 경우에는 이 「正位」의 干을 格局으로 취한다. 「正位」란,

1. 丙 또는 癸가 月干일것

2. 戊나 己나 壬등이 時干일것

이라는 것을 말한다.

以上과 같이 「格局」을 취할때, 三原側(君側, 靈驗, 正位)을 차례로 보아 가다가 이것에 맞는 「干」을 求하며 그 「干」의 「變通星」이 「格局」이 되게 된다.

「干」에 의한 「변통星」의 「格局」의 取法은 다음과 같이 된다.

「比肩」의 變通星의 干을 取하면 「建祿格」

「劫財」의 變通星의 干을 取하면 「月刃格」

「食神」의 變通星의 干을 取하면 「食神格」

「傷官」의 變通星의 干을 取하면 「傷官格」

「偏財」의 變通星의 干을 取하면 「財帛格」

「正財」의 變通星의 干을 取하면 「財帛格」

「七殺」의 變通星의 干을 取하면 「七殺格」

「正官」의 變通星의 干을 取하면 「正官格」

「偏印」의 變通星의 干을 取하면 「印綬格」

「印綬」의 變通星의 干을 取하면 「印綬格」

지금까지의 「格(內格·外格)」의 取法에서

1. 「外格」은 月干과 時干外에 年干도 「格」에 取해지는 수도 있다.

2. 「內格」은 月干과 時干뿐으로서 年干은 「格」으로 取해지는 수가 없다고 생각할 수 있을 것이다.

命式의 格局取法 實例

〔例一〕

　　　生年　　甲(木)　戌 ⟩
　　　生月　　丁(火)　卯 ⟩〈月令春季·乙〉
　　　生日　　庚(金)　寅 ⟩
　　　生時　　丁(火)　亥 ⟩

이 「命式」은 日柱(日干)의 庚이 弱하며 丁이 두개로서 强하고, 다시 甲과 丁을 낳고 있다. 日干이 弱하며 正官에 해당되는 丁이 强한 나머지 印綬·偏印이 없기 때문에 「從殺格」이 된다..

〔例二〕

　　　生年　　庚(金)　辰(土·木·水)
　　　生月　　己(土)　丑〈月令多季·癸〉(土·水·金)
　　　生日　　壬(水)　戌 ⟩
　　　生時　　癸(水)　卯 ⟩

이 「命式」은 五行속에서는 水性이 특히 强하기 때문에 「從旺格」이라는 「外格」이 되는 조건을 생각해 본다. 그러나 「己」라는 正官이 있으며, 그것이 비교적 强하기(地支에 土性이 둘 있다.) 때문에, 「從旺格」으로는 안된다. 「外格」에 들어가지 않으면 「內格」이라 할 수 있다.

「君側」의 원칙에서 말해 月干이나 時干을 求하는 것이 된다.

月干의 己는 正官

時干의 癸는 劫財

이므로 이 正官이나 劫財의 어느쪽의 干을 취해 「格局」으로 한다. 어느쪽을 취하느냐는 「靈驗」의 원칙에서 말해 正官의 干쪽을 취하기 때문에 己의 干을 취해 格局으로 한다. 즉, 「正官格」이라는 것이다.

〔 例三 〕

생년 甲（木） 戊（土・金・火）

생월 甲（木） 戊〈月令秋季・辛〉（土・金・火）

생일 甲（木） 申（金・水）

생시 戊（土） 辰（土・木・水）

이 「命式」은 木性과 土性이 대체로 같은 强度로서 外格의 조건에 맞지 않으므로 內格이다.

「君側」의 원칙에서 말해서 甲이나 戊의 어느쪽을 취하지 않으면 안된다. 甲은 「比肩」, 戊는 「偏財」로 靈驗에서 말하면 「偏財」의 干을 취하므로 戊를 格으로 취한다. 또 「正位」의 원칙에서 말하더라도 戊가 時干이 된다.

「戊」의 偏財의 變通星을 취해 「財帛格」이라고 할 수 있다.

用神에 對하여

「格局」이 결정되었으면 「用神」이 저절로 결정된다. 가끔 前述한 것처럼 「子平（四柱推命）」은 먼저 命式의 五行의 강약을 측정하여 그것으로 格局을 결정한다. 그 格局에 따라 用神이 정해지며, 그 用神에 대해 「喜忌」를 求하여 그것에 따라 길흉을 본다.

이 「用神」이라는 것은 命式에 있어서의 촛점이며, 그 촛점에 따라 길흉을 단정하는 중요한 자물쇠에 해당하는 것이 이 用神이다.

그러면 이 用神은 格局을 결정하면 이 格局에 맞는 「干」이 用神이 되므로 별로 어려울것은 없다. 「內格」이나 「外格」도 모두 이格

局에 맞는 **變通星**의 「干」이 用神이 된다.

예를들면 外格이 「一行得氣格(일행득기격)」이라면 그의 가장 強한 「干」이 用神이며, 「化木格」이라면 그 「木」에 해당되는 「干」이 用神이다. 「從殺格」이라면 그의 變通星의 七殺 또는 正官등이 用神이 된다.

「內格」도 똑같아서 「印綬格」이라면 偏印 또는 印綬등에 해당되는 「干」이 用神이 되며 「傷官格」이라면, 「傷官」에 해당되는 「干」이 用神이라 할 수 있다.

第六節 喜忌의 取法

「用神」이 정해졌으면 이제 최후의 「喜忌」를 결정한다. 이 喜忌가 「子平(四柱推命)」 최대 촛점인 길흉판단법의 결정단계가 된다. 정식으로는 이 喜忌를 「喜神 또는 忌神」이라 한다.

「喜忌」란 命式의 모든것에 대하여 좋은 작용을 주는 「干」을 말한다. 「忌神」이란 命式의 모든것에 대하여 나쁜 작용을 주는 「干」을 말한다.

그러면, 이 「喜神·忌神」은 「日柱」의 強弱에 따라 결정된다. 그밖의 여러 「干」의 「喜神·忌神」은 用神의 「喜神·忌神」에 따라 결정된다. 文字로 表現 할려니 매우 어렵게 느껴지겠지만 이곳이 중요하다. 더욱 자세히 설명하면 다음과 같이 된다.

喜神·忌神의 取法

「用神」의 喜忌는 그 用神의 日柱의 작용에 따라 결정되며, 그밖의 「干」의 喜忌도 日柱나 用神의 작용에 따라 정해진다.

「外格」에 있어서의 用神은 반드시 喜神이 되지만, 「內格」에 있어서는 喜神이 되는 수도 忌神이 되는 수도 있다.

-255-

「日柱」가 內格의 命式으로 지나치게 强할때는 「比肩·劫財·偏印·印綬」등의 用神은 모두 忌神이다.

「日柱」가 內格의 命式으로 지나치게 弱할때는 「比肩·劫財·偏印·印綬」등의 用神은 모두 喜神이다.

「日柱」가 內格의 命式으로 지나치게 强할때는 「偏財·正財·七殺·正官·食神·傷官」등의 用神은 모두 喜神이다.

「日柱」가 內格의 命式으로 지나치게 弱할때는 「偏財·正財·七殺·正官·食神·傷官」등은 모두 忌神이다.

以上으로 「內格·外格」의 用神 그 자체의 「喜忌」가 알게 된다. 즉, 다시 한번 요약하면 日柱의 五行의 强弱에 따라 用神의 喜忌가 결정된다고 할 수 있다.

그러던 用神의 喜忌가 결정되었으면 用神 以外의 모든 「干」의 喜忌를 定하지 않으면 안된다. 그밖의 「干」의 「喜忌」의 결정 방법은 다음과 같다.

「用神」以外의 「干」의 喜忌는 日柱나 用神에 대하는 작용에 따라 定해진다.

「時干」이 用神이 된 命式의 경우는 月干의 喜忌는 오직 月干의 日柱에 대하는 작용에 따라 定해진다. 즉, 지나치게 强한 日柱를 弱하게 하든지 지나치게 弱한 日柱를 强하게 하는 작용을 가진 月干이라면 喜神이 된다. 그와는 반대로 지나치게 强한 日柱를 더욱 强하게 하든지, 지나치게 弱한 日柱를 더욱 弱하게 하는 작용을 가진 月干이라면 忌神이 된다.

> 註) 이 强하게 한다는 것은 日干을 相生하는 五行의 干, 또는 比和의 干을 말한다. 弱하게 한다는 것은 日干에서 相生 相剋하는 五行의 干, 또는 日干이 相剋되는 五行의 干을 말한다.
> 以下 모든 强하게 하는 작용, 弱하게 하는 작용이라는 것은 이와 같은 의미이다.

時干이 用神이 된 命式의 경우는 年干의 喜忌는 오직 年干의 月干에 대한 작용에 따라 결정된다. 즉, 忌神으로 되어있는 月干을 弱하게 하든지, 喜神으로 되어있는 月干을 强하게 하는 작용을 지닌 年干이라면 喜神이 된다. 그 반대로 忌神으로 되어 있는 月干을 强하게 하든지 喜神으로 되어 있는 月干을 弱하게 하는 작용을 지닌 年干이라면 忌神이 된다.

「月干」이 用神으로 된 命式인 경우는 年干의 喜忌는 오직 年干의 月干에 대하는 작용에 따라 정한다. 즉, 忌神으로 되어 있는 月干을 弱하게 하든지 喜神으로 되어 있는 月干을 强하게 하는 작용을 지닌 年干이라면 喜神이 된다. 그와는 반대로 忌神으로 되어 있는 月干을 强하게 하든지 喜神으로 되어 있는 月干을 弱하게 하는 작용을 지닌 年干이라면 忌神이 된다.

ㅣ月干」이 用神이 된 命式의 경우는 時干의 喜忌는 오직 時干의 日柱에 대한 작용에 따라 定해진다. 즉, 지나치게 强한 日柱를 弱하게 하든지 지나치게 弱한 日柱를 强하게 하는 작용을 지닌 時干이라면 喜神이 된다. 그와는 반대로 지나치게 强한 日柱를 强하게 하든지 지나치게 弱한 日柱를 弱하게 하는 작용을 지닌 時干이라면 忌神이 된다.

以上으로 「子平」에 필요한 「喜神·忌神」이 모두 판명 되었을 것이다. 즉, 五行의 强弱에 따라 格局을 定하며, 그것에 따라 用神을 定하고 그 用神의 喜忌가 日柱의 强弱에 따라 定하며, 用神以外의 干도 喜忌가 定해지게 되었다. 여기까지를 命式의 審事라고 하며, 반드시 어떠한 「生年·生月·生日·生時」의 사람이라도 하지 않으면 「子平(四柱推命)」의 판단은 할 수 없다.

다음은 喜神으로 吉의 事象을 판단하고 忌神으로 凶의 事象을 판단하면, 千에 一失도 없게 되는 것이다.

强弱・格局・用神・喜忌의 實例

〔例一〕

生年	比肩	辛（金）	巳（火・金）
生月	七殺	丁（火）	酉〈月令秋季・辛〉（金）
生日		辛（金）	巳（火・金）
生時	食神	癸（水）	巳（火・金）

「五行」의 强弱을 살펴보면 金性은 天干에 둘 있으며, 地支에 넷있어, 더구나 「當令」되어 있다. 火性은 天干에 하나 있으며, 地支에 셋 있지마는 「當令」은 되어 있지 않다. 水性은 天干에 하나 있을뿐이며 木性과 土性은 天干에도 地支에도 없다. 이것을 强弱的으로 살펴보면 다음과 같이 된다.

木性 ——— 最弱

火性 —— 强

土性 —— 最弱

金性 —— 最强

水性 —— 弱

「金性」의 日柱가 最强이므로 外格의 「從旺格」이라고 의심하여 보면, 七殺이 月干에 있으므로 「從旺格」으로는 안된다. 즉, 이 命式은 內格이라고 할 수 있다.

그러면 內格이라고 定해졌으면, 君側의 원칙에서

月干의 「七殺」（丁）

時干의 「食神」（癸）

의 둘중의 어느 하나가 「格局」에 해당하게 된다. 이 둘중의 어느것을 취하는가는 「靈驗」의 원칙에 의한다. 즉, 食神보다도 七殺쪽이 작용이 强하며, 七殺쪽을 취하는 것이 원칙이므로 「七殺格」이 된다.

格이 「七殺格」으로 결정 되었으면, 당연히 「丁」이 用神이 된다.

그러면 用神이 결정 되었으면 이것이 喜神인지, 忌神인지를 결정하지 않으면 안된다. 「內格」으로 日柱의 辛이 最强으로 되어 있으므로 당연히 지나치게 强한 日柱라고 할 수 있다. 지나치게 强한 日柱인 경우에 用神이 「七殺」의 경우는 喜神이 된다. 즉, 이 用神의 「丁」은 喜神이 된다는 것이다.

〔例二〕

```
生年    偏印    庚（金）    辰（土・木・水）
生月    正官    己（土）    丑〈月令多季・癸〉（土・水・金）
生日            壬（水）    戌 ）
生時    劫財    癸（水）    卯 ）
```

「日支」와 「時支」가 「卯戌」의 支合으로 無作用이 된다. 强弱을 살펴보면, 「水性」은 天干에 둘 있으며, 더구나 「當令」되어 地支에 둘 있다. 「土性」은 天干에 하나이며 地支에 둘 있다. 「金性」은 天干과 地支에 하나씩이며, 「木性・火性」은 보이지 않는다. 이것을 强弱的으로 살펴보면 다음과 같이 된다.

木性 —— 最弱

火性 —— 最弱

土性 —— 强

金性 —— 弱

水性 —— 最强

「水性」인 日柱가 最强이므로 外格의 從旺格이라고 의심하여 보겠지만 「正官」이 月干에 있으므로 從旺格은 아니다. 즉, 이 命式은 內格이라 할 수 있다.

그러면 內格이라고 결정되었으면 「君側」의 원칙에서

月干의 「正官」（己）

時干의 「劫財」（癸）

의 둘중의 어느쪽이 格局에 해당되게 된다. 이 둘중의 어느것을 취하느냐는 「靈驗」의 원칙에 따른다. 즉, 劫財보다도 正官의 작용이 強하여, 正官을 취하는 것이 원칙이므로 「正官格」이 된다.

格이 「正官格」으로 결정되었으면 당연히 「己」가 用神이 된다. 그러면 用神이 결정되었으면, 이것이 喜神이냐 忌神이냐를 결정하지 않으면 안된다.

內格으로 日柱인 壬이 最强으로 되어 있으므로 당연히 지나치게 强한 日柱라 할 수 있다. 지나치게 强한 日柱의 경우에 用神이 正官인 경우는 喜神이 된다. 즉, 이 用神의 「己」는 喜神이 된다는 것이다.

〔例三〕

生年　偏財　甲（木）　戊

生月　正官　丁（火）　卯　〈月令春季·乙〉

生日　　　庚（金）　寅

生時　正官　丁（火）　亥

이 命式은 年支와 月支, 日支와 時支가 모두 「支合（卯戌의 合·亥寅의 合）」으로 四支가 모두 作用을 잃는다. 이깃을 强弱的으로 살펴보면, 다음과 같이 된다.

木性 ─ 一 强

火性 ─ ─ 最强

土性 ─── 最弱

金性 ──── 弱

水性 ──── 最弱

「日柱」의 「庚」이 弱하고 다른 干이 매우 弱한 「命式」이므로, 「外格」의 「從殺格」이 된다. 用神은 外格에 해당하는 干이 되므로 月干의 正官（丁）을 취한다.

「用神」의 丁은 外格이므로 喜神이 된다. 「時干」의 丁은 用神의

丁과 같으므로 喜神이 된다. 「年干」의 甲은 月干인 丁의 喜神을 强하게 하므로 喜神이 된다.

〔例四〕

生年　　偏印　　庚（金）　辰　（土・水・木）
生月　　正官　　己（土）　丑　〈月令多季・癸〉（土・水・金）
生日　　　　　　壬（水）　戌
生時　　劫財　　癸（水）　卯

이 命式은 日支와 時支가 「支合（卯戌의 合）」으로 作用이 없어지게 되어 있다. 이것을 强弱的으로 생각하면 다음과 같다.

木性 ── 最弱
火性 ── 最弱
土性 ── 强
金性 ── 弱
水性 ── 最强

이 命式은 內格의 「正官格」이 되며 用神은 「己」가 된다.

用神의 「己」는 지나치게 强한 日柱에 대해서 「正官」이므로 喜神이 된다.

時干의 「癸」는 지나치게 强한 日支에 對해서 「劫財」이므로 忌神이 된다. 年干의 「庚」은 月干인 「己」의 喜神을 弱하게 하므로 喜神이 된다.

第七節　行運의　吉凶보는　法

「四柱推命術」의 「行運」은 보통 「大運・年運・月運」의　三種으로 나눈다. 이 「行運」이란, 東洋占術에서 사용되는 명칭으로 「巡回（순회）」하는 運이라는 뜻이다. 「大運」이란 十年間의 운세의 길흉, 「年運」이란 一年間의 운세의 길흉, 月運이란 한달동안 운세의　길흉을 말한다.

이 「行運」을 보는 방법을 한마디로 말한다면,

「行運」의 干이 命式의 五行에 어떠한 작용을 주느냐

「行運」의 支가 命式의 五行에 어떠한 작용을 주느냐

> 이것은 支가 命式속의 干根으로서 어떠한 作用을 하는가를 말한다. 예를들어 寅은 木과 火의 根에 해당하므로 命中에 木干이 있고 寅支가 오면 木根인 寅의 運이 왔다는 것이 되며 木이 强하게 된다고 보기 때문이다. 支가 왔더라도 根의 작용을 하지 않는 五行인 경우에는 작용이 없다.

를 보게 된다. 그래서 이것에 따라 行運의 「喜神 또는 忌神」을 定한다. 喜神의 行運中에는 吉運이며 忌神의 行運中에는 凶運이 된다는 것이다.

行運의 喜忌 定하는 法

「行運」의 喜忌를 정하는데는 行運의 干支와 命式을 대조하여, 다음 원칙에 따라 喜忌를 결정한다.

1. 命式의 喜神을 强하게 하는 行運 干支는 喜神運
2. 命式의 喜神을 弱하게 하는 行運 干支는 忌神運
3. 命式의 忌神을 强하게 하는 行運 干支는 忌神運
4. 命式의 忌神을 弱하게 하는 行運 干支는 喜神運

더우기 命式에는 「年干・月干・日干・時干」의 四종류가 있으므로 前記한 四원칙도 길흉이 뒤섞여 버린다. 한쪽을 보면 喜神運이　되지만

또 다른 한쪽은 忌神運이 된다고 하는 것은 대부분이다. 이와같이 吉
凶이 뒤섞이는 命式에는 다음과 같은 우선 순서에 따르는 원칙을 이용
한다.

癸	壬	辛	庚	己	戊	丁	丙	乙	甲	基干 / 他干	「剋・生・比和」表
癸壬	壬癸	辛庚	庚辛	己戊	戊己	丁丙	丙丁	乙甲	甲乙	比和	
甲乙	甲乙	壬癸	壬癸	庚辛	庚辛	戊己	戊己	丙丁	丙丁	相生	
庚辛	庚辛	戊己	戊己	丙丁	丙丁	甲乙	甲乙	壬癸	壬癸	相生	
丙丁	丙丁	甲乙	甲乙	壬癸	壬癸	庚辛	庚辛	戊己	戊己	相剋	
戊己	戊己	丙丁	丙丁	甲乙	甲乙	壬癸	壬癸	庚辛	庚辛	相剋	

第一位 —— 行運의 干이 命式의 干을 剋한 상태
第二位 —— 命式의 干이 行運의 干을 生하는 상태
第三位 —— 行運의 干이 命式의 干을 生하는 상태
第四位 —— 命式의 干이 行運의 干을 剋하는 상태
第五位 —— 命式의 干과 行運의 干이 比和하는 상태

여기에서 干의「剋・生・比和」라는 관계가 나왔지만 그것은「五
行(十干)」의 相互(상호)관계를 말하는 말이다. 上의 表로 정리
해 보았다.

이와같이 하여 순회하여 오는 行運의 干支에 따라 行運의 喜忌가 定
해진다. 喜神의 行運이라면 그 사이에는 吉運이라 할수 있으며 忌神의
行運이라면 그 사이는 凶運이라 할 수 있다.

行運의 實例

生年　比肩　辛(金)　巳(火・金)

生月　七殺　丁(火)　酉〈月令秋季・辛〉(金)

生日　　　　辛(金)　巳(火・金)

生時　食神　癸(水)　巳(火・金)

-263-

이 命式은 日柱인 辛이 매우 强하지만 七殺이 있기 때문에「從旺格」
은 되지 않고 內格의「七殺格」이 된다. 用神은 月干인 丁이 있다.

이 用神인 丁은 지나치게 强한 日柱에 대하여 七殺이므로 喜神이 되
며 時干도 食神이므로 喜神이 되고 年干은 比肩이므로 忌神이 된다.
그렇게 되면 이 命式의 四干의 喜忌는 다음과 같이 된다.

年干은 忌神

月干은 喜神

日干은 忌神

時干은 喜神

이제 이 命式에「癸」의 行運(大運·年運·月運등)이 오면, 前述
한 원칙에 짜맞추어 본다. 行運의「癸」는

年干의 辛(忌神)을 弱하게 한다. (癸는 辛으로 부터 相生하니,辛
이 弱해진다)

月干의 丁(喜神)을 弱하게 한다. (癸는 丁을 相剋하니, 丁이 弱
해진다)

日干의 辛(忌神)을 弱하게 한다. (癸는 辛에서 相生하니,辛이 弱
해진다)

時干의 癸(喜神)를 强하게 한다.((癸는 癸와 比和하니, 癸가 强
해진다)

등의 作用이 있어 吉凶이 뒤섞여 있다.

年干(忌神)에 대하여 行運의 癸는 원칙의 第二優先이 된다.

月干(喜神)에 대하여 行運의 癸는 원칙의 第一優先이 된다.

日干(忌神)에 대하여 行運의 癸는 원칙의 第二優先이 된다.

時干(喜神)에 대하여 行運의 癸는 원칙의 第五優先이 된다.

즉, 이 네가지 중에서는 第一優先의 月干(喜神)을 剋하는 작용을
취한다는 것은 癸의 行運은 喜神인 月干의 丁을 剋하여 弱하게 하는
작용으로 보기 때문에 이「癸運」의 期間은 凶運이라는 判斷이 된다.

第八節 命式吉凶의 判斷法

「子平(四柱推命)」으로 판단하는 내용은, 「行運의 吉凶」과 「推命의 吉凶」으로 나누게 된다. 行運의 吉凶은 前述한 것처럼 巡回하는 運의 길흉을 보는 것이며, 推命의 길흉은 선천적인 命을 추리하여 그 길흉을 보는 것이다.

다음 頁에서 記述하는 「推命의 吉凶」은 「形性・健康・六親・成敗・壽命」을 보는 방법을 설명한 것이다.

◈ 命占術의 限界

日前 어느 텔레비젼局에서 유명한 星占師에게 어느 소설가가 「히로시마」 원자폭격으로 사망한 사람은 모두 短命의 星占이 나타나 있었느냐?」고 물어보고 있었다. 그 星占師는 요령을 얻지 못한 일을 말하고 있었으나 이것은 五術속의 「命」의 占術의 본질과 그 한계에 대해서의 중요한 문제인 것이다.

다만 이 「命」占術의 본질과 한계를 물어보는 側의 소설가나 대답하는 側의 占星術師도 모르고 있기 때문에 넌센스이다.

먼저 「五術」로서는 개인의 운명과 原爆이나 天災등의 事故를 전연 別個로 생각하여 개인의 運보다 큰것, 外側에 있는 것이라는 생각을 내세우고 있다. 즉, 어느 개인이 七十歲까지 長生하는 星占의 壽命이었더라도 그것보다 큰 外側의 것(원폭・천재등)에는 아무런 힘이 없다고 생각한다.

그러므로 「히로시마」에서 사망한 사람 가운데는 占星術이나 子平・紫薇등으로는 長命吉命이나 吉運의 時期에 있었던 사람이 많이 있었을 것이다. 이와같은 말을 할 수 있는 것은 이러한 큰것과 개인의 運과는 딴것이며, 길흉판단上에는 관련이 없기 때문에 「히로시마」에서 사망한 사람을 占術로서 律한다는 것은 할 수 없다는 것이다.

다음에 「命」의 한계는 자기의 심리적 원인의 연장의 범위에만 占할수 있는 것이다. 자기의 심리・육체에는 전연 관련이 없는 국가간의 전쟁인 경우의 폭격에 의한 재난은 「命」에는 나타나지 않으며, 또 占할 수도 없는 것이다.

子平(四柱推命)術 判斷

形性보는法

「形性」이란 「形貌(형모)」와 「성격」의 두가지를 가르치며,
다시 형모는 「顏形(안형)・五官・體質」등으로 나누게 된다.

≪顏形의 判斷法≫

「顏形」이란 사람의 얼굴 모양을 말한다. 이 顏形은 「命式」속에
있어서의 가장 强한 五行과 두번째로 强한 五行에 의해 대체로 보게 된다.

「木性」이 强하면, 顏形은 三角形이 되며 턱이 가느다란한 얼굴 모
양이다.

「火性」이 强하면, 얼굴 모양은 長方形이며 얼굴의 上下가 같은 폭
의 생김새이다.

「土性」이 强하면, 얼굴 모양은 鈍圓形이며 얼굴 전체가 둥글게 된다.

「金性」이 强하면, 얼굴 모양은 楕圓形(타원형)이며 얼굴形이 둥
글고 가늘다.

「水性」이 强하면, 얼굴 形은 正方形이며 얼굴 전체가 모져 있다.

이와 같이 하여 「五行」에 따라 「顏形」을 알 수 있지만, 가장 强
한 五行과 두번째의 五行과가 섞여서 된 顏形이 보통 사람의 얼굴 생
김새이다.

≪五官의 判斷法≫

「五官」이란 사람의 얼굴 다섯 部位를 가르키는 말로서 「目・唇・
鼻・齒・耳」의 五部位를 뜻한다. 이 「五官」을 五行에 맞추어 보면
다음과 같이 된다.

木性은 目을 담당한다.

火性은 唇을 담당한다.

土性은 鼻를 담당한다.

金性은 齒를 담당한다.

水性은 耳를 담당한다.

이 五官의 판단법은,

强한 五行이 나타내는 五官의 部位가 모양이 크든가, 또는 눈에 띄는 특징이 있다고 한다.

强한 五行이 가르키는 五官의 部位의 모양이 적든지, 또는 전연 특징이 없다고 한다.

喜神의 五行이 나타나는 五官의 部位는 모양이 아름답게 갖추고 있다고 한다.

忌神의 五行이 가르키는 五官의 部位는 모양이 보기에 흉하거나, 調和가 잡혀 있지 않거나 둘중의 한쪽이다.

≪體質의 判斷法≫

「体質」을 볼때는 역시 가장 强한 五行에 주목한다.

木性은 신경을 담당하며, 이 木性이 强한 사람은 체격이 야윈形 이고, 키는 크며 피부는 거칠고 色素는 보통이다.

火性은 血管을 담당하며, 이 火性이 强한 사람의 체격은 근육이 발달되고 키는 크며 피부는 거칠고 色素는 약간 검은 편이다.

土性은 脂肪을 담당하며, 이 土性이 强한 사람은 체격이 굵고 키는 작은 편이며, 피부는 보통이고 色素도 보통이다.

金性은 피부를 담당하며, 이 金性이 强한 사람은 体格이 야무지고, 키는 조금 적은 편이며 피부가 곱고 色素는 흰 편이다.

水性은 骨格을 담당하며, 이 水性이 强한 사람은 체격의 뼈가 발달하고 키는 보통이며 피부는 거칠고 色素는 보통이다.

≪性格의 判斷法≫

性格에 있어서의 보는 방법은, 우선 「變通星」을 다음과 같이 규정하고 있다.

比肩과 劫財는 實行 (실행)

食神과 傷官은 眞心 (진심)

偏財와 正財는 企劃 (기획)

七殺과 正官은 服從 (복종)

偏印과 印綬는 要領 (요령)

以上과 같이 變通星을 담당하는 인간의 성격이나 능력을 살펴서 人生에 있어서의 각 소질의 장점과 단점을 검토한다.

「比肩」 또는 「劫財」의 干이 지나치게 强한 사람은 實行力이 과잉이므로 猪突猛進 (저돌맹진)이 되어 버려, 앞뒤를 가리지 않고 暴走하는 경향이 있다.

「食神」 또는 「傷官」의 干이 지나치게 强한 사람은 眞心이 과잉하기 때문에 他人만을 위하고, 자신을 돌보지 않으며, 사회생활에 있어서의 世上살이를 잘하지 못한다.

「偏財」 또는 「正財」의 干이 지나치게 强한 사람은, 기획능력이 과잉 하기 때문에 감당하지 못할 꿈만 쫓아 공중의 樓閣 (누각)을 쌓는 경향이 있다.

「七殺」 또는 「正官」의 干이 强한 사람은, 복종심이 과잉 하기 때문에 밀어부치는 힘이 弱해 언제나 양보만 하니 손해만 보기 쉽다.

「偏印」 또는 「印綬」의 干이 지나치게 强한 사람은, 요령심이 지나치기 때문에, 진심은 없으며 작은 꾀를 이용하는 경향이 있다.

「比肩」 또는 「劫財」의 干이 지나치게 弱한 사람은, 實行능력이 부족한 경향이 있다.

「食神」 또는 「傷官」의 干이 지나치게 弱한 사람은, 他人에 대한 마음 쓰임이 적기 때문에 人氣나 信用이 없다.

「偏財」 또는 「正財」의 干이 지나치게 弱한 사람은, 기획능력이 부족하기 때문에 성공하기 어려운 傾向이 있다.

「七殺」 또는 「正官」의 干이 지나치게 弱한 사람은, 복종심이 부족하여 자기 고집이 强하기 때문에 手上으로 부터의 引導가 적다.

「偏印」 또는 「印綬」의 干이 지나치게 弱한 사람은, 요령이 부족하기 때문에 수고는 많으면서도 功이 적은 인생을 보낼 경향이다.

「變通星」은 지나치게 强하거나 지나치게 弱해도 以上과 같은 경향이 있지마는 그것이 프라스가 되든가 마이너스가 되든가는 그 變通星의 喜忌에 따라 결정된다.

健康을 보는 法

「子平(四柱推命)」으로 인간의 건강運을 보는데는, 命式의 五行을 主로 하여 살펴 나간다.

먼저 인간의 생리기능을 五行으로 나누면 다음과 같다.

木性은 신경작용, 감각작용을 담당한다.

火性은 순환작용, 조혈작용을 담당한다.

土性은 소화작용을 담당한다.

金性은 호흡작용, 배설작용을 담당한다.

水性은 泌尿(비뇨)작용, 生殖(생식)작용을 담당한다.

以上의 五行과 육체의 생리기능과의 관계를 다음 원칙에 맞추어 건강운을 본다.

喜神이 지나치게 弱할 경우는, 그 喜神이 가르키는 五行의 생리작용에 쇠퇴성 질환이 있다고 한다.

忌神이 지나치게 强할 경우에는, 그 忌神이 가르키는 五行의 生理作用에 항진성 질환이 있다고 본다.

이 두가지에 맞지 않을때는, 뚜렷한 질환은 없다고 본다.

例를들면, 火性이 喜神으로 지나치게 弱할 경우에는, 혈압이 낮다든지 빈혈증등에 걸리기 쉽다. 忌神으로 지나치게 强할 경우에는 혈압이 높다든지 현기증등에 걸리기 쉽다.

六親보는 法

六親이란 자기와 가장 가까운 친족을 가르키는 말로서 부모, 형제자매, 배우자, 子女를 말한다.

먼저 「子平(四柱推命)」으로는 이 六親의 生年・月・日・時를 各部位에 배치해 두고 그 部位에 있어서의 「變通星」의 喜神에 따라 본다.

生年의 部位는 父母 또는 祖上

生月의 部位는 부모, 형제자매

生日의 部位는 배우자

生時의 部位는 子女

≪父母의 判斷法≫

生年과 生月에 있어서의 다음과 같은 원칙을 이용한다.

「偏財」 또는 「正財」가 喜神으로 弱하든지 忌神으로 强하든지 하면, 父親의 혜택이 없으며 父親과의 인연이 엷게 된다.

「偏財」 또는 「正財」가 喜神으로 强하든지 忌神으로 弱하든지 하면 父親의 혜택이 많으며 父親과의 인연도 두텁다.

「偏印」 또는 「印綬」가 喜神으로 弱하든지 忌神으로 强하든지 하면 母親의 혜택이 없으며 母親과의 인연도 엷게 된다.

「偏印」 또는 「印綬」가 喜神으로 强하든지 忌神으로 弱하든지 하면 모친의 혜택이 많으며 모친과의 인연도 두텁게 된다.

以上의 원인에 맞지 않은 것은 보통이라고 판단하면 된다.

≪兄弟姉妹의 判斷法≫

生月속에 있어서의 다음과 원칙을 이용한다.

「喜神」의「比肩」또는「劫財」가 月干에 있고 强하면 형제 자매 사이의 힘을 얻을 수 있다.

「忌神」의「正官」또는「七殺」이 月干에 있고 强하면 형제자매의 힘을 얻을 수 없으며 인연이 엷어진다.

≪配偶者의 判斷法≫

배우자의 것은 生日의 十二支에 가르키고 있으므로 日支와 月支와의 관계와 日支와 時支와의 관계 그리고 日支의 喜忌등을 보고 다음 원칙을 이용한다.

日支가「合」되어 있으면 晩婚의 경향이 있다. 즉, 生日支와 生月支의「合」또는 生日支와 生時支의 合의 경우이다.

日支가「沖」되어 있으면 배우자와의 生離死別의 염려가 있다. 즉 生日支와 生月支의 沖과 生日支와 生時支의 沖인 경우이다.

「喜神」이 日支에 있으면, 배우자로 부터 큰 힘을 얻을 수 있는 일이 있게 된다.

「忌神」이 日支에 있으면 배우자로 부터의 힘을 얻을 수 없게 된다.

男性인 경우는 日支의 喜神이 偏財 또는 正財를 갖는 것을 매우 기뻐한다.

女性인 경우는 日支의 喜神이 七殺이나 正官을 갖는 것을 매우 기뻐한다.

男性인 경우에는 日支의 忌神이 比肩이나 劫財를 갖는 것을 매우 싫어한다.

女性인 경우에는 日支의 忌神이 食神이나 傷官을 갖는 것을 매우 싫어한다.

以上의 네가지 조건에 맞지 않을 경우에는 日支의 喜忌에 따라 배우자의 혜택의 有無를 본다. 즉, 日支에 男性인 경우에 「比肩」이나 「劫財」가 있더라도 喜神이면 배우자로 부터의 힘을 얻을 수가 있다. 또 「偏財」에 「正財」가 있더라도 忌神이면 배우자의 힘을 얻을 수 없게 된다. 女性의 경우도 이와 똑 같다.

≪子女의 判斷法≫

子女를 볼때는 子女의 有無와 인연의 厚薄과는 보는 방법이 다르다.

子女의 有無 또는 多少등을 보아야 할때는 命式의 喜忌에는 전연 관계가 없으며 水性의 強弱을 살핀다. 水性이 強하면 子女의 수효는 많다. 弱하면 그 수효가 적다.

다만 이 경우에는 아무리 水性이 있더라도 「子月·丑月·亥月」生이면 子女를 낳지 못하든지 수효가 적든지의 어느 한 쪽이다. 또 命式속에 水性이 없고 그 위에 火性이나 土性이 많은 命式으로 「巳月·午月·未月」生이면 전연 子女를 못 갖는다. 여기에서 말하는 子女의 有無·多少는 자연적인 생식능력을 말하는 것이며 산아제한에 관한 일은 이와는 별도이다.

이 子女의 有無에는 어디까지나 男女 각각의 命式을 보지 않고는 여기서는 결론을 맺지 못한다. 子女가 많다 적다는 조금 있다는 것이 되며, 없다 적다는 것은 없든지 한 사람 정도를 말한다.

子女와의 인연의 厚薄을 보는데는 다음과 같이 說定된다.

男性인 경우에는 生時에 있는 七殺은 아들, 正官은 딸로 본다.

女性인 경우에는 傷官을 아들, 食神을 딸로 생각한다.

男性인 경우는 生時에 있어서의 七殺이나 正官이 喜神으로 強한지 혹은 忌神으로 弱하면 子女의 힘을 얻을 수 있으며 인연도 있다. 반대로 七殺이나 正官이 喜神으로 弱하든지 혹은 忌神으로 強하면 子女의 힘을 얻을 수도 없으며 인연도 없게 된다.

女性인 경우는 生時에 있어서의 傷官이나 食神이 喜神으로 強하든지 혹은 忌神으로 弱하면 子女의 힘을 얻을 수 있으며 인연도 있다. 반대로 食神이나 傷官이 喜神으로 弱하든지 혹은 忌神으로 强하면 子女의 힘은 얻을 수 없으며 인연도 없다.

더우기 이들 變通星이 生時에 없으면 보통이라고 볼 수 있으나 그다지 확실한 吉凶은 나타나 있지는 않다.

成財를 보는 法

「成財」란 官運과 財運과의 둘로 나눌 수 있다. 이것을 일반적인 용어로 고치면 다음과 같이 된다.

官運이란 地位를 가르킨다.

財運이란 금전을 가르킨다.

그러면 이 成財를 보는 방법은 다음 원칙에 따른다.

「七殺」 또는 「正官」이 喜神으로 强한지 혹은 忌神이 약한 命式인 사람은 높은 地位가 約束된다.

「偏財」 또는 「正財」가 喜神으로 强하든지 혹은 忌神이 아닌 命式인 사람은 금전이 約束된다.

「七殺」 또는 「正官」이 喜神으로 强하든지 忌神이 강한 命式인 사람은 평생 地位와는 인연이 없다.

「偏財」 또는 「正財」가 喜神으로 弱하든지 혹은 忌神으로 强한 命式인 사람은 평생 금전과는 인연이 없다.

≪職業의 判斷法≫

以上과 같이 成財의 보는 方法에서 직업을 선택할 경우에 다음과 같은 조건에 따라 선택하는 것이 조금이라도 成財運을 좋게 하는 길이라 할 수 있을 것이다.

먼저 命式에 있어서의 어느 變通星이 좋은 조건으로 되어 있나를 조사한다. 이 變通星이 좋은 조건이란 다음 두가지를 가르킨다.

喜神으로 强할 경우

忌神으로 없을 경우

「食神・傷官」과「比肩・劫財」의 조건이 가장 좋은 사람은, 그 성심과 실행력의 훌륭함을 살려서 봉사적인 행동력을 요구하는 직업으로 나아가는 것이 성공의 지름길이 된다. 예를들면 교육방면등.

「偏財・正財」와「比肩・劫財」의 조건이 가장 좋은 사람은, 그 기획능력과 실행력의 뛰어남을 살려 상업・실업방면의 직업으로 나아가는 것이 성공의 지름길이 된다.

「七殺・正官」과「比肩・劫財」의 조건이 가장 좋은 사람은, 그 복종심과 실행력의 뛰어남을 살려 통일된 속에서 행동을 요구되는 직업으로 나아가는 것이 성공의 지름길이 된다. 예를들면 군인, 경찰관.

「偏印・印綬」와「比肩・劫財」의 조건이 가장 좋은 사람은, 그 요령과 실행력의 뛰어남을 살려 정신면의 활동이 요구되는 직업으로 나아가는 것이 성공적인 지름길이다. 예를들면 학술방면.

「偏財・正財」와「食神・傷官」의 조건이 가장 좋은 사람은, 그 복종심과 성실성의 뛰어남을 살려 교육, 종교방면등으로 나아가는 것이 성공의 지름길이다.

「七殺・正官」과「食神・傷官」의 조건이 가장 좋은 사람은, 그 복종심과 성심의 뛰어남을 살려 봉사적인 社交를 필요로 하는 세일즈적인 직업, 서—비스업등에 나아가는 것이 성공의 지름길이 된다.

「偏印・印綬」와「食神・傷官」의 조건이 가장 좋은 사람은, 그 요령과 성심의 뛰어남을 살려 大企業속의 一員으로서, 그 才能을 발휘할 수 있는 직업으로 나아가는 것이 성공의 지름길이다. 예를들면 셀러리맨등

「七殺・正官」과「偏財・正財」의 조건이 가장 좋은 사람은, 그 복종심과 기획력의 뛰어남을 살려 政界로 나아가는 것이 成功의 지름길

이다.

「偏印·印綬」와 「偏財·正財」의 조건이 가장 좋은 사람은 그 요령과 기획력의 뛰어남을 살려 자유업인 방면으로 나아가는 것이 성공의 지름길이다. 예를들면 출판업이나 쟈나리스트등이다.

「偏印·印綬」나 「正官·七殺」이 가장 좋은 조건인 사람은 그 요령과 복종심의 뛰어남을 살려 官界로 나아가는 것이 성공의 지름길이다.

壽命보는 法

인간의 사망하는 時期(壽命)를 보는데는 行運속에 大運에 의해 알수 있게 된다. 이 死期는 다음의 원칙에 따라 본다.

用神의 喜神이 무너지는 大運, 用神의 忌神이 强하게 되는 大運, 喜神의 財帛(偏財·正財)이 무너지는 大運, 忌神의 財帛(偏財·正財)이 强하게 되는 大運.

이것을 상세하게 설명하면, 命式속에서 用神이 喜神인 사람은, 어느 때의 大運으로 이 喜神이 무너지게 되느냐에 注目한다. 혹시 用神이 忌神인 사람은 어느 때의 大運으로 忌神이 强해지게 하는가를 주목한다.

다시 命式속에 「偏財·正財」의 有無를 본다. 혹시 있었으면 그 財帛의 喜忌를 보고, 喜神이면 어느때의 大運으로 이 財帛이 무너지는가를 주목한다. 혹시 忌神이면 어느때의 大運으로 이 財帛이 强해지게 하는가를 주목한다.

大運에 있어서의 지금까지 설명했던 四원칙의 조건에 처음 만나는 것을 「第一死期」라 한다. 두번째 만나는 것을 「第二死期」라 하며 세번째 만나는 것을 「第三死期」라 한다.

이제 이 「死期」의 문제는 高度의 상식 위에서의 사고방식으로 「子平(四柱推命)」을 응용하지 않으면 안된다.

인간의 대부분은 「第二死期」에 사망률이 많으며, 「第一死期」에 죽는 사람은 매우 적다. 그러나 위험한 업무에 종사하고 있는 사람, 벽지에 거주하고 있는 사람은 흔히 「第一死期」에 숙는 비둘이 많다. 또 老年으로 처음 「第一死期」를 맞는 사람도 역시 「第一死期」에서 사망한다.

가령, 三十代에 「第一死期」, 六十代에 「第二死期」가 오는 大運인 사람은 물론 六十代에서 사망한다. 그러나 「第一死期」가 六十五歲이고 「第二死期」가 七十五歲와 같은 老人으로서 처음으로 「第一死期」가 오는 사람은 一般人과는 달리 「第一死期」에 死亡한다.

「第三死期」까지 生存하는 사람은 「第二死期」를 뛰어 넘은 (無事히 넘긴 사람)것이 된다. 「子平 (四柱推命)」의 歷史로는 「第五死期」로 겨우 死亡한 사람이 있을 정도로 때로는 있지마는 이러한 사람은 그다지 例가 적다. 보통은 第二 또는 第三死期에 死亡한다.

더우기 「五術」로서의 觀點에서는, 이 死期를 연장하는 것은 「醫」나 「命」이나 「卜」의 범위로는 불가능하다고 하며, 「山」의 修業에 의해서만 하나의 死期를 연장할 수는 있다 한다.

◆ 結婚運의 吉凶

五術에서는 배우자 運의 길흉을 대단히 重要하게 본다. 이것을 「夫婦運」이라고 하고 있다. 일반에서는 이것을 결혼의 길흉이라고 말하고 있지마는 바른 五術運命觀에서는 제법 거리가 먼 것으로 되어 있다.

이 結婚運의 吉凶은, 보통 결혼할 수 없다든지 결혼 인연이 멀다든지 死別·生別등을 凶이라고 하고 있지마는 바른 의미로는 조금 틀린다. 「命」의 占術에 의한 夫婦運이 吉이라는 것은 결혼 함으로서, 배우자로 부터의 有形無形의 힘으로서 자신이 向上하는 것을 가르킨다.

즉, 어느 누구와 결혼하는 것으로 인해 자신의 地位라든지 運등이 向上되는 것을 결혼운이 吉, 그 반대가 凶이라고 하는것에 따라 좋은 妻, 좋은 夫, 辛福한 結婚등을 말하는 것이 結婚運의 吉은 아니다. 또 언제 결혼 한다든지, 결혼할 수 없다든지 하는 것은 「命」에 있어서의 夫婦運의 吉凶과는 別個의 문제이다.

第四章 卜에 依한 事態의 豫測과 處置(六壬)

第一節 六壬神課 入門

「卜」占術의 二大쌍벽으로서 「六壬」과 「五行易」의 두 가지를 들수 있다. 그 가운데의 「六壬神課」는 사물의 길흉성패의 대처법과 그판단상의 규칙이 細分되어 사용방법을 할 수 있는 최고의 「卜」의 占術이다.

六壬神課란 무엇인가?

「六壬」이란, 어떤 事物의 길흉성패의 판단과 그 대처법을 살피는데 매우 편리한 占術이다. 이것은 어떤 事物의 占斷을 行하는 어떤「時」라는 것을 잡고, 그것을 바탕으로 하는 占術이다.

이 「六壬」에 사용되는 것은 「十干・十二支」와 거기에서 나타나는 「虛星」이다. 즉, 事物을 占하는 時間의 十二支, 占하는 月의 季節, 占하는 日의 干支등의 세 가지에서 구성될 「六壬」의 「課式」에따라 모든 事物의 「卜」의 占斷을 한다.

「課式」은 마치 紫薇斗數에 있어서의 「出生圖」, 「子平（四柱推命）」에 있어서의 「命式」과 비슷한 것이다. 본래는 이 「課式」은占할 때에 하나하나 작성하여 사용하는 것이지 마는 보통 사람들에게는 어렵기 때문에 여기서는 모든 「課式」을 작성하여 두고, 거기에필요한 「虛星」을 記入한 것을 別冊一九五～二四頁에 붙여 놓고 있다.占하는 날의 干支와 占하는 時間의 十二支와 占하는 月의 十二支（보통 十二支와는 틀린다.）의 세가지 點만 알면, 바로 完成된 「六壬課式」이 나올 수 있도록 연구 해 두었다.

六壬占法의 基本

「六壬」은 어떤 事物을 占하는 「時」를 주체로 한것이다. 그러므로,"時間"이라는 것으로 이 「六壬」의 占術이 組立되어져 있다. 먼저

「六壬」에 사용되는 기본 원칙을 들어 본다.

1. 事物을 占하는 時間의 十二支가 필요하다.

2. 事物을 占하는 日의 干支가 필요하다.

3. 事物을 占하는 時와 日의 二十四節氣가 필요하다. 이것을 「月將
（월장）」이라 한다. 즉 事物을 占하는 月의 「月將」이 필요하다는
것이다.

4. 「1, 2, 3」（즉, 時의 十二支, 日의 干支, 月將）에 의해 組立
된 「六壬課式」이 필요하다.

以上의 네 가지 조건이 「六壬」의 기본이 되는 것이다. 이것에 의
해 「六壬課式」이 나오지만, 이 六壬課式은 다음과 같은 것에서 組立
되어 있다.

「六壬課式」은 「四課」와 「三傳」의 二種에 의해 구성되어 있으
며, 四課는 각각 「第一課, 第二課, 第三課, 第四課」로 나누어지며,
「三傳」은 각각 「初傳, 中傳, 末傳」으로 나누어져 있다.

그러면 이 「六壬課式」（즉 四課와 三傳）에는 각각 「虛星」이 배
치된다. 이 虛星에는 二種이 있다. 하나는 「十二天將星」이라 하며 또
하나는 「六親生剋星」이라고 한다.

「十二天將星」이란, 貴人星（귀인성）, 螣蛇星（등사성）, 朱雀星
（주작성）, 六合星, 勾陳星（구진성）, 靑龍星（청룡성）, 天空星, 白
虎星（백호성）, 太常星（태상성）, 玄武星（현무성）, 太陰星, 天后星
（천후성）등의 十二星을 말한다.

「六親生剋星」은 兄弟星, 子孫星, 妻財星, 官鬼星（관귀성）, 父母星
등의 五星을 말한다.

以上이 六壬의 기본원칙의 전부이다. 매우 어려운 것은 아니다. 다시
한번 정리 해보면 다음과 같이 된다.

1. 占時의 十二支

2. 占日의 十干十二支

3. 占月의 月將

以上으로 六壬課式이 성립되었다. 그 課式이라는 것은

一. 四 課

  A. 第一課

  B. 第二課

  C. 第三課

  D. 第四課

二. 三 傳

  A. 初 傳

  B. 中 傳

  C. 末 傳

에서 구성되어 있다. 이 「一」과 「二」의 「四課·三傳」에 「十二天將星·六親生剋星」이 배치 된다는 것이다.

第二節 六壬課式 作成法

「六壬課式」은 別冊에서 이미 完成된 表로서 나타나 있다. 그러므로 作成方法이라고 하기 보다 그 課式의 表出方法을 지금 부터 설명하겠 다.

六壬課式의 表出法의 順序

「六壬課式」의 表出法의 順序는

1. 事物을 占하는 時間의 十二支를 표출한다.

2. 事物을 占하는 日의 十干十二支를 표출한다.

3. 事物을 占하는 月의 月將을 表出한다.

4. 時의 十二支가 日의 干支와 月將에서 六壬課式의 表를 나타낸다.

-281-

5. 「六壬課式」의 表에 日의 十干을 바탕으로 하여 「六親生剋表」
를 나타낸다.

以上의 五項目에 依해 「六壬課式」이 成立되며, 다음은 七節의 判
斷法의 원칙을 응용하여 길흉성패를 보아나가면 된다는 뜻이다.

占하는 時間의 十二支 表出法

어떤 事物을 占할 때 또는 占할 것을 부탁 받았을 때를 「占時의 十
二支」라 한다. 이 占時의 十二支는 간단하게 표출된다. 時間의 十二
支는 결정되어 있기 때문이다.

別册의 「時의 干支早見表」(別册一七八頁)을 보면 바로 알 수 있
다. 이 경우에 「命」의 「出生圖 命式」의 生時와는 달리 十干은 쓰
지 않으므로 日의 十干에 관계 없이 十二支만 알면 된다는 뜻이다.

예를 들면 十二時 三十分이고 「午」이며 午後七時가 지났으면 「戌」
이 된다.

占하는 日의 干支 表出法

어떤 事物을 占할 時, 또는 占할 것을 부탁 받았을 때의 日의 干支
를 표출 하는데는 別册의 「干支萬年曆」에 의해 표출한다. 표출 방법
은 生年, 月, 日, 時의 책력 보는 法」(一〇五頁)를 參照하여 주기
바란다.

「干支」를 표출할려는 日의 頁을 펴서 그 날인 곳을 보면 干支가
나타나 있다. 가령 占하는 날이 一九七三年 二月一日이면 「戊辰」,
五月十日이면 「丙午」가 된다는 것이다.

占하는 月의 月將 表出法

「月將」이란, 太陽이 있는 장소를 가르키는 것이며, 一年의 二十四
節氣」에서 求한다. 즉, 占하는 時, 日이 一年의 二十四節氣中의
어느 部分에 해당되어 있는가 하는 것을 「月將」이란 用語로서 나타

내고 있다. 간단하게 말하면 占하는 날이 何年 何月 何日인가를 말 하는데서, 그 날이 어느 節氣(즉 月將)에 해당되어 있는지를 말하게 된다는 뜻이다.

그러면, 그 月將은 二十四節氣에 의해 定해져 있다. 그러므로 日이 二十四節氣의 어디에 해당되어 있는지를 알면 곧 月將이 표출되게 되어 있다.(別冊 干支萬年曆參照)

    雨水 ～ 春分까지 사이의 日은 「亥가 月將」

    春分 ～ 穀雨까지 사이의 日은 「戌이 月將」

    穀雨 ～ 小滿까지 사이의 日은 「酉가 月將」

    小滿 ～ 夏至까지 사이의 日은 「申이 月將」

    夏至 ～ 大暑까지 사이의 日은 「未가 月將」

    大暑 ～ 處暑까지 사이의 日은 「午가 月將」

    處暑 ～ 秋分까지 사이의 日은 「巳가 月將」

    秋分 ～ 霜降까지 사이의 日은 「辰이 月將」

    霜降 ～ 小雪까지 사이의 日은 「卯가 月將」

    小雪 ～ 多至까지 사이의 日은 「寅이 月將」

    多至 ～ 大寒까지 사이의 日은 「丑이 月將」

    大寒 ～ 雨水까지 사이의 日은 「子가 月將」

以上과 같이 月將은 二十四節氣에 따라 定해져 있으므로 「六壬」으로 占하는 年月日이 定해졌으면, 別冊의 干支萬年曆에 의해 占하는 日이 二十四節氣中의 어느 日에 해당되어 있는지를 알면 곧 月將을 알 수 있다. 이 二十四節氣를 보는 방법은 다음에 설명해 두었다.

二十四節氣 보는 法

이 二十四節氣는 一年 三百六十五日을 二十四季節로 區分하고 있다. 하나의 節氣가 十五日余로서 한 달에 반드시 節氣가 둘 있다는 것이 된다. 그래서 그 두 節氣中의 하나는 반드시 그 月의 경계가 된다. 즉, 그 月이라는 것이 그 하나의 節氣부터 들게 되는 것이다.

別册의 干支萬年曆 을 펴 보아주기 바란다. 제일 上段 은 月의 干支이다. 二段 째는 節氣라고 있는 것이 여기에서 말하는 二十四節氣이다. 月 밑에 두 개씩 節氣가 있으며, 그 밑에 數字가 있고, 그 밑에 十二支가 있다. 가령, 一九七二年의 곳을 보면

一	小寒 6	未
辛		一月의 項
丑	大寒 21	辰

五	立夏 5	酉
乙		五月의 項
巳	小滿 21	辰

라고 있다. 이 節氣 밑의 數字는 그 日로 부터 그 節氣가 된다는 뜻이다. 그 밑의 十二支는 그 時刻부터 그 節氣가 된다는 뜻이다. 또한 전술한 一月의 小寒은 一月의 六日의 未(午後一時)부터 들어가며, 大寒은 一月의 二十一日은 辰(午前七時)부터 들어간다는 뜻이다.

이와 같이 前述한 五月의 立夏는 五月五日의 酉(午前五時)부터 들어가며, 小滿은 五月의 二十一의 辰(午前七時)부터 들어 가게 된다.

즉, 一九七二年의 小寒이라는 것은 一月六日의 오후 一時부터 一月二十一日 오전 六時五十九分(이것은 大寒에 들기 前)까지를 말한다. 또 大寒이라는 것은 一月二十一日의 오전七時 부터 二月의 立春 앞 까지를 말한다.

以上과 같이 二十四節氣를 알면 곧 月將을 알게 된다. 이 月將은 月中旬부터 月中旬까지의 日을 가르킨다.

가령, 一九七二年五月三日에 「六壬」을 볼 경우의 月將을 나타내

보기로 하자. 이 五月三日은 四月二十日부터 五月五日까지의 穀雨사이의 日에 해당된다. 즉 月將은 「酉」가 되는 것이다. 또 五月十六日의 月將은 五月五日부터 五月二十一日까지의 立夏사이의 日에 있으므로, 月將은 역시 「酉」가 된다.

六壬課式 表出法

「六壬課式」은 「六壬」으로 事物을 占할 때에 사용하는 表의 一種으로서 前述했던 「占時支·占日干支·占月將」으로 부터 표출되는 것이다. 正式의 「六壬神課」로는 하나하나 盤을 작성하는 것이지 마는, 여기서는 別册에 完成된 課式이 작성되어 있으므로, 내가 사용하고 있는 課式 表出法을 설명해 보기로 한다.

1. 六壬을 이용하는 日의 干支를 나타낸다.

2. 六壬을 이용하는 時의 十二支를 나타낸다.

3. 六壬을 이용하는 月의 月將을 나타낸다.

以上의 三點은 이미 설명하였다. 이 三條件에 의해 나타난 日干支·時支·月將을 이용하여 別册의 「六壬課式表」의 속에서 사용되는 「課式」을 끌라낸다. 그 표출방법은 別册의 「六壬課式番號表」를 이용한다. 上段의 가로의 十二支는 月將이다. 右端의 세로줄 의 十二支는 占時支이다. 그 옆에 있는 數字는 「六壬課式」의 表의 번호이다.

즉, 어떤 事物을 六壬으로 占할 때에 그 占하는 月에 月將을 表의 上段에서 찾아 다음 占하는 時의 十二支를 表의 右端의 세로줄에서 찾아서 그것이 맞닿는 곳의 번호를 보면 「六壬課式」의 번호가 알게 된다. 그 번호의 課式이 占日干支·占時支·月將에서 表出된 완성된 「課式」이다.

그러면, 이 課式의 번호를 알았으면, 別册의 「六壬課式表」에서 占日의 干支인 곳을 펴서 그 번호를 보면 그 곳에 완성된 「六壬課式」이 있다.

다시 한번 정리해 보면 月將과 占時支로 課式의 번호를 알고, 다음에 占하는 日干支인 곳의 번호를 보면, 課式이 나타난다.

가령 丙午日의 未刻으로 月將申의 경우를 설명해 보자.

申의 月將과 未의 占時支이므로 表를 보면 「12」라고 있으니, 課式의 번호를 알았다. 다음에 丙午日인 곳을 보고 「12」의 課式을 찾아보니 다음과 같이 나타나 있다.

			午	丙
			未	午
申	酉	戌	未	午
			申	未

같은 丙午日이라도 子刻으로 月將辰이면 많이 달라진다. 「子」와 「辰」으로 課式번호가 「9」인 것을 알았으며 역시 丙午日인 곳의 「9」를 보니 다음과 같이 나타나 있다.

			酉	丙
			丑	酉
酉	丑	巳	戌	午
			寅	戌

以上으로 六壬課式은 나타났다. 이 課式에는 「虛星」의 「十二天將星」은 이미 표출 되어 있으므로 새삼 표출할 필요는 없다. 다만, 다른 一種의 虛星인 「六親生剋星」이 나타나 있지 않으므로 볼 때 표출하지 않으면 안된다.(표출 방법은 後述)

六壬課式表의 보는 法

이 보는 법이란 판단하는 방법을 의미하는 것은 아니다. 六壬課式表의 여러가지 조건이며, 약속을 설명하는 것이다.

別册의 「六壬課式表」를 보아 주기 바란다.

이곳에는 甲子日부터 癸亥日까지의 六十干支의 課式表가 있다.

가장 위에 있는 干支는 日干이다. 즉, 六壬으로 占하는 日의 干支를 여기에서 보면 된다. 가령 戊申日에 占할 때는 이 上段의 干支가 戊申日이라고 되어 있는 곳을 본다.

다음에 長方形으로 구분되어 있는 것이 十二種 있다. 이것이 「課式」이다. 一日은 十二刻(二十四時間으로 一刻은 二時間)이므로, 「占時」에 따라 十二의 課式이 나타나게 된다. 이 하나하나의 課式의 右端의 上端에 數字가 있으니, 이것이 課式의 번호이다. 前述한 것처럼 月將과 占時支에서 이 課式의 이 번호를 나타내며, 이 번호에 따라 그 課式을 求한다.

다음은 課式을 설명하겠다. 하나의 課式에는, 十干이 하나 十二支가 十, 즉 干支가 十一에 만 있다. 또 前述한 十二天將星이 十四가 있다.

「干」과 「支」가 二字씩 네 개가 옆으로 나란히 있는 것이 四課이며, 右端으로 부터 「第一課, 第二課, 第三課, 第四課」가 된다. 물론 이 四課라는 것은 上段의 十二支의 넷을 가르키고 있다. 판단할 때에 보는 것은 上段이 四支로서 下段의 三支와 一干은 사용하지 않는다.

支가 三字 세로로 나란히 있는 것이 「三傳」으로서 위에서 「初傳・中傳・末傳」이 된다.

다음에 이러한 것의 「四課・三傳」의 十二支에는 각각 「十二天將星」이 배치되어 있다. 四課의 十二支에는 하나의 十二支에 두개의 十二天將星」이, 또 「三傳」에는 右側과 左側에 十二天將星이 하나씩 배치 되어 있다. 이것은 占할때의 十二支에 따라 보고자 하는 「十二天將星」이 틀리기 때문에 四課에도 三傳에도 둘 씩 나타나고 있다.

이 둘 있는 十二天將星의 어느 쪽을 보느냐는 占할 時의 十二支에 따라 결정한다.

占할 때의 十二支가 卯·辰·巳·午·未·申등의 時間인 경우는 四課 三傳의 左側에 있는 굵은 글자인 十二天將星을 이용하여 본다.

占할 時의 十二支가 酉·戌·亥·子·丑·寅등의 時間인 경우에는 「四課·三傳」의 右側에 있는 細文字의 十二天將星을 이용하여 본다.

初傳······　　　　酉

中傳······　　丑　酉　丑　戌　寅

末傳······　　巳　丙　酉　午　戌

　　　　　　　　丙　　　午
　　　　　　　　（　　　（
　　　　　　　　日　　　日
　　　　　　　　干　　　支
　　　　　　　　）　　　）
　　　　　　　······　······　······　······
　　　　　　　第　第　第　第
　　　　　　　一　二　三　四
　　　　　　　課　課　課　課

六親生剋星의　表出法

別冊의 「六壬課式表」에는 「四課·三傳」이 완성되 있으며, 「十二天將星」도 나타나 있다. 그러나 「六親生剋星」은 나타나 있지 않다. 六壬을 사용할 때는 이 六親生剋星을 표출하지 않으면 안된다.

그 표출 방법은 占하는 日의 日干을 바탕으로 하여 別冊의 「六親生剋星早見表」를 이용해 주기 바란다. 表上段의 星은 六親生剋星이다. 右端의 세로의 十干은 占하는 日의 干이다. 그 가로의 十二支는 四課 三傳의 十二支이다. 보는 날의 日干을 右端의 세로줄에서 찾아 그 가로의 十二支가 四課 三傳속에 있으면, 위의 六親生剋星이 나타나게 된다.

가령, 「乙」日에 初傳에 「亥」, 中傳에 「子」, 末傳에 「丑」, 第一課에 「巳乙」, 第二課에 「午巳」, 第三課에 「戌酉」, 第四課에 「亥戌」이라는 六壬課式이 나타났을 경우는 「乙」에서 「四課·三傳」의

十二支를 대조시켜서 六親生尅星을 表出해 간다.

「乙」에서 「第一課巳」에는 子孫星, 「第二課午」에는 子孫星, 「第三課戌」에는 妻財星, 「第四課亥」에는 父母星, 「乙」에서 「初傳亥」에는 父母星, 「中傳子」에는 父母星, 「末傳丑」에는 妻財星과 같이 六親生尅星이 나타나게 된다.

〈 例・一九七二年 十二月 十日 午後二時 占斷 〉

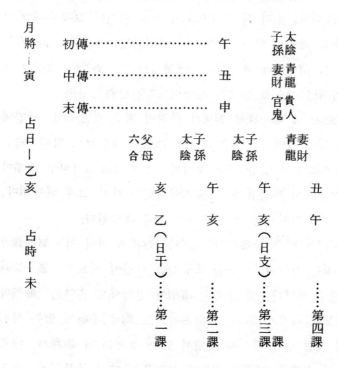

第三節　四課・三傳의　意味

四課 보는 法

「四課」는 판단상에 있어서의 事物로서 상대적인 水平關係(가로의 관계)를 가르키는 것이다.

「第一課」는 事件의 主動者, 즉 일을 거는 것을 나타낸다.

「第三課」는 事件의 被動者, 즉 일을 걸리게 되는 것을 나타낸다.

「第二課」는 主動者(즉 第一課)의 부속을 나타낸다.

「第四課」는 被動者(즉 第三課)의 부속을 나타낸다.

이 第一課의 主動者와 第三課의 被動者와를 잘 구별하지 않으면, 이 六壬판단을 쓰지 못한다. 다시 좀더 상세하게 설명하면 다음처럼 된다.

第一課의 主動者란, 主가 되는 것으로서 主로 인간이 그것에 대해 일하게 되는 작용을 하는 것이다. 가령 事業占이라면, 事業을 일으키는 사람이 主體이며, 第一課에 해당한다. 戀愛占이라면 男性이 그것에 해당하고, 싸움이라면 싸움을 일으킨 사람이 그것에 해당한다.

第三課의 被動者란, 第一課에 對해서 목적이 되는 것으로서 인간에 관계되는 것도 있을 것이며, 인간 以外의 物體에 대한것도 있다. 즉, 第一課의 主動者로 부터 일을 거는 것이다. 가령 事業占이라면 事業이라는 事物이 第三課에 해당된다. 戀愛占이라면 女性이 그에 해당하며, 싸움이라면 싸움에 걸려드는 그 상대자가 그에 해당된다.

이 四課의 관계는 매우 重要하며, 占하는 事項에 따라 이 第一課와 第三課가 定해지는 것이며, 판단을 요구하는 사람이 반드시 第一課라고 限定된것 만은 아니다. 또 占하는 事項이 같더라도 占하는 事項의 초점에 따라서도 달라지게 된다. 疾病占에서도 病에 主眼이 있는 것과 치료에 主眼이 있는 것과 의약에 主眼이 있는 것과는 이 四課가 다르다. 그러므로 이 主眼을 定하여 主動과 被動을 분명히 구분하지 않으면 안된다.

가령 家出한 사람의 占을 할 경우에 자기가 집을 뛰쳐나와 버리고, 다른 사람이 그 사람을 찾고 있으므로 家出한 當者는 第三課이며, 찾는 사람이 第一課이다. 占을 요구하는 사람이 家出한 사람이라면 역시 被動者로서 第三課에 해당한다.

理解하기 쉽도록 일상생활에 일어나는 一般的인 事項등을 약간 實例로 들어서 이 第一課, 第三課를 구별해 보자. 上이 第一課에 해당되며, 下가 第三課에 해당된다.

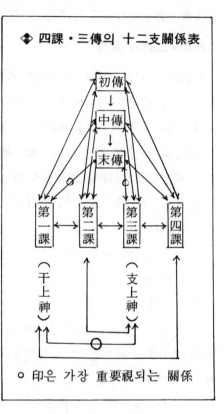

◈ 四課·三傳의 十二支關係表

○ 印은 가장 重要視되는 關係

身命은	人	業
戀愛는	男	女
結婚은	男	女
産育은	母	子女
家宅은	居住人	家宅
求財는	人	金錢
訴訟은	原告	被告
逃亡人	찾는 사람	逃亡人
失物은	찾는 사람	物
疾病은	人	病
希望은	人	事
試驗은	人	試驗問題
旅行은	人	旅行地
待人은	기다리는 사람	오는 사람
雇用은	主人	使用人
家畜은	飼育者	家畜

三傳 보는 法

「三傳」은 판단上에 있어서의 事項으로 時間的인 수직관계 (세로의 관계)를 가르키는 것이다.

「初傳」은 事項이나 현상의 원인을 나타낸다.

「中傳」은 事項이나 현상의 경과를 나타낸다.

「末傳」은 事項이나 현상의 결과를 나타낸다.

가령, 남녀의 연애라는 事項의 경우에 이 三傳을 짜 맞추면,「初傳」
은 서로가 만나게된 동기나, 사이가 좋게된 원인을 나타낸다. 「中傳」
은 두 사람이 어떤 관계로 앞으로 어떠한 경과를 더듬는가를 나타낸다.
「末傳」은 두 사람의 연애의 결말은 어떻게 되느냐를 나타낸다.

四課・三傳의 關係

「四課」가 事項이나 현상등의 가로의 관계를 나타내며, 「三傳」이
이 세로의 관계를 나타내며, 여기에 두 가지가 엇갈리는 결론이 나타
나게 되는 것이다. 그런 까닭으로 어떤 事項이나 현상등에 대하여 그
길흉 성패 득실을 판단할 때, 第一課와 第三課와 末傳의 三者의 十二
支의 相互關係(第四節參照)가 판단하는데 큰 몫을 한다. 그것은, 事
件의 주동자가 第一課이며, 그것에 대하는 것이 第三課이며,事件의 결
과가 「末傳」이기 때문이다.

즉, 이 중요한 세 가지의 十二支의 관계로 결정한다는 뜻이 된다.
이제 이 十二支의 관계는 세 가지의 相互關係이므로 三組의 관계가
있다는 것이다. 三組의 十二支 관계속에 三組 모두가 十二支 관계가 좋
으면 우선 그 판단은 吉이라 하여도 틀림없다. 二組의 十二支 관계가
좋을 경우에도 대체로 吉이라 하겠다. 三組의 十二支 관계가 모두 나
쁘든지, 또는 一組만 좋고 二組는 나쁜 관계의 경우의 판단은 凶이 된
다.(이 十二支 관계는 第四節에서 상세하게 설명하여 두었다.)

第四節　十二支吉凶關係 보는 法

이 「六壬」占術의 판단의 결정적인 초점은 十二支끼리의 相互관계
에 따라 길흉・성패・득실을 결정하는 것이다. 前節에서 설명한 四課
와 三傳에 있어서의 十二支끼리의 相互관계에 의하는 것이다.

이제 이 十二支끼리의 相互관계에는 「合·會·生·助」의 吉관계와 「刑·冲·剋·洩」의 凶관계의 二종류 八관계가 있다. 이 관계 가운데 「合·生·助·刑·剋·洩」의 관계는 어떠한 경우에도 변하는 일이 없지 마는, 「會·冲」이라는 관계만은 어떤 조건에 따라 「會·冲」이 「生·助·剋·洩」로 변화하는 수가 있다.

이 十二支 관계로서 變化하는 것은 十二支끼리를 보는 조건과 그를 보는 장소에 따라 변화하는 것으로서 이것을 여기서는 「특수관계」라고 하며, 어떤 경우에도 변화하지 않는 것을 「일반관계」라고 부르도록 한다.

이제 十二支對 十二支의 관계를 列擧(열거)하면 다음과 같이 된다.

◆ 各 十二支의 相互關係表

相對 關係	子	丑	寅	卯	辰	巳	午	未	申	酉	戌	亥
子	助	合	生	刑	會(剋)	剋	冲(剋)	剋	會(洩)	洩	剋	助
丑	合	助	剋	剋	助	會(洩)	洩	冲(助)	生	會(生)	刑	剋
寅	洩	剋	助	助	剋	刑	會(生)	剋	冲(剋)	剋	會	合
卯	刑	剋	助	助	剋	生	生	會(剋)	剋	冲(剋)	合	會(洩)
辰	會(剋)	助	剋	剋	刑	洩	洩	助	會(生)	合	冲(助)	剋
巳	剋	會(生)	洩	洩	生	助	助	生	刑	會(剋)	生	冲(剋)
午	冲(剋)	生	會(洩)	洩	生	助	刑	合	剋	剋	會(生)	剋
未	剋	刑	剋	會(剋)	助	洩	合	助	生	生	助	會(剋)
申	會(生)	洩	刑	剋	會(洩)	合	剋	洩	助	助	洩	生
酉	生	會(洩)	剋	冲(剋)	合	會(剋)	剋	洩	助	刑	洩	生
戌	剋	助	會(剋)	合	冲(助)	洩	會(洩)	刑	生	生	助	剋
亥	助	剋	合	會(生)	剋	冲(剋)	剋	會(剋)	洩	洩	剋	刑

以上 표시된 관계가 十二支끼리의 相對관계이다. 더우기 특수관계란,
어떤 조건일 때는 변화된 관계를 보는 것을 말한다.

가령, 「巳」와 「亥」의 十二支 관계는 「沖」의 관계이지만, 어떤
조건에 따라서는 「尅」의 관계로 하여 보는 것을 「일반관계」로서 앞
의 表의 十二支 관계표를 본다.

「一般關係」의 十二支관계는 어떤 경우에도 變化하지 않는 것으로
서, 다음 세 가지의 十二支 관계를 말한다.

① 三傳의 十二支와 四課의 十二支의 相互관계

② 一課의 十二支와 四課의 十二支의 相互관계

③ 二課의 十二支와 三課의 十二支의 相互관계

「特殊關係」의 十二支 관계는 어떤 조건에 따라 본래의 十二支 관
계가 틀린 十二支 관계에 변화되는 것을 가르키는 것으로서, 다음 다
섯 가지의 十二支 관계를 말한다.

① 三傳의 十二支와 三傳의 十二支의 相互관계

② 一課의 十二支와 三課의 十二支의 相互관계

③ 二課의 十二支와 四課의 十二支의 相互관계

④ 三課의 十二支와 四課의 十二支의 相互관계

⑤ 一課의 十二支와 二課의 十二支의 相互관계

이들의 특수관계는 보통 前表의 十二支끼리의 相互관계이지만, 어떤
조건으로 변화되는 것을 말한다.

三傳의 十二支와 三傳의 十二支의 相互관계

一課의 十二支와 二課의 十二支의 相互관계

三課의 十二支와 四課의 十二支의 相互관계

以上 三種의 十二支관계의 경우에 「月將의 十二支」와 「占時의 十二支」와의 相互관계가 「會・沖」인 경우는 변화되는 것이다.

가령, 月將이 「午」며, 占時가 「子」인 경우는, 이 十二支의 경우 는 이 十二支의 相互관계가 「沖」으로 되어 있으므로, 前術한 三種의 十二支관계(三傳對三傳・一課對二課・三課對四課)를 볼 때는 變化된 관계로서 본다.

一課의 十二支와 三課의 十二支의 相互관계

二課의 十二支와 四課의 十二支의 相互관계

以上의 二課의 十二支관계의 경우에 「日干」과 「日支」와의 相互 관계가 「會・沖」인 경우는 變化되는 것이다. 이 「日干과 日支」가 「會・沖」의 경우란 다음과 같은 干支日을 말한다.

甲戌　　甲午　　丁卯　　丁亥　　己卯　　己亥　　庚辰　　庚子

癸巳　　癸酉　　甲申　　丁丑　　己丑　　庚申　　癸未

더우기 여기에서 記述했던 「특수관계」는 판단할 때 주의하면 되는 것으로서 따로 기억할 필요는 없다. 다만, 十二支의 상호관계에는 變化하는 「특수관계」가 「月將과 占時」, 「日干과 日支」의 어떤 조건에 따라 있기 때문에 판단할 즈음에 조심하지 않으면 안된다고 염두에 두고만 있으면 된다.

第五節　十二天將星의　吉凶　보는　法

이 六壬의 판단은 十二支끼리의 相互관계에 따라서 定하는 것이지만, 그래서는 斷易과 꼭 같은 것이 되어버려 六壬의 存在하는 의미가 없어진다.

六壬의 묘미는 길흉 성패 득실의 날카로운 點이 있을 뿐 만 아니라, 판단상에 있어서의 象意상의(그 자체의 나타내는 의미) 상세한 면에도 큰 특색이 있다.

「六壬」의 象意는 「十二天將星」이라는 十二種의 虛星에 의해 判斷된다. 그 「十二天將星」이 가지고 있는 象意를 충분히 납득하여 모든 面에 응용하면 상세한 판단을 할 수 있다.

貴人星이 나타내는 意味

貴人星은 優雅(우아), 氣品(기품), 高貴(고귀)등 일체의 일을 담당한다.

事物을 말 한다면, 지위의 승진·명성획득·복덕등에 해당된다.

人物로 말 한다면, 長·최고책임·上官·高官등에 해당된다.

場所로 말 한다면, 都市·궁궐·최고의 건물·大門등에 해당된다.

物品으로 말 한다면, 보석·거울등에 해당된다.

其他, 龍·기린·맑은 날씨·온화한 날씨등에 해당한다.

螣蛇星(등사성)이 나타내는 意味

螣蛇星은 근심, 공포, 자질구레하게 복잡한 일, 怪異등 일체의 일을 담당한다.

事物을 말 한다면, 여러가지 놀라는 일·귀찮은 문제·死亡등에 해당한다.

人物로 말 한다면, 남에게 害를 끼치는 일·경찰관·軍人·세무직관리·屠殺業者등에 해당한다.

場所로 말 한다면, 墓地·경찰파출소·감옥·변소등에 해당한다.

物品으로 말 한다면, 무기·棺(관)·桶(통)등이 해당된다.

朱雀星이 나타내는 意味

朱雀星은 지혜·理性·화려·無情등에 관한 일체의 일을 담당한다.

事物로서 말 한다면, 학문·저작·법률·소송·化粧·사치등에 해당한다.

人物로서 말 한다면, 학자·재판관·변호사·미인·교사등에 해당한다.

場所로서 말 한다면, 학교·재판소·도서관·書齋(서재)등에 해당
한다.

物品으로 말 한다면, 책상·의자·책·文書·사치성 물품등에 해당
한다.

기타 예쁜 鳥類·가뭄·酷暑등에 해당한다.

六合星이 나타내는 意味

六合星은 교제·신용·화합·정보등에 관한 일체의 일을 담당한다.

事物로서 말 한다면, 私事·숨기는 일·仲介·제조·加工등에 해당
한다.

人物로서 말 한다면, 仲介人·외교원·체신 공무원·전화전신 관계
자·신문 방송 관계자·投機(투기)군등에 해당된다.

場所로서 말 한다면, 村落·신문사·우체국·방송국·응접실등에 해
당한다.

物品으로 말 한다면, 편지·印章·계약서·材料의 종류등에 해당한다.

其他 개·맑음·상쾌한 날씨등에 해당한다.

勾陳星이 나타내는 意味

勾陳星(구진성)은 느린보, 어리석음, 근면등에 관한 일체의 일을
담당한다.

事物로서 말 한다면, 사기를 당한다. 노동적인 노력등에 해당한다.

人物로서 말 한다면, 농민·직장근로인·노동자등에 해당한다.

場所로서 말 한다면, 논·밭·창고·다락등에 해당한다.

物品으로 말 한다면, 농기구, 곡물(穀物)등에 해당한다.

其他 勞役用 動物(소·말·기타)등에 해당한다.

靑龍星이 나타내는 意味

靑龍星은 活動, 富, 권세등에 관한 일체의 일을 담당한다.

事物로서 말 한다면, 事物·금전의 획득·기쁜 일 등에 해당한다.

人物로서 말 한다면, 重役·실권을 갖는 사람·富者 등을 나타낸다.

場所로서 말 한다면, 河江·회사·은행·사무실등에 해당한다.

物品으로 말 한다면, 금전·장부·값진 물건등이 해당된다.

其他 龍·魚類·비·바람등이 해당한다.

天空星이 나타내는 意味

天空星은 虛失, 從學, 損失 등 모든 사물을 담당한다.

事物로는 損失을 보며, 消耗, 消滅등에 해당한다.

人物로서는 고용인, 事務員등에 해당한다.

場所로서는 空, 보통主宅, 벽장등에 해당한다.

物品으로서는 鐘, 방울, 表裏기 다른것등에 해당한다.

其他, 날으는 새, 맑음, 酷署등에 해당한다.

白虎星이 나타내는 意味

白虎星은 결단력, 速斷, 殘酷(잔혹)등에 관한 일체의 일을 담당한다.

事物로서 말 한다면, 질병·재난·出血 刃傷(인상) 외과적 수술등에 해당한다.

人物로서는 운전기사·기슬자·외과 의사등에 해당된다.

場所로서는 도로·정거장·여관·통로등에 해당한다.

物品으로는 刃物·기계·전기류·車등에 해당한다.

기타 사나운 짐승(날짐승 포함) 가뭄·추위등이 해당한다.

太常星이 나타내는 意味

太常星은 忍耐(인내), 恒久(항구), 평범, 平常등에 관한 일체의 일을 담당한다.

事物로서는 不變·치장하는 일·음식등에 해당한다.

人物로서는 의식주의 제공자·의식주에 관한 직업인 사람등에 해당한다.

場所로서는 平原·음식점·한복점·식당등에 해당한다.

物品으로서는 음식에 관한 물건·술등에 해당한다.

其他 食用動物·雨·화창한 날씨등에 해당한다.

玄武星이 나타내는 意味

玄武星은 陰的인 事實, 不誠實, 陰險등에 해당되는 일체의 일을 맡아 본다.

事物로서는 솜씨·도적의 침입·도망·遺失(유실)등에 해당한다.

場所로서는 山岳·工場·목욕탕등에 해당한다.

人物로서는 사기꾼·도적·不正한 사람등에 해당한다.

物品으로는 건축자재·장물·콩 種類등에 해당한다.

其他, 고양이·흐림·추위등에 해당한다.

太陰星이 나타내는 意味

太陰星은 소극성, 편안, 은퇴등에 관한 일체의 일을 맡아 본다.

事物로는 치료·안정·公的인 일등에 해당한다.

場所로서는 森林·寺院·神社·病院등에 해당한다.

人物로서는 의사·종교가·占術등에 해당한다.

物品으로서는 청결함이 있는 것·제사용품등에 해당한다.

其他, 원숭이·흐림·추위등에 해당한다.

天后星이 나타내는 意味

天后星은 柔軟(유연), 耽溺(탐익)등에 관한 일체의 일을 맡아 본다.

事物로서는 愛情·享樂·男女間의 관계등에 해당한다.

人物로서는 오락업자·美容師·女性등에 해 당한다.

場所로는 池·沼·캬바레-, 빠-, 극장등에 해당한다.

物品으로서는 美容用具, 오락기, 침구 등에 해당한다.

기타, 금붕어·관상용 동물·비·바람등에 해당한다.

以上으로 대강의 象意를 들었으나, 어디까지나 이것은 불과 一例에 지나지 않는다. 그 이외는 類推하여 응용하여 주기 바란다.

第六節　六親生剋星의　吉凶　보는　法

六壬에서는 事物의 象意를 나타내는 것에 前述한 「十二天將星」과는 따로 또 하나의 虛星을 利用하여 판단한다. 그것은 「六親生剋星」이라 는 것이다.

兄弟星이 나타내는 意味

人物로는 兄弟·姉妹등에 해당한다.

物品으로는 무기·壁（벽）등에 해당한다.

事物로는 도박·다툼질·질투·散財등에 해당한다.

子孫星이 나타내는 意味

人物로는 子女·孫·手下·門人·神官·목사·의사·약제 사등에 해 당한다.

物品으로는 약품·가축·일용품등이 해당한다.

事物로서는 치료·생산·災厄을 피하는 일등에 해당한다.

妻財星이 나타내는 意味

人物로서는 妻·妾（첩）·고용인등에 해당한다.

物品으로는 財物·금전·食物·商業道具등에 해당한다.

事物로서는 事業·돈벌이·商業·결혼（남성의 경우）등에 해당한다.

官鬼星이 나타내는 意味

人物로서는 남편·도적·惡人·재판관·官吏·사람에게 해를 끼치는 사람등이 해당한다.

物品으로는 도난품·위험물·시체·독물등에 해당한다.

事物로서는 질투·소송·怪異·憂苦困難（우고곤란）·결혼（여성인 경우）등에 해당한다.

父母星이 나타내는 意味

人物로는 父母·目上·師匠등에 해당한다.

物品으로는 문서·편지·도장·의복·舟·車·가옥등에 해당한다.

事物로는 旅行·저작·공부·교육등에 해당된다.

막상 이미 前述한 「十二天將星」이 있되, 다시 비슷한 象意를 지닌 「六親生剋生」을 이용해야 하느냐 하는 의문이 생긴다. 이것은 「卜」이라는 占術의 判斷上에서 볼 때 상세한 판단을 하기 위해 주의주도하게 考案된 象意를 보는 한가지 방법인 것이다.

「十二天將星」과 「六親生剋星」과를 구별해 보면,

「十二天將星」은 일반적으로 본 객관적인 象意를 나타내는 것.

「六親生剋星」은 어떤 특정한 의미에서 본 주관적인 象意를 나타낸 것. 이라고 하는 차이가 있는 것이다.

가령, 어떤 큰 會社가 있다고 하자. 이 會社의 社長을 봤을 경우에, 일반적으로 본 社長이기에 「靑龍星」(즉, 十二天將星)

會長이라는 어떤 특정한 입장에서 봐서, 部下이기에 「妻財星」(즉, 六親生剋星)처럼 된다.

社員이라는 어떤 특정한 立場에서 봐서, 上官이기에 「父母星」(즉, 六親生剋星) 이라는 것처럼 된다. 일반적으로 사람을 객관적으로 봤을 경우에는 "社長"이며, 특정한 입장에 선 사람이 각각 주관적인 입장에서 봤을 경우는 "社長"에는 틀림 없지마는 각각 "部下" "上官"으로 달라지게 된다. 이렇게 말하는 것은 「十二天將星」은 같더라도 「六親生剋星」이 달라지게 된다는 뜻이 된다. 또 이와는 전연 반대의 경우가 있다. 居住한다는 象意와 六親生剋星으로는 「父母星」이 된다. 그러나 이 居住人이 流行作家로서 언제나 旅舘에서 살고 있다면, 「父母星, 白虎星」

乞人(걸인)으로서 언제나 倉庫(창고)에서 살고 있다면, 「父母星·

勾陳星」

보통 사람으로서 언제나 住宅에서 살고 있다면,「父母星·天空星」

결핵환자가 병원에 입원하여 있다면,「父母星·太陰星」

軍人이 언제나 部隊의 幕舍(막사)에서 살고 있다면,「父母星·螣蛇星」

이라고 말할 수 있으며, 六親生剋星의 父母星은 같더라도, 十二天將星은 달라진다.

그러므로, 이 六壬占術에 있어서는 十二天將星의 象意를 중요시하는 동시에 끊임없이 六親生剋星을 補足象意(보족상의)로 하여 사용한다.

第七節　六壬判斷法의　原則

「六壬」의 길흉 성패 득실의 판단법의 원칙은 가끔 설명한 것처럼 十二支 끼리의 相互관계에 따라 결정된다. 그 판단법의 원칙을 설명하면 다음과 같다.

1. 판단은 十二支끼리의 相互관계에 의한다.

2. 相互관계로는「會·合·生·助」의 네 가지 관계를 吉로 한다.

3. 相互관계로는「刑·沖·剋·洩」의 네 가지 관계를 凶으로 한다.

4. 十二支의 相互관계는 占的에 따라서 어디의 十二支와 어디의 十二支와의 관계를 보느냐에 따라서 각각 달라진다.

5.「十二天將星·六親生剋星」은 어디까지나 象意이며, 吉凶의 十二支의 相互관계에 따라 定한다.

以上의 다섯 原則을 占的(占하는 초점, 占하는 事項)에 따라서 각각 응용하여 판단하여 간다.

이「六壬」占術은 이 五原則을 응용하기 위해 매우 占的인 面에서는 응용法이 달라지므로, 우선 첫째로 占的을 결정하였으면,「六壬」

이 구성되어 있는 十二支를 占的에 맞추어 여러가지를 設定하지 않으면 안된다.

「六壬」은 「三傳」(初傳·中傳·末傳)「四課」(第一課·第二課·第三課·第四課)의 二種 七個所의 十二支에 따라 구성되어 있다. 이 「四課·三傳」의 十二支와 「十二天將星·六親生剋星」을 占的에 따라 무엇을 볼 것인가. 어디와 어디의 十二支관계를 볼 것인가 — 라는 것을 設定한 다음에 판단에 들어가지 않으면 안된다.

가령, 戀愛占에 있어서도 第一課의 十二支가 男性이며, 第三課의 十二支가 女性이라고 設定하여 본다. 그러나, 같은 戀愛占이 되면 그 設定이 조금 달라진다.

男性은 역시 第一課의 十二支, 女性도 第三課의 十二支로 設定한다. 여기까지는 먼저와 같다. 그런데 戀敵이나, 또는 해방을 놓는 異性등은 男性側은 第二課에 女性側은 第四課에 設定한다. 즉, 男性이니 女性이니 하는 側의 사람이란 意味로서, 「第二課·第四課」를 設定하는 것이다.

이와 같이 하여 「六壬」은 占的에 따라 각각 十二支도, 十二支관계도 六親生剋星·十二天將星도 틀린 어떤 판단법을 設定하는 까닭으로 충분히 그 방법을 납득 해 주기 바란다.

六壬神課術判斷

婚姻보는 法

結婚占에서는 먼저 四課·三傳을 다음과 같이 설정한다.

「初傳」은, 動機(동기).

「中傳」은, 이야기의 경과.

「末傳」은, 이야기의 결과.

「第一課」는, 男性의 타입·용모·재능등의 남편으로서의 조건.

「第三課」는, 女性의 타입·용모·재능등의 아내로서의 조건.

「第二課」는, 男性側의 父母나 가정.

「第四課」는, 女性側의 父母나 가정.

다음에, 「十二天將星」이 가르키는 역할은 다음과 같이 된다.

「貴人星」은, 부모·혼례.

「螣蛇星」은, 방해하는 者·口舌(구설)

「朱雀星」은, 초대장.

「六合星」은, 중개인.

「勾陳星」은, 力役을 다하는 사람.

「青龍星」은, 新郞(신랑).

「天空星」은, 庶務를 맡은 사람.

「白虎星」은, 道具類.

「太常星」은, 축의금.

「玄武星」은, 시중드는 사람.

「太陰星」은, 牧師·神官·僧呂(승려).

「天后星」은, 신부(新婦)

다시 「六親生剋星」이 가르키는 역할은 다음과 같이 된다.

「兄弟星」은, 신랑이나 신부의 형제·자매·친구들

「子孫星」은, 중매인·神官·목사·승려.

「妻財星」은, 신부의 지참금.신부

「官鬼星」은, 신랑.

「父母星」은, 신랑·신부의 부모.

막상 결혼 그 자체가 이루어지느냐 어떠냐를 볼 경우는,

第一課의 十二支와 第三課의 十二支

第一課의 十二支와 末傳의 十二支

第三課의 十二支와 末傳의 十二支

등의 三者의 十二支의 相互관계 속에 二個이상이 좋은 十二支관계에 있으면 이루어진다고 보아야 한다. 혹, 十二支의 相互관계에서 좋은 관계가 하나, 또는 전부가 나쁜 관계의 경우는 이루어지지 못한다고 봐야 한다.

다음에 결혼의 良否, 즉 그 結婚을 成事시켜야 하느냐 어떠냐를 볼 경우는,

「第一課」의 十二支와 「第三課」의 十二支

「第二課」의 十二支와 「第三課」의 十二支

의 二者의 十二支의 相互관계가 모두 좋은 관계의 경우는 成事시켜도 좋다는 것이 된다.

혹, 이 二者의 十二支 相互관계중에 第二課와 第三課의 十二支關係 가 나쁜 관계일 때는, 신랑의 부모나 집과 떨어져 살 수 있는 조건이 라면 成事시켜도 좋다. 그러나 이 경우에는 반드시 第一課와 第三課의 十二支관계가 良好해야만 한다는 것은 당연한 일이다.

第一課의 十二支와 末傳의 十二支

第三課의 十二支와 末傳의 十二支

이 二者의 十二支의 相互관계가 良好하며, 第一課와 第三課의 十二 支 관계가 나쁠 경우에는 결혼 그 자체는 成事 시킬 수는 있지만 결혼 생활의 행복은 바랄 수 없다.

第四課에 玄武星・兄弟星등이 있고,

第四課의 十二支와 第一課의 十二支가 合의 관계

第三課의 十二支와 第一課의 十二支가 나쁜 관계의 경우에는 신부측 의 姉妹가 신랑과 사이가 좋든가, 때로는 그 以上의 관계가 되어 있든 가, 또는 되는가의 어느 한쪽이다.

第二課에 貴人星・父母星이 있고,

第二課의 十二支와 第三課의 十二支가 나쁜 관계등에는 신부의 시부모와의 사이가 그다지 어울리지 않는다.

더우기 혼담 후보자가 많을 경우는, 한 사람 한 사람 날(日)이나 時間을 달리 占할 필요가 있다. 또 그 중에서 한 사람을 선택했을 경우는 「命」占術에 依해 合性인지, 그 상대의 「命」을 보고 占할 필요가 있으니, 결코 안된다.

결혼의 상대로서 바람직스러운 十二天將星은,

第一課이면, 男性이므로 貴人星・朱雀星・六合星・靑龍星・太常星・太陰星

第三課이면, 女性이므로 貴人星・朱雀星・六合星・天后星・太常星・太陰星

등이 된다. 그 중에서도 특히 좋은 것은,

第一課의 靑龍星

第三課의 天后星

이다. 기타의 모든 星은 各各의 좋아하는 型에 의한다. 또 바람직스러운 六親生剋星은,

第一課이면, 男性이므로 官鬼星・妻財星

第三課이면, 女性이므로 妻財星・子孫星

이다. 그 밖의 父母星・兄弟星등은 男女가 어느 쪽이든 (第一課・第三課) 좋지 않다.

> 註) 前述한 것처럼 여기에서 말하는 十二天將星・妻財星・六親生剋星의 「 바람직 스럽다 」라는 意味는 相對로서의 型. 象意로서 마땅한 곳을 얻고 있다는 意味이다. 吉凶과는 다르기 때문에 혼동하지 않도록 注意해 주기 바란다.

胎兒 (태아) 보는 法

임신에 관한 占을 할 경우

1. 확실한 임신 여부
2. 태아는 男子인가 女子인가
3. 언제 해산 하는가
4. 安產인가 難產인가

이와 같이 占的을 구별하여 순서에 따라 봐 가지 않으면 안된다.

먼 胎兒占에서는 「四課·三傳」을 다음과 같이 설정한다.

「初傳」은, 임신의 有無.

「中傳」은, 임신중의 경과.

「末傳」은, 해산의 결과.

「第一課」는, 임부.

「第三課」는, 胎兒.

「第二課」는, 父親.

「第四課」는, 의사 또는 조산원

다음에 十二天將星이 가르키는 역할은 다음과 같이 된다.

「貴人星」은, 지나친 보호 또는 영양과잉.

「螣蛇星」은, 死亡.

「朱雀星」은, 發熱.

「六合星」은, 氣力이 弱한 정도.

「勾陳星」은, 氣絕(기절).

「靑龍星」은, 嘔吐(구토).

「天空星」은, 流産 또는 상상임신.

「白虎星」은, 異常出血 혹은 出血多量.

「太常星」은, 雜務(잡무).

「玄武星」은, 바쁜 정도.

「太陰星」은, 정신적 타격.

「天后星」은, 性생활의 不攝生(불섭생) 또는 多淫(다음).

여기에 설명한 十二天將星의 象意는 十二支의 相互관계가 나쁠 경우에 일어나는 象意를 든 불과 일부분의 例이다. 十二支의 相互관계가 나쁘지 않을 경우에는 이러한 象意는 나타나지 않는다.

六親生剋星은 이 星의 위치에 따라 상당히 다르므로 여기서는 생략하기로 한다.

임신하여 있는지 없는지를 볼 경우에는 初傳에 의해 본다. 이 경우에는 十二支의 相互관계는 보지 않는다. 다만 初傳의 十二天將星·六親生剋星만으로 본다.

初傳의 十二天將星이 天空星·太陰星등인 경우는 상상임신이다.

初傳의 十二天將星이 螣蛇星·白虎星등의 경우에는 임신과 비슷한한 질병이다.

初傳의 十二天將星이 貴人星·朱雀星·六合星·勾陳星·靑龍星·太常星·天后星인 경우에는 임신이 확실하다.

初傳의 六親生剋星이 父母星인 경우는 상상임신이다.

初傳의 六親生剋星이 官鬼星인 경우는 임신증상과 매우 닮은 질병이다.

初傳의 六親生剋星이 子孫星·兄弟星·妻財星인 경우는 임신이다.

다음에 胎兒가 男子인지 女子인지를 볼 경우는 三傳의 十二支에 의해 본다.

三傳의 十二支가 모두 陽支이면 태아는 男子이다.

三傳의 十二支가 모두 陰支이면 태아는 女子이다.

三傳의 十二支가 陰支가 一, 陽支가 二이면 태아는 女子이다.

三傳의 十二支의 陽支가 一, 陰支가 二이면 태아는 男子이다.

　　註) 陽支란, 子·寅·辰·午·申·戌을 가르키며, 陰支란, 丑·卯·巳·
　　未·酉·亥을 가르킨다.

末傳은 태어나는 時期를 가르킨다. 그의 十二支에 해당하는 月이나 日 (상식上과 의학上의 出産月日을 충분히 고려하여 결정할 것)에 出

産하게 된다.

가령, 末傳이 子였다면, 子月 또는 子日에 出産한다는 것이다.

다음에 順産인지 難産인지를 볼 경우는,

第一課의 十二支와 第三課의 十二支

末傳의 十二支와 第三課의 十二支

末傳의 十二支와 第一課의 十二支

등의 三者의 十二支의 相互관계에 따라 본다.

三者의 十二支의 相互관계의 모든 것이 나쁘면, 난산을 면하기 어렵다.

三者의 十二支의 相互관계의 모든 것이 좋으면 順産이다.

第一課의 十二支와 第三課의 十二支가 冲의 관계인 경우는 早産이나 流産이 되기 쉬운 경향이 있다.

第一課의 十二支와 第三課의 十二支가 刑의 관계인 경우에는, 난산이나 死産이 되기 쉬운 경향이 있다.

더우기, 이 第一課와 第三課가 刑의 경우에는 「刑」을 받는 쪽이 死亡되기 쉽게 되다. 즉, 第一課의 十二支가 第三課의 十二支보다「刑」을 받고 있기 때문에 第一課는 産婦이므로 産母가 위험하다는 뜻이 된다. 그 반대의 경우는 태아가 위험하다는 뜻이 된다.

특히, 第三課의 十二支가 第一課의 十二支로 부터 「刑」을 받고, 더구나 第三課의 六親生剋星이 螣蛇星이 되어 있으면 태아가 죽는다.

第一課의 十二支가 末傳의 十二支와 第三課의 十二支에서 「刑」을 받고 있는 경우에는 母體가 위험하여 간호를 잘하지 않으면 産母가 사망한다.

또, 三者의 十二支관계(第一課·第三課 末傳)의 二 以上이 좋으면 順産이다. 다만 그 경우에 나쁜 十二支관계가 하나 있는 곳이 어디에 있는지, 더구나 「十二大將星·六親生剋星」의 무엇이 있는가를 알기 위해서는 주의 깊게 살펴야 한다.

疾病 보는 法

疾病에 관한 占을 할 경우는

1. 어떤 病인가.

2. 의약은 타당한가.

3. 나을지 어떨지 그 결과는.

이와 같이 占的을 구별하여 차례차례 봐 나가지 않으면 안된다.

먼저 질병 占에서는 「四課·三傳」을 다음과 같이 설정한다.

「初傳」은, 病의 원인.

「中傳」은, 病의 경과.

「末傳」은, 病의 결과.

「第一課」는, 病者.

「第三課」는, 疾病.

「第二課」는, 의사.

「第四課」는, 의약품.

疾病 占에 있어서는, 十二支 그 자체에 매우 큰 의미가 있다. 그것은 十二支와 疾病의 經絡(경락)을 가르키기 때문이다. 이 경락은 동양의학 독특한 것으로서, 인간의 몸에 돌고 있는 氣脈(기맥)이라는 것으로서, 疾病이 어떤 內臟(내장)에 일어나면. 이 경락은 異常을 일으킨다고 하고 있다.

十二支와 經絡을 들어 보면 다음과 같이 된다. ( )속의 內臟에 질병 또는 病根등이 있다고 생각할 정도로만 생각해 두면 될 것이다.

「子」는, 足太陽膀胱經(방광).

「丑」은, 足太陰脾經(비장).

「寅」은, 足厥陰肝經(간장).

「卯」는, 足少陽膽經 (담).

「辰」은, 足陽明胃經 (위).

「巳」는, 手少陰心經 (심장).

「午」는, 手太陽小腸經 (소장).

「未」는, 手厥陰心包經 (심장).

「申」은, 手陽明大腸經 (대장).

「酉」는, 手太陰肺經 (폐장).

「戌」은, 手少陽三焦經 (음식이 통과하는 경로).

「亥」는, 足少陰腎經 (신장).

다음에 十二天將星은 病狀을 나타낸다.

「貴人星」은, 實證.

「螣蛇星」은, 亢進證.

「朱雀星」은, 熱證.

「六合星」은, 가벼운 疾病.

「勾陳星」은, 奇型發達.

「靑龍星」은, 氣分 탓이지 病은 아니다.

「天空星」은, 氣分 탓이지 病은 아니다.

「白虎星」은, 외상이 출혈.

「太常星」은, 매우 가벼운 病.

「玄武星」은, 實證.

「太陰星」은, 衰退性疾患.

「天后星」은, 虛證.

> 註) 實證이란, 체력이 충실하여 병에 저항하는 氣力이 있는 상태를 말
> 하고 虛證이란, 체력이 결핍하여 병에 저항하는 氣力이 적은 상태
> 를 말한다.

또 六親生剋星은 병의 輕重 (경중)을 나타낸다.

「官鬼星・妻財星」은, 重病.

「兄弟星・父母星」은, 가벼운 病.

「子孫星」은, 곧 나을 病.

막상 疾病占을 할 경우에는 어떤 病을 볼 경우에도, 다음과 같은 設定을 하여 두고 있다.

「初傳」에서 病의 원인을 본다.

「中傳」에서 病의 경과를 보고 있다.

「第三課」에서 病의 현상을 본다.

「第一課」에서 病者의 감각을 본다.

의약이 타당한지 어떤지를 볼 경우는,

「第一課」의 十二支와 「第二課」의 十二支

「第一課」의 十二支와 「第四課」의 十二支

「第三課」의 十二支와 「第四課」의 十二支

「第三課」의 十二支와 「第二課」의 十二支

등의 十二支의 相互관계에 따라 각각 검토한다.

「第一課」의 十二支와 「第二課」의 十二支

「第三課」의 十二支와 「第二課」의 十二支

등의 十二支관계가 좋으면 이 醫師는 좋은 의사이며, 그에게 맡겨두면 낫는다. 그와 반대로 十二支관계가 좋지 못하면 그 의사는 부적당하니 그 의사를 바꾸어야 한다.

「第一課」의 十二支와 「第四課」의 十二支

「第三課」의 十二支와 「第四課」의 十二支

등의 十二支관계가 좋으면, 지금 이용하고 있는 약물이나 치료방법이 타당하다는 것을 가르키고 있다. 그 반대로 十二支관계가 나쁘면, 그 약물이나 치료법이 타당하지 않다는 것을 가르키고 있다.

疾病이 나을지 어떨지를 볼 경우는,

「第一課」의 十二支와 「末傳」의 十二支

「第三課」의 十二支와 「末傳」의 十二支

「第一課」의 十二支와 「第三課」의 十二支

등의 三者의 十二支와 十二支의 相互관계에 따라 본다.

아무리 가벼운 病이라도 이 三者의 十二支와 相互관계의 모두가 나쁘면, 病이 악화 되어 사망하는 경우도 있다.

아무리 重病이라도 이 三者의 十二支 관계의 모든 것이 좋으면 어떤 기적에서 救助할 수 있게 된다.(以上의 두가지 경우라도 의학적인 상식을 지키지 않으면 안된다. 癌(암)과 같은 것은 어떤 相互관계라도 낫지 않는 것은 당연하다. 癌일 경우는 낫는다는 것이 아니고, 좀처럼 죽지 않는다는 뜻으로 받아 들이는 것이 중요하다.

막상 三者의 十二支의 관계 속에 二 以上의 좋은 十二支관계가 되어 있으면, 의학 상식상으로 웬만한 不治의 病 以外는 대개는 낫는다. 反對로, 二 以上의 나쁜 十二支관계가 되어 있으면, 가령 不治의 병이 아닌 보통 가벼운 병이더라도 대개는 악화되게 된다.

그러므로 疾病占의 결말(낫느냐. 낫지 않느냐)을 붙일 경우는, 미리부터 신중하게 의학적인 상식 위에서 이 病이라면 낫는데 좋은 十二支관계가 어느 정도 필요한가를 확인하여 두지 않으면 안된다.

前述한 것처럼 癌(암)같은 것은 아무리 좋은 十二支의 相互관계가 짜여져 있더라도 낫지 않는 것은 당연한 상식일 것이다.

所望 보는 法

所望占은 먼저 「四課·三傳」을 다음과 같이 設定한다.

「初傳」은, 所望發生의 원인.

「中傳」은, 所望수행의 경과.

「末傳」은, 所望수행의 결과.

「第一課」는, 所望을 가진 사람.

「第三課」는, 그 所望의 事項內容.

「第二課」는, 所望달성을 위해 돕든가 방해하는 사람.

「第四課」는, 所望달성을 위해 돕든가 방해한 事項의 내용.

더구나 이 第一課·第四課를 돕게 되는지, 방해가 되는지는 오직 十二支에 따라 결정된다.

第一課와 第二課의 十二支의 相互관계가 좋으면, 第二課의 所望도달에 도움을 받게 될 인물이다.

第一課와 第二課의 十二支의 상호관계 나쁘면, 第二課는 소망도달에 방해를 주는 인물이다.

第三課와 第四課의 十二支의 상호관계가 나쁘면, 第四課는 소망도달에 방해를 주는 事項들이다.

第三課와 第四課의 十二支의 상호관계가 좋으면, 第四課는 소망도달을 위해 도움이 되는 事項 내용들이다.

역시 이러한 소망의 달성 與否를 볼 경우에는,

第一課의 十二支와 第三課의 十二支

第三課의 十二支와 末傳의 十二支

第一課의 十二支와 末傳의 十二支

등의 三者의 十二支의 상호관계에 따라 보아야 한다.

三者의 十二支의 상호관계가 모두 나쁘다면, 그 所望은 성취할 수 없다.

三者의 十二支의 상호관계가 모두 좋으면, 그 소망은 성취할 수 있다.

또, 三者의 十二支의 상호관계 중에 두가지 이상이 좋은 十二支관계가 되어 있으면, 대체로 소망은 성취할 수 있다.

그러나 이 경우에, 소망이 성취 되더라도 自己의 利害관계는 아직 결정되지 않고 있다. 왜냐 하면, 인간은 간혹 자기를 不利하게 하는

-315-

所望을 追求하고 있는 수가 있기 때문이다.

　소망의 달성여부는 불구하고, 자기가 이익을 보는지 손해를 보는지는 末傳의 十二支가 第一課의 十二支에 어떤 작용을 주는가에 따라서 결정된다.

　末傳의 十二支가 第一課의 十二支에 對해 合·會·生·助등의 좋은 十二支의 상호관계가 되어 있으면, 利得이 있다고 판단한다.

　末傳의 十二支가 第一課의 十二支에 對해 刑·沖·尅·洩등의 나쁜 十二支의 상호관계로 되어 있으면, 손해가 있다고 판단한다.

就職 보는 法

　就職으로는, 먼저「四課·三傳」을 다음과 같이 설정한다.

　「初傳」은, 취직운동의 시작.

　「中傳」은, 취직운동의 경과.

　「末傳」은, 취직운동의 결과.

　「第一課」는, 취직 희망자.

　「第三課」는, 취직을 희망하는 직장.

　「第二課」는, 취직을 도와 주는 사람. 또는 事項.

　「第四課」는, 취직시험 또 기타 조건.

　취직이 잘 될지 안될지를 볼 경우는,

　末傳의 十二支와 第一課의 十二支

　第三課의 十二支와 第一課의 十二支

　末傳의 十二支와 第三課의 十二支

등의 三者의 十二支의 상호관계에 따라 본다.

　三者의 十二支의 상호관계가 모두가 나쁘면, 그 취직은 가망이 없다고 본다.

　三者의 十二支의 상호관계가 모두 좋으면, 희망자는 직장에서 근무하게 된다고 본다.

또 三者의 十二支의 상호관계 중에서 二 以上이 좋은 十二支관계라면, 대체로 취직은 가능하다. 그러나 第一課와 第三課의 十二支의 상호관계가 나쁘다면, 가령 취직이 되더라도 그다지 자기를 위하지는 못한다. 또 때로는 그 직장에 있기가 싫어지는 수가 있다.

반대로 第一課와 第三課의 十二支의 상호관계가 좋으면, 자기 마음에 만족할 수 있는 직장에 취직 되어 근무하게 된다고 본다.

求財 보는 法

求財占에서는, 먼저 「四課・三傳」을 다음과 같이 設定한다.

「初傳」은, 求財의 발단.

「中傳」은, 求財의 경과.

「末傳」은, 求財의 결과.

「第一課」는, 求財하는 사람.

「第三課」는, 財 또는 하는 일.

「第二課」는, 求財를 위해 도움이 되든지 방해가 되든지 하는 사람.

「第四課」는, 求財를 위해 도움이 되든지 방해가 되든지 하는 事項.

더우기, 이 「第二・四課」의 도움이 되는지 방해가 되는지는 오직 十二支의 상호관계에 따라 결정된다.

第二課의 十二支가 第一課의 十二支에 對해 刑・沖・尅・洩등에 나쁜 작용을 하는 十二支관계로 되어 있으면, 第二課는 求財에 방해가 되는 사람이라는 것을 나타내고 있다.

第二課의 十二支가 第一課의 十二支에 對해 合・會・生・助등의 좋은 작용을 하는 十二支관계로 되어 있으면, 第二課는 求財를 위해 도움이 되는 사람임을 나타내고 있다.

第四課의 十二支와 第三課의 十二支의 관계도 이것과 똑 같다.

역시 財가 손에 들어오는지 어떤지의 與否를 볼 경우에는,

第一課의 十二支와 末傳의 十二支

第三課의 十二支와 末傳의 十二支

第一課의 十二支와 第三課의 十二支

등의 三者의 十二支의 상호관계에 따라 본다.

三者의 十二支의 상호관계가 모두 좋으면 財가 손에 들어온다.

三者의 十二支의 상호관계가 모두 나쁘면, 財는 손에 들어오지 못한다.

또 三者의 十二支의 상호관계 中에 二 以上이 좋은 十二支관계에 있으면, 대체로 財는 들어 온다. 그러나, 第三課의 十二支가 第一課의 十二支에 나쁜 작용을 주고 있는 十二支의 상호관계라면, 財는 손에 들어오지 마는, 그 財를 얻었기 때문에 이런저런 복잡한 괴로움이 발생하게 된다.

또 그와는 반대로 第一課의 十二支가 第三課의 十二支에 나쁜 작용을 주고 있는 十二支의 상호관계라면, 財는 손에 들어오지 마는 그 財를 얻기 위해서의 代價나 수고가 그 얻세된 財物 이상으로 많았기 때문에 결과적으로는 利得이 없었던 셈이 된다.

그러므로 求財라는 경우에는 財의 收入 支出에 불구하고, 第一課의 十二支와 第三課의 十二支의 상호관계가 나쁠 경우에는 財物 그 자체를 단념하는 편이 결과적으로 현명하다 할 것이다.

더우기 이 求財占에는 「命」占術과 매우 관계가 있다. 그 사람의 「命」이 財的으로 吉하고, 다시 行運에서 吉運이어야 비로서 財를 손에 쥐게 되는 것이다. 즉, 求財는 「命」의 범주로서 左右된다는 것이다.

家出 보는 法

家出占에서는 먼저 「四課・三傳」을 다음과 같이 設定한다.

「初傳」은, 家出의 원인.

「中傳」은, 家出의 경과.

「末傳」은, 家出의 결과.

「第一課」는, 찾는 사람.

「第三課」는, 家出한 사람.

「第二課」는, 家出한 사람을 찾는데 돕든가 방해하는 사람.

「第四課」는, 家出하는 것을 돕는다든지, 방해하는 사람.

家出의 원인은 初傳의 十二天將星에 따라 본다.

「貴人星」인 경우는, 地位전락이나 불명예스러운 일로 家出한 것.

「螣蛇星」의 경우는, 귀찮은 문제가 일어났기 때문에 또는 죽음을 求하기 위해 家出한 것.

「朱雀星」인 경우는, 시험에 떨어지든가. 법률에 저촉되었기 때문에 家出한 것.

「六合星」인 경우는, 異性문제 때문에 家出한 것.

「勾陳星」인 경우는, 남에게 속아서 家出한 것.

「天空星」인 경우는 거의 가출인 자신이 까닭을 모르기 때문에 단지 아무말업이 가출해 버리는 것.

「靑龍星」인 경우는, 금전에 막히든지 事業이 제대로 되지 않아 家出하는 것. 女性의 경우에는 男性과 함께 家出하는 것.

「白虎星」인 경우는, 病으로 절망하여 家出한 것.

「太常星」인 경우는, 무언가 견디지 못해 家出한 것.

「玄武星」인 경우는, 家出이라기 보다 꾀임에 끌려나간 것.

「太陰星」인 경우는, 무언가 번그러워져 마음의 안정을 求하기 위해 家出한 것.

「天后星」인 경우는, 배우 또는 탈렌트등을 꿈꾸고 家出하든지, 향락을 즐기기 위해 家出한 것. 男性인 경우이면, 女性과 함께 가출한것.

中傳은 家出에 對한 경과를 나타내는 곳이므로 中傳의 十二支는 그 方向을 나타내며 거기에 있는 十二天將星은 그 장소를 나타낸다.

「貴人星」인 경우는, 大都市에 있든가. 혹은 커다란 빌딩속이나 그 부근에 있다.

「螣蛇星」인 경우는 경찰 파출소에 머물고 있거나, 교도소 등에 들어 있다.

「朱雀星」인 경우는, 학교부근에 있다.

「六合星」인 경우는, 신문사, 방송국, 또는 그 부근에 있다.

「勾陳星」인 경우는, 시골 집에 있다.

「靑龍星」인 경우는, 商社나 은행부근에 있다.

「天空星」인 경우는, 친구 집에 있다.

「白虎星」인 경우는, 여관이나 호텔에 있다.

「太常星」인 경우는, 음식점이 商店에 있다.

「玄武星」인 경우는, 산골에 들어 갔거나, 工場에서 일하고 있다.

「太陰星」인 경우는, 寺刹 (사찰)이나 齋舍나 病院에 있다.

「天后宮」인 경우는, 물장사 또는 예능관계에서 일하고 있다.

第一課의 十二支와 第二課의 十二支의 상호관계가 좋으면, 第二課의 가르키는 人物이나 事項은 家出人을 찾는 일을 돕는다.

第一課의 十二支와 第二課의 十二支의 상호관계가 나쁘면, 第二課의 가르키는 人物이나 事項은 家出人을 찾는데 방해가 된다.

第三課의 十二支와 第四課의 十二支의 상호관계가 나쁘면, 第四課의 가르키는 人物이나 事項등은 家出人이 家出하는 것을 못하게 (방해) 하는 작용을 한다. 그러므로 나쁜 十二支의 상호관계에 있으면서, 이 占 (家出占)에는 좋은 결과가 된다.

第三課의 十二支와 第四課의 十二支의 상호관계가 좋으면, 第四課의 가르키는 人物이나 事項등은 家出人의 家出을 돕는 작용을 한다. 그러므로, 좋은 十二支의 상호관계이면서 이 占(家出占)에서는 나쁜 결과가 된다.

막상 家出人이 돌아올는지 어떤지를 볼 경우에는,

第一課의 十二支와 末傳의 十二支

第三課의 十二支와 末傳의 十二支

第一課의 十二支와 第三課의 十二支

등의 三者의 十二支의 상호관계에 따라 본다.

三者의 十二支의 상호관계가 모두 좋으면 빨리 돌아오게 되며, 돌아오더라도 모든 것이 잘 마무리 된다.

三者의 十二支의 상호관계가 二 以上이 좋은 十二支 관계가 되어 있으면, 일단은 돌아 온다고 본다.

三者의 十二支의 상호관계가 모두 나쁘면 돌아 오지 않으며, 특히 末傳에 騰蛇星·官鬼星등의 星이 있으면, 死亡할 염려가 있다.

其他 末傳의 十二支와 第三課의 十二支의 상호관계가 나쁠 경우는, 거기에 있는 十二天將星에 따라 다음과 같은 凶意가 나타난다.

「貴人星」인 경우는, 불명예스러운 사건.

「騰蛇星」인 경우는, 사망 또는 해결하기 어려운 문제

「朱雀星」인 경우는, 법률문제.

「六合星」인 경우는, 소식 불통.

「勾陳星」인 경우는, 남에게 속는 일.

「靑龍星」인 경우는, 금전을 잃든가. 女性에게 몸을 맡긴다.

「天空星」인 경우는, 의식을 잃든가. 상식을(주체성) 잃는다.

「白虎星」인 경우는, 질병이나 교통사고.

「太常星」인 경우는, 돌아갈 여비가 없다.

「玄武星」인 경우는, 나쁜짓을 하든가 또는 나쁜 조직에 들어간다.

「太陰星」인 경우는, 세상을 버린다.

「天后星」인 경우는 享樂的이 되든가 또는 女性과 헤어지지 못하게 된다.

訴訟 보는 法

訴訟占에서는 먼저 「四課 · 三傳」을 다음과 같이 設定한다.

「初傳」은, 소송의 원인.

「中傳」은, 소송의 경과.

「末傳」은, 소송의 결과.

「第一課」는, 原告.

「第三課」는, 被告.

「第二課」는, 원고측의 소송사유 · 증거 변호인 · 증인등.

「第四課」는, 피고측의 소송이유 · 증거 변호인 · 증인등.

訴訟에 있어서의 승패 또는 損得을 보는 경우에는,

「第一課」의 十二支와 「末傳」의 十二支.

「第三課」의 十二支와 「末傳」의 十二支.

「第一課」의 十二支와 「第三課」의 十二支

등의 三者의 十二支의 상호관계에 따라 본다. 더우기, 소송占에 있어서의 十二支의 상호관계는 보통의 十二支 관계와는 조금 다르게 상세하다.

第一課의 十二支와 第三課의 十二支의 상호관계가 「會」는 모두 「生」이냐 「剋」이냐의 어느 쪽인가를 본다.(즉 會와는 보지 않는다)

第一課의 十二支와 第三課의 十二支와의 상호관계의 「冲」은 모두 「生」이냐. 「剋」이냐의 어느 쪽인가를 본다.(즉 冲과는 보지 않는다.)

막상, 원고와 피고 사이의 승패는,

第一課의 十二支가, 第三課의 十二支를 刑·剋·洩로 되어 있을 경우는 원고측이 勝이며, 被告측이 敗이다.

第三課의 十二支가 第一課의 十二支를 刑·剋·洩로 되어 있을 경우에는, 被告측이 勝하고 原告측이 敗한다.

또 第一課의 十二支와 第三課의 十二支와가 助의 관계인 경우에는, 原·被告의 승패가 분명하지 않다.

다음은, 소송의 손득은?

第一課의 十二支와 末傳의 十二支의 相互關係가 좋으면, 원고는 이 소송에서 이익을 보게 된다.

第三課의 十二支와 末傳의 十二支의 상호관계가 좋으면, 피고는 이 소송에서 이익을 보게 된다.

第一課의 十二支와 末傳의 十二支의 상호관계가 나쁘면, 원고는 이 소송에서 손해를 보게 된다.

第三課의 十二支와 末傳의 十二支의 상호관계가 나쁘면, 피고는 이 소송으로 손해를 보게 된다.

더우기, 이 十二支의 상호관계중에서 「助」는 일단 제외된다. 즉 손해도 이익도 없으니 단지 差引殘高가 0이 된다는 것이다. 이것을 사회의 상식면에 말 한다면, 원고로서는 손해를 볼 가능성이 많다는 것이 된다.

訪問 보는 法

訪問이란, 어떤 하나의 목적을 가지고 사람을 訪問할 경우를 말한다. 그러므로, 단순히 놀기 위해 사람을 방문하는 것과는 조금 다르다.

訪問占에서는 먼저 「四課·三傳」을 다음과 같이 設定한다.

「初傳」은, 방문의 용건.

「中傳」은, 방문의 경과.

「末傳」은, 방문의 결과.

「第一課」는, 방문하는 사람.

「第三課」는, 방문객을 맞는 사람.

더우기, 이 訪問占으로는, 「第二・四課」는 十二天將星・六親生剋星에 따라 각각의 역할이 달라지기 때문에 결정지을 수가 없다.

訪問하여 그 목적을 이룰 수 있을지 어떤지를 볼 경우는?

第三課의 十二支와 第一課의 十二支

末傳의 十二支와 第一課의 十二支

등의 二者의 十二支의 상호관계에 따라 본다.

방문占은 다른 占과는 다르며, 이 二者의 十二支의 상호관계가 모두 좋지 않으면 안된다. 하나라도 나쁜 관계 있으면, 그 방문의 목적은 감당하지 못한다고 본다.

第三課의 十二支와 第一課의 十二支의 상호관계만 좋을 경우에는 방문객을 맞는 사람은 뭔가 힘을 도와주지마는 力不足일 경우 실패로 그치게 된다.

末傳의 十二支와 第一課의 十二支의 상호관계만 좋을 경우에는 방문객을 맞는 사람은 전연 힘을 빌려 주지 않는 사람이다.

旅行 보는 法

旅行占으로는 먼저 「四課・三轉」을 다음과 같이 設定한다.

「初傳」은, 여행의 목적.

「中傳」은, 여행의 경과.

「末傳」은, 여행의 결과.

「第一課」는, 여행하는 사람.

「第三課」는, 여행에 이용되는 교통기관.

「第二課」는, 여행중에 일어나는 事項.

「第四課」는, 여행의 장소.

여행의 목적지나 여행중에 일어나는 事項등을 볼 경우에는, 初傳이나 第二課에 있어서의 十二天將星이 매우 큰 역할을 한다.

「貴人星」인 경우는, 공무 또는 社用을 위해서의 여행.

「螣蛇星」인 경우는, 친구 또는 친척의 불행에 대한 용건으로 가는 旅行.

「朱雀星」인 경우는, 시험 또는 소송등의 여행. 혹은 관광이나 取材를 위한 여행.

「六合星」인 경우는, 교제관계의 여행.

「勾陳星」인 경우는, 바쁜 일을 정리하기 위한 여행.

「靑龍星」인 경우는, 去來나 수금관계의 여행.

「天空星」인 경우는, 단순한 유람여행.

「白虎星」인 경우는, 요양 또는 정양을 위한 여행.

「太常星」인 경우는, 여러가지 잡무를 정리하기 위한 여행.

「玄武星」인 경우는, 뭔가 비밀에 대한 여행.

「太陰星」인 경우는, 省墓(성묘)를 위한 旅行.

「天后星」인 경우는, 누군가와의 도피 또는 異性과의 즐거운 여행.

그러면, 여행에 있어서의 결과를 볼 경우는?

第一課의 十二支와 第三課의 十二支

末傳의 十二支와 第三課의 十二支

末傳의 十二支와 第一課의 十二支

등의 三者의 十二支의 상호관계에 따라 본다.

三者의 十二支와의 상호관계가 모두 좋으면 이 여행으로 인해 목적이 달성되며, 또 여행 그 자체도 매우 즐겁게 다녀올 수 있게 된다.

또, 三者의 十二支와의 상호관계 중에 두 가지 좋은 十二支 관계가 있으면, 일단은 좋은 여행을 할 수 있다.

반대로, 三者의 十二支와의 상호관계 중에 두 가지의 나쁜 十二支 관계가 있으면, 이 여행으로 인해 목적도 충분히 달성하지 못하고, 또 여행 그 자체도 그다지 기분좋게 다녀올 수는 없다.

혹시나, 三者의 十二支의 상호관계가 모두 나쁠 경우에는 여행의 목적도 달성하지 못하며, 그 위에 여행중에 여러가지 事故이나 불유쾌한 일이 일어나기 쉽게 된다.

第一課의 十二支가 末傳의 十二支와 第二課의 十二支와의 둘로 부터 동시에 「刑」의 작용을 받고, 다시 末傳의 螣蛇星·官鬼星이 되어 있으면, 교통사고로 一命을 잃어버리게 될 경우도 있다.

第一課의 十二支가 中傳의 十二支와 第二課의 十二支와의 둘로 부터 동시에 「刑」의 작용을 받으면, 여행중에 車를 놓쳐 뜻하지 않은 事故를 당한다.

다시 旅行 목적지는 十二天將星에 의해 알 수 있게 된다.

「貴人星」인 경우는, 首都·고향·대도시.

「螣蛇星」인 경우는, 군사기지가 있는 곳·

「朱雀星」인 경우는, 명승고적지.

「六合星」인 경우는, 시골 村落·

「勾陳星」인 경우는, 농촌·

「靑龍星」인 경우는, 상업도시·항구·해안지대.

「天空星」인 경우는, 一定하지 않는 곳·

「白虎星」인 경우는, 교통의 중심지·

「太常星」인 경우는, 邑·面소재지·

「玄武星」인 경우는, 공업도시·산악지대.

「太陰星」인 경우는, 종교도시·산악지대·

「天后星」인 경우는, 유흥도시.

失物 보는 法

失物占에서는 먼저 「四課·三傳」을 다음과 같이 설정한다.

「初傳」은, 잃은 물건이 마지막까지 사람 눈에 띈 장소 또는 잃은 원인.

「中傳」은, 失物을 찾는 경과.

「末傳」은, 失物을 찾은 결과.

「第一課」는, 失物을 찾는 사람.

「第三課」는 잃은 물건의 이름.

더우기 이 失物占에서는, 「第二·四課」는 때와 장소에 따라 代表하는 事項이 달라지기 때문에 定할 수가 없다.

初傳의 十二天將星은 흔히 두고 잊어버린 장소나 널어뜨린 장소를 나타내는 수가 많이 있다.

「貴人星」인 경우는, 門.

「螣蛇星」인 경우는, 화장실.

「朱雀星」인 경우는, 書齋(서재).

「六合星」인 경우는, 응접실·우체국.

「勾陳星」인 경우는, 다락방·창고.

「靑龍星」인 경우는, 금고·현관·은행·상점·사무소.

「天空星」인 경우는, 一定하지 않다.

「白虎星」인 경우는, 정거장·역.

「太常星」인 경우는, 다방·레스토랑.

「玄武星」인 경우는, 공장·목욕탕.

「太陰星」인 경우는, 庭(뜰)·병원·절.

「天后星」인 경우는, 침실·캬바레·극장.

다시, 官鬼星·螣蛇星등이 있었던 경우에는 도둑 당했다고 생각되는 수가 많이 있다. 또 四課에 官鬼星·螣蛇星등이 있는 경우에는 앞과 같은 해석을 할 수 있다.

혹시 失物자체가 도둑 당했다고 결정 되었을 때는 第二課에 螣蛇星·官鬼星이 있으면, 이 第二課는 경찰을 가르키는 것이라고 設定한다.

失物을 찾을 수 있는지 어떤지를 볼 경우에는?

末傳의 十二支와 第一課의 十二支

第三課의 十二支와 第一課의 十二支

등의 二者의 十二支의 상호관계에 따라 보게 된다.

이 二者의 十二支의 相互관계가 모두 좋으면 찾게 된다.   하나라도 나쁜 관계가 있으면 찾지를 못한다.

末傳의 十二支와 第三課의 十二支와의 相互관계가 나쁜 경우에는 前述한 二者의 좋은 관계(第一課와 末傳. 第三課와 第一課)가 있더라도, 이 失物은 찾게 되더라도 부서져 있든지, 原型을 잃고 있기 때문에 쓰지 못하게 되어 있다.

다시, 第四課가 훔친 사람을 나타내는 設定이였을 경우는, 第四課의 六親生剋星이 나타내는 人間은 다음과 같이 된다.

「兄弟星」인 경우는, 兄弟姉妹·친구·외부로 부터의 도둑.

「子孫星」인 경우는, 手下·子女·動物(개·고양이등이 물고 갈 때가 있다.)

「妻財星」인 경우는, 妻·고용인·情婦.

「官鬼星」인 경우는, 남편·깡패·情夫.

「父母星」인 경우는, 兩親·手上.

試驗 보는 法

試驗占에서는 먼저「四課·三傳」을 다음과 같이 設定한다.

「初傳」은, 시험의 준비 초기.

「中傳」은, 시험의 준비 경과.

「末傳」은, 시험의 결과.

「第一課」는, 수험자.

「第三課」는, 시험문제.

「第二課」는, 수험자의 학력, 능력.

「第四課」는, 學校.

더구나, 이것은 입학시험이며, 취직시험·면접시험·예능등의 시험인 경우는, 第三課와 第四課가 바뀐다. 즉,

第三課는, 취직처.

第四課는, 시험문제·면접시험.

이 시험占에 있어서의 第二課는 수험자의 학력에 대하여 매우 중요한 역할을 하고 있다.

第一課의 十二支가 第二課의 十二支를 「刑」하는 관계에 있으면, 수험자는 수험한 게으름뱅이로서 공부를 싫어한다.

第二課의 十二支가 第一課의 十二支를 洩하는 관계에 있으면, 수험자는 아무리 공부를 하여도 효과가 없으며, 학력이 몸에 붙지 않는다.

第二課의 十二支가 第一課의 十二支를 「生」하는 관계에 있으면, 수험자는 매우 힘이 있다.(결과는 별도)

第二課의 十二支가 第一課의 十二支를 「剋」하는 관계에 있으면, 수험자는 학력이 매우 부족하다.

그러면, 시험결과를 볼 경우에는?

第一課의 十二支가 末傳의 十二支

第三課의 十二支가 末傳의 十二支

第一課의 十二支가 第三課의 十二支

등의 三者의 十二支의 상호관계에 따라 보게 된다.

三者의 十二支의 상호관계가 모두 좋으면, 합격한다. 三者의 十二支의 상호관계가 모두 나쁘면, 불합격이다. 또 三者의 十二支의 상호관

계 중에 둘 以上이 좋은 十二支관계가 되어 있으면, 대체로 합격할 수 있다.(이 경우는 상식이 필요하다.)

去來 보는 法

去來란, 상업상의 交易을 말한다. 이 去來占에서는 먼저 「四課·三傳」을 다음과 같이 設定한다.

「初傳」은, 去來의 시초.

「中傳」은, 去來의 경과.

「末傳」은, 去來의 결과.

더우기, 四課의 역할의 설정은 去來종류에 따라 다르게 된다.

가령, 어떤 生産공장에서 제품을 많이 구입할 경우, 物品에는 이미 一定한 규격이 있으며, 가격이나 거래조건이 문제가 된다. 즉, 買主와 賣主와의 흥정이 占하는 일의 中心이 된다. 이러한 경우에는,

「第一課」는, 買主(사는 사람).

「第二課」는, 買主가 가지고 있는 금액.

「第三課」는, 賣主(파는 사람).

「第四課」는, 賣主의 商品.

으로 된다.

이의 반대로, 賣買(매매)나 흥정이 主라기 보다 사용을 목적으로 하는 買入의 去來같은 경우가 있다. 예를 들면, 家屋이나 土地를 求하는 경우, 山林을 사는 경우, 入札등으로 物品을 구입하는 경우등. 賣主와 買主의 가격 흥정보다도, 買主가 사들인 물품과의 앞으로가 문제가 되는 경우에는,

「第一課」는, 買主.

「第二課」는, 買主가 가지고 있는 금액.

「第三課」는, 賣主가 가지고 있는 商品.

「第四課」는, 賣主.

로 된다.

以上과 같이, 去來占인 경우는 두 가지 방법으로 생각할 수 있으므로, 거래의 성질이나, 상태를 충분히 살핀 연후에 결정 지울 필요가 있다.

또 이 두 가지 방법의 어느 쪽인지가 분명치 않을 경우는, 賣物의 象意에 있는 十二天將星과 六親生剋星이 붙어 있는 쪽의 課를 選擇(선택)하면 될 것이다.

가령, 車를 살(또는 팔)경우에, 白虎星·父母星이 第三課에 붙어 있을 경우는, 第三課가 賣物이 되며, 第四課에 붙어 있으면 第四課가 賣物이 된다. 이와 같이 家屋을 求할 경우에 太常토·父母星이 第三課에 붙어 있으면, 第三課가 賣物이 되며, 第四課에 붙어 있으면 第四課가 賣物이 된다.

그러면, 去來가 이루질는지 어떤지를 볼 경우는?

第一課의 十二支와 末傳의 十二支

第二課의 十二支와 末傳의 十二支

第三課의 十二支와 第一課의 十二支

이 三者의 十二支의 상호관계 中에 두개 以上 좋은 十二支관계가 되어 있으면, 대체적으로 거래는 이뤄지게 된다. 그 以外는 이뤄지지 못한다.

雇用 보는 法

雇用人占에서는, 먼저 「四課·三傳」을 다음과 같이 설정한다.

「初傳」은, 雇用의 시작 또는 계기.

「中傳」은, 雇用광고의 경과.

「末傳」은, 雇用운동의 결과.

「第一課」는, 雇用應募者(고용응모자).

「第三課」는, 종업원 모집자.

「第二課」는, 취직을 돕는 사람.

「第四課」는, 채용시험 또는 기타 조건.

채용이 결정되는지 어떤지를 볼 경우는?

「末傳」의 十二支와 「第一課」의 十二支

「第三課」의 十二支와 「第一課」의 十二支

「末傳」의 十二支와 「第三課」의 十二支

이 三者의 十二支의 상호관계 中에 두개 이상이 좋은 十二支관계로 되어 있으면, 채용이 결정된다.

그러나, 이 경우에, 第一課의 十二支와 第三課의 十二支의 관계가 나쁜 관계이면, 아무리 채용되어도 그다지 그 人物은 쓸모 없게 된다. 반대로, 第一課의 十二支와 第三課의 十二支와의 상호관계가 좋으면, 쓸모 있는 좋은 人物이라 하겠다.

逮捕(체포) 보는 法

逮捕占에서는 먼저 「四課·三傳」를 다음과 같이 설정한다.

「初傳」은, 사건의 발생.

「中傳」은, 수사의 경과.

「末傳」은, 수사의 결과.

「第一課」는, 경찰.

「第三課」는, 범인.

「第二課」는, 경찰측의 조건.

「第四課」는, 범인측의 조건.

체포할 수 있는지 어떨지를 볼 경우는, 이제까지의 「六壬」의 三者의 十二支의 상호관계에 의한 것이 아닌 체포占의 독특한 조건에 들어 맞지 않으면 안된다.

第一課의 十二支가 第三課의 十二支에 대해 刑·尅·洩의 작용을 하고 있지 않으면 안된다.

末傳의 十二支가 第三課의 十二支에 대해 刑·尅·冲의 작용을 하고, 있지 않으면 안된다.

末傳의 十二支가 第一課의 十二支에 대해 合·會·生의 작용을 하고, 있지 않으면 안된다.

등의 세 가지 조건이 있으며, 이 조건이 둘 以上이 갖추어져 있지않으면 범인은 잡히지 않는다.

末傳의 十二支와 第三課의 十二支와의 상호관계가 좋은 관계로 되어 있으면, 범인은 아주 도망을 잘하며 좀처럼 잡히기 어렵게 된다.

또, 第一課의 十二支와 第三課의 十二支와의 상호관계가 좋은 관계로 되어 있으면, 범인은 교제를 제법 잘하여 경찰관등의 속에 친분이 있으며, 수박 겉핥기식의 수사만 하는 수가 많다.

中傳의 十二天將星은 체포전의 범인의 거처를 나타낸다.

末傳의 十二天將星은 범인이 체포된 내용 또는 체포하지 못한 원인을 나타낸다.

「第三課」의 十二天將星은 범인의 성격이나 인물의 象意를 나타낸다.

「天后星」인 경우는, 女性 혹은 예능관계자.

「靑龍星」인 경우는, 社長 또는 金融관계者.

「貴人星」인 경우는, 地位가 있는 사람 또는 정치가.

「螣蛇星」인 경우는, 살인전문자 또는 불량배.

「朱雀星」인 경우는, 전문적인 지능범.

「勾陳星」인 경우는, 變質者.

「白虎星」인 경우는, 기술자 혹은 운전기사.

第五章 卜에 依한 事態의 豫測과 處置(遁甲)

第一節 奇門遁甲術入門

奇門遁甲術이란 무엇인가

「卜」속의 占術을 大別하면, 占卜·選吉·測局의 三種이 있다. 이 三種의 대표적인 占術로서, 「占卜」에는 「斷易」(五行易),「六壬」이 있으며, 「測局」에는 「太乙神數」가 있으며, 「選吉」에는 이 「奇門遁甲」이 있다. 즉, 日辰이나 方位를 어느 時間內에 擇하는 것을 「選吉」이라고 하고, 奇門遁甲(기문둔갑)을 사용하여 占한다. 다만 「相」의 占術인 家相도 이 「奇門遁甲」을 사용한다.

이 「奇門遁甲」은 매우 오랜 歷史를 지녀, 別名을 八門遁甲이라고 불리워져 日本에서도 江尺時代의 軍學者는 반드시 이것을 修學하였던 것이다.

그러므로 江尺時代의 作者들은 이미 이 術을 알고 있었다는 것이다.

이 奇門遁甲은, 「卜」占術中에서는 우선 「選吉」이라고 하여 이용하는 것이 가장 정확하고, 또 이용효과도 크겠지만 選吉 이외에도 응용되는 폭 넓은 占術이다.

> 註) 더우기 현재 行해지고 있는 方位의 占術은 九星術, 氣學이라고 하며, 「奇門遁甲」속의 「九宮」(遁甲의 九星은 아니다)만을 들추고,더구나 「遁甲」와는 다른 神殺派(한단계 낮은 占術)의 方位占術을 뜯어 맞추어서 만들어진 것이다. 中國에서는 神殺派의 掌門과는 자리를 함께할 수 없을 정도로 한 단 낮게 취급되고 있다.

本書에서는, 이 章의 「方位(選吉)」와 다른 章의 「家相」과 「印相」에 응용하는 奇門遁甲을 記述하여 두었다.

◈ 羅 經 盤(나경판)

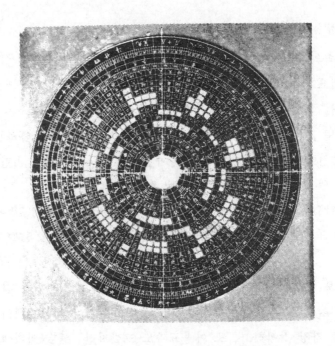

　위의 사진은 「羅經」이라 하며, 中國의 五術에서는 빼 놓을 수 없는
道具이다. 一種의 磁石과는 비교할 수 없는 정도로 精巧(정교)한 것
이며, 또 使用하기에 매우 편리 하다.

　五術中의 奇門遁甲에 利用하며, 「家相」에도 이용한다. 특히 이 羅
經이 위력을 발휘하는 것은, 所望成就를 위해, 吉方位로　奇門遁甲을
이용하여 이 羅經을 造作(五術專門語)하는데 있을 것이다. 한　가운
데를 「天池」라고 부르며, 四方에 실(糸)이 붙여져 있으며, 이　실
과 北을 가르키는 磁石의 針의 맞춤法으로서, 方位의 角度를 간단하게
볼 수 있는 것이다. 옛날에는 城을 쌓아올리는데 이 羅經의 크기가 四
疊半 정도의 것을 써서 家相을 보았다는 것이다.

奇門遁甲의 基本

「奇門遁甲」의 方術은 그 짜임이 매우 복잡하다.

우선 「遁甲盤」이라는 것이 있다. 이것은, 어느 時期 (즉, 年 또는 月·日·時 등의 어떤 時期)에 東西南北의 四方位와 그 사이의 四方位 모두 八方位에 여러가지 虛星을 配置한 表를 「遁甲盤」이라고 한다.

이 遁甲盤에는, 年盤·月盤·日盤·時盤의 四種이 있으며, 각각의 時期에 따라 다른 盤으로 되어 있다.

이 盤은 別冊의 二五八~三五一頁에 虛星을 배치한 完成된 것을 記戰해두고 있다. (다만 時盤은 짧은 時間의 경우에만 사용하기 때문에 本書에서는 생략 하였다) 이에 배치된 것에 의해, 어느 곳의 方位가 吉인가 凶인가가 占할 수 있게 되는 것이다.

이 四種의 「遁甲盤」은 「局」이라는 것에 의해 나오게 된다. 이 「局」이란, 時間 (큰 의미로서 時間의 흐름)의 代名詞와 비슷한 것이다. 가령 一九七二年이라는 어는 時를 一局이라는 이름으로 나타낸 것이다.

그러면 「奇門遁甲」은 이 「局」에 의해 前述한 「遁甲盤」이 四種類 만들어지게 된다. 그리하여 이 「遁甲盤」에는 五種類의 虛星이 六個 배치 되게 된다.

먼저 첫 째로 「十干」이 二個 배치된다. 다음에 「九星」이 배치되며, 「八門」이 배치되고, 다시 「九宮」과 「八神」이 배치된다. 이 가운데 「十干」은 엄밀하게는 虛星이라고는 할 수 없지마는, 本章에서는 다른 虛星과 같이 생각하여 넣어두고 있다. 五種類 六個의 虛星을 배치한 것이 정확한 「遁甲盤」이 된다.

局에 對하여

「局」이란 「局數」로서, 「遁甲盤」을 加 (더하기)할 때는 이 「局

數」부터 加해 나간다. 이 「局」은 數字 때문에 「局數」라고 불러지고 있다.

이 「局」은 「陰局」과 「陽局」의 二種類가 있으며, 각각 九局씩 있다. 즉 陰陽局 합쳐서 十八局이 있는 셈이다.

十干에 대하여

이것은 가끔 지금 까지 설명했던 「十干」을 가르키며, 甲·乙·丙·丁·戊·己·庚·辛·壬·癸를 말한다. 다만 「遁甲」에서는, 乙·丙·丁을 「三奇」라고 부르며, 戊·己·庚·辛·壬·癸를 「六儀」라고 부르고 있다.

遁甲盤으로는, 이 十干을 두個로 하나의 盤에 配置한다. 그것으로, 위에 배치한 十干을 「天」이라 하고 (天干의 略), 밑에 비치한 十干을 地(地干의 略)라고 한다.

九星에 對하여

「九星」이란 天蓬星(천봉성)·天芮星(천예성)·天沖星(천충성)·天輔星(천포성)·天禽星(천금성)·天心星(천심성)·天柱星(천주성)·天任星(천임성)·天英星(천영성)등의 九種을 말한다. 다만 이「九星」은 보통 册曆에 쓰이고 있는 구성과는 명칭은 같지만은 전연 다른 것이다.

八門에 대하여

「八門」이란 休門(휴문)·生門(생문)·傷門(상문)·杜門(두문)·景門(경문)·死門(사문)·驚門(경문)·開門(개문)의 八種을 말한다.

九宮에 대하여

「九宮」이란, 一白·二黑·三碧·四綠·五黃·六白·七赤·八白·九紫의 九種을 말한다. 이 九宮은 일반 책력에 사용되고 있는 九星을

말한다.

八神에 對하여

「八神」이란, 直符(직부)・螣蛇(등타)・太陰(태음)・六合(육합)・勾陳(구진)・朱雀(주작)・九地(구지)・九天(구천)의 八種을 말한다.

以上의 十干이 「天地」로 二個, 그리고 「九星・八門・九宮・八神」과 모두 六個로 「遁甲盤」이 구성되어 있는 셈이다. 別冊의 奇門遁甲圖表(別冊二五八頁)에 이 「遁甲盤」이 있지만, 보기 쉽도록 한 一字의 略號로서 記入되어 있다. 이 「遁甲盤」은 前述한것 처럼 「局數」에서 나오게 된다.

第二節   遁甲盤 表出法

本來 이 遁甲盤은 하나하나 各自가 작성하는 것이지만, 本書에서는 別冊奇門遁甲圖表 에 완성된 遁甲盤을 싣고 있으므로 盤을 작성한다고 하기 보다는 그 盤을 어떻게 찾아내는가 라는 표출法(즉 찾는법)을 여기에서 설명한다. 前述한 것처럼 이 盤은 三種(年盤・月盤・日盤)이 있으며 목적에 따라서 쓰는 법도 구분되어 있으나, 「盤」을 표출하는 방법은 「局數」에 따라 찾아낸다.

이 局數는 年・月・日등의 干支에 의해 나오게 된다. 즉, 「盤」을 찾아낼려는 경우에 먼저 그 때(年・月・日)의 「干支」를 求해 干支에서 局數를 求하고 다시 이 干支와 局數에서 遁甲盤을 찾아낸다. 정리한다면 다음과 같이 된다.

1. 盤을 찾아낼 때를 定한다. 盤이란 年盤・月盤・日盤이다.
2. 定한 時(年・月・日)의 干支를 찾아낸다.

-341-

3. 干支에 따라 局數를 求한다.

4. 局數와 干支에 따라 盤을 찾아낸다. 以上의 四箇條이다.

年·月·日·時의 干支 찾는 법

이것은 이미 여러차례 설명해 왔다. 지금까지의 것과 꼭 같다.「命」占術의 紫微斗數의 章의 生年·月·日·時의 冊曆보는 法을 참조해 주기 바란다. 다만, 인간의 生年·月·日을 遁甲을 보는 年月日로 바꾸는 것 뿐이다.

즉 보고자 하는 年·月·日인 곳의 干支의 萬年曆을 보면 干支를 바로 찾을 수 있다.

局數 찾아 내는 法

「局數」는 前述한것 처럼, 陰局과 陽局이 있으며, 九局씩 모두 十八局이 있다. 이 局數는 年과 月과 日로서는 각각 陰陽이 다르다.

이 局數 찾는 法은 역시 別冊의 「干支萬年曆」을 이용하여 찾아낸다. 책력에 局數가 나와 있으므로, 年·月·日등의 干支를 찾을 때 바로 찾을 수 있다.

다만 그 경우는 年·月의 干支와 같은 방법으로 경계(二十四節氣)에 많은 주의를 하지 않으면 안된다. 三月三日인 경우의 月의 局數를 찾을 때는 三月인 곳이 아니고 干支와 같이 二月인 곳을 보지 않으면 안된다. 年도 이와같은 방법이다.

그러면 「干支万年曆」을 봐주기 바란다. 年干支 밑에 局數가 있다. 이것은 年의 局數이다. 이것도 干支와 같이 二月의 경계까지의 局數이다.

다음에 月의 節氣밑에 「局」이라는 段이 있으며, 그 곳에 數字가 있다. 이것이 月의 局數이다. 이것도 月의 경계에 주의해 주기 바란다.

다음에 日干支 옆에 漢數字가 있는 것이 日의 局數이다. 굵은 數字가 「陰局」, 가는 數字가 「陽局」이다.

-342-

以上과 같이 年 또는 月 또는 日등의 干支를 나타낼 때는 그 干支인 곳의 局數를 찾아내면 되는 것이다. 다만, 日의 局數만은 陰局인가 陽局인가를 분명하게 구별하여 두지 않으면 「遁甲盤」을 나타낼때 틀리는 수가 생긴다.

年盤 찾아 내는 法

年의 遁甲盤은 別冊의 「年盤遁甲表」를 보면 바로 나타난다. 年號인 곳의 盤이 그 年의 遁甲盤이다. 一九七三年 에서 一九九六年까지 나타내 놓았다. 그 以上을 볼 때는 「干支」(年干支)와 局數만 알면 「年盤遁甲表」도 나타낼 수 있다. 月干支로서 局數인 곳을 보면 그것이 年盤과 같다는 것이 된다.

月盤 찾아 내는 法

月의 遁甲盤은 別冊의 干支万年曆에 依해 그 月의 干支를 나타낸다. 다음에 그 月의 局數를 나타낸다. 다음에 別冊의 月盤遁甲表 로 그 干支와 局數인 곳을 보면, 바로 나타난다.

가령 一九七三年 十月의 月盤遁甲을 나타낼 경우는, 別冊의 干支万年曆으로 十月인 곳을 보면 月干支가 「壬戌」이라고 있으며, 月局數가 「五局」이라고 있다. 다음에 月盤遁甲表로 壬戌月인 곳의 「陰五局」을 보면 거기에 盤이 나타나 있다.

日盤 찾아 내는 法

日의 遁甲盤도 月盤과 꼭 같은 방법으로 찾아 낸다. 다만, 조심하지 않으면 안될 點은 日盤은 干支와 局數가 같더라도 陰局과 陽局으로서는 보는 盤이 다르다는 點이다.

먼저 別冊의 干支万年歷에 의해 그 日의 干支를 나타낸다. 다음에 그 日의 局數를 나타낸다. 이 때에 그 局數가 陰局인가 陽局인가를 충분히 알지 못하면 뒤에 盤이 틀리게 된다. 다음에 別册의 日盤陰局遁甲表 또는 日盤陽局遁甲表등을 보고, 거기서 日의 干支와 局數인 곳을 보고 나타낸다.

가령 一九七三年 十月一日의 日盤遁甲을 나타낼 경우에 別册의 干支萬年曆으로 十月一日인 곳을 보면, 日干支가 「庚午」라고 있으며, 日의 局數 「陰九局」이라고 있다. 다음에 「日盤陰局遁甲表」의 庚午日의 「陰九局」인 곳을 보면 바로 盤이 나타난다.

이것이 一九七三年 六月十五日이면, 「壬午」의 「陽一局」이라고할 수 있게 된다. 반드시 「陰局・陽局」의 구별을 잊어서는 안된다.

遁甲盤 보는 法

遁甲盤은 年・月・日도 陰局・陽局도 모두 같은 形을 취하고 있으며, 그 곳에 배치되어 있는 虛星도 같다. 다만 盤에 依해 그 虛星의 배치가 다를 뿐이다. 그러면 이제 그 盤 보는 法을 설명하기로 하자.

遁甲盤이란 九로 구분된 長方形을 말하며, 거기에 前述한 天・地・九星・八門・九宮・八神을 배치한 것이다. 더우기 이 盤은 다음과 같은 占術上의 약속이 있다. 盤의 위를 南・밑을 北・左를 東・右를 西로 하고 있다. 보통 地圖와는 다르기 때문에 많은 주의를 要한다.

즉, 하나의 長方形을 八方位의 하나로서 볼 수 있는 것이다. 八方位로 八의 長方形이 있다.

하나의 方位를 四十五度로 한다. 기준은 물론 正北을 중심으로 하여, 하나의 方位가 四十五度이다. 八方位란 正北・北東・正東・東南・正南南西・正西・西北方이다.

더우기 遁甲盤에는 十干이 天과 地로 一組, 九星과 八門으로 一組九宮과 八神으로 一組의 합계 三組가 記入되어 있다. 이것을 전문적으로는 「天地」「星門」「宮神」이라고 부르고 있다.

「天地」란 盤의 가장 左端에 있는 上下의 二字를 가르키며, 「天盤의 十干・地盤의 十干」이라는 의미의 略稱이다.

九星・八門・九宮・八神正略表

英	任	柱	心	禽	輔	冲	芮	逢	略
天英	天任	天柱	天心	天禽	天輔	天冲	天芮	天蓬	正式
	開	驚	死	景	杜	傷	生	休	略
	開門	驚門	死門	景門	杜門	傷門	生門	休門	正式
九	八	七	六	五	四	三	二	一	略
九紫	八白	七赤	六白	五黄	四緑	三碧	二黒	一白	正式
	天	地	雀	陳	合	陰	蛇	符	略
	九天	九地	朱雀	勾陳	六合	太陰	螣蛇	直符	正式

「星門」이란, 盤의 한 가운데 있는 上下의 二字를 가르키며 「九星・八門」이라고 하는 의미를 略한 것이다. 위에 있는 것이 九星이며, 밑에 있는 것이 八門이다.

「宮神」이란 盤의 가장 右端에 있는 上下의 二字를 가르키며, 「九宮・八神」이라는 의미를 略한 것이다. 위에 있는 것이 九宮이며, 밑에 있는 것이 八神이다.

더우기 八方位의 盤으로 한 가운데는 「天地」와 「九宮」과 「九星」밖에는 들어가지 않는다. 그러므로 左端에는 「天地」의 十干이 있으며, 右端 위에는 「九宮」이고 밑은 「九星」을 나타낸다.

더우기 이 盤은 十干以外는 모두 二字를 略하여 一字로 記入되어 있으므로, 그 正略表를 위에 밝혀둔다.

◈ 八 方 位 圖

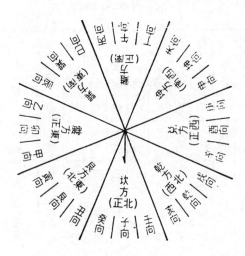

　보통 方位는 北을 위로하여 쓰여져 있으나, 五術思想은 자연현상을
위주로 하여 생각하기 때문에 전연 다른 방법으로 보고 있다.

　北은 춥고, 낮고, 어둡고, 밑이며, 陰이라는 뜻에서「北」을 밑에
나타내고 南은 따뜻하고, 높고, 밝고, 위이며, 陽이다는 뜻에서「南」
을 위쪽에 나타낸다.

　圖는「北」을 밑으로 하고, 八方位로 나누고 있다. (　　)안이 보
통 名稱이며, 五術에서는 八方位에「易卦」의 名稱을 사용하고 있다.

　八方位는 四十五度씩이며 그 하나의 方位를 다시 三區分하고 있다.

　가령, 보통 말하는「正北方」은「坎方」(감방)의 四十五度를 말
하며 다시 그 四十五度가「壬」과「子」와「癸」의 三方位 十五度
씩으로 나누워져 있다.

第三節 遁甲吉凶의 原則

「奇門遁甲」에서는 「天地」와 「星門」과 「宮神」의 三組 (즉 六種의 虛星)로 구성된 遁甲盤에 따라 吉凶을 친다. 本節에서는 이 원칙을 설명하겠다. 더우기 奇門遁甲術判斷으로 方位 (遁甲을 사용하는 方位)를 사용하는 目的에 따라서 이들의 天地의 天干이나 「九星・八門・九宮・八神」을 부분별로 사용하도록 설명하고 있으나, 그것은 目的에 관여하고 있다는것 뿐이지, 遁甲盤이 吉인가 凶인가는 딴 것이다. 즉 本節에서 설명하였던 遁甲盤의 吉方 (天地・星門・宮神의 관계가 모두 吉의 遁甲盤의 方位)으로서 또한 더욱 奇門遁甲術判斷에 설명되어 있는 사용 목적 관련된 天干이나 星門・宮神을 쓰는 것이 바른 遁甲의 使用法이다.

가령 奇門遁甲術判斷에 男性의 婚談의 方位로서는 天盤에 「丙奇」나 「甲尊」이 있는 盤이 좋다고 되어 있다. 그러나 이것은 男性의 求婚方位로서 목적에 관련되어 있다는것 뿐으로서 遁甲盤 그 자체가 吉인지 凶인지는 本節에서 설명한 三原則으로 吉이 되어 있지않으면 안된다는 것이 된다.

本節에서는 아무리 天盤에 「丙奇」가 있더라도 「天盤」에 「庚儀」나 「癸儀」가 있는 「天地」의 짜임은 凶이 된다. (다음에 상세하게 설명하여 두었다) 이와 같이 「天盤」에 「甲尊」이 있어도 「地盤」에 「庚儀・辛儀・壬儀」등이 있는 「天地」의 짜임은 凶이 된다.

그런 까닭으로 本節에서 설명하고 있는 凶의 原則으로 遁甲盤의 吉凶을 定한 위에서 다시 奇門遁甲術判斷에 있는 사용목적에 관련된 盤을 쓰도록 하지 않으면 안된다.

天地의 吉凶 짜맞춤

먼저 盤으로 「天地」의 十干과 地盤의 十干의 짜맞춤의 吉凶을 중요

시 한다. 사용녹적(奇門遁甲術判斷에서 설명)에 따라서 「天盤」의
干이 무엇이 좋다고 하더라도 그것은 어디까지나 여기에서 설명하고
있다. 「天地」의 吉凶이 좋은 짜맞춤인 경우에 비로서   「天盤」의
干이 그 사용목적에 있어서 吉작용을 한다는 것이 된다.

癸	壬	辛	庚	己	戊	丁	丙	乙	甲	天/地	
○	△	△	×	○	△	◎	◎	◎	◎	甲	天地吉凶表
△	△	×	○	○	○	◎	◎	△	◎	乙	
△	△	△	×	△	△	◎	◎	○	◎	丙	
×	○	○	○	○	○	◎	◎	◎	◎	丁	
○	○	△	△	○	△	○	◎	○	△	戊	
△	△	△	×	△	△	△	◎	○	○	己	
×	×	×	×	×	○	×	×	×		庚	
×	○	×	×	×	×	×	○	×	×	辛	
×	×	×	×	○	○	○	○	×		壬	
×	×	×	△	×	△	○				癸	

그러면 이 「天地」의 吉凶의 짜맞춤은 위의 表에 의해 간단히 나
온다. 더우기, 이 表에 나타나는 「◎・○・△・×」印은 각각 「大
吉・吉・凶・大凶」이라는 것을 나타내고 있다. (다음頁의 二表도 같
다)

星門의 吉凶 짜맞춤

「九星・八門」의 짜맞춤도 「天地」와 같은 방법으로 九星과 八門
을 둘 짜 맞춘 결과가 吉인가 凶인가로 그 사용목적에 쓰이게 되는지
어떤지가 결정 된다. 이 짜 맞춤은 다음 頁의 表에 의해 간단하게 나
온다.

宮神의 吉凶 짜 맞춤

「九宮·八神」의 짜 맞춤도 앞의 「天地·星門」과 뚝 같다. 九宮과 八神이 둘 짜맞춘 결과가 吉인가 凶인가로 그 사용목적에 쓸 수 있는지 어떤지가 결정된다. 이 짜 맞춤은 下段의 表에 의해 간단히 나온다.

英	任	柱	心	禽	輔	冲	芮	蓬	九星\八門	
△	◎	◎	◎	△	◎	◎	◎	△	休	星門吉凶表
◎	△	◎	◎	△	◎	◎	△	◎	生	
△	△	×	△	×	△	×	△	△	傷	
△	△	△	×	×	×	△	△	△	杜	
×	○	○	○	×	○	○	○	×	景	
△	×	△	△	×	△	△	×	△	死	
△	△	×	△	×	△	×	△	△	驚	
◎	◎	◎	△	△	△	◎	◎	◎	開	

九	八	七	六	五	四	三	二	一	九宮\八神	
◎	◎	◎	◎	△	◎	◎	◎	◎	符	宮神吉凶表
△	△	△	△	×	△	△	△	△	蛇	
○	○	○	○	△	○	○	○	○	陰	
○	○	○	○	△	○	○	○	○	合	
△	△	△	△	×	△	△	△	△	陳	
△	△	△	△	×	△	△	△	△	雀	
○	○	○	○	△	○	○	○	○	地	
○	○	○	○	△	○	○	○	○	天	

奇門遁甲術判斷

緣談方位의 利用法

緣談을 꼭 成立시켰으면 할 경우에는 상대측에 向하는 方位가 꼭 吉方位가 될 수 있는 月(月盤)을 擇한다. 그 月에 상대측에 向해 이야기를 꺼낸다. 마땅히 이야기를 하러 갈 때도 상대측에 向하는 方位가 역시 吉方位가 될 수 있는 日(日盤)을 고른다.

그러면, 吉方이라는 것은 男性측에서 끌어 낼 경우와 女性측에서 끌어 낼 경우에 따라 전연 달라지게 된다. 왜냐하면 男性은 「剛」이며 女性은 「柔」이므로, 方位도 이 「剛·柔」의 象意를 가진 각 星의 使用에 分別을 해야하기 때문이다.

男性측에서 이야기를 끌어 낼 때의 吉方이라는 것은 天盤이 「丙奇」로 되어있는 것이 가장 좋다. 다음에 「甲尊」도 좋은 편이다. 이 두 가지가 없을 때는 「戊儀」로 代用한다.

다음에 「八門」은 「生門」이 가장 좋다. 「休門」도 代用할 수 있다. 아무리 하여도 이 「八門」이 없을 경우에는, 무리하지만 「景門·開門」등을 사용한다.

다시 「九星」은 「天禽」이외는 어떤 九星이라도 사용되지 마는 가장 좋은 것은 「天芮」이다.

다음에 「九宮」은 一白·二黑·六白·八白·九紫등이 吉方位라 할 수 있다. 더우기 이들 九宮이더라도 反對측의 방위에 五黃이 있으면 쓰지 못한다.

또 「八神」에는 「六合」이 좋으며 다음에 「九天」도 좋은 方位가 된다. 直符·太陰·九地등도 쓸 수 있다.

女性측에서 혼담을 끌어 낼 때의 吉方은 天盤이 「乙奇」으로 되어 있는 것이 가장 좋다. 다음에 「丁奇」도 쓸 수 있다. 이 두 가지가 없을 때는 「己儀」로서 代用한다.

다음에 八門은 「生門」이 가장 좋다. 그 밖의 八門은 男性의 경우와 같다.

다음에 「九星・九宮」은 男性의 경우와 같다.

또 「八神」은 「六合」이 좋으며 다음에 「九地」도 좋은 方位라 할 수 있다. 直符・太陰・九天등도 그런 대로 쓰일 수 있다.

求緣方位의 利用法

이것은 혼담전에 行하는 方位를 말하는 것이다. 즉, 좋은 인연이 없는 사람, 또는 인연이 먼 사람, 혼담이 자주 깨어지기만 하는 사람들이 移從(이사)하기 위해서 이용하는 方位이다. 이 경우에는 移從하는 方位를 보는데 月(月盤)을 利用한다. 즉, 月의 吉方을 이용한 뜻으로 그때는 日(日盤)이나 年(年盤)은 凶方이라도 무관하다.

男性의 緣談 짓기를 위한 方位로서는 「天盤」에 「戊儀・己儀」가 있는 方位가 효과적이다. 또 「甲尊」의 方位는 男性다움을 증대시키는 吉方이다.

女性의 緣談 짓기를 위한 方位로서는 「天盤」에 「戊儀・己儀」가 있는 方位가 효과적이다. 또 「乙奇」의 方位는 女性다움을 증대시키는 吉方이다.

이 「九星」으로는 男女모두 「天蓬」이 가장 좋다. 그 밖에 天輔・天心・天任・天英등도 쓰인다.

또 「八門」으로는 「開門」이 효과적이며, 기타의 休門・生門・景門등도 쓸만 하다.

「九宮」으로는 「七赤」이 가장 좋다. 기타는 一白・六白・八白・九紫등도 쓸 수 있다. 더우기, 이들 九宮이라도 반대측의 방위에 「五黃」이 있으면 쓰지 못한다.

「八神」으로는 「六合」이 가장 좋으며 기타는 男性이면 「九天」, 女性이면 「九地」의 方位가 求緣에는 吉方이 된다.

結婚方位의 利用法

결혼은 女性이 男性의 곳으로 가기 때문에 女性이 시집가는 方位의 길흉이라는 것이 된다. 男性측에서는 지금까지 거주하고 있었던 곳에서 신부를 맞이하는 것이 되므로 方位에 신경쓸 필요는 없다.

그러나 결혼과 동시에 신혼부부가 새로운 보금자리를 장만할 新居住宅으로 옮길 경우에는 女性과 같이 좋은 방위를 보아야 한다.

그러면 결혼에 의한 方位는 年盤 · 月盤의 두가지 方位를 중요시 않으면 안된다. 특히 月(月盤)의 方位는 그 길흉의 작용이 바로 나타나므로 반드시 吉方을 擇하지 않으면 안된다.

男性이나 女性이 함께 天盤에는 「乙奇」가 가장 좋다. 그러나 乙奇가 없을 경우에는 男性은 「丁奇」를 대용하며 女性은 「己儀」를 대용한다. 이것도 없을 경우에는 男子는 甲尊 · 丙奇등을 이용하고, 女子는 丁奇를 이용한다.

다음에 「八門」은 男 · 女 共히 開門이 가장 좋은 吉運이다. 만약 開門이 없을 경우에는 男子는 生門, 女子는 休門을 代用한다.

이 선택방법은 男子에 활력을 주고 女子에 안식을 주는 吉八門의 선택법이다. 만약에 男子가 가정적으로 안정되고 女子가 빨리 아기를 가지고 싶을 때는 앞의 八門과는 반대로 男子에 休門, 女子에 生門을 擇한다.

「九星」은 「天禽」만을 피하면 어떤 九星이라도 무관하다.

「九宮」은 「五黃」과 「五黃」의 반대측의 方位가 되는 九宮을 피하면 어떤 九宮이라도 쓰일 수 있다. 그러나 가장 좋은 것은 一白 · 二黑 · 六白 · 八白 · 九紫등의 方位이다.

다음에 「八神」으로는 男·女 모두 「六合」이 가장 좋다. 만약에 六合을 擇할 수 있는 경우에는, 男子는 九天, 女子는 九地를 代用한다. 또 男子 女子모두 太陰을 세번째의 吉方八神이라 한다.

妊娠方位 利用法

五術에서는 임부를 목적으로 한 方位와 安産을 목적으로 한 方位를 生産이라는 말로 표시하고 있다. 여기서는 아기를 바라는 사람, 아기를 갖고 싶은 사람, 不姙으로 근심하는 사람들을 위해 임신의 方位의 이용방법을 설명한다.

이 경우는 분명하게 五術의 區分과 사용방법을 알지 못하면 안된다. 즉, 方位로서의 「卜」과 육체로서의 「醫」의 구별이다. 子宮卵巢機能(자궁난소기능)이 작용못하는 女性·卵巢에 질환이 있는 여성, 精子가 없는(또는 적은) 남자 등은 의학상으로 임신 할 수 없다는 것은 당연한 일이다. 그러므로 아무리 임신방위를 사용하더라도 헛수고이다. 이 임신 방위를 사용하는 것은 아무리 의학적으로 검사를 하여도 아무데도 결함은 없는데 임신을 못한다는 사람에게 이용하는 것이다. 이러한 例는 흔히 있으며 결혼후 十五年 또는 二十年후에 아기를 낳았다는 것은 여기에 해당되는 사실이다.

먼저 方位를 이용하는데는 月(月盤)을 이용한다. 물론 年盤이면 더욱 좋은 일이다. 또 住宅이 넓은 사람이면 日의 方位(日盤)로 寢室을 옮기는 방법을 月盤과 倂用하여 좋을 것이다.

먼저 天盤에는 「甲尊」이 가장 효과적이며 「乙奇」도 효과가 있다. 「八門」은 「生門」이 좋으며, 「杜門」도 무리하면 쓸 수 있다. (혹시나 杜門은 凶門으로 보통 쓰지 않으나) 이 경우는 반드시 「九星」과의 관계 大凶이 안되는 凶의 관계인 「杜門」을 擇하지 않으면 안된다.

「九星」으로는 「天芮」가 임신에는 가장 吉九星이다. 또   吉九星
이지마는 임신에는 天輔를 싫어하므로 피하지 않으면 안된다.   물론
「天禽」도 못쓴다. 기타는 보통이다.

「九宮」으로는 「二黑」이 가장 효과적이다. 다음에 「八白」을 쓴
다. 다른 九宮은 그다지 吉作用이 없다. 다만 이 두 가지   九宮이라도
五黃의 반대측의 方位가 될때는 쓰지 않는다.

「八神」으로는 「九地」가 가장 좋으며, 다음에 太陰·六合등이 좋
은 方位이다.

安産方位의 利用法

安産을 목적으로 하는 方位의 사용법은 보통 사람들에게는 무리가 될
지 모를 일이다. 왜냐하면, 단지 生産을 쉽게 했으면 하는것 뿐으로 住
居地를 옮기지 않으면 안되기 때문이다. 그러나 効果는 충분히 있으므
로 어떻게든 아기는 갖고 싶고 더구나 언제나 流産버릇 때문에 아기를
얻지 못하는 사람은 반드시 이용 해 주었으면 한다.

그러면 그 方位는 月(月盤)의 吉方을 이용토록 한다. 만약에 安産
을 원하기 위한 목적으로 한 時期(七·八個月·十個月미만)만의 吉方
을 옮긴다면 이와 같이 月(月盤)의 吉方만으로 좋겠지만 安産의 목적
으로 方位를 사용하는 것과 곁들어 住居전부를 移轉해 버린다는 사람은
年盤의 吉方도 생각하지 않으면 안된다.

「天盤」으로는 「乙寄」를 사용한다. 他干은 安産의 목적으로는 쓰
지 않는다. 단지 吉方이라는것 뿐이다.

「八門」은 「開門」이 가장 좋으며 이것이 없을 때는 休門이나 生
門을 代用한다.

「九星」은 「天芮」가 효과적이다. 기타의 九星은 임신의   方位와
같다.

「九宮」은 「二黑」을 으뜸으로 치고 있다. 기타에 一白・六白・八白・九紫등도 쓰일 수 있다. 다만 이 「九宮」으로도 「五黃」의 반대측의 方位가 되는 경우는 쓸 수 없다.

療養方位의 利用法

「五術」에서는 치료이외에 靜養이 필요할 때의 方位와 의사나 병원을 擇할 때의 方位를 「治病」이라는 말로써 나타내고 있다. 여기서는 長期的인 病으로 치료 以外에 靜養地等에 갈 때의 方位, 또 치료로서 입원할 때 그 日數가 길 경우(二個月이상~一年미만)의 方位의 이용法을 요양의 方位라고 설명 하겠다.

그러면, 장기 입원이나 정양지로 向하는 方位는 月의 方位(月盤)를 사용한다. 다만, 결핵이나 천식의 장기적인 轉地요양과 같은 경우는 月(月盤)만이 아니고 年盤의 方位도 쓴다. 보통 요양이나 一年미만(二個月이상)의 입원은 月盤만으로 충분하다. 같은 入院이라도 解產이나 盲腸등 一個月미만의 입원은 求醫項(구의항)을 봐 주기 바란다.

「天盤」으로는 「戊儀」를 가장 우선으로 사용한다. 혹시 없을 경우는 「乙奇」를 대용한다. 모두 없을 때는 하는 수 없으므로 「壬儀」를 쓴다. 더우기 天盤에 乙奇를 쓸 경우는 地盤의 干에 「戊儀」가 오는 것이 最上이다.

「八門」으로는 「生門」이 제일 적합하다. 혹시 없을 경우는 「開門」을 쓴다. 모두 없을 때는 하는 수 없으므로 「休門」을 쓰다.

「九星」으로는 「天輔」가 제일이다.

「九宮」으로는 「五黃」을 피하면 어떤 「九宮」이라도 상관 없다. 그러나 그 九宮의 반대측의 方位에 「五黃」이 있을 경우에는 쓸 수 없다.

「八神」으로는 直符・太陰・六合・九地・九天등의 어느것이든 사용한다.

求醫方位의　利用法

이것은 治病中의 의사(또는 병원)에 관계되는 方位나　입원(단기
간 一個月미만)의 方位를 「求醫」라는 말로서 나타냈다.

의사에게 진찰이나 치료를 받을 경우에 方位의 吉凶을 轉轉할 수 있는
것은 病狀에 여유가 있을 때만 限한다. 급병인 경우는 方位의　吉凶에
얽매여서는 안된다. 이런 상식적인 일마저 現在 占 信俸者(?)에게는
모르고 있기 때문에 거북스럽다. 어디까지나 占은 상식적인　속에서만
이 작용한다는 것을 미리 알고 있지 않으면 급병인데도 方位의　길흉을
轉轉하게 된다. 독자 여러분은 충분히 이 點을 분별해 주기 바란다.

그러면 병상에 다소의 여유가 있을 경우에는 먼저 良醫 또는 名醫를
널리 조사하여 결정한다. 이 良醫・名醫・良病院의 결정법은 반드시 상
식적인 방법으로 해야 할 것이다. 즉 경험자나 근처 사람들의 소문등에
의할 것이며, 이 단계에서 「占卜」를 이용해서는 안된다.

즉, 저 醫師가 좋을가, 저 의사의 方位가 어떤가 등을 「占卜」에 의
존해서는 안된다는 것이다. 필요로 하는 의사나 병원은 상식적인　조사
에 의해 결정해야 한다.

그러면 마음에 드는 의사나 병원이 결정 되었으면 그 良醫나 병원장
소의 方位가 어느 日(日盤)이 吉方이 되느냐 하는 것을 「遁甲」으로
살펴 그 날에 병원에 가도록 한다.

좋은 吉方을 정해 놓고 그 吉方의 의사를 찾는 사람이 있다. 현재의
점술 신봉자가 대부분은 이 방법을 이용하고 있다. 병이 들었다. 今月
의 吉方은 어디다. 南方이다. 南에 좋은 의사가 없을까……라는　짓들
을 하고 있다.

이것은 완전히 틀린 생각이다. 돌파리 의사는 언제라도 돌파리　의사

이며, 설비가 나쁜 병원은 언제든지 설비가 나쁘다. 더구나, 方位는 환자가 사용하는 것이지 의사는 方位를 쓰고 있지를 않는다. 결코 환자가 吉方쪽으로 갔다고 해서 갑자기 돌파리가 名醫로 둔갑하지는 못한다.

이러한 點은 충분히 알아두어야 할 상식상의 문제이다. 私的인 일이지만 透派十三代의 先代가 되는 十代째의 王文澤은 그 家傳의 祕書 「透派奇門大法心得」이라는 것을 남기고 있다. 이 속의 求醫의 章에 이 點을 다음과 같이 九說하며, 세상의 無知한 占卜者를 충고하고 있다.

求醫必用方位, 先擇醫而後擇方, 千万不可先擇, 方而後擇醫. 庸醫則庸醫也, 豈能因吉方而變爲 良醫耶.

醫를 求하는데는 반드시 方位를 利用한다. 우선 醫를 擇한 연후에 方을 擇하라.

千万에도 먼저 方을 擇한 연후에 醫를 擇하지 말지어라. 庸醫는 즉 庸醫니라. 어찌 능히 吉方으로 인해 그와 함께 良醫로 變할 수가 있을손가

이것은 前述했던 먼저 良醫를 定하고 난 다음에 그 良醫가 吉方位가 되었을때 관계를 맺어라는 것이며, 吉方을 定해 놓고 그 吉方의 醫師를 찾아서는 안된다는 것을 설명한 것이다.

이런 것은 實로 무지한 易者에 읽히고 싶은 至信이다. 측근들로 부터 의사의 좋고 나쁨을 알고 결정할 것이지 占으로 결정해서는 안된다. 「命」은 어린이들 장난으로 해서는 안된다고 喝破(갈파)하고 있다.

그러면, 方位의 「天盤」으로는 「戊儀」를 第一로 꼽고 만일에 이것이 없으면 「乙奇」를 擇한다. 혹시 이 두 가지가 모두 없으면 「丁奇」를 쓰도록 한다.

「八門」으로는, 「生門」이 제일이다. 다음에 「休門」을 꼽으며 혹시나 이 두가지가 모두 없으면 「開門」을 사용한다.

「九星」으로는, 「天輔」가 가장 좋으며, 그 밖에는 「天禽」를 피하면 무엇이든지 쓸 수 있다.

「八神」은 朱雀이 가장 효과적이다. 혹시 없으면 九天·九地등을 쓴다. 그것도 없을 경우는 太陰·六合등을 쓴다.

「九宮」으로는 「四祿」이 가장 좋으며, 다음으로, 一白·六白·八白·九紫등을 쓴다. 「五黃」은 求醫의 方位에서는 가장 싫어한다. 물론, 이들 「九宮」이라도 그 반대측에 「五黃」이 있는 方位의 경우는 사용할 수 없다.

求醫의 方位인 경우는 「天地干·星門·宮神」의 各要素中에서, 天盤의 干과 「八門」이 중요시 된다.

交易方位의 利用法

交易이 상업 또는 사업에 관한 교섭등을 포함시키고 있다. 이것은 이야기가 스므-스하게 진행되어 자기에게 유리하게 특히 財的으로 혜택이 있도록 하는 것이 交易의 方位사용의 목적이다.

交易에서는 相對가 이미 결정되어 있으므로 그 교섭하는 상대의 方位가 吉이 되는 日(日盤)을 擇한다.

國內에서는 무역처럼 一개월 이상 걸리는 일은 없으므로 日만으로도 충분하다.

一개월 이상 걸리는 상업거래의 경우는, 月(月盤)을 이용한다.

「天盤」으로서는, 「丙奇」를 사용한다. 혹시 없으면 「丁奇」를 사용한다. 그것도 없으면 「戊儀」를 대용한다.

「八門」으로서는 「生門」이 가장 효과적이다. 만약 이것을 사용할 수 없을 때는 「開門」을 사용한다. 이것도 없을 경우에는 無理하지만 「景門」으로 대용한다.

「九星」으로는, 「天禽」이외면, 무엇이든지 사용할 수 있다.

「九宮」으로는, 「五黃」以外면 무엇이든지 사용할 수 있다. 그러나 이들 「九宮」의 반대측에 「五黃」이 있을 경우에는 사용하지 못한다.

「八神」으로는 「九天」이 가장 좋으며, 다음에는 「六合」이다. 만약에 이 두 가지가 없으면 「直符」를 사용한다. 이것도 없을 경우는 「太陰・九地」를 사용한다.

訴訟方位의 利用法

소송을 걸려고 할 경우에는, 이 쪽에서 상대측을 向해서의 方位가 吉方이 될 수 있겠끔 月(月盤)을 擇한다. 이것은 어디까지나 상대의 거주하고 있는 곳의 方位로서 재판소는 아니다.

「天盤」으로는 「丁奇」가 가장 좋으며, 만약 이것이 없으면 「丙奇」로 대용한다. 또 이 두 가지가 모두 없으면 「壬儀」를 쓴다.

「八門」으로는 「景門」이 효과적이다. 만약 이것이 없을 경우는 「生門」으로 대용한다. 이 두 가지가 없을 때는 「開門」을 쓴다.

「九星」으로는, 天心・天英등이 가장 좋으며, 다음에 「天冲」이 좋고 天輔・天任등도 유리하게 된다. 天蓬・天芮등은 조금 日數가 끌 기미가 있다. 天禽・天柱등은 피하지 않으면 안된다.

「九宮」으로는 九紫가 가장 좋으며, 다음에 一白・六白・八白등이 좋으며 기타는 그다지 효과가 없다. 물론 「五黃」만은 안되며 또 좋은 「九宮」이라도 반대측에 「五黃」이 있는 方位의 경우는 사용할 수 없다.

또 소송에 관한 일로서 변호사를 찾아갈 경우는 `日(日盤)의 吉方으로 다음 項의 訪門과 같은 사용법이며, 상대방의 변호사를 찾을 때도 이와 같다.

貸借(대차)方位의 利用法

이 대차라고 하는 것은 금전을 빌리는 일을 말한다. 돈을 타인에게 빌려준다는 것은 달리 吉方을 쓰지 않아도 얼마든지 빌릴 상대가 있다는 것은 상식이다. 또 금전을 빌려서 갚게 되는지 어떨지 하는것도 方位의 관계는 아니며 借主의 人物의 좋고 나쁨에 달렸다.

그러면 빌릴 때 吉方을 쓴다는 것은 원래 금전이라는 것은 빌리기 어려운 것이므로 기분좋게 빌릴 수 있도록 하기위해 吉方을 쓰는 것이다.

吉方을 求하는 쪽은 「求醫」와 같으며 먼저 처음에 금전의 貸主를 물색하고, 그 다음에 그 貸主의 方位가 吉方이 될 수 있는 日(日盤)을 擇한다. 吉方을 먼저 定해 놓고, 그 方位의 貸主를 찾는다면 貸主는 있을 수 없다.

「天盤」으로는, 「丙奇」를 제일로 꼽으며 만약에 없으면 「丁奇」를 쓴다.

그것도 없을 때는 「戊儀」를 사용한다. 異性으로 부터 빌리려 할 때는 己儀등도 효과가 있다.

「八門」으로는 「生門」이 가장 좋으며, 이것이 없으면 「休門」을 쓴다. 이것도 없을 때는 「杜門」을 대용한다. 이 경우는 반드시 大凶의 관계가 되지 않는 小凶의 관계가 되도록 하여 사용한다. 만약에 異性으로 부터 빌리려 할 때는 「休門」이 효과적이다.

「九星」으로는 「天禽」以外는 모두 쓸 수 있다. 그러나, 天輔·天心·天英등이 그 중에서는 효과적이다.

「九宮」으로는, 一白·六白·八白·九紫등이 가장 좋다. 물론 五黃만은 피하지 않으면 안된다. 또 五黃의 반대측이 되는 九宮은 어떤 것이라도 쓸 수 없다.

「八神」으로는 六合이 가장 좋으며, 이것이 없으면 太陰을 쓰고, 이것도 없을 때는 直符·九地·九天등을 쓴다.

試驗方位의 利用法

모든 시험이라는 것은 장소와 日字가 이미 결정되어 있으므로 지금까지의 方位의 선택 방법과는 다르다. 그러므로 그 시험 당일에 시험장으로 向해서 吉方이 될 수 있을것 같은 장소에 미리 出向하지 않으면 안된다.

가령 A校를 수험할 경우에 그 수험생이 어디에 살고 있든지 시험 당일에 A校에 吉方이 될 수 있을것 같은 장소를 찾는다. 그래서 수험의 日(吉方이 되는 날. 즉 日盤)보다도 三日前에 가 있다. 그리고 거기서 당일에 吉方이 되는 수험地로 향해 가는것 같이 한다는 것이다.

이 시험도 求醫와 같은 상식이 중요하다. 즉 시험에 관한 吉方의 占卜이라는 것은 當者의 상식적인 능력속에서 작용한다는 것이다. 이 말은 그 능력이 없으면 아무리 吉方이라도 시험의 합격은 바랄 수 없기 때문이다.

가령 九十點이상이 아니면 入學할 수 없는 학교에 七十點만 따는 학생이 아무리 吉方을 사용하더라도 절대로 효과는 없다. 八十點에서 九十點사이를 上下하는 학생이 吉方을 써서 처음으로 겨우 九十點을 얻을 수 있게 되어 입학하게 된다.

또 시험의 吉方이라는 것은 이러한것 보다도 다음과 같은 경우가 더욱 효과적이다.

어떤 시험에 있어서 定員이라는 것이 없이 어느 一定한 시험의 합격점을 얻은 사람은 모두 入學되는 시험방법도 있다. 이러한 시험에는 吉方은 그다지 효과(물론 좋은 점수를 얻을 수는 있다)가 없다. 그러나 정원수가 定해져 있는 시험이라는 것이 있다.

定員이 五十名으로 九十點 이상은 합격점이라는 시험인 경우에 아무리 九十五點을 받았더라도 입학된다고 확신은 못한다. 극단적으로 말한다면 五十名 모두가 百點을 받았을 경우는 五十一번째의 사람이 역시 백점을 받아도 떨어지게 된다.

　이러한 경우에 이 시험의 吉方이 틀림없이 효과를 나타낸다. 즉, 이 吉方은 상식적인 범위안에서 더욱 또한 행운, 불운적인 길흉이 나타나는 시험에 효과가 있다는 것이다. 담임 선생이 "어떻게 살게 되겠지 겨우 스칠 정도인 곳이다" 라고 하는 경우나 前述의 정원이 定해져 있는 시험등에 이용하면 플러스 효과가 있다. 담임선생이 그 학교는 아마도 무리일 것이다 라고 할 때는 아무리 大吉方이라도 효과는 없다.

　그러면,「天盤」으로는「丁奇」가 가장 좋다. 그 다음이「戊儀」이다. 그 다음이「丙奇」를 사용한다.

　「八門」으로는「休門」이 가장 효과적이다. 다음이「生門」　또「景門」도 효과가 있다.

　「九星」으로는「天英」이 가장 좋으며, 다음에「天冲·天輔·天心」등이다.「天禽」는 피하지 않으면 안된다. 또 天蓬·天芮·天柱·天任등은 보통이다.

　「九宮」으로는「九紫」가 가장 좋으며 다음이「四祿·六白」등이다. 또 一白·八白등도 좋은 方位이다. 다만 이들「九宮」이「五黃」의 반대측에 있는 것은 쓸 수 없다.

　「八神」은「朱雀」이 가장 효과적이다. 元來 이 朱雀은 吉神이 아니므로「九宮」과「八神」과의 짜 맞춤으로 凶으로 되어있다. 그러나 시험에만 限해서 쓰고 있다. 다음은 太陰이며, 혹시 이 두 가지가 없으면 九天을 사용한다.

　다만 시험의 경우에 주의해야 할 것은 아무리 吉方의 짜 맞춤이더라도「天盤」에「癸儀」가 있는 方位는 사용해서는 안된다.

　가령「癸儀·甲尊」의 天地盤의 配合,「天任·休門」의 星門의 配合,「一白·朱雀」의 宮神의 配合처럼 어떤 方位에 이와 같은 일체의 좋은 조건이 갖추어져 있을 경우라도「天盤」에「癸儀」가 있을 때는 좋은 성적은 바랄 수 없다.

訪問方位의 利用法

사람을 訪問할 목적은 千差萬別이다. 여기서는 극히 일반적인 방문이라는 것에 主를 두었다.

방문에는 日(日盤)의 方位를 重要視한다.

「天盤」으로는 乙奇·丁奇등이 가장 무난하다. 어떤 목적이더라도 訪問에는 이 二干이 된다. 만약 장사라든지 財的인 문제에 관한 방문에는 「丙奇」를 쓴다. 그러나, 보통은 함부로 이 丙奇를 해서는 안된다. 직업상에 관한 目的인 경우는 甲尊이 쓰인다. 또 선을 본다든지 남녀교제의 경우는 「己儀」를 쓴다.

「九星」으로는 「天禽」이외의 어떤 九星이라도 상관없다. 특히 天冲등은 효과적이다.

「八門」은 休門·生門·景門·開門등이면 특별히 어느것이라고 말 할 필요가 없다. 「九宮」으로는 一白·六白·八白·九紫만 쓰인다. 이들 九宮이더라도 반대측에 五黃이 있는 方位는 쓰지 못한다.

「八神」으로는 「直符」가 가장 좋으며, 그 밖에 太陰·六合·九地·九天등도 쓰인다.

移轉方位의 利用法

이것은 住居를 완전히 옮길 때 쓰이는 매우 중요한 方位 보는法이다. 다만, 이 경우도 접근이나 아파一트등 추첨에 의해 住居를 옮길 경우에는 시간이나 方位의 선택이 자기뜻대로 되지 않으므로 어디까지나 상식적인 생각을 하지않으면 안된다. 方位가 나쁘다고 접근을 거부하든지 당연한 권리를 포기하는등 비상식적인 점술 응용법을 잘못 이용해서도 안된다.

가령 凶方으로의 전근을 거부한다는 것의 상식상의 마이너스面과 상

식을 무시하고서 吉方 사용의 플라스面과는 마이너스인 쪽이 커지게
된다. 그것은, 현대의 사회생활상의 문제에서 말할 수 있는것이지, 전
근이나 주택권리의 크기와 强한 정도와 占術上의 方位의 作用上의 크
기와 强한 정도로는 비교의 대상이 된다.

여기에서 말하는 移徙(이사)는 시간적으로나 方位的으로도 자기의
뜻 대로 할 수 있는 상태인 사람이 吉運을 잡기 위해 吉方을 사용하는
사람을 말한다.

移徙는 年(年盤)의 方位가 가장 중요하다. 즉, 月(月盤)도 年과
거의 같은 정도로 중요시한다. 그것은 年(年盤)의 方位작용은 끈질
기게 남으며, 月(月盤)의 방위 작용은 보다 빠르게 나타나기 때문
이다.

「天盤」의 선택방법은 이사의 목적에 따라 각각 다르다. 大別하면
다음과 같이 된다.

甲尊 ― 地位·職業

乙奇 ― 安定·家庭

丙奇 ― 財利·事業

丁奇 ― 教育·學業

戊儀 ― 交際·信用

己儀 ― 魅力·婚姻

이들은 主된 목적이지만, 方位를 사용하는 사람에 따라, 使用狀況에
따라 여러가지 달라지게 된다. 여기에 설명한 것은 인간의 후망인 최
후의 목적을 大別한 것이지만, 반드시 이 天盤을 사용했기 때문에 희
망인 최후의 목적이 달성 된다고는 단정 못한다. 여기가 方位사용상의
어려운 곳이다.

가까운 例이지만 실제로 당한 일이다. 어떤 女性(二號)이 어떻게
하더라도 점포를 한 칸 갖고 싶어하는 희망으로 경제적인 후원자로 부

터 돈을 울겨 낼 작정이다. 方位에 이 목적 달성을 위해 丙奇를 이용하였다. 즉 집을 갖고 싶다. 점포를 갖고 싶다는 것으로 후원자로 부터 돈을 요구할 작정이 였으나 이것은 실패였다. 틀림없이 집이나 점포는 財利이지 마는 이 사람이 처해있는 상황에서 본다면 財物을 모은다는 「丙奇」에 있었던 상황은 아니다. 商人이 라면 몰라도 二號써가 돈이 탐이 난다는 것으로는 丙奇는 아마도 인연이 없는 方位사용이 된다.

二號써가 돈이 탐이 나 돈이 된다고 말하기에는 오히려 「己儀」의 매력을 더하는 것으로 인해 후원자로 부터 第二義的으로 돈을 내게하지 않으면 안될 까닭이다. 또 乙奇에 의해 집을 지닐 安定性을 求하지 않으면 안되기 때문이다.

이와 같이 作家나 小說家가 베스트셀러ー의 책으로 돈을 벌고 싶다고 해서 「丙奇」를 이용하는 것은 잘못된 일이다. 베스트셀러ー가 되는 작품을 쓰는 지능을 「丁奇」에 의해 구하지 않으면 안된다.

이와 같이 方位使用上으로는 「天盤」에 있어서의 주요목적을 충분히 검토하지 않으면 안된다. 이 중요한 點을 하지 아니하고 방위작용을 云云해서는 非常識이라 하게 된다.

아파트를 가지고 있는 사람이 열심히 丙奇의 方位를 사용하고 있는 것을 筆者는 알고 있지 마는 이런 것들은 비상식을 넘어서서 占術을 無에서 有를 나타내는 실 없는 사고방식을 한다고 볼 수 있다.

아무리 「丙奇」를 사용하여 財物을 늘리려 하여도 물건을 賣買하는 보통사람은 아니므로 無理이다. 十坪짜리 방값은 아무리 하여도 十三坪짜리 방값은 못된다. 셀러리맨이 「丙奇」를 사용하더라도 時期아닌 보ー너스는 나오지 않으며, 昇給이 없는것도 당연한 일이다. 이 點을 충분히 理解하고 「天盤」을 결정할 때는, 자기행위의 목적, 그리고 자기가 처해져 있는 상태, 자기가 할 수 있는 행동능력등을 검토한 뒤에 가장 효과적인「天盤」을 求하지 않으면 안된다.

「八門」의 선택법은 天盤에 따라 결정된다.

「乙奇」가「天盤」에 있을 때는「八門」은「開門」을 사용한다.

「甲尊」이「天盤」에 있을 때는「八門」은「景門」을 사용한다.

「丙奇」가「天盤」에 있을 때는「八門」은「生門」을 사용한다.

「丁奇」가「天盤」에 있을 때는「八門」은「休門」을 사용한다.

「戊儀」가「天盤」에 있을 때는「八門」은「生門」을 사용한다.

「己儀」가「天盤」에 있을 때는「八門」은「休門」을 사용한다.

「九星」은「天禽」만 피하면 다른 모든 것은 사용할 수 있다.

「九宮」은 一白・六白・八白・九紫등이 좋지 마는 다른것도 五黃만
피하면 모두 쓸 수 있다.

「八神」은 直符・太陰・六合・九地・九天등의 方位를 쓴다.

즉, 移徙의 경우에는 天盤의 干에 目的을 묶어 그 天盤을 보다 효과
적으로 나타내기 위해「八門」을 선택하게 되는 것이다.

다른「九星・八神・九宮」은 凶이 안된다는 조건 뿐으로서 그다지
다른 복잡한 선택법은 생략하겠다.

第六章 卜에 依한 事態의 豫測과 處置(斷易)

第一節　斷易（五行易）入門

斷易이란 무엇인가?

「斷易（五行易）」이란, 易의 卦에 十二支를 배치하고 그　五行의 生剋에 따라 吉凶을 판단하는 「卜」의 占術의 한갖 종류이다.　主로 「卜」으로서 사용하지 마는, 方位에도 韓方의 鍼灸에도 사용하는 매우 廣範圍（광범위）한 술법이다.

易은 前述하였지만, 陰과 陽의 상대적인 것의 생각하는 방법을 어느 하나의 象（形）으로 정리한 것으로서, 八個가 있다. 所謂「八卦」가 이것에 해당된다. 이「八卦」가 上下에 둘씩 짜 맞춰져, 八×八의 六十四種의 易卦가 성립된다. 이것을 六十四卦라 한다.

「斷易（五行易）」이란, 이「六十四卦」에 十二支를 배치하여 그것에 占하는 月의 十二支와 占하는 日의 十二支와의 관계를 보고 하는 占術이다.

斷易의 기초 知識

「斷易（五行易）」에는 많은 조건（約束）이 있으며, 특수한 명칭이 붙어 있지만 여기서는 기초적인 것을 설명한다.

〈易의 八卦〉

易에는 八卦라고 하는 八個의 기본적인 易卦가 있어, 이것이 바탕이 되어 六十四卦가 된다. 이 易卦를 나타내는데 陰과 陽의 부호를 사용한다. 本書에서는「陽」을「—」표,「陰」을「--」표로 나타낸다. 이 표의 하나하나를「爻（효）」라고 부르며 三個의「爻」가 짜 맞춰져 하나의 卦가 된다. 즉,「八卦」란 三個의 爻가 짜 맞춰진 卦가 八個로서 八卦라고 하게 된 것이다. 또, 三個의 爻를 밑에서 初爻·二爻·三爻라 부른다.

〈基本八卦〉

「陽一」과「陰一」의 각爻가 짜 모인 各各의 八卦가 된다. 이것을 「陰陽」의 符號로 나타낸 것을 「易卦」에서는 「卦象」이라고도 한다.

☰ 三爻 또는 陽인 경우도 「乾卦(건괘)」라 한다. 「天卦」라고도 한다.

☷ 三爻 또는 陰인 경우는 「坤卦(곤괘)」라 한다. 「地卦(지괘)」라고도 한다.

☳ 初爻가 陽이고 二爻 三爻가 陰인 경우를 「震卦(진괘)」라 한다. 「雷卦」(뇌괘)라고도 한다.

☶ 三爻가 陽이고 初爻와 二爻가 陰인 경우를 「艮卦(간괘)」라 한다. 「山卦(산괘)」라고도 한다.

☲ 初爻와 三爻가 陽이고 二爻가 陰인 경우를 「離卦(리괘)」라 하며, 「火卦」라고도 한다.

☵ 初爻와 三爻가 陰이고 二爻가 陽인 경우를 「坎卦(감괘)」라 하며, 「水卦」라고도 한다.

☱ 初爻와 二爻가 陽이고 三爻가 陰일 경우를 「兌卦(태괘)」라 하며, 「澤卦(택괘)」라고도 한다.

☴ 二爻 三爻가 陽이고 初爻가 陰일 경우를 「巽卦(손괘)」라 하며, 「風卦」라고도 한다.

〈六十四卦〉

기본八卦가 둘 짝 맞춰진것, 즉 밑에 하나의 易卦, 위에 하나의 易卦와 둘 짝 맞춰진 것을 바른 易卦라 하고, 八卦와 八卦이므로 六十四卦가 되게 된다. 더우기 기본八卦와 같은 모양으로, 六個의 爻를 밑에서 부터 「初爻·二爻·三爻·四爻·五爻·上爻」라고 한다. 그리하여 이들 易卦는 위에 있는 易卦와 밑에 있는 易卦와를 잇고 이어서 易名으로 하고 있다.(例外가 八個 있다.)

가령 위에 「艮卦(山)」과 밑에 「離卦(火)」가 짝 맞춘 易卦는 「山火賁(산화분)」이라 하며, 위에 「離卦」와 밑에 「艮卦」가 짝 맞춘 易卦는 「火山乢(화산여)」라 한다.

「斷易(五行易)」으로는 이 六十四卦에 十二支를 붙인것을 활용하는 것으로 別冊六十四卦十二支表 를 참조하여 주기 바란다.

易卦 내는 法

事物을 占하는데는 「易卦」를 내어서 占한다. 이것을 보통 "易을 세운다." 또는 "立卦한다." 때로는 "立筮(입서) 한다."등으로 말하고 있다. 모두 같은 뜻으로서, 占하기 위해 六十四卦의 속에서 어느 하나의 易卦를 낸다는 것이다.

이 易卦를 내는 방법으로는 여러가지 있지마는, 여기서는 가장 정확하고 그러면서도 歷史的으로 오래된 것을 설명하기로 한다.이것을 「擲卦錢(척패전)」 또는 「擲錢法(척전법)」이라고도 하는 방법이다.

먼저 錢(동전 또는 엽전)을 三個 준비한다. 이 三個의 돈을 써서 六번 던져 「六爻」 즉, 하나의 易卦를 나오게 하는 것이다. 그 먼저 前述한 陰과 陽을 分明하게 해 두지 않으면 안된다.

⊙ 一個가 속이고 二枚가 겉이면 陽爻로서 「─」이라 쓴다.

⊙ 二個가 속이고 一枚가 겉이면 陰爻로서 「--」라고 쓴다.

⊙三個가 모두 속이면 陰爻이지만 陽爻로 변할려고 하는 爻로서 「--·」
로 표시한다.

⊙三枚가 모두 겉이면 陽爻이지만 陰爻로 變할려는 爻로서 「一·」로 표
시한다.

먼저 占할때에 占事를 마음 속으로 念하면서 三個의 돈을 던져서 하
나의 爻를 낸다. 易卦의 爻는 밑에서 부터 내는 것이 원칙이다. 그러
므로, 첫째가 初爻이고, 두번째가 二爻……의 順으로 六번하여, 六爻
즉, 하나의 易卦가 성립된다.

가령, 지금 돈을 던졌다고 하자. 그리하여 혹 나타난 돈의 속과 겉
이,

第一回째가, 一個가 속 二個가 겉 ……… 陽爻
第二回째가, 二個가 속 一個가 겉 ……… 陰爻
第三回째가, 三個 모두 겉………………… 陽爻
第四回째가, 三個 모두 속………………… 陰爻
第五回째가, 三個 모두 겉………………… 陽爻
第六回째가, 二個가 속 一個가 겉 ……… 陰爻

　上爻　　五爻　　四爻　　三爻　　二爻　　初爻

　--　　　一·　　　--·　　　一·　　　--　　　一

易卦에서는, 下卦를 內卦라 하고, 上卦를 外卦라 한다. 右卦에서는
內卦가 火이며, 外卦가 水이다. 上이 水이고 下가 火로서 「水火旣濟
(수화기제)」라는 卦(頁의 六十四卦 내는 法)가 된다.

또 陽爻에서 陰爻로 변화할려는 陽爻 또는 陰爻에서 陽爻로 변화할
려는 陰爻(記號로는 一· --·)는 「動爻」라고 하여 爻가 움직인다고
생각한다. 즉 動爻가 있으면, 다른 易卦로 變化하게 된다.

가령, 前述한 「水火旣濟」의 易卦는, 三爻·四爻·五爻가 각각 動
爻에 해당되므로, 陰爻가 陽爻로 陽爻가 陰爻로 變化하면 다른 易卦가

된다.

```
-- — --- --- --- —    水火既濟 ( 수화기제 )
-- -- ( — -- -- —    震爲雷 ( 진위뢰 )
```

이것은 三爻의 陽爻가 陰爻로, 四爻의 陰爻가 陽爻로, 五爻의 陽爻가 陰爻로 각각 변화하므로, 易卦도 內卦인 火는 震으로, 外卦인 水는 震으로 변화하여 「震爲雷」로 변화하여 「震爲雷」의 易卦가 된다.

第二節 斷易을 보기 위해서의 準備

「斷易 (五行易)」으로 事物을 占할 경우에는, 필요한 조건 (원칙) 이 있다. 前節과 二重이 되는 곳도 있지 마는 한번 다시 설명한다.

1. 占하는 月의 十二支를 이용한다.

2. 占하는 日의 干支를 이용한다.

3. 占하는 日에서 「空亡」을 나타낸다.

4. 易을 세워서 六十四卦를 낸다.

5. 易卦에 十二支를 접촉시킨다.

6. 易卦에 六親을 접촉시킨다.

7. 易卦에 動爻가 있을 경우는, 변화된 易卦를 이용한다.

이상의 七원칙에 따라 斷易으로 占하는 조건이 갖추어져, 그로부터 판단의 원칙 (次節)에 依해 길흉을 알 수 있게 된다.

占하는 月의 十二支 내는 法

「斷易 (五行易)」을 사용할 경우는 제일 먼저 占하는 月의 十二支를 내지 않으면 안된다. 이 月의 十二支를 月建이라고 하고 있다. 占하는 月의 十二支라는 의미이다.

이 月建을 내는 방법은 別冊의 干支萬年曆을 이용하여 낸다. 내는 방법은 「紫薇斗數·子平」의 生年·月·日·時의 내는 방법속의 月支

를 나타내는 원리와 꼭 같다. 이 月建은 斷易을 占하는 月의 十二支이므로, 인간의 生月支를 나타내는 것과 같다. 즉, 占하는 月을 인간의 生月이라 생각하면 된다.

占하는 月인 곳은 別册 干支萬年曆에서 찾아 그 月을 보면 月의 干支가 나와 있다. 다만 이 경우에 月의 경계(二十四절기)에 주의를 해야 한다. 月의 項 밑에 節氣가 둘 적혀 있으나, 그 右측의 절기에서 月이 시작하는 것이며, 一에서 시작하여 三十日이나 三十一日에 끝나는 것은 아니다.

상세한 것은 「紫薇斗數」의 章의 生年・月・日・時의 책력 보는 法과 生年・月・日・時의 干支 表出法을 참조하기 바란다.

占하는 日의 干支 내는 法

「斷易」에서는 이 占하는 日의 十二支를 「日辰」이라 한다. 占하는 日의 干支라는 뜻이다.

이 日辰을 내는 방법은 別册의 干支萬年曆을 이용하여 表出한다. 그 表出방법은 「紫薇斗數・子平」의 生年・月・日・時의 干支 내는 法속의 生日支를 나타내는 것과 원리는 꼭 같다. 이 日辰은 斷易(五行易)을 占하는 日의 十二支이므로, 인간의 生日의 十二支를 내는 것과 같다. 즉, 占하는 日을 사람의 生日이라 생각하면 된다.

占하는 日인 곳을 干支萬年曆에서 찾아 그 日인 곳 (右側數字)을 보면, 日의 干支가 나타나 있다. 다만 이 경우에 日의 경계인 오후 十一時라는 것을 잊어서는 안된다.

空亡 내는 法

「空亡」이란, 占하는 日을 기준으로 하여 내는 두 가지 十二支로서 斷易에서는 매우 중요시 한다.

이 「空亡」의 十二支 내는 법은, 別册의 「干支空亡表」를 이용하여 낸다. 표에 空亡에 해당하는 干支라고 있으니 그 옆에 六十干支가 있으며, 그 위에 空亡이라고 있는 項目에 옆으로 두 개씩 十二支가 있으니, 이것이 空亡에 해당한다.

먼저 日의 干支를 表속의 六十干支속에서 찾아 그 위를 보면 그 날의 「空亡」의 十二支가 나오게 된다. 가령, 占하는 날의 干支가 丙午이면, 寅・卯의 二支가 空亡이 된다는 것이다. 丁未도 寅・卯가 空亡이다. 즉, 十干支는 모두 空亡이 같다는 것이다.

六十四卦 내는 法

「六十四卦」의 表出法은 앞의 「易卦」내는법에서 자세하게 설명하여 두었다. 엽전三個로 六回의 擲錢法(철전법)을 하여 下의 易卦(內卦)와 上의 易卦(外卦)가 나오면 「六十四卦」中의 하나가 나온것이 된다. 六十四卦는 찾기쉽도록 別册의 「六十四卦早見表」를 이용하면 편리하다.

「六十四卦早見表」는 上段의 가로에 上卦(外卦)가 있으며, 右의 세로에 下卦(內卦)가 있다.

그러므로 六回로서 나타난 上과 下의 易을 보고 얽힌 곳이 「六十四卦」가 되어 그 번호인 곳을 보면 바로 易卦가 나온다.

易卦의 十二支 접촉法

이것은, 易을 세워서 낸 六十四卦속의 하나인 易卦에 十二支를 배치하는 것을 말한다. 이것에는 여러가지 약속이 있으나, 이미 모든 六十四卦에 十二支를 배치한 것을 別册에 실어 두었으니, 前述한 「六十四卦早見表」로 나온 易卦의 번호인 곳의 易卦를 別册의 「六十四卦 十二支表」로 보면, 그 易卦에 十二支가 모두 배치되어 있다.

易卦의 六親 접촉法

이것은 易을 세워서 낸 六十四卦속의 하나인 「易卦」에 「六親」(一種의 盧星)을 배치하는 것을 말한다. 이것도 앞의 十二支와 같이 이미 六十四卦의 모든 것에 六親을 배치한 것을 別册에 실어놓고 있다.

이 六親은, 易卦에 배치된 十二支에서 나온 것으로서 斷易에서는 매우 중요시하는 것이다. 어디든 좋으니 易卦를 지정하여 보아 주기 바란다. 「世爻·應爻(제三절 참조)」이것은 엄밀하게는 六親은 아니지마는 六親과 같이 사용한다. 左側에 六親이 형제·자손·妻財·관리·부모—라고 五종류가 있다. 右側에는 十二支와 五行이 배치되어있다.

이 六親과 「世爻·應爻」가 斷易을 보기 위해서의 中心이 되는 것으로서 占的인 吉凶은 이것들을 中心으로 하여 판단한다.

더우기 易卦에 따라서는 이 六親이 중복되어 두가지가 나타나든지, 없는 六親도 있다. 이 없는 六親의 易卦는 좌측 六親의 다시 좌측에있는 「伏·十二支·六親」「伏神」을 사용한다. 즉, 六親의 易卦가 없어 그늘에 숨어있는 六親이라는 의미이다.

易卦의 動爻내는 法

前述한 「易卦내는法」에서 설명한것 처럼 錢(돈) 三個 전부가 겉이 되든지, 속이 되든지 했을 경우는 그 陽爻 또는 陰爻등이 변화할려고 하는 것을 나타낸 것이라고 말하였다.(動爻)

즉, 陽爻인 경우는 陰爻로 변하고 陰爻인 경우는 陽爻로 변한다는 것이다. 그러면 爻가 변하면 易卦는 다른 易卦가 된다. 斷易으로는 이爻가 변하는(動爻)것을 매우 중대시 한다. 그런 경우에는 뭇은 易卦로 변했으며, 그 爻가 뭇은 十二支가 되었는지를 나타내지 않으면 안된다. 그 나타내는 방법은 먼저 爻가 변했기 때문에 다른 어떤 易卦로 되었는시를 알고 그 변한 易卦인 곳을 보고 「변한곳 반의 "爻"의 十二支를 動爻인 곳에 붙인다.」는 것이다. 어렵기 때문에 보기를 뵈주기 바란다.　　　-- —· --- —· -- — 　(水火旣濟)

이 易卦는 三爻의 陽이 陰으로,四爻의 陰이 陽으로,五爻의 陽이 陰으로 變爻한다. 즉, 그곳이 움직이므로 완전히 딴 易卦가 된다는 뜻이다. 　　　-- -- — -- -- — 　(震爲雷)

初爻·二爻·上爻는 본래 되로이다. 그러면 이 변한 「三爻·四爻·

-376-

五爻」의 十二支가 무엇으로 변했는지를 보는데는 이 「震爲雷」의 易卦의 十二支로 더구나 변한 「三爻·四爻·五爻」의 十二支를 이용하는 것이다.

다음 十二支를 配置한 「易卦」를 봐 주기 바란다.

```
    ⎛申金  ⎛午火  ⎛辰土
子水 ⎝戌土 ⎝申金 ⎝亥水   丑土   卯木
--應  ─ ･   ---   -世  --
兄弟  官鬼  父母  兄弟  官鬼  子孫
                伏午
                妻財
```

이와 같이 「水火旣濟」인 때는 初爻에서 「卯·丑·亥·申·戌·子」라고 붙어 있다. 그런데 三爻·四爻·五爻가 변하여 「震爲雷」의 易卦가 되었으므로 「震爲雷」의 十二支를 보면 三爻는 辰, 四爻는 午, 五爻은 申이 붙어 있다. 즉, 이와 같이 變한다는 것으로서 움직이지 않았던 初爻나 二爻나 上爻는 「水火旣濟」의 十二支를 그대로 사용한다.

쓰는 방법은 動爻의 옆에 변한 十二支를 記入하면 보기 쉽게 된다.

변한 爻와 十二支를 「化出爻」라고 한다. 즉, 겉이나 속에만이 나와 변하는 爻를 「動爻」, 變해버려 새로이 十二支가 나온것을 「化出爻」라 한다.

다시 한 예를 들어보자. 「艮爲山(간이산)」의 易卦로서 初爻와 上爻가 動爻인 경우는 「地火明夷(지화명리)」의 易卦가 되어 初爻인 辰이 卯로 上爻인 「寅」이 酉로 변한다.

```
 ⎛酉金                              ⎛卯木
 ⎜  化川                           ⎜  化川
 ⎝寅木  子水  戌土  申金  午火  ⎝辰土
   動爻                              動爻
-世  --    --    ─應  --    ---
官鬼  妻財  兄弟  子孫  父母  兄弟
```

易卦의 記入方法

「斷易」으로 事物을 占할때에 보기 쉽도록 易卦를 記入하는 방법이 있다. 이것은 꼭 해야한다는 원칙은 없지마는 일반적으로 이와같은 形으로 하여 記入하면 누가 보든지 보기 쉽기 때문이다.

제일 먼저 占하는 月의 十二支, 즉 月建을 적는다. 다음에 占하는 日의 干支를 적는다. 그 다음에 日의 干支에서 나타난 「空亡」의 十二支를 적는다.

그 다음에 易卦를 적는다. 위에 易卦의 명칭을 적는다. 처음 易卦와 변한 易卦를 나란히 적는다. 易卦의 陰陽표의 옆에 六親을 記入하지마는 그 경우는 생략하여 한 字만 記入한다. 右측 옆에 十二支를 記入한다. 動爻가 있을 경우에는 그 옆에 「化出」의 十二支를 記入하고 「化」라고 적는다. 즉, 어느 十二支에서 어느 十二支로 변화 했다는 뜻이다.

〈 一九七三年 一月 十日占·水山蹇卦(수산건괘)가 火山旅卦로 변했을 경우, 四爻·五爻·上爻의 경우 〉

占月支 —— 丑   占日干支 —— 丙午   空亡 —— 寅卯

旅	巳	未	酉			
化	化	化	化			
	子	戌	申	申	午	辰
蹇	---·	—·	---·	—·	--	-- 應
	孫	母	弟	弟	鬼	母

第三節　用神에 對하여

「斷易(五行易)」으로 어떤 일을 占할 경우에 먼저 「用神」이라는 것을 定해 놓고 그것을 中心으로 하여 보아 간다. 즉, 이것은 어떤 占할 목적에 대하여 사용하는것을 利用하는 神이라는 의미이다. 易卦의 六爻에 배치된 六親(부모·형제·자손·妻財·官鬼·世爻·應爻)의 속에서 占할 목적(이것을 占的이라 한다.)에 따라 하나 定하여 그것

-378-

을 따라 그것을 中心으로 하여 봐 나가는 것이 「斷易(五行易)」이다.

그러면 이 「用神」은 대단히 중요하다. 占的(占하는 用件·目的)에 따라 이 「用神」이 하나하나 다르므로 占的에 딱 들어맞는 用神을 定하지 않으면 안된다. 그러기 위해서는 用神이 되는 근본인 六親의 특질(가지고 있는 의미와 그 작용)을 모르고 있으면 안된다.

엄밀한 의미상으로의 六親은 前述한 속에서 世爻와 應爻를 제외한 五種을 말한다. 그러나 斷易(五行易)으로 占的에 따라 사용을 구별할 때는 이 六親속에 「世爻·應爻」를 함께 넣어 이용하고 있다.

自己에 관한 모든 것을 占할 때는 「世爻」를 用神으로 한다. 가령, 身數占·壽命占등은 이것을 이용한다. 또 남에게 거의 의뢰 받았을 경우(他人이 자기의 일을 占하기 위해 의뢰할 때)도 「世爻」를 用神으로 한다. 이것은 自己의 일을 占하므로 「世爻」를 用神으로 하는 원리를 응용한 것으로서 代占(他人에 의뢰 받아 대신하는 占)인 경우는 모두 이 방법을 쓴다.

彼我의 관계에 대한 일체를 占할 때는 「應爻」가 用神이 되며 「世爻」가 自己가 되는 것이다. 즉, 상대가 「應爻」이고 自己가「世爻」가 된다. 가령, 교섭하는 占, 소송하는 彼我의 占, 去來上의 彼我의 占등을 할 때는 이것을 이용한다.

형제·자매, 친척중의 형제, 父母의 형제자매의 子女에 해당하는 사람들의 형제 자매의 남편등의 일을 占할 때는 「兄弟爻」를 用神으로 한다. 가령, 형제의 질병占, 형제의 身數占을 할 때 이것을 이용한다.

子孫, 子女, 門人, 醫者, 藥方, 僧侶, 寺院, 家畜등의 일로 占할 때는 「子孫爻」를 用神으로 쓴다. 가령, 子女의 病占, 藥의 적합과 부적합, 의사의 선택占등을 할때 이것을 이용한다.

妻妾(남자측에서 볼 경우), 部下, 고용인, 화물, 財寶, 金銀, 器

其등의 일로 占할 때는 「妻財爻」를 用神으로 한다. 가령, 妻의 질병占, 고용인의 占, 求財占, 損得占등을 할때 이것을 쓴다.

직업상의 공명, 관청관계, 남편, 도적, 惡人, 자기에게 해를 끼치는 모든 일, 憂若患難등의 일을 占할 때는 「官鬼爻」를 用神으로 한다. 가령, 남편의 病占, 선거占, 害의 有無占등의 일로 占할 때 이것을 이용한다.

부모, 조부모, 手上, 선생, 주인, 가옥, 車, 배, 의복, 布, 문서, 문장, 학교, 계약등의 일로 占할 때는 「父母爻」를 用神으로 쓴다.

이상의 「六親」이 占的에 따라 각각 취하여 用神으로서 판단에 이용된다. 다음에 이들 用神이 易의 卦인 속에 어떤 상태로 나타나는가 라는 點에 주목하지 않으면 안된다.

각각의 用神은, 易을 세울때 나타난 卦속에 반드시 다음과 같은 상태로 되어 있다.

用神이 易卦속에 있다.(이것을 飛神이라 한다.)

用神이 易卦속에 없다.(이것을 伏神이라 한다.)

등으로 大別할 수 있다. 다시 이것이

用神이 움직이고 있다.(動爻)

用神이 움직이지 않는다.(靜爻)

로 大別할 수 있다. 이상을 알기 쉽게 하면 用神은 세워진 易卦속에서

　(1) 飛神(用神이 易卦에 있다.)

　　1. 靜爻(용신이 易卦에 있으며, 움직이지 않는다.)

　　2. 動爻(용신이 易卦에 있으며, 움직이고 있다.)

　(2) 伏神(用神이 易卦에 없다.)

이와 같이 되는 셈이다. 이 用神의 상태는 매우 중요하다라고 하는 것은 이 二大別 四種類의 상태에 따라 여러가지 事物의 길흉성패를 판단하는 법칙이 달라지기 때문이다.

이들 用神의 강약을 측정하여 强하면 吉이라 판단하고, 弱하면 凶이라 판단한다.

第四節   强弱에 對하여 (月과日)

「斷易(五行易)」으로   판단한 길흉을 强弱에 따라 定한다. 즉 前述한 占的에 따라 定해진 「用神」이 강하면 吉이라고 판단하고   약하면 凶이라고 판단하게 된다. 그래서 이 用神의 强弱보는 法이   중요시된다. 이 强弱은 최종 결론을 내릴때는 用神을 中心으로 하여 보지 마는 이 결론을 내리기 위해서 用神 뿐만 아니라 他爻의 강약도 본다.

그러면 이 강약 보는 法은 여러가지 角度에서 봐 가기 때문에   매우 복잡하므로 순서대로 봐 가는 것이 중요하다.

强弱   보는法의 條件

易卦에 있는 「爻」의 강약을 보는 법칙을 大別하면 三종류로   되어 있다.

1 . 爻와 月의 관계
2 . 爻와 日의 관계
3 . 爻自体의 움직이는 관계

以上 三원칙에 따라 爻의 강약이 定하여지겠지만 이 三원칙 (3에 대해서는 다음 節에서 설명)이 다시 細分하게 된다.

① 月과의 관계

이것은 爻와 月과의 관계에 따라 강약을 보는 방법이다. 이 月이란, 占하는 月의 十二支라는 것으로서 이것을 月建이라 부른다. 즉 「斷易 (五行易)」으로 事物을 占할때에 그 月의 十二支를 月建이라는 것이다.

이 月建(占하는 月의 十二支)과 爻의 관계

　1. 旺·相·休·囚·死

　2. 生·剋

　3. 破

의 三關係로 大別하게 된다. 이 가운데 「旺·相·生」의 관계가 「强」

이며, 「休·囚·死·剋·破」의 관계가 「弱」이다.

　1의 「旺·相·休·囚·死」의 보는法은, 月의 十二支와 爻의 十二

支關係를 보는 방법이다. 이 「旺·相·休·囚·死」의 관계는 다음과　같

이 된다.

　「寅·卯」의 月建으로는 「寅·卯」의 爻가 「旺」이 되고, 「巳·

午」의 爻가 「相」이 되며, 기타의 爻는 모두 「休·囚·死」가 된다.

　「巳·午」의 月建으로는 「巳·午」의 爻가 「旺」이 되고, 「丑·辰

·未·戌」의 爻가 「相」이 되며, 기타의 爻는 모두　「休·囚·死」

가 된다.

　「申·酉」의 月建으로는 「申·酉」의 爻가 「旺」이 되고, 「亥·

子」의 爻가 「相」이 되며, 기타의 爻는 모두 「休·囚·死」가 된다.

　「亥·子」의 月建으로는 「亥·子」의 爻가 「旺」이 되고, 「寅·

卯」의 爻가 「相」이 되며, 기타의 爻는 모두 「休·囚·死」가 된다.

　「辰」의 月建으로는 「丑·辰·未·戌」의 爻가 「旺」이 되고,「申

·酉」의 爻가 「相」이 되며, 기타의 爻는 모두 「休·囚·死」가 된다.

　「未」의 月建으로는 「丑·辰·未·戌」의 爻가 「旺」이 되고,「申

·酉」의 爻가 「相」이 되며, 기타는 모두 「休·囚·死」가 된다.

　「戌」의 月建으로는 「丑·辰·未·戌」의 爻가 「旺」이 되고, 「申

·酉」의 爻가 「相」이 되며, 기타는 모두 「休·囚·死」가 된다.

　「丑」의 月建으로는 「丑·辰·未·戌」의 爻가 「旺」이 되고, 「申

·酉」의 爻가 「相」이 되며, 기타는 모두 「休·囚·死」가 된다.

以上의 十二支 관계에서 「旺」이 가장 强하며, 다음이 「相」이 强
하고, 「休·囚·死」로 되어있는 十二支는 弱하게 되는 것이다.
　表로 나타내면 다음과 같이 된다.

土用 一 四·七·十月	冬 十·十一月	秋 八·九月	夏 五·六月	春 二·三月	四秀 旺衰 ／ 断易(五行易)四季旺衰表
未丑 戌辰	亥子	申酉	巳午	寅卯	旺
申酉	寅卯	亥子	未丑 戌辰	巳午	相
巳午	申酉	未丑 戌辰	寅卯	亥子	體
寅卯	未丑 戌辰	巳午	亥子	申酉	囚
亥子	巳午	寅卯	申酉	未丑 戌辰	死

　2의 「生·剋」보는 法은 다음과 같다.
　이것은 十二支의 五行의 生剋의 관계를 月建과 卦의 爻와에 이용한
다. 즉, 月建에서 卦의 爻의 十二支가 「生」의 관계로 되어 있는지
「剋」의 관계에 있는지를 보는 방법이다.
　「生」의 관계는 前述의 「旺相」의 관계의 「相」에 해당된다. 즉,
相과 生은 같은 것이라고 생각하면 된다. 「剋」의 관계는 다음과 같
이 된다.
　「寅·卯」의 月建으로는 「丑·辰·未·戌」의 爻가 剋이 된다.

「巳・午」의 月建으로는 「申・酉」의 爻가 「剋」이 된다.

「申・酉」의 月建으로는 「寅・卯」의 爻가 「剋」이 된다.

「亥・子」의 月建으로는 「巳・午」의 爻가 「剋」이 된다.

「丑・辰・未・戌」의 月建으로는 「亥・子」의 爻가 剋이 된다.

以上의 剋은 爻가 弱하게 된다.(剋과 死의 관계는 중복되지마는 다른 관계로 본다.)

3의 「破」의 보는 法은 다음과 같다.

이것은 前述한 「剋」의 관계와 중복되지마는 역시 다른 하나의 관계로 본다. 정식으로는 「月破(월파)」라고 부른다. 이 月破의 관계는 다음과 같다.

月建	爻	關係	月建	爻	關係	月建	爻	關係
子	午	月破	辰	戌	月破	申	寅	月破
丑	未	月破	巳	亥	月破	酉	卯	月破
寅	申	月破	午	子	月破	戌	辰	月破
卯	酉	月破	未	丑	月破	亥	巳	月破

以上의 破는 爻가 弱하게 된다.

그러면 「爻」와 「月建」과의 관계에 의한 强弱을 보는 방법은, 以上과 같이 三조건에 의해 정한다. 이 三조건은 각각 조금씩 중복되지마는 중복된 관계는 작용이 심하다고 생각하면 될 것이다.

이들 三조건으로 구체적인 강약 보는 방법을 들어 보기로 보자

「旺相」인 爻를 플라스라고 생각하고, 「休・囚・死」를 마이너스라고 생각하여 그 경우에 「旺」을 +2, 「相」을 +1로 한다. 다시 「破」나 「剋」을 마이너스로 생각하면, 「休・囚・死」로 「破・

剋」이 중복되면 마이너스가 많아진다고 한다. 그러나 「生」과 「相」
이 중복 되어도 플라스는 많아지지 않는다.

「旺」 爻는 +2

「相」 爻는 +1

「休・囚・死」 爻는 −1

「剋」 爻는 −1

「破」 爻는 −1

　　註)「生」은 「相」의 관계 속에 포함 된다.

그러므로 「休・囚・死」와 「破・剋」이 중복되면 −2 가 된다고 생
각하면 될 것이다.

가령, 지금「子」(水)의 爻를 들어서 各月의 十二支와의　관계를
살펴보자.

子月에 있어서의 子爻는 旺으로 +2

丑月에 있어서의 子爻는 休囚死이며 다시 剋 때문에 −2

寅月에 있어서의 子爻는 休囚死로 −1

卯月에 있어서의 子爻는 休囚死로 −1

辰月에 있어서의 子爻는 休囚死이며 다시 剋 때문에 −2

巳月에 있어서의 子爻는 休囚死로 −1

午月에 있어서의 子爻는 休囚死이며 다시 破 때문에 −2

未月에 있어서의 子爻는 休囚死이며 다시 剋 때문에 −2

申月에 있어서의 子爻는 相으로 +1

酉月에 있어서의 子爻는 相으로 +1

戌月에 있어서의 子爻는 休囚死이며 다시 剋 때문에 −2

亥月에 있어서의 子爻는 旺으로 +2

② 日과의 관계

이것은 「爻」와 日과의 관계에 따라 強弱을 보는 방법을 말하는 것이다.

이 日이란 占하는 日의 十二支라는 것으로서 이것을 日辰이라 부른다. 즉, 「斷易(五行易)」으로 事物을 占할 때의 그 날의 十二支를 日辰이라 하기 때문이다.

이 日辰(占日의 十二支)과 爻의 관계는

1. 生・剋
2. 長生・帝旺・墓・絶
3. 空亡
4. 冲

등의 四관계로 大別한다. 이 가운데 生・長生・帝旺의 관계가 「强」이 되며, 剋・墓・絶의 관계가 「弱」이 되고, 空亡・冲은 前述한 月建과의 관계에 의해 「强弱」이 결정되는 것이다.

1의 「生剋」 보는 방법은 다음과 같다. 이것은 日의 十二支와 爻의 十二支와의 관계를 보는 방법이다. 이 生剋의 관계는 다음과 같이 된다.

「子」의 日辰으로는, 「寅・卯」의 爻가 「生」이 되고, 「巳・午」의 爻가 剋이 된다.(이 以外의 十二支는 生剋에 관계없다. 以下 같음)

「丑」의 日辰으로는, 申・酉의 爻가 生이 되고, 子・亥의 爻가 剋이 된다.

「寅」의 日辰으로는, 巳・午의 爻가 生이 되고, 丑・辰・未・戌의 爻가 剋이 된다.

「卯」의 日辰으로는, 巳・午의 爻가 生이 되고, 丑・辰・未・戌의 爻가 剋이 된다.

「辰」의 日辰으로는 申・酉의 爻가 生이 되고, 子・亥의 爻가 剋이 된다.

「巳」의 日辰으로는, 丑·辰·未·戌의 爻가 生이 되고, 申·酉의 爻가 剋이 된다.

「午」의 日辰으로는, 丑·辰·未·戌의 爻가 生이 되고, 申·酉의 爻가 剋이 된다.

「未」의 日辰으로는, 申·酉의 爻가 生이 되고 子·亥의 爻가 剋이 된다.

「申」의 日辰으로는, 子·亥의 爻가 生이 되고, 寅·卯의 爻가 剋이 된다.

「酉」의 日辰으로는, 子·亥의 爻가 生이 되고, 寅·卯의 爻가 剋이 된다.

「戌」의 日辰으로는, 申·酉의 爻가 生이 되고, 子·亥의 爻가 剋이 된다.

「亥」의 日辰으로는, 寅·卯의 爻가 生이 되고, 巳·午의 爻가 剋이 된다.

以上의 十二支 관계로 生이 强하며, 剋이 弱하게 된다.

2의 「長生·帝旺·墓·絕」의 보는 방법은 다음과 같다.

이것은 十二支의 특수한 관계(전문용어로는 十二長生)을 日辰과 爻와의 관계에 이용하는 것이다. 이 「長生·帝旺·墓·絕」의 관계는 다음과 같이 된다.(지금까지와는 달리 爻의 十二支에서 日辰의 十二支를 본다. 의미는 지금까지와 같지만은, 記述하는 방법이 틀리므로 주의하지 않으면 안된다.)

「寅·卯」의 爻는, 「亥」日이 長生이 되고, 「卯」日이 帝旺이 되며, 「未」日이 墓가 되고, 「申」日이 絕이 된다.

「巳·午」의 爻는, 「寅」日이 長生이 되고, 「午」日은 帝旺이 되며, 「戌」日이 墓가 되고, 「亥」日은 絕이 된다.

「申・酉」의 爻는, 「巳」日이 長生이 되고, 「酉」日이 帝旺이 되며, 「丑」日이 墓가 되고 「寅」日은 絶이 된다.

「亥・子」의 爻는, 「申」日이 長生이 되고, 「子」日은 帝旺이 되며, 「辰」日이 墓가 되고, 「巳」日은 絶이 된다.

「辰・戌・未・丑」의 爻는 「申」日이 長生이 되고, 「子」日은 帝旺이 되며, 「辰」日은 墓가 되고, 「巳」日은 絶이 된다.(이것은 일반적인 說이지만 透派에서는 이 「辰・戌・未・丑」의 爻만은 이 「長生・帝旺・墓・絶」을 보지 않는다.) 또 「胎」는 일반占에서는 사용하지 않지마는, 妊娠占을 할때 用神이 「胎」가 되는지 어떤지를 보기 위해 사용한다.

이상의 十二支 관계로 「長生・帝旺」이 强하고 「墓・絶」이 弱하게 되는 것이다. 다만 「申・酉」의 爻만은 「長生」과 「墓」가 반대로 된다. 즉, 長生이 弱하고 墓가 强하게 된다. 表로 만들면 다음과 같이 된다.

土 (未辰丑戌)	水 (亥子)	金 (申酉)	火 (巳午)	木 (寅卯)	五行／十二運	斷易（五行易）十二運表
申	申	巳	寅	亥	生	
子	子	酉	午	卯	旺	
辰	辰	丑	戌	未	墓	
巳	巳	寅	亥	申	絶	
午	午	卯	子	酉	胎	

3의 空亡 보는법은 다음과 같다.

이것은 占日의 干支와 卦속의 十二支와를 대조해서 사용하는 것이다.

別册의 「干支空亡表」처럼 占日의 干支를 토대로 하여 上段부터

「空亡」의 十二支를 둘 나타낸다. 그래서 이 「空亡」의 十二支가 卦 속에 있으면 그 爻가 「空亡」이 되는 것이다.

가령 「己未」日이라면 위를 보니 「空亡」인 곳에 「子·丑」이라고 있다. 즉 子와 丑의 十二支가 空亡이 되므로, 卦속에 이 두개의 十二 支가 있으면, 그 爻가 空亡의 爻라는 것이 된다.

이 空亡은 원칙으로는, 爻를 弱하게 하는 것으로 보지마는, 그것은 조건에 따라 다르다.

月建上에서 본 「旺·相」의 爻

日辰上에서 본 「長生·帝旺」의 爻

以上 두가지 조건일 때는, 空亡의 爻였더라도 空亡이라고는 보지 않 는다.

4의 「冲」 보는 방법은 다음과 같다.

이것은 日辰과 爻의 十二支관계를 보는 方法이다. 月建과 爻의 관계 에서 설명한 「破(月破)」와 똑같은 十二支관계로서 呼稱(호칭)이 다를 뿐이다. 月建과 爻의 관계에서는 月破라고 하며 日辰과 爻의 관 계에서는 「冲」이라 한다.

그러면 이 「冲」(日辰과 爻의 관계)인 경우에, 月建과의 「旺相· 休囚死」의 관계에 따라 다음과 같이 구별한다.

「冲」의 爻인 十二支가 月建과 旺相의 관계에 있을 경우에는, 「暗 動(암동)」이라고 한다.

「冲」의 爻인 十二支가 月建과 「休囚死」의 관계에 있을 경우에는 「日破」라고 한다.

이런 爻가 「暗動」인 경우는 强하며, 日破인 경우는 弱하게 되는 것이다.

그러면 爻와 日辰의 관계에 依한 强弱의 보는 방법은, 以上과 같이 四조건에 따라 결정한다.

「生・長生・帝旺」의 爻는 +2

「剋」의 爻는 -1

「墓・絶」의 爻는 -1

「空亡」의 爻는 -1

「冲」으로 「暗動」의 爻는 +1

「冲」으로 「日破」의 爻는 -1

즉, 日辰과 爻의 관계의 강약은 「長生・帝旺・墓・絶」관계만 독립적인 작용을 하고 나머지 「冲・空亡」의 관계는 모두 月建의 「旺相・休囚死」의 관계에 따라 左右되게 되는 것이다.

이상으로 爻의 十二支의 강약을 결정하기 위해서 月建과 日辰의 十二支의 보는 方法을 설명하였다. 다시 한번 되풀이 되겠지만 정리해 보자.

易을 세웠을 때에, 易卦속의 爻의 강약을 알기 위해서 月建과 日辰과 卦中의 爻의 관계를 본다.

(1) 月建과 爻의 관계

　1. 旺相・休囚死

　2. 生剋

　3. 破（月破）

(2) 日辰과 爻의 관계

　1. 生剋

　2. 長生・帝旺・墓・絶

　3. 空亡

　　A. 旺・相・長生・帝旺의 空亡

　　B. A 이외의 空亡

　4. 冲

　　A. 暗動의 冲

B. 日破의 冲

이러한 복잡한 관계가 된다. 이것들은 중복되므로, 주의를 하지 않으면 안된다. 어찌하든지, 이들 月建과 日辰의 관계에 따라 강약을 求하여 간다. 일반적으로는 여기까지 거의 爻의 강약이 결정되게 된다. 그러나 결정되지 않을 경우도 있으므로 그 「月建·日辰」으로 결정되지 않을 때는, 다시 다음의 강약 보는法에 따른다.

第五節 强弱에 대하여 (變動과 飛神)

用神이나 爻의 강약을 결정하는 방법은, 앞 節에서 記述하여 온것처럼 月建과 日辰에 의한다. 이것만으로도 확실한 강약을 결정하지 못할 경우가 생기게 된다. 그런 경우에는 이번 節에서 記述하는 방법을 이용한다.

그것은, 「爻」자체의 움직하는 관계에 따라 보는 방법이다. 앞 節까지는

1. 爻와 月의 十二支와의 관계

2. 爻와 日의 十二支와의 관계

를 설명하여 왔지마는 이번 節에서는

3. 爻 자체의 움직임의 관계

에 의한 강약 보는法을 記述한다.

① 動爻와 變爻와의 관계

이것은 爻가 움직였을 경우에 무엇으로 변하였느냐에 따라서 강약을 보는 방법이다. 易을 세웠을 경우에, 전연 卦가 다른 卦로 되지 않는, 즉 爻가 움직이지 않을 경우도 있으며, 卦가 다른 卦로 변화하는, 즉 爻가 움직이는 경우도 있다.

이 움직이는 爻를 動爻라 하며, 움직이지 않는 爻를 靜爻(정효)라 한다. 또 움직여서 변화하여 나타난 爻를 變爻라고 부른다.

이 節에서 설명할 動爻·變爻에 의한 강약 보는 방법은, 어떤 爻의 十二支가 움직여서 무슨 十二支의 爻가 되었는가를 보는 방법이다. 즉 動爻의 十二支와 變爻의 十二支와의 관계를 본다는 것이다.

이 「動爻·變爻」의 十二支관계에는

1. 動爻가 變爻에서 받는 生剋관계

2. 動爻가 變爻로 되는 十二支관계

의 두 관계로 大別하게 된다.

1의 動爻가 變爻로 부터 받는 生剋관계의 보는 방법은 다음과 같다.

이것은 動爻의 十二支가 變爻의 十二支로 부터 「生」을 받는 관계인가, 「剋」을 받는 관계인가를 보는 방법이다. 그러나, 動爻에서 變爻를 보는 것은 절대로 없다.

動爻가 變爻로 부터 「生」을 받는 관계를 「回頭生(회두생)」이라고 하며, 動爻가 變爻로 부터 剋을 받는 관계를 「回頭剋(회두극)」이라고 한다.

「亥·子」의 爻가 丑·辰·未·戌등의 變爻가 되는 것을 「回頭剋」이라 하며 申·酉등의 變爻로 되는 것을 「回頭生」이라 한다.

「寅·卯」의 爻가 申·酉등의 變爻로 되는 것을 「回頭剋」이라 하며, 亥·子등의 變爻로 되는 것을 「回頭生」이라 한다.

「巳·午」의 爻가 亥·子등의 變爻로 되는 것을 「回頭剋」이라 하며, 寅·卯등의 變爻로 되는 것을 「回頭生」이라 한다.

「申·酉」의 爻가 巳·午등의 變爻로 되는 것을 「回頭剋」이라 하며, 丑·辰·未·戌등의 變爻로 되는 것을 「回頭生」이라 한다.

「丑·辰·未·戌」의 爻가 寅·卯등의 變爻로 되는 것을 「回頭剋」이라 하며, 巳·午등의 變爻로 되는 것을 「回頭生」이라 한다.

이상의 動爻와 變爻의 관계로 回頭生이 되는 爻는 強하게 되고, 回頭
剋이 되는 爻는 衰하게 된다.

2의 動爻가 變爻로 되는 十二支관계의 보는法은 다음과 같다.

이것은, 動爻의 十二支同性인 五行의 十二支에 變爻하는 관계를 보
는 방법이다. 즉 爻가 움직여서 變爻로 되는 경우로서 「回頭生·回頭
剋」 以外의 관계로 같은 五行의 十二支로 변하는 관계를 말한다.

그러면, 이 같은 五行의 十二支에 變爻하는 관계라도 十二支의 순서
대로 변하는 것을 「進神」이라 하며, 十二支의 逆으로 변하는 것을 「退
神」이라 한다. 順이란 子丑寅卯……로 순서대로 進行하는것, 逆이란
子亥戌酉……로 逆으로 나아가는 것을 가르킨다.

「進神」이란 同性의 五行에 變爻하는 것으로서

「亥」의 爻가 「子」의 爻로 (水의 同性)

「丑」의 爻가 「辰」의 爻로 (土의 同性)

「寅」의 爻가 「卯」의 爻로 (木의 同性)

「辰」의 爻가 「未」의 爻로 (土의 同性)

「巳」의 爻가 「午」의 爻로 (火의 同性)

「未」의 爻가 「戌」의 爻로 (土의 同性)

「申」의 爻가 「酉」의 爻로 (金의 同性)

「戌」의 爻가 「丑」의 爻로 (土의 同性)

을 말한다.

「退神」이란 同性의 五行에 變爻하는 것으로서

「子」의 爻가 「亥」의 爻로 (水의 同性)

「丑」의 爻가 「戌」의 爻로 (土의 同性)

「卯」의 爻가 「寅」의 爻로 (木의 同性)

「辰」의 爻가 「丑」의 爻로 (土의 同性)

「午」의 爻가 「巳」의 爻로 (火의 同性)

「未」의 爻가 「辰」의 爻로 (土의 同性)

「酉」의 爻가 「申」의 爻로 (金의 同性)

「戌」의 爻가 「未」의 爻로 (土의 同性)

을 말한다.

以上의 動爻와 變爻의 관계로서, 進神이 되는 爻는 强하게 되며, 退神이 되는 爻는 弱하게 된다.

② 飛神과 伏神과의 관계

이것은 특수한 경우에만 사용하는데 보는 법이다. 「卦」속에 占的으로 필요한 「用神의 爻」가 없을때 「伏神」이라는 것을 사용하지마는, 그 「伏神」의 강약을 보는 것이 된다.

즉, 占的으로 필요한 用神이 없기 때문에 숨어서 그늘에 있는 用神을 「伏神」이라 하며, 그것을 이용하는 것을 말한다.

이 伏神에 대하여, 伏神위에 있는것, 즉 伏神이 그 「爻」에 숨어 있는 「爻」를 「飛神 (비신) 」이라 한다.

말을 바꾸면, 飛神밑에 숨어 있는 爻를 伏神이라고 할 수 있다.

이것은 보통 쓰지않으나, 卦속에 用神이 없을 때에 이 伏神을 사용하며, 그 伏神의 강약을 본다.

伏神의 강약 보는법은 다음과 같다.

前述한 月建이나 日辰으로 부터의 관계로 伏神이 강한지 약한지를 본다. 보는 방법은 앞에 말한 爻의 보는 방법과 똑 같다.

「伏神」의 月建이나 日辰과의 관계로 강약이 분명하지 않을 경우는 「飛神」과 「伏神」과의 관계를 본다.

「伏神」이 「飛神」에서 「生」을 받을 경우나, 伏神과 飛神이 같은 五行인 경우는 强한 伏神이다. 伏神이 飛神에서 剋을 받았을 경우는 弱한 伏神이다.

-394-

以上으로 二節에 걸쳐 「卦」속의 「爻」의 강약의 分別하는 방법을
전부 설명하였다.

月建과 爻의 관계

日辰과 爻의 관계

動爻自体의 관계

（付） 伏神과 飛神의 관계

이 네가지에 따라 爻의 강약을 측정하게 된다. 그리하여, 이 用神에
해당하는 爻가 他爻보다도 强하면 吉하고, 他爻보다 弱하다면 凶이 된
다는 것이다.

第六節　用神의 判斷法

占하는 目的（占的）에 대해서 定한 用神을 앞 節까지 설명한 여러
가지 조건을 총합하여 거기에서 그 用神이 강한지 약한지를 알게 된다.
用神이 强하면 吉하고, 약하면 凶이라는 것을 당장에 판단된다.

그 판단법은 앞 節까지의 爻의 강약을 결정하는 조건을 이용하지마는
다음 세가지 방법에 의한다.

1. 제일 먼저 用神자신에 그 강약의 조건을 비추어 본다. 여기서 강
약이 확실하게 결정 되었으면 이제 다른 것은 보지 않는다.

2. 用神자신의 조건으로 강약을 결정할 수 있을 경우에는, 「他爻」
와 「用神」과의 관계를 보고 강약을 결정한다.

3. 用神이 卦에는 없이 伏神인 경우에는 伏神의 강약을 보는 방법
을 이용한다.

用神自身에 依한 판단法

用神이 卦에 나타나 있지 않을 경우에는, 먼저 用神자신의 강약을 본

다. 여기에서 강약이 결정되면, 다른 조건은 보지 않는다. 여기에서 결정되지 않을때 만이, 다른 소선을 보는 것으로 한다.

먼저 用神은 最初에 月建과의 조건을 본다.

1. 月建과의 관계가 旺이면 最强

2. 月建과의 관계가 相이면 强

3. 月建과의 관계가 休·囚·死이면 弱

4. 月建과의 관계가 休·囚·死이고, 그 위에 月破 또는 剋을 받고 있는 관계이면 最弱

以上과 같이 하여, 用神과 月建과의 관계에 따라 강약을 결정한다.

다음에 用神과 日辰과의 조건을 본다. 이 경우에 앞의 月建과의 관계가 반드시 붙어 돌고 있다.

1. 月建과의 관계가 「旺·相」으로 다시 日辰과의 관계가 「長生」(申·酉의 爻는 제외)이나, 帝旺이 되는지, 또한 日辰으로 부터 「生」을 받고 있다든지 하면, 이 用神은 결정적으로 强하다는 것이 된다. 물론 다른 조건을 보지 않아도 아무 상관 없다.

2. 月建과의 관계가 「旺·相」으로 다시 日辰과의 관계가 「墓」(申·酉)의 爻는 제외)나 「絶」이든지 또는 日辰으로 부터 「剋」을 받고 있다든지 하면 다음 방법에 따른다.

A. 「靜爻」의 用神은 他爻와의 관계에 따라 定한다.(他爻와의 관계에 의한 판단법 참조)

B. 「動爻」의 用神은 他爻와의 관계에 따라 定한다. 「動爻」가 「進神」이 되든지 「回頭生」이 되든지 하면, 이 用神은 强하다는 뜻이다. 그와 반대로, 「動爻」가 「退神」이 되든지 「回頭剋」이 되든지 하면, 이 用神는 弱하다는 뜻이 된다. 더우기 이 「動爻·變爻」의 관계에 따라 强弱을 결정짓지 못할 경우(가령 用神이 子爻로 變爻가 寅爻일 때는, 進神·退神·回頭生·回頭剋의 어느 것에도 屬하지 않는)

다)는「A」와 같으며, 他爻와의 관계에 따라 결정한다.

3. 月建과의 관계가「休·囚·死」로 다시 日辰과의 관계가 「長生」(申·酉의 爻는 제외)이나「帝旺」이 되든지, 또는 日辰으로 부터「生」을 받고 있든지 하면 다음 방법에 따른다.

A.「靜爻」의 用神은 前記한「A」와 같으며,「他爻」와의 관계에 따라 결정한다.

B.「動爻」의 用神이 變爻와의 관계에 따라 결정한다. 動爻가 進神이 되든지「回頭生」이 되든지 하면, 그 用神은 强하다는 뜻이 된다. 그 반대로 動爻가 退神이 든지 回頭剋이 되든지 하면, 이 用神은 弱하다는 뜻이 된다. 더우기 이「動爻·變爻」의 관계에 따라 강약을 결정짓지 못할 경우(가령 用神이 寅爻로 變爻가 巳爻일 때는, 進神退神·回頭生·回頭剋의 어느 것에도 屬하지 않는)는「A」와 같이 他爻와의 관계에 따라 결정한다.

4. 月建과의 관계가「休·囚·死」로 다시 日辰과의 관계가「墓」(申·酉의 爻는 제외)나「絶」이 되든지, 또는 日辰으로 부터 剋을 받든지「空亡」에 해당되어 있듯이 하면, 이 用神은 결정적으로 弱하게 되는 것이다. 물론 다시 다른 조건을 볼 필요조차 없다.

以上 記述해 온것을 요약하면, 用神자신의 조건에 依한 강약 보는 방법은,

1. 月建과 日辰
2. 變爻

라고 하는 順序이며 여기까지에도 강약을 결정짓지 못할 경우에는 그것을 볼 수 없기 때문에 바로 他爻와의 관계를 보게 된다.

他爻와의 관계에 依한 판단法

前述한 用神자신의 조건에 따라 강약을 결정짓지 못할 경우에는, 이

他爻와의 관계에 의해서 강약을 본다. 이 他爻란 用神에 대해서 하는 말로서, 用神 이외의 爻의 모든 것을 말하는 것은 아니다. 어디까지나 用神에 관계있는 爻만을 말하며, 다음 三종류의 爻가 있다.

　1. 原神(원신), 이것은 用神을 生하게 하는 爻를 가르킨다.

　2. 忌神(기신), 이것은 用神을 剋하는 爻를 가르킨다.

　3. 仇神(구신), 이것은 原神을 剋하고 忌神을 生하게 하는 爻를 가르킨다.

이들 三종류의 爻(原神·忌神·仇神)을 用神에 대해서 他爻라 부르고 있다. 즉 前述한 것처럼 用神자신으로 결정 지을 수 없을 경우에, 이 他爻의 강약에 따라 用神의 강약을 정한다.

그러면, 이들 「原神·忌神·仇神」의 강약 결정법은 前項에서 설명했던 보는 방법과 완전히 같다. 중복되지만 다시 설명하면,

　1. 月建과의 관계

　2. 日辰과의 관계

　3. 爻自体의 움직임의 관계

의 三法則에 의한다.

단지 앞과 조금 다른 點은, 이들 「原神·忌神·仇神」이 卦에 나타나지 않을 경우라도 伏神을 보지 않는다는것 뿐이다.

그러면 用神 자신의 조건만으로 강약을 결정짓지 못하고, 이 「他爻」(原神·忌神·仇神)와의 관계에 따라 보는데는 다음과 같이 한다.

　1. 原神이 强하고 忌神이 弱할(혹은 없다) 경우는, 用神이 强으로 본다.

　2. 忌神이 强하고 原神이 弱할(혹은 없다) 경우는, 用神이 弱으로 본다.

　3. 原神과 忌神이 모두 强할 경우는 仇神의 强弱으로 본다.

　A. 仇神이 强하면, 用神은 弱하다고 본다.

B . 仇神이 弱하면, 用神은 强하다고 본다.

4 . 原神과 忌神이 모두 弱할 경우에는 仇神의 强弱으로 본다.

伏神에 依한 판단법

用神이 卦에 나타나 있지 않을 때는, 伏神의 强弱을 본다.

1 . 月建과의 관계를 본다.

2 . 日辰과의 관계를 본다.

여기까지에서 강약이 결정되지 않았으면

1 . 飛神과의 관계를 본다.

A . 飛神에서 生해져 있으면 强으로 본다.

B . 飛神에서 剋해져 있으면 弱으로 본다.

占的에 따라 用神을 求하고 占한 易卦에 對해서 用神이 卦에 없다는
것은, 이미 用神이 弱한 뜻이 있다. 그러므로, 무리하게「伏神」을 보
기 보다 다시 日을 바꾸어 立卦하는 것도 한 갖 방법이다.

以上으로 用神의 강약에 依한 판단이 될 수 있을 것이다. 즉 차례대
로 강약을 定하는 조건을 맞추어 가는 뜻이다. 이것을 箇條式으로 써
보면,

1 . 占的에 依한 用神의 결정

2 . 用神과 月建과의 관계

3 . 用神과 日辰과의 관계

4 . 用神이「靜爻」의 경우

　　　「用神」과「原神·忌神」과의 관계

5 . 用神이 動爻인 경우

　　　「用神」과「變爻」와의 관계

6 . 用神이 伏神의 경우

A . 伏神과 月建과의 관계

B. 伏神과 日辰과의 관계

C. 伏神과 飛神과의 관계

이것들을 번호 차례대로 봐 나간다. 1부터 4까지에서 강약이 결정되지 않으면 5로 간다. 用神이 卦에 나타나 있지 않은 伏神인 경우는, 6에 의해 결정한다.

第七節 應期에 對해서

「斷易(五行易)」으로 事物을 판단한 결과가, 실제로 나타나고 있는 年·月·日·時 등을, 占行上으로는 「應期」라고 한다. 즉 占術上의 事物의 吉凶이 應하는 時期라는 의미이다. 이 「應期」는 오직 時間단위를 가르키는 十二支로 나타나게 된다.

이들의 「應期」는 「旺·囚」와 「冲·合」과 「生·剋」의 三種類의 十二支 작용에 따라 판단한다.

時間的應期……旺·囚에 依한 應期

十二支의 「旺·囚」의 작용에 의한 應期의 보는 방법를 「時間的應期(시간적응기)」라고 본다.

결과적으로 强하다고 판단된 用神이, 단지 月建의 조건만으로 「休·囚·死」로 되어 있을 경우에,

1. 月支로 「旺相」하는 月

2. 月支로 「帝旺」이나 「長生」이 되는 日

등이 吉兆(길조)가 나타나는 應期이다. 가령, 총합적으로 「子」의 用神이 强하다고 판단되어, 일단은 吉이라고 결론이 나와 있으나, 단지 月建이 巳月인 때문에 「休囚」하고 있는것 같은 경우에,

1의 조건으로만 「子」가 「旺相」하는 月의 「子·亥·申·酉」의 月에 吉兆가 나온다.

-400-

2의 조건으로는 「子」가 「帝旺・長生」으로 되는 日의 「子・申」의 날에 길조가 나온다.

결과적으로 弱하다고 판단된 用神이 단지 月建의 조건만으로 「旺・相」되어 있을 경우에,

1. 月支로 「休囚死」하는 月

2. 日支로 「墓」나 「絶」이 되는 日

등이 凶兆가 나타나는 應期이다.

用神이 「原神」의 强한 힘때문에 결론적으로는 强하다고 판단되었을 경우에,

1. 原神이 月支로 旺相하는 月

2. 原神이 日支로 帝旺・長生이 되는 日

등이 吉兆로 나타나는 應期이다.

用神이 忌神이나 仇神의 强한 힘때문에 결과적으로 弱하다고 판단되었을 경우에,

1. 仇神이나 忌神이 月支로 旺相하는 月

2. 忌神이나 仇神이 帝旺・長生이 되는 日

등이 凶兆로 나타나는 應期이다.

地支的應期……沖・合에 依한 應期

十二支의 「沖・合」의 상호관계에 의한 應期의 보는 방법을 「地支的應期」라고 한다.

「沖」의 十二支 관계는 다음과 같다.

子 － 午　　丑 － 未　　寅 － 申

卯 － 酉　　辰 － 戌　　巳 － 亥

「合」의 十二支 관계는 다음과 같다.

子 － 丑　　寅 － 亥　　卯 － 戌

辰 － 酉　　巳 － 申　　午 － 未

결과적으로 强하다고 판단된 用神이 月建·日辰·變爻·動爻(他爻) 등과 「合」의 관계에 있든지 「空亡」으로 되어있을 경우에, 그 用神을 「冲」하는 年·月·日·時의 十二支가 吉兆의 나타나는 應期이다.

결과적으로 弱하다고 판단된 用神으로 더구나 「原神」이 强할 경우에는, 그 「原神」을 冲하는 年·月·日·時의 十二支가 凶兆의 나타내는 應期이다. 또 「飛神」이나 「變爻」가 用神을 强하게 하는 조건인 경우는, 그 강하게 하는 것을 「冲」하는 年·月·日·時의 十二支가 凶兆의 나타내는 應期이다.

결과적으로 강하다고 판단된 用神이 月建·動爻(變爻·他爻)등 冲의 관계에 있을 경우는, 그 用神을 「合」하는 年·月·日·時의 十二支가 吉兆의 나타내는 應期이다. 결과적으로 약하다고 판단된 用神으로 더구나「原神」이 강할 경우에는 「原神」을 合하는 年·月·日·時의 十二支가 凶兆의 나타내는 應期이다. 또 飛神이나 變爻가 用神을 强하게 하고 있는 조건인 경우는, 그 강하게 하는 것을 「合」하는 年·月·日·時의 十二支가 凶兆의 나타내는 應期이다.

五行的應期……生剋에 依한 應期

十二支 끼리의 단순한 「生剋」의 상호관계에 應期의 보는 방법을 「五行的應期」라고 한다.

결과적으로 강하다고 판단된 用神은, 그 用神을 生하게한 年·月·日·時의 十二支가 吉兆의 나타나는 應期이다.

결과적으로 약하다고 판단된 用神은, 忌神이나 仇神을 生하게 하는 年·月·日·時의 十二支가 凶兆의 나타나는 應期이다.

결과적으로 강하다고 판단된 用神으로, 더구나 飛神이나 變爻가 用神을 弱하게 하고 있을 경우는, 그 약하게 하는 것을 剋하는 年·月·日·時의 十二支가 吉兆의 나타나는 應期이다.

결과적으로 약하다고 판단된 用神은, 그 用神이나 原神을 剋하는 年·月·日·時의 十二支가 凶兆의 나타나는 應期이다.

第八節　分占

分占에 들어가는데 대해서 제일 먼저 조심하지 않으면 안될 것은「一事一占」이라는 것이다. 이것은, 하나의 事項은 하나의 占에만 볼 수 있다는 大原則이다. 아무리 그 판단의 占的이 각각 관계가 있는 事項으로 연결이 되어 있더라도, 어느 하나의 事項만 이「斷易(五行易)」은 경과를 가르키지 않는다. 가령 상업거래의 占에 있어서도,

1. 이 거래는 성립될 수 있는가
2. 만일 성립되면 이익은 있을까

라고 하는 것처럼 달라지게 된다. 이와같이 결혼占에 있어서도.,

1. 성립될까
2. 좋은 인연인가
3. 상대방의 인물은

라고 하는 것처럼 달라진다. 즉 하나의 易卦로 관련이 있는 占的이라도, 양쪽을 봐서는 안된다는 것이다. 반드시 하나의 事項의 占的으로는 하나의 易卦로 보고, 占的이 변하면 다시 하나의 易卦를 나타내지 않으면 안된다.

以下의 판단으로 설명되는 分占은, 入試(입시)·就職(취직)·求財(구재)·賣買(매매)·貸借(대차)·婚姻(혼인)·出産(출산)·訴訟(소송)·疾病(질병)등의 占斷法으로 하였다. 기타는, 그 占斷法에 배워서 활용하기를 바란다.(以下 四○五〜四○九) 더우기 用神 취하는 法은 前述하였지만 결말을 매듭짓는 것으로「用神·原神·忌神·仇神」을 다음에 설명하여 둔다.

자기에 관한 占은「世爻」가 用神이며, 世爻를 剋하는 爻가 忌神, 世爻를 生하는 爻가 原神, 原神을 剋하는 爻가 仇神이다.

더우기, 특정한 목적이 뚜렸할 때는, 그 求占의 목적에 따라서 世爻

이외에 用神을 취한다. 가령 자기의 求財占이면 「妻財爻」, 질병占이면 「官鬼爻」, 학술占이면 「父母爻」로 된다. 만약에 그 求占목적에 대한 용신이 불명할 때는, 자기占이므로, 말끔하게 世爻를 用神으로 해버리면 初心者는 틀림이 없다.

가령, 結核을 占할 때는 病占이므로 「子孫爻」인지, 結核이라는 질병占이므로 「官鬼爻」인지, 手術이므로 手術의 「妻財爻」인지 의사의 의학지식 여하에 따르므로 「父母爻」인지 不明이었다고 한다. 이 경우는, 하여간 結核이 낫기만 하면 되므로 분명하지 않을 때는 「世爻」를 用神으로 하면 된다는 뜻이다. 조금 극단적인 표현방법이 되겠지만, 初心者의 「斷易(五行易)」의 경우는, 자기 占은 「世爻」라고 억지를 쓰더라도 좋을 것이다.

자기 占이더라도 상대가 있을 경우는, 「世爻」나 「應爻」가 用神이 되며, 각각의 爻에 대한 「原神·忌神·仇神」을 정한다. 자기占 以外, 즉 他人에 의뢰 받았을 때도, 자기에 관한 占과 똑같다. 이것은 他人이 占을 할 수 없었기 때문에 의뢰 받았으므로, 他人을 대신한것 뿐으로서, 그 他人의 입장에서 보면 자기 占이 되기 때문이다.

他人의 占은, 兄弟·姉妹·친구에 관한 일체는 「兄弟爻」(단순한 친구관계는 應爻, 여기서 말하는 친구는 극히 친한 친구), 手上, 父母에 관한 일체는 「父母爻」, 部下·고용인·妻에 관한 일체는 「妻財爻」, 子女에 관한 일체는 「子孫爻」, 夫君에 관한 일체는 「官鬼爻」가 된다.

즉, 자기의 病일 때는 「子孫爻」, 求財일 때는 「妻財爻」이지만, 妻의 경우는 질병도 求財도 모두 「妻財爻」가 用神이 된다. 이와같이 子女의 事項으로 占할 때는, 입학이나 질병이나 결혼이나 취직등 모두가 「子孫爻」가 用神이 된다.

斷易 (五行易) 術판단

入試보는法

入試에 관한 占은 다음과 같이 설명한다.

用神은 父母爻

原神은 官鬼爻

忌神은 妻財爻

仇神은 子孫爻

더우기 이 경우에 用神 뿐만이 아닌 世爻도 보지 않으면 안된다.

世爻가 用神이나 原神이며, 다시 强하면 이 入試는 유망하다. 그 반대로 世爻가 忌神이나 仇神이라면, 入試에 무엇인가 지장이 생긴다.

父母爻가 旺相하고 다시 長生・帝旺등으로 되어 있든지, 日辰에서 生하여 있든지 하면 합격하게 된다.

父母爻가 月建과의 조건이 강하고, 日辰과의 조건에 약할 경우, 또는 月建과의 조건이 약하고 日辰과의 조건이 강할 경우, 用神이 靜爻이면 官鬼나 妻財爻의 강약을 본다.

用神이 動爻이면 變爻와의 관계를 본다.

用神이 伏神이면 飛神과의 관계를 본다.

더우기, 여기에서 설명하고 있는 用神은 어디까지나 當者의 入試占일 경우이다. 父母가 子女의 入試占을 할 때는 子孫爻가 用神이 되며, 兄弟의 入試占을 할 때는 兄弟爻가 用神이 된다.

就職보는法

就職에 관한 占은 다음과 같이 설정한다.

用神은 官鬼爻

原神은 妻財爻

忌神은 子孫爻

仇神은 兄弟爻

더우기, 이 경우에 用神 뿐만이 아닌 世爻도 참고로 한다.

世爻가 兄弟나 子孫으로 되어 있든지, 月破・日破・空亡(반드시 休囚의 空亡)과 같은 경우는, 직장에서 제대로 잘 안된다.

就職되는지 어떤지는 별도로, 이 職에 대해서 좋은지의 占的으로는, 世爻가 用神이 되며, 官鬼를 用神으로 하여 보면 안된다. 또 이와는 반대로, 취직이 성립되는지 어떤지는 官鬼를 主로 하여 보지않으면 안된다.

그러므로 世爻와 官鬼는 모두 조심하여 보지않으면 안된다. 왜냐하면, 취직은 성립되어도 자기에게 나쁜 직장이라면 성립되었어도 이것은 하는 수 없는 것이며, 또 성립되어 좋은 직장이더라도, 성립되지 않은것은 아무리 아쉬워 하더라도 하는 수 없기 때문이다.

求財보는法

求財에 관한 占은 다음과 같이 설정한다.

用神은 妻財爻

原神은 子孫爻

忌神은 兄弟爻

仇神은 父母爻

求財占인 경우는, 다른 占처럼 世爻의 조건을 그다지 보지않아도 상관 없다. 왜냐하면 世爻의 조건이 나쁘더라도, 財가 들어가는 가능성은 비교적 강한 것이다. 妻財爻 자체가 강하기 때문에 財가 들어온다고 판단 되었을 경우, 財의 들어오는 방법은 일확천금이며, 한꺼번에 들어온다.

原神(즉 子孫)의 조건이 강하기 때문에 財가 들어온다고 판단되었을 경우, 財가 들어오는 方法은 財源이 튼튼하여 지속적으로 들어오는 방법일 것이다.

賣買나 貸借등의 占하는 方法은, 이 求財占과 大同小異(대동소이) 하다. 다만 다른 點은 妻財 그 자체의 조건에 주의해야할 것이며, 그다지 原神(즉 子孫)으로 부터의 生剋에 依한 판단은 적합하지 못한다.

이렇게 말하는 것은 貸借(대차)나 賣買(매매)의 占도 어떤 한번의 事物을 지적하여 占하고 있는 것이며, 財源은 너무 취급할 필요가 없기 때문이다.

婚姻보는法

혼인에 관한 占으로는 男子와 女子는 틀리므로 用神 취하는 방법이 달라진다.

男子인 경우는 다음과 같이 설정한다.

用神은 妻財爻

原神은 子孫爻

忌神은 兄弟爻

仇神은 父母爻

女子인 경우는 다음과 같이 설정한다.

用神은 官鬼爻

原神은 妻財爻

忌神은 子孫爻

仇神은 兄弟爻

더우기 혼인占에 있어서는, 用神은 결혼 상대의 조건을 가르킨다. 즉 상대의 성격, 학식, 건강등 인간의 조건을 나타내는 것이다. 그러므로 결혼 그 자체는, 훌륭한 이성의 배우자를 맞이하더라도 행복을 보장받았다고는 말할 수 없다.

그러므로, 世爻와 합쳐서 봐야만 한다. 用神이 世爻에 대하여, 어떻게 일하게 되는가의 點을 상세하게 보지 않으면 안된다.

出産보는法

出産에 관한 占은 다음과 같이 설정한다.

用神은 子孫爻

原神은 兄弟爻

忌神은 父母爻

仇神은 官鬼爻

더우기 出産이라 하더라도 占的이 천차만별이다. 그 경우에 용신이 달라지므로 주의하지 않으면 안된다.

태아가 있나 없나

태아는 安産인가 難産인가

태아의 성별은

등은 一卦로 占할것이 아니라, 分占하지 않으면 안된다.

태아가 있는지 없는지는 子孫爻의 강약에 따라 정해진다. 安産인지 어떤지는 역시 子孫爻의 강약을 본다. 그러나 이 경우에 반드시 分占하지 않으면 안된다. 만약 一卦로만 본다면, 태아가 있을때는 반드시 安産이라는 이상한 결과로 되어 버린다.

산부자신의 길흉은 子孫의 世爻에 대하는 작용이나 官鬼의 조건등에 따른다. 官鬼爻가 動爻나 變爻에 있으면, 산부의 모체에 위험을 수반할 염려가 있게 된다.

태아의 남녀성별은 아쉽지만 斷易(五行易)으로서는 그다지 맞지 않으므로, 보지 않는 것이 좋다.

訴訟보는法

소송에 관한 占으로는 보통 占에 의한 用神과 제법 틀리므로 주의하지 않으면 안된다.

用神은 世爻

原神은 世爻를 生하는 爻

忌神은 世爻를 剋하는 爻

仇神은 原神을 剋하는 爻

혹시나 소송占에 있어서의 승부보다도 彼我의 관계를 보고 싶을 때는, 자기가 世爻, 相對가 應爻이다. 각각에 原神·忌神을 본다.

疾病보는 法

질병에 관한 占은 다음과 같이 설정한다.

用神은 子孫爻

原神은 兄弟爻

忌神은 父母爻

仇神은 官鬼爻

질병占인 경우에, 世爻에 官鬼가 붙는 것을 가장 두려워 하고 子孫爻가 붙는 것을 좋아한다.

다만 질병占은 보통 자신이 占하는 일은 없다. 가벼운 질병이면 자신이 하는 수도 있겠지만 보통 他人이 占하게 된다. 그러므로 用神이 이것저것 구구하다. 妻가 夫君의 질병을 본다면 官鬼가 用神이 되며, 子孫이 强하든지 剋하여 오든지 하면 夫君의 生命이 위태롭게 된다.

반대로, 夫君이 妻의 病을 본다면 妻財가 用神이 되며, 子孫이 强하든지 生하여 오든지하면, 妻의 病은 바로 낫는다.

즉, 이것은 用神이 强하게 生하게 되면 吉하게 되지만, 질병점은 用神이 가지각색인 수가 많기 때문에 매우 조심하지 않으면 안된다는 것이다.

第七章 相에 依한 物體의 觀察

第一節　印相（一事의　運命）

印相入門

【印相이란】

「印相（인상）」과「名相」은, 우리 透派（투파）의 五術체계에는 들어 있지 않다.「相」의 術로서는, 초급이「人相」（金面과 玉掌—즉 人相과 手相）이며, 중급이「陽宅（양택）」이며, 상급이「風水（풍수）」이다. 그러나 이 印相은 중국에서는 일반화 되어 있으며, 한국이나 일본에서도 보편화되어 있으므로 公開하기로 한다.

그러나 지금까지 한국이나 일본에서 공개되어 있는 印相은, 틀려 있다는 한심한 상태이다. 모든 占術界에서 이 印相만큼 수준이 낮으며, 그 해설이나 배경이 엉터리 투성이라는 點은 다른 占術에서는 보지 못한 보기이다.

이와 같이 酷評（혹평）을 하는 것은 다른 占術은 우선 상식은 고사하고 라도 占卦만으로 해결할 수 있는 내용들이지만, 이「印章（인장）·印相」에 限해서는, 高度（고도）의 학문적 지식이라 할 수 있는 文字學（엄밀하게는 說文, 金石學）, 書道（서도）, 篆刻（전각）등을 충분히 익히지 아니하고는, 한 개의 도장 조차의 감정이나 조각도 하지 못하게 된다.

그러나 이러한 일은 학자들이라면 몰라도, 占術者, 특히 印相家라고 稱하는 사람에게는 무리한 일이며, 아마도 인연이 없는 일이다. 거기서, 자기 멋 대로의 해설을 주창하고 그것을 바탕으로 하여 印相을 主唱하기 때문에 文字도 아닌 文字를 조각한 도장, 틀린 文字를 조각한 도장이 印相이 되어버리고 말았다.

【 印相의 목적별 문제 】

「印相」이라는 것은 占術上의 응용 범위에서 말하자면 「一體」라고
할 수 있으며, 占術上의 시간 응용 범위에서 말 한다면 「一事」라고
할 수 있다. 즉, 모든 事物에 吉凶을 미치든지, 평생 길흉을 작용하든
지 하는 것은 절대로 없는 것이 「印章」의 占術上의 상식이며, 定義
(정의)이다.「相」점술을 그러한 면에서 구별하면 다음과 같이 된다.

占術	範圍(범위)	期間(기간)
印相(인상)	一體	一事
名相(명상)	一個	一期
人相(인상)	一人	一生
家相(가상)	一家	一代
墓相(묘상)	一族	永代

이제 그렇게 되면, 이 시간적으로도 사용 범위적으로도 印相의 지
닌 길흉이 각각 작용적으로 달라지게 된다. 거기에서 印相으로는, 이
時間과 작용을 충분히 생각하여 목적별인 印相이라는 것이 硏究(연구)
되어오게 되었다.

가정주부에는 가정運에 吉을, 셀르리멘에는 승진의 吉運을, 상업人에
는 재산의 吉을, 의사에게는 의업에 吉이라고 하듯이, 목적별인 印章
을 가지도록 해야 할것이다.

【 印相의 기본原理 】

이 印相은 「奇門遁甲術(기문둔갑술)」을 응용한 것으로서, 遁甲속
의 十干과 「八門」의 「虛星」을 印相의 文字 또는 印面등에 응용하
는 것이 기본원리이다.

이 十干은 인장에 새겨진 문자의 字劃數(자획수)에 따라 조절된다.
어떤 문자를 새길 때, 그 새기는 방법에 따라서 자유로이 자획수가 바
꾸어질 수 있다.(다만, 이것은 文字學上의 일로서 자유로이 바꿀 수

있다고 하더라도 틀린 글자가 되어서는 안된다.)

가령 같은 「保」라는 글자라도

　　　保 (六劃)

　　　保 (八劃)

이와 같이 완전히 글자 획수가 달라진다. 또 같은 「合」이라는 글자라도

　　　合 (三劃)

　　　合 (四劃)

이와 같이 된다. 오직 그 글자의 획수와는 틀리며, 文字學 特有(특유)의 篆書(전서)의 획수에 의한 것이다. 보통 印相家들은 活字(활자)나 일반 書體의 글자 획수를 云云하며 새길 때는 篆書(그것도　바른 전서가 아니고, 八方을 흩트린 아무렇게나 된 글자)로 새기기 때문에, 엉터리 印章이 되어 버린다.

　그러면, 이 글자 획수에 따라 印相의 「奇儀(기의)」가 결정 된다. 「奇儀」란, 奇門遁甲의 十干이라는 것으로서, 「一尊(일존)·三奇(삼기)·六儀(육의)」로 나누어진 것.

　「一尊」이란 「甲尊(갑존)」을 말한다.

　「三奇」란 「乙奇·丙奇·丁奇」를 말한다.

　「六儀」란 「戊儀·己儀·庚儀·辛儀·壬儀·癸儀」를 말한다.

　다음에, 이 奇儀를 前述한 목적에 맞추어 결정한다. 그리고난 다음에 八門과 奇儀의 짜 맞춤을 연구하는 것이다.

　「八門」이란 奇門遁甲의 八門이라는 것으로서 休門·生門·傷門·杜門(두문)·景門·死門·驚門(경문)·開門」으로 나누어져 있다. 이 八門은 印章에 있어서의 印面의 印位로서 다음편 그림과 같이 된다. 즉 印相의 기본원리는, 다음과 같이 된다.

　1. 姓名이나 회사名등을 사용범위와 사용목적에 따라 구분한다.

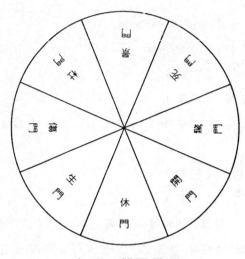

印面八門配置圖

2. 목적이 결정 되었으면, 그것에 따라 글자 획수에서 「一尊・三奇・六儀」를 求한다.

3. 「一尊・三奇・六儀」를 印章의 印面의 「八門」에 吉이 되도록 배치하여 새긴다.

【印相의 원리와 그 活用】

이 印相은 「醫」와 같이 보통 사람이 직접 도장을 새길 수도 없을 뿐 아니라 篆書를 쓴다는 것도 무리이다. 이 책에서는 印章에 있어서의 원리와 활용을 다음 표로 설명하여 바른 印相의 지식습득에 도움이 되도록 하였다.

사 용 목 적	글자모양과 획 수	배		치	
		八	門	奇	儀
地位昇進 (지위승진)	甲 尊	景	門	甲	尊
家庭幸福 (가정행복)	乙 奇	開	門	乙	奇
財産增大 (재산증대)	丙 奇	生	門	丙	奇
學問著述 (학문저술)	丁 奇	休	門	丁	奇
交際圓滑 (교제원활)	戊 儀	生	門	戊	儀
性格魅力 (성격매력)	己 儀	開	門	己	儀
壽命健康 (수명건강)	庚 儀	休	門	庚	儀
求道悟入 (구도오입)	辛 儀	休	門	辛	儀

이 밖의 「壬儀·癸儀」는 특수용 이외는 사용하지 않는다. 「八門」의 傷門·杜門·死門·驚門등도 특수한 사용법이 있을 뿐으로서, 일반에게는 사용하지 않는다.

이상의 조건에 맞지 않는 것을, 凶印 또는 凶相印이라 한다. 가령, 「丙奇」가 「死門」에 배치된 印面의 印章은, 보통 때 사용하여도 별로 나쁘지는 않지만, 그러나 상업용으로 사용해서는 안된다. 즉 셀르리멘이면 상관 없으나, 商人이나 사업가는 안된다는 뜻이다.

또 「丁奇」가 「傷門」이나 「驚門」에 배치된 印面의 도장은 作家 또는 知的인 직업에 있는 사람이 사용하면, 차질이 많이 생기게 된다.

다음에 실제로 印面을 실어 놓고 있으므로, 참고해 주기 바란다. 같은 성명을 새기더라도, 사용 목적에 따라 글자의 구성(篆書) 一尊·三奇·六儀와 八門의 짜 맞춤으로 많이 달라진다.

甲 尊 求 官 印 (직업·지위·명성의 길상을 구하는 印)

뒤의 印章은 官을 求하는 것을 목적으로 하고, 특히 甲尊을 취하여

景門을 배치하여 새겼다.

　　이 印章을 갖는 사람은 地位가 三公(정승)에 오
를 것이다.

「藤」字의 배치는 求官이기 때문에 甲尊에 취하고, 印의 右下에 중
점을 둔것.

乙 奇 求 安 印 (가정·화합·평화의 길상을 구하는 印章)

 　　이 印章은 平安을 求하는 것을 목적으로 하고 특
히 乙奇를 취해서 開門을 배치하여 새겼다.

　　은 印章을 갖는 사람은 百年을 무사할 것이다.

「藤」字의 配文은 平安을 求하기 때문에 「乙奇」에 취하고, 印의
右下에 중점을 둔것이다.

丙 奇 求 財 印 (금전·물질·동산의 길상을 求하는 印章)

 　　이 印章은 財物을 求하는 것을 목적으로 하고 특
히 丙奇를 취해 生門에 배치하여 새겼다.

　　은 印章을 가진 사람은 金과 玉이 집안에 가득하
게 될것이다.

「龍」字의 配文은 재물을 求하는 까닭으로 「丙奇」에 취하고, 印의
左下에 중점을 둔것.

丁 奇 求 智 印 (지혜·학술·名聲을 求하는 印章)

 　　이 印章은 지혜를 求하는 것을 목적으로 하고 특
히 丁奇를 취해 生門을 배치하여 새겼다.

　　은 印章을 가진 사람은 하나를 듣고 열을 알게 된다.

「男」字의 配文은 지혜를 구하기 위해 丁奇에 취해, 印의　左下에
중점을 둔것.

戊 儀 求 信 印 (신용·교제·우정의 길상을 求하는 印章)

위 印章은 믿음을 求하는 것을 목적으로 해서, 특
히 戊儀를 취해 生門에 배치하여 새겼다.
이 印章을 갖는 사람은 강철 같은 신의를 중요시
한다.

「佐」字의 配文을 신의를 求하기 위해 戊儀에 취하고, 印의 上部에
중점을 두었다.

己 儀 求 緣 印 (매력·혼인·애정의 길상을 求하는 印章)

위 印章은 인연을 구하는 것을 목적으로 하고, 특
히 己儀를 취해 開門에 배치하여 새긴것.
이 印章을 가진 사람은 명성이 四海에 떨치게 된다.

「藤」字의 配文을 인연을 求하기 위해 己儀에 취하고, 印의 右下에
중점을 둔것.

庚 儀 求 壽 印 (건강·保身·長壽의 길상을 求하는 印章)

위의 印章은 壽를 求하는 것을 목적으로 하며, 특
히 庚儀를 취해 開門에 배치하여 새겼다.
이 印章을 가진 사람은 壽가 南山에 비교할 만큼
이나 된다.

「藤」字의 配文이 壽를 求하는 까닭으로 庚儀에 取하며, 印의 右下
에 중점을 두었다.

辛 儀 求 道 印(道를 깨닫고, 安心立命의 길상을 求하는 印章)

↑
푸

　　　　위의 印章은 道를 求하는 것을 목적으로 하고,특
히 辛儀를 取해서 休門에 비치하여 새겼다.
　　　　이 印章을 가지는 사람은 마음이 맑은 성품을 갖
게 된다.

「賢」字의 配文은 道를 求하기 위해 「辛儀」에 取하고 印下에 중
점을 둔것이다.

第二節　名相(一期의　運命)

名相入門(姓名)

보통 「名相(姓名)」이라고 하면, 곧 字劃數(자획수)의　길흉을
생각에 떠 올린다. 그러나, 바른 名相術로서는 그러한 一方的으로　치
우친 방법으로 보지 않는다.

바른 「名相術(姓名)」은 다음 三원칙으로 성립하고 있다.

1. 發音(발음)의 길흉　　　　2. 數理(수리)의 길흉

3. 字形(자형)의 길흉

현재 일반적으로 行해지고 있는 것은 이 가운데 그의 「수리의 길흉」
만을 취급하고 있는데 불과하며, 더구나 字劃(자획)의 응용법이　틀
리게 이용하고 있었다. 이것은 日本의 K氏가 처음 중국에서 성명학을
받아 들일때 어느 원칙 하나 만을 틀리게 해석하였기 때문에 현재　한
국에서도 그 說이 널리 유포되어 그 名相術은 잘못된 이용법을　쓰고
있다.

막상 名相은 다음 三원칙에서 성립되어 있다.

인간의 생리적인 측면에서 본 名相으로서는 「原則 1의 발음의　길

흉」이 있다.

인간의 **靈理的**「(영리적)(**方術·占術**)」인 측면에서 본 名相으로서는「**原則 2**의 수리의 길흉」이 있다.

인간의 **心理的**(심리적) 측면에서 본 名相으로서는「**原則 3**의 **字形**(자형)의 길흉」이 있다.

이상의 **三原則**을 고르게 활용해야 만이 바른 의미의 **命名, 改名**의 판단도 할 수 있는 것이다.

發音의 吉凶

성명은 무엇보다도 부르기 좋고 듣기 좋아야 하며, 그 연후에 수리적·**字形的** 원칙에 따라 길흉을 판단할 것이다.

음은 **先高後低**(선고후저) 보다 **先低後高**(선저후고)한 것이 좋고, 또 **先淸後濁**(선청후탁) 보다 **先濁後淸**(선탁후청)인 편이 좋다. 즉, 소리가 먼저는 낮고 나중이 높으며, 먼저는 흐리고 나중이 맑은 것이 좋다는 바, 소리가 순평(**順平**)하게 들리되 끝에 운(리듬)이 있는 듯이 들려야 하는 것이다.

음이 **混濁**(혼탁)하고 무기력한 것은 그 사람의 기질과 인품을 흐리게 하고 무기력하게 하는 것이니, 이는 곧 인간생활에 무형적인 암시를 주기 때문이다.

또 남성의 이름과 여성의 이름에 있어서도 그 리듬은 구별되어야 한다. 남성은 대체로 **敦厚壯重**(돈후장중)함을 주로 하고, 여성은 경쾌명랑한 느낌을 주는 좀 극단적 표현이지만 바위 사이에서 흘러나오는 물소리 처럼 또는 쟁반에 구슬을 굴리는 듯한 소리 처럼 맑아야 하는 것이다. 그러나 이와 같은 것은 대체적인 이론이고, 그 사람의 기질에 어느 정도 부합시키는 것이 일반이다.

또 **音韻**(음운)에 있어서 주의할 점은, 몹시 천한 인상을 주는 것이라든지 우습게 이름을 지어 남에게 이상한 느낌을 주게 되는 것이어서는 안된다. 실제에 있어서 이러한 이름은 있을 수도 없겠으나, 가령 다음과 같은 경우,

金 治 國 ……………… 김 치 국
高 生 滿 ……………… 고 생 만
禹 東 集 ……………… 우 동 집
具 萬 斗 ……………… 구 만 두
孫 秉 信 ……………… 손 병 신

이와 같은 이름은 그 인물의 인격이나 기능에는 별다른 결함이 없는데도 불구하고 사회적 처세에 있어서 불리한 입장에 놓이게 되는 일이 적지 않을 것이다.

우리 사회에서는 옛부터 이상하고 천한 이름을 불러 주면 수명이 길어진다고 하여 「개똥이」「돼지」「간난이」「똘똘이」등 이름을 지어주는 경향이 적지 않았다. 그러나 이런 이름으로 장성하여 출세한 예가 없으며, 사회적 지위를 가진 사람으로서 이런 이름을 가진 이는 아직 보지 못했다. 어쨌든 남이 듣기에 우스운 이름은 피해야 함을 원칙으로 한다.

數理(수리)의 吉凶

성명은 각각의 문자로 구성되어 있지마는, 그들 문자에는 筆劃(필획)이 있다. 이 필획의 數를 센것이 「수리」이다. 이 수리를, 數 자체의 길흉과 數의 五行의 길흉과의 두 방면에서 규명하여 가는 것이 「수리의 길흉」의 원칙이다.

막상 수리의 길흉에는 다음 두 원칙이 있다.

1. 성명에 있어서의 수리의 의미의 길흉
2. 성명에 있어서의 數理(수리)의 五行의 길흉

이상의 두 가지 조건에 따라 성명에 있어서의 성명의 「數理」의 길흉이 성립되어 있다.

【 姓名數理의 分解法 (분해법) 】

성명에 있어서의 「수리의 의미의 길흉」은, 우선 먼저 성명의 하나하나의 글자의 필획수를 조사하여 그것을 다섯으로 분해하여 여러가지 면에서 그 「수리의 의미의 길흉」을 조사한다. 이것을 「五格分解(오격분해)」라고 부르며 중요시 하고 있다. 즉, 성명을 다음의 五格으로 나눈다.

1. 天格 (천격)
2. 人格 (인격)
3. 地格 (지격)
4. 總格 (총격)
5. 外格 (외격)

天格……이것은, 姓의 글자의 필획수를 합계한 數이다. 一字姓은 一字를, 二字姓은 二字를 합계한 것이다. 다만 이름 보다도 姓의 字數 (필획수가 아닌 姓의 글자 數)가 적을 경우는 그 적은 만큼의 數만 「假成數 (가성수)」라고 부르며 加해 준다. 姓과 글자數의 差가 二이면 「假成數」에 二를 加하고, 差가 三이면 三을 加한다.

人格……이것은, 姓의 가장 밑의 글자의 필획수와 이름의 가장 위의 글자의 필획수를 합계한 數이다. 이것은 글자 수가 몇글자든지 반드시 二字數의 합계이다.

地格……이것은, 이름 글자만의 필획수를 합계한 數이다. 一字名은 一字를, 二字名은 二字를, 三字名은 三字를 합계한 것이다. 다만 姓보다 이름의 字數 (필획수가 아니고, 이름의 글자數)가 적을 경우는, 그의 적은 差의 수만큼 「假成數」라 칭하고 加한다. 이름과 姓의 글자

數가 二가 틀리면 二를 加하고, 三이 틀리면 三을 加한다.

總格 ……이것은, 성명의 필획수를 합계한 數이다. 二字의 성명은 二字를 三字의 성명은 三字를 합계한 것이다. 다만, 이 경우에 「總格」은 실제 성명의 글자 數의 總數(총수)이다. 假成數가 있는 성명은, 그 假成數를 뺀다.

外格 ……이것은, 총격數에서 인격數를 뺀 數이다. 만약 가성수가 있을 경우에는 가성수를 加한다. 또 外格의 數가 0인 경우에는, 그대로 0을 外格으로 한다.

【文字의 획수 세는 法】

姓名 글자의 획수를 조사할 때는 정확하게 세는 法으로 하지 않으면 안된다.

1. 획수란 글자를 짜 이루고 있는 點이나 線을 센다는 것으로서, 그 글자가 몇개의 點과 線으로 만들어 졌는가를 말하는 것이다.

2. 漢字는 그 글자의 필법에 따라 센다.

3. 漢字의 획수는, 어디까지나 있는 그대로의 모양에 따라 點이나 線을 계산한다.

4. 漢數字는 어디까지나 있는 그대로의 모양에 따라 획수를 계산한다. 「四」는 五획, 「五」는 四획, 「六」은 四획으로 센다.

5. 한글의 획수는 筆數에 따라 센다.

　一획, ㅇ · ㄱ · ㄴ · ㅡ · ㅣ

　二획, ㄷ · ㅅ · ㅈ · ㅋ · ㅏ · ㅓ · ㅗ · ㅜ · ㅢ

　三획, ㄹ · ㅁ · ㅊ · ㅌ · ㅎ · ㅑ · ㅕ · 유 · ㅐ · ㅔ · ㅚ · ㅟ

　四획, ㅂ · ㅍ · ㅒ · ㅖ

　五획, ㅙ · ㅞ

-424-

【例】 외자 성에 외자 이름인 경우의 五格分解

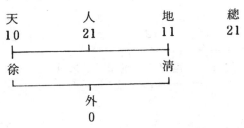

【例】 외자 성 두자 이름의 五格分解

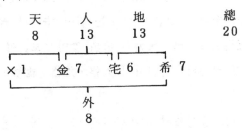

* ×印은 「가성수」로, 성과 이름의 字數를 같이 하기 위해
加한 것이다.

【例】 외자 성에 세 자 이름의 五格分解

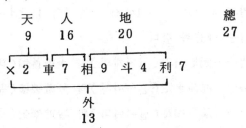

×印은 「가성수」로, 성과 이름의 字數를 같이 하기 위해
加한 것이다.

【例】 두 자 姓에 외자 이름인 경우의 五格分解

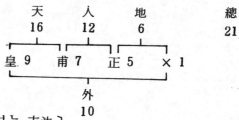

〔 數理의 吉凶보는 方法 〕

앞에서 설명을 五格分解 하였으나, 그 분해한 五格인 곳에 吉의 수리가 있는지 凶의 수리가 있는지를 보는 것이 수리의 吉凶보는 방법이다.

이 경우에, 五格으로 나눈 天格은 姓의 數이므로, 이 부분의 수리만은 길흉으로 보지 않는다. 나머지 「人格・地格・總格・外格」인 곳의 수리를 보는 것이다.

「地格」은, 主로 출생에서 中年까지에 이르는 운명을 맡아 본다.

「人格」은, 평생 운명의 중심이 된다.

「總格」은, 中年부터의 운명을 맡아 본다.

「外格」은, 「人格」의 협조척인 역활을 한다.

더우기, 수리의 의미는 「一」에서 시작하여 「八十一」에 그친다. 그 吉凶의 의미는 다음과 같다.

▷一劃　　　吉……天地開泰(천지개태)의 太極首領(태극수령)의 象
▷二劃　　　凶……混沌未定(혼돈미정)의 分離破壞(분리파괴)의 象
▷三劃　　　吉……進取如意(진취여의)의 增進繁榮(증진번영)의 象
▷四劃　　　凶……剝體凶變(삭체흉변)의 萬事休止(만사휴지)의 象
▷五劃　　　吉……福祿壽長(복록수장)의 福德集門(복덕집문)의 象
▷六劃　　　吉……安隱余慶(안은여경)의 吉人天上(길인천상)의 象
▷七劃　　　吉……剛毅果斷(강의과단)의 全般整理(전반정리)의 象
▷八劃　　　吉……意志剛堅(의지강건)의 勤勉發展(근면발전)의 象

▷九劃　　　凶……興進凶始(흥진흉시)의　窮乏困苦(궁핍곤고)의　象

▷十劃　　　凶……萬事終局(만사종국)의　充滿損耗(충만소모)의　象

▷十一劃　　吉……挽回家運(만회가운)의　春陽成育(춘양성육)의　象

▷十二劃　　凶……意思薄弱(의사박약)의　家庭寂寞(가정적막)의　象

▷十三劃　　吉……智略超群(지략초군)의　知能成功(지능성공)의　象

▷十四劃　　凶……滂落天涯(방락천애)의　失意煩悶(실의번민)의　象

▷十五劃　　吉……福壽拱照(복수공조)의　立身興家(입신흥가)의　象

▷十六劃　　吉……貴人得助(귀인득조)의　天乙貴人(천을귀인)의　象

▷十七劃　　吉……突破萬難(돌파만난)의　剛柔兼備(강유겸비)의　象

▷十八劃　　吉……有志意成(유지의성)의　內外有運(내외유운)의　象

▷十九劃　　凶……風雲蔽月(풍운폐월)의　辛苦重來(신고중래)의　象

▷二十劃　　凶……非業破運(비업파운)의　空虛二重(공허이중)의　象

▷二十一劃　吉……明月光照(명월광조)의　質實剛健(질실강건)의　象

▷二十二劃　凶……秋草逢霜(추초봉상)의　兩士鬪爭(양사투쟁)의　象

▷二十三劃　吉……旭日東昇(욱일동승)의　發育茂盛(발육무성)의　象

▷二十四劃　吉……家門餘慶(가문여경)의　收實豊饒(수실풍요)의　象

▷二十五劃　吉……資性英敏(자성영민)의　口言剛毅(구언강의)의　象

▷二十六劃　凶……變怪異奇(변괴이기)의　希望遲成(희망지성)의　象

▷二十七劃　中吉…欲望無止(욕망무지)의　不意挫折(불의좌절)의　象

▷二十八劃　凶……自豪生離(자호생리)의　死忠多險(사충다험)의　象

▷二十九劃　中吉…欲望難足(욕망난족)의　企圖有功(기도유공)의　象

▷三十劃　　凶……絶死逢死(절사봉사)의　運途分岐(운도분기)의　象

▷三十一劃　吉……智勇得志(지용득지)의　安全第一(안전제일)의　象

▷三十二劃　吉……僥倖所得(요행소득)의　意外惠澤(의외혜택)의　象

▷三十三劃　吉……家門隆昌(가문융창)의　威震天下(위진천하)의　象

▷三十四劃　凶……破家亡身(파가망신)의　財命危險(재명위험)의　象

▷三十五劃　吉……溫和平安（온화평안）의　優雅發展（우아발전）의　象
▷三十六劃　中吉…風浪不靜（풍랑부정）의　義俠薄運（의협박운）의　象
▷三十七劃　吉……權威顯達（권위현달）의　發展根本（발전근본）의　象
▷三十八劃　中吉…意志薄弱（의지박약）의　特有意義（특유의의）의　象
▷三十九劃　吉……富貴榮華（부귀영화）의　三士同盟（삼사동맹）의　象
▷四十劃　　凶……謹愼保安（근신보안）의　豪雨邁進（호우매진）의　象
▷四十一劃　吉……德望高大（덕망고대）의　忠愛堅實（충애견실）의　象
▷四十二劃　中吉…十藝不成（십예불성）의　黑暗慘憺（흑암참담）의　象
▷四十三劃　凶……雨庭之花（우정지화）의　災害加重（재해가중）의　象
▷四十四劃　凶……愁眉難展（수미난전）의　悲哀續出（비애속출）의　象
▷四十五劃　吉……新生泰運（신생태운）의　萬事解決（만사해결）의　象
▷四十六劃　凶……羅網繫身（나강계신）의　離祖破家（이조파가）의　象
▷四十七劃　吉……開花結子（개화결자）의　最大權威（최대권위）의　象
▷四十八劃　吉……有德且智（유덕차지）의　顧問尊敬（고문존경）의　象
▷四十九劃　凶……吉凶難分（길흉난분）의　不斷辛苦（부단신고）의　象
▷五十劃　　中吉…一成一敗（일성일패）의　吉凶參半（길흉참반）의　象
▷五十一劃　中吉…盛衰交加（성쇠교가）의　天運享受（천운형수）의　象
▷五十二劃　吉……先見之明（선견지명）의　理想實現（이상실현）의　象
▷五十三劃　中吉…心內憂愁（심내우수）의　甘蔗好尾（감자호미）의　象
▷五十四劃　凶……多難非運（다난비운）의　慘絶餓死（참절아사）의　象
▷五十五劃　中吉…外美內苦（외미내고）의　船舶登山（선박등산）의　象
▷五十六劃　凶……暮日凄涼（모일처량）의　周圍障害（주위장애）의　象
▷五十七劃　吉……寒雪靑松（한설청송）의　最大榮達（최대영달）의　象
▷五十八劃　中吉…先苦後甘（선고후감）의　寬宏揚名（관굉양명）의　象
▷五十九劃　凶……車輪無毅（차륜무의）의　不埌敢行（불장감행）의　象
▷六十劃　　凶……暗黑無光（암흑무광）의　福祿自失（복록자실）의　象

▷六十一劃　吉……名利雙收(명리쌍수)의　修練積德(수련적덕)의　象

▷六十二劃　凶……基礎虛弱(기초허약)의　艱難苦厄(간난고액)의　象

▷六十三劃　吉……富貴榮達(부귀영달)의　共同親和(공동친화)의　象

▷六十四劃　凶……骨肉分離(골육분난)의　弧獨悲愁(고독비수)의　象

▷六十五劃　吉……富貴長壽(부귀장수)의　公明正大(공명정대)의　象

▷六十六劃　凶……內外不和(내외불화)의　多慾失福(다욕실복)의　象

▷六十七劃　吉……利路亨通(이로형통)의　萬商雲集(만상운집)의　象

▷六十八劃　吉……興家立業(흥가입업)의　快活寬容(쾌활관용)의　象

▷六十九劃　凶……座立不安(좌립불안)의　處世多難(처세다난)의　象

▷七十劃　凶……廢物滅亡(폐물멸망)의　家運衰退(가운쇠퇴)의　象

▷七十一劃　中吉…養神耐勞(양신내로)의　正氣堂堂(정기당당)의　象

▷七十二劃　中吉…未雨彫謬(미우조류)의　萬難甘受(만난감수)의　象

▷七十三劃　中吉…志高力徵(지고력징)의　正義奮鬪(정의분투)의　象

▷七十四劃　凶……沈淪逆境(침륜역경)의　秋葉落莫(추엽락막)의　象

▷七十五劃　凶……守則可安(수칙가안)의　利害明弁(이해명변)의　象

▷七十六劃　凶……傾覆離散(경복이산)의　抱負發現(포부발현)의　象

▷七十七劃　中吉…樂極生悲(낙극생비)의　家庭有悅(가정유열)의　象

▷七十八劃　中吉…晚境悽滄(만경처창)의　功德光榮(공덕광영)의　象

▷七十九劃　凶……晚回乏力(만회핍력)의　身邊困乏(신변곤핍)의　象

▷八十劃　凶……凶星入度(흉성입도)의　消極縮少(소극축소)의　象

▷八十一劃　吉……還元復始(환원복시)의　積極盛大(적극성대)의　象

【 姓名數理의 五行 구분하는 法 】

前述한 것처럼 「 數理의 길흉」에는, 「 수리의 의미의 길흉」과 「수리 五行의 길흉」의 두 가지 원칙이 있다. 여기서는 이 「 수리 五行의 길흉」을 보는 방법을 설명한다.

성명에 있어서의 「수리의 五行의 길흉」을, 먼저 성명을 「五格分解」한 그 五格에 五行을 꼭 들어 맞추어 그 배합의 길흉을 보는 원칙이다.

「五行」이라는 것은, 「木·火·土·金·水」의 五種을 말하며,「수리의 五行」이라는 것은 「五格」(즉 天格·人格·地格·總格·外格)의 속에서 「天格·人格·地格」의 數를 뽑아 내어, 그 數에서 十位數를 빼어 버리고 남은 한자리 數를 五行으로 고쳐 보는 것을 말한다.

가령, 十七이면 十은 빼고 七이라고 보고, 三十五이면 三十은 빼고 五라고 보며, 四十이면 四十을 빼고 〇으로 본다.

다음 그 남은 數(낱 수)를 五行으로 고친다.

一·二는 「木」

三·四는 「火」

五·六은 「土」

七·八은 「金」

九·十은 「水」

앞에 설명한 「五格分解」의 例를 「五行」으로 고치면 다음과 같다.

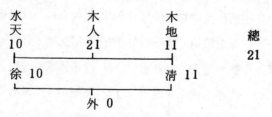

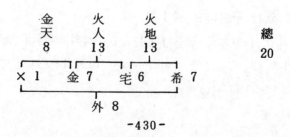

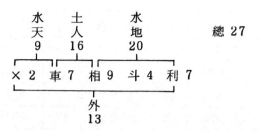

```
        水      土        水
        天      人        地        總 27
        9      16       20
      ┌────┬─────┬──────────┐
      │ ×2 │車7 │相9 │斗4 │利7 │
      └────┴─────┴──────┘
              外
              13
```

* ×印은「假成數」로, 姓과 名의 字數로 같게 하기 위해 加한
것이다.

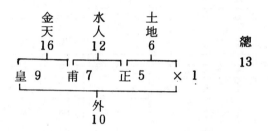

```
        金      水        土
        天      人        地        總
       16      12        6        13
      ┌────┬─────┬──────┬──┐
      │皇9 │甫7 │正5 │ ×1│
      └────┴─────┴──────┘
              外
              10
```

【數理五行의 吉凶】

  성명의「天格・人格・地格」의 數理를 각각 五行으로 고쳤으나, 그
五行의 짜 맞춤을 보는 것을「數理의 五行의 吉凶」의 원칙이라고 한다.
  다음에 알기 쉽도록,「木」에서 시작하여「水」까지의 배합을 나
타냈으나, 그「五行의 배치」는, 가령「木・木・火」라고 되어 있었
다면「天格」이 木,「人格」이 木,「地格」이 火라는 뜻이다.

配 置	吉凶	配 置	吉凶	配 置	吉凶	配 置	吉凶
木木木	吉	木木火	吉	木木土	吉	木木金	凶
木木水	凶	木火木	吉	木火火	中吉	木火土	吉
木火金	凶	木火水	凶	木土木	凶	木土火	中吉
木土土	凶	木土金	凶	木土水	凶	木金木	凶
木金火	凶	木金土	凶	木金金	凶	木金水	凶

配置	吉凶	配置	吉凶	配置	吉凶	配置	吉凶
木水木	吉	木水火	凶	木水土	凶	木水金	凶
木水水	中吉	火木木	吉	火木火	吉	火木土	吉
火木金	凶	火木水	凶	火火木	吉	火火火	吉
火火土	凶	火火金	凶	火火水	凶	火土木	凶
火土火	吉	火土土	吉	火土金	凶	火土水	凶
火金木	凶	火金火	凶	火金土	凶	火金金	凶
火金水	凶	火水木	凶	火水火	凶	火水土	凶
火水金	凶	火水水	凶	土木木	中吉	土木火	中吉
土木土	凶	土木金	凶	土木水	凶	土火木	吉
土火火	中吉	土火土	吉	土火金	凶	土火水	凶
土土木	凶	土土火	吉	土土土	吉	土土金	吉
土土水	凶	土金木	凶	土金火	凶	土金土	吉
土金金	吉	土金水	凶	土水木	凶	土水火	凶
土水土	凶	土水金	凶	土水水	凶	金木木	凶
金木火	凶	金木土	凶	金木金	凶	金木水	凶
金火木	凶	金火火	凶	金火土	凶	金火金	凶
金火水	凶	金土木	凶	金土火	中吉	金土土	吉
金土金	吉	金土水	凶	金金木	凶	金金火	凶
金金土	吉	金金金	凶	金金水	凶	金水木	凶
金水火	凶	金水土	凶	金水金	吉	金水水	凶
水木木	吉	水木火	中吉	水木土	吉	水木金	凶
水木水	凶	水火木	凶	水火火	凶	水火土	凶
水火金	凶	水火水	凶	水土木	凶	水土火	凶
水土土	凶	水土金	凶	水土水	凶	水金木	凶
水金火	凶	水金土	吉	水金金	凶	水金水	凶
水水木	凶	水水火	凶	水水土	凶	水水金	凶
水水水	凶						

字形의 吉凶

韓國의 성명에는 한자를 많이 사용하고 있다. 이름에는 한글자도 사용되고 있으나, 이용하고 있는 정도는 극히 적은 수이지만 근자에 와서는 점차 그 이용도가 늘어나는 추세이다.

한자로 구성되어 있는 글자의 點이나 線의 모양을 말 하는 것이 이 「字形의 吉凶」의 원칙이다. 이 漢字는 하나의 文字에 그 文字만이 지니고 있는 뜻이 정해져 있는 文字이므로, 각각 자세한 뜻이 포함되어 있다. 이 글자의 뜻과 인간의 運勢의 길흉작용과를 結付(결부)해서 그 文字의 모양을 보는 것이 字形의 吉凶이다. 이것은 漢字의 한자한자를 분해하여, 그 문자를 구성하고 있는 部首의 길흉을 말하는 것으로서, 매운 漢字의 소양과 占術의 소양을 필요로 하는 것이다.

여기서는 字形속의 「平均(평균)」이라는 원칙에 대하여 간략하게 설명하고져 한다.

【 字形이란 】

먼저 字形의 吉凶이란, 성명에 이용되고 있는 한자 자체가, 左右의 균형이 잡혀져 있는지 어떤지를 보는 원칙이다. 하나의 글자이더라도 획수가 左右가 고르게 배치되어 있는 것을 字形이 잡혀 있다고 한다.

가령, 龍·顯·藤·錦·繁·章·春·昭·秋등의 문자는, 左右의 균형이 잡혀져 있다. 또, 町·俊·將·浩·隆·淳·勤·晴·潤등의 文字는 분명히 左右 어느 한쪽으로 치우친 字形이다.

다만 한가지 주의하지 않으면 안될 點은, 左右 어느 한쪽으로 치운친 문자가 凶한 文字, 凶한 성명이라는 것은 아니다. 확실히 문자 그자체는 左右 균형이 잡힌 것이 字形으로서는 좋지마는, 그런 문자만 있는 것은 아니다.

그러므로, 문자 그 자체는 균형이 잡혀 있지 않는 것도 있지만은 그것을 잘 배합한다는 것이 字形의 길흉이 나오게 되는 것이다.

【 字形吉凶의 원칙 】

하나의 문자에는 각각 字形이 있으니 즉, 치우친 문자, 左右 균형이 잡히지 않은 문자등 여러가지 있다. 그 원칙은 다음과 같다.

1 . 될 수 있는 대로 문자 자체가 左右 균형이 잡힌 것이 바람직하다.

2 . 혹시나, 어느 한 쪽으로 치우친 문자를 사용할 경우에는, 그 배합을 다른 順序로 하는 것이 바람직하다.

첫 째의 문자가 左쪽부터이면 두 째번 문자는 右쪽부터 한다는 것처럼, 한 쪽으로만 치우치지 않도록 하는 것이 이 字形 길흉의 원칙이다.

가령, 「金信俊」이라는 성명은, 「金」은 균형 잡힌 문자이지만, 「信」이라는 문자는 左가 二획이고 右가 七획으로 左쪽보다 右쪽이 三. 五倍의 획수로 되어있다. 右쪽이 무거운 문자이다. 「俊」이라는 文字도 左가 二획 右가 七획으로 「信」字와 같이 右가 무거운 문자이다. 즉 이 성명은 右쪽이 무거운 字形이며, 字形의 길흉으로서는 凶이라고 할 수 있다.

이러한 경우에, 어느 한 쪽을 바꾸면 좋은 字形이 된다는 뜻이다. 「信」이 右쪽이 무거우므로 「和」라는 左가 무거운 문자를 가지고 오면, 첫째 문자는 右, 두째 문자는 左라는 것이 되니 두 문자의 배합은 「信和」로 좌우 균형이 잡혀있다.

以上으로 설명한 「數理 · 字形」의 二原則을 이용하는 것이 바른 名相術이다. 판단할 때는 앞에 실려있는 원칙에 따라 해야하며, 命名이나 改名도 이 원칙에 따라 吉이 되도록 하며, 凶이 되지 않게 해야 한다.

第三節　金面玉掌（一生의　운명）

人相（金面）入門

本書에서 취급되는 「人相」속의 「面相術（면상술）」은, 「金面記」

에 의한 相述이다. 이 방법은 인간의 型(형)을 形的인 面과 性的인 面의 양면을 고르게 본 결과를 나누는 十二분류법이다. 즉, 인간의 모습이나 모양의 面에서 본 型과 그 사람의 느낌·이미―지·분위기등의 性的인 面의 양쪽에서 十二종류의 型으로 분류한다.

그 十二型은 貴人型(귀인형)·螣蛇형(등사형)·朱雀型(주작형)·六合型·勾陳型(구진형)·靑龍型(청룡형)·天空型(천공형)·白虎型(백호형)·太常型(태상형)·玄武型(현무형)·太陰型(태음형·天后型(천후형)의 十二種이다.

男·女 누구든지 이 十二種의 어느 型에 반드시 屬하는 가능성이 있다. 다만 그 경우에, 이 十二型의 특징인 「型」의 面에 속하는 사람, 「性」의 面에 속하는 사람, 「型·性」의 양면에 속하는 사람등 여러 가지 있을 것이다.

그러면 이 十二型은 어디까지나 面相上의 분류로서, 吉凶의 분류는 아니다. 즉, 어떤 型이 좋은 相이라든가, 어떤 型이 出世한다든가, 어떤 型이 돈을 갖게 된다든가 하는 것은 아니다. 型 그 자체에는 전혀 吉凶은 없는 것이다.

그러나, 하나의 型속에는 어느 정도의 좋고 나쁨을 말한다. 가령, 貴人型속에도 이 눈은 貴人型으로서는 좋고, 이러한 눈은 貴人型으로서 좋지 않으며, 二流정도이다 라고는 보기도 한다. 이러한 것들은 어디까지나 하나의 型속에서의 아래 위, 좋고 나쁨을 말하고 있는 것이지, 十二型의 아래, 위, 좋고 나쁨을 말하는 것은 아니다. 이 點이 從來(종래) 行해져 왔던 人相術보다 훌륭함과 동시에, 모든 사람에게 해당되는 쉬운 面相術이라고 할 수 있다. 이것을 보는 방법은 뒤에 설명하겠지만, 型의 명칭이나 문장에서 느낌으로 吉凶을 말하지 않도록 거듭거듭 주의 해 주기를 당부하는 바이다.

【 貴人型인 相 】

貴人型인 男性

貴人型의 女性

貴人型인 사람은, 눈썹이 깨끗하고 눈이 훌륭하다. 눈에는 慈愛(자애)로운 느낌이 가득하고, 자비를 베푸는 속에도 위엄이 내포되어 있다.

체격으로서는 말하자면 中肉中背(중육중배)로서, 肥大(비대)하지도 않고, 야위지도 않다. 서 있는 맵시는 매우 우아하고 기풍이 있으며, 거칠고 粗雜(조잡)한 곳은 전연 찾아 볼 수 없다.

얼굴 전체도 조화가 잡혀 있으며, 귀·코·입등의 모양이 좋아 아주 整然(정연)한 용모이다.

여성인 경우에는, 五官(눈·눈썹·코·입·귀)이 정연하고, 얼굴 모습은 다정하여 그윽하고 고상한 매력이 있다.

그러나, 이와 같이 미녀로서는 완전하다 하겠다.

그러나, 이와 같이 미인으로서는 완전하지만, 어떤 남성과 對하고 있더라도 媚態(미태)는 전연 나타나지 않으므로, 그다지 남자를 못 견디게 할 수는 없다.

【 螣蛇 (등타)型인 相 】

螣蛇型인 男性

螣蛇型인 女性

「螣蛇型」인 사람은, 눈썹이 짙게 똑바로 뻗어 있다. 相學 (人相) 에서 말하는 一字眉 (일자미)로 전연 커―브가 없다.

체격으로서는 키가 크고, 몸은 야무지게 생겼지만, 결코 肥大 (비대) 한 型은 아니다. 특히 여성은 야위어 가느다란 하다.

눈의 印像 (인상)은 날카로운 눈과 흐릿한 눈의 두 종류로 나눌 수 있다. 굵은 눈인 사람이면 날카로운 눈을 가진 相이 좋으며, 작은 눈 인 사람이면 흐릿한 눈을 가진 相인 편이 좋은 面相이다.

날카로운 눈이라는 것은, 사람을 쏘는것 같은 눈, 獲物 (획물)을 겨 누는것 같은 눈, 강한 빛을 내면서 노려보는것 같은 눈의`표정을 말한다.

흐릿한 눈이라는 것은, 무언가 생각에 잠겨 어떤 한 곳을 보고 있는 초점이 없는것 같은 눈 표정으로 물끄럼이 보고 있는 상태를 말한다.

여성인 경우는, 앞에 설명한 어느 조건에 속해 있어도 반드시 눈에 물이 담긴것 같은 눈이 아니면 좋은 相 (螣蛇로서의 좋은 相)이라고 할 수 없다.

【 朱雀 (주작) 型인 相 】

朱雀型인 사람은, 눈썹과 눈이 깨끗하다. 눈 빛은 차운 느낌을 띄우고 있으나 그 찬 느낌속에는 비참한 느낌은 주지 않는다. 즉 냉정하거나 냉담한 눈이지만 결코 냉혹한 느낌을 주지 않는 눈을 말한다.

체격으로서는 말하자면 中肉中背이며, 특별하고 肥大하거나 여윈것도 아니다. 서 있는 모습은 누긋하고 대범한 모습이며, 그러나 그다지 머뭇머뭇한 點이나 얽힌 點은 없다.

침착하며, 조금 風刺的 (풍자적) 사고방식을 가진 사람이다. 따라서 말씨도 제법 비꼬는 편이다. 사람을 치켜 올리든지, 혐의를 잡는다 든지 하는 말은 하지 않는 超然 (초연) 한 태도를 취한다.

朱雀型인 男性

朱雀型인 女性

【 六合型인 相 】

六合型인 사람은, 얼굴 전체가 부드럽고 평화로운 얼굴 모습을 하고 있다. 表情도 평화로우며, 매우 친밀감을 주는 型이다.

鼻梁 (비량) 이 낮으며, 입술의 맺음이 좋지 못하고, 눈썹은 약간

엷은 느낌으로 커―브가 그려져 있다.

六合型인 男性   六合型인 女性

만약에 六合型인 사람이면서, 鼻梁이 높다든지 입술을 강하게 다물고 있는것 같은 표정이면 좋은 相(六合으로서 좋은 相)이라고는 할 수 없다.

【勾陳(구진)型인 相】

勾陳型인 사람은, 말하자면 세 겹살인 곳이 있어, 표정이나 감정등에 익살맞은 곳이 있는 型이다.

얼굴 모습에 긴장된 느낌이 없으며, 五官(눈·눈썹·코·귀·입)중의 어딘가에 특별히 크든지 아니면 적든지 특징이 있다.

얼굴 모습을 비롯, 행동이나 태도에 있어서도 천진난만한 특징이 있으며, 조금이라도 威嚴氣(위엄기)가 섞이면 좋은 相이라고 할 수 없다.

勾陳型인 男性   勾陳型인 女性

【 靑龍（청룡）型인 相 】

靑龍型인 사람은, 세련된 느낌을 지녔으며 표정도 위엄을 듬뿍 품고
있다.

靑龍型인 男性   靑龍型인 女性

얼굴 모습도 분명하며, 특히 입술을 꼭 다물고 있어 어디를 어디로
보든지 남자다운(여성도) 용모를 지녔다.

키 만은 보통보다는 조금 큰 편이며, 거동에는 침착성이 있어 그 위
에 위엄도 있다. 그러나 그 엄격한 표정속에서도 포근한 감정이 내포
하고 있어서 결코 냉혹한 느낌은 없다.

또 여성인 경우는, 다른 型인 여성에 비하면 키가 큰 경향이 있다.

【 天空(천공)型인 相 】

天空型인 사람은, 虛無感(허무감)을 품고 있는 사람을 말한다. 흐
릿한 눈으로 그 눈이 보이는지 안 보이는지 다른 사람에게는 알지 못
할 느낌을 준다.

天空型인 男性

天空型인 女性

이 天空型의 특징은 눈에 있다.

갓난 아기가 아직 視力(시력)이 없는 것처럼, 또는 눈 뜬 장님처
럼 초점이 없는 흐릿한 눈 살을 가지고 있다.

다른 사람이 보면, 그 사람의 눈 앞에서 다섯 손가락을 내어밀어 눈

동자를 움직여 보았으면 하는 느낌이 든다.

　대체로 야윈 몸집이며, 서 있는 모습도 茫然(망연)한 곳이 있어, 무언가 행동이 눈물이 날 정도로 서글픈 곳이 있다.

　여성은 보통 음성이 높으며 날카로운 소리를 내고 있다.

【白虎(백호)型인 相】

白虎型인 男性　　　　　　　　白虎型인 女性

　白虎型인 사람은, 말하자면 두겹살인 곳이 있어, 언제나 나이보다 젊어 보인다. 얼굴 모습은 특별히 갖추어져 있지는 않지만, 어딘가 사람을 끌어당기는 매력이 있는 느낌을 준다.

　男子는 보통 몸집이 작은 편이며, 얼굴은 청춘처럼 젊게 보여 여성들로부터 인기가 있는 型이다. 여성은 보통 살 붙임이 좋으며, 야위어 있더라도 눈썹이나 허리에 무게가 있어 보여 미인은 아니더라도 뭔가 남자를 강하게 끌어 당기는 매력을 지녔다.

【 太常 (태상) 型인 相 】

太常型인 男性

太常型인 女性

太常型인 사람은 극히 평범하여 얼핏보면 아무런 특징은 없다. 그러나 평범한 곳과 전연 특징이 없는 곳이 최대의 특징이 되고 있다. 인간은 무언가 자기의 특징을 가지고 있는 것이지만 太常型인 사람은 아무 특징이 없는 것이 특징이다.

눈은 특별히 맑지 않으며, 눈썹도 그다지 아름답지 못하며, 코도 역시 그러하고 입도 그러한 것이 太常型이다. 그러나 그 평균적인 五官이 평범한 서민적인 사람을 끌어당기는 힘을 지녔다. 다만 귓밥 만은 두툼하다.

【 玄武 (현무) 型인 相 】

玄武型인 사람은, 몸집은 크며 골격은 폭이 넓고, 그 위에 약간 肥大한 체격을 지니고 있다. 또 몸에서 사람을 위압하는 느낌을 나타내고 있다.

얼굴에서도 역시 위압감이 있으며, 눈은 크고 빛나 사람을 눌러 부치는

것 같은 눈 살이며, 눈썹도 굵고, 코에도 살이 두터워 특히 코 끝에
살이 있다. 입도 크며, 입술도 두터우며, 턱도 굳세게 펼쳐 있다.

玄武型인 男性　　　　　　　　玄武型인 女性

【 太陰（태음）型인 相 】

　太陰型인 사람은, 근심이 쌓인것 같은 표정을 짓고, 그다지 웃지않
는 편이며, 소리높여 웃는 일은 좀처럼 눈에 띄지 않는다. 또 웃더라
도 그 웃음 어딘가에 그늘이 쌓인듯 쓸쓸한 곳이 있는것 같은 매력을
지니고 있다.

　무언가 근심에 쌓여, 누군가에 무언가를 호소하고 있는것 같은 눈짓
을 하고 있다. 눈썹이나 눈은 아름답다. 콧날은 곧게 뻗어 아름다우며
입술도 꼭 다물고 있다.

　체격은 어느편이냐 하면, 연약한 느낌이며, 키는 그다지 크지는 않
다. 中肉에 중간 키로 약간 야윈 形이 대부분이다.

太陰型인 男性   太陰型인 女性

【 天后（천후）型인 相 】

天后型이 사람은, 체격이 연약하여 男·女할것없이 여성적이다. 왠지
친근감이 없으며, 남성인 경우는 年上인 女人으로부터 호기심을 받을
型이며, 여성인 경우는 남성으로부터 아내로서 라기 보다 노리개가 되

天后型인 男性   天后型인 女性

고 싶어하는 型이다.

남녀 모두 容姿端麗(용자단려)하여, 소위 미남 미녀型으로서, 異性
간에는 인기가 있는 사람이다. 거칠은 행동을 싫어한다.

여성은 눈에 色氣를 지니고, 아랫 입술이 두터우며, 약간 느슨한 느
낌이 있다.

十二型에 의한 판단法

이상으로 十二型의 분류는 끝났지 만은, 관상을 할 때는 이 十二型
을 충분히 납득하여 두고, 어느 型에 속하는지를 결정한다. 이 결정방
법에 따라 길흉성패가 다르다.

前述한 것처럼 이 十二型 그 자체에는 길흉이 있는 것이 아니며, 무
슨 型이든지 길흉은 있다. 즉 어느 型이 좋고, 어느 型이 나쁘다는 판
단을 이 「金面相法」은 하지 않는다.

이 「金面相法」의 판단에 있어서의 길흉의 원인은, 매우 간단하여
단지 하나 밖에 없다. 누구든지 바로 외울 수 있는 大原則이다.

즉 「金面相法」에 있어서의 길흉이란, 十二型 속의 하나의 型에 순
수한 相을 하고 있는것 만큼 길상이라 할 수 있다. 그러므로 十二型속
의 어느 하나의 型에 속하지 마는, 그 속한 型의 조건에 순수하면 순
수할수록 吉相이며, 貴格(귀격)일수록 성공하게 된다는 뜻이다.

가령, 얼굴의 균형이 허트러져 이상하게 생긴 사람(勾陳型)은 그
이상함이 심하면 심할수록 길상이며 貴格이라는 뜻이다. 이와 같은 설
명은 좀 이상하게 느껴지겠지만, 뒤에 實例(실례)를 들겠으니 그에
따라서 바로 납득할 수 있으리라 믿는다.

그러면, 이 「金面相法」의 판단원칙을 알았으면 이제 그 응용법이다.

1. 사람을 보고 十二型속의 어느 型에 屬하는가를 바로 알 수 있는
사람이라면, 그 사람은 型이 순수하다는 것이 되어 吉이며 貴格에 들
어간다.

2. 한번 보고 어느 型에 속하는지 좀처럼 결정할 수 없는 사람이면, 세개나 네개의 型이 섞인 것이 되어 길상도 아니고 貴格도 아니다.

3. 하나의 型에 있기에는 순수하지 않고 두개의 型이 섞여 있다고 바로 아는 사람은, 貴格은 아니지만 吉相이라고는 할 수 있다.

이상의 세 가지 응용법을 이용하여 이 「金面相法」을 판단했다. 즉, 먼저 사람을 보고 十二型속의 어디에 속하는가를 결정하는 것이다. 바로 정해질 수 있는 사람은 순수하며, 貴格이다. 또 대체적으로 型이 정해졌으면, 다음에 다른 型이 섞였는지, 섞였다면 몇 개의 型이 섞였는지 알 수 있을 것이다.

한 가지 型 뿐인 사람은, 즉 型이 순수한 사람은, 財富(재부)와 地位(지위)를 한 몸에 모을 수 있게 된다. 만약에 이 型인 사람으로 財富만 있고 지위는 없다든지, 또 지위만 있고 재부가 없을 경우, 그 재부나 지위는 흔히 뛰어나게 훌륭한 높은 지위를 갖게 될것이다.

대체로 TV 탈렌트등이 갑자기 나타나 유명하게 될 경우는, 이것에 해당된다. 즉, 十二型속의 어느 하나의 순수한 型인 사람이, 名聲이나 매력을 한 몸에 받아 성공해 가는 뜻이 된다. 이와 동시에 그 탈렌트의 인기가 떨어지는 상태가 될 때는, 그 型이 조금 변하여 있는 모습이 나타나 있을 것이다. 순수한 型이 순수하지 못하여지든지, 여러 가지 型이 섞여지는 때가 된다는 것이다.

두 가지 型이 섞인 사람은, 재부와 지위중에 어느 하나를 얻을 수 있게 되는 사람이다. 만약에 그 사람이 재부 뿐만 아니라 지위도 함께 지녔을 때는, 그 재부나 지위가 그다지 훌륭하지는 못하거나 또 그 재부나 지위의 좋은 運의 기간이 제법 짧다는 것을 나타내고 있다. 대체로 탈렌트등이 中位 정도의 人氣로 활약하고 있는 사람들은 모두이 두 가지 型이 섞여 있다. 그러나 이들 탈렌트도 저 엄격한 예술계에 첫 출발했을 때는, 한가지 型으로 순수하였을 것이다. 그리하여 이 하나의 型일 사이에는 그 名聲이 다른 동료들을 압도하고 있었지 만은, 용모나 감정이 두 개의 型으로 섞이게 되면 제 一선에서 떨어져 제 二 선 클라스에서 활약하게 된다는 뜻이다.

세 가지 型으로 섞이는 사람은, 극히 보통 사람으로서 지극히 평범한 사람이다. 보통 사람은 대부분 이에 해당된다. 이 평범한 사람이, 두 가지 型이 되면 사람들로부터 주목을 받든지, 사회적으로 성공하든지 하게 된다.

네 가지 型으로 섞이는 사람은, 거기 무슨 型이 섞였는지 구분하기 어려워 말하자면 凶相에 해당한다. 가난하여 生活도 어려워 소위 不運한 사람이라 할 수 있다.

以上의 것을 구체적인 예로 들면, 「天后型」이면서 약간 굵은 氣味가 보이는 경우는, 이 굵은 氣味라는 天后에 없는 특징이 섞여 있게 되어「天后·白虎型」이라고 할 수 있다.

또 「太陰型」이면서 얼굴이 지나치게 정돈되어 있을 경우는 「太陰·貴人型」이라 할 수 있다.

더우기 이 十二型은 섞였을 경우만이 아니고, 하나의 型이면서 그 型의 특징이 부족할 경우도 있다. 이 경우는 섞여있을 때와 같으며, 역시 조금 나쁜 기미가 섞인다고 해석된다. 가령, 「玄武型」이면서, 다른 型의 특징은 전연 섞이지 않고, 다만 눈의 크기가 (玄武의 큰 특징) 모자랄 때는, 분명히 한 가지 型이며, 다만 하나의 특징이 모자라기 때문에, 두 개의 型 클라스로 떨어졌다고 해석된다.

이상이 「金面相法」이다. 이렇게 간단한 相法인가고 말할지 모르겠지마는, 이것을 실제로 응용해 보면 잘 적중이 된다.「金面相法으로는, 이 밖에 얼굴에 十二支를 배치하여 每年 每月의 길흉을 보지만은, 어쨌든 성공실패의 人相은 前述한 十二型으로 바로 알게 된다. (十二支 응용법은 매우 전문적이므로 이 책에서는 생략함)

-448-

手相(玉掌)入門

여기서 취급되는 「人相」속의 「手相術」은 「玉掌記(옥장기)」에 의한 「相術」이다. 이 방법은 「奇門遁甲術」을 「手相(玉掌)」에 응용한 것으로서, 매우 훌륭한 的中率을 자랑하는 것이다.

종래 行해져 온 일반의 手相術(수상술)은, 歐美式(구미식) 즉, 主로 영국·프랑스에서 성행하던 것이다. 여기에서 설명하는 手相術(玉掌)은, 그것에 대하여 다분히 숙명적인 면을 보는 占術이지만, 그 的中率의 面에서 말 한다면 歐美式(구미식)과는 비교가 되지 않는다.

그러면, 「玉掌記」에 의한 手相術에는 奇門遁甲術을 응용하는 것이므로, 손 속에 나타나 있는 「線」과 「線의 상태」를 奇門遁甲術의 「天盤(천반)·地盤(지반)」에 의한 「九干」의 배합에 들어 맞춘다. 즉, 어느 線을 「九干」에 들어 맞추어서 그것을 「天盤」으로 하고, 그 線의 상태를 「九干」에 들어 맞추어, 그것을 「地盤」으로 하여 奇門遁甲術처럼 「天盤·地盤의 干配合」의 길흉을 보는 것이다.

다시 손 속에 나타나는 「記號(紋)」를 奇門遁甲術의 「八門」에 들어 맞추고, 또 掌(손바닥)의 각 부위를 「九星」에 들어 맞추어, 奇門遁甲術처럼 「九星·八門의 배합」으로 길흉을 본다.

따라서, 指紋(지문)과 다섯 손가락을 奇門遁甲術의 九宮과 八神에 들어 맞추며, 역시 九宮·八神의 配合의 길흉을 본다. 더우기 手相을 볼 경우에는, 左右의 손을 고루 본다.

이와 같이 玉掌記의 手相術은 오직 奇門遁甲術을 활용하여 판단하는 것이지마는, 그 길흉에는 대부분 遁甲術과 같은 결과가 나타나게 되므로, 그야말로 이 東洋占術이 훌륭하다는 것을 알 수 있게 된다.(이 책에서는 初心者를 위해 九干 보는 방법만을 실었다.)

먼저 手相을 보기 위해서는, 손바닥에 나타나 있는 線(이것을 전문적으로는 「紋」이라고 부른다.)을 모르면 안된다. 이 「紋(線)」을

九干에 들어 맞추어 奇門遁甲術의 天盤으로 하여 보기 때문에 매우 중요하다.

다음에 掌의 紋의 九干을 알았으면, 그것에 대하는 地盤의 九干에 해당하는 紋의 상태를 알지 못하면 안된다. 즉, 어떤 상태로 되어있는 紋은 무슨 九干인가를 알게 된다. 이렇게 하면, 掌에 나타나 있는 紋을 봤을 때에, 바로 天盤・地盤의 九干의 배합에 의해 길흉의 판단을 할 수 있게 된다.

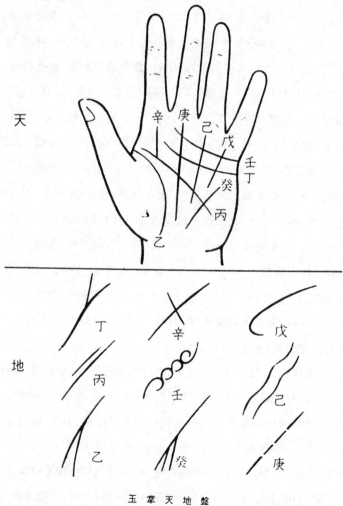

玉掌天地盤

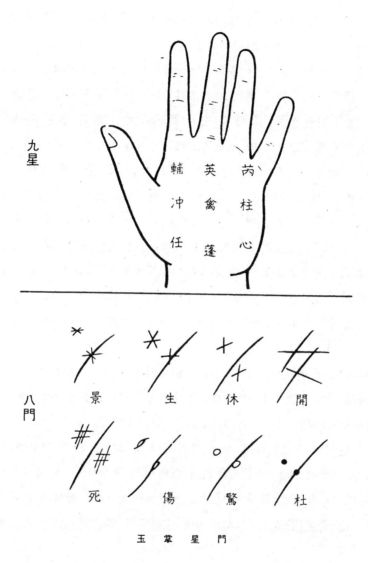

九星

輔 英 芮
冲 禽 柱
任 蓬 心

八門

景　生　休　開

死　傷　驚　杜

玉 掌 星 門

【 掌의 線과 상태 (天盤 · 地盤) 】

　掌에　大小長短 (대소장단)의　여러가지　線이　새겨져　있다. 사람에　따라서는,　눈에　띈　線이　三個　또는　四個라는　사람도　있으며,　반대로　수없이　많은　가느다란　線이　많이　나타나　있는　사람도　있다.

-451-

그러나, 이들 속에서 「玉掌記」로서는 다음 九個의 線을 판단에 이용한다.(앞의 玉掌天地盤圖참조)

〔乙奇紋(을기문)〕 이 線은 제一指와 제二指의 사이에서 나와,제一指의 목 부분과 掌의 中央部의 오목한 부분과의 경계선을 半円形(반원형)으로 뻗어 손목 쪽으로 닿는 굵은 線을 가리킨다.

〔丙奇紋(병기문)〕 이 線은 乙奇紋과 대체적으로 같은 부분(一指와 二指사이)에서 나와, 五指의 가장 밑부분 쪽으로 향해서 掌을 直線 또는 조금 활모양으로 그려져 뻗고 있는 굵은 線을 가리킨다.

〔丁奇紋(정기문)〕 이 線은 丙奇紋 위에 있는 線으로서 五指 밑에서 掌을 가로로 二指쪽으로 향해 뻗고 있는 굵은 線을 가리킨다.

〔戊儀紋(무의문)〕 이 線은 五指의 목에서 세로로 뻗은 굵은 線이다.

〔己儀紋(기의문)〕 이 線은 四指목에서 세로로 뻗은 線이다.

〔庚儀紋(경의문)〕 이 線은 손목쪽에서 中指로 향해 뻗은 세로 線이다.

〔辛儀紋(신의문)〕 이 線은, 二指목에서 세로로 뻗은 線이다.

〔壬儀紋(임의문)〕 이 線은, 五指목에서 가로 뻗은 가로 줄이다.

〔癸儀紋(계의문)〕 이 線은, 掌의 한가운데 또는 조금 그 밑쪽에서 일어나 乙奇紋에서 조금 떨어져서 일어나는 線을 가리킨다.

　이상 九干의 線은 奇門遁甲術에 있어서의 天盤의 干에 해당되는 뜻이 된다. 다음에 地盤에 해당되는 干을, 이들 線의 상태에서 求한다. 같은 九干을 이용함으로 그 명칭에 주의하지 않으면 안된다.(玉掌天地盤참조)

〔乙奇紋〕 이 상태는 線의 끝(掌의 손목)이 둘로 갈라져 Y자 모양으로 되어 있는 것을 가리킨다.

〔丙奇紋〕 이 상태는 하나의 線 바로 옆에 나란히 있는 짧은 線이다.

〔丁奇紋〕 이 상태는 線의 先端(손바닥으로 손가락 쪽)이 둘로 갈

라져 Y자 모양으로 되어 있는 것을 가르킨다.

〔戊儀紋〕 이 상태는 가위손으로 되어 있는 것을 가리킨다.

〔己儀紋〕 이 상태는 線이 波形(파형〈물결모양〉)으로 구불구불한
것을 가르킨다.

〔庚儀紋〕 이 상태는 線이 중간에서 끊어진 것을 가르킨다.

〔辛儀紋〕 이 상태는 線을 다른 잔 금이 끊는 것을 가르킨다.

〔壬儀紋〕 이 상태는 線 그 자체가 세게 줄을 꼬고 있는 것같은 것을
가르킨다.

〔癸儀紋〕 이 상태는 線의 끝(손바닥으로 손목 쪽)이 몇개나 잘게
갈라져 있고 房(방)모양으로 되어 있는 것을 가르킨다.

이상 九干線의 상태는 奇門遁甲術에 있어서의 地盤의 干에 해당하는
것이 된다. 즉, 이것으로 掌에 나타난 線과 그 상태를 보고, 바로「天
盤·地盤」의 九干으로 고치게 되는 뜻이며, 판단도 곧 바로 된다.

【 線의 九干판단법 】

손바닥에 있는 紋은 대체로 다음과 같은 의미를 가지고 그 線의 길
흉(즉, 天盤·地盤의 관계)에 따라 그들의 나타내는 의미에도 길흉
이 나타난다.

〔乙奇紋〕 安定線(안정선)이라고도 할 수 있는 것으로서,인간의 안
정된 생활 또는 一生이 늦어지는지 어떤지를 나타내는 線이다.
생명·가정·건강등에 관한 것을 보는 線이다.

〔丙奇紋〕 財利線(재리선)이라고 할 수 있는 것으로서, 인간의 금
전에 관한 것을 나타내는 線이다. 금전·물질·손득(損得)·재
리등에 관한 것을 보는 線이다.

〔丁奇紋〕 知能線(지능선)이라고도 할 수 있는 것으로서,인간의 才
能과 그 행동력이나 人事百般(인사백반)에 있어서의 대처하는
방법의 능력을 나타내는 線이다. 知能·才能등을 보는 線이다.

〔戊儀紋〕 要領線(요령선)이라고도 할 수 있는 線으로서, 특이한 才能이나 요령을 보는 線이다.

〔己儀紋〕 애정선이라고 할 수 있는 線으로서, 인간의 情과 그 情에서 일어나는 모든 현상등을 보는 線이다.

〔庚儀紋〕 苦勞線(고로선)이라고도 할 수 있는 線으로서, 인간의 모든 고난 고로의 상태등을 보는 線이다.

〔辛儀紋〕 哲學線(철학선)이라고도 할 수 있는 것으로서, 인간의 思索面(사색면)을 보는 線이다.

〔壬儀紋〕 色慾線(색욕선)이라고도 할 수 있으며, 異性面(이성면)의 모든 것을 보는 線이다.

〔癸儀紋〕 死亡線(사망선)이라고도 할 수 있으며, 건강관계를 보는 線이다.

그러면, 이들 판단법은 매우 어렵기 때문에, 이 책에시는 다음 表에 의해 天盤·地盤의 길흉을 간단하게 볼 수 있도록 해 두었다.

紋＼線	乙	丙	丁	戊	己	庚	辛	壬	癸
乙	×	○	○	○	○	×	○	○	○
丙	○	×	○	○	○	○	○	○	×
丁	○	×	○	○	×	○	×	○	×
戊	○	○	○	×	×	×	×	○	×
己	×	×	×	○	×	×	×	×	×
庚	×	×	×	×	×	×	×	×	×
辛	×	×	×	×	×	×	×	×	×
壬	×	×	○	○	×	×	○	○	×
癸	×	×	×	○	×	×	×	×	×

(天盤·地盤善무見表)

전편의 가로 九干은 掌에 나타나는 紋（線）이다. 左側의 세로 줄의 九干은 그들의 紋의 상태의 九干이다. 그러므로 보는 紋을 윗 단에서 찾아서, 그 紋의 상태를 左의 세로 줄에서 찾아서 맞 닿는 곳을 보면 吉相 凶相을 바로 알 수 있게 된다. ○印은 吉이고 ×印은 凶이다.

掌의 部位와 記號（九星·八門）

「紋（線）」 다음에는 掌에 나타나는 여러가지 잔잔한 筋（근）이나 線으로 나타나는 記號가, 어느 부분에 나타나는가를 본다.（이것을 전문적으로는 기호로 「位（위）」라고 부른다.） 이 掌에 나타나는 작은 筋이나 線의 記號（기호）를 「玉掌記」에서는 奇門遁甲術의 「八門」에 들어 맞추며, 다음에 部位（位）를 九星에 들어 맞추어（앞의 玉掌星門圖참조） 八門·九星의 배합에 따라 길흉의 판단이 내려지도록 되어 있다.

〔休門號（휴문호）〕 이 기호는 적으며 十字로 나타나는 것을 가르킨다.

〔生門號（생문호）〕 이 기호는 잔잔한 금이 모여 三角形을 이루고 있는 것을 가르킨다.

〔傷門號（상문호）〕 이 기호는 금이 도중에서 갈라져 부풀어 눈(目) 모양으로 된것을 가르킨다. 線이란, 따로 단독으로 나타나는 수도 있다.

〔杜門號（두문호）〕 이 기호는 작은 點 같은 것을 가르킨다.

〔景門號（경문호）〕 이 기호는 어느 한 點에 여러 개의 잔잔한 금이 섞여서 된것을 가르킨다.

〔死門號（사문호）〕 이 기호는 잔잔한 금이 모여서 井자 모양으로 되어 있는 것을 가르킨다.

〔驚門號（경문호）〕 이 기호는 아주 잘고 잔 금이 둥글게 圓（원）이 그려져 있는 것을 가르킨다.

〔開門號（개문호）〕 이 기호는 작은 금이 모여 네모 또는 긴네모 모

양으로 된것을 가르킨다.

이상이 掌에 나타나는 기호를 八門에 들어 맞춘 것이다. 다음에, 掌의 部位에 九星을 들어 맞추지 않으면 안된다.

〔蓬星位(봉성위)〕 이 부위는 손목 윗부분을 가르킨다.

〔芮星位(예성위)〕 이 부위는 五指 목부분을 가르킨다.

〔冲星位(충성위)〕 이 부위는 二指 목보다 조금 밑과 一指 목 위의 부분으로, 마치 三角形을 만들고 있는 부분을 가르키고 있다.

〔輔星位(보성위)〕 이 부위는 二指 목을 가르킨다.

〔禽星位(금성위)〕 이 부위는 掌 한 가운데 오목한 곳을 가르킨다.

〔心星位(심성위)〕 이 부위는 「금성위」의 밑 부분을 가르킨다.

〔柱星位(주성위)〕 이 부위는 五指 목보다 더욱 밑 부분을 가르킨다.

〔任星位(임성위)〕 이 부위는 一指 목의 볼록한 곳을 가르킨다.

〔英星位(영성위)〕 이 부위는 三指와 四指 목인 곳을 가르킨다.

玉掌星門吉凶早見表	記號 部位	體門	生門	傷門	杜門	景門	死門	驚門	開門
	天蓬	×	×	×	×	×	×	×	○
	天芮	○	×	×	×	○	×	×	○
	天冲	○	△	△	△	○	×	×	○
	天輔	○	○	×	×	○	×	×	×
	天禽	×	×	△	×	×	×	×	×
	天心	○	○	×	×	○	×	×	△
	天柱	○	○	×	×	○	×	△	○
	天任	×	×	×	×	○	×	×	○
	天英	×	○	×	△	×	×	×	○

그러면, 이 판단법도 다음 표에 의해 「九星·八門」의 배합으로 볼 수 있도록 되어 있다. 더욱이, ○표는 吉, △표는 보통, ×표는 凶이다.

윗 단의 가로의 八門은 掌에 나타나는 기호이다. 좌측에 있는 九星은, 그들 기호의 나타나는 掌의 부위를 나타낸다. 그러므로 윗 단으로 掌에 나타난 기호를 찾아서, 그 기호가 나타난 掌의 부위를 左側의 세로 줄에서 찾아서, 맞 닿는 곳을 보면 길상 흉상을 바로 알게 된다.

玉掌記에 있어서의 「指紋(지문)」은 奇門遁甲術에 있어서의 「九星·八神」의 배합을 이용하는 것으로서, 매우 복잡하다.(이 책에서는 전문적이므로 생략하니 양해 바란다)

第四節　陽宅(一代의　運命)

家相에 대하여(판단 — 이미 건립된 家屋의 家相)

여기서는 판단편이라고 하여, 陽宅(家相)의 吉凶을 판단하는 방법을 설명한다. 본래 家相은, 이 판단과 건축의 두 방면에서　연구되는 것으로서 길흉의 판단이 되지 않으면 건축도 개축도 할 수 없게　되는 것이다. 흔히 보통 나는 易者(역자) 家常家가 되는 것이 아니므로, 판단법 보다도 吉相인 가옥의 건축법을 알고 싶다고 말하는 사람이 있으나, 이것은 틀린 말이다.

즉, 길상인 가옥을 세우는데도, 그 길상인 가옥의 조건(판단법)을 알지 못하면 안되게 된다는 뜻이다.

그러면 가옥의 판단에는, 보통

巒頭(만두) — 形이 있는것 (有形面)

理氣(이기) — 形이 없는것 (無形面)

의 두 방면으로 大別되어 있다.

여기서는 보통 사람들에게도 사용할 수 있도록

屋外(옥외)의 판단법(집에 들어가기 전에)

屋內(옥내)의 판단법(집애 들어간 뒤에)

의 두 방면을 본다.

옥외의 보는 방법은 대부분 理氣(無形面)의 필요가 없으며, 오직 巒頭(만두)(有形面)으로 판단했다. 즉, 눈에 보이는 形을 가지고 길흉을 판단하는 뜻이다. 다만 「환경(砂)」을 보는 곳에서는, 「天子法(천자법)」이라는 理氣(이기)인 無形面인 방법으로 본다.

옥내 보는 방법은, 대부분 理氣(無形面)과 巒頭(有形面)의 두가지를 짜 맞추어 본다. 이 두가지는 수레의 두 바퀴처럼 하나라도 없어서는 바른 판단은 할 수 있다.

屋外 보는 방법

보통 흔히, 家相을 볼 경우에 집의 설계도 만으로서 판단하고 있으나, 이것은 매우 나쁜 습관이다. 이렇게 말하는 것은, 집의 설계도 만으로서는, 집 그 자체밖에 알지 못하고, 옥외의 조건은 전연 모르기 때문이다. 또 집의 길흉의 결정의 초점에 대해서는, 半 정도는 이 옥외가 힘을 가지고 있기 때문이다.

지금부터 家相의 전문용어를 조금 이용하면서, 그러한 것에 대하여 설명하기로 한다.

龍管貴賤(용관귀천)이라고 하여, 살고 있는 사람이 앞으로 어떻게 될것이냐라는 것은, 오직 家宅이 있는 장소(이것을 龍이라 한다)에 따라 定해진다.

穴管吉凶(혈관길흉) ― (穴은 길흉을 담당한다)라고 하여 살고 있는 사람의 길흉안부가 장래 어떻게 되는가는, 오직 가택이 있는 부지(이것을 穴이라 한다)에 따라 정해진다.

砂管壽夭(사관수요) ― (砂는 壽夭를 담당한다)라고 하여, 살고 있는 사람의 생명력이 앞으로 어떻게 될것이냐고 하는 것은, 오직 가택이 있는 환경 (이것을 砂라고 한다) 에 따라서 定해진다.

水管富貧 (수관부빈) ─ (水는 빈부를 담당한다) 라고 하여, 살고 있는 사람의 財利가 어떻게 되느냐고 하는 것은, 오직 가택이 있는「川溝 (천구) 」(이것을 水라고 한다) 에 따라 定해진다.

이상과 같이 家相의 길흉은 먼저 옥외 조건인 「龍 · 穴 · 砂 · 水」에 따라서 상당히 좌우되므로, 옥외를 충분히 보지 않으면 안된다.

【 場所에 대하여 (용 보는 法) 】

住宅을 세워둔 장소의 좋고 나쁨에 따라 보는 것을, 전문용어 (양택 둔갑법 ─ 즉 家相術) 로는 「용을 본다고 한다」 즉, 龍 (용) 이란, 地勢 (지세) 를 말한다.

龍 (장소 · 지세) 의 좋고 나쁨은 眞 (진) 과 不眞 (부진) 이라는 말로 나타내고 있다. 「眞」이란, 참된 龍이라는 것으로서 좋은 龍 (장소 · 지세) 을 가르키며, 「不眞」이란, 참된 龍과는 조금 틀린 龍이라는 뜻으로 나쁜 龍 (장소 · 지세) 을 가르킨다.

그러면, 眞이란 구부러진 곳이 있는것.

上下의 起伏 (기복) 이 있는 것등을 말한다. 즉, 장소 · 지세라는 것은 알맞는 구부러짐이 있고 다시 上下의 起伏이 있는 것이 良相이라 하고 있다.

이의 반대로, 구부러짐과 上下起伏이 없는 장소 · 지세는 「不眞」이라 하여 凶相을 가르킨다.

실제로 어떤 주택을 볼 경우에, 부근에도 많은 집들이 나란히 있으며, 큰 범위에 걸쳐 본다는 것은 도저히 불가능하다. 그러므로, 구부러진 地勢를 본다는 것은 무척 힘드는 일이다. 그러면, 그 구부러짐이 있나 없나를 결정하는 요점은, 보는 주택의 부근 도로의 상황을 보면, 특별히 높은 곳에 오르지 않아도 대강은 알 수 있다.

즉, 부근에 있는 도로는 그곳 일대의 지세가 구부러져 있으면 자연히 도로도 똑바로 되지 않고 자연히 굽는다.

이와 같이 말하는 것은, 주택은 지세에 따라 짓기 때문에, 도로도 집의 建立방법에 좌우 되며, 지세는 최종적으로 도로에 따라 표현되기 때문이다.

다음에, 上下起伏의 문제는 간단하다. 눈으로 보고 바로 알 수 있다. 즉 부근 일대의 起伏을 보는 것이다. 이것도 역시 도로를 보면, 도로 자체가 지세의 기복에 따라 오르고 내림이 있으므로, 보다 알기 쉬울 것이다.

家相의 길흉을 볼 경우에는, 제일 먼저 이 「龍(장소와 지세)」의 眞·不眞으로 인간의 貴賤(귀천)을 定한다.

대체로 신분지위의 높고 낮음은, 住居的(주거적)인 집단성을 가지고 있다. 가령, 소위 고급주택가에 불량자처럼 가장 밑바닥 인생이 살지도 않을 것이며, 빈민촌에 장관이나 재벌갑부의 집 한체가 우뚝 세워질 까닭은 절대 없을 것이다.

【敷地(부지)에 대하여(穴 보는 法)】

주택이 세워져 있는 부지의 좋고 나쁨을 보는 것을 전문용어로는 「穴」을 본다고 한다. 즉 「穴」이란, 집의 위치를 뜻한다.

「穴」(부지·위치)의 좋고 나쁨은 「的」과 「不的」이라는 말로서 나타낸다. 「的」이란, 마땅한 穴을 얻었다는 것으로서 좋은 穴을 가르키며, 「不的」이란 마땅한 穴을 얻지 못했다는 것으로서 나쁜 穴을 가르킨다.

그러면, 「的」(좋은 부지)이란 구부러진 안쪽을 말한다. 이 구부러짐이 많을수록 穴은 좋은 的이 된다. 이 구부러짐은, 前述한 龍(장소·지세)을 가르킨다.

이와 반대로, 구부러진 바깥쪽에 있는 부지는 「不的」(즉 나쁜 穴

이라 하여 凶相이 된다.

　실제로 어떤 주택을 볼 때 그「穴」의 길흉을 정하는 것은, 역시 도로를 기준으로 한다.

　도로의 구부러짐이 심할수록 的·不的이 심하게 된다. 그림으로 나타내면 다음과 같이 된다.

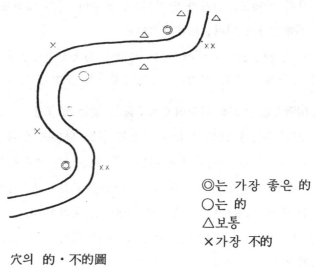

◎는 가장 좋은 的
○는 的
△보통
×가장 不的

穴의 的·不的圖

　이「穴(敷地·位置)」은「的」이 될수록 살고 있는 사람이 사고나 부상을 당하는 일이 적으며,「不的」일수록 사고나 부상을 당하는 수가 많아지게 된다.

【환경에 대하여(砂의 보는 法)】

　주택이 세워져 있는 환경을 地質(지질)의 좋고 나쁨에 따라 보는 것을, 전문용어로는「砂(사)」를 본다고 한다. 즉「砂」란 地質을 말한다.

　「砂(環境·地質)」의 좋고 나쁨은「秀(수)」와「不秀(불수)」라는 말로서 나타낸다.「秀」란 좋은 砂(모래)라는 것으로서 훌륭한

-461-

모래를 가르치며, 「不秀」란 훌륭하지 못한 모래를 가르킨다.

그러면, 「秀」란 개이고 맑은 날은 바람이 불어도 그다지 먼지가 일어나지 않으며, 비 오는 날은 아무리 비가 내려도 질퍽거리지 않는 地質을 말한다. 즉 알맞는 습기와 물 빠짐이 좋은 地質을 좋은 相이라 한다.

이와 반대로, 먼지가 일어나고, 조금만 비가 내려도 질퍽한 토지를 「不秀」라고 하여, 凶相이 된다.

이 「砂」는, 그 곳에 사는 사람이 壽夭(수요)를 담당하므로, 「秀」가 될수록 수명은 길며, 「不秀」일수록 수명은 짧게 된다.

【川溝(천구)에 대하여(水〈물〉 보는 法)】

주택 부근에 있는 川溝를 흐름의 좋고 나쁨에 따라 보는 것을 전문용어로는 「水」를 본다고 한다. 즉 「水」란 흐름을 뜻한다.

「水(川溝·흐름)」의 좋고 나쁨은 「抱(포)」와 「不抱(불포)」라는 말로 표현한다. 「抱」란 둘러 싼 흐름이라는 것으로 좋은 「水」를 가르키며, 「不抱」란 둘러 싼 물이 없다는 것으로서 나쁜 水를 가르킨다.

그러면 「抱」(즉 좋은 水)란, 물의 흐름이 완만하고 住宅을 빙 둘러 싼것처럼 되어있는 것을 말한다. 즉, 글자처럼 집을 안아싸는 것같은 모양으로 되어 있는 「水」를 良相이라 한다. 그 반대로 「水」가 주택을 향해서 뒤로 젖히는 것같이 되어 있을 것을 「不抱(즉, 나쁜 水)」라고 하여 凶相이 된다.

실제로 어떤 집을 볼 경우에, 그 「水」의 길흉을 정하는 것은 下水이다. 下水는 주택에 가장 가까우며, 그 때문에 작용도 크다.

이 「水」는 「抱」가 될수록 그 집에 살고있는 사람이 부자가 되며, 「不抱」일수록 그 집에 살고 있는 사람은 가난하게 된다. 그 구체적인 보는 방법은 다음과 같다.

1. 水가 주택을 둘러 싸고 있으면 재산 운이 좋아진다.

2. 水가 주택을 둘러 싸고 있지 않으면 재산운은 나빠진다.

3. 水의 흐름이 완만하면 財運이 좋으며 들어 온 돈은 모이게 된다.

4. 水의 흐름이 급하면 돈은 들어오지만은 남는 돈이 없다.

5. 水가 고여있고 흐르지 않는 것은 금전운이 없다.

6. 水가 밑바닥까지 맑게 비쳐 보이면, 돈을 버는 기미가 없어진다.

7. 水가 끈적끈적해서 잘 흐르지 않는 것은, 돈 버는 방법이 나쁘며, 노력에 비하여 들어오는 돈이 적다.

屋內 (옥내) 보는 方法

屋外(옥외)를 巒頭(만두)에 따라 보아 왔으나, 다음에는 屋內의 설명을 한다. 옥외의 판단법은 대부분 「巒頭(有形面)」에 따라 그 길상, 흉상을 보지만은 옥내는 「巒頭(有形面)」와 「理氣(無形面)(이기)」를 併用(병용)한다.

먼저 옥내로서는, 「質(재료)」·「形(구조)」·「作(설비)」·「間(방)」으로 大別할 수 있으나, 이 가운데 「間(방)」을 볼 때에 「理氣」를 사용하고, 나머지는 巒頭를 사용한다.

【 材料에 대해 (質 보는 法) 】

건축재료는 기후나 온도에 따라 각각 다르며, 또 해마다 건축자재의 새로운 연구개발에 따라 함부로 결정할 수는 없다.

그러나, 누가 무어라 하더라도 새로운 건축자재가 발명되더라도 그 나라 그 지방의 기후 풍토가 갑자기 바꾸어지지 않는 한 「목재·토벽·구둘·창문」등이 가장 좋은 재료라는 것이다. 이것만을 익혀두고 있으면, 우선 家相에 있어서의 재료면에서는 걱정할 필요는 없다.

우리나라처럼 三寒四溫과 四계절의 구별이 분명한 풍토에서는, 그것을 잘 조절하기 위해서는 앞의 재료 이외는 없는 것이다. 근자에 알미늄 샷슈가 나왔기 때문에 문틈 바람은 새어들지 않지만은, 곧 공기의 유통이 나쁘게 되어, 온도가 높아지게 된다.

이와 같이 찢어지지 않는 비닐—류門이나 韓紙(한지), 溫氣를 조절 못하는 비과학적인 벽은 해마다 신경통이나 류-마치스·피부병·무좀등을 증가시키고 있다.

그러면, 이상과 같은 이유에서 주택의 재료는 좋은 재료를 쓴다는 것이 우선 家相의「貴」라고 할 수 있다. 그 반대로 나쁜 재료를 사용하는 것은「賤」이라고 부르고 있다.

이러한 정도는 상식에 불과하다고 하면 그만이겠지만, 家相으로는 금전이 허용하는 한 좋은 재료를 사용하는 것이 質面에서의 길상을 만드는 것의 조건이 된다.

아무리 좋은「龍(장소·지세)」이였더라도, 그 곳에 세워진 주택의 재료가 지나치게 조잡하면「貴」라고 할 수는 없으므로, 年數를 경과할수록 신분이나 지위가 떨어진다고 하는 것이 家相에 있어서의 재료(質)를 보는 방법이다.

【構造(구조)에 대해(形 보는 法)】

구조라고 하더라도 집 전체의 "만듬"이라는 의미이다. 가장 좋은 것은 그다지 큰 흠이 없고, 方形인 집이「形(構造)」으로서는 吉相이 된다.

이것은 건축상의 상식으로 중요하며, 지나치게 이상한 家相術에 구애 받아 八方位에 별채까지 짓는것 같은 인간 不在의 집을 지어서는 안된다.

房(방)의 項에 설명하지마는, 집에는 "動線(건축용어)"이라고 하는 인간이 왕래하는 집안에서의 거리를 중요시하지 않으면 안되는 조건이 있다. 이 "動線"을 중요시 하면, 그다지 이상한 주택은 되지 않는다는 것이 당연하다.

이 집에 있어서의「形」은 길흉에 관련되는 것이 많이 있으며,결함이 심한 집에 거주하는 사람은 재난에 시달리게 된다. 그 대부분은 질병, 부상, 사고등이다.

【 設備 (설비)에 대해 (作品 보는 法) 】

집안의 설비에 대해서, 家相으로는 상식에 일치된 길흉을 설명을 하고 있다.

그들의 신분에 맞지않는 실용적이 아닌, 단순한 유행에 쫓아 설비를 한 집은, 이제부터 점점 가난하게 되어가는 것을 나타내는 집이다.

그 반대로, 그 가족에 있어서도 필요한 설비를 두는 것은, 다소 그 집에 있어서 현재 신분에 어울리지 않더라도 길상이라 하여, 금전운이 점점 좋아져 가는 것을 나타내는 家相이다.

그다지 좋은 例는 아니지만, 알기쉽도록 설명하자면 다음과 같이 된다.

큰 부자인데도, 응접실에 쇼—파가 없든지, 거실에 천연색 텔레비가 없다는 것은 가난하게 되어 갈 징조이며, 결코 검약가이기 때문에 부자가 된다는 판단을 해서는 안된다.

이와 같이 박봉으로 맞벌이 하는 부부의 집이더라도, 무언가의 사정으로 가족이 매우 많을 경우에 쟁반 씻는 기구가 있다는 것은, 장래 그 집은 부자가 될 수 있다는 것을 암시하고 있는 것이다.(상식적으로 생각하더라도, 가족이 많으면 신분에는 맞지 않더라도, 時間과 勞力(노력)을 절약하는 면에서 볼 때 바로 그것이 발전하는 기본이 된다.)

즉, 「作(설비)」에 대해서는 다음과 같은 원칙을 말할 수 있다.

1. 신분에 맞지않는 유행적인 소비성인 설비를 두는 집은 점점 퇴락한다.

2. 신분에는 맞지 않더라도 실용적인 생산성 설비를 두는 집은, 점점 발전한다.

3. 신분에 맞는 실용적인 생산성 설비가 없는 집은 점점 퇴락한다.

4. 신분에 맞는 유행적인 소비성 설비가 없는 집은 이미 돈에 어려

움을 겪고 있다.

【房에 대해(방 보는 法)】

房에서는 먼저 방의 배치가 제일 중요하다. 이것은 「巒頭」와 「理氣」의 두 방면에서 길흉을 보아 나간다.

그러면, 방 배치의 원칙은 대체로 다음과 같다.

1. 공동으로 사용하는 방은 가급적 중심부에 두고, 가족중의 어느 특정한 사람만이 사용하는 방은 가급적 구석에 둔다.

2. 外來客(외래객)에게는 가급적 집안을 보여서는 안된다. 그러므로, 거실이나 응접실은 가급적 현관에서 가까운 곳에 둔다.

이상 근본적인 두 원칙을 정식으로는 「大極(대극)의 원칙」이라 하며, 반드시 지키지 않으면 안될 家相上의 원칙이다.

더우기, 화장실등은 손님도 사용하므로 현관에서 가까운 곳에 두는 것이 제二의 원칙에 해당된다. 中國가옥은 이 원칙을 근거로 凹字形으로 세워져 있으나, 우리와 中國과의 풍습이나 제도가 다르므로 凹字形은 불가능하겠지만 이 「大極의 원칙」에 될 수 있는대로 가깝도록 연구할 필요가 있다.

이 「대극의 원칙」은, 家相上에 있어서의 貧富(빈부)와 연관되는 것으로서, 이 원리에 맞는 집은 財를 지닐 수 있게 된다. 궁극적인 원리는, 식구들이 실없이 움직임을 줄이는 것과 움직임이 경제적인 것에 해당된다.

家屋의 방 배치(방 배치의 方位의 길흉은 별도)의 理想的(이상적)인 도면은 다음 그림과 같이 배치된 것이 「대극의 원칙」에 가장 근사치이다.

그러면, 방 배치를 「理氣」인 쪽에서 길흉을 살피는 방법을 설명한다.

방 배치의 「理氣」를 살피는데는 먼저 집의 家相盤을 만들지 않으면 안된다. 즉 가옥의 배치도와 같은 뜻의 盤이다. 이 「家相盤(가상반)은, 매우 어려운 원칙에 의해 하나 하나 작성되며 거기에 「十干의 天盤·地盤·八門·九星·八神·九宮」의 六種의 星(虛星)을 배치한 것을 말한다.

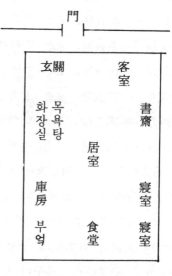

이 盤은 「門向(문향)」과 屋向(옥향)부터 작성하게 되지마는, 다음에 완전히 작성된 「家相盤」을 들어서, 그 속에서 판단하려는 盤을 찾았으면, 盤을 작성할 번거로움을 없애도록 되어있다.

房배치의 理想圖

그 먼저 일단 「家相盤」에 사용되는 기본적인 사항을 펼쳐 보겠다. 이 「家相盤」은, 그 집의 大門의 向(門向이라고도 한다)과, 집의 向(屋向이라고도 한다)에 따라 만들어지게 된다. 이 두 가지는 함께 方位의 向을 말하고 있는 것으로서, 위치를 말하는 것은 아니다. 이 向은 大門 또는 玄關 등에 磁石을 맞추면 곧 알 수 있다.

다만, 이 경우에 그 向의 方位의 나누는 방법을 잘 알아두지 않으면 그 向을 모르게 된다. 즉, 磁石의 針은 北을 가르키지마는 뒤에는 어떤 기준에 따라 方位를 나눌것인가 라는 것이다.

家相術의 陽宅遁甲(양택둔갑)으로는, 이 八方位의 方位를 각 방위로 四十五度씩으로 나눈다. 즉, 正北을 中心으로 하여 東보다 二二·五度와 西보다 二二·五度로 합계 四十五度가 된다. 이렇게 하여 하나의 方位가 四十五度씩으로 합계 八方位가 된다. 이것을 다음과 같이 부른다.

正北方 ── 四五度. 보통 말하는 北方.

北東方 ― 四五度. 보통 말하는 北과 東의 사이.

正東方 ― 四五度. 보통 말하는 東方.

東南方 ― 四五度. 보통 말하는 東과 南사이.

正南方 ― 四五度. 보통 말하는 南方.

南西方 ― 四五度. 보통 말하는 南과 西사이.

正西方 ― 四五度. 보통 말하는 西方.

西北方 ― 四五度. 보통 말하는 西와 北사이.

이 八方位는 「屋向(玄關의 方向)」에 사용한다. 즉 玄關의 向이 이 八方位속의 어느 方向으로 向해 있는지를 알게 된다.

다음에 門向(門의 方向)을 알기 위해서의 方位向의 구분을 펼쳐 보기로 한다.

門向은 前述한 八方位의 구분과는 조금 다르다. 八方位를 다시 二十四方位로 구분한다. 바꾸어 말을 하면, 八方位속의 하나의 方位가 四五度석이다. 그 四五度를 다시 一五度석 三등분한다. 이것을 二四方位라 하며, 이것을 번호로 말하면 다음과 같다.

壬向(임향) ── 正北方의 西北方에서 一五度.

子向(자향) ── 正北方의 한가운데 一五度.

癸向(계향) ── 正北方의 北東方에서 一五度.

丑向(축향) ── 北東方의 正北方에서 一五度.

艮向(간향) ── 北東方의 한가운데 一五度.

寅向(인향) ── 北東方의 正東方에서 一五度.

甲向(갑향) ── 正東方의 北東方에서 一五度.

卯向(묘향) ── 正東方의 한가운데 一五度.

乙向(을향) ── 正東方의 東南方에서 一五度.

辰向(진향) ── 東南方의 正東方에서 一五度.

巽向(손향) ── 東南方의 한가운데 一五度.

巳向(사향) ── 東南方의 正南方에서 一五度.

丙向(병향) ── 正南方의 東南方에서 一五度.

午向(오향) ── 正南方의 한가운데 一五度.

丁向(정향) ── 正南方의 南西方에서 一五度.

未向(미향) ── 南西方의 正南方에서 一五度.

坤向(곤향) ── 南西方의 한가운데 一五度.

申向(신향) ── 南西方의 正西方에서 一五度.

庚向(경향) ── 正西方의 南西方에서 一五度.

酉向(유향) ── 正西方의 한가운데 一五度.

辛向(신향) ── 正西方의 西北方에서 一五度.

戌向(술향) ── 西北方의 正西方에서 一五度.

乾向(건향) ── 西北方의 한가운데 一五度.

亥向(해향) ── 西北方의 正北方에서 一五度.

이 二四方位로 나눈 구분은, 前述의 門向에 사용한다. 즉, 大門의 向이 이 二四方位 속의 어느 方向을 向하고 있는가를 알게 된다.

그러면, 이상의 四五度로 나눈 八方位와 十五度로 나눈 二十四方位를 사용하여, 「屋向」에서 집의 「家相盤」을 낸다.

이 家相盤에는, 前述한 六종류의 虛星이 八方位에 배치되어 있다. 이 六종류의 虛星에 따라 그 八方位의 길흉이 판명되므로, 방 배치도 바로 알게 된다. 집의 中心에서 보아 그 八方位속의 어느 방향에, 어떤 방 배치가 있으며, 그 방 배치에 있는 方位의 家相盤으로는 六종류의 虛星이 吉이냐 凶이냐를 알면 家屋의 방 배치의 길흉이 판단되게 된다.

「家相盤」에 배치된 虛星은, 「十干의 天盤·地盤·八門·九星·八神·九宮」이다.

「十干의 天盤·地盤」이란 甲尊·乙奇·丙奇·丁奇·戊儀·己儀·庚儀·辛儀·壬儀·癸儀 — 를 말한다.

「八門」이란, 休門·生門·傷門·杜門·景門·死門·驚門·開門 — 을 말한다.

「九星」이란, 天蓬·天芮·天冲·天輔·天禽·天心·天柱·天任·天英 — 을 말한다.

「八神」이란, 直符·螣蛇·太陰·六合·勾陳·朱雀·九地·九天 — 을 말한다.

「九宮」이란, 一白·二黑·三碧·四綠·五黃·六白·七赤·八白·九紫 — 를 말한다.

다음에 실어 놓은 그림표 는, 완성된 「家相盤이다. 거기에 이제 설명한 虛星이 모두 배치되어 있으며, 하나의 집단이 八方位의 하나인 四五度의 方位를 나타내고 있다. 그것은 모두, 門向과 屋向에서 나오게 된다.

그림표 밑에 있는 것이 門向이고 家向이다. 前述한 것처럼, 門向은 二四方位의 方向에서, 屋向은 八方位의 方向에서 낸다.

六任乙 蛇杜丁	二輔辛 陰景庚	四心己 合死壬
五柱甲 符傷癸	七 丙 英 丙	九芮癸 陳驚甲
一冲壬 天生己	三禽庚 地休辛	八蓬丁 雀開乙

屋 門
向 向

正丑子
東

六蓬己 合杜丁	二心癸 陳景庚	四任丁 雀死壬
五英辛 陰傷癸	七 丙 芮 丙	九輔庚 地驚甲
一禽乙 蛇生己	三柱甲 符休辛	八冲壬 天開乙

屋 門
向 向

正丑子
北

六柱甲 符生丁	二冲乙 蛇傷庚	四禽辛 陰杜壬
五心壬 天休癸	七 丙 任 丙	九蓬己 合景甲
一芮庚 地開己	三輔丁 雀驚辛	八英癸 陳死乙

屋 門
向 向

東丑子
南

六冲辛 陰開丁	二任己 合休庚	四蓬癸 陳生壬
五芮乙 蛇驚癸	七 丙 輔 丙	九心丁 雀傷甲
一柱甲 符死己	三英壬 天景辛	八禽庚 地杜乙

屋 門
向 向

北丑子
東

六輔丁 雀杜丁	二英庚 地景庚	四芮壬 天死壬
五冲癸 陳傷癸	七　丙 禽　丙	九柱甲 符驚甲
一任己 合生己	三蓬辛 陰休辛	八心乙 蛇開乙

屋門
向向

正丑子
西

六芮壬 天驚丁	二柱甲 符開庚	四英乙 蛇休壬
五蓬庚 地死癸	七　丙 冲　丙	九禽辛 陰生甲
一心丁 雀景己	三任癸 陳杜辛	八輔己 合傷乙

屋門
向向

正丑子
南

六禽癸 陳休丁	二蓬丁 雀生庚	四冲庚 地傷壬
五輔己 合開癸	七　丙 心　丙	九任壬 天杜甲
一英辛 陰驚己	三芮乙 蛇死辛	八柱甲 符景乙

屋門
向向

西丑子
北

六英庚 地傷丁	二禽壬 天杜庚	四柱甲 符景壬
五任丁 雀生癸	七　丙 蓬　丙	九冲乙 蛇死甲
一輔癸 陳休己	三心己 合開辛	八芮辛 陰驚乙

屋門
向向

南丑子
西

六輔丁 蛇杜丁	二英庚 陰景庚	四芮壬 合死壬
五沖甲 符傷甲	七　丙 禽　丙	九柱戊 陳驚戊
一任己 天生己	三蓬辛 地休辛	八心乙 雀開乙

屋門
向向

正亥寅
東

六心壬 合死丁	二芮戊 陳驚庚	四輔乙 雀開壬
五禽庚 陰景甲	七　丙 柱　丙	九英辛 地休戊
一蓬丁 蛇杜己	三沖甲 符傷辛	八任己 天生乙

屋門
向向

正亥寅
北

六沖甲 符驚丁	二任丁 蛇開庚	四蓬庚 陰休壬
五芮己 天死甲	七　丙 輔　丙	九心壬 合生戊
一柱辛 地景己	三英乙 雀杜辛	八禽戊 陳傷乙

屋門
向向

東亥寅
南

六任庚 陰景丁	二輔壬 合死庚	四心戊 陳驚壬
五柱丁 蛇杜甲	七　丙 英　丙	九芮乙 雀開戊
一沖甲 符傷己	三禽己 天生辛	八蓬辛 地休乙

屋門
向向

北亥寅
東

六英乙 雀開丁	二禽辛 地休庚	四柱己 天生壬
五任戊 陳驚甲	七　丙 蓬丙	九冲甲 符傷戊
一輔壬 合死己	三心庚 陰景辛	八芮丁 蛇杜乙

屋 門
向 向

正 亥 寅
西

六柱己 天生丁	二冲甲 符傷庚	四禽丁 蛇杜壬
五心辛 地休甲	七　丙 任丙	九蓬庚 陰景戊
一芮乙 雀開己	三輔戊 陳驚辛	八英壬 合死乙

屋 門
向 向

正 亥 寅
南

六蓬戊 陳傷丁	二心乙 雀杜庚	四任辛 地景壬
五英壬 合生甲	七　丙 芮丙	九輔己 天死戊
一禽庚 陰休己	三柱丁 蛇開辛	八冲甲 符驚乙

屋 門
向 向

西 亥 寅
北

六禽辛 地休丁	二蓬己 天生庚	四冲甲 符傷壬
五輔乙 雀開甲	七　丙 心丙	九任丁 蛇杜戊
一英戊 陳驚己	三芮壬 合死辛	八柱庚 陰景乙

屋 門
向 向

南 亥 寅
西

六英癸 蛇杜丁	二禽丁 陰景庚	四柱庚 合死壬
五任甲 符傷癸	七　丙 蓬　丙	九冲壬 陳驚戊
一輔辛 天生甲	三心乙 地休辛	八芮戊 雀開乙

屋門
向向

正戌卯
東

六芮庚 合死丁	二柱壬 陳驚庚	四英戊 雀開壬
五蓬丁 陰景癸	七　丙 冲　丙	九禽乙 地休戊
一心癸 蛇杜甲	三任甲 符傷辛	八輔辛 天生乙

屋門
向向

正戌卯
北

六任甲 符開丁	二輔癸 蛇休庚	四心丁 陰生壬
五柱辛 天驚癸	七　丙 英　丙	九芮庚 合傷戊
一冲乙 地死甲	三禽戊 雀景辛	八蓬壬 陳杜乙

屋門
向向

東戌卯
南

六輔丁 陰杜丁	二英庚 合景庚	四芮壬 陳死壬
五冲癸 蛇傷癸	七　丙 禽　丙	九柱戊 雀驚戊
一任甲 符生甲	三蓬辛 天休辛	八心乙 地開乙

屋門
向向

北戌卯
東

六禽戊 雀傷丁	二蓬乙 地杜庚	四冲辛 天景壬
五輔壬 陳生癸	七　丙 心　丙	九任甲 符死戊
一英庚 合休甲	三芮丁 陰開辛	八柱癸 蛇驚乙

屋門
向向

正戌卯
西

六冲辛 天杜丁	二任甲 符景庚	四蓬癸 蛇死壬
五芮乙 地傷癸	七　丙 輔　丙	九心丁 陰驚戊
一柱戊 雀生甲	三英壬 陳休辛	八禽庚 合開乙

屋門
向向

正戌卯
南

六心壬 陳休丁	二芮戊 雀生庚	四輔乙 地傷壬
五禽庚 合開癸	七　丙 柱　丙	九英辛 天杜戊
一蓬丁 陰驚甲	三冲癸 蛇死辛	八任甲 符景乙

屋門
向向

西戌卯
北

六蓬乙 地驚丁	二心辛 天開庚	四任甲 符休壬
五英戊 雀死癸	七　丙 芮　丙	九輔癸 蛇生戊
一禽壬 陳景甲	三柱庚 合杜辛	八冲丁 陰傷乙

屋門
向向

南戌卯
西

六冲戊 蛇杜丁	二任乙 陰景庚	四蓬辛 合死甲
五芮甲 符傷癸	七　丙 輔　丙	九心己 陳驚戊
一柱庚 天生己	三英丁 地休辛	八禽癸 雀開乙

屋門
向向

正酉辰
東

六禽辛 合景丁	二蓬己 陳死庚	四冲癸 雀驚甲
五輔乙 陰杜癸	七　丙 心　丙	九任丁 地開戊
一英戊 蛇傷己	三芮甲 符生辛	八柱庚 天休乙

屋門
向向

正酉辰
北

六芮甲 符杜丁	二柱戊 蛇景庚	四英乙 陰死甲
五蓬庚 天傷癸	七　丙 冲　丙	九禽辛 合驚戊
一心丁 地生己	三任癸 雀休辛	八輔己 陳開乙

屋門
向向

東酉辰
南

六柱乙 陰傷丁	二冲辛 合杜庚	四禽己 陳景甲
五心戊 蛇生癸	七　丙 任　丙	九蓬癸 雀死戊
一芮甲 符休己	三輔庚 天開辛	八英丁 地驚乙

屋門
向向

北酉辰
東

六任癸 雀生丁	二輔丁 地傷庚	四心庚 天杜甲
五柱己 陳休癸	七　丙 英　丙	九芮甲 符景戊
一冲辛 合開己	三禽乙 陰驚辛	八蓬戊 蛇死乙

屋門
向向

正酉辰
西

六心庚 天開丁	二芮甲 符休庚	四輔戊 蛇生甲
五禽丁 地驚癸	七　丙 柱　丙	九英乙 陰傷戊
一蓬癸 雀死己	三冲己 陳景辛	八任辛 合杜乙

屋門
向向

正酉辰
南

六英己 陳驚丁	二禽癸 雀開庚	四柱丁 地休甲
五任辛 合死癸	七　丙 蓬　丙	九冲庚 天生戊
一輔乙 陰景己	三心戊 蛇杜辛	八芮甲 符傷乙

屋門
向向

西酉辰
北

六輔丁 地杜丁	二英庚 天景庚	四芮甲 符死甲
五冲癸 雀傷癸	七　丙 禽　丙	九柱戊 蛇驚戊
一任己 陳生己	三蓬辛 合休辛	八心乙 陰開乙

屋門
向向

南酉辰
西

六蓬壬 蛇杜丁	二心戊 陰景甲	四任乙 合死壬
五英甲 符傷癸	七　丙 芮　丙	九輔辛 陳驚戊
一禽丁 天生己	三柱癸 地休辛	八冲己 雀開乙

屋門
向向

正申巳
東

六冲乙 合生丁	二任辛 陳傷甲	四蓬己 雀杜壬
五芮戊 陰休癸	七　丙 輔　丙	九心癸 地景戊
一柱壬 蛇開己	三英甲 符驚辛	八禽丁 天死乙

屋門
向向

正申巳
北

六英甲 符死丁	二禽壬 蛇驚甲	四柱戊 陰開壬
五任丁 天景癸	七　丙 蓬　丙	九冲乙 合休戊
一輔癸 地杜己	三心己 雀傷辛	八芮辛 陳生乙

屋門
向向

東申巳
南

六禽戊 陰杜丁	二蓬乙 合景甲	四冲辛 陳死壬
五輔壬 蛇傷癸	七　丙 心　丙	九任己 雀驚戊
一英甲 符生己	三芮丁 天休辛	八柱癸 地開乙

屋門
向向

北申巳
東

六心己 雀景丁	二芮癸 地死甲	四輔丁 天驚壬
五禽辛 陳杜癸	七　丙 柱　丙	九英甲 符開戊
一蓬乙 合傷己	三冲戊 陰生辛	八任壬 蛇休乙

屋　門
向　向

正申巳
西

六輔丁 天杜丁	二英甲 符景甲	四芮壬 蛇死壬
五冲癸 地傷癸	七　丙 禽　丙	九柱戊 陰驚戊
一任己 雀生己	三蓬辛 陳休辛	八心乙 合開乙

屋　門
向　向

正申巳
南

六柱辛 陳開丁	二冲己 雀休甲	四禽癸 地生壬
五心乙 合驚癸	七　丙 任　丙	九蓬丁 天傷戊
一芮戊 陰死己	三輔壬 蛇景辛	八英甲 符杜乙

屋　門
向　向

西甲巳
北

六芮癸 地驚丁	二柱丁 天開甲	四英甲 符休壬
五蓬己 雀死癸	七　丙 冲　丙	九禽壬 蛇生戊
一心辛 陳景己	三任乙 合杜辛	八輔戊 陰傷乙

屋　門
向　向

南申巳
西

六芮己 蛇杜丁	二柱癸 陰景庚	四英丁 合死壬
五蓬甲 符傷癸	七　丙 冲　丙	九禽庚 陳驚戊
一心乙 天生己	三任戊 地休甲	八輔壬 雀開乙

屋 門
向 向

正未午
東

六輔丁 合杜丁	二英庚 陳景庚	四芮壬 雀死壬
五冲癸 陰傷癸	七　丙 禽　丙	九柱戊 地驚戊
一任己 蛇生己	三蓬甲 符休甲	八心乙 天開乙

屋 門
向 向

正未午
北

六蓬甲 符休丁	二心己 蛇生庚	四任癸 陰傷壬
五英乙 天開癸	七　丙 芮　丙	九輔丁 合杜戊
一禽戊 地驚己	三柱壬 雀死甲	八冲庚 陳景乙

屋 門
向 向

東未午
南

六心癸 陰景丁	二芮丁 合死庚	四輔庚 陳驚壬
五禽己 蛇杜癸	七　丙 柱　丙	九英壬 雀開戊
一蓬甲 符傷己	三冲乙 天生甲	八任戊 地休乙

屋 門
向 向

北未午
東

六柱壬 雀杜丁	二冲戊 地景庚	四禽乙 天死壬
五心庚 陳傷癸	七　丙 任　丙	九蓬甲 符驚戊
一芮丁 合生己	三輔癸 陰休甲	八英己 蛇開乙

屋門
向向

正未午
西

六禽乙 天死丁	二蓬甲 符驚庚	四冲己 蛇開壬
五輔戊 地景癸	七　丙 心　丙	九任癸 陰休戊
一英壬 雀杜己	三芮庚 陳傷甲	八柱丁 合生乙

屋門
向向

正未午
南

六任庚 陳驚丁	二輔壬 雀開庚	四心戊 地休壬
五柱丁 合死癸	七　丙 英　丙	九芮乙 天生戊
一冲癸 陰景己	三禽己 蛇杜甲	八蓬甲 符傷乙

屋門
向向

西未午
北

六冲戊 地開丁	二任乙 天休庚	四蓬甲 符生壬
五芮壬 雀驚癸	七　丙 輔　丙	九心己 蛇傷戊
一柱庚 陳死己	三英丁 合景甲	八禽癸 陰杜乙

屋門
向向

南未午
西

【房의 배치 보는 法(理氣 — 無形面)】

방의 배치를 판단하는데는 보고져 하는 그 집의 家相盤을 「門向·屋向」에 따라 나타낸다.(四七一~四八二 頁에 완성된 家相盤을 펴보면 된다.)

그 家相盤의 八方位에 있는(十干의 天盤·地盤·九星·八門·九宮·八神)에 따라 吉相·凶相을 본다.

가령, 자신의 寢室(침실)의 길흉을 알아보고 싶으면, 그 침실이 집 中心에서 八方位의 어디에 있는지를 알아본다. 그리하여, 그 집의 家相盤으로 침실이 있는 方位인 곳을 보고 판단한다. 더우기, 중요한 房의 배치의 길흉을 보면 다음과 같다.

門은 「甲尊」이 담당하는 곳이므로, 「靑龍返首(청룡반수)」의 방위가 가장 좋다. 다음에 좋은 것이 「飛鳥跌穴(비조질혈)」의 방위이다. 가장 나쁜 것이 「伏宮(복궁)·飛宮(비궁)」의 방위이다.

「靑龍返首(청룡반수)」란, 天盤에 「甲」, 地盤에 「丙」인 方位이다.

「飛鳥跌穴(비조질혈)」이란, 天盤에 「丙」, 地盤에 「甲」이 있는 方位.

「伏宮」이란, 天盤에 「庚」, 地盤에 「甲」이 있는 方位.

「飛宮」이란, 天盤에 「甲」, 地盤에 「庚」이 있는 方位.

· 書齋는 「丁奇」가 담당하는 곳이다. 「鬼遁(괴둔)」의 方位가 가장 좋다. 다음에 좋은 것이 「人遁(인둔)」이다. 가장 나쁜 것이 「朱雀投江(주작투강)·膼蛇妖嬌(등타요교)」의 방위이다.

「鬼遁(괴둔)」이란, 天盤에 「丁」, 八門에 「開門」, 八神에 「九天」이 있는 方位.

「人遁(인둔)」이란, 天盤에 「丁」, 八門에 「休門」, 八神에 「太陰」이 있는 방위.

-483-

「朱雀投江(주작투강)」이란, 天盤에 「丁」, 地盤에 「癸」가 있는 方位.

「螣蛇妖嬌(등타요괴)」란, 天盤에 「癸」, 地盤에 「丁」이 있는 方位.

客室(객실)은 「丙奇」가 담당하는 곳이므로, 「神遁」의 방위가 가장 좋다. 다음에 좋은 것이 「天遁」방위이다. 가장 나쁜 것이 「熒惑入白(형혹입백)·太白入熒(태백입형)」의 방위이다.

「神遁」이란, 天盤에 「丙」, 八門에 「生門」, 八神에 「九天」이 있는 방위.

「天遁」이란, 天盤에 「丙」, 地盤에 「戊」, 「八門」에 「生門」이 있는 方位.

「熒惑入白(형혹입백)」이란, 天盤에 「丙」, 地盤에 「庚」이 있는 방위.

「太白入熒(태백입형)」이란, 天盤에 「庚」, 地盤에 「丙」이 있는 방위.

倉庫(창고)는 「乙奇」가 담당하는 곳이므로, 「龍遁(용둔)·虎遁(호둔)·風遁(풍둔)·雲遁(운둔)」의 방위가 가장 좋다. 다음에 좋은 것이 「地遁(지둔)」의 方位이다. 가장 나쁜 것이 「靑龍逃走(청룡도주)·白虎猖狂(백호창광)」의 방위이다.

「龍遁(용둔)」이란, 天盤에 「乙」, 八門에 「開門」이 있는 西北방위.

「虎遁(호둔)」이란, 天盤에 「乙」, 八門에 「生門」이 있는 北東방위. 「風遁(풍둔)」이란, 天盤에 「乙」, 八門에 「休門·生門·開門」이 있는 東南 방위

「雲遁(운둔)」이란, 天盤에 「乙」, 八門에 「休門·生門·開門」이 있는 南西방위.

-484-

「地遁」이란, 天盤에「乙」, 地盤에「己」, 八門에「開門」이 있는 방위.

「靑龍逃走(청룡도주)」란, 天盤에「乙」, 地盤에「辛」이 있는 방위.

「白虎猖狂(백호창광)」이란, 天盤에「辛」, 地盤에「乙」이 있는 방위.

부엌은,「丁奇」가 담당하는 곳이므로,「人遁(인둔)」의 방위가 가장 좋다. 다음에 좋은 것이「鬼遁(괴둔)」의 方位이다. 가장 나쁜 것이「螣蛇妖嬌(등타요교)・朱雀投江(주작투강)」의 방위이다.

「人遁・鬼遁・螣蛇妖嬌・朱雀投江」은 모두 앞에 설명하여 두었다.

寢室(침실)은「丁奇」가 담당하는 곳이므로,「地遁」의 방위가 가장 좋다. 다음에 좋은 것이「龍遁・虎遁・風遁・雲遁」의 방위이다. 가장 나쁜 것이「靑龍逃走・白虎猖狂」의 방위이다.

「地遁・龍遁・虎遁・風遁・雲遁・靑龍逃走・白虎猖狂」은 모두 前述하여 두었다.

以上과 같이 八方位에 무슨 虛星이 있는가에 따라서 길흉이 定하여지겠지만 여기에 들었던 것처럼, 사정이 좋아 분명하게 나타난다고는 단정하지 못한다. 그 경우는, 먼저「八門」으로 대강의 길흉을 억눌르는 것이 중요하다.

門에 가장 좋은 八門은「景門」이며, 가장 나쁜 것은「死門」이다.
書齋에 가장 좋은 八門은「景門」이며, 가장 나쁜 것은「死門」이다.
客室에 가장 좋은 八門은「開門」이며, 가장 나쁜 것은「杜門」이다.
倉庫에 가장 좋은 八門은「生門」이며, 가장 나쁜 것은「死門」이다.
寢室에 가장 좋은 八門은「休門」이며, 가장 나쁜 것은「杜門」이다.
부엌에 가장 좋은 八門은「休門」이며, 가장 나쁜 것은「杜門」이다.

그러면, 방의 배치속에 화장실은 들어 있지 않으나, 화장실은 「巒頭(有形面)」의 길흉만을 말하고, 「理氣(無形面)」의 길흉은 그다지 말하지 않기 때문이다. 즉, 화장실은 形面으로 길흉을 말하는것 뿐이지 어느 方位라고 하는 것은 특별히 말하지 않는다.

【房의 배치 法(巒頭 — 有形面)】

〔大門에 대하여〕

1. 주택에 비해서 大門이 지나치게 크면, 지위의 轉落(전락)이 심하게 된다.

2. 주택에 비하여 大門이 지나치게 적으면, 지위의 승진이 전연 없다.

〔화장실에 대하여〕

1. 화장실이 집 한가운데 있든지, 특별히 멀리 떨어져 있든지 하면, 호흡기 병에 걸린다.

2. 화장실에 바람이 들어오는것 같은 건축이면, 질병에 걸리기 쉽다.

3. 화장실이 매우 지저분하면, 소화기병이나 피부병에 걸린다.

〔書齋(서재)에 대하여〕

1. 책상을 향했을 때에 얼굴이 벽을 向하고, 등이 入口를 向하면, 독서의 효과는 오르지 않는다.

2. 책상을 向했을 때에 얼굴이 入口로 向하고, 등이 벽을 向하면, 독서 효과는 오른다.

3. 언제나 깨끗하게 정돈되어 있는 서재는, 학습이나 집필의 효과가 그다지 없다.

4. 다소 허트러져 있는 서재는, 독서나 집필의 효과가 오른다.

〔客室에 대하여〕

1. 客室에 있어서의 主人이 벽에 등을 지고, 손님이 入口에 등을 지도록 배치된 객실相은, 금전운에 혜택이 있다.

2. 객실에 있어서의 客이 벽에 등을 向하고, 주인이 入口에 등을 向

하도록 하면, 금전운은 없다.

3. 신분에 맞지 않더라도 객실을 화려하게 하면, 돈이 들어온다.

4. 신분에 맞지않게 객실을 검소하게 하면 돈은 들어오지 않는다.

〔창고에 대하여〕

1. 창고나 고방이 언제나 깨끗하게 정돈되어 있으면 돈이 모인다.

2. 창고나 고방안이 언제나 어지럽게 흩어져 있으면, 지출이 많아진다.

〔부엌에 대하여〕

1. 부엌은 깨끗하게 잘 정돈되어 있으며, 공기가 새어들지 않도록 되어 있으면 건강하게 된다.

2. 부엌이 잘 정돈되어 있지않고, 부엌 특유의 냄새가 풍기고 있으면 건강에 좋지 못하다.

〔寢室에 대하여〕

1. 부부의 침실옆을 복도가 통해 있으면, 건강에 좋지 못하다.

2. 침실이 지저분하게 어질러 있으면 질병에 걸리기 쉽다.

3. 침실을 호화하게 하면 심신이 모두 상쾌하게 된다.

家相에 대하여 (앞으로 지을 집의 家相)

여기서는 「건축편」으로서, 주택의 신축에 대해서 잘할 수 있는 방법을 설명한다. 前述한 것처럼 家相은 본래 두 방면에서 규명되는 것이므로 이 건축에 대해서도,

巒頭(形이 있는것 ― 有形面)의 선택

理氣(形이 없는것 ― 無形面)의 선택

의 두 방면으로 大別된다. 여기서는,

옥외에 대해서의 선택방법

옥내에 대해서의 선택방법

의 두 방면을 보아간다.

그러면, 옥외의 선택은 대부분 理氣(無形面)의 필요가 없이, 오직 巒頭(有形面)으로 선택된다. 즉, 사람의 눈으로 볼 수 있는 有形面의 길흉을 말하는 것이 된다.

옥내의 선택은, 理氣(無形面)와 巒頭(有形面)의 두 가지의 편성한 내용을 본다.

屋外의 條件

보통 家相설계자는, 흔히 家相설계도를 작성할 때에 주택에만 신경을 치우쳐 버리는 나쁜 습관을 가지고 있다. 그러나 前述한 家相판단법의 項(항)에서 설명한 것처럼, 옥외의 조건은, 家相의 길흉 판단의 결정적인 방법으로서 半정도의 힘을 가지며, 매우 작용이 큰 것이다. 그 家相의 조건은「龍・穴・砂・水」에 의하지 마는, 이것은 前述하였으므로 여기서는 생략한다.

【 場所선택 法(龍)】

주택이 어느 부근에 있는 것에 따라 그곳에 살고 있는 사람이 장래 신분 지위가 향상될지, 또는 전락될지를 결정하게 되므로, 주택을 신축할 때는 좋은 장소(龍)를 고르지 않으면 안된다.

그러나, 현실에 좋은 장소, 환경은, 이미 고급주택지로서 좀처럼 우리들의 손에 들어오지 않는다. 그러므로, 앞으로 토지를 선택할 때는, 또 주택지로서 形이 定해져 있지 않은(지금부터 龍의 길흉에 따라 定하는 토지)주택이 드문드문 있는 곳의 토지를 골른다.

그 고르는 조건은,

1. 완만한 起伏이 많은 토지.
2. 도로가 완만하게 구부러져 있는 토지.

등에 주안을 둔다. 이 토지를 고루는 것이 신축에 있어서의 첫걸음이며, 이것을 등한히하면 아무리 길상인 주택을 세우더라도 아무런 쓸모가 없다.

먼저 부지장소는 어디어디를 하겠다고 마음에 두고 눈여겨 보아 둔다. 이 눈여겨 둔 장소의 예정지 선택방법 여하로, 신분 지위에 있어서의 귀천의 「貴」가 「陽宅」이라고 하여 점술상에서 약속된 셈이다. 그리고 난 다음 다른 조건으로 진행해야 한다.

【敷地 선택法 (穴) 】

어느 곳에 신축할 것인가를 결정하였으면, (즉, 龍을 定하는 것) 다음에 구체적으로 어느 위치 (즉, 穴)에 할것인가를 定한다.

그 敷地 (穴)의 결정 방법의 기준은,

1. 도로의 꾸부러진 안쪽인 곳.
2. 물 흐름의 꾸부러진 안쪽인 곳.

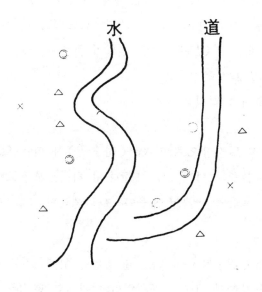

水　道

◎는 최고의 부지
○는 좋은 부지
△는 나쁜 부지
× 가장 나쁜 부지

穴의 良惡圖

【환경선택법（砂）】

환경을 고른다는 것은, 매우 어려운 일이다. 이 환경이란 공기와 지질을 뜻하므로, 좀처럼 인위적으로 細工(세공)하기가 어려운 일이다. 공기의 오염이라든지, 지질의 악화라든지, 현재로서는 어떻게 할 수가 없다.

그러므로 가급적 좋은 공기, 좋은 지질(砂)인 곳을 고른다는 상식적인 것 밖에는 할 수 없다.

> 註) 더우기 이 「砂」의 선택방법 가운데, 屋向과 門向에 의한 「家相天子法」이라는 術이 있다. 이것은, 좋은 砂를 선택하기 위해서의 하나의 방법이지마는, 매우 조직이 어렵고 전문적이므로서, 여기서는 생략한다. 다만 「砂」속에는 「家相天子法(가상천자법)」이라는 술법이 있다는 것을 알고만 있으면 충분하다.

【川溝의 선택법（水）】

건축에 즘하여 비교적 자기의 뜻대로 되는 것은, 「水(下水)」뿐이다. 家相上으로 이 「水」는 재운과 크게 관계가 있으므로, 가급적 신축에 즘해서는, 능숙하게 「水(川溝)」를 만들어야 한다.

그 「水(川溝·下水)」의 조건은,

1. 주택을 껴안는 것처럼 할것.

2. 물이 잘 흐를것.

등이므로, 주택을 따라서 일직선으로 下水溝(하수구)가 되어 있치않고 될수만 있으면 둥글게 할 것이다. 하ー드型처럼 하여, 보통보다 경사를 강하게 하면 물의 흐름이 잘되어 재운이 크게 붙는다.

屋內의 條件

屋外의 여러가지 조건(龍·穴·砂·水)을 정비한 뒤에, 건물자체의 조건이 정비된다. 일단 건물과 대문을 포함하여 여기서는 屋內의 조건이라는 말로 표현하여 둔다.

우선 첫째로 「質(재료)」를 생각하게 되며, 다음에 집의 「形(구조)」가 문제된다. 그 다음에, 屋內 구조물의 배치를 생각하고, 다시 「作(설비)」를 생각하게 된다.

이 가운데 가장 어렵게 생각되는 것은 「間(방의 배치)」이다. 이것은 「間」을 능숙하게 길상으로 하기 위해서, 大門의 向(門向)과 屋向을 定하여 좋은 家相盤을 만들지 않으면 안되기 때문이다. 이 家相盤은 四七一～四八二頁의 家相盤과 같다.

【材料 선택법(質)】

건축에 사용되는 재료(質)는, 장래에 있어서의 귀천을 담당하므로, 경제적 조건이 허락되는 한 좋은 質의 것을 써야할 것이다. 또 될 수 있으면 그에 相應(상응)하는 장식을 꾸미는 편이 家相上으로는 吉相이 되며, 신분의 향상을 가질 수 있는 요소가 된다.

일반적으로는 흔히 꾸밈을 극단적으로 싫어하는 사람도 있지만은, 이것은 잘못이다. 이것은 상식상의 일이겠지만은, 알맞는 장식은 집에 있어서는 중요한 것인데 이것을 오해하여 마치 장식이 없는 집을 風流(풍류)인 것처럼 생각하고 있는 사람이 많은 것 같다.

그러나, 여기서 말하는 「質」을 담당하는 貴賤(귀천)〈신분지위〉과 「間」을 담당하는 「貧富(빈부)」와는 전연 딴 것이라는 것을 주의하지 않으면 안된다. 신분만 향상하더라도 장래 금전의 보장은 또다른 조건이 있다. 즉, 「質(材料)」은, 신분의 보장이라는 것이 家相上의 약속이다.

가령, 깡패의 두목이나 또 그와 비슷한 부류가 귀중한 재료로서 집을 지으면, 발을 씻고 政界(정계)에 들어가는것 같이 된다. 그러나 정계에 들어가서는 신분은 향상되어도 금전상으로는 도리어 어려워지게 된다.

그러므로, 경제력에 맞지 않게 건축자재에만 힘을 기울이면 사회적으로 지위가 오른 뒤엔 경제적으로 곤란을 겪는 일이 있을 수 있다.

【구조의 선택法 (形) 】

주택의 구조는, 거주하는 사람의 길흉에 크게 작용한다. 지나치게 凹凸이 심한 집은 재앙이 많이 일어나기 쉬운 집이다.

어디까지나 집은 내부적으로는 사용하기 편리하도록, 외부적으로는 미관의 조화를 중심으로 하여 생각하고 凹凸를 만들지 않고, 正方形에서 長方形으로 된 집의 「形」이 길상이다.

【設備 (설비) 하는 法 】

본래는 「間」의 배치를 하고난 뒤 「作 (설비)」으로 들어가는 것이 바른 순서이지만은, 「間」은 매우 중요함과 동시에 어려움으로서 다음에 설명한다.

집 내부, 방안의 설비는 실용적인 것은 가급적 갖추어 둘 필요가 있다. 더우기 직업적으로 필요한것, 혹은 생산성이 있는 설비는 어느정도 신분에 맞지 않더라도 설비하여 둘 필요가 있다.

상세한 것은 판단 (四七一 頁參照) 과 같으므로 참고하여 주기 바란다.

【房 만드는 法 (間) 】

방 만드는 법은 理氣 (無形面) 에 의한 「家相盤」에 따라 집 중심에서 봐서, 八方位의 좋은 곳에 두는 것이 능숙한 방 만드는 방법이라고 한다.

즉, 家相盤을 中心으로 하여 생각하므로, 그를 위해서는 門向과 屋向을 정하지 않으면, 어느 家相盤을 사용 하는가를 모르게 된다. 그러나 옥외의 조건에서 屋向은 대강 정해져 버린다.

그러므로, 판단에서 설명했던 완성된 家相盤속에서 신축할려는 집의 屋向을 定하고, 그 결정된 屋向의 盤을 찾아, 다음에 「間」배치가 吉相이 될 수 있는 家相盤을 찾아 그 「門向」에 따라 門의 向을 定한다.

즉, 가급적 자기의 희망하는 조건에 맞는 家相盤을 찾아 그것에 따라 「門向」, 때로는 「屋向」을 定하게 된다.

가령, 이미 屋向(玄關의 向)이 正北方이라고 定해 버렸을 경우에, 屋向이 正北方이라는 家相盤을 찾으면 六圖가 있다. 이 가운데서 가장 좋은 間의 배치가 될 수 있는 家相盤을 찾아 그 門向에 의해 大門의 向을 定하면 된다는 뜻이다.

家相盤은 다음의 六種이다.

① 門向이 「子·丑」의 家相盤

② 門向이 「亥·寅」의 家相盤

③ 門向이 「卯·戌」의 家相盤

④ 門向이 「辰·酉」의 家相盤

⑤ 門向이 「巳·申」의 家相盤

⑥ 門向이 「午·未」의 家相盤

이 가운데, 間 배치가 잘 된 盤으로서 ⑤의 家相盤을 골른다. 그렇게 하면, 門의 向을 方位의 「巳 또는 申」으로 向하도록 하면 좋게 된다.

이 家相盤으로는, 「正西·西北·北東·正東」과 같은 좋은 方位가 있으며, 그 곳에 房을 배치하는 것으로 吉相인 집이 되기 쉽기 때문이다.

【 家相盤의 吉凶(家相盤 보는 法) 】

「家相盤」에 있어서의 八方位의 길흉을 보는데는 제일 먼저 「十干의 天盤·地盤」의 짜 맞춤을 본다. 다음에 「八門」과 「八神」의 吉門·吉神에 의한다. 나머지는 배합에 의한 길흉이므로, 여기서는 생략한다.

「八門」은, 三吉門과 五凶門으로 나누게 된다. 吉門이란 生門·休門·開門등이며, 凶門이란 傷門·杜門·景門·死門·驚門등이다.

「八神」은, 五吉神과 三凶神으로 나누어진다. 吉神이란 直符·太陰·

六合・九地・九天등이며, 凶神이란 螣蛇・勾陳・朱雀등이다.

「十干의 天盤・地盤」은, 十干의 天盤과 地盤과의 배합에 의해 吉配合・凶配合이 定해진다. 家相에 있어서 吉相이 되는 짝 맞춤은 다음과 같다.

「甲」의 地盤에 「甲」의 天盤

「甲」의 地盤에 「乙」의 天盤

「甲」의 地盤에 「丙」의 天盤

「甲」의 地盤에 「丁」의 天盤

「甲」의 地盤에 「癸」의 天盤

「乙」의 地盤에 「甲」의 天盤

「乙」의 地盤에 「丙」의 天盤

「乙」의 地盤에 「丁」의 天盤

「乙」의 地盤에 「戊」의 天盤

「乙」의 地盤에 「己」의 天盤

「乙」의 地盤에 「庚」의 天盤

「乙」의 地盤에 「癸」의 天盤

「丙」의 地盤에 「甲」의 天盤

「丙」의 地盤에 「乙」의 天盤 (夫婦寢室로는 凶)

「丙」의 地盤에 「丁」의 天盤 (夫婦寢室로는 凶)

「丙」의 地盤에 「戊」의 天盤

「丙」의 地盤에 「辛」의 天盤

「丙」의 地盤에 「癸」의 天盤

「丁」의 地盤에 「甲」의 天盤

「丁」의 地盤에 「乙」의 天盤

「丁」의 地盤에 「丙」의 天盤

「丁」의 地盤에 「丁」의 天盤

「丁」의 地盤에 「戊」의 天盤

「丁」의 地盤에 「己」의 天盤

「丁」의 地盤에 「庚」의 天盤

「丁」의 地盤에 「壬」의 天盤

「戊」의 地盤에 「乙」의 天盤

「戊」의 地盤에 「丙」의 天盤

「戊」의 地盤에 「丁」의 天盤

「戊」의 地盤에 「己」의 天盤

「戊」의 地盤에 「庚」의 天盤 (어린이 방으로는 凶)

「戊」의 地盤에 「壬」의 天盤

「戊」의 地盤에 「癸」의 天盤

「己」의 地盤에 「甲」의 天盤

「己」의 地盤에 「乙」의 天盤

「己」의 地盤에 「丙」의 天盤

「己」의 地盤에 「癸」의 天盤

「庚」의 地盤에 「丁」의 天盤

「辛」의 地盤에 「丙」의 天盤

「辛」의 地盤에 「壬」의 天盤

「壬」의 地盤에 「乙」의 天盤

「壬」의 地盤에 「丙」의 天盤

「壬」의 地盤에 「丁」의 天盤

「壬」의 地盤에 「戊」의 天盤

「壬」의 地盤에 「辛」의 天盤

「癸」의 地盤에 「甲」의 天盤

「癸」의 地盤에 「乙」의 天盤

이상 각 조건에 따라서 家相盤의 길흉을 보고 좋은 방위로 방을 만드는 것이, 家相을 吉相으로 하는 최상의 방법이다.

가령, 前述한 「正北」向의 家相盤의 六종류 중에서 ⑤의 家相盤을 선택한 것은 여기에 記述한 「十干의 天盤·地盤」의 배합, 「八門·八神」의 吉門·吉神을 보고 선택했기 때문이다.

正東方은 天盤·地盤의 十干의 배합이 「丙·丁」이니 吉, 다시 八神이 吉神인 太陰 즉, 이 正東方은 吉이라고 하는 것이다.

北東方은 天盤·地盤의 十干의 배합이 「丁·甲」이니 吉.

西北方은 天盤·地盤의 十干의 배합이 「壬·戊」이니 吉·다시 八神인 吉神인 「九天」, 즉 이 西北方은 吉이라 할 수 있다.

正西方은 天盤·地盤의 十干의 配合이 「戊·己」이니 凶. 그러나 八門과 八神이 吉神인 「生門」과 「九地」, 즉 이 正西方은 吉이라 할 수 있다.

이와 같이 「家相盤」에 의해, 八方位의 吉方·凶方을 선택하여 「間(방)」의 배치를 결정한다. 더우기 八方位의 吉相이라도, 방에 따라 또 각각 다르다. 같은 吉이라도 書齋(서재)에 좋은것과, 침실에 좋은것과는 다르다. 이 다른 點과 間의 사용하는 목적에 따라 다르므로 판단項과 같으니 참고하여 주기 바란다.

◈ 「命」의 改革(개혁)

사람의 一生은 定해져 있는 것이다. 이것을 보는 것이 「命」이지만, 그 「命」을 조금이라도 좋게 한다든지 나쁘게 한다든지 하는 영향이 있다고 한다면, 그것은 그 「命」이 사람의 자유의사로 선택할 수 있는 것이, 그 吉凶작용을 제공할 수 있다고 할것이다.

즉, 자유의사로 선택된 것은 「命」에서는 배우자에 관한것, 직업에 관한것, 「卜」으로는 方位에 관한것, 「相」으로는 家相에 관한 것이다. 이 이외에는 아무것도 없다. 남녀를 바꾸는 것도, 生死 年·月·日·時를 바꾸는 것도, 六親관계를 바꾸는 것도 불가능하다.

배우자 運이 나쁜 「命」인 사람이라도, 어느 정도는 상대를 선택할 수 있다. 직업도 이와 같이 재능에 맞는것을 선택할 수 있다. 「卜」의 方位에 이르러서는 완전히 자유로이 吉方으로 가는 것은 간단하다. 「相」의 家相도 같으며, 人相·手相은 바꿀 수는 없으나, 家相은 어떠한 선택을 바꿀 수도 있다.

즉, 「五術」중에서 조금이라도 「命」을 바꿀 수 있는 것은, 이 四點이며, 中에서도 方位와 家相은 절대적인 효과에 다가 매우 자유로이 선택할 수가 있다.

第八章 醫에 依한 疾病의 治療

第一節　醫에　대하여

「五術」中의「醫(의)」는 의술을 의미하고 있으나, 물론 이것은 서양의학이 아니고, 동양의학(한방)을 가르킨다.

이「醫」는 크게 나누어서 方劑(방제)와「鍼灸(침구)」로 나눌 수 있다.

「방제」란 약을 복용하는 것을 말하며「침구」란 鍼과 뜸을 말한다. 더우기「透派」에서는, 이것에「靈治(영치)」를 加한다.

이번 章에서는, 다른 章과는 달리 이「醫」(방제·침구·영치)」는 특수한 術法으로 특별한 연구를 필요로 하는 것이며, 더구나 人命에 관한 것이므로, 완전한 습득이 되도록 하지 않는다면,「醫」로 실제에 응용하여 자기의 치료에 돕는다는 것은 어렵다. 그 때문에 本章에서는「五術」中에「醫」라는 것이 어떠한 것인가. 현재 국내에서 일반에 전해져 있는 韓方의술과 비교하여, 어떻게 이론적으로 훌륭하며, 그리고 정리되어 있는가고 하는 點만의 해설에만 그치게 한다는 것을 독자 여러분은 양해하여 주기를 바란다.

더우기,「醫」는 占術이상으로 전문적이기 때문에, 어려운 用語가 나오게 되므로, 그 내용과 함께 해석하기 어려워진다. 제二절부터 記述하는 내용은 가벼운 기분으로 죽 읽어주기만 하면 된다.

第二節　方劑(약물치료)

「方劑」란, 약을 쓰는 방법을 말한다. 현재 국내에서 行해지고 있는 方劑로는 古方과 後世方(후세방)이라고 하는 두 가지의 약을 쓰는 流派가 있다. 여기에서 말하는「方劑」는, 이 古方의 流派에 속하는 사용방법이며, 그 原典(원전)은「傷寒論(상한론)」이라는 것에 의하고 있다.

方劑치료의 근본원칙의 證(증)

「方劑」로 사람의 질병을 치료하기 위해서의 근본원칙을 「證(증)」
이라 부르며, 「證」을 다음의 三組로 나누고 있다.

一組 ── 表(표)와 裏(리)

二組 ── 熱(열)과 寒(한)

三組 ── 實(실)과 虛(허)

이것은 간단하게 말하면, 病狀(병상)이나 病者등을, 이 三組에 해
당시켜 하나의 型을 발견하여 그 型 가운데서 다시 상세하게 病狀·
病者의 변화나 통증등을 잡아서, 약의 처방을 결정해 가는 방법이다.

현재 中國에서나 韓國의 한방의에서도 모두 이 「表裏(표리)·寒熱
(한열)·實虛(실허)」의 證을 한방 독특한 치료에 의해 결정해 간다.

이 독특한 치료법이란 「望診(망진)·問診(문진)·聞診(문진)
·切診(절진)」의 四診이 있다. 환자를 바라보며 살피는 방법, 환자
의 모든 面(體臭〈체취〉·배설물·기타 증상에서 나타나는 일체의
것)을 찾는 방법, 병자에게 물어 보는 방법, 병자의 육체를 직접 살
펴 보는 방법을 말한다.

「醫」에서는, 四診을 하기 위해 서양의학과는 달리 눈이 나빠도 脈
(맥)을 보며, 腹(배)을 살핀다. 齒(이)가 아파도 脈을 보며, 大
小便의 상태를 問診한다.

이 四診에 의해 「表裏·寒熱·虛實」의 證이 어디에 해당하는 것
인지를 판명되면 그에 따라서 기본 方劑가 결정된다. 다시 그 기본 方
劑를 상세하게 분석하여, 다른 처방으로 轉方(전방)하든지 다른 약
물을 加하든지, 줄이든지 하여 가감한다. 숟가락 가감이란 여기에서
온 말이다.

여기까지는 달리 이 책에서 설명하지 않아도, 누구나가 하고 있는 「醫」의 방제치료법이다. 다만 이 기본 方劑를 결정하는 방법에, 지금까지 韓國에서 行하고 있지 않는, 간단하고 더구나 합리적인 「醫」의 술법이 있는 것이다. 그것은 「易」을 응용하는 방법이다.

易卦(역괘)의 證

그러면, 「易」에는 八個의 기본 易卦가 있으며, 陰과 陽의 기호로 구성되어 있다. 이제 그것을 들어 보면, 다음과 같이 된다.

八 卦 表		
陰 陽	記 號	八 卦
陽陽陽	☰	乾卦 (건괘)
陰陽陽	☱	兌卦 (태괘)
陽陰陽	☲	離卦 (이괘)
陰陰陽	☳	震卦 (진괘)
陽陽陰	☴	巽卦 (손괘)
陰陽陰	☵	坎卦 (감괘)
陽陰陰	☶	艮卦 (간괘)
陰陰陰	☷	坤卦 (곤괘)

그러면, 앞에서 설명한 한방 독특의 치료방침을 定하는 하나의 표준이 되는 「表裏 · 熱寒 · 虛實」를, 이 「易卦」에 응용하고 있다.

먼저 「表 · 裏」속의 「表」를 「陽—」으로 하고, 「裏」을 「陰-」으로 한다. 「熱 · 寒」속의 「熱」을 「陽—」으로 하고, 「寒」을 「陰--」으로 한다. 「實 · 虛」속의 「實」을 「陽—」으로 하고, 「虛」를 「陰--」으로 한다.

또 易卦의 구성은 陰陽이 三爻로 구성되어 있으며, 각각 「上爻 · 中爻 · 下爻」의 三個의 爻에 의해 되어 있다. 이것을 앞의 「表裏 · 熱寒 · 虛實」의 證에 맞추면, 다음과 같이 된다.

易卦의 上爻는 「表·裏」를 나타낸다.

易卦의 中爻는 「熱·寒」을 나타낸다.

易卦의 下爻는 「實·虛」를 나타낸다.

즉, 한방의술로서 병자를 四診한 결과는 바로 이 「易卦」에 나타나게 된다. 이 「表裏·熱寒·實虛」의 證이 어떤 것인지 판명되지 않는 일에는 매우 이해하기 어려운 일이겠지 만은 이것을 설명하면 한 권의 한방의서가 될것이다. 여기서는 어쨌든, 병자는 이 三組가 반드시 나타난다는 것을 생각해 달라는것 밖에는 없다.

가령, 감기라는 상태에서, 頭痛(두통)을 하는(表證), 脈이 浮脈(부맥〈한방 독특한 脈의 종류〉)인 경우는, 上爻는 「表證」이므로 「陽―」이 된다. 또 發熱을 한다.(寒證) 惡寒을 한다(寒證)의 경우는, 中爻는 「寒證」이므로 「陰--」이 된다. 다시 땀이 난다.(虛證) 몸의 통증이 있다(虛證)고 할 경우는 下爻는 「虛證」이므로 「陰--」이 된다.

이것을 易卦로 뉴어보면, 「陽陰陰·表寒虛·☶·艮卦」가 된다. 이 「艮卦」의 處方은, 「傷寒論(상한론)」으로는 「桂枝湯(계지탕)」이라는 처방이 定해져 있으므로, 바로 처방을 定하게 된다.

이와 같이 하여 「證」에 따라 「易卦」를 求하고, 그에 따라 처방이 정해진다. 그러나, 그렇게 되면 기본 易卦가 八卦밖에는 없으므로 정말 단순한 처방이 되어버릴 염려가 있다. 病이란 그런것이 아니다. 病狀은 복잡한 위에 끊임없이 변화한다. 이것을 어떻게 易卦로 응용하느냐 하면, 보통 易占처럼 「爻變(효변)」이라는 易의 변화를 응용하여, 한방의술을 완성시키고 있다.

먼저, 「表裏·熱寒·虛實」의 證에 따라 기본 易卦(즉, 병의 型―동시에 기본처방)를 정한다. 다음에 「爻位(효위)」라고 하여, 易卦의 三爻(上·中·下爻) 속의 어디에 가장 강하게 작용(表裏·熱寒·

實虛의 작용)이 나타나 있는지를 안다. 이것에 따라서, 기본 易卦의 어디에 특징이 있는지를 알고, 처방(기본 易卦의 처방)속의 약물의 加減(가감)을 하게 된다.

다음에, 이 기본 易卦의 「證」(表裏・寒熱・虛實의 証)속에서 조금 시원찮은 「證」이 있는 경우를 「爻變」이라고 불러서 그 「爻位」가 흔들릴 것으로 생각된다.

가령, 「陽陰陰・表寒虛・☶・艮卦」라는 기본 易卦의 證이 일단 定해졌더라도 「下爻」의 「虛」인 爻位의 證이 왠지 흔들린다. 한편 虛證으로 보이지 마는, 實證도 들어있을 때를 「下爻變」이라 한다. 즉, 「陽陰陰・表寒虛・☶・艮卦」의 「下爻變」으로 「陰爻・--・虛」가 「陽爻・一・實」로 변하는 가능성이 있다고 보는 것이다.

이상과 같은 點에서 치료를 해 나가는 것이 바른 「傷寒論」의 처방 결정법이다. 즉,

1. 한방독특의 四診法에 따라서 「表裏・熱寒・實虛」의 證을 결정한다.
2. 결정된 證에서, 「기본易卦(기본처방)」을 求한다.
3. 「기본역괘(기본처방)」의 「爻位」를 중요시하여 처방을 생각한다.(爻位와 기본역괘가 같게될 경우가 있으며, 그 때는 특히 爻位를 생각하지 않는다.)
4. 「기본역괘(기본처방)」의 「爻變」을 참고로 하여 처방을 결정한다.(爻變이 없을 경우가 있다.)

이상의 네 가지를 한방의 公式(공식)으로 하고 있다.

기본易卦 + 기본加味 + 爻變加味 = 처 방
(기본처방) (爻位) (爻變) (決定)

다음에 「傷寒論」의 기본方劑를 들어서 참고로 보탤가 한다. 더우기 ( )속의 숫자는 그람(g)단위이다. 반드시 쇠 이외의 그릇에 넣어, 물 七二〇cc(四合)을 加해, 불로 三〇~五〇분 쯤 삶아서 반량으로

한다. 삶은 것을 전부 한꺼번에 마무리를 하여 다른 그릇으로 옮겨두었다가, 하루 三·四회 공복(食間 또는 食前 한 시간半)에 복용한다. 더우기 처방中의「附子(부자)」는 아주 독한 약물이므로, 가능하면 처음에는 0.5그람(ℊ)정도로 사용하여, 처방량까지 늘리는 것이 좋을 것이다. 또「大黄(대황)」이나「芒硝(망초)」는 下劑이므로, 便(변)의 사정에 따라 量을 가감할 필요가 있다.

藥理(약리)의 項에 ×표가 있는 것은, 그 부분(表裏·熱寒·實虛의 어느것의 부분)에는, 그 생약이 主가 된 작용을 미친다고 생각하지 않기 위해서, ×표를 붙여서 無作用(엄밀하게는 無作用이 아니고, 다만 가벼운 작용의 뜻)이라고 한것이다. 더우기 같은 생약이라도 처방에 따라서 無作用이 되는 수가 있다.

〔艮方 ── 桂枝湯과 變爻처방〕

「艮方」이란,「表寒虚·☶·艮卦」의 證을 고치는 方劑이다.

表證 ── 浮脈(부맥)

寒證 ── 惡寒(오한)

虚證 ── 自汗(자한)

이 處方은「桂枝湯」이라 부르며, 다음과 같이 된다.

桂枝(六) ── 表·寒·×

芍藥(六) ── ×·×·虚

大棗(六) ── ×·×·虚

甘草(四) ── 表·寒·×

生姜(五) ── 表·寒·×

이「艮方」으로 惡寒(오한)을 심하게 느끼는 환자나, 신경통등을 일으키는 환자들은,「艮方」의「中爻位」라고 볼 수 있다. 이 경우에 처방은「桂枝附子湯(계지부자탕)」이라고 하며, 그 藥理는 다음과 같이 된다.

桂枝（六） —— 表・寒・虛

芍藥（六） —— 表・寒・虛

大棗（六） —— 表・寒・虛

甘草（四） —— 表・寒・虛

生姜（五） —— 表・寒・虛

附子（一～一．五） —— ×・寒・×

이「艮方」으로 自汗이 심하든지, 체력이 심하게 쇠약한 환자는,「艮方」의「下爻位」라고 볼 수 있다. 이 경우의 처방은「桂枝人蔘湯（계지인삼탕）」이라고 하며, 그 藥理는 다음과 같이 된다.

桂枝（六） —— 表・寒・虛

芍藥（五） —— 表・寒・虛

大棗（五） —— 表・寒・虛

甘草（五） —— 表・寒・虛

乾姜（四） —— 表・寒・虛

人蔘（五） —— ×・×・虛

이「艮方」에는「上爻變」은 없다. 또 이「艮方」으로 惡寒이 보이지 않는 환자는,「艮方」의 中爻變이라고 볼 수 있다. 이 경우의 처방을「桂二越一湯（계이월일탕）」이라고 하며, 藥理는 다음과 같이 된다.

桂枝（五） —— 表・寒・虛

芍藥（五） —— 表・寒・虛

大棗（六） —— 表・寒・虛

甘草（五） —— 表・寒・虛

生姜（六） —— 表・寒・虛

麻黃（五） —— 表・×・×

石膏（五） —— ×・熱・×

이 「艮方」으로 自汗이 없고, 虛證이 보이지 않는 환자나, 軟便(연변)이나 泄瀉(설사)하는 환자는 「艮方」의 「下爻變」이라고 볼 수 있다. 이 경우 처방은 「葛根湯(갈근탕)」이라고 하며 그 藥理는 다음과 같이 된다.

桂枝(五) —— 表·寒·虛

芍藥(五) —— 表·寒·虛

大棗(六) —— 表·寒·虛

甘草(四) —— 表·寒·虛

麻黃(六) —— 表·×·×

葛根(一〇) —— ×·×·實

〔離方 —— 麻黃湯과 變爻處方〕

「離方」이란, 「表寒實·☲·離卦」의 證을 고치는 方劑이다.

表證 —— 浮脈(부맥). 頭痛(두통)

寒證 —— 惡寒(오한). 鼻塞(비색)

實證 —— 無汗(무한).

이 처방은, 麻黃湯(마황탕)이라고 하며, 藥理는 다음과 같이 된다.

麻黃(七) —— 表·×·實

杏仁(七) —— ×·寒·實

桂枝(七) —— 表·寒·×

甘草(四) —— 表·寒·×

이 「離方」으로 「寒證」이 눈에 띈 사람이나, 惡寒이나 頻尿(빈뇨)인 사람은 「離方」의 中爻位라고 본다. 이 경우의 처방은 「小靑龍湯」이라 하며, 그 藥理는 다음과 같이 된다.

麻黃(五) —— 表·寒·實

桂枝(五) —— 表·寒·實

甘草(五) —— 表·寒·實

芍藥(五) ── ×·寒·×

乾姜(五) ── ×·寒·×

細辛(五) ── ×·寒·×

半夏(八) ── ×·寒·×

五味子(五) ── ×·寒·×

이 「離方」으로 「實證」이 눈에 띈 사람을 煩躁(번조)라고 하지 마는 견디기 어려운 사람들은 「離方」의 「下爻位」라고 본다. 이 경우의 처방은 「大靑龍湯」이라고 부르며, 그 藥理는 다음과 같이 된다.

麻黃(八) ── 表·寒·實

桂枝(五) ── 表·寒·實

甘草(四) ── 表·寒·實

杏仁(七) ── 表·寒·實

生姜(五) ── ×·寒·×

大棗(五) ── ×·寒·×

石膏(一〇) ── ×·×·實

이 「離方」에는 「上爻變」은 없다. 또 이 「離方」으로 惡寒이 눈에 띄지 않든지. 없을 경우, 또 惡寒 대신에 喘咳(천해)가 있을 경우는 「離方」의 中爻變이라고 볼 수 있다. 이 경우의 처방은 「麻杏甘石湯(마행감석탕)」이라고 하며, 그 藥理는 다음과 같이 된다.

麻黃(六) ── 表·寒·實

杏仁(六) ── 表·寒·實

甘草(四) ── 表·寒·實

石膏(一〇) ── ×·熱·×

이 「離方」으로 實證이 눈에 띄지 않는 사람은, 정신이 단단하지 않다든지, 피로가 심하고, 피부가 꺼칠꺼칠하게 되는 사람은 「離方」의 下爻變이라고 본다. 이 경우의 처방은 「桂麻各半湯(계마각반탕)」

이라고 하며, 그 藥理는 다음과 같이 된다.

桂枝(六) —— 表·寒·實

麻黃(四) —— 表·寒·實

杏仁(五) —— 表·寒·實

甘草(四) —— 表·寒·實

芍藥(四) —— ×·×·虛

生姜(四) —— 表·寒·×

大棗(四) —— ×·寒·虛

〔兌方 —— 承氣湯과 變爻처방〕

「兌方」이란, 「裏熱實·☰·兌卦」의 證을 고치는 方劑이다.

裏證 —— 소화기에 증상이 있다. 頭部표면에는 증상이 없다.

熱證 —— 혀(舌)가 건조하고, 惡寒은 없다. 입은 마르고, 헛소리를 한다.

實證 —— 緊脈(긴맥), 변비, 胸滿(흉만), 胸痛(흉통), 心煩(심번)

이 처방은 「調胃承氣湯(조위승기탕)」이라고 하며, 藥理는 다음과 같이 된다.

大黃(三) —— 裏·熱·實

芒種(一) —— 裏·熱·實

甘草(二) —— 裏·×·×

이 「兌方」으로 「裏證이 눈에 띄는 사람은 脈이 沈하여 있고 식욕부진, 不眠(불면)인 사람은 「兌方」의 上爻位라고 볼 수 있다. 이 경우의 처방은 「大承氣湯(대승기탕)이라고 하며, 그 藥理는 다음과 같이 된다.

大黃(三) —— 裏·熱·實

芒硝(二~三) —— 裏·熱·實

厚朴(七) —— 裏·×·×

枳實(四) —— 裏·×·實

이 「兌方」으로 實證이 눈에 띄는 사람은 尿閉(뇨폐), 痔疾(치질),

-510-

심한 변비, 血滯(생리이상)등의 사람은 「兌方」의 下爻位라고   볼
수 있다. 이 경우의 처방은, 「桃核承氣湯(도핵승기탕)」이라고 하
며, 그 藥理는 다음과 같이 된다.

大黃(七) ── 裏·熱·實

芒硝(二~三) ─ 裏·熱·實

甘草(三) ── 裏·熱·實

桂枝(六) ── 表·寒·虛(해석에 이설이 있다.)

桃仁(七) ── ×·×·實

이 「兌方」에는 「上爻變·中爻變」은 없다. 또 이 「兌方」으로 實
證이 눈에 띄지 않든지, 泄瀉(설사), 自汗, 복통, 軟便등인   사람은
「兌方」의 下爻變이라고 판단한다. 이 경우의 처방은 「小承氣湯」이
라고 하며, 그 藥理는 다음과 같이 된다.

大黃(一) ── 裏·熱·實

甘草(二) ── 裏·×·×

枳實(二) ── 裏·×·實

厚朴(五) ── 裏·×·×

〔坎方(감방) ── 紫胡湯(시호탕)과 變爻處方〕

「坎方」이란, 「裏熱虛·☵·坎卦」의 證을 고치는 方劑이다.

裏證 ── 흉부에 저항하는 압통, 식욕부진

熱證 ── 입이 쓰고, 혀가 건조하며, 목이 마른다.

虛證 ── 야윈 型의 체질, 便에 이상을 가져오기 쉽다.

이 處方은 「小紫胡湯(소시호탕)」이라 하며, 藥理는 다음과 같이
된다.

紫胡(七) ── ×·熱·×

半夏(七) ── 裏·×·虛

黃芩(五) ── ×·熱·×

人蔘（五） —— 裏・×・虛

大棗（五） —— 裏・×・虛

甘草（四） —— 裏・×・虛

生姜（六） —— 表・寒・×（이것만은 역작용）

이 「坎方」으로 裏證이 눈에 띄는 사람은, 놀라기 쉽다. 尿量減少（요량감소）, 흉복부動悸, 失精（실정）등의 사람은 「坎方」의 上爻位로 판단한다. 이 경우의 처방은 紫胡龍骨牡蠣湯（시호용골모려탕）」이라고 하며, 그 藥理는 다음과 같이 한다.

紫胡（七） —— 裏・熱・虛

半夏（六） —— 裏・熱・虛

黃芩（四） —— 裏・熱・虛

人蔘（四） —— 裏・熱・虛

大棗（四） —— 裏・熱・虛

甘草（二） —— 裏・熱・虛

生姜（四） —— 裏・熱・虛

桂枝（五） —— 表・寒・虛

茯苓（五） —— 裏・×・虛

龍骨（四） —— 裏・×・×

大黃（二） —— 裏・熱・實

牡蠣（四） —— 裏・×・×

이 「坎方」으로 虛證이 눈에 띄는 사람이 心悸亢進（심계항진）, 自汗（자한）, 盜汗（도한）, 軟便（연변）, 貧血（빈혈）등의 사람은 「坎方」의 下爻位라고 간주된다. 이 경우 처방은 「紫胡桂枝乾姜湯（시호계지건강탕）」이라고 하며, 그 藥理는 다음과 같이 된다.

紫胡（八） —— 裏・熱・虛

桂枝（五） —— 表・寒・虛

黄芩（五） —— 表・熱・虛

甘草（四） —— 裏・熱・虛

牡蠣（五） —— 裏・×・×

栝樓根（三） —— ×・熱・虛

乾姜（四） —— ×・寒・虛

이 坎方으로 「裏證」이 눈에 띄지 않든지, 두통・목・어깨가 딱딱한 사람은 「坎方」의 上爻變으로 간주된다. 이 경우의 처방은 「紫胡桂枝湯（시호계지탕）」이라고 하며, 그 藥理는 다음과 같이 된다.

紫胡（六） —— 裏・熱・虛

半夏（四） —— 裏・熱・虛

黄芩（二） —— 裏・熱・虛

人蔘（二） —— 裏・熱・虛

大棗（二） —— 裏・熱・虛

生姜（二） —— 裏・熱・虛

桂枝（二） —— 表・×・虛

芍藥（二） —— 表・×・虛

이 「坎方」에는 「中爻變」은 없다. 또 이 「坎方」으로 虛證에 눈에 띄지 않든지, 체격이 건장하고, 혈색이 좋으며, 변비하는 사람은 「坎方」의 下爻變이라고 간주된다. 이 경우의 처방은 「大紫胡湯（대시호탕）」이라고 하며, 그 藥理는 다음과 같이 된다.

紫胡（八） —— 裏・熱・虛

半夏（六） —— 裏・熱・虛

黄芩（五） —— 裏・熱・虛

大棗（五） —— 裏・熱・虛

甘草（二） —— 裏・熱・虛

生姜（五） —— 裏・熱・虛

芍藥（五）── 裏・×・虛

枳實（四）── 裏・熱・實

大黃（二～三）── 裏・熱・實

〔坤方（곤방）── 四逆湯（사역탕）과 變爻처방〕

「坤方」이란，「裏寒虛・☷・坤卦」의 證을 고치는 方劑이다.

裏證 ── 沈脈（심맥），구토，식욕부진

寒證 ── 수족이 냉하다. 惡寒

虛證 ── 설사，땀이 난다.

이 처방은 四逆湯이라 하며，그 藥理는 다음과 같다.

附子（一～一・五）── ×・寒・虛

乾姜（四）── ×・寒・虛

甘草（五）── 裏・×・×

이 「坤方」으로 裏證이 눈에 띈 사람이，구토나 설사가 심한 사람들은 「坤方」의 上爻位라고 간주된다. 이 경우의 처방은 「四逆人蔘湯（사역인삼탕）」이라고 하며，그 藥理는 다음과 같이 된다.

附子（一～一・五）── 裏・寒・虛

乾姜（四）── 裏・寒・虛

甘草（五）── 裏・寒・虛

人蔘（四）── 裏・寒・虛

이 「坤方」으로 虛證이 눈에 띈 사람이 심하게 쇠약한 사람, 心悸亢進（심계항진）등의 사람은 坤方의 下爻位라고 간주된다. 이 경우의 처방은 茯苓四逆湯（복령사역탕）이라고 하며，그 藥理는 다음과 같다.

附子（一～一・五）── 裏・寒・虛

乾姜（四）── 裏・寒・虛

甘草（四）── 裏・寒・虛

人蔘（四）── 裏・寒・虛

茯苓（六）── 裏・×・虛

이 「坤方」에는 「上爻位・中爻位」는 없다. 또 이 坤方으로 虛證이 눈에 띄고 변비가 심하든지, 땀이 없을 경우는 坤方의 下爻變이라고 간주된다. 이것을 한방으로는 「絶症(절증)」이라고 하여 손을 쓸 수 없는 위험한 상태가 된다. 한시 빨리 현대의학으로 수술을 받아야 한다.

〔그 밖의 巽(손), 乾(건), 震(진)의 처방〕

「巽方(손방)」으로서 「表熱虛・☴・巽卦」의 「梔子鼓湯(치자고탕)」이 있다.

「乾方」으로서 「表熱實・☰・乾卦」가 있으며, 이것은 傷寒論의 原典(원전)에는 「溫病(온병)」이라고 있으나, 치료법은 실려있지 않다. 그러나 실제 치료를 할 경우에는, 表裏・熱寒・實虛에 다시 「燥(一)」와 「濕--」을 加해서, 六十四卦의 易卦를 짜 맞추어서 처방을 결정한다. 가령, 「表燥熱實・裏燥熱失」로 乾爲天卦(건위천괘) ☰☰」라고 하며, 「表濕熱虛・裏燥熱實」로 「水天需卦(수천수괘)」 ☵☰」라고 하여 처방을 결정하고 있다.(설명생략)

「震方(진방)」으로서 「裏寒實・☳・震卦」가 있으나, 이것도 한방으로는 고치지 못한다. 근대의학의 외과가 구제하게 되는 것이다. 病으로서는 癌(암)의 말기라든지 子宮外妊娠(자궁외임신)이 震證(진증)에 해당한다.

더우기, 이 밖에 準坎方(준감방)이라고 하여 「白虎湯(백호탕)」이라든지, 準坤方이라고 하여 「眞武湯(진무탕)」이라고 하는 처방도 있으나 여기서는 생략한다.

第三節 鍼灸（刺戟治療（자극치료））

鍼灸（침구）는 方劑와는 달리 五臟六腑（오장육부）에 치료의 방침을 求하고 있다.

먼저, 침구의 이론은 穴（혈）이라는 것을 설정하여, 이것이 「經絡（경락）」에 통솔되어 있는 것으로 생각된다. 이 경락의 「經」은 음과 양의 두 갈래로 나누어져 전부 十四經이 있다. 이 十四經에 각각 十二支를 배치하여 八卦를 배치하고 있다.

그리하여, 이들 「十四經·十二支·八卦·음양」을 縱橫（종횡）으로 驅使（구사）하여 침구치료를 行한다. 더구나, 이 八卦는 「斷易」의 六十四卦의 十二支를 응용하는 것이다.

그것은, 먼저 병의 증세를 보고 나서 五行을 알고 十四經을 결정한다. 다음에, 그 十四經에서 十二支를 선택한다. 다음에 「五行·十四經·十二支」에서 「八卦（斷易의 八卦）」를 결정한다. 그 斷易八卦에서 六十四卦를 나타낸다. 다음에 그 六十四卦의 十二支를 결정하고 그 十二支에 해당하는 穴을 치료한다. 그 치료하는 방법도 「穴」에 맞는 十二支에 대해서 「實虛·熱寒·表裏」（이 순서는 方劑와는 반대）에 따라서 「剋·生·刑·冲·合·洩」등의 十二支의 五行작용을 고려하여 치료하여 간다.

가령, 十二支가 「寅」이라고 결정되었으면, 冲하는 穴이면 「申」, 剋하는 穴이면 「酉」, 合하는 穴이면 「亥」라고 말하게 되며, 치료원칙에 따라서, 「剋」이라고 결정 되었으면 「酉」가 되며,「酉」는 穴의 「風池（풍지）」이니 이곳에 침구하게 되는 것이다.

하여간 침구는 「斷易」의 十二支를 사용하여 치료하는 뛰어난 의술이라고 생각해 두기만 하면 足할 것이다.

第九章 山에 依한 人間의 完成

第一節　山(仙道)에 대하여

「山(仙道)」를 크게 나누면,

　天丹法(천단법)

　人丹法(인단법)

　地丹法(지단법)

으로 나누게 된다. 이 三방법은, 각각 실제에 있어서의 行하는　방법
(行)上에서 다음과 같이도 불리어지고 있다.

　天丹法(천단법)은 築基法(축기법)

　人丹法(인단법)은 房中術(방중술)

　地丹法(지단법)은 食餌法(식이법)

　이 三방법은, 다음 節에서 자세하게 記述하지(단지 人丹法은 제외)
만, 간단하게 여기서 記述하면, 靜座(정좌)하여 호흡법에 의해 修行
(수행)하는 것을 築基法(축기법)이라 한다. 異性(이성)과의　성
교섭에 의해 修行(수행)하는 것을 房中術(방중술)이라 한다. 식사
나 한방약에 의한 방법을 食餌法(식이법)이라 한다.

　이상의 세가지 방법(天·人·地)중에서 天丹法(築基法)과　地丹
法(食餌法)만을 사용하는 것을 「山(仙道〈선도〉)」에서는 清淨法
(청정법)의 修業(수업)이라고 한다. 또 人丹法도 합쳐서 사용하는
것을 採接法(체접법)의 수업이라고 한다.

　이 책에서는 清淨法(청정법), 즉 天丹과 地丹에 의한 山(선도)의
行法을 記述하고, 다음에 「符呪法(부주법)」을 설명한다. 더우기 우
리 透波(투파)에서는 이 養生(즉 天·地·人丹)하기에 앞서 「玄
典(현전)이라고 하여 「山」에 대한 古典(고전)을 충분히 읽고 行
法에 들어 가기 전에 정신적인 마음가짐을 만들어 두는 방법을 취 하고
있다. 前述했던 것처럼 이 「玄典」은 「老子·莊子·西遊記」등이지마

는, 이 三書가 모두 아깝게도 「山」의 입장에서는 번역되고 있지 않다.

現實逃避 (현실도피)인 老子, 無力禮讚 (무력예찬)의 莊子 (장자) 波瀾萬丈 (파란만장)의 西遊記 (서유기)라는 것처럼 단순한 표면적인면 뿐이다. 그렇다고 여기에서 이것을 취급한다면, 세가지 책 몫의 세 권의 책이 되어버린 것이다. 어쩌하든 前述한 것처럼 「山 (仙道)」的인 생각으로 이 三書를 읽어 연구에 참고하는 것이 「透派」의 「玄典 (현전)」이라고 해석해 주기 바란다. 바로 제二선의 「養生 (양생)」부터 이 책은 설명하고 다음에 제四절에서 제三線의 「符呪 (부주)」를 설명하기로 한다.

第二節 天丹法 (築基法)

天丹法 (천단법)이란?

인간의 생식세포에 관한 것을 「山 (仙道)」에서는「精 (정)」이라고 한다. 즉 「山 (仙道)」에서 精이라고 하면 남자의 精子 (정자)만을 가르키는 것이 아니고, 여자의 卵子 (난자)도 가르킨다. 바꾸어 말하면「精」이란 인간의 생식 능력을 말한다.

이 생식 능력을 「精」이라고 하는데 대해 인간의 생활력을 「氣 (기)」라고 한다. 여기서 "力"이라는 표현을 하였으나, 이것은 단순한 에네루기 ― 가 있음을 가르키고 있다.

그러면 이 생활력은, 단지 육체의 건전한 것을 가르키고 있으나, 인간은 다른 동물과는 달라서 정신적인 面도 매우 많이 있다. 이 정신적인 面까지 건전하게 하는 力 (힘)을 「生命力 (생명력)」이라고 한다. 이 「인간의 生命力 (生명력)」인 것을 「山 (仙道)」에서는 神 (신)이라 한다.

이상을 정리한다면,

-520-

인간의 생식력이 「精」

인간의 생활력이 「氣」

인간의 생명력이 「神」

이라고 말하게 된다.

이 「精·氣·神」을 합쳐서, 「山(仙道)」에서는 「三寶(삼보)」라고 말하고 있다. 「山」속의 築基法(축기법)이라는 것은 이 「三寶」를 강화하는 것을 말한다.

인간의 생식세포는 쉬지않고 자신이 만들고 있으므로, 「精(생식력)」이라는 것은 버려두어도 자연히 모아지게 된다. 그러므로 심하게 낭비만 하지 않으면 이 精이라는 것은 스스로 강화될 수 있다.

그 다음에 이 「精(生殖力)」을 이용하여 「氣(生活力)」를 강하게 하면 생활력이 강화되어 몸은 건강하게 되며, 壽命(수명)도 늘리게 된다.

다시 이 氣가 강화 되었으면, 氣를 이용하여 「神(生命力)」을 強하게 할 수가 있게 된다. 그렇게 되면, 사람 몸의 건강이나 수명 뿐만 아니라, 정신면이나 의식면으로의 강화도 가능하게 된다.

일반적으로 사람이라는 것은, 의식이나 정신이 있어서 그 때문에 몸의 유지나 행동이 가능하게 된다. 몸이 건전하고 행동이 자유로우면, 생식이 완전하게 영위할 수 있게 된다. 이것을 「山(仙道)」의 말로 한다면, 神이 氣에 작용하며, 精에 작용한다는 것이다.

그런데 이것은 어디까지나 일반이 말하는 것이며, 「山(仙道)」로는 이것과는 꼭 반대가 된다. 精으로 氣를 강하게 하고, 氣로 神을 강하게 한다.

이 節에서 記述하는 방법은 「築基法(축기법)」이라고 하여, 精에 의해 氣를 강하게 하는 방법이다. 이 築基法에는, 氣에 의해 神을 강하게 하는 방법도 들어있지마는 이 책에서는 초보단계이기 때문에 氣에 의한 神을 강하게 하는 방법은 생략하고, 精에 의한 氣를 강하게 하는 방법을 記述하겠다.

「築基法」의 行法은 제일 먼저 靜座法(정좌법)이라고 하는 外形(외형)을 취해 行하게 된다. 물론 그 裏面에는 호흡조절이나 意念(의념)의 집중등이 있으므로 다른 사람들로 부터 봤을 경우는 그 外形上은 靜座(정좌)로 밖에 볼 수 없다.

그러므로, 얼핏 봐서는 禪(座禪〈좌선〉)과 매우 닮았으나, 그 實은 禪(선)과는 전연 틀린 것이다. 이같이 말하는 것은 禪에는 호흡의 조절법이 없다. 또 禪에는 단지 정신면이나 의식면의 효과로서의 "悟"(깨달음)라는 것이 있는것 뿐에 지나지 않는다. 즉 「山(仙道)」처럼 건강과 장수가 併行(병행)하지 않고 있다.

關門(관문)에 대해서

「築基」를 行하기 앞서, 먼저 前述한 「氣」라는 것이 인간의 全身을 돌고 있는데 대해 그 氣가 通(통)하지 않으면 안될 「關門」이라는 것을 모르고 있으면 안된다. 즉 신체부위의 일이다. 동양의술에 있어서의 바른 침구술의 경우이면, 그 치료를 위해서 알아두어야 할 「經穴(경혈)」로 三百個 이상의 穴名을 외운다는 것은 매우 힘드는 일이겠지만, 「山(仙道)」에 있어서의 「築基」인 경우의 「關門(육체의 부위)」는 그 같이 많이 외울 필요는 없다. 다만 다음 八種만을 알고 있으면 된다.

丹田(단전)
會陰(회음)
尾閭(미려)
夾脊(협척)
玉枕(옥침)
百會(백회)

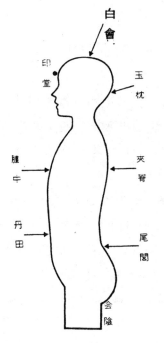

印堂(인당)

膻中(단중)

「丹田(단전)」이란, 배꼽 조금 밑을 가르키며 모든 行法의 근원이 되는 곳이다. 그러나 배꼽 밑이라고 하여, 배의 겉에 있는 것이 아니고, 內部에 있는 것이다.

「會陰(회음)」이라는 것은, 陰部(음부)와 肛門(항문)의 중간인 곳으로서, 의학용어에서도 부르는 방법은 같다.

「尾閭(미려)」라는 것은, 尾骨인 곳에 있으며, 脊柱의 끝에 닿는 점이다. 이곳은 「築基」에 있어서

築基法에 있어서의 氣의 關門

매우 중요한 곳으로서, 「築基」 行法의 성공과 실패의 열쇠를 쥐고 있는 곳이다.

「夾脊(협척)」이란, 脊柱(척주)의 한가운데 부분이다.

「玉枕」이라는 것은 목줄기 위의 볼록하게 튀어난 곳으로서 두개의 枕骨(침골) 중간부분이다.

「百會(백회)」라는 것은, 머리의 가장 윗쪽 부분이다.

「印堂(인당)」이라고 하는 것은, 눈썹과 눈썹사이를 말한다.

「膻中」이라는 것은, 가슴과 가슴사이 부분이다.

이상이 온몸에 있어서의 「關門(관문)」이다. 「丹田」에서 만들어진 「氣」는 이 여덟개의 關門을 차례차례로 通하게 된다.

浪費(낭비)하지 않고 모아 두었던 「精」은 일단은 「丹田」에 집중되어 이곳에서 「氣」로 만들어져 그 뒤에 이들 관문을 통하여 온몸

을 돌게 된다.

「丹田」에서 발생된 「氣」는 아래로 向해 돌며, 먼저 「會陰」에서
모여 會陰을 통과하여 尾閭로 올라간다.

이 尾閭라는 關門은 「築基」行法에 있어서 가장 어려운 關門이다.
많은 仙道와 修道(수도)를 하는 사람들이 丹田에서 「氣」를 일으키
는 것은 성공하면서도, 도중에서 포기하여 버리는 것은, 대부분이 이
尾閭(미려)에서 좌절하여 버리기 때문이다.

이렇게 되는 것은 丹田에서 출발한 「氣」는 대개는 어려움 없이 會
陰을 지나가지만은 尾閭에 닿으면 좀처럼 지나가지 못하고 끝내는 여
기서 머물고 만다. 이 尾閭를 통과하기만 하면, 夾脊·玉枕도 차례차
례로 통과하여 드디어 百會(백회)까지 올라간다. 이 百會에서는 이
제 내려오게 되며, 「印堂·膻中」을 차례로 내려가 마침내 원래의 丹
田으로 되돌아 온다.

이것을 정리한다면 다음 그림과 같이 된다.

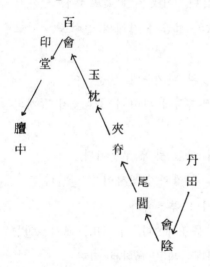

築基法에 있어서의
氣의 위치와 순서

靜座(정좌)行하는 法

「山」에 있어서의 「築基法」은,
먼저 靜座부터 시작한다.

우선 가장 먼저 조용한 방을 정돈
하여 두고 다른 사람에게 방해되지
않도록 문을 꼭 닫아 놓는다.

방안이 너무 더우면 창문을 조금
열어 놓아도 무방하다. 다만 선풍기
만은 절대 사용해서는 안된다. 왜냐
하면, 선풍기라는 것은 가장 감기의
원인이 되기 쉽기 때문이다. 창문을

열어두어도 더워서 도저히 견디기 어려울 때는, 차라리 제일　작동을 낮춘 온도로　냉방기를 사용하는 편이 좋을 것이다.「靜座」에는 앉은 방석을 쓴다. 靜座할 때는 마음을 조용하게 가라앉힌 다음 이行(靜座)에 들어간다. 마음이 가라앉지 않을 때는, 천천히 산보라도　하여 마음이 안정된 뒤부터 비로소 靜座에 들어가도록 해야 한다.

　　靜座할 때의 복장은, 달리 구애받을 필요는 없지만은 허리띠는 될수 있는대로 늦추어 둔다. 靜座를 하면 흔히 땀이 나기 쉬우므로　감기에 걸리기 쉬운 상태가 된다. 그러므로 靜座에서 일어나게 되면, 땀을 깨끗이 닦아내지 않으면 안된다. 특히 땀이 난 그대로 바람에 닿는　일은 절대로 피하지 않으면 안되며, 땀이 많을 경우는 靜座에서 일어나서 바로 땀을 닦지 않으면 안된다.

　　추운날에 靜座할 경우는, 무릎위에 담요를 덮어 둔다. 또 어깨 부근에도 따뜻하게 하여 둔다. 이러한 點이 禪의 修行(수행)과는 근본적으로 틀린다.

　　앉는 방법은, 자기 몸에 맞는 앉는 자세를 취하면 되는 것이다. 편안하게 靜座만 하면 된다.

　　양손은 가볍게 맞잡고 下腹部(하복부)부근에 극히 자연스럽게　놓는다. 손을 잡는 정도는 뒤에 어깨나 목이 뻐근하지 않도록　조심해야만 할 것이다.

　　靜座를 하고 있을 때는, 귀는 들리지 않는것 같이 가급적　아무것도 듣지 않도록 한다. 아무리 그래도 처음은 들리기 마련이다. 이것을 무리하게 禪처럼 무시할려고 하든지, 무심하게 되려고 노력해서는　안된다. 다만 들리면 들어도 상관 없다. 그러나 그것이 무슨 뜻인지는　생각하지 않도록 해야 한다. 소리를 무시할려고 하든지, 무심하게 하려고 하면, 오히려 그 소리가 거슬리게 마련이다. 그러나 소리가 들리더라도 그 소리가 무엇을 뜻하는 것인지를 생각하지 않도록 하면, 점점　습관이 되어 소리는 들리지 않게 된다.

눈은 조용히 감고 잡념은 버린다. 그러나 수면부족인 봄의 상태이면 이 경우에 눈을 감으면 그대로 잠들어 버리는 염려가 있으므로 靜座에 들어 가기 전에는 미리 잠을 충분히 취해 둘 필요가 있다.

보통 八時期 정도의 잠을 취해 두어야 한다. 그러므로 바쁜 직업인은 수면이라는 신체의 안전에서 靜座에 들어 가지 않으면, 옳바른 「築基」는 할 수 없게 된다.

입은 조용히 가볍게 닫는다. 그리고 혀를 윗턱에 가볍게 붙인다. 침이 나오면 그대로 목구멍으로 삼켜버린다. 침이 나오지 않을것 같으면 달리 주의할 필요는 없다. 靜座를 할때는, 끈기가 가장 중요하며, 매일같은 시간에 앉도록 한다. 하루에 두번씩 앉는 것이 가장 좋은 방법이다.

아침 五時에서 七時사이에 한번, 밤 十一時에서 一時사이에 한번이라는 것이 표준이다. 바쁜 사람은 이에 구애받지 말고 매일 아침 一회는 눈을 떴을 때가 좋으며, 밤의 一回는 잠들기전 十分이다.

그러나, 직업에 따라 수면시간이 다르므로 반드시 아침 저녁으로 一회씩이라고 限하지는 않는다.

「山(仙道)」에 있어서의 靜座에 좋은 시간이라는 것은, 정식으로 말하면,

子時(二十三時~一時 까지)

卯時(五時~七時까지)

酉時(十七時~十九時 까지)라고 되어있다.

더우기 처음은 三十分이나 오래도록 靜座한다는 것은 무척 무리하기 때문에 처음 얼마동안은 十分, 익숙하게 되면 十五分, 二十分, 三十分으로 조금씩 시간을 늘리는 방법이 가장 좋은 行法이다. 또 시간과 끈기가 있으면 三十分에 구애받지 말고 시간의 틈을 봐서 언제든지 앉는

마음가짐이 좋을 것이다.

呼吸(호흡)行하는 法

靜座에 들어갔으면, 먼저 호흡을 정리한다. 靜座에 늘어가기 전부터 이 「호흡법」을 예비적으로 연습해 두는 것이 가장 좋은 방법상의 순서이다. 처음은 一초에 數子 하나를 두고, 五초에 걸쳐서 五까지 수를 세는 연습을 한다. 입으로 소리내어 세는 것이 아니고 마음 속으로 센다. 자신이 세는 속도가 대체로 一초마다 하나의 숫자를, 즉 一, 二, 三……이라고 一초마다 셀 수 있도록 하면, 이제 호흡법의 연습에 늘어간다.

먼저 숨을 五회로 나누어서 一, 二, 三, 四, 五라고 마음속으로 세면서 빨아 들이며, 숨을 멈추고 一, 二, 三, 四, 五라고 五회로 나누어서 품어 낸다.

결국 빨아 들이키고 부터 내어품을 때까지 十五초 걸리게 되는 셈이다. 빨아 들이는데 五초, 숨을 멈추고 五초, 품어내는데 五초라는 것이 된다. 이 호흡법의 연습은 처음은 숨이 차서 좀처럼 어렵겠지만 무리를 하지 않아도 할 수 있도록 연습하지 않으면 안된다.

다음에 이 호흡법은 (十五초의 방법) 무리하지 않아도 할 수 있게 되면, 十초를 단위로 한다.

五초마다의 호흡법에서 十초마다의 호흡법을 바꾸게 되었을 때는, 처음에는 매우 숨이 찬 느낌이 있으나 익숙하게 되면 점점 편하게 된다.

이 十초마다 숨을 무리없이 빨아 들이키고 멈추고 내어뱉는 일을 할 수 있게 되면, 다음에 그 단위를 十五초마다의 行하는 호흡법을 연습한다.

이 때에 한가지 주의하지 않으면 안될 일은, 一초 一숫자라는 것을 엄수하는 것이다. 숨이 가쁘게 되었다고해서 二초 또는, 三초로서 一五까지 세어 버리면 아무런 효과도 없다.

이 十五초씩 빨아 늘리고, 멈추고, 내어뱉는 일을 할 수 있게 되고 부터 비로소 靜座에 들어가느냐 하면 그렇지는 않다. 五초씩의 호흡법이 무리없이 行할 수 있게 되었을 때부터, 靜座는 시작하여도 좋다. 靜座를 하면서 조금씩 숨쉬는 시간을 五초에서 十초, 다시 十五초로 늘려가면 좋다는 것이다.

이제 靜座에 들어가면, 앞에서 설명한 호흡법을 行한다. 이 호흡법을 몇번 行하면 마음이 조용하기 시작한다. 五초씩의 호흡법이면, 二五회 정도하면 마음이 조용하게 가라앉는다. 十초씩이면 六회 정도로 十五초씩이면 二회 정도로 마음은 조용해 진다.

마음이 조용해지면 눈을 감은체로 「丹田」을 응시한다. 눈을 감은체로 形을 훑트르지 않고 丹田을 응시한다는 것은 조금 이상한 느낌이 들겠지만은 이것은 意念(의념)을 丹田에 집중시킨다.

제일 먼저 편하게 앉고 눈을 감은체로 조용히 호흡법을 行하여, 마음이 조용하기 시작하면, 거기에서 意念(의념)을 「丹田」에 집중하는 것처럼 한다.

이와같은 일을 百日정노 계속하면, 생리기능이 점점 강하여지게 된다. 그 위에 丹田에 어떤 따뜻한 힘이 발생한 「氣」이다. 즉 「精」이 겨냥한 「氣」로 변한 것을 나타낸다. 이 따뜻한 힘이 발생하면 修行(수행)은 반이상 성공한 셈이다.

河車(하차)돌리는 法

氣가 丹田에서 발생하더라도 靜座는 계속한다. 그렇게 하면 氣가 점점 쌓여 마침내는 단순한 따뜻한 힘만이 아니고, 丹田에 어떤 진농을 느낄 수 있게 된다. 이렇게 되었을때 지금까지 처럼 意念을 丹田에 집중시키면, 氣가 모여 넘치게 되므로 몸의 上下로 향해 흐르게 된다.

위로 향해 흐르는 氣는, 단지 上部로 닿는것 뿐이지 흐르고 있는 것은 아니다. 그러나 下部로 향하는 氣는, 마침내 會陰쪽으로 흐르게 된다. 그 느낌은 마치 몸속에 호-스가 있어 그 호-스로 물을 콸콸 흐르고 있는것 같은 느낌이 된다.

氣가 會陰에 닿았을 때는 잠깐 會陰에 멈춘다. 그러나 氣의 힘이 점점 강하게 되어, 마침내 會陰을 돌파한다. 이 氣가 會陰을 돌파할때의 會陰의 느낌은 조금 뜨거운것 같은, 아픈것 같은, 또 가려운것 같은 느낌이 든다.

會陰을 통과한 氣는 다음에 위를 向하고, 尾閭(미려)로 향해 올라가 尾閭에 닿는다. 그러나 尾閭에 차단되어 버려 그 氣는 멈추어 버린다. 前述한것 처럼 많은 사람이 修行을 그만 중단해 버리는 것은 바로 이곳이다.

尾閭에서 멈추어 버린 氣는, 尾閭를 돌파할려고 몇번이나 尾閭를 향해 부딪힌다. 그러나 좀처럼 뚫고 나갈 수는 없다.

이 때는 먼저 丹田에 意念을 담겨 氣를 충분히 강하게한 다음 또 尾閭에 가볍게 意念을 담긴다. 그렇게 하면 丹田에서 힘이 붙은 氣는 모두 尾閭에 집중된다. 다시 意念을 尾閭에 집중하면 尾閭에서 진동이 일어난다. 이 진동이 일어나면, 이미 氣는 尾閭를 통과하고 있다.

그러나 통과하였다고 안심하면 안된다. 이 단계에서 修行을 게을리하면 또 尾閭를 통과하지 못하게 되며, 원래 되로 되돌아 가게 된다.

氣가 尾閭를 지나고 부터는 더욱 丹田에 意念을 집중시켜 동시에 尾閭에도 번갈아 가며 意念을 집중시킨다. 尾閭를 뚫고 지나간 氣는, 이번에는 脊柱를 따라 올라 가서, 「夾脊」에 이른다. 夾脊은 사람에 따라서 느끼는 곳이 각각 다르지마는, 대체로 脊柱의 한가운데에 해당한다.

氣가 夾脊에 이르면, 夾脊에 차단되어 지나 가지 못하게 된다. 그때는 尾閭를 뚫고 지날때와 같은 요령으로 夾脊을 통과하도록 노력한다. 처럼 丹田에 意念을 집중시켜 氣를 충분히 강하게 한 다음 또 夾脊에 意

念을 집중시킨다. 그렇게 하고 나면 氣는 지나가게 된다. 이것은 尾閭를 통과하는 行法과 똑 같다.

이 夾脊은, 尾閭에 비교하면 어느 정도 통과하기 쉬우며, 尾閭에서 氣가 멈추어 버려 「山(仙道)」의 修行을 그만 두는 사람이 있으나, 夾脊을 지나지 않고 修行을 그만 둔 사람은 없다. 즉 조금 修行을 노력하면, 이 夾脊은 지날 수 있다는 것이다.

夾脊을 통과한 氣는, 다음에 「玉枕」에 닿게 된다. 이것도 앞에서와 똑 같은 요령으로 통과할 수 있다.

다시 玉枕을 통과한 氣는, 다음의 百會(백회)에 닿는다. 이것도 앞에서와 똑 같은 요령으로 통과할 수 있도록 할 수 있게 된다.

百會로 부터의 다음은 이제 내려가는 것이기 때문에 조금은 맞닿은 곳이 있지마는 쉽게 통과할 수 있게 된다. 「印堂」이나 「膻中」등을 통과한 氣는 제일 마지막에 또 본래의 丹田으로 되돌아 온다.

이상과 같은 경로로 氣가 온몸을 지나가지만, 氣가 丹田에서 百會까지 올라가는 것을 「山(仙道)」에서는 「陽火(양화)」라고 한다. 그리고, 百會에서 丹田까지 내려오는 것을 「陰符(음부)」라고 한다.

이 陽火와 陰符의 둘을 합쳐서 「河車(하차)」라고 한다. 前述한 것처럼 이 「河車」속의 陽火는 陰符보다 대단히 어려워 처음은 매우 힘든다. 그러나 氣가 일단 百會까지 올라가게 되면, 다음 내려오는 陰符는 간단하다.

採藥(채약) 방법

氣가 河車를 돌게 되면, 몸은 건강하게 되며 長壽(장수)하게 된다. 氣가 자유롭게 關門을 돌 수 있게 되면, 氣가 百會에 올라갔을때, 바로 그곳에서 내려오게 하지말고, 意念에 의해 잠시동안 氣를 百會에서 머물게 한다. 그렇게 하면 唾液(타액)이 매우 달게되어 빨아 삼키면,

좋은 香(향)내를 느낄 것이다.

이와같이 언제나 河車를 돌려서 氣가 百會에 닿을 때마다 잠시동안 머물게하여 氣를 내려보내도록 한다. 이와같이 氣를 어떤곳에 잠시 머물게 하는 것을 「山(仙道)」에서는 「溫養(온양)」이라고 한다.

이러한 溫養에 의해 氣는 「藥(약)」이라는 것으로 바꾸어지게 된다. 이와같이 하여 溫養에 의해 藥으로 바꾸는 것을 採藥(채약)이라 한다. 採藥과정이 끝나면 몸에 藥이 쌓여 있는 것처럼 되어 여러가지 질병이 발생하지 않도록 한다.

이것으로 초보.단계의 「山(仙道)」은 모두 완성된 셈이다.

처음 시작하는 사람에 있어서, 「山(仙道)」의 行法中의 河車(氣를 온몸에 돌려 보냄)는 매우 기이하게 느껴져, 그런 不可思議(불가사의)한 일이 실제로 할 수 있을까고 생각할 것이다. 그러나 이것은 정말로 되는 것이다. 中國人이든 印度人이든 모두 「山(仙道)」의 계통(요가ー도 포함)의 修行을 하는 사람은, 모두 行하고 있다. (더구나 현재 國內에서 요가ー를 賣物로 하고 있는 사람은 안된다.)

즉 이러한 일을 할 수 있느냐 없느냐는, 모두 「靜座」를 바르게 진지한 태도로 하느냐 아니 하느냐에 달려있다. 靜座만 한다면 호흡법이 되며 그 다음은 자유로이 行할 수 있다. 바르게 이러한 靜座와 호흡을 한 사람이면, 그 진도의 빠르고 늦은 차이는 있더라도 확실히 지금까지 설명한대로 할 수 있게 된다.

第三節　地丹法(食餌法)

地丹法(지단법)이란?

「山(仙道)」의 修業法(수업법)의 「地丹」은「食餌法(식이법)」

이라고도 불리워지며, 사람몸에 이익이 되는 음식물 (藥 ― 화학약품은 포함되지 않음)을 常服(상복)하는 것에 따라 건강과 長壽를 구하는 방법이다. 이러한 常服하는 食物은 植物(식물)이 가장 좋으며, 다음이 動物(동물)이며, 때로는 鑛物(광물)도 있다.

「山(仙道)」의 단계가 높아지면, 상복하는 食物도 점점 복잡하게 되지만, 이 책에서는, 보통 사람이 日常 이용하고 있는 극히 초보적인 것을 들겠다. 흔히 초보적이라 하면, 효과가 없는 것이라고 생각되기 쉬우나, 초보라든지 入門이라든지 하는 것과 효과와는 전연 다른 것이다. 초보적이라 하지만은 건강과 長壽에는 매우 효과가 크며, 보통 영양칼로리―본위의 영양식보다 효과가 있는 것이다.

몸의 어딘가에 질병을 가지고 있는 사람이나, 약한 체질인 사람은, 처음의 「治療式 食餌法(치료식 식이법)」부터 읽어 주기 바란다. 전연 病이 없는 사람은, 「치료식 식이법」은 건너 뛰어 버리고 「保健式 食餌法(보건식 식이법)」을 읽어 가면 좋을 것이다.

治療式 食餌法(치료식 식이법)

지금 여기서 記述하는 「食餌法」은 長壽를 求하는 것이 아니고 그 한걸음 앞의 질병을 고치기 위한 食餌法이다. 질병인 사람은 물론, 食餌法과는 달리 전문의사를 찾아주기 바란다. 첫 章에서 설명한 것처럼 관련은 있더라도 「山」과 「醫」의 목적은 다르다.

그러면 몸의 어딘가가 그다지 튼튼하지 않은 사람은, 먼저 첫째로 그 튼튼하지 않는 부분을 고치지 않으면 안된다. 즉 長壽를 求하기 위해서는 먼저 건강을 求하지 않으면 안된다.

「山(仙道)」에서는, 사람몸의 기능을 다음과 같이 나누고 있다.

肝臟(간장)　　　　모든 내분비
心臟(심장)　　　　조혈순환

脾臟（비장）　　　　소화흡수

肺臟（폐장）　　　　호흡배설

腎臟（신장）　　　　비뇨생식

　가령 胃腸（위장）이 나쁜 사람은, 脾臟（비장）이 나쁘다고 할 수 있다. 또 男性의 잉포텐트, 女性의 부인病등은 신장병이라 할 수 있다. 현대의학이나 생리학을 몸에 붙인 사람에게는, 조금 반항하겠지만은, 東洋에 있어서의 「山」이나 「醫」등은 기능을 主로하여 보고 그것에 명칭을 붙였기 때문에 이러한 것이 이루어지게 되었다.

　달리 子宮（자궁）내부에 질병이 없더라도 부인병으로서, 또 비뇨생식기능의 장애로 보기 때문에 신장병이라고 말할 수 없게 되는 것이다. 달리 신장 그 자체만이 나쁜것을 東洋에서는 신장병이라고 하지 않는다. 그러므로 자기 몸의 나쁜곳을 병명에 구애받지 않고 기능면에서 이 다섯가지 분류법에 의해 나누어서 치료의 식이법에 들어가기 바란다. 더우기 특별하게 분량 지시가 없는 경우는 하루 분량으로, 아침 저녁 二회로 나누어 먹게 한다.

【肝臟病（간장병）의 食餌療法（식이요법）】

　간장병（모든 내분비의 기능）은, 일반적으로 醫學에 있어서 가장 좋지 못한 병이다. 그것은 좀처럼 도려내기 어려워 환자의 병은 하루하루 악화하여 가기만 하는 병이다. 그러나 이 식이요법으로 치료하면 짧은 기간에 간단하게 치료되며 再發（재발）하는 수도 없다.

　모든 내분비의 기능이 약해지면, 肝臟系統（간장계통）이 병들게 된다. 양쪽 옆구리와 배에 통증이 있던지 부운 느낌이 있으며, 그 부분을 눌리면 아프다. 또 얼굴빛이 푸르며 끈기가 없어져 신경질이 되기 쉽다. 간장병에 가장 좋은 식이요법에는 다음과 같은 것이 있다.

　먼저 일상 식품중에서 가급적으로,

　호박

토마토

사과

마늘

등을 많이 취하도록 한다. 이러한 식물은 간장기능을 강하게 하는 작용이 있으므로 많이 식용하고 있으면, 간장이 강하게 되며, 또 간장병에도 걸리지 않게 된다. 그리고,

棗麻葵糊 (조마계호)

柴芽姜湯 (시아강탕)

車前草炒 (차전초초)

涼紅穭蔔 (양홍라복)

등의 식품을 상식하면, 간장병은 좋아지게 되며, 三개월 정도로 간장병의 증세를 느끼지 않는다.

〔棗麻葵糊 (조마계호)〕 만드는 법

먼저 건재약방에서 대추 五枚쯤을 구입하여 낱알인 경우는 속의 씨는 뽑아 버리고 살만을 냄비에 넣어 삶는다. 잼처럼 고아지면 잘 부서뜨려 놓는다.

다음에 검은 깨를 준비한다. 이것은 잘 볶아 둔다. 다음에 역시 건재약방에 가서 葵子 (계자) 를 求하여 역시 볶아 둔다. 그리고 얼음설탕을 조금 준비한다.

앞서 삶아 놓은 대추속에 볶은 검은 깨와 계자와 얼음 설탕을 넣어 섞어서 잘 끓인다. 그뒤, 얼리지 않은 가루를 조금 풀어서, 이속에 넣어 잘 휘젓는다. 이것으로 「조마계호」가 만들어 졌다.

〔柴芽姜湯 (시아강탕)〕 만드는 법

生姜 (생강) 을 조금 求한다. 이것은 구차하게 특별히 분량을 말하지 않는다. 생강을 잘게 썰어서 설탕과 식초와 간장으로 맛을 알맞게

한다. 함께 휘저으면서 삶아 조린다. 이것으로 완성되었다. 단맛을 싫어하는 사람은 소금을 넣어도 좋다.

〔車前草炒(차전초초)〕 만드는 방법

건재약방에서 가급적 연한 車前草를 求한다. 그리고 잎부분만은 떼어 버리고 芯(심)부분만 남긴다. 그것을 깨끗이 씻어 둔다.

다음에 튀김기름을 냄비속에 넣어 기름이 따뜻하게 되면 썰인 생강과 소금을 조금 넣어 볶아 그뒤에 車前草의 芯부분을 넣어 볶으면 이것으로 완성 되었다.

〔涼紅蘿蔔(양홍라복)〕 만드는 방법

먼저 채소가게에서 紅蘿蔔(홍라복)을 求한다. 이 紅蘿蔔이란 붉은 당근을 뜻한다.

당근의 껍질을 벗기고 잘게 썰인다. 그리고 냄비에 참기름을 넣고 이 당근을 넣어 설탕, 초, 간장, 생강즙등을 섞어서 十五분쯤 볶는다.

이상 몇가지 食餌法을 들었으나, 이것들은 어떤 病狀이라고 어떤 방법을 쓰지 않으면 안된다는 것은 아니다. 자기뜻에 맞도록 골라 常用한다. 이렇게 말하는 것은, 이 식이법은 의약의 처방이 아니므로 효과의 범위가 매우 넓으며, 다만 간장병이라면 이상 설명한 방법은 모두 효과가 있다.

앞의 방법중에 단지 한가지만의 식이법을 이용하여 일주일정도 계속하면 싫어지게 된다. 가장 좋은 방법은, 몇가지 방법을 골라 이것저것 바꾸어 가면서 이용해야 할 것이다. 그렇게 하면 맛에도 변화가 있으므로 그다지 싫증이 나지않고 계속할 수 있게 된다.

〔心臟病의 食餌法〕

개업하고 있는 의사들 중에도 고혈압이나 심장병으로 넘어지는 사람이 대단히 많은것 같다. 개업 의사들분은 일상생활이 바쁘기 때문에 자연히 심장이 약하기 마련이다. 심장이 약해지면, 함부로 카페인등의 주사를 자신이 놓게 된다. 보통 사람이면 이러한 약품은 그다지 손쉽게 구할 수 없으나, 전문적인 직업인이므로 간단하게 자신이 사용할수 있다. 그리 하다가 정신차렸을 때는 이미 심장은 비대하여 확장되어 마침내 치료 불가능하게 되므로 결국 불귀의 객이 되고 만다.

그러면, 심장(보혈 순환 기능)이 나쁜 사람은 다음과 같은 食物을 이용한다.

잉어(鯉)

오이

수세미

호도

표고버섯

벌꿀

이들 식품을 항상 많이 먹고 있는 사람은 심장은 점점 좋아지고 있다. 또 심장병에서의 식이요법으로서 仙人食은 다음과 같은 것이 된다.

李子羹(이자갱)

菖蒲蛋(창포단)

蓮子羹(연자갱)

神仙蛋(신선단)

二多糖(이동당)

刺蝟酒(자위주)

〔李子羹(이자갱)〕 만드는 법

흰 오얏 十五個를 구한다. 껍질을 벗기고 속의 씨앗은 버린다.

다음 약한 불에 十五분쯤 조리고 다음에 얼음 설탕을 조금 넣어 저어 섞으면 된다. 이 식품에서 주의하지 않으면 안될 點은, 너무 조리

지 않아야 할 點이다. 너무 조리면 진번벅이 되어 맛이 없어져 먹기
에 힘든다.

〔菖蒲蛋(창포단)〕 만드는 방법
먼저 건재약방에서 石菖蒲(석창포)를 四그람 (𝑔)을 구하고, 약방
에서 박하 二그람을 구한다. 다음에 이것과 다음것들을 함께 한다.

소금 ○그람
홍차 四그람
계란 一○個(날것)
물 세컵

이들 물건을 함께 삶아 조린다. 계란이 삶아지면 그 계란만을 집어
내어 차운 물에 담가 식힌다. 이것은 껍질을 벗기기 위해서다. 잘 식
혔으면 껍질을 깨끗하게 벗긴다.

다음에 벗긴 계란을 가능한대로 가는 것을 가지고 계란에 가는 구멍
을 많이 뚫는다. 될 수 있는대로 부서지지 않도록 한다. 그리고 나서
그 계란을 다시 먼저 삶았던 그릇에 넣어 다시 삶아 조린다. 즉 계란
에 液(액)이 스며들도록 한다.

삶아 조리면 계란 한개를 건져 먹고 또 조린다. 하루에 三回 一個씩
계란을 다 먹을 때까지 조리는 것을 되풀이 한다.

〔蓮子羹(연자갱)〕 만드는 법
먼저 건재약방에서 蓮肉(연육) 五○그람정도 구한다. 다음에 물두
컵 정도를 반이 되도록 조린다. 약한 불로 약 한시간정도이다.

잘 졸렸으면 얼음 설탕을 넣어 저어 섞어서 마지막으로 참기름을 한
숟가락 넣는다. 이것으로 완성되었다.

〔神仙蛋(신선단)〕 만드는 법
다음 재료를 준비한다.

계란(깬것) 五個

참기름 三〇그람

파의 흰 부분 二뿌리

소금 적당히

라一드 一〇그람

말린 포도 七〇그람

오른편 재료를 큰 남비에 넣어 잘 휘저으며 볶는다. 이것은 반찬도
된다.

〔二冬糖(이동당)〕 만드는 법

이것은 한방한약 제조상의 전문지식이 필요하므로 여기서는 간략하
게 한다. (「天門冬과 麥門冬」과를 같은 양에 그의 十分의一의 양의
五味子를 벌꿀로 한약을 만든다.)

〔刺蛸酒(자위주)〕 만드는 법

먼저 黃酒(황주)를 뜨겁게 하여 둔다. 그 속에 살무사의 피를 넣
어 저어 섞어서 마신다.

살무사의 피는, 보통 피보다 살무사의 심장을 집어내어 그 심장에서
짜낸 피를 사용하는 편이 효과적이다.

〔脾臟病의 食餌療法〕

「山(仙道)」에서 비장병이라는 것은 단순한 비장의 질환을 말하는
것이 아니고, 위장등의 소화흡수 기관의 모든 질병을 가르킨다.

그러면 일반적으로 비장이 나쁜 사람은 다음과 같은 食物을 이용한다.

無花果(무화과) 참깨

무우 파

鳳梨(봉리) 부추

이와같은 식품을 평소 많이 먹고 있는 사람은 자연히 위장기능이 좋아지고 있다. 또 소화기 질환을 위해서의 치료 식이법으로서의 仙人食에는 다음과 같은 것이 있다.

米仁粥 (미인죽)

魚蔔湯 (어복탕)

金丹湯 (금단탕)

〔米仁粥 (미인죽)〕 만드는 법

건재약방에서 율무쌀 一八〇그람을 구한다. 그 밖의 재료는 다음과 같다.

쌀 九〇그람.

물 七二〇cc

이상의 것들을 함께 하여, 죽을 만든다. 율무쌀과 쌀은 반듯이 깨끗이 씻어 사용한다. 여러차례 물로 씻어 주기 바란다. 그렇게 하치 않으면 맛이 없어 먹을 수 없게 된다. 일반 죽과 같이 연하게 될 때까지 끓인다.

맛이 없어 먹지 못하는 사람에게는 꿀을 조금 넣어 잘 섞어 먹게 하는 방법도 좋다.

〔魚蔔湯 (어복탕)〕 만드는 법

먼저 다음 재료를 준비한다.

송어 한마리 (약 三〇그람)

무우 한뿌리 (약 二〇그람)

돼지뼈 한개

후추 약간

생강 약 一그람

파   약간

라-드 약 七〇그람

소금 한 숟갈

먼저 라-드속에 엷게 썰인 생강을 넣고 다음 송어를 넣는다.
다음에 넣은 송어와 생강을 무우와 돼지 뼈와 파를 충분히 삶아 조린
다. 졸려진 다음에 소금과 후추로 맛을 붙인다. 맛있게 하기 위해서 화
학 조미료를 섞어도 무방하다. 이것으로 완성되었다.

〔金丹湯(금단탕)〕 만드는 법

한약방에서 內金 三〇그람, 桂丹(계단) 三〇그람을 구한다. 이것을
약 三六〇 cc의 물로 三十分정도로 半量이 될 때까지 삶아 조린다. 이
湯을 마시면 웬만한 위장병은 이것으로 완치된다.

다만 이 內金이라는 원료는 좀처럼 구하기 힘드는 것으로서 제법 큰
한약방에 가지 않으면 구하지 못한다. 이 內金은 한약 중에서는 위장
병의 성약이라고 말하는 것으로서 닭의 臟物의 一種이며 「鷄內金(계
내금)이라고도 한다.

桂丹이라는 것은 龍眼(용안)의 살을 말린것으로서 영양가치가 매
우 높은 것이다. 또 건위작용이 있어 內金과 짜 맞추면 그 효과를 기
대할 수 있다.

소화기는 전신의 건강에 있어서도 중요한 곳이며 長壽하는 사람은,
반드시 위장이 튼튼하다고 말할 수 있다. 그러므로 위장이 나쁜 사람
은 이 식이요법부터 시작하면 효과적일 것이다.

〔肺臟病의 食餌療法〕

옛 날에는 폐병이라면 매우 큰 난치병으로 알고 있었으나, 요즈음은
아무도 그다지 두려워하지 않고 있다. 그러나 그것은 肺가 완전하게 낫
는다는 말이 아니고 肺로 죽지는 않는다는 것 뿐이다. 오히려 肺 치료

약의 부작용인 편이 무서울 정도이다. 肺가 약하다는 것은 長壽를 원
'하는 사람에게는 命을 빼앗기에는 쉬울 것이다.

그러면 폐장이 나쁜 사람은 다음과 같은 食物을 이용한다.

枇杷(비파)

鼈(자라)

蓮根(연근)

이러한 食物을 항상 먹는 사람은 肺는 점점 강해지게 된다. 또 肺病
의 치료로서 식이요법의 仙人食으로는 다음과 같은 것이 있다.

奶紅茶(유홍차)

奶蛋糕(유단고)

杏仁膏(행인고)

二冬酒(이동주)

烏梅酒(오매주)

杏仁肺(행인폐)

百合羹(백합갱)

이런 것은 모두 효과가 큰 仙人食이다.

〔奶紅茶 만드는 法〕

牛乳(우유)를 끓여 홍차를 넣은것과 반반으로 섞어서 소금을 조금
넣어 마신다.

밀크티─와 비슷하지만은 전연 다르다. 밀크티─는 홍차속에 밀크를
조금 넣고 설탕도 조금 넣어서 먹는다. 奶紅茶(유홍차)는 우유와 홍
차가 반반이며 설탕을 쓰지 않고 소금을 쓴다.

〔奶蛋糕(유단고)〕 만드는 법

먼저 다음 재료를 준비한다.

우유 二二五cc

계란 三개

파   조금

생강 조금

간장 조금 (한 숟갈)

식초 조금 (한 숟갈)

이상의 재료를 잘 섞는다. 잘 어울리기 위해 밀가루를 써서 쪄서 빵처럼 만들어 항상 먹는다.

〔杏仁膏 (행인고) 〕 만드는 법

한약방에서 杏仁 (행인) 百個정도 구한다. 그 밖의 재료는 다음과 같은것들이다.

호도 一五그람

배   一개 (작은것)

생강 조금

물엿 一五그람

꿀   一五그람

호도와 杏仁은 껍질을 빗겨 잘게 부순다. 다음에 배와 생강을 갈아서 즙을 만든다. 다음에 먼저 부순 杏仁과 호도를 냄비에 넣어 볶아서 다음에 배즙과 생강즙을 넣어 잘 볶는다.

이렇게 볶은 것을 냄비에서 들어내어 다른 그릇에 옮겨 거기에 물엿과 꿀을 넣어 잘 저어서 섞으면 완성된다. 복용은 식간에 한숟갈씩 먹는다.

〔二冬酒 (이동주) 〕 만드는 법

한약방에서 天門冬 (천문동) 二〇〇그람 麥門冬 二〇〇그람, 五味子 二〇그람을 구한다. 다른 재료는 다음과 같다.

얼음 설탕 二〇〇그람

黃酒(황주) 二킬로그람

이것들을 냄비에 넣어 약한 불로 三十分정도 끓인다. 다음에 식혀서
병에 넣는다. 이것을 수시로 마신다 또 이상의 재료로 燒酒(소주)에
담가 二個月정도 지나서 마시더라도 효과는 같다.

「烏梅酒(오매주)」는 백화점에서 팔고 있으므로 그것을 구하는
편이 수고를 덜게 된다. 또 「杏仁肺」는 특수한 요리이며「百合羹(백
합갱)」도 과자이므로 보통 가정에서 만들기에는 무리이므로 생략한다.

〔腎臟病(신장병)의 食餌療法〕

腎臟(신장)은 인간에 있어 매우 중대한 작용을 제공하고 있다. 물
론 모든 五臟은 소중하지만은 腎臟의 기능을 山(仙道)에서는 더욱
중요시한다. 이렇게 말하는 것은 남성으로서는 精力의 바탕이 되는것
이며, 여성으로서는 생식과 여성의 腰部(요부)의 모든 기능을 이 腎
臟의 작용에 의해 이루어지고 있다고 생각하고 있기 때문이다.

그러면, 腎臟(생식비뇨기능)이 나쁜 사람은 다음과 같은 食物을
이용한다.

참외

冬瓜

사과

수박

팥

우렁이

무우

옥수수

이러한 음식물을 가급적 많이 사용한다.

발기력이 약한 사람과 早漏의 습관이 있는 사람들은 山藥이나 참새

알을 상식하면 精力이 강하게 된다. 부인병을 고치는데는, 多瓜나 수박을 많이 먹는다. 멘스의 量이 많은 사람은 수세미를 먹도록 한다.

또 腎臟病을 위해서의 식이요법으로 가장 효과적인 것은 「鹿含酒 (녹함주)」이다.

〔鹿含酒(녹함주)〕 만드는 법

먼저 한약방에서 「鹿含草(녹함초)」를 二〇〇그람을 구한다. 깨끗이 씻어서 말린다.

다음에 黃酒를 한병 구하여 그 술 속에 말린 녹함초를 넣는다. 매일 한번씩 흔들어 十日쯤 두었다가 그 술을 알맞게 마신다.

保健式 食餌法 (보건식 식이법)

여기서 말하는 식이법은, 몸의 약한 부분을 고치는 것이 아니고, 몸 전체의 기능을 강하게 하여 적극적인 壽命(수명)연장을 도모하는 山(仙道)의 방법이다.

그러므로 몸이 극히 튼튼하여 아무곳도 나쁜 곳이 없는 사람은 직접 여기부터 시작하여 주기 바란다.

보건식 식이요법은 일년을 四계절로 나누어 각각 다른 식이법을 행한다. 正式(정식)으로 「山(仙道)」에서 말하는 四계절이란 陽曆(양력)인 경우는 다음과 같다.

春   三月, 四月, 五月
夏   六月, 七月, 八月
秋   九月, 十月, 十一月
多   十二月, 一月, 二月

이들의 각계절에 대해서는 사람의 생활 조건은 같지 않으며, 따라서 몸이 요구하는 음식물도 같지는 않다. 그러므로 식이법도 四계절로 구분하여 行하지 않으면 안된다.

「山(仙道)」의 이론으로서는 人体는 四계절에 따라서 각각 가장 약한 부분이 나타난다고 볼 수 있다. 그러므로 계절에 따라서 그 약한 몸의 부분을 보충하면 건강은 유지되어 쉽게 질병에 걸리지 않는다고 한다.

사람의 몸은, 봄이 되면 肺가 약하게 되며, 여름에는 腎이 약하게 되고, 가을이 되면 肝이 약하게 되며, 겨울에는 心臟이 약하게 된다.

그러므로 봄에는 肺를 도와야 하며, 여름에는 腎을 補해야만 한다. 이와같이 가을에는 肝을, 겨울에는 心을 補해야만 할 것이다. 이와같이 四계절로 각각 나누어 그 약한 부분을 補하는 식이법을 行함에 따라 자연히 몸도 튼튼하게 되어 長壽도 보장되게 될 것이다.

【春季 食餌療法】

봄(三, 四, 五月)의 식이요법은 「율무쌀」을 常食(상식)한다. 율무쌀은 中國에서는 이것을 仙道의 식이요법으로 肺를 강하게 하는 효과에 크게 돕는다고 널리 이용하고 있으며, 이웃 日本에서는 옛부터 일반화 되어 있는 실정이다.

정식적인 식이법은, 다음과 같은 재료를 쓴다.

율무쌀 一〇그람

감초 四그람

물 三六〇cc

이것들을 함께 철제 이외의 그릇으로 약한 불에 물이 반쯤 될때까지 조린다. 이것을 졸려 다른 그릇에 넣어 두었다가 아침 저녁으로 복용한다.

아침에 사용한 율무쌀이나 감초는 졸린 뒤에도 버리지 말고 저녁에 다시 한번 삶아 따린다. 그때는 물을 二七〇cc로 하여 역시 반쯤 될때까지 조린다. 이것을 하루 한번 마신다. 이 순서대로 복용해 간다. 한방약을 마시는 골자는 여기에 있다. 한약재는 반드시 두번 다리지 않으면 효과가 오르지 않으며 몸에도 첫번째의 약과 두번째의 약의 차이로 질병을 고친다든지 보건등에 작용하는 것이다.

이러한 불 맞추기가 귀찮다는 사람은 더욱 간단한 방법이 있다.

율무쌀과 물을 자신이 食用하는 량만큼 냄비에 넣어 그대로 삶는다. 감초의 약 냄새를 싫어하는 사람은 이 방법인 율무쌀과 물과 녹두를 반으로 따린다. 그 뒤에 설탕이나 꿀을 넣어 맛을 맞춘다.

이것의 복용은 하루 一回로 족하며 매일 오후 三時경에 먹는것이 가장 효과적이다. 한번에 한 공기정도가 알맞을 것이다.

이 율무쌀은 肺를 강하게 할 뿐만 아니라 癌(암) 예방에도 효과적이다. 또 피부를 매우 희고 윤기있게 하는 특징도 있으며, 여성들에게는 꼭 권하고 싶은 식이법이다.

다만 癌(암) 예방으로 이용할 때는 녹두를 넣어서는 안된다는 것이다. 녹두는 寒性体質(한성체질)인 사람에는 매우 좋지 못하므로 癌(암) 예방을 主로 한 식이법인 경우에는 정식으로 감초를 넣어 따려 하루 三回정도 복용하지 않으면 안된다.

【 夏季 食餌療法 】

여름(六, 七, 八月)의 식이요법은 녹두를 常食한다. 녹두는 청완두를 말한다. 먼저 녹두를 물에 깨끗이 씻어 냄비속에 물과 함께 넣는다. 이 경우에 물이나 녹두의 양은 그다지 구애받을 필요는 없다.

정식으로 복용할려면 물이 끓고나서 녹두가 갈라지기 전에 집어내어야 한다. 왜냐하면 녹두가 갈라지면 그 영양 효과가 줄어들기 때문이다. 그러므로 물이 끓고나서 잠시동안 있다가 녹두가 갈라지기 직전에 불을 끄고 급히 설탕이나 꿀을 넣어 섞어 젓는다.

그러나 영양효과 보다도 맛에 목적을 두는 사람은, 녹두가 갈라질때까지 삶아 조려도 괜찮다. 다만 효과가 줄어들 뿐이다.

복용회수는 하루 한번으로 매일 오후 三時경 한 공기정도의 양이 적당하다.

【 秋季 食餌療法 】

가을(九, 十, 十一月)의 식이요법은, 「 蓮肉(연육) 」을 강하게
하는 작용을 갖는다.

이 蓮肉은 한약방에서 쓰이므로 건재약방에서 팔고 있다. 또 中華
料理(중화요리)점에도 얼마든지 있다. 蓮肉은 몸에도 좋을 뿐만 아
니라 매우 맛이 있기 때문에 中國에서는 부자집의 愛好物로 알려져 있
다. 정식적인 식이법은 다음재료를 쓴다.

蓮肉(연육) 一○그람

桂円(계원) 五그람 (龍眼을 말린것)

물 三六○cc

이상의 것들을 함께 넣어서 약한 불로 약 반이 되도록 삶아 조린다.
이것을 아침 저녁 두번 공복시에 마신다. 또 이의 찌꺼기는 그대로
남기고 다시 二七○cc의 물로 삶아조려 다시 한번 마신다.

더우기 이러한 방법이 번거롭다고 생각되는 사람은, 적당한 량의 蓮
肉과 桂円을 물로 연하게 될 때까지 삶는다. 그래서 연하게 되었을때
설탕을 넣어 잘 섞이도록 저으면 완성된다.

매일 한번 오후 三時경 복용한다. 앞에서 말한 삶아 조린 汁(즙)보
다는 약간 효과가 줄어 들지만은 맛은 몇배 좋다. 식혀서 먹으면 아이
스 크림과 같은 冷果(냉과)로서도 通한다.

이 蓮肉을 常用하면, 평소 화를 잘 내는 사람도 성격이 변해진다. 즉
肝이 强해지므로 화 내는 것이 없어지게 되는 것이다. 또 잠을 자지
못하는 사람, 자더라도 꿈만 꾸는 사람, 신경질인 사람에게 대단히 잘
듣는 식이법이다.

【 冬季 食餌療法 】

겨울(十二 , 一月, 二月)의 식이요법은, 땅콩을 常食으로 한다.

이 식이법은 먼저 땅콩을 적당한 量만 냄비에 넣어 약 八, 九시간정도 삶아 조린다. 그리하여 연하게 되었을때 먹는다. 먹기 좋도록 설탕을 알맞게 넣어 잘 저어서 먹어도 좋다.

여기에서 두가지 주의해야 할 일이 있다. 땅콩은 볶은 것이 아닌것, 즉 날것인 땅콩을 사용할 것이다. 또 냄비에 넣을때 반드시 물을 넣지 않아야 하는 일이다. 반드시 끓인 물에 땅콩을 냄비에 넣어 불을 붙인다는 것이다. 찬 물을 넣으면 아무리 삶아도 연하여지지 않는다. 또 소―다 같은 것을 넣어서도 안된다. 바로 연하게 되지만은 효과가 없으지므로 시간을 두고 삶아 졸리도록 해야 한다.

먹는 것은 역시 오후 三時경에 하는 것이 좋다. 변비인 사람은 주의하여 量을 지나치지 않도록 해야 한다.

【日常 食餌療法】

이것은 계절에 관계없이 日常 식이요법이다. 식이라기 보다 오히려 一種의 藥餌法(약이법)이라고도 할 수 있는 것으로서, 精力을 붙이기 위한 것이다. "精力"이라고 하면 보통 섹스를 생각하기 쉽지마는 東洋에서는 바르게 말하면 활동력, 그리고 생활력을 「精力」이라는 용어로 나타내고 있으므로 결코 섹스만을 가르키는 것은 아니다.

그러면 이 활력•정력을 붙이기 위해 다음 식이법을 이용한다. 이것은 生藥의 분말을 한약방에서 구하여, 그것을 환약으로 하지 않으면 안되지만은, 매우 맛이 좋아서 먹기에 좋아야 하며, 먹기에 손쉬운 利點(이점)이 있다.

이 丸藥(환약)은 한 알을 ○.五그람의 量으로 만드는 것이 표준이다.

정식의 . 식이법으로는, 다음 재료를 쓴다.

人參(인삼) ○.○六그람

白朮(백출) ○.○四그람

-548-

茯苓（복령）　　○．○四그람

黃耆（황기）　　○．○四그람

白芍（백작）　　○．○二그람

當歸（당귀）　　○．○六그람

肉桂（육계）　　○．○五그람

川芎（천궁）　　○．○三그람

甘草（감초）　　○．○三그람

熟地黃（숙지황）　○．○四그람

蜂蜜（봉밀）　　○．○九그람

이 量은 얼마를 만드는가에 따라서 가감하면 된다. 대체로　하루의
분량은 三～七이므로 六百알（三～四個月）쯤 만드는 것이 적당하다.
앞의 量의 六百倍하면 되는 셈이다.

人參（인삼）　三六그람

白朮（백출）　二四그람

茯苓（복령）　二四그람

黃耆（황기）　二四그람

白芍（백작）　一二그람

當歸（당귀）　三六그람

肉桂（육계）　三○그람

川芎（천궁）　一八그람

甘草（감초）　一八그람

熟地黃（숙지황）　二四그람

蜂蜜（봉밀）　五四그람

이 환약의 복용방법은, 공복시에 두번으로 나누어서 물로 마신다. 量
과 순서는 다음과 같다. 조금 귀찮지만 이것은 효과를 올리기　위해서
이다.

날짜순	一日	二	三	四	五	六	七	八	九	十
복용량 기상직후	一〇 알	一〇	八	八	八	八	六	六	六	六
취침직전	八 알	八	八	八	六	六	六	六	六	四	四

 이 기상직후에 복용한 뒤, 三〇分에서 한시간정도의 사이를 두고 식사하는 것이 좋다. 그러므로 오늘날 바쁜 시대에는 조금 무리이므로, 이 기상직후를 오전 十時半~十一時경 즉, 점심식사 한 시간전으로 바꾸는 것이 좋을 것이다.

 이와같이 취침직전이라는 것도, 저녁식사 二時間 이후라는 조건이다. 어쩌하든 공복에 복용하면 된다.

 그러면 이 복용법은 전부 十日로서 이 量을 모두 먹었으면 五日쯤 약을 그친다. 그리하여 다시 六日째부터 앞서와 같은 요령으로 복용하기 시작한다. 이런 반복을 三回내지 四回정도 하였으면 한달정도 복용을 중지한다. 또 다시 精力이 약해지는 느낌이 들면 앞의 요령을 되풀이 한다.

第四節　符呪 (부주) 法 (修密法)

符呪法 (부주법)에 대하여 (수밀법)

 「修密 (수밀) 」이라는 것은, 祕密 (비밀) 修行 (수행)법을 닦는 것을 말한다. 이 비밀 수행법이란 실행이 가능하면서도 일반에게는 알려져 있지 않기 때문에 行해지고 있지 않다.

　그러면 이 비밀방법은 「密法(밀법)」이라고 불려지고 있으며,「密法」은 佛教(불교)에서나 「山(仙道)」에 있어서도 옛부터 行해지고 있다. 불교 속의 天台宗(천태종). 眞言宗(진언종)은 이　密法(密教라고도 한다.)를 主로 하고 있다.

　이 密法은 그 방법에 따라서,

　手法(수법)

　藥法(약법)

　念法(염법)

의 세가지로 분류된다. 이 분류 방법은 목적별로 나누는 방법이　아니고 手段別(수단별) 혹은 방법별에 의한 분류 방법이다.

　불교에 있어서는 西密(지밀)이 密法을 많이 行하고 있으며, 그 방법은 대체로 念法을 主로 하고 手法을 副(부)로 하며 그다지 藥法은 쓰지 않는다. 五術에 있어서 「山(仙道)」의 密法은 이것에 反하여 오히려 藥法을 主로 하고 念法은 다음으로 이용하며, 手法은 그다지　쓰지 않는다.

　이 節에서는　다른 節과는 달리　이 密法은 특수한 것이며,　특수한 수업을 필요로 하고, 또 특수한 사용방법을 하는 것이 많기 때문에 단지 해석만을 하여 두기로 한다.

【手法이란?】

　「手法」이란, 글자에서 나타내고 있는것 처럼 손의 활용을 主로 하는 방법이다. 이 手法은 그 원리에 따라 다시 「快速法(쾌속법)」과 「取巧法(취교법)」으로 나눌 수 있다.

　「快速法」이란 손의 움직임의 빠르기를 활용하는 방법이며, 원리를 알고 있으면 · 좀처럼 연습을 쌓지 않으면 전연 사용할 수 없다.

「取巧法」이란 손의 움직임의 교묘한 요술에 의한 방법이며, 그 원리를 납득하면 그다지 연습을 하지 않아도 활용할 수 있는 것이다.

이상의 두가지를 나타낸 「手法」을 현대식의 말로 한다면 기술이나 기교나 요술이라고 할 것이다. 텔레비젼에서 가끔 볼 수 있는 둔갑술이나 위험술등은 모두 이 密法의 手法과 藥法을 응용한 것이다.

〔快速法에 대해서〕

이것은 일종의 요술과 같은 것으로서 매우 高度(고도)의 기술과 手法을 필요로 한 것이다.

흔히 드름프 요술에서처럼 다른 사람에게 뽑혀간 카一드를 섞어서 다시 또 그 카一드를 뽑아 보인다는 것과 같은 類를 五術에서는 사용한다. 十二支와 易의 기호를 쓴 카드나 돈 모양의 표를 이용하여 그 사람의 生年의 十二支나 占에 사용했던 易의 돈모양의 표등을 사람에게 뽑게하여 다시 다른 카一드속에 넣어 버려, 다시 그것을 끄집어 내어 보이는 것이다.

이러한 類의 것은, 이밖에도 많이 있으나 어느것이든지 타인에 五術의 眞憑性(진빙성)을 강조하기 위해서 사용하는 하나의 자기 선전적인 요술 같은 것이다.

〔取巧法에 대해서〕

이것은 손의 교묘한 정도보다도 속임수나 조작을 필요로 하는 것이다. 이것은 국내는 물론 中國에서나 日本에서도 많이 사용되고 있다. 산중박이의 神意(신의)에 의해 길흉을 점치는 제비뽑기나, 여우의 제비뽑기등은 이것에 해당한다. 또 큰 길에서 흔히 눈에 띄는 生月 生年 十二支의 페철의 안을 뒤바꾸면 곧 맞추는 상자를 이용하는 術, 또 숫자를 쓴 막대를 손님께 뽑게하여 다른 막대와 함께 섞어, 다시 그 속에서 원래의 막대를 찾아내는 術등은 모두 이 取巧法에 의한다.

이런 것들은 모두 상자나 야바위 제비뽑기에 속임수가 있으며, 막대에 鉛(납)등을 넣은 것을 사용하는 것이다.

【藥法이란? 】

여름에 壁(벽)에 「儀(의) 」라는 글자를 써서 붙여주면 모기가 모두 글자 위에 모여, 그대로 아무곳에도 날아가지 않는다. 「儀」라는 글자 대신에 「平 」이라는 글자를 쓰는 사람도 있다. 또 이 글자에 모인 모기는 죽여서는 안되며, 반드시 달아나게 하여 활로를 열어주는 것이 이 行法의 약속인것 같다.

「密法 」을 할 수 있는 사람이, 儀나 平이라는 글자를 쓰면 모기가 모여들지마는 보통은 써 붙여도 모기는 전연 모이지 않고 도리어 사람이 모기에 곤욕을 겪는다.

모두 자신은 修業이 부족하기 때문에 「山 」을 할 수 없으므로, 또 呪文(주문)이 있으니 하고 생각하고 있다. 그러나 이러한 것은 修業도 아니고 呪文도 아니다. 다만 꼭두각시의 조종이다. 또 꼭두각시의 조종이란 약품을 사용하는 것이다. 즉 이것이 약법인 것이다.

이 儀라든지 平이라든지 다른 글자라도 누가 쓰더라도 같은 것이다. 要는 글자를 쓸때 사용하는 먹에 문제가 있는 까닭이다.이 먹은 색이 검으며, 보통 먹과 틀린 점은 없으나 實은 원료가 전연 틀리는 것이다.

이 먹의 원료는, 모기가 좋아서 모여드는 藥品을 쓰고 있으며, 더구나 이 글자위에 닿으면 모기의 다리가 들어 붙어 날아갈 수가 없게 된다. 이 먹의 원료는 애석하게도 國內에서는 구할 수 없는 것으로서 여기서는 생략한다.

「山 」을 할 수 있는 사람이 컵에 물을 넣어 呪文을 읊은 다음에,그 컵의 물을 呪를 건 사람의 집에 뿌리면, 그 지정한 날 또는 예언한 날에 그 집은 화재가 일어난다.

이것은 燃燒(연소)하기 쉬운 약품을 물속에 녹여, 그것을 뿌리면 물의 증발이 끝날 무렵 발화하는 원리를 응용한 것이다.

또 「山」을 할 수 있는 사람이 물을 입에 머금고, 밑에 놓아둔 종이에 그 물을 내어 뱉으면 종이에 불이 붙는 術이 있다.

이것은 중학정도의 과학상식의 야바위이다. 칼륨이나 나토륨에 물을 뿌리면 타는 것은 당연한 일이다.

그러면 이러한 藥法에는 調劑法(조제법)과 呑服法(탐복법)의 두 가지가 있다. 조제법은 약물을 선정하여 처방하는 것이며, 탐복법은 조제법에 의학 약을 활용하여, 불가능하다고 생각되는 일을 가능하게 보일 뿐만 아니라 약품을 사람에게 마시게 하는 방법이다.

가령 한번 마시게 하면 정신이 미쳐 버리는 방법이 있으며, 옛날 中國에서는 흔히 쓰여져 두려운 느낌을 주는 방법이었으나, 오늘날의 약물학상에서 보면 어린이 장난과 비슷한 것이다. 옛날 많이 쓰였던 것에는, 硫酸(유산) 아토로핀 계통의 약이 있으나, 요즈음 이런 약을 쓰기만 하면 경찰 당국의 취조를 받게 된다.

仙人이라고 하면, 대체로 아무 하는 일없이 술타령이나 하는 사람같이 생각하기 쉬우나, 실제로 「仙道」를 하는 사람은 그다지 술은 먹지 않는다.(약술은 제외)

일반에서 仙人이 주정뱅이라고 생각하게 된것은 仙人이 아무리 술을 마셔도 취하지 않기 때문이다. 仙人은 修行(수행)하고 있기 때문에 술을 아무리 마셔도 취하지 않는다는 것은 아니다. 아무리 마셔도 취하지 않는 곳에 계략의 조작이 있는 것이다. 즉 「呑服法(탐복법)」으로 술을 마시기 전에 환약을 입에 머금고 있는 것이다.

이 환약의 처방은 다음과 같다.

硼砂(붕사)   一〇그람

枳椇子(지구자) 七그람

이상의 것을 분말하여 一〇個 정도의 환약을 만든다. 이것을 입안에 머금고, 녹아버린 다음에 술을 아무리 많이 마셔도 취하지 않는다.

이 반대로 한잔 술로 곤드러지게 취하게 하는 방법도 있다. 이것은
매우 惡用(악용)하기 쉬운 방법이므로 주의해야 한다.

鬧楊花(뇨양화) 조금

醉仙桃(취선도) 조금

이상의 것을 분말하여 두었다가 남몰래 가만히 극히 적은 량을 술위
에 뿌려 넣는다. 이렇게 하면, 아무리 술이 强한 사람이라도, 한 두잔
의 술로서 生体(생체)를 잃을 정도로 취해 버린다. 그러나 같은 사
람에게 여러번 사용하면 절대로 안된다. 이것은 극약의 일종으로서 너
무 많이 마시면 害(해)를 입게 된다.

【念法이란?】

念法이란 念力(염력), 즉 意念의 힘에 따라 수행하는 密法을 말한
다. 「手法」이나 「藥法」과는 달리 이 「念法」은 修行(수행)이 매
우 어려우며, 시간도 많이 걸리는 行法이다.

이 念法을 修行하는데도 前述한 「天丹」으로 行하는 「築基法(축기
법)」을 배워 念力을 높이는 것이 첫째 조건이다.

이 念法의 활용법은, 보통 「符呪法(부주법)」과 「丹光法(단광
법)」의 두가지로 나눌 수 있다. 이것은 十數年의 수업이 念力에 의
한 行法의 一種(일종)이라고만 생각하여 주기 바라며 여기서는 설명
하기 힘들므로 생략한다.

第十章　五術　占例集

第一節 命의 部（紫薇斗數·子平推命）

【疾厄】	【遷移】	【奴僕】	【官祿】
○ 紫薇 ○ 天府（科） 　　存 甲	○ 天機 ○ 陀羅 　刑魁 未	○ 破軍 午	⊙ 太陽 　（祿） 　　鸞 巳

【財帛】	庚　戊　戊　癸 戌　子　辰　亥　　　舊暦十一月 一九一〇年　十二月	【田宅】
⊙ 太陰 × 羊刃 酉	二十八日 二十九日 亥時　女命 火局	○ 武曲 　（權） 辰
【男女】		【福德】
○ 貪狼 　　劫 戌		○ 天同（忌） ○ 文曲 卯

【夫妻】	【兄弟】	【命宮】	【父母】
△ 巨門 ○ 文昌 　姚喜耗 亥	△ 廉貞 △ 天相 × 炎星 　空弼 子	○ 天梁 　金戌 丑	○ 七殺 ○ 鈴星 　馬舖 寅

【 一九一〇年 十二月 二十九日 亥時生・女命 】

	食神	初七	丁亥
生年	庚 戌	十七	丙戌
	比肩	二十七	乙酉
生月	戊 子（癸）	三十七	甲申
		四十七	癸未
生日	戊 辰	五十七	壬午
	正財	六十七	辛巳
生時	癸 亥	七十七	庚辰
		八十七	己卯

먼저 命式에 있어서의 五行의 강약부터 조사하지 않으면 안된다.

木은, 天干에 없으며, 地支에는 辰・亥가 있다. 干〇 支二로 결과적으로는 「最弱（최약）」.

火는, 天干에 없으며, 地支에 戌이 있으니 干〇 支一로서 결과적으로 「최약」.

土는, 天干에 戊가 二個 있으며, 地支에 戌・辰이 있으니 干二 支二로 결과적으로 「强」.

金은, 天干에 庚이 있으며, 地支에 戌이 있으니, 干一 支一로 결과적으로는 「弱」.

水는, 天干에 癸가 있으며, 日干과 干合하여 倍加되고, 地支에 子・辰・亥가 있으니 干二 支三이니 결과적으로는 「最强」.

또, 干支의 數 뿐이 아니고, 水의 계절（生月의 癸）에 當令되어 있으므로 매우 水가 강하게 된다.

이의 강한 水는 命式에 있어서 正財이며, 매우 財가 강하므로 從財格（종재격）이 될것 같지만, 比肩（비견）과 同性（동성）인 五行의 地支가 二個 있으므로 從財格이라고는 말할 수 없다.

즉, 內格의 財帛格 (재백격)이다. 그렇게 되면은,

日干은 戊土

「用神」은 時干의 「癸水·正財」

그러면, 日干의 戊土가 用神인 癸水보다 弱한 命式이므로, 喜忌 (희기)는 다음과 같이 결정될 수 있다.

日干을 강하게 하는 것은 「喜神」

日干을 약하게 하는 것은 「忌神」

用神을 강하게 하는 것은 「忌神」

用神을 약하게 하는 것은 「喜神」

이 된다고 할 수 있다. 그러므로 命式속에서 喜忌를 보면, 다음과 같이 된다.

年干인 庚金은, 日主인 戊土를 약하게 하는 食神이기 때문에「忌神」. (體神을 억제하는것).

月干인 戊土는, 日主인 戊土를 比和하는 比肩이므로 「喜神」. (體神을 돕는것).

時干인 癸水는, 日主인 戊土를 合하는 正財이므로 「忌神」. (體神을 억제하는것).

따라서 十二支는 이 喜忌의 根據 (근거)가 되는 것에 따라서 자연히 喜忌가 결정된다.

年支의 戌은, 庚金·戊土의 근거가 되므로 「喜忌가 半半」이다.

月支의 子는, 癸水의 근거이므로 「忌神」.

日支의 辰은, 癸水·戊土의 근거이므로 「喜忌半半」.

時支의 亥는, 癸水의 근거이므로 「忌神」.

이상과 같이 命式의 喜忌가 결정된다. 다음에 行運의 喜忌를 살펴본다.

甲木의 運은, 日柱를 剋하는 「七殺」이 되므로 「忌神運」.

乙木의 運은, 年干인 忌神의 食神을 合하는 「正官」이 되므로 「喜

神運」.

丙火의 運은, 日柱月干인 喜神의 比肩을 生하는 偏印이 되므로 「喜神運」.

丁火의 運은, 年干인 忌神의 食神을 剋하는 印綬가 되므로 「喜神運」

戊土의 運은, 時干인 忌神의 正財를 剋하는 比肩이 되므로 「喜神運」

己土의 運은, 時干인 忌神의 正財를 剋하는 劫財가 되므로 「喜神運」

庚金의 運은, 日柱인 喜神의 戊土를 약하게 하는 食神이 되므로 「忌神運」.

辛金의 運은, 日柱인 喜神의 戊土를 약하게 하는 傷官이 되므로 「忌神運」.

壬水의 運은, 日柱인 喜神의 比肩을 약하게 하는 偏財가 되므로 「忌神運」.

癸水의 運은, 日柱인 喜神의 比肩을 合하는 正財가 되므로 「忌神運」.

子의 運은, 命式의 忌神인 癸를 强하게 하므로 「忌神運」.

丑의 運은, 命式의 忌神인 子를 合하게 되므로 「喜神運」.

寅의 運은, 命式의 忌神인 亥를 合하게 되므로 「喜神運」.

卯의 運은, 命式의 喜忌兩神인 戊을 合하게 되므로 「喜忌相半運」.

辰의 運은, 命式의 喜忌兩神인 戊을 冲하게 되므로 「喜忌相半運」.

巳의 運은, 命式의 忌神인 亥를 冲하게 되므로 「喜神運」.

午의 運은, 命式의 忌神인 子를 冲하게 되므로 「喜神運」.

未의 運은, 命式의 喜神인 戊를 강하게 하므로 「喜神運」.

申의 運은, 命式의 忌神인 庚·癸를 강하게 하므로 「忌神運」.

酉의 運은, 命式의 喜忌兩神인 辰을 合하게 되므로 「喜忌相半運」.

戊의 運은, 命式의 喜忌兩神인 辰을 冲하게 되므로 「喜忌相半運」.

亥의 運은, 命式의 忌神인 癸를 강하게 하므로 「忌神運」.

이상과 같이 「子平」의 喜忌를 조사하여 다시 紫薇와 합쳐서 「命」

을 斷한다.

命宮에 「天梁星」이 있으므로, 남성보다 기질이 더욱 격심한 여성이라는 느낌이 없는 것도 아니지만은 「子平」으로는 日柱인 戌土가 그다지 강하지 않으므로, 남성처럼 행동적이지만 함부로 거칠은 點은 없다.

父母宮에는 「七殺星·鈴星」등이 들어 있으므로, 부모의 어느 한쪽을 또는 양친을 剋하게 되는 일이 있다.

兄弟宮에는 「廉貞星·炎星」등이 있으며, 天相星도 「失(△)」로 되어 있으므로, 형제자매를 剋하는 것을 免(면)할 수 없다.

「子平」에서 이러한 點은 같은 방법으로 볼 수 있게 된다. 「財」를 忌神으로 하는데 「正財」가 강하며, 父親을 剋한다는 것을 알수 있다. 또 「印」을 喜神으로 하는데 「偏印·印綬」가 전연 없으므로, 모친을 剋한다는 것을 알 수 있다. 다시 「比肩·劫財」를 喜神으로 하는데 比肩이 약하므로 형제의 인연도 그다지 기대하지 못한다.

양친과 형제자매의 인연이 엷으므로, 少女시절에는 가정적으로 쓸쓸하였을 것이다. 行運을 보면은 그것이 뚜렷하게 된다. 八세에서 十二세까지의 「丁運」은 길운이지만은, 다음 十三세에서 十七세까지의 亥運은 강한 忌神運을 만나고 있다. 아마도 그 기간에, 부모·형제 자매와의 生離死別(생리사별)이 있었던 것으로 생각된다.

夫妻宮에 「巨門星」이 있으나, 文曲星과 함께 있으니 夫는 병약하지마는, 生離死別의 불행에까지는 이르지 않는다.

男女宮에 「貪狼星」이 있으므로, 많은 子女를 낳을 것이다. 그러나 「地劫星」이 들어 있으니 많이 낳더라도 모두가 자란다고는 할 수 없다.

이것도 「子平」에서와 같은 것을 말할 수 있다. 命式에 「水」가 많은 사람이므로 자녀를 많이 낳는다. 그러나 여성에 있어서 자녀의 星인 「食神」이 이 命式에서는 忌神이 되며, 더구나 年干에 확실하게

-563-

나타나 있으므로 자녀와의 인연은 없다.

十八세에서 二十년 동안(十八∼二十二의 丙, 二十三∼二十七의 戊, 二十八∼三十二의 乙, 三十三∼三十七의 酉)은 말할 수 없는 喜神運의 연속이므로, 혼인으로 인해 좋은 생활을 하였다는걸 알 수 있다.

三十八세 부터는, 忌神運(甲運과 申運)에 들어가지 만은, 그다지 이 사람은 크게 어려움이 없이 다만 가정의 사소한 일로 약간 번거로움이 있었을 정도이다.

문제는 四十八세 부터의 癸의 忌神運이며, 이 癸는 命中의 喜神인 戊의 比肩을 합쳐 하나를 빼앗아 버린다.

忌神인 財가 喜神인 比肩을 빼앗아 버리는 것은, 죽음의 위험이 매우 있다는 것을 나타내고 있다. 다시 年運의 壬寅年(서기 一九六二年)은, 또 財의 해에 해당한다.

紫薇斗數에 있어서의 「 小限(小運) 」은 마침 이 해는 나쁜 星 뿐만 있는 宮인 「 兄弟宮 」에 해당한다.

아마도 이 해가 死期에 해당되니, 이 해를 넘기지는 못할 것이다.

이것은 一九六二年·壬寅年에 重病(중병)이 된 여성의 「命」을 占한 例이다.

第二節 卜의 部(六壬神課·奇門遁甲·斷易)

【 一九七一年 七月 二十八日 午前八時 三〇分占斷 】

月將一午　占日一甲　寅　　占時一辰

初傳	中傳	末傳			
⋮	⋮	⋮	六合妻財	辰	甲(日干) 第一課
辰	午	申	螣蛇子孫	午	辰 第二課
六合妻財	螣蛇子孫	天后官鬼	六合妻財	辰	寅(日支) 第三課
			螣蛇子孫	午	辰 第四課

-564-

占月支—未　　　占日干支—甲寅　　　空亡—子丑

畜 化			辰 化		
卯	巳	未	丑	卯	巳
孚 │	│	│世	│	│	│應
鬼	母	弟	弟	鬼	母

二十七, 八세 정도의 여성이 단지 「남편의 일로서……」라고 말 할 뿐 다음은 아무 말이 없이 占을 求하로 왔다.

바른 五術에서 말을 한다면, 이러한 아무것도 미리 事物이 확실하지 않을 때는, 五術의 사용 구별도 사용방법도 닿지 않으므로 어떻게 할 수가 없으며, 또 이러한 때는 占해선 안되는 것이다.

하여간에 「남편의 일……」이라는것 뿐으로서, 斷易과 六壬의 두개의 方術盤을 내었다.

여기에서 상식적으로는 「남편의 일」로 아무것도 말하지 않는 것은 질병이나 부상이 아니라는 것은 알 수 있다. 아마도 가정내의 불화의 씨는·남편의 외도에 대한 것이라고 직감 되었다. 먼저 남편의 외도라고 판단하니 다음과 같은 「卜」의 원칙에 들어 맞는다.

「斷易」으로는 「世爻」가 자신이고, 「官鬼」는 남편으로 用神에 해당하여, 「動爻」가 문제점이라고 볼 수 있다.

【 一九七二年 二月·遁甲盤 】

五 雀	冲 死	戊 癸	三 地	蓬 景	癸 丙	七 天	禽 杜	丙 辛
一 陳	壬 驚	己 戊	八 心		庚 庚	六 符	輔 傷	辛 壬
九 合	柱 開	丁 己	四 陰	芮 休	乙 丁	二 蛇	英 生	壬 乙

「六壬」으로는, 「干上神」(第一課의 十二支)이란, 남편, 「支上神」(第三課의 十二支)가 자신, 第二課가 남편의 外道의 상대, 第四課가 자신의 몸이라는 설정을 할 수 있다.

다시 初傳이 이것의 원인, 中傳은 그 경과, 末傳은 결과를 나타내게 되는 것이다.

斷易의 卦에 있어서는, 남편을 나타내는, 官鬼의 爻인 卯와 자신(부인)을 나타내는 世爻인 未가 尅의 관계에 있으니 부부 사이가 나쁘다는 것을 나타내고 있다.

六壬의 과식에 있어서는, 남편을 나타내는 第一課의 十二支 「辰」과 자신을 나타내는 第三課의 十二支 「辰」과는 「刑」(辰의 自刑)의 관계에 있으니 역시 부부 사이가 나쁘다고 나타나 있다.

다시 이 課式(과식)을 자세히 조사하여 보면 큰 일이 나타나고 있다. 弟二課와 第四課의 十二支가 같은 「午」로 되어 있다. 第二課가 남편의 외도 상대자이며, 第四課가 자신의 몸이므로, 외도의 상대자가 자신의 몸이라는 것이 된다.

또 「十二 天將星」으로는, 혼인占에 있어서 「螣蛇」는 妻의 동생을 나타내고 있으며, 斷易의 卦에 있어서도 三爻인 丑의 兄弟가 움직여 進神이 되어 世爻를 冲하고 있다.

다시 물어 보았더니 역시 그러하였다. 이 女性을 나타내는 第三課의 十二支와 남편을 나타내는 第一課의 十二支와 初傳의 十二支의 三者는 모두 「刑」의 관계로서 어떻게 할 수가 없다는 것을 알았다. 그러나, 경과를 나타내는 中傳인 곳을 보면, 자신을 나타내는, 第三課의 辰은 初傳의 辰과는 「刑」으로 不利하였지마는, 中傳이 午로 되어 있어 第三課에는 「生」의 관계가 되어 상대의 여자를 나타내는 第二課와는 刑이 된다. 즉, 자신에게는 유리하니 상대의 외도인 여성에게는 불리하다는 뜻이 된다.

이러한 사정을 이야기 하였더니, 그러면 장래는 어떻게 되겠느냐고 묻는다. 「六壬」으로는 결과는 末傳의 十二支와 四課와의 十二支 관계에 의한다.

남편을 나타내는 第一課(辰)과 末傳(申)과는 「會」인 吉의 관계.

자신(여성)을 나타내는 第二課(辰)과 末傳(申)과는 「會」인 吉의 관계.

남편의 외도의 상대를 나타내는 第二課(午)와 末傳(申)과는 剋인 凶의 관계.

로 되므로 상대인 여성과의 인연이 끊어지며, 부인과는 인연이 깊어진다는 것을 나타내고 있다. 더구나 末傳의 十二天將星은 「天后」로서 부부화합의 부드러운 의미를 가지므로, 부부간의 응어리가 풀리는 것을 나타내고 있다.

다음에 그러한 옳지 못한 생각을 버리고, 물심 양면으로 새 출발하도록 「奇門遁甲」에 의한 좋은 방향으로 이사하도록 권하였다.

그것은 一九七二年 二月에 현거주지에서 西北쪽으로 이사하는 것이다. 이 二月의 正北方은 부부화합, 가정원만의 목적에는 최대의 吉方이 되는 방위이다. 이 方位의 「天地」는 「乙·丁」을 편안히 求하는데는 大吉이며, 「星門」은 「天芮·休門」의 大吉, 「宮神」은 「四綠·太陰」의 大吉이라는 최대 吉方에 해당되는 짜임이다.

이것은 一九七一年·女性의 「卜」의 例이다.

第三節 相의 部(金面相法·名相)

A氏라는 大實業家(대실업가)가 있었다. 사업을 폭넓게 하고 있는 壯年 사업가라고 할 수 있다.

이 A氏는, 「金面相法」에서 말하는 太常型(태상형)에 속하는 사람으로서 거기에 몸집이 큼직하고 단단하므로, 어느정도 玄武 (현무)型이 섞여 있었다. 그 때문에 대실업가라 하지마는 한 지방의 재벌가로서의 존재였다.

그런데 그것이 二. 三年전 부터, 나이 탓도 있고 튼튼한 봄의 느낌도 점점 줄어들어, 몸에 연약함이 더하여 갔다. 그 위에 눈 빛의 날카로움도 점점 힘 없어 보여지게 되었다.

즉, 二. 三년 전의 玄武型이 섞였던 것이 점점 사라져 순수한 太常型이 되어왔기 때문에 전국적인 대실업가로서의 명성과 실력을 갖추게 된것이다.

흔히 보통 말하는 「저 사람의 相이 변하였다.」라고 하는 것은 이에 해당하는 것이다. 人相이 변하였다 (한개의 型)고 하여 성공하였는지, 성공하였기 때문에 人相이 변하였는지의 인과관계는 어려운 문제이지만, 세상에는 이런 일을 흔히 볼 수 있는 일이다.

○○乃力乙人公一了 (이것은 A氏의 會社名이다.)

이것은, 「相」의 占術中의 「名相」에 의한 것이다.

地 人	天	總 外
16 5	14	25 25

5 8 3 2 2 1 2 4 1 2

×○○乃力乙人公一了

이 경우 인간의 성명은 반드시 天格이 제일 위에 있으며, 다음에 人格이 가운데 오며, 다시 제일 밑에 地格이 오는 것이 바른 名相이지마는, 商號 (상호)나 社名이나 物品名 (물품명)인 경우는 이것과는 반대가 된다.

人格數는 五인 福德集門 (복덕집문)의 吉數 (길수)

地格數는 十六인 天乙貴人 (천을귀인)의 吉數 (길수)

總格
外格數는 二十五인 口言剛毅 (구언강언)의 吉數 (길수)

이와 같이 四格(人·地·總·外의 各格)이 갖추어져 吉數인데다가 天·人·地의 배합이 「天」이 火,「人」이 土,「地」가 土이니 吉이므로 안정적인 발전으로 되어있다.

특히 名相에 있어서, 財運數라고 하는 「五·十六·二十五」의 三數를 비치된 것이 다시 사업발전에 박차를 더 하는 것이 된다.

第四節 醫의 部(方劑·鍼灸)

어느 여자대학생인 C양이 학교에서 돌아오면, 심한 頭痛(두통)頸部(경부)에서 어깨 전체가 굳어져버려, 목을 움직이는 것조차 부자유하게 되어 버렸다.

병원에 가보니 노이로—제이며 지나치게 공부를 많이하여 신경과로라고 하여 진정제를 받았다. 二.三日동안을 먹였으나 아무런 효과가 없었다. 두통이 조금 줄었다는 정도였다.

그 C양을 바라보니 얼굴 빛은 보통이었으며, 노이로—제이지 만은 정신면은 매우 왕성하여, 별다른 面은 전연 보이지 않았으며 二.三日 심한 두통이 있었는데 아직도 날뛰고 있었다.

脈(맥)을 짚어 보니 「浮緊(부긴)」한 脈이었다. 또 열도 전연 없었다. 또 거기에다 여름인데도 땀을 조금도 흘리지 않고 있었다.

그러면, 五術의 醫에서 이 C양을 생각해 보면 먼저 表裏는 두통이며, 項强(목 부분이 붓는것)이 있고, 脈이 浮이므로 당연히 「表證一」이 된다.

또 「熱寒」에서 말하면, 寒氣도 發熱(발열)도 없고, 또 脈의 빠르기도 보통이기 때문에 마치 「熱證一」인지 「寒證--」인지 모를 상태이다.

거기에서 C양에게 「어느날 학교에서 돌아오는 길에 땀투성이가 체로 냉방된 다방에 들어가지 않았느냐」고 물어 보았다.

답은 그대로였다. 즉, 이것은 땀 흘린 몸으로 갑자기 냉방에 들어갔기 때문에 감기의 一種이며, 「寒證--」이 당연하다.

다시 「實虛」에서 말하면, 땀은 나지 않고 건강하다. 脈은 緊(긴)하다는 등은 마땅히 「實證一」이 된다.

그렇게 되면, 「表裏·熱寒·實虛」의 證은 「表寒實」의 證으로「離 ☰」證이 되어 기본 卦의 처방은 「麻黃湯(마황탕)」이 된다.

거기서 麻黃湯을 한약방에서 求하여 복용할 것을 가르쳐 주었다. 그 분량은,

麻 黃(마황) 七그람

杏 仁(행인) 七그람

桂 枝(계지) 七그람

甘 草(감초) 四그람

이 약을 복용하면 바로 이불을 덮어쓰고 땀이 날때까지 안정하도록 가르쳐 주었다. 할 수 있으면, 두통이 낫도록 몸의 「風池(풍지)」라는 穴에 침을 하든지 溫針(온침)을 하면 좋지만은 이것은 전문적인 침구사에게 부탁하도록 권하였다.

그 뒤에 경과를 물었더니 내의가 젖을 정도로 땀을 흘린 뒤, 하루만에 나아버렸다는 것이다.

더우기 醫의 원전인 「傷寒論(상한론)」이나 그 밖의 체방의 뿌리에는 이 麻黃湯의 證을, 어느 것이나 모두 發熱(발열)을 조건으로 들고 있으나 臨床的(임상적)으로는 그렇지도 않다. 「表寒實☰離卦」의 조건이 갖추어졌으면, 발열이 있든 없든 아무 상관이 없다. 이 마황탕을 쓴다.

또 이 마황탕을 사용할 때는, 桂枝(계지)의 양을 가급적 麻黃과 비슷한 양을 하지않으면 發汗(발한)하고 나서부터 체력에 매우 부담

-570-

이 가는 것이므로, 보통 한방서적에 적혀있는 양을 써서는 안된다.

第五節 山의 部(地丹)

어떤 월급생활자인 B氏가 四年만에 결핵요양소에서 퇴원하여 왔다. 정밀검사의 결과는 완치되었다고 하였으나, 왠지 몸이 붇지 않고 야위어 살도 붙지 않는다.

「山」에 있어서의 「天丹」의 「築基法(축기법)」을 하면 좋겠지만은 월급생활이라는 직장사정으로 아침 三時부터 靜座法이나 호흡법도 할 수 없으며, 또 장기간 계속할 수도 없는 형편이다. 그래서 B氏에게 「地丹(지단)」의 식이요법을 하도록 권하였다.

마침 겨울이였으므로, 땅콩을 냄비에 넣어 오래도록 쪄서 식용하는 방법이다. 이 방법은 식이요법 중에서는 가장 맛이 좋으며, 실시하기 쉽기 때문에 오래 계속할 수도 있다. B氏는 이듬해 봄에는 혈색도 좋아지고, 몸에 살도 붙게 되었다.

이 일로 B氏는 완전히 五術의 「山(仙道)」의 신봉자가 되어 땅콩에 이어서 四계절의 식이요법인 율무쌀, 녹두등을 식용하여 지금은 옛날보다도 더욱 건강해 버렸다.

五術의 綜合的(종합적) 활용

— 「뒷글」로 바꾸면서 「五術大法誘貫」 —

「五術」(命·卜·相·醫·山의 다섯 가지 術法)의 입문에서 부터
그 응용까지를, 이 책에서 記述하여 왔다. 다소간에, 한국에서는 처음
공개되는 것이며, 하나의 占術이나 하나의 術法을 이와 같이 이론적으
로 체계를 붙인 것은 지금까지 한국은 물론 일본에서도 없었던 것이다.
그렇기 때문에 이해하기에 힘드는 點도 있겠으나, 그런 곳은 몇번이고
되풀이 하여 읽으면 알게 될것으로 믿는다.

하여간 도중에서 저버리지 말고, 이 「五術」을 끝까지 읽고   깊은
연구를 하여 일상생활에 응용하여 큰 어려움을 적은 어려움으로, 적은
어려움은 無難(무난)으로, 다시 凶을 吉로 전환하여 보다 나은 인생
으로 향상될 수 있도록 바란다.

그러면 마지막으로, 이 훌륭한 五術을 능숙하게 활용하여, 五術의 이
해를 보다 깊으게 하기 위해서, 敢(감)히 「透派(투파)」에   전해
온 한갖 문장을 공개한다. 이것은 지금까지 掌門(장문)이외는   읽는
것을 금지되어 있는 五術에 관한 결정적인 약속과 같은 것이다.

앞서 설명한(三四頁참조) 것처럼, 우리 透派에는 五術의 다섯   종
류의 方術이 세 단계로 걸쳐 있으나, 모두 一五種의 五術이 있다.   그
祕奧(비오)한 것이 「大法」으로서 一五권 있다. 이 一五권의   大法
을 총정리 했다고 할 수 있는 것이 지금부터 설명하는 「大法透貫(대
법투관)」이다. 五術을 「命·卜」과 「山·醫」와 「相」의   三個型
으로 나누어 詩(시)로 五術의 마음가짐과 그 究明方法(구명방법)을
풀이하고 있다. 이에 따라서 五術의 옳바른 학습과 활용방법을 납득할
수 있도록 바라마지 않는다.

大法透貫 (대법투관)

命·卜

獨秀貴伶仃 (독수귀령정)　獨秀는 伶仃을 존중히 하여

花開水必平 (화개수필평)　꽃 피면 물은 반드시 그 길이 평탄하다.

奇門分彼我 (기문분피아)　奇門은 그와 나의 대립관계를 나누어 보아야 하고

趕趌壬難明 (간쟁임난명)　趕趌은 六壬으로는 판단하기 어렵도다.

山·醫

藥石保平安 (약석보평안)　약돌은 인간의 평안을 유지하며

山延大去關 (산연대거관)　山은 인간의 死期를 연장한다.

人三天四五 (인삼천사오)　人丹은 三期까지 天丹은 四 또는 五死期까지이다.

福壽自金丹 (복수자금단)　복수는 金丹에 의한다.

人　相

命卜與山醫 (명복여산의)　命卜과 山醫는,

根困種一批 (근인종일비)　吉凶의 원인과 비슷하다.

擬知花與果 (의지화여과)　꽃과 열매를 알려고 하거든

面掌洩天機 (면장설천기)　面相과 수상에는 天機가 흘러나온다.

命·卜 (풀이)

紫薇斗數推命術에 있어서의 出生圖는, 좋은 宮이 많이 있는것보다, 뛰어나게 훌륭한 좋은 宮이 하나 있는 편이 좋은 숙명인 사람이라 할 수 있다.

子平推命術 (四柱推命)의 行運은 喜神運이 오래 계속하기 보다도, 특별히 뛰어나게 훌륭한 運이 한 두번 오는 運이 出世할 수 있게 된다.

奇門遁甲術은 彼我 (피아)의 대립관계로 나누어 보는 것으로, 판단

이 보다 정확하게 되며, 彼我의 관계가 없는 占事(점사)는 太乙數 (태을수)라는 術法으로 보지 않으면 안된다.

많은 事物件數(사물건수)에서 고르니 占事는 六壬神課(육임신과) 의 방술로서는 판단하기 어려운 것이며, 奇門遁甲術에 의하지 않으면 안된다.

山・醫(풀이)

鍼灸(침구)나 方劑(방제)에 의한 醫라는 것은, 단순한 인간의 평온무사를 유지하기 위한 것이며, 인간의 死期를 연장할 수는 없다.

단지 山(仙道)만이 인간의 死期를 연장시킬 수 있는 것이며, 山(仙道)에 修業(수업)함으로서 死期는 늦어진다.

山(仙道)의 人丹을 修業하게 되면 第三死期까지 살 수 있게 되며, 다시 天丹을 수업한다면 第四死期나 第五死期까지 생명을 연장할 가능성이 있다.

壽命(수명)의 길이는, 이와 같이 山(仙道)에 따라 달라진다.

人 相(풀이)

五術에 있어서의 命・卜・山・醫등은, 생활상에 있어서 길흉의 원인과 같은 것이다. 이들의 결과를 알고 싶으면, 人相(面相・手相)을 보아야 한다.

이상이 「天法透貫」에서 설명되었던 것이지 마는 감히 설명하면 다음과 같다.

1. 紫薇斗數推命術로 좋은 사람이라는 것은, 十二宮中에서 어느 宮인가에 특별히 뛰어나게 좋은 出生圖를 말한다.

2. 紫薇斗數推命術로 좋은 出生圖인 사람은, 반드시 行運이 좋은 사람이다.

3. 奇門遁甲術은 반드시 상대의 조건도 보지않으면 안된다. 가령, 자신이 吉方으로 향해서 九〇點의 합격점을 받게 되더라도, 자신(자

신 이외의 경쟁자)가 九五點을 받았다면 정원이 있으므로 불합격이 된다. 즉, 자신은 吉이지마는 상대 여하에 따라 다르다고 하는 것을 경계하고 있는 것이다.

4. 많은 여러가지 事物이나 사람으로부터 하나를 집어내는 일의 占斷은, 六壬으로 봐서는 안된다는 것이다. 가령, 많은 求婚者(구혼자) 중에서 한 사람을 고르는 일, 어느 학교를 선택한다는 등의 경우이다.

5. 第一死期를 넘는데는, 山(仙道)의 修道를 하지 않으면 안된다. 즉 地丹을 修得(수득)하면 第二死期까지, 人丹을 修得하면 第三死期까지, 天丹을 修得하면 第四期까지 壽命(수명)을 연장하게 된다.

6. 相이라는 占術은, 命의 천연적 결과, 卜의 천연적 결과, 山의 人爲的(인위적) 결과, 醫의 人爲的 결과를 나타낸 것이다.

五術萬歳暦

附紫薇斗数出生図表
奇門遁甲図表

이책의 利用法

이책은 五術의 活用과 五術萬歲曆을 運用해 가는데 있어 없어서는 아니될 중요한 기본조건을 총활해 두은 것이다.

상기하여 말하여 두고져 함은 「命卜相」의 三術모두에 이용하는 도표와 「醫」의 一部에 이용하는 조건을 편찬한 것이다.

이책에 있는 원칙을 머리속에 넣어두면 언제나 주위에 이책이 없어도 상관 없겠지만 그러하지 못할 경우에는 常 時로 이책을 주위에 놓아두지 아니하면 五術의 運用을 할수 없을 것이다.

이책의 詳細한 使用方法은 그대가 놀랄정도로 各章에서 説明하여 두었다.

干支萬歲曆은 西紀1905年부터 1991年까지의 年月日의 干支와 그境界 年의 九宮(九星)日의 九 每日의 陰曆을 실고 있다. 特히 이책은 陰曆을 계산하지 않아도 곧 볼수 있도록 하여 둔것이 特色이라 할수 있다.

더우기 日의 九宮(九星)과 陰曆은 中國에서 實點에 사용되고 있는 실용성에 主眠을 둔 冊曆을 총활해 두었음을 알려두고자 한다.

別冊目次

干支万年暦表

西曆一九〇五年 （漢数字의太字는陰局、細字는陽局）

午壬六	巳辛五	辰庚四	卯己三	寅戊二	丑丁一	月
夏至 芒種	小滿 立夏	穀雨 清明	春分 驚蟄	雨水 立春	大寒 小寒	節気
22　6	22　6	21　5	21　6	19　4	21　6	
巳　酉	丑　未	丑　戌	未　未	申　戌	子　辰	
六	六	六	六	六	六	局 / 日
八未辛29	四子庚27	一午庚27	六亥己26	五未辛27	一子庚26	1
九申壬30	五丑辛28	二未辛28	七子庚27	六申壬28	二丑辛27	2
一酉癸朔	六寅壬29	三申壬29	八丑辛28	七酉癸29	三寅壬28	3
二戌甲2	七卯癸朔	四酉癸30	九寅壬29	八戌甲朔	四卯癸29	4
三亥乙3	八辰甲2	五戌甲朔	一卯癸30	九亥乙2	五辰甲30	5
四子丙4	九巳乙3	六亥乙2	二辰甲朔	一子丙3	六巳乙朔	6
五丑丁5	一午丙4	七子丙3	三巳乙2	二丑丁4	七午丙2	7
六寅戊6	二未丁5	八丑丁4	四午丙3	三寅戊5	八未丁3	8
七卯己7	三申戊6	九寅戊5	五未丁4	四卯己6	九申戊4	9
八辰庚8	四酉己7	一卯己6	六申戊5	五辰庚7	一酉己5	10
九巳辛9	五戌庚8	二辰庚7	七酉己6	六巳辛8	二戌庚6	11
一午壬10	六亥辛9	三巳辛8	八戌庚7	七午壬9	三亥辛7	12
二未癸11	七子壬10	四午壬9	九亥辛8	八未癸10	四子壬8	13
三申甲12	八丑癸11	五未癸10	一子壬9	九申甲11	五丑癸9	14
四酉乙13	九寅甲12	六申甲11	二丑癸10	一酉乙12	六寅甲10	15
五戌丙14	一卯乙13	七酉乙12	三寅甲11	二戌丙13	七卯乙11	16
六亥丁15	二辰丙14	八戌丙13	四卯乙12	三亥丁14	八辰丙12	17
七子戊16	三巳丁15	九亥丁14	五辰丙13	四子戊15	九巳丁13	18
八丑己17	四午戊16	一子戊15	六巳丁14	五丑己16	一午戊14	19
九寅庚18	五未己17	二丑己16	七午戊15	六寅庚17	二未己15	20
一卯辛19	六申庚18	三寅庚17	八未己16	七卯辛18	三申庚16	21
八辰壬20	七酉辛19	四卯辛18	九申庚17	八辰壬19	四酉辛17	22
七巳癸21	八戌壬20	五辰壬19	一酉辛18	九巳癸20	五戌壬18	23
六午甲22	九亥癸21	六巳癸20	二戌壬19	一午甲21	六亥癸19	24
五未乙23	一子甲22	七午甲21	三亥癸20	二未乙22	七子甲20	25
四申丙24	二丑乙23	八未乙22	四子甲21	三申丙23	八丑乙21	26
三酉丁25	三寅丙24	九申丙23	五丑乙22	四酉丁24	九寅丙22	27
二戌戊26	四卯丁25	一酉丁24	六寅丙23	五戌戊25	一卯丁23	28
一亥己27	五辰戊26	二戌戊25	七卯丁24		二辰戊24	29
九子庚28	六巳己27	三亥己26	八辰戊25		三巳己25	30
	七午庚28		九巳己26		四午庚26	31

乙巳年

立向五

月	子戊十二	亥丁十一	戌丙十	酉乙九	申甲八	未癸七
節气	冬至22戌　大雪8丑	小雪23辰　立冬8巳	霜降23午　寒露9辰	秋分24丑　白露7酉	處暑24寅　立秋8未	大暑23亥　小暑8寅
局	五	五	五	六	六	六
日						
1	八戌甲5	二辰癸5	六酉癸3	九卯癸3	四申壬初1	八丑辛29
2	七亥乙6	一巳乙6	五戌甲4	八辰甲4	三酉癸2	七寅壬30
3	六子丙7	九午丙7	四亥乙5	七巳乙5	二戌甲3	六卯癸初1
4	五丑丁8	八未丁8	三子丙6	六午丙6	一亥乙4	五辰甲2
5	四寅戊9	七申戊9	二丑丁7	五未丁7	九子丙5	四巳乙3
6	三卯己10	六酉己10	一寅戊8	四申戊8	八丑丁6	三午丙4
7	二辰庚11	五戌庚11	九卯己9	三酉己9	七寅戊7	二未丁5
8	一巳辛12	四亥辛12	八辰庚10	二戌庚10	六卯己8	一申戊6
9	九午壬13	三子壬13	七巳辛11	一亥辛11	五辰庚9	九酉己7
10	八未癸14	二丑癸14	六午壬12	九子壬12	四巳辛10	八戌庚8
11	七申甲15	一寅甲15	五未癸13	八丑癸13	三午壬11	七亥辛9
12	六酉乙16	九卯乙16	四申甲14	七寅甲14	二未癸12	六子壬10
13	五戌丙17	八辰丙17	三酉乙15	六卯乙15	一申甲13	五丑癸11
14	四亥丁18	七巳丁18	二戌丙16	五辰丙16	九酉乙14	四寅甲12
15	三子戊19	六午戊19	一亥丁17	四巳丁17	八戌丙15	三卯乙13
16	二丑己20	五未己20	九子戊18	三午戊18	七亥丁16	二辰丙14
17	一寅庚21	四申庚21	八丑己19	二未己19	六子戊17	一巳丁15
18	九卯辛22	三酉辛22	七寅庚20	一申庚20	五丑己18	九午戊16
19	八辰壬23	二戌壬23	六卯辛21	九酉辛21	四寅庚19	八未己17
20	七巳癸24	一亥癸24	五辰壬22	八戌壬22	三卯辛20	七申庚18
21	六午甲25	九子甲25	四巳癸23	七亥癸23	二辰壬21	六酉辛19
22	五未乙26	八丑乙26	三午甲24	六子甲24	一巳癸22	五戌壬20
23	九申丙27	七寅丙27	二未乙25	五丑乙25	九午甲23	四亥癸21
24	一酉丁28	六卯丁28	一申丙26	四寅丙26	八未乙24	三子甲22
25	二戌戊29	五辰戊29	九酉丁27	三卯丁27	七申丙25	二丑乙23
26	三亥己初1	四巳己30	八戌戊28	二辰戊28	六酉丁26	一寅丙24
27	四子庚2	三午庚初1	七亥己29	一巳己29	五戌戊27	九卯丁25
28	五丑辛3	二未辛2	六子庚初1	九午庚30	四亥己28	八辰戊26
29	六寅壬4	一申壬3	五丑辛2	八未辛初1	三子庚29	七巳己27
30	七卯癸5	九酉癸4	四寅壬3	七申壬2	二丑辛初1	六午庚28
31	八辰甲6		三卯癸4		一寅壬2	五未辛29

午甲六	巳癸五	辰壬四	卯辛三	寅庚二	丑己一	月
芒種 夏至	立夏 小満	清明 穀雨	驚蟄 春分	立春 雨水	小寒 大寒	節気
6　22	6　22	6　21	6　21	5　19	6　21	
子　申	酉　辰	子　辰	戌　戌	子　戌	未　卯	局
五	五	五	五	五	五	日
七子丙10	三巳乙8	九亥乙8	五辰甲7	四子丙8	九巳乙7	1
八丑丁11	四午丙9	一子丙9	六巳乙8	五丑丁9	一午丙8	2
九寅戊12	五未丁10	二丑丁10	七午丙9	六寅戊10	二未丁9	3
一卯己13	六申戊11	三寅戊11	八未丁10	七卯己11	三申戊10	4
二辰庚14	七酉己12	四卯己12	九申戊11	八辰庚12	四酉己11	5
三巳辛15	八戌庚13	五辰庚13	一酉己12	九巳辛13	五戌庚12	6
四午壬16	九亥辛14	六巳辛14	二戌庚13	一午壬14	六亥辛13	7
五未癸17	一子壬15	七午壬15	三亥辛14	二未癸15	七子壬14	8
六申甲18	二丑癸16	八未癸16	四子壬15	三申甲16	八丑癸15	9
七酉乙19	三寅甲17	九申甲17	五丑癸16	四酉乙17	九寅甲16	10
八戌丙20	四卯乙18	一酉乙18	六寅甲17	五戌丙18	一卯乙17	11
九亥丁21	五辰丙19	二戌丙19	七卯乙18	六亥丁19	二辰丙18	12
一子戊22	六巳丁20	三亥丁20	八辰丙19	七子戊20	三巳丁19	13
二丑己23	七午戊21	四子戊21	九巳丁20	八丑己21	四午戊20	14
三寅庚24	八未己22	五丑己22	一午戊21	九寅庚22	五未己21	15
四卯辛25	九申庚23	六寅庚23	二未己22	一卯辛23	六申庚22	16
五辰壬26	一酉辛24	七卯辛24	三申庚23	二辰壬24	七酉辛23	17
六巳癸27	二戌壬25	八辰壬25	四酉辛24	三巳癸25	八戌壬24	18
七午甲28	三亥癸26	九巳癸26	五戌壬25	四午甲26	九亥癸25	19
八未乙29	四子甲27	一午甲27	六亥癸26	五未乙27	一子甲26	20
九申丙30	五丑乙28	二未乙28	七子甲27	六申丙28	二丑乙27	21
一酉丁 6/1	六寅丙29	三申丙29	八丑乙28	七酉丁29	三寅丙28	22
八戌戊2	七卯丁 5/1	四酉丁30	九寅丙29	八戌戊 2/1	四卯丁29	23
七亥己3	八辰戊2	五戌戊 4/1	一卯丁30	九亥己2	五辰戊30	24
六子庚4	九巳己3	六亥己2	二辰戊 3/1	一子庚3	六巳己 1/1	25
五丑辛5	一午庚4	七子庚3	三巳己2	二丑辛4	七午庚2	26
四寅壬6	二未辛5	八丑辛4	四午庚3	三寅壬5	八未辛3	27
三卯癸7	三申壬6	九寅壬5	五未辛4	四卯癸6	九申壬4	28
二辰甲8	四酉癸7	一卯癸6	六申壬5		一酉癸5	29
一巳乙9	五戌甲8	二辰甲7	七酉癸6		二戌甲6	30
	六亥乙9		八戌甲7		三亥乙7	31

西曆一九〇六年 (漢数字의太字는陰局、細字는陽局)

月	十二 子庚	十一 亥己	十 戌戊	九 酉丁	八 申丙	七 未乙
節気	冬至23丑　大雪8辰	小雪23未　立冬8申	霜降24申　寒露9未	秋分24辰　白露8亥	處暑24巳　立秋8戌	大暑24寅　小暑8巳
局	四	四	四	四	四	五
日	子庚	亥己	戌戊	酉丁	申丙	未乙
1	九卯己16	三酉己15	七寅戊14	一申戊13	五丑丁12	九午丙10
2	八辰庚17	二戌庚16	六卯己15	九酉己14	四寅戊13	八未丁11
3	七巳辛18	一亥辛17	五辰庚16	八戌庚15	三卯己14	七申戊12
4	六午壬19	九子壬18	四巳辛17	七亥辛16	二辰庚15	六酉己13
5	五未癸20	八丑癸19	三午壬18	六子壬17	一巳辛16	五戌庚14
6	四申甲21	七寅甲20	二未癸19	五丑癸18	九午壬17	四亥辛15
7	三酉乙22	六卯乙21	一申甲20	四寅甲19	八未癸18	三子壬16
8	二戌丙23	五辰丙22	九酉乙21	三卯乙20	七申甲19	二丑癸17
9	一亥丁24	四巳丁23	八戌丙22	二辰丙21	六酉乙20	一寅甲18
10	九子戊25	三午戊24	七亥丁23	一巳丁22	五戌丙21	九卯乙19
11	八丑己26	二未己25	六子戊24	九午戊23	四亥丁22	八辰丙20
12	七寅庚27	一申庚26	五丑己25	八未己24	三子戊23	七巳丁21
13	六卯辛28	九酉辛27	四寅庚26	七申庚25	二丑己24	六午戊22
14	五辰壬29	八戌壬28	三卯辛27	六酉辛26	一寅庚25	五未己23
15	四巳癸30	七亥癸29	二辰壬28	五戌壬27	九卯辛26	四申庚24
16	三午甲⅟1	六子甲⅟1	一巳癸29	四亥癸28	八辰壬27	三酉辛25
17	二未乙2	五丑乙2	九午甲30	三子甲29	七巳癸28	二戌壬26
18	一申丙3	四寅丙3	八未乙⅟1	二丑乙⅟1	六午甲29	一亥癸27
19	九酉丁4	三卯丁4	七申丙2	一寅丙2	五未乙30	九子甲28
20	八戌戊5	二辰戊5	六酉丁3	九卯丁3	四申丙⅟1	八丑乙29
21	七亥己6	一巳己6	五戌戊4	八辰戊4	三酉丁2	七寅丙⅟1
22	六子庚7	九午庚7	四亥己5	七巳己5	二戌戊3	六卯丁2
23	五丑辛8	八未辛8	三子庚6	六午庚6	一亥己4	五辰戊3
24	六寅壬9	七申壬9	二丑辛7	五未辛7	九子庚5	四巳己4
25	七卯癸10	六酉癸10	一寅壬8	四申壬8	八丑辛6	三午庚5
26	八辰甲11	五戌甲11	九卯癸9	三酉癸9	七寅壬7	二未辛6
27	九巳乙12	四亥乙12	八辰甲10	二戌甲10	六卯癸8	一申壬7
28	一午丙13	三子丙13	七巳乙11	一亥乙11	五辰甲9	九酉癸8
29	二未丁14	二丑丁14	六午丙12	九子丙12	四巳乙10	八戌甲9
30	三申戊15	一寅戊15	五未丁13	八丑丁13	三午丙11	七亥乙10
31	四酉己16		四申戊14		二未丁12	六子丙11

丙午年

立向四

午丙 六	巳乙 五	辰甲 四	卯癸 三	寅壬 二	丑辛 一	月
夏至 22 亥 / 芒種 7 卯	小滿 22 未 / 立夏 7 子	穀雨 21 未 / 清明 6 卯	春分 22 丑 / 驚蟄 6 丑	雨水 20 丑 / 立春 5 卯	大寒 21 午 / 小寒 6 戌	節気
三	四	四	四	四	四	局 / 日
三巳辛21	八戌庚19	五辰庚19	一酉己17	九巳己19	五戌庚17	1
四午壬22	九亥辛20	六巳辛20	二戌庚18	一午庚20	六亥辛18	2
五未癸23	一子壬21	七午壬21	三亥辛19	二未辛21	七子壬19	3
六申甲24	二丑癸22	八未癸22	四子壬20	三申壬22	八丑癸20	4
七酉乙25	三寅甲23	九申甲23	五丑癸21	四酉癸23	九寅甲21	5
八戌丙26	四卯乙24	一酉乙24	六寅甲22	五戌甲24	一卯乙22	6
九亥丁27	五辰丙25	二戌丙25	七卯乙23	六亥乙25	二辰丙23	7
一子戊28	六巳丁26	三亥丁26	八辰丙24	七子丙26	三巳丁24	8
二丑己29	七午戊27	四子戊27	九巳丁25	八丑丁27	四午戊25	9
三寅庚30	八未己28	五丑己28	一午戊26	九寅戊28	五未己26	10
四卯辛5/1	九申庚29	六寅庚29	二未己27	一卯己29	六申庚27	11
五辰壬2	一酉辛/1	七卯辛30	三申庚28	二辰壬30	七酉辛28	12
六巳癸3	二戌壬2	八辰壬3/1	四酉辛29	三巳癸1/	八戌壬29	13
七午甲4	三亥癸3	九巳癸2	五戌壬/1	四午甲2	九亥癸/1	14
八未乙5	四子甲4	一午甲3	六亥癸2	五未乙3	一子甲2	15
九申丙6	五丑乙5	二未乙4	七子甲3	六申丙4	二丑乙3	16
一酉丁7	六寅丙6	三申丙5	八丑乙4	七酉丁5	三寅丙4	17
二戌戊8	七卯丁7	四酉丁6	九寅丙5	八戌戊6	四卯丁5	18
三亥己9	八辰戊8	五戌戊7	一卯丁6	九亥己7	五辰戊6	19
四子庚10	九巳己9	六亥己8	二辰戊7	一子庚8	六巳己7	20
五丑辛11	一午庚10	七子庚9	三巳己8	二丑辛9	七午庚8	21
六寅壬12	二未辛11	八丑辛10	四午庚9	三寅壬10	八未辛9	22
三卯癸13	三申壬12	九寅壬11	五未辛10	四卯癸11	九申壬10	23
二辰甲14	四酉癸13	一卯癸12	六申壬11	五辰甲12	一酉癸11	24
一巳乙15	五戌甲14	二辰甲13	七酉癸12	六巳乙13	二戌甲12	25
九午丙16	六亥乙15	三巳乙14	八戌甲13	七午丙14	三亥乙13	26
八未丁17	七子丙16	四午丙15	九亥乙14	八未丁15	四子丙14	27
七申戊18	八丑丁17	五未丁16	一子丙15	九申戊16	五丑丁15	28
六酉己19	九寅戊18	六申戊17	二丑丁16		六寅戊16	29
五戌庚20	一卯己19	七酉己18	三寅戊17		七卯己17	30
	二辰庚20		四卯己18		八辰庚18	31

西暦一九〇七年 （漢数字의 太字는 陰局、細字는 陽局）

丁未年

立向三

子壬十二	亥辛十一	戌庚十	酉己九	申戊八	未丁七	月
冬至 大雪	小雪 立冬	霜降 寒露	秋分 白露	處暑 立秋	大暑 小暑	節氣
23　8	23　8	24　9	24　9	24　9	24　8	
辰　未	戌　亥	亥　戌	亥　戌	申　丑	巳　申	
三	三	三	三	三	三	局

子壬十二	亥辛十一	戌庚十	酉己九	申戊八	未丁七	日
四申甲26	七寅甲26	二未癸24	五丑癸24	九午壬23	四亥辛21	1
三酉乙27	六卯乙27	一申甲25	四寅甲25	八未癸24	三子壬22	2
二戌丙28	五辰丙28	九酉乙26	三卯乙26	七申甲25	二丑癸23	3
一亥丁29	四巳丁29	八戌丙27	二辰丙27	六酉乙26	一寅甲24	4
九子戊卅	三午戊30	七亥丁28	一巳丁28	五戌丙27	九卯乙25	5
八丑己2	二未己卅	六子戊29	九午戊29	四亥丁28	八辰丙26	6
七寅庚3	一申庚2	五丑己卅	八未己30	三子戊29	七巳丁27	7
六卯辛4	九酉辛3	四寅庚2	七申庚卅	二丑己30	六午戊28	8
五辰壬5	八戌壬4	三卯辛3	六酉辛2	一寅庚朔	五未己29	9
四巳癸6	七亥癸5	二辰壬4	五戌壬3	九卯辛2	四申庚朔	10
三午甲7	六子甲6	一巳癸5	四亥癸4	八辰壬3	三酉辛2	11
二未乙8	五丑乙7	九午甲6	三子甲5	七巳癸4	二戌壬3	12
一申丙9	四寅丙8	八未乙7	二丑乙6	六午甲5	一亥癸4	13
九酉丁10	三卯丁9	七申丙8	一寅丙7	五未乙6	九子甲5	14
八戌戊11	二辰戊10	六酉丁9	九卯丁8	四申丙7	八丑乙6	15
七亥己12	一巳己11	五戌戊10	八辰戊9	三酉丁8	七寅丙7	16
六子庚13	九午庚12	四亥己11	七巳己10	二戌戊9	六卯丁8	17
五丑辛14	八未辛13	三子庚12	六午庚11	一亥己10	五辰戊9	18
四寅壬15	七申壬14	二丑辛13	五未辛12	九子庚11	四巳己10	19
三卯癸16	六酉癸15	一寅壬14	四申壬13	八丑辛12	三午庚11	20
二辰甲17	五戌甲16	九卯癸15	三酉癸14	七寅壬13	二未辛12	21
一巳乙18	四亥乙17	八辰甲16	二戌甲15	六卯癸14	一申壬13	22
九午丙19	三子丙18	七巳乙17	一亥乙16	五辰甲15	九酉癸14	23
二未丁20	二丑丁19	六午丙18	九子丙17	四巳乙16	八戌甲15	24
三申戊21	一寅戊20	五未丁19	八丑丁18	三午丙17	七亥乙16	25
四酉己22	九卯己21	四申戊20	七寅戊19	二未丁18	六子丙17	26
五戌庚23	八辰庚22	三酉己21	六卯己20	一申戊19	五丑丁18	27
六亥辛24	七巳辛23	二戌庚22	五辰庚21	九酉己21	四寅戊19	28
七子壬25	六午壬24	一亥辛23	四巳辛22	八戌庚21	三卯己20	29
八丑癸26	五未癸25	九子壬24	三午壬23	七亥辛22	二辰庚21	30
九寅甲27		八丑癸25		六子壬23	一巳辛22	31

午戊六	巳丁五	辰丙四	卯乙三	寅甲二	丑癸一	月
夏至 芒種	小満 立夏	穀雨 清明	春分 驚蟄	雨水 立春	大寒 小寒	節気
22　6	21　6	20　5	21　6	20　5	21　7	
寅　午	戌　卯	戌　午	辰　卯	辰　午	酉　丑	局
二	二	二	三	三	三	日
九亥丁 3	五辰丙 2	二戌丙 3/1	七卯乙 29	五戌丙 29	一卯乙 28	1
一子戊 4	六巳丁 3	三亥丁 2	八辰丙 30	六亥丁 1/1	二辰丙 29	2
二丑己 5	七午戊 4	四子戊 3	九巳丁 3/1	七子戊 2	三巳丁 30	3
三寅庚 6	八未己 5	五丑己 4	一午戊 2	八丑己 3	四午戊 12/1	4
四卯辛 7	九申庚 6	六寅庚 5	二未己 3	九寅庚 4	五未己 2	5
五辰壬 8	一酉辛 7	七卯辛 6	三申庚 4	一卯辛 5	六申庚 3	6
六巳癸 9	二戌壬 8	八辰壬 7	四酉辛 5	二辰壬 6	七酉辛 4	7
七午甲 10	三亥癸 9	九巳癸 8	五戌壬 6	三巳癸 7	八戌壬 5	8
八未乙 11	四子甲 10	一午甲 9	六亥癸 7	四午甲 8	九亥癸 6	9
九申丙 12	五丑乙 11	二未乙 10	七子甲 8	五未乙 9	一子甲 7	10
一酉丁 13	六寅丙 12	三申丙 11	八丑乙 9	六申丙 10	二丑乙 8	11
二戌戊 14	七卯丁 13	四酉丁 12	九寅丙 10	七酉丁 11	三寅丙 9	12
三亥己 15	八辰戊 14	五戌戊 13	一卯丁 11	八戌戊 12	四卯丁 10	13
四子辛 16	九巳己 15	六亥己 14	二辰戊 12	九亥己 13	五辰戊 11	14
五丑辛 17	一午庚 16	七子庚 15	三巳己 13	一子庚 14	六巳己 12	15
六寅壬 18	二未辛 17	八丑辛 16	四午庚 14	二丑辛 15	七午庚 13	16
七卯癸 19	三申壬 18	九寅壬 17	五未辛 15	三寅壬 16	八未辛 14	17
八辰甲 20	四酉癸 19	一卯癸 18	六申壬 16	四卯癸 17	九申壬 15	18
九巳乙 21	五戌甲 20	二辰甲 19	七酉癸 17	五辰甲 18	一酉癸 16	19
一午丙 22	六亥乙 21	三巳乙 20	八戌甲 18	六巳乙 19	二戌甲 17	20
二未丁 23	七子丙 22	四午丙 21	九亥乙 19	七午丙 20	三亥乙 18	21
三申戊 24	八丑丁 23	五未丁 22	一子丙 20	八未丁 21	四子丙 19	22
六酉己 25	九寅戊 24	六申戊 23	二丑丁 21	九申戊 22	五丑丁 20	23
五戌庚 26	一卯己 25	七酉己 24	三寅戊 22	一酉己 23	六寅戊 21	24
四亥辛 27	二辰庚 26	八戌庚 25	四卯己 23	二戌庚 24	七卯己 22	25
三子壬 28	三巳辛 27	九亥辛 26	五辰庚 24	三亥辛 25	八辰庚 23	26
二丑癸 29	四午壬 28	一子壬 27	六巳辛 25	四子壬 26	九巳辛 24	27
一寅甲 30	五未癸 29	二丑癸 28	七午壬 26	五丑癸 27	一午壬 25	28
九卯乙 6/1	六申甲 30	三寅甲 29	八未癸 27	六寅甲 28	二未癸 26	29
八辰丙 2	七酉乙 5/1	四卯乙 4/1	九申甲 28		三申甲 27	30
	八戌丙 2		一酉乙 29		四酉乙 28	31

西曆一九○八年（漢数字의太字는陰局、細字는陽局）

戊申年　立向二

月	十二 子甲	十一 亥癸	十 戌壬	九 酉辛	八 申庚	七 未己
節气	冬至 22 未 / 大雪 9 戌	小雪 23 丑 / 立冬 8 寅	霜降 24 寅 / 寒露 9 丑	秋分 23 戌 / 白露 8 巳	處暑 23 亥 / 立秋 8 辰	大暑 23 申 / 小暑 7 亥
局	二	二	二	二	二	二

日	十二 子甲	十一 亥癸	十 戌壬	九 酉辛	八 申庚	七 未己
1	七 寅庚 8	一 申庚 8	五 丑己 7	八 未己 6	三 子戊 5	七 巳丁 3
2	六 卯辛 9	九 酉辛 9	四 寅庚 8	七 申庚 7	二 丑己 6	六 午戊 4
3	五 辰壬 10	八 戌壬 10	三 卯辛 9	六 酉辛 8	一 寅庚 7	五 未己 5
4	四 巳癸 11	七 亥癸 11	二 辰壬 10	五 戌壬 9	九 卯辛 8	四 申庚 6
5	三 午甲 12	六 子甲 12	一 巳癸 11	四 亥癸 10	八 辰壬 9	三 酉辛 7
6	二 未乙 13	五 丑乙 13	九 午甲 12	三 子甲 11	七 巳癸 10	二 戌壬 8
7	一 申丙 14	四 寅丙 14	八 未乙 13	二 丑乙 12	六 午甲 11	一 亥癸 9
8	九 酉丁 15	三 卯丁 15	七 申丙 14	一 寅丙 13	五 未乙 12	九 子甲 10
9	八 戌戊 16	二 辰戊 16	六 酉丁 15	九 卯丁 14	四 申丙 13	八 丑乙 11
10	七 亥己 17	一 巳己 17	五 戌戊 16	八 辰戊 15	三 酉丁 14	七 寅丙 12
11	六 子庚 18	九 午庚 18	四 亥己 17	七 巳己 16	二 戌戊 15	六 卯丁 13
12	五 丑辛 19	八 未辛 19	三 子庚 18	六 午庚 17	一 亥己 16	五 辰戊 14
13	四 寅壬 20	七 申壬 20	二 丑辛 19	五 未辛 18	九 子庚 17	四 巳己 15
14	三 卯癸 21	六 酉癸 21	一 寅壬 20	四 申壬 19	八 丑辛 18	三 午庚 16
15	二 辰甲 22	五 戌甲 22	九 卯癸 21	三 酉癸 20	七 寅壬 19	二 未辛 17
16	一 巳乙 23	四 亥乙 23	八 辰甲 22	二 戌甲 21	六 卯癸 20	一 申壬 18
17	九 午丙 24	三 子丙 24	七 巳乙 23	一 亥乙 22	五 辰甲 21	九 酉癸 19
18	八 未丁 25	二 丑丁 25	六 午丙 24	九 子丙 23	四 巳乙 22	八 戌甲 20
19	七 申戊 26	一 寅戊 26	五 未丁 25	八 丑丁 24	三 午丙 23	七 亥乙 21
20	六 酉己 27	九 卯己 27	四 申戊 26	七 寅戊 25	二 未丁 24	六 子丙 22
21	五 戌庚 28	八 辰庚 28	三 酉己 27	六 卯己 26	一 申戊 25	五 丑丁 23
22	四 亥辛 29	七 巳辛 29	二 戌庚 28	五 辰庚 27	九 酉己 26	四 寅戊 24
23	七 子壬 12/	六 午壬 30	一 亥辛 29	四 巳辛 28	八 戌庚 27	三 卯己 25
24	八 丑癸 2	五 未癸 12/	九 子壬 30	三 午壬 29	七 亥辛 28	二 辰庚 26
25	九 寅甲 3	四 申甲 2	八 丑癸 12/	二 未癸 12/	六 子壬 29	一 巳辛 27
26	一 卯乙 4	三 酉乙 3	七 寅甲 2	一 申甲 2	五 丑癸 30	九 午壬 28
27	二 辰丙 5	二 戌丙 4	六 卯乙 3	九 酉乙 3	四 寅甲 12/	八 未癸 29
28	三 巳丁 6	一 亥丁 5	五 辰丙 4	八 戌丙 4	三 卯乙 2	七 申甲 12/
29	四 午戊 7	九 子戊 6	四 巳丁 5	七 亥丁 5	二 辰丙 3	六 酉乙 2
30	五 未己 8	八 丑己 7	三 午戊 6	六 子戊 6	一 巳丁 4	五 戌丙 3
31	六 申庚 9		二 未己 7		九 午戊 5	四 亥丁 4

西曆一九〇九年 (漢数字의太字는陰局、細字는陽局)

月	午庚六	巳己五	辰戊四	卯丁三	寅丙二	丑乙一
節氣	夏至 22 巳 / 芒種 6 酉	小滿 22 丑 / 立夏 6 午	穀雨 21 丑 / 清明 5 酉	春分 21 未 / 驚蟄 6 午	雨水 19 未 / 立春 4 酉	大寒 21 子 / 小寒 6 卯
局	一	一	一	一	一	二

日	午庚六	巳己五	辰戊四	卯丁三	寅丙二	丑乙一
1	五辰壬14	一酉辛12	七卯辛11	三申庚10	二辰壬11	七酉辛10
2	六巳癸15	二戌壬13	八辰壬12	四酉辛11	三巳癸12	八戌壬11
3	七午甲16	三亥癸14	九巳癸13	五戌壬12	四午甲13	九亥癸12
4	八未乙17	四子甲15	一午甲14	六亥癸13	五未乙14	一子甲13
5	九申丙18	五丑乙16	二未乙15	七子甲14	六申丙15	二丑乙14
6	一酉丁19	六寅丙17	三申丙16	八丑乙15	七酉丁16	三寅丙15
7	二戌戊20	七卯丁18	四酉丁17	九寅丙16	八戌戊17	四卯丁16
8	三亥己21	八辰戊19	五戌戊18	一卯丁17	九亥己18	五辰戊17
9	四子庚22	九巳己20	六亥己19	二辰戊18	一子庚19	六巳己18
10	五丑辛23	一午庚21	七子庚20	三巳己19	二丑辛20	七午庚19
11	六寅壬24	二未辛22	八丑辛21	四午庚20	三寅壬21	八未辛20
12	七卯癸25	三申壬23	九寅壬22	五未辛21	四卯癸22	九申壬21
13	八辰甲26	四酉癸24	一卯癸23	六申壬22	五辰甲23	一酉癸22
14	九巳乙27	五戌甲25	二辰甲24	七酉癸23	六巳乙24	二戌甲23
15	一午丙28	六亥乙26	三巳乙25	八戌甲24	七午丙25	三亥乙24
16	二未丁29	七子丙27	四午丙26	九亥乙25	八未丁26	四子丙25
17	三申戊30	八丑丁28	五未丁27	一子丙26	九申戊27	五丑丁26
18	四酉己1	九寅戊29	六申戊28	二丑丁27	一酉己28	六寅戊27
19	五戌庚2	一卯己1	七酉己29	三寅戊28	二戌庚29	七卯己28
20	六亥辛3	二辰庚2	八戌庚1	四卯己29	三亥辛1	八辰庚29
21	七子壬4	三巳辛3	九亥辛2	五辰庚30	四子壬2	九巳辛30
22	八丑癸5	四午壬4	一子壬3	六巳辛1	五丑癸3	一午壬1
23	一寅甲6	五未癸5	二丑癸4	七午壬2	六寅甲4	二未癸2
24	九卯乙7	六申甲6	三寅甲5	八未癸3	七卯乙5	三申甲3
25	八辰丙8	七酉乙7	四卯乙6	九申甲4	八辰丙6	四酉乙4
26	七巳丁9	八戌丙8	五辰丙7	一酉乙5	九巳丁7	五戌丙5
27	六午戊10	九亥丁9	六巳丁8	二戌丙6	一午戊8	六亥丁6
28	五未己11	一子戊10	七午戊9	三亥丁7	二未己9	七子戊7
29	四申庚12	二丑己11	八未己10	四子戊8		八丑己8
30	三酉辛13	三寅庚12	九申庚11	五丑己9		九寅庚9
31		四卯辛13		六寅庚10		一卯辛10

己酉年

立向 一　九

十二 子丙	十一 亥乙	十 戌甲	九 酉癸	八 申壬	七 未辛	月
冬至22戌　大雪8丑	小雪23辰　立冬8巳	霜降24巳　寒露9辰	秋分24丑　白露8申	處暑24寅　立秋8未	大暑23亥　小暑8寅	節気
九	一	一	一	一	一	局
二 未乙 19	五 丑乙 19	九 午甲 18	三 子甲 17	七 巳癸 16	二 戌壬 14	1
一 申丙 20	四 寅丙 20	八 未乙 19	二 丑乙 18	六 午甲 17	一 亥癸 15	2
九 酉丁 21	三 卯丁 21	七 申丙 20	一 寅丙 19	五 未乙 18	九 子甲 16	3
八 戌戊 22	二 辰戊 22	六 酉丁 21	九 卯丁 20	四 申丙 19	八 丑乙 17	4
七 亥己 23	一 巳己 23	五 戌戊 22	八 辰戊 21	三 酉丁 20	七 寅丙 18	5
六 子庚 24	九 午庚 24	四 亥己 23	七 巳己 22	二 戌戊 21	六 卯丁 19	6
五 丑辛 25	八 未辛 25	三 子庚 24	六 午庚 23	一 亥己 22	五 辰戊 20	7
四 寅壬 26	七 申壬 26	二 丑辛 25	五 未辛 24	九 子庚 23	四 巳己 21	8
三 卯癸 27	六 酉癸 27	一 寅壬 26	四 申壬 25	八 丑辛 24	三 午庚 22	9
二 辰甲 28	五 戌甲 28	九 卯癸 27	三 酉癸 26	七 寅壬 25	二 未辛 23	10
一 巳乙 29	四 亥乙 29	八 辰甲 28	二 戌甲 27	六 卯癸 26	一 申壬 24	11
九 午丙 30	三 子丙 30	七 巳乙 29	一 亥乙 28	五 辰甲 27	九 酉癸 25	12
八 未丁 ½	二 丑丁 ½	六 午丙 30	九 子丙 29	四 巳乙 28	八 戌甲 26	13
七 申戊 2	一 寅戊 2	五 未丁 ½	八 丑丁 ½	三 午丙 29	七 亥乙 27	14
六 酉己 3	九 卯己 3	四 申戊 2	七 寅戊 2	二 未丁 30	六 子丙 28	15
五 戌庚 4	八 辰庚 4	三 酉己 3	六 卯己 3	一 申戊 ½	五 丑丁 29	16
四 亥辛 5	七 巳辛 5	二 戌庚 4	五 辰庚 4	九 酉己 2	四 寅戊 ½	17
三 子壬 6	六 午壬 6	一 亥辛 5	四 巳辛 5	八 戌庚 3	三 卯己 2	18
二 丑癸 7	五 未癸 7	九 子壬 6	三 午壬 6	七 亥辛 4	二 辰庚 3	19
一 寅甲 8	四 申甲 8	八 丑癸 7	二 未癸 7	六 子壬 5	一 巳辛 4	20
九 卯乙 9	三 酉乙 9	七 寅甲 8	一 申甲 8	五 丑癸 6	九 午壬 5	21
二 辰丙 10	二 戌丙 10	六 卯乙 9	九 酉乙 9	四 寅甲 7	八 未癸 6	22
三 巳丁 11	一 亥丁 11	五 辰丙 10	八 戌丙 10	三 卯乙 8	七 申甲 7	23
四 午戊 12	九 子戊 12	四 巳丁 11	七 亥丁 11	二 辰丙 9	六 酉乙 8	24
五 未己 13	八 丑己 13	三 午戊 12	六 子戊 12	一 巳丁 10	五 戌丙 9	25
六 申庚 14	七 寅庚 14	二 未己 13	五 丑己 13	九 午戊 11	四 亥丁 10	26
七 酉辛 15	六 卯辛 15	一 申庚 14	四 寅庚 14	八 未己 12	三 子戊 11	27
八 戌壬 16	五 辰壬 16	九 酉辛 15	三 卯辛 15	七 申庚 13	二 丑己 12	28
九 亥癸 17	四 巳癸 17	八 戌壬 16	二 辰壬 16	六 酉辛 14	一 寅庚 13	29
一 子甲 18	三 午甲 18	七 亥癸 17	一 巳癸 17	五 戌壬 15	九 卯辛 14	30
二 丑乙 19		六 子甲 18		四 亥癸 16	八 辰壬 15	31

午壬六		巳辛五		辰庚四		卯己三		寅戊二		丑丁一		月
夏至	芒種	小満	立夏	穀雨	清明	春分	驚蟄	雨水	立春	大寒	小寒	節気
22	6	22	6	21	6	21	6	19	5	21	6	
申	子	辰	酉	辰	子	戌	酉	戌	子	卯	午	局
九		九		九		九		九		九		日
一酉丁24		六寅丙22		三申丙22		八丑乙20		七酉丁22		三寅丙20		1
二戌戊25		七卯丁23		四酉丁23		九寅丙21		八戌戊23		四卯丁21		2
三亥己26		八辰戊24		五戌戊24		一卯丁22		九亥己24		五辰戊22		3
四子庚27		九巳己25		六亥己25		二辰戊23		一子庚25		六巳己23		4
五丑辛28		一午庚26		七子庚26		三巳己24		二丑辛26		七午庚24		5
六寅壬29		二未辛27		八丑辛27		四午庚25		三寅壬27		八未辛25		6
七卯癸 5/1		三申壬28		九寅壬28		五未辛26		四卯癸28		九申壬26		7
八辰甲2		四酉癸29		一卯癸29		六申壬27		五辰甲29		一酉癸27		8
九巳乙3		五戌甲 4/1		二辰甲30		七酉癸28		六巳乙30		二戌甲28		9
一午丙4		六亥乙2		三巳乙 3/1		八戌甲29		七午丙 1/1		三亥乙29		10
二未丁5		七子丙3		四午丙2		九亥乙 2/1		八未丁2		四子丙 1/1		11
三申戊6		八丑丁4		五未丁3		一子丙2		九申戊3		五丑丁2		12
四酉己7		九寅戊5		六申戊4		二丑丁3		一酉己4		六寅戊3		13
五戌庚8		一卯己6		七酉己5		三寅戊4		二戌庚5		七卯己4		14
六亥辛9		二辰庚7		八戌庚6		四卯己5		三亥辛6		八辰庚5		15
七子壬10		三巳辛8		九亥辛7		五辰庚6		四子壬7		九巳辛6		16
八丑癸11		四午壬9		一子壬8		六巳辛7		五丑癸8		一午壬7		17
九寅甲12		五未癸10		二丑癸9		七午壬8		六寅甲9		二未癸8		18
一卯乙13		六申甲11		三寅甲10		八未癸9		七卯乙10		三申甲9		19
二辰丙14		七酉乙12		四卯乙11		九申甲10		八辰丙11		四酉乙10		20
三巳丁15		八戌丙13		五辰丙12		一酉乙11		九巳丁12		五戌丙11		21
四午戊16		九亥丁14		六巳丁13		二戌丙12		一午戊13		六亥丁12		22
五未己17		一子戊15		七午戊14		三亥丁13		二未己14		七子戊13		23
四申庚18		二丑己16		八未己15		四子戊14		三申庚15		八丑己14		24
三酉辛19		三寅庚17		九申庚16		五丑己15		四酉辛16		九寅庚15		25
二戌壬20		四卯辛18		一酉辛17		六寅庚16		五戌壬17		一卯辛16		26
一亥癸21		五辰壬19		二戌壬18		七卯辛17		六亥癸18		二辰壬17		27
九子甲22		六巳癸20		三亥癸19		八辰壬18		七子甲19		三巳癸18		28
八丑乙23		七午甲21		四子甲20		九巳癸19				四午甲19		29
七寅丙24		八未乙22		五丑乙21		一午甲20				五未乙20		30
		九申丙23				二未乙21				六申丙21		31

西暦一九一〇年
（漢数字의太字는陰局、細字는陽局）

子戊十二	亥丁十一	戌丙十	酉乙九	申甲八	未癸七	月
冬　大 至　雪 23　8 丑　辰	小　立 雪　冬 23　8 未　申	霜　寒 降　露 25　10 申　未	秋　白 分　露 24　8 辰　亥	處　立 暑　秋 24　8 巳　戌	大　小 暑　暑 24　8 寅　巳	節気
八	八	八	九	九	九	局 日
六子庚30	九午庚30	四亥己28	七巳己28	二戌戊26	六卯丁25	1
五丑辛⅓	八未辛⅓	三子庚29	六午庚29	一亥己27	五辰戊26	2
四寅壬2	七申壬2	二丑辛⅞	五未辛30	九子庚28	四巳己27	3
三卯癸3	六酉癸3	一寅壬2	四申壬⅞	八丑辛29	三午庚28	4
二辰甲4	五戌甲4	九卯癸3	三酉癸2	七寅壬⅐	二未辛29	5
一巳乙5	四亥乙5	八辰甲4	二戌甲3	六卯癸2	一申壬30	6
九午丙6	三子丙6	七巳乙5	一亥乙4	五辰甲3	九酉癸⅚	7
八未丁7	二丑丁7	六午丙6	九子丙5	四巳乙4	八戌甲2	8
七申戊8	一寅戊8	五未丁7	八丑丁6	三午丙5	七亥乙3	9
六酉己9	九卯己9	四申戊8	七寅戊7	二未丁6	六子丙4	10
五戌庚10	八辰庚10	三酉己9	六卯己8	一申戊7	五丑丁5	11
四亥辛11	七巳辛11	二戌庚10	五辰庚9	九酉己8	四寅戊6	12
三子壬12	六午壬12	一亥辛11	四巳辛10	八戌庚9	三卯己7	13
二丑癸13	五未癸13	九子壬12	三午壬11	七亥辛10	二辰庚8	14
一寅甲14	四申甲14	八丑癸13	二未癸12	六子壬11	一巳辛9	15
九卯乙15	三酉乙15	七寅甲14	一申甲13	五丑癸12	九午壬10	16
八辰丙16	二戌丙16	六卯乙15	九酉乙14	四寅甲13	八未癸11	17
七巳丁17	一亥丁17	五辰丙16	八戌丙15	三卯乙14	七申甲12	18
六午戊18	九子戊18	四巳丁17	七亥丁16	二辰丙15	六酉乙13	19
五未己19	八丑己19	三午戊18	六子戊17	一巳丁16	五戌丙14	20
四申庚20	七寅庚20	二未己19	五丑己18	九午戊17	四亥丁15	21
三酉辛21	六卯辛21	一申庚20	四寅庚19	八未己18	三子戊16	22
二戌壬22	五辰壬22	九酉辛21	三卯辛20	七申庚19	二丑己17	23
九亥癸23	四巳癸23	八戌壬22	二辰壬21	六酉辛20	一寅庚18	24
一子甲24	三午甲24	七亥癸23	一巳癸22	五戌壬21	九卯辛19	25
二丑乙25	二未乙25	六子甲24	九午甲23	四亥癸22	八辰壬20	26
三寅丙26	一申丙26	五丑乙25	八未乙24	三子甲23	七巳癸21	27
四卯丁27	九酉丁27	四寅丙26	七申丙25	二丑乙24	六午甲22	28
五辰戊28	八戌戊28	三卯丁27	六酉丁26	一寅丙25	五未乙23	29
六巳己29	七亥己29	二辰戊28	五戌戊27	九卯丁26	四申丙24	30
七午庚30		一巳己29		八辰戊27	三酉丁25	31

庚戌年

立向九

西暦一九一一年 (漢数字의太字는陰局、細字는陽局)

六甲午		五癸巳		四壬辰		三辛卯		二庚寅		一己丑		月／日
夏至	芒種	小満	立夏	穀雨	清明	春分	驚蟄	雨水	立春	大寒	小寒	節気
22	7	22	7	21	6	22	7	20	5	21	6	
亥	寅	未	子	未	卯	丑	子	丑	卯	午	酉	
八		八		八		八		八		八		局
六 寅壬 5	二 未辛 3	八 丑辛 3	四 午庚 2/1	三 寅壬 3	八 未辛 1/6	1
七 卯癸 6	三 申壬 4	九 寅壬 4	五 未辛 2	四 卯癸 4	九 申壬 2	2
八 辰甲 7	四 酉癸 5	一 卯癸 5	六 申壬 3	五 辰甲 5	一 酉癸 3	3
九 巳乙 8	五 戌甲 6	二 辰甲 6	七 酉癸 4	六 巳乙 6	二 戌甲 4	4
一 午丙 9	六 亥乙 7	三 巳乙 7	八 戌甲 5	七 午丙 7	三 亥乙 5	5
二 未丁 10	七 子丙 8	四 午丙 8	九 亥乙 6	八 未丁 8	四 子丙 6	6
三 申戊 11	八 丑丁 9	五 未丁 9	一 子丙 7	九 申戊 9	五 丑丁 7	7
四 酉己 12	九 寅戊 10	六 申戊 10	二 丑丁 8	一 酉己 10	六 寅戊 8	8
五 戌庚 13	一 卯己 11	七 酉己 11	三 寅戊 9	二 戌庚 11	七 卯己 9	9
六 亥辛 14	二 辰庚 12	八 戌庚 12	四 卯己 10	三 亥辛 12	八 辰庚 10	10
七 子壬 15	三 巳辛 13	九 亥辛 13	五 辰庚 11	四 子壬 13	九 巳辛 11	11
八 丑癸 16	四 午壬 14	一 子壬 14	六 巳辛 12	五 丑癸 14	一 午壬 12	12
九 寅甲 17	五 未癸 15	二 丑癸 15	七 午壬 13	六 寅甲 15	二 未癸 13	13
一 卯乙 18	六 申甲 16	三 寅甲 16	八 未癸 14	七 卯乙 16	三 申甲 14	14
二 辰丙 19	七 酉乙 17	四 卯乙 17	九 申甲 15	八 辰丙 17	四 酉乙 15	15
三 巳丁 20	八 戌丙 18	五 辰丙 18	一 酉乙 16	九 巳丁 18	五 戌丙 16	16
四 午戊 21	九 亥丁 19	六 巳丁 19	二 戌丙 17	一 午戊 19	六 亥丁 17	17
五 未己 22	一 子戊 20	七 午戊 20	三 亥丁 18	二 未己 20	七 子戊 18	18
六 申庚 23	二 丑己 21	八 未己 21	四 子戊 19	三 申庚 21	八 丑己 19	19
七 酉辛 24	三 寅庚 22	九 申庚 22	五 丑己 20	四 酉辛 22	九 寅庚 20	20
八 戌壬 25	四 卯辛 23	一 酉辛 23	六 寅庚 21	五 戌壬 23	一 卯辛 21	21
九 亥癸 26	五 辰壬 24	二 戌壬 24	七 卯辛 22	六 亥癸 24	二 辰壬 22	22
一 子甲 27	六 巳癸 25	三 亥癸 25	八 辰壬 23	七 子甲 25	三 巳癸 23	23
八 丑乙 28	七 午甲 26	四 子甲 26	九 巳癸 24	八 丑乙 26	四 午甲 24	24
七 寅丙 29	八 未乙 27	五 丑乙 27	一 午甲 25	九 寅丙 27	五 未乙 25	25
六 卯丁 6/1	九 申丙 28	六 寅丙 28	二 未乙 26	一 卯丁 28	六 申丙 26	26
五 辰戊 2	一 酉丁 29	七 卯丁 29	三 申丙 27	二 辰戊 29	七 酉丁 27	27
四 巳己 3	二 戌戊 5/1	八 辰戊 30	四 酉丁 28	三 巳己 30	八 戌戊 28	28
三 午庚 4	三 亥己 2	九 巳己 4/1	五 戌戊 29		九 亥己 29	29
二 未辛 5	四 子庚 3	一 午庚 2	六 亥己 3/1		一 子庚 1/?	30
	五 丑辛 4		七 子庚 2		二 丑辛 2	31

左欄：辛亥年　立向八

子庚十二	亥己十一	戌戊十	酉丁九	申丙八	未乙七	月
冬至　大雪	小雪　立冬	霜降　寒露	秋分　白露	處暑　立秋	大暑　小暑	節気
23　8	23　9	24　9	24　9	24　9	24　8	
辰　未	酉　亥	亥　戌	未　寅	申　丑	辰　申	
七	七	七	七	七	八	局／日
一巳乙11	四亥乙11	八辰甲10	二戌甲9	六卯癸7	一申壬6	1
九午丙12	三子丙12	七巳乙11	一亥乙10	五辰甲8	九酉癸7	2
八未丁13	二丑丁13	六午丙12	九子丙11	四巳乙9	八戌甲8	3
七申戊14	一寅戊14	五未丁13	八丑丁12	三午丙10	七亥乙9	4
六酉己15	九卯己15	四申戊14	七寅戊13	二未丁11	六子丙10	5
五戌庚16	八辰庚16	三酉己15	六卯己14	一申戊12	五丑丁11	6
四亥辛17	七巳辛17	二戌庚16	五辰庚15	九酉己13	四寅戊12	7
三子壬18	六午壬18	一亥辛17	四巳辛16	八戌庚14	三卯己13	8
二丑癸19	五未癸19	九子壬18	三午壬17	七亥辛15	二辰庚14	9
一寅甲20	四申甲20	八丑癸19	二未癸18	六子壬16	一巳辛15	10
九卯乙21	三酉乙21	七寅甲20	一申甲19	五丑癸17	九午壬16	11
八辰丙22	二戌丙22	六卯乙21	九酉乙20	四寅甲18	八未癸17	12
七巳丁23	一亥丁23	五辰丙22	八戌丙21	三卯乙19	七申甲18	13
六午戊24	九子戊24	四巳丁23	七亥丁22	二辰丙20	六酉乙19	14
五未己25	八丑己25	三午戊24	六子戊23	一巳丁21	五戌丙20	15
四申庚26	七寅庚26	二未己25	五丑己24	九午戊22	四亥丁21	16
三酉辛27	六卯辛27	一申庚26	四寅庚25	八未己23	三子戊22	17
二戌壬28	五辰壬28	九酉辛27	三卯辛26	七申庚24	二丑己23	18
一亥癸29	四巳癸29	八戌壬28	二辰壬27	六酉辛25	一寅庚24	19
九子甲11/	三午甲30	七亥癸29	一巳癸28	五戌壬26	九卯辛25	20
八丑乙2	二未乙10/	六子甲30	九午甲29	四亥癸27	八辰壬26	21
七寅丙3	一申丙2	五丑乙11/	八未乙8/	三子甲28	七巳癸27	22
六卯丁4	九酉丁3	四寅丙2	七申丙2	二丑乙29	六午甲28	23
五辰戊5	八戌戊4	三卯丁3	六酉丁3	一寅丙1/	五未乙29	24
六巳己6	七亥己5	二辰戊4	五戌戊4	九卯丁2	四申丙30	25
七午庚7	六子庚6	一巳己5	四亥己5	八辰戊3	三酉丁9/	26
八未辛7	五丑辛7	九午庚6	三子庚6	七巳己4	二戌戊2	27
九申壬8	四寅壬8	八未辛7	二丑辛7	六午庚5	一亥己3	28
一酉癸9	三卯癸9	七申壬8	一寅壬8	五未辛6	九子庚4	29
二戌甲11	二辰甲10	六酉癸9	九卯癸9	四申壬7	八丑辛5	30
三亥乙12		五戌甲10		三酉癸8	七寅壬6	31

午丙六	巳乙五	辰甲四	卯癸三	寅壬二	丑辛一	月
夏至 / 芒種	小満 / 立夏	穀雨 / 清明	春分 / 驚蟄	雨水 / 立春	大寒 / 小寒	節気
22 / 6	21 / 6	20 / 5	21 / 6	20 / 5	21 / 7	
寅 / 巳	戌 / 卯	戌 / 午	辰 / 卯	辰 / 午	酉 / 子	局
六	七	七	七	七	七	日

午丙六	巳乙五	辰甲四	卯癸三	寅壬二	丑辛一	日
三申戊16	八丑丁15	五未丁14	一子丙13	八未丁14	四子丙13	1
四酉己17	九寅戊16	六申戊15	二丑丁14	九申戊15	五丑丁14	2
五戌庚18	一卯己17	七酉己16	三寅戊15	一酉己16	六寅戊15	3
六亥辛19	二辰庚18	八戌庚17	四卯己16	二戌庚17	七卯己16	4
七子壬20	三巳辛19	九亥辛18	五辰庚17	三亥辛18	八辰庚17	5
八丑癸21	四午壬20	一子壬19	六巳辛18	四子壬19	九巳辛18	6
九寅甲22	五未癸21	二丑癸20	七午壬19	五丑癸20	一午壬19	7
一卯乙23	六申甲22	三寅甲21	八未癸20	六寅甲21	二未癸20	8
二辰丙24	七酉乙23	四卯乙22	九申甲21	七卯乙22	三申甲21	9
三巳丁25	八戌丙24	五辰丙23	一酉乙22	八辰丙23	四酉乙22	10
四午戊26	九亥丁25	六巳丁24	二戌丙23	九巳丁24	五戌丙23	11
五未己27	一子戊26	七午戊25	三亥丁24	一午戊25	六亥丁24	12
六申庚28	二丑己27	八未己26	四子戊25	二未己26	七子戊25	13
七酉辛29	三寅庚28	九申庚27	五丑己26	三申庚27	八丑己26	14
八戌壬5/1	四卯辛29	一酉辛28	六寅庚27	四酉辛28	九寅庚27	15
九亥癸2	五辰壬30	二戌壬29	七卯辛28	五戌壬29	一卯辛28	16
一子甲3	六巳癸5/1	三亥癸4/1	八辰壬29	六亥癸30	二辰壬29	17
二丑乙4	七午甲2	四子甲2	九巳癸30	七子甲4/1	三巳癸30	18
三寅丙5	八未乙3	五丑乙3	一午甲3/1	八丑乙2	四午甲2/1	19
四卯丁6	九申丙4	六寅丙4	二未乙2	九寅丙3	五未乙2	20
五辰戊7	一酉丁5	七卯丁5	三申丙3	一卯丁4	六申丙3	21
六巳己8	二戌戊6	八辰戊6	四酉丁4	二辰戊5	七酉丁4	22
三午庚9	三亥己7	九巳己7	五戌戊5	三巳己6	八戌戊5	23
二未辛10	四子庚8	一午庚8	六亥己6	四午庚7	九亥己6	24
一申壬11	五丑辛9	二未辛9	七子庚7	五未辛8	一子庚7	25
九酉癸12	六寅壬10	三申壬10	八丑辛8	六申壬9	二丑辛8	26
八戌甲13	七卯癸11	四酉癸11	九寅壬9	七酉癸10	三寅壬9	27
七亥乙14	八辰甲12	五戌甲12	一卯癸10	八戌甲11	四卯癸10	28
六子丙15	九巳乙13	六亥乙13	二辰甲11	九亥乙12	五辰甲11	29
五丑丁16	一午丙14	七子丙14	三巳乙12		六巳乙12	30
	二未丁15		四午丙13		七午丙13	31

西暦一九一二年（漢数字의 太字는 陰局、細字는 陽局）

	子壬十二	亥辛十一	戌庚十	酉己九	申戊八	未丁七	月
節気	冬至22未　大雪7戌	小雪23子　立冬8寅	霜降24寅　寒露9丑	秋分23戌　白露6巳	處暑23亥　立秋8辰	大暑23未　小暑7亥	節気
局	六	六	六	六	六	六	局　日
1	四亥辛23	七巳辛23	二戌庚21	五辰庚20	九酉己19	四寅戊17	1
2	三子壬24	六午壬24	一亥辛22	四巳辛21	八戌庚20	三卯己18	2
3	二丑癸25	五未癸25	九子壬23	三午壬22	七亥辛21	二辰庚19	3
4	一寅甲26	四申甲26	八丑癸24	二未癸23	六子壬22	一巳辛20	4
5	九卯乙27	三酉乙27	七寅甲25	一申甲24	五丑癸23	九午壬21	5
6	八辰丙28	二戌丙28	六卯乙26	九酉乙25	四寅甲24	八未癸22	6
7	七巳丁29	一亥丁29	五辰丙27	八戌丙26	三卯乙25	七申甲23	7
8	六午戊30	九子戊30	四巳丁28	七亥丁27	二辰丙26	六酉乙24	8
9	五未己¹⁄₁	八丑己¹⁄₁	三午戊29	六子戊28	一巳丁27	五戌丙25	9
10	四申庚2	七寅庚2	二未己卅	五丑己29	九午戊28	四亥丁26	10
11	三酉辛3	六卯辛3	一申庚2	四寅庚⁸⁄₁	八未己29	三子戊27	11
12	二戌壬4	五辰壬4	九酉辛3	三卯辛2	七申庚30	二丑己28	12
13	一亥癸5	四巳癸5	八戌壬4	二辰壬3	六酉辛⁷⁄₁	一寅庚29	13
14	九子甲6	三午甲6	七亥癸5	一巳癸4	五戌壬2	九卯辛⁶⁄₁	14
15	八丑乙7	二未乙7	六子甲6	九午甲5	四亥癸3	八辰壬2	15
16	七寅丙8	一申丙8	五丑乙7	八未乙6	三子甲4	七巳癸3	16
17	六卯丁9	九酉丁9	四寅丙8	七申丙7	二丑乙5	六午甲4	17
18	五辰戊10	八戌戊10	三卯丁9	六酉丁8	一寅丙6	五未乙5	18
19	四巳己11	七亥己11	二辰戊10	五戌戊9	九卯丁7	四申丙6	19
20	三午庚12	六子庚12	一巳己11	四亥己10	八辰戊8	三酉丁7	20
21	二未辛13	五丑辛13	九午庚12	三子庚11	七巳己9	二戌戊8	21
22	元申壬14	四寅壬14	八未辛13	二丑辛12	六午庚10	一亥己9	22
23	一酉癸15	三卯癸15	七申壬14	一寅壬13	五未辛11	九子庚10	23
24	二戌甲16	二辰甲16	六酉癸15	九卯癸14	四申壬12	八丑辛11	24
25	三亥乙17	一巳乙17	五戌甲16	八辰甲15	三酉癸13	七寅壬12	25
26	四子丙18	九午丙18	四亥乙17	七巳乙16	二戌甲14	六卯癸13	26
27	五丑丁19	八未丁19	三子丙18	六午丙17	一亥乙15	五辰甲14	27
28	六寅戊20	七申戊20	二丑丁19	五未丁18	九子丙16	四巳乙15	28
29	七卯己21	六酉己21	一寅戊20	四申戊19	八丑丁17	三午丙16	29
30	八辰庚22	五戌庚22	九卯己21	三酉己20	七寅戊18	二未丁17	30
31	九巳辛23		八辰庚22		六卯己19	一申戊18	31

壬子年

立向七

午戊六	巳丁五	辰丙四	卯乙三	寅甲二	丑癸一	月
夏至 22 巳 / 芒種 6 申	小満 22 子 / 立夏 6 午	穀雨 21 丑 / 清明 5 酉	春分 21 未 / 驚蟄 6 午	雨水 19 未 / 立春 6 酉	大寒 20 子 / 小寒 6 卯	節気
五	五	五	六	六	六	局

西暦一九一三年（漢数字의 太字는 陰局、細字는 陽局）

午戊六	巳丁五	辰丙四	卯乙三	寅甲二	丑癸一	日
八丑癸27	四午壬25	一子壬25	六巳辛24	五丑癸26	一午壬24	1
九寅甲28	五未癸26	二丑癸26	七午壬25	六寅甲27	二未癸25	2
一卯乙29	六申甲27	三寅甲27	八未癸26	七卯乙28	三申甲26	3
二辰丙30	七酉乙28	四卯乙28	九申甲27	八辰丙29	四酉乙27	4
三巳丁5/1	八戌丙29	五辰丙29	一酉乙28	九巳丁30	五戌丙28	5
四午戊2	九亥丁4/1	六巳丁30	二戌丙29	一午戊1/1	六亥丁29	6
五未己3	一子戊2	七午戊3/1	三亥丁30	二未己2	七子戊12/1	7
六申庚4	二丑己3	八未己2	四子戊2/1	三申庚3	八丑己2	8
七酉辛5	三寅庚4	九申庚3	五丑己2	四酉辛4	九寅庚3	9
八戌壬6	四卯辛5	一酉辛4	六寅庚3	五戌壬5	一卯辛4	10
九亥癸7	五辰壬6	二戌壬5	七卯辛4	六亥癸6	二辰壬5	11
一子甲8	六巳癸7	三亥癸6	八辰壬5	七子甲7	三巳癸6	12
二丑乙9	七午甲8	四子甲7	九巳癸6	八丑乙8	四午甲7	13
三寅丙10	八未乙9	五丑乙8	一午甲7	九寅丙9	五未乙8	14
四卯丁11	九申丙10	六寅丙9	二未乙8	一卯丁10	六申丙9	15
五辰戊12	一酉丁11	七卯丁10	三申丙9	二辰戊11	七酉丁10	16
六巳己13	二戌戊12	八辰戊11	四酉丁10	三巳己12	八戌戊11	17
七午庚14	三亥己13	九巳己12	五戌戊11	四午庚13	九亥己12	18
八未辛15	四子庚14	一午庚13	六亥己12	五未辛14	一子庚13	19
九申壬16	五丑辛15	二未辛14	七子庚13	六申壬15	二丑辛14	20
一酉癸17	六寅壬16	三申壬15	八丑辛14	七酉癸16	三寅壬15	21
八戌甲18	七卯癸17	四酉癸16	九寅壬15	八戌甲17	四卯癸16	22
七亥乙19	八辰甲18	五戌甲17	一卯癸16	九亥乙18	五辰甲17	23
六子丙20	九巳乙19	六亥乙18	二辰甲17	一子丙19	六巳乙18	24
五丑丁21	一午丙20	七子丙19	三巳乙18	二丑丁20	七午丙19	25
四寅戊22	二未丁21	八丑丁20	四午丙19	三寅戊21	八未丁20	26
三卯己23	三申戊22	九寅戊21	五未丁20	四卯己22	九申戊21	27
二辰庚24	四酉己23	一卯己22	六申戊21	五辰庚23	一酉己22	28
一巳辛25	五戌庚24	二辰庚23	七酉己22		二戌庚23	29
九午壬26	六亥辛25	三巳辛24	八戌庚23		三亥辛24	30
	七子壬26		九亥辛24		四子壬25	31

干支万年历表（癸丑年 立向六）

子甲十二	亥癸十一	戌壬十	酉辛九	申庚八	未己七	月／節气／局／日
冬至22戌　大雪8丑	小雪23卯　立冬8巳	霜降24巳　寒露9卯	秋分24子　白露8申	處暑24寅　立秋8午	大暑23戌　小暑8寅	節气
五	五	五	五	五	五	局
八辰丙4	二戌丙4	六卯乙2	九酉乙8/1	四寅甲29	八未癸27	1
七巳丁5	一亥丁5	五辰丙3	八戌丙2	三卯乙1/1	七申甲28	2
六午戊6	九子戊6	四巳丁4	七亥丁3	二辰丙2	六酉乙29	3
五未己7	八丑己7	三午戊5	六子戊4	一巳丁3	五戌丙9/1	4
四申庚8	七寅庚8	二未己6	五丑己5	九午戊4	四亥丁2	5
三酉辛9	六卯辛9	一申庚7	四寅庚6	八未己5	三子戊3	6
二戌壬10	五辰壬10	九酉辛8	三卯辛7	七申庚6	二丑己4	7
一亥癸11	四巳癸11	八戌壬9	二辰壬8	六酉辛7	一寅庚5	8
九子甲12	三午甲12	七亥癸10	一巳癸9	五戌壬8	九卯辛6	9
八丑乙13	二未乙13	六子甲11	九午甲10	四亥癸9	八辰壬7	10
七寅丙14	一申丙14	五丑乙12	八未乙11	三子甲10	七巳癸8	11
六卯丁15	九酉丁15	四寅丙13	七申丙12	二丑乙11	六午甲9	12
五辰戊16	八戌戊16	三卯丁14	六酉丁13	一寅丙12	五未乙10	13
四巳己17	七亥己17	二辰戊15	五戌戊14	九卯丁13	四申丙11	14
三午庚18	六子庚18	一巳己16	四亥己15	八辰戊14	三酉丁12	15
二未辛19	五丑辛19	九午庚17	三子庚16	七巳己15	二戌戊13	16
一申壬20	四寅壬20	八未辛18	二丑辛17	六午庚16	一亥己14	17
九酉癸21	三卯癸21	七申壬19	一寅壬18	五未辛17	九子庚15	18
八戌甲22	二辰甲22	六酉癸20	九卯癸19	四申壬18	八丑辛16	19
七亥乙23	一巳乙23	五戌甲21	八辰甲20	三酉癸19	七寅壬17	20
六子丙24	九午丙24	四亥乙22	七巳乙21	二戌甲20	六卯癸18	21
五丑丁25	八未丁25	三子丙23	六午丙22	一亥乙21	五辰甲19	22
六寅戊26	七申戊26	二丑丁24	五未丁23	九子丙22	四巳乙20	23
七卯己27	六酉己27	一寅戊25	四申戊24	八丑丁23	三午丙21	24
八辰庚28	五戌庚28	九卯己26	三酉己25	七寅戊24	二未丁22	25
九巳辛29	四亥辛29	八辰庚27	二戌庚26	六卯己25	一申戊23	26
一午壬12/1	三子壬30	七巳辛28	一亥辛27	五辰庚26	九酉己24	27
二未癸2	二丑癸11/1	六午壬29	九子壬28	四巳辛27	八戌庚25	28
三申甲3	一寅甲2	五未癸10/1	八丑癸29	三午壬28	七亥辛26	29
四酉乙4	九卯乙3	四申甲2	七寅甲9/1	二未癸29	六子壬27	30
五戌丙5		三酉乙3		一申甲30	五丑癸28	31

癸丑年　立向六

午庚六	巳己五	辰戊四	卯丁三	寅丙二	丑乙一	月
夏至22申　芒種6亥	小満22卯　立夏6酉	穀雨21卯　清明5子	春分21戌　驚蟄6酉	雨水19戌　立春4子	大寒21卯　小寒6午	節気
四	四	四	四	四	五	局 / 日
四午戊8	九亥丁7	六巳丁6	二戌丙5	一午戊7	六亥丁6	1
五未己9	一子戊8	七午戊7	三亥丁6	二未己8	七子戊7	2
六申庚10	二丑己9	八未己8	四子戊7	三申庚9	八丑己8	3
七酉辛11	三寅庚10	九申庚9	五丑己8	四酉辛10	九寅庚9	4
八戌壬12	四卯辛11	一酉辛10	六寅庚9	五戌壬11	一卯辛10	5
九亥癸13	五辰壬12	二戌壬11	七卯辛10	六亥癸12	二辰壬11	6
一子甲14	六巳癸13	三亥癸12	八辰壬11	七子甲13	三巳癸12	7
二丑乙15	七午甲14	四子甲13	九巳癸12	八丑乙14	四午甲13	8
三寅丙16	八未乙15	五丑乙14	一午甲13	九寅丙15	五未乙14	9
四卯丁17	九申丙16	六寅丙15	二未乙14	一卯丁16	六申丙15	10
五辰戊18	一酉丁17	七卯丁16	三申丙15	二辰戊17	七酉丁16	11
六巳己19	二戌戊18	八辰戊17	四酉丁16	三巳己18	八戌戊17	12
七午庚20	三亥己19	九巳己18	五戌戊17	四午庚19	九亥己18	13
八未辛21	四子庚20	一午庚19	六亥己18	五未辛20	一子庚19	14
九申壬22	五丑辛21	二未辛20	七子庚19	六申壬21	二丑辛20	15
一酉癸23	六寅壬22	三申壬21	八丑辛20	七酉癸22	三寅壬21	16
二戌甲24	七卯癸23	四酉癸22	九寅壬21	八戌甲23	四卯癸22	17
三亥乙25	八辰甲24	五戌甲23	一卯癸22	九亥乙24	五辰甲23	18
四子丙26	九巳乙25	六亥乙24	二辰甲23	一子丙25	六巳乙24	19
五丑丁27	一午丙26	七子丙25	三巳乙24	二丑丁26	七午丙25	20
六寅戊28	二未丁27	八丑丁26	四午丙25	三寅戊27	八未丁26	21
四卯己29	三申戊28	九寅戊27	五未丁26	四卯己28	九申戊27	22
二辰庚5/1	四酉己29	一卯己28	六申戊27	五辰庚29	一酉己28	23
一巳辛2	五戌庚30	二辰庚29	七酉己28	六巳辛30	二戌庚29	24
九午壬3	六亥辛5/1	三巳辛4/1	八戌庚29	七午壬2/1	三亥辛30	25
八未癸4	七子壬2	四午壬2	九亥辛30	八未癸2	四子壬1/1	26
七申甲5	八丑癸3	五未癸3	一子壬3/1	九申甲3	五丑癸2	27
六酉乙6	九寅甲4	六申甲4	二丑癸2	一酉乙4	六寅甲3	28
五戌丙7	一卯乙5	七酉乙5	三寅甲3		七卯乙4	29
四亥丁8	二辰丙6	八戌丙6	四卯乙4		八辰丙5	30
	三巳丁7		五辰丙5		九巳丁6	31

西暦一九一四年　（漢数字의太字는陰局、細字는陽局）

甲寅年　　**立向五**

子丙 十二	亥乙 十一	戌甲 十	酉癸 九	申壬 八	未辛 七	月
冬至23子　大雪9辰	小雪24午　立冬8申	霜降24申　寒露9午	秋分24卯　白露8亥	處暑24巳　立秋8酉	大暑24丑　小暑8卯	節気
三	四	四	四	四	四	局／日
三酉辛14	六卯辛14	一申庚12	四寅庚12	八未己10	三子戊9	1
二戌壬15	五辰壬15	九酉辛13	三卯辛13	七申庚11	二丑己10	2
一亥癸16	四巳癸16	八戌壬14	二辰壬14	六酉辛12	一寅庚11	3
九子甲17	三午甲17	七亥癸15	一巳癸15	五戌壬13	九卯辛12	4
八丑乙18	二未乙18	六子甲16	九午甲16	四亥癸14	八辰壬13	5
七寅丙19	一申丙19	五丑乙17	八未乙17	三子甲15	七巳癸14	6
六卯丁20	九酉丁20	四寅丙18	七申丙18	二丑乙16	六午甲15	7
五辰戊21	八戌戊21	三卯丁19	六酉丁19	一寅丙17	五未乙16	8
四巳己22	七亥己22	二辰戊20	五戌戊20	九卯丁18	四申丙17	9
三午庚23	六子庚23	一巳己21	四亥己21	八辰戊19	三酉丁18	10
二未辛24	五丑辛24	九午庚22	三子庚22	七巳己20	二戌戊19	11
一申壬25	四寅壬25	八未辛23	二丑辛23	六午庚21	一亥己20	12
九酉癸26	三卯癸26	七申壬24	一寅壬24	五未辛22	九子庚21	13
八戌甲27	二辰甲27	六酉癸25	九卯癸25	四申壬23	八丑辛22	14
七亥乙28	一巳乙28	五戌甲26	八辰甲26	三酉癸24	七寅壬23	15
六子丙29	九午丙29	四亥乙27	七巳乙27	二戌甲25	六卯癸24	16
五丑丁 11/1	八未丁30	三子丙28	六午丙28	一亥乙26	五辰甲25	17
四寅戊2	七申戊 10/1	二丑丁29	五未丁29	九子丙27	四巳乙26	18
三卯己3	六酉己2	一寅戊 9/1	四申戊30	八丑丁28	三午丙27	19
二辰庚4	五戌庚3	九卯己2	三酉己 8/1	七寅戊29	二未丁28	20
一巳辛5	四亥辛4	八辰庚3	二戌庚2	六卯己 7/1	一申戊29	21
九午壬6	三子壬5	七巳辛4	一亥辛3	五辰庚2	九酉己30	22
八未癸7	二丑癸6	六午壬5	九子壬4	四巳辛3	八戌庚 6/1	23
三申甲8	一寅甲7	五未癸6	八丑癸5	三午壬4	七亥辛2	24
四酉乙9	九卯乙8	四申甲7	七寅甲6	二未癸5	六子壬3	25
五戌丙10	八辰丙9	三酉乙8	六卯乙7	一申甲6	五丑癸4	26
六亥丁11	七巳丁10	二戌丙9	五辰丙8	九酉乙7	四寅甲5	27
七子戊12	六午戊11	一亥丁10	四巳丁9	八戌丙8	三卯乙6	28
八丑己13	五未己12	九子戊11	三午戊10	七亥丁9	二辰丙7	29
九寅庚14	四申庚13	八丑己12	二未己11	六子戊10	一巳丁8	30
一卯辛15		七寅庚13		五丑己11	九午戊9	31

月	一 丁丑	二 戊寅	三 己卯	四 庚辰	五 辛巳	六 壬午
節気	小寒 6 酉 / 大寒 21 巳	立春 5 卯 / 雨水 20 丑	驚蟄 6 子 / 春分 22 子	清明 6 卯 / 穀雨 21 午	立夏 6 子 / 小満 22 午	芒種 7 寅 / 夏至 22 戌
局	三	三	三	三	三	三

日	一 丁丑	二 戊寅	三 己卯	四 庚辰	五 辛巳	六 壬午
1	二辰壬16	六亥癸18	七卯辛16	二戌壬17	五辰壬18	九亥癸19
2	三巳癸17	七子甲19	八辰壬17	三亥癸18	六巳癸19	一子甲20
3	四午甲18	八丑乙20	九巳癸18	四子甲19	七午甲20	二丑乙21
4	五未乙19	九寅丙21	一午甲19	五丑乙20	八未乙21	三寅丙22
5	六申丙20	一卯丁22	二未乙20	六寅丙21	九申丙22	四卯丁23
6	七酉丁21	二辰戊23	三申丙21	七卯丁22	一酉丁23	五辰戊24
7	八戌戊22	三巳己24	四酉丁22	八辰戊23	二戌戊24	六巳己25
8	九亥己23	四午庚25	五戌戊23	九巳己24	三亥己25	七午庚26
9	一子庚24	五未辛26	六亥己24	一午庚25	四子庚26	八未辛27
10	二丑辛25	六申壬27	七子庚25	二未辛26	五丑辛27	九申壬28
11	三寅壬26	七酉癸28	八丑辛26	三申壬27	六寅壬28	一酉癸29
12	四卯癸27	八戌甲29	九寅壬27	四酉癸28	七卯癸29	二戌甲30
13	五辰甲28	九亥乙30	一卯癸28	五戌甲29	八辰甲30	三亥乙1/
14	六巳乙29	一子丙1/	二辰甲29	六亥乙1/	九巳乙1/	四子丙2
15	七午丙1/	二丑丁2	三巳乙30	七子丙2	一午丙2	五丑丁3
16	八未丁2	三寅戊3	四午丙1/	八丑丁3	二未丁3	六寅戊4
17	九申戊3	四卯己4	五未丁2	九寅戊4	三申戊4	七卯己5
18	一酉己4	五辰庚5	六申戊3	一卯己5	四酉己5	八辰庚6
19	二戌庚5	六巳辛6	七酉己4	二辰庚6	五戌庚6	九巳辛7
20	三亥辛6	七午壬7	八戌庚5	三巳辛7	六亥辛7	一午壬8
21	四子壬7	八未癸8	九亥辛6	四午壬8	七子壬8	二未癸9
22	五丑癸8	九申甲9	一子壬7	五未癸9	八丑癸9	三申甲10
23	六寅甲9	一酉乙10	二丑癸8	六申甲10	九寅甲10	六酉乙11
24	七卯乙10	二戌丙11	三寅甲9	七酉乙11	一卯乙11	五戌丙12
25	八辰丙11	三亥丁12	四卯乙10	八戌丙12	二辰丙12	四亥丁13
26	九巳丁12	四子戊13	五辰丙11	九亥丁13	三巳丁13	三子戊14
27	一午戊13	五丑己14	六巳丁12	一子戊14	四午戊14	二丑己15
28	二未己14	六寅庚15	七午戊13	二丑己15	五未己15	一寅庚16
29	三申庚15		八未己14	三寅庚16	六申庚16	九卯辛17
30	四酉辛16		九申庚15	四卯辛17	七酉辛17	八辰壬18
31	五戌壬17				八戌壬18	

西暦一九一五年 (漢数字의太字는陰局、細字는陽局)

乙卯年　　立向四

	子戊 十二	亥丁 十一	戌丙 十	酉乙 九	申甲 八	未癸 七
節気	冬至 23 卯 ／ 大雪 8 午	小雪 23 酉 ／ 立冬 8 戌	霜降 24 戌 ／ 寒露 9 酉	秋分 24 午 ／ 白露 9 丑	處暑 24 未 ／ 立秋 9 子	大暑 24 辰 ／ 小暑 8 未
局	二	二	二	三	三	三

子戊	亥丁	戌丙	酉乙	申甲	未癸	日
七 寅丙 25	一 申丙 24	五 丑乙 23	八 未乙 22	三 子甲 21	七 巳癸 19	1
六 卯丁 26	九 酉丁 25	四 寅丙 24	七 申丙 23	二 丑乙 22	六 午甲 20	2
五 辰戊 27	八 戌戊 26	三 卯丁 25	六 酉丁 24	一 寅丙 23	五 未乙 21	3
四 巳己 28	七 亥己 27	二 辰戊 26	五 戌戊 25	九 卯丁 24	四 申丙 22	4
三 午庚 29	六 子庚 28	一 巳己 27	四 亥己 26	八 辰戊 25	三 酉丁 23	5
二 未辛 30	五 丑辛 29	九 午庚 28	三 子庚 27	七 巳己 26	二 戌戊 24	6
一 申壬 1/	四 寅壬 1/	八 未辛 29	二 丑辛 28	六 午庚 27	一 亥己 25	7
九 酉癸 2	三 卯癸 2	七 申壬 30	一 寅壬 29	五 未辛 28	九 子庚 26	8
八 戌甲 3	二 辰甲 3	六 酉癸 1/	九 卯癸 1/	四 申壬 29	八 丑辛 27	9
七 亥乙 4	一 巳乙 4	五 戌甲 2	八 辰甲 2	三 酉癸 30	七 寅壬 28	10
六 子丙 5	九 午丙 5	四 亥乙 3	七 巳乙 3	二 戌甲 1/	六 卯癸 29	11
五 丑丁 6	八 未丁 6	三 子丙 4	六 午丙 4	一 亥乙 2	五 辰甲 1/	12
四 寅戊 7	七 申戊 7	二 丑丁 5	五 未丁 5	九 子丙 3	四 巳乙 2	13
三 卯己 8	六 酉己 8	一 寅戊 6	四 申戊 6	八 丑丁 4	三 午丙 3	14
二 辰庚 9	五 戌庚 9	九 卯己 7	三 酉己 7	七 寅戊 5	二 未丁 4	15
一 巳辛 10	四 亥辛 10	八 辰庚 8	二 戌庚 8	六 卯己 6	一 申戊 5	16
九 午壬 11	三 子壬 11	七 巳辛 9	一 亥辛 9	五 辰庚 7	九 酉己 6	17
八 未癸 12	二 丑癸 12	六 午壬 10	九 子壬 10	四 巳辛 8	八 戌庚 7	18
七 申甲 13	一 寅甲 13	五 未癸 11	八 丑癸 11	三 午壬 9	七 亥辛 8	19
六 酉乙 14	九 卯乙 14	四 申甲 12	七 寅甲 12	二 未癸 10	六 子壬 9	20
五 戌丙 15	八 辰丙 15	三 酉乙 13	六 卯乙 13	一 申甲 11	五 丑癸 10	21
四 亥丁 16	七 巳丁 16	二 戌丙 14	五 辰丙 14	九 酉乙 12	四 寅甲 11	22
三 子戊 17	六 午戊 17	一 亥丁 15	四 巳丁 15	八 戌丙 13	三 卯乙 12	23
八 丑己 18	五 未己 18	一 子戊 16	三 午戊 16	七 亥丁 14	二 辰丙 13	24
九 寅庚 19	四 申庚 19	八 丑己 17	二 未己 17	六 子戊 15	一 巳丁 14	25
一 卯辛 20	三 酉辛 20	七 寅庚 18	一 申庚 18	五 丑己 16	九 午戊 15	26
二 辰壬 21	二 戌壬 21	六 卯辛 19	九 酉辛 19	四 寅庚 17	八 未己 16	27
三 巳癸 22	一 亥癸 22	五 辰壬 20	八 戌壬 20	三 卯辛 18	七 申庚 17	28
四 午甲 23	九 子甲 23	四 巳癸 21	七 亥癸 21	二 辰壬 19	六 酉辛 18	29
五 未乙 24	八 丑乙 24	三 午甲 22	六 子甲 22	一 巳癸 20	五 戌壬 19	30
六 申丙 25		二 未乙 23		九 午甲 21	四 亥癸 20	31

午甲六	巳癸五	辰壬四	卯辛三	寅庚二	丑己一	
夏至 22 丑 / 芒種 6 巳	小滿 21 酉 / 立夏 6 寅	穀雨 20 酉 / 清明 5 巳	春分 21 卯 / 驚蟄 6 卯	雨水 20 辰 / 立春 5 午	大寒 21 申 / 小寒 6 子	節気
二	二	二	二	二	二	局
六 巳己 5/1	二 戌戊 29	八 辰戊 29	四 酉丁 28	二 辰戊 28	七 酉丁 26	1
七 午庚 2	三 亥己 4/1	九 巳己 30	五 戌戊 29	三 巳己 29	八 戌戊 27	2
八 未辛 3	四 子庚 2	一 午庚 3/1	六 亥己 30	四 午庚 1/1	九 亥己 28	3
九 申壬 4	五 丑辛 3	二 未辛 2	七 子庚 2/1	五 未辛 2	一 子庚 29	4
一 酉癸 5	六 寅壬 4	三 申壬 3	八 丑辛 2	六 申壬 3	二 丑辛 12/1	5
二 戌甲 6	七 卯癸 5	四 酉癸 4	九 寅壬 3	七 酉癸 4	三 寅壬 2	6
三 亥乙 7	八 辰甲 6	五 戌甲 5	一 卯癸 4	八 戌甲 5	四 卯癸 3	7
四 子丙 8	九 巳乙 7	六 亥乙 6	二 辰甲 5	九 亥乙 6	五 辰甲 4	8
五 丑丁 9	一 午丙 8	七 子丙 7	三 巳乙 6	一 子丙 7	六 巳乙 5	9
六 寅戊 10	二 未丁 9	八 丑丁 8	四 午丙 7	二 丑丁 8	七 午丙 6	10
七 卯己 11	三 申戊 10	九 寅戊 9	五 未丁 8	三 寅戊 9	八 未丁 7	11
八 辰庚 12	四 酉己 11	一 卯己 10	六 申戊 9	四 卯己 10	九 申戊 8	12
九 巳辛 13	五 戌庚 12	二 辰庚 11	七 酉己 10	五 辰庚 11	一 酉己 9	13
一 午壬 14	六 亥辛 13	三 巳辛 12	八 戌庚 11	六 巳辛 12	二 戌庚 10	14
二 未癸 15	七 子壬 14	四 午壬 13	九 亥辛 12	七 午壬 13	三 亥辛 11	15
三 申甲 16	八 丑癸 15	五 未癸 14	一 子壬 13	八 未癸 14	四 子壬 12	16
四 酉乙 17	九 寅甲 16	六 申甲 15	二 丑癸 14	九 申甲 15	五 丑癸 13	17
五 戌丙 18	一 卯乙 17	七 酉乙 16	三 寅甲 15	一 酉乙 16	六 寅甲 14	18
六 亥丁 19	二 辰丙 18	八 戌丙 17	四 卯乙 16	二 戌丙 17	七 卯乙 15	19
七 子戊 20	三 巳丁 19	九 亥丁 18	五 辰丙 17	三 亥丁 18	八 辰丙 16	20
八 丑己 21	四 午戊 20	一 子戊 19	六 巳丁 18	四 子戊 19	九 巳丁 17	21
九 寅庚 22	五 未己 21	二 丑己 20	七 午戊 19	五 丑己 20	一 午戊 18	22
九 卯辛 23	六 申庚 22	三 寅庚 21	八 未己 20	六 寅庚 21	二 未己 19	23
八 辰壬 24	七 酉辛 23	四 卯辛 22	九 申庚 21	七 卯辛 22	三 申庚 20	24
七 巳癸 25	八 戌壬 24	五 辰壬 23	一 酉辛 22	八 辰壬 23	四 酉辛 21	25
六 午甲 26	九 亥癸 25	六 巳癸 24	二 戌壬 23	九 巳癸 24	五 戌壬 22	26
五 未乙 27	一 子甲 26	七 午甲 25	三 亥癸 24	一 午甲 25	六 亥癸 23	27
四 申丙 28	二 丑乙 27	八 未乙 26	四 子甲 25	二 未乙 26	七 子甲 24	28
三 酉丁 29	三 寅丙 28	九 申丙 27	五 丑乙 26	三 申丙 27	八 丑乙 25	29
二 戌戊 6/1	四 卯丁 29	一 酉丁 28	六 寅丙 27		九 寅丙 26	30
	五 辰戊 30		七 卯丁 28		一 卯丁 27	31

西暦一九一六年 （漢数字의 太字는 陰局、細字는 陽局）

丙辰年

立
向
三

子庚 十二	亥己 十一	戌戊 十	酉丁 九	申丙 八	未乙 七	月
冬至 22 午 / 大雪 7 酉	小雪 22 亥 / 立冬 8 丑	霜降 24 丑 / 寒露 9 子	秋分 23 酉 / 白露 8 辰	處暑 23 戌 / 立秋 8 卯	大暑 23 未 / 小暑 7 戌	節気
一	一	一	一	一	二	局 / 日
一申壬7	四寅壬6	八未辛5	二丑辛4	六午庚3	一亥己2	1
九酉癸8	三卯癸7	七申壬6	一寅壬5	五未辛4	九子庚3	2
八戌甲9	二辰甲8	六酉癸7	九卯癸6	四申壬5	八丑辛4	3
七亥乙10	一巳乙9	五戌甲8	八辰甲7	三酉癸6	七寅壬5	4
六子丙11	九午丙10	四亥乙9	七巳乙8	二戌甲7	六卯癸6	5
五丑丁12	八未丁11	三子丙10	六午丙9	一亥乙8	五辰甲7	6
四寅戊13	七申戊12	二丑丁11	五未丁10	九子丙9	四巳乙8	7
三卯己14	六酉己13	一寅戊12	四申戊11	八丑丁10	三午丙9	8
二辰庚15	五戌庚14	九卯己13	三酉己12	七寅戊11	二未丁10	9
一巳辛16	四亥辛15	八辰庚14	二戌庚13	六卯己12	一申戊11	10
九午壬17	三子壬16	七巳辛15	一亥辛14	五辰庚13	九酉己12	11
八未癸18	二丑癸17	六午壬16	九子壬15	四巳辛14	八戌庚13	12
七申甲19	一寅甲18	五未癸17	八丑癸16	三午壬15	七亥辛14	13
六酉乙20	九卯乙19	四申甲18	七寅甲17	二未癸16	六子壬15	14
五戌丙21	八辰丙20	三酉乙19	六卯乙18	一申甲17	五丑癸16	15
四亥丁22	七巳丁21	二戌丙20	五辰丙19	九酉乙18	四寅甲17	16
三子戊23	六午戊22	一亥丁21	四巳丁20	八戌丙19	三卯乙18	17
二丑己24	五未己23	九子戊22	三午戊21	七亥丁20	二辰丙19	18
一寅庚25	四申庚24	八丑己23	二未己22	六子戊21	一巳丁20	19
九卯辛26	三酉辛25	七寅庚24	一申庚23	五丑己22	九午戊21	20
八辰壬27	二戌壬26	六卯辛25	九酉辛24	四寅庚23	八未己22	21
三巳癸28	一亥癸27	五辰壬26	八戌壬25	三卯辛24	七申庚23	22
四午甲29	九子甲28	四巳癸27	七亥癸26	二辰壬25	六酉辛24	23
五未乙30	八丑乙29	三午甲28	六子甲27	一巳癸26	五戌壬25	24
六申丙 12/1	七寅丙 11/1	二未乙29	五丑乙28	九午甲27	四亥癸26	25
七酉丁2	六卯丁2	一申丙30	四寅丙29	八未乙28	三子甲27	26
八戌戊3	五辰戊3	一酉丁 10/1	三卯丁 9/1	七申丙29	二丑乙28	27
九亥己4	四巳己4	八戌戊2	二辰戊2	六酉丁30	一寅丙29	28
一子庚5	三午庚5	七亥己3	一巳己3	五戌戊 8/1	九卯丁30	29
二丑辛6	二未辛6	六子庚4	九午庚4	四亥己2	八辰戊 7/1	30
三寅壬7		五丑辛5		三子庚3	七巳己2	31

六丙午	五乙巳	四甲辰	三癸卯	二壬寅	一辛丑	月
夏至 芒種	小滿 立夏	穀雨 清明	春分 驚蟄	雨水 立春	大寒 小寒	節気
22 6	21 6	21 5	21 6	19 6	20 4	
辰 申	子 巳	子 申	午 午	未 申	亥 卯	局
九	一	一	一	一	一	日
二戌甲12	七卯癸11	四酉癸10	九寅壬 8	八戌甲10	四卯癸 8	1
三亥乙13	八辰甲12	五戌甲11	一卯癸 9	九亥乙11	五辰甲 9	2
四子丙14	九巳乙13	六亥乙12	二辰甲10	一子丙12	六巳乙10	3
五丑丁15	一午丙14	七子丙13	三巳乙11	二丑丁13	七午丙11	4
六寅戊16	二未丁15	八丑丁14	四午丙12	三寅戊14	八未丁12	5
七卯己17	三申戊16	九寅戊15	五未丁13	四卯己15	九申戊13	6
八辰庚18	四酉己17	一卯己16	六申戊14	五辰庚16	一酉己14	7
九巳辛19	五戌庚18	二辰庚17	七酉己15	六巳辛17	二戌庚15	8
一午壬20	六亥辛19	三巳辛18	八戌庚16	七午壬18	三亥辛16	9
二未癸21	七子壬20	四午壬19	九亥辛17	八未癸19	四子壬17	10
三申甲22	八丑癸21	五未癸20	一子壬18	九申甲20	五丑癸18	11
四酉乙23	九寅甲22	六申甲21	二丑癸19	一酉乙21	六寅甲19	12
五戌丙24	一卯乙23	七酉乙22	三寅甲20	二戌丙22	七卯乙20	13
六亥丁25	二辰丙24	八戌丙23	四卯乙21	三亥丁23	八辰丙21	14
七子戊26	三巳丁25	九亥丁24	五辰丙22	四子戊24	九巳丁22	15
八丑己27	四午戊26	一子戊25	六巳丁23	五丑己25	一午戊23	16
九寅庚28	五未己27	二丑己26	七午戊24	六寅庚26	二未己24	17
一卯辛29	六申庚28	三寅庚27	八未己25	七卯辛27	三申庚25	18
二辰壬5/1	七酉辛29	四卯辛28	九申庚26	八辰壬28	四酉辛26	19
三巳癸2	八戌壬30	五辰壬29	一酉辛27	九巳癸29	五戌壬27	20
四午甲3	九亥癸4/1	六巳癸3/1	二戌壬28	一午甲30	六亥癸28	21
吾未乙4	一子甲2	七午甲2	三亥癸29	二未乙2/1	七子甲29	22
一申丙5	二丑乙3	八未乙3	四子甲2/1	三申丙2	八丑乙1/1	23
九酉丁6	三寅丙4	九申丙4	五丑乙2	四酉丁3	九寅丙2	24
八戌戊7	四卯丁5	一酉丁5	六寅丙3	五戌戊4	一卯丁3	25
七亥己8	五辰戊6	二戌戊6	七卯丁4	六亥己5	二辰戊4	26
六子庚10	六巳己7	三亥己7	八辰戊5	七子庚6	三巳己5	27
五丑辛10	七午庚8	四子庚8	九巳己6	八丑辛7	四午庚6	28
四寅壬11	八未辛9	五丑辛9	一午庚7		五未辛7	29
三卯癸12	九申壬10	六寅壬10	二未辛8		六申壬8	30
	一酉癸11		三申壬9		七酉癸9	31

西暦一九一七年 (漢数字의太字는陰局、細字는陽局)

丁巳年　立向二

月	子壬 十二	亥辛 十一	戌庚 十	酉己 九	申戊 八	未丁 七
節気	冬至 大雪	小雪 立冬	霜降 寒露	秋分 白露	處暑 立秋	大暑 小暑
	22　8	23　8	24　9	24　8	24　8	23　8
	酉　子	寅　辰	辰　寅	亥　未	丑　午	戌　丑
局	九	九	九	九	九	九

子壬	亥辛	戌庚	酉己	申戊	未丁	日
二丑丁17	五未丁17	九子丙16	三午丙15	七亥乙14	二辰甲13	1
一寅戊18	四申戊18	八丑丁17	二未丁16	六子丙15	一巳乙14	2
九卯己19	三酉己19	七寅戊18	一申戊17	五丑丁16	九午丙15	3
八辰庚20	二戌庚20	六卯己19	九酉己18	四寅戊17	八未丁16	4
七巳辛21	一亥辛21	五辰庚20	八戌庚19	三卯己18	七申戊17	5
六午壬22	九子壬22	四巳辛21	七亥辛20	二辰庚19	六酉己18	6
五未癸23	八丑癸23	三午壬22	六子壬21	一巳辛20	五戌庚19	7
四申甲24	七寅甲24	二未癸23	五丑癸22	九午壬21	四亥辛20	8
三酉乙25	六卯乙25	一申甲24	四寅甲23	八未癸22	三子壬21	9
二戌丙26	五辰丙26	九酉乙25	三卯乙24	七申甲23	二丑癸22	10
一亥丁27	四巳丁27	八戌丙26	二辰丙25	六酉乙24	一寅甲23	11
九子戊28	三午戊28	七亥丁27	一巳丁26	五戌丙25	九卯乙24	12
八丑己29	二未己29	六子戊28	九午戊27	四亥丁26	八辰丙25	13
七寅庚／	一申庚30	五丑己29	八未己28	三子戊27	七巳丁26	14
六卯辛2	九酉辛／	四寅庚30	七申庚29	二丑己28	六午戊27	15
五辰壬3	八戌壬2	三卯辛／	六酉辛／	一寅庚29	五未己28	16
四巳癸4	七亥癸3	二辰壬2	五戌壬2	九卯辛30	四申庚29	17
三午甲5	六子甲4	一巳癸3	四亥癸3	八辰壬／	三酉辛30	18
二未乙6	五丑乙5	九午甲4	三子甲4	七巳癸2	二戌壬／	19
一申丙7	四寅丙6	八未乙5	二丑乙5	六午甲3	一亥癸2	20
九酉丁8	三卯丁7	七申丙6	一寅丙6	五未乙4	九子甲3	21
二戌戊9	二辰戊8	六酉丁7	九卯丁7	四申丙5	八丑乙4	22
三亥己10	一巳己9	五戌戊8	八辰戊8	三酉丁6	七寅丙5	23
四子庚11	九午庚10	四亥己9	七巳己9	二戌戊7	六卯丁6	24
五丑辛12	八未辛11	三子庚10	六午庚10	一亥己8	五辰戊7	25
六寅壬13	七申壬12	二丑辛11	五未辛11	九子庚9	四巳己8	26
七卯癸14	六酉癸13	一寅壬12	四申壬12	八丑辛10	三午庚9	27
八辰甲15	五戌甲14	九卯癸13	三酉癸13	七寅壬11	二未辛10	28
九巳乙16	四亥乙15	八辰甲14	二戌甲14	六卯癸12	一申壬11	29
一午丙17	三子丙16	七巳乙15	一亥乙15	五辰甲13	九酉癸12	30
二未丁18		六午丙16		四巳乙14	八戌甲13	31

西曆一九一八年　（漢数字의 太字는 陰局、細字는 陽局）

六 午戊	五 巳丁	四 辰丙	三 卯乙	二 寅甲	一 丑癸	月
夏至22未／芒種6亥	小滿22卯／立夏6申	穀雨21卯／清明5亥	春分21酉／驚蟄6酉	雨水19酉／立春4亥	大寒21寅／小寒6巳	節気
八	八	八	九	九	九	局（日）
一卯己23	六申戊21	三寅戊20	八未丁19	七卯己20	三申戊19	1
二辰庚24	七酉己22	四卯己21	九申戊20	八辰庚21	四酉己20	2
三巳辛25	八戌庚23	五辰庚22	一酉己21	九巳辛22	五戌庚21	3
四午壬26	九亥辛24	六巳辛23	二戌庚22	一午壬23	六亥辛22	4
五未癸27	一子壬25	七午壬24	三亥辛23	二未癸24	七子壬23	5
六申甲28	二丑癸26	八未癸25	四子壬24	三申甲25	八丑癸24	6
七酉乙29	三寅甲27	九申甲26	五丑癸25	四酉乙26	九寅甲25	7
八戌丙30	四卯乙28	一酉乙27	六寅甲26	五戌丙27	一卯乙26	8
九亥丁 6/1	五辰丙29	二戌丙28	七卯乙27	六亥丁28	二辰丙27	9
一子戊2	六巳丁 5/1	三亥丁29	八辰丙28	七子戊29	三巳丁28	10
二丑己3	七午戊2	四子戊 4/1	九巳丁29	八丑己 2/1	四午戊29	11
三寅庚4	八未己3	五丑己2	一午戊30	九寅庚2	五未己30	12
四卯辛5	九申庚4	六寅庚3	二未己 3/1	一卯辛3	六申庚 1/1	13
五辰壬6	一酉辛5	七卯辛4	三申庚2	二辰壬4	七酉辛2	14
六巳癸7	二戌壬6	八辰壬5	四酉辛3	三巳癸5	八戌壬3	15
七午甲8	三亥癸7	九巳癸6	五戌壬4	四午甲6	九亥癸4	16
八未乙9	四子甲8	一午甲7	六亥癸5	五未乙7	一子甲5	17
九申丙10	五丑乙9	二未乙8	七子甲6	六申丙8	二丑乙6	18
一酉丁11	六寅丙10	三申丙9	八丑乙7	七酉丁9	三寅丙7	19
二戌戊12	七卯丁11	四酉丁10	九寅丙8	八戌戊10	四卯丁8	20
三亥己13	八辰戊12	五戌戊11	一卯丁9	九亥己11	五辰戊9	21
四子庚14	九巳己13	六亥己12	二辰戊10	一子庚12	六巳己10	22
五丑辛15	一午庚14	七子庚13	三巳己11	二丑辛13	七午庚11	23
四寅壬16	二未辛15	八丑辛14	四午庚12	三寅壬14	八未辛12	24
三卯癸17	三申壬16	九寅壬15	五未辛13	四卯癸15	九申壬13	25
二辰甲18	四酉癸17	一卯癸16	六申壬14	五辰甲16	一酉癸14	26
一巳乙19	五戌甲18	二辰甲17	七酉癸15	六巳乙17	二戌甲15	27
九午丙20	六亥乙19	三巳乙18	八戌甲16	七午丙18	三亥乙16	28
八未丁21	七子丙20	四午丙19	九亥乙17		四子丙17	29
七申戊22	八丑丁21	五未丁20	一子丙18		五丑丁18	30
	九寅戊22		二丑丁19		六寅戊19	31

	未己七	申庚八	酉辛九	戌壬十	亥癸十一	子甲十二
節気	大暑 小暑	處暑 立秋	秋分 白露	霜降 寒露	小雪 立冬	冬至 大雪
	24　8	24　8	24　8	24　9	23　8	22　8
	子辰	辰酉	寅戌	未巳	巳未	子卯
局 日	八	八	八	八	八	八
1	六酉己23	二辰庚25	七亥辛26	四巳辛27	九子壬28	六午壬28
2	五戌庚24	一巳辛26	六子壬27	三午壬28	八丑癸29	五未癸29
3	四亥辛25	九午壬27	五丑癸28	二未癸29	七寅甲30	四申甲½
4	三子壬26	八未癸28	四寅甲29	一申甲30	六卯乙½	三酉乙2
5	二丑癸27	七申甲29	三卯乙8/1	九酉乙9/1	五辰丙2	二戌丙3
6	一寅甲28	六酉乙30	二辰丙2	八戌丙2	四巳丁3	一亥丁4
7	九卯乙29	五戌丙7/1	一巳丁3	七亥丁·3	三午戊4	九子戊5
8	八辰丙6/1	四亥丁2	九午戊4	六子戊4	二未己5	八丑己6
9	七巳丁2	三子戊3	八未己5	五丑己5	一申庚6	七寅庚7
10	六午戊3	二丑己4	七申庚6	四寅庚6	九酉辛7	六卯辛8
11	五未己4	一寅庚5	六酉辛7	三卯辛7	八戌壬8	五辰壬9
12	四申庚5	九卯辛6	五戌壬8	二辰壬8	七亥癸9	四巳癸10
13	三酉辛6	八辰壬7	四亥癸9	一巳癸9	六子甲10	三午甲11
14	二戌壬7	七巳癸8	三子甲10	九午甲10	五丑乙11	二未乙12
15	一亥癸8	六午甲9	二丑乙11	八未乙11	四寅丙12	一申丙13
16	九子甲9	五未乙10	一寅丙12	七申丙12	三卯丁13	九酉丁14
17	八丑乙10	四申丙11	九卯丁13	六酉丁13	二辰戊14	八戌戊15
18	七寅丙11	三酉丁12	八辰戊14	五戌戊14	一巳己15	七亥己16
19	六卯丁12	二戌戊13	七巳己15	四亥己15	九午庚16	六子庚17
20	五辰戊13	一亥己14	六午庚16	三子庚16	八未辛17	五丑辛18
21	四巳己14	九子庚15	五未辛17	二丑辛17	七申壬18	四寅壬19
22	三午庚15	八丑辛16	四申壬18	一寅壬18	六酉癸19	三卯癸20
23	二未辛16	七寅壬17	三酉癸19	九卯癸19	五戌甲20	八辰甲21
24	一申壬17	六卯癸18	二戌甲20	八辰甲20	四亥乙21	九巳乙22
25	九酉癸18	五辰甲19	一亥乙21	七巳乙21	三子丙22	一午丙23
26	八戌甲19	四巳乙20	九子丙22	六午丙22	二丑丁23	二未丁24
27	七亥乙20	三午丙21	八丑丁23	五未丁23	一寅戊24	三申戊25
28	六子丙21	二未丁22	七寅戊24	四申戊24	九卯己25	四酉己26
29	五丑丁22	一申戊23	六卯己25	三酉己25	八辰庚26	五戌庚27
30	四寅戊23	九酉己24	五辰庚26	二戌庚26	七巳辛27	六亥辛28
31	三卯己24	八戌庚25		一亥辛27		七子壬29

戊午年

立向一

西暦一九一九年 （漢数字의 太字는 陰局、細字는 陽局）

六庚午	五己巳	四戊辰	三丁卯	二丙寅	一乙丑	月
夏至 芒種 22 7 戌 丑	小満 立夏 22 6 午 亥	穀雨 清明 21 6 午 寅	春分 驚蟄 22 6 子 子	雨水 立春 20 5 子 寅	大寒 小寒 21 6 巳 申	節気
七	七	七	七	七	八	局 / 日

六庚午	五己巳	四戊辰	三丁卯	二丙寅	一乙丑	日
六申甲 4	二丑癸 2	八未癸 3/	四子壬 29	三申甲 1/	八丑癸 30	1
七酉乙 5	三寅甲 3	九申甲 2	五丑癸 3/	四酉乙 2	九寅甲 1/	2
八戌丙 6	四卯乙 4	一酉乙 3	六寅甲 2	五戌丙 3	一卯乙 2	3
九亥丁 7	五辰丙 5	二戌丙 4	七卯乙 3	六亥丁 4	二辰丙 3	4
一子戊 8	六巳丁 6	三亥丁 5	八辰丙 4	七子戊 5	三巳丁 4	5
二丑己 9	七午戊 7	四子戊 6	九巳丁 5	八丑己 6	四午戊 5	6
三寅庚 10	八未己 8	五丑己 7	一午戊 6	九寅庚 7	五未己 6	7
四卯辛 11	九申庚 9	六寅庚 8	二未己 7	一卯辛 8	六申庚 7	8
五辰壬 12	一酉辛 10	七卯辛 9	三申庚 8	二辰壬 9	七酉辛 8	9
六巳癸 13	二戌壬 11	八辰壬 10	四酉辛 9	三巳癸 10	八戌壬 9	10
七午甲 14	三亥癸 12	九巳癸 11	五戌壬 10	四午甲 11	九亥癸 10	11
八未乙 15	四子甲 13	一午甲 12	六亥癸 11	五未乙 12	一子甲 11	12
九申丙 16	五丑乙 14	二未乙 13	七子甲 12	六申丙 13	二丑乙 12	13
一酉丁 17	六寅丙 15	三申丙 14	八丑乙 13	七酉丁 14	三寅丙 13	14
二戌戊 18	七卯丁 16	四酉丁 15	九寅丙 14	八戌戊 15	四卯丁 14	15
三亥己 19	八辰戊 17	五戌戊 16	一卯丁 15	九亥己 16	五辰戊 15	16
四子庚 20	九巳己 18	六亥己 17	二辰戊 16	一子庚 17	六巳己 16	17
五丑辛 21	一午庚 19	七子庚 18	三巳己 17	二丑辛 18	七午庚 17	18
六寅壬 22	二未辛 20	八丑辛 19	四午庚 18	三寅壬 19	八未辛 18	19
七卯癸 23	三申壬 21	九寅壬 20	五未辛 19	四卯癸 20	九申壬 19	20
八辰甲 24	四酉癸 22	一卯癸 21	六申壬 20	五辰甲 21	一酉癸 20	21
凸巳乙 25	五戌甲 23	二辰甲 22	七酉癸 21	六巳乙 22	二戌甲 21	22
九午丙 26	六亥乙 24	三巳乙 23	八戌甲 22	七午丙 23	三亥乙 22	23
八未丁 27	七子丙 25	四午丙 24	九亥乙 23	八未丁 24	四子丙 23	24
七申戊 28	八丑丁 26	五未丁 25	一子丙 24	九申戊 25	五丑丁 24	25
六酉己 29	九寅戊 27	六申戊 26	二丑丁 25	一酉己 26	六寅戊 25	26
五戌庚 30	一卯己 28	七酉己 27	三寅戊 26	二戌庚 27	七卯己 26	27
四亥辛 6/	二辰庚 29	八戌庚 28	四卯己 27	三亥辛 28	八辰庚 27	28
三子壬 2	三巳辛 5/	九亥辛 29	五辰庚 28		九巳辛 28	29
二丑癸 3	四午壬 2	一子壬 5/	六巳辛 29		一午壬 29	30
	五未癸 3		七午壬 30		二未癸 30	31

己未年　立向九

月	子丙十二	亥乙十一	戌甲十	酉癸九	申壬八	未辛七
節気	冬至　大雪	小雪　立冬	霜降　寒露	秋分　白露	處暑　立秋	大暑　小暑
	23　8	23　8	24　9	24　9	24　8	24　8
	卯　午	申　戌	戌　申	巳　丑	未　亥	卯　未
局	六	七	七	七	七	七

日	子丙十二	亥乙十一	戌甲十	酉癸九	申壬八	未辛七
1	一亥丁10	四巳丁9	八戌丙8	二辰丙8	六酉乙6	一寅甲4
2	九子戊11	三午戊10	七亥丁9	一巳丁9	五戌丙7	九卯乙5
3	八丑己12	二未己11	六子戊10	九午戊10	四亥丁8	八辰丙6
4	七寅庚13	一申庚12	五丑己11	八未己11	三子戊9	七巳丁7
5	六卯辛14	九酉辛13	四寅庚12	七申庚12	二丑己10	六午戊8
6	五辰壬15	八戌壬14	三卯辛13	六酉辛13	一寅庚11	五未己9
7	四巳癸16	七亥癸15	二辰壬14	五戌壬14	九卯辛12	四申庚10
8	三午甲17	六子甲16	一巳癸15	四亥癸15	八辰壬13	三酉辛11
9	二未乙18	五丑乙17	九午甲16	三子甲16	七巳癸14	二戌壬12
10	一申丙19	四寅丙18	八未乙17	二丑乙17	六午甲15	一亥癸13
11	九酉丁20	三卯丁19	七申丙18	一寅丙18	五未乙16	九子甲14
12	八戌戊21	二辰戊20	六酉丁19	九卯丁19	四申丙17	八丑乙15
13	七亥己22	一巳己21	五戌戊20	八辰戊20	三酉丁18	七寅丙16
14	六子庚23	九午庚22	四亥己21	七巳己21	二戌戊19	六卯丁17
15	五丑辛24	八未辛23	三子庚22	六午庚22	一亥己20	五辰戊18
16	四寅壬25	七申壬24	二丑辛23	五未辛23	九子庚21	四巳己19
17	三卯癸26	六酉癸25	一寅壬24	四申壬24	八丑辛22	三午庚20
18	二辰甲27	五戌甲26	九卯癸25	三酉癸25	七寅壬23	二未辛21
19	一巳乙28	四亥乙27	八辰甲26	二戌甲26	六卯癸24	一申壬22
20	九午丙29	三子丙28	七巳乙27	一亥乙27	五辰甲25	九酉癸23
21	八未丁30	二丑丁29	六午丙28	九子丙28	四巳乙26	八戌甲24
22	七申戊 1/1	一寅戊 12/1	五未丁29	八丑丁29	三午丙27	七亥乙25
23	六酉己2	九卯己2	四申戊30	七寅戊30	二未丁28	六子丙26
24	五戌庚3	八辰庚3	三酉己 11/1	六卯己 10/1	一申戊29	五丑丁27
25	六亥辛4	七巳辛4	二戌庚2	五辰庚2	九酉己 9/1	四寅戊28
26	七子壬5	六午壬5	一亥辛3	四巳辛3	八戌庚2	三卯己29
27	八丑癸6	五未癸6	九子壬4	三午壬4	七亥辛3	二辰庚 8/1
28	九寅甲7	四申甲7	八丑癸5	二未癸5	六子壬4	一巳辛2
29	一卯乙8	三酉乙8	七寅甲6	一申甲6	五丑癸5	九午壬3
30	二辰丙9	二戌丙9	六卯乙7	九酉乙7	四寅甲6	八未癸4
31	三巳丁10		五辰丙8		三卯乙7	七申甲5

立向九

午壬六	巳辛五	辰庚四	卯己三	寅戊二	丑丁一	月
夏至 芒種	小満 立夏	穀雨 清明	春分 驚蟄	雨水 立春	大寒 小寒	節気
22 6	21 6	20 5	21 6	20 5	21 6	
丑 辰	酉 寅	酉 巳	卯 寅	卯 巳	申 亥	
六	六	六	六	六	六	局／日
三 寅庚 15	八 未己 13	五 丑己 13	一 午戊 11	八 丑己 12	四 午戊 11	1
四 卯辛 16	九 申庚 14	六 寅庚 14	二 未己 12	九 寅庚 13	五 未己 12	2
五 辰壬 17	一 酉辛 15	七 卯辛 15	三 申庚 13	一 卯辛 14	六 申庚 13	3
六 巳癸 18	二 戌壬 16	八 辰壬 16	四 酉辛 14	二 辰壬 15	七 酉辛 14	4
七 午甲 19	三 亥癸 17	九 巳癸 17	五 戌壬 15	三 巳癸 16	八 戌壬 15	5
八 未乙 20	四 子甲 18	一 午甲 18	六 亥癸 16	四 午甲 17	九 亥癸 16	6
九 申丙 21	五 丑乙 19	二 未乙 19	七 子甲 17	五 未乙 18	一 子甲 17	7
一 酉丁 22	六 寅丙 20	三 申丙 20	八 丑乙 18	六 申丙 19	二 丑乙 18	8
二 戌戊 23	七 卯丁 21	四 酉丁 21	九 寅丙 19	七 酉丁 20	三 寅丙 19	9
三 亥己 24	八 辰戊 22	五 戌戊 22	一 卯丁 20	八 戌戊 21	四 卯丁 20	10
四 子庚 25	九 巳己 23	六 亥己 23	二 辰戊 21	九 亥己 22	五 辰戊 21	11
五 丑辛 26	一 午庚 24	七 子庚 24	三 巳己 22	一 子庚 23	六 巳己 22	12
六 寅壬 27	二 未辛 25	八 丑辛 25	四 午庚 23	二 丑辛 24	七 午庚 23	13
七 卯癸 28	三 申壬 26	九 寅壬 26	五 未辛 24	三 寅壬 25	八 未辛 24	14
八 辰甲 29	四 酉癸 27	一 卯癸 27	六 申壬 25	四 卯癸 26	九 申壬 25	15
九 巳乙 卅1	五 戌甲 28	二 辰甲 28	七 酉癸 26	五 辰甲 27	一 酉癸 26	16
一 午丙 2	六 亥乙 29	三 巳乙 29	八 戌甲 27	六 巳乙 28	二 戌甲 27	17
二 未丁 3	七 子丙 卅1	四 午丙 30	九 亥乙 28	七 午丙 29	三 亥乙 28	18
三 申戊 4	八 丑丁 2	五 未丁 卅1	一 子丙 29	八 未丁 30	四 子丙 29	19
四 酉己 5	九 寅戊 3	六 申戊 2	二 丑丁 卅1	九 申戊 卅1	五 丑丁 30	20
五 戌庚 6	一 卯己 4	七 酉己 3	三 寅戊 2	一 酉己 2	六 寅戊 卅1	21
六 亥辛 7	二 辰庚 5	八 戌庚 4	四 卯己 3	二 戌庚 3	七 卯己 2	22
三 子壬 8	三 巳辛 6	九 亥辛 5	五 辰庚 4	三 亥辛 4	八 辰庚 3	23
二 丑癸 9	四 午壬 7	一 子壬 6	六 巳辛 5	四 子壬 5	九 巳辛 4	24
一 寅甲 10	五 未癸 8	二 丑癸 7	七 午壬 6	五 丑癸 6	一 午壬 5	25
九 卯乙 11	六 申甲 9	三 寅甲 8	八 未癸 7	六 寅甲 7	二 未癸 6	26
八 辰丙 12	七 酉乙 10	四 卯乙 9	九 申甲 8	七 卯乙 8	三 申甲 7	27
七 巳丁 13	八 戌丙 11	五 辰丙 10	一 酉乙 9	八 辰丙 9	四 酉乙 8	28
六 午戊 14	九 亥丁 12	六 巳丁 11	二 戌丙 10	九 巳丁 10	五 戌丙 9	29
五 未己 15	一 子戊 13	七 午戊 12	三 亥丁 11		六 亥丁 10	30
	二 丑己 14		四 子戊 12		七 子戊 11	31

西暦一九二〇年 （漢数字의 太字는 陰局、細字는 陽局）

子戊十二	亥丁十一	戌丙十	酉乙九	申甲八	未癸七	月
冬至22午　大雪8酉	小雪23亥　立冬8丑	霜降24丑　寒露8亥	秋分23申　白露8辰	處暑23戌　立秋8卯	大暑23午　小暑7戌	節気
五	五	五	六	六	六	局 / 日
四巳癸22	七亥癸21	二辰壬20	五戌壬19	九卯辛17	四申庚16	1
三午甲23	六子甲22	一巳癸21	四亥癸20	八辰壬18	三酉辛17	2
二未乙24	五丑乙23	九午甲22	三子甲21	七巳癸19	二戌壬18	3
一申丙25	四寅丙24	八未乙23	二丑乙22	六午甲20	一亥癸19	4
九酉丁26	三卯丁25	七申丙24	一寅丙23	五未乙21	九子甲20	5
八戌戊27	二辰戊26	六酉丁25	九卯丁24	四申丙22	八丑乙21	6
七亥己28	一巳己27	五戌戊26	八辰戊25	三酉丁23	七寅丙22	7
六子庚29	九午庚28	四亥己27	七巳己26	二戌戊24	六卯丁23	8
五丑辛30	八未辛29	三子庚28	六午庚27	一亥己25	五辰戊24	9
四寅壬十一/	七申壬十一/	二丑辛29	五未辛28	九子庚26	四巳己25	10
三卯癸2	六酉癸2	一寅壬30	四申壬29	八丑辛27	三午庚26	11
二辰甲3	五戌甲3	九卯癸十/	三酉癸九/	七寅壬28	二未辛27	12
一巳乙4	四亥乙4	八辰甲2	二戌甲2	六卯癸29	一申壬28	13
九午丙5	三子丙5	七巳乙3	一亥乙3	五辰甲八/	九酉癸29	14
八未丁6	二丑丁6	六午丙4	九子丙4	四巳乙2	八戌甲30	15
七申戊7	一寅戊7	五未丁5	八丑丁5	三午丙3	七亥乙七/	16
六酉己8	九卯己8	四申戊6	七寅戊6	二未丁4	六子丙2	17
五戌庚9	八辰庚9	三酉己7	六卯己7	一申戊5	五丑丁3	18
四亥辛10	七巳辛10	二戌庚8	五辰庚8	九酉己6	四寅戊4	19
三子壬11	六午壬11	一亥辛9	四巳辛9	八戌庚7	三卯己5	20
二丑癸12	五未癸12	九子壬10	三午壬10	七亥辛8	二辰庚6	21
元寅甲13	四申甲13	八丑癸11	二未癸11	六子壬9	一巳辛7	22
一卯乙14	三酉乙14	七寅甲12	一申甲12	五丑癸10	九午壬8	23
二辰丙15	二戌丙15	六卯乙13	九酉乙13	四寅甲11	八未癸9	24
三巳丁16	一亥丁16	五辰丙14	八戌丙14	三卯乙12	七申甲10	25
四午戊17	九子戊17	四巳丁15	七亥丁15	二辰丙13	六酉乙11	26
五未己18	八丑己18	三午戊16	六子戊16	一巳丁14	五戌丙12	27
六申庚19	七寅庚19	二未己17	五丑己17	九午戊15	四亥丁13	28
七酉辛20	六卯辛20	一申庚18	四寅庚18	八未己16	三子戊14	29
八戌壬21	五辰壬21	九酉辛19	三卯辛19	七申庚17	二丑己15	30
九亥癸22		八戌壬20		六酉辛18	一寅庚16	31

庚申年　立向八

午甲六	巳癸五	辰壬四	卯辛三	寅庚二	丑己一	月 節気
夏至 芒種 22 6 辰 未	小滿 立夏 21 6 子 巳	穀雨 清明 20 5 子 申	春分 驚蟄 21 6 午 巳	雨水 立春 19 4 午 申	大寒 小寒 20 6 亥 寅	局
五	五	五	五	五	五	日
八 未乙 25	四 子甲 24	一 午甲 23	六 亥癸 22	五 未乙 24	一 子甲 23	1
九 申丙 26	五 丑乙 25	二 未乙 24	七 子甲 23	六 申丙 25	二 丑乙 24	2
一 酉丁 27	六 寅丙 26	三 申丙 25	八 丑乙 24	七 酉丁 26	三 寅丙 25	3
二 戌戊 28	七 卯丁 27	四 酉丁 26	九 寅丙 25	八 戌戊 27	四 卯丁 26	4
三 亥己 29	八 辰戊 28	五 戌戊 27	一 卯丁 26	九 亥己 28	五 辰戊 27	5
四 子庚 ⅟1	九 巳己 29	六 亥己 28	二 辰戊 27	一 子庚 29	六 巳己 28	6
五 丑辛 2	一 午庚 30	七 子庚 29	三 巳己 28	二 丑辛 30	七 午庚 29	7
六 寅壬 3	二 未辛 ⅟1	八 丑辛 ⅟1	四 午庚 29	三 寅壬 ⅟1	八 未辛 30	8
七 卯癸 4	三 申壬 2	九 寅壬 2	五 未辛 30	四 卯癸 2	九 申壬 ⅟1	9
八 辰甲 5	四 酉癸 3	一 卯癸 3	六 申壬 ⅟1	五 辰甲 3	一 酉癸 2	10
九 巳乙 6	五 戌甲 4	二 辰甲 4	七 酉癸 2	六 巳乙 4	二 戌甲 3	11
一 午丙 7	六 亥乙 5	三 巳乙 5	八 戌甲 3	七 午丙 5	三 亥乙 4	12
二 未丁 8	七 子丙 6	四 午丙 6	九 亥乙 4	八 未丁 6	四 子丙 5	13
三 申戊 9	八 丑丁 7	五 未丁 7	一 子丙 5	九 申戊 7	五 丑丁 6	14
四 酉己 10	九 寅戊 8	六 申戊 8	二 丑丁 6	一 酉己 8	六 寅戊 7	15
五 戌庚 11	一 卯己 9	七 酉己 9	三 寅戊 7	二 戌庚 9	七 卯己 8	16
六 亥辛 12	二 辰庚 10	八 戌庚 10	四 卯己 8	三 亥辛 10	八 辰庚 9	17
七 子壬 13	三 巳辛 11	九 亥辛 11	五 辰庚 9	四 子壬 11	九 巳辛 10	18
八 丑癸 14	四 午壬 12	一 子壬 12	六 巳辛 10	五 丑癸 12	一 午壬 11	19
九 寅甲 15	五 未癸 13	二 丑癸 13	七 午壬 11	六 寅甲 13	二 未癸 12	20
一 卯乙 16	六 申甲 14	三 寅甲 14	八 未癸 12	七 卯乙 14	三 申甲 13	21
六 辰丙 17	七 酉乙 15	四 卯乙 15	九 申甲 13	八 辰丙 15	四 酉乙 14	22
七 巳丁 18	八 戌丙 16	五 辰丙 16	一 酉乙 14	九 巳丁 16	五 戌丙 15	23
六 午戊 19	九 亥丁 17	六 巳丁 17	二 戌丙 15	一 午戊 17	六 亥丁 16	24
五 未己 20	一 子戊 18	七 午戊 18	三 亥丁 16	二 未己 18	七 子戊 17	25
四 申庚 21	二 丑己 19	八 未己 19	四 子戊 17	三 申庚 19	八 丑己 18	26
三 酉辛 22	三 寅庚 20	九 申庚 20	五 丑己 18	四 酉辛 20	九 寅庚 19	27
二 戌壬 23	四 卯辛 21	一 酉辛 21	六 寅庚 19	五 戌壬 21	一 卯辛 20	28
一 亥癸 24	五 辰壬 22	二 戌壬 22	七 卯辛 20		二 辰壬 21	29
九 子甲 25	六 巳癸 23	三 亥癸 23	八 辰壬 21		三 巳癸 22	30
	七 午甲 24		九 巳癸 22		四 午甲 23	31

	子庚 十二	亥己 十一	戌戊 十	酉丁 九	申丙 八	未乙 七	月
辛酉年	冬至　大雪	小雪　立冬	霜降　寒露	秋分　白露	處暑　立秋	大暑　小暑	節気
	22　7	23　8	24　9	23　8	24　8	23　8	
	酉　子	寅　卯	卯　寅	亥　未	丑　巳	酉　丑	
							局
立 向 七	四	四	四	四	四	五	日
	八戌戊 3	二辰戊 2	六酉丁 ½1	九卯丁29	四申丙28	八丑乙26	1
	七亥己 4	一巳己 3	五戌戊 2	八辰戊 ½1	三酉丁29	七寅丙27	2
	六子庚 5	九午庚 4	四亥己 3	七巳己 ½1	二戌戊30	六卯丁28	3
	五丑辛 6	八未辛 5	三子庚 4	六午庚 3	一亥己 7/1	五辰戊29	4
	四寅壬 7	七申壬 6	二丑辛 5	五未辛 4	九子庚 2	四巳己 ½1	5
	三卯癸 8	六酉癸 7	一寅壬 6	四申壬 5	八丑辛 3	三午庚 2	6
	二辰甲 9	五戌甲 8	九卯癸 7	三酉癸 6	七寅壬 4	二未辛 3	7
	一巳乙10	四亥乙 9	八辰甲 8	二戌甲 7	六卯癸 5	一申壬 4	8
	九午丙11	三子丙10	七巳乙 9	一亥乙 8	五辰甲 6	九酉癸 5	9
	八未丁12	二丑丁11	六午丙10	九子丙 9	四巳乙 7	八戌甲 6	10
	七申戊13	一寅戊12	五未丁11	八丑丁10	三午丙 8	七亥乙 7	11
	六酉己14	九卯己13	四申戊12	七寅戊11	二未丁 9	六子丙 8	12
	五戌庚15	八辰庚14	三酉己13	六卯己12	一申戊10	五丑丁 9	13
	四亥辛16	七巳辛15	二戌庚14	五辰庚13	九酉己11	四寅戊10	14
	三子壬17	六午壬16	一亥辛15	四巳辛14	八戌庚12	三卯己11	15
	二丑癸18	五未癸17	九子壬16	三午壬15	七亥辛13	二辰庚12	16
	一寅甲19	四申甲18	八丑癸17	二未癸16	六子壬14	一巳辛13	17
	九卯乙20	三酉乙19	七寅甲18	一申甲17	五丑癸15	九午壬14	18
	八辰丙21	二戌丙20	六卯乙19	九酉乙18	四寅甲16	八未癸15	19
	七巳丁22	一亥丁21	五辰丙20	八戌丙19	三卯乙17	七申甲16	20
	六午戊23	九子戊22	四巳丁21	七亥丁20	二辰丙18	六酉乙17	21
	亖未己24	八丑己23	三午戊22	六子戊21	一巳丁19	五戌丙18	22
	六申庚25	七寅庚24	二未己23	五丑己22	九午戊20	四亥丁19	23
	七酉辛26	六卯辛25	一申庚24	四寅庚23	八未己21	三子戊20	24
	八戌壬27	五辰壬26	九酉辛25	三卯辛24	七申庚22	二丑己21	25
	九亥癸28	四巳癸27	八戌壬26	二辰壬25	六酉辛23	一寅庚22	26
	一子甲29	三午甲28	七亥癸27	一巳癸26	五戌壬24	九卯辛23	27
	二丑乙30	二未乙29	六子甲28	九午甲27	四亥癸25	八辰壬24	28
	三寅丙 ½	一申丙 ½	五丑乙29	八未乙28	三子甲26	七巳癸25	29
	四卯丁 2	九酉丁 2	四寅丙30	七申丙29	二丑乙27	六午甲26	30
	五辰戊 3		三卯丁 ½		一寅丙28	五未乙27	31

西暦一九二二年 （漢数字의太字는陰局、細字는陽局）

六丙午	五乙巳	四甲辰	三癸卯	二壬寅	一辛丑	月
夏至22未 芒種6戌	小満22卯 立夏6申	穀雨21卯 清明5亥	春分21酉 驚蟄6申	雨水19酉 立春4亥	大寒21寅 小寒6巳	節気
三	四	四	四	四	四	局
四子庚6	九巳己5	六亥己5	二辰戊3	一子庚5	六巳己4	1
五丑辛7	一午庚6	七子庚6	三巳己4	二丑辛6	七午庚5	2
六寅壬8	二未辛7	八丑辛7	四午庚5	三寅壬7	八未辛6	3
七卯癸9	三申壬8	九寅壬8	五未辛6	四卯癸8	九申壬7	4
八辰甲10	四酉癸9	一卯癸9	六申壬7	五辰甲9	一酉癸8	5
九巳乙11	五戌甲10	二辰甲10	七酉癸8	六巳乙10	二戌甲9	6
一午丙12	六亥乙11	三巳乙11	丶戌甲9	七午丙11	三亥乙10	7
二未丁13	七子丙12	四午丙12	九亥乙10	八未丁12	四子丙11	8
三申戊14	八丑丁13	五未丁13	一子丙11	九申戊13	五丑丁12	9
四酉己15	九寅戊14	六申戊14	二丑丁12	一酉己14	六寅戊13	10
五戌庚16	一卯己15	七酉己15	三寅戊13	二戌庚15	七卯己14	11
六亥辛17	二辰庚16	八戌庚16	四卯己14	三亥辛16	八辰庚15	12
七子壬18	三巳辛17	九亥辛17	五辰庚15	四子壬17	九巳辛16	13
八丑癸19	四午壬18	一子壬18	六巳辛16	五丑癸18	一午壬17	14
九寅甲20	五未癸19	二丑癸19	七午壬17	六寅甲19	二未癸18	15
一卯乙21	六申甲20	三寅甲20	八未癸18	七卯乙20	三申甲19	16
二辰丙22	七酉乙21	四卯乙21	九申甲19	八辰丙21	四酉乙20	17
三巳丁23	八戌丙22	五辰丙22	一酉乙20	九巳丁22	五戌丙21	18
四午戊24	九亥丁23	六巳丁23	二戌丙21	一午戊23	六亥丁22	19
五未己25	一子戊24	七午戊24	三亥丁22	二未己24	七子戊23	20
六申庚26	二丑己25	八未己25	四子戊23	三申庚25	八丑己24	21
三酉辛27	三寅庚26	九申庚26	五丑己24	四酉辛26	九寅庚25	22
二戌壬28	四卯辛27	一酉辛27	六寅庚25	五戌壬27	一卯辛26	23
一亥癸29	五辰壬28	二戌壬28	七卯辛26	六亥癸28	二辰壬27	24
九子甲5/1	六巳癸29	三亥癸29	八辰壬27	七子甲29	三巳癸28	25
八丑乙2	七午甲30	四子甲30	九巳癸28	八丑乙30	四午甲29	26
七寅丙3	八未乙5/1	五丑乙4/1	一午甲29	九寅丙2/1	五未乙30	27
六卯丁4	九申丙2	六寅丙2	二未乙3/1	一卯丁2	六申丙1/1	28
五辰戊5	一酉丁3	七卯丁3	三申丙2		七酉丁2	29
四巳己6	二戌戊4	八辰戊4	四酉丁3		八戌戊3	30
	三亥己5		五戌戊4		九亥己4	31

子壬十二	亥辛十二	戌庚十	酉己九	申戊八	未丁七	月
冬至 大雪	小雪 立冬	霜降 寒露	秋分 白露	處暑 立秋	大暑 小暑	節気
22 8	23 8	24 9	24 8	24 8	24 8	
子 卯	巳 午	午 午	寅 戌	辰 申	子 卯	局
三	三	三	三	三	三	日
三卯癸13	六酉癸13	一寅壬11	四申壬10	八丑辛9	三午庚7	1
二辰甲14	五戌甲14	九卯癸12	三酉癸11	七寅壬10	二未辛8	2
一巳乙15	四亥乙15	八辰甲13	二戌甲12	六卯癸11	一申壬9	3
九午丙16	三子丙16	七巳乙14	一亥乙13	五辰甲12	九酉癸10	4
八未丁17	二丑丁17	六午丙15	九子丙14	四巳乙13	八戌甲11	5
七申戊18	一寅戊18	五未丁16	八丑丁15	三午丙14	七亥乙12	6
六酉己19	九卯己19	四申戊17	七寅戊16	二未丁15	六子丙13	7
五戌庚20	八辰庚20	三酉己18	六卯己17	一申戊16	五丑丁14	8
四亥辛21	七巳辛21	二戌庚19	五辰庚18	九酉己17	四寅戊15	9
三子壬22	六午壬22	一亥辛20	四巳辛19	八戌庚18	三卯己16	10
二丑癸23	五未癸23	九子壬21	三午壬20	七亥辛19	二辰庚17	11
一寅甲24	四申甲24	八丑癸22	二未癸21	六子壬20	一巳辛18	12
九卯乙25	三酉乙25	七寅甲23	一申甲22	五丑癸21	九午壬19	13
八辰丙26	二戌丙26	六卯乙24	九酉乙23	四寅甲22	八未癸20	14
七巳丁27	一亥丁27	五辰丙25	八戌丙24	三卯乙23	七申甲21	15
六午戊28	九子戊28	四巳丁26	七亥丁25	二辰丙24	六酉乙22	16
五未己29	八丑己29	三午戊27	六子戊26	一巳丁25	五戌丙23	17
四申庚½	七寅庚30	二未己28	五丑己27	九午戊26	四亥丁24	18
三酉辛2	六卯辛½	一申庚29	四寅庚28	八未己27	三子戊25	19
二戌壬3	五辰壬2	九酉辛½	三卯辛29	七申庚28	二丑己26	20
一亥癸4	四巳癸3	八戌壬2	二辰壬½	六酉辛29	一寅庚27	21
一子甲5	三午甲4	七亥癸3	一巳癸2	五戌壬30	九卯辛28	22
二丑乙6	二未乙5	六子甲4	九午甲3	四亥癸½	八辰壬29	23
三寅丙7	一申丙6	五丑乙5	八未乙4	三子甲2	七巳癸½	24
四卯丁8	九酉丁7	四寅丙6	七申丙5	二丑乙3	六午甲2	25
五辰戊9	八戌戊8	三卯丁7	六酉丁6	一寅丙4	五未乙3	26
六巳己10	七亥己9	二辰戊8	五戌戊7	九卯丁5	四申丙4	27
七午庚11	六子庚10	一巳己9	四亥己8	八辰戊6	三酉丁5	28
八未辛12	五丑辛11	九午庚10	三子庚9	七巳己7	二戌戊6	29
九申壬13	四寅壬12	八未辛11	二丑辛10	六午庚8	一亥己7	30
一酉癸14		七申壬12		五未辛9	九子庚8	31

壬戌年

立向六

西暦一九二三年 （漢数字의 太字는 陰局、細字는 陽局）

月	午戊六	巳丁五	辰丙四	卯乙三	寅甲二	丑癸一
節気	夏至 22 酉	小滿 22 巳	穀雨 21 午	春分 21 子	雨水 19 子	大寒 21 巳
	芒種 7 丑	立夏 6 亥	清明 6 寅	驚蟄 6 亥	立春 5 寅	小寒 6 申
局	二	二	二	三	三	三

午戊六	巳丁五	辰丙四	卯乙三	寅甲二	丑癸一	日
九巳乙17	五戌甲16	二辰甲16	七酉癸14	六巳乙16	二戌甲15	1
一午丙18	六亥乙17	三巳乙17	八戌甲15	七午丙17	三亥乙16	2
二未丁19	七子丙18	四午丙18	九亥乙16	八未丁18	四子丙17	3
三申戊20	八丑丁19	五未丁19	一子丙17	九申戊19	五丑丁18	4
四酉己21	九寅戊20	六申戊20	二丑丁18	一酉己20	六寅戊19	5
五戌庚22	一卯己21	七酉己21	三寅戊19	二戌庚21	七卯己20	6
六亥辛23	二辰庚22	八戌庚22	四卯己20	三亥辛22	八辰庚21	7
七子壬24	三巳辛23	九亥辛23	五辰庚21	四子壬23	九巳辛22	8
八丑癸25	四午壬24	一子壬24	六巳辛22	五丑癸24	一午壬23	9
九寅甲26	五未癸25	二丑癸25	七午壬23	六寅甲25	二未癸24	10
一卯乙27	六申甲26	三寅甲26	八未癸24	七卯乙26	三申甲25	11
二辰丙28	七酉乙27	四卯乙27	九申甲25	八辰丙27	四酉乙26	12
三巳丁29	八戌丙28	五辰丙28	一酉乙26	九巳丁28	五戌丙27	13
四午戊⅟	九亥丁29	六巳丁29	二戌丙27	一午戊29	六亥丁28	14
五未己2	一子戊30	七午戊30	三亥丁28	二未己30	七子戊29	15
六申庚3	二丑己⅟	八未己⅟	四子戊29	三申庚⅟	八丑己30	16
七酉辛4	三寅庚2	九申庚2	五丑己⅟	四酉辛2	九寅庚⅟	17
八戌壬5	四卯辛3	一酉辛3	六寅庚2	五戌壬3	一卯辛2	18
九亥癸6	五辰壬4	二戌壬4	七卯辛3	六亥癸4	二辰壬3	19
一子甲7	六巳癸5	三亥癸5	八辰壬4	七子甲5	三巳癸4	20
二丑乙8	七午甲6	四子甲6	九巳癸5	八丑乙6	四午甲5	21
三寅丙9	八未乙7	五丑乙7	一午甲6	九寅丙7	五未乙6	22
六卯丁10	九申丙8	六寅丙8	二未乙7	一卯丁8	六申丙7	23
五辰戊11	一酉丁9	七卯丁9	三申丙8	二辰戊9	七酉丁8	24
四巳己12	二戌戊10	八辰戊10	四酉丁9	三巳己10	八戌戊9	25
三午庚13	三亥己11	九巳己11	五戌戊10	四午庚11	九亥己10	26
二未辛14	四子庚12	一午庚12	六亥己11	五未辛12	一子庚11	27
一申壬15	五丑辛13	二未辛13	七子庚12	六申壬13	二丑辛12	28
九酉癸16	六寅壬14	三申壬14	八丑辛13		三寅壬13	29
八戌甲17	七卯癸15	四酉癸15	九寅壬14		四卯癸14	30
	八辰甲16		一卯癸15		五辰甲15	31

癸亥年　立向五

子甲 十二	亥癸 十一	戌壬 十	酉辛 九	申庚 八	未己 七	月
冬至 23 寅 / 大雪 8 午	小雪 23 申 / 立冬 8 酉	霜降 24 酉 / 寒露 9 申	秋分 24 巳 / 白露 9 子	處暑 24 午 / 立秋 8 亥	大暑 24 卯 / 小暑 8 午	節気
二	二	二	二	二	二	局 / 日
七申戊24	一寅戊23	五未丁21	八丑丁21	三午丙19	七亥乙18	1
六酉己25	九卯己24	四申戊22	七寅戊22	二未丁20	六子丙19	2
五戌庚26	八辰庚25	三酉己23	六卯己23	一申戊21	五丑丁20	3
四亥辛27	七巳辛26	二戌庚24	五辰庚24	九酉己22	四寅戊21	4
三子壬28	六午壬27	一亥辛25	四巳辛25	八戌庚23	三卯己22	5
二丑癸29	五未癸28	九子壬26	三午壬26	七亥辛24	二辰庚23	6
一寅甲30	四申甲29	八丑癸27	二未癸27	六子壬25	一巳辛24	7
九卯乙 12/1	三酉乙 11/1	七寅甲28	一申甲28	五丑癸26	九午壬25	8
八辰丙2	二戌丙2	六卯乙29	九酉乙29	四寅甲27	八未癸26	9
七巳丁3	一亥丁3	五辰丙 10/1	八戌丙30	三卯乙28	七申甲27	10
六午戊4	九子戊4	四巳丁2	七亥丁 9/1	二辰丙29	六酉乙28	11
五未己5	八丑己5	三午戊3	六子戊2	一巳丁 8/1	五戌丙29	12
四申庚6	七寅庚6	二未己4	五丑己3	九午戊2	四亥丁30	13
三酉辛7	六卯辛7	一申庚5	四寅庚4	八未己3	三子戊 7/1	14
二戌壬8	五辰壬8	九酉辛6	三卯辛5	七申庚4	二丑己2	15
一亥癸9	四巳癸9	八戌壬7	二辰壬6	六酉辛5	一寅庚3	16
九子甲10	三午甲10	七亥癸8	一巳癸7	五戌壬6	九卯辛4	17
八丑乙11	二未乙11	六子甲9	九午甲8	四亥癸7	八辰壬5	18
七寅丙12	一申丙12	五丑乙10	八未乙9	三子甲8	七巳癸6	19
六卯丁13	九酉丁13	四寅丙11	七申丙10	二丑乙9	六午甲7	20
五辰戊14	八戌戊14	三卯丁12	六酉丁11	一寅丙10	五未乙8	21
四巳己15	七亥己15	二辰戊13	五戌戊12	九卯丁11	四申丙9	22
七午庚16	六子庚16	一巳己14	四亥己13	八辰戊12	三酉丁10	23
八未辛17	五丑辛17	九午庚15	三子庚14	七巳己13	二戌戊11	24
九申壬18	四寅壬18	八未辛16	二丑辛15	六午庚14	一亥己12	25
一酉癸19	三卯癸19	七申壬17	一寅壬16	五未辛15	九子庚13	26
二戌甲20	二辰甲20	六酉癸18	九卯癸17	四申壬16	八丑辛14	27
三亥乙21	一巳乙21	五戌甲19	八辰甲18	三酉癸17	七寅壬15	28
四子丙22	九午丙22	四亥乙20	七巳乙19	二戌甲18	六卯癸16	29
五丑丁23	八未丁23	三子丙21	六午丙20	一亥乙19	五辰甲17	30
六寅戊24		二丑丁22		九子丙20	四巳乙18	31

西曆一九二四年 （漢数字의 太字는 陰局、細字는 陽局）

月	六 庚午	五 己巳	四 戊辰	三 丁卯	二 丙寅	一 乙丑
節気	夏至 22 子 ／ 芒種 6 辰	小満 21 申 ／ 立夏 6 寅	穀雨 20 申 ／ 清明 5 巳	春分 21 卯 ／ 驚蟄 6 寅	雨水 20 卯 ／ 立春 5 巳	大寒 21 申 ／ 小寒 6 亥
局	一	一	一	一	一	二

日	六庚午	五己巳	四戊辰	三丁卯	二丙寅	一乙丑
1	六亥辛29	二辰庚28	八戌庚28	四卯己26	二戌庚27	七卯己25
2	七子壬5⁄	三巳辛29	九亥辛29	五辰庚27	三亥辛28	八辰庚26
3	八丑癸2	四午壬30	一子壬30	六巳辛28	四子壬29	九巳辛27
4	九寅甲3	五未癸5⁄	二丑癸5⁄	七午壬29	五丑癸30	一午壬28
5	一卯乙4	六申甲2	三寅甲2	八未癸5⁄	六寅甲1⁄	二未癸29
6	二辰丙5	七酉乙3	四卯乙3	九申甲2	七卯乙2	三申甲1⁄
7	三巳丁6	八戌丙4	五辰丙4	一酉乙3	八辰丙3	四酉乙1⁄
8	四午戊7	九亥丁5	六巳丁5	二戌丙4	九巳丁4	五戌丙2
9	五未己8	一子戊6	七午戊6	三亥丁5	一午戊5	六亥丁3
10	六申庚9	二丑己7	八未己7	四子戊6	二未己6	七子戊4
11	七酉辛10	三寅庚8	九申庚8	五丑己7	三申庚7	八丑己5
12	八戌壬11	四卯辛9	一酉辛9	六寅庚8	四酉辛8	九寅庚6
13	九亥癸12	五辰壬10	二戌壬10	七卯辛9	五戌壬9	一卯辛7
14	一子甲13	六巳癸11	三亥癸11	八辰壬10	六亥癸10	二辰壬8
15	二丑乙14	七午甲12	四子甲12	九巳癸11	七子甲11	三巳癸9
16	三寅丙15	八未乙13	五丑乙13	一午甲12	八丑乙12	四午甲10
17	四卯丁16	九申丙14	六寅丙14	二未乙13	九寅丙13	五未乙11
18	五辰戊17	一酉丁15	七卯丁15	三申丙14	一卯丁14	六申丙12
19	六巳己18	二戌戊16	八辰戊16	四酉丁15	二辰戊15	七酉丁13
20	七午庚19	三亥己17	九巳己17	五戌戊16	三巳己16	八戌戊14
21	八未辛20	四子庚18	一午庚18	六亥己17	四午庚17	九亥己15
22	凸申壬21	五丑辛19	二未辛19	七子庚18	五未辛18	一子庚16
23	九酉癸22	六寅壬20	三申壬20	八丑辛19	六申壬19	二丑辛17
24	八戌甲23	七卯癸21	四酉癸21	九寅壬20	七酉癸20	三寅壬18
25	七亥乙24	八辰甲22	五戌甲22	一卯癸21	八戌甲21	四卯癸19
26	六子丙25	九巳乙23	六亥乙23	二辰甲22	九亥乙22	五辰甲20
27	五丑丁26	一午丙24	七子丙24	三巳乙23	一子丙23	六巳乙21
28	四寅戊27	二未丁25	八丑丁25	四午丙24	二丑丁24	七午丙22
29	三卯己28	三申戊26	九寅戊26	五未丁25	三寅戊25	八未丁23
30	二辰庚29	四酉己27	一卯己27	六申戊26		九申戊24
31		五戌庚28		七酉己27		一酉己25

子丙十二	亥乙十一	戌甲十	酉癸九	申壬八	未辛七	月
冬至 大雪	小雪 立冬	霜降 寒露	秋分 白露	處暑 立秋	大暑 小暑	節気
22 7	22 8	24 8	23 8	23 8	23 7	
巳 申	亥 子	子 亥	申 卯	酉 寅	午 酉	局
九	一	一	一	一	一	日
一寅甲5	四申甲5	八丑癸3	二未癸3	六子壬⅟₁	一巳辛30	1
九卯乙6	三酉乙6	七寅甲4	一申甲4	五丑癸2	九午壬⁶⁄₁	2
八辰丙7	二戌丙7	六卯乙5	九酉乙5	四寅甲3	八未癸2	3
七巳丁8	一亥丁8	五辰丙6	八戌丙6	三卯乙4	七申甲3	4
六午戊9	九子戊9	四巳丁7	七亥丁7	二辰丙5	六酉乙4	5
五未己10	八丑己10	三午戊8	六子戊8	一巳丁6	五戌丙5	6
四申庚11	七寅庚11	二未己9	五丑己9	九午戊7	四亥丁6	7
三酉辛12	六卯辛12	一申庚10	四寅庚10	八未己8	三子戊7	8
二戌壬13	五辰壬13	九酉辛11	三卯辛11	七申庚9	二丑己8	9
一亥癸14	四巳癸14	八戌壬12	二辰壬12	六酉辛10	一寅庚9	10
九子甲15	三午甲15	七亥癸13	一巳癸13	五戌壬11	九卯辛10	11
八丑乙16	二未乙16	六子甲14	九午甲14	四亥癸12	八辰壬11	12
七寅丙17	一申丙17	五丑乙15	八未乙15	三子甲13	七巳癸12	13
六卯丁18	九酉丁18	四寅丙16	七申丙16	二丑乙14	六午甲13	14
五辰戊19	八戌戊19	三卯丁17	六酉丁17	一寅丙15	五未乙14	15
四巳己20	七亥己20	二辰戊18	五戌戊18	九卯丁16	四申丙15	16
三午庚21	六子庚21	一巳己19	四亥己19	八辰戊17	三酉丁16	17
二未辛22	五丑辛22	九午庚20	三子庚20	七巳己18	二戌戊17	18
一申壬23	四寅壬23	八未辛21	二丑辛21	六午庚19	一亥己18	19
九酉癸24	三卯癸24	七申壬22	一寅壬22	五未辛20	九子庚19	20
八戌甲25	二辰甲25	六酉癸23	九卯癸23	四申壬21	八丑辛20	21
三亥乙26	一巳乙26	五戌甲24	八辰甲24	三酉癸22	七寅壬21	22
四子丙27	九午丙27	四亥乙25	七巳乙25	二戌甲23	六卯癸22	23
五丑丁28	八未丁28	三子丙26	六午丙26	一亥乙24	五辰甲23	24
六寅戊29	七申戊29	二丑丁27	五未丁27	九子丙25	四巳乙24	25
七卯己¼	六酉己30	一寅戊28	四申戊28	八丑丁26	三午丙25	26
八辰庚2	五戌庚¼	九卯己29	三酉己29	七寅戊27	二未丁26	27
九巳辛3	四亥辛2	八辰庚¼	二戌庚30	六卯己28	一申戊27	28
一午壬4	三子壬3	七巳辛2	一亥辛¼	五辰庚29	九酉己28	29
二未癸5	二丑癸4	六午壬3	九子壬2	四巳辛¼	八戌庚29	30
三申甲6		五未癸4		三午壬2	七亥辛30	31

甲子年

立向四

午壬六	巳辛五	辰庚四	卯己三	寅戊二	丑丁一	月
夏至 芒種	小満 立夏	穀雨 清明	春分 驚蟄	雨水 立春	大寒 小寒	節気
22　6	21　6	21　6	21　6	20　5	21　6	
卯　未	亥　巳	亥　申	巳　巳	午　申	亥　寅	局
九	九	九	九	九	九	日
二辰丙11	七酉乙9	四卯乙9	九申甲7	八辰丙9	四酉乙7	1
三巳丁12	八戌丙10	五辰丙10	一酉乙8	九巳丁10	五戌丙8	2
四午戊13	九亥丁11	六巳丁11	二戌丙9	一午戊11	六亥丁9	3
五未己14	一子戊12	七午戊12	三亥丁10	二未己12	七子戊10	4
六申庚15	二丑己13	八未己13	四子戊11	三申庚13	八丑己11	5
七酉辛16	三寅庚14	九申庚14	五丑己12	四酉辛14	九寅庚12	6
八戌壬17	四卯辛15	一酉辛15	六寅庚13	五戌壬15	一卯辛13	7
九亥癸18	五辰壬16	二戌壬16	七卯辛14	六亥癸16	二辰壬14	8
一子甲19	六巳癸17	三亥癸17	八辰壬15	七子甲17	三巳癸15	9
二丑乙20	七午甲18	四子甲18	九巳癸16	八丑乙18	四午甲16	10
三寅丙21	八未乙19	五丑乙19	一午甲17	九寅丙19	五未乙17	11
四卯丁22	九申丙20	六寅丙20	二未乙18	一卯丁20	六申丙18	12
五辰戊23	一酉丁21	七卯丁21	三申丙19	二辰戊21	七酉丁19	13
六巳己24	二戌戊22	八辰戊22	四酉丁20	三巳己22	八戌戊20	14
七午庚25	三亥己23	九巳己23	五戌戊21	四午庚23	九亥己21	15
八未辛26	四子庚24	一午庚24	六亥己22	五未辛24	一子庚22	16
九申壬27	五丑辛25	二未辛25	七子庚23	六申壬25	二丑辛23	17
一酉癸28	六寅壬26	三申壬26	八丑辛24	七酉癸26	三寅壬24	18
二戌甲29	七卯癸27	四酉癸27	九寅壬25	八戌甲27	四卯癸25	19
三亥乙30	八辰甲28	五戌甲28	一卯癸26	九亥乙28	五辰甲26	20
四子丙 5/1	九巳乙29	六亥乙29	二辰甲27	一子丙29	六巳乙27	21
一丑丁2	一午丙 6/1	七子丙30	三巳乙28	二丑丁30	七午丙28	22
四寅戊3	二未丁2	八丑丁 4/1	四午丙29	三寅戊 3/1	八未丁29	23
三卯己4	三申戊3	九寅戊2	五未丁 3/1	四卯己2	九申戊 1/1	24
二辰庚5	四酉己4	一卯己3	六申戊2	五辰庚3	一酉己2	25
一巳辛6	五戌庚5	二辰庚4	七酉己3	六巳辛4	二戌庚3	26
九午壬7	六亥辛6	三巳辛5	八戌庚4	七午壬5	三亥辛4	27
八未癸8	七子壬7	四午壬6	九亥辛5	八未癸6	四子壬5	28
七申甲9	八丑癸8	五未癸7	一子壬6		五丑癸6	29
六酉乙10	九寅甲9	六申甲8	二丑癸7		六寅甲7	30
	一卯乙10		三寅甲8		七卯乙8	31

西暦一九二五年（漢数字의 太字는 陰局、細字는 陽局）

月	未癸七		申甲八		酉乙九		戌丙十		亥丁十二		子戊十二	
節気	小暑	大暑	立秋	處暑	白露	秋分	寒露	霜降	立冬	小雪	大雪	冬至
	8	23	8	24	8	23	9	24	8	24	7	22
	子	酉	巳	子	午	亥	寅	卯	卯	寅	亥	申
局	九		九		九		八		八		八	
日												

乙丑年

立向三

	子戊十二	亥丁十二	戌丙十	酉乙九	申甲八	未癸七	日
八	五 未己 16	八 丑己 15	三 午戊 14	六 子戊 14	一 巳丁 12	五 戌丙 11	1
	四 申庚 17	七 寅庚 16	二 未己 15	五 丑己 15	九 午戊 13	四 亥丁 12	2
	三 酉辛 18	六 卯辛 17	一 申庚 16	四 寅庚 16	八 未己 14	三 子戊 13	3
	二 戌壬 19	五 辰壬 18	九 酉辛 17	三 卯辛 17	七 申庚 15	二 丑己 14	4
	一 亥癸 20	四 巳癸 19	八 戌壬 18	二 辰壬 18	六 酉辛 16	一 寅庚 15	5
	九 子甲 21	三 午甲 20	七 亥癸 19	一 巳癸 19	五 戌壬 17	九 卯辛 16	6
	八 丑乙 22	二 未乙 21	六 子甲 20	九 午甲 20	四 亥癸 18	八 辰壬 17	7
	七 寅丙 23	一 申丙 22	五 丑乙 21	八 未乙 21	三 子甲 19	七 巳癸 18	8
	六 卯丁 24	九 酉丁 23	四 寅丙 22	七 申丙 22	二 丑乙 20	六 午甲 19	9
	五 辰戊 25	八 戌戊 24	三 卯丁 23	六 酉丁 23	一 寅丙 21	五 未乙 20	10
	四 巳己 26	七 亥己 25	二 辰戊 24	五 戌戊 24	九 卯丁 22	四 申丙 21	11
	三 午庚 27	六 子庚 26	一 巳己 25	四 亥己 25	八 辰戊 23	三 酉丁 22	12
	二 未辛 28	五 丑辛 27	九 午庚 26	三 子庚 26	七 巳己 24	二 戌戊 23	13
	一 申壬 29	四 寅壬 28	八 未辛 27	二 丑辛 27	六 午庚 25	一 亥己 24	14
	九 酉癸 30	三 卯癸 29	七 申壬 28	一 寅壬 28	五 未辛 26	九 子庚 25	15
	八 戌甲 卅	二 辰甲 卅	六 酉癸 29	九 卯癸 29	四 申壬 27	八 丑辛 26	16
	七 亥乙 2	一 巳乙 2	五 戌甲 30	八 辰甲 30	三 酉癸 28	七 寅壬 27	17
	六 子丙 3	九 午丙 3	四 亥乙 卅	七 巳乙 卅	二 戌甲 29	六 卯癸 28	18
	五 丑丁 4	八 未丁 4	三 子丙 3	六 午丙 2	一 亥乙 卅	五 辰甲 29	19
	四 寅戊 5	七 申戊 5	二 丑丁 3	五 未丁 3	九 子丙 2	四 巳乙 30	20
	三 卯己 6	六 酉己 6	一 寅戊 4	四 申戊 4	八 丑丁 3	三 午丙 卅	21
	二 辰庚 7	五 戌庚 7	九 卯己 5	三 酉己 5	七 寅戊 4	二 未丁 2	22
	一 巳辛 8	四 亥辛 8	八 辰庚 6	二 戌庚 6	六 卯己 5	一 申戊 3	23
	一 午壬 9	三 子壬 9	七 巳辛 7	一 亥辛 7	五 辰庚 6	九 酉己 4	24
	二 未癸 10	二 丑癸 10	六 午壬 8	九 子壬 8	四 巳辛 7	八 戌庚 5	25
	三 申甲 11	一 寅甲 11	五 未癸 9	八 丑癸 9	三 午壬 8	七 亥辛 6	26
	四 酉乙 12	九 卯乙 12	四 申甲 10	七 寅甲 10	二 未癸 9	六 子壬 7	27
	五 戌丙 13	八 辰丙 13	三 酉乙 11	六 卯乙 11	一 申甲 10	五 丑癸 8	28
	六 亥丁 14	七 巳丁 14	二 戌丙 12	五 辰丙 12	九 酉乙 11	四 寅甲 9	29
	七 子戊 15	六 午戊 15	一 亥丁 13	四 巳丁 13	八 戌丙 12	三 卯乙 10	30
	八 丑己 16		九 子戊 14		七 亥丁 13	二 辰丙 11	31

西暦一九二六年（漢数字의 太字는 陰局、細字는 陽局）

	午甲六	巳癸五	辰壬四	卯辛三	寅庚二	丑己一	月
節気（中気）	夏至 22 午	小滿 22 寅	穀雨 21 寅	春分 21 申	雨水 19 酉	大寒 21 丑	節気
節気（節気）	芒種 6 戌	立夏 6 申	清明 5 亥	驚蟄 6 申	立春 4 亥	小寒 6 巳	
局	八	八	八	八	八	八	日

午甲六	巳癸五	辰壬四	卯辛三	寅庚二	丑己一	日
七酉辛21	三寅庚20	九申庚19	五丑己17	四酉辛19	九寅庚17	1
八戌壬22	四卯辛21	一酉辛20	六寅庚18	五戌壬20	一卯辛18	2
九亥癸23	五辰壬22	二戌壬21	七卯辛19	六亥癸21	二辰壬19	3
一子甲24	六巳癸23	三亥癸22	八辰壬20	七子甲22	三巳癸20	4
二丑乙25	七午甲24	四子甲23	九巳癸21	八丑乙23	四午甲21	5
三寅丙26	八未乙25	五丑乙24	一午甲22	九寅丙24	五未乙22	6
四卯丁27	九申丙26	六寅丙25	二未乙23	一卯丁25	六申丙23	7
五辰戊28	一酉丁27	七卯丁26	三申丙24	二辰戊26	七酉丁24	8
六巳己29	二戌戊28	八辰戊27	四酉丁25	三巳己27	八戌戊25	9
七午庚5/1	三亥己29	九巳己28	五戌戊26	四午庚28	九亥己26	10
八未辛2	四子庚30	一午庚29	六亥己27	五未辛29	一子庚27	11
九申壬3	五丑辛4/1	二未辛3/1	七子庚28	六申壬30	二丑辛28	12
一酉癸4	六寅壬2	三申壬2	八丑辛29	七酉癸1/1	三寅壬29	13
二戌甲5	七卯癸3	四酉癸3	九寅壬2/1	八戌甲2	四卯癸12/1	14
三亥乙6	八辰甲4	五戌甲4	一卯癸2	九亥乙3	五辰甲2	15
四子丙7	九巳乙5	六亥乙5	二辰甲3	一子丙4	六巳乙3	16
五丑丁8	一午丙6	七子丙6	三巳乙4	二丑丁5	七午丙4	17
六寅戊9	二未丁7	八丑丁7	四午丙5	三寅戊6	八未丁5	18
七卯己10	三申戊8	九寅戊8	五未丁6	四卯己7	九申戊6	19
八辰庚11	四酉己9	一卯己9	六申戊7	五辰庚8	一酉己7	20
九巳辛12	五戌庚10	二辰庚10	七酉己8	六巳辛9	二戌庚8	21
九午壬13	六亥辛11	三巳辛11	八戌庚9	七午壬10	三亥辛9	22
八未癸14	七子壬12	四午壬12	九亥辛10	八未癸11	四子壬10	23
七申甲15	八丑癸13	五未癸13	一子壬11	九申甲12	五丑癸11	24
六酉乙16	九寅甲14	六申甲14	二丑癸12	一酉乙13	六寅甲12	25
五戌丙17	一卯乙15	七酉乙15	三寅甲13	二戌丙14	七卯乙13	26
四亥丁18	二辰丙16	八戌丙16	四卯乙14	三亥丁15	八辰丙14	27
三子戊19	三巳丁17	九亥丁17	五辰丙15	四子戊16	九巳丁15	28
二丑己20	四午戊18	一子戊18	六巳丁16		一午戊16	29
一寅庚21	五未己19	二丑己19	七午戊17		二未己17	30
	六申庚20		八未己18		三申庚18	31

丙寅年

立向二

月	未乙七	申丙八	酉丁九	戌戊十	亥己十一	子庚十二
節気	小暑 8 卯 / 大暑 23 子	立秋 8 申 / 處暑 24 辰	白露 8 戌 / 秋分 24 寅	寒露 9 巳 / 霜降 24 未	立冬 8 未 / 小雪 23 巳	大雪 8 卯 / 冬至 22 亥
局	八	七	七	七	七	七
日						
1	九 卯辛 22	五 戌壬 23	一 巳癸 25	七 亥癸 25	三 午甲 26	九 子甲 27
2	八 辰壬 23	四 亥癸 24	九 午甲 26	六 子甲 26	二 未乙 27	八 丑乙 28
3	七 巳癸 24	三 子甲 25	八 未乙 27	五 丑乙 27	一 申丙 28	七 寅丙 29
4	六 午甲 25	二 丑乙 26	七 申丙 28	四 寅丙 28	九 酉丁 29	六 卯丁 30
5	五 未乙 26	一 寅丙 27	六 酉丁 29	三 卯丁 29	八 戌戊 朔	五 辰戊 朔
6	四 申丙 27	九 卯丁 28	五 戌戊 30	二 辰戊 30	七 亥己 2	四 巳己 2
7	三 酉丁 28	八 辰戊 29	四 亥己 朔	一 巳己 朔	六 子庚 3	三 午庚 3
8	二 戌戊 29	七 巳己 朔	三 子庚 2	九 午庚 2	五 丑辛 4	二 未辛 4
9	一 亥己 30	六 午庚 2	二 丑辛 3	八 未辛 3	四 寅壬 5	一 申壬 5
10	九 子庚 朔	五 未辛 3	一 寅壬 4	七 申壬 4	三 卯癸 6	九 酉癸 6
11	八 丑辛 2	四 申壬 4	九 卯癸 5	六 酉癸 5	二 辰甲 7	八 戌甲 7
12	七 寅壬 3	三 酉癸 5	八 辰甲 6	五 戌甲 6	一 巳乙 8	七 亥乙 8
13	六 卯癸 4	二 戌甲 6	七 巳乙 7	四 亥乙 7	九 午丙 9	六 子丙 9
14	五 辰甲 5	一 亥乙 7	六 午丙 8	三 子丙 8	八 未丁 10	五 丑丁 10
15	四 巳乙 6	九 子丙 8	五 未丁 9	二 丑丁 9	七 申戊 11	四 寅戊 11
16	三 午丙 7	八 丑丁 9	四 申戊 10	一 寅戊 10	六 酉己 12	三 卯己 12
17	二 未丁 8	七 寅戊 10	三 酉己 11	九 卯己 11	五 戌庚 13	二 辰庚 13
18	一 申戊 9	六 卯己 11	二 戌庚 12	八 辰庚 12	四 亥辛 14	一 巳辛 14
19	九 酉己 10	五 辰庚 12	一 亥辛 13	七 巳辛 13	三 子壬 15	九 午壬 15
20	八 戌庚 11	四 巳辛 13	九 子壬 14	六 午壬 14	二 丑癸 16	八 未癸 16
21	七 亥辛 12	三 午壬 14	八 丑癸 15	五 未癸 15	一 寅甲 17	七 申甲 17
22	六 子壬 13	二 未癸 15	七 寅甲 16	四 申甲 16	九 卯乙 18	六 酉乙 18
23	五 丑癸 14	一 申甲 16	六 卯乙 17	三 酉乙 17	八 辰丙 19	五 戌丙 19
24	四 寅甲 15	九 酉乙 17	五 辰丙 18	二 戌丙 18	七 巳丁 20	六 亥丁 20
25	三 卯乙 16	八 戌丙 18	四 巳丁 19	一 亥丁 19	六 午戊 21	七 子戊 21
26	二 辰丙 17	七 亥丁 19	三 午戊 20	九 子戊 20	五 未己 22	八 丑己 22
27	一 巳丁 18	六 子戊 20	二 未己 21	八 丑己 21	四 申庚 23	九 寅庚 23
28	九 午戊 19	五 丑己 21	一 申庚 22	七 寅庚 22	三 酉辛 24	一 卯辛 24
29	八 未己 20	四 寅庚 22	九 酉辛 23	六 卯辛 23	二 戌壬 25	二 辰壬 25
30	七 申庚 21	三 卯辛 23	八 戌壬 24	五 辰壬 24	一 亥癸 26	三 巳癸 26
31	六 酉辛 22	二 辰壬 24		四 巳癸 25		四 午甲 27

午丙六	巳乙五	辰甲四	卯癸三	寅壬二	丑辛一	月
夏至 22 酉 芒種 7 丑	小滿 22 巳 立夏 6 戌	穀雨 21 未 清明 6 丑	春分 21 亥 驚蟄 6 亥	雨水 19 子 立春 5 寅	大寒 21 辰 小寒 6 申	節気
六	七	七	七	七	七	日
三寅丙2	八未乙5/1	五丑乙29	一午甲28	九寅丙29	五未乙28	1
四卯丁3	九申丙2	六寅丙3/1	二未乙29	一卯丁1/1	六申丙29	2
五辰戊4	一酉丁3	七卯丁2	三申丙30	二辰戊2	七酉丁30	3
六巳己5	二戌戊4	八辰戊3	四酉丁3/1	三巳己3	八戌戊1/2	4
七午庚6	三亥己5	九巳己4	五戌戊2	四午庚4	九亥己2	5
八未辛7	四子庚6	一午庚5	六亥己3	五未辛5	一子庚3	6
九申壬8	五丑辛7	二未辛6	七子庚4	六申壬6	二丑辛4	7
一酉癸9	六寅壬8	三申壬7	八丑辛5	七酉癸7	三寅壬5	8
二戌甲10	七卯癸9	四酉癸8	九寅壬6	八戌甲8	四卯癸6	9
三亥乙11	八辰甲10	五戌甲9	一卯癸7	九亥乙9	五辰甲7	10
四子丙12	九巳乙11	六亥乙10	二辰甲8	一子丙10	六巳乙8	11
五丑丁13	一午丙12	七子丙11	三巳乙9	二丑丁11	七午丙9	12
六寅戊14	二未丁13	八丑丁12	四午丙10	三寅戊12	八未丁10	13
七卯己15	三申戊14	九寅戊13	五未丁11	四卯己13	九申戊11	14
八辰庚16	四酉己15	一卯己14	六申戊12	五辰庚14	一酉己12	15
九巳辛17	五戌庚16	二辰庚15	七酉己13	六巳辛15	二戌庚13	16
一午壬18	六亥辛17	三巳辛16	八戌庚14	七午壬16	三亥辛14	17
二未癸19	七子壬18	四午壬17	九亥辛15	八未癸17	四子壬15	18
三申甲20	八丑癸19	五未癸18	一子壬16	九申甲18	五丑癸16	19
四酉乙21	九寅甲20	六申甲19	二丑癸17	一酉乙19	六寅甲17	20
五戌丙22	一卯乙21	七酉乙20	三寅甲18	二戌丙20	七卯乙18	21
六亥丁23	二辰丙22	八戌丙21	四卯乙19	三亥丁21	八辰丙19	22
三子戊24	三巳丁23	九亥丁22	五辰丙20	四子戊22	九巳丁20	23
二丑己25	四午戊24	一子戊23	六巳丁21	五丑己23	一午戊21	24
一寅庚26	五未己25	二丑己24	七午戊22	六寅庚24	二未己22	25
九卯辛27	六申庚26	三寅庚25	八未己23	七卯辛25	三申庚23	26
八辰壬28	七酉辛27	四卯辛26	九申庚24	八辰壬26	四酉辛24	27
七巳癸29	八戌壬28	五辰壬27	一酉辛25	九巳癸27	五戌壬25	28
六午甲6/1	九亥癸29	六巳癸28	二戌壬26		六亥癸26	29
五未乙2	一子甲30	七午甲29	三亥癸27		七子甲27	30
	二丑乙5/1		四子甲28		八丑乙28	31

西曆一九二七年 （漢数字의太字는陰局、細字는陽局）

丁卯年　立向一

月	十二 壬子	十一 辛亥	十 庚戌	九 己酉	八 戊申	七 丁未
節気	冬至 23 寅 / 大雪 8 巳	小雪 23 申 / 立冬 8 酉	霜降 24 戌 / 寒露 9 申	秋分 24 巳 / 白露 9 子	處暑 24 午 / 立秋 8 亥	大暑 24 卯 / 小暑 8 午
局	六	六	六	六	六	六

子壬 十二	亥辛 十一	戌庚 十	酉己 九	申戊 八	未丁 七	日
四 巳己 8	七 亥己 8	二 辰戊 6	五 戌戊 6	九 卯丁 4	四 申丙 3	1
三 午庚 9	六 子庚 9	一 巳己 7	四 亥己 7	八 辰戊 5	三 酉丁 4	2
二 未辛 10	五 丑辛 10	九 午庚 8	三 子庚 8	七 巳己 6	二 戌戊 5	3
一 申壬 11	四 寅壬 11	八 未辛 9	二 丑辛 9	六 午庚 7	一 亥己 6	4
九 酉癸 12	三 卯癸 12	七 申壬 10	一 寅壬 10	五 未辛 8	九 子庚 7	5
八 戌甲 13	二 辰甲 13	六 酉癸 11	九 卯癸 11	四 申壬 9	八 丑辛 8	6
七 亥乙 14	一 巳乙 14	五 戌甲 12	八 辰甲 12	三 酉癸 10	七 寅壬 9	7
六 子丙 15	九 午丙 15	四 亥乙 13	七 巳乙 13	二 戌甲 11	六 卯癸 10	8
五 丑丁 16	八 未丁 16	三 子丙 14	六 午丙 14	一 亥乙 12	五 辰甲 11	9
四 寅戊 17	七 申戊 17	二 丑丁 15	五 未丁 15	九 子丙 13	四 巳乙 12	10
三 卯己 18	六 酉己 18	一 寅戊 16	四 申戊 16	八 丑丁 14	三 午丙 13	11
二 辰庚 19	五 戌庚 19	九 卯己 17	三 酉己 17	七 寅戊 15	二 未丁 14	12
一 巳辛 20	四 亥辛 20	八 辰庚 18	二 戌庚 18	六 卯己 16	一 申戊 15	13
九 午壬 21	三 子壬 21	七 巳辛 19	一 亥辛 19	五 辰庚 17	九 酉己 16	14
八 未癸 22	二 丑癸 22	六 午壬 20	九 子壬 20	四 巳辛 18	八 戌庚 17	15
七 申甲 23	一 寅甲 23	五 未癸 21	八 丑癸 21	三 午壬 19	七 亥辛 18	16
六 酉乙 24	九 卯乙 24	四 申甲 22	七 寅甲 22	二 未癸 20	六 子壬 19	17
五 戌丙 25	八 辰丙 25	三 酉乙 23	六 卯乙 23	一 申甲 21	五 丑癸 20	18
四 亥丁 26	七 巳丁 26	二 戌丙 24	五 辰丙 24	九 酉乙 22	四 寅甲 21	19
三 子戊 27	六 午戊 27	一 亥丁 25	四 巳丁 25	八 戌丙 23	三 卯乙 22	20
二 丑己 28	五 未己 28	九 子戊 26	三 午戊 26	七 亥丁 24	二 辰丙 23	21
一 寅庚 29	四 申庚 29	八 丑己 27	二 未己 27	六 子戊 25	一 巳丁 24	22
一 卯辛 30	三 酉辛 30	七 寅庚 28	一 申庚 28	五 丑己 26	九 午戊 25	23
二 辰壬 12/1	二 戌壬 11/1	六 卯辛 29	九 酉辛 29	四 寅庚 27	八 未己 26	24
三 巳癸 2	一 亥癸 2	五 辰壬 10/1	八 戌壬 30	三 卯辛 28	七 申庚 27	25
四 午甲 3	九 子甲 3	四 巳癸 2	七 亥癸 9/1	二 辰壬 29	六 酉辛 28	26
五 未乙 4	八 丑乙 4	三 午甲 3	六 子甲 2	一 巳癸 8/1	五 戌壬 29	27
六 申丙 5	七 寅丙 5	二 未乙 4	五 丑乙 3	九 午甲 2	四 亥癸 30	28
七 酉丁 6	六 卯丁 6	一 申丙 5	四 寅丙 4	八 未乙 3	三 子甲 7/1	29
八 戌戊 7	五 辰戊 7	九 酉丁 6	三 卯丁 5	七 申丙 4	二 丑乙 2	30
九 亥己 8		八 戌戊 7		六 酉丁 5	一 寅丙 3	31

午戊六	巳丁五	辰丙四	卯乙三	寅甲二	丑癸一	月
夏至22子 芒種6辰	小満21申 立夏6寅	穀雨20申 清明5辰	春分21寅 驚蟄6寅	雨水20卯 立春5辰	大寒21未 小寒6亥	節気
五	五	五	六	六	六	局
午戊六	巳丁五	辰丙四	卯乙三	寅甲二	丑癸一	日
九申壬14	五丑辛12	二未辛11	七子庚10	五未辛10	一子庚9	1
一酉癸15	六寅壬13	三申壬12	八丑辛11	六申壬11	二丑辛10	2
二戌甲16	七卯癸14	四酉癸13	九寅壬12	七酉癸12	三寅壬11	3
三亥乙17	八辰甲15	五戌甲14	一卯癸13	八戌甲13	四卯癸12	4
四子丙18	九巳乙16	六亥乙15	二辰甲14	九亥乙14	五辰甲13	5
五丑丁19	一午丙17	七子丙16	三巳乙15	一子丙15	六巳乙14	6
六寅戊20	二未丁18	八丑丁17	四午丙16	二丑丁16	七午丙15	7
七卯己21	三申戊19	九寅戊18	五未丁17	三寅戊17	八未丁16	8
八辰庚22	四酉己20	一卯己19	六申戊18	四卯己18	九申戊17	9
九巳辛23	五戌庚21	二辰庚20	七酉己19	五辰庚19	一酉己18	10
一午壬24	六亥辛22	三巳辛21	八戌庚20	六巳辛20	二戌庚19	11
二未癸25	七子壬23	四午壬22	九亥辛21	七午壬21	三亥辛20	12
三申甲26	八丑癸24	五未癸23	一子壬22	八未癸22	四子壬21	13
四酉乙27	九寅甲25	六申甲24	二丑癸23	九申甲23	五丑癸22	14
五戌丙28	一卯乙26	七酉乙25	三寅甲24	一酉乙24	六寅甲23	15
六亥丁29	二辰丙27	八戌丙26	四卯乙25	二戌丙25	七卯乙24	16
七子戊30	三巳丁28	九亥丁27	五辰丙26	三亥丁26	八辰丙25	17
八丑己 6/1	四午戊29	一子戊28	六巳丁27	四子戊27	九巳丁26	18
九寅庚2	五未己 5/1	二丑己29	七午戊28	五丑己28	一午戊27	19
一卯辛3	六申庚2	三寅庚 4/1	八未己29	六寅庚29	二未己28	20
二辰壬4	七酉辛3	四卯辛2	九申庚30	七卯辛 2/1	三申庚29	21
七巳癸5	八戌壬4	五辰壬3	一酉辛 3/1	八辰壬2	四酉辛30	22
六午甲6	九亥癸5	六巳癸4	二戌壬2	九巳癸3	五戌壬 1/1	23
五未乙7	一子甲6	七午甲5	三亥癸3	一午甲4	六亥癸2	24
四申丙8	二丑乙7	八未乙6	四子甲4	二未乙5	七子甲3	25
三酉丁9	三寅丙8	九申丙7	五丑乙5	三申丙6	八丑乙4	26
二戌戊10	四卯丁9	一酉丁8	六寅丙6	四酉丁7	九寅丙5	27
一亥己11	五辰戊10	二戌戊9	七卯丁7	五戌戊8	一卯丁6	28
九子庚12	六巳己11	三亥己10	八辰戊8	六亥己9	二辰戊7	29
八丑辛13	七午庚12	四子庚11	九巳己9		三巳己8	30
	八未辛13		一午庚10		四午庚9	31

西暦一九二八年 (漢数字의太字는陰局、細字는陽局)

戊辰年

立向九

子甲十二	亥癸十一	戌壬十	酉辛九	申庚八	未己七	月
冬至22巳　大雪7申	小雪22亥　立冬8子	霜降24子　寒露8亥	秋分23申　白露8卯	處暑23酉　立秋8寅	大暑23午　小暑7酉	節気
五	五	五	五	五	五	局／日
七亥乙20	一巳乙20	五戌甲18	八辰甲18	三酉癸16	七寅壬14	1
六子丙21	九午丙21	四亥乙19	七巳乙19	二戌甲17	六卯癸15	2
五丑丁22	八未丁22	三子丙20	六午丙20	一亥乙18	五辰甲16	3
四寅戊23	七申戊23	二丑丁21	五未丁21	九子丙19	四巳乙17	4
三卯己24	六酉己24	一寅戊22	四申戊22	八丑丁20	三午丙18	5
二辰庚25	五戌庚25	九卯己23	三酉己23	七寅戊21	二未丁19	6
一巳辛26	四亥辛26	八辰庚24	二戌庚24	六卯己22	一申戊20	7
九午壬27	三子壬27	七巳辛25	一亥辛25	五辰庚23	九酉己21	8
八未癸28	二丑癸28	六午壬26	九子壬26	四巳辛24	八戌庚22	9
七申甲29	一寅甲29	五未癸27	八丑癸27	三午壬25	七亥辛23	10
六酉乙30	九卯乙30	四申甲28	七寅甲28	二未癸26	六子壬24	11
五戌丙¹¹/₁	八辰丙¹¹/₁	三酉乙29	六卯乙29	一申甲27	五丑癸25	12
四亥丁2	七巳丁2	二戌丙¹⁰/₁	五辰丙30	九酉乙28	四寅甲26	13
三子戊3	六午戊3	一亥丁2	四巳丁⁹/₁	八戌丙29	三卯乙27	14
二丑己4	五未己4	九子戊3	三午戊2	七亥丁⁸/₁	二辰丙28	15
一寅庚5	四申庚5	八丑己4	二未己3	六子戊2	一巳丁29	16
九卯辛6	三酉辛6	七寅庚5	一申庚4	五丑己3	九午戊⁶/₁	17
八辰壬7	二戌壬7	六卯辛6	九酉辛5	四寅庚4	八未己2	18
七巳癸8	一亥癸8	五辰壬7	八戌壬6	三卯辛5	七申庚3	19
六午甲9	九子甲9	四巳癸8	七亥癸7	二辰壬6	六酉辛4	20
五未乙10	八丑乙10	三午甲9	六子甲8	一巳癸7	五戌壬5	21
九申丙11	七寅丙11	二未乙10	五丑乙9	九午甲8	四亥癸6	22
一酉丁12	六卯丁12	一申丙11	四寅丙10	八未乙9	三子甲7	23
二戌戊13	五辰戊13	九酉丁12	三卯丁11	七申丙10	二丑乙8	24
三亥己14	四巳己14	八戌戊13	二辰戊12	六酉丁11	一寅丙9	25
四子庚15	三午庚15	七亥己14	一巳己13	五戌戊12	九卯丁10	26
五丑辛16	二未辛16	六子庚15	九午庚14	四亥己13	八辰戊11	27
六寅壬17	一申壬17	五丑辛16	八未辛15	三子庚14	七巳己12	28
七卯癸18	九酉癸18	四寅壬17	七申壬16	二丑辛15	六午庚13	29
八辰甲19	八戌甲19	三卯癸18	六酉癸17	一寅壬16	五未辛14	30
九巳乙20		二辰甲19		九卯癸17	四申壬15	31

午庚六	巳己五	辰戊四	卯丁三	寅丙二	丑乙一	月
夏至 22 卯 / 芒種 6 未	小満 21 亥 / 立夏 6 辰	穀雨 20 亥 / 清明 5 未	春分 21 巳 / 驚蟄 6 巳	雨水 19 巳 / 立春 4 未	大寒 20 戌 / 小寒 6 寅	節氣
四	四	四	四	四	五	局 · 日
八 丑丁 24	四 午丙 22	一 子丙 22	六 巳乙 20	五 丑丁 22	一 午丙 21	1
九 寅戊 25	五 未丁 23	二 丑丁 23	七 午丙 21	六 寅戊 23	二 未丁 22	2
一 卯己 26	六 申戊 24	三 寅戊 24	八 未丁 22	七 卯己 24	三 申戊 23	3
二 辰庚 27	七 酉己 25	四 卯己 25	九 申戊 23	八 辰庚 25	四 酉己 24	4
三 巳辛 28	八 戌庚 26	五 辰庚 26	一 酉己 24	九 巳辛 26	五 戌庚 25	5
四 午壬 29	九 亥辛 27	六 巳辛 27	二 戌庚 25	一 午壬 27	六 亥辛 26	6
五 未癸 5/1	一 子壬 28	七 午壬 28	三 亥辛 26	二 未癸 28	七 子壬 27	7
六 申甲 2	二 丑癸 29	八 未癸 29	四 子壬 27	三 申甲 29	八 丑癸 28	8
七 酉乙 3	三 寅甲 4/1	九 申甲 30	五 丑癸 28	四 酉乙 30	九 寅甲 29	9
八 戌丙 4	四 卯乙 2	一 酉乙 3/1	六 寅甲 29	五 戌丙 1/1	一 卯乙 30	10
九 亥丁 5	五 辰丙 3	二 戌丙 2	七 卯乙 2/1	六 亥丁 2	二 辰丙 12/1	11
一 子戊 6	六 巳丁 4	三 亥丁 3	八 辰丙 2	七 子戊 3	三 巳丁 2	12
二 丑己 7	七 午戊 5	四 子戊 4	九 巳丁 3	八 丑己 4	四 午戊 3	13
三 寅庚 8	八 未己 6	五 丑己 5	一 午戊 4	九 寅庚 5	五 未己 4	14
四 卯辛 9	九 申庚 7	六 寅庚 6	二 未己 5	一 卯辛 6	六 申庚 5	15
五 辰壬 10	一 酉辛 8	七 卯辛 7	三 申庚 6	二 辰壬 7	七 酉辛 6	16
六 巳癸 11	二 戌壬 9	八 辰壬 8	四 酉辛 7	三 巳癸 8	八 戌壬 7	17
七 午甲 12	三 亥癸 10	九 巳癸 9	五 戌壬 8	四 午甲 9	九 亥癸 8	18
八 未乙 13	四 子甲 11	一 午甲 10	六 亥癸 9	五 未乙 10	一 子甲 9	19
九 申丙 14	五 丑乙 12	二 未乙 11	七 子甲 10	六 申丙 11	二 丑乙 10	20
一 酉丁 15	六 寅丙 13	三 申丙 12	八 丑乙 11	七 酉丁 12	三 寅丙 11	21
九 戌戊 16	七 卯丁 14	四 酉丁 13	九 寅丙 12	八 戌戊 13	四 卯丁 12	22
八 亥己 17	八 辰戊 15	五 戌戊 14	一 卯丁 13	九 亥己 14	五 辰戊 13	23
七 子庚 18	九 巳己 16	六 亥己 15	二 辰戊 14	一 子庚 15	六 巳己 14	24
六 丑辛 19	一 午庚 17	七 子庚 16	三 巳己 15	二 丑辛 16	七 午庚 15	25
五 寅壬 20	二 未辛 18	八 丑辛 17	四 午庚 16	三 寅壬 17	八 未辛 16	26
四 卯癸 21	三 申壬 19	九 寅壬 18	五 未辛 17	四 卯癸 18	九 申壬 17	27
三 辰甲 22	四 酉癸 20	一 卯癸 19	六 申壬 18	五 辰甲 19	一 酉癸 18	28
二 巳乙 23	五 戌甲 21	二 辰甲 20	七 酉癸 19		二 戌甲 19	29
一 午丙 24	六 亥乙 22	三 巳乙 21	八 戌甲 20		三 亥乙 20	30
	七 子丙 23		九 亥乙 21		四 子丙 21	31

西暦一九二九年（漢数字의太字는陰局、細字는陽局）

	子丙十二	亥乙十一	戌甲十	酉癸九	申壬八	未辛七	月
	冬至 大雪	小雪 立冬	霜降 寒露	秋分 白露	處暑 立秋	大暑 小暑	節気
	22 7	23 8	24 9	23 8	24 8	23 8	
	申 亥	寅 卯	卯 寅	亥 午	子 巳	酉 子	
	三	四	四	四	四	四	局/日
1	八辰庚11/1	二戌庚11/1	六卯己29	九酉己28	四寅戊26	八未丁25	1
2	七巳辛2	一亥辛2	五辰庚30	八戌庚29	三卯己27	七申戊26	2
3	六午壬3	九子壬3	四巳辛9/1	七亥辛8/1	二辰庚28	六酉己27	3
4	五未癸4	八丑癸4	三午壬2	六子壬2	一巳辛29	五戌庚28	4
5	四申甲5	七寅甲5	二未癸3	五丑癸3	九午壬7/1	四亥辛29	5
6	三酉乙6	六卯乙6	一申甲4	四寅甲4	八未癸2	三子壬30	6
7	二戌丙7	五辰丙7	九酉乙5	三卯乙5	七申甲3	二丑癸6/1	7
8	一亥丁8	四巳丁8	八戌丙6	二辰丙6	六酉乙4	一寅甲2	8
9	九子戊9	三午戊9	七亥丁7	一巳丁7	五戌丙5	九卯乙3	9
10	八丑己10	二未己10	六子戊8	九午戊8	四亥丁6	八辰丙4	10
11	七寅庚11	一申庚11	五丑己9	八未己9	三子戊7	七巳丁5	11
12	六卯辛12	九酉辛12	四寅庚10	七申庚10	二丑己8	六午戊6	12
13	五辰壬13	八戌壬13	三卯辛11	六酉辛11	一寅庚9	五未己7	13
14	四巳癸14	七亥癸14	二辰壬12	五戌壬12	九卯辛10	四申庚8	14
15	三午甲15	六子甲15	一巳癸13	四亥癸13	八辰壬11	三酉辛9	15
16	二未乙16	五丑乙16	九午甲14	三子甲14	七巳癸12	二戌壬10	16
17	一申丙17	四寅丙17	八未乙15	二丑乙15	六午甲13	一亥癸11	17
18	九酉丁18	三卯丁18	七申丙16	一寅丙16	五未乙14	九子甲12	18
19	八戌戊19	二辰戊19	六酉丁17	九卯丁17	四申丙15	八丑乙13	19
20	七亥己20	一巳己20	五戌戊18	八辰戊18	三酉丁16	七寅丙14	20
21	六子庚21	九午庚21	四亥己19	七巳己19	二戌戊17	六卯丁15	21
22	五丑辛22	八未辛22	三子庚20	六午庚20	一亥己18	五辰戊16	22
23	六寅壬23	七申壬23	二丑辛21	五未辛21	九子庚19	四巳己17	23
24	七卯癸24	六酉癸24	一寅壬22	四申壬22	八丑辛20	三午庚18	24
25	八辰甲25	五戌甲25	九卯癸23	三酉癸23	七寅壬21	二未辛19	25
26	九巳乙26	四亥乙26	八辰甲24	二戌甲24	六卯癸22	一申壬20	26
27	一午丙27	三子丙27	七巳乙25	一亥乙25	五辰甲23	九酉癸21	27
28	二未丁28	二丑丁28	六午丙26	九子丙26	四巳乙24	八戌甲22	28
29	三申戊29	一寅戊29	五未丁27	八丑丁27	三午丙25	七亥乙23	29
30	四酉己30	九卯己30	四申戊28	七寅戊28	二未丁26	六子丙24	30
31	五戌庚11/1		三酉己29		一申戊27	五丑丁25	31

己巳年

立向八

西暦一九三〇年 (漢数字의太字는陰局、細字는陽局)

午壬六	巳辛五	辰庚四	卯己三	寅戊二	丑丁一	月
夏至　芒種	小満　立夏	穀雨　清明	春分　驚蟄	雨水　立春	大寒　小寒	節気
22　6	22　6	21　5	21　6	19　4	21　6	
午　酉	寅　未	寅　戌	申　申	申　戌	丑　巳	
三	三	三	三	三	三	局 / 日
四午壬5	九亥辛3	六巳辛3	二戌庚2	一午壬3	六亥辛2	1
五未癸6	一子壬4	七午壬4	三亥辛3	二未癸4	七子壬3	2
六申甲7	二丑癸5	八未癸5	四子壬4	三申甲5	八丑癸4	3
七酉乙8	三寅甲6	九申甲6	五丑癸5	四酉乙6	九寅甲5	4
八戌丙9	四卯乙7	一酉乙7	六寅甲6	五戌丙7	一卯乙6	5
九亥丁10	五辰丙8	二戌丙8	七卯乙7	六亥丁8	二辰丙7	6
一子戊11	六巳丁9	三亥丁9	八辰丙8	七子戊9	三巳丁8	7
二丑己12	七午戊10	四子戊10	九巳丁9	八丑己10	四午戊9	8
三寅庚13	八未己11	五丑己11	一午戊10	九寅庚11	五未己10	9
四卯辛14	九申庚12	六寅庚12	二未己11	一卯辛12	六申庚11	10
五辰壬15	一酉辛13	七卯辛13	三申庚12	二辰壬13	七酉辛12	11
六巳癸16	二戌壬14	八辰壬14	四酉辛13	三巳癸14	八戌壬13	12
七午甲17	三亥癸15	九巳癸15	五戌壬14	四午甲15	九亥癸14	13
八未乙18	四子甲16	一午甲16	六亥癸15	五未乙16	一子甲15	14
九申丙19	五丑乙17	二未乙17	七子甲16	六申丙17	二丑乙16	15
一酉丁20	六寅丙18	三申丙18	八丑乙17	七酉丁18	三寅丙17	16
二戌戊21	七卯丁19	四酉丁19	九寅丙18	八戌戊19	四卯丁18	17
三亥己22	八辰戊20	五戌戊20	一卯丁19	九亥己20	五辰戊19	18
四子庚23	九巳己21	六亥己21	二辰戊20	一子庚21	六巳己20	19
五丑辛24	一午庚22	七子庚22	三巳己21	二丑辛22	七午庚21	20
六寅壬25	二未辛23	八丑辛23	四午庚22	三寅壬23	八未辛22	21
三卯癸26	三申壬24	九寅壬24	五未辛23	四卯癸24	九申壬23	22
二辰甲27	四酉癸25	一卯癸25	六申壬24	五辰甲25	一酉癸24	23
一巳乙28	五戌甲26	二辰甲26	七酉癸25	六巳乙26	二戌甲25	24
九午丙29	六亥乙27	三巳乙27	八戌甲26	七午丙27	三亥乙26	25
八未丁6/2	七子丙28	四午丙28	九亥乙27	八未丁28	四子丙27	26
七申戊2	八丑丁29	五未丁29	一子丙28	九申戊29	五丑丁28	27
六酉己3	九寅戊5/1	六申戊30	二丑丁29	一酉己2/1	六寅戊29	28
五戌庚4	一卯己2	七酉己4/1	三寅戊30		七卯己30	29
四亥辛5	二辰庚3	八戌庚2	四卯己3/1		八辰庚1/1	30
	三巳辛4		五辰庚2		九巳辛2	31

左欄：庚午年　　立向七

月	子戊十二	亥丁十一	戌丙十	酉乙九	申甲八	未癸七
節気	冬至 22 亥 ／ 大雪 8 寅	小雪 23 巳 ／ 立冬 8 午	霜降 24 午 ／ 寒露 9 辰	秋分 24 丑 ／ 白露 8 酉	處暑 24 卯 ／ 立秋 8 未	大暑 23 亥 ／ 小暑 8 卯
局	二	二	二	三	三	三

子戊十二	亥丁十一	戌丙十	酉乙九	申甲八	未癸七	日
三 酉乙 12	六 卯乙 11	一 申甲 10	四 寅甲 9	八 未癸 7	三 子壬 6	1
二 戌丙 13	五 辰丙 12	九 酉乙 11	三 卯乙 10	七 申甲 8	二 丑癸 7	2
一 亥丁 14	四 巳丁 13	八 戌丙 12	二 辰丙 11	六 酉乙 9	一 寅甲 8	3
九 子戊 15	三 午戊 14	七 亥丁 13	一 巳丁 12	五 戌丙 10	九 卯乙 9	4
八 丑己 16	二 未己 15	六 子戊 14	九 午戊 13	四 亥丁 11	八 辰丙 10	5
七 寅庚 17	一 申庚 16	五 丑己 15	八 未己 14	三 子戊 12	七 巳丁 11	6
六 卯辛 18	九 酉辛 17	四 寅庚 16	七 申庚 15	二 丑己 13	六 午戊 12	7
五 辰壬 19	八 戌壬 18	三 卯辛 17	六 酉辛 16	一 寅庚 14	五 未己 13	8
四 巳癸 20	七 亥癸 19	二 辰壬 18	五 戌壬 17	九 卯辛 15	四 申庚 14	9
三 午甲 21	六 子甲 20	一 巳癸 19	四 亥癸 18	八 辰壬 16	三 酉辛 15	10
二 未乙 22	五 丑乙 21	九 午甲 20	三 子甲 19	七 巳癸 17	二 戌壬 16	11
一 申丙 23	四 寅丙 22	八 未乙 21	二 丑乙 20	六 午甲 18	一 亥癸 17	12
九 酉丁 24	三 卯丁 23	七 申丙 22	一 寅丙 21	五 未乙 19	九 子甲 18	13
八 戌戊 25	二 辰戊 24	六 酉丁 23	九 卯丁 22	四 申丙 20	八 丑乙 19	14
七 亥己 26	一 巳己 25	五 戌戊 24	八 辰戊 23	三 酉丁 21	七 寅丙 20	15
六 子庚 27	九 午庚 26	四 亥己 25	七 巳己 24	二 戌戊 22	六 卯丁 21	16
五 丑辛 28	八 未辛 27	三 子庚 26	六 午庚 25	一 亥己 23	五 辰戊 22	17
四 寅壬 29	七 申壬 28	二 丑辛 27	五 未辛 26	九 子庚 24	四 巳己 23	18
三 卯癸 30	六 酉癸 29	一 寅壬 28	四 申壬 27	八 丑辛 25	三 午庚 24	19
二 辰甲 1/1	五 戌甲 12/1	九 卯癸 29	三 酉癸 28	七 寅壬 26	二 未辛 25	20
一 巳乙 2	四 亥乙 2	八 辰甲 30	二 戌甲 29	六 卯癸 27	一 申壬 26	21
一 午丙 3	三 子丙 3	七 巳乙 11/1	一 亥乙 10/1	五 辰甲 28	九 酉癸 27	22
二 未丁 4	二 丑丁 4	六 午丙 2	九 子丙 2	四 巳乙 29	八 戌甲 28	23
三 申戊 5	一 寅戊 5	五 未丁 3	八 丑丁 3	三 午丙 9/1	七 亥乙 29	24
四 酉己 6	九 卯己 6	四 申戊 4	七 寅戊 4	二 未丁 2	六 子丙 30	25
五 戌庚 7	八 辰庚 7	三 酉己 5	六 卯己 5	一 申戊 3	五 丑丁 8/1	26
六 亥辛 8	七 巳辛 8	二 戌庚 6	五 辰庚 6	九 酉己 4	四 寅戊 2	27
七 子壬 9	六 午壬 9	一 亥辛 7	四 巳辛 7	八 戌庚 5	三 卯己 3	28
八 丑癸 10	五 未癸 10	九 子壬 8	三 午壬 8	七 亥辛 6	二 辰庚 4	29
九 寅甲 11	四 申甲 11	八 丑癸 9	二 未癸 9	六 子壬 7	一 巳辛 5	30
一 卯乙 12		七 寅甲 10		五 丑癸 8	九 午壬 6	31

西暦一九三一年 （漢数字의太字는陰局、細字는陽局）

午甲六	巳癸五	辰壬四	卯辛三	寅庚二	丑己一	月 節気 局 / 日
夏至22酉 芒種7子	小満22巳 立夏6戌	穀雨21巳 清明6丑	春分21亥 驚蟄6亥	雨水19亥 立春5丑	大寒21辰 小寒9未	節気
二	二	二	二	二	二	局
九亥丁16	五辰丙14	二戌丙14	七卯乙13	六亥丁14	二辰丙13	1
一子戊17	六巳丁15	三亥丁15	八辰丙14	七子戊15	三巳丁14	2
二丑己18	七午戊16	四子戊16	九巳丁15	八丑己16	四午戊15	3
三寅庚19	八未己17	五丑己17	一午戊16	九寅庚17	五未己16	4
四卯辛20	九申庚18	六寅庚18	二未己17	一卯辛18	六申庚17	5
五辰壬21	一酉辛19	七卯辛19	三申庚18	二辰壬19	七酉辛18	6
六巳癸22	二戌壬20	八辰壬20	四酉辛19	三巳癸20	八戌壬19	7
七午甲23	三亥癸21	九巳癸21	五戌壬20	四午甲21	九亥癸20	8
八未乙24	四子甲22	一午甲22	六亥癸21	五未乙22	一子甲21	9
九申丙25	五丑乙23	二未乙23	七子甲22	六申丙23	二丑乙22	10
一酉丁26	六寅丙24	三申丙24	八丑乙23	七酉丁24	三寅丙23	11
二戌戊27	七卯丁25	四酉丁25	九寅丙24	八戌戊25	四卯丁24	12
三亥己28	八辰戊26	五戌戊26	一卯丁25	九亥己26	五辰戊25	13
四子庚29	九巳己27	六亥己27	二辰戊26	一子庚27	六巳己26	14
五丑辛30	一午庚28	七子庚28	三巳己27	二丑辛28	七午庚27	15
六寅壬1	二未辛29	八丑辛29	四午庚28	三寅壬29	八未辛28	16
七卯癸2	三申壬1	九寅壬30	五未辛29	四卯癸1	九申壬29	17
八辰甲3	四酉癸2	一卯癸1	六申壬30	五辰甲2	一酉癸30	18
九巳乙4	五戌甲3	二辰甲2	七酉癸1	六巳乙3	二戌甲1	19
一午丙5	六亥乙4	三巳乙3	八戌甲2	七午丙4	三亥乙2	20
二未丁6	七子丙5	四午丙4	九亥乙3	八未丁5	四子丙3	21
三申戊7	八丑丁6	五未丁5	一子丙4	九申戊6	五丑丁4	22
六酉己8	九寅戊7	六申戊6	二丑丁5	一酉己7	六寅戊5	23
五戌庚9	一卯己8	七酉己7	三寅戊6	二戌庚8	七卯己6	24
四亥辛10	二辰庚9	八戌庚8	四卯己7	三亥辛9	八辰庚7	25
三子壬11	三巳辛10	九亥辛9	五辰庚8	四子壬10	九巳辛8	26
二丑癸12	四午壬11	一子壬10	六巳辛9	五丑癸11	一午壬9	27
一寅甲13	五未癸12	二丑癸11	七午壬10	六寅甲12	二未癸10	28
九卯乙14	六申甲13	三寅甲12	八未癸11		三申甲11	29
八辰丙15	七酉乙14	四卯乙13	九申甲12		四酉乙12	30
	八戌丙15		一酉乙13		五戌丙13	31

辛未年　　立向六

月	子庚 十二	亥己 十一	戌戊 十	酉丁 九	申丙 八	未乙 七
節気	冬至 / 大雪	小雪 / 立冬	霜降 / 寒露	秋分 / 白露	處暑 / 立秋	大暑 / 小暑
	23　8	23　8	24　9	24　9	24　8	24　8
	寅　巳	未　酉	酉　未	辰　子	午　戌	寅　午
局	一	一	一	一	一	二

子庚	亥己	戌戊	酉丁	申丙	未乙	日
七寅庚22	一申庚22	五丑己20	八未己19	三子戊18	七巳丁16	1
六卯辛23	九酉辛23	四寅庚21	七申庚20	二丑己19	六午戊17	2
五辰壬24	八戌壬24	三卯辛22	六酉辛21	一寅庚20	五未己18	3
四巳癸25	七亥癸25	二辰壬23	五戌壬22	九卯辛21	四申庚19	4
三午甲26	六子甲26	一巳癸24	四亥癸23	八辰壬22	三酉辛20	5
二未乙27	五丑乙27	九午甲25	三子甲24	七巳癸23	二戌壬21	6
一申丙28	四寅丙28	八未乙26	二丑乙25	六午甲24	一亥癸22	7
九酉丁29	三卯丁29	七申丙27	一寅丙26	五未乙25	九子甲23	8
八戌戊⅟	二辰戊30	六酉丁28	九卯丁27	四申丙26	八丑乙24	9
七亥己2	一巳己⅟	五戌戊29	八辰戊28	三酉丁27	七寅丙25	10
六子庚3	九午庚2	四亥己⅟	七巳己29	二戌戊28	六卯丁26	11
五丑辛4	八未辛3	三子庚2	六午庚⅟	一亥己29	五辰戊27	12
四寅壬5	七申壬4	二丑辛3	五未辛2	九子庚30	四巳己28	13
三卯癸6	六酉癸5	一寅壬4	四申壬3	八丑辛⅟	三午庚29	14
二辰甲7	五戌甲6	九卯癸5	三酉癸4	七寅壬2	二未辛⅟	15
一巳乙8	四亥乙7	八辰甲6	二戌甲5	六卯癸3	一申壬2	16
九午丙9	三子丙8	七巳乙7	一亥乙6	五辰甲4	九酉癸3	17
八未丁10	二丑丁9	六午丙8	九子丙7	四巳乙5	八戌甲4	18
七申戊11	一寅戊10	五未丁9	八丑丁8	三午丙6	七亥乙5	19
六酉己12	九卯己11	四申戊10	七寅戊9	二未丁7	六子丙6	20
五戌庚13	八辰庚12	三酉己11	六卯己10	一申戊8	五丑丁7	21
四亥辛14	七巳辛13	二戌庚12	五辰庚11	九酉己9	四寅戊8	22
三子壬15	六午壬14	一亥辛13	四巳辛12	八戌庚10	三卯己9	23
八丑癸16	五未癸15	九子壬14	三午壬13	七亥辛11	二辰庚10	24
九寅甲17	四申甲16	八丑癸15	二未癸14	六子壬12	一巳辛11	25
一卯乙18	三酉乙17	七寅甲16	一申甲15	五丑癸13	九午壬12	26
二辰丙19	二戌丙18	六卯乙17	九酉乙16	四寅甲14	八未癸13	27
三巳丁20	一亥丁19	五辰丙18	八戌丙17	三卯乙15	七申甲14	28
四午戊21	九子戊20	四巳丁19	七亥丁18	二辰丙16	六酉乙15	29
五未己22	八丑己21	三午戊20	六子戊19	一巳丁17	五戌丙16	30
六申庚23		二未己21		九午戊18	四亥丁17	31

午丙六	巳乙五	辰甲四	卯癸三	寅壬二	丑辛一	月
夏至21子 芒種6卯	小滿21申 立夏6丑	穀雨20申 清明5辰	春分21寅 驚蟄6丑	雨水20寅 立春5辰	大寒21未 小寒6戌	節氣
九	一	一	一	一	一	局／日
六巳癸27	二戌壬26	八辰壬26	四酉辛25	二辰壬25	七酉辛24	1
七午甲28	三亥癸27	九巳癸27	五戌壬26	三巳癸26	八戌壬25	2
八未乙29	四子甲28	一午甲28	六亥癸27	四午甲27	九亥癸26	3
九申丙 3/1	五丑乙29	二未乙29	七子甲28	五未乙28	一子甲27	4
一酉丁2	六寅丙30	三申丙30	八丑乙29	六申丙29	二丑乙28	5
二戌戊3	七卯丁 3/1	四酉丁 3/1	九寅丙30	七酉丁 4/1	三寅丙29	6
三亥己4	八辰戊2	五戌戊2	一卯丁 4/1	八戌戊2	四卯丁30	7
四子庚5	九巳己3	六亥己3	二辰戊2	九亥己3	五辰戊 5/1	8
五丑辛6	一午庚4	七子庚4	三巳己3	一子庚4	六巳己2	9
六寅壬7	二未辛5	八丑辛5	四午庚4	二丑辛5	七午庚3	10
七卯癸8	三申壬6	九寅壬6	五未辛5	三寅壬6	八未辛4	11
八辰甲9	四酉癸7	一卯癸7	六申壬6	四卯癸7	九申壬5	12
九巳乙10	五戌甲8	二辰甲8	七酉癸7	五辰甲8	一酉癸6	13
一午丙11	六亥乙9	三巳乙9	八戌甲8	六巳乙9	二戌甲7	14
二未丁12	七子丙10	四午丙10	九亥乙9	七午丙10	三亥乙8	15
三申戊13	八丑丁11	五未丁11	一子丙10	八未丁11	四子丙9	16
四酉己14	九寅戊12	六申戊12	二丑丁11	九申戊12	五丑丁10	17
五戌庚15	一卯己13	七酉己13	三寅戊12	一酉己13	六寅戊11	18
六亥辛16	二辰庚14	八戌庚14	四卯己13	二戌庚14	七卯己12	19
七子壬17	三巳辛15	九亥辛15	五辰庚14	三亥辛15	八辰庚13	20
二丑癸18	四午壬16	一子壬16	六巳辛15	四子壬16	九巳辛14	21
一寅甲19	五未癸17	二丑癸17	七午壬16	五丑癸17	一午壬15	22
九卯乙20	六申甲18	三寅甲18	八未癸17	六寅甲18	二未癸16	23
八辰丙21	七酉乙19	四卯乙19	九申甲18	七卯乙19	三申甲17	24
七巳丁22	八戌丙20	五辰丙20	一酉乙19	八辰丙20	四酉乙18	25
六午戊23	九亥丁21	六巳丁21	二戌丙20	九巳丁21	五戌丙19	26
五未己24	一子戊22	七午戊22	三亥丁21	一午戊22	六亥丁20	27
四申庚25	二丑己23	八未己23	四子戊22	二未己23	七子戊21	28
三酉辛26	三寅庚24	九申庚24	五丑己23	三申庚24	八丑己22	29
二戌壬27	四卯辛25	一酉辛25	六寅庚24		九寅庚23	30
	五辰壬26		七卯辛25		一卯辛24	31

西暦一九三二年 (漢数字의太字는陰局、細字는陽局)

子壬十二	亥辛十一	戌庚十	酉己九	申戊八	未丁七	月 節気
冬至 大雪	小雪 立冬	霜降 寒露	秋分 白露	處暑 立秋	大暑 小暑	
22 7	22 7	23 8	23 8	23 8	23 7	
巳 申	戌 亥	子 戌	未 卯	酉 丑	巳 申	局
九	九	九	九	九	九	日
一申丙4	四寅丙4	八未乙2	二丑乙卅	六午甲29	一亥癸28	1
九酉丁5	三卯丁5	七申丙3	一寅丙2	五未乙7/1	九子甲29	2
八戌戊6	二辰戊6	六酉丁4	九卯丁3	四申丙2	八丑乙30	3
七亥己7	一巳己7	五戌戊5	八辰戊4	三酉丁3	七寅丙朔/1	4
六子庚8	九午庚8	四亥己6	七巳己5	二戌戊4	六卯丁2	5
五丑辛9	八未辛9	三子庚7	六午庚6	一亥己5	五辰戊3	6
四寅壬10	七申壬10	二丑辛8	五未辛7	九子庚6	四巳己4	7
三卯癸11	六酉癸11	一寅壬9	四申壬8	八丑辛7	三午庚5	8
二辰甲12	五戌甲12	九卯癸10	三酉癸9	七寅壬8	二未辛6	9
一巳乙13	四亥乙13	八辰甲11	二戌甲10	六卯癸9	一申壬7	10
九午丙14	三子丙14	七巳乙12	一亥乙11	五辰甲10	九酉癸8	11
八未丁15	二丑丁15	六午丙13	九子丙12	四巳乙11	八戌甲9	12
七申戊16	一寅戊16	五未丁14	八丑丁13	三午丙12	七亥乙10	13
六酉己17	九卯己17	四申戊15	七寅戊14	二未丁13	六子丙11	14
五戌庚18	八辰庚18	三酉己16	六卯己15	一申戊14	五丑丁12	15
四亥辛19	七巳辛19	二戌庚17	五辰庚16	九酉己15	四寅戊13	16
三子壬20	六午壬20	一亥辛18	四巳辛17	八戌庚16	三卯己14	17
二丑癸21	五未癸21	九子壬19	三午壬18	七亥辛17	二辰庚15	18
一寅甲22	四申甲22	八丑癸20	二未癸19	六子壬18	一巳辛16	19
九卯乙23	三酉乙23	七寅甲21	一申甲20	五丑癸19	九午壬17	20
八辰丙24	二戌丙24	六卯乙22	九酉乙21	四寅甲20	八未癸18	21
三巳丁25	一亥丁25	五辰丙23	八戌丙22	三卯乙21	七申甲19	22
四午戊26	九子戊26	四巳丁24	七亥丁23	二辰丙22	六酉乙20	23
五未己27	八丑己27	三午戊25	六子戊24	一巳丁23	五戌丙21	24
六申庚28	七寅庚28	二未己26	五丑己25	九午戊24	四亥丁22	25
七酉辛29	六卯辛29	一申庚27	四寅庚26	八未己25	三子戊23	26
八戌壬卅	五辰壬30	九酉辛28	三卯辛27	七申庚26	二丑己24	27
九亥癸卅	四巳癸卅	八戌壬29	二辰壬28	六酉辛27	一寅庚25	28
一子甲3	三午甲2	七亥癸卅	一巳癸29	五戌壬28	九卯辛26	29
二丑乙4	二未乙3	六子甲2	九午甲卅	四亥癸29	八辰壬27	30
三寅丙5		五丑乙3		三子甲30	七巳癸28	31

壬申年 立向五

午戊六	巳丁五	辰丙四	卯乙三	寅甲二	丑癸一	月
夏至 22 卯 ／ 芒種 6 午	小満 21 戌 ／ 立夏 6 辰	穀雨 20 亥 ／ 清明 5 未	春分 21 巳 ／ 驚蟄 6 辰	雨水 19 巳 ／ 立春 4 未	大寒 20 戌 ／ 小寒 6 丑	節気
八	八	八	九	九	九	局

午戊六	巳丁五	辰丙四	卯乙三	寅甲二	丑癸一	日
二 戊戊 9	七 卯丁 7	四 酉丁 7	九 寅丙 6	八 戌戊 7	四 卯丁 6	1
三 亥己 10	八 辰戊 8	五 戌戊 8	一 卯丁 7	九 亥己 8	五 辰戊 7	2
四 子庚 11	九 巳己 9	六 亥己 9	二 辰戊 8	一 子庚 9	六 巳己 8	3
五 丑辛 12	一 午庚 10	七 子庚 10	三 巳己 9	二 丑辛 10	七 午庚 9	4
六 寅壬 13	二 未辛 11	八 丑辛 11	四 午庚 10	三 寅壬 11	八 未辛 10	5
七 卯癸 14	三 申壬 12	九 寅壬 12	五 未辛 11	四 卯癸 12	九 申壬 11	6
八 辰甲 15	四 酉癸 13	一 卯癸 13	六 申壬 12	五 辰甲 13	一 酉癸 12	7
九 巳乙 16	五 戌甲 14	二 辰甲 14	七 酉癸 13	六 巳乙 14	二 戌甲 13	8
一 午丙 17	六 亥乙 15	三 巳乙 15	八 戌甲 14	七 午丙 15	三 亥乙 14	9
二 未丁 18	七 子丙 16	四 午丙 16	九 亥乙 15	八 未丁 16	四 子丙 15	10
三 申戊 19	八 丑丁 17	五 未丁 17	一 子丙 16	九 申戊 17	五 丑丁 16	11
四 酉己 20	九 寅戊 18	六 申戊 18	二 丑丁 17	一 酉己 18	六 寅戊 17	12
五 戌庚 21	一 卯己 19	七 酉己 19	三 寅戊 18	二 戌庚 19	七 卯己 18	13
六 亥辛 22	二 辰庚 20	八 戌庚 20	四 卯己 19	三 亥辛 20	八 辰庚 19	14
七 子壬 23	三 巳辛 21	九 亥辛 21	五 辰庚 20	四 子壬 21	九 巳辛 20	15
八 丑癸 24	四 午壬 22	一 子壬 22	六 巳辛 21	五 丑癸 22	一 午壬 21	16
九 寅甲 25	五 未癸 23	二 丑癸 23	七 午壬 22	六 寅甲 23	二 未癸 22	17
一 卯乙 26	六 申甲 24	三 寅甲 24	八 未癸 23	七 卯乙 24	三 申甲 23	18
二 辰丙 27	七 酉乙 25	四 卯乙 25	九 申甲 24	八 辰丙 25	四 酉乙 24	19
三 巳丁 28	八 戌丙 26	五 辰丙 26	一 酉乙 25	九 巳丁 26	五 戌丙 25	20
四 午戊 29	九 亥丁 27	六 巳丁 27	二 戌丙 26	一 午戊 27	六 亥丁 26	21
五 未己 30	一 子戊 28	七 午戊 28	三 亥丁 27	二 未己 28	七 子戊 27	22
四 申庚 1	二 丑己 29	八 未己 29	四 子戊 28	三 申庚 29	八 丑己 28	23
三 酉辛 2	三 寅庚 1	九 申庚 30	五 丑己 29	四 酉辛 1	九 寅庚 29	24
二 戌壬 3	四 卯辛 2	一 酉辛 1	六 寅庚 30	五 戌壬 2	一 卯辛 30	25
一 亥癸 4	五 辰壬 3	二 戌壬 2	七 卯辛 1	六 亥癸 3	二 辰壬 1	26
九 子甲 5	六 巳癸 4	三 亥癸 3	八 辰壬 2	七 子甲 4	三 巳癸 2	27
八 丑乙 6	七 午甲 5	四 子甲 4	九 巳癸 3	八 丑乙 5	四 午甲 3	28
七 寅丙 7	八 未乙 6	五 丑乙 5	一 午甲 4		五 未乙 4	29
六 卯丁 8	九 申丙 7	六 寅丙 6	二 未乙 5		六 申丙 5	30
	一 酉丁 8		三 申丙 6		七 酉丁 6	31

西暦一九三三年 (漢数字의 太字는 陰局、細字는 陽局)

月	子甲十二	亥癸十一	戌壬十	酉辛九	申庚八	未己七
節気	冬至 22 未 / 大雪 7 亥	小雪 23 丑 / 立冬 8 寅	霜降 24 寅 / 寒露 9 丑	秋分 23 戌 / 白露 8 巳	處暑 23 亥 / 立秋 8 辰	大暑 22 申 / 小暑 7 亥
局	八	八	八	八	八	八	日

癸酉年

立向四

子甲	亥癸	戌壬	酉辛	申庚	未己	日
五丑辛14	八未辛14	三子庚12	六午庚12	一亥己11	五辰戊9	1
四寅壬15	七申壬15	二丑辛13	五未辛13	九子庚12	四巳己10	2
三卯癸16	六酉癸16	一寅壬14	四申壬14	八丑辛13	三午庚11	3
二辰甲17	五戌甲17	九卯癸15	三酉癸15	七寅壬14	二未辛12	4
一巳乙18	四亥乙18	八辰甲16	二戌甲16	六卯癸15	一申壬13	5
九午丙19	三子丙19	七巳乙17	一亥乙17	五辰甲16	九酉癸14	6
八未丁20	二丑丁20	六午丙18	九子丙18	四巳乙17	八戌甲15	7
七申戊21	一寅戊21	五未丁19	八丑丁19	三午丙18	七亥乙16	8
六酉己22	九卯己22	四申戊20	七寅戊20	二未丁19	六子丙17	9
五戌庚23	八辰庚23	三酉己21	六卯己21	一申戊20	五丑丁18	10
四亥辛24	七巳辛24	二戌庚22	五辰庚22	九酉己21	四寅戊19	11
三子壬25	六午壬25	一亥辛23	四巳辛23	八戌庚22	三卯己20	12
二丑癸26	五未癸26	九子壬24	三午壬24	七亥辛23	二辰庚21	13
一寅甲27	四申甲27	八丑癸25	二未癸25	六子壬24	一巳辛22	14
九卯乙28	三酉乙28	七寅甲26	一申甲26	五丑癸25	九午壬23	15
八辰丙29	二戌丙29	六卯乙27	九酉乙27	四寅甲26	八未癸24	16
七巳丁⅓	一亥丁30	五辰丙28	八戌丙28	三卯乙27	七申甲25	17
六午戊2	九子戊⅓	四巳丁29	七亥丁29	二辰丙28	六酉乙26	18
五未己3	八丑己2	三午戊⅓	六子戊30	一巳丁29	五戌丙27	19
四申庚4	七寅庚3	二未己2	五丑己⅓	九午戊30	四亥丁28	20
三酉辛5	六卯辛4	一申庚3	四寅庚2	八未己⅓	三子戊29	21
六戌壬6	五辰壬5	九酉辛4	三卯辛3	七申庚2	二丑己⅙	22
九亥癸7	四巳癸6	八戌壬5	二辰壬4	六酉辛3	一寅庚2	23
一子甲8	三午甲7	七亥癸6	一巳癸5	五戌壬4	九卯辛3	24
二丑乙9	二未乙8	六子甲7	九午甲6	四亥癸5	八辰壬4	25
三寅丙10	一申丙9	五丑乙8	八未乙7	三子甲6	七巳癸5	26
四卯丁11	九酉丁10	四寅丙9	七申丙8	二丑乙7	六午甲6	27
五辰戊12	八戌戊11	三卯丁10	六酉丁9	一寅丙8	五未乙7	28
六巳己13	七亥己12	二辰戊11	五戌戊10	九卯丁9	四申丙8	29
七午庚14	六子庚13	一巳己12	四亥己11	八辰戊10	三酉丁9	30
八未辛15		九午庚13		七巳己11	二戌戊10	31

月	六庚午	五己巳	四戊辰	三丁卯	二丙寅	一乙丑
節気(中気)	夏至 22 巳	小満 22 丑	穀雨 21 寅	春分 21 申	雨水 19 申	大寒 21 丑
節気(節)	芒種 6 酉	立夏 6 未	清明 5 戌	驚蟄 6 未	立春 4 戌	小寒 6 辰
局	七	七	七	七	七	八

六庚午	五己巳	四戊辰	三丁卯	二丙寅	一乙丑	日
七卯癸20	三申壬18	九寅壬18	五未辛16	四卯癸18	九申壬16	1
八辰甲21	四酉癸19	一卯癸19	六申壬17	五辰甲19	一酉癸17	2
九巳乙22	五戌甲20	二辰甲20	七酉癸18	六巳乙20	二戌甲18	3
一午丙23	六亥乙21	三巳乙21	八戌甲19	七午丙21	三亥乙19	4
二未丁24	七子丙22	四午丙22	九亥乙20	八未丁22	四子丙20	5
三申戊25	八丑丁23	五未丁23	一子丙21	九申戊23	五丑丁21	6
四酉己26	九寅戊24	六申戊24	二丑丁22	一酉己24	六寅戊22	7
五戌庚27	一卯己25	七酉己25	三寅戊23	二戌庚25	七卯己23	8
六亥辛28	二辰庚26	八戌庚26	四卯己24	三亥辛26	八辰庚24	9
七子壬29	三巳辛27	九亥辛27	五辰庚25	四子壬27	九巳辛25	10
八丑癸30	四午壬28	一子壬28	六巳辛26	五丑癸28	一午壬26	11
九寅甲 5/1	五未癸29	二丑癸29	七午壬27	六寅甲29	二未癸27	12
一卯乙2	六申甲 4/1	三寅甲30	八未癸28	七卯乙30	三申甲28	13
二辰丙3	七酉乙2	四卯乙 3/1	九申甲29	八辰丙 1/1	四酉乙29	14
三巳丁4	八戌丙3	五辰丙2	一酉乙 2/1	九巳丁2	五戌丙 12/1	15
四午戊5	九亥丁4	六巳丁3	二戌丙2	一午戊3	六亥丁2	16
五未己6	一子戊5	七午戊4	三亥丁3	二未己4	七子戊3	17
六申庚7	二丑己6	八未己5	四子戊4	三申庚5	八丑己4	18
七酉辛8	三寅庚7	九申庚6	五丑己5	四酉辛6	九寅庚5	19
八戌壬9	四卯辛8	一酉辛7	六寅庚6	五戌壬7	一卯辛6	20
九亥癸10	五辰壬9	二戌壬8	七卯辛7	六亥癸8	二辰壬7	21
九子甲11	六巳癸10	三亥癸9	八辰壬8	七子甲9	三巳癸8	22
八丑乙12	七午甲11	四子甲10	九巳癸9	八丑乙10	四午甲9	23
七寅丙13	八未乙12	五丑乙11	一午甲10	九寅丙11	五未乙10	24
六卯丁14	九申丙13	六寅丙12	二未乙11	一卯丁12	六申丙11	25
五辰戊15	一酉丁14	七卯丁13	三申丙12	二辰戊13	七酉丁12	26
四巳己16	二戌戊15	八辰戊14	四酉丁13	三巳己14	八戌戊13	27
三午庚17	三亥己16	九巳己15	五戌戊14	四午庚15	九亥己14	28
二未辛18	四子庚17	一午庚16	六亥己15		一子庚15	29
一申壬19	五丑辛18	二未辛17	七子庚16		二丑辛16	30
	六寅壬19		八丑辛17		三寅壬17	31

西暦一九三四年 (漢数字의 太字는 陰局、細字는 陽局)

子丙十二	亥乙十一	戌甲十	酉癸九	申壬八	未辛七	月
冬至22戌　大雪8丑	小雪23辰　立冬8巳	霜降24巳　寒露9辰	秋分24巳　白露8辰	處暑24丑　立秋8申	大暑23亥　小暑8寅	節气
六	七	七	七	七	七	局／日
九午丙25	三子丙25	七巳乙23	一亥乙23	五辰甲21	九酉癸20	1
八未丁26	二丑丁26	六午丙24	九子丙24	四巳乙22	八戌甲21	2
七申戊27	一寅戊27	五未丁25	八丑丁25	三午丙23	七亥乙22	3
六酉己28	九卯己28	四申戊26	七寅戊26	二未丁24	六子丙23	4
五戌庚29	八辰庚29	三酉己27	六卯己27	一申戊25	五丑丁24	5
四亥辛30	七巳辛30	二戌庚28	五辰庚28	九酉己26	四寅戊25	6
三子壬⅓	六午壬⅓	一亥辛29	四巳辛29	八戌庚27	三卯己26	7
二丑癸2	五未癸2	九子壬⅓	三午壬30	七亥辛28	二辰庚27	8
一寅甲3	四申甲3	八丑癸2	二未癸⅛	六子壬29	一巳辛28	9
九卯乙4	三酉乙4	七寅甲3	一申甲2	五丑癸⅐	九午壬29	10
八辰丙5	二戌丙5	六卯乙4	九酉乙3	四寅甲2	八未癸30	11
七巳丁6	一亥丁6	五辰丙5	八戌丙4	三卯乙3	七申甲⅙	12
六午戊7	九子戊7	四巳丁6	七亥丁5	二辰丙4	六酉乙2	13
五未己8	八丑己8	三午戊7	六子戊6	一巳丁5	五戌丙3	14
四申庚9	七寅庚9	二未己8	五丑己7	九午戊6	四亥丁4	15
三酉辛10	六卯辛10	一申庚9	四寅庚8	八未己7	三子戊5	16
二戌壬11	五辰壬11	九酉辛10	三卯辛9	七申庚8	二丑己6	17
一亥癸12	四巳癸12	八戌壬11	二辰壬10	六酉辛9	一寅庚7	18
九子甲13	三午甲13	七亥癸12	一巳癸11	五戌壬10	九卯辛8	19
八丑乙14	二未乙14	六子甲13	九午甲12	四亥癸11	八辰壬9	20
七寅丙15	一申丙15	五丑乙14	八未乙13	三子甲12	七巳癸10	21
六卯丁16	九酉丁16	四寅丙15	七申丙14	二丑乙13	六午甲11	22
五辰戊17	八戌戊17	三卯丁16	六酉丁15	一寅丙14	五未乙12	23
六巳己18	七亥己18	二辰戊17	五戌戊16	九卯丁15	四申丙13	24
七午庚19	六子庚19	一巳己18	四亥己17	八辰戊16	三酉丁14	25
八未辛20	五丑辛20	九午庚19	三子庚18	七巳己17	二戌戊15	26
九申壬21	四寅壬21	八未辛20	二丑辛19	六午庚18	一亥己16	27
一酉癸22	三卯癸22	七申壬21	一寅壬20	五未辛19	九子庚17	28
二戌甲23	二辰甲23	六酉癸22	九卯癸21	四申壬20	八丑辛18	29
三亥乙24	一巳乙24	五戌甲23	八辰甲22	三酉癸21	七寅壬19	30
四子丙25		四亥乙24		二戌甲22	六卯癸20	31

甲戌年　立向三

午壬六	巳辛五	辰庚四	卯己三	寅戊二	丑丁一	月
夏至 芒種	小満 立夏	穀雨 清明	春分 驚蟄	雨水 立春	大寒 小寒	節気
22 6	22 6	21 6	21 6	19 5	21 6	
申 子	辰 戌	辰 丑	亥 戌	亥 丑	辰 未	
六	六	六	六	六	六	局 日
三申戊 5/1	八丑丁 29	五未丁 28	一子丙 26	九申戊 28	五丑丁 26	1
四酉己 2	九寅戊 30	六申戊 29	二丑丁 27	一酉己 29	六寅戊 27	2
五戌庚 3	一卯己 5/1	七酉己 3/1	三寅戊 28	二戌庚 30	七卯己 28	3
六亥辛 4	二辰庚 2	八戌庚 2	四卯己 29	三亥辛 2/1	八辰庚 29	4
七子壬 5	三巳辛 3	九亥辛 3	五辰庚 3/1	四子壬 2	九巳辛 1/1	5
八丑癸 6	四午壬 4	一子壬 4	六巳辛 2	五丑癸 3	一午壬 2	6
九寅甲 7	五未癸 5	二丑癸 5	七午壬 3	六寅甲 4	二未癸 3	7
一卯乙 8	六申甲 6	三寅甲 6	八未癸 4	七卯乙 5	三申甲 4	8
二辰丙 9	七酉乙 7	四卯乙 7	九申甲 5	八辰丙 6	四酉乙 5	9
三巳丁 10	八戌丙 8	五辰丙 8	一酉乙 6	九巳丁 7	五戌丙 6	10
四午戊 11	九亥丁 9	六巳丁 9	二戌丙 7	一午戊 8	六亥丁 7	11
五未己 12	一子戊 10	七午戊 10	三亥丁 8	二未己 9	七子戊 8	12
六申庚 13	二丑己 11	八未己 11	四子戊 9	三申庚 10	八丑己 9	13
七酉辛 14	三寅庚 12	九申庚 12	五丑己 10	四酉辛 11	九寅庚 10	14
八戌壬 15	四卯辛 13	一酉辛 13	六寅庚 11	五戌壬 12	一卯辛 11	15
九亥癸 16	五辰壬 14	二戌壬 14	七卯辛 12	六亥癸 13	二辰壬 12	16
一子甲 17	六巳癸 15	三亥癸 15	八辰壬 13	七子甲 14	三巳癸 13	17
二丑乙 18	七午甲 16	四子甲 16	九巳癸 14	八丑乙 15	四午甲 14	18
三寅丙 19	八未乙 17	五丑乙 17	一午甲 15	九寅丙 16	五未乙 15	19
四卯丁 20	九申丙 18	六寅丙 18	二未乙 16	一卯丁 17	六申丙 16	20
五辰戊 21	一酉丁 19	七卯丁 19	三申丙 17	二辰戊 18	七酉丁 17	21
奇巳己 22	二戌戊 20	八辰戊 20	四酉丁 18	三巳己 19	八戌戊 18	22
三午庚 23	三亥己 21	九巳己 21	五戌戊 19	四午庚 20	九亥己 19	23
二未辛 24	四子庚 22	一午庚 22	六亥己 20	五未辛 21	一子庚 20	24
一申壬 25	五丑辛 23	二未辛 23	七子庚 21	六申壬 22	二丑辛 21	25
九酉癸 26	六寅壬 24	三申壬 24	八丑辛 22	七酉癸 23	三寅壬 22	26
八戌甲 27	七卯癸 25	四酉癸 25	九寅壬 23	八戌甲 24	四卯癸 23	27
七亥乙 28	八辰甲 26	五戌甲 26	一卯癸 24	九亥乙 25	五辰甲 24	28
六子丙 29	九巳乙 27	六亥乙 27	二辰甲 25		六巳乙 25	29
五丑丁 30	一午丙 28	七子丙 28	三巳乙 26		七午丙 26	30
	二未丁 29		四午丙 27		八未丁 27	31

西暦一九三五年　(漢数字의太字는陰局、細字는陽局)

乙亥年

立向二

月	子戊十二	亥丁十一	戌丙十	酉乙九	申甲八	未癸七
节气	冬至 大雪	小雪 立冬	霜降 寒露	秋分 白露	处暑 立秋	大暑 小暑
	23 8	23 8	24 9	24 8	24 8	24 8
	丑 辰	未 申	申 未	辰 亥	巳 戌	寅 巳
局	五	五	五	六	六	六

子戊十二	亥丁十一	戌丙十	酉乙九	申甲八	未癸七	日
四 亥辛 6	七 巳辛 6	二 戌庚 4	五 辰庚 4	九 酉己 3	四 寅戊 /1	1
三 子壬 7	六 午壬 7	一 亥辛 5	四 巳辛 5	八 戌庚 4	三 卯己 2	2
二 丑癸 8	五 未癸 8	九 子壬 6	三 午壬 6	七 亥辛 5	二 辰庚 3	3
一 寅甲 9	四 申甲 9	八 丑癸 7	二 未癸 7	六 子壬 6	一 巳辛 4	4
九 卯乙 10	三 酉乙 10	七 寅甲 8	一 申甲 8	五 丑癸 7	九 午壬 5	5
八 辰丙 11	二 戌丙 11	六 卯乙 9	九 酉乙 9	四 寅甲 8	八 未癸 6	6
七 巳丁 12	一 亥丁 12	五 辰丙 10	八 戌丙 10	三 卯乙 9	七 申甲 7	7
六 午戊 13	九 子戊 13	四 巳丁 11	七 亥丁 11	二 辰丙 10	六 酉乙 8	8
五 未己 14	八 丑己 14	三 午戊 12	六 子戊 12	一 巳丁 11	五 戌丙 9	9
四 申庚 15	七 寅庚 15	二 未己 13	五 丑己 13	九 午戊 12	四 亥丁 10	10
三 酉辛 16	六 卯辛 16	一 申庚 14	四 寅庚 14	八 未己 13	三 子戊 11	11
二 戌壬 17	五 辰壬 17	九 酉辛 15	三 卯辛 15	七 申庚 14	二 丑己 12	12
一 亥癸 18	四 巳癸 18	八 戌壬 16	二 辰壬 16	六 酉辛 15	一 寅庚 13	13
九 子甲 19	三 午甲 19	七 亥癸 17	一 巳癸 17	五 戌壬 16	九 卯辛 14	14
八 丑乙 20	二 未乙 20	六 子甲 18	九 午甲 18	四 亥癸 17	八 辰壬 15	15
七 寅丙 21	一 申丙 21	五 丑乙 19	八 未乙 19	三 子甲 18	七 巳癸 16	16
六 卯丁 22	九 酉丁 22	四 寅丙 20	七 申丙 20	二 丑乙 19	六 午甲 17	17
五 辰戊 23	八 戌戊 23	三 卯丁 21	六 酉丁 21	一 寅丙 20	五 未乙 18	18
四 巳己 24	七 亥己 24	二 辰戊 22	五 戌戊 22	九 卯丁 21	四 申丙 19	19
三 午庚 25	六 子庚 25	一 巳己 23	四 亥己 23	八 辰戊 22	三 酉丁 20	20
二 未辛 26	五 丑辛 26	九 午庚 24	三 子庚 24	七 巳己 23	二 戌戊 21	21
一 申壬 27	四 寅壬 27	八 未辛 25	二 丑辛 25	六 午庚 24	一 亥己 22	22
九 酉癸 28	三 卯癸 28	七 申壬 26	一 寅壬 26	五 未辛 25	九 子庚 23	23
二 戌甲 29	二 辰甲 29	六 酉癸 27	九 卯癸 27	四 申壬 26	八 丑辛 24	24
三 亥乙 30	一 巳乙 30	五 戌甲 28	八 辰甲 28	三 酉癸 27	七 寅壬 25	25
四 子丙 /1	九 午丙 /1	四 亥乙 29	七 巳乙 29	二 戌甲 28	六 卯癸 26	26
五 丑丁 2	八 未丁 2	三 子丙 /1	六 午丙 30	一 亥乙 29	五 辰甲 27	27
六 寅戊 3	七 申戊 3	二 丑丁 2	五 未丁 /1	九 子丙 30	四 巳乙 28	28
七 卯己 4	六 酉己 4	一 寅戊 3	四 申戊 2	八 丑丁 /1	三 午丙 29	29
八 辰庚 5	五 戌庚 5	九 卯己 4	三 酉己 3	七 寅戊 2	二 未丁 /1	30
九 巳辛 6		八 辰庚 5		六 卯己 3	一 申戊 2	31

午甲六	巳癸五	辰壬四	卯辛三	寅庚二	丑己一	月
夏至 21 亥 / 芒種 6 卯	小満 21 未 / 立夏 6 子	穀雨 20 未 / 清明 5 辰	春分 21 丑 / 驚蟄 6 丑	雨水 20 寅 / 立春 5 辰	大寒 21 未 / 小寒 6 戌	節気
五	五	五	五	五	五	局 / 日
九寅甲12	五未癸11	二丑癸10	七午壬8	五丑癸9	一午壬7	1
一卯乙13	六申甲12	三寅甲11	八未癸9	六寅甲10	二未癸8	2
二辰丙14	七酉乙13	四卯乙12	九申甲10	七卯乙11	三申甲9	3
三巳丁15	八戌丙14	五辰丙13	一酉乙11	八辰丙12	四酉乙10	4
四午戊16	九亥丁15	六巳丁14	二戌丙12	九巳丁13	五戌丙11	5
五未己17	一子戊16	七午戊15	三亥丁13	一午戊14	六亥丁12	6
六申庚18	二丑己17	八未己16	四子戊14	二未己15	七子戊13	7
七酉辛19	三寅庚18	九申庚17	五丑己15	三申庚16	八丑己14	8
八戌壬20	四卯辛19	一酉辛18	六寅庚16	四酉辛17	九寅庚15	9
九亥癸21	五辰壬20	二戌壬19	七卯辛17	五戌壬18	一卯辛16	10
一子甲22	六巳癸21	三亥癸20	八辰壬18	六亥癸19	二辰壬17	11
二丑乙23	七午甲22	四子甲21	九巳癸19	七子甲20	三巳癸18	12
三寅丙24	八未乙23	五丑乙22	一午甲20	八丑乙21	四午甲19	13
四卯丁25	九申丙24	六寅丙23	二未乙21	九寅丙22	五未乙20	14
五辰戊26	一酉丁25	七卯丁24	三申丙22	一卯丁23	六申丙21	15
六巳己27	二戌戊26	八辰戊25	四酉丁23	二辰戊24	七酉丁22	16
七午庚28	三亥己27	九巳己26	五戌戊24	三巳己25	八戌戊23	17
八未辛29	四子庚28	一午庚27	六亥己25	四午庚26	九亥己24	18
九申壬5/1	五丑辛29	二未辛28	七子庚26	五未辛27	一子庚25	19
一酉癸2	六寅壬30	三申壬29	八丑辛27	六申壬28	二丑辛26	20
六戌甲3	七卯癸4/1	四酉癸3/1	九寅壬28	七酉癸29	三寅壬27	21
七亥乙4	八辰甲2	五戌甲2	一卯癸29	八戌甲30	四卯癸28	22
六子丙5	九巳乙3	六亥乙3	二辰甲3/1	九亥乙4/1	五辰甲29	23
五丑丁6	一午丙4	七子丙4	三巳乙2	一子丙2	六巳乙1/1	24
四寅戊7	二未丁5	八丑丁5	四午丙3	二丑丁3	七午丙2	25
三卯己8	三申戊6	九寅戊6	五未丁4	三寅戊4	八未丁3	26
二辰庚9	四酉己7	一卯己7	六申戊5	四卯己5	九申戊4	27
一巳辛10	五戌庚8	二辰庚8	七酉己6	五辰庚6	一酉己5	28
九午壬11	六亥辛9	三巳辛9	八戌庚7	六巳辛7	二戌庚6	29
八未癸12	七子壬10	四午壬10	九亥辛8		三亥辛7	30
	八丑癸11		一子壬9		四子壬8	31

西曆一九三六年 （漢数字의 太字는 陰局、細字는 陽局）

子庚 十二		亥己 十一		戌戊 十		酉丁 九		申丙 八		未乙 七		月
冬至 22 辰	大雪 7 未	小雪 22 戌	立冬 7 亥	霜降 23 亥	寒露 8 戌	秋分 23 亥	白露 8 戌	處暑 23 未	立秋 8 寅	大暑 23 巳	小暑 7 申	節気
四		四		四		四		四		五		局 / 日
七巳丁18		一亥丁18		五辰丙16		八戌丙16		三卯乙15		七申甲13		1
六午戊19		九子戊19		四巳丁17		七亥丁17		二辰丙16		六酉乙14		2
五未己20		八丑己20		三午戊18		六子戊18		一巳丁17		五戌丙15		3
四申庚21		七寅庚21		二未己19		五丑己19		九午戊18		四亥丁16		4
三酉辛22		六卯辛22		一申庚20		四寅庚20		八未己19		三子戊17		5
二戌壬23		五辰壬23		九酉辛21		三卯辛21		七申庚20		二丑己18		6
一亥癸24		四巳癸24		八戌壬22		二辰壬22		六酉辛21		一寅庚19		7
九子甲25		三午甲25		七亥癸23		一巳癸23		五戌壬22		九卯辛20		8
八丑乙26		二未乙26		六子甲24		九午甲24		四亥癸23		八辰壬21		9
七寅丙27		一申丙27		五丑乙25		八未乙25		三子甲24		七巳癸22		10
六卯丁28		九酉丁28		四寅丙26		七申丙26		二丑乙25		六午甲23		11
五辰戊29		八戌戊29		三卯丁27		六酉丁27		一寅丙26		五未乙24		12
四巳己30		七亥己30		二辰戊28		五戌戊28		九卯丁27		四申丙25		13
三午庚½		六子庚½		一巳己29		四亥己29		八辰戊28		三酉丁26		14
二未辛2		五丑辛2		九午庚½		三子庚30		七巳己29		二戌戊27		15
一申壬3		四寅壬3		八未辛2		二丑辛½		六午庚30		一亥己28		16
九酉癸4		三卯癸4		七申壬3		一寅壬2		五未辛½		九子庚29		17
八戌甲5		二辰甲5		六酉癸4		九卯癸3		四申壬2		八丑辛½		18
七亥乙6		一巳乙6		五戌甲5		八辰甲4		三酉癸3		七寅壬2		19
六子丙7		九午丙7		四亥乙6		七巳乙5		二戌甲4		六卯癸3		20
五丑丁8		八未丁8		三子丙7		六午丙6		一亥乙5		五辰甲4		21
罡寅戊9		七申戊9		二丑丁8		五未丁7		九子丙6		四巳乙5		22
七卯己10		六酉己10		一寅戊9		四申戊8		八丑丁7		三午丙6		23
八辰庚11		五戌庚11		九卯己10		三酉己9		七寅戊8		二未丁7		24
九巳辛12		四亥辛12		八辰庚11		二戌庚10		六卯己9		一申戊8		25
一午壬13		三子壬13		七巳辛12		一亥辛11		五辰庚10		九酉己9		26
二未癸14		二丑癸14		六午壬13		九子壬12		四巳辛11		八戌庚10		27
三申甲15		一寅甲15		五未癸14		八丑癸13		三午壬12		七亥辛11		28
四酉乙16		九卯乙16		四申甲15		七寅甲14		二未癸13		六子壬12		29
五戌丙17		八辰丙17		三酉乙16		六卯乙15		一申甲14		五丑癸13		30
六亥丁18				二戌丙17				九酉乙15		四寅甲14		31

丙子年

立向一

午丙六	巳乙五	辰甲四	卯癸三	寅壬二	丑辛一	月
夏至22寅 芒種6午	小満21戌 立夏6卯	穀雨20戌 清明5未	春分21辰 驚蟄6辰	雨水19巳 立春4未	大寒20戌 小寒6丑	節気
三	四	四	四	四	四	局／日
五未己23	一子戊21	七午戊20	三亥丁19	二未己20	七子戊19	1
六申庚24	二丑己22	八未己21	四子戊20	三申庚21	八丑己20	2
七酉辛25	三寅庚23	九申庚22	五丑己21	四酉辛22	九寅庚21	3
八戌壬26	四卯辛24	一酉辛23	六寅庚22	五戌壬23	一卯辛22	4
九亥癸27	五辰壬25	二戌壬24	七卯辛23	六亥癸24	二辰壬23	5
一子甲28	六巳癸26	三亥癸25	八辰壬24	七子甲25	三巳癸24	6
二丑乙29	七午甲27	四子甲26	九巳癸25	八丑乙26	四午甲25	7
三寅丙30	八未乙28	五丑乙27	一午甲26	九寅丙27	五未乙26	8
四卯丁3/1	九申丙29	六寅丙28	二未乙27	一卯丁28	六申丙27	9
五辰戊2	一酉丁4/1	七卯丁29	三申丙28	二辰戊29	七酉丁28	10
六巳己3	二戌戊2	八辰戊3/1	四酉丁29	三巳己1	八戌戊29	11
七午庚4	三亥己3	九巳己2	五戌戊30	四午庚2	九亥己30	12
八未辛5	四子庚4	一午庚3	六亥己2/1	五未辛3	一子庚1/1	13
九申壬6	五丑辛5	二未辛4	七子庚2	六申壬4	二丑辛2	14
一酉癸7	六寅壬6	三申壬5	八丑辛3	七酉癸5	三寅壬3	15
二戌甲8	七卯癸7	四酉癸6	九寅壬4	八戌甲6	四卯癸4	16
三亥乙9	八辰甲8	五戌甲7	一卯癸5	九亥乙7	五辰甲5	17
四子丙10	九巳乙9	六亥乙8	二辰甲6	一子丙8	六巳乙6	18
五丑丁11	一午丙10	七子丙9	三巳乙7	二丑丁9	七午丙7	19
六寅戊12	二未丁11	八丑丁10	四午丙8	三寅戊10	八未丁8	20
七卯己13	三申戊12	九寅戊11	五未丁9	四卯己11	九申戊9	21
仝辰庚14	四酉己13	一卯己12	六申戊10	五辰庚12	一酉己10	22
一巳辛15	五戌庚14	二辰庚13	七酉己11	六巳辛13	二戌庚11	23
九午壬16	六亥辛15	三巳辛14	八戌庚12	七午壬14	三亥辛12	24
八未癸17	七子壬16	四午壬15	九亥辛13	八未癸15	四子壬13	25
七申甲18	八丑癸17	五未癸16	一子壬14	九申甲16	五丑癸14	26
六酉乙19	九寅甲18	六申甲17	二丑癸15	一酉乙17	六寅甲15	27
五戌丙20	一卯乙19	七酉乙18	三寅甲16	二戌丙18	七卯乙16	28
四亥丁21	二辰丙20	八戌丙19	四卯乙17		八辰丙17	29
三子戊22	三巳丁21	九亥丁20	五辰丙18		九巳丁18	30
	四午戊22		六巳丁19		一午戊19	31

西暦一九三七年　（漢数字의 太字는 陰局、細字는 陽局）

月 節气 局 日	未丁七	申戊八	酉己九	戌庚十	亥辛十二	子壬十二
	小 暑 7 亥	大 暑 23 申	立 秋 8 辰	處 暑 23 亥	白 露 8 巳	秋 分 23 戌	寒 露 9 丑	霜 降 24 寅	立 冬 8 寅	小 雪 23 丑	大 雪 7 戌	冬 至 22 未

丁丑年

立向九

未丁七	申戊八	酉己九	戌庚十	亥辛十二	子壬十二	日
三	三	三	三	三	三	
二 丑己 23	七 申庚 25	三 卯辛 27	九 酉辛 27	五 辰壬 29	二 戌壬 29	1
一 寅庚 24	六 酉辛 26	二 辰壬 28	八 戌壬 28	四 巳癸 30	一 亥癸 30	2
九 卯辛 25	五 戌壬 27	一 巳癸 29	七 亥癸 29	三 午甲 ½	九 子甲 ½	3
八 辰壬 26	四 亥癸 28	九 午甲 30	六 子甲 ½	二 未乙 2	八 丑乙 2	4
七 巳癸 27	三 子甲 29	八 未乙 8½	五 丑乙 2	一 申丙 3	七 寅丙 3	5
六 午甲 28	二 丑乙 ⅔	七 申丙 2	四 寅丙 3	九 酉丁 4	六 卯丁 4	6
五 未乙 29	一 寅丙 2	六 酉丁 3	三 卯丁 4	八 戌戊 5	五 辰戊 5	7
四 申丙 6½	九 卯丁 3	五 戌戊 4	二 辰戊 5	七 亥己 6	四 巳己 6	8
三 酉丁 2	八 辰戊 4	四 亥己 5	一 巳己 6	六 子庚 7	三 午庚 7	9
二 戌戊 3	七 巳己 5	三 子庚 6	九 午庚 7	五 丑辛 8	二 未辛 8	10
一 亥己 4	六 午庚 6	二 丑辛 7	八 未辛 8	四 寅壬 9	一 申壬 9	11
九 子庚 5	五 未辛 7	一 寅壬 8	七 申壬 9	三 卯癸 10	九 酉癸 10	12
八 丑辛 6	四 申壬 8	九 卯癸 9	六 酉癸 10	二 辰甲 11	八 戌甲 11	13
七 寅壬 7	三 酉癸 9	八 辰甲 10	五 戌甲 11	一 巳乙 12	七 亥乙 12	14
六 卯癸 8	二 戌甲 10	七 巳乙 11	四 亥乙 12	九 午丙 13	六 子丙 13	15
五 辰甲 9	一 亥乙 11	六 午丙 12	三 子丙 13	八 未丁 14	五 丑丁 14	16
四 巳乙 10	九 子丙 12	五 未丁 13	二 丑丁 14	七 申戊 15	四 寅戊 15	17
三 午丙 11	八 丑丁 13	四 申戊 14	一 寅戊 15	六 酉己 16	三 卯己 16	18
二 未丁 12	七 寅戊 14	三 酉己 15	九 卯己 16	五 戌庚 17	二 辰庚 17	19
一 申戊 13	六 卯己 15	二 戌庚 16	八 辰庚 17	四 亥辛 18	一 巳辛 18	20
九 酉己 14	五 辰庚 16	一 亥辛 17	七 巳辛 18	三 子壬 19	九 午壬 19	21
八 戌庚 15	四 巳辛 17	九 子壬 18	六 午壬 19	二 丑癸 20	二 未癸 20	22
七 亥辛 16	三 午壬 18	八 丑癸 19	五 未癸 20	一 寅甲 21	三 申甲 21	23
六 子壬 17	二 未癸 19	七 寅甲 20	四 申甲 21	九 卯乙 22	四 酉乙 22	24
五 丑癸 18	一 申甲 20	六 卯乙 21	三 酉乙 22	八 辰丙 23	五 戌丙 23	25
四 寅甲 19	九 酉乙 21	五 辰丙 22	二 戌丙 23	七 巳丁 24	六 亥丁 24	26
三 卯乙 20	八 戌丙 22	四 巳丁 23	一 亥丁 24	六 午戊 25	七 子戊 25	27
二 辰丙 21	七 亥丁 23	三 午戊 24	九 子戊 25	五 未己 26	八 丑己 26	28
一 巳丁 22	六 子戊 24	二 未己 25	八 丑己 26	四 申庚 27	九 寅庚 27	29
九 午戊 23	五 丑己 25	一 申庚 26	七 寅庚 27	三 酉辛 28	一 卯辛 28	30
八 未己 24	四 寅庚 26		六 卯辛 28		二 辰壬 29	31

西曆一九三八年　（漢數字의太字는陰局、細字는陽局）

六戊午	五丁巳	四丙辰	三乙卯	二甲寅	一癸丑	月
夏至 芒種	小満 立夏	穀雨 清明	春分 驚蟄	雨水 立春	大寒 小寒	節気
22　6	22　6	21　5	21　6	19　4	21　6	
巳　酉	丑　午	丑　酉	未　未	申　戌	丑　辰	局
二	二	二	三	三	三	日
一子甲 4	六巳癸 2	三亥癸 4/1	八辰壬 30	七子甲 2	三巳癸 30	1
二丑乙 5	七午甲 3	四子甲 2	九巳癸 3/1	八丑乙 3	四午甲 1/1	2
三寅丙 6	八未乙 4	五丑乙 3	一午甲 2	九寅丙 4	五未乙 2	3
四卯丁 7	九申丙 5	六寅丙 4	二未乙 3	一卯丁 5	六申丙 3	4
五辰戊 8	一酉丁 6	七卯丁 5	三申丙 4	二辰戊 6	七酉丁 4	5
六巳己 9	二戌戊 7	八辰戊 6	四酉丁 5	三巳己 7	八戌戊 5	6
七午庚 10	三亥己 8	九巳己 7	五戌戊 6	四午庚 8	九亥己 6	7
八未辛 11	四子庚 9	一午庚 8	六亥己 7	五未辛 9	一子庚 7	8
九申壬 12	五丑辛 10	二未辛 9	七子庚 8	六申壬 10	二丑辛 8	9
一酉癸 13	六寅壬 11	三申壬 10	八丑辛 9	七酉癸 11	三寅壬 9	10
二戌甲 14	七卯癸 12	四酉癸 11	九寅壬 10	八戌甲 12	四卯癸 10	11
三亥乙 15	八辰甲 13	五戌甲 12	一卯癸 11	九亥乙 13	五辰甲 11	12
四子丙 16	九巳乙 14	六亥乙 13	二辰甲 12	一子丙 14	六巳乙 12	13
五丑丁 17	一午丙 15	七子丙 14	三巳乙 13	二丑丁 15	七午丙 13	14
六寅戊 18	二未丁 16	八丑丁 15	四午丙 14	三寅戊 16	八未丁 14	15
七卯己 19	三申戊 17	九寅戊 16	五未丁 15	四卯己 17	九申戊 15	16
八辰庚 20	四酉己 18	一卯己 17	六申戊 16	五辰庚 18	一酉己 16	17
九巳辛 21	五戌庚 19	二辰庚 18	七酉己 17	六巳辛 19	二戌庚 17	18
一午壬 22	六亥辛 20	三巳辛 19	八戌庚 18	七午壬 20	三亥辛 18	19
二未癸 23	七子壬 21	四午壬 20	九亥辛 19	八未癸 21	四子壬 19	20
三申甲 24	八丑癸 22	五未癸 21	一子壬 20	九申甲 22	五丑癸 20	21
四酉乙 25	九寅甲 23	六申甲 22	二丑癸 21	一酉乙 23	六寅甲 21	22
五戌丙 26	一卯乙 24	七酉乙 23	三寅甲 22	二戌丙 24	七卯乙 22	23
四亥丁 27	二辰丙 25	八戌丙 24	四卯乙 23	三亥丁 25	八辰丙 23	24
三子戊 28	三巳丁 26	九亥丁 25	五辰丙 24	四子戊 26	九巳丁 24	25
二丑己 29	四午戊 27	一子戊 26	六巳丁 25	五丑己 27	一午戊 25	26
一寅庚 30	五未己 28	二丑己 27	七午戊 26	六寅庚 28	二未己 26	27
九卯辛 7/1	六申庚 29	三寅庚 28	八未己 27	七卯辛 29	三申庚 27	28
八辰壬 2	七酉辛 6/1	四卯辛 29	九申庚 28		四酉辛 28	29
七巳癸 3	八戌壬 2	五辰壬 5/1	一酉辛 29		五戌壬 29	30
	九亥癸 3		二戌壬 30		六亥癸 2/1	31

戊寅年　立向八

子甲 十二	亥癸 十一	戌壬 十	酉辛 九	申庚 八	未己 七	月
冬至 大雪	小雪 立冬	霜降 寒露	秋分 白露	處暑 立秋	大暑 小暑	節気
22　8	23　8	24　9	24　8	24　8	23　8	
戌　寅	辰　巳	午　辰	丑　申	寅　未	亥　寅	局
二	二	二	二	二	二	日
六卯丁10	九酉丁10	四寅丙8	七申丙8	二丑乙6	六午甲4	1
五辰戊11	八戌戊11	三卯丁9	六酉丁9	一寅丙7	五未乙5	2
四巳己12	七亥己12	二辰戊10	五戌戊10	九卯丁8	四申丙6	3
三午庚13	六子庚13	一巳己11	四亥己11	八辰戊9	三酉丁7	4
二未辛14	五丑辛14	九午庚12	三子庚12	七巳己10	二戌戊8	5
一申壬15	四寅壬15	八未辛13	二丑辛13	六午庚11	一亥己9	6
九酉癸16	三卯癸16	七申壬14	一寅壬14	五未辛12	九子庚10	7
八戌甲17	二辰甲17	六酉癸15	九卯癸15	四申壬13	八丑辛11	8
七亥乙18	一巳乙18	五戌甲16	八辰甲16	三酉癸14	七寅壬12	9
六子丙19	九午丙19	四亥乙17	七巳乙17	二戌甲15	六卯癸13	10
五丑丁20	八未丁20	三子丙18	六午丙18	一亥乙16	五辰甲14	11
四寅戊21	七申戊21	二丑丁19	五未丁19	九子丙17	四巳乙15	12
三卯己22	六酉己22	一寅戊20	四申戊20	八丑丁18	三午丙16	13
二辰庚23	五戌庚23	九卯己21	三酉己21	七寅戊19	二未丁17	14
一巳辛24	四亥辛24	八辰庚22	二戌庚22	六卯己20	一申戊18	15
九午壬25	三子壬25	七巳辛23	一亥辛23	五辰庚21	九酉己19	16
八未癸26	二丑癸26	六午壬24	九子壬24	四巳辛22	八戌庚20	17
七申甲27	一寅甲27	五未癸25	八丑癸25	三午壬23	七亥辛21	18
六酉乙28	九卯乙28	四申甲26	七寅甲26	二未癸24	六子壬22	19
五戌丙29	八辰丙29	三酉乙27	六卯乙27	一申甲25	五丑癸23	20
四亥丁30	七巳丁30	二戌丙28	五辰丙28	九酉乙26	四寅甲24	21
毛子戊⅟	六午戊⅟	一亥丁29	四巳丁29	八戌丙27	三卯乙25	22
八丑己2	五未己2	九子戊⅟	三午戊30	七亥丁28	二辰丙26	23
九寅庚3	四申庚3	八丑己2	二未己⅟	六子戊29	一巳丁27	24
一卯辛4	三酉辛4	七寅庚3	一申庚2	五丑己⅟	九午戊28	25
二辰壬5	二戌壬5	六卯辛4	九酉辛3	四寅庚2	八未己29	26
三巳癸6	一亥癸6	五辰壬5	八戌壬4	三卯辛3	七申庚⅟	27
四午甲7	九子甲7	四巳癸6	七亥癸5	二辰壬4	六酉辛2	28
五未乙8	八丑乙8	三午甲7	六子甲6	一巳癸5	五戌壬3	29
六申丙9	七寅丙9	二未乙8	五丑乙7	九午甲6	四亥癸4	30
七酉丁10		一申丙9		八未乙7	三子甲5	31

西暦一九三九年　（漢数字의太字는陰局、細字는陽局）

六 午庚	五 己巳	四 戊辰	三 丁卯	二 丙寅	一 乙丑	月
夏至22申　芒種6子	小満22辰　立夏6酉	穀雨21辰　清明6子	春分21戌　驚蟄6戌	雨水19亥　立春5丑	大寒21辰　小寒6未	節气
一	一	一	一	一	二	局（日）
六 巳己 14	二 戌戊 12	八 辰戊 12	四 酉丁 11	三 巳己 13	八 戌戊 11	1
七 午庚 15	三 亥己 13	九 巳己 13	五 戌戊 12	四 午庚 14	九 亥己 12	2
八 未辛 16	四 子庚 14	一 午庚 14	六 亥己 13	五 未辛 15	一 子庚 13	3
九 申壬 17	五 丑辛 15	二 未辛 15	七 子庚 14	六 申壬 16	二 丑辛 14	4
一 酉癸 18	六 寅壬 16	三 申壬 16	八 丑辛 15	七 酉癸 17	三 寅壬 15	5
二 戌甲 19	七 卯癸 17	四 酉癸 17	九 寅壬 16	八 戌甲 18	四 卯癸 16	6
三 亥乙 20	八 辰甲 18	五 戌甲 18	一 卯癸 17	九 亥乙 19	五 辰甲 17	7
四 子丙 21	九 巳乙 19	六 亥乙 19	二 辰甲 18	一 子丙 20	六 巳乙 18	8
五 丑丁 22	一 午丙 20	七 子丙 20	三 巳乙 19	二 丑丁 21	七 午丙 19	9
六 寅戊 23	二 未丁 21	八 丑丁 21	四 午丙 20	三 寅戊 22	八 未丁 20	10
七 卯己 24	三 申戊 22	九 寅戊 22	五 未丁 21	四 卯己 23	九 申戊 21	11
八 辰庚 25	四 酉己 23	一 卯己 23	六 申戊 22	五 辰庚 24	一 酉己 22	12
九 巳辛 26	五 戌庚 24	二 辰庚 24	七 酉己 23	六 巳辛 25	二 戌庚 23	13
一 午壬 27	六 亥辛 25	三 巳辛 25	八 戌庚 24	七 午壬 26	三 亥辛 24	14
二 未癸 28	七 子壬 26	四 午壬 26	九 亥辛 25	八 未癸 27	四 子壬 25	15
三 申甲 29	八 丑癸 27	五 未癸 27	一 子壬 26	九 申甲 28	五 丑癸 26	16
四 酉乙 5/1	九 寅甲 28	六 申甲 28	二 丑癸 27	一 酉乙 29	六 寅甲 27	17
五 戌丙 2	一 卯乙 29	七 酉乙 29	三 寅甲 28	二 戌丙 30	七 卯乙 28	18
六 亥丁 3	二 辰丙 4/1	八 戌丙 30	四 卯乙 29	三 亥丁 1/1	八 辰丙 29	19
七 子戊 4	三 巳丁 2	九 亥丁 3/1	五 辰丙 30	四 子戊 2	九 巳丁 12/1	20
八 丑己 5	四 午戊 3	一 子戊 2	六 巳丁 2/1	五 丑己 3	一 午戊 2	21
九 寅庚 6	五 未己 4	二 丑己 3	七 午戊 2	六 寅庚 4	二 未己 3	22
九 卯辛 7	六 申庚 5	三 寅庚 4	八 未己 3	七 卯辛 5	三 申庚 4	23
八 辰壬 8	七 酉辛 6	四 卯辛 5	九 申庚 4	八 辰壬 6	四 酉辛 5	24
七 巳癸 9	八 戌壬 7	五 辰壬 6	一 酉辛 5	九 巳癸 7	五 戌壬 6	25
六 午甲 10	九 亥癸 8	六 巳癸 7	二 戌壬 6	一 午甲 8	六 亥癸 7	26
五 未乙 11	一 子甲 9	七 午甲 8	三 亥癸 7	二 未乙 9	七 子甲 8	27
四 申丙 12	二 丑乙 10	八 未乙 9	四 子甲 8	三 申丙 10	八 丑乙 9	28
三 酉丁 13	三 寅丙 11	九 申丙 10	五 丑乙 9		九 寅丙 10	29
二 戌戊 14	四 卯丁 12	一 酉丁 11	六 寅丙 10		一 卯丁 11	30
	五 辰戊 13		七 卯丁 11		二 辰戊 12	31

月 節気 局 日	未辛七 大暑 小暑 24 8 寅 巳	申壬八 處暑 立秋 24 8 巳 戌	酉癸九 秋分 白露 24 8 辰 亥	戌甲十 霜降 寒露 24 9 申 未	亥乙十一 小雪 立冬 23 8 未 申	子丙十二 冬至 大雪 23 8 丑 巳
	一	一	一	一	一	九
1	一 亥己 15	六 午庚 16	二 丑辛 18	八 未辛 19	四 寅壬 20	一 申壬 21
2	九 子庚 16	五 未辛 17	一 寅壬 19	七 申壬 20	三 卯癸 21	九 酉癸 22
3	八 丑辛 17	四 申壬 18	九 卯癸 20	六 酉癸 21	二 辰甲 22	八 戌甲 23
4	七 寅壬 18	三 酉癸 19	八 辰甲 21	五 戌甲 22	一 巳乙 23	七 亥乙 24
5	六 卯癸 19	二 戌甲 20	七 巳乙 22	四 亥乙 23	九 午丙 24	六 子丙 25
6	五 辰甲 20	一 亥乙 21	六 午丙 23	三 子丙 24	八 未丁 25	五 丑丁 26
7	四 巳乙 21	九 子丙 22	五 未丁 24	二 丑丁 25	七 申戊 26	四 寅戊 27
8	三 午丙 22	八 丑丁 23	四 申戊 25	一 寅戊 26	六 酉己 27	三 卯己 28
9	二 未丁 23	七 寅戊 24	三 酉己 26	九 卯己 27	五 戌庚 28	二 辰庚 29
10	一 申戊 24	六 卯己 25	二 戌庚 27	八 辰庚 28	四 亥辛 29	一 巳辛 30
11	九 酉己 25	五 辰庚 26	一 亥辛 28	七 巳辛 29	三 子壬 冬	九 午壬 冬
12	八 戌庚 26	四 巳辛 27	九 子壬 29	六 午壬 30	二 丑癸 2	八 未癸 2
13	七 亥辛 27	三 午壬 28	八 丑癸 冬	五 未癸 冬	一 寅甲 3	七 申甲 3
14	六 子壬 28	二 未癸 29	七 寅甲 2	四 申甲 2	九 卯乙 4	六 酉乙 4
15	五 丑癸 29	一 申甲 冬	六 卯乙 3	三 酉乙 3	八 辰丙 5	五 戌丙 5
16	四 寅甲 30	九 酉乙 2	五 辰丙 4	二 戌丙 4	七 巳丁 6	四 亥丁 6
17	三 卯乙 冬	八 戌丙 3	四 巳丁 5	一 亥丁 5	六 午戊 7	三 子戊 7
18	二 辰丙 2	七 亥丁 4	三 午戊 6	九 子戊 6	五 未己 8	二 丑己 8
19	一 巳丁 3	六 子戊 5	二 未己 7	八 丑己 7	四 申庚 9	一 寅庚 9
20	九 午戊 4	五 丑己 6	一 申庚 8	七 寅庚 8	三 酉辛 10	九 卯辛 10
21	八 未己 5	四 寅庚 7	九 酉辛 9	六 卯辛 9	二 戌壬 11	八 辰壬 11
22	七 申庚 6	三 卯辛 8	八 戌壬 10	五 辰壬 10	一 亥癸 12	七 巳癸 12
23	六 酉辛 7	二 辰壬 9	七 亥癸 11	四 巳癸 11	九 子甲 13	六 午甲 13
24	五 戌壬 8	一 巳癸 10	六 子甲 12	三 午甲 12	八 丑乙 14	八 未乙 14
25	四 亥癸 9	九 午甲 11	五 丑乙 13	二 未乙 13	七 寅丙 15	九 申丙 15
26	三 子甲 10	八 未乙 12	四 寅丙 14	一 申丙 14	六 卯丁 16	一 酉丁 16
27	二 丑乙 11	七 申丙 13	三 卯丁 15	九 酉丁 15	五 辰戊 17	二 戌戊 17
28	一 寅丙 12	六 酉丁 14	二 辰戊 16	八 戌戊 16	四 巳己 18	三 亥己 18
29	九 卯丁 13	五 戌戊 15	一 巳己 17	七 亥己 17	三 午庚 19	四 子庚 19
30	八 辰戊 14	四 亥己 16	九 午庚 18	六 子庚 18	二 未辛 20	五 丑辛 20
31	七 巳己 15	三 子庚 17		五 丑辛 19		六 寅壬 21

己卯年

立向七

西暦一九四〇年 (漢数字의太字는陰局、細字는陽局)

午壬六	巳辛五	辰庚四	卯己三	寅戊二	丑丁一	月
芒種 6 卯 夏至 21 亥	立夏 6 子 小満 21 未	清明 5 卯 穀雨 20 未	驚蟄 6 丑 春分 21 丑	立春 5 辰 雨水 20 丑	小寒 6 戌 大寒 21 午	節気
九	九	九	九	九	九	局 / 日
六亥乙26	二辰甲24	八戌甲24	四卯癸23	二戌甲24	七卯癸22	1
七子丙27	三巳乙25	九亥乙25	五辰甲24	三亥乙25	八辰甲23	2
八丑丁28	四午丙26	一子丙26	六巳乙25	四子丙26	九巳乙24	3
九寅戊29	五未丁27	二丑丁27	七午丙26	五丑丁27	一午丙25	4
一卯己30	六申戊28	三寅戊28	八未丁27	六寅戊28	二未丁26	5
二辰庚5/1	七酉己29	四卯己29	九申戊28	七卯己29	三申戊27	6
三巳辛2	八戌庚4/1	五辰庚30	一酉己29	八辰庚30	四酉己28	7
四午壬3	九亥辛2	六巳辛3/1	二戌庚30	九巳辛1/1	五戌庚29	8
五未癸4	一子壬3	七午壬2	三亥辛2/1	一午壬2	六亥辛12/1	9
六申甲5	二丑癸4	八未癸3	四子壬2	二未癸3	七子壬2	10
七酉乙6	三寅甲5	九申甲4	五丑癸3	三申甲4	八丑癸3	11
八戌丙7	四卯乙6	一酉乙5	六寅甲4	四酉乙5	九寅甲4	12
九亥丁8	五辰丙7	二戌丙6	七卯乙5	五戌丙6	一卯乙5	13
一子戊9	六巳丁8	三亥丁7	八辰丙6	六亥丁7	二辰丙6	14
二丑己10	七午戊9	四子戊8	九巳丁7	七子戊8	三巳丁7	15
三寅庚11	八未己10	五丑己9	一午戊8	八丑己9	四午戊8	16
四卯辛12	九申庚11	六寅庚10	二未己9	九寅庚10	五未己9	17
五辰壬13	一酉辛12	七卯辛11	三申庚10	一卯辛11	六申庚10	18
六巳癸14	二戌壬13	八辰壬12	四酉辛11	二辰壬12	七酉辛11	19
七午甲15	三亥癸14	九巳癸13	五戌壬12	三巳癸13	八戌壬12	20
六未乙16	四子甲15	一午甲14	六亥癸13	四午甲14	九亥癸13	21
一申丙17	五丑乙16	二未乙15	七子甲14	五未乙15	一子甲14	22
九酉丁18	六寅丙17	三申丙16	八丑乙15	六申丙16	二丑乙15	23
八戌戊19	七卯丁18	四酉丁17	九寅丙16	七酉丁17	三寅丙16	24
七亥己20	八辰戊19	五戌戊18	一卯丁17	八戌戊18	四卯丁17	25
六子庚21	九巳己20	六亥己19	二辰戊18	九亥己19	五辰戊18	26
五丑辛22	一午庚21	七子庚20	三巳己19	一子庚20	六巳己19	27
四寅壬23	二未辛22	八丑辛21	四午庚20	二丑辛21	七午庚20	28
三卯癸24	三申壬23	九寅壬22	五未辛21	三寅壬22	八未辛21	29
二辰甲25	四酉癸24	一卯癸23	六申壬22		九申壬22	30
	五戌甲25		七酉癸23		一酉癸23	31

庚辰年　　立向六

月	子戊（十二）	亥丁（十一）	戌丙（十）	酉乙（九）	申甲（八）	未癸（七）
節気	冬至　大雪	小雪　立冬	霜降　寒露	秋分　白露	處暑　立秋	大暑　小暑
	22　　7	22　　7	23　　8	23　　8	23　　8	23　　7
	辰　　未	戌　　亥	亥　　戌	未　　寅	申　　丑	巳　　申
局	八	八	八	九	九	九

子戊（十二）	亥丁（十一）	戌丙（十）	酉乙（九）	申甲（八）	未癸（七）	日
一寅戊 3	四申戊 2	八丑丁 9/1	二未丁 29	六子丙 28	一巳乙 26	1
九卯己 4	三酉己 3	七寅戊 2	一申戊 8/1	五丑丁 29	九午丙 27	2
八辰庚 5	二戌庚 4	六卯己 3	九酉己 2	四寅戊 30	八未丁 28	3
七巳辛 6	一亥辛 5	五辰庚 4	八戌庚 3	三卯己 7/1	七申戊 29	4
六午壬 7	九子壬 6	四巳辛 5	七亥辛 4	二辰庚 2	六酉己 6/1	5
五未癸 8	八丑癸 7	三午壬 6	六子壬 5	一巳辛 3	五戌庚 2	6
四申甲 9	七寅甲 8	二未癸 7	五丑癸 6	九午壬 4	四亥辛 3	7
三酉乙 10	六卯乙 9	一申甲 8	四寅甲 7	八未癸 5	三子壬 4	8
二戌丙 11	五辰丙 10	九酉乙 9	三卯乙 8	七申甲 6	二丑癸 5	9
一亥丁 12	四巳丁 11	八戌丙 10	二辰丙 9	六酉乙 7	一寅甲 6	10
九子戊 13	三午戊 12	七亥丁 11	一巳丁 10	五戌丙 8	九卯乙 7	11
八丑己 14	二未己 13	六子戊 12	九午戊 11	四亥丁 9	八辰丙 8	12
七寅庚 15	一申庚 14	五丑己 13	八未己 12	三子戊 10	七巳丁 9	13
六卯辛 16	九酉辛 15	四寅庚 14	七申庚 13	二丑己 11	六午戊 10	14
五辰壬 17	八戌壬 16	三卯辛 15	六酉辛 14	一寅庚 12	五未己 11	15
四巳癸 18	七亥癸 17	二辰壬 16	五戌壬 15	九卯辛 13	四申庚 12	16
三午甲 19	六子甲 18	一巳癸 17	四亥癸 16	八辰壬 14	三酉辛 13	17
二未乙 20	五丑乙 19	九午甲 18	三子甲 17	七巳癸 15	二戌壬 14	18
一申丙 21	四寅丙 20	八未乙 19	二丑乙 18	六午甲 16	一亥癸 15	19
九酉丁 22	三卯丁 21	七申丙 20	一寅丙 19	五未乙 17	九子甲 16	20
八戌戊 23	二辰戊 22	六酉丁 21	九卯丁 20	四申丙 18	八丑乙 17	21
三亥己 24	一巳己 23	五戌戊 22	八辰戊 21	三酉丁 19	七寅丙 18	22
四子庚 25	九午庚 24	四亥己 23	七巳己 22	二戌戊 20	六卯丁 19	23
五丑辛 26	八未辛 25	三子庚 24	六午庚 23	一亥己 21	五辰戊 20	24
六寅壬 27	七申壬 26	二丑辛 25	五未辛 24	九子庚 22	四巳己 21	25
七卯癸 28	六酉癸 27	一寅壬 26	四申壬 25	八丑辛 23	三午庚 22	26
八辰甲 29	五戌甲 28	九卯癸 27	三酉癸 26	七寅壬 24	二未辛 23	27
九巳乙 30	四亥乙 29	八辰甲 28	二戌甲 27	六卯癸 25	一申壬 24	28
一午丙 12/1	三子丙 11/1	七巳乙 29	一亥乙 28	五辰甲 26	九酉癸 25	29
二未丁 2	二丑丁 2	六午丙 30	九子丙 29	四巳乙 27	八戌甲 26	30
三申戊 3		五未丁 10/1		三午丙 28	七亥乙 27	31

六 午甲	五 巳癸	四 辰壬	三 卯辛	二 寅庚	一 丑己	月 節気 局 日
夏至 22 寅 / 芒種 6 巳	小満 21 戌 / 立夏 6 卯	穀雨 20 戌 / 清明 5 午	春分 21 辰 / 驚蟄 6 辰	雨水 19 辰 / 立春 4 午	大寒 20 酉 / 小寒 6 丑	節気
八	八	八	八	八	八	局
二 辰庚 7	七 酉己 6	四 卯己 5	九 申戊 4	八 辰庚 6	四 酉己 4	1
三 巳辛 8	八 戌庚 7	五 辰庚 6	一 酉己 5	九 巳辛 7	五 戌庚 5	2
四 午壬 9	九 亥辛 8	六 巳辛 7	二 戌庚 6	一 午壬 8	六 亥辛 6	3
五 未癸 10	一 子壬 9	七 午壬 8	三 亥辛 7	二 未癸 9	七 子壬 7	4
六 申甲 11	二 丑癸 10	八 未癸 9	四 子壬 8	三 申甲 10	八 丑癸 8	5
七 酉乙 12	三 寅甲 11	九 申甲 10	五 丑癸 9	四 酉乙 11	九 寅甲 9	6
八 戌丙 13	四 卯乙 12	一 酉乙 11	六 寅甲 10	五 戌丙 12	一 卯乙 10	7
九 亥丁 14	五 辰丙 13	二 戌丙 12	七 卯乙 11	六 亥丁 13	二 辰丙 11	8
一 子戊 15	六 巳丁 14	三 亥丁 13	八 辰丙 12	七 子戊 14	三 巳丁 12	9
二 丑己 16	七 午戊 15	四 子戊 14	九 巳丁 13	八 丑己 15	四 午戊 13	10
三 寅庚 17	八 未己 16	五 丑己 15	一 午戊 14	九 寅庚 16	五 未己 14	11
四 卯辛 18	九 申庚 17	六 寅庚 16	二 未己 15	一 卯辛 17	六 申庚 15	12
五 辰壬 19	一 酉辛 18	七 卯辛 17	三 申庚 16	二 辰壬 18	七 酉辛 16	13
六 巳癸 20	二 戌壬 19	八 辰壬 18	四 酉辛 17	三 巳癸 19	八 戌壬 17	14
七 午甲 21	三 亥癸 20	九 巳癸 19	五 戌壬 18	四 午甲 20	九 亥癸 18	15
八 未乙 22	四 子甲 21	一 午甲 20	六 亥癸 19	五 未乙 21	一 子甲 19	16
九 申丙 23	五 丑乙 22	二 未乙 21	七 子甲 20	六 申丙 22	二 丑乙 20	17
一 酉丁 24	六 寅丙 23	三 申丙 22	八 丑乙 21	七 酉丁 23	三 寅丙 21	18
二 戌戊 25	七 卯丁 24	四 酉丁 23	九 寅丙 22	八 戌戊 24	四 卯丁 22	19
三 亥己 26	八 辰戊 25	五 戌戊 24	一 卯丁 23	九 亥己 25	五 辰戊 23	20
四 子庚 27	九 巳己 26	六 亥己 25	二 辰戊 24	一 子庚 26	六 巳己 24	21
亖 丑辛 28	一 午庚 27	七 子庚 26	三 巳己 25	二 丑辛 27	七 午庚 25	22
四 寅壬 29	二 未辛 28	八 丑辛 27	四 午庚 26	三 寅壬 28	八 未辛 26	23
三 卯癸 30	三 申壬 29	九 寅壬 28	五 未辛 27	四 卯癸 29	九 申壬 27	24
二 辰甲 6/1	四 酉癸 30	一 卯癸 29	六 申壬 28	五 辰甲 30	一 酉癸 28	25
一 巳乙 2	五 戌甲 5/1	二 辰甲 4/1	七 酉癸 29	六 巳乙 2/1	二 戌甲 29	26
九 午丙 3	六 亥乙 2	三 巳乙 2	八 戌甲 30	七 午丙 2	三 亥乙 1/1	27
八 未丁 4	七 子丙 3	四 午丙 3	九 亥乙 3/1	八 未丁 3	四 子丙 2	28
七 申戊 5	八 丑丁 4	五 未丁 4	一 子丙 2		五 丑丁 3	29
六 酉己 6	九 寅戊 5	六 申戊 5	二 丑丁 3		六 寅戊 4	30
	一 卯己 6		三 寅戊 4		七 卯己 5	31

西暦一九四一年 （漢数字의太字는陰局、細字는陽局）

子庚十二	亥己十一	戌戊十	酉丁九	申丙八	未乙七	月
冬至22未　大雪7戌	小雪23丑　立冬8寅	霜降24寅　寒露9丑	秋分23戌　白露8巳	処暑23亥　立秋8辰	大暑23未　小暑7亥	節気
七	七	七	七	七	八	局／日
五未癸13	八丑癸13	三午壬11	六子壬10	一巳辛9	五戌庚7	1
四申甲14	七寅甲14	二未癸12	五丑癸11	九午壬10	四亥辛8	2
三酉乙15	六卯乙15	一申甲13	四寅甲12	八未癸11	三子壬9	3
二戌丙16	五辰丙16	九酉乙14	三卯乙13	七申甲12	二丑癸10	4
一亥丁17	四巳丁17	八戌丙15	二辰丙14	六酉乙13	一寅甲11	5
九子戊18	三午戊18	七亥丁16	一巳丁15	五戌丙14	九卯乙12	6
八丑己19	二未己19	六子戊17	九午戊16	四亥丁15	八辰丙13	7
七寅庚20	一申庚20	五丑己18	八未己17	三子戊16	七巳丁14	8
六卯辛21	九酉辛21	四寅庚19	七申庚18	二丑己17	六午戊15	9
五辰壬22	八戌壬22	三卯辛20	六酉辛19	一寅庚18	五未己16	10
四巳癸23	七亥癸23	二辰壬21	五戌壬20	九卯辛19	四申庚17	11
三午甲24	六子甲24	一巳癸22	四亥癸21	八辰壬20	三酉辛18	12
二未乙25	五丑乙25	九午甲23	三子甲22	七巳癸21	二戌壬19	13
一申丙26	四寅丙26	八未乙24	二丑乙23	六午甲22	一亥癸20	14
九酉丁27	三卯丁27	七申丙25	一寅丙24	五未乙23	九子甲21	15
八戌戊28	二辰戊28	六酉丁26	九卯丁25	四申丙24	八丑乙22	16
七亥己29	一巳己29	五戌戊27	八辰戊26	三酉丁25	七寅丙23	17
六子庚½	九午庚30	四亥己28	七巳己27	二戌戊26	六卯丁24	18
五丑辛2	八未辛½	三子庚29	六午庚28	一亥己27	五辰戊25	19
四寅壬3	七申壬2	二丑辛½	五未辛29	九子庚28	四巳己26	20
三卯癸4	六酉癸3	一寅壬2	四申壬½	八丑辛29	三午庚27	21
六辰甲5	五戌甲4	九卯癸3	三酉癸2	七寅壬30	二未辛28	22
九巳乙6	四亥乙5	八辰甲4	二戌甲3	六卯癸½	一申壬29	23
一午丙7	三子丙6	七巳乙5	一亥乙4	五辰甲2	九酉癸½	24
二未丁8	二丑丁7	六午丙6	九子丙5	四巳乙3	八戌甲2	25
三申戊9	一寅戊8	五未丁7	八丑丁6	三午丙4	七亥乙3	26
四酉己10	九卯己9	四申戊8	七寅戊7	二未丁5	六子丙4	27
五戌庚11	八辰庚10	三酉己9	六卯己8	一申戊6	五丑丁5	28
六亥辛12	七巳辛11	二戌庚10	五辰庚9	九酉己7	四寅戊6	29
七子壬13	六午壬12	一亥辛11	四巳辛10	八戌庚8	三卯己7	30
八丑癸14		九子壬12		七亥辛9	二辰庚8	31

辛巳年

立向五

西暦一九四二年　（漢数字의太字는陰局、細字는陽局）

六丙午	五乙巳	四甲辰	三癸卯	二壬寅	一辛丑	月
夏至22巳　芒種6申	小滿22丑　立夏6午	穀雨21丑　清明5酉	春分21未　驚蟄6午	雨水19未　立春4酉	大寒21子　小寒6辰	節気
六	七	七	七	七	七	局
七 酉乙 18	三 寅甲 17	九 申甲 16	五 丑癸 15	四 酉乙 16	九 寅甲 15	1
八 戌丙 19	四 卯乙 18	一 酉乙 17	六 寅甲 16	五 戌丙 17	一 卯乙 16	2
九 亥丁 20	五 辰丙 19	二 戌丙 18	七 卯乙 17	六 亥丁 18	二 辰丙 17	3
一 子戊 21	六 巳丁 20	三 亥丁 19	八 辰丙 18	七 子戊 19	三 巳丁 18	4
二 丑己 22	七 午戊 21	四 子戊 20	九 巳丁 19	八 丑己 20	四 午戊 19	5
三 寅庚 23	八 未己 22	五 丑己 21	一 午戊 20	九 寅庚 21	五 未己 20	6
四 卯辛 24	九 申庚 23	六 寅庚 22	二 未己 21	一 卯辛 22	六 申庚 21	7
五 辰壬 25	一 酉辛 24	七 卯辛 23	三 申庚 22	二 辰壬 23	七 酉辛 22	8
六 巳癸 26	二 戌壬 25	八 辰壬 24	四 酉辛 23	三 巳癸 24	八 戌壬 23	9
七 午甲 27	三 亥癸 26	九 巳癸 25	五 戌壬 24	四 午甲 25	九 亥癸 24	10
八 未乙 28	四 子甲 27	一 午甲 26	六 亥癸 25	五 未乙 26	一 子甲 25	11
九 申丙 29	五 丑乙 28	二 未乙 27	七 子甲 26	六 申丙 27	二 丑乙 26	12
一 酉丁 30	六 寅丙 29	三 申丙 28	八 丑乙 27	七 酉丁 28	三 寅丙 27	13
二 戌戊 5/1	七 卯丁 30	四 酉丁 29	九 寅丙 28	八 戌戊 29	四 卯丁 28	14
三 亥己 2	八 辰戊 4/1	五 戌戊 3/1	一 卯丁 29	九 亥己 1/1	五 辰戊 29	15
四 子庚 3	九 巳己 2	六 亥己 2	二 辰戊 30	一 子庚 2	六 巳己 30	16
五 丑辛 4	一 午庚 3	七 子庚 3	三 巳己 2/1	二 丑辛 3	七 午庚 12/1	17
六 寅壬 5	二 未辛 4	八 丑辛 4	四 午庚 2	三 寅壬 4	八 未辛 2	18
七 卯癸 6	三 申壬 5	九 寅壬 5	五 未辛 3	四 卯癸 5	九 申壬 3	19
八 辰甲 7	四 酉癸 6	一 卯癸 6	六 申壬 4	五 辰甲 6	一 酉癸 4	20
九 巳乙 8	五 戌甲 7	二 辰甲 7	七 酉癸 5	六 巳乙 7	二 戌甲 5	21
一 午丙 9	六 亥乙 8	三 巳乙 8	八 戌甲 6	七 午丙 8	三 亥乙 6	22
八 未丁 10	七 子丙 9	四 午丙 9	九 亥乙 7	八 未丁 9	四 子丙 7	23
七 申戊 11	八 丑丁 10	五 未丁 10	一 子丙 8	九 申戊 10	五 丑丁 8	24
六 酉己 12	九 寅戊 11	六 申戊 11	二 丑丁 9	一 酉己 11	六 寅戊 9	25
五 戌庚 13	一 卯己 12	七 酉己 12	三 寅戊 10	二 戌庚 12	七 卯己 10	26
四 亥辛 14	二 辰庚 13	八 戌庚 13	四 卯己 11	三 亥辛 13	八 辰庚 11	27
三 子壬 15	三 巳辛 14	九 亥辛 14	五 辰庚 12	四 子壬 14	九 巳辛 12	28
二 丑癸 16	四 午壬 15	一 子壬 15	六 巳辛 13		一 午壬 13	29
一 寅甲 17	五 未癸 16	二 丑癸 16	七 午壬 14		二 未癸 14	30
	六 申甲 17		八 未癸 15		三 申甲 15	31

子壬十二	亥辛十二	戌庚十	酉己九	申戊八	未丁七	月
冬 大 至 雪 22 8 戌 丑	小 立 雪 冬 23 8 辰 巳	霜 寒 降 露 24 9 巳 辰	秋 白 分 露 24 8 丑 申	處 立 暑 秋 24 8 寅 未	大 小 暑 暑 23 8 戌 寅	節 気 局 日
六	六	六	六	六	六	
九子戊24	三午戊23	七亥丁22	一巳丁21	五戌丙20	九卯乙18	1
八丑己25	二未己24	六子戊23	九午戊22	四亥丁21	八辰丙19	2
七寅庚26	一申庚25	五丑己24	八未己23	三子戊22	七巳丁20	3
六卯辛27	九酉辛26	四寅庚25	七申庚24	二丑己23	六午戊21	4
五辰壬28	八戌壬27	三卯辛26	六酉辛25	一寅庚24	五未己22	5
四巳癸29	七亥癸28	二辰壬27	五戌壬26	九卯辛25	四申庚23	6
三午甲30	六子甲29	一巳癸28	四亥癸27	八辰壬26	三酉辛24	7
二未乙⅞	五丑乙⅞	九午甲29	三子甲28	七巳癸27	二戌壬25	8
一申丙2	四寅丙2	八未乙30	二丑乙29	六午甲28	一亥癸26	9
九酉丁3	三卯丁3	七申丙⅞	一寅丙⅞	五未乙29	九子甲27	10
八戌戊4	二辰戊4	六酉丁2	九卯丁2	四申丙30	八丑乙28	11
七亥己5	一巳己5	五戌戊3	八辰戊3	三酉丁⅞	七寅丙29	12
六子庚6	九午庚6	四亥己4	七巳己4	二戌戊2	六卯丁⅞	13
五丑辛7	八未辛7	三子庚5	六午庚5	一亥己3	五辰戊2	14
四寅壬8	七申壬8	二丑辛6	五未辛6	九子庚4	四巳己3	15
三卯癸9	六酉癸9	一寅壬7	四申壬7	八丑辛5	三午庚4	16
二辰甲10	五戌甲10	九卯癸8	三酉癸8	七寅壬6	二未辛5	17
一巳乙11	四亥乙11	八辰甲9	二戌甲9	六卯癸7	一申壬6	18
九午丙12	三子丙12	七巳乙10	一亥乙10	五辰甲8	九酉癸7	19
八未丁13	二丑丁13	六午丙11	九子丙11	四巳乙9	八戌甲8	20
七申戊14	一寅戊14	五未丁12	八丑丁12	三午丙10	七亥乙9	21
六酉己15	九卯己15	四申戊13	七寅戊13	二未丁11	六子丙10	22
五戌庚16	八辰庚16	三酉己14	六卯己14	一申戊12	五丑丁11	23
六亥辛17	七巳辛17	二戌庚15	五辰庚15	九酉己13	四寅戊12	24
七子壬18	六午壬18	一亥辛16	四巳辛16	八戌庚14	三卯己13	25
八丑癸19	五未癸19	九子壬17	三午壬17	七亥辛15	二辰庚14	26
九寅甲20	四申甲20	八丑癸18	二未癸18	六子壬16	一巳辛15	27
一卯乙21	三酉乙21	七寅甲19	一申甲19	五丑癸17	九午壬16	28
二辰丙22	二戌丙22	六卯乙20	九酉乙20	四寅甲18	八未癸17	29
三巳丁23	一亥丁23	五辰丙21	八戌丙21	三卯乙19	七申甲18	30
四午戊24		四巳丁22		二辰丙20	六酉乙19	31

壬午年

立向四

午戊六	巳丁五	辰丙四	卯乙三	寅甲二	丑癸一	月／節气
夏至 芒種 22 6 申 亥	小滿 立夏 22 6 辰 酉	穀雨 清明 21 5 辰 子	春分 驚蟄 21 6 戌 酉	雨水 立春 19 5 戌 子	大寒 小寒 21 6 卯 未	節气／局
五	五	五	六	六	六	日
三寅庚29	八未己27	五丑己27	一午戊25	九寅庚27	五未己25	1
四卯辛30	九申庚28	六寅庚28	二未己26	一卯辛28	六申庚26	2
五辰壬5/1	一酉辛29	七卯辛29	三申庚27	二辰壬29	七酉辛27	3
六巳癸2	二戌壬5/1	八辰壬30	四酉辛28	三巳癸30	八戌壬28	4
七午甲3	三亥癸2	九巳癸4/1	五戌壬29	四午甲1/1	九亥癸29	5
八未乙4	四子甲3	一午甲2	六亥癸3/1	五未乙2	一子甲12/1	6
九申丙5	五丑乙4	二未乙3	七子甲2	六申丙3	二丑乙2	7
一酉丁6	六寅丙5	三申丙4	八丑乙3	七酉丁4	三寅丙3	8
二戌戊7	七卯丁6	四酉丁5	九寅丙4	八戌戊5	四卯丁4	9
三亥己8	八辰戊7	五戌戊6	一卯丁5	九亥己6	五辰戊5	10
四子庚9	九巳己8	六亥己7	二辰戊6	一子庚7	六巳己6	11
五丑辛10	一午庚9	七子庚8	三巳己7	二丑辛8	七午庚7	12
六寅壬11	二未辛10	八丑辛9	四午庚8	三寅壬9	八未辛8	13
七卯癸12	三申壬11	九寅壬10	五未辛9	四卯癸10	九申壬9	14
八辰甲13	四酉癸12	一卯癸11	六申壬10	五辰甲11	一酉癸10	15
九巳乙14	五戌甲13	二辰甲12	七酉癸11	六巳乙12	二戌甲11	16
一午丙15	六亥乙14	三巳乙13	八戌甲12	七午丙13	三亥乙12	17
二未丁16	七子丙15	四午丙14	九亥乙13	八未丁14	四子丙13	18
三申戊17	八丑丁16	五未丁15	一子丙14	九申戊15	五丑丁14	19
四酉己18	九寅戊17	六申戊16	二丑丁15	一酉己16	六寅戊15	20
五戌庚19	一卯己18	七酉己17	三寅戊16	二戌庚17	七卯己16	21
六亥辛20	二辰庚19	八戌庚18	四卯己17	三亥辛18	八辰庚17	22
三子壬21	三巳辛20	九亥辛19	五辰庚18	四子壬19	九巳辛18	23
二丑癸22	四午壬21	一子壬20	六巳辛19	五丑癸20	一午壬19	24
一寅甲23	五未癸22	二丑癸21	七午壬20	六寅甲21	二未癸20	25
九卯乙24	六申甲23	三寅甲22	八未癸21	七卯乙22	三申甲21	26
八辰丙25	七酉乙24	四卯乙23	九申甲22	八辰丙23	四酉乙22	27
七巳丁26	八戌丙25	五辰丙24	一酉乙23	九巳丁24	五戌丙23	28
六午戊27	九亥丁26	六巳丁25	二戌丙24		六亥丁24	29
五未己28	一子戊27	七午戊26	三亥丁25		七子戊25	30
	二丑己28		四子戊26		八丑己26	31

西曆一九四三年　（漢数字의太字는陰局、細字는陽局）

子甲十二	亥癸十一	戌壬十	酉辛九	申庚八	未己七	月
冬至 大雪	小雪 立冬	霜降 寒露	秋分 白露	處暑 立秋	大暑 小暑	節気
23　8	23　8	24　9	24　8	24　8	24　8	
丑　辰	未　申	申　未	辰　亥	巳　酉	丑　巳	
五	五	五	五	五	五	局 / 日
四巳癸5	七亥癸4	二辰壬3	五戌壬2	九卯辛 7/1	四申庚29	1
三午甲6	六子甲5	一巳癸4	四亥癸3	八辰壬2	三酉辛 9/1	2
二未乙7	五丑乙6	九午甲5	三子甲4	七巳癸3	二戌壬2	3
一申丙8	四寅丙7	八未乙6	二丑乙5	六午甲4	一亥癸3	4
九酉丁9	三卯丁8	七申丙7	一寅丙6	五未乙5	九子甲4	5
八戌戊10	二辰戊9	六酉丁8	九卯丁7	四申丙6	八丑乙5	6
七亥己11	一巳己10	五戌戊9	八辰戊8	三酉丁7	七寅丙6	7
六子庚12	九午庚11	四亥己10	七巳己9	二戌戊8	六卯丁7	8
五丑辛13	八未辛12	三子庚11	六午庚10	一亥己9	五辰戊8	9
四寅壬14	七申壬13	二丑辛12	五未辛11	九子庚10	四巳己9	10
三卯癸15	六酉癸14	一寅壬13	四申壬12	八丑辛11	三午庚10	11
二辰甲16	五戌甲15	九卯癸14	三酉癸13	七寅壬12	二未辛11	12
一巳乙17	四亥乙16	八辰甲15	二戌甲14	六卯癸13	一申壬12	13
九午丙18	三子丙17	七巳乙16	一亥乙15	五辰甲14	九酉癸13	14
八未丁19	二丑丁18	六午丙17	九子丙16	四巳乙15	八戌甲14	15
七申戊20	一寅戊19	五未丁18	八丑丁17	三午丙16	七亥乙15	16
六酉己21	九卯己20	四申戊19	七寅戊18	二未丁17	六子丙16	17
五戌庚22	八辰庚21	三酉己20	六卯己19	一申戊18	五丑丁17	18
四亥辛23	七巳辛22	二戌庚21	五辰庚20	九酉己19	四寅戊18	19
三子壬24	六午壬23	一亥辛22	四巳辛21	八戌庚20	三卯己19	20
二丑癸25	五未癸24	九子壬23	三午壬22	七亥辛21	二辰庚20	21
一寅甲26	四申甲25	八丑癸24	二未癸23	六子壬22	一巳辛21	22
九卯乙27	三酉乙26	七寅甲25	一申甲24	五丑癸23	九午壬22	23
二辰丙28	二戌丙27	六卯乙26	九酉乙25	四寅甲24	八未癸23	24
三巳丁29	一亥丁28	五辰丙27	八戌丙26	三卯乙25	七申甲24	25
四午戊30	九子戊29	四巳丁28	七亥丁27	二辰丙26	六酉乙25	26
五未己 ½	八丑己 ½	三午戊29	六子戊28	一巳丁27	五戌丙26	27
六申庚2	七寅庚2	二未己30	五丑己29	九午戊28	四亥丁27	28
七酉辛3	六卯辛3	一申庚 ½	四寅庚 2/1	八未己29	三子戊28	29
八戌壬4	五辰壬4	九酉辛2	三卯辛2	七申庚30	二丑己29	30
九亥癸5		八戌壬3		六酉辛 8/1	一寅庚30	31

癸未年

立向三

午庚六	巳己五	辰戊四	卯丁三	寅丙二	丑乙一	月
夏至 芒種	小満 立夏	穀雨 清明	春分 驚蟄	雨水 立春	大寒 小寒	節気
21 6	21 5	20 5	21 6	20 5	21 6	
亥 寅	午 子	未 卯	丑 子	丑 卯	午 戌	局
四	四	四	四	四	五	日
九申丙11	五丑乙9	二未乙9	七子甲7	五未乙8	一子甲6	1
一酉丁12	六寅丙10	三申丙10	八丑乙8	六申丙9	二丑乙7	2
二戌戊13	七卯丁11	四酉丁11	九寅丙9	七酉丁10	三寅丙8	3
三亥己14	八辰戊12	五戌戊12	一卯丁10	八戌戊11	四卯丁9	4
四子庚15	九巳己13	六亥己13	二辰戊11	九亥己12	五辰戊10	5
五丑辛16	一午庚14	七子庚14	三巳己12	一子庚13	六巳己11	6
六寅壬17	二未辛15	八丑辛15	四午庚13	二丑辛14	七午庚12	7
七卯癸18	三申壬16	九寅壬16	五未辛14	三寅壬15	八未辛13	8
八辰乙19	四酉癸17	一卯癸17	六申壬15	四卯癸16	九申壬14	9
九巳乙20	五戌甲18	二辰甲18	七酉癸16	五辰甲17	一酉癸15	10
一午丙21	六亥乙19	三巳乙19	八戌甲17	六巳乙18	二戌甲16	11
二未丁22	七子丙20	四午丙20	九亥乙18	七午丙19	三亥乙17	12
三申戊23	八丑丁21	五未丁21	一子丙19	八未丁20	四子丙18	13
四酉己24	九寅戊22	六申戊22	二丑丁20	九申戊21	五丑丁19	14
五戌庚25	一卯己23	七酉己23	三寅戊21	一酉己22	六寅戊20	15
六亥辛26	二辰庚24	八戌庚24	四卯己22	二戌庚23	七卯己21	16
七子壬27	三巳辛25	九亥辛25	五辰庚23	三亥辛24	八辰庚22	17
八丑癸28	四午壬26	一子壬26	六巳辛24	四子壬25	九巳辛23	18
九寅甲29	五未癸27	二丑癸27	七午壬25	五丑癸26	一午壬24	19
一卯乙30	六申甲28	三寅甲28	八未癸26	六寅甲27	二未癸25	20
六辰丙⅟	七酉乙29	四卯乙29	九申甲27	七卯乙28	三申甲26	21
七巳丁2	八戌丙⅟	五辰丙30	一酉乙28	八辰丙29	四酉乙27	22
六午戊3	九亥丁2	六巳丁⅟	二戌丙29	九巳丁30	五戌丙28	23
五未己4	一子戊3	七午戊2	三亥丁⅟	一午戊⅟	六亥丁29	24
四申庚5	二丑己4	八未己3	四子戊2	二未己2	七子戊⅟	25
三酉辛6	三寅庚5	九申庚4	五丑己3	三申庚3	八丑己2	26
二戌壬7	四卯辛6	一酉辛5	六寅庚4	四酉辛4	九寅庚3	27
一亥癸8	五辰壬7	二戌壬6	七卯辛5	五戌壬5	一卯辛4	28
九子甲9	六巳癸8	三亥癸7	八辰壬6	六亥癸6	二辰壬5	29
八丑乙10	七午甲9	四子甲8	九巳癸7		三巳癸6	30
	八未乙10		一午甲8		四午甲7	31

西暦一九四四年　(漢数字의太字는陰局、細字는陽局)

甲申年　　立向二

子丙 十二	亥乙 十二	戌甲 十	酉癸 九	申壬 八	未辛 七	月
冬至22辰　大雪7未	小雪22戌　立冬7亥	霜降23亥　寒露8戌	秋分23未　白露8寅	處暑23申　立秋8子	大暑23辰　小暑7未	節気
三	四	四	四	四	四	局／日
七亥己16	一巳己16	五戌戊15	八辰戊14	三酉丁13	七寅丙11	1
六子庚17	九午庚17	四亥己16	七巳己15	二戌戊14	六卯丁12	2
五丑辛18	八未辛18	三子庚17	六午庚16	一亥己15	五辰戊13	3
四寅壬19	七申壬19	二丑辛18	五未辛17	九子庚16	四巳己14	4
三卯癸20	六酉癸20	一寅壬19	四申壬18	八丑辛17	三午庚15	5
二辰甲21	五戌甲21	九卯癸20	三酉癸19	七寅壬18	二未辛16	6
一巳乙22	四亥乙22	八辰甲21	二戌甲20	六卯癸19	一申壬17	7
九午丙23	三子丙23	七巳乙22	一亥乙21	五辰甲20	九酉癸18	8
八未丁24	二丑丁24	六午丙23	九子丙22	四巳乙21	八戌甲19	9
七申戊25	一寅戊25	五未丁24	八丑丁23	三午丙22	七亥乙20	10
六酉己26	九卯己26	四申戊25	七寅戊24	二未丁23	六子丙21	11
五戌庚27	八辰庚27	三酉己26	六卯己25	一申戊24	五丑丁22	12
四亥辛28	七巳辛28	二戌庚27	五辰庚26	九酉己25	四寅戊23	13
三子壬29	六午壬29	一亥辛28	四巳辛27	八戌庚26	三卯己24	14
二丑癸½	五未癸30	九子壬29	三午壬28	七亥辛27	二辰庚25	15
一寅甲3	四申甲½	八丑癸30	二未癸29	六子壬28	一巳辛26	16
九卯乙4	三酉乙2	七寅甲½	一申甲½	五丑癸29	九午壬27	17
八辰丙5	二戌丙3	六卯乙2	九酉乙2	四寅甲30	八未癸28	18
七巳丁5	一亥丁4	五辰丙3	八戌丙3	三卯乙½	七申甲29	19
六午戊6	九子戊5	四巳丁4	七亥丁4	二辰丙2	六酉乙½	20
五未己7	八丑己6	三午戊5	六子戊5	一巳丁3	五戌丙2	21
四申庚8	七寅庚7	二未己6	五丑己6	九午戊4	四亥丁3	22
七酉辛9	六卯辛8	一申庚7	四寅庚7	八未己5	三子戊4	23
八戌壬10	五辰壬9	九酉辛8	三卯辛8	七申庚6	二丑己5	24
九亥癸11	四巳癸10	八戌壬9	二辰壬9	六酉辛7	一寅庚6	25
一子甲12	三午甲11	七亥癸10	一巳癸10	五戌壬8	九卯辛7	26
二丑乙13	二未乙12	六子甲11	九午甲11	四亥癸9	八辰壬8	27
三寅丙14	一申丙13	五丑乙12	八未乙12	三子甲10	七巳癸9	28
四卯丁15	九酉丁14	四寅丙13	七申丙13	二丑乙11	六午甲10	29
五辰戊16	八戌戊15	三卯丁14	六酉丁14	一寅丙12	五未乙11	30
六巳己17		二辰戊15		九卯丁13	四申丙12	31

午壬六	巳辛五	辰庚四	卯己三	寅戊二	丑丁一	月
夏至22寅 / 芒種6巳	小満21酉 / 立夏6卯	穀雨20戌 / 清明5午	春分21辰 / 驚蟄6卯	雨水19辰 / 立春4午	大寒20酉 / 小寒6子	節気
三	三	三	三	三	三	局 / 日
五丑辛21	一午庚20	七子庚19	三巳己17	二丑辛19	七午庚18	**1**
六寅壬22	二未辛21	八丑辛20	四午庚18	三寅壬20	八未辛19	**2**
七卯癸23	三申壬22	九寅壬21	五未辛19	四卯癸21	九申壬20	**3**
八辰甲24	四酉癸23	一卯癸22	六申壬20	五辰甲22	一酉癸21	**4**
九巳乙25	五戌甲24	二辰甲23	七酉癸21	六巳乙23	二戌甲22	**5**
一午丙26	六亥乙25	三巳乙24	八戌甲22	七午丙24	三亥乙23	**6**
二未丁27	七子丙26	四午丙25	九亥乙23	八未丁25	四子丙24	**7**
三申戊28	八丑丁27	五未丁26	一子丙24	九申戊26	五丑丁25	**8**
四酉己29	九寅戊28	六申戊27	二丑丁25	一酉己27	六寅戊26	**9**
五戌庚⁄	一卯己29	七酉己28	三寅戊26	二戌庚28	七卯己27	**10**
六亥辛2	二辰庚30	八戌庚29	四卯己27	三亥辛29	八辰庚28	**11**
七子壬3	三巳辛⁄	九亥辛⁄	五辰庚28	四子壬30	九巳辛29	**12**
八丑癸4	四午壬2	一子壬2	六巳辛29	五丑癸⁄	一午壬30	**13**
九寅甲5	五未癸3	二丑癸3	七午壬⁄	六寅甲2	二未癸⁄	**14**
一卯乙6	六申甲4	三寅甲4	八未癸2	七卯乙3	三申甲2	**15**
二辰丙7	七酉乙5	四卯乙5	九申甲3	八辰丙4	四酉乙3	**16**
三巳丁8	八戌丙6	五辰丙6	一酉乙4	九巳丁5	五戌丙4	**17**
四午戊9	九亥丁7	六巳丁7	二戌丙5	一午戊6	六亥丁5	**18**
五未己10	一子戊8	七午戊8	三亥丁6	二未己7	七子戊6	**19**
六申庚11	二丑己9	八未己9	四子戊7	三申庚8	八丑己7	**20**
七酉辛12	三寅庚10	九申庚10	五丑己8	四酉辛9	九寅庚8	**21**
二戌壬13	四卯辛11	一酉辛11	六寅庚9	五戌壬10	一卯辛9	**22**
一亥癸14	五辰壬12	二戌壬12	七卯辛10	六亥癸11	二辰壬10	**23**
九子甲15	六巳癸13	三亥癸13	八辰壬11	七子甲12	三巳癸11	**24**
八丑乙16	七午甲14	四子甲14	九巳癸12	八丑乙13	四午甲12	**25**
七寅丙17	八未乙15	五丑乙15	一午甲13	九寅丙14	五未乙13	**26**
六卯丁18	九申丙16	六寅丙16	二未乙14	一卯丁15	六申丙14	**27**
五辰戊19	一酉丁17	七卯丁17	三申丙15	二辰戊16	七酉丁15	**28**
四巳己20	二戌戊18	八辰戊18	四酉丁16		八戌戊16	**29**
三午庚21	三亥己19	九巳己19	五戌戊17		九亥己17	**30**
	四子庚20		六亥己18		一子庚18	**31**

西暦一九四五年 （漢数字의太字는陰局、細字는陽局）

月	未癸七	申甲八	酉乙九	戌丙十	亥丁十一	子戊十二
節気	小 大 暑 暑 7 23 戌 未	立 處 秋 暑 8 23 卯 亥	白 秋 露 分 8 23 巳 酉	寒 霜 露 降 9 24 子 寅	立 小 冬 雪 8 23 寅 子	大 冬 雪 至 7 22 戌 未
局	三	三	三	二	二	二
日						
1	二未辛22	七寅壬24	三酉癸25	九卯癸26	五戌甲27	二辰甲27
2	一申壬23	六卯癸25	二戌甲26	八辰甲27	四亥乙28	一巳乙28
3	九酉癸24	五辰甲26	一亥乙27	七巳乙28	三子丙29	九午丙29
4	八戌甲25	四巳乙27	九子丙28	六午丙29	二丑丁30	八未丁30
5	七亥乙26	三午丙28	八丑丁29	五未丁30	一寅戊⅛	七申戊⅛
6	六子丙27	二未丁29	七寅戊⅛	四申戊⅛	九卯己2	六酉己2
7	五丑丁28	一申戊30	六卯己2	三酉己2	八辰庚3	五戌庚3
8	四寅戊29	九酉己⅛	五辰庚3	二戌庚3	七巳辛4	四亥辛4
9	三卯己⅛	八戌庚2	四巳辛4	一亥辛4	六午壬5	三子壬5
10	二辰庚2	七亥辛3	三午壬5	九子壬5	五未癸6	二丑癸6
11	一巳辛3	六子壬4	二未癸6	八丑癸6	四申甲7	一寅甲7
12	九午壬4	五丑癸5	一申甲7	七寅甲7	三酉乙8	九卯乙8
13	八未癸5	四寅甲6	九酉乙8	六卯乙8	二戌丙9	八辰丙9
14	七申甲6	三卯乙7	八戌丙9	五辰丙9	一亥丁10	七巳丁10
15	六酉乙7	二辰丙8	七亥丁10	四巳丁10	九子戊11	六午戊11
16	五戌丙8	一巳丁9	六子戊11	三午戊11	八丑己12	五未己12
17	四亥丁9	九午戊10	五丑己12	二未己12	七寅庚13	四申庚13
18	三子戊10	八未己11	四寅庚13	一申庚13	六卯辛14	三酉辛14
19	二丑己11	七申庚12	三卯辛14	九酉辛14	五辰壬15	二戌壬15
20	一寅庚12	六酉辛13	二辰壬15	八戌壬15	四巳癸16	一亥癸16
21	九卯辛13	五戌壬14	一巳癸16	七亥癸16	三午甲17	九子甲17
22	八辰壬14	四亥癸15	九午甲17	六子甲17	二未乙18	二丑乙18
23	七巳癸15	三子甲16	八未乙18	五丑乙18	一申丙19	三寅丙19
24	六午甲16	二丑乙17	七申丙19	四寅丙19	九酉丁20	四卯丁20
25	五未乙17	一寅丙18	六酉丁20	三卯丁20	八戌戊21	五辰戊21
26	四申丙18	九卯丁19	五戌戊21	二辰戊21	七亥己22	六巳己22
27	三酉丁19	八辰戊20	四亥己22	一巳己22	六子庚23	七午庚23
28	二戌戊20	七巳己21	三子庚23	九午庚23	五丑辛24	八未辛24
29	一亥己21	六午庚22	二丑辛24	八未辛24	四寅壬25	九申壬25
30	九子庚22	五未辛23	一寅壬25	七申壬25	三卯癸26	一酉癸26
31	八丑辛23	四申壬24		六酉癸26		二戌甲27

乙酉年

立
向
一

西暦一九四六年（漢数字の太字は陰局、細字は陽局）

月	午甲六	巳癸五	辰壬四	卯辛三	寅庚二	丑己一
節気	夏至 22 ／ 芒種 6	小満 22 ／ 立夏 6	穀雨 21 ／ 清明 5	春分 21 ／ 驚蟄 6	雨水 19 ／ 立春 4	大寒 20 ／ 小寒 6
（地支）	辰 ／ 申	子 ／ 午	子 ／ 酉	未 ／ 午	未 ／ 酉	子 ／ 卯
局	二	二	二	二	二	二

午甲六	巳癸五	辰壬四	卯辛三	寅庚二	丑己一	日
一午丙 2	六亥乙 4/1	三巳乙 29	八戌甲 28	七午丙 30	三亥乙 28	1
二未丁 3	七子丙 2	四午丙 3/1	九亥乙 29	八未丁 1/1	四子丙 29	2
三申戊 4	八丑丁 3	五未丁 2	一子丙 30	九申戊 2	五丑丁 12/1	3
四酉己 5	九寅戊 4	六申戊 3	二丑丁 2/1	一酉己 3	六寅戊 2	4
五戌庚 6	一卯己 5	七酉己 4	三寅戊 2	二戌庚 4	七卯己 3	5
六亥辛 7	二辰庚 6	八戌庚 5	四卯己 3	三亥辛 5	八辰庚 4	6
七子壬 8	三巳辛 7	九亥辛 6	五辰庚 4	四子壬 6	九巳辛 5	7
八丑癸 9	四午壬 8	一子壬 7	六巳辛 5	五丑癸 7	一午壬 6	8
九寅甲 10	五未癸 9	二丑癸 8	七午壬 6	六寅甲 8	二未癸 7	9
一卯乙 11	六申甲 10	三寅甲 9	八未癸 7	七卯乙 9	三申甲 8	10
二辰丙 12	七酉乙 11	四卯乙 10	九申甲 8	八辰丙 10	四酉乙 9	11
三巳丁 13	八戌丙 12	五辰丙 11	一酉乙 9	九巳丁 11	五戌丙 10	12
四午戊 14	九亥丁 13	六巳丁 12	二戌丙 10	一午戊 12	六亥丁 11	13
五未己 15	一子戊 14	七午戊 13	三亥丁 11	二未己 13	七子戊 12	14
六申庚 16	二丑己 15	八未己 14	四子戊 12	三申庚 14	八丑己 13	15
七酉辛 17	三寅庚 16	九申庚 15	五丑己 13	四酉辛 15	九寅庚 14	16
八戌壬 18	四卯辛 17	一酉辛 16	六寅庚 14	五戌壬 16	一卯辛 15	17
九亥癸 19	五辰壬 18	二戌壬 17	七卯辛 15	六亥癸 17	二辰壬 16	18
一子甲 20	六巳癸 19	三亥癸 18	八辰壬 16	七子甲 18	三巳癸 17	19
二丑乙 21	七午甲 20	四子甲 19	九巳癸 17	八丑乙 19	四午甲 18	20
三寅丙 22	八未乙 21	五丑乙 20	一午甲 18	九寅丙 20	五未乙 19	21
六卯丁 23	九申丙 22	六寅丙 21	二未乙 19	一卯丁 21	六申丙 20	22
五辰戊 24	一酉丁 23	七卯丁 22	三申丙 20	二辰戊 22	七酉丁 21	23
四巳己 25	二戌戊 24	八辰戊 23	四酉丁 21	三巳己 23	八戌戊 22	24
三午庚 26	三亥己 25	九巳己 24	五戌戊 22	四午庚 24	九亥己 23	25
二未辛 27	四子庚 26	一午庚 25	六亥己 23	五未辛 25	一子庚 24	26
一申壬 28	五丑辛 27	二未辛 26	七子庚 24	六申壬 26	二丑辛 25	27
九酉癸 29	六寅壬 28	三申壬 27	八丑辛 25	七酉癸 27	三寅壬 26	28
八戌甲 6/1	七卯癸 29	四酉癸 28	九寅壬 26		四卯癸 27	29
七亥乙 2	八辰甲 30	五戌甲 29	一卯癸 27		五辰甲 28	30
	九巳乙 5/1		二辰甲 28		六巳乙 29	31

丙戌年　立向九

節気表（上段）

月	子庚 十二	亥己 十一	戌戊 十	酉丁 九	申丙 八	未乙 七
節気	冬至22戌 ／ 大雪8丑	小雪23卯 ／ 立冬8巳	霜降24巳 ／ 寒露9卯	秋分24子 ／ 白露8申	處暑24寅 ／ 立秋8午	大暑23戌 ／ 小暑8丑
局	一	一	一	一	一	二

子庚 十二	亥己 十一	戌戊 十	酉丁 九	申丙 八	未乙 七	日
六酉己8	九卯己8	四申戊7	七寅戊6	二未丁5	六子丙3	1
五戌庚9	八辰庚9	三酉己8	六卯己7	一申戊6	五丑丁4	2
四亥辛10	七巳辛10	二戌庚9	五辰庚8	九酉己7	四寅戊5	3
三子壬11	六午壬11	一亥辛10	四巳辛9	八戌庚8	三卯己6	4
二丑癸12	五未癸12	九子壬11	三午壬10	七亥辛9	二辰庚7	5
一寅甲13	四申甲13	八丑癸12	二未癸11	六子壬10	一巳辛8	6
九卯乙14	三酉乙14	七寅甲13	一申甲12	五丑癸11	九午壬9	7
八辰丙15	二戌丙15	六卯乙14	九酉乙13	四寅甲12	八未癸10	8
七巳丁16	一亥丁16	五辰丙15	八戌丙14	三卯乙13	七申甲11	9
六午戊17	九子戊17	四巳丁16	七亥丁15	二辰丙14	六酉乙12	10
五未己18	八丑己18	三午戊17	六子戊16	一巳丁15	五戌丙13	11
四申庚19	七寅庚19	二未己18	五丑己17	九午戊16	四亥丁14	12
三酉辛20	六卯辛20	一申庚19	四寅庚18	八未己17	三子戊15	13
二戌壬21	五辰壬21	九酉辛20	三卯辛19	七申庚18	二丑己16	14
一亥癸22	四巳癸22	八戌壬21	二辰壬20	六酉辛19	一寅庚17	15
九子甲23	三午甲23	七亥癸22	一巳癸21	五戌壬20	九卯辛18	16
八丑乙24	二未乙24	六子甲23	九午甲22	四亥癸21	八辰壬19	17
七寅丙25	一申丙25	五丑乙24	八未乙23	三子甲22	七巳癸20	18
六卯丁26	九酉丁26	四寅丙25	七申丙24	二丑乙23	六午甲21	19
五辰戊27	八戌戊27	三卯丁26	六酉丁25	一寅丙24	五未乙22	20
四巳己28	七亥己28	二辰戊27	五戌戊26	九卯丁25	四申丙23	21
三午庚29	六子庚29	一巳己28	四亥己27	八辰戊26	三酉丁24	22
八未辛 12/1	五丑辛30	九午庚29	三子庚28	七巳己27	二戌戊25	23
九申壬2	四寅壬 11/1	八未辛30	二丑辛29	六午庚28	一亥己26	24
一酉癸3	三卯癸2	七申壬 10/1	一寅壬 9/1	五未辛29	九子庚27	25
二戌甲4	二辰甲3	六酉癸2	九卯癸2	四申壬30	八丑辛28	26
三亥乙5	一巳乙4	五戌甲3	八辰甲3	三酉癸 8/1	七寅壬29	27
四子丙6	九午丙5	四亥乙4	七巳乙4	二戌甲2	六卯癸 7/1	28
五丑丁7	八未丁6	三子丙5	六午丙5	一亥乙3	五辰甲2	29
六寅戊8	七申戊7	二丑丁6	五未丁6	九子丙4	四巳乙3	30
七卯己9		一寅戊7		八丑丁5	三午丙4	31

西暦一九四七年 （漢数字의 太字는 陰局、細字는 陽局）

月／節気／局

月	丑辛一	寅壬二	卯癸三	辰甲四	巳乙五	午丙六
節気	小寒 大寒	立春 雨水	驚蟄 春分	清明 穀雨	立夏 小満	芒種 夏至
日	6 21	4 19	6 21	5 21	6 22	6 22
時	午 卯	子 戌	酉 戌	子 卯	酉 卯	亥 未
局	一	一	一	一	一	九

午丙六	巳乙五	辰甲四	卯癸三	寅壬二	丑辛一	日
六亥辛13	二辰庚11	八戌庚10	四卯己9	三亥辛11	八辰庚10	1
七子壬14	三巳辛12	九亥辛11	五辰庚10	四子壬12	九巳辛11	2
八丑癸15	四午壬13	一子壬12	六巳辛11	五丑癸13	一午壬12	3
九寅甲16	五未癸14	二丑癸13	七午壬12	六寅甲14	二未癸13	4
一卯乙17	六申甲15	三寅甲14	八未癸13	七卯乙15	三申甲14	5
二辰丙18	七酉乙16	四卯乙15	九申甲14	八辰丙16	四酉乙15	6
三巳丁19	八戌丙17	五辰丙16	一酉乙15	九巳丁17	五戌丙16	7
四午戊20	九亥丁18	六巳丁17	二戌丙16	一午戊18	六亥丁17	8
五未己21	一子戊19	七午戊18	三亥丁17	二未己19	七子戊18	9
六申庚22	二丑己20	八未己19	四子戊18	三申庚20	八丑己19	10
七酉辛23	三寅庚21	九申庚20	五丑己19	四酉辛21	九寅庚20	11
八戌壬24	四卯辛22	一酉辛21	六寅庚20	五戌壬22	一卯辛21	12
九亥癸25	五辰壬23	二戌壬22	七卯辛21	六亥癸23	二辰壬22	13
一子甲26	六巳癸24	三亥癸23	八辰壬22	七子甲24	三巳癸23	14
二丑乙27	七午甲25	四子甲24	九巳癸23	八丑乙25	四午甲24	15
三寅丙28	八未乙26	五丑乙25	一午甲24	九寅丙26	五未乙25	16
四卯丁29	九申丙27	六寅丙26	二未乙25	一卯丁27	六申丙26	17
五辰戊30	一酉丁28	七卯丁27	三申丙26	二辰戊28	七酉丁27	18
六巳己 ∕1	二戌戊29	八辰戊28	四酉丁27	三巳己29	八戌戊28	19
七午庚2	三亥己 ∕1	九巳己29	五戌戊28	四午庚30	九亥己29	20
八未辛3	四子庚2	一午庚 ∕1	六亥己29	五未辛 ∕1	一子庚30	21
九申壬4	五丑辛3	二未辛2	七子庚30	六申壬2	二丑辛 ∕1	22
一酉癸5	六寅壬4	三申壬3	八丑辛 ∕1	七酉癸3	三寅壬2	23
八戌甲6	七卯癸5	四酉癸4	九寅壬2	八戌甲4	四卯癸3	24
七亥乙7	八辰甲6	五戌甲5	一卯癸3	九亥乙5	五辰甲4	25
六子丙8	九巳乙7	六亥乙6	二辰甲4	一子丙6	六巳乙5	26
五丑丁9	一午丙8	七子丙7	三巳乙5	二丑丁7	七午丙6	27
四寅戊10	二未丁9	八丑丁8	四午丙6	三寅戊8	八未丁7	28
三卯己11	三申戊10	九寅戊9	五未丁7		九申戊8	29
二辰庚12	四酉己11	一卯己10	六申戊8		一酉己9	30
	五戌庚12		七酉己9		二戌庚10	31

丁亥年

立向八

子壬 十二	亥辛 十一	戌庚 十	酉己 九	申戊 八	未丁 七	月
冬至23丑　大雪8辰	小雪23午　立冬8申	霜降24申　寒露9午	秋分24卯　白露8亥	處暑24辰　立秋8酉	大暑24丑　小暑8辰	節気
九	九	九	九	九	九	局 / 日
一寅甲19	四申甲19	八丑癸17	二未癸17	六子壬15	一巳辛13	1
九卯乙20	三酉乙20	七寅甲18	一申甲18	五丑癸16	九午壬14	2
八辰丙21	二戌丙21	六卯乙19	九酉乙19	四寅甲17	八未癸15	3
七巳丁22	一亥丁22	五辰丙20	八戌丙20	三卯乙18	七申甲16	4
六午戊23	九子戊23	四巳丁21	七亥丁21	二辰丙19	六酉乙17	5
五未己24	八丑己24	三午戊22	六子戊22	一巳丁20	五戌丙18	6
四申庚25	七寅庚25	二未己23	五丑己23	九午戊21	四亥丁19	7
三酉辛26	六卯辛26	一申庚24	四寅庚24	八未己22	三子戊20	8
二戌壬27	五辰壬27	九酉辛25	三卯辛25	七申庚23	二丑己21	9
一亥癸28	四巳癸28	八戌壬26	二辰壬26	六酉辛24	一寅庚22	10
九子甲29	三午甲29	七亥癸27	一巳癸27	五戌壬25	九卯辛23	11
八丑乙卅	二未乙30	六子甲28	九午甲28	四亥癸26	八辰壬24	12
七寅丙2	一申丙卅	五丑乙29	八未乙29	三子甲27	七巳癸25	13
六卯丁3	九酉丁2	四寅丙卅	七申丙30	二丑乙28	六午甲26	14
五辰戊4	八戌戊3	三卯丁2	六酉丁卅	一寅丙29	五未乙27	15
四巳己5	七亥己4	二辰戊3	五戌戊2	九卯丁卅	四申丙28	16
三午庚6	六子庚5	一巳己4	四亥己3	八辰戊2	三酉丁29	17
二未辛7	五丑辛6	九午庚5	三子庚4	七巳己3	二戌戊卅	18
一申壬8	四寅壬7	八未辛6	二丑辛5	六午庚4	一亥己2	19
九酉癸9	三卯癸8	七申壬7	一寅壬6	五未辛5	九子庚3	20
八戌甲10	二辰甲9	六酉癸8	九卯癸7	四申壬6	八丑辛4	21
七亥乙11	一巳乙10	五戌甲9	八辰甲8	三酉癸7	七寅壬5	22
六子丙12	九午丙11	四亥乙10	七巳乙9	二戌甲8	六卯癸6	23
五丑丁13	八未丁12	三子丙11	六午丙10	一亥乙9	五辰甲7	24
六寅戊14	七申戊13	二丑丁12	五未丁11	九子丙10	四巳乙8	25
七卯己15	六酉己14	一寅戊13	四申戊12	八丑丁11	三午丙9	26
八辰庚16	五戌庚15	九卯己14	三酉己13	七寅戊12	二未丁10	27
九巳辛17	四亥辛16	八辰庚15	二戌庚14	六卯己13	一申戊11	28
一午壬18	三子壬17	七巳辛16	一亥辛15	五辰庚14	九酉己12	29
二未癸19	二丑癸18	六午壬17	九子壬16	四巳辛15	八戌庚13	30
三申甲20		五未癸18		三午壬16	七亥辛14	31

午戊六	巳丁五	辰丙四	卯乙三	寅甲二	丑癸一	月
夏至 芒種	小滿 立夏	穀雨 清明	春分 驚蟄	雨水 立春	大寒 小寒	節気
21 6	21 5	20 5	21 5	20 5	21 6	
戌 寅	午 亥	午 卯	子 子	丑 卯	午 酉	局
八	八	八	九	九	九	日
三巳丁24	八戌丙23	五辰丙22	一酉乙21	八辰丙22	四酉乙21	1
四午戊25	九亥丁24	六巳丁23	二戌丙22	九巳丁23	五戌丙22	2
五未己26	一子戊25	七午戊24	三亥丁23	一午戊24	六亥丁23	3
六申庚27	二丑己26	八未己25	四子戊24	二未己25	七子戊24	4
七酉辛28	三寅庚27	九申庚26	五丑己25	三申庚26	八丑己25	5
八戌壬29	四卯辛28	一酉辛27	六寅庚26	四酉辛27	九寅庚26	6
九亥癸5/	五辰壬29	二戌壬28	七卯辛27	五戌壬28	一卯辛27	7
一子甲2	六巳癸30	三亥癸29	八辰壬28	六亥癸29	二辰壬28	8
二丑乙3	七午甲5/	四子甲3/	九巳癸29	七子甲30	三巳癸29	9
三寅丙4	八未乙2	五丑乙2	一午甲30	八丑乙1/	四午甲30	10
四卯丁5	九申丙3	六寅丙3	二未乙3/	九寅丙2	五未乙1/	11
五辰戊6	一酉丁4	七卯丁4	三申丙2	一卯丁3	六申丙2	12
六巳己7	二戌戊5	八辰戊5	四酉丁3	二辰戊4	七酉丁3	13
七午庚8	三亥己6	九巳己6	五戌戊4	三巳己5	八戌戊4	14
八未辛9	四子庚7	一午庚7	六亥己5	四午庚6	九亥己5	15
九申壬10	五丑辛8	二未辛8	七子庚6	五未辛7	一子庚6	16
一酉癸11	六寅壬9	三申壬9	八丑辛7	六申壬8	二丑辛7	17
二戌甲12	七卯癸10	四酉癸10	九寅壬8	七酉癸9	三寅壬8	18
三亥乙13	八辰甲11	五戌甲11	一卯癸9	八戌甲10	四卯癸9	19
四子丙14	九巳乙12	六亥乙12	二辰甲10	九亥乙11	五辰甲10	20
壹丑丁15	一午丙13	七子丙13	三巳乙11	一子丙12	六巳乙11	21
四寅戊16	二未丁14	八丑丁14	四午丙12	二丑丁13	七午丙12	22
三卯己17	三申戊15	九寅戊15	五未丁13	三寅戊14	八未丁13	23
二辰庚18	四酉己16	一卯己16	六申戊14	四卯己15	九申戊14	24
一巳辛19	五戌庚17	二辰庚17	七酉己15	五辰庚16	一酉己15	25
九午壬20	六亥辛18	三巳辛18	八戌庚16	六巳辛17	二戌庚16	26
八未癸21	七子壬19	四午壬19	九亥辛17	七午壬18	三亥辛17	27
七申甲22	八丑癸20	五未癸20	一子壬18	八未癸19	四子壬18	28
六酉乙23	九寅甲21	六申甲21	二丑癸19	九申甲20	五丑癸19	29
五戌丙24	一卯乙22	七酉乙22	三寅甲20		六寅甲20	30
	二辰丙23		四卯乙21		七卯乙21	31

西暦一九四八年 （漢数字の太字は陰局、細字は陽局）

子甲十二	亥癸十二	戌壬十	酉辛九	申庚八	未己七	月／節気／局／日
冬至 大雪	小雪 立冬	霜降 寒露	秋分 白露	處暑 立秋	大暑 小暑	節気
22 7	22 7	23 8	23 8	23 7	23 7	
辰 未	酉 亥	亥 酉	午 丑	未 子	辰 未	
八	八	八	八	八	八	日
四 申庚 ¹²/1	七 寅庚 ¹⁰/1	二 未己 29	五 丑己 28	九 午戊 26	四 亥丁 25	1
三 酉辛 2	六 卯辛 2	一 申庚 30	四 寅庚 29	八 未己 27	三 子戊 26	2
二 戌壬 3	五 辰壬 3	九 酉辛 ⁹/1	三 卯辛 ⁸/1	七 申庚 28	二 丑己 27	3
一 亥癸 4	四 巳癸 4	八 戌壬 2	二 辰壬 2	六 酉辛 29	一 寅庚 28	4
九 子甲 5	三 午甲 5	七 亥癸 3	一 巳癸 3	五 戌壬 ⁷/1	九 卯辛 29	5
八 丑乙 6	二 未乙 6	六 子甲 4	九 午甲 4	四 亥癸 2	八 辰壬 30	6
七 寅丙 7	一 申丙 7	五 丑乙 5	八 未乙 5	三 子甲 3	七 巳癸 ⁶/1	7
六 卯丁 8	九 酉丁 8	四 寅丙 6	七 申丙 6	二 丑乙 4	六 午甲 2	8
五 辰戊 9	八 戌戊 9	三 卯丁 7	六 酉丁 7	一 寅丙 5	五 未乙 3	9
四 巳己 10	七 亥己 10	二 辰戊 8	五 戌戊 8	九 卯丁 6	四 申丙 4	10
三 午庚 11	六 子庚 11	一 巳己 9	四 亥己 9	八 辰戊 7	三 酉丁 5	11
二 未辛 12	五 丑辛 12	九 午庚 10	三 子庚 10	七 巳己 8	二 戌戊 6	12
一 申壬 13	四 寅壬 13	八 未辛 11	二 丑辛 11	六 午庚 9	一 亥己 7	13
九 酉癸 14	三 卯癸 14	七 申壬 12	一 寅壬 12	五 未辛 10	九 子庚 8	14
八 戌甲 15	二 辰甲 15	六 酉癸 13	九 卯癸 13	四 申壬 11	八 丑辛 9	15
七 亥乙 16	一 巳乙 16	五 戌甲 14	八 辰甲 14	三 酉癸 12	七 寅壬 10	16
六 子丙 17	九 午丙 17	四 亥乙 15	七 巳乙 15	二 戌甲 13	六 卯癸 11	17
五 丑丁 18	八 未丁 18	三 子丙 16	六 午丙 16	一 亥乙 14	五 辰甲 12	18
四 寅戊 19	七 申戊 19	二 丑丁 17	五 未丁 17	九 子丙 15	四 巳乙 13	19
三 卯己 20	六 酉己 20	一 寅戊 18	四 申戊 18	八 丑丁 16	三 午丙 14	20
二 辰庚 21	五 戌庚 21	九 卯己 19	三 酉己 19	七 寅戊 17	二 未丁 15	21
一 巳辛 22	四 亥辛 22	八 辰庚 20	二 戌庚 20	六 卯己 18	一 申戊 16	22
一 午壬 23	三 子壬 23	七 巳辛 21	一 亥辛 21	五 辰庚 19	九 酉己 17	23
二 未癸 24	二 丑癸 24	六 午壬 22	九 子壬 22	四 巳辛 20	八 戌庚 18	24
三 申甲 25	一 寅甲 25	五 未癸 23	八 丑癸 23	三 午壬 21	七 亥辛 19	25
四 酉乙 26	九 卯乙 26	四 申甲 24	七 寅甲 24	二 未癸 22	六 子壬 20	26
五 戌丙 27	八 辰丙 27	三 酉乙 25	六 卯乙 25	一 申甲 23	五 丑癸 21	27
六 亥丁 28	七 巳丁 28	二 戌丙 26	五 辰丙 26	九 酉乙 24	四 寅甲 22	28
七 子戊 29	六 午戊 29	一 亥丁 27	四 巳丁 27	八 戌丙 25	三 卯乙 23	29
八 丑己 ¹¹/1	五 未己 30	九 子戊 28	三 午戊 28	七 亥丁 26	二 辰丙 24	30
九 寅庚 2		八 丑己 29		六 子戊 27	一 巳丁 25	31

戊子年

立向七

六庚午	五己巳	四戊辰	三丁卯	二丙寅	一乙丑	月
夏至 芒種	小滿 立夏	穀雨 清明	春分 驚蟄	雨水 立春	大寒 小寒	節氣
22　6	21　6	20　5	21　6	19　4	20　6	
丑　巳	酉　寅	酉　巳	卯　卯	辰　午	酉　子	局
七	七	七	七	七	八	日
八 戌壬 5	四 卯辛 4	一 酉辛 4	六 寅庚 2	五 戌壬 4	一 卯辛 3	1
九 亥癸 6	五 辰壬 5	二 戌壬 5	七 卯辛 3	六 亥癸 5	二 辰壬 4	2
一 子甲 7	六 巳癸 6	三 亥癸 6	八 辰壬 4	七 子甲 6	三 巳癸 5	3
二 丑乙 8	七 午甲 7	四 子甲 7	九 巳癸 5	八 丑乙 7	四 午甲 6	4
三 寅丙 9	八 未乙 8	五 丑乙 8	一 午甲 6	九 寅丙 8	五 未乙 7	5
四 卯丁 10	九 申丙 9	六 寅丙 9	二 未乙 7	一 卯丁 9	六 申丙 8	6
五 辰戊 11	一 酉丁 10	七 卯丁 10	三 申丙 8	二 辰戊 10	七 酉丁 9	7
六 巳己 12	二 戌戊 11	八 辰戊 11	四 酉丁 9	三 巳己 11	八 戌戊 10	8
七 午庚 13	三 亥己 12	九 巳己 12	五 戌戊 10	四 午庚 12	九 亥己 11	9
八 未辛 14	四 子庚 13	一 午庚 13	六 亥己 11	五 未辛 13	一 子庚 12	10
九 申壬 15	五 丑辛 14	二 未辛 14	七 子庚 12	六 申壬 14	二 丑辛 13	11
一 酉癸 16	六 寅壬 15	三 申壬 15	八 丑辛 13	七 酉癸 15	三 寅壬 14	12
二 戌甲 17	七 卯癸 16	四 酉癸 16	九 寅壬 14	八 戌甲 16	四 卯癸 15	13
三 亥乙 18	八 辰甲 17	五 戌甲 17	一 卯癸 15	九 亥乙 17	五 辰甲 16	14
四 子丙 19	九 巳乙 18	六 亥乙 18	二 辰甲 16	一 子丙 18	六 巳乙 17	15
五 丑丁 20	一 午丙 19	七 子丙 19	三 巳乙 17	二 丑丁 19	七 午丙 18	16
六 寅戊 21	二 未丁 20	八 丑丁 20	四 午丙 18	三 寅戊 20	八 未丁 19	17
七 卯己 22	三 申戊 21	九 寅戊 21	五 未丁 19	四 卯己 21	九 申戊 20	18
八 辰庚 23	四 酉己 22	一 卯己 22	六 申戊 20	五 辰庚 22	一 酉己 21	19
九 巳辛 24	五 戌庚 23	二 辰庚 23	七 酉己 21	六 巳辛 23	二 戌庚 22	20
一 午壬 25	六 亥辛 24	三 巳辛 24	八 戌庚 22	七 午壬 24	三 亥辛 23	21
二 未癸 26	七 子壬 25	四 午壬 25	九 亥辛 23	八 未癸 25	四 子壬 24	22
七 申甲 27	八 丑癸 26	五 未癸 26	一 子壬 24	九 申甲 26	五 丑癸 25	23
六 酉乙 28	九 寅甲 27	六 申甲 27	二 丑癸 25	一 酉乙 27	六 寅甲 26	24
五 戌丙 29	一 卯乙 28	七 酉乙 28	三 寅甲 26	二 戌丙 28	七 卯乙 27	25
四 亥丁 ⅟	二 辰丙 29	八 戌丙 29	四 卯乙 27	三 亥丁 29	八 辰丙 28	26
三 子戊 2	三 巳丁 30	九 亥丁 30	五 辰丙 28	四 子戊 30	九 巳丁 29	27
二 丑己 3	四 午戊 ⅟	一 子戊 ⅟	六 巳丁 29	五 巳己 ⅟	一 午戊 30	28
一 寅庚 4	五 未己 2	二 丑己 2	七 午戊 ⅟		二 未己 ⅟	29
九 卯辛 5	六 申庚 3	三 寅庚 3	八 未己 2		三 申庚 2	30
	七 酉辛 4		九 申庚 3		四 酉辛 3	31

西暦一九四九年 （漢数字의太字는陰局、細字는陽局）

己丑年　立向六

子丙十二	亥乙十一	戌甲十	酉癸九	申壬八	未辛七	月／節気	日
冬至22午／大雪7戌	小雪23子／立冬8寅	霜降24寅／寒露9子	秋分23寅／白露8酉	處暑23戌／立秋8卯	大暑23未／小暑7戌	節気／局	
六	七	七	七	七	七	局	
八丑乙12	二未乙11	六子甲10	九午甲9	四亥癸7	八辰壬6		1
七寅丙13	一申丙12	五丑乙11	八未乙10	三子甲8	七巳癸7		2
六卯丁14	九酉丁13	四寅丙12	七申丙11	二丑乙9	六午甲8		3
五辰戊15	八戌戊14	三卯丁13	六酉丁12	一寅丙10	五未乙9		4
四巳己16	七亥己15	二辰戊14	五戌戊13	九卯丁11	四申丙10		5
三午庚17	六子庚16	一巳己15	四亥己14	八辰戊12	三酉丁11		6
二未辛18	五丑辛17	九午庚16	三子庚15	七巳己13	二戌戊12		7
一申壬19	四寅壬18	八未辛17	二丑辛16	六午庚14	一亥己13		8
九酉癸20	三卯癸19	七申壬18	一寅壬17	五未辛15	九子庚14		9
八戌甲21	二辰甲20	六酉癸19	九卯癸18	四申壬16	八丑辛15		10
七亥乙22	一巳乙21	五戌甲20	八辰甲19	三酉癸17	七寅壬16		11
六子丙23	九午丙22	四亥乙21	七巳乙20	二戌甲18	六卯癸17		12
五丑丁24	八未丁23	三子丙22	六午丙21	一亥乙19	五辰甲18		13
四寅戊25	七申戊24	二丑丁23	五未丁22	九子丙20	四巳乙19		14
三卯己26	六酉己25	一寅戊24	四申戊23	八丑丁21	三午丙20		15
二辰庚27	五戌庚26	九卯己25	三酉己24	七寅戊22	二未丁21		16
一巳辛28	四亥辛27	八辰庚26	二戌庚25	六卯己23	一申戊22		17
九午壬29	三子壬28	七巳辛27	一亥辛26	五辰庚24	九酉己23		18
八未癸30	二丑癸29	六午壬28	九子壬27	四巳辛25	八戌庚24		19
七申甲／1	一寅甲／1	五未癸29	八丑癸28	三午壬26	七亥辛25		20
六酉乙2	九卯乙2	四申甲30	七寅甲29	二未癸27	六子壬26		21
五戌丙3	八辰丙3	三酉乙／1	六卯乙／1	一申甲28	五丑癸27		22
六亥丁4	七巳丁4	二戌丙2	五辰丙2	九酉乙29	四寅甲28		23
七子戊5	六午戊5	一亥丁3	四巳丁3	八戌丙／1	三卯乙29		24
八丑己6	五未己6	九子戊4	三午戊4	七亥丁2	二辰丙30		25
九寅庚7	四申庚7	八丑己5	二未己5	六子戊3	一巳丁／1		26
一卯辛8	三酉辛8	七寅庚6	一申庚6	五丑己4	九午戊2		27
二辰壬9	二戌壬9	六卯辛7	九酉辛7	四寅庚5	八未己3		28
三巳癸10	一亥癸10	五辰壬8	八戌壬8	三卯辛6	七申庚4		29
四午甲11	九子甲11	四巳癸9	七亥癸9	二辰壬7	六酉辛5		30
五未乙12		三午甲10		一巳癸8	五戌壬6		31

午壬六	巳辛五	辰庚四	卯己三	寅戊二	丑丁一	月
夏至 芒種	小満 立夏	穀雨 清明	春分 驚蟄	雨水 立春	大寒 小寒	節気
22 6	21 6	21 5	21 6	19 4	20 6	
辰 申	子 巳	子 申	午 午	未 酉	子 卯	局
六	六	六	六	六	六	日
四卯丁16	九申丙15	六寅丙15	二未乙13	一卯丁15	六申丙13	1
五辰戊17	一酉丁16	七卯丁16	三申丙14	二辰戊16	七酉丁14	2
六巳己18	二戌戊17	八辰戊17	四酉丁15	三巳己17	八戌戊15	3
七午庚19	三亥己18	九巳己18	五戌戊16	四午庚18	九亥己16	4
八未辛20	四子庚19	一午庚19	六亥己17	五未辛19	一子庚17	5
九申壬21	五丑辛20	二未辛20	七子庚18	六申壬20	二丑辛18	6
一酉癸22	六寅壬21	三申壬21	八丑辛19	七酉癸21	三寅壬19	7
二戌甲23	七卯癸22	四酉癸22	九寅壬20	八戌甲22	四卯癸20	8
三亥乙24	八辰甲23	五戌甲23	一卯癸21	九亥乙23	五辰甲21	9
四子丙25	九巳乙24	六亥乙24	二辰甲22	一子丙24	六巳乙22	10
五丑丁26	一午丙25	七子丙25	三巳乙23	二丑丁25	七午丙23	11
六寅戊27	二未丁26	八丑丁26	四午丙24	三寅戊26	八未丁24	12
七卯己28	三申戊27	九寅戊27	五未丁25	四卯己27	九申戊25	13
八辰庚29	四酉己28	一卯己28	六申戊26	五辰庚28	一酉己26	14
九巳辛1	五戌庚29	二辰庚29	七酉己27	六巳辛29	二戌庚27	15
一午壬2	六亥辛30	三巳辛30	八戌庚28	七午壬30	三亥辛28	16
二未癸3	七子壬1	四午壬1	九亥辛29	八未癸1	四子壬29	17
三申甲4	一丑癸2	五未癸2	一子壬1	九申甲2	五丑癸1	18
四酉乙5	九寅甲3	六申甲3	二丑癸2	一酉乙3	六寅甲2	19
五戌丙6	一卯乙4	七酉乙4	三寅甲3	二戌丙4	七卯乙3	20
六亥丁7	二辰丙5	八戌丙5	四卯乙4	三亥丁5	八辰丙4	21
三子戊8	三巳丁6	九亥丁6	五辰丙5	四子戊6	九巳丁5	22
二丑己9	四午戊7	一子戊7	六巳丁6	五丑己7	一午戊6	23
一寅庚10	五未己8	二丑己8	七午戊7	六寅庚8	二未己7	24
九卯辛11	六申庚9	三寅庚9	八未己8	七卯辛9	三申庚8	25
八辰壬12	七酉辛10	四卯辛10	九申庚9	八辰壬10	四酉辛9	26
七巳癸13	八戌壬11	五辰壬11	一酉辛10	九巳癸11	五戌壬10	27
六午甲14	九亥癸12	六巳癸12	二戌壬11	一午甲12	六亥癸11	28
五未乙15	一子甲13	七午甲13	三亥癸12		七子甲12	29
四申丙16	二丑乙14	八未乙14	四子甲13		八丑乙13	30
	三寅丙15		五丑乙14		九寅丙14	31

西暦一九五〇年 （漢数字의 太字는 陰局、細字는 陽局）

庚寅年

立向五

月	十二 子戊	十一 亥丁	十 戌丙	九 酉乙	八 申甲	七 未癸
節気	冬至 大雪	小雪 立冬	霜降 寒露	秋分 白露	処暑 立秋	大暑 小暑
	22　8	23　8	24　9	23　8	24　8	23　8
	酉　丑	卯　辰	巳　卯	子　未	丑　午	戌　丑
局	五	五	五	六	六	六
1	三午庚22	六子庚22	一巳己20	四亥己19	八辰戊18	三酉丁17
2	二未辛23	五丑辛23	九午庚21	三子庚20	七巳己19	二戌戊18
3	一申壬24	四寅壬24	八未辛22	二丑辛21	六午庚20	一亥己19
4	九酉癸25	三卯癸25	七申壬23	一寅壬22	五未辛21	九子庚20
5	八戌甲26	二辰甲26	六酉癸24	九卯癸23	四申壬22	八丑辛21
6	七亥乙27	一巳乙27	五戌甲25	八辰甲24	三酉癸23	七寅壬22
7	六子丙28	九午丙28	四亥乙26	七巳乙25	二戌甲24	六卯癸23
8	五丑丁29	八未丁29	三子丙27	六午丙26	一亥乙25	五辰甲24
9	四寅戊½	七申戊30	二丑丁28	五未丁27	九子丙26	四巳乙25
10	三卯己2	六酉己½	一寅戊29	四申戊28	八丑丁27	三午丙26
11	二辰庚3	五戌庚2	九卯己½	三酉己29	七寅戊28	二未丁27
12	一巳辛4	四亥辛3	八辰庚2	二戌庚8/1	六卯己29	一申戊28
13	九午壬5	三子壬4	七巳辛3	一亥辛2	五辰庚30	九酉己29
14	八未癸6	二丑癸5	六午壬4	九子壬3	四巳辛7/1	八戌庚30
15	七申甲7	一寅甲6	五未癸5	八丑癸4	三午壬2	七亥辛½
16	六酉乙8	九卯乙7	四申甲6	七寅甲5	二未癸3	六子壬2
17	五戌丙9	八辰丙8	三酉乙7	六卯乙6	一申甲4	五丑癸3
18	四亥丁10	七巳丁9	二戌丙8	五辰丙7	九酉乙5	四寅甲4
19	三子戊11	六午戊10	一亥丁9	四巳丁8	八戌丙6	三卯乙5
20	二丑己12	五未己11	九子戊10	三午戊9	七亥丁7	二辰丙6
21	一寅庚13	四申庚12	八丑己11	二未己10	六子戊8	一巳丁7
22	二卯辛14	三酉辛13	七寅庚12	一申庚11	五丑己9	九午戊8
23	二辰壬15	二戌壬14	六卯辛13	九酉辛12	四寅庚10	八未己9
24	三巳癸16	一亥癸15	五辰壬14	八戌壬13	三卯辛11	七申庚10
25	四午甲17	九子甲16	四巳癸15	七亥癸14	二辰壬12	六酉辛11
26	五未乙18	八丑乙17	三午甲16	六子甲15	一巳癸13	五戌壬12
27	六申丙19	七寅丙18	二未乙17	五丑乙16	九午甲14	四亥癸13
28	七酉丁20	六卯丁19	一申丙18	四寅丙17	八未乙15	三子甲14
29	八戌戊21	五辰戊20	九酉丁19	三卯丁18	七申丙16	二丑乙15
30	九亥己22	四巳己21	八戌戊20	二辰戊19	六酉丁17	一寅丙16
31	一子庚23		七亥己21		五戌戊18	九卯丁17

午甲六	巳癸五	辰壬四	卯辛三	寅庚二	丑己一	月
夏至22未 芒種6戌	小満22卯 立夏6申	穀雨21卯 清明5亥	春分21酉 驚蟄6酉	雨水19戌 立春4子	大寒21寅 小寒6午	節気
五	五	五	五	五	五	局 / 日
九申壬27	五丑辛26	二未辛25	七子庚24	六申壬25	二丑辛24	1
一酉癸28	六寅壬27	三申壬26	八丑辛25	七酉癸26	三寅壬25	2
二戌甲29	七卯癸28	四酉癸27	九寅壬26	八戌甲27	四卯癸26	3
三亥乙30	八辰甲29	五戌甲28	一卯癸27	九亥乙28	五辰甲27	4
四子丙⅓1	九巳乙30	六亥乙29	二辰甲28	一子丙29	六巳乙28	5
五丑丁2	一午丙⅓1	七子丙⅓1	三巳乙29	二丑丁⅓1	七午丙29	6
六寅戊3	二未丁2	八丑丁2	四午丙30	三寅戊2	八未丁30	7
七卯己4	三申戊3	九寅戊3	五未丁⅓1	四卯己3	九申戊⅓1	8
八辰庚5	四酉己4	一卯己4	六申戊2	五辰庚4	一酉己2	9
九巳辛6	五戌庚5	二辰庚5	七酉己3	六巳辛5	二戌庚3	10
一午壬7	六亥辛6	三巳辛6	八戌庚4	七午壬6	三亥辛4	11
二未癸8	七子壬7	四午壬7	九亥辛5	八未癸7	四子壬5	12
三申甲9	八丑癸8	五未癸8	一子壬6	九申甲8	五丑癸6	13
四酉乙10	九寅甲9	六申甲9	二丑癸7	一酉乙9	六寅甲7	14
五戌丙11	一卯乙10	七酉乙10	三寅甲8	二戌丙10	七卯乙8	15
六亥丁12	二辰丙11	八戌丙11	四卯乙9	三亥丁11	八辰丙9	16
七子戊13	三巳丁12	九亥丁12	五辰丙10	四子戊12	九巳丁10	17
八丑己14	四午戊13	一子戊13	六巳丁11	五丑己13	一午戊11	18
九寅庚15	五未己14	二丑己14	七午戊12	六寅庚14	二未己12	19
一卯辛16	六申庚15	三寅庚15	八未己13	七卯辛15	三申庚13	20
二辰壬17	七酉辛16	四卯辛16	九申庚14	八辰壬16	四酉辛14	21
三巳癸18	八戌壬17	五辰壬17	一酉辛15	九巳癸17	五戌壬15	22
六午甲19	九亥癸18	六巳癸18	二戌壬16	一午甲18	六亥癸16	23
五未乙20	一子甲19	七午甲19	三亥癸17	二未乙19	七子甲17	24
四申丙21	二丑乙20	八未乙20	四子甲18	三申丙20	八丑乙18	25
三酉丁22	三寅丙21	九申丙21	五丑乙19	四酉丁21	九寅丙19	26
二戌戊23	四卯丁22	一酉丁22	六寅丙20	五戌戊22	一卯丁20	27
一亥己24	五辰戊23	二戌戊23	七卯丁21	六亥己23	二辰戊21	28
九子庚25	六巳己24	三亥己24	八辰戊22		三巳己22	29
八丑辛26	七午庚25	四子庚25	九巳己23		四午庚23	30
	八未辛26		一午庚24		五未辛24	31

西暦一九五一年（漢数字의太字는陰局、細字는陽局）

月	子庚十二	亥己十二	戌戊十	酉丁九	申丙八	未乙七
節気	冬至 23 子　大雪 8 卯	小雪 23 午　立冬 8 未	霜降 24 未　寒露 9 午	秋分 24 卯　白露 8 戌	處暑 24 辰　立秋 8 酉	大暑 24 子　小暑 8 辰
局	四	四	四	四	四	五

辛卯年　立向四

日	子庚十二	亥己十二	戌戊十	酉丁九	申丙八	未乙七
1	七亥乙 3	一巳乙 3	五戌甲 9/1	八辰甲 8/1	三酉癸 29	七寅壬 27
2	六子丙 4	九午丙 4	四亥乙 2	七巳乙 2	二戌甲 30	六卯癸 28
3	五丑丁 5	八未丁 5	三子丙 3	六午丙 3	一亥乙 1/	五辰甲 29
4	四寅戊 6	七申戊 6	二丑丁 4	五未丁 4	九子丙 2	四巳乙 6/1
5	三卯己 7	六酉己 7	一寅戊 5	四申戊 5	八丑丁 3	三午丙 2
6	二辰庚 8	五戌庚 8	九卯己 6	三酉己 6	七寅戊 4	二未丁 3
7	一巳辛 9	四亥辛 9	八辰庚 7	二戌庚 7	六卯己 5	一申戊 4
8	九午壬 10	三子壬 10	七巳辛 8	一亥辛 8	五辰庚 6	九酉己 5
9	八未癸 11	二丑癸 11	六午壬 9	九子壬 9	四巳辛 7	八戌庚 6
10	七申甲 12	一寅甲 12	五未癸 10	八丑癸 10	三午壬 8	七亥辛 7
11	六酉乙 13	九卯乙 13	四申甲 11	七寅甲 11	二未癸 9	六子壬 8
12	五戌丙 14	八辰丙 14	三酉乙 12	六卯乙 12	一申甲 10	五丑癸 9
13	四亥丁 15	七巳丁 15	二戌丙 13	五辰丙 13	九酉乙 11	四寅甲 10
14	三子戊 16	六午戊 16	一亥丁 14	四巳丁 14	八戌丙 12	三卯乙 11
15	二丑己 17	五未己 17	九子戊 15	三午戊 15	七亥丁 13	二辰丙 12
16	一寅庚 18	四申庚 18	八丑己 16	二未己 16	六子戊 14	一巳丁 13
17	九卯辛 19	三酉辛 19	七寅庚 17	一申庚 17	五丑己 15	九午戊 14
18	八辰壬 20	二戌壬 20	六卯辛 18	九酉辛 18	四寅庚 16	八未己 15
19	七巳癸 21	一亥癸 21	五辰壬 19	八戌壬 19	三卯辛 17	七申庚 16
20	六午甲 22	九子甲 22	四巳癸 20	七亥癸 20	二辰壬 18	六酉辛 17
21	五未乙 23	八丑乙 23	三午甲 21	六子甲 21	一巳癸 19	五戌壬 18
22	四申丙 24	七寅丙 24	二未乙 22	五丑乙 22	九午甲 20	四亥癸 19
23	三酉丁 25	六卯丁 25	一申丙 23	四寅丙 23	八未乙 21	三子甲 20
24	二戌戊 26	五辰戊 26	九酉丁 24	三卯丁 24	七申丙 22	二丑乙 21
25	三亥己 27	四巳己 27	八戌戊 25	二辰戊 25	六酉丁 23	一寅丙 22
26	四子庚 28	三午庚 28	七亥己 26	一巳己 26	五戌戊 24	九卯丁 23
27	五丑辛 29	二未辛 29	六子庚 27	九午庚 27	四亥己 25	八辰戊 24
28	六寅壬 1/	一申壬 30	五丑辛 28	八未辛 28	三子庚 26	七巳己 25
29	七卯癸 2	九酉癸 1/	四寅壬 29	七申壬 29	二丑辛 27	六午庚 26
30	八辰甲 3	八戌甲 2	三卯癸 1/	六酉癸 30	一寅壬 28	五未辛 27
31	九巳乙 4		二辰甲 2		九卯癸 29	四申壬 28

六丙午	五乙巳	四甲辰	三癸卯	二壬寅	一辛丑	月 節気
夏至 芒種	小満 立夏	穀雨 清明	春分 驚蟄	雨水 立春	大寒 小寒	
21 6	21 5	20 5	21 5	20 5	21 6	
戌 丑	午 亥	午 寅	子 子	子 寅	巳 酉	局
三	四	四	四	四	四	日
九寅戊9	五未丁8	二丑丁7	七午丙6	五丑丁6	一午丙5	1
一卯己10	六申戊9	三寅戊8	八未丁7	六寅戊7	二未丁6	2
二辰庚11	七酉己10	四卯己9	九申戊8	七卯己8	三申戊7	3
三巳辛12	八戌庚11	五辰庚10	一酉己9	八辰庚9	四酉己8	4
四午壬13	九亥辛12	六巳辛11	二戌庚10	九巳辛10	五戌庚9	5
五未癸14	一子壬13	七午壬12	三亥辛11	一午壬11	六亥辛10	6
六申甲15	二丑癸14	八未癸13	四子壬12	二未癸12	七子壬11	7
七酉乙16	三寅甲15	九申甲14	五丑癸13	三申甲13	八丑癸12	8
八戌丙17	四卯乙16	一酉乙15	六寅甲14	四酉乙14	九寅甲13	9
九亥丁18	五辰丙17	二戌丙16	七卯乙15	五戌丙15	一卯乙14	10
一子戊19	六巳丁18	三亥丁17	八辰丙16	六亥丁16	二辰丙15	11
二丑己20	七午戊19	四子戊18	九巳丁17	七子戊17	三巳丁16	12
三寅庚21	八未己20	五丑己19	一午戊18	八丑己18	四午戊17	13
四卯辛22	九申庚21	六寅庚20	二未己19	九寅庚19	五未己18	14
五辰壬23	一酉辛22	七卯辛21	三申庚20	一卯辛20	六申庚19	15
六巳癸24	二戌壬23	八辰壬22	四酉辛21	二辰壬21	七酉辛20	16
七午甲25	三亥癸24	九巳癸23	五戌壬22	三巳癸22	八戌壬21	17
八未乙26	四子甲25	一午甲24	六亥癸23	四午甲23	九亥癸22	18
九申丙27	五丑乙26	二未乙25	七子甲24	五未乙24	一子甲23	19
一酉丁28	六寅丙27	三申丙26	八丑乙25	六申丙25	二丑乙24	20
六戌戊29	七卯丁28	四酉丁27	九寅丙26	七酉丁26	三寅丙25	21
七亥己㕵	八辰戊29	五戌戊28	一卯丁27	八戌戊27	四卯丁26	22
六子庚2	九巳己30	六亥己29	二辰戊28	九亥己28	五辰戊27	23
五丑辛3	一午庚㕵	七子庚㕵	三巳己29	一子庚29	六巳己28	24
四寅壬4	二未辛2	八丑辛2	四午庚30	二丑辛㕵	七午庚29	25
三卯癸5	三申壬3	九寅壬3	五未辛㕵	三寅壬2	八未辛30	26
二辰甲6	四酉癸4	一卯癸4	六申壬2	四卯癸3	九申壬㕵	27
一巳乙7	五戌甲5	二辰甲5	七酉癸3	五辰甲4	一酉癸2	28
九午丙8	六亥乙6	三巳乙6	八戌甲4	六巳乙5	二戌甲3	29
八未丁9	七子丙7	四午丙7	九亥乙5		三亥乙4	30
	八丑丁8		一子丙6		四子丙5	31

西暦一九五二年（漢数字의太字는陰局、細字는陽局）

壬辰年

立向三

子壬 十二	亥辛 十一	戌庚 十	酉己 九	申戊 八	未丁 七	月 節気 局 / 日
冬至22卯　大雪7午	小雪22酉　立冬7戌	霜降23戌　寒露8酉	秋分23午　白露8丑	處暑23未　立秋7子	大暑23卯　小暑7未	節気
三	三	三	三	三	三	局
七巳辛15	一亥辛14	五辰庚13	八戌庚13	三卯己11	七申戊10	1
六午壬16	九子壬15	四巳辛14	七亥辛14	二辰庚12	六酉己11	2
五未癸17	八丑癸16	三午壬15	六子壬15	一巳辛13	五戌庚12	3
四申甲18	七寅甲17	二未癸16	五丑癸16	九午壬14	四亥辛13	4
三酉乙19	六卯乙18	一申甲17	四寅甲17	八未癸15	三子壬14	5
二戌丙20	五辰丙19	九酉乙18	三卯乙18	七申甲16	二丑癸15	6
一亥丁21	四巳丁20	八戌丙19	二辰丙19	六酉乙17	一寅甲16	7
九子戊22	三午戊21	七亥丁20	一巳丁20	五戌丙18	九卯乙17	8
八丑己23	二未己22	六子戊21	九午戊21	四亥丁19	八辰丙18	9
七寅庚24	一申庚23	五丑己22	八未己22	三子戊20	七巳丁19	10
六卯辛25	九酉辛24	四寅庚23	七申庚23	二丑己21	六午戊20	11
五辰壬26	八戌壬25	三卯辛24	六酉辛24	一寅庚22	五未己21	12
四巳癸27	七亥癸26	二辰壬25	五戌壬25	九卯辛23	四申庚22	13
三午甲28	六子甲27	一巳癸26	四亥癸26	八辰壬24	三酉辛23	14
二未乙29	五丑乙28	九午甲27	三子甲27	七巳癸25	二戌壬24	15
一申丙30	四寅丙29	八未乙28	二丑乙28	六午甲26	一亥癸25	16
九酉丁⅓	三卯丁⅓	七申丙29	一寅丙29	五未乙27	九子甲26	17
八戌戊2	二辰戊2	六酉丁30	九卯丁30	四申丙28	八丑乙27	18
七亥己3	一巳己3	五戌戊⅓	八辰戊⅓	三酉丁29	七寅丙28	19
六子庚4	九午庚4	四亥己2	七巳己2	二戌戊⅓	六卯丁29	20
五丑辛5	八未辛5	三子庚3	六午庚3	一亥己2	五辰戊30	21
罒寅壬6	七申壬6	二丑辛4	五未辛4	九子庚3	四巳己6/⅓	22
七卯癸7	六酉癸7	一寅壬5	四申壬5	八丑辛4	三午庚2	23
八辰甲8	五戌甲8	九卯癸6	三酉癸6	七寅壬5	二未辛3	24
九巳乙9	四亥乙9	八辰甲7	二戌甲7	六卯癸6	一申壬4	25
一午丙10	三子丙10	七巳乙8	一亥乙8	五辰甲7	九酉癸5	26
二未丁11	二丑丁11	六午丙9	九子丙9	四巳乙8	八戌甲6	27
三申戊12	一寅戊12	五未丁10	八丑丁10	三午丙9	七亥乙7	28
四酉己13	九卯己13	四申戊11	七寅戊11	二未丁10	六子丙8	29
五戌庚14	八辰庚14	三酉己12	六卯己12	一申戊11	五丑丁9	30
六亥辛15		二戌庚13		九酉己12	四寅戊10	31

午戊六	巳丁五	辰丙四	卯乙三	寅甲二	丑癸一	月
芒種 6 辰 ／ 夏至 22 丑	立夏 6 寅 ／ 小滿 21 酉	清明 5 巳 ／ 穀雨 20 酉	驚蟄 6 寅 ／ 春分 21 卯	立春 4 巳 ／ 雨水 19 卯	小寒 5 子 ／ 大寒 20 申	節気
二	二	二	三	三	三	局／日
五未癸20	一子壬18	七午壬18	三亥辛16	二未癸18	七子壬16	1
六申甲21	二丑癸19	八未癸19	四子壬17	三申甲19	八丑癸17	2
七酉乙22	三寅甲20	九申甲20	五丑癸18	四酉乙20	九寅甲18	3
八戌丙23	四卯乙21	一酉乙21	六寅甲19	五戌丙21	一卯乙19	4
九亥丁24	五辰丙22	二戌丙22	七卯乙20	六亥丁22	二辰丙20	5
一子戊25	六巳丁23	三亥丁23	八辰丙21	七子戊23	三巳丁21	6
二丑己26	七午戊24	四子戊24	九巳丁22	八丑己24	四午戊22	7
三寅庚27	八未己25	五丑己25	一午戊23	九寅庚25	五未己23	8
四卯辛28	九申庚26	六寅庚26	二未己24	一卯辛26	六申庚24	9
五辰壬29	一酉辛27	七卯辛27	三申庚25	二辰壬27	七酉辛25	10
六巳癸 5/1	二戌壬28	八辰壬28	四酉辛26	三巳癸28	八戌壬26	11
七午甲2	三亥癸29	九巳癸29	五戌壬27	四午甲29	九亥癸27	12
八未乙3	四子甲 4/1	一午甲30	六亥癸28	五未乙30	一子甲28	13
九申丙4	五丑乙2	二未乙 3/1	七子甲29	六申丙 1/1	二丑乙29	14
一酉丁5	六寅丙3	三申丙2	八丑乙 2/1	七酉丁2	三寅丙 12/1	15
二戌戊6	七卯丁4	四酉丁3	九寅丙2	八戌戊3	四卯丁2	16
三亥己7	八辰戊5	五戌戊4	一卯丁3	九亥己4	五辰戊3	17
四子庚8	九巳己6	六亥己5	二辰戊4	一子庚5	六巳己4	18
五丑辛9	一午庚7	七子庚6	三巳己5	二丑辛6	七午庚5	19
六寅壬10	二未辛8	八丑辛7	四午庚6	三寅壬7	八未辛6	20
七卯癸11	三申壬9	九寅壬8	五未辛7	四卯癸8	九申壬7	21
八辰甲12	四酉癸10	一卯癸9	六申壬8	五辰甲9	一酉癸8	22
一巳乙13	五戌甲11	二辰甲10	七酉癸9	六巳乙10	二戌甲9	23
九午丙14	六亥乙12	三巳乙11	八戌甲10	七午丙11	三亥乙10	24
八未丁15	七子丙13	四午丙12	九亥乙11	八未丁12	四子丙11	25
七申戊16	八丑丁14	五未丁13	一子丙12	九申戊13	五丑丁12	26
六酉己17	九寅戊15	六申戊14	二丑丁13	一酉己14	六寅戊13	27
五戌庚18	一卯己16	七酉己15	三寅戊14	二戌庚15	七卯己14	28
四亥辛19	二辰庚17	八戌庚16	四卯己15		八辰庚15	29
三子壬20	三巳辛18	九亥辛17	五辰庚16		九巳辛16	30
	四午壬19		六巳辛17		一午壬17	31

西曆一九五三年 （漢数字의 太字는 陰局、細字는 陽局）

子甲十二		亥癸十一		戌壬十		酉辛九		申庚八		未己七		月
冬至 22 午	大雪 7 酉	小雪 22 子	立冬 8 丑	霜降 24 丑	寒露 8 子	秋分 23 酉	白露 8 辰	處暑 22 戌	立秋 8 卯	大暑 23 午	小暑 7 戌	節気
二		二		二		二		二		二		局　日
二戌丙25		五辰丙25		九酉乙24		三卯乙24		七申甲22		二丑癸21		1
一亥丁26		四巳丁26		八戌丙25		二辰乙25		六酉乙23		一寅甲22		2
九子戊27		三午戊27		七亥丁26		一巳丁26		五戌丙24		九卯乙23		3
八丑己28		二未己28		六子戊27		九午戊27		四亥丁25		八辰丙24		4
七寅庚29		一申庚29		五丑己28		八未己28		三子戊26		七巳丁25		5
六卯辛⅓		九酉辛30		四寅庚29		七申庚29		二丑己27		六午戊26		6
五辰壬2		八戌壬⅓		三卯辛30		六酉辛30		一寅庚28		五未己27		7
四巳癸3		七亥癸2		二辰壬⅓		五戌壬⅓		九卯辛29		四申庚28		8
三午甲4		六子甲3		一巳癸2		四亥癸2		八辰壬⅓		三酉辛29		9
二未乙5		五丑乙4		九午甲3		三子甲3		七巳癸2		二戌壬30		10
一申丙6		四寅丙5		八未乙4		二丑乙4		六午甲3		一亥癸⅙		11
九酉丁7		三卯丁6		七申丙5		一寅丙5		五未乙4		九子甲2		12
八戌戊8		二辰戊7		六酉丁6		九卯丁6		四申丙5		八丑乙3		13
七亥己9		一巳己8		五戌戊7		八辰戊7		三酉丁6		七寅丙4		14
六子庚10		九午庚9		四亥己8		七巳己8		二戌戊7		六卯丁5		15
五丑辛11		八未辛10		三子庚9		六午庚9		一亥己8		五辰戊6		16
四寅壬12		七申壬11		二丑辛10		五未辛10		九子庚9		四巳己7		17
三卯癸13		六酉癸12		一寅壬11		四申壬11		八丑辛10		三午庚8		18
二辰甲14		五戌甲13		九卯癸12		三酉癸12		七寅壬11		二未辛9		19
一巳乙15		四亥乙14		八辰甲13		二戌甲13		六卯癸12		一申壬10		20
九午丙16		三子丙15		七巳乙14		一亥乙14		五辰甲13		九酉癸11		21
二未丁17		二丑丁16		六午丙15		九子丙15		四巳乙14		八戌甲12		22
三申戊18		一寅戊17		五未丁16		八丑丁16		三午丙15		七亥乙13		23
四酉己19		九卯己18		四申戊17		七寅戊17		二未丁16		六子丙14		24
五戌庚20		八辰庚19		三酉己18		六卯己18		一申戊17		五丑丁15		25
六亥辛21		七巳辛20		二戌庚19		五辰庚19		九酉己18		四寅戊16		26
七子壬22		六午壬21		一亥辛20		巳辛20		八戌庚19		三卯己17		27
八丑癸23		五未癸22		九子壬21		三午壬21		七亥辛20		二辰庚18		28
九寅甲24		四申甲23		八丑癸22		二未癸22		六子壬21		一巳辛19		29
一卯乙25		三酉乙24		七寅甲23		一申甲23		五丑癸22		九午壬20		30
二辰丙26				六卯乙24				四寅甲23		八未癸21		31

左欄外：癸巳年　立向二

午庚六	巳己五	辰戊四	卯丁三	寅丙二	丑乙一	月 節氣 局 日
夏至 芒種 22 6 辰 未	小滿 立夏 21 6 亥 巳	穀雨 清明 20 5 子 申	春分 驚蟄 21 6 午 巳	雨水 立春 19 4 午 申	大寒 小寒 20 6 亥 卯	節氣
一	一	一	一	一	二	局
一子戊 5/1	六巳丁 29	三亥丁 28	八辰丙 27	七子戊 28	三巳丁 27	1
二丑己 2	七午戊 30	四子戊 29	九巳丁 28	八丑己 29	四午戊 28	2
三寅庚 3	八未己 3/1	五丑己 3/1	一午戊 29	九寅庚 1/1	五未己 29	3
四卯辛 4	九申庚 2	六寅庚 2	二未己 30	一卯辛 2	六申庚 30	4
五辰壬 5	一酉辛 3	七卯辛 3	三申庚 3/1	二辰壬 3	七酉辛 1/1	5
六巳癸 6	二戌壬 4	八辰壬 4	四酉辛 2	三巳癸 4	八戌壬 2	6
七午甲 7	三亥癸 5	九巳癸 5	五戌壬 3	四午甲 5	九亥癸 3	7
八未乙 8	四子甲 6	一午甲 6	六亥癸 4	五未乙 6	一子甲 4	8
九申丙 9	五丑乙 7	二未乙 7	七子甲 5	六申丙 7	二丑乙 5	9
一酉丁 10	六寅丙 8	三申丙 8	八丑乙 6	七酉丁 8	三寅丙 6	10
二戌戊 11	七卯丁 9	四酉丁 9	九寅丙 7	八戌戊 9	四卯丁 7	11
三亥己 12	八辰戊 10	五戌戊 10	一卯丁 8	九亥己 10	五辰戊 8	12
四子庚 13	九巳己 11	六亥己 11	二辰戊 9	一子庚 11	六巳己 9	13
五丑辛 14	一午庚 12	七子庚 12	三巳己 10	二丑辛 12	七午庚 10	14
六寅壬 15	二未辛 13	八丑辛 13	四午庚 11	三寅壬 13	八未辛 11	15
七卯癸 16	三申壬 14	九寅壬 14	五未辛 12	四卯癸 14	九申壬 12	16
八辰甲 17	四酉癸 15	一卯癸 15	六申壬 13	五辰甲 15	一酉癸 13	17
九巳乙 18	五戌甲 16	二辰甲 16	七酉癸 14	六巳乙 16	二戌甲 14	18
一午丙 19	六亥乙 17	三巳乙 17	八戌甲 15	七午丙 17	三亥乙 15	19
二未丁 20	七子丙 18	四午丙 18	九亥乙 16	八未丁 18	四子丙 16	20
三申戊 21	八丑丁 19	五未丁 19	一子丙 17	九申戊 19	五丑丁 17	21
哭酉己 22	九寅戊 20	六申戊 20	二丑丁 18	一酉己 20	六寅戊 18	22
五戌庚 23	一卯己 21	七酉己 21	三寅戊 19	二戌庚 21	七卯己 19	23
四亥辛 24	二辰庚 22	八戌庚 22	四卯己 20	三亥辛 22	八辰庚 20	24
三子壬 25	三巳辛 23	九亥辛 23	五辰庚 21	四子壬 23	九巳辛 21	25
二丑癸 26	四午壬 24	一子壬 24	六巳辛 22	五丑癸 24	一午壬 22	26
一寅甲 27	五未癸 25	二丑癸 25	七午壬 23	六寅甲 25	二未癸 23	27
九卯乙 28	六申甲 26	三寅甲 26	八未癸 24	七卯乙 26	三申甲 24	28
八辰丙 29	七酉乙 27	四卯乙 27	九申甲 25		四酉乙 25	29
七巳丁 6/1	八戌丙 28	五辰丙 28	一酉乙 26		五戌丙 26	30
	九亥丁 29		二戌丙 27		六亥丁 27	31

西曆一九五四年 （漢数字의太字는陰局、細字는陽局）

甲午年　立向一

子丙十二	亥乙十一	戌甲十	酉癸九	申壬八	未辛七	月
冬至22酉　大雪8子	小雪23卯　立冬8辰	霜降24辰　寒露9卯	秋分23辰　白露8卯	處暑24丑　立秋8巳	大暑23酉　小暑8子	節気
九	一	一	一	一	一	局／日
六卯辛7	九酉辛6	四寅庚5	七申庚5	二丑己3	六午戊2	1
五辰壬8	八戌壬7	三卯辛6	六酉辛6	一寅庚4	五未己3	2
四巳癸9	七亥癸8	二辰壬7	五戌壬7	九卯辛5	四申庚4	3
三午甲10	六子甲9	一巳癸8	四亥癸8	八辰壬6	三酉辛5	4
二未乙11	五丑乙10	九午甲9	三子甲9	七巳癸7	二戌壬6	5
一申丙12	四寅丙11	八未乙10	二丑乙10	六午甲8	一亥癸7	6
九酉丁13	三卯丁12	七申丙11	一寅丙11	五未乙9	九子甲8	7
八戌戊14	二辰戊13	六酉丁12	九卯丁12	四申丙10	八丑乙9	8
七亥己15	一巳己14	五戌戊13	八辰戊13	三酉丁11	七寅丙10	9
六子庚16	九午庚15	四亥己14	七巳己14	二戌戊12	六卯丁11	10
五丑辛17	八未辛16	三子庚15	六午庚15	一亥己13	五辰戊12	11
四寅壬18	七申壬17	二丑辛16	五未辛16	九子庚14	四巳己13	12
三卯癸19	六酉癸18	一寅壬17	四申壬17	八丑辛15	三午庚14	13
二辰甲20	五戌甲19	九卯癸18	三酉癸18	七寅壬16	二未辛15	14
一巳乙21	四亥乙20	八辰甲19	二戌甲19	六卯癸17	一申壬16	15
九午丙22	三子丙21	七巳乙20	一亥乙20	五辰甲18	九酉癸17	16
八未丁23	二丑丁22	六午丙21	九子丙21	四巳乙19	八戌甲18	17
七申戊24	一寅戊23	五未丁22	八丑丁22	三午丙20	七亥乙19	18
六酉己25	九卯己24	四申戊23	七寅戊23	二未丁21	六子丙20	19
五戌庚26	八辰庚25	三酉己24	六卯己24	一申戊22	五丑丁21	20
四亥辛27	七巳辛26	二戌庚25	五辰庚25	九酉己23	四寅戊22	21
三子壬28	六午壬27	一亥辛26	四巳辛26	八戌庚24	三卯己23	22
八丑癸29	五未癸28	九子壬27	三午壬27	七亥辛25	二辰庚24	23
九寅甲30	四申甲29	八丑癸28	二未癸28	六子壬26	一巳辛25	24
一卯乙¼	三酉乙¼	七寅甲29	一申甲29	五丑癸27	九午壬26	25
二辰丙2	二戌丙2	六卯乙30	九酉乙30	四寅甲28	八未癸27	26
三巳丁3	一亥丁3	五辰丙¼	八戌丙¾	三卯乙29	七申甲28	27
四午戊4	九子戊4	四巳丁2	七亥丁2	二辰丙¾	六酉乙29	28
五未己5	八丑己5	三午戊3	六子戊3	一巳丁2	五戌丙30	29
六申庚6	七寅庚6	二未己4	五丑己4	九午戊3	四亥丁¼	30
七酉辛7		一申庚5		八未己4	三子戊2	31

六 午壬	五 巳辛	四 辰庚	三 卯己	二 寅戊	一 丑丁	月
夏至 22 未 / 芒種 6 戌	小満 22 寅 / 立夏 6 申	穀雨 21 卯 / 清明 5 亥	春分 21 酉 / 驚蟄 6 申	雨水 19 酉 / 立春 4 亥	大寒 21 寅 / 小寒 6 午	節気
九	九	九	九	九	九	局 / 日

西曆一九五五年 （漢数字의太字는陰局、細字는陽局）

午壬六	巳辛五	辰庚四	卯己三	寅戊二	丑丁一	日
六巳癸 11	二戌壬 10	八辰壬 9	四酉辛 8	三巳癸 9	八戌壬 8	1
七午甲 12	三亥癸 11	九巳癸 10	五戌壬 9	四午甲 10	九亥癸 9	2
八未乙 13	四子甲 12	一午甲 11	六亥癸 10	五未乙 11	一子甲 10	3
九申丙 14	五丑乙 13	二未乙 12	七子甲 11	六申丙 12	二丑乙 11	4
一酉丁 15	六寅丙 14	三申丙 13	八丑乙 12	七酉丁 13	三寅丙 12	5
二戌戊 16	七卯丁 15	四酉丁 14	九寅丙 13	八戌戊 14	四卯丁 13	6
三亥己 17	八辰戊 16	五戌戊 15	一卯丁 14	九亥己 15	五辰戊 14	7
四子庚 18	九巳己 17	六亥己 16	二辰戊 15	一子庚 16	六巳己 15	8
五丑辛 19	一午庚 18	七子庚 17	三巳己 16	二丑辛 17	七午庚 16	9
六寅壬 20	二未辛 19	八丑辛 18	四午庚 17	三寅壬 18	八未辛 17	10
七卯癸 21	三申壬 20	九寅壬 19	五未辛 18	四卯癸 19	九申壬 18	11
八辰甲 22	四酉癸 21	一卯癸 20	六申壬 19	五辰甲 20	一酉癸 19	12
九巳乙 23	五戌甲 22	二辰甲 21	七酉癸 20	六巳乙 21	二戌甲 20	13
一午丙 24	六亥乙 23	三巳乙 22	八戌甲 21	七午丙 22	三亥乙 21	14
二未丁 25	七子丙 24	四午丙 23	九亥乙 22	八未丁 23	四子丙 22	15
三申戊 26	八丑丁 25	五未丁 24	一子丙 23	九申戊 24	五丑丁 23	16
四酉己 27	九寅戊 26	六申戊 25	二丑丁 24	一酉己 25	六寅戊 24	17
五戌庚 28	一卯己 27	七酉己 26	三寅戊 25	二戌庚 26	七卯己 25	18
六亥辛 29	二辰庚 28	八戌庚 27	四卯己 26	三亥辛 27	八辰庚 26	19
七子壬 5/1	三巳辛 29	九亥辛 28	五辰庚 27	四子壬 28	九巳辛 27	20
八丑癸 2	四午壬 30	一子壬 29	六巳辛 28	五丑癸 29	一午壬 28	21
九寅甲 3	五未癸 4/1	二丑癸 3/1	七午壬 29	六寅甲 2/1	二未癸 29	22
九卯乙 4	六申甲 2	三寅甲 2	八未癸 30	七卯乙 2	三申甲 30	23
八辰丙 5	七酉乙 3	四卯乙 3	九申甲 3/1	八辰丙 3	四酉乙 1/1	24
七巳丁 6	八戌丙 4	五辰丙 4	一酉乙 2	九巳丁 4	五戌丙 2	25
六午戊 7	九亥丁 5	六巳丁 5	二戌丙 3	一午戊 5	六亥丁 3	26
五未己 8	一子戊 6	七午戊 6	三亥丁 4	二未己 6	七子戊 4	27
四申庚 9	二丑己 7	八未己 7	四子戊 5	三申庚 7	八丑己 5	28
三酉辛 10	三寅庚 8	九申庚 8	五丑己 6		九寅庚 6	29
二戌壬 11	四卯辛 9	一酉辛 9	六寅庚 7		一卯辛 7	30
	五辰壬 10		七卯辛 8		二辰壬 8	31

子戊十二		亥丁十一		戌丙十		酉乙九		申甲八		未癸七		月／節気／局／日
冬至	大雪	小雪	立冬	霜降	寒露	秋分	白露	處暑	立秋	大暑	小暑	節気
22	8	23	8	24	9	24	8	24	8	24	8	
子	卯	午	未	未	午	寅	戌	辰	申	子	卯	
八		八		八		九		九		九		局

乙未年　立向九

子戊十二	亥丁十一	戌丙十	酉乙九	申甲八	未癸七	日
一申丙18	四寅丙17	八未乙16	二丑乙15	六午甲14	一亥癸12	1
九酉丁19	三卯丁18	七申丙17	一寅丙16	五未乙15	九子甲13	2
八戌戊20	二辰戊19	六酉丁18	九卯丁17	四申丙16	八丑乙14	3
七亥己21	一巳己20	五戌戊19	八辰戊18	三酉丁17	七寅丙15	4
六子庚22	九午庚21	四亥己20	七巳己19	二戌戊18	六卯丁16	5
五丑辛23	八未辛22	三子庚21	六午庚20	一亥己19	五辰戊17	6
四寅壬24	七申壬23	二丑辛22	五未辛21	九子庚20	四巳己18	7
三卯癸25	六酉癸24	一寅壬23	四申壬22	八丑辛21	三午庚19	8
二辰甲26	五戌甲25	九卯癸24	三酉癸23	七寅壬22	二未辛20	9
一巳乙27	四亥乙26	八辰甲25	二戌甲24	六卯癸23	一申壬21	10
九午丙28	三子丙27	七巳乙26	一亥乙25	五辰甲24	九酉癸22	11
八未丁29	二丑丁28	六午丙27	九子丙26	四巳乙25	八戌甲23	12
七申戊30	一寅戊29	五未丁28	八丑丁27	三午丙26	七亥乙24	13
六酉己⅟	九卯己⅟	四申戊29	七寅戊28	二未丁27	六子丙25	14
五戌庚2	八辰庚2	三酉己30	六卯己29	一申戊28	五丑丁26	15
四亥辛3	七巳辛3	二戌庚⅟	五辰庚⅟	九酉己29	四寅戊27	16
三子壬4	六午壬4	一亥辛2	四巳辛2	八戌庚30	三卯己28	17
二丑癸5	五未癸5	九子壬3	三午壬3	七亥辛⅟	二辰庚29	18
一寅甲6	四申甲6	八丑癸4	二未癸4	六子壬2	一巳辛⅟	19
九卯乙7	三酉乙7	七寅甲5	一申甲5	五丑癸3	九午壬2	20
八辰丙8	二戌丙8	六卯乙6	九酉乙6	四寅甲4	八未癸3	21
三巳丁9	一亥丁9	五辰丙7	八戌丙7	三卯乙5	七申甲4	22
四午戊10	九子戊10	四巳丁8	七亥丁8	二辰丙6	六酉乙5	23
五未己11	八丑己11	三午戊9	六子戊9	一巳丁7	五戌丙6	24
六申庚12	七寅庚12	二未己10	五丑己10	九午戊8	四亥丁7	25
七酉辛13	六卯辛13	一申庚11	四寅庚11	八未己9	三子戊8	26
八戌壬14	五辰壬14	九酉辛12	三卯辛12	七申庚10	二丑己9	27
九亥癸15	四巳癸15	八戌壬13	二辰壬13	六酉辛11	一寅庚10	28
一子甲16	三午甲16	七亥癸14	一巳癸14	五戌壬12	九卯辛11	29
二丑乙17	二未乙17	六子甲15	九午甲15	四亥癸13	八辰壬12	30
三寅丙18		五丑乙16		三子甲14	七巳癸13	31

午甲六	巳癸五	辰壬四	卯辛三	寅庚二	丑己一	月
夏至 21 酉 / 芒種 6 丑	小満 21 巳 / 立夏 5 亥	穀雨 20 巳 / 清明 5 寅	春分 20 子 / 驚蟄 5 亥	雨水 20 子 / 立春 5 寅	大寒 21 巳 / 小寒 6 申	節気
八	八	八	八	八	八	局 / 日
三亥己23	八辰戊21	五戌戊21	一卯丁19	八戌戊20	四卯丁19	1
四子庚24	九巳己22	六亥己22	二辰戊20	九亥己21	五辰戊20	2
五丑辛25	一午庚23	七子庚23	三巳己21	一子庚22	六巳己21	3
六寅壬26	二未辛24	八丑辛24	四午庚22	二丑辛23	七午庚22	4
七卯癸27	三申壬25	九寅壬25	五未辛23	三寅壬24	八未辛23	5
八辰甲28	四酉癸26	一卯癸26	六申壬24	四卯癸25	九申壬24	6
九巳乙29	五戌甲27	二辰甲27	七酉癸25	五辰甲26	一酉癸25	7
一午丙30	六亥乙28	三巳乙28	八戌甲26	六巳乙27	二戌甲26	8
二未丁╱	七子丙29	四午丙29	九亥乙27	七午丙28	三亥乙27	9
三申戊2	八丑丁╱	五未丁30	一子丙28	八未丁29	四子丙28	10
四酉己3	九寅戊2	六申戊╱	二丑丁29	九申戊30	五丑丁29	11
五戌庚4	一卯己3	七酉己2	三寅戊╱	一酉己╱	六寅戊30	12
六亥辛5	二辰庚4	八戌庚3	四卯己2	二戌庚2	七卯己╱	13
七子壬6	三巳辛5	九亥辛4	五辰庚3	三亥辛3	八辰庚2	14
八丑癸7	四午壬6	一子壬5	六巳辛4	四子壬4	九巳辛3	15
九寅甲8	五未癸7	二丑癸6	七午壬5	五丑癸5	一午壬4	16
一卯乙9	六申甲8	三寅甲7	八未癸6	六寅甲6	二未癸5	17
二辰丙10	七酉乙9	四卯乙8	九申甲7	七卯乙7	三申甲6	18
三巳丁11	八戌丙10	五辰丙9	一酉乙8	八辰丙8	四酉乙7	19
四午戊12	九亥丁11	六巳丁10	二戌丙9	九巳丁9	五戌丙8	20
三未己13	一子戊12	七午戊11	三亥丁10	一午戊10	六亥丁9	21
四申庚14	二丑己13	八未己12	四子戊11	二未己11	七子戊10	22
三酉辛15	三寅庚14	九申庚13	五丑己12	三申庚12	八丑己11	23
二戌壬16	四卯辛15	一酉辛14	六寅庚13	四酉辛13	九寅庚12	24
一亥癸17	五辰壬16	二戌壬15	七卯辛14	五戌壬14	一卯辛13	25
九子甲18	六巳癸17	三亥癸16	八辰壬15	六亥癸15	二辰壬14	26
八丑乙19	七午甲18	四子甲17	九巳癸16	七子甲16	三巳癸15	27
七寅丙20	八未乙19	五丑乙18	一午甲17	八丑乙17	四午甲16	28
六卯丁21	九申丙20	六寅丙19	二未乙18	九寅丙18	五未乙17	29
五辰戊22	一酉丁21	七卯丁20	三申丙19		六申丙18	30
	二戌戊22		四酉丁20		七酉丁19	31

西暦一九五六年 （漢数字의太字는陰局、細字는陽局）

丙申年

立向八

子庚十二	亥己十二	戌戊十	酉丁九	申丙八	未乙七	月
冬至　大雪	小雪　立冬	霜降　寒露	秋分　白露	處暑　立秋	大暑　小暑	節気
22　7	22　7	23　8	23　8	23　7	23　7	
卯　午	酉　戌	戌　申	巳　丑	未　亥	卯　午	局
七	七	七	七	七	八	日
四寅壬29	七申壬29	二丑辛27	五未辛27	九子庚25	四巳己23	1
三卯癸½	六酉癸30	一寅壬28	四申壬28	八丑辛26	三午庚24	2
二辰甲2	五戌甲½	九卯癸29	三酉癸29	七寅壬27	二未辛25	3
一巳乙3	四亥乙2	八辰甲½	二戌甲30	六卯癸28	一申壬26	4
九午丙4	三子丙3	七巳乙2	一亥乙½	五辰甲29	九酉癸27	5
八未丁5	二丑丁4	六午丙3	九子丙2	四巳乙7/	八戌甲28	6
七申戊6	一寅戊5	五未丁4	八丑丁3	三午丙2	七亥乙29	7
六酉己7	九卯己6	四申戊5	七寅戊4	二未丁3	六子丙6/	8
五戌庚8	八辰庚7	三酉己6	六卯己5	一申戊4	五丑丁2	9
四亥辛9	七巳辛8	二戌庚7	五辰庚6	九酉己5	四寅戊3	10
三子壬10	六午壬9	一亥辛8	四巳辛7	八戌庚6	三卯己4	11
二丑癸11	五未癸10	九子壬9	三午壬8	七亥辛7	二辰庚5	12
一寅甲12	四申甲11	八丑癸10	二未癸9	六子壬8	一巳辛6	13
九卯乙13	三酉乙12	七寅甲11	一申甲10	五丑癸9	九午壬7	14
八辰丙14	二戌丙13	六卯乙12	九酉乙11	四寅甲10	八未癸8	15
七巳丁15	一亥丁14	五辰丙13	八戌丙12	三卯乙11	七申甲9	16
六午戊16	九子戊15	四巳丁14	七亥丁13	二辰丙12	六酉乙10	17
五未己17	八丑己16	三午戊15	六子戊14	一巳丁13	五戌丙11	18
四申庚18	七寅庚17	二未己16	五丑己15	九午戊14	四亥丁12	19
三酉辛19	六卯辛18	一申庚17	四寅庚16	八未己15	三子戊13	20
二戌壬20	五辰壬19	九酉辛18	三卯辛17	七申庚16	二丑己14	21
一亥癸21	四巳癸20	八戌壬19	二辰壬18	六酉辛17	一寅庚15	22
一子甲22	三午甲21	七亥癸20	一巳癸19	五戌壬18	九卯辛16	23
二丑乙23	二未乙22	六子甲21	九午甲20	四亥癸19	八辰壬17	24
三寅丙24	一申丙23	五丑乙22	八未乙21	三子甲20	七巳癸18	25
四卯丁25	九酉丁24	四寅丙23	七申丙22	二丑乙21	六午甲19	26
五辰戊26	八戌戊25	三卯丁24	六酉丁23	一寅丙22	五未乙20	27
六巳己27	七亥己26	二辰戊25	五戌戊24	九卯丁23	四申丙21	28
七午庚28	六子庚27	一巳己26	四亥己25	八辰戊24	三酉丁22	29
八未辛29	五丑辛28	九午庚27	三子庚26	七巳己25	二戌戊23	30
九申壬30		八未辛28		六午庚26	一亥己24	31

午丙六	巳乙五	辰甲四	卯癸三	寅壬二	丑辛一	月 節氣 局 日
夏至 芒種	小滿 立夏	穀雨 清明	春分 驚蟄	雨水 立春	大寒 小寒	
22 6	21 6	20 5	21 6	19 4	20 5	
子 辰	申 寅	申 巳	卯 寅	卯 巳	申 亥	
六	七	七	七	七	七	
八辰甲4	四酉癸2	一卯癸2	六申壬30	五辰甲2	一酉癸½	1
九巳乙5	五戌甲3	二辰甲3	七酉癸¾	六巳乙3	二戌甲2	2
一午丙6	六亥乙4	三巳乙4	八戌甲2	七午丙4	三亥乙3	3
二未丁7	七子丙5	四午丙5	九亥乙3	八未丁5	四子丙4	4
三申戊8	八丑丁6	五未丁6	一子丙4	九申戊6	五丑丁5	5
四酉己9	九寅戊7	六申戊7	二丑丁5	一酉己7	六寅戊6	6
五戌庚10	一卯己8	七酉己8	三寅戊6	二戌庚8	七卯己7	7
六亥辛11	二辰庚9	八戌庚9	四卯己7	三亥辛9	八辰庚8	8
七子壬12	三巳辛10	九亥辛10	五辰庚8	四子壬10	九巳辛9	9
八丑癸13	四午壬11	一子壬11	六巳辛9	五丑癸11	一午壬10	10
九寅甲14	五未癸12	二丑癸12	七午壬10	六寅甲12	二未癸11	11
一卯乙15	六申甲13	三寅甲13	八未癸11	七卯乙13	三申甲12	12
二辰丙16	七酉乙14	四卯乙14	九申甲12	八辰丙14	四酉乙13	13
三巳丁17	八戌丙15	五辰丙15	一酉乙13	九巳丁15	五戌丙14	14
四午戊18	九亥丁16	六巳丁16	二戌丙14	一午戊16	六亥丁15	15
五未己19	一子戊17	七午戊17	三亥丁15	二未己17	七子戊16	16
六申庚20	二丑己18	八未己18	四子戊16	三申庚18	八丑己17	17
七酉辛21	三寅庚19	九申庚19	五丑己17	四酉辛19	九寅庚18	18
八戌壬22	四卯辛20	一酉辛20	六寅庚18	五戌壬20	一卯辛19	19
九亥癸23	五辰壬21	二戌壬21	七卯辛19	六亥癸21	二辰壬20	20
一子甲24	六巳癸22	三亥癸22	八辰壬20	七子甲22	三巳癸21	21
六丑乙25	七午甲23	四子甲23	九巳癸21	八丑乙23	四午甲22	22
七寅丙26	八未乙24	五丑乙24	一午甲22	九寅丙24	五未乙23	23
六卯丁27	九申丙25	六寅丙25	二未乙23	一卯丁25	六申丙24	24
五辰戊28	一酉丁26	七卯丁26	三申丙24	二辰戊26	七酉丁25	25
四巳己29	二戌戊27	八辰戊27	四酉丁25	三巳己27	八戌戊26	26
三午庚30	三亥己28	九巳己28	五戌戊26	四午庚28	九亥己27	27
二未辛¾	四子庚29	一午庚29	六亥己27	五未辛29	一子庚28	28
一申壬2	五丑辛½	二未辛30	七子庚28		二丑辛29	29
九酉癸3	六寅壬2	三申壬¾	八丑辛29		三寅壬30	30
	七卯癸3		九寅壬¾		四卯癸½	31

西曆一九五七年 (漢数字의 太字는 陰局、細字는 陽局)

月 →	子壬十二	亥辛十一	戌庚十	酉己九	申戊八	未丁七
節気	冬至 22 午／大雪 7 酉	小雪 22 亥／立冬 8 丑	霜降 24 丑／寒露 8 亥	秋分 23 申／白露 8 辰	處暑 23 酉／立秋 8 寅	大暑 23 午／小暑 7 酉
局	六	六	六	六	六	六

丁酉年　立向七

日	子壬十二	亥辛十一	戌庚十	酉己九	申戊八	未丁七
1	八未丁10	二丑丁10	六午丙8	九子丙8	四巳乙6	八戌甲4
2	七申戊11	一寅戊11	五未丁9	八丑丁9	三午丙7	七亥乙5
3	六酉己12	九卯己12	四申戊10	七寅戊10	二未丁8	六子丙6
4	五戌庚13	八辰庚13	三酉己11	六卯己11	一申戊9	五丑丁7
5	四亥辛14	七巳辛14	二戌庚12	五辰庚12	九酉己10	四寅戊8
6	三子壬15	六午壬15	一亥辛13	四巳辛13	八戌庚11	三卯己9
7	二丑癸16	五未癸16	九子壬14	三午壬14	七亥辛12	二辰庚10
8	一寅甲17	四申甲17	八丑癸15	二未癸15	六子壬13	一巳辛11
9	九卯乙18	三酉乙18	七寅甲16	一申甲16	五丑癸14	九午壬12
10	八辰丙19	二戌丙19	六卯乙17	九酉乙17	四寅甲15	八未癸13
11	七巳丁20	一亥丁20	五辰丙18	八戌丙18	三卯乙16	七申甲14
12	六午戊21	九子戊21	四巳丁19	七亥丁19	二辰丙17	六酉乙15
13	五未己22	八丑己22	三午戊20	六子戊20	一巳丁18	五戌丙16
14	四申庚23	七寅庚23	二未己21	五丑己21	九午戊19	四亥丁17
15	三酉辛24	六卯辛24	一申庚22	四寅庚22	八未己20	三子戊18
16	二戌壬25	五辰壬25	九酉辛23	三卯辛23	七申庚21	二丑己19
17	一亥癸26	四巳癸26	八戌壬24	二辰壬24	六酉辛22	一寅庚20
18	九子甲27	三午甲27	七亥癸25	一巳癸25	五戌壬23	九卯辛21
19	八丑乙28	二未乙28	六子甲26	九午甲26	四亥癸24	八辰壬22
20	七寅丙29	一申丙29	五丑乙27	八未乙27	三子甲25	七巳癸23
21	六卯丁 ½	九酉丁30	四寅丙28	七申丙28	二丑乙26	六午甲24
22	五辰戊2	八戌戊 ½	三卯丁29	六酉丁29	一寅丙27	五未乙25
23	六巳己3	七亥己2	二辰戊 ¾	五戌戊30	九卯丁28	四申丙26
24	七午庚4	六子庚3	一巳己2	四亥己 ⅛	八辰戊29	三酉丁27
25	八未辛5	五丑辛4	九午庚3	三子庚2	七巳己 ⅛	二戌戊28
26	九申壬6	四寅壬5	八未辛4	二丑辛3	六午庚2	一亥己29
27	一酉癸7	三卯癸6	七申壬5	一寅壬4	五未辛3	九子庚 ⅐
28	二戌甲8	二辰甲7	六酉癸6	九卯癸5	四申壬4	八丑辛2
29	三亥乙9	一巳乙8	五戌甲7	八辰甲6	三酉癸5	七寅壬3
30	四子丙10	九午丙9	四亥乙8	七巳乙7	二戌甲6	六卯癸4
31	五丑丁11		三子丙9		一亥乙7	五辰甲5

午戊六	巳丁五	辰丙四	卯乙三	寅甲二	丑癸一	月
夏至 芒種	小滿 立夏	穀雨 清明	春分 驚蟄	雨水 立春	大寒 小寒	節気
22 6	21 6	20 5	21 6	19 4	20 6	
卯未	亥巳	亥申	午巳	午申	亥寅	
五	五	五	六	六	六	局 日
四 酉己 14	九 寅戊 13	六 申戊 13	二 丑丁 12	一 酉己 13	六 寅戊 12	1
五 戌庚 15	一 卯己 14	七 酉己 14	三 寅戊 13	二 戌庚 14	七 卯己 13	2
六 亥辛 16	二 辰庚 15	八 戌庚 15	四 卯己 14	三 亥辛 15	八 辰庚 14	3
七 子壬 17	三 巳辛 16	九 亥辛 16	五 辰庚 15	四 子壬 16	九 巳辛 15	4
八 丑癸 18	四 午壬 17	一 子壬 17	六 巳辛 16	五 丑癸 17	一 午壬 16	5
九 寅甲 19	五 未癸 18	二 丑癸 18	七 午壬 17	六 寅甲 18	二 未癸 17	6
一 卯乙 20	六 申甲 19	三 寅甲 19	八 未癸 18	七 卯乙 19	三 申甲 18	7
二 辰丙 21	七 酉乙 20	四 卯乙 20	九 申甲 19	八 辰丙 20	四 酉乙 19	8
三 巳丁 22	八 戌丙 21	五 辰丙 21	一 酉乙 20	九 巳丁 21	五 戌丙 20	9
四 午戊 23	九 亥丁 22	六 巳丁 22	二 戌丙 21	一 午戊 22	六 亥丁 21	10
五 未己 24	一 子戊 23	七 午戊 23	三 亥丁 22	二 未己 23	七 子戊 22	11
六 申庚 25	二 丑己 24	八 未己 24	四 子戊 23	三 申庚 24	八 丑己 23	12
七 酉辛 26	三 寅庚 25	九 申庚 25	五 丑己 24	四 酉辛 25	九 寅庚 24	13
八 戌壬 27	四 卯辛 26	一 酉辛 26	六 寅庚 25	五 戌壬 26	一 卯辛 25	14
九 亥癸 28	五 辰壬 27	二 戌壬 27	七 卯辛 26	六 亥癸 27	二 辰壬 26	15
一 子甲 29	六 巳癸 28	三 亥癸 28	八 辰壬 27	七 子甲 28	三 巳癸 27	16
二 丑乙 5/1	七 午甲 29	四 子甲 29	九 巳癸 28	八 丑乙 29	四 午甲 28	17
三 寅丙 2	八 未乙 30	五 丑乙 30	一 午甲 29	九 寅丙 1/1	五 未乙 29	18
四 卯丁 3	九 申丙 4/1	六 寅丙 3/1	二 未乙 30	一 卯丁 2	六 申丙 30	19
五 辰戊 4	一 酉丁 2	七 卯丁 2	三 申丙 2/1	二 辰戊 3	七 酉丁 12/1	20
六 巳己 5	二 戌戊 3	八 辰戊 3	四 酉丁 2	三 巳己 4	八 戌戊 2	21
壹 午庚 6	三 亥己 4	九 巳己 4	五 戌戊 3	四 午庚 5	九 亥己 3	22
二 未辛 7	四 子庚 5	一 午庚 5	六 亥己 4	五 未辛 6	一 子庚 4	23
一 申壬 8	五 丑辛 6	二 未辛 6	七 子庚 5	六 申壬 7	二 丑辛 5	24
九 酉癸 9	六 寅壬 7	三 申壬 7	八 丑辛 6	七 酉癸 8	三 寅壬 6	25
八 戌甲 10	七 卯癸 8	四 酉癸 8	九 寅壬 7	八 戌甲 9	四 卯癸 7	26
七 亥乙 11	八 辰甲 9	五 戌甲 9	一 卯癸 8	九 亥乙 10	五 辰甲 8	27
六 子丙 12	九 巳乙 10	六 亥乙 10	二 辰甲 9	一 子丙 11	六 巳乙 9	28
五 丑丁 13	一 午丙 11	七 子丙 11	三 巳乙 10		七 午丙 10	29
四 寅戊 14	二 未丁 12	八 丑丁 12	四 午丙 11		八 未丁 11	30
	三 申戊 13		五 未丁 12		九 申戊 12	31

西暦一九五八年　(漢数字의太字는陰局、細字는陽局)

戊戌年　立向六

月	子甲十二	亥癸十一	戌壬十	酉辛九	申庚八	未己七
節気	冬至22酉　大雪7子	小雪23寅　立冬8辰	霜降24辰　寒露9寅	秋分23亥　白露8未	處暑24子　立秋8巳	大暑23酉　小暑8子
局	五	五	五	五	五	五
1	三子壬21	六午壬20	一亥辛19	四巳辛18	八戌庚16	三卯己15
2	二丑癸22	五未癸21	九子壬20	三午壬19	七亥辛17	二辰庚16
3	一寅甲23	四申甲22	八丑癸21	二未癸20	六子壬18	一巳辛17
4	九卯乙24	三酉乙23	七寅甲22	一申甲21	五丑癸19	九午壬18
5	八辰丙25	二戌丙24	六卯乙23	九酉乙22	四寅甲20	八未癸19
6	七巳丁26	一亥丁25	五辰丙24	八戌丙23	三卯乙21	七申甲20
7	六午戊27	九子戊26	四巳丁25	七亥丁24	二辰丙22	六酉乙21
8	五未己28	八丑己27	三午戊26	六子戊25	一巳丁23	五戌丙22
9	四申庚29	七寅庚28	二未己27	五丑己26	九午戊24	四亥丁23
10	三酉辛30	六卯辛29	一申庚28	四寅庚27	八未己25	三子戊24
11	二戌壬1/	五辰壬1/	九酉辛29	三卯辛28	七申庚26	二丑己25
12	一亥癸2	四巳癸2	八戌壬30	二辰壬29	六酉辛27	一寅庚26
13	九子甲3	三午甲3	七亥癸9/1	一巳癸8/1	五戌壬28	九卯辛27
14	八丑乙4	二未乙4	六子甲2	九午甲2	四亥癸29	八辰壬28
15	七寅丙5	一申丙5	五丑乙3	八未乙3	三子甲7/1	七巳癸29
16	六卯丁6	九酉丁6	四寅丙4	七申丙4	二丑乙2	六午甲30
17	五辰戊7	八戌戊7	三卯丁5	六酉丁5	一寅丙3	五未乙6/1
18	四巳己8	七亥己8	二辰戊6	五戌戊6	九卯丁4	四申丙2
19	三午庚9	六子庚9	一巳己7	四亥己7	八辰戊5	三酉丁3
20	二未辛10	五丑辛10	九午庚8	三子庚8	七巳己6	二戌戊4
21	一申壬11	四寅壬11	八未辛9	二丑辛9	六午庚7	一亥己5
22	九酉癸12	三卯癸12	七申壬10	一寅壬10	五未辛8	九子庚6
23	二戌甲13	二辰甲13	六酉癸11	九卯癸11	四申壬9	八丑辛7
24	三亥乙14	一巳乙14	五戌甲12	八辰甲12	三酉癸10	七寅壬8
25	四子丙15	九午丙15	四亥乙13	七巳乙13	二戌甲11	六卯癸9
26	五丑丁16	八未丁16	三子丙14	六午丙14	一亥乙12	五辰甲10
27	六寅戊17	七申戊17	二丑丁15	五未丁15	九子丙13	四巳乙11
28	七卯己18	六酉己18	一寅戊16	四申戊16	八丑丁14	三午丙12
29	八辰庚19	五戌庚19	九卯己17	三酉己17	七寅戊15	二未丁13
30	九巳辛20	四亥辛20	八辰庚18	二戌庚18	六卯己16	一申戊14
31	一午壬21		七巳辛19		五辰庚17	九酉己15

六庚午	五己巳	四戊辰	三丁卯	二丙寅	一乙丑	月
夏至 22 午 / 芒種 6 戌	小滿 22 寅 / 立夏 6 未	穀雨 21 寅 / 清明 5 亥	春分 21 申 / 驚蟄 6 申	雨水 19 酉 / 立春 4 亥	大寒 21 寅 / 小寒 6 巳	節気
四	四	四	四	四	五	局 / 日
九寅甲25	五未癸24	二丑癸24	七午壬22	六寅甲24	二未癸22	1
一卯乙26	六申甲25	三寅甲25	八未癸23	七卯乙25	三申甲23	2
二辰丙27	七酉乙26	四卯乙26	九申甲24	八辰丙26	四酉乙24	3
三巳丁28	八戌丙27	五辰丙27	一酉乙25	九巳丁27	五戌丙25	4
四午戊29	九亥丁28	六巳丁28	二戌丙26	一午戊28	六亥丁26	5
五未己 ／1	一子戊29	七午戊29	三亥丁27	二未己29	七子戊27	6
六申庚2	二丑己30	八未己30	四子戊28	三申庚30	八丑己28	7
七酉辛3	三寅庚 ／1	九申庚 ／1	五丑己29	四酉辛 ／1	九寅庚29	8
八戌壬4	四卯辛2	一酉辛2	六寅庚 ／1	五戌壬2	一卯辛 ／1	9
九亥癸5	五辰壬3	二戌壬3	七卯辛2	六亥癸3	二辰壬2	10
一子甲6	六巳癸4	三亥癸4	八辰壬3	七子甲4	三巳癸3	11
二丑乙7	七午甲5	四子甲5	九巳癸4	八丑乙5	四午甲4	12
三寅丙8	八未乙6	五丑乙6	一午甲5	九寅丙6	五未乙5	13
四卯丁9	九申丙7	六寅丙7	二未乙6	一卯丁7	六申丙6	14
五辰戊10	一酉丁8	七卯丁8	三申丙7	二辰戊8	七酉丁7	15
六巳己11	二戌戊9	八辰戊9	四酉丁8	三巳己9	八戌戊8	16
七午庚12	三亥己10	九巳己10	五戌戊9	四午庚10	九亥己9	17
八未辛13	四子庚11	一午庚11	六亥己10	五未辛11	一子庚10	18
九申壬14	五丑辛12	二未辛12	七子庚11	六申壬12	二丑辛11	19
一酉癸15	六寅壬13	三申壬13	八丑辛12	七酉癸13	三寅壬12	20
二戌甲16	七卯癸14	四酉癸14	九寅壬13	八戌甲14	四卯癸13	21
三亥乙17	八辰甲15	五戌甲15	一卯癸14	九亥乙15	五辰甲14	22
六子丙18	九巳乙16	六亥乙16	二辰甲15	一子丙16	六巳乙15	23
五丑丁19	一午丙17	七子丙17	三巳乙16	二丑丁17	七午丙16	24
四寅戊20	二未丁18	八丑丁18	四午丙17	三寅戊18	八未丁17	25
三卯己21	三申戊19	九寅戊19	五未丁18	四卯己19	九申戊18	26
二辰庚22	四酉己20	一卯己20	六申戊19	五辰庚20	一酉己19	27
一巳辛23	五戌庚21	二辰庚21	七酉己20	六巳辛21	二戌庚20	28
九午壬24	六亥辛22	三巳辛22	八戌庚21		三亥辛21	29
八未癸25	七子壬23	四午壬23	九亥辛22		四子壬22	30
	八丑癸24		一子壬23		五丑癸23	31

西曆一九五九年 (漢数字의 太字는 陰局、細字는 陽局)

己亥年	子丙十二	亥乙十一	戌甲十	酉癸九	申壬八	未辛七	月／節気／局／日
節気	冬至22子　大雪8卯	小雪23巳　立冬8未	霜降24未　寒露9巳	秋分24寅　白露8酉	處暑24卯　立秋8申	大暑23子　小暑8卯	
局	三	四	四	四	四	四	日

子丙十二	亥乙十一	戌甲十	酉癸九	申壬八	未辛七	日
七 巳丁 2	一 亥丁 10/1	五 辰丙 29	八 戌丙 29	三 卯乙 27	七 申甲 26	1
六 午戊 3	九 子戊 2	四 巳丁 9/1	七 亥丁 30	二 辰丙 28	六 酉乙 27	2
五 未己 4	八 丑己 3	三 午戊 2	六 子戊 8/1	一 巳丁 29	五 戌丙 28	3
四 申庚 5	七 寅庚 4	二 未己 3	五 丑己 2	九 午戊 7/1	四 亥丁 29	4
三 酉辛 6	六 卯辛 5	一 申庚 4	四 寅庚 3	八 未己 2	三 子戊 30	5
二 戌壬 7	五 辰壬 6	九 酉辛 5	三 卯辛 4	七 申庚 3	二 丑己 6/1	6
一 亥癸 8	四 巳癸 7	八 戌壬 6	二 辰壬 5	六 酉辛 4	一 寅庚 2	7
九 子甲 9	三 午甲 8	七 亥癸 7	一 巳癸 6	五 戌壬 5	九 卯辛 3	8
八 丑乙 10	二 未乙 9	六 子甲 8	九 午甲 7	四 亥癸 6	八 辰壬 4	9
七 寅丙 11	一 申丙 10	五 丑乙 9	八 未乙 8	三 子甲 7	七 巳癸 5	10
六 卯丁 12	九 酉丁 11	四 寅丙 10	七 申丙 9	二 丑乙 8	六 午甲 6	11
五 辰戊 13	八 戌戊 12	三 卯丁 11	六 酉丁 10	一 寅丙 9	五 未乙 7	12
四 巳己 14	七 亥己 13	二 辰戊 12	五 戌戊 11	九 卯丁 10	四 申丙 8	13
三 午庚 15	六 子庚 14	一 巳己 13	四 亥己 12	八 辰戊 11	三 酉丁 9	14
二 未辛 16	五 丑辛 15	九 午庚 14	三 子庚 13	七 巳己 12	二 戌戊 10	15
一 申壬 17	四 寅壬 16	八 未辛 15	二 丑辛 14	六 午庚 13	一 亥己 11	16
九 酉癸 18	三 卯癸 17	七 申壬 16	一 寅壬 15	五 未辛 14	九 子庚 12	17
八 戌甲 19	二 辰甲 18	六 酉癸 17	九 卯癸 16	四 申壬 15	八 丑辛 13	18
七 亥乙 20	一 巳乙 19	五 戌甲 18	八 辰甲 17	三 酉癸 16	七 寅壬 14	19
六 子丙 21	九 午丙 20	四 亥乙 19	七 巳乙 18	二 戌甲 17	六 卯癸 15	20
五 丑丁 22	八 未丁 21	三 子丙 20	六 午丙 19	一 亥乙 18	五 辰甲 16	21
罡 寅戊 23	七 申戊 22	二 丑丁 21	五 未丁 20	九 子丙 19	四 巳乙 17	22
七 卯己 24	六 酉己 23	一 寅戊 22	四 申戊 21	八 丑丁 20	三 午丙 18	23
八 辰庚 25	五 戌庚 24	九 卯己 23	三 酉己 22	七 寅戊 21	二 未丁 19	24
九 巳辛 26	四 亥辛 25	八 辰庚 24	二 戌庚 23	六 卯己 22	一 申戊 20	25
一 午壬 27	三 子壬 26	七 巳辛 25	一 亥辛 24	五 辰庚 23	九 酉己 21	26
二 未癸 28	二 丑癸 27	六 午壬 26	九 子壬 25	四 巳辛 24	八 戌庚 22	27
三 申甲 29	一 寅甲 28	五 未癸 27	八 丑癸 26	三 午壬 25	七 亥辛 23	28
四 酉乙 30	九 卯乙 29	四 申甲 28	七 寅甲 27	二 未癸 26	六 子壬 24	29
五 戌丙 12/1	八 辰丙 11/1	三 酉乙 29	六 卯乙 28	一 申甲 27	五 丑癸 25	30
六 亥丁 2		二 戌丙 30		九 酉乙 28	四 寅甲 26	31

立向五

午壬六	巳辛五	辰庚四	卯己三	寅戊二	丑丁一	月／節気／局／日
夏至21酉　芒種6丑	小滿21巳　立夏5戌	穀雨20巳　清明5丑	春分20亥　驚蟄5亥	雨水19子　立春5寅	大寒21巳　小寒6申	節気
三	三	三	三	三	三	局
六申庚8	二丑己6	八未己6	四子戊4	二未己5	七子戊3	1
七酉辛9	三寅庚7	九申庚7	五丑己5	三申庚6	八丑己4	2
八戌壬10	四卯辛8	一酉辛8	六寅庚6	四酉辛7	九寅庚5	3
九亥癸11	五辰壬9	二戌壬9	七卯辛7	五戌壬8	一卯辛6	4
一子甲12	六巳癸10	三亥癸10	八辰壬8	六亥癸9	二辰壬7	5
二丑乙13	七午甲11	四子甲11	九巳癸9	七子甲10	三巳癸8	6
三寅丙14	八未乙12	五丑乙12	一午甲10	八丑乙11	四午甲9	7
四卯丁15	九申丙13	六寅丙13	二未乙11	九寅丙12	五未乙10	8
五辰戊16	一酉丁14	七卯丁14	三申丙12	一卯丁13	六申丙11	9
六巳己17	二戌戊15	八辰戊15	四酉丁13	二辰戊14	七酉丁12	10
七午庚18	三亥己16	九巳己16	五戌戊14	三巳己15	八戌戊13	11
八未辛19	四子庚17	一午庚17	六亥己15	四午庚16	九亥己14	12
九申壬20	五丑辛18	二未辛18	七子庚16	五未辛17	一子庚15	13
一酉癸21	六寅壬19	三申壬19	八丑辛17	六申壬18	二丑辛16	14
二戌甲22	七卯癸20	四酉癸20	九寅壬18	七酉癸19	三寅壬17	15
三亥乙23	八辰甲21	五戌甲21	一卯癸19	八戌甲20	四卯癸18	16
四子丙24	九巳乙22	六亥乙22	二辰甲20	九亥乙21	五辰甲19	17
五丑丁25	一午丙23	七子丙23	三巳乙21	一子丙22	六巳乙20	18
六寅戊26	二未丁24	八丑丁24	四午丙22	二丑丁23	七午丙21	19
七卯己27	三申戊25	九寅戊25	五未丁23	三寅戊24	八未丁22	20
公辰庚28	四酉己26	一卯己26	六申戊24	四卯己25	九申戊23	21
一巳辛29	五戌庚27	二辰庚27	七酉己25	五辰庚26	一酉己24	22
九午壬30	六亥辛28	三巳辛28	八戌庚26	六巳辛27	二戌庚25	23
八未癸6/1	七子壬29	四午壬29	九亥辛27	七午壬28	三亥辛26	24
七申甲2	八丑癸5/1	五未癸30	一子壬28	八未癸29	四子壬27	25
六酉乙3	九寅甲2	六申甲4/1	二丑癸29	九申甲30	五丑癸28	26
五戌丙4	一卯乙3	七酉乙2	三寅甲3/1	一酉乙2/1	六寅甲29	27
四亥丁5	二辰丙4	八戌丙3	四卯乙2	二戌丙2	七卯乙1/1	28
三子戊6	三巳丁5	九亥丁4	五辰丙3	三亥丁3	八辰丙2	29
二丑己7	四午戊6	一子戊5	六巳丁4		九巳丁3	30
	五未己7		七午戊5		一午戊4	31

西曆一九六○年（漢数字의太字는陰局、細字는陽局）

子戊 十二	亥丁 十一	戌丙 十	酉乙 九	申甲 八	未癸 七	月 節気 局 日
冬至 22 卯 / 大雪 7 午	小雪 22 申 / 立冬 7 戌	霜降 23 戌 / 寒露 8 申	秋分 23 巳 / 白露 8 子	處暑 23 午 / 立秋 7 亥	大暑 23 卯 / 小暑 7 午	
二	二	二	三	三	三	
一亥癸13	四巳癸13	八戌壬11	二辰壬11	六酉辛9	一寅庚8	1
九子甲14	三午甲14	七亥癸12	一巳癸12	五戌壬10	九卯辛9	2
八丑乙15	二未乙15	六子甲13	九午甲13	四亥癸11	八辰壬10	3
七寅丙16	一申丙16	五丑乙14	八未乙14	三子甲12	七巳癸11	4
六卯丁17	九酉丁17	四寅丙15	七申丙15	二丑乙13	六午甲12	5
五辰戊18	八戌戊18	三卯丁16	六酉丁16	一寅丙14	五未乙13	6
四巳己19	七亥己19	二辰戊17	五戌戊17	九卯丁15	四申丙14	7
三午庚20	六子庚20	一巳己18	四亥己18	八辰戊16	三酉丁15	8
二未辛21	五丑辛21	九午庚19	三子庚19	七巳己17	二戌戊16	9
一申壬22	四寅壬22	八未辛20	二丑辛20	六午庚18	一亥己17	10
九酉癸23	三卯癸23	七申壬21	一寅壬21	五未辛19	九子庚18	11
八戌甲24	二辰甲24	六酉癸22	九卯癸22	四申壬20	八丑辛19	12
七亥乙25	一巳乙25	五戌甲23	八辰甲23	三酉癸21	七寅壬20	13
六子丙26	九午丙26	四亥乙24	七巳乙24	二戌甲22	六卯癸21	14
五丑丁27	八未丁27	三子丙25	六午丙25	一亥乙23	五辰甲22	15
四寅戊28	七申戊28	二丑丁26	五未丁26	九子丙24	四巳乙23	16
三卯己29	六酉己29	一寅戊27	四申戊27	八丑丁25	三午丙24	17
二辰庚⅟	五戌庚30	九卯己28	三酉己28	七寅戊26	二未丁25	18
一巳辛2	四亥辛⅟	八辰庚29	二戌庚29	六卯己27	一申戊26	19
九午壬3	三子壬2	七巳辛⅟	一亥辛30	五辰庚28	九酉己27	20
八未癸4	二丑癸3	六午壬2	九子壬⅟	四巳辛29	八戌庚28	21
三申甲5	一寅甲4	五未癸3	八丑癸2	三午壬⅟	七亥辛29	22
四酉乙6	九卯乙5	四申甲4	七寅甲3	二未癸2	六子壬30	23
五戌丙7	八辰丙6	三酉乙5	六卯乙4	一申甲3	五丑癸⅟	24
六亥丁8	七巳丁7	二戌丙6	五辰丙5	九酉乙4	四寅甲2	25
七子戊9	六午戊8	一亥丁7	四巳丁6	八戌丙5	三卯乙3	26
八丑己10	五未己9	九子戊8	三午戊7	七亥丁6	二辰丙4	27
九寅庚11	四申庚10	八丑己9	二未己8	六子戊7	一巳丁5	28
一卯辛12	三酉辛11	七寅庚10	一申庚9	五丑己8	九午戊6	29
二辰壬13	二戌壬12	六卯辛11	九酉辛10	四寅庚9	八未己7	30
三巳癸14		五辰壬12		三卯辛10	七申庚8	31

庚子年

立

向

四

西暦一九六一年 （漢数字의 太字는 陰局、細字는 陽局）

午甲六	巳癸五	辰壬四	卯辛三	寅庚二	丑己一	月／節気／局／日
夏至21子　芒種6卯	小満21申　立夏6丑	穀雨20申　清明5辰	春分21寅　驚蟄6寅	雨水19卯　立春4巳	大寒20申　小寒5亥	節気
二	二	二	二	二	二	局
二丑乙18	七午甲17	四子甲16	九巳癸15	八丑乙16	四午甲15	1
三寅丙19	八未乙18	五丑乙17	一午甲16	九寅丙17	五未乙16	2
四卯丁20	九申丙19	六寅丙18	二未乙17	一卯丁18	六申丙17	3
五辰戊21	一酉丁20	七卯丁!9	三申丙18	二辰戊19	七酉丁18	4
六巳己22	二戌戊21	八辰戊20	四酉丁19	三巳己20	八戌戊19	5
七午庚23	三亥己22	九巳己21	五戌戊20	四午庚21	九亥己20	6
八未辛24	四子庚23	一午庚22	六亥己21	五未辛22	一子庚21	7
九申壬25	五丑辛24	二未辛23	七子庚22	六申壬23	二丑辛22	8
一酉癸26	六寅壬25	三申壬24	八丑辛23	七酉癸24	三寅壬23	9
二戌甲27	七卯癸26	四酉癸25	九寅壬24	八戌甲25	四卯癸24	10
三亥乙28	八辰甲27	五戌甲26	一卯癸25	九亥乙26	五辰甲25	11
四子丙29	九巳乙28	六亥乙27	二辰甲26	一子丙27	六巳乙26	12
五丑丁5/1	一午丙29	七子丙28	三巳乙27	二丑丁28	七午丙27	13
六寅戊2	二未丁30	八丑丁29	四午丙28	三寅戊29	八未丁28	14
七卯己3	三申戊4/1	九寅戊3/1	五未丁29	四卯己1/2	九申戊29	15
八辰庚4	四酉己2	一卯己2	六申戊30	五辰庚2	一酉己30	16
九巳辛5	五戌庚3	二辰庚3	七酉己2/1	六巳辛3	二戌庚12/1	17
一午壬6	六亥辛4	三巳辛4	八戌庚2	七午壬4	三亥辛2	18
二未癸7	七子壬5	四午壬5	九亥辛3	八未癸5	四子壬3	19
三申甲8	八丑癸6	五未癸6	一子壬4	九申甲6	五丑癸4	20
六酉乙9	九寅甲7	六申甲7	二丑癸5	一酉乙7	六寅甲5	21
五戌丙10	一卯乙8	七酉乙8	三寅甲6	二戌丙8	七卯乙6	22
四亥丁11	二辰丙9	八戌丙9	四卯乙7	三亥丁9	八辰丙7	23
三子戊12	三巳丁10	九亥丁10	五辰丙8	四子戊10	九巳丁8	24
二丑己13	四午戊11	一子戊11	六巳丁9	五丑己11	一午戊9	25
一寅庚14	五未己12	二丑己12	七午戊10	六寅庚12	二未己10	26
九卯辛15	六申庚13	三寅庚13	八未己11	七卯辛13	三申庚11	27
八辰壬16	七酉辛14	四卯辛14	九申庚12	八辰壬14	四酉辛12	28
七巳癸17	八戌壬15	五辰壬15	一酉辛13		五戌壬13	29
六午18	九亥癸16	六巳癸16	二戌壬14		六亥癸14	30
	一子甲17		三亥癸15		七子甲15	31

辛丑年　　立向三

十二 子庚	十一 亥己	十 戌戊	九 酉丁	八 申丙	七 未乙	月
冬至 大雪	小雪 立冬	霜降 寒露	秋分 白露	處暑 立秋	大暑 小暑	節気
22　7	22　8	24　8	23　8	23　8	23　7	
巳　酉	亥　子	丑　亥	申　卯	酉　寅	巳　酉	
一	一	一	一	一	二	局 / 日
五辰戊24	八戌戊23	三卯丁22	六酉丁22	一寅丙20	五未乙19	1
四巳己25	七亥己24	二辰戊23	五戌戊23	九卯丁21	四申丙20	2
三午庚26	六子庚25	一巳己24	四亥己24	八辰戊22	三酉丁21	3
二未辛27	五丑辛26	九午庚25	三子庚25	七巳己23	二戌戊22	4
一申壬28	四寅壬27	八未辛26	二丑辛26	六午庚24	一亥己23	5
九酉癸29	三卯癸28	七申壬27	一寅壬27	五未辛25	九子庚24	6
八戌甲30	二辰甲29	六酉癸28	九卯癸28	四申壬26	八丑辛25	7
七亥乙11/1	一巳乙11/1	五戌甲29	八辰甲29	三酉癸27	七寅壬26	8
六子丙2	九午丙2	四亥乙30	七巳乙30	二戌甲28	六卯癸27	9
五丑丁3	八未丁3	三子丙11/1	六午丙10/1	一亥乙29	五辰甲28	10
四寅戊4	七申戊4	二丑丁2	五未丁2	九子丙9/1	四巳乙29	11
三卯己5	六酉己5	一寅戊3	四申戊3	八丑丁2	三午丙30	12
二辰庚6	五戌庚6	九卯己4	三酉己4	七寅戊3	二未丁8/1	13
一巳辛7	四亥辛7	八辰庚5	二戌庚5	六卯己4	一申戊2	14
九午壬8	三子壬8	七巳辛6	一亥辛6	五辰庚5	九酉己3	15
八未癸9	二丑癸9	六午壬7	九子壬7	四巳辛6	八戌庚4	16
七申甲10	一寅甲10	五未癸8	八丑癸8	三午壬7	七亥辛5	17
六酉乙11	九卯乙11	四申甲9	七寅甲9	二未癸8	六子壬6	18
五戌丙12	八辰丙12	三酉乙10	六卯乙10	一申甲9	五丑癸7	19
四亥丁13	七巳丁13	二戌丙11	五辰丙11	九酉乙10	四寅甲8	20
三子戊14	六午戊14	一亥丁12	四巳丁12	八戌丙11	三卯乙9	21
六丑己15	五未己15	九子戊13	三午戊13	七亥丁12	二辰丙10	22
九寅庚16	四申庚16	八丑己14	二未己14	六子戊13	一巳丁11	23
一卯辛17	三酉辛17	七寅庚15	一申庚15	五丑己14	九午戊12	24
二辰壬18	二戌壬18	六卯辛16	九酉辛16	四寅庚15	八未己13	25
三巳癸19	一亥癸19	五辰壬17	八戌壬17	三卯辛16	七申庚14	26
四午甲20	九子甲20	四巳癸18	七亥癸18	二辰壬17	六酉辛15	27
五未乙21	八丑乙21	三午甲19	六子甲19	一巳癸18	五戌壬16	28
六申丙22	七寅丙22	二未乙20	五丑乙20	九午甲19	四亥癸17	29
七酉丁23	六卯丁23	一申丙21	四寅丙21	八未乙20	三子甲18	30
八戌戊24		九酉丁22		七申丙21	二丑乙19	31

午丙六	巳乙五	辰甲四	卯癸三	寅壬二	丑辛一	月
夏至 芒種	小満 立夏	穀雨 清明	春分 驚蟄	雨水 立春	大寒 小寒	節気
22 6	21 6	20 5	21 6	19 4	20 6	
卯 午	亥 辰	亥 未	巳 巳	午 申	亥 寅	
九	一	一	一	一	一	局 / 日
七午庚29	三亥己27	九巳己27	五戌戊25	四午庚27	九亥己25	1
八未辛5/	四子庚28	一午庚28	六亥己26	五未辛28	一子庚26	2
九申壬2	五丑辛29	二未辛29	七子庚27	六申壬29	二丑辛27	3
一酉癸3	六寅壬3/	三申壬30	八丑辛28	七酉癸30	三寅壬28	4
二戌甲4	七卯癸2	四酉癸3/	九寅壬29	八戌甲1/	四卯癸29	5
三亥乙5	八辰甲3	五戌甲2	一卯癸3/	九亥乙2	五辰甲1/	6
四子丙6	九巳乙4	六亥乙3	二辰甲2	一子丙3	六巳乙2	7
五丑丁7	一午丙5	七子丙4	三巳乙3	二丑丁4	七午丙3	8
六寅戊8	二未丁6	八丑丁5	四午丙4	三寅戊5	八未丁4	9
七卯己9	三申戊7	九寅戊6	五未丁5	四卯己6	九申戊5	10
八辰庚10	四酉己8	一卯己7	六申戊6	五辰庚7	一酉己6	11
九巳辛12	五戌庚9	二辰庚8	七酉己7	六巳辛8	二戌庚7	12
一午壬12	六亥辛10	三巳辛9	八戌庚8	七午壬9	三亥辛8	13
二未癸13	七子壬11	四午壬10	九亥辛9	八未癸10	四子壬9	14
三申甲14	八丑癸12	五未癸11	一子壬10	九申甲11	五丑癸10	15
四酉乙15	九寅甲13	六申甲12	二丑癸11	一酉乙12	六寅甲11	16
五戌丙16	一卯乙14	七酉乙13	三寅甲12	二戌丙13	七卯乙12	17
六亥丁17	二辰丙15	八戌丙14	四卯乙13	三亥丁14	八辰丙13	18
七子戊18	三巳丁16	九亥丁15	五辰丙14	四子戊15	九巳丁14	19
八丑己19	四午戊17	一子戊16	六巳丁15	五丑己16	一午戊15	20
九寅庚20	五未己18	二丑己17	七午戊16	六寅庚17	二未己16	21
元卯辛21	六申庚19	三寅庚18	八未己17	七卯辛18	三申庚17	22
八辰壬22	七酉辛20	四卯辛19	九申庚18	八辰壬19	四酉辛18	23
七巳癸23	八戌壬21	五辰壬20	一酉辛19	九巳癸20	五戌壬19	24
六午甲24	九亥癸22	六巳癸21	二戌壬20	一午甲21	六亥癸20	25
五未乙25	一子甲23	七午甲22	三亥癸21	二未乙22	七子甲21	26
四申丙26	二丑乙24	八未乙23	四子甲22	三申丙23	八丑乙22	27
三酉丁27	三寅丙25	九申丙24	五丑乙23	四酉丁24	九寅丙23	28
二戌戊28	四卯丁26	一酉丁25	六寅丙24		一卯丁24	29
一亥己29	五辰戊27	二戌戊26	七卯丁25		二辰戊25	30
	六巳己28		八辰戊26		三巳己26	31

西暦一九六二年 （漢数字의太字는陰局、細字는陽局）

壬寅年

立向二

子壬十二	亥辛十一	戌庚十	酉己九	申戊八	未丁七	月
冬至 大雪	小雪 立冬	霜降 寒露	秋分 白露	處暑 立秋	大暑 小暑	節気
22 7	23 8	24 9	23 8	23 8	23 7	
申 子	寅 卯	卯 寅	亥 午	子 巳	申 子	局
九	九	九	九	九	九	日
九酉癸5	三卯癸5	七申壬3	一寅壬3	五未辛2	九子庚30	1
八戌甲6	二辰甲6	六酉癸4	九卯癸4	四申壬3	八丑辛 6/1	2
七亥乙7	一巳乙7	五戌甲5	八辰甲5	三酉癸4	七寅壬2	3
六子丙8	九午丙8	四亥乙6	七巳乙6	二戌甲5	六卯癸3	4
五丑丁9	八未丁9	三子丙7	六午丙7	一亥乙6	五辰甲4	5
四寅戊10	七申戊10	二丑丁8	五未丁8	九子丙7	四巳乙5	6
三卯己11	六酉己11	一寅戊9	四申戊9	八丑丁8	三午丙6	7
二辰庚12	五戌庚12	九卯己10	三酉己10	七寅戊9	二未丁7	8
一巳辛13	四亥辛13	八辰庚11	二戌庚11	六卯己10	一申戊8	9
九午壬14	三子壬14	七巳辛12	一亥辛12	五辰庚11	九酉己9	10
八未癸15	二丑癸15	六午壬13	九子壬13	四巳辛12	八戌庚10	11
七申甲16	一寅甲16	五未癸14	八丑癸14	三午壬13	七亥辛11	12
六酉乙17	九卯乙17	四申甲15	七寅甲15	二未癸14	六子壬12	13
五戌丙18	八辰丙18	三酉乙16	六卯乙16	一申甲15	五丑癸13	14
四亥丁19	七巳丁19	二戌丙17	五辰丙17	九酉乙16	四寅甲14	15
三子戊20	六午戊20	一亥丁18	四巳丁18	八戌丙17	三卯乙15	16
二丑己21	五未己21	九子戊19	三午戊19	七亥丁18	二辰丙16	17
一寅庚22	四申庚22	八丑己20	二未己20	六子戊19	一巳丁17	18
九卯辛23	三酉辛23	七寅庚21	一申庚21	五丑己20	九午戊18	19
八辰壬24	二戌壬24	六卯辛22	九酉辛22	四寅庚21	八未己19	20
七巳癸25	一亥癸25	五辰壬23	八戌壬23	三卯辛22	七申庚20	21
六午甲26	九子甲26	四巳癸24	七亥癸24	二辰壬23	六酉辛21	22
八未乙27	八丑乙27	三午甲25	六子甲25	一巳癸24	五戌壬22	23
九申丙28	七寅丙28	二未乙26	五丑乙26	九午甲25	四亥癸23	24
一酉丁29	六卯丁29	一申丙27	四寅丙27	八未乙26	三子甲24	25
二戌戊30	五辰戊30	九酉丁28	三卯丁28	七申丙27	二丑乙25	26
三亥己 1/1	四巳己 1/1	八戌戊29	二辰戊29	六酉丁28	一寅丙26	27
四子庚2	三午庚2	七亥己 11/1	一巳己30	五戌戊29	九卯丁27	28
五丑辛3	二未辛3	六子庚2	九午庚 9/1	四亥己30	八辰戊28	29
六寅壬4	一申壬4	五丑辛3	八未辛2	三子庚 8/1	七巳己29	30
七卯癸5		四寅壬4		二丑辛2	六午庚 7/1	31

午戊六	巳丁五	辰丙四	卯乙三	寅甲二	丑癸一	月
夏至 芒種	小満 立夏	穀雨 清明	春分 驚蟄	雨水 立春	大寒 小寒	節気
22 6	22 6	21 5	21 6	19 4	21 6	
午 酉	寅 未	寅 戌	申 申	申 亥	丑 巳	局
八	八	八	九	九	九	日
六亥乙10	二辰甲8	八戌甲8	四卯癸6	三亥乙8	八辰甲6	1
七子丙11	三巳乙9	九亥乙9	五辰甲7	四子丙9	九巳乙7	2
八丑丁12	四午丙10	一子丙10	六巳乙8	五丑丁10	一午丙8	3
九寅戊13	五未丁11	二丑丁11	七午丙9	六寅戊11	二未丁9	4
一卯己14	六申戊12	三寅戊12	八未丁10	七卯己12	三申戊10	5
二辰庚15	七酉己13	四卯己13	九申戊11	八辰庚13	四酉己11	6
三巳辛16	八戌庚14	五辰庚14	一酉己12	九巳辛14	五戌庚12	7
四午壬17	九亥辛15	六巳辛15	二戌庚13	一午壬15	六亥辛13	8
五未癸18	一子壬16	七午壬16	三亥辛14	二未癸16	七子壬14	9
六申甲19	二丑癸17	八未癸17	四子壬15	三申甲17	八丑癸15	10
七酉乙20	三寅甲18	九申甲18	五丑癸16	四酉乙18	九寅甲16	11
八戌丙21	四卯乙19	一酉乙19	六寅甲17	五戌丙19	一卯乙17	12
九亥丁22	五辰丙20	二戌丙20	七卯乙18	六亥丁20	二辰丙18	13
一子戊23	六巳丁21	三亥丁21	八辰丙19	七子戊21	三巳丁19	14
二丑己24	七午戊22	四子戊22	九巳丁20	八丑己22	四午戊20	15
三寅庚25	八未己23	五丑己23	一午戊21	九寅庚23	五未己21	16
四卯辛26	九申庚24	六寅庚24	二未己22	一卯辛24	六申庚22	17
五辰壬27	一酉辛25	七卯辛25	三申庚23	二辰壬25	七酉辛23	18
六巳癸28	二戌壬26	八辰壬26	四酉辛24	三巳癸26	八戌壬24	19
七午甲29	三亥癸27	九巳癸27	五戌壬25	四午甲27	九亥癸25	20
八未乙 /1	四子甲28	一午甲28	六亥癸26	五未乙28	一子甲26	21
九申丙2	五丑乙29	二未乙29	七子甲27	六申丙29	二丑乙27	22
九酉丁3	六寅丙 /1	三申丙30	八丑乙28	七酉丁30	三寅丙28	23
八戌戊4	七卯丁2	四酉丁 /1	九寅丙29	八戌戊 /1	四卯丁29	24
七亥己5	八辰戊3	五戌戊2	一卯丁 /1	九亥己2	五辰戊 /1	25
六子庚6	九巳己4	六亥己3	二辰戊2	一子庚3	六巳己2	26
五丑辛7	一午庚5	七子庚4	三巳己3	二丑辛4	七午庚3	27
四寅壬8	二未辛6	八丑辛5	四午庚4	三寅壬5	八未辛4	28
三卯癸9	三申壬7	九寅壬6	五未辛5		九申壬5	29
二辰甲10	四酉癸8	一卯癸7	六申壬6		一酉癸6	30
	五戌甲9		七酉癸7		二戌甲7	31

西暦一九六三年（漢数字의太字는陰局、細字는陽局）

癸卯年　立向一

節気	子甲 十二	亥癸 十一	戌壬 十	酉辛 九	申庚 八	未己 七	月
	冬至 22 亥 / 大雪 8 寅	小雪 23 巳 / 立冬 8 午	霜降 24 午 / 寒露 9 巳	秋分 24 寅 / 白露 8 酉	處暑 24 卯 / 立秋 8 申	大暑 23 亥 / 小暑 8 卯	節気
局	八	八	八	八	八	八	日

子甲十二	亥癸十一	戌壬十	酉辛九	申庚八	未己七	日
一寅戊16	四申戊16	八丑丁14	二未丁14	六子丙12	一巳乙11	1
九卯己17	三酉己17	七寅戊15	一申戊15	五丑丁13	九午丙12	2
八辰庚18	二戌庚18	六卯己16	九酉己16	四寅戊14	八未丁13	3
七巳辛19	一亥辛19	五辰庚17	八戌庚17	三卯己15	七申戊14	4
六午壬20	九子壬20	四巳辛18	七亥辛18	二辰庚16	六酉己15	5
五未癸21	八丑癸21	三午壬19	六子壬19	一巳辛17	五戌庚16	6
四申甲22	七寅甲22	二未癸20	五丑癸20	九午壬18	四亥辛17	7
三酉乙23	六卯乙23	一申甲21	四寅甲21	八未癸19	三子壬18	8
二戌丙24	五辰丙24	九酉乙22	三卯乙22	七申甲20	二丑癸19	9
一亥丁25	四巳丁25	八戌丙23	二辰丙23	六酉乙21	一寅甲20	10
九子戊26	三午戊26	七亥丁24	一巳丁24	五戌丙22	九卯乙21	11
八丑己27	二未己27	六子戊25	九午戊25	四亥丁23	八辰丙22	12
七寅庚28	一申庚28	五丑己26	八未己26	三子戊24	七巳丁23	13
六卯辛29	九酉辛29	四寅庚27	七申庚27	二丑己25	六午戊24	14
五辰壬30	八戌壬30	三卯辛28	六酉辛28	一寅庚26	五未己25	15
四巳癸⅓	七亥癸⅓	二辰壬29	五戌壬29	九卯辛27	四申庚26	16
三午甲2	六子甲2	一巳癸⅓	四亥癸30	八辰壬28	三酉辛27	17
二未乙3	五丑乙3	九午甲2	三子甲⅛	七巳癸29	二戌壬28	18
一申丙4	四寅丙4	八未乙3	二丑乙2	六午甲⅐	一亥癸29	19
九酉丁5	三卯丁5	七申丙4	一寅丙3	五未乙2	九子甲30	20
八戌戊6	二辰戊6	六酉丁5	九卯丁4	四申丙3	八丑乙⅙	21
三亥己7	一巳己7	五戌戊6	八辰戊5	三酉丁4	七寅丙2	22
四子庚8	九午庚8	四亥己7	七巳己6	二戌戊5	六卯丁3	23
五丑辛9	八未辛9	三子庚8	六午庚7	一亥己6	五辰戊4	24
六寅壬10	七申壬10	二丑辛9	五未辛8	九子庚7	四巳己5	25
七卯癸11	六酉癸11	一寅壬10	四申壬9	八丑辛8	三午庚6	26
八辰甲12	五戌甲12	九卯癸11	三酉癸10	七寅壬9	二未辛7	27
九巳乙13	四亥乙13	八辰甲12	二戌甲11	六卯癸10	一申壬8	28
一午丙14	三子丙14	七巳乙13	一亥乙12	五辰甲11	九酉癸9	29
二未丁15	二丑丁15	六午丙14	九子丙13	四巳乙12	八戌甲10	30
三申戊16		五未丁15		三午丙13	七亥乙11	31

六 午庚	五 巳己	四 辰戊	三 卯丁	二 寅丙	一 丑乙	月
夏至 芒種	小満 立夏	穀雨 清明	春分 驚蟄	雨水 立春	大寒 小寒	節気
21 6	21 5	20 5	20 5	19 5	21 6	
酉 子	巳 戌	巳 丑	亥 戌	亥 丑	辰 申	局
七	七	七	七	七	八	日
三巳辛21	八戌庚20	五辰庚19	一酉己18	八辰庚18	四酉己17	1
四午壬22	九亥辛21	六巳辛20	二戌庚19	九巳辛19	五戌庚18	2
五未癸23	一子壬22	七午壬21	三亥辛20	一午壬20	六亥辛19	3
六申甲24	二丑癸23	八未癸22	四子壬21	二未癸21	七子壬20	4
七酉乙25	三寅甲24	九申甲23	五丑癸22	三申甲22	八丑癸21	5
八戌丙26	四卯乙25	一酉乙24	六寅甲23	四酉乙23	九寅甲22	6
九亥丁27	五辰丙26	二戌丙25	七卯乙24	五戌丙24	一卯乙23	7
一子戊28	六巳丁27	三亥丁26	八辰丙25	六亥丁25	二辰丙24	8
二丑己29	七午戊28	四子戊27	九巳丁26	七子戊26	三巳丁25	9
三寅庚5/1	八未己29	五丑己28	一午戊27	八丑己27	四午戊26	10
四卯辛2	九申庚30	六寅庚29	二未己28	九寅庚28	五未己27	11
五辰壬3	一酉辛4/1	七卯辛3/1	三申庚29	一卯辛29	六申庚28	12
六巳癸4	二戌壬2	八辰壬2	四酉辛30	二辰壬3/1	七酉辛29	13
七午甲5	三亥癸3	九巳癸3	五戌壬2/1	三巳癸2	八戌壬30	14
八未乙6	四子甲4	一午甲4	六亥癸2	四午甲3	九亥癸2/1	15
九申丙7	五丑乙5	二未乙5	七子甲3	五未乙4	一子甲2	16
一酉丁8	六寅丙6	三申丙6	八丑乙4	六申丙5	二丑乙3	17
二戌戊9	七卯丁7	四酉丁7	九寅丙5	七酉丁6	三寅丙4	18
三亥己10	八辰戊8	五戌戊8	一卯丁6	八戌戊7	四卯丁5	19
四子庚11	九巳己9	六亥己9	二辰戊7	九亥己8	五辰戊6	20
五丑辛12	一午庚10	七子庚10	三巳己8	一子庚9	六巳己7	21
四寅壬13	二未辛11	八丑辛11	四午庚9	二丑辛10	七午庚8	22
三卯癸14	三申壬12	九寅壬12	五未辛10	三寅壬11	八未辛9	23
二辰甲15	四酉癸13	一卯癸13	六申壬11	四卯癸12	九申壬10	24
一巳乙16	五戌甲14	二辰甲14	七酉癸12	五辰甲13	一酉癸11	25
九午丙17	六亥乙15	三巳乙15	八戌甲13	六巳乙14	二戌甲12	26
八未丁18	七子丙16	四午丙16	九亥乙14	七午丙15	三亥乙13	27
七申戊19	八丑丁17	五未丁17	一子丙15	八未丁16	四子丙14	28
六酉己20	九寅戊18	六申戊18	二丑丁16	九申戊17	五丑丁15	29
五戌庚21	一卯己19	七酉己19	三寅戊17		六寅戊16	30
	二辰庚20		四卯己18		七卯己17	31

西暦一九六四年 （漢数字의 太字는 陰局、 細字는 陽局）

月 節気 局 日	未辛七	申壬八	酉癸九	戌甲十	亥乙十一	子丙十二
	小 暑 7 巳	大 暑 23 寅	立 秋 7 戌	處 暑 23 午	白 露 7 子	秋 分 23 巳	寒 露 8 申	霜 降 23 酉	立 冬 7 酉	小 雪 22 申	大 雪 7 巳	冬 至 22 寅
	七	七	七	七	七	六

甲辰年

立向九

	未辛七	申壬八	酉癸九	戌甲十	亥乙十一	子丙十二	日
	四 亥辛 22	九 午壬 24	五 丑癸 25	二 未癸 26	七 寅甲 27	四 申甲 28	1
	三 子壬 23	八 未癸 25	四 寅甲 26	一 申甲 27	六 卯乙 28	三 酉乙 29	2
	二 丑癸 24	七 申甲 26	三 卯乙 27	九 酉乙 28	五 辰丙 29	二 戌丙 30	3
	一 寅甲 25	六 酉乙 27	二 辰丙 28	八 戌丙 29	四 巳丁 ⅟₁	一 亥丁 ⅟₁	4
	九 卯乙 26	五 戌丙 28	一 巳丁 29	七 亥丁 30	三 午戊 2	九 子戊 2	5
	八 辰丙 27	四 亥丁 29	九 午戊 ⅟₁	六 子戊 ⅟₁	二 未己 3	八 丑己 3	6
	七 巳丁 28	三 子戊 30	八 未己 2	五 丑己 2	一 申庚 4	七 寅庚 4	7
	六 午戊 29	二 丑己 ⅟₁	七 申庚 3	四 寅庚 3	九 酉辛 5	六 卯辛 5	8
	五 未己 ⁸⁄₁	一 寅庚 2	六 酉辛 4	三 卯辛 4	八 戌壬 6	五 辰壬 6	9
	四 申庚 2	九 卯辛 3	五 戌壬 5	二 辰壬 5	七 亥癸 7	四 巳癸 7	10
	三 酉辛 3	八 辰壬 4	四 亥癸 6	一 巳癸 6	六 子甲 8	三 午甲 8	11
	二 戌壬 4	七 巳癸 5	三 子甲 7	九 午甲 7	五 丑乙 9	二 未乙 9	12
	一 亥癸 5	六 午甲 6	二 丑乙 8	八 未乙 8	四 寅丙 10	一 申丙 10	13
	九 子甲 6	五 未乙 7	一 寅丙 9	七 申丙 9	三 卯丁 11	九 酉丁 11	14
	八 丑乙 7	四 申丙 8	九 卯丁 10	六 酉丁 10	二 辰戊 12	八 戌戊 12	15
	七 寅丙 8	三 酉丁 9	八 辰戊 11	五 戌戊 11	一 巳己 13	七 亥己 13	16
	六 卯丁 9	二 戌戊 10	七 巳己 12	四 亥己 12	九 午庚 14	六 子庚 14	17
	五 辰戊 10	一 亥己 11	六 午庚 13	三 子庚 13	八 未辛 15	五 丑辛 15	18
	四 巳己 11	九 子庚 12	五 未辛 14	二 丑辛 14	七 申壬 16	四 寅壬 16	19
	三 午庚 12	八 丑辛 13	四 申壬 15	一 寅壬 15	六 酉癸 17	三 卯癸 17	20
	二 未辛 13	七 寅壬 14	三 酉癸 16	九 卯癸 16	五 戌甲 18	二 辰甲 18	21
	一 申壬 14	六 卯癸 15	二 戌甲 17	八 辰甲 17	四 亥乙 19	元 巳乙 19	22
	九 酉癸 15	五 辰甲 16	一 亥乙 18	七 巳乙 18	三 子丙 20	一 午丙 20	23
	八 戌甲 16	四 巳乙 17	九 子丙 19	六 午丙 19	二 丑丁 21	二 未丁 21	24
	七 亥乙 17	三 午丙 18	八 丑丁 20	五 未丁 20	一 寅戊 22	三 申戊 22	25
	六 子丙 18	二 未丁 19	七 寅戊 21	四 申戊 21	九 卯己 23	四 酉己 23	26
	五 丑丁 19	一 申戊 20	六 卯己 22	三 酉己 22	八 辰庚 24	五 戌庚 24	27
	四 寅戊 20	九 酉己 21	五 辰庚 23	二 戌庚 23	七 巳辛 25	六 亥辛 25	28
	三 卯己 21	八 戌庚 22	四 巳辛 24	一 亥辛 24	六 午壬 26	七 子壬 26	29
	二 辰庚 22	七 亥辛 23	三 午壬 25	九 子壬 25	五 未癸 27	八 丑癸 27	30
	一 巳辛 23	六 子壬 24		八 丑癸 26		九 寅甲 28	31

午壬六	巳辛五	辰庚四	卯己三	寅戊二	丑丁一	月
夏至 21 子／芒種 6 卯	小滿 21 未／立夏 6 丑	穀雨 20 申／清明 5 辰	春分 21 寅／驚蟄 6 丑	雨水 19 寅／立春 4 辰	大寒 20 未／小寒 5 亥	節気
六	六	六	六	六	六	局／日
八戌丙2	四卯乙 5/1	一酉乙30	六寅甲28	五戌丙30	一卯乙29	1
九亥丁3	五辰丙2	二戌丙 4/1	七卯乙29	六亥丁 2/1	二辰丙30	2
一子戊4	六巳丁3	三亥丁2	八辰丙 3/1	七子戊2	三巳丁 1/1	3
二丑己5	七午戊4	四子戊3	九巳丁2	八丑己3	四午戊2	4
三寅庚6	八未己5	五丑己4	一午戊3	九寅庚4	五未己3	5
四卯辛7	九申庚6	六寅庚5	二未己4	一卯辛5	六申庚4	6
五辰壬8	一酉辛7	七卯辛6	三申庚5	二辰壬6	七酉辛5	7
六巳癸9	二戌壬8	八辰壬7	四酉辛6	三巳癸7	八戌壬6	8
七午甲10	三亥癸9	九巳癸8	五戌壬7	四午甲8	九亥癸7	9
八未乙11	四子甲10	一午甲9	六亥癸8	五未乙9	一子甲8	10
九申丙12	五丑乙11	二未乙10	七子甲9	六申丙10	二丑乙9	11
一酉丁13	六寅丙12	三申丙11	八丑乙10	七酉丁11	三寅丙10	12
二戌戊14	七卯丁13	四酉丁12	九寅丙11	八戌戊12	四卯丁11	13
三亥己15	八辰戊14	五戌戊13	一卯丁12	九亥己13	五辰戊12	14
四子庚16	九巳己15	六亥己14	二辰戊13	一子庚14	六巳己13	15
五丑辛17	一午庚16	七子庚15	三巳己14	二丑辛15	七午庚14	16
六寅壬18	二未辛17	八丑辛16	四午庚15	三寅壬16	八未辛15	17
七卯癸19	三申壬18	九寅壬17	五未辛16	四卯癸17	九申壬16	18
八辰甲20	四酉癸19	一卯癸18	六申壬17	五辰甲18	一酉癸17	19
九巳乙21	五戌甲20	二辰甲19	七酉癸18	六巳乙19	二戌甲18	20
九午丙22	六亥乙21	三巳乙20	八戌甲19	七午丙20	三亥乙19	21
八未丁23	七子丙22	四午丙21	九亥乙20	八未丁21	四子丙20	22
七申戊24	八丑丁23	五未丁22	一子丙21	九申戊22	五丑丁21	23
六酉己25	九寅戊24	六申戊23	二丑丁22	一酉己23	六寅戊22	24
五戌庚26	一卯己25	七酉己24	三寅戊23	二戌庚24	七卯己23	25
四亥辛27	二辰庚26	八戌庚25	四卯己24	三亥辛25	八辰庚24	26
三子壬28	三巳辛27	九亥辛26	五辰庚25	四子壬26	九巳辛25	27
二丑癸29	四午壬28	一子壬27	六巳辛26	五丑癸27	一午壬26	28
一寅甲 7/1	五未癸29	二丑癸28	七午壬27		二未癸27	29
九卯乙2	六申甲30	三寅甲29	八未癸28		三申甲28	30
	七酉乙 6/1		九申甲29		四酉乙29	31

西暦一九六五年 （漢数字의 太字는 陰局、細字는 陽局）

乙巳年　立向八

月	子戊 十二	亥丁 十一	戌丙 十	酉乙 九	申甲 八	未癸 七
節気	冬至 大雪	小雪 立冬	霜降 寒露	秋分 白露	處暑 立秋	大暑 小暑
	22　7	22　8	24　8	23　8	23　8	23　7
局	巳　申	亥　子	子　亥	申　卯	酉　丑	巳　申
日	五	五	五	六	六	六
1	八丑己9	二未己9	六子戊7	九午戊6	四亥丁5	八辰丙3
2	七寅庚10	一申庚10	五丑己8	八未己7	三子戊6	七巳丁4
3	六卯辛11	九酉辛11	四寅庚9	七申庚8	二丑己7	六午戊5
4	五辰壬12	八戌壬12	三卯辛10	六酉辛9	一寅庚8	五未己6
5	四巳癸13	七亥癸13	二辰壬11	五戌壬10	九卯辛9	四申庚7
6	三午甲14	六子甲14	一巳癸12	四亥癸11	八辰壬10	三酉辛8
7	二未乙15	五丑乙15	九午甲13	三子甲12	七巳癸11	二戌壬9
8	一申丙16	四寅丙16	八未乙14	二丑乙13	六午甲12	一亥癸10
9	九酉丁17	三卯丁17	七申丙15	一寅丙14	五未乙13	九子甲11
10	八戌戊18	二辰戊18	六酉丁16	九卯丁15	四申丙14	八丑乙12
11	七亥己19	一巳己19	五戌戊17	八辰戊16	三酉丁15	七寅丙13
12	六子庚20	九午庚20	四亥己18	七巳己17	二戌戊16	六卯丁14
13	五丑辛21	八未辛21	三子庚19	六午庚18	一亥己17	五辰戊15
14	四寅壬22	七申壬22	二丑辛20	五未辛19	九子庚18	四巳己16
15	三卯癸23	六酉癸23	一寅壬21	四申壬20	八丑辛19	三午庚17
16	二辰甲24	五戌甲24	九卯癸22	三酉癸21	七寅壬20	二未辛18
17	一巳乙25	四亥乙25	八辰甲23	二戌甲22	六卯癸21	一申壬19
18	九午丙26	三子丙26	七巳乙24	一亥乙23	五辰甲22	九酉癸20
19	八未丁27	二丑丁27	六午丙25	九子丙24	四巳乙23	八戌甲21
20	七申戊28	一寅戊28	五未丁26	八丑丁25	三午丙24	七亥乙22
21	六酉己29	九卯己29	四申戊27	七寅戊26	二未丁25	六子丙23
22	五戌庚30	八辰庚30	三酉己28	六卯己27	一申戊26	五丑丁24
23	六亥辛1/	七巳辛1/	二戌庚29	五辰庚28	九酉己27	四寅戊25
24	七子壬2	六午壬2	一亥辛1/	四巳辛29	八戌庚28	三卯己26
25	八丑癸3	五未癸3	九子壬2	三午壬1/	七亥辛29	二辰庚27
26	九寅甲4	四申甲4	八丑癸3	二未癸2	六子壬30	一巳辛28
27	一卯乙5	三酉乙5	七寅甲4	一申甲3	五丑癸1/	九午壬29
28	二辰丙6	二戌丙6	六卯乙5	九酉乙4	四寅甲2	八未癸1/
29	三巳丁7	一亥丁7	五辰丙6	八戌丙5	三卯乙3	七申甲2
30	四午戊8	九子戊8	四巳丁7	七亥丁6	二辰丙4	六酉乙3
31	五未己9		三午戊8		一巳丁5	五戌丙4

午甲六	巳癸五	辰壬四	卯辛三	寅庚二	丑己一	月
夏至22寅　芒種6午	小満21戌　立夏6辰	穀雨20亥　清明5未	春分21巳　驚蟄6辰	雨水19巳　立春4未	大寒20戌　小寒6寅	節気
五	五	五	五	五	五	局／日
四卯辛13	九申庚11	六寅庚11	二未己10	一卯辛12	六申庚10	1
五辰壬14	一酉辛12	七卯辛12	三申庚11	二辰壬13	七酉辛11	2
六巳癸15	二戌壬13	八辰壬13	四酉辛12	三巳癸14	八戌壬12	3
七午甲16	三亥癸14	九巳癸14	五戌壬13	四午甲15	九亥癸13	4
八未乙17	四子甲15	一午甲15	六亥癸14	五未乙16	一子甲14	5
九申丙18	五丑乙16	二未乙16	七子甲15	六申丙17	二丑乙15	6
一酉丁19	六寅丙17	三申丙17	八丑乙16	七酉丁18	三寅丙16	7
二戌戊20	七卯丁18	四酉丁18	九寅丙17	八戌戊19	四卯丁17	8
三亥己21	八辰戊19	五戌戊19	一卯丁18	九亥己20	五辰戊18	9
四子庚22	九巳己20	六亥己20	二辰戊19	一子庚21	六巳己19	10
五丑辛23	一午庚21	七子庚21	三巳己20	二丑辛22	七午庚20	11
六寅壬24	二未辛22	八丑辛22	四午庚21	三寅壬23	八未辛21	12
七卯癸25	三申壬23	九寅壬23	五未辛22	四卯癸24	九申壬22	13
八辰甲26	四酉癸24	一卯癸24	六申壬23	五辰甲25	一酉癸23	14
九巳乙27	五戌甲25	二辰甲25	七酉癸24	六巳乙26	二戌甲24	15
一午丙28	六亥乙26	三巳乙26	八戌甲25	七午丙27	三亥乙25	16
二未丁29	七子丙27	四午丙27	九亥乙26	八未丁28	四子丙26	17
三申戊30	八丑丁28	五未丁28	一子丙27	九申戊29	五丑丁27	18
四酉己5／	九寅戊29	六申戊29	二丑丁28	一酉己30	六寅戊28	19
五戌庚2	一卯己5／	七酉己30	三寅戊29	二戌庚3／	七卯己29	20
六亥辛3	二辰庚2	八戌庚4／	四卯己30	三亥辛2	八辰庚1／	21
三子壬4	三巳辛3	九亥辛2	五辰庚3／	四子壬3	九巳辛2	22
二丑癸5	四午壬4	一子壬3	六巳辛2	五丑癸4	一午壬3	23
一寅甲6	五未癸5	二丑癸4	七午壬3	六寅甲5	二未癸4	24
九卯乙7	六申甲6	三寅甲5	八未癸4	七卯乙6	三申甲5	25
八辰丙8	七酉乙7	四卯乙6	九申甲5	八辰丙7	四酉乙6	26
七巳丁9	八戌丙8	五辰丙7	一酉乙6	九巳丁8	五戌丙7	27
六午戊10	九亥丁9	六巳丁8	二戌丙7	一午戊9	六亥丁8	28
五未己11	一子戊10	七午戊9	三亥丁8		七子戊9	29
四申庚12	二丑己11	八未己10	四子戊9		八丑己10	30
	三寅庚12		五丑己10		九寅庚11	31

西暦一九六六年（漢数字의太字는陰局、細字는陽局）

丙午年　立向七

子庚十二	亥己十一	戌戊十	酉丁九	申丙八	未乙七	月
冬至22申　大雪7亥	小雪23寅　立冬8卯	霜降24卯　寒露9寅	秋分23戌　白露8午	處暑23子　立秋8辰	大暑23申　小暑7亥	節気
四	四	四	四	四	五	局／日
三午甲20	六子甲19	一巳癸17	四亥癸17	八辰壬15	三酉辛13	1
二未乙21	五丑乙20	九午甲18	三子甲18	七巳癸16	二戌壬14	2
一申丙22	四寅丙21	八未乙19	二丑乙19	六午甲17	一亥癸15	3
九酉丁23	三卯丁22	七申丙20	一寅丙20	五未乙18	九子甲16	4
八戌戊24	二辰戊23	六酉丁21	九卯丁21	四申丙19	八丑乙17	5
七亥己25	一巳己24	五戌戊22	八辰戊22	三酉丁20	七寅丙18	6
六子庚26	九午庚25	四亥己23	七巳己23	二戌戊21	六卯丁19	7
五丑辛27	八未辛26	三子庚24	六午庚24	一亥己22	五辰戊20	8
四寅壬28	七申壬27	二丑辛25	五未辛25	九子庚23	四巳己21	9
三卯癸29	六酉癸28	一寅壬26	四申壬26	八丑辛24	三午庚22	10
二辰甲30	五戌甲29	九卯癸27	三酉癸27	七寅壬25	二未辛23	11
一巳乙11/1	四亥乙10/1	八辰甲28	二戌甲28	六卯癸26	一申壬24	12
九午丙2	三子丙2	七巳乙29	一亥乙29	五辰甲27	九酉癸25	13
八未丁3	二丑丁3	六午丙9/1	九子丙30	四巳乙28	八戌甲26	14
七申戊4	一寅戊4	五未丁2	八丑丁8/1	三午丙29	七亥乙27	15
六酉己5	九卯己5	四申戊3	七寅戊2	二未丁7/1	六子丙28	16
五戌庚6	八辰庚6	三酉己4	六卯己3	一申戊2	五丑丁29	17
四亥辛7	七巳辛7	二戌庚5	五辰庚4	九酉己3	四寅戊6/1	18
三子壬8	六午壬8	一亥辛6	四巳辛5	八戌庚4	三卯己2	19
二丑癸9	五未癸9	九子壬7	三午壬6	七亥辛5	二辰庚3	20
一寅甲10	四申甲10	八丑癸8	二未癸7	六子壬6	一巳辛4	21
二卯乙11	三酉乙11	七寅甲9	一申甲8	五丑癸7	九午壬5	22
三辰丙12	二戌丙12	六卯乙10	九酉乙9	四寅甲8	八未癸6	23
四巳丁13	一亥丁13	五辰丙11	八戌丙10	三卯乙9	七申甲7	24
五午戊14	九子戊14	四巳丁12	七亥丁11	二辰丙10	六酉乙8	25
六未己15	八丑己15	三午戊13	六子戊12	一巳丁11	五戌丙9	26
七申庚16	七寅庚16	二未己14	五丑己13	九午戊12	四亥丁10	27
八酉辛17	六卯辛17	一申庚15	四寅庚14	八未己13	三子戊11	28
九戌壬18	五辰壬18	九酉辛16	三卯辛15	七申庚14	二丑己12	29
一亥癸19	四巳癸19	八戌壬17	二辰壬16	六酉辛15	一寅庚13	30
一子甲20		七亥癸18		五戌壬16	九卯辛14	31

午丙六	巳乙五	辰甲四	卯癸三	寅壬二	丑辛一	月
夏至22巳　芒種6酉	小満22丑　立夏6未	穀雨21丑　清明5戌	春分21申　驚蟄6未	雨水19申　立春4戌	大寒21丑　小寒6巳	節気
三	四	四	四	四	四	局　日
九申丙24	五丑乙22	二未乙22	七子甲21	六申丙22	二丑乙21	1
一酉丁25	六寅丙23	三申丙23	八丑乙22	七酉丁23	三寅丙22	2
二戌戊26	七卯丁24	四酉丁24	九寅丙23	八戌戊24	四卯丁23	3
三亥己27	八辰戊25	五戌戊25	一卯丁24	九亥己25	五辰戊24	4
四子庚28	九巳己26	六亥己26	二辰戊25	一子庚26	六巳己25	5
五丑辛29	一午庚27	七子庚27	三巳己26	二丑辛27	七午庚26	6
六寅壬30	二未辛28	八丑辛28	四午庚27	三寅壬28	八未辛27	7
七卯癸5/1	三申壬29	九寅壬29	五未辛28	四卯癸29	九申壬28	8
八辰甲2	四酉癸4/1	一卯癸30	六申壬29	五辰甲1/1	一酉癸29	9
九巳乙3	五戌甲2	二辰甲3/1	七酉癸30	六巳乙2	二戌甲30	10
一午丙4	六亥乙3	三巳乙2	八戌甲2/1	七午丙3	三亥乙12/1	11
二未丁5	七子丙4	四午丙3	九亥乙2	八未丁4	四子丙2	12
三申戊6	八丑丁5	五未丁4	一子丙3	九申戊5	五丑丁3	13
四酉己7	九寅戊6	六申戊5	二丑丁4	一酉己6	六寅戊4	14
五戌庚8	一卯己7	七酉己6	三寅戊5	二戌庚7	七卯己5	15
六亥辛9	二辰庚8	八戌庚7	四卯己6	三亥辛8	八辰庚6	16
七子壬10	三巳辛9	九亥辛8	五辰庚7	四子壬9	九巳辛7	17
八丑癸11	四午壬10	一子壬9	六巳辛8	五丑癸10	一午壬8	18
九寅甲12	五未癸11	二丑癸10	七午壬9	六寅甲11	二未癸9	19
一卯乙13	六申甲12	三寅甲11	八未癸10	七卯乙12	三申甲10	20
二辰丙14	七酉乙13	四卯乙12	九申甲11	八辰丙13	四酉乙11	21
三巳丁15	八戌丙14	五辰丙13	一酉乙12	九巳丁14	五戌丙12	22
六午戊16	九亥丁15	六巳丁14	二戌丙13	一午戊15	六亥丁13	23
五未己17	一子戊16	七午戊15	三亥丁14	二未己16	七子戊14	24
四申庚18	二丑己17	八未己16	四子戊15	三申庚17	八丑己15	25
三酉辛19	三寅庚18	九申庚17	五丑己16	四酉辛18	九寅庚16	26
二戌壬20	四卯辛19	一酉辛18	六寅庚17	五戌壬19	一卯辛17	27
一亥癸21	五辰壬20	二戌壬19	七卯辛18	六亥癸20	二辰壬18	28
九子甲22	六巳癸21	三亥癸20	八辰壬19		三巳癸19	29
八丑乙23	七午甲22	四子甲21	九巳癸20		四午甲20	30
	八未乙23		一午甲21		五未乙21	31

西暦一九六七年　（漢数字의太字는陰局、細字는陽局）

子壬 十二	亥辛 十一	戌庚 十	酉己 九	申戊 八	未丁 七	月
冬至22亥 大雪8寅	小雪23巳 立冬8午	霜降24午 寒露9辰	秋分24丑 白露8酉	處暑24卯 立秋8未	大暑23亥 小暑8寅	節気
三	三	三	三	三	三	局／日
七亥己30	一巳己29	五戌戊28	八辰戊27	三酉丁25	七寅丙24	1
六子庚¼	九午庚¼	四亥己29	七巳己28	二戌戊26	六卯丁25	2
五丑辛2	八未辛2	三子庚30	六午庚29	一亥己27	五辰戊26	3
四寅壬3	七申壬3	二丑辛¼	五未辛¼	九子庚28	四巳己27	4
三卯癸4	六酉癸4	一寅壬2	四申壬2	八丑辛29	三午庚28	5
二辰甲5	五戌甲5	九卯癸3	三酉癸3	七寅壬¼	二未辛29	6
一巳乙6	四亥乙6	八辰甲4	二戌甲4	六卯癸2	一申壬30	7
九午丙7	三子丙7	七巳乙5	一亥乙5	五辰甲3	九酉癸⅛	8
八未丁8	二丑丁8	六午丙6	九子丙6	四巳乙4	八戌甲2	9
七申戊9	一寅戊9	五未丁7	八丑丁7	三午丙5	七亥乙3	10
六酉己10	九卯己10	四申戊8	七寅戊8	二未丁6	六子丙4	11
五戌庚11	八辰庚11	三酉己9	六卯己9	一申戊7	五丑丁5	12
四亥辛12	七巳辛12	二戌庚10	五辰庚10	九酉己8	四寅戊6	13
三子壬13	六午壬13	一亥辛11	四巳辛11	八戌庚9	三卯己7	14
二丑癸14	五未癸14	九子壬12	三午壬12	七亥辛10	二辰庚8	15
一寅甲15	四申甲15	八丑癸13	二未癸13	六子壬11	一巳辛9	16
九卯乙16	三酉乙16	七寅甲14	一申甲14	五丑癸12	九午壬10	17
八辰丙17	二戌丙17	六卯乙15	九酉乙15	四寅甲13	八未癸11	18
七巳丁18	一亥丁18	五辰丙16	八戌丙16	三卯乙14	七申甲12	19
六午戊19	九子戊19	四巳丁17	七亥丁17	二辰丙15	六酉乙13	20
五未己20	八丑己20	三午戊18	六子戊18	一巳丁16	五戌丙14	21
罟申庚21	七寅庚21	二未己19	五丑己19	九午戊17	四亥丁15	22
七酉辛22	六卯辛22	一申庚20	四寅庚20	八未己18	三子戊16	23
八戌壬23	五辰壬23	九酉辛21	三卯辛21	七申庚19	二丑己17	24
九亥癸24	四巳癸24	八戌壬22	二辰壬22	六酉辛20	一寅庚18	25
一子甲25	三午甲25	七亥癸23	一巳癸23	五戌壬21	九卯辛19	26
二丑乙26	二未乙26	六子甲24	九午甲24	四亥癸22	八辰壬20	27
三寅丙27	一申丙27	五丑乙25	八未乙25	三子甲23	七巳癸21	28
四卯丁28	九酉丁28	四寅丙26	七申丙26	二丑乙24	六午甲22	29
五辰戊29	八戌戊29	三卯丁27	六酉丁27	一寅丙25	五未乙23	30
六巳己¼		二辰戊28		九卯丁26	四申丙24	31

丁未年　立向六

午戊六	巳丁五	辰丙四	卯乙三	寅甲二	丑癸一	月
夏至 芒種	小満 立夏	穀雨 清明	春分 驚蟄	雨水 立春	大寒 小寒	節気
21 5	21 5	20 5	20 5	19 5	21 6	
申 子	辰 戌	辰 丑	亥 戌	亥 丑	辰 未	
二	二	二	三	三	三	局 / 日
六寅壬6	二未辛5	八丑辛4	四午庚3	二丑辛3	七午庚2	1
七卯癸7	三申壬6	九寅壬5	五未辛4	三寅壬4	八未辛3	2
八辰甲8	四酉癸7	一卯癸6	六申壬5	四卯癸5	九申壬4	3
九巳乙9	五戌甲8	二辰甲7	七酉癸6	五辰甲6	一酉癸5	4
一午丙10	六亥乙9	三巳乙8	八戌甲7	六巳乙7	二戌甲6	5
二未丁11	七子丙10	四午丙9	九亥乙8	七午丙8	三亥乙7	6
三申戊12	八丑丁11	五未丁10	一子丙9	八未丁9	四子丙8	7
四酉己13	九寅戊12	六申戊11	二丑丁10	九申戊10	五丑丁9	8
五戌庚14	一卯己13	七酉己12	三寅戊11	一酉己11	六寅戊10	9
六亥辛15	二辰庚14	八戌庚13	四卯己12	二戌庚12	七卯己11	10
七子壬16	三巳辛15	九亥辛14	五辰庚13	三亥辛13	八辰庚12	11
八丑癸17	四午壬16	一子壬15	六巳辛14	四子壬14	九巳辛13	12
九寅甲18	五未癸17	二丑癸16	七午壬15	五丑癸15	一午壬14	13
一卯乙19	六申甲18	三寅甲17	八未癸16	六寅甲16	二未癸15	14
二辰丙20	七酉乙19	四卯乙18	九申甲17	七卯乙17	三申甲16	15
三巳丁21	八戌丙20	五辰丙19	一酉乙18	八辰丙18	四酉乙17	16
四午戊22	九亥丁21	六巳丁20	二戌丙19	九巳丁19	五戌丙18	17
五未己23	一子戊22	七午戊21	三亥丁20	一午戊20	六亥丁19	18
六申庚24	二丑己23	八未己22	四子戊21	二未己21	七子戊20	19
七酉辛25	三寅庚24	九申庚23	五丑己22	三申庚22	八丑己21	20
公戌壬26	四卯辛25	一酉辛24	六寅庚23	四酉辛23	九寅庚22	21
一亥癸27	五辰壬26	二戌壬25	七卯辛24	五戌壬24	一卯辛23	22
九子甲28	六巳癸27	三亥癸26	八辰壬25	六亥癸25	二辰壬24	23
八丑乙29	七午甲28	四子甲27	九巳癸26	七子甲26	三巳癸25	24
七寅丙30	八未乙29	五丑乙28	一午甲27	八丑乙27	四午甲26	25
六卯丁⅟	九申丙30	六寅丙29	二未乙28	九寅丙28	五未乙27	26
五辰戊2	一酉丁⅟	七卯丁⅟	三申丙29	一卯丁29	六申丙28	27
四巳己3	二戌戊2	八辰戊2	四酉丁30	二辰丁⅟	七酉丁29	28
三午庚4	三亥己3	九巳己3	五戌戊⅟	三巳己2	八戌戊30	29
二未辛5	四子庚4	一午庚4	六亥己2		九亥己⅟	30
	五丑辛5		七子庚3		一子庚2	31

西暦一九六八年 （漢数字의太字는陰局、細字는陽局）

子甲十二	亥癸十一	戌壬十	酉辛九	申庚八	未己七	月 節気 局 日
冬至 22 寅　大雪 7 巳	小雪 22 未　立冬 7 酉	霜降 23 酉　寒露 8 未	秋分 23 辰　白露 7 子	處暑 23 巳　立秋 7 戌	大暑 23 寅　小暑 7 巳	
二	二	二	二	二	二	
一巳乙12	四亥乙11	八辰甲10	二戌甲9	六卯癸8	一申壬6	1
九午丙13	三子丙12	七巳乙11	一亥乙10	五辰甲9	九酉癸7	2
八未丁14	二丑丁13	六午丙12	九子丙11	四巳乙10	八戌甲8	3
七申戊15	一寅戊14	五未丁13	八丑丁12	三午丙11	七亥乙9	4
六酉己16	九卯己15	四申戊14	七寅戊13	二未丁12	六子丙10	5
五戌庚17	八辰庚16	三酉己15	六卯己14	一申戊13	五丑丁11	6
四亥辛18	七巳辛17	二戌庚16	五辰庚15	九酉己14	四寅戊12	7
三子壬19	六午壬18	一亥辛17	四巳辛16	八戌庚15	三卯己13	8
二丑癸20	五未癸19	九子壬18	三午壬17	七亥辛16	二辰庚14	9
一寅甲21	四申甲20	八丑癸19	二未癸18	六子壬17	一巳辛15	10
九卯乙22	三酉乙21	七寅甲20	一申甲19	五丑癸18	九午壬16	11
八辰丙23	二戌丙22	六卯乙21	九酉乙20	四寅甲19	八未癸17	12
七巳丁24	一亥丁23	五辰丙22	八戌丙21	三卯乙20	七申甲18	13
六午戊25	九子戊24	四巳丁23	七亥丁22	二辰丙21	六酉乙19	14
五未己26	八丑己25	三午戊24	六子戊23	一巳丁22	五戌丙20	15
四申庚27	七寅庚26	二未己25	五丑己24	九午戊23	四亥丁21	16
三酉辛28	六卯辛27	一申庚26	四寅庚25	八未己24	三子戊22	17
二戌壬29	五辰壬28	九酉辛27	三卯辛26	七申庚25	二丑己23	18
一亥癸30	四巳癸29	八戌壬28	二辰壬27	六酉辛26	一寅庚24	19
九子甲⅟	三午甲⅟	七亥癸29	一巳癸28	五戌壬27	九卯辛25	20
八丑乙2	二未乙2	六子甲30	九午甲29	四亥癸28	八辰壬26	21
三寅丙3	一申丙3	五丑乙9/1	八未乙8/1	三子甲29	七巳癸27	22
四卯丁4	九酉丁4	四寅丙2	七申丙2	二丑乙30	六午甲28	23
五辰戊5	八戌戊5	三卯丁3	六酉丁3	一寅丙7/1	五未乙29	24
六巳己6	七亥己6	二辰戊4	五戌戊4	九卯丁2	四申丙⅟	25
七午庚8	六子庚7	一巳己5	四亥己5	八辰戊3	三酉丁2	26
八未辛8	五丑辛8	九午庚6	三子庚6	七巳己4	二戌戊3	27
九申壬9	四寅壬9	八未辛7	二丑辛7	六午庚5	一亥己4	28
一酉癸10	三卯癸10	七申壬8	一寅壬8	五未辛6	九子庚5	29
二戌甲11	二辰甲11	六酉癸9	九卯癸9	四申壬7	八丑辛6	30
三亥乙12		五戌甲10		三酉癸8	七寅壬7	31

戊申年

立向五

午庚六	巳己五	辰戊四	卯丁三	寅丙二	丑乙一	月
夏至 21 亥 / 芒種 6 卯	小満 21 未 / 立夏 6 子	穀雨 20 未 / 清明 5 辰	春分 21 寅 / 驚蟄 6 丑	雨水 19 寅 / 立春 4 辰	大寒 20 未 / 小寒 5 戌	節気
一	一	一	一	一	二	局 / 日
二未丁17	七子丙15	四午丙15	九亥乙13	八未丁15	四子丙13	1
三申戊18	八丑丁16	五未丁16	一子丙14	九申戊16	五丑丁14	2
四酉己19	九寅戊17	六申戊17	二丑丁15	一酉己17	六寅戊15	3
五戌庚20	一卯己18	七酉己18	三寅戊16	二戌庚18	七卯己16	4
六亥辛21	二辰庚19	八戌庚19	四卯己17	三亥辛19	八辰庚17	5
七子壬22	三巳辛20	九亥辛20	五辰庚18	四子壬20	九巳辛18	6
八丑癸23	四午壬21	一子壬21	六巳辛19	五丑癸21	一午壬19	7
九寅甲24	五未癸22	二丑癸22	七午壬20	六寅甲22	二未癸20	8
一卯乙25	六申甲23	三寅甲23	八未癸21	七卯乙23	三申甲21	9
二辰丙26	七酉乙24	四卯乙24	九申甲22	八辰丙24	四酉乙22	10
三巳丁27	八戌丙25	五辰丙25	一酉乙23	九巳丁25	五戌丙23	11
四午戊28	九亥丁26	六巳丁26	二戌丙24	一午戊26	六亥丁24	12
五未己29	一子戊27	七午戊27	三亥丁25	二未己27	七子戊25	13
六申庚30	二丑己28	八未己28	四子戊26	三申庚28	八丑己26	14
七酉辛 5/1	三寅庚29	九申庚29	五丑己27	四酉辛29	九寅庚27	15
八戌壬2	四卯辛 4/1	一酉辛30	六寅庚28	五戌壬30	一卯辛28	16
九亥癸3	五辰壬2	二戌壬 3/1	七卯辛29	六亥癸 1/1	二辰壬29	17
一子甲4	六巳癸3	三亥癸2	八辰壬 2/1	七子甲2	三巳癸 12/1	18
二丑乙5	七午甲4	四子甲3	九巳癸2	八丑乙3	四午甲2	19
三寅丙6	八未乙5	五丑乙4	一午甲3	九寅丙4	五未乙3	20
四卯丁7	九申丙6	六寅丙5	二未乙4	一卯丁5	六申丙4	21
五辰戊8	一酉丁7	七卯丁6	三申丙5	二辰戊6	七酉丁5	22
四巳己9	二戌戊8	八辰戊7	四酉丁6	三巳己7	八戌戊6	23
三午庚10	三亥己9	九巳己8	五戌戊7	四午庚8	九亥己7	24
二未辛11	四子庚10	一午庚9	六亥己8	五未辛9	一子庚8	25
一申壬12	五丑辛11	二未辛10	七子庚9	六申壬10	二丑辛9	26
九酉癸13	六寅壬12	三申壬11	八丑辛10	七酉癸11	三寅壬10	27
八戌甲14	七卯癸13	四酉癸12	九寅壬11	八戌甲12	四卯癸11	28
七亥乙15	八辰甲14	五戌甲13	一卯癸12		五辰甲12	29
六子丙16	九巳乙15	六亥乙14	二辰甲13		六巳乙13	30
	一午丙16		三巳乙14		七午丙14	31

西暦一九六九年 （漢数字의 太字는 陰局、細字는 陽局）

子丙十二	亥乙十二	戌甲十	酉癸九	申壬八	未辛七	月
冬 大 至 雪 22 7 巳 申	小 立 雪 冬 22 7 戌 子	霜 寒 降 露 23 8 子 戌	秋 白 分 露 23 8 未 寅	處 立 暑 秋 23 8 申 丑	大 小 暑 暑 23 7 巳 申	節気
九	一	一	一	一	一	局 日
五戌庚22	八辰庚22	三酉己20	六卯己20	一申戊19	五丑丁17	1
四亥辛23	七巳辛23	二戌庚21	五辰庚21	九酉己20	四寅戊18	2
三子壬24	六午壬24	一亥辛22	四巳辛22	八戌庚21	三卯己19	3
二丑癸25	五未癸25	九子壬23	三午壬23	七亥辛22	二辰庚20	4
一寅甲26	四申甲26	八丑癸24	二未癸24	六子壬23	一巳辛21	5
九卯乙27	三酉乙27	七寅甲25	一申甲25	五丑癸24	九午壬22	6
八辰丙28	二戌丙28	六卯乙26	九酉乙26	四寅甲25	八未癸23	7
七巳丁29	一亥丁29	五辰丙27	八戌丙27	三卯乙26	七申甲24	8
六午戊½	九子戊30	四巳丁28	七亥丁28	二辰丙27	六酉乙25	9
五未己2	八丑己½	三午戊29	六子戊29	一巳丁28	五戌丙26	10
四申庚3	七寅庚2	二未己½	五丑己30	九午戊29	四亥丁27	11
三酉辛4	六卯辛3	一申庚2	四寅庚8/1	八未己30	三子戊28	12
二戌壬5	五辰壬4	九酉辛3	三卯辛2	七申庚7/1	二丑己29	13
一亥癸6	四巳癸5	八戌壬4	二辰壬3	六酉辛2	一寅庚6/1	14
九子甲7	三午甲6	七亥癸5	一巳癸4	五戌壬3	九卯辛2	15
八丑乙8	二未乙7	六子甲6	九午甲5	四亥癸4	八辰壬3	16
七寅丙9	一申丙8	五丑乙7	八未乙6	三子甲5	七巳癸4	17
六卯丁10	九酉丁9	四寅丙8	七申丙7	二丑乙6	六午甲5	18
五辰戊11	八戌戊10	三卯丁9	六酉丁8	一寅丙7	五未乙6	19
四巳己12	七亥己11	二辰戊10	五戌戊9	九卯丁8	四申丙7	20
三午庚13	六子庚12	一巳己11	四亥己10	八辰戊9	三酉丁8	21
二未辛14	五丑辛13	九午庚12	三子庚11	七巳己10	二戌戊9	22
九申壬15	四寅壬14	八未辛13	二丑辛12	六午庚11	一亥己10	23
一酉癸16	三卯癸15	七申壬14	一寅壬13	五未辛12	九子庚11	24
二戌甲17	二辰甲16	六酉癸15	九卯癸14	四申壬13	八丑辛12	25
三亥乙18	一巳乙17	五戌甲16	八辰甲15	三酉癸14	七寅壬13	26
四子丙19	九午丙18	四亥乙17	七巳乙16	二戌甲15	六卯癸14	27
五丑丁20	八未丁19	三子丙18	六午丙17	一亥乙16	五辰甲15	28
六寅戊21	七申戊20	二丑丁19	五未丁18	九子丙17	四巳乙16	29
七卯己22	六酉己21	一寅戊20	四申戊19	八丑丁18	三午丙17	30
八辰庚23		九卯己21		七寅戊19	二未丁18	31

己酉年

立
向
四

午壬六	巳辛五	辰庚四	卯己三	寅戊二	丑丁一	月
夏至 22 寅 / 芒種 6 午	小滿 21 戌 / 立夏 6 卯	穀雨 20 戌 / 清明 5 未	春分 21 辰 / 驚蟄 6 辰	雨水 19 巳 / 立春 4 未	大寒 20 戌 / 小寒 6 丑	節気
九	九	九	九	九	九	局　日
七子壬28	三巳辛26	九亥辛25	五辰庚24	四子壬25	九巳辛24	1
八丑癸29	四午壬27	一子壬26	六巳辛25	五丑癸26	一午壬25	2
九寅甲30	五未癸28	二丑癸27	七午壬26	六寅甲27	二未癸26	3
一卯乙 5/1	六申甲29	三寅甲28	八未癸27	七卯乙28	三申甲27	4
二辰丙2	七酉乙 5/1	四卯乙29	九申甲28	八辰丙29	四酉乙28	5
三巳丁3	八戌丙2	五辰丙 3/1	一酉乙29	九巳丁 1/1	五戌丙29	6
四午戊4	九亥丁3	六巳丁2	二戌丙30	一午戊2	六亥丁30	7
五未己5	一子戊4	七午戊3	三亥丁 3/1	二未己3	七子戊 12/1	8
六申庚6	二丑己5	八未己4	四子戊2	三申庚4	八丑己2	9
七酉辛7	三寅庚6	九申庚5	五丑己3	四酉辛5	九寅庚3	10
八戌壬8	四卯辛7	一酉辛6	六寅庚4	五戌壬6	一卯辛4	11
九亥癸9	五辰壬8	二戌壬7	七卯辛5	六亥癸7	二辰壬5	12
一子甲10	六巳癸9	三亥癸8	八辰壬6	七子甲8	三巳癸6	13
二丑乙11	七午甲10	四子甲9	九巳癸7	八丑乙9	四午甲7	14
三寅丙12	八未乙11	五丑乙10	一午甲8	九寅丙10	五未乙8	15
四卯丁13	九申丙12	六寅丙11	二未乙9	一卯丁11	六申丙9	16
五辰戊14	一酉丁13	七卯丁12	三申丙10	二辰戊12	七酉丁10	17
六巳己15	二戌戊14	八辰戊13	四酉丁11	三巳己13	八戌戊11	18
七午庚16	三亥己15	九巳己14	五戌戊12	四午庚14	九亥己12	19
八未辛17	四子庚16	一午庚15	六亥己13	五未辛15	一子庚13	20
九申壬18	五丑辛17	二未辛16	七子庚14	六申壬16	二丑辛14	21
二酉癸19	六寅壬18	三申壬17	八丑辛15	七酉癸17	三寅壬15	22
八戌甲20	七卯癸19	四酉癸18	九寅壬16	八戌甲18	四卯癸16	23
七亥乙21	八辰甲20	五戌甲19	一卯癸17	九亥乙19	五辰甲17	24
六子丙22	九巳乙21	六亥乙20	二辰甲18	一子丙20	六巳乙18	25
五丑丁23	一午丙22	七子丙21	三巳乙19	二丑丁21	七午丙19	26
四寅戊24	二未丁23	八丑丁22	四午丙20	三寅戊22	八未丁20	27
三卯己25	三申戊24	九寅戊23	五未丁21	四卯己23	九申戊21	28
二辰庚26	四酉己25	一卯己24	六申戊22		一酉己22	29
一巳辛27	五戌庚26	二辰庚25	七酉己23		二戌庚23	30
	六亥辛27		八戌庚24		三亥辛24	31

西暦一九七〇年（漢数字의太字는陰局、細字는陽局）

月	子戊十二	亥丁十一	戌丙十	酉乙九	申甲八	未癸七
節気	冬至22申 / 大雪7亥	小雪23丑 / 立冬8卯	霜降24卯 / 寒露9丑	秋分23戌 / 白露8巳	處暑23亥 / 立秋8辰	大暑23申 / 小暑7亥
局	八	八	八	九	九	九

庚戌年　立向三

日	子戊十二	亥丁十一	戌丙十	酉乙九	申甲八	未癸七
1	九卯乙 3	三酉乙 3	七寅甲 2	一申甲 8/1	五丑癸 30	九午壬 28
2	八辰丙 4	二戌丙 4	六卯乙 3	九酉乙 2	四寅甲 7/1	八未癸 29
3	七巳丁 5	一亥丁 5	五辰丙 4	八戌丙 3	三卯乙 2	七申甲 6/1
4	六午戊 6	九子戊 6	四巳丁 5	七亥丁 4	二辰丙 3	六酉乙 2
5	五未己 7	八丑己 7	三午戊 6	六子戊 5	一巳丁 4	五戌丙 3
6	四申庚 8	七寅庚 8	二未己 7	五丑己 6	九午戊 5	四亥丁 4
7	三酉辛 9	六卯辛 9	一申庚 8	四寅庚 7	八未己 6	三子戊 5
8	二戌壬 10	五辰壬 10	九酉辛 9	三卯辛 8	七申庚 7	二丑己 6
9	一亥癸 11	四巳癸 11	八戌壬 10	二辰壬 9	六酉辛 8	一寅庚 7
10	九子甲 12	三午甲 12	七亥癸 11	一巳癸 10	五戌壬 9	九卯辛 8
11	八丑乙 13	二未乙 13	六子甲 12	九午甲 11	四亥癸 10	八辰壬 9
12	七寅丙 14	一申丙 14	五丑乙 13	八未乙 12	三子甲 11	七巳癸 10
13	六卯丁 15	九酉丁 15	四寅丙 14	七申丙 13	二丑乙 12	六午甲 11
14	五辰戊 16	八戌戊 16	三卯丁 15	六酉丁 14	一寅丙 13	五未乙 12
15	四巳己 17	七亥己 17	二辰戊 16	五戌戊 15	九卯丁 14	四申丙 13
16	三午庚 18	六子庚 18	一巳己 17	四亥己 16	八辰戊 15	三酉丁 14
17	二未辛 19	五丑辛 19	九午庚 18	三子庚 17	七巳己 16	二戌戊 15
18	一申壬 20	四寅壬 20	八未辛 19	二丑辛 18	六午庚 17	一亥己 16
19	九酉癸 21	三卯癸 21	七申壬 20	一寅壬 19	五未辛 18	九子庚 17
20	八戌甲 22	二辰甲 22	六酉癸 21	九卯癸 20	四申壬 19	八丑辛 18
21	七亥乙 23	一巳乙 23	五戌甲 22	八辰甲 21	三酉癸 20	七寅壬 19
22	六子丙 24	九午丙 24	四亥乙 23	七巳乙 22	二戌甲 21	六卯癸 20
23	五丑丁 25	八未丁 25	三子丙 24	六午丙 23	一亥乙 22	五辰甲 21
24	六寅戊 26	七申戊 26	二丑丁 25	五未丁 24	九子丙 23	四巳乙 22
25	七卯己 27	六酉己 27	一寅戊 26	四申戊 25	八丑丁 24	三午丙 23
26	八辰庚 28	五戌庚 28	九卯己 27	三酉己 26	七寅戊 25	二未丁 24
27	九巳辛 29	四亥辛 29	八辰庚 28	二戌庚 27	六卯己 26	一申戊 25
28	一午壬 ½	三子壬 30	七巳辛 29	一亥辛 28	五辰庚 27	九酉己 26
29	二未癸 2	二丑癸 11/1	六午壬 30	九子壬 29	四巳辛 28	八戌庚 27
30	三申甲 3	一寅甲 2	五未癸 10/1	八丑癸 9/1	三午壬 29	七亥辛 28
31	四酉乙 4		四申甲 2		二未癸 30	六子壬 29

午甲六	巳癸五	辰壬四	卯辛三	寅庚二	丑己一	月
夏至22巳 / 芒種6酉	小満22丑 / 立夏6午	穀雨21丑 / 清明5酉	春分21未 / 驚蟄6未	雨水19申 / 立春4戌	大寒21丑 / 小寒6辰	節気
八	八	八	八	八	八	局 / 日
三 巳丁 9	八 戌丙 7	五 辰丙 6	一 酉乙 5	九 巳丁 6	五 戌丙 5	1
四 午戊 10	九 亥丁 8	六 巳丁 7	二 戌丙 6	一 午戊 7	六 亥丁 6	2
五 未己 11	一 子戊 9	七 午戊 8	三 亥丁 7	二 未己 8	七 子戊 7	3
六 申庚 12	二 丑己 10	八 未己 9	四 子戊 8	三 申庚 9	八 丑己 8	4
七 酉辛 13	三 寅庚 11	九 申庚 10	五 丑己 9	四 酉辛 10	九 寅庚 9	5
八 戌壬 14	四 卯辛 12	一 酉辛 11	六 寅庚 10	五 戌壬 11	一 卯辛 10	6
九 亥癸 15	五 辰壬 13	二 戌壬 12	七 卯辛 11	六 亥癸 12	二 辰壬 11	7
一 子甲 16	六 巳癸 14	三 亥癸 13	八 辰壬 12	七 子甲 13	三 巳癸 12	8
二 丑乙 17	七 午甲 15	四 子甲 14	九 巳癸 13	八 丑乙 14	四 午甲 13	9
三 寅丙 18	八 未乙 16	五 丑乙 15	一 午甲 14	九 寅丙 15	五 未乙 14	10
四 卯丁 19	九 申丙 17	六 寅丙 16	二 未乙 15	一 卯丁 16	六 申丙 15	11
五 辰戊 20	一 酉丁 18	七 卯丁 17	三 申丙 16	二 辰戊 17	七 酉丁 16	12
六 巳己 21	二 戌戊 19	八 辰戊 18	四 酉丁 17	三 巳己 18	八 戌戊 17	13
七 午庚 22	三 亥己 20	九 巳己 19	五 戌戊 18	四 午庚 19	九 亥己 18	14
八 未辛 23	四 子庚 21	一 午庚 20	六 亥己 19	五 未辛 20	一 子庚 19	15
九 申壬 24	五 丑辛 22	二 未辛 21	七 子庚 20	六 申壬 21	二 丑辛 20	16
一 酉癸 25	六 寅壬 23	三 申壬 22	八 丑辛 21	七 酉癸 22	三 寅壬 21	17
二 戌甲 26	七 卯癸 24	四 酉癸 23	九 寅壬 22	八 戌甲 23	四 卯癸 22	18
三 亥乙 27	八 辰甲 25	五 戌甲 24	一 卯癸 23	九 亥乙 24	五 辰甲 23	19
四 子丙 28	九 巳乙 26	六 亥乙 25	二 辰甲 24	一 子丙 25	六 巳乙 24	20
五 丑丁 29	一 午丙 27	七 子丙 26	三 巳乙 25	二 丑丁 26	七 午丙 25	21
六 寅戊 30	二 未丁 28	八 丑丁 27	四 午丙 26	三 寅戊 27	八 未丁 26	22
三 卯己 6/1	三 申戊 29	九 寅戊 28	五 未丁 27	四 卯己 28	九 申戊 27	23
二 辰庚 2	四 酉己 5/1	一 卯己 29	六 申戊 28	五 辰庚 29	一 酉己 28	24
一 巳辛 3	五 戌庚 2	二 辰庚 4/1	七 酉己 29	六 巳辛 2/1	二 戌庚 29	25
九 午壬 4	六 亥辛 3	三 巳辛 2	八 戌庚 30	七 午壬 2	三 亥辛 30	26
八 未癸 5	七 子壬 4	四 午壬 3	九 亥辛 3/1	八 未癸 3	四 子壬 1/1	27
七 申甲 6	八 丑癸 5	五 未癸 4	一 子壬 2	九 申甲 4	五 丑癸 2	28
六 酉乙 7	九 寅甲 6	六 申甲 5	二 丑癸 3		六 寅甲 3	29
五 戌丙 8	一 卯乙 7	七 酉乙 6	三 寅甲 4		七 卯乙 4	30
	二 辰丙 8		四 卯乙 5		八 辰丙 5	31

西暦一九七一年 （漢数字의 太字는 陰局、細字는 陽局）

子庚十二	亥己十一	戌戊十	酉丁九	申丙八	未乙七	月
冬至 22 亥　大雪 8 寅	小雪 23 丑　立冬 8 午	霜降 24 午　寒露 9 辰	秋分 24 丑　白露 8 申	處暑 24 寅　立秋 8 未	大暑 23 戌　小暑 8 寅	節氣
七	七	七	七	七	八	局

辛亥年　立向二

子庚十二	亥己十一	戌戊十	酉丁九	申丙八	未乙七	日
四申庚14	七寅庚14	二未己13	五丑己12	九午戊11	四亥丁9	1
三酉辛15	六卯辛15	一申庚14	四寅庚13	八未己12	三子戊10	2
二戌壬16	五辰壬16	九酉辛15	三卯辛14	七申庚13	二丑己11	3
一亥癸17	四巳癸17	八戌壬16	二辰壬15	六酉辛14	一寅庚12	4
九子甲18	三午甲18	七亥癸17	一巳癸16	五戌壬15	九卯辛13	5
八丑乙19	二未乙19	六子甲18	九午甲17	四亥癸16	八辰壬14	6
七寅丙20	一申丙20	五丑乙19	八未乙18	三子甲17	七巳癸15	7
六卯丁21	九酉丁21	四寅丙20	七申丙19	二丑乙18	六午甲16	8
五辰戊22	八戌戊22	三卯丁21	六酉丁20	一寅丙19	五未乙17	9
四巳己23	七亥己23	二辰戊22	五戌戊21	九卯丁20	四申丙18	10
三午庚24	六子庚24	一巳己23	四亥己22	八辰戊21	三酉丁19	11
二未辛25	五丑辛25	九午庚24	三子庚23	七巳己22	二戌戊20	12
一申壬26	四寅壬26	八未辛25	二丑辛24	六午庚23	一亥己21	13
九酉癸27	三卯癸27	七申壬26	一寅壬25	五未辛24	九子庚22	14
八戌甲28	二辰甲28	六酉癸27	九卯癸26	四申壬25	八丑辛23	15
七亥乙29	一巳乙29	五戌甲28	八辰甲27	三酉癸26	七寅壬24	16
六子丙30	九午丙30	四亥乙29	七巳乙28	二戌甲27	六卯癸25	17
五丑丁／	八未丁／	三子丙30	六午丙29	一亥乙28	五辰甲26	18
四寅戊2	七申戊2	二丑丁／	五未丁／	九子丙29	四巳乙27	19
三卯己3	六酉己3	一寅戊2	四申戊2	八丑丁30	三午丙28	20
二辰庚4	五戌庚4	九卯己3	三酉己3	七寅戊／	二未丁29	21
元巳辛5	四亥辛5	八辰庚4	二戌庚4	六卯己2	一申戊／	22
一午壬6	三子壬6	七巳辛5	一亥辛5	五辰庚3	九酉己2	23
二未癸7	二丑癸7	六午壬6	九子壬6	四巳辛4	八戌庚3	24
三申甲8	一寅甲8	五未癸7	八丑癸7	三午壬5	七亥辛4	25
四酉乙9	九卯乙9	四申甲8	七寅甲8	二未癸6	六子壬5	26
五戌丙10	八辰丙10	三酉乙9	六卯乙9	一申甲7	五丑癸6	27
六亥丁11	七巳丁11	二戌丙10	五辰丙10	九酉乙8	四寅甲7	28
七子戊12	六午戊12	一亥丁11	四巳丁11	八戌丙9	三卯乙8	29
八丑己13	五未己13	九子戊12	三午戊12	七亥丁10	二辰丙9	30
九寅庚14		八丑己13		六子戊11	一巳丁10	31

西曆一九七二年 （漢数字의 太字는 陰局、細字는 陽局）

午丙六	巳乙五	辰甲四	卯癸三	寅壬二	丑辛一	月
夏至 21 申 / 芒種 5 亥	小滿 21 辰 / 立夏 5 酉	穀雨 20 辰 / 清明 5 子	春分 20 戌 / 驚蟄 5 戌	雨水 19 亥 / 立春 5 丑	大寒 21 辰 / 小寒 6 未	節氣
六	七	七	七	七	七	局 / 日
九亥癸20	五辰壬18	二戌壬18	七卯辛16	五戌壬17	一卯辛15	1
一子甲21	六巳癸19	三亥癸19	八辰壬17	六亥癸18	二辰壬16	2
二丑乙22	七午甲20	四子甲20	九巳癸18	七子甲19	三巳癸17	3
三寅丙23	八未乙21	五丑乙21	一午甲19	八丑乙20	四午甲18	4
四卯丁24	九申丙22	六寅丙22	二未乙20	九寅丙21	五未乙19	5
五辰戊25	一酉丁23	七卯丁23	三申丙21	一卯丁22	六申丙20	6
六巳己26	二戌戊24	八辰戊24	四酉丁22	二辰戊23	七酉丁21	7
七午庚27	三亥己25	九巳己25	五戌戊23	三巳己24	八戌戊22	8
八未辛28	四子庚26	一午庚26	六亥己24	四午庚25	九亥己23	9
九申壬29	五丑辛27	二未辛27	七子庚25	五未辛26	一子庚24	10
一酉癸 5/1	六寅壬28	三申壬28	八丑辛26	六申壬27	二丑辛25	11
二戌甲2	七卯癸29	四酉癸29	九寅壬27	七酉癸28	三寅壬26	12
三亥乙3	八辰甲 4/1	五戌甲30	一卯癸28	八戌甲29	四卯癸27	13
四子丙4	九巳乙2	六亥乙 3/1	二辰甲29	九亥乙30	五辰甲28	14
五丑丁5	一午丙3	七子丙2	三巳乙 2/1	一子丙 1/1	六巳乙29	15
六寅戊6	二未丁4	八丑丁3	四午丙2	二丑丁2	七午丙 12/1	16
七卯己7	三申戊5	九寅戊4	五未丁3	三寅戊3	八未丁2	17
八辰庚8	四酉己6	一卯己5	六申戊4	四卯己4	九申戊3	18
九巳辛9	五戌庚7	二辰庚6	七酉己5	五辰庚5	一酉己4	19
一午壬10	六亥辛8	三巳辛7	八戌庚6	六巳辛6	二戌庚5	20
八未癸11	七子壬9	四午壬8	九亥辛7	七午壬7	三亥辛6	21
七申甲12	八丑癸10	五未癸9	一子壬8	八未癸8	四子壬7	22
六酉乙13	九寅甲11	六申甲10	二丑癸9	九申甲9	五丑癸8	23
五戌丙14	一卯乙12	七酉乙11	三寅甲10	一酉乙10	六寅甲9	24
四亥丁15	二辰丙13	八戌丙12	四卯乙11	二戌丙11	七卯乙10	25
三子戊16	三巳丁14	九亥丁13	五辰丙12	三亥丁12	八辰丙11	26
二丑己17	四午戊15	一子戊14	六巳丁13	四子戊13	九巳丁12	27
一寅庚18	五未己16	二丑己15	七午戊14	五丑己14	一午戊13	28
九卯辛19	六申庚17	三寅庚16	八未己15	六寅庚15	二未己14	29
八辰壬20	七酉辛18	四卯辛17	九申庚16		三申庚15	30
	八戌壬19		一酉辛17		四酉辛16	31

壬子年

立向一

子壬十二	亥辛十一	戌庚十	酉己九	申戊八	未丁七	月
冬至 大雪	小雪 立冬	霜降 寒露	秋分 白露	處暑 立秋	大暑 小暑	節気
22　7	22　7	23　8	23　7	23　7	23　7	
寅　巳	未　申	酉　未	辰　亥	巳　戌	丑　巳	
六	六	六	六	六	六	局／日
七寅丙26	一申丙26	五丑乙24	八未乙24	三子甲22	七巳癸21	1
六卯丁27	九酉丁27	四寅丙25	七申丙25	二丑乙23	六午甲22	2
五辰戊28	八戌戊28	三卯丁26	六酉丁26	一寅丙24	五未乙23	3
四巳己29	七亥己29	二辰戊27	五戌戊27	九卯丁25	四申丙24	4
三午庚30	六子庚30	一巳己28	四亥己28	八辰戊26	三酉丁25	5
二未辛⅟	五丑辛⅟	九午庚29	三子庚29	七巳己27	二戌戊26	6
一申壬2	四寅壬2	八未辛⅟	二丑辛30	六午庚28	一亥己27	7
九酉癸3	三卯癸3	七申壬2	一寅壬⅟	五未辛29	九子庚28	8
八戌甲4	二辰甲4	六酉癸3	九卯癸2	四申壬⅟	八丑辛29	9
七亥乙5	一巳乙5	五戌甲4	八辰甲3	三酉癸2	七寅壬30	10
六子丙6	九午丙6	四亥乙5	七巳乙4	二戌甲3	六卯癸⅟	11
五丑丁7	八未丁7	三子丙6	六午丙5	一亥乙4	五辰甲2	12
四寅戊8	七申戊8	二丑丁7	五未丁6	九子丙5	四巳乙3	13
三卯己9	六酉己9	一寅戊8	四申戊7	八丑丁6	三午丙4	14
二辰庚10	五戌庚10	九卯己9	三酉己8	七寅戊7	二未丁5	15
一巳辛11	四亥辛11	八辰庚10	二戌庚9	六卯己8	一申戊6	16
九午壬12	三子壬12	七巳辛11	一亥辛10	五辰庚9	九酉己7	17
八未癸13	二丑癸13	六午壬12	九子壬11	四巳辛10	八戌庚8	18
七申甲14	一寅甲14	五未癸13	八丑癸12	三午壬11	七亥辛9	19
六酉乙15	九卯乙15	四申甲14	七寅甲13	二未癸12	六子壬10	20
五戌丙16	八辰丙16	三酉乙15	六卯乙14	一申甲13	五丑癸11	21
四亥丁17	七巳丁17	二戌丙16	五辰丙15	九酉乙14	四寅甲12	22
七子戊18	六午戊18	一亥丁17	四巳丁16	八戌丙15	三卯乙13	23
八丑己19	五未己19	九子戊18	三午戊17	七亥丁16	二辰丙14	24
九寅庚20	四申庚20	八丑己19	二未己18	六子戊17	一巳丁15	25
一卯辛21	三酉辛21	七寅庚20	一申庚19	五丑己18	九午戊16	26
二辰壬22	二戌壬22	六卯辛21	九酉辛20	四寅庚19	八未己17	27
三巳癸23	一亥癸23	五辰壬22	八戌壬21	三卯辛20	七申庚18	28
四午甲24	九子甲24	四巳癸23	七亥癸22	二辰壬21	六酉辛19	29
五未乙25	八丑乙25	三午甲24	六子甲23	一巳癸22	五戌壬20	30
六申丙26		二未乙25		九午甲23	四亥癸21	31

西暦一九七三年 （漢数字의 太字는 陰局、細字는 陽局）

月	午戊六	巳丁五	辰丙四	卯乙三	寅甲二	丑癸一
節気	芒種 6 寅 / 夏至 21 亥	立夏 5 子 / 小満 21 未	清明 5 卯 / 穀雨 20 未	驚蟄 6 丑 / 春分 21 丑	立春 4 辰 / 雨水 19 寅	小寒 5 戌 / 大寒 20 未
局	五	五	五	六	六	六

午戊六	巳丁五	辰丙四	卯乙三	寅甲二	丑癸一	日
五 辰戊 5/1	一 酉丁 29	七 卯丁 28	三 申丙 27	二 辰戊 29	七 酉丁 27	1
六 巳己 2	二 戌戊 30	八 辰戊 29	四 酉丁 28	三 巳己 30	八 戌戊 28	2
七 午庚 3	三 亥己 4/1	九 巳己 3/1	五 戌戊 29	四 午庚 1/1	九 亥己 29	3
八 未辛 4	四 子庚 2	一 午庚 2	六 亥己 30	五 未辛 2	一 子庚 12/1	4
九 申壬 5	五 丑辛 3	二 未辛 3	七 子庚 2/1	六 申壬 3	二 丑辛 2	5
一 酉癸 6	六 寅壬 4	三 申壬 4	八 丑辛 2	七 酉癸 4	三 寅壬 3	6
二 戌甲 7	七 卯癸 5	四 酉癸 5	九 寅壬 3	八 戌甲 5	四 卯癸 4	7
三 亥乙 8	八 辰甲 6	五 戌甲 6	一 卯癸 4	九 亥乙 6	五 辰甲 5	8
四 子丙 9	九 巳乙 7	六 亥乙 7	二 辰甲 5	一 子丙 7	六 巳乙 6	9
五 丑丁 10	一 午丙 8	七 子丙 8	三 巳乙 6	二 丑丁 8	七 午丙 7	10
六 寅戊 11	二 未丁 9	八 丑丁 9	四 午丙 7	三 寅戊 9	八 未丁 8	11
七 卯己 12	三 申戊 10	九 寅戊 10	五 未丁 8	四 卯己 10	九 申戊 9	12
八 辰庚 13	四 酉己 11	一 卯己 11	六 申戊 9	五 辰庚 11	一 酉己 10	13
九 巳辛 14	五 戌庚 12	二 辰庚 12	七 酉己 10	六 巳辛 12	二 戌庚 11	14
一 午壬 15	六 亥辛 13	三 巳辛 13	八 戌庚 11	七 午壬 13	三 亥辛 12	15
二 未癸 16	七 子壬 14	四 午壬 14	九 亥辛 12	八 未癸 14	四 子壬 13	16
三 申甲 17	八 丑癸 15	五 未癸 15	一 子壬 13	九 申甲 15	五 丑癸 14	17
四 酉乙 18	九 寅甲 16	六 申甲 16	二 丑癸 14	一 酉乙 16	六 寅甲 15	18
五 戌丙 19	一 卯乙 17	七 酉乙 17	三 寅甲 15	二 戌丙 17	七 卯乙 16	19
六 亥丁 20	二 辰丙 18	八 戌丙 18	四 卯乙 16	三 亥丁 18	八 辰丙 17	20
三 子戊 21	三 巳丁 19	九 亥丁 19	五 辰丙 17	四 子戊 19	九 巳丁 18	21
二 丑己 22	四 午戊 20	一 子戊 20	六 巳丁 18	五 丑己 20	一 午戊 19	22
一 寅庚 23	五 未己 21	二 丑己 21	七 午戊 19	六 寅庚 21	二 未己 20	23
九 卯辛 24	六 申庚 22	三 寅庚 22	八 未己 20	七 卯辛 22	三 申庚 21	24
八 辰壬 25	七 酉辛 23	四 卯辛 23	九 申庚 21	八 辰壬 23	四 酉辛 22	25
七 巳癸 26	八 戌壬 24	五 辰壬 24	一 酉辛 22	九 巳癸 24	五 戌壬 23	26
六 午甲 27	九 亥癸 25	六 巳癸 25	二 戌壬 23	一 午甲 25	六 亥癸 24	27
五 未乙 28	一 子甲 26	七 午甲 26	三 亥癸 24	二 未乙 26	七 子甲 25	28
四 申丙 29	二 丑乙 27	八 未乙 27	四 子甲 25		八 丑乙 26	29
三 酉丁 6/1	三 寅丙 28	九 申丙 28	五 丑乙 26		九 寅丙 27	30
	四 卯丁 29		六 寅丙 27		一 卯丁 28	31

	子甲十二	亥癸十一	戌壬十	酉辛九	申庚八	未己七	月
	冬至 22 / 大雪 7	小雪 22 / 立冬 7	霜降 23 / 寒露 8	秋分 23 / 白露 8	處暑 23 / 立秋 8	大暑 23 / 小暑 7	節気
癸丑年	辰 申	戌 亥	亥 亥	未 寅	申 丑	辰 申	局
	五	五	五	五	五	五	日
1	二 未辛 7	五 丑辛 7	九 午庚 6	三 子庚 5	七 巳己 3	二 戌戊 2	1
2	一 申壬 8	四 寅壬 8	八 未辛 7	二 丑辛 6	六 午庚 4	一 亥己 3	2
3	九 酉癸 9	三 卯癸 9	七 申壬 8	一 寅壬 7	五 未辛 5	九 子庚 4	3
立向九	八 戌甲 10	二 辰甲 10	六 酉癸 9	九 卯癸 8	四 申壬 6	八 丑辛 5	4
	七 亥乙 11	一 巳乙 11	五 戌甲 10	八 辰甲 9	三 酉癸 7	七 寅壬 6	5
	六 子丙 12	九 午丙 12	四 亥乙 11	七 巳乙 10	二 戌甲 8	六 卯癸 7	6
	五 丑丁 13	八 未丁 13	三 子丙 12	六 午丙 11	一 亥乙 9	五 辰甲 8	7
	四 寅戊 14	七 申戊 14	二 丑丁 13	五 未丁 12	九 子丙 10	四 巳乙 9	8
	三 卯己 15	六 酉己 15	一 寅戊 14	四 申戊 13	八 丑丁 11	三 午丙 10	9
	二 辰庚 16	五 戌庚 16	九 卯己 15	三 酉己 14	七 寅戊 12	二 未丁 11	10
	一 巳辛 17	四 亥辛 17	八 辰庚 16	二 戌庚 15	六 卯己 13	一 申戊 12	11
	九 午壬 18	三 子壬 18	七 巳辛 17	一 亥辛 16	五 辰庚 14	九 酉己 13	12
	八 未癸 19	二 丑癸 19	六 午壬 18	九 子壬 17	四 巳辛 15	八 戌庚 14	13
	七 申甲 20	一 寅甲 20	五 未癸 19	八 丑癸 18	三 午壬 16	七 亥辛 15	14
	六 酉乙 21	九 卯乙 21	四 申甲 20	七 寅甲 19	二 未癸 17	六 子壬 16	15
	五 戌丙 22	八 辰丙 22	三 酉乙 21	六 卯乙 20	一 申甲 18	五 丑癸 17	16
	四 亥丁 23	七 巳丁 23	二 戌丙 22	五 辰丙 21	九 酉乙 19	四 寅甲 18	17
	三 子戊 24	六 午戊 24	一 亥丁 23	四 巳丁 22	八 戌丙 20	三 卯乙 19	18
	二 丑己 25	五 未己 25	九 子戊 24	三 午戊 23	七 亥丁 21	二 辰丙 20	19
	一 寅庚 26	四 申庚 26	八 丑己 25	二 未己 24	六 子戊 22	一 巳丁 21	20
	九 卯辛 27	三 酉辛 27	七 寅庚 26	一 申庚 25	五 丑己 23	九 午戊 22	21
	二 辰壬 28	二 戌壬 28	六 卯辛 27	九 酉辛 26	四 寅庚 24	八 未己 23	22
	三 巳癸 29	一 亥癸 29	五 辰壬 28	八 戌壬 27	三 卯辛 25	七 申庚 24	23
	四 午甲 1/	九 子甲 30	四 巳癸 29	七 亥癸 28	二 辰壬 26	六 酉辛 25	24
	五 未乙 2	八 丑乙 1/	三 午甲 30	六 子甲 29	一 巳癸 27	五 戌壬 26	25
	六 申丙 3	七 寅丙 2	二 未乙 1/	五 丑乙 1/	九 午甲 28	四 亥癸 27	26
	七 酉丁 4	六 卯丁 3	一 申丙 2	四 寅丙 2	八 未乙 29	三 子甲 28	27
	八 戌戊 5	五 辰戊 4	九 酉丁 3	三 卯丁 3	七 申丙 1/	二 丑乙 29	28
	九 亥己 6	四 巳己 5	八 戌戊 4	二 辰戊 4	六 酉丁 2	一 寅丙 30	29
	一 子庚 7	三 午庚 6	七 亥己 5	一 巳己 5	五 戌戊 3	九 卯丁 1/	30
	二 丑辛 8		六 子庚 6		四 亥己 4	八 辰戊 2	31

月	六庚午	五己巳	四戊辰	三丁卯	二丙寅	一乙丑
節気	夏至23寅　芒種6巳	小満21戌　立夏6卯	穀雨20戌　清明5午	春分21辰　驚蟄6辰	雨水19巳　立春4未	大寒20戌　小寒6丑
局	四	四	四	四	四	五

六庚午	五己巳	四戊辰	三丁卯	二丙寅	一乙丑	日
一酉癸11	六寅壬10	三申壬9	八丑辛8	七酉癸10	三寅壬9	1
二戌甲12	七卯癸11	四酉癸10	九寅壬9	八戌甲11	四卯癸10	2
三亥乙13	八辰甲12	五戌甲11	一卯癸10	九亥乙12	五辰甲11	3
四子丙14	九巳乙13	六亥乙12	二辰甲11	一子丙13	六巳乙12	4
五丑丁15	一午丙14	七子丙13	三巳乙12	二丑丁14	七午丙13	5
六寅戊16	二未丁15	八丑丁14	四午丙13	三寅戊15	八未丁14	6
七卯己17	三申戊16	九寅戊15	五未丁14	四卯己16	九申戊15	7
八辰庚18	四酉己17	一卯己16	六申戊15	五辰庚17	一酉己16	8
九巳辛19	五戌庚18	二辰庚17	七酉己16	六巳辛18	二戌庚17	9
一午壬20	六亥辛19	三巳辛18	八戌庚17	七午壬19	三亥辛18	10
二未癸21	七子壬20	四午壬19	九亥辛18	八未癸20	四子壬19	11
三申甲22	八丑癸21	五未癸20	一子壬19	九申甲21	五丑癸20	12
四酉乙23	九寅甲22	六申甲21	二丑癸20	一酉乙22	六寅甲21	13
五戌丙24	一卯乙23	七酉乙22	三寅甲21	二戌丙23	七卯乙22	14
六亥丁25	二辰丙24	八戌丙23	四卯乙22	三亥丁24	八辰丙23	15
七子戊26	三巳丁25	九亥丁24	五辰丙23	四子戊25	九巳丁24	16
八丑己27	四午戊26	一子戊25	六巳丁24	五丑己26	一午戊25	17
九寅庚28	五未己27	二丑己26	七午戊25	六寅庚27	二未己26	18
一卯辛29	六申庚28	三寅庚27	八未己26	七卯辛28	三申庚27	19
二辰壬5/1	七酉辛29	四卯辛28	九申庚27	八辰壬29	四酉辛28	20
三巳癸2	八戌壬30	五辰壬29	一酉辛28	九巳癸30	五戌壬29	21
三午甲3	九亥癸4/1	六巳癸4/1	二戌壬29	一午甲2/1	六亥癸30	22
二未乙4	一子甲2	七午甲2	三亥癸30	二未乙2	七子甲1/1	23
一申丙5	二丑乙3	八未乙3	四子甲3/1	三申丙3	八丑乙2	24
九酉丁6	三寅丙4	九申丙4	五丑乙2	四酉丁4	九寅丙3	25
八戌戊7	四卯丁5	一酉丁5	六寅丙3	五戌戊5	一卯丁4	26
七亥己8	五辰戊6	二戌戊6	七卯丁4	六亥己6	二辰戊5	27
六子庚9	六巳己7	三亥己7	八辰戊5	七子庚7	三巳己6	28
五丑辛10	七午庚8	四子庚8	九巳己6		四午庚7	29
四寅壬11	八未辛9	五丑辛9	一午庚7		五未辛8	30
	九申壬10		二未辛8		六申壬9	31

西暦一九七四年　（漢数字의太字는陰局、細字는陽局）

甲寅年

立向八

子丙十二	亥乙十一	戌甲十	酉癸九	申壬八	未辛七	月
冬至22未　大雪7亥	小雪23丑　立冬8寅	霜降24寅　寒露9丑	秋分23戌　白露8巳	處暑23亥　立秋8卯	大暑23未　小暑7戌	節気
三	四	四	四	四	四	局 / 日
三子丙18	六午丙18	一亥乙16	四巳乙15	八戌甲14	三卯癸12	1
二丑丁19	五未丁19	九子丙17	三午丙16	七亥乙15	二辰甲13	2
一寅戊20	四申戊20	八丑丁18	二未丁17	六子丙16	一巳乙14	3
九卯己21	三酉己21	七寅戊19	一申戊18	五丑丁17	九午丙15	4
八辰庚22	二戌庚22	六卯己20	九酉己19	四寅戊18	八未丁16	5
七巳辛23	一亥辛23	五辰庚21	八戌庚20	三卯己19	七申戊17	6
六午壬24	九子壬24	四巳辛22	七亥辛21	二辰庚20	六酉己18	7
五未癸25	八丑癸25	三午壬23	六子壬22	一巳辛21	五戌庚19	8
四申甲26	七寅甲26	二未癸24	五丑癸23	九午壬22	四亥辛20	9
三酉乙27	六卯乙27	一申甲25	四寅甲24	八未癸23	三子壬21	10
二戌丙28	五辰丙28	九酉乙26	三卯乙25	七申甲24	二丑癸22	11
一亥丁29	四巳丁29	八戌丙27	二辰丙26	六酉乙25	一寅甲23	12
九子戊30	三午戊30	七亥丁28	一巳丁27	五戌丙26	九卯乙24	13
八丑己 ⅟	二未己 ⅟	六子戊29	九午戊28	四亥丁27	八辰丙25	14
七寅庚2	一申庚2	五丑己 9/	八未己29	三子戊28	七巳丁26	15
六卯辛3	九酉辛3	四寅庚2	七申庚 8/	二丑己29	六午戊27	16
五辰壬4	八戌壬4	三卯辛3	六酉辛2	一寅庚30	五未己28	17
四巳癸5	七亥癸5	二辰壬4	五戌壬3	九卯辛 ⅟	四申庚29	18
三午甲6	六子甲6	一巳癸5	四亥癸4	八辰壬2	三酉辛 9/	19
二未乙7	五丑乙7	九午甲6	三子甲5	七巳癸3	二戌壬2	20
一申丙8	四寅丙8	八未乙7	二丑乙6	六午甲4	一亥癸3	21
九酉丁9	三卯丁9	七申丙8	一寅丙7	五未乙5	九子甲4	22
二戌戊10	二辰戊10	六酉丁9	九卯丁8	四申丙6	八丑乙5	23
三亥己11	一巳己11	五戌戊10	八辰戊9	三酉丁7	七寅丙6	24
四子庚12	九午庚12	四亥己11	七巳己10	二戌戊8	六卯丁7	25
五丑辛13	八未辛13	三子庚12	六午庚11	一亥己9	五辰戊8	26
六寅壬14	七申壬14	二丑辛13	五未辛12	九子庚10	四巳己9	27
七卯癸15	六酉癸15	一寅壬14	四申壬13	八丑辛11	三午庚10	28
八辰甲16	五戌甲16	九卯癸15	三酉癸14	七寅壬12	二未辛11	29
九巳乙17	四亥乙17	八辰甲16	二戌甲15	六卯癸13	一申壬12	30
一午丙18		七巳乙17		五辰甲14	九酉癸13	31

午壬六	巳辛五	辰庚四	卯己三	寅戊二	丑丁一	月
夏至22巳 芒種6申	小満22子 立夏6午	穀雨21丑 清明5酉	春分21未 驚蟄6未	雨水19未 立春4戌	大寒21子 小寒6辰	節気
三	三	三	三	三	三	局 / 日
九寅戊22	五未丁20	二丑丁20	七午丙19	六寅戊21	二未丁19	1
一卯己23	六申戊21	三寅戊21	八未丁20	七卯己22	三申戊20	2
二辰庚24	七酉己22	四卯己22	九申戊21	八辰庚23	四酉己21	3
三巳辛25	八戌庚23	五辰庚23	一酉己22	九巳辛24	五戌庚22	4
四午壬26	九亥辛24	六巳辛24	二戌庚23	一午壬25	六亥辛23	5
五未癸27	一子壬25	七午壬25	三亥辛24	二未癸26	七子壬24	6
六申甲28	二丑癸26	八未癸26	四子壬25	三申甲27	八丑癸25	7
七酉乙29	三寅甲27	九申甲27	五丑癸26	四酉乙28	九寅甲26	8
八戌丙30	四卯乙28	一酉乙28	六寅甲27	五戌丙29	一卯乙27	9
九亥丁5/1	五辰丙29	二戌丙29	七卯乙28	六亥丁30	二辰丙28	10
一子戊2	六巳丁4/1	三亥丁30	八辰丙29	七子戊1/1	三巳丁29	11
二丑己3	七午戊2	四子戊3/1	九巳丁30	八丑己2	四午戊12/1	12
三寅庚4	八未己3	五丑己2	一午戊2/1	九寅庚3	五未己2	13
四卯辛5	九申庚4	六寅庚3	二未己2	一卯辛4	六申庚3	14
五辰壬6	一酉辛5	七卯辛4	三申庚3	二辰壬5	七酉辛4	15
六巳癸7	二戌壬6	八辰壬5	四酉辛4	三巳癸6	八戌壬5	16
七午甲8	三亥癸7	九巳癸6	五戌壬5	四午甲7	九亥癸6	17
八未乙9	四子甲8	一午甲7	六亥癸6	五未乙8	一子甲7	18
九申丙10	五丑乙9	二未乙8	七子甲7	六申丙9	二丑乙8	19
一酉丁11	六寅丙10	三申丙9	八丑乙8	七酉丁10	三寅丙9	20
二戌戊12	七卯丁11	四酉丁10	九寅丙9	八戌戊11	四卯丁10	21
三亥己13	八辰戊12	五戌戊11	一卯丁10	九亥己12	五辰戊11	22
六子庚14	九巳己13	六亥己12	二辰戊11	一子庚13	六巳己12	23
五丑辛15	一午庚14	七子庚13	三巳己12	二丑辛14	七午庚13	24
四寅壬16	二未辛15	八丑辛14	四午庚13	三寅壬15	八未辛14	25
三卯癸17	三申壬16	九寅壬15	五未辛14	四卯癸16	九申壬15	26
二辰甲18	四酉癸17	一卯癸16	六申壬15	五辰甲17	一酉癸16	27
一巳乙19	五戌甲18	二辰甲17	七酉癸16	六巳乙18	二戌甲17	28
九午丙20	六亥乙19	三巳乙18	八戌甲17		三亥乙18	29
八未丁21	七子丙20	四午丙19	九亥乙18		四子丙19	30
	八丑丁21		一子丙19		五丑丁20	31

西暦一九七五年 （漢数字의 太字는 陰局、細字는 陽局）

乙卯年　立向七

月	子戊十二	亥丁十一	戌丙十	酉乙九	申甲八	未癸七
節気	冬至22戌　大雪8丑	小雪23辰　立冬8巳	霜降24巳　寒露9辰	秋分24巳　白露8申	處暑24丑　立秋8午	大暑23戌　小暑8丑
局	二	二	二	三	三	三

日	子戊十二	亥丁十一	戌丙十	酉乙九	申甲八	未癸七
1	七巳辛29	一亥辛28	五辰庚26	八戌庚26	三卯己24	七申戊22
2	六午壬30	九子壬29	四巳辛27	七亥辛27	二辰庚25	六酉己23
3	五未癸12/1	八丑癸11/1	三午壬28	六子壬28	一巳辛26	五戌庚24
4	四申甲2	七寅甲2	二未癸29	五丑癸29	九午壬27	四亥辛25
5	三酉乙3	六卯乙3	一申甲10/1	四寅甲30	八未癸28	三子壬26
6	二戌丙4	五辰丙4	九酉乙2	三卯乙9/1	七申甲29	二丑癸27
7	一亥丁5	四巳丁5	八戌丙3	二辰丙2	六酉乙8/1	一寅甲28
8	九子戊6	三午戊6	七亥丁4	一巳丁3	五戌丙2	九卯乙29
9	八丑己7	二未己7	六子戊5	九午戊4	四亥丁3	八辰丙7/1
10	七寅庚8	一申庚8	五丑己6	八未己5	三子戊4	七巳丁2
11	六卯辛9	九酉辛9	四寅庚7	七申庚6	二丑己5	六午戊3
12	五辰壬10	八戌壬10	三卯辛8	六酉辛7	一寅庚6	五未己4
13	四巳癸11	七亥癸11	二辰壬9	五戌壬8	九卯辛7	四申庚5
14	三午甲12	六子甲12	一巳癸10	四亥癸9	八辰壬8	三酉辛6
15	二未乙13	五丑乙13	九午甲11	三子甲10	七巳癸9	二戌壬7
16	一申丙14	四寅丙14	八未乙12	二丑乙11	六午甲10	一亥癸8
17	九酉丁15	三卯丁15	七申丙13	一寅丙12	五未乙11	九子甲9
18	八戌戊16	二辰戊16	六酉丁14	九卯丁13	四申丙12	八丑乙10
19	七亥己17	一巳己17	五戌戊15	八辰戊14	三酉丁13	七寅丙11
20	六子庚18	九午庚18	四亥己16	七巳己15	二戌戊14	六卯丁12
21	五丑辛19	八未辛19	三子庚17	六午庚16	一亥己15	五辰戊13
22	㢤寅壬20	七申壬20	二丑辛18	五未辛17	九子庚16	四巳己14
23	七卯癸21	六酉癸21	一寅壬19	四申壬18	八丑辛17	三午庚15
24	八辰甲22	五戌甲22	九卯癸20	三酉癸19	七寅壬18	二未辛16
25	九巳乙23	四亥乙23	八辰甲21	二戌甲20	六卯癸19	一申壬17
26	一午丙24	三子丙24	七巳乙22	一亥乙21	五辰甲20	九酉癸18
27	二未丁25	二丑丁25	六午丙23	九子丙22	四巳乙21	八戌甲19
28	三申戊26	一寅戊26	五未丁24	八丑丁23	三午丙22	七亥乙20
29	四酉己27	九卯己27	四申戊25	七寅戊24	二未丁23	六子丙21
30	五戌庚28	八辰庚28	三酉己26	六卯己25	一申戊24	五丑丁22
31	六亥辛29		二戌庚27		九酉己25	四寅戊23

午甲六	巳癸五	辰壬四	卯辛三	寅庚二	丑己一	月
夏至21未　芒種5亥	小満21卯　立夏5酉	穀雨20辰　清明4子	春分20戌　驚蟄5酉	雨水19戌　立春5子	大寒21卯　小寒6未	節気
二	二	二	二	二	二	局／日
六申甲 4	二丑癸 3	八未癸 2	四子壬 2/1	二未癸 2	七子壬 12/1	1
七酉乙 5	三寅甲 4	九申甲 3	五丑癸 2	三申甲 3	八丑癸 2	2
八戌丙 6	四卯乙 5	一酉乙 4	六寅甲 3	四酉乙 4	九寅甲 3	3
九亥丁 7	五辰丙 6	二戌丙 5	七卯乙 4	五戌丙 5	一卯乙 4	4
一子戊 8	六巳丁 7	三亥丁 6	八辰丙 5	六亥丁 6	二辰丙 5	5
二丑己 9	七午戊 8	四子戊 7	九巳丁 6	七子戊 7	三巳丁 6	6
三寅庚 10	八未己 9	五丑己 8	一午戊 7	八丑己 8	四午戊 7	7
四卯辛 11	九申庚 10	六寅庚 9	二未己 8	九寅庚 9	五未己 8	8
五辰壬 12	一酉辛 11	七卯辛 10	三申庚 9	一卯辛 10	六申庚 9	9
六巳癸 13	二戌壬 12	八辰壬 11	四酉辛 10	二辰壬 11	七酉辛 10	10
七午甲 14	三亥癸 13	九巳癸 12	五戌壬 11	三巳癸 12	八戌壬 11	11
八未乙 15	四子甲 14	一午甲 13	六亥癸 12	四午甲 13	九亥癸 12	12
九申丙 16	五丑乙 15	二未乙 14	七子甲 13	五未乙 14	一子甲 13	13
一酉丁 17	六寅丙 16	三申丙 15	八丑乙 14	六申丙 15	二丑乙 14	14
二戌戊 18	七卯丁 17	四酉丁 16	九寅丙 15	七酉丁 16	三寅丙 15	15
三亥己 19	八辰戊 18	五戌戊 17	一卯丁 16	八戌戊 17	四卯丁 16	16
四子庚 20	九巳己 19	六亥己 18	二辰戊 17	九亥己 18	五辰戊 17	17
五丑辛 21	一午庚 20	七子庚 19	三巳己 18	一子庚 19	六巳己 18	18
六寅壬 22	二未辛 21	八丑辛 20	四午庚 19	二丑辛 20	七午庚 19	19
七卯癸 23	三申壬 22	九寅壬 21	五未辛 20	三寅壬 21	八未辛 20	20
八辰甲 24	四酉癸 23	一卯癸 22	六申壬 21	四卯癸 22	九申壬 21	21
一巳乙 25	五戌甲 24	二辰甲 23	七酉癸 22	五辰甲 23	一酉癸 22	22
九午丙 26	六亥乙 25	三巳乙 24	八戌甲 23	六巳乙 24	二戌甲 23	23
八未丁 27	七子丙 26	四午丙 25	九亥乙 24	七午丙 25	三亥乙 24	24
七申戊 28	八丑丁 27	五未丁 26	一子丙 25	八未丁 26	四子丙 25	25
六酉己 29	九寅戊 28	六申戊 27	二丑丁 26	九申戊 27	五丑丁 26	26
五戌庚 6/1	一卯己 29	七酉己 28	三寅戊 27	一酉己 28	六寅戊 27	27
四亥辛 2	二辰庚 30	八戌庚 29	四卯己 28	二戌庚 29	七卯己 28	28
三子壬 3	三巳辛 5/1	九亥辛 4/1	五辰庚 29	三亥辛 30	八辰庚 29	29
二丑癸 4	四午壬 2	一子壬 2	六巳辛 30		九巳辛 30	30
	五未癸 3		七午壬 3/1		一午壬 1/1	31

西暦一九七六年（漢数字의太字는陰局、細字는陽局）

月	未乙七	申丙八	酉丁九	戌戊十	亥己十二	子庚十二
節気	小暑 大暑	立秋 處暑	白露 秋分	寒露 霜降	立冬 小雪	大雪 冬至
	7 23	7 23	7 23	8 23	7 22	7 22
	辰 丑	酉 巳	亥 辰	未 申	申 未	辰 丑
局	二	一	一	一	一	一

丙辰年

立 向 六

日						
1	一寅甲 5	六酉乙 6	二辰丙 8	八戌丙 8	四巳丁 10	一亥丁 11
2	九卯乙 6	五戌丙 7	一巳丁 9	七亥丁 9	三午戊 11	九子戊 12
3	八辰丙 7	四亥丁 8	九午戊 10	六子戊 10	二未己 12	八丑己 13
4	七巳丁 8	三子戊 9	八未己 11	五丑己 11	一申庚 13	七寅庚 14
5	六午戊 9	二丑己 10	七申庚 12	四寅庚 12	九酉辛 14	六卯辛 15
6	五未己 10	一寅庚 11	六酉辛 13	三卯辛 13	八戌壬 15	五辰壬 16
7	四申庚 11	九卯辛 12	五戌壬 14	二辰壬 14	七亥癸 16	四巳癸 17
8	三酉辛 12	八辰壬 13	四亥癸 15	一巳癸 15	六子甲 17	三午甲 18
9	二戌壬 13	七巳癸 14	三子甲 16	九午甲 16	五丑乙 18	二未乙 19
10	一亥癸 14	六午甲 15	二丑乙 17	八未乙 17	四寅丙 19	一申丙 20
11	九子甲 15	五未乙 16	一寅丙 18	七申丙 18	三卯丁 20	九酉丁 21
12	八丑乙 16	四申丙 17	九卯丁 19	六酉丁 19	二辰戊 21	八戌戊 22
13	七寅丙 17	三酉丁 18	八辰戊 20	五戌戊 20	一巳己 22	七亥己 23
14	六卯丁 18	二戌戊 19	七巳己 21	四亥己 21	九午庚 23	六子庚 24
15	五辰戊 19	一亥己 20	六午庚 22	三子庚 22	八未辛 24	五丑辛 25
16	四巳己 20	九子庚 21	五未辛 23	二丑辛 23	七申壬 25	四寅壬 26
17	三午庚 21	八丑辛 22	四申壬 24	一寅壬 24	六酉癸 26	三卯癸 27
18	二未辛 22	七寅壬 23	三酉癸 25	九卯癸 25	五戌甲 27	二辰甲 28
19	一申壬 23	六卯癸 24	二戌甲 26	八辰甲 26	四亥乙 28	一巳乙 29
20	九酉癸 24	五辰甲 25	一亥乙 27	七巳乙 27	三子丙 29	九午丙 30
21	八戌甲 25	四巳乙 26	九子丙 28	六午丙 28	二丑丁 ½	八未丁 ½
22	七亥乙 26	三午丙 27	八丑丁 29	五未丁 29	一寅戊 2	三申戊 2
23	六子丙 27	二未丁 28	七寅戊 30	四申戊 ½	九卯己 3	四酉己 3
24	五丑丁 28	一申戊 29	六卯己 ½	三酉己 2	八辰庚 4	五戌庚 4
25	四寅戊 29	九酉己 ½	五辰庚 2	二戌庚 3	七巳辛 5	六亥辛 5
26	三卯己 30	八戌庚 2	四巳辛 3	一亥辛 4	六午壬 6	七子壬 6
27	二辰庚 ½	七亥辛 3	三午壬 4	九子壬 5	五未癸 7	八丑癸 7
28	一巳辛 2	六子壬 4	二未癸 5	八丑癸 6	四申甲 8	九寅甲 8
29	九午壬 3	五丑癸 5	一申甲 6	七寅甲 7	三酉乙 9	一卯乙 9
30	八未癸 4	四寅甲 6	九酉乙 7	六卯乙 8	二戌丙 10	二辰丙 10
31	七申甲 5	三卯乙 7		五辰丙 9		三巳丁 11

午丙六	巳乙五	辰甲四	卯癸三	寅壬二	丑辛一	月
夏至 21 戌 / 芒種 6 寅	小満 21 午 / 立夏 5 子	穀雨 20 未 / 清明 5 卯	春分 21 丑 / 驚蟄 6 子	雨水 19 丑 / 立春 4 卯	大寒 20 午 / 小寒 5 戌	節気
九	一	一	一	一	一	局 / 日
二丑己15	七午戊14	四子戊13	九巳丁12	八丑己14	四午戊12	1
三寅庚16	八未己15	五丑己14	一午戊13	九寅庚15	五未己13	2
四卯辛17	九申庚16	六寅庚15	二未己14	一卯辛16	六申庚14	3
五辰壬18	一酉辛17	七卯辛16	三申庚15	二辰壬17	七酉辛15	4
六巳癸19	二戌壬18	八辰壬17	四酉辛16	三巳癸18	八戌壬16	5
七午甲20	三亥癸19	九巳癸18	五戌壬17	四午甲19	九亥癸17	6
八未乙21	四子甲20	一午甲19	六亥癸18	五未乙20	一子甲18	7
九申丙22	五丑乙21	二未乙20	七子甲19	六申丙21	二丑乙19	8
一酉丁23	六寅丙22	三申丙21	八丑乙20	七酉丁22	三寅丙20	9
二戌戊24	七卯丁23	四酉丁22	九寅丙21	八戌戊23	四卯丁21	10
三亥己25	八辰戊24	五戌戊23	一卯丁22	九亥己24	五辰戊22	11
四子庚26	九巳己25	六亥己24	二辰戊23	一子庚25	六巳己23	12
五丑辛27	一午庚26	七子庚25	三巳己24	二丑辛26	七午庚24	13
六寅壬28	二未辛27	八丑辛26	四午庚25	三寅壬27	八未辛25	14
七卯癸29	三申壬28	九寅壬27	五未辛26	四卯癸28	九申壬26	15
八辰甲30	四酉癸29	一卯癸28	六申壬27	五辰甲29	一酉癸27	16
九巳乙 5/1	五戌甲30	二辰甲29	七酉癸28	六巳乙30	二戌甲28	17
一午丙 2	六亥乙 4/1	三巳乙 3/1	八戌甲29	七午丙 1/1	三亥乙29	18
二未丁 3	七子丙 2	四午丙 2	九亥乙30	八未丁 2	四子丙 12/1	19
三申戊 4	八丑丁 3	五未丁 3	一子丙 2/1	九申戊 3	五丑丁 2	20
四酉己 5	九寅戊 4	六申戊 4	二丑丁 2	一酉己 4	六寅戊 3	21
五戌庚 6	一卯己 5	七酉己 5	三寅戊 3	二戌庚 5	七卯己 4	22
四亥辛 7	二辰庚 6	八戌庚 6	四卯己 4	三亥辛 6	八辰庚 5	23
三子壬 8	三巳辛 7	九亥辛 7	五辰庚 5	四子壬 7	九巳辛 6	24
二丑癸 9	四午壬 8	一子壬 8	六巳辛 6	五丑癸 8	一午壬 7	25
一寅甲10	五未癸 9	二丑癸 9	七午壬 7	六寅甲 9	二未癸 8	26
九卯乙11	六申甲10	三寅甲10	八未癸 8	七卯乙10	三申甲 9	27
八辰丙12	七酉乙11	四卯乙11	九申甲 9	八辰丙11	四酉乙10	28
七巳丁13	八戌丙12	五辰丙12	一酉乙10		五戌丙11	29
六午戊14	九亥丁13	六巳丁13	二戌丙11		六亥丁12	30
	一子戊14		三亥丁12		七子戊13	31

西暦一九七七年 （漢数字의 太字는 陰局、細字는 陽局）

月 節気 局 日	未丁七 大 暑 23 辰 九	小 暑 7 未	申戊八 處 暑 23 申 九	立 秋 8 子	酉己九 秋 分 23 午 九	白 露 8 寅	戌庚十 霜 降 23 亥 九	寒 露 8 戌	亥辛十 一 小 雪 22 戌 九	立 冬 7 亥	子壬十 二 冬 至 22 辰 九	大 雪 7 未
1	五未己15		一寅庚17		六酉辛18		三卯辛19		八戌壬20		五辰壬21	
2	四申庚16		九卯辛18		五戌壬19		二辰壬20		七亥癸21		四巳癸22	
3	三酉辛17		八辰壬19		四亥癸20		一巳癸21		六子甲22		三午甲23	
4	二戌壬18		七巳癸20		三子甲21		九午甲22		五丑乙23		二未乙24	
5	一亥癸19		六午甲21		二丑乙22		八未乙23		四寅丙24		一申丙25	
6	九子甲20		五未乙22		一寅丙23		七申丙24		三卯丁25		九酉丁26	
7	八丑乙21		四申丙23		九卯丁24		六酉丁25		二辰戊26		八戌戊27	
8	七寅丙22		三酉丁24		八辰戊25		五戌戊26		一巳己27		七亥己28	
9	六卯丁23		二戌戊25		七巳己26		四亥己27		九午庚28		六子庚29	
10	五辰戊24		一亥己26		六午庚27		三子庚28		八未辛29		五丑辛30	
11	四巳己25		九子庚27		五未辛28		二丑辛29		七申壬¼		四寅壬¼	
12	三午庚26		八丑辛28		四申壬29		一寅壬30		六酉癸2		三卯癸2	
13	二未辛27		七寅壬29		三酉癸8¼		九卯癸¼		五戌甲3		二辰甲3	
14	一申壬28		六卯癸30		二戌甲2		八辰甲2		四亥乙4		一巳乙4	
15	九酉癸29		五辰甲7¼		一亥乙3		七巳乙3		三子丙5		九午丙5	
16	八戌甲¼		四巳乙2		九子丙4		六午丙4		二丑丁6		八未丁6	
17	七亥乙2		三午丙3		八丑丁5		五未丁5		一寅戊7		七申戊7	
18	六子丙3		二未丁4		七寅戊6		四申戊6		九卯己8		六酉己8	
19	五丑丁4		一申戊5		六卯己7		三酉己7		八辰庚9		五戌庚9	
20	四寅戊5		九酉己6		五辰庚8		二戌庚8		七巳辛10		四亥辛10	
21	三卯己6		八戌庚7		四巳辛9		一亥辛9		六午壬11		三子壬11	
22	二辰庚7		七亥辛8		三午壬10		九子壬10		五未癸12		六丑癸12	
23	一巳辛8		六子壬9		二未癸11		八丑癸11		四申甲13		九寅甲13	
24	九午壬9		五丑癸10		一申甲12		七寅甲12		三酉乙14		一卯乙14	
25	八未癸10		四寅甲11		九酉乙13		六卯乙13		二戌丙15		二辰丙15	
26	七申甲11		三卯乙12		八戌丙14		五辰丙14		一亥丁16		三巳丁16	
27	六酉乙12		二辰丙13		七亥丁15		四巳丁15		九子戊17		四午戊17	
28	五戌丙13		一巳丁14		六子戊16		三午戊16		八丑戊18		五未己18	
29	四亥丁14		九午戊15		五丑己17		二未己17		七寅庚19		六申庚19	
30	三子戊15		八未己16		四寅庚18		一申庚18		六卯辛20		七酉辛20	
31	二丑己16		七申庚17				九酉辛19				八戌壬21	

丁巳年

立向五

午戊六	巳丁五	辰丙四	卯乙三	寅甲二	丑癸一	月
夏至 芒種	小満 立夏	穀雨 清明	春分 驚蟄	雨水 立春	大寒 小寒	節気
22　6	21　6	20　5	21　6	19　4	20　6	
丑　巳	酉　卯	酉　午	辰　卯	辰　午	酉　丑	
八	八	八	九	九	九	局 / 日

午戊六	巳丁五	辰丙四	卯乙三	寅甲二	丑癸一	日
七午甲26	三亥癸25	九巳癸24	五戌壬23	四午甲24	九亥癸22	1
八未乙27	四子甲26	一午甲25	六亥癸24	五未乙25	一子甲23	2
九申丙28	五丑乙27	二未乙26	七子甲25	六申丙26	二丑乙24	3
一酉丁29	六寅丙28	三申丙27	八丑乙26	七酉丁27	三寅丙25	4
二戌戊30	七卯丁29	四酉丁28	九寅丙27	八戌戊28	四卯丁26	5
三亥己5/1	八辰戊30	五戌戊29	一卯丁28	九亥己29	五辰戊27	6
四子庚2	九巳己4/1	六亥己3/1	二辰戊29	一子庚1/1	六巳己28	7
五丑辛3	一午庚2	七子庚2	三巳己30	二丑辛2	七午庚29	8
六寅壬4	二未辛3	八丑辛3	四午庚5/1	三寅壬3	八未辛1/1	9
七卯癸5	三申壬4	九寅壬4	五未辛2	四卯癸4	九申壬2	10
八辰甲6	四酉癸5	一卯癸5	六申壬3	五辰甲5	一酉癸3	11
九巳乙7	五戌甲6	二辰甲6	七酉癸4	六巳乙6	二戌甲4	12
一午丙8	六亥乙7	三巳乙7	八戌甲5	七午丙7	三亥乙5	13
二未丁9	七子丙8	四午丙8	九亥乙6	八未丁8	四子丙6	14
三申戊10	八丑丁9	五未丁9	一子丙7	九申戊9	五丑丁7	15
四酉己11	九寅戊10	六申戊10	二丑丁8	一酉己10	六寅戊8	16
五戌庚12	一卯己11	七酉己11	三寅戊9	二戌庚11	七卯己9	17
六亥辛13	二辰庚12	八戌庚12	四卯己10	三亥辛12	八辰庚10	18
七子壬14	三巳辛13	九亥辛13	五辰庚11	四子壬13	九巳辛11	19
八丑癸15	四午壬14	一子壬14	六巳辛12	五丑癸14	一午壬12	20
九寅甲16	五未癸15	二丑癸15	七午壬13	六寅甲15	二未癸13	21
一卯乙17	六申甲16	三寅甲16	八未癸14	七卯乙16	三申甲14	22
八辰丙18	七酉乙17	四卯乙17	九申甲15	八辰丙17	四酉乙15	23
七巳丁19	八戌丙18	五辰丙18	一酉乙16	九巳丁18	五戌丙16	24
六午戊20	九亥丁19	六巳丁19	二戌丙17	一午戊19	六亥丁17	25
五未己21	一子戊20	七午戊20	三亥丁18	二未己20	七子戊18	26
四申庚22	二丑己21	八未己21	四子戊19	三申庚21	八丑己19	27
三酉辛23	三寅庚22	九申庚22	五丑己20	四酉辛22	九寅庚20	28
二戌壬24	四卯辛23	一酉辛23	六寅庚21		一卯辛21	29
一亥癸25	五辰壬24	二戌壬24	七卯辛22		二辰壬22	30
	六巳癸25		八辰壬23		三巳癸23	31

西暦一九七八年 （漢数字の太字は陰局、細字は陽局）

戊午年	十二 子甲	十一 亥癸	十 戌壬	九 酉辛	八 庚申	七 未己	月 節気
	冬　　大 至　　雪 22　　7 未　　戌	小　　立 雪　　冬 23　　8 丑　　寅	霜　　寒 降　　露 24　　9 寅　　子	秋　　白 分　　露 23　　8 酉　　巳	處　　立 暑　　秋 23　　8 戌　　卯	大　　小 暑　　暑 23　　7 未　　戌	
立 向 四	八	八	八	八	八	八	局
	九 酉丁 2	三 卯丁 2/1	七 申丙 30	一 寅丙 29	五 未乙 28	九 子甲 26	1
	八 戌戊 3	二 辰戊 2	六 酉丁 9/1	九 卯丁 8/1	四 申丙 29	八 丑乙 27	2
	七 亥己 4	一 巳己 3	五 戌戊 2	八 辰戊 2	三 酉丁 30	七 寅丙 28	3
	六 子庚 5	九 午庚 4	四 亥己 3	七 巳己 3	二 戌戊 7/1	六 卯丁 29	4
	五 丑辛 6	八 未辛 5	三 子庚 4	六 午庚 4	一 亥己 2	五 辰戊 8/1	5
	四 寅壬 7	七 申壬 6	二 丑辛 5	五 未辛 5	九 子庚 3	四 巳己 2	6
	三 卯癸 8	六 酉癸 7	一 寅壬 6	四 申壬 6	八 丑辛 4	三 午庚 3	7
	二 辰甲 9	五 戌甲 8	九 卯癸 7	三 酉癸 7	七 寅壬 5	二 未辛 4	8
	一 巳乙 10	四 亥乙 9	八 辰甲 8	二 戌甲 8	六 卯癸 6	一 申壬 5	9
	九 午丙 11	三 子丙 10	七 巳乙 9	一 亥乙 9	五 辰甲 7	九 酉癸 6	10
	八 未丁 12	二 丑丁 11	六 午丙 10	九 子丙 10	四 巳乙 8	八 戌甲 7	11
	七 申戊 13	一 寅戊 12	五 未丁 11	八 丑丁 11	三 午丙 9	七 亥乙 8	12
	六 酉己 14	九 卯己 13	四 申戊 12	七 寅戊 12	二 未丁 10	六 子丙 9	13
	五 戌庚 15	八 辰庚 14	三 酉己 13	六 卯己 13	一 申戊 11	五 丑丁 10	14
	四 亥辛 16	七 巳辛 15	二 戌庚 14	五 辰庚 14	九 酉己 12	四 寅戊 11	15
	三 子壬 17	六 午壬 16	一 亥辛 15	四 巳辛 15	八 戌庚 13	三 卯己 12	16
	二 丑癸 18	五 未癸 17	九 子壬 16	三 午壬 16	七 亥辛 14	二 辰庚 13	17
	一 寅甲 19	四 申甲 18	八 丑癸 17	二 未癸 17	六 子壬 15	一 巳辛 14	18
	九 卯乙 20	三 酉乙 19	七 寅甲 18	一 申甲 18	五 丑癸 16	九 午壬 15	19
	八 辰丙 21	二 戌丙 20	六 卯乙 19	九 酉乙 19	四 寅甲 17	八 未癸 16	20
	七 巳丁 22	一 亥丁 21	五 辰丙 20	八 戌丙 20	三 卯乙 18	七 申甲 17	21
	六 午戊 23	九 子戊 22	四 巳丁 21	七 亥丁 21	二 辰丙 19	六 酉乙 18	22
	五 未己 24	八 丑己 23	三 午戊 22	六 子戊 22	一 巳丁 20	五 戌丙 19	23
	六 申庚 25	七 寅庚 24	二 未己 23	五 丑己 23	九 午戊 21	四 亥丁 20	24
	七 酉辛 26	六 卯辛 25	一 申庚 24	四 寅庚 24	八 未己 22	三 子戊 21	25
	八 戌壬 27	五 辰壬 26	九 酉辛 25	三 卯辛 25	七 申庚 23	二 丑己 22	26
	九 亥癸 28	四 巳癸 27	八 戌壬 26	二 辰壬 26	六 酉辛 24	一 寅庚 23	27
	一 子甲 29	三 午甲 28	七 亥癸 27	一 巳癸 27	五 戌壬 25	九 卯辛 24	28
	二 丑乙 30	二 未乙 29	六 子甲 28	九 午甲 28	四 亥癸 26	八 辰壬 25	29
	三 寅丙 11/1	一 申丙 11/1	五 丑乙 29	八 未乙 29	三 子甲 27	七 巳癸 26	30
	四 卯丁 2		四 寅丙 30		二 丑乙 28	六 午甲 27	31

西暦一九七九年（漢数字의 太字는 陰局、細字는 陽局）

六 午庚	五 巳己	四 辰戊	三 卯丁	二 寅丙	一 丑乙	月
夏至22辰 芒種6申	小滿22子 立夏6巳	穀雨21子 清明5酉	春分21未 驚蟄6午	雨水19未 立春4酉	大寒21子 小寒6辰	節気
七	七	七	七	七	八	局 / 日
三亥己7	八辰戊6	五戌戊5	一卯丁3	九亥己5	五辰戊3	1
四子庚8	九巳己7	六亥己6	二辰戊4	一子庚6	六巳己4	2
五丑辛9	一午庚8	七子庚7	三巳己5	二丑辛7	七午庚5	3
六寅壬10	二未辛9	八丑辛8	四午庚6	三寅壬8	八未辛6	4
七卯癸11	三申壬10	九寅壬9	五未辛7	四卯癸9	九申壬7	5
八辰甲12	四酉癸11	一卯癸10	六申壬8	五辰甲10	一酉癸8	6
九巳乙13	五戌甲12	二辰甲11	七酉癸9	六巳乙11	二戌甲9	7
一午丙14	六亥乙13	三巳乙12	八戌甲10	七午丙12	三亥乙10	8
二未丁15	七子丙14	四午丙13	九亥乙11	八未丁13	四子丙11	9
三申戊16	八丑丁15	五未丁14	一子丙12	九申戊14	五丑丁12	10
四酉己17	九寅戊16	六申戊15	二丑丁13	一酉己15	六寅戊13	11
五戌庚18	一卯己17	七酉己16	三寅戊14	二戌庚16	七卯己14	12
六亥辛19	二辰庚18	八戌庚17	四卯己15	三亥辛17	八辰庚15	13
七子壬20	三巳辛19	九亥辛18	五辰庚16	四子壬18	九巳辛16	14
八丑癸21	四午壬20	一子壬19	六巳辛17	五丑癸19	一午壬17	15
九寅甲22	五未癸21	二丑癸20	七午壬18	六寅甲20	二未癸18	16
一卯乙23	六申甲22	三寅甲21	八未癸19	七卯乙21	三申甲19	17
二辰丙24	七酉乙23	四卯乙22	九申甲20	八辰丙22	四酉乙20	18
三巳丁25	八戌丙24	五辰丙23	一酉乙21	九巳丁23	五戌丙21	19
四午戊26	九亥丁25	六巳丁24	二戌丙22	一午戊24	六亥丁22	20
五未己27	一子戊26	七午戊25	三亥丁23	二未己25	七子戊23	21
六申庚28	二丑己27	八未己26	四子戊24	三申庚26	八丑己24	22
三酉辛29	三寅庚28	九申庚27	五丑己25	四酉辛27	九寅庚25	23
二戌壬6/1	四卯辛29	一酉辛28	六寅庚26	五戌壬28	一卯辛26	24
一亥癸2	五辰壬30	二戌壬29	七卯辛27	六亥癸29	二辰壬27	25
九子甲3	六巳癸5/1	三亥癸4/1	八辰壬28	七子甲30	三巳癸28	26
八丑乙4	七午甲2	四子甲2	九巳癸29	八丑乙2/1	四午甲29	27
七寅丙5	八未乙3	五丑乙3	一午甲3/1	九寅丙2	五未乙1/1	28
六卯丁6	九申丙4	六寅丙4	二未乙2		六申丙2	29
五辰戊7	一酉丁5	七卯丁5	三申丙3		七酉丁3	30
	二戌戊6		四酉丁4		八戌戊4	31

子丙十二	亥乙十一	戌甲十	酉癸九	申壬八	未辛七	月
冬至 22 戌　大雪 8 子	小雪 23 辰　立冬 8 巳	霜降 24 巳　寒露 9 卯	秋分 24 子　白露 8 申	處暑 24 丑　立秋 8 午	大暑 23 戌　小暑 8 丑	節気
六	七	七	七	七	七	局／日
四寅壬12	七申壬12	二丑辛11	五未辛10	九子庚9	四巳己8	1
三卯癸13	六酉癸13	一寅壬12	四申壬11	八丑辛10	三午庚9	2
二辰甲14	五戌甲14	九卯癸13	三酉癸12	七寅壬11	二未辛10	3
一巳乙15	四亥乙15	八辰甲14	二戌甲13	六卯癸12	一申壬11	4
九午丙16	三子丙16	七巳乙15	一亥乙14	五辰甲13	九酉癸12	5
八未丁17	二丑丁17	六午丙16	九子丙15	四巳乙14	八戌甲13	6
七申戊18	一寅戊18	五未丁17	八丑丁16	三午丙15	七亥乙14	7
六酉己19	九卯己19	四申戊18	七寅戊17	二未丁16	六子丙15	8
五戌庚20	八辰庚20	三酉己19	六卯己18	一申戊17	五丑丁16	9
四亥辛21	七巳辛21	二戌庚20	五辰庚19	九酉己18	四寅戊17	10
三子壬22	六午壬22	一亥辛21	四巳辛20	八戌庚19	三卯己18	11
二丑癸23	五未癸23	九子壬22	三午壬21	七亥辛20	二辰庚19	12
一寅甲24	四申甲24	八丑癸23	二未癸22	六子壬21	一巳辛20	13
九卯乙25	三酉乙25	七寅甲24	一申甲23	五丑癸22	九午壬21	14
八辰丙26	二戌丙26	六卯乙25	九酉乙24	四寅甲23	八未癸22	15
七巳丁27	一亥丁27	五辰丙26	八戌丙25	三卯乙24	七申甲23	16
六午戊28	九子戊28	四巳丁27	七亥丁26	二辰丙25	六酉乙24	17
五未己29	八丑己29	三午戊28	六子戊27	一巳丁26	五戌丙25	18
四申庚卅	七寅庚30	二未己29	五丑己28	九午戊27	四亥丁26	19
三酉辛2	六卯辛卅	一申庚30	四寅庚29	八未己28	三子戊27	20
二戌壬3	五辰壬2	九酉辛卅	三卯辛30	七申庚29	二丑己28	21
一亥癸4	四巳癸3	八戌壬2	二辰壬2	六酉辛30	一寅庚29	22
一子甲5	三午甲4	七亥癸3	一巳癸3	五戌壬卅	九卯辛30	23
二丑乙6	二未乙5	六子甲4	九午甲4	四亥癸2	八辰壬卅	24
三寅丙7	一申丙6	五丑乙5	八未乙5	三子甲3	七巳癸2	25
四卯丁8	九酉丁7	四寅丙6	七申丙6	二丑乙4	六午甲3	26
五辰戊9	八戌戊8	三卯丁7	六酉丁7	一寅丙5	五未乙4	27
六巳己10	七亥己9	二辰戊8	五戌戊8	九卯丁6	四申丙5	28
七午庚11	六子庚10	一巳己9	四亥己9	八辰戊7	三酉丁6	29
八未辛12	五丑辛11	九午庚10	三子庚10	七巳己8	二戌戊7	30
九申壬13		八未辛11		六午庚9	一亥己8	31

己未年

立向三

六 午壬	五 巳辛	四 辰庚	三 卯己	二 寅戊	一 丁丑	月
夏至 21 未 ／ 芒種 5 亥	小満 21 卯 ／ 立夏 5 申	穀雨 20 卯 ／ 清明 4 子	春分 20 戌 ／ 驚蟄 5 酉	雨水 19 戌 ／ 立春 5 子	大寒 21 卯 ／ 小寒 6 午	節氣
六	六	六	六	六	六	局 日
九巳乙19	五戌甲17	二辰甲16	七酉癸15	五辰甲15	一酉癸14	1
一午丙20	六亥乙18	三巳乙17	八戌甲16	六巳乙16	二戌甲15	2
二未丁21	七子丙19	四午丙18	九亥乙17	七午丙17	三亥乙16	3
三申戊22	八丑丁20	五未丁19	一子丙18	八未丁18	四子丙17	4
四酉己23	九寅戊21	六申戊20	二丑丁19	九申戊19	五丑丁18	5
五戌庚24	一卯己22	七酉己21	三寅戊20	一酉己20	六寅戊19	6
六亥辛25	二辰庚23	八戌庚22	四卯己21	二戌庚21	七卯己20	7
七子壬26	三巳辛24	九亥辛23	五辰庚22	三亥辛22	八辰庚21	8
八丑癸27	四午壬25	一子壬24	六巳辛23	四子壬23	九巳辛22	9
九寅甲28	五未癸26	二丑癸25	七午壬24	五丑癸24	一午壬23	10
一卯乙29	六申甲27	三寅甲26	八未癸25	六寅甲25	二未癸24	11
二辰丙30	七酉乙28	四卯乙27	九申甲26	七卯乙26	三申甲25	12
三巳丁 7/1	八戌丙29	五辰丙28	一酉乙27	八辰丙27	四酉乙26	13
四午戊2	九亥丁 6/1	六巳丁29	二戌丙28	九巳丁28	五戌丙27	14
五未己3	一子戊2	七午戊 5/1	三亥丁29	一午戊29	六亥丁28	15
六申庚4	二丑己3	八未己2	四子戊30	二未己 3/1	七子戊29	16
七酉辛5	三寅庚4	九申庚3	五丑己 4/1	三申庚2	八丑己30	17
八戌壬6	四卯辛5	一酉辛4	六寅庚2	四酉辛3	九寅庚 2/1	18
九亥癸7	五辰壬6	二戌壬5	七卯辛3	五戌壬4	一卯辛2	19
一子甲8	六巳癸7	三亥癸6	八辰壬4	六亥癸5	二辰壬3	20
二丑乙9	七午甲8	四子甲7	九巳癸5	七子甲6	三巳癸4	21
七寅丙10	八未乙9	五丑乙8	一午甲6	八丑乙7	四午甲5	22
六卯丁11	九申丙10	六寅丙9	二未乙7	九寅丙8	五未乙6	23
五辰戊12	一酉丁11	七卯丁10	三申丙8	一卯丁9	六申丙7	24
四巳己13	二戌戊12	八辰戊11	四酉丁9	二辰戊10	七酉丁8	25
三午庚14	三亥己13	九巳己12	五戌戊10	三巳己11	八戌戊9	26
二未辛15	四子庚14	一午庚13	六亥己11	四午庚12	九亥己10	27
一申壬16	五丑辛15	二未辛14	七子庚12	五未辛13	一子庚11	28
九酉癸17	六寅壬16	三申壬15	八丑辛13	六申壬14	二丑辛12	29
八戌甲18	七卯癸17	四酉癸16	九寅壬14		三寅壬13	30
	八辰甲18		一卯癸15		四卯癸14	31

西暦一九八〇年 （漢数字의太字는陰局、細字는陽局）

子戊 十二	亥丁 十一	戌丙 十	酉乙 九	申甲 八	未癸 七	月
冬至 大雪 22 7 丑 辰	小雪 立冬 22 7 午 申	霜降 寒露 23 8 申 午	秋分 白露 23 7 卯 戌	處暑 立秋 23 7 辰 酉	大暑 小暑 23 7 丑 辰	節気
五	五	五	六	六	六	局／日
七申戊24	一寅戊24	五未丁23	八丑丁22	三午丙21	七亥乙19	1
六酉己25	九卯己25	四申戊24	七寅戊23	二未丁22	六子丙20	2
五戌庚26	八辰庚26	三酉己25	六卯己24	一申戊23	五丑丁21	3
四亥辛27	七巳辛27	二戌庚26	五辰庚25	九酉己24	四寅戊22	4
三子壬28	六午壬28	一亥辛27	四巳辛26	八戌庚25	三卯己23	5
二丑癸29	五未癸29	九子壬28	三午壬27	七亥辛26	二辰庚24	6
一寅甲卅	四申甲30	八丑癸29	二未癸28	六子壬27	一巳辛25	7
九卯乙2	三酉乙卅	七寅甲30	一申甲29	五丑癸28	九午壬26	8
八辰丙3	二戌丙2	六卯乙卅	九酉乙卅	四寅甲29	八未癸27	9
七巳丁4	一亥丁3	五辰丙2	八戌丙2	三卯乙30	七申甲28	10
六午戊5	九子戊4	四巳丁3	七亥丁3	二辰丙卅	六酉乙29	11
五未己6	八丑己5	三午戊4	六子戊4	一巳丁2	五戌丙卅	12
四申庚7	七寅庚6	二未己5	五丑己5	九午戊3	四亥丁2	13
三酉辛8	六卯辛7	一申庚6	四寅庚6	八未己4	三子戊3	14
二戌壬9	五辰壬8	九酉辛7	三卯辛7	七申庚5	二丑己4	15
一亥癸10	四巳癸9	八戌壬8	二辰壬8	六酉辛6	一寅庚5	16
九子甲11	三午甲10	七亥癸9	一巳癸9	五戌壬7	九卯辛6	17
八丑乙12	二未乙11	六子甲10	九午甲10	四亥癸8	八辰壬7	18
七寅丙13	一申丙12	五丑乙11	八未乙11	三子甲9	七巳癸8	19
六卯丁14	九酉丁13	四寅丙12	七申丙12	二丑乙10	六午甲9	20
五辰戊15	八戌戊14	三卯丁13	六酉丁13	一寅丙11	五未乙10	21
巽巳己16	七亥己15	二辰戊14	五戌戊14	九卯丁12	四申丙11	22
七午庚17	六子庚16	一巳己15	四亥己15	八辰戊13	三酉丁12	23
八未辛18	五丑辛17	九午庚16	三子庚16	七巳己14	二戌戊13	24
九申壬19	四寅壬18	八未辛17	二丑辛17	六午庚15	一亥己14	25
一酉癸20	三卯癸19	七申壬18	一寅壬18	五未辛16	九子庚15	26
二戌甲21	二辰甲20	六酉癸19	九卯癸19	四申壬17	八丑辛16	27
三亥乙22	一巳乙21	五戌甲20	八辰甲20	三酉癸18	七寅壬17	28
四子丙23	九午丙22	四亥乙21	七巳乙21	二戌甲19	六卯癸18	29
五丑丁24	八未丁23	三子丙22	六午丙22	一亥乙20	五辰甲19	30
六寅戊25		二丑丁23		九子丙21	四巳乙20	31

庚申年

立向二

午甲六	巳癸五	辰壬四	卯辛三	寅庚二	丑己一	月
夏至　芒種	小満　立夏	穀雨　清明	春分　驚蟄	雨水　立春	大寒　小寒	節気
21　6	21　5	20　5	21　5	19　4	20　8	
戌　寅	午　亥	午　寅	子　子	丑　卯	午　酉	局
五	五	五	五	五	五	日
五戌庚29	一卯己27	七酉己27	三寅戊25	二戌庚27	七卯己26	1
六亥辛5/1	二辰庚28	八戌庚28	四卯己26	三亥辛28	八辰庚27	2
七子壬2	三巳辛29	九亥辛29	五辰庚27	四子壬29	九巳辛28	3
八丑癸3	四午壬5/1	一子壬30	六巳辛28	五丑癸30	一午壬29	4
九寅甲4	五未癸2	二丑癸4/1	七午壬29	六寅甲1/1	二未癸30	5
一卯乙5	六申甲3	三寅甲2	八未癸2/1	七卯乙2	三申甲12/	6
二辰丙6	七酉乙4	四卯乙3	九申甲2	八辰丙3	四酉乙2	7
三巳丁7	八戌丙5	五辰丙4	一酉乙3	九巳丁4	五戌丙3	8
四午戊8	九亥丁6	六巳丁5	二戌丙4	一午戊5	六亥丁4	9
五未己9	一子戊7	七午戊6	三亥丁5	二未己6	七子戊5	10
六申庚10	二丑己8	八未己7	四子戊6	三申庚7	八丑己6	11
七酉辛11	三寅庚9	九申庚8	五丑己7	四酉辛8	九寅庚7	12
八戌壬12	四卯辛10	一酉辛9	六寅庚8	五戌壬9	一卯辛8	13
九亥癸13	五辰壬11	二戌壬10	七卯辛9	六亥癸10	二辰壬9	14
一子甲14	六巳癸12	三亥癸11	八辰壬10	七子甲11	三巳癸10	15
二丑乙15	七午甲13	四子甲12	九巳癸11	八丑乙12	四午甲11	16
三寅丙16	八未乙14	五丑乙13	一午甲12	九寅丙13	五未乙12	17
四卯丁17	九申丙15	六寅丙14	二未乙13	一卯丁14	六申丙13	18
五辰戊18	一酉丁16	七卯丁15	三申丙14	二辰戊15	七酉丁14	19
六巳己19	二戌戊17	八辰戊16	四酉丁15	三巳己16	八戌戊15	20
三午庚20	三亥己18	九巳己17	五戌戊16	四午庚17	九亥己16	21
二未辛21	四子庚19	一午庚18	六亥己17	五未辛18	一子庚17	22
一申壬22	五丑辛20	二未辛19	七子庚18	六申壬19	二丑辛18	23
九酉癸23	六寅壬21	三申壬20	八丑辛19	七酉癸20	三寅壬19	24
八戌甲24	七卯癸22	四酉癸21	九寅壬20	八戌甲21	四卯癸20	25
七亥乙25	八辰甲23	五戌甲22	一卯癸21	九亥乙22	五辰甲21	26
六子丙26	九巳乙24	六亥乙23	二辰甲22	一子丙23	六巳乙22	27
五丑丁27	一午丙25	七子丙24	三巳乙23	二丑丁24	七午丙23	28
四寅戊28	二未丁26	八丑丁25	四午丙24		八未丁24	29
三卯己29	三申戊27	九寅戊26	五未丁25		九申戊25	30
	四酉己28		六申戊26		一酉己26	31

西曆一九八一年 (漢数字의太字는陰局、細字는陽局)

月	未乙七	申丙八	酉丁九	戌戊十	亥己十一	子庚十二
節気	小暑 大暑	立秋 處暑	白露 秋分	寒露 霜降	立冬 小雪	大雪 冬至
	7 23	7 23	8 23	8 23	7 22	7 22
局	未 辰	子 未	丑 午	酉 亥	亥 酉	未 辰
日	五	四	四	四	四	四
1	二辰庚30	七亥辛2	三午壬4	九子壬4	五未癸5	二丑癸6
2	一巳辛6/1	六子壬3	二未癸5	八丑癸5	四申甲6	一寅甲7
3	九午壬2	五丑癸4	一申甲6	七寅甲6	三酉乙7	九卯乙8
4	八未癸3	四寅甲5	九酉乙7	六卯乙7	二戌丙8	八辰丙9
5	七申甲4	三卯乙6	八戌丙8	五辰丙8	一亥丁9	七巳丁10
6	六酉乙5	二辰丙7	七亥丁9	四巳丁9	九子戊10	六午戊11
7	五戌丙6	一巳丁8	六子戊10	三午戊10	八丑己11	五未己12
8	四亥丁7	九午戊9	五丑己11	二未己11	七寅庚12	四申庚13
9	三子戊8	八未己10	四寅庚12	一申庚12	六卯辛13	三酉辛14
10	二丑己9	七申庚11	三卯辛13	九酉辛13	五辰壬14	二戌壬15
11	一寅庚10	六酉辛12	二辰壬14	八戌壬14	四巳癸15	一亥癸16
12	九卯辛11	五戌壬13	一巳癸15	七亥癸15	三午甲16	九子甲17
13	八辰壬12	四亥癸14	九午甲16	六子甲16	二未乙17	八丑乙18
14	七巳癸13	三子甲15	八未乙17	五丑乙17	一申丙18	七寅丙19
15	六午甲14	二丑乙16	七申丙18	四寅丙18	九酉丁19	六卯丁20
16	五未乙15	一寅丙17	六酉丁19	三卯丁19	八戌戊20	五辰戊21
17	四申丙16	九卯丁18	五戌戊20	二辰戊20	七亥己21	四巳己22
18	三酉丁17	八辰戊19	四亥己21	一巳己21	六子庚22	三午庚23
19	二戌戊18	七巳己20	三子庚22	九午庚22	五丑辛23	二未辛24
20	一亥己19	六午庚21	二丑辛23	八未辛23	四寅壬24	一申壬25
21	九子庚20	五未辛22	一寅壬24	七申壬24	三卯癸25	九酉癸26
22	八丑辛21	四申壬23	九卯癸25	六酉癸25	二辰甲26	二戌甲27
23	七寅壬22	三酉癸24	八辰甲26	五戌甲26	一巳乙27	三亥乙28
24	六卯癸23	二戌甲25	七巳乙27	四亥乙27	九午丙28	四子丙29
25	五辰甲24	一亥乙26	六午丙28	三子丙28	八未丁29	五丑丁30
26	四巳乙25	九子丙27	五未丁29	二丑丁29	七申戊10/1	六寅戊11/1
27	三午丙26	八丑丁28	四申戊30	一寅戊30	六酉己2	七卯己2
28	二未丁27	七寅戊29	三酉己9/1	九卯己11/1	五戌庚3	八辰庚3
29	一申戊28	六卯己8/1	二戌庚2	八辰庚2	四亥辛4	九巳辛4
30	九酉己29	五辰庚2	一亥辛3	七巳辛3	三子壬5	一午壬5
31	八戌庚7/1	四巳辛3		六午壬4		二未癸6

辛酉年

立向一

月\節気\局\日	午丙六	巳乙五	辰甲四	卯癸三	寅壬二	丑辛一
節気	夏至 22 丑	小滿 21 酉	穀雨 20 酉	春分 21 卯	雨水 19 辰	大寒 20 酉
節気	芒種 6 辰	立夏 6 寅	清明 5 巳	驚蟄 6 卯	立春 4 午	小寒 6 子
局	三	四	四	四	四	四

日	丑辛一	寅壬二	卯癸三	辰甲四	巳乙五	午丙六
1	三申甲7	七卯乙8	八未癸6	三寅甲8	六申甲8	一卯乙10
2	四酉乙8	八辰丙9	九申甲7	四卯乙9	七酉乙9	二辰丙11
3	五戌丙9	九巳丁10	一酉乙8	五辰丙10	八戌丙10	三巳丁12
4	六亥丁10	一午戊11	二戌丙9	六巳丁11	九亥丁11	四午戊13
5	七子戊11	二未己12	三亥丁10	七午戊12	一子戊12	五未己14
6	八丑己12	三申庚13	四子戊11	八未己13	二丑己13	六申庚15
7	九寅庚13	四酉辛14	五丑己12	九申庚14	三寅庚14	七酉辛16
8	一卯辛14	五戌壬15	六寅庚13	一酉辛15	四卯辛15	八戌壬17
9	二辰壬15	六亥癸16	七卯辛14	二戌壬16	五辰壬16	九亥癸18
10	三巳癸16	七子甲17	八辰壬15	三亥癸17	六巳癸17	一子甲19
11	四午甲17	八丑乙18	九巳癸16	四子甲18	七午甲18	二丑乙20
12	五未乙18	九寅丙19	一午甲17	五丑乙19	八未乙19	三寅丙21
13	六申丙19	一卯丁20	二未乙18	六寅丙20	九申丙20	四卯丁22
14	七酉丁20	二辰戊21	三申丙19	七卯丁21	一酉丁21	五辰戊23
15	八戌戊21	三巳己22	四酉丁20	八辰戊22	二戌戊22	六巳己24
16	九亥己22	四午庚23	五戌戊21	九巳己23	三亥己23	七午庚25
17	一子庚23	五未辛24	六亥己22	一午庚24	四子庚24	八未辛26
18	二丑辛24	六申壬25	七子庚23	二未辛25	五丑辛25	九申壬27
19	三寅壬25	七酉癸26	八丑辛24	三申壬26	六寅壬26	一酉癸28
20	四卯癸26	八戌甲27	九寅壬25	四酉癸27	七卯癸27	二戌甲29
21	五辰甲27	九亥乙28	一卯癸26	五戌甲28	八辰甲28	三亥乙 6/1
22	六巳乙28	一子丙29	二辰甲27	六亥乙29	九巳乙29	四子丙2
23	七午丙29	二丑丁30	三巳乙28	七子丙30	一午丙 5/1	五丑丁3
24	八未丁30	三寅戊 2/1	四午丙29	八丑丁 4/1	二未丁2	四寅戊4
25	九申戊 1/1	四卯己2	五未丁 3/1	九寅戊2	三申戊3	三卯己5
26	一酉己2	五辰庚3	六申戊2	一卯己3	四酉己4	二辰庚6
27	二戌庚3	六巳辛4	七酉己3	二辰庚4	五戌庚5	一巳辛7
28	三亥辛4	七午壬5	八戌庚4	三巳辛5	六亥辛6	九午壬8
29	四子壬5		九亥辛5	四午壬6	七子壬7	八未癸9
30	五丑癸6		一子壬6	五未癸7	八丑癸8	七申甲10
31	六寅甲7		二丑癸7		九寅甲9	

西暦一九八二年 （漢数字의 太字는 陰局、 細字는 陽局）

壬戌年

立向九

子壬 十二	亥辛 十一	戌庚 十	酉己 九	申戊 八	未丁 七	月
冬至22未 大雪7戌	小雪23子 立冬8寅	霜降24寅 寒露9子	秋分23酉 白露8辰	處暑23戌 立秋8卯	大暑23午 小暑7戌	節気
三	三	三	三	三	三	局
六午戊17	九子戊16	四巳丁15	七亥丁14	二辰丙12	六酉乙11	1
五未己18	八丑己17	三午戊16	六子戊15	一巳丁13	五戌丙12	2
四申庚19	七寅庚18	二未己17	五丑己16	九午戊14	四亥丁13	3
三酉辛20	六卯辛19	一申庚18	四寅庚17	八未己15	三子戊14	4
二戌壬21	五辰壬20	九酉辛19	三卯辛18	七申庚16	二丑己15	5
一亥癸22	四巳癸21	八戌壬20	二辰壬19	六酉辛17	一寅庚16	6
九子甲23	三午甲22	七亥癸21	一巳癸20	五戌壬18	九卯辛17	7
八丑乙24	二未乙23	六子甲22	九午甲21	四亥癸19	八辰壬18	8
七寅丙25	一申丙24	五丑乙23	八未乙22	三子甲20	七巳癸19	9
六卯丁26	九酉丁25	四寅丙24	七申丙23	二丑乙21	六午甲20	10
五辰戊27	八戌戊26	三卯丁25	六酉丁24	一寅丙22	五未乙21	11
四巳己28	七亥己27	二辰戊26	五戌戊25	九卯丁23	四申丙22	12
三午庚29	六子庚28	一巳己27	四亥己26	八辰戊24	三酉丁23	13
二未辛30	五丑辛29	九午庚28	三子庚27	七巳己25	二戌戊24	14
一申壬1/	四寅壬1/	八未辛29	二丑辛28	六午庚26	一亥己25	15
九酉癸2	三卯癸2	七申壬30	一寅壬29	五未辛27	九子庚26	16
八戌甲3	二辰甲3	六酉癸1/	九卯癸1/	四申壬28	八丑辛27	17
七亥乙4	一巳乙4	五戌甲2	八辰甲2	三酉癸29	七寅壬28	18
六子丙5	九午丙5	四亥乙3	七巳乙3	二戌甲1/	六卯癸29	19
五丑丁6	八未丁6	三子丙4	六午丙4	一亥乙2	五辰甲30	20
四寅戊7	七申戊7	二丑丁5	五未丁5	九子丙3	四巳乙1/	21
三卯己8	六酉己8	一寅戊6	四申戊6	八丑丁4	三午丙2	22
八辰庚9	五戌庚9	九卯己7	三酉己7	七寅戊5	二未丁3	23
九巳辛10	四亥辛10	八辰庚8	二戌庚8	六卯己6	一申戊4	24
一午壬11	三子壬11	七巳辛9	一亥辛9	五辰庚7	九酉己5	25
二未癸12	二丑癸12	六午壬10	九子壬10	四巳辛8	八戌庚6	26
三申甲13	一寅甲13	五未癸11	八丑癸11	三午壬9	七亥辛7	27
四酉乙14	九卯乙14	四申甲12	七寅甲12	二未癸10	六子壬8	28
五戌丙15	八辰丙15	三酉乙13	六卯乙13	一申甲11	五丑癸9	29
六亥丁16	七巳丁16	二戌丙14	五辰丙14	九酉乙12	四寅甲10	30
七子戊17		一亥丁15		八戌丙13	三卯乙11	31

西暦一九八三年 （漢数字의太字는陰局、細字는陽局）

六戊午	五丁巳	四丙辰	三乙卯	二甲寅	一癸丑	月 節気 局 日
夏至22辰 芒種6未	小滿22子 立夏6巳	穀雨21子 清明5申	春分21午 驚蟄6午	雨水19未 立春7酉	大寒21子 小寒6卯	節気
二	二	二	三	三	三	局
六申庚20	二丑己19	八未己18	四子戊17	三申庚19	八丑己18	1
七酉辛21	三寅庚20	九申庚19	五丑己18	四酉辛20	九寅庚19	2
八戌壬22	四卯辛21	一酉辛20	六寅庚19	五戌壬21	一卯辛20	3
九亥癸23	五辰壬22	二戌壬21	七卯辛20	六亥癸22	二辰壬21	4
一子甲24	六巳癸23	三亥癸22	八辰壬21	七子甲23	三巳癸22	5
二丑乙25	七午甲24	四子甲23	九巳癸22	八丑乙24	四午甲23	6
三寅丙26	八未乙25	五丑乙24	一午甲23	九寅丙25	五未乙24	7
四卯丁27	九申丙26	六寅丙25	二未乙24	一卯丁26	六申丙25	8
五辰戊28	一酉丁27	七卯丁26	三申丙25	二辰戊27	七酉丁26	9
六巳己29	二戌戊28	八辰戊27	四酉丁26	三巳己28	八戌戊27	10
七午庚5/1	三亥己29	九巳己28	五戌戊27	四午庚29	九亥己28	11
八未辛2	四子庚30	一午庚29	六亥己28	五未辛30	一子庚29	12
九申壬3	五丑辛4/1	二未辛30	七子庚29	六申壬1/1	二丑辛30	13
一酉癸4	六寅壬2	三申壬3/1	八丑辛30	七酉癸2	三寅壬12/1	14
二戌甲5	七卯癸3	四酉癸2	九寅壬2/1	八戌甲3	四卯癸2	15
三亥乙6	八辰甲4	五戌甲3	一卯癸2	九亥乙4	五辰甲3	16
四子丙7	九巳乙5	六亥乙4	二辰甲3	一子丙5	六巳乙4	17
五丑丁8	一午丙6	七子丙5	三巳乙4	二丑丁6	七午丙5	18
六寅戊9	二未丁7	八丑丁6	四午丙5	三寅戊7	八未丁6	19
七卯己10	三申戊8	九寅戊7	五未丁6	四卯己8	九申戊7	20
八辰庚11	四酉己9	一卯己8	六申戊7	五辰庚9	一酉己8	21
九巳辛12	五戌庚10	二辰庚9	七酉己8	六巳辛10	二戌庚9	22
八午壬13	六亥辛11	三巳辛10	八戌庚9	七午壬11	三亥辛10	23
七未癸14	七子壬12	四午壬11	九亥辛10	八未癸12	四子壬11	24
六申甲15	八丑癸13	五未癸12	一子壬11	九申甲13	五丑癸12	25
五酉乙16	九寅甲14	六申甲13	二丑癸12	一酉乙14	六寅甲13	26
四戌丙17	一卯乙15	七酉乙14	三寅甲13	二戌丙15	七卯乙14	27
三亥丁18	二辰丙16	八戌丙15	四卯乙14	三亥丁16	八辰丙15	28
二子戊19	三巳丁17	九亥丁16	五辰丙15		九巳丁16	29
一丑己20	四午戊18	一子戊17	六巳丁16		一午戊17	30
	五未己19	二丑己18	七午戊17		二未己18	31

子甲十二		亥癸十一		戌壬十		酉辛九		申庚八		未己七		月
冬至	大雪	小雪	立冬	霜降	寒露	秋分	白露	處暑	立秋	大暑	小暑	節気
22	8	23	8	24	9	24	8	24	8	23	8	
戌	丑	卯	巳	巳	卯	子	未	丑	午	酉	丑	局
二		二		二		二		二		二		日
一亥癸27		四巳癸27		八戌壬25		二辰壬24		六酉辛23		一寅庚21		1
九子甲28		三午甲28		七亥癸26		一巳癸25		五戌壬24		九卯辛22		2
八丑乙29		二未乙29		六子甲27		九午甲26		四亥癸25		八辰壬23		3
七寅丙⅟		一申丙30		五丑乙28		八未乙27		三子甲26		七巳癸24		4
六卯丁2		九酉丁⅟		四寅丙29		七申丙28		二丑乙27		六午甲25		5
五辰戊3		八戌戊2		三卯丁⅟		六酉丁29		一寅丙28		五未乙26		6
四巳己4		七亥己3		二辰戊2		五戌戊⅟		九卯丁29		四申丙27		7
三午庚5		六子庚4		一巳己3		四亥己2		八辰戊30		三酉丁28		8
二未辛6		五丑辛5		九午庚4		三子庚3		七巳己⅟		二戌戊29		9
一申壬7		四寅壬6		八未辛5		二丑辛4		六午庚2		一亥己⅟		10
九酉癸8		三卯癸7		七申壬6		一寅壬5		五未辛3		九子庚2		11
八戌甲9		二辰甲8		六酉癸7		九卯癸6		四申壬4		八丑辛3		12
七亥乙10		一巳乙9		五戌甲8		八辰甲7		三酉癸5		七寅壬4		13
六子丙11		九午丙10		四亥乙9		七巳乙8		二戌甲6		六卯癸5		14
五丑丁12		八未丁11		三子丙10		六午丙9		一亥乙7		五辰甲6		15
四寅戊13		七申戊12		二丑丁11		五未丁10		九子丙8		四巳乙7		16
三卯己14		六酉己13		一寅戊12		四申戊11		八丑丁9		三午丙8		17
二辰庚15		五戌庚14		九卯己13		三酉己12		七寅戊10		二未丁9		18
一巳辛16		四亥辛15		八辰庚14		二戌庚13		六卯己11		一申戊10		19
九午壬17		三子壬16		七巳辛15		一亥辛14		五辰庚12		九酉己11		20
八未癸18		二丑癸17		六午壬16		九子壬15		四巳辛13		八戌庚12		21
亖申甲19		一寅甲18		五未癸17		八丑癸16		三午壬14		七亥辛13		22
四酉乙20		九卯乙19		四申甲18		七寅甲17		二未癸15		六子壬14		23
五戌丙21		八辰丙20		三酉乙19		六卯乙18		一申甲16		五丑癸15		24
六亥丁22		七巳丁21		二戌丙20		五辰丙19		九酉乙17		四寅甲16		25
七子戊23		六午戊22		一亥丁21		四巳丁20		八戌丙18		三卯乙17		26
八丑己24		五未己23		九子戊22		三午戊21		七亥丁19		二辰丙18		27
九寅庚25		四申庚24		八丑己23		二未己22		六子戊20		一巳丁19		28
一卯辛26		三酉辛25		七寅庚24		一申庚23		五丑己21		九午戊20		29
二辰壬27		二戌壬26		六卯辛25		九酉辛24		四寅庚22		八未己21		30
三巳癸28				五辰壬26				三卯辛23		七申庚22		31

癸亥年

立向八

六 午庚	五 巳己	四 辰戊	三 卯丁	二 寅丙	一 丑乙	月
夏至 21 未 / 芒種 5 亥	小滿 21 卯 / 立夏 5 酉	穀雨 20 卯 / 清明 5 子	春分 20 戌 / 驚蟄 5 酉	雨水 19 戌 / 立春 5 子	大寒 21 卯 / 小寒 6 午	節気
一	一	一	一	一	二	局

六 午庚	五 巳己	四 辰戊	三 卯丁	二 寅丙	一 丑乙	日
三 寅丙 2	八 未乙 4/1	五 丑乙 3/1	一 午甲 29	八 丑乙 30	四 午甲 29	1
四 卯丁 3	九 申丙 2	六 寅丙 2	二 未乙 30	九 寅丙 1/1	五 未乙 30	2
五 辰戊 4	一 酉丁 3	七 卯丁 3	三 申丙 2/1	一 卯丁 2	六 申丙 12/1	3
六 巳己 5	二 戌戊 4	八 辰戊 4	四 酉丁 2	二 辰戊 3	七 酉丁 2	4
七 午庚 6	三 亥己 5	九 巳己 5	五 戌戊 3	三 巳己 4	八 戌戊 3	5
八 未辛 7	四 子庚 6	一 午庚 6	六 亥己 4	四 午庚 5	九 亥己 4	6
九 申壬 8	五 丑辛 7	二 未辛 7	七 子庚 5	五 未辛 6	一 子庚 5	7
一 酉癸 9	六 寅壬 8	三 申壬 8	八 丑辛 6	六 申壬 7	二 丑辛 6	8
二 戌甲 10	七 卯癸 9	四 酉癸 9	九 寅壬 7	七 酉癸 8	三 寅壬 7	9
三 亥乙 11	八 辰甲 10	五 戌甲 10	一 卯癸 8	八 戌甲 9	四 卯癸 8	10
四 子丙 12	九 巳乙 11	六 亥乙 11	二 辰甲 9	九 亥乙 10	五 辰甲 9	11
五 丑丁 13	一 午丙 12	七 子丙 12	三 巳乙 10	一 子丙 11	六 巳乙 10	12
六 寅戊 14	二 未丁 13	八 丑丁 13	四 午丙 11	二 丑丁 12	七 午丙 11	13
七 卯己 15	三 申戊 14	九 寅戊 14	五 未丁 12	三 寅戊 13	八 未丁 12	14
八 辰庚 16	四 酉己 15	一 卯己 15	六 申戊 13	四 卯己 14	九 申戊 13	15
九 巳辛 17	五 戌庚 16	二 辰庚 16	七 酉己 14	五 辰庚 15	一 酉己 14	16
一 午壬 18	六 亥辛 17	三 巳辛 17	八 戌庚 15	六 巳辛 16	二 戌庚 15	17
二 未癸 19	七 子壬 18	四 午壬 18	九 亥辛 16	七 午壬 17	三 亥辛 16	18
三 申甲 20	八 丑癸 19	五 未癸 19	一 子壬 17	八 未癸 18	四 子壬 17	19
四 酉乙 21	九 寅甲 20	六 申甲 20	二 丑癸 18	九 申甲 19	五 丑癸 18	20
五 戌丙 22	一 卯乙 21	七 酉乙 21	三 寅甲 19	一 酉乙 20	六 寅甲 19	21
四 亥丁 23	二 辰丙 22	八 戌丙 22	四 卯乙 20	二 戌丙 21	七 卯乙 20	22
三 子戊 24	三 巳丁 23	九 亥丁 23	五 辰丙 21	三 亥丁 22	八 辰丙 21	23
二 丑己 25	四 午戊 24	一 子戊 24	六 巳丁 22	四 子戊 23	九 巳丁 22	24
一 寅庚 26	五 未己 25	二 丑己 25	七 午戊 23	五 丑己 24	一 午戊 23	25
九 卯辛 27	六 申庚 26	三 寅庚 26	八 未己 24	六 寅庚 25	二 未己 24	26
八 辰壬 28	七 酉辛 27	四 卯辛 27	九 申庚 25	七 卯辛 26	三 申庚 25	27
七 巳癸 29	八 戌壬 28	五 辰壬 28	一 酉辛 26	八 辰壬 27	四 酉辛 26	28
六 午甲 6/1	九 亥癸 29	六 巳癸 29	二 戌壬 27	九 巳癸 28	五 戌壬 27	29
五 未乙 2	一 子甲 30	七 午甲 30	三 亥癸 28		六 亥癸 28	30
	二 丑乙 5/1		四 子甲 29		七 子甲 29	31

西曆一九八四年 (漢数字의 太字는 陰局、細字는 陽局)

子丙十二	亥乙十一	戌甲十	酉癸九	申壬八	未辛七	月／節気／局／日
冬至 22 丑　大雪 7 辰	小雪 22 午　立冬 7 未	霜降 23 未　寒露 8 午	秋分 23 卯　白露 7 戌	處暑 23 辰　立秋 7 酉	大暑 23 丑　小暑 7 辰	節気
九	一	一	一	一	一	局
四 巳己 9	七 亥己 9	二 辰戊 7	五 戌戊 6	九 卯丁 5	四 申丙 3	1
三 午庚 10	六 子庚 10	一 巳己 8	四 亥己 7	八 辰戊 6	三 酉丁 4	2
二 未辛 11	五 丑辛 11	九 午庚 9	三 子庚 8	七 巳己 7	二 戌戊 5	3
一 申壬 12	四 寅壬 12	八 未辛 10	二 丑辛 9	六 午庚 8	一 亥己 6	4
九 酉癸 13	三 卯癸 13	七 申壬 11	一 寅壬 10	五 未辛 9	九 子庚 7	5
八 戌甲 14	二 辰甲 14	六 酉癸 12	九 卯癸 11	四 申壬 10	八 丑辛 8	6
七 亥乙 15	一 巳乙 15	五 戌甲 13	八 辰甲 12	三 酉癸 11	七 寅壬 9	7
六 子丙 16	九 午丙 16	四 亥乙 14	七 巳乙 13	二 戌甲 12	六 卯癸 10	8
五 丑丁 17	八 未丁 17	三 子丙 15	六 午丙 14	一 亥乙 13	五 辰甲 11	9
四 寅戊 18	七 申戊 18	二 丑丁 16	五 未丁 15	九 子丙 14	四 巳乙 12	10
三 卯己 19	六 酉己 19	一 寅戊 17	四 申戊 16	八 丑丁 15	三 午丙 13	11
二 辰庚 20	五 戌庚 20	九 卯己 18	三 酉己 17	七 寅戊 16	二 未丁 14	12
一 巳辛 21	四 亥辛 21	八 辰庚 19	二 戌庚 18	六 卯己 17	一 申戊 15	13
九 午壬 22	三 子壬 22	七 巳辛 20	一 亥辛 19	五 辰庚 18	九 酉己 16	14
八 未癸 23	二 丑癸 23	六 午壬 21	九 子壬 20	四 巳辛 19	八 戌庚 17	15
七 申甲 24	一 寅甲 24	五 未癸 22	八 丑癸 21	三 午壬 20	七 亥辛 18	16
六 酉乙 25	九 卯乙 25	四 申甲 23	七 寅甲 22	二 未癸 21	六 子壬 19	17
五 戌丙 26	八 辰丙 26	三 酉乙 24	六 卯乙 23	一 申甲 22	五 丑癸 20	18
四 亥丁 27	七 巳丁 27	二 戌丙 25	五 辰丙 24	九 酉乙 23	四 寅甲 21	19
三 子戊 28	六 午戊 28	一 亥丁 26	四 巳丁 25	八 戌丙 24	三 卯乙 22	20
二 丑己 29	五 未己 29	九 子戊 27	三 午戊 26	七 亥丁 25	二 辰丙 23	21
一 寅庚 11/1	四 申庚 30	八 丑己 28	二 未己 27	六 子戊 26	一 巳丁 24	22
一 卯辛 2	三 酉辛 12/1	七 寅庚 29	一 申庚 28	五 丑己 27	九 午戊 25	23
二 辰壬 3	二 戌壬 2	六 卯辛 11/1	九 酉辛 29	四 寅庚 28	八 未己 26	24
三 巳癸 4	一 亥癸 3	五 辰壬 2	八 戌壬 9/1	三 卯辛 29	七 申庚 27	25
四 午甲 5	九 子甲 4	四 巳癸 3	七 亥癸 2	二 辰壬 30	六 酉辛 28	26
五 未乙 6	八 丑乙 5	三 午甲 4	六 子甲 3	一 巳癸 8/1	五 戌壬 29	27
六 申丙 7	七 寅丙 6	二 未乙 5	五 丑乙 4	九 午甲 2	四 亥癸 7/1	28
七 酉丁 8	六 卯丁 7	一 申丙 6	四 寅丙 5	八 未乙 3	三 子甲 2	29
八 戌戊 9	五 辰戊 8	九 酉丁 7	三 卯丁 6	七 申丙 4	二 丑乙 3	30
九 亥己 10		八 戌戊 8		六 酉丁 5	一 寅丙 4	31

甲子年　立向七

西暦一九八五年　（漢数字의 太字는 陰局、細字는 陽局）

月	午壬六	巳辛五	辰庚四	卯己三	寅戊二	丑丁一
節気	夏至 芒種	小満 立夏	穀雨 清明	春分 驚蟄	雨水 立春	大寒 小寒
	21　6	21　6	20　5	21　6	19　4	20　5
局	戌　寅	午　子	午　卯	丑　子	丑　卯	午　酉
	九	九	九	九	九	九

日	午壬六	巳辛五	辰庚四	卯己三	寅戊二	丑丁一
1	八 未辛 13	四 子庚 12	一 午庚 12	六 亥己 10	五 未辛 12	一 子庚 11
2	九 申壬 14	五 丑辛 13	二 未辛 13	七 子庚 11	六 申壬 13	二 丑辛 12
3	一 酉癸 15	六 寅壬 14	三 申壬 14	八 丑辛 12	七 酉癸 14	三 寅壬 13
4	二 戌甲 16	七 卯癸 15	四 酉癸 15	九 寅壬 13	八 戌甲 15	四 卯癸 14
5	三 亥乙 17	八 辰甲 16	五 戌甲 16	一 卯癸 14	九 亥乙 16	五 辰甲 15
6	四 子丙 18	九 巳乙 17	六 亥乙 17	二 辰甲 15	一 子丙 17	六 巳乙 16
7	五 丑丁 19	一 午丙 18	七 子丙 18	三 巳乙 16	二 丑丁 18	七 午丙 17
8	六 寅戊 20	二 未丁 19	八 丑丁 19	四 午丙 17	三 寅戊 19	八 未丁 18
9	七 卯己 21	三 申戊 20	九 寅戊 20	五 未丁 18	四 卯己 20	九 申戊 19
10	八 辰庚 22	四 酉己 21	一 卯己 21	六 申戊 19	五 辰庚 21	一 酉己 20
11	九 巳辛 23	五 戌庚 22	二 辰庚 22	七 酉己 20	六 巳辛 22	二 戌庚 21
12	一 午壬 24	六 亥辛 23	三 巳辛 23	八 戌庚 21	七 午壬 23	三 亥辛 22
13	二 未癸 25	七 子壬 24	四 午壬 24	九 亥辛 22	八 未癸 24	四 子壬 23
14	三 申甲 26	八 丑癸 25	五 未癸 25	一 子壬 23	九 申甲 25	五 丑癸 24
15	四 酉乙 27	九 寅甲 26	六 申甲 26	二 丑癸 24	一 酉乙 26	六 寅甲 25
16	五 戌丙 28	一 卯乙 27	七 酉乙 27	三 寅甲 25	二 戌丙 27	七 卯乙 26
17	六 亥丁 29	二 辰丙 28	八 戌丙 28	四 卯乙 26	三 亥丁 28	八 辰丙 27
18	七 子戊 5/1	三 巳丁 29	九 亥丁 29	五 辰丙 27	四 子戊 29	九 巳丁 28
19	八 丑己 2	四 午戊 30	一 子戊 30	六 巳丁 28	五 丑己 30	一 午戊 29
20	九 寅庚 3	五 未己 4/1	二 丑己 3/1	七 午戊 29	六 寅庚 1/1	二 未己 30
21	九 卯辛 4	六 申庚 2	三 寅庚 2	八 未己 2/1	七 卯辛 2	三 申庚 12/1
22	八 辰壬 5	七 酉辛 3	四 卯辛 3	九 申庚 2	八 辰壬 3	四 酉辛 2
23	七 巳癸 6	八 戌壬 4	五 辰壬 4	一 酉辛 3	九 巳癸 4	五 戌壬 3
24	六 午甲 7	九 亥癸 5	六 巳癸 5	二 戌壬 4	一 午甲 5	六 亥癸 4
25	五 未乙 8	一 子甲 6	七 午甲 6	三 亥癸 5	二 未乙 6	七 子甲 5
26	四 申丙 9	二 丑乙 7	八 未乙 7	四 子甲 6	三 申丙 7	八 丑乙 6
27	三 酉丁 10	三 寅丙 8	九 申丙 8	五 丑乙 7	四 酉丁 8	九 寅丙 7
28	二 戌戊 11	四 卯丁 9	一 酉丁 9	六 寅丙 8	五 戌戊 9	一 卯丁 8
29	一 亥己 12	五 辰戊 10	二 戌戊 10	七 卯丁 9		二 辰戊 9
30	九 子庚 13	六 巳己 11	三 亥己 11	八 辰戊 10		三 巳己 10
31		七 午庚 12		九 巳己 11		四 午庚 11

乙丑年

立向六

十二 子戊	十一 亥丁	十 戌丙	九 酉乙	八 申甲	七 未癸	月
冬至 22 卯 大雪 7 未	小雪 22 酉 立冬 7 戌	霜降 23 戌 寒露 8 酉	秋分 23 午 白露 8 丑	處暑 23 未 立秋 8 子	大暑 23 卯 小暑 7 未	節気
八	八	八	九	九	九	局 日
八 戌甲 20	二 辰甲 19	六 酉癸 17	九 卯癸 17	四 申壬 15	八 丑辛 14	1
七 亥乙 21	一 巳乙 20	五 戌甲 18	八 辰甲 18	三 酉癸 16	七 寅壬 15	2
六 子丙 22	九 午丙 21	四 亥乙 19	七 巳乙 19	二 戌甲 17	六 卯癸 16	3
五 丑丁 23	八 未丁 22	三 子丙 20	六 午丙 20	一 亥乙 18	五 辰甲 17	4
四 寅戊 24	七 申戊 23	二 丑丁 21	五 未丁 21	九 子丙 19	四 巳乙 18	5
三 卯己 25	六 酉己 24	一 寅戊 22	四 申戊 22	八 丑丁 20	三 午丙 19	6
二 辰庚 26	五 戌庚 25	九 卯己 23	三 酉己 23	七 寅戊 21	二 未丁 20	7
一 巳辛 27	四 亥辛 26	八 辰庚 24	二 戌庚 24	六 卯己 22	一 申戊 21	8
九 午壬 28	三 子壬 27	七 巳辛 25	一 亥辛 25	五 辰庚 23	九 酉己 22	9
八 未癸 29	二 丑癸 28	六 午壬 26	九 子壬 26	四 巳辛 24	八 戌庚 23	10
七 申甲 30	一 寅甲 29	五 未癸 27	八 丑癸 27	三 午壬 25	七 亥辛 24	11
六 酉乙 11/1	九 卯乙 10/1	四 申甲 28	七 寅甲 28	二 未癸 26	六 子壬 25	12
五 戌丙 2	八 辰丙 2	三 酉乙 29	六 卯乙 29	一 申甲 27	五 丑癸 26	13
四 亥丁 3	七 巳丁 3	二 戌丙 9/1	五 辰丙 30	九 酉乙 28	四 寅甲 27	14
三 子戊 4	六 午戊 4	一 亥丁 2	四 巳丁 8/1	八 戌丙 29	三 卯乙 28	15
二 丑己 5	五 未己 5	九 子戊 3	三 午戊 2	七 亥丁 7/1	二 辰丙 29	16
一 寅庚 6	四 申庚 6	八 丑己 4	二 未己 3	六 子戊 2	一 巳丁 30	17
九 卯辛 7	三 酉辛 7	七 寅庚 5	一 申庚 4	五 丑己 3	九 午戊 6/1	18
八 辰壬 8	二 戌壬 8	六 卯辛 6	九 酉辛 5	四 寅庚 4	八 未己 2	19
七 巳癸 9	一 亥癸 9	五 辰壬 7	八 戌壬 6	三 卯辛 5	七 申庚 3	20
六 午甲 10	九 子甲 10	四 巳癸 8	七 亥癸 7	二 辰壬 6	六 酉辛 4	21
五八 未乙 11	八 丑乙 11	三 午甲 9	六 子甲 8	一 巳癸 7	五 戌壬 5	22
九 申丙 12	七 寅丙 12	二 未乙 10	五 丑乙 9	九 午甲 8	四 亥癸 6	23
一 酉丁 13	六 卯丁 13	一 申丙 11	四 寅丙 10	八 未乙 9	三 子甲 7	24
二 戌戊 14	五 辰戊 14	九 酉丁 12	三 卯丁 11	七 申丙 10	二 丑乙 8	25
三 亥己 15	四 巳己 15	八 戌戊 13	二 辰戊 12	六 酉丁 11	一 寅丙 9	26
四 子庚 16	三 午庚 16	七 亥己 14	一 巳己 13	五 戌戊 12	九 卯丁 10	27
五 丑辛 17	二 未辛 17	六 子庚 15	九 午庚 14	四 亥己 13	八 辰戊 11	28
六 寅壬 18	一 申壬 18	五 丑辛 16	八 未辛 15	三 子庚 14	七 巳己 12	29
七 卯癸 19	九 酉癸 19	四 寅壬 17	七 申壬 16	二 丑辛 15	六 午庚 13	30
八 辰甲 20		三 卯癸 18		一 寅壬 16	五 未辛 14	31

西暦一九八六年 (漢数字의太字는陰局、細字는陽局)

午甲六	巳癸五	辰壬四	卯辛三	寅庚二	丑己一	月 節気 局 日
夏至 22 丑 / 芒種 6 巳	小満 21 酉 / 立夏 6 寅	穀雨 20 酉 / 清明 5 午	春分 21 辰 / 驚蟄 6 卯	雨水 19 辰 / 立春 4 午	大寒 20 酉 / 小寒 6 子	節気
八	八	八	八	八	八	局
七 子丙 24	三 巳乙 23	九 亥乙 23	五 辰甲 21	四 子丙 23	九 巳乙 21	1
八 丑丁 25	四 午丙 24	一 子丙 24	六 巳乙 22	五 丑丁 24	一 午丙 22	2
九 寅戊 26	五 未丁 25	二 丑丁 25	七 午丙 23	六 寅戊 25	二 未丁 23	3
一 卯己 27	六 申戊 26	三 寅戊 26	八 未丁 24	七 卯己 26	三 申戊 24	4
二 辰庚 28	七 酉己 27	四 卯己 27	九 申戊 25	八 辰庚 27	四 酉己 25	5
三 巳辛 29	八 戌庚 28	五 辰庚 28	一 酉己 26	九 巳辛 28	五 戌庚 26	6
四 午壬 5/1	九 亥辛 29	六 巳辛 29	二 戌庚 27	一 午壬 29	六 亥辛 27	7
五 未癸 2	一 子壬 30	七 午壬 30	三 亥辛 28	二 未癸 30	七 子壬 28	8
六 申甲 3	二 丑癸 4/1	八 未癸 3/1	四 子壬 29	三 申甲 1/1	八 丑癸 29	9
七 酉乙 4	三 寅甲 2	九 申甲 2	五 丑癸 2/1	四 酉乙 2	九 寅甲 12/1	10
八 戌丙 5	四 卯乙 3	一 酉乙 3	六 寅甲 2	五 戌丙 3	一 卯乙 2	11
九 亥丁 6	五 辰丙 4	二 戌丙 4	七 卯乙 3	六 亥丁 4	二 辰丙 3	12
一 子戊 7	六 巳丁 5	三 亥丁 5	八 辰丙 4	七 子戊 5	三 巳丁 4	13
二 丑己 8	七 午戊 6	四 子戊 6	九 巳丁 5	八 丑己 6	四 午戊 5	14
三 寅庚 9	八 未己 7	五 丑己 7	一 午戊 6	九 寅庚 7	五 未己 6	15
四 卯辛 10	九 申庚 8	六 寅庚 8	二 未己 7	一 卯辛 8	六 申庚 7	16
五 辰壬 11	一 酉辛 9	七 卯辛 9	三 申庚 8	二 辰壬 9	七 酉辛 8	17
六 巳癸 12	二 戌壬 10	八 辰壬 10	四 酉辛 9	三 巳癸 10	八 戌壬 9	18
七 午甲 13	三 亥癸 11	九 巳癸 11	五 戌壬 10	四 午甲 11	九 亥癸 10	19
八 未乙 14	四 子甲 12	一 午甲 12	六 亥癸 11	五 未乙 12	一 子甲 11	20
九 申丙 15	五 丑乙 13	二 未乙 13	七 子甲 12	六 申丙 13	二 丑乙 12	21
一 酉丁 16	六 寅丙 14	三 申丙 14	八 丑乙 13	七 酉丁 14	三 寅丙 13	22
八 戌戊 17	七 卯丁 15	四 酉丁 15	九 寅丙 14	八 戌戊 15	四 卯丁 14	23
七 亥己 18	八 辰戊 16	五 戌戊 16	一 卯丁 15	九 亥己 16	五 辰戊 15	24
六 子庚 19	九 巳己 17	六 亥己 17	二 辰戊 16	一 子庚 17	六 巳己 16	25
五 丑辛 20	一 午庚 18	七 子庚 18	三 巳己 17	二 丑辛 18	七 午庚 17	26
四 寅壬 21	二 未辛 19	八 丑辛 19	四 午庚 18	三 寅壬 19	八 未辛 18	27
三 卯癸 22	三 申壬 20	九 寅壬 20	五 未辛 19	四 卯癸 20	九 申壬 19	28
二 辰甲 23	四 酉癸 21	一 卯癸 21	六 申壬 20		一 酉癸 20	29
一 巳乙 24	五 戌甲 22	二 辰甲 22	七 酉癸 21		二 戌甲 21	30
	六 亥乙 23		八 戌甲 22		三 亥乙 22	31

丙寅年 ／ **立向五**

月	子庚 十二	亥己 十一	戌戊 十	酉丁 九	申丙 八	未乙 七
節気	冬至 22 午 ／ 大雪 7 戌	小雪 23 子 ／ 立冬 8 丑	霜降 24 丑 ／ 寒露 9 子	秋分 23 酉 ／ 白露 8 辰	處暑 23 戌 ／ 立秋 8 卯	大暑 23 午 ／ 小暑 7 戌
局	七	七	七	七	七	八

日	子庚	亥己	戌戊	酉丁	申丙	未乙
1	九 卯己 30	三 酉己 29	七 寅戊 28	一 申戊 27	五 丑丁 26	九 午丙 25
2	八 辰庚 11/1	二 戌庚 10/1	六 卯己 29	九 酉己 28	四 寅戊 27	八 未丁 26
3	七 巳辛 2	一 亥辛 2	五 辰庚 30	八 戌庚 29	三 卯己 28	七 申戊 27
4	六 午壬 3	九 子壬 3	四 巳辛 9/1	七 亥辛 8/1	二 辰庚 29	六 酉己 28
5	五 未癸 4	八 丑癸 4	三 午壬 2	六 子壬 2	一 巳辛 30	五 戌庚 29
6	四 申甲 5	七 寅甲 5	二 未癸 3	五 丑癸 3	九 午壬 7/1	四 亥辛 30
7	三 酉乙 6	六 卯乙 6	一 申甲 4	四 寅甲 4	八 未癸 2	三 子壬 6/1
8	二 戌丙 7	五 辰丙 7	九 酉乙 5	三 卯乙 5	七 申甲 3	二 丑癸 2
9	一 亥丁 8	四 巳丁 8	八 戌丙 6	二 辰丙 6	六 酉乙 4	一 寅甲 3
10	九 子戊 9	三 午戊 9	七 亥丁 7	一 巳丁 7	五 戌丙 5	九 卯乙 4
11	八 丑己 10	二 未己 10	六 子戊 8	九 午戊 8	四 亥丁 6	八 辰丙 5
12	七 寅庚 11	一 申庚 11	五 丑己 9	八 未己 9	三 子戊 7	七 巳丁 6
13	六 卯辛 12	九 酉辛 12	四 寅庚 10	七 申庚 10	二 丑己 8	六 午戊 7
14	五 辰壬 13	八 戌壬 13	三 卯辛 11	六 酉辛 11	一 寅庚 9	五 未己 8
15	四 巳癸 14	七 亥癸 14	二 辰壬 12	五 戌壬 12	九 卯辛 10	四 申庚 9
16	三 午甲 15	六 子甲 15	一 巳癸 13	四 亥癸 13	八 辰壬 11	三 酉辛 10
17	二 未乙 16	五 丑乙 16	九 午甲 14	三 子甲 14	七 巳癸 12	二 戌壬 11
18	一 申丙 17	四 寅丙 17	八 未乙 15	二 丑乙 15	六 午甲 13	一 亥癸 12
19	九 酉丁 18	三 卯丁 18	七 申丙 16	一 寅丙 16	五 未乙 14	九 子甲 13
20	八 戌戊 19	二 辰戊 19	六 酉丁 17	九 卯丁 17	四 申丙 15	八 丑乙 14
21	七 亥己 20	一 巳己 20	五 戌戊 18	八 辰戊 18	三 酉丁 16	七 寅丙 15
22	六 子庚 21	九 午庚 21	四 亥己 19	七 巳己 19	二 戌戊 17	六 卯丁 16
23	五 丑辛 22	八 未辛 22	三 子庚 20	六 午庚 20	一 亥己 18	五 辰戊 17
24	六 寅壬 23	七 申壬 23	二 丑辛 21	五 未辛 21	九 子庚 19	四 巳己 18
25	七 卯癸 24	六 酉癸 24	一 寅壬 22	四 申壬 22	八 丑辛 20	三 午庚 19
26	八 辰甲 25	五 戌甲 25	九 卯癸 23	三 酉癸 23	七 寅壬 21	二 未辛 20
27	九 巳乙 26	四 亥乙 26	八 辰甲 24	二 戌甲 24	六 卯癸 22	一 申壬 21
28	一 午丙 27	三 子丙 27	七 巳乙 25	一 亥乙 25	五 辰甲 23	九 酉癸 22
29	二 未丁 28	二 丑丁 28	六 午丙 26	九 子丙 26	四 巳乙 24	八 戌甲 23
30	三 申戊 29	一 寅戊 29	五 未丁 27	八 丑丁 27	三 午丙 25	七 亥乙 24
31	四 酉己 12/1		四 申戊 28		二 未丁 26	六 子丙 25

西暦一九八七年　（漢数字의 太字는 陰局、細字는 陽局）

午丙六	巳乙五	辰甲四	卯癸三	寅壬二	丑辛一	月
夏至22辰 / 芒種6未	小満22子 / 立夏6巳	穀雨21子 / 清明5酉	春分21午 / 驚蟄6午	雨水19未 / 立春4酉	大寒21子 / 小寒6卯	節気
六	七	七	七	七	七	局
三 巳辛 6	八 戌庚 4	五 辰庚 4	一 酉己 2	九 巳辛 4	五 戌庚 2	1
四 午壬 7	九 亥辛 5	六 巳辛 5	二 戌庚 3	一 午壬 5	六 亥辛 3	2
五 未癸 8	一 子壬 6	七 午壬 6	三 亥辛 4	二 未癸 6	七 子壬 4	3
六 申甲 9	二 丑癸 7	八 未癸 7	四 子壬 5	三 申甲 7	八 丑癸 5	4
七 酉乙 10	三 寅甲 8	九 申甲 8	五 丑癸 6	四 酉乙 8	九 寅甲 6	5
八 戌丙 11	四 卯乙 9	一 酉乙 9	六 寅甲 7	五 戌丙 9	一 卯乙 7	6
九 亥丁 12	五 辰丙 10	二 戌丙 10	七 卯乙 8	六 亥丁 10	二 辰丙 8	7
一 子戊 13	六 巳丁 11	三 亥丁 11	八 辰丙 9	七 子戊 11	三 巳丁 9	8
二 丑己 14	七 午戊 12	四 子戊 12	九 巳丁 10	八 丑己 12	四 午戊 10	9
三 寅庚 15	八 未己 13	五 丑己 13	一 午戊 11	九 寅庚 13	五 未己 11	10
四 卯辛 16	九 申庚 14	六 寅庚 14	二 未己 12	一 卯辛 14	六 申庚 12	11
五 辰壬 17	一 酉辛 15	七 卯辛 15	三 申庚 13	二 辰壬 15	七 酉辛 13	12
六 巳癸 18	二 戌壬 16	八 辰壬 16	四 酉辛 14	三 巳癸 16	八 戌壬 14	13
七 午甲 19	三 亥癸 17	九 巳癸 17	五 戌壬 15	四 午甲 17	九 亥癸 15	14
八 未乙 20	四 子甲 18	一 午甲 18	六 亥癸 16	五 未乙 18	一 子甲 16	15
九 申丙 21	五 丑乙 19	二 未乙 19	七 子甲 17	六 申丙 19	二 丑乙 17	16
一 酉丁 22	六 寅丙 20	三 申丙 20	八 丑乙 18	七 酉丁 20	三 寅丙 18	17
二 戌戊 23	七 卯丁 21	四 酉丁 21	九 寅丙 19	八 戌戊 21	四 卯丁 19	18
三 亥己 24	八 辰戊 22	五 戌戊 22	一 卯丁 20	九 亥己 22	五 辰戊 20	19
四 子庚 25	九 巳己 23	六 亥己 23	二 辰戊 21	一 子庚 23	六 巳己 21	20
五 丑辛 26	一 午庚 24	七 子庚 24	三 巳己 22	二 丑辛 24	七 午庚 22	21
六 寅壬 27	二 未辛 25	八 丑辛 25	四 午庚 23	三 寅壬 25	八 未辛 23	22
三 卯癸 28	三 申壬 26	九 寅壬 26	五 未辛 24	四 卯癸 26	九 申壬 24	23
二 辰甲 29	四 酉癸 27	一 卯癸 27	六 申壬 25	五 辰甲 27	一 酉癸 25	24
一 巳乙 30	五 戌甲 28	二 辰甲 28	七 酉癸 26	六 巳乙 28	二 戌甲 26	25
九 午丙 6/1	六 亥乙 29	三 巳乙 29	八 戌甲 27	七 午丙 29	三 亥乙 27	26
八 未丁 2	七 子丙 5/1	四 午丙 30	九 亥乙 28	八 未丁 30	四 子丙 28	27
七 申戊 3	八 丑丁 2	五 未丁 4/1	一 子丙 29	九 申戊 3/1	五 丑丁 29	28
六 酉己 4	九 寅戊 3	六 申戊 2	二 丑丁 3/1		六 寅戊 1/1	29
五 戌庚 5	一 卯己 4	七 酉己 3	三 寅戊 2		七 卯己 2	30
	二 辰庚 5		四 卯己 3		八 辰庚 3	31

子壬 十二		亥辛 十一		戌庚 十		酉己 九		申戊 八		未丁 七		月
冬至	大雪	小雪	立冬	霜降	寒露	秋分	白露	處暑	立秋	大暑	小暑	節気
22	8	23	8	24	9	23	8	24	8	23	8	
酉	子	卯	辰	辰	卯	亥	未	丑	午	酉	丑	
六		六		六		六		六		六		局
四 申甲 11		七 寅甲 10		二 未癸 9		五 丑癸 9		九 午壬 7		四 亥辛 6		1
三 酉乙 12		六 卯乙 11		一 申甲 10		四 寅甲 10		八 未癸 8		三 子壬 7		2
二 戌丙 13		五 辰丙 12		九 酉乙 11		三 卯乙 11		七 申甲 9		二 丑癸 8		3
一 亥丁 14		四 巳丁 13		八 戌丙 12		二 辰丙 12		六 酉乙 10		一 寅甲 9		4
九 子戊 15		三 午戊 14		七 亥丁 13		一 巳丁 13		五 戌丙 11		九 卯乙 10		5
八 丑己 16		二 未己 15		六 子戊 14		九 午戊 14		四 亥丁 12		八 辰丙 11		6
七 寅庚 17		一 申庚 16		五 丑己 15		八 未己 15		三 子戊 13		七 巳丁 12		7
六 卯辛 18		九 酉辛 17		四 寅庚 16		七 申庚 16		二 丑己 14		六 午戊 13		8
五 辰壬 19		八 戌壬 18		三 卯辛 17		六 酉辛 17		一 寅庚 15		五 未己 14		9
四 巳癸 20		七 亥癸 19		二 辰壬 18		五 戌壬 18		九 卯辛 16		四 申庚 15		10
三 午甲 21		六 子甲 20		一 巳癸 19		四 亥癸 19		八 辰壬 17		三 酉辛 16		11
二 未乙 22		五 丑乙 21		九 午甲 20		三 子甲 20		七 巳癸 18		二 戌壬 17		12
一 申丙 23		四 寅丙 22		八 未乙 21		二 丑乙 21		六 午甲 19		一 亥癸 18		13
九 酉丁 24		三 卯丁 23		七 申丙 22		一 寅丙 22		五 未乙 20		九 子甲 19		14
八 戌戊 25		二 辰戊 24		六 酉丁 23		九 卯丁 23		四 申丙 21		八 丑乙 20		15
七 亥己 26		一 巳己 25		五 戌戊 24		八 辰戊 24		三 酉丁 22		七 寅丙 21		16
六 子庚 27		九 午庚 26		四 亥己 25		七 巳己 25		二 戌戊 23		六 卯丁 22		17
五 丑辛 28		八 未辛 27		三 子庚 26		六 午庚 26		一 亥己 24		五 辰戊 23		18
四 寅壬 29		七 申壬 28		二 丑辛 27		五 未辛 27		九 子庚 25		四 巳己 24		19
三 卯癸 30		六 酉癸 29		一 寅壬 28		四 申壬 28		八 丑辛 26		三 午庚 25		20
二 辰甲 11/1		五 戌甲 11/1		九 卯癸 29		三 酉癸 29		七 寅壬 27		二 未辛 26		21
九 巳乙 2		四 亥乙 2		八 辰甲 30		二 戌甲 30		六 卯癸 28		一 申壬 27		22
一 午丙 3		三 子丙 3		七 巳乙 9/1		一 亥乙 8/1		五 辰甲 29		九 酉癸 28		23
二 未丁 4		一 丑丁 4		六 午丙 2		九 子丙 2		四 巳乙 7/1		八 戌甲 29		24
三 申戊 5		二 寅戊 5		五 未丁 3		八 丑丁 3		三 午丙 2		七 亥乙 30		25
四 酉己 6		九 卯己 6		四 申戊 4		七 寅戊 4		二 未丁 3		六 子丙 6/1		26
五 戌庚 7		八 辰庚 7		三 酉己 5		六 卯己 5		一 申戊 4		五 丑丁 2		27
六 亥辛 8		七 巳辛 8		二 戌庚 6		五 辰庚 6		九 酉己 5		四 寅戊 3		28
七 子壬 9		六 午壬 9		一 亥辛 7		四 巳辛 7		八 戌庚 6		三 卯己 4		29
八 丑癸 10		五 未癸 10		九 子壬 8		三 午壬 8		七 亥辛 7		二 辰庚 5		30
九 寅甲 11				八 丑癸 9				六 子壬 8		一 巳辛 6		31

丁卯年

立向四

月	丑癸一	寅甲二	卯乙三	辰丙四	巳丁五	午戊六
節気	小寒 大寒	立春 雨水	驚蟄 春分	清明 穀雨	立夏 小滿	芒種 夏至
	6 21	5 19	5 20	4 20	5 21	5 21
	午 卯	子 戌	酉 酉	亥 卯	申 卯	戌 未
局	六	六	六	五	五	五
日						
1	一 卯乙 12	五 戌丙 14	七 卯乙 14	二 戌丙 15	五 辰丙 16	九 亥丁 17
2	二 辰丙 13	六 亥丁 15	八 辰丙 15	三 亥丁 16	六 巳丁 17	一 子戊 18
3	三 巳丁 14	七 子戊 16	九 巳丁 16	四 子戊 17	七 午戊 18	二 丑己 19
4	四 午戊 15	八 丑己 17	一 午戊 17	五 丑己 18	八 未己 19	三 寅庚 20
5	五 未己 16	九 寅庚 18	二 未己 18	六 寅庚 19	九 申庚 20	四 卯辛 21
6	六 申庚 17	一 卯辛 19	三 申庚 19	七 卯辛 20	一 酉辛 21	五 辰壬 22
7	七 酉辛 18	二 辰壬 20	四 酉辛 20	八 辰壬 21	二 戌壬 22	六 巳癸 23
8	八 戌壬 19	三 巳癸 21	五 戌壬 21	九 巳癸 22	三 亥癸 23	七 午甲 24
9	九 亥癸 20	四 午甲 22	六 亥癸 22	一 午甲 23	四 子甲 24	八 未乙 25
10	一 子甲 21	五 未乙 23	七 子甲 23	二 未乙 24	五 丑乙 25	九 申丙 26
11	二 丑乙 22	六 申丙 24	八 丑乙 24	三 申丙 25	六 寅丙 26	一 酉丁 27
12	三 寅丙 23	七 酉丁 25	九 寅丙 25	四 酉丁 26	七 卯丁 27	二 戌戊 28
13	四 卯丁 24	八 戌戊 26	一 卯丁 26	五 戌戊 27	八 辰戊 28	三 亥己 29
14	五 辰戊 25	九 亥己 27	二 辰戊 27	六 亥己 28	九 巳己 29	四 子庚 5/1
15	六 巳己 26	一 子庚 28	三 巳己 28	七 子庚 29	一 午庚 30	五 丑辛 2
16	七 午庚 27	二 丑辛 29	四 午庚 29	八 丑辛 3/1	二 未辛 4/1	六 寅壬 3
17	八 未辛 28	三 寅壬 1/1	五 未辛 30	九 寅壬 2	三 申壬 2	七 卯癸 4
18	九 申壬 29	四 卯癸 2	六 申壬 2/1	一 卯癸 3	四 酉癸 3	八 辰甲 5
19	一 酉癸 12/1	五 辰甲 3	七 酉癸 2	二 辰甲 4	五 戌甲 4	九 巳乙 6
20	二 戌甲 2	六 巳乙 4	八 戌甲 3	三 巳乙 5	六 亥乙 5	一 午丙 7
21	三 亥乙 3	七 午丙 5	九 亥乙 4	四 午丙 6	七 子丙 6	六 未丁 8
22	四 子丙 4	八 未丁 6	一 子丙 5	五 未丁 7	八 丑丁 7	七 申戊 9
23	五 丑丁 5	九 申戊 7	二 丑丁 6	六 申戊 8	九 寅戊 8	六 酉己 10
24	六 寅戊 6	一 酉己 8	三 寅戊 7	七 酉己 9	一 卯己 9	五 戌庚 11
25	七 卯己 7	二 戌庚 9	四 卯己 8	八 戌庚 10	二 辰庚 10	四 亥辛 12
26	八 辰庚 8	三 亥辛 10	五 辰庚 9	九 亥辛 11	三 巳辛 11	三 子壬 13
27	九 巳辛 9	四 子壬 11	六 巳辛 10	一 子壬 12	四 午壬 12	二 丑癸 14
28	一 午壬 10	五 丑癸 12	七 午壬 11	二 丑癸 13	五 未癸 13	一 寅甲 15
29	二 未癸 11	六 寅甲 13	八 未癸 12	三 寅甲 14	六 申甲 14	九 卯乙 16
30	三 申甲 12		九 申甲 13	四 卯乙 15	七 酉乙 15	八 辰丙 17
31	四 酉乙 13		一 酉乙 14		八 戌丙 16	

西暦一九八八年 （漢数字의太字는陰局、細字는陽局）

戊辰年　立 向 三

月	子甲十二	亥癸十一	戌壬十	酉辛九	申庚八	未己七
節気	冬至 大雪 22 7 子 卯	小雪 立冬 22 7 午 未	霜降 寒露 23 8 未 午	秋分 白露 23 7 寅 戌	處暑 立秋 23 7 辰 申	大暑 小暑 23 7 子 辰
局	五	五	五	五	五	五

子甲十二	亥癸十一	戌壬十	酉辛九	申庚八	未己七	日
七 寅庚 23	一 申庚 22	五 丑己 21	八 未己 21	三 子戊 19	七 巳丁 18	1
六 卯辛 24	九 酉辛 23	四 寅庚 22	七 申庚 22	二 丑己 20	六 午戊 19	2
五 辰壬 25	八 戌壬 24	三 卯辛 23	六 酉辛 23	一 寅庚 21	五 未己 20	3
四 巳癸 26	七 亥癸 25	二 辰壬 24	五 戌壬 24	九 卯辛 22	四 申庚 21	4
三 午甲 27	六 子甲 26	一 巳癸 25	四 亥癸 25	八 辰壬 23	三 酉辛 22	5
二 未乙 28	五 丑乙 27	九 午甲 26	三 子甲 26	七 巳癸 24	二 戌壬 23	6
一 申丙 29	四 寅丙 28	八 未乙 27	二 丑乙 27	六 午甲 25	一 亥癸 24	7
九 酉丁 30	三 卯丁 29	七 申丙 28	一 寅丙 28	五 未乙 26	九 子甲 25	8
八 戌戊 11/1	二 辰戊 10/1	六 酉丁 29	九 卯丁 29	四 申丙 27	八 丑乙 26	9
七 亥己 2	一 巳己 2	五 戌戊 30	八 辰戊 30	三 酉丁 28	七 寅丙 27	10
六 子庚 3	九 午庚 3	四 亥己 9/1	七 巳己 8/1	二 戌戊 29	六 卯丁 28	11
五 丑辛 4	八 未辛 4	三 子庚 2	六 午庚 2	一 亥己 7/1	五 辰戊 29	12
四 寅壬 5	七 申壬 5	二 丑辛 3	五 未辛 3	九 子庚 2	四 巳己 30	13
三 卯癸 6	六 酉癸 6	一 寅壬 4	四 申壬 4	八 丑辛 3	三 午庚 6/1	14
二 辰甲 7	五 戌甲 7	九 卯癸 5	三 酉癸 5	七 寅壬 4	二 未辛 2	15
一 巳乙 8	四 亥乙 8	八 辰甲 6	二 戌甲 6	六 卯癸 5	一 申壬 3	16
九 午丙 9	三 子丙 9	七 巳乙 7	一 亥乙 7	五 辰甲 6	九 酉癸 4	17
八 未丁 10	二 丑丁 10	六 午丙 8	九 子丙 8	四 巳乙 7	八 戌甲 5	18
七 申戊 11	一 寅戊 11	五 未丁 9	八 丑丁 9	三 午丙 8	七 亥乙 6	19
六 酉己 12	九 卯己 12	四 申戊 10	七 寅戊 10	二 未丁 9	六 子丙 7	20
五 戌庚 13	八 辰庚 13	三 酉己 11	六 卯己 11	一 申戊 10	五 丑丁 8	21
六 亥辛 14	七 巳辛 14	二 戌庚 12	五 辰庚 12	九 酉己 11	四 寅戊 9	22
七 子壬 15	六 午壬 15	一 亥辛 13	四 巳辛 13	八 戌庚 12	三 卯己 10	23
八 丑癸 16	五 未癸 16	九 子壬 14	三 午壬 14	七 亥辛 13	二 辰庚 11	24
九 寅甲 17	四 申甲 17	八 丑癸 15	二 未癸 15	六 子壬 14	一 巳辛 12	25
一 卯乙 18	三 酉乙 18	七 寅甲 16	一 申甲 16	五 丑癸 15	九 午壬 13	26
二 辰丙 19	二 戌丙 19	六 卯乙 17	九 酉乙 17	四 寅甲 16	八 未癸 14	27
三 巳丁 20	一 亥丁 20	五 辰丙 18	八 戌丙 18	三 卯乙 17	七 申甲 15	28
四 午戊 21	九 子戊 21	四 巳丁 19	七 亥丁 19	二 辰丙 18	六 酉乙 16	29
五 未己 22	八 丑己 22	三 午戊 20	六 子戊 20	一 巳丁 19	五 戌丙 17	30
六 申庚 23		二 未己 21		九 午戊 20	四 亥丁 18	31

午庚六	巳己五	辰戊四	卯丁三	寅丙二	丑乙一	月
夏至 21 戌 / 芒種 6 丑	小満 21 午 / 立夏 5 亥	穀雨 20 午 / 清明 5 寅	春分 21 子 / 驚蟄 6 子	雨水 19 丑 / 立春 4 卯	大寒 20 午 / 小寒 5 酉	節気
四	四	四	四	四	五	局 ／ 日
五辰壬28	一酉辛26	七卯辛25	三申庚24	二辰壬25	七酉辛24	1
六巳癸29	二戌壬27	八辰壬26	四酉辛25	三巳癸26	八戌壬25	2
七午甲30	三亥癸28	九巳癸27	五戌壬26	四午甲27	九亥癸26	3
八未乙5/1	四子甲29	一午甲28	六亥癸27	五未乙28	一子甲27	4
九申丙2	五丑乙4/1	二未乙29	七子甲28	六申丙29	二丑乙28	5
一酉丁3	六寅丙2	三申丙3/1	八丑乙29	七酉丁1/1	三寅丙29	6
二戌戊4	七卯丁3	四酉丁2	九寅丙30	八戌戊2	四卯丁30	7
三亥己5	八辰戊4	五戌戊3	一卯丁2/1	九亥己3	五辰戊12/1	8
四子庚6	九巳己5	六亥己4	二辰戊2	一子庚4	六巳己2	9
五丑辛7	一午庚6	七子庚5	三巳己3	二丑辛5	七午庚3	10
六寅壬8	二未辛7	八丑辛6	四午庚4	三寅壬6	八未辛4	11
七卯癸9	三申壬8	九寅壬7	五未辛5	四卯癸7	九申壬5	12
八辰甲10	四酉癸9	一卯癸8	六申壬6	五辰甲8	一酉癸6	13
九巳乙11	五戌甲10	二辰甲9	七酉癸7	六巳乙9	二戌甲7	14
一午丙12	六亥乙11	三巳乙10	八戌甲8	七午丙10	三亥乙8	15
二未丁13	七子丙12	四午丙11	九亥乙9	八未丁11	四子丙9	16
三申戊14	八丑丁13	五未丁12	一子丙10	九申戊12	五丑丁10	17
四酉己15	九寅戊14	六申戊13	二丑丁11	一酉己13	六寅戊11	18
五戌庚16	一卯己15	七酉己14	三寅戊12	二戌庚14	七卯己12	19
六亥辛17	二辰庚16	八戌庚15	四卯己13	三亥辛15	八辰庚13	20
三子壬18	三巳辛17	九亥辛16	五辰庚14	四子壬16	九巳辛14	21
二丑癸19	四午壬18	一子壬17	六巳辛15	五丑癸17	一午壬15	22
一寅甲20	五未癸19	二丑癸18	七午壬16	六寅甲18	二未癸16	23
九卯乙21	六申甲20	三寅甲19	八未癸17	七卯乙19	三申甲17	24
八辰丙22	七酉乙21	四卯乙20	九申甲18	八辰丙20	四酉乙18	25
七巳丁23	八戌丙22	五辰丙21	一酉乙19	九巳丁21	五戌丙19	26
六午戊24	九亥丁23	六巳丁22	二戌丙20	一午戊22	六亥丁20	27
五未己25	一子戊24	七午戊23	三亥丁21	二未己23	七子戊21	28
四申庚26	二丑己25	八未己24	四子戊22		八丑己22	29
三酉辛27	三寅庚26	九申庚25	五丑己23		九寅庚23	30
	四卯辛27		六寅庚24		一卯辛24	31

西暦一九八九年 (漢数字와 太字는 陰局、細字는 陽局)

十二 子丙	十一 亥乙	十 戌甲	九 酉癸	八 申壬	七 未辛	月
冬至 大雪	小雪 立冬	霜降 寒露	秋分 白露	處暑 立秋	大暑 小暑	節気
22　7	22　7	23　8	23　8	23　7	23　7	
卯　午	申　戌	戌　申	巳　丑	未　亥	卯　午	
三	四	四	四	四	四	局 / 日

己巳年　立向二

子丙	亥乙	戌甲	酉癸	申壬	未辛	日
二 未乙 4	五 丑乙 4	九 午甲 2	三 子甲 2	七 巳癸 7/1	二 戌壬 28	1
一 申丙 5	四 寅丙 5	八 未乙 3	二 丑乙 3	六 午甲 2	一 亥癸 29	2
九 酉丁 6	三 卯丁 6	七 申丙 4	一 寅丙 4	五 未乙 3	九 子甲 6/1	3
八 戌戊 7	二 辰戊 7	六 酉丁 5	九 卯丁 5	四 申丙 4	八 丑乙 2	4
七 亥己 8	一 巳己 8	五 戌戊 6	八 辰戊 6	三 酉丁 5	七 寅丙 3	5
六 子庚 9	九 午庚 9	四 亥己 7	七 巳己 7	二 戌戊 6	六 卯丁 4	6
五 丑辛 10	八 未辛 10	三 子庚 8	六 午庚 8	一 亥己 7	五 辰戊 5	7
四 寅壬 11	七 申壬 11	二 丑辛 9	五 未辛 9	九 子庚 8	四 巳己 6	8
三 卯癸 12	六 酉癸 12	一 寅壬 10	四 申壬 10	八 丑辛 9	三 午庚 7	9
二 辰甲 13	五 戌甲 13	九 卯癸 11	三 酉癸 11	七 寅壬 10	二 未辛 8	10
一 巳乙 14	四 亥乙 14	八 辰甲 12	二 戌甲 12	六 卯癸 11	一 申壬 9	11
九 午丙 15	三 子丙 15	七 巳乙 13	一 亥乙 13	五 辰甲 12	九 酉癸 10	12
八 未丁 16	二 丑丁 16	六 午丙 14	九 子丙 14	四 巳乙 13	八 戌甲 11	13
七 申戊 17	一 寅戊 17	五 未丁 15	八 丑丁 15	三 午丙 14	七 亥乙 12	14
六 酉己 18	九 卯己 18	四 申戊 16	七 寅戊 16	二 未丁 15	六 子丙 13	15
五 戌庚 19	八 辰庚 19	三 酉己 17	六 卯己 17	一 申戊 16	五 丑丁 14	16
四 亥辛 20	七 巳辛 20	二 戌庚 18	五 辰庚 18	九 酉己 17	四 寅戊 15	17
三 子壬 21	六 午壬 21	一 亥辛 19	四 巳辛 19	八 戌庚 18	三 卯己 16	18
二 丑癸 22	五 未癸 22	九 子壬 20	三 午壬 20	七 亥辛 19	二 辰庚 17	19
一 寅甲 23	四 申甲 23	八 丑癸 21	二 未癸 21	六 子壬 20	一 巳辛 18	20
九 卯乙 24	三 酉乙 24	七 寅甲 22	一 申甲 22	五 丑癸 21	九 午壬 19	21
二 辰丙 25	二 戌丙 25	六 卯乙 23	九 酉乙 23	四 寅甲 22	八 未癸 20	22
三 巳丁 26	一 亥丁 26	五 辰丙 24	八 戌丙 24	三 卯乙 23	七 申甲 21	23
四 午戊 27	九 子戊 27	四 巳丁 25	七 亥丁 25	二 辰丙 24	六 酉乙 22	24
五 未己 28	八 丑己 28	三 午戊 26	六 子戊 26	一 巳丁 25	五 戌丙 23	25
六 申庚 29	七 寅庚 29	二 未己 27	五 丑己 27	九 午戊 26	四 亥丁 24	26
七 酉辛 30	六 卯辛 30	一 申庚 28	四 寅庚 28	八 未己 27	三 子戊 25	27
八 戌壬 11/1	五 辰壬 11/1	九 酉辛 29	三 卯辛 29	七 申庚 28	二 丑己 26	28
九 亥癸 2	四 巳癸 2	八 戌壬 10/1	二 辰壬 30	六 酉辛 29	一 寅庚 27	29
一 子甲 3	三 午甲 3	七 亥癸 2	一 巳癸 9/1	五 戌壬 30	九 卯辛 28	30
二 丑乙 4		六 子甲 3		四 亥癸 8/1	八 辰壬 29	31

午壬六	巳辛五	辰庚四	卯己三	寅戊二	丑丁一	月
夏至22丑 / 芒種6辰	小満21酉 / 立夏6寅	穀雨20酉 / 清明5巳	春分21卯 / 驚蟄6卯	雨水19辰 / 立春4午	大寒20申 / 小寒6子	節気
三	三	三	三	三	三	局／日
一 酉丁 9	六 寅丙 7	三 申丙 6	八 丑乙 5	七 酉丁 6	三 寅丙 5	：
二 戌戊 10	七 卯丁 8	四 酉丁 7	九 寅丙 6	八 戌戊 7	四 卯丁 6	2
三 亥己 11	八 辰戊 9	五 戌戊 8	一 卯丁 7	九 亥己 8	五 辰戊 7	3
四 子庚 12	九 巳己 10	六 亥己 9	二 辰戊 8	一 子庚 9	六 巳己 8	4
五 丑辛 13	一 午庚 11	七 子庚 10	三 巳己 9	二 丑辛 10	七 午庚 9	5
六 寅壬 14	二 未辛 12	八 丑辛 11	四 午庚 10	三 寅壬 11	八 未辛 10	6
七 卯癸 15	三 申壬 13	九 寅壬 12	五 未辛 11	四 卯癸 12	九 申壬 11	7
八 辰甲 16	四 酉癸 14	一 卯癸 13	六 申壬 12	五 辰甲 13	一 酉癸 12	8
九 巳乙 17	五 戌甲 15	二 辰甲 14	七 酉癸 13	六 巳乙 14	二 戌甲 13	9
一 午丙 18	六 亥乙 16	三 巳乙 15	八 戌甲 14	七 午丙 15	三 亥乙 14	10
二 未丁 19	七 子丙 17	四 午丙 16	九 亥乙 15	八 未丁 16	四 子丙 15	11
三 申戊 20	八 丑丁 18	五 未丁 17	一 子丙 16	九 申戊 17	五 丑丁 16	12
四 酉己 21	九 寅戊 19	六 申戊 18	二 丑丁 17	一 酉己 18	六 寅戊 17	13
五 戌庚 22	一 卯己 20	七 酉己 19	三 寅戊 18	二 戌庚 19	七 卯己 18	14
六 亥辛 23	二 辰庚 21	八 戌庚 20	四 卯己 19	三 亥辛 20	八 辰庚 19	15
七 子壬 24	三 巳辛 22	九 亥辛 21	五 辰庚 20	四 子壬 21	九 巳辛 20	16
八 丑癸 25	四 午壬 23	一 子壬 22	六 巳辛 21	五 丑癸 22	一 午壬 21	17
九 寅甲 26	五 未癸 24	二 丑癸 23	七 午壬 22	六 寅甲 23	二 未癸 22	18
一 卯乙 27	六 申甲 25	三 寅甲 24	八 未癸 23	七 卯乙 24	三 申甲 23	19
二 辰丙 28	七 酉乙 26	四 卯乙 25	九 申甲 24	八 辰丙 25	四 酉乙 24	20
三 巳丁 29	八 戌丙 27	五 辰丙 26	一 酉乙 25	九 巳丁 26	五 戌丙 25	21
六 午戊 30	九 亥丁 28	六 巳丁 27	二 戌丙 26	一 午戊 27	六 亥丁 26	22
五 未己 5/1	一 子戊 29	七 午戊 28	三 亥丁 27	二 未己 28	七 子戊 27	23
四 申庚 2	二 丑己 5/1	八 未己 29	四 子戊 28	三 申庚 29	八 丑己 28	24
三 酉辛 3	三 寅庚 2	九 申庚 4/1	五 丑己 29	四 酉辛 2/1	九 寅庚 29	25
二 戌壬 4	四 卯辛 3	一 酉辛 2	六 寅庚 30	五 戌壬 2	一 卯辛 30	26
一 亥癸 5	五 辰壬 4	二 戌壬 3	七 卯辛 3/1	六 亥癸 3	二 辰壬 1/1	27
九 子甲 6	六 巳癸 5	三 亥癸 4	八 辰壬 2	七 子甲 4	三 巳癸 2	28
八 丑乙 7	七 午甲 6	四 子甲 5	九 巳癸 3		四 午甲 3	29
七 寅丙 8	八 未乙 7	五 丑乙 6	一 午甲 4		五 未乙 4	30
	九 申丙 8		二 未乙 5		六 申丙 5	31

西暦一九九〇年 (漢数字의 太字는 陰局、細字는 陽局)

庚午年 立向一

月	子戊 十二	亥丁 十一	戌丙 十	酉乙 九	申甲 八	未癸 七
節気	冬至 22 午 / 大雪 7 酉	小雪 22 亥 / 立冬 8 丑	霜降 24 丑 / 寒露 8 亥	秋分 23 申 / 白露 8 辰	処暑 23 酉 / 立秋 8 寅	大暑 23 午 / 小暑 7 酉
局	二	二	二	三	三	三

日	子戊（十二）	亥丁（十一）	戌丙（十）	酉乙（九）	申甲（八）	未癸（七）
1	六 子庚 15	九 午庚 15	四 亥己 13	七 巳己 13	二 戌戊 11	六 卯丁 9
2	五 丑辛 16	八 未辛 16	三 子庚 14	六 午庚 14	一 亥己 12	五 辰戊 10
3	四 寅壬 17	七 申壬 17	二 丑辛 15	五 未辛 15	九 子庚 13	四 巳己 11
4	三 卯癸 18	六 酉癸 18	一 寅壬 16	四 申壬 16	八 丑辛 14	三 午庚 12
5	二 辰甲 19	五 戌甲 19	九 卯癸 17	三 酉癸 17	七 寅壬 15	二 未辛 13
6	一 巳乙 20	四 亥乙 20	八 辰甲 18	二 戌甲 18	六 卯癸 16	一 申壬 14
7	九 午丙 21	三 子丙 21	七 巳乙 19	一 亥乙 19	五 辰甲 17	九 酉癸 15
8	八 未丁 22	二 丑丁 22	六 午丙 20	九 子丙 20	四 巳乙 18	八 戌甲 16
9	七 申戊 23	一 寅戊 23	五 未丁 21	八 丑丁 21	三 午丙 19	七 亥乙 17
10	六 酉己 24	九 卯己 24	四 申戊 22	七 寅戊 22	二 未丁 20	六 子丙 18
11	五 戌庚 25	八 辰庚 25	三 酉己 23	六 卯己 23	一 申戊 21	五 丑丁 19
12	四 亥辛 26	七 巳辛 26	二 戌庚 24	五 辰庚 24	九 酉己 22	四 寅戊 20
13	三 子壬 27	六 午壬 27	一 亥辛 25	四 巳辛 25	八 戌庚 23	三 卯己 21
14	二 丑癸 28	五 未癸 28	九 子壬 26	三 午壬 26	七 亥辛 24	二 辰庚 22
15	一 寅甲 29	四 申甲 29	八 丑癸 27	二 未癸 27	六 子壬 25	一 巳辛 23
16	九 卯乙 30	三 酉乙 30	七 寅甲 28	一 申甲 28	五 丑癸 26	九 午壬 24
17	八 辰丙 11/1	二 戌丙 10/1	六 卯乙 29	九 酉乙 29	四 寅甲 27	八 未癸 25
18	七 巳丁 2	一 亥丁 2	五 辰丙 9/1	八 戌丙 30	三 卯乙 28	七 申甲 26
19	六 午戊 3	九 子戊 3	四 巳丁 2	七 亥丁 8/1	二 辰丙 29	六 酉乙 27
20	五 未己 4	八 丑己 4	三 午戊 3	六 子戊 2	一 巳丁 7/1	五 戌丙 28
21	四 申庚 5	七 寅庚 5	二 未己 4	五 丑己 3	九 午戊 2	四 亥丁 29
22	七 酉辛 6	六 卯辛 6	一 申庚 5	四 寅庚 4	八 未己 3	三 子戊 6/1
23	八 戌壬 7	五 辰壬 7	九 酉辛 6	三 卯辛 5	七 申庚 4	二 丑己 2
24	九 亥癸 8	四 巳癸 8	八 戌壬 7	二 辰壬 6	六 酉辛 5	一 寅庚 3
25	一 子甲 9	三 午甲 9	七 亥癸 8	一 巳癸 7	五 戌壬 6	九 卯辛 4
26	二 丑乙 10	二 未乙 10	六 子甲 9	九 午甲 8	四 亥癸 7	八 辰壬 5
27	三 寅丙 11	一 申丙 11	五 丑乙 10	八 未乙 9	三 子甲 8	七 巳癸 6
28	四 卯丁 12	九 酉丁 12	四 寅丙 11	七 申丙 10	二 丑乙 9	六 午甲 7
29	五 辰戊 13	八 戌戊 13	三 卯丁 12	六 酉丁 11	一 寅丙 10	五 未乙 8
30	六 巳己 14	七 亥己 14	二 辰戊 13	五 戌戊 12	九 卯丁 11	四 申丙 9
31	七 午庚 15		一 巳己 14		八 辰戊 12	三 酉丁 10

月	丑己一	寅庚二	卯辛三	辰壬四	巳癸五	午甲六
節気	大寒 20 亥 / 小寒 6 卯	雨水 19 午 / 立春 4 酉	春分 21 午 / 驚蟄 6 午	穀雨 21 子 / 清明 5 申	小満 21 亥 / 立夏 6 巳	夏至 22 卯 / 芒種 6 未
局	二	二	二	二	二	二

午甲六	巳癸五	辰壬四	卯辛三	寅庚二	丑己一	日
六 寅壬 19	二 未辛 17	八 丑辛 17	四 午庚 15	三 寅壬 17	八 未辛 16	1
七 卯癸 20	三 申壬 18	九 寅壬 18	五 未辛 16	四 卯癸 18	九 申壬 17	2
八 辰甲 21	四 酉癸 19	一 卯癸 19	六 申壬 17	五 辰甲 19	一 酉癸 18	3
九 巳乙 22	五 戌甲 20	二 辰甲 20	七 酉癸 18	六 巳乙 20	二 戌甲 19	4
一 午丙 23	六 亥乙 21	三 巳乙 21	八 戌甲 19	七 午丙 21	三 亥乙 20	5
二 未丁 24	七 子丙 22	四 午丙 22	九 亥乙 20	八 未丁 22	四 子丙 21	6
三 申戊 25	八 丑丁 23	五 未丁 23	一 子丙 21	九 申戊 23	五 丑丁 22	7
四 酉己 26	九 寅戊 24	六 申戊 24	二 丑丁 22	一 酉己 24	六 寅戊 23	8
五 戌庚 27	一 卯己 25	七 酉己 25	三 寅戊 23	二 戌庚 25	七 卯己 24	9
六 亥辛 28	二 辰庚 26	八 戌庚 26	四 卯己 24	三 亥辛 26	八 辰庚 25	10
七 子壬 29	三 巳辛 27	九 亥辛 27	五 辰庚 25	四 子壬 27	九 巳辛 26	11
八 丑癸 5/1	四 午壬 28	一 子壬 28	六 巳辛 26	五 丑癸 28	一 午壬 27	12
九 寅甲 2	五 未癸 29	二 丑癸 29	七 午壬 27	六 寅甲 29	二 未癸 28	13
一 卯乙 3	六 申甲 4/1	三 寅甲 30	八 未癸 28	七 卯乙 30	三 申甲 29	14
二 辰丙 4	七 酉乙 2	四 卯乙 3/1	九 申甲 29	八 辰丙 1/1	四 酉乙 30	15
三 巳丁 5	八 戌丙 3	五 辰丙 2	一 酉乙 2/1	九 巳丁 2	五 戌丙 12/1	16
四 午戊 6	九 亥丁 4	六 巳丁 3	二 戌丙 2	一 午戊 3	六 亥丁 2	17
五 未己 7	一 子戊 5	七 午戊 4	三 亥丁 3	二 未己 4	七 子戊 3	18
六 申庚 8	二 丑己 6	八 未己 5	四 子戊 4	三 申庚 5	八 丑己 4	19
七 酉辛 9	三 寅庚 7	九 申庚 6	五 丑己 5	四 酉辛 6	九 寅庚 5	20
八 戌壬 10	四 卯辛 8	一 酉辛 7	六 寅庚 6	五 戌壬 7	一 卯辛 6	21
九 亥癸 11	五 辰壬 9	二 戌壬 8	七 卯辛 7	六 亥癸 8	二 辰壬 7	22
一 子甲 12	六 巳癸 10	三 亥癸 9	八 辰壬 8	七 子甲 9	三 巳癸 8	23
八 丑乙 13	七 午甲 11	四 子甲 10	九 巳癸 9	八 丑乙 10	四 午甲 9	24
七 寅丙 14	八 未乙 12	五 丑乙 11	一 午甲 10	九 寅丙 11	五 未乙 10	25
六 卯丁 15	九 申丙 13	六 寅丙 12	二 未乙 11	一 卯丁 12	六 申丙 11	26
五 辰戊 16	一 酉丁 14	七 卯丁 13	三 申丙 12	二 辰戊 13	七 酉丁 12	27
四 巳己 17	二 戌戊 15	八 辰戊 14	四 酉丁 13	三 巳己 14	八 戌戊 13	28
三 午庚 18	三 亥己 16	九 巳己 15	五 戌戊 14		九 亥己 14	29
二 未辛 19	四 子庚 17	一 午庚 16	六 亥己 15		一 子庚 15	30
	五 丑辛 18		七 子庚 16		二 丑辛 16	31

西暦一九九一年 (漢数字의太字는陰局、細字는陽局)

辛未年

月	未乙 七	申丙 八	酉丁 九	戌戊 十	亥己 十一	子庚 十二
節気	大暑 23 酉 / 小暑 8 子	處暑 24 子 / 立秋 8 巳	秋分 23 亥 / 白露 8 未	霜降 24 辰 / 寒露 9 寅	小雪 23 寅 / 立冬 8 辰	冬至 22 酉 / 大雪 8 子
局	二	一	一	一	一	一

立 向 九

日	未乙七	申丙八	酉丁九	戌戊十	亥己十一	子庚十二
1	一 申壬 20	六 卯癸 21	二 戌甲 23	八 辰甲 24	四 亥乙 25	一 巳乙 26
2	九 酉癸 21	五 辰甲 22	一 亥乙 24	七 巳乙 25	三 子丙 26	九 午丙 27
3	八 戌甲 22	四 巳乙 23	九 子丙 25	六 午丙 26	二 丑丁 27	八 未丁 28
4	七 亥乙 23	三 午丙 24	八 丑丁 26	五 未丁 27	一 寅戊 28	七 申戊 29
5	六 子丙 24	二 未丁 25	七 寅戊 27	四 申戊 28	九 卯己 29	六 酉己 30
6	五 丑丁 25	一 申戊 26	六 卯己 28	三 酉己 29	八 辰庚 10/1	五 戌庚 11/1
7	四 寅戊 26	九 酉己 27	五 辰庚 29	二 戌庚 30	七 巳辛 2	四 亥辛 2
8	三 卯己 27	八 戌庚 28	四 巳辛 8/1	一 亥辛 9/1	六 午壬 3	三 子壬 3
9	二 辰庚 28	七 亥辛 29	三 午壬 2	九 子壬 2	五 未癸 4	二 丑癸 4
10	一 巳辛 29	六 子壬 7/1	二 未癸 3	八 丑癸 3	四 申甲 5	一 寅甲 5
11	九 午壬 30	五 丑癸 2	一 申甲 4	七 寅甲 4	三 酉乙 6	九 卯乙 6
12	八 未癸 6/1	四 寅甲 3	九 酉乙 5	六 卯乙 5	二 戌丙 7	八 辰丙 7
13	七 申甲 2	三 卯乙 4	八 戌丙 6	五 辰丙 6	一 亥丁 8	七 巳丁 8
14	六 酉乙 3	二 辰丙 5	七 亥丁 7	四 巳丁 7	九 子戊 9	六 午戊 9
15	五 戌丙 4	一 巳丁 6	六 子戊 8	三 午戊 8	八 丑己 10	五 未己 10
16	四 亥丁 5	九 午戊 7	五 丑己 9	二 未己 9	七 寅庚 11	四 申庚 11
17	三 子戊 6	八 未己 8	四 寅庚 10	一 申庚 10	六 卯辛 12	三 酉辛 12
18	二 丑己 7	七 申庚 9	三 卯辛 11	九 酉辛 11	五 辰壬 13	二 戌壬 13
19	一 寅庚 8	六 酉辛 10	二 辰壬 12	八 戌壬 12	四 巳癸 14	一 亥癸 14
20	九 卯辛 9	五 戌壬 11	一 巳癸 13	七 亥癸 13	三 午甲 15	九 子甲 15
21	八 辰壬 10	四 亥癸 12	九 午甲 14	六 子甲 14	二 未乙 16	八 丑乙 16
22	七 巳癸 11	三 子甲 13	八 未乙 15	五 丑乙 15	一 申丙 17	三 寅丙 17
23	六 午甲 12	二 丑乙 14	七 申丙 16	四 寅丙 16	九 酉丁 18	四 卯丁 18
24	五 未乙 13	一 寅丙 15	六 酉丁 17	三 卯丁 17	八 戌戊 19	五 辰戊 19
25	四 申丙 14	九 卯丁 16	五 戌戊 18	二 辰戊 18	七 亥己 20	六 巳己 20
26	三 酉丁 15	八 辰戊 17	四 亥己 19	一 巳己 19	六 子庚 21	七 午庚 21
27	二 戌戊 16	七 巳己 18	三 子庚 20	九 午庚 20	五 丑辛 22	八 未辛 22
28	一 亥己 17	六 午庚 19	二 丑辛 21	八 未辛 21	四 寅壬 23	九 申壬 23
29	九 子庚 18	五 未辛 20	一 寅壬 22	七 申壬 22	三 卯癸 24	一 酉癸 24
30	八 丑辛 19	四 申壬 21	九 卯癸 23	六 酉癸 23	二 辰甲 25	二 戌甲 25
31	七 寅壬 20	三 酉癸 22		五 戌甲 24		三 亥乙 26

癸戊의日	壬丁의日	辛丙의日	庚乙의日	甲己의日	日干 ／ 時間
壬子	庚子	戊子	丙子	甲子	自 後十一時 至 前一時
癸丑	辛丑	己丑	丁丑	乙丑	自 前一時 至 前三時
甲寅	壬寅	庚寅	戊寅	丙寅	自 前三時 至 前五時
乙卯	癸卯	辛卯	己卯	丁卯	自 前五時 至 前七時
丙辰	甲辰	壬辰	庚辰	戊辰	自 前七時 至 前九時
丁巳	乙巳	癸巳	辛巳	己巳	自 前九時 至 前十一時
戊午	丙午	甲午	壬午	庚午	自 前十一時 至 後一時
己未	丁未	乙未	癸未	辛未	自 後一時 至 後三時
庚申	戊申	丙申	甲申	壬申	自 後三時 至 後五時
辛酉	己酉	丁酉	乙酉	癸酉	自 後五時 至 後七時
壬戌	庚戌	戊戌	丙戌	甲戌	自 後七時 至 後九時
癸亥	辛亥	己亥	丁亥	乙亥	自 後九時 至 後十一時

時의 干支早見表

紫薇斗数出生図表

命宮早見表　表1

亥	戌	酉	申	未	午	巳	辰	卯	寅	丑	子	生月支 ＼ 生時支
亥	戌	酉	申	未	午	巳	辰	卯	寅	丑	子	子
戌	酉	申	未	午	巳	辰	卯	寅	丑	子	亥	丑
酉	申	未	午	巳	辰	卯	寅	丑	子	亥	戌	寅
申	未	午	巳	辰	卯	寅	丑	子	亥	戌	酉	卯
未	午	巳	辰	卯	寅	丑	子	亥	戌	酉	申	辰
午	巳	辰	卯	寅	丑	子	亥	戌	酉	申	未	巳
巳	辰	卯	寅	丑	子	亥	戌	酉	申	未	午	午
辰	卯	寅	丑	子	亥	戌	酉	申	未	午	巳	未
卯	寅	丑	子	亥	戌	酉	申	未	午	巳	辰	申
寅	丑	子	亥	戌	酉	申	未	午	巳	辰	卯	酉
丑	子	亥	戌	酉	申	未	午	巳	辰	卯	寅	戌
子	亥	戌	酉	申	未	午	巳	辰	卯	寅	丑	亥

十二宮早見表　表2

命宮在支 (十二宮)	父母宮	兄弟宮	夫妻宮	男女宮	財帛宮	疾厄宮	遷移宮	奴僕宮	官禄宮	田宅宮	福徳宮
子	丑	亥	戌	酉	申	未	午	巳	辰	卯	寅
丑	寅	子	亥	戌	酉	申	未	午	巳	辰	卯
寅	卯	丑	子	亥	戌	酉	申	未	午	巳	辰
卯	辰	寅	丑	子	亥	戌	酉	申	未	午	巳
辰	巳	卯	寅	丑	子	亥	戌	酉	申	未	午
巳	午	辰	卯	寅	丑	子	亥	戌	酉	申	未
午	未	巳	辰	卯	寅	丑	子	亥	戌	酉	申
未	申	午	巳	辰	卯	寅	丑	子	亥	戌	酉
申	酉	未	午	巳	辰	卯	寅	丑	子	亥	戌
酉	戌	申	未	午	巳	辰	卯	寅	丑	子	亥
戌	亥	酉	申	未	午	巳	辰	卯	寅	丑	子
亥	子	戌	酉	申	未	午	巳	辰	卯	寅	丑

五行局早見表

命宮在支 \ 生年干	甲	乙	丙	丁	戊	己	庚	辛	壬	癸
子・丑	水	火	土	木	金	水	火	土	木	金
寅・卯	火	土	木	金	水	火	土	木	金	水
辰・巳	木	金	水	火	土	木	金	水	火	土
午・未	土	木	金	水	火	土	木	金	水	火
申・酉	金	水	火	土	木	金	水	火	土	木
戌・亥	火	土	木	金	水	火	土	木	金	水

表3

水	金	土	火	木	五行局 / 旧暦生日	水	金	土	火	木	五行局 / 旧暦生日	紫薇星早見表
酉	巳	酉	午	酉	16	丑	亥	午	酉	辰	1	
酉	卯	寅	卯	午	17	寅	辰	亥	午	丑	2	
戌	申	未	辰	未	18	寅	丑	辰	亥	寅	3	
戌	巳	辰	子	戌	19	卯	寅	丑	辰	巳	4	
亥	午	巳	酉	未	20	卯	子	寅	丑	寅	5	
亥	辰	戌	寅	申	21	辰	巳	未	寅	卯	6	
子	酉	卯	未	亥	22	辰	寅	子	戌	午	7	
子	午	申	辰	申	23	巳	卯	巳	未	卯	8	
丑	未	巳	巳	酉	24	巳	丑	寅	子	辰	9	
丑	巳	午	丑	子	25	午	午	卯	巳	未	10	
寅	戌	亥	戌	酉	26	午	卯	申	寅	辰	11	
寅	未	辰	卯	戌	27	未	辰	丑	卯	巳	12	
卯	申	酉	申	丑	28	未	寅	午	亥	申	13	
卯	午	午	巳	戌	29	申	未	卯	申	巳	14	表4
辰	亥	未	午	亥	30	申	辰	辰	丑	午	15	

紫薇系主星早見表

紫薇在支	天機星	太陽星	武曲星	天同星	廉貞星
子	亥	酉	申	未	辰
丑	子	戌	酉	申	巳
寅	丑	亥	戌	酉	午
卯	寅	子	亥	戌	未
辰	卯	丑	子	亥	申
巳	辰	寅	丑	子	酉
午	巳	卯	寅	丑	戌
未	午	辰	卯	寅	亥
申	未	巳	辰	卯	子
酉	申	午	巳	辰	丑
戌	酉	未	午	巳	寅
亥	戌	申	未	午	卯

表5

天府星早見表

紫薇在支	天府星
子	辰
丑	卯
寅	寅
卯	丑
辰	子
巳	亥
午	戌
未	酉
申	申
酉	未
戌	午
亥	巳

表6

天府系主星早見表　表7

破軍星	七殺星	天梁星	天相星	巨門星	貪狼星	太陰星	天府在支
戌	午	巳	辰	卯	寅	丑	子
亥	未	午	巳	辰	卯	寅	丑
子	申	未	午	巳	辰	卯	寅
丑	酉	申	未	午	巳	辰	卯
寅	戌	酉	申	未	午	巳	辰
卯	亥	戌	酉	申	未	午	巳
辰	子	亥	戌	酉	申	未	午
巳	丑	子	亥	戌	酉	申	未
午	寅	丑	子	亥	戌	酉	申
未	卯	寅	丑	子	亥	戌	酉
申	辰	卯	寅	丑	子	亥	戌
酉	巳	辰	卯	寅	丑	子	亥

亥	戌	酉	申	未	午	巳	辰	卯	寅	丑	子	生年支 ＼ 生時支
酉	丑	卯	寅	酉	丑	卯	寅	酉	丑	卯	寅	子
戌	寅	辰	卯	戌	寅	辰	卯	戌	寅	辰	卯	丑
亥	卯	巳	辰	亥	卯	巳	辰	亥	卯	巳	辰	寅
子	辰	午	巳	子	辰	午	巳	子	辰	午	巳	卯
丑	巳	未	午	丑	巳	未	午	丑	巳	未	午	辰
寅	午	申	未	寅	午	申	未	寅	午	申	未	巳
卯	未	酉	申	卯	未	酉	申	卯	未	酉	申	午
辰	申	戌	酉	辰	申	戌	酉	辰	申	戌	酉	未
巳	酉	亥	戌	巳	酉	亥	戌	巳	酉	亥	戌	申
午	戌	子	亥	午	戌	子	亥	午	戌	子	亥	酉
未	亥	丑	子	未	亥	丑	子	未	亥	丑	子	戌
申	子	寅	丑	申	子	寅	丑	申	子	寅	丑	亥

炎星早見表

表 8

鈴星早見表

亥	戌	酉	申	未	午	巳	辰	卯	寅	丑	子	生年支＼生時支
戌	卯	戌	戌	戌	卯	戌	戌	戌	卯	戌	戌	子
亥	辰	亥	亥	亥	辰	亥	亥	亥	辰	亥	亥	丑
子	巳	子	子	子	巳	子	子	子	巳	子	子	寅
丑	午	丑	丑	丑	午	丑	丑	丑	午	丑	丑	卯
寅	未	寅	寅	寅	未	寅	寅	寅	未	寅	寅	辰
卯	申	卯	卯	卯	申	卯	卯	卯	申	卯	卯	巳
辰	酉	辰	辰	辰	酉	辰	辰	辰	酉	辰	辰	午
巳	戌	巳	巳	巳	戌	巳	巳	巳	戌	巳	巳	未
午	亥	午	午	午	亥	午	午	午	亥	午	午	申
未	子	未	未	未	子	未	未	未	子	未	未	酉
申	丑	申	申	申	丑	申	申	申	丑	申	申	戌
酉	寅	酉	酉	酉	寅	酉	酉	酉	寅	酉	酉	亥

表9

文曲星・文昌星早見表

生時支	文曲星	文昌星
子	辰	戌
丑	巳	酉
寅	午	申
卯	未	未
辰	申	午
巳	酉	巳
午	戌	辰
未	亥	卯
申	子	寅
酉	丑	丑
戌	寅	子
亥	卯	亥

表10

羊刃星・陀羅星早見表

生年干	羊刃星	陀羅星
甲	卯	丑
乙	辰	寅
丙	午	辰
丁	未	巳
戊	午	辰
己	未	巳
庚	酉	未
辛	戌	申
壬	子	戌
癸	丑	亥

表11

年系副星早見表

生年干	天存星	天魁星	天鉞星
甲	寅	丑	未
乙	卯	子	申
丙	巳	亥	酉
丁	午	酉	亥
戊	巳	未	丑
己	午	申	子
庚	申	未	丑
辛	酉	午	寅
壬	亥	巳	卯
癸	子	卯	巳

表12

月系副星早見表 表13

生月支	左輔星	右弼星	駅馬星
子	寅	子	寅
丑	卯	亥	亥
寅	辰	戌	申
卯	巳	酉	巳
辰	午	申	寅
巳	未	未	亥
午	申	午	申
未	酉	巳	巳
申	戌	辰	寅
酉	亥	卯	亥
戌	子	寅	申
亥	丑	丑	巳

時系副星早見表 表14

生時支	天空星	地劫星
子	亥	亥
丑	戌	子
寅	酉	丑
卯	申	寅
辰	未	卯
巳	午	辰
午	巳	巳
未	辰	午
申	卯	未
酉	寅	申
戌	丑	酉
亥	子	戌

年支雑曜星早見表 表15

生年支	天耗星	紅鸞星	天喜星
子	丑	卯	酉
丑	寅	寅	申
寅	卯	丑	未
卯	辰	子	午
辰	巳	亥	巳
巳	午	戌	辰
午	未	酉	卯
未	申	申	寅
申	酉	未	丑
酉	戌	午	子
戌	亥	巳	亥
亥	子	辰	戌

十干化曜星早見表

表17

化曜星＼生年干	化祿星	化權星	化科星	化忌星
甲	廉貞	破軍	武曲	太陽
乙	天機	天梁	紫薇	太陰
丙	天同	天機	文昌	廉貞
丁	太陰	天同	天機	巨門
戊	貪狼	太陰	太陽	天機
己	武曲	貪狼	天梁	文曲
庚	太陽	武曲	天府	天同
辛	巨門	太陽	文曲	文昌
壬	天梁	紫薇	天府	武曲
癸	破軍	巨門	太陰	貪狼

月支雜曜星早見表

表16

雜曜星＼生月支	天姚星	天刑星
子	亥	未
丑	子	申
寅	丑	酉
卯	寅	戌
辰	卯	亥
巳	辰	子
午	巳	丑
未	午	寅
申	未	卯
酉	申	辰
戌	酉,	巳
亥	戌	午

主星廟陷旺失早見表　表18

羊・陀	曲・昌	炎・鈴	破軍星	七殺星	天梁星	天相星	巨門星	貪狼星	太陰星	天府星	廉貞星	天同星	武曲星	太陽星	天機星	紫薇星	主星／宮支
陷	廟	陷	旺	旺	廟	失	旺	旺	廟	旺	失	廟	旺	失	廟	旺	子
旺	旺	失	失	旺	旺	廟	失	旺	旺	廟	旺	失	旺	旺	失	失	丑
陷	失	旺	陷	旺	旺	旺	旺	失	失	旺	旺	旺	旺	旺	失	旺	寅
陷	旺	失	陷	旺	廟	失	旺	失	失	旺	陷	旺	旺	廟	旺	失	卯
旺	廟	陷	旺	旺	旺	旺	失	旺	失	旺	旺	旺	旺	廟	旺	旺	辰
陷	旺	失	失	旺	失	旺	失	陷	失	旺	陷	旺	失	廟	失	旺	巳
陷	失	旺	旺	旺	廟	失	旺	旺	失	旺	失	失	旺	廟	廟	廟	午
旺	旺	失	失	旺	旺	旺	失	旺	旺	廟	旺	失	旺	旺	失	失	未
陷	廟	陷	陷	旺	失	旺	失	失	旺	旺	旺	失	旺	失	旺	旺	申
陷	旺	失	陷	旺	失	失	旺	失	廟	旺	陷	旺	旺	失	旺	失	酉
旺	失	旺	旺	旺	旺	旺	失	旺	廟	旺	旺	旺	旺	失	旺	旺	戌
陷	旺	失	失	旺	失	旺	失	陷	廟	旺	陷	旺	失	失	失	旺	亥

六壬課式表

六親生剋星早見表

日干 \ 生剋星	兄弟	子孫	妻財	官鬼	父母
甲乙	寅卯	巳午	丑辰未戌	申酉	亥子
丙丁	巳午	丑辰未戌	申酉	亥子	寅卯
戊己	丑辰未戌	申酉	亥子	寅卯	巳午
庚辛	申酉	亥子	寅卯	巳午	丑辰未戌
壬癸	亥子	寅卯	巳午	丑辰未未	申酉

六壬課式番号表

亥	戌	酉	申	未	午	巳	辰	卯	寅	丑	子	占支時 \ 月将
2	3	4	5	6	7	8	9	10	11	12	1	子
3	4	5	6	7	8	9	10	11	12	1	2	丑
4	5	6	7	8	9	10	11	12	1	2	3	寅
5	6	7	8	9	10	11	12	1	2	3	4	卯
6	7	8	9	10	11	12	1	2	3	4	5	辰
7	8	9	10	11	12	1	2	3	4	5	6	巳
8	9	10	11	12	1	2	3	4	5	6	7	午
9	10	11	12	1	2	3	4	5	6	7	8	未
10	11	12	1	2	3	4	5	6	7	8	9	申
11	12	1	2	3	4	5	6	7	8	9	10	酉
12	1	2	3	4	5	6	7	8	9	10	11	戌
1	2	3	4	5	6	7	8	9	10	11	12	亥

甲　子　日

1
三傳:
青竜 寅 螣蛇
朱雀 巳 勾陳
天后 申 白虎

四課:
螣竜蛇	青螣竜蛇	白天虎后	白天虎后
寅甲	寅寅	子子	子子

2
三傳:
白虎 子 天后
太常 亥 太陰
玄武 戌 玄武

四課:
天貴空人	白天虎后	太太常陰	玄玄武武
丑甲	子丑	亥子	戌亥

3
三傳:
玄武 戌 玄武
天后 申 白虎
螣蛇 午 青竜

四課:
白天虎后	玄玄武武	玄玄武武	白天虎后
子甲	戌子	戌子	申戌

4
三傳:
螣蛇 午 青竜
勾陳 卯 朱雀
白虎 子 天后

四課:
太太陰常	天白后虎	太太常陰	螣青竜蛇
亥甲	申亥	酉子	午酉

5
三傳:
六合 戌 六合
天后 午 白虎
白虎 寅 天后

四課:
玄玄武武	螣青蛇竜	天白后虎	六六合合
辰申	申子	午戌	戌甲

6
三傳:
白虎 寅 天后
朱雀 酉 勾陳
玄武 辰 玄武

四課:
白天虎后	貴天人空	玄玄武武	勾朱陳雀
寅未	未子	辰酉	酉甲

7
三傳:
白虎 寅 天后
螣蛇 申 青竜
白虎 寅 天后

四課:
青螣竜蛇	天白后虎	白天虎后	螣青蛇竜
子午	午子	寅申	申甲

8
三傳:
青竜 子 螣蛇
太陰 巳 太常
六合 戌 六合

四課:
六六合合	太太陰常	青螣竜蛇	貴天人空
戌巳	巳子	子未	未甲

9
三傳:
玄武 辰 玄武
螣蛇 申 青竜
青竜 子 螣蛇

四課:
螣青蛇竜	玄玄武武	六六合合	天白后虎
申辰	辰子	戌午	午甲

10
三傳:
螣蛇 申 青竜
勾陳 亥 朱雀
白虎 寅 天后

四課:
天白后虎	太太常陰	螣青蛇竜	太太陰常
午卯	卯子	申巳	巳甲

11
三傳:
六合 辰 六合
白虎 午 青竜
天后 申 白虎

四課:
六六合合	青螣竜蛇	螣青蛇竜	六六合合
辰寅	寅子	午辰	辰甲

12
三傳:
六合 辰 六合
朱雀 巳 勾陳
螣陀 午 青竜

四課:
青螣竜蛇	天貴空人	六六合合	勾朱陳雀
寅丑	丑子	辰卯	卯甲

甲寅日

9
螣蛇	申	青竜
天后	午	白虎
天后	午	白虎

5
六合	戌	六合
天后	午	白虎
白虎	寅	天后

1
青竜	寅	螣蛇
朱雀	巳	勾陳
天后	申	白虎

六合六合	天白后虎	六合六合	天白后虎	天白后虎	六合六合	天白后虎	六合六合	青竜螣蛇	青竜螣蛇	青竜螣蛇	青竜螣蛇
戌午	午寅	戌午	午甲	午戌	戌寅	午戌	戌甲	寅寅	寅寅	寅寅	寅甲

10
螣蛇	申	青竜
勾陳	亥	朱雀
白虎	寅	天后

6
朱雀	酉	勾陳
玄武	辰	玄武
勾陳	亥	朱雀

2
白虎	子	天后
太常	亥	太陰
玄武	戌	玄武

螣蛇青竜	太太陰常	螣蛇青竜	太太陰常	玄玄武武	朱勾雀陳	玄玄武武	朱勾雀陳	白天虎后	天貴空人	白天虎后	天貴空人
申巳	巳寅	申巳	巳甲	辰寅	酉寅	辰酉	酉甲	子丑	丑寅	子丑	丑甲

11
六合	辰	六合
螣蛇	午	青竜
天后	申	白虎

7
白虎	寅	天后
螣蛇	申	青竜
白虎	寅	天后

3
玄武	戌	玄武
天后	申	白虎
螣蛇	午	青竜

螣蛇青竜	六合六合	螣蛇青竜	六合六合	白天虎后	螣青蛇竜	白天虎后	螣青蛇竜	玄玄武武	白天虎后	玄玄武武	白天虎后
午辰	辰寅	午辰	辰甲	寅申	申寅	寅申	申甲	戌子	子寅	戌子	子甲

12
六合	辰	六合
朱雀	巳	勾陳
螣蛇	午	青竜

8
青竜	子	螣蛇
太陰	巳	太常
六合	戌	六合

4
天空	丑	貴人
太常	亥	太陰
太常	亥	太陰

六合六合	勾朱陳雀	六合六合	勾朱陳雀	青螣竜蛇	貴天人空	青螣竜蛇	貴天人空	天白后虎	太太常陰	天白后虎	太太常陰
辰卯	卯寅	辰卯	卯甲	子未	未寅	子未	未甲	申亥	亥寅	申亥	亥甲

甲 辰 日

課號	三傳 (天將—支—天將)	四課 天將	四課 地支
1	青竜—寅—螣蛇 / 朱雀—巳—勾陳 / 天后—申—白虎	六合 六合 六合 六合 青竜 螣蛇 青竜 螣蛇	辰 辰 辰 辰 寅 寅 寅 甲
2	白虎—子—天后 / 太常—亥—太陰 / 玄武—戌—玄武	青竜 螣蛇 勾陳 朱雀 白虎 天后 天空 貴人	寅 卯 卯 辰 子 丑 丑 甲
3	玄武—戌—玄武 / 天后—申—白虎 / 螣蛇—午—青竜	白虎 天后 青竜 螣蛇 玄武 玄武 白虎 天后	子 寅 寅 辰 戌 子 子 甲
4	天后—申—白虎 / 朱雀—巳—勾陳 / 青竜—寅—螣蛇	玄武 玄武 天空 貴人 天后 白虎 太陰 太常	戌 丑 丑 辰 申 亥 亥 甲
5	青竜—子—螣蛇 / 螣蛇—申—青竜 / 玄武—辰—玄武	螣蛇 青竜 青竜 螣蛇 天后 白虎 六合 六合	申 子 子 辰 午 戌 戌 甲
6	天后—午—白虎 / 天空—丑—貴人 / 螣蛇—申—青竜	天后 白虎 勾陳 朱雀 玄武 玄武 朱雀 勾陳	午 亥 亥 辰 辰 酉 酉 甲
7	白虎—寅—天后 / 螣蛇—申—青竜 / 白虎—寅—天后	玄武 玄武 六合 六合 白虎 天后 螣蛇 青竜	辰 戌 戌 辰 寅 申 申 甲
8	白虎—寅—天后 / 貴人—未—天空 / 青竜—子—螣蛇	白虎 天后 朱雀 勾陳 青竜 螣蛇 貴人 天空	寅 酉 酉 辰 子 未 未 甲
9	螣蛇—申—青竜 / 青竜—子—螣蛇 / 玄武—辰—玄武	青竜 螣蛇 螣蛇 青竜 六合 六合 天后 白虎	子 申 申 辰 戌 午 午 甲
10	螣蛇—申—青竜 / 勾陳—亥—朱雀 / 白虎—寅—天后	六合 六合 貴人 天空 螣蛇 青竜 太陰 太常	戌 未 未 辰 申 巳 巳 甲
11	六合—辰—六合 / 螣蛇—午—青竜 / 天后—申—白虎	天后 白虎 螣蛇 青竜 螣蛇 青竜 六合 六合	申 午 午 辰 午 辰 辰 甲
12	六合—辰—六合 / 朱雀—巳—勾陳 / 螣蛇—午—青竜	螣蛇 青竜 朱雀 勾陳 六合 六合 勾陳 朱雀	午 巳 巳 辰 辰 卯 卯 甲

甲午日

1
青竜	寅	螣蛇
朱雀	巳	勾陳
天后	申	白虎

螣青 蛇竜	螣青 蛇竜	青螣 竜蛇	青螣 竜蛇
午	午	寅	寅
午	午	寅	甲

2
白虎	子	天后
太常	亥	太陰
玄武	戌	玄武

六六 合合	朱勾 雀陳	白天 虎后	天貴 空人
辰	巳	子	丑
巳	午	丑	甲

3
玄武	戌	玄武
天后	申	白虎
螣蛇	午	青竜

青螣 竜蛇	六六 合合	玄玄 武武	白天 虎后
寅	辰	戌	子
辰	午	子	甲

4
天后	申	白虎
朱雀	巳	勾陳
青竜	寅	螣蛇

白天 虎后	勾朱 陳雀	天白 后虎	太 常 太 陰
子	卯	申	亥
卯	午	亥	甲

5
六合	戌	六合
天后	午	白虎
白虎	寅	天后

六六 合合	白天 虎后	天白 后虎	六六 合合
戌	寅	午	戌
寅	午	戌	甲

6
朱雀	酉	勾陳
玄武	辰	玄武
勾陳	亥	朱雀

勝青 蛇竜	天貴 空人	玄玄 武武	朱勾 雀陳
申	丑	辰	酉
丑	午	酉	甲

7
白虎	寅	天后
螣蛇	申	青竜
白虎	寅	天后

天白 后虎	青螣 竜蛇	白天 虎后	勝青 蛇竜
午	子	寅	申
子	午	申	甲

8
青竜	子	螣蛇
太陰	巳	太常
六合	戌	六合

玄玄 武武	勾朱 陳雀	青螣 竜蛇	貴天 人空
辰	亥	子	未
亥	午	未	甲

9
白虎	寅	天后
天后	午	白虎
六合	戌	六合

白天 虎后	六六 合合	六六 合合	天白 后虎
寅	戌	戌	午
戌	午	午	甲

10
螣蛇	申	青竜
勾陳	亥	朱雀
白虎	寅	天后

青螣 竜蛇	朱勾 雀陳	勝青 蛇竜	太 陰 太 常
子	酉	申	巳
酉	午	巳	甲

11
六合	辰	六合
螣蛇	午	青竜
天后	申	白虎

玄玄 武武	天白 后虎	勝青 蛇竜	六六 合合
戌	申	午	辰
申	午	戌	甲

12
六合	辰	六合
朱雀	巳	勾陳
螣蛇	午	青竜

天白 后虎	貴天 人空	六六 合合	勾朱 陳雀
申	未	辰	卯
未	午	卯	甲

甲申日

9

```
玄武 辰 玄武
螣蛇 申 青竜
青竜 子 螣蛇
```

玄玄	青螣	六六	天白
武武	竜蛇	合合	后虎
辰	子	戌	午
子	申	午	甲

5

```
青竜 子 螣蛇
螣蛇 申 青竜
玄武 辰 玄武
```

青螣	玄玄	天白	六六
竜蛇	武武	后虎	合合
子	辰	午	戌
辰	申	戌	甲

1

```
青竜 寅 螣蛇
朱雀 巳 勾陳
天后 申 白虎
```

天白	天白	青螣	青螣
后虎	后虎	竜蛇	竜蛇
申	申	寅	寅
申	申	寅	甲

10

```
螣蛇 申 青竜
勾陳 亥 朱雀
白虎 寅 天后
```

白天	勾朱	螣青	太太
虎后	陳雀	蛇竜	陰常
寅	亥	申	巳
亥	申	巳	甲

6

```
六合 戌 六合
太陰 巳 太常
青竜 子 螣蛇
```

六六	太太	玄玄	朱勾
合合	常陰	武武	雀陳
戌	卯	申	酉
卯	申	辰	甲

2

```
白虎 子 天后
太常 亥 太陰
玄武 戌 玄武
```

螣青	貴天	白天	天貴
蛇竜	人空	虎后	空人
午	未	子	丑
未	申	丑	甲

11

```
六合 辰 六合
螣蛇 午 青竜
天后 申 白虎
```

白天	玄玄	螣青	六六
虎后	武武	蛇竜	合合
子	戌	午	辰
戌	申	辰	甲

7

```
白虎 寅 天后
螣蛇 申 青竜
白虎 寅 天后
```

螣青	白天	白天	螣青
蛇竜	虎后	虎后	蛇竜
申	寅	寅	申
寅	申	申	甲

3

```
螣蛇 午 青竜
六合 辰 六合
青竜 寅 螣蛇
```

六六	螣青	玄玄	白天
合合	蛇竜	武武	虎后
辰	午	戌	子
午	申	子	甲

12

```
六合 辰 六合
朱雀 巳 勾陳
螣蛇 午 青竜
```

玄玄	太太	六六	勾朱
武武	陰常	合合	陳雀
戌	酉	辰	卯
酉	申	卯	甲

8

```
青竜 子 螣蛇
太陰 巳 太常
六合 戌 六合
```

天白	天貴	青螣	貴天
后虎	空人	竜蛇	人空
午	丑	子	未
丑	申	未	甲

4

```
朱雀 巳 勾陳
青竜 寅 螣蛇
太常 亥 太陰
```

青螣	朱勾	天白	太太
竜蛇	雀陳	后虎	常陰
寅	巳	申	亥
巳	申	亥	甲

甲戌日

9
```
白虎 寅 天后
天后 午 白虎
六合 戌 六合
```
天后/白虎	白虎/天后	六合/六合	天后/白虎
午/寅	寅/戌	戌/午	午/甲

5
```
六合 戌 六合
天后 午 白虎
白虎 寅 天后
```
白虎/天后	天后/白虎	天后/白虎	六合/六合
午/寅	午/戌	午/戌	戌/甲

1
```
青竜 寅 螣蛇
朱雀 巳 勾陳
天后 申 白虎
```
玄武/玄武	玄武/玄武	青竜/螣蛇	螣蛇/螣蛇
戌/戌	戌/寅	寅/寅	寅/甲

10
```
螣蛇 申 青竜
勾陳 亥 朱雀
白虎 寅 天后
```
玄武/玄武	天空/貴人	螣蛇/青竜	太常/太常
辰/丑	丑/戌	申/巳	巳/甲

6
```
青竜 子 螣蛇
貴人 未 天空
白虎 寅 天空
```
青竜/螣蛇	太陰/太常	玄武/玄武	朱雀/勾陳
子/巳	巳/戌	辰/酉	酉/甲

2
```
白虎 子 天后
太常 亥 太陰
玄武 戌 玄武
```
天后/白虎	太陰/太常	白虎/天后	天空/貴人
申/酉	酉/戌	子/丑	丑/甲

11
```
六合 辰 六合
螣蛇 午 青竜
天后 申 白虎
```
青竜/螣蛇	白虎/天后	螣蛇/青竜	六合/六合
寅/子	子/戌	午/辰	辰/甲

7
```
白虎 寅 天后
螣蛇 申 青竜
白虎 寅 天后
```
六合/六合	玄武/玄武	白虎/天后	螣蛇/青竜
戌/辰	辰/戌	寅/申	申/甲

3
```
螣蛇 午 青竜
六合 辰 六合
青竜 寅 螣蛇
```
螣蛇/青竜	天后/白虎	玄武/玄武	白虎/天后
午/申	申/戌	戌/子	子/甲

12
```
六合 辰 六合
朱雀 巳 勾陳
螣蛇 午 青竜
```
白虎/天后	太常/太陰	六合/六合	勾陳/朱雀
子/亥	亥/戌	辰/卯	卯/甲

8
```
青竜 子 螣蛇
太陰 巳 太常
六合 戌 六合
```
螣蛇/青竜	太常/太陰	青竜/螣蛇	貴人/天空
申/卯	卯/戌	子/未	未/甲

4
```
天后 申 白虎
朱雀 巳 勾陳
青竜 寅 螣蛇
```
六合/六合	貴人/天空	天后/白虎	太常/太陰
辰/未	未/戌	申/亥	亥/甲

乙 丑 日

9
```
螣蛇  酉  六合
青竜  丑  天后
玄武  巳  白虎

螣六  玄白  勾貴  貴勾
蛇合  武虎  陳人  人陳
酉    巳    子    申
巳    丑    申    乙
```

5
```
玄武  巳  青竜
青竜  丑  螣蛇
螣蛇  酉  玄武

玄青  螣玄  貴太  勾貴
武竜  蛇武  人常  陳人
巳    酉    申    子
酉    丑    子    乙
```

1
```
勾陳  辰  勾陳
白虎  丑  螣蛇
太陰  戌  太陰

白螣  白螣  勾勾  勾
虎蛇  虎蛇  陳陳  陳
丑    丑    辰    辰
丑    丑    辰    乙
```

10
```
螣蛇  未  青竜
太陰  戌  朱雀
白虎  丑  天后

螣青  勾太  太朱  青螣
蛇竜  陳常  陰雀  竜蛇
未    辰    戌    未
辰    丑    未    乙
```

6
```
白虎  卯  玄武
朱雀  戌  朱雀
玄武  巳  白虎

白玄  貴勾  太天  六螣
虎武  人陳  陰空  合蛇
申    午    亥    戌
丑    亥    子    乙
```

2
```
太常  子  貴人
玄武  亥  天后
太陰  戌  太陰

玄天  太貴  天朱  青六
武后  常人  空雀  竜合
亥    子    寅    卯
子    丑    卯    乙
```

11
```
貴人  申  勾陳
太陰  戌  朱雀
太常  子  貴人

六白  青玄  貴勾  朱天
合虎  竜武  人陳  雀空
巳    卯    申    午
卯    丑    午    乙
```

7
```
朱雀  戌  朱雀
太常  辰  太常
朱雀  戌  朱雀

青天  天青  太太  朱朱
竜后  后竜  常常  雀雀
丑    未    辰    戌
未    丑    戌    乙
```

3
```
玄武  亥  天后
天后  酉  玄武
螣蛇  未  白虎

天玄  玄天  太貴  天朱
后武  武后  常人  空雀
酉    亥    子    寅
亥    子    丑    乙
```

12
```
天空  寅  朱雀
青竜  卯  六合
勾陳  辰  勾陳

青六  天朱  朱天  六青
竜合  空雀  雀空  合竜
卯    寅    午    巳
寅    丑    巳    乙
```

8
```
天空  寅  太陰
天后  未  青竜
勾陳  子  貴人

螣六  太天  天太  勾貴
蛇合  陰空  空陰  陳人
亥    午    寅    子
午    寅    丑    乙
```

4
```
青竜  丑  螣蛇
朱雀  戌  太陰
天后  未  白虎

天白  朱太  朱太  青螣
后虎  雀陰  雀陰  竜蛇
未    戌    戌    丑
戌    丑    丑    乙
```

乙 卯 日

9
天后 未 青竜
六合 亥 螣蛇
白虎 卯 玄武

六合螣蛇	天后青竜	太陰天空	貴人勾陳
亥未	未卯	午申	申乙

5
天后 未 白虎
白虎 卯 六合
六合 亥 天后

天后白虎	六合天后	貴人太常	勾陳貴人
未亥	亥卯	申子	子乙

1
勾陳 辰 勾陳
青竜 卯 六合
太常 子 貴人

青竜六合	青竜六合	勾陳勾陳	勾陳
卯卯	卯卯	卯辰	辰乙

10
天后 酉 六合
太常 子 貴人
青竜 卯 玄武

天后六合	朱雀天空	太陰朱雀	螣蛇青竜
酉午	午卯	戌未	未乙

6
太陰 午 天空
青竜 丑 天后
貴人 申 勾陳

玄武白虎	朱雀朱雀	太陰天空	六合螣蛇
巳戌	戌卯	午亥	亥乙

2
白虎 丑 螣蛇
太常 子 貴人
玄武 亥 天后

白虎螣蛇	天后朱雀	天后朱雀	青竜六合
丑寅	寅卯	寅卯	卯乙

11
貴人 申 勾陳
太陰 戌 朱雀
太常 子 貴人

螣蛇青竜	六合白虎	貴人勾陳	天空朱雀
未巳	巳卯	申午	午乙

7
白虎 卯 玄武
螣蛇 酉 六合
白虎 卯 玄武

白虎玄武	螣蛇六合	太常太常	朱雀
卯酉	酉辰	辰戌	戌乙

3
玄武 亥 天后
天后 酉 玄武
螣蛇 未 白虎

玄武天后	白虎螣蛇	太常貴人	天空朱雀
亥丑	丑卯	子卯	寅乙

12
勾陳 辰 勾陳
六合 巳 青竜
朱雀 午 天空

六合青竜	勾陳勾陳	朱雀天空	六合青竜
巳辰	辰卯	午巳	巳乙

8
天空 寅 太陰
天后 未 青竜
勾陳 子 貴人

青竜天后	貴人勾陳	天空太陰	螣蛇六合
丑申	申卯	寅酉	酉乙

4
青竜 丑 螣蛇
朱雀 戌 太陰
天后 未 白虎

螣蛇玄武	勾陳貴人	朱雀太陰	青竜螣蛇
酉子	子卯	戌丑	丑乙

乙　巳　日

9
三傳
騰蛇	酉	六合
青竜	丑	天后
玄武	巳	白虎

四課
青竜	天后	騰蛇	六合	貴人	勾陳
丑	酉	子	申		勾陳
酉	巳	申	乙		

5
三傳
騰蛇	酉	玄武
玄武	巳	青竜
青竜	丑	騰蛇

四課
騰蛇	玄武	青竜	騰蛇	貴人	太常
酉	丑	申	子		貴人
丑	巳	子	乙		

1
三傳
勾陳	辰	勾陳
六合	巳	青竜
貴人	申	太常

四課
六合	青竜	六合	青竜	勾陳	勾陳
巳	巳	辰	辰		
巳	巳	辰	乙		

10
三傳
騰蛇	未	青竜
太陰	戌	朱雀
白虎	丑	天后

四課
玄武	騰蛇	貴人	勾陳	太陰	朱雀
亥	申	戌	未		
申	巳	未	乙		

6
三傳
太陰	午	天空
青竜	丑	天后
貴人	申	勾陳

四課
天后	青竜	勾陳	貴人	太陰	天空
未	子	午	亥		
子	巳	亥	乙		

2
三傳
青竜	卯	六合
天空	寅	朱雀
白虎	丑	騰蛇

四課
六合	青竜	勾陳	勾陳	天空	朱雀
卯	辰	寅	卯		六合
辰	巳	卯	乙		

11
三傳
貴人	申	勾陳
太陰	戌	朱雀
太常	子	貴人

四課
天后	六合	騰蛇	青竜	貴人	勾陳
酉	未	申	午		
未	巳	午	乙		

7
三傳
玄武	巳	白虎
六合	亥	騰蛇
玄武	巳	白虎

四課
玄武	白虎	六合	騰蛇	太常	太常
巳	亥	辰	戌		
亥	巳	戌	乙		

3
三傳
白虎	丑	騰蛇
玄武	亥	天后
天后	酉	玄武

四課
白虎	騰蛇	青竜	六合	太常	貴人
丑	卯	子	寅		
卯	巳	寅	乙		

12
三傳
騰蛇	未	白虎
貴人	申	太常
天后	酉	玄武

四課
騰蛇	白虎	朱雀	天空	朱雀	天空
未	午	午	巳		
午	巳	巳	乙		

8
三傳
天空	寅	太陰
天后	未	青竜
勾陳	子	貴人

四課
白虎	玄武	朱雀	朱雀	天空	太陰
卯	戌	寅	酉		
戌	巳	酉	乙		

4
三傳
青竜	丑	騰蛇
朱雀	戌	太陰
天后	未	白虎

四課
青竜	騰蛇	天后	朱雀	太陰	白虎
亥	寅	戌	丑		
寅	巳	丑	乙		

乙未日

9
```
六合 亥 騰蛇
白虎 卯 玄武
天后 未 青竜
```
白玄	六騰	勾貴	貴勾
虎武	合蛇	陳人	人陳
卯	亥	子	申
亥	未	申	乙

5
```
白虎 卯 六合
六合 亥 天后
天后 未 白虎
```
六天	白六	貴太	勾貴
合后	虎合	人常	陳人
亥	卯	申	子
卯	未	子	乙

1
```
勾陳 辰 勾陳
騰蛇 未 白虎
白虎 丑 騰蛇
```
騰白	騰白	勾勾	勾
蛇虎	蛇虎	陳陳	陳
未	未	辰	辰
未	未	辰	乙

10
```
騰蛇 未 青竜
太陰 戌 朱雀
白虎 丑 天后
```
白天	太朱	太朱	騰青
虎后	陰雀	陰雀	蛇竜
丑	戌	戌	未
戌	未	未	乙

6
```
太陰 午 天空
青竜 丑 天后
貴人 申 勾陳
```
騰六	天太	天青	六騰
蛇合	空陰	后竜	合蛇
酉	寅	未	亥
寅	未	亥	乙

2
```
太陰 戌 太陰
青竜 卯 六合
朱雀 午 天空
```
六青	朱天	天朱	青六
合竜	雀空	空雀	竜合
巳	午	寅	卯
午	未	卯	乙

11
```
貴人 申 勾陳
太陰 戌 朱雀
太常 子 貴人
```
玄騰	天六	貴勾	朱天
武蛇	后合	人陳	雀空
亥	酉	申	午
酉	未	午	乙

7
```
朱雀 戌 朱雀
太常 辰 太常
朱雀 戌 朱雀
```
天青	青天	太太	朱朱
后竜	竜后	常常	雀雀
未	丑	辰	戌
丑	辰	戌	乙

3
```
玄武 亥 天后
天空 寅 朱雀
六合 巳 青竜
```
青六	六青	太貴	天朱
竜合	合竜	常人	空雀
巳	巳	子	寅
巳	未	寅	乙

12
```
天后 酉 玄武
太陰 戌 太陰
玄武 亥 天后
```
天玄	貴太	朱天	六青
后武	人常	雀空	合竜
酉	申	午	巳
申	未	巳	乙

8
```
玄武 巳 白虎
朱雀 戌 朱雀
白虎 卯 玄武
```
玄白	勾貴	天太	騰六
武虎	陳人	空陰	蛇合
巳	子	寅	酉
子	未	酉	乙

4
```
青竜 丑 騰蛇
朱雀 戌 太陰
天后 未 白虎
```
青騰	太勾	朱太	青騰
竜蛇	常陳	雀陰	竜蛇
丑	辰	戌	丑
辰	未	丑	乙

乙　酉　日

9
貴人	申	勾陳
勾陳	子	貴人
太常	辰	太常

玄武/白虎	青竜/天后	太陰/天空	貴人/勾陳
巳/丑	丑/酉	午/申	申/乙

5
玄武	巳	青竜
青竜	丑	螣蛇
螣蛇	酉	玄武

青竜/螣蛇	玄武/青竜	貴人/太常	勾陳/貴人
丑/巳	巳/酉	申/子	子/乙

1
勾陳	辰	勾陳
天后	酉	玄武
青竜	卯	六合

天后/玄武	天后/玄武	勾陳/勾陳	勾陳
酉	酉	辰	辰/乙

10
螣蛇	未	青竜
太陰	戌	朱雀
白虎	丑	天后

青竜/玄武	貴人/太常	太陰/朱雀	青竜/螣蛇
卯/子	子/酉	戌/未	未/乙

6
六合	亥	螣蛇
太陰	午	天空
青竜	丑	天后

六合/螣蛇	太常/太陰	太常/天空	六合/螣蛇
亥/辰	辰/酉	午/亥	亥/乙

2
貴人	申	太常
螣蛇	未	白虎
朱雀	午	天空

螣蛇/白虎	貴人/太常	天空/朱雀	青竜/六合
未/申	申/寅	寅/卯	卯/乙

11
貴人	申	勾陳
太陰	戌	朱雀
太常	子	貴人

白虎/天后	玄武/螣蛇	貴人/勾陳	朱雀/天空
丑/亥	亥/酉	申/午	午/乙

7
白虎	卯	玄武
螣蛇	酉	六合
白虎	卯	玄武

螣蛇/六合	白虎/玄武	太常/太常	朱雀
酉/卯	卯/酉	辰/戌	戌/乙

3
螣蛇	未	白虎
六合	巳	青竜
青竜	卯	六合

六合/青竜	螣蛇/白虎	太常/貴人	天空/朱雀
巳/未	未/酉	子/寅	寅/乙

12
玄武	亥	天后
太常	子	貴人
白虎	丑	螣蛇

玄武/天后	太陰/太陰	朱雀/天空	六合/青竜
亥/戌	戌/酉	午/巳	巳/乙

8
天后	未	青竜
勾陳	子	貴人
玄武	巳	白虎

天后/青竜	天空/太陰	天空/太陰	螣蛇/六合
未/寅	寅/酉	酉/乙	

4
青竜	丑	螣蛇
朱雀	戌	太陰
天后	未	白虎

白虎/六合	太陰/天空	朱雀/太陰	青竜/螣蛇
卯/午	午/酉	戌/丑	丑/乙

乙亥日

9

天后 未 青竜
六合 亥 螣蛇
白虎 卯 玄武

天后青竜	白虎玄武	勾陳貴人	貴人勾陳
未	卯	子	申
卯	亥	申	乙

5

天后 未 白虎
白虎 卯 六合
六合 亥 天后

白虎六合	天后白虎	貴人太常	勾貴人陳
卯	未	申	子
未	亥	子	乙

1

勾陳 辰 勾陳
玄武 亥 天后
六合 巳 青竜

玄武天后	玄武天后	勾陳勾陳	勾陳
亥	亥	辰	辰
亥	亥	辰	乙

10

螣蛇 未 青竜
太陰 戌 朱雀
白虎 丑 天后

六合白虎	天空太陰	太陰朱雀	螣蛇青竜
巳	寅	戌	未
寅	亥	未	乙

6

太陰 午 天空
青竜 丑 天后
貴人 申 勾陳

六螣合蛇	青天竜后	太天陰空	太天陰空
亥	丑	午	午
乙	午	亥	亥

2

太陰 戌 太陰
天后 酉 玄武
貴人 申 太常

玄天后武	太太陰陰	天朱空雀	青六竜合
酉	戌	寅	卯
戌	亥	卯	乙

11

貴人 申 勾陳
太陰 戌 朱雀
太常 子 貴人

青玄竜武	白天虎后	貴勾人陳	朱天雀空
卯	丑	申	午
丑	亥	午	乙

7

玄武 巳 白虎
六合 亥 螣蛇
玄武 巳 白虎

六螣合蛇	玄白武虎	太太常常	朱朱雀雀
巳	巳	辰	戌
巳	亥	戌	乙

3

天后 酉 玄武
螣蛇 未 白虎
六合 巳 青竜

螣白蛇虎	天玄后武	太貴常人	朱天雀空
未	酉	子	寅
酉	亥	寅	乙

12

白虎 丑 螣蛇
天空 寅 朱雀
青竜 卯 六合

白螣虎蛇	太貴常人	朱天雀空	六青合竜
丑	子	午	巳
子	亥	巳	乙

8

天空 寅 太陰
天后 未 青竜
勾陳 子 貴人

螣六蛇合	太太常常	六螣合蛇	螣六蛇合
亥	辰	亥	酉
酉	辰	亥	乙

4

青竜 丑 螣蛇
朱雀 戌 太陰
天后 未 白虎

玄青武竜	貴太人常	朱太雀陰	青螣竜蛇
巳	申	戌	丑
申	亥	丑	乙

丙 子 日

9

三傳:
貴人	酉	朱雀
太常	丑	太陰
勾陳	巳	天空

四課:
螣蛇	青竜	太陰	貴人
六合	青竜	太常	朱雀
申	辰	丑	酉
辰	子	酉	丙

5

三傳:
天后	申	玄武
白虎	辰	青竜
六合	子	螣蛇

四課:
白虎	天后	貴人	朱雀
青竜	玄武	太陰	
辰	申	酉	丑
申	子	丑	丙

1

三傳:
勾陳	巳	天空
螣蛇	申	玄武
天空	寅	六合

四課:
勾陳	勾陳
天空	天空
巳	巳
巳	丙

10

三傳:
螣蛇	申	六合
太陰	亥	貴人
白虎	寅	玄武

四課:
六合	天空	太陰	螣蛇
青竜	太常	貴人	六合
午	卯	亥	申
卯	子	申	丙

6

三傳:
六合	子	螣蛇
太陰	未	太常
青竜	寅	六合

四課:
青竜	太陰	太陰	六合
六合	太常	太常	螣蛇
寅	未	未	子
未	子	子	丙

2

三傳:
天后	戌	天后
貴人	酉	太陰
螣蛇	申	玄武

四課:
天后	太陰	天空	青竜
天后	貴人	勾陳	青竜
戌	亥	卯	辰
亥	子	辰	丙

11

三傳:
青竜	辰	白虎
六合	午	青竜
螣蛇	申	六合

四課:
青竜	白虎	貴人	朱雀
白虎	玄武	朱雀	勾陳
辰	寅	酉	未
寅	子	未	丙

7

三傳:
玄武	午	青竜
六合	子	天后
玄武	午	青竜

四課:
六合	玄武	太常	朱雀
天后	青竜	天空	貴人
子	午	巳	亥
午	子	亥	丙

3

三傳:
勾陳	丑	朱雀
朱雀	亥	貴人
貴人	酉	太陰

四課:
天后	螣蛇	勾陳	天空
玄武	天后	朱雀	勾陳
申	戌	丑	卯
戌	子	卯	丙

12

三傳:
白虎	寅	玄武
天空	卯	太常
青竜	辰	白虎

四課:
白虎	太常	朱雀	六合
玄武	太陰	勾陳	青竜
寅	丑	未	午
丑	子	午	丙

8

三傳:
太常	巳	天空
螣蛇	戌	螣蛇
天空	卯	太常

四課:
螣蛇	太常	天空	螣蛇
螣蛇	天空	太常	螣蛇
巳	巳	卯	戌
巳	子	戌	丙

4

三傳:
玄武	午	白虎
天空	卯	勾陳
六合	子	螣蛇

四課:
玄武	貴人	朱雀	青竜
白虎	太陰	貴人	六合
午	酉	亥	寅
酉	子	寅	丙

丙寅日

1
勾陈 巳 天空
腾蛇 申 玄武
白虎 寅 六合

白六虎合	白六虎合	勾天陈空	勾天陈空
寅	寅	巳	巳
寅	寅	巳	丙

2
玄武 子 腾蛇
太阴 亥 贵人
天后 戌 天后

青竜	玄腾武蛇	太朱常雀	天勾空陈
辰	子	丑	卯
丙	丑	寅	辰

3
勾陈 丑 朱雀
朱雀 亥 贵人
贵人 酉 太阴

腾天蛇后	六腾合蛇	勾朱陈雀	天勾空陈
戌	子	丑	卯
子	寅	亥	丙

4
朱雀 亥 贵人
天后 申 玄武
太常 巳 天空

勾朱陈雀	朱贵雀人	朱贵雀人	青六竜合
丑	亥	亥	寅
亥	寅	寅	丙

5
腾蛇 戌 天后
玄武 午 白虎
青竜 寅 六合

玄白武虎	腾天蛇后	贵太人阴	勾朱陈雀
戌	酉	丑	丑
戌	寅	丑	丙

6
六合 子 腾蛇
太阴 未 太常
青竜 寅 六合

六腾合蛇	玄腾武蛇	太朱常雀	天勾空陈
子	子	丑	卯
丙	丑	寅	辰

7
青竜 寅 玄武
天后 申 六合
青竜 寅 玄武

青玄竜武	天六后合	太天常空	朱贵雀人
寅	申	巳	亥
申	寅	亥	丙

8
六合 子 天后
太常 巳 天空
腾蛇 戌 腾蛇

六天合后	太勾阴陈	天太空常	腾腾蛇蛇
子	未	卯	戌
未	寅	戌	丙

9
贵人 酉 朱雀
太常 丑 太阴
勾陈 巳 天空

天腾后蛇	六青合竜	太太常阴	贵朱人雀
戌	午	丑	酉
午	寅	酉	丙

10
腾蛇 申 六合
太阴 亥 贵人
白虎 寅 玄武

腾六蛇合	勾天陈空	太贵阴人	腾六蛇合
申	巳	亥	申
巳	寅	申	丙

11
青竜 辰 白虎
六合 午 青竜
腾蛇 申 六合

六青合竜	青白竜虎	贵朱人雀	朱勾雀陈
午	辰	酉	未
辰	寅	未	丙

12
青竜 辰 白虎
勾陈 巳 天空
六合 午 青竜

白青虎竜	天太空常	朱勾雀陈	六青合竜
辰	卯	未	午
卯	寅	午	丙

丙 辰 日

9
三傳:
- 貴人 酉 朱雀
- 太常 丑 太陰
- 勾陳 巳 天空

四課:
玄武/天后	螣蛇/六合	太常/太陰	貴人/朱雀
子/申	申/辰	丑/酉	酉/丙

5
三傳:
- 六合 子 螣蛇
- 天后 申 玄武
- 白虎 辰 青竜

四課:
天后/玄武	六合/螣蛇	貴人/太陰	勾陳/朱雀
子/子	子/辰	酉/丑	丑/丙

1
三傳:
- 勾陳 巳 天空
- 螣蛇 申 玄武
- 白虎 寅 六合

四課:
青竜/青竜	青竜/青竜	勾陳/天空	天空
辰/辰	辰/辰	巳/巳	巳/丙

10
三傳:
- 螣蛇 申 六合
- 太陰 亥 貴人
- 白虎 寅 玄武

四課:
天后/螣蛇	朱雀/勾陳	太陰/貴人	螣蛇/六合
戌/未	未/辰	亥/申	申/丙

6
三傳:
- 玄武 午 白虎
- 勾陳 丑 朱雀
- 天后 申 玄武

四課:
玄武/白虎	朱雀/貴人	太陰/太常	六合/螣蛇
午/亥	亥/辰	未/子	子/丙

2
三傳:
- 天空 卯 勾陳
- 白虎 寅 六合
- 太常 丑 朱雀

四課:
白虎/六合	青竜/青竜	天空/勾陳	青竜
寅/辰	辰/辰	卯/辰	辰/丙

11
三傳:
- 螣蛇 申 六合
- 天后 戌 螣蛇
- 玄武 子 天后

四課:
螣蛇/六合	六合/青竜	貴人/朱雀	朱雀/勾陳
申/午	午/辰	酉/未	未/丙

7
三傳:
- 太常 巳 天空
- 朱雀 亥 貴人
- 太常 丑 天空

四課:
白虎/白虎	螣蛇/螣蛇	太常/天空	朱雀/貴人
辰/戌	戌/辰	巳/亥	亥/丙

3
三傳:
- 勾陳 丑 朱雀
- 朱雀 亥 貴人
- 貴人 酉 太陰

四課:
六合/螣蛇	青竜/六合	勾陳/朱雀	天空/勾陳
子/寅	寅/辰	丑/卯	卯/丙

12
三傳:
- 太陰 亥 貴人
- 六合 午 青竜
- 六合 午 青竜

四課:
六合/青竜	天空/朱雀	朱雀/勾陳	六合/青竜
午/巳	巳/辰	未/午	午/丙

8
三傳:
- 青竜 寅 玄武
- 太陰 未 勾陳
- 六合 子 天后

四課:
青竜/玄武	貴人/朱雀	天空/太常	螣蛇/螣蛇
寅/酉	酉/辰	卯/戌	戌/丙

4
三傳:
- 朱雀 亥 貴人
- 天后 申 玄武
- 太常 巳 天空

四課:
螣蛇/天后	勾陳/朱雀	朱雀/貴人	青竜/六合
戌/丑	丑/辰	亥/寅	寅/丙

丙 午 日

9

贵人 酉 朱雀
太常 丑 太阴
勾陈 巳 天空

白虎玄武	天后腾蛇	太常太阴	贵人朱雀
寅戌	戌午	丑酉	酉丙

5

腾蛇 戌 天后
玄武 午 白虎
青龙 寅 六合

腾蛇天后	青龙六合	贵人太阴	勾陈朱雀
戌寅	寅午	酉丑	丑丙

1

勾陈 巳 天空
腾蛇 申 玄武
白虎 寅 六合

六合白虎	六合白虎	勾陈天空	勾陈天空
午午	午巳	巳丙	

10

腾蛇 申 六合
太阴 亥 贵人
白虎 寅 玄武

玄武天后	贵人朱雀	太阴贵人	腾蛇六合
子酉	酉午	亥申	申丙

6

六合 子 腾蛇
太阴 未 太常
青龙 寅 六合

玄武天后	勾陈朱雀	太阴太常	六合腾蛇
申丑	丑未	未子	子丙

2

天空 卯 勾陈
白虎 寅 六合
太常 丑 朱雀

青龙	勾陈天空	天空勾陈	青龙
辰巳	巳午	卯辰	辰丙

11

腾蛇 申 六合
天后 戌 腾蛇
玄武 子 天后

天后腾蛇	腾蛇六合	贵人朱雀	朱雀勾陈
戌申	申午	酉未	未丙

7

玄武 午 青龙
六合 子 天后
玄武 午 青龙

玄武青龙	六合天后	太常天空	朱雀贵人
午子	子午	巳亥	亥丙

3

勾陈 丑 朱雀
朱雀 亥 贵人
贵人 酉 太阴

青龙六合	白虎青龙	勾陈朱雀	天空勾陈
寅辰	辰午	丑卯	卯丙

12

腾蛇 申 六合
贵人 酉 朱雀
天后 戌 腾蛇

腾蛇六合	朱雀勾陈	朱雀勾陈	青龙六合
申未	未午	未午	午丙

8

白虎 辰 白虎
贵人 酉 朱雀
青龙 寅 玄武

白虎白虎	朱雀贵人	天空太常	腾蛇腾蛇
辰亥	亥午	卯戌	戌丙

4

六合 子 腾蛇
贵人 酉 太阴
玄武 午 白虎

六合腾蛇	天空勾陈	朱雀贵人	青龙六合
子卯	卯午	亥寅	寅丙

丙申日

9

```
貴人 酉 朱雀
太常 丑 太陰
勾陳 巳 天空

青竜/白虎  玄武/天后  太常/太陰  貴人/朱雀
辰/子      子/申      丑/酉      酉/丙
```

5

```
六合 子 螣蛇
天后 申 玄武
白虎 辰 青竜

六合/螣蛇  白虎/青竜  貴人/太陰  勾陳/朱雀
子/辰      辰/申      酉/丑      丑/丙
```

1

```
勾陳 巳 天空
螣蛇 申 玄武
白虎 寅 六合

螣蛇/玄武  勾陳/天空  勾陳/天空
申/申      巳/巳      巳/丙
```

10

```
螣蛇 申 六合
青竜 辰 白虎
白虎 寅 玄武

白虎/玄武  太陰/貴人  太陰/貴人  螣蛇/六合
寅/亥      亥/申      亥/申      申/丙
```

6

```
螣蛇 戌 天后
太常 巳 天空
六合 子 螣蛇

螣蛇/天后  天空/勾陳  太陰/太常  六合/螣蛇
戌/卯      卯/申      未/子      子/丙
```

2

```
天空 卯 勾陳
白虎 寅 六合
太常 丑 朱雀

六合/白虎  朱雀/太常  天空/勾陳  青竜
午/未      未/申      卯/辰      辰/丙
```

11

```
玄武 子 天后
白虎 寅 玄武
青竜 辰 白虎

玄武/天后  螣蛇/天后  貴人/朱雀  朱雀/勾陳
子/戌      戌/申      酉/未      未/丙
```

7

```
青竜 寅 玄武
天后 申 六合
青竜 寅 玄武

天后/六合  玄武/青竜  天空/太常  貴人/朱雀
申/寅      寅/申      巳/亥      亥/丙
```

3

```
勾陳 丑 朱雀
朱雀 亥 貴人
貴人 酉 太陰

白虎/青竜  白虎/玄武  朱雀/勾陳  天空/勾陳
辰/午      午/申      丑/卯      卯/丙
```

12

```
貴人 酉 朱雀
天后 戌 螣蛇
太陰 亥 貴人

天后/螣蛇  貴人/朱雀  朱雀/勾陳  青竜/六合
戌/酉      酉/申      未/午      午/丙
```

8

```
天空 卯 太常
天后 申 六合
勾陳 丑 太陰

玄武/青竜  勾陳/太陰  天空/太常  螣蛇/螣蛇
午/丑      丑/申      卯/戌      戌/丙
```

4

```
太常 巳 天空
青竜 寅 六合
朱雀 亥 貴人

青竜/六合  太常/天空  朱雀/貴人  六合
寅/巳      巳/申      亥/寅      寅/丙
```

丙戌日

1

三傳：
- 勾陳 巳 天空
- 騰蛇 申 玄武
- 白虎 寅 六合

四課：

天后	天后	勾陳	天空
戌	戌	巳	巳
戌	巳	丙	丙

2

三傳：
- 天空 卯 勾陳
- 白虎 寅 六合
- 太常 丑 朱雀

四課：

騰蛇 玄武	貴人 太陰	天空 勾陳	青竜 青竜
申	酉	卯	辰
酉	戌	辰	丙

3

三傳：
- 勾陳 丑 朱雀
- 朱雀 亥 貴人
- 貴人 酉 太陰

四課：

玄武 白虎	天后 玄武	勾陳 朱雀	天空 勾陳
午	申	丑	卯
申	戌	卯	丙

4

三傳：
- 朱雀 亥 貴人
- 天后 申 玄武
- 太常 巳 天空

四課：

白虎 青竜	太陰 太常	朱雀 貴人	青竜 六合
辰	未	亥	寅
未	戌	寅	丙

5

三傳：
- 貴人 酉 太陰
- 太常 巳 天空
- 勾陳 丑 朱雀

四課：

青竜 六合	玄武 白虎	貴人 太陰	勾陳 朱雀
寅	午	酉	丑
午	戌	丑	丙

6

三傳：
- 六合 子 騰蛇
- 太陰 未 太常
- 青竜 寅 六合

四課：

六合 騰蛇	太常 天空	太陰 太常	六合 騰蛇
巳	未	子	子
未	子	子	丙

7

三傳：
- 太常 巳 天空
- 朱雀 亥 貴人
- 太常 巳 天空

四課：

騰蛇 騰蛇	白虎 白虎	太常 天空	朱雀 貴人
辰	巳	巳	亥
巳	戌	亥	丙

8

三傳：
- 天后 申 六合
- 勾陳 丑 太陰
- 玄武 午 青竜

四課：

天后 六合	天空 太常	天空 太常	騰蛇 騰蛇
申	卯	卯	戌
卯	戌	戌	丙

9

三傳：
- 貴人 酉 朱雀
- 太常 丑 太陰
- 勾陳 巳 天空

四課：

六合 青竜	白虎 玄武	太常 太陰	貴人 朱雀
午	寅	丑	酉
寅	戌	酉	丙

10

三傳：
- 騰蛇 申 六合
- 太陰 亥 貴人
- 白虎 寅 玄武

四課：

白虎 青竜	太常 太陰	太陰 貴人	騰蛇 六合
辰	丑	亥	申
丑	戌	申	丙

11

三傳：
- 玄武 子 天后
- 白虎 寅 玄武
- 青竜 辰 白虎

四課：

白虎 玄武	玄武 天后	貴人 朱雀	朱雀 勾陳
寅	子	酉	未
子	戌	未	丙

12

三傳：
- 太陰 亥 貴人
- 玄武 子 天后
- 太常 丑 太陰

四課：

玄武 天后	太陰 貴人	朱雀 勾陳	青竜 六合
子	亥	未	午
亥	戌	午	丙

丁　丑　日

9
朱雀　酉　貴人
太陰　丑　太常
天空　巳　勾陳

朱貴	天勾	太天	貴太
雀人	空陳	常空	人陰
酉	巳	卯	亥
巳	丑	亥	丁

5
天空　巳　太常
朱雀　丑　勾陳
太陰　酉　貴人

天太	太貴	貴朱	勾天
空常	陰人	人雀	陳空
巳	酉	亥	卯
酉	丑	卯	丁

1
朱雀　丑　太常
天后　戌　天后
太常　未　朱雀

朱太	朱太	太朱	太朱
雀常	雀常	常雀	常雀
丑	丑	未	未
丑	丑	未	丁

10
青竜　午　六合
螣蛇　戌　天后
白虎　辰　青竜

勾朱	白青	太太	螣天
陳雀	虎竜	陰常	蛇后
未	辰	丑	戌
辰	丑	戌	丁

6
勾陳　卯　天空
天后　戌　螣蛇
天空　巳　太常

勾天	玄天	太貴	六青
陳空	武后	陰人	合竜
卯	申	酉	寅
申	丑	寅	丁

2
螣蛇　子　玄武
貴人　亥　太陰
天后　戌　天后

貴太	螣玄	天勾	白六
人陰	蛇武	空陳	虎合
亥	子	巳	午
子	丑	午	丁

11
朱雀　酉　貴人
貴人　亥　太陰
太陰　丑　太常

天勾	太天	貴太	朱貴
空陳	常空	人陰	雀人
巳	卯	亥	酉
卯	丑	酉	丁

7
貴人　亥　朱雀
勾陳　未　太陰
太陰　丑　勾陳

太勾	勾太	勾太	太勾
陰陳	陳陰	陳陰	陰陳
丑	未	未	丑
未	丑	丑	丁

3
貴人　亥　朱雀
太陰　酉　貴人
太常　未　太陰

太貴	貴朱	勾天	太
陰人	人雀	陳空	常
酉	亥	卯	巳
亥	丑	巳	丁

12
六合　申　螣蛇
朱雀　酉　貴人
螣蛇　戌　天后

太天	玄白	朱貴	六螣
常空	武虎	雀人	合蛇
卯	寅	酉	申
寅	丑	申	丁

8
天空　巳　太常
螣蛇　戌　螣蛇
太常　卯　天空

貴朱	青玄	天太	天六
人雀	竜武	空常	后合
亥	午	巳	子
午	丑	子	丁

4
螣蛇　子　六合
青竜　辰　白虎
天后　戌　螣蛇

太太	螣朱	勾天	青白
陰常	后蛇	陳雀	竜虎
未	戌	丑	辰
戌	丑	辰	丁

丁卯日

1

三傳:

勾陳	卯	天空
螣蛇	子	玄武
白虎	午	六合

四課:

勾陳/天空	勾陳/天空	太常/朱雀	太常/朱雀
卯	卯	未	未
卯	未	未	丁

2

三傳:

朱雀	丑	太常
螣蛇	子	玄武
貴人	亥	太陰

四課:

朱雀/太常	六合/白虎	天空/勾陳	白虎/六合
丑	寅	巳	午
寅	卯	午	丁

3

三傳:

貴人	亥	朱雀
太陰	酉	貴人
太常	未	太陰

四課:

貴人/朱雀	朱雀/勾陳	勾陳/天空	天空/太常
亥	丑	卯	巳
丑	卯	巳	丁

4

三傳:

螣蛇	子	六合
太陰	酉	貴人
白虎	午	玄武

四課:

天空/勾陳	白虎/青龍	朱雀/勾陳	青龍/白虎
巳	辰	酉	申
辰	卯	申	丁

5

三傳:

太常	未	太陰
勾陳	卯	天空
貴人	亥	朱雀

四課:

太常/太陰	勾陳/天空	貴人/朱雀	貴人/朱雀
未	卯	亥	亥
卯	亥	亥	丁

6

三傳:

天后	戌	螣蛇
天空	巳	太常
螣蛇	子	六合

四課:

天空/太常	天后/螣蛇	太陰/貴人	六合/青龍
巳	戌	酉	寅
戌	卯	寅	丁

7

三傳:

太常	卯	天空
朱雀	酉	貴人
太常	卯	天空

四課:

太常/天空	朱雀/貴人	太常/天空	朱雀/貴人
卯	酉	卯	酉
酉	卯	酉	丁

8

三傳:

天空	巳	太常
螣蛇	戌	螣蛇
太常	卯	天空

四課:

太陰/勾陳	六合/天后	天空/太常	太常/朱雀
丑	申	巳	子
申	卯	子	丁

9

三傳:

勾陳	未	朱雀
貴人	亥	太陰
太常	卯	天空

四課:

貴人/太陰	勾陳/朱雀	太常/天空	貴人/太陰
亥	未	卯	亥
未	卯	亥	丁

10

三傳:

朱雀	酉	貴人
天后	子	玄武
太常	卯	天空

四課:

朱雀/貴人	青龍/六合	太陰/太常	螣蛇/天后
酉	午	丑	戌
午	卯	戌	丁

11

三傳:

朱雀	酉	貴人
貴人	亥	太陰
太陰	丑	太常

四課:

勾陳/朱雀	天空/勾陳	貴人/太陰	朱雀/貴人
未	巳	亥	酉
巳	卯	酉	丁

12

三傳:

白虎	辰	青龍
天空	巳	勾陳
青龍	午	六合

四課:

天空/勾陳	白虎/青龍	朱雀/貴人	六合/螣蛇
巳	辰	酉	申
辰	卯	申	丁

丁　巳　日

9
天盤:
```
朱雀 酉 貴人
太陰 丑 太常
天空 巳 勾陳
```
四課:
太陰·太常	朱雀·貴人	太常·天空	貴人·太陰
丑	酉	卯	亥
酉	巳	亥	丁

5
天盤:
```
貴人 亥 朱雀
太常 未 太陰
勾陳 卯 天空
```
四課:
太常·貴人	朱雀·勾陳	貴人·朱雀	勾陳·天空
酉	丑	巳	卯
丑	巳	亥	丁

1
天盤:
```
天空 巳 勾陳
玄武 申 螣蛇
六合 寅 白虎
```
四課:
天空·勾陳	天空·勾陳	太常·朱雀	太常·朱雀
巳	巳	未	未
巳	巳	未	丁

10
天盤:
```
六合 申 螣蛇
貴人 亥 太陰
玄武 寅 白虎
```
四課:
貴人·太陰	六合·螣蛇	太陰·太常	螣蛇·天后
亥	申	丑	戌
申	巳	戌	丁

6
天盤:
```
太陰 酉 貴人
青竜 辰 白虎
貴人 亥 朱雀
```
四課:
太常·太陰	螣蛇·六合	太陰·貴人	青竜·六合
未	子	酉	寅
子	巳	寅	丁

2
天盤:
```
勾陳 卯 天空
六合 寅 白虎
朱雀 丑 太常
```
四課:
勾陳·天空	青竜·青竜	青竜·天空	白虎·六合
卯	辰	巳	午
辰	巳	午	丁

11
天盤:
```
朱雀 酉 貴人
貴人 亥 太陰
太陰 丑 太常
```
四課:
朱雀·貴人	勾陳·朱雀	貴人·太陰	朱雀·貴人
酉	未	亥	酉
未	巳	酉	丁

7
天盤:
```
天空 巳 太常
貴人 亥 朱雀
天空 巳 太常
```
四課:
天空·太常	貴人·朱雀	勾陳·太陰	太常·勾陳
巳	亥	未	丑
亥	巳	丑	丁

3
天盤:
```
朱雀 丑 勾陳
貴人 亥 朱雀
太陰 酉 貴人
```
四課:
朱雀·貴人	勾陳·天空	勾陳·天空	太常·天空
酉	卯	卯	巳
未	巳	巳	丁

12
天盤:
```
六合 申 螣蛇
朱雀 酉 貴人
螣蛇 戌 天后
```
四課:
勾陳·朱雀	青竜·六合	六合·螣蛇	朱雀·貴人
未	午	酉	申
午	巳	申	丁

8
天盤:
```
天空 巳 太常
螣蛇 戌 螣蛇
太常 卯 天空
```
四課:
六合·螣蛇	太常·天空	螣蛇·螣蛇	天空·太常
申	卯	戌	巳
卯	戌	巳	子

4
天盤:
```
貴人 亥 朱雀
玄武 申 天后
天空 巳 太常
```
四課:
貴人·朱雀	六合·青竜	朱雀·勾陳	青竜·白虎
亥	寅	丑	辰
寅	巳	辰	丁

丁未日

1

太常 未 朱雀
朱雀 丑 太常
天后 戌 天后

太常朱雀	太常朱雀	太常朱雀	太常朱雀
未 未	未 未	未 未	未 丁

2

勾陳 卯 天空
白虎 午 六合
白虎 午 六合

天空勾陳	白虎六合	天空勾陳	白虎六合
巳 午	午 未	巳 午	午 丁

3

朱雀 丑 勾陳
天空 巳 太常
天空 巳 太常

勾陳天空	天空太常	勾陳天空	天空太常
卯 巳	巳 未	卯 巳	巳 丁

4

貴人 亥 朱雀
青竜 辰 白虎
青竜 辰 白虎

朱雀勾陳	青竜白虎	朱雀勾陳	青竜白虎
丑 辰	辰 未	丑 辰	辰 丁

5

勾陳 卯 天空
貴人 亥 朱雀
太常 未 太陰

貴人朱雀	勾陳天空	貴人朱雀	勾陳天空
亥 卯	卯 未	亥 卯	卯 丁

6

太陰 酉 貴人
青竜 辰 白虎
貴人 亥 朱雀

太陰貴人	六合青竜	太陰貴人	六合青竜
酉 寅	寅 未	酉 寅	寅 丁

7

天空 巳 太常
太陰 丑 勾陳
太陰 丑 勾陳

太陰勾陳	太陰勾陳	太陰勾陳	太陰勾陳
未 丑	丑 未	未 丑	丑 丁

8

天空 巳 太常
騰蛇 戌 騰蛇
太常 卯 天空

天空太常	天后六合	天空太常	天后六合
巳 子	子 未	巳 子	子 丁

9

貴人 亥 太陰
太常 卯 天空
勾陳 未 朱雀

太常天空	貴人太陰	太常天空	貴人太陰
卯 亥	亥 未	卯 亥	亥 丁

10

貴人 亥 太陰
騰蛇 戌 天后
騰蛇 戌 天后

太陰太常	騰蛇天后	太陰太常	騰蛇天后
丑 戌	戌 未	丑 戌	戌 丁

11

朱雀 酉 貴人
貴人 亥 太陰
太陰 丑 太常

貴人太陰	朱雀貴人	貴人太陰	朱雀貴人
亥 酉	酉 未	亥 酉	酉 丁

12

六合 申 騰蛇
朱雀 酉 貴人
騰蛇 戌 天后

朱雀貴人	六合騰蛇	朱雀貴人	六合騰蛇
酉 申	申 未	酉 申	申 丁

丁 酉 日

9

貴人	亥	太陰
太常	卯	天空
勾陳	未	朱雀

天空	太陰	太常	貴人
勾陳	太常	天空	太陰
巳	丑	卯	亥
丑	酉	亥	丁

5

天空	巳	太常
朱雀	丑	勾陳
太陰	酉	貴人

朱雀	天空	貴人	勾陳
勾陳	太常	朱雀	天空
丑	巳	亥	卯
巳	酉	卯	丁

1

太陰	酉	貴人
太常	未	朱雀
朱雀	丑	太常

太陰	太陰	朱雀	朱雀
貴人	貴人	太常	
酉	酉	未	未
酉	酉	未	丁

10

天后	子	玄武
太常	卯	天空
青龍	午	六合

太常	天后	太陰	騰蛇
天空	玄武	太常	天后
卯	子	丑	戌
子	酉	戌	丁

6

貴人	亥	朱雀
白虎	午	玄武
朱雀	丑	勾陳

貴人	青龍	太陰	六合
朱雀	白虎	貴人	青龍
亥	辰	酉	寅
辰	酉	寅	丁

2

玄武	申	騰蛇
太常	未	朱雀
白虎	午	六合

太常	玄武	天空	白虎
朱雀	騰蛇	勾陳	六合
未	申	巳	午
申	酉	午	丁

11

朱雀	酉	貴人
貴人	亥	太陰
太陰	丑	太常

太陰	貴人	貴人	朱雀
太常	太陰	太陰	貴人
丑	亥	亥	酉
亥	酉	酉	丁

7

太常	卯	天空
朱雀	酉	貴人
太常	卯	天空

朱雀	太常	勾陳	太陰
貴人	天空	太陰	勾陳
酉	卯	未	丑
卯	酉	丑	丁

3

朱雀	丑	勾陳
天空	巳	太常
天空	巳	太常

天空	太常	勾陳	天空
太常	太陰	天空	太常
巳	未	卯	巳
未	酉	巳	丁

12

貴人	亥	太陰
天后	子	玄武
太陰	丑	太常

貴人	騰蛇	朱雀	六合
太陰	天后	貴人	騰蛇
亥	戌	酉	申
戌	酉	申	丁

8

勾陳	未	太陰
天后	子	六合
天空	巳	太常

勾陳	玄武	天空	天后
太陰	青龍	太常	六合
未	寅	巳	子
寅	酉	子	丁

4

白虎	午	玄武
勾陳	卯	天空
騰蛇	子	六合

天空	白虎	朱雀	青龍
太常	玄武	勾陳	白虎
巳	午	卯	辰
酉	酉	酉	丁

丁亥日

9
三傳：
- 勾陳 未 朱雀
- 貴人 亥 太陰
- 太常 卯 天空

四課：
勾陳/朱雀	太常/天空	太常/天空	貴人/太陰
未	卯	卯	亥
卯	亥	亥	丁

5
三傳：
- 太常 未 太陰
- 勾陳 卯 天空
- 貴人 亥 朱雀

四課：
勾陳/天空	太常/天空	貴人/朱雀	勾陳/天空
卯	未	亥	卯
未	亥	卯	丁

1
三傳：
- 貴人 亥 太陰
- 太常 未 朱雀
- 朱雀 丑 太常

四課：
貴人/太陰	太常/朱雀	太常/朱雀	太常/朱雀
亥	亥	未	未
亥	未	未	丁

10
三傳：
- 青龍 午 六合
- 螣蛇 戌 天后
- 玄武 寅 白虎

四課：
天空/勾陳	玄武/白虎	太常/太陰	螣蛇/天后
巳	寅	丑	戌
寅	亥	戌	丁

6
三傳：
- 白虎 午 玄武
- 朱雀 丑 勾陳
- 玄武 申 天后

四課：
朱雀/勾陳	白虎/玄武	太常/太陰	青龍/六合
丑	午	酉	寅
午	亥	寅	丁

2
三傳：
- 天后 戌 天后
- 太陰 酉 貴人
- 玄武 申 螣蛇

四課：
太常/貴人	天后/天后	天空/勾陳	白虎/六合
酉	戌	巳	午
戌	亥	巳	丁

11
三傳：
- 朱雀 酉 貴人
- 貴人 亥 太陰
- 太陰 丑 太常

四課：
太常/天空	太陰/太常	貴人/太陰	朱雀/貴人
卯	丑	亥	酉
丑	亥	酉	丁

7
三傳：
- 天空 巳 太常
- 貴人 亥 朱雀
- 天空 巳 太常

四課：
天空/太常	太陰/太常	勾陳/天空	勾陳/天空
亥	巳	未	丑
巳	亥	丑	丁

3
三傳：
- 太陰 酉 貴人
- 太常 未 太陰
- 天空 巳 太常

四課：
太常/太陰	太陰/貴人	勾陳/天空	天空/太常
未	酉	卯	巳
酉	亥	巳	丁

12
三傳：
- 六合 申 螣蛇
- 朱雀 酉 貴人
- 螣蛇 戌 天后

四課：
太陰/太常	天后/玄武	朱雀/貴人	六合/螣蛇
丑	子	酉	申
子	亥	申	丁

8
三傳：
- 天空 巳 太常
- 螣蛇 戌 螣蛇
- 太常 卯 天空

四課：
朱雀/貴人	白虎/白虎	天后/太常	天空/六合
酉	辰	巳	子
辰	亥	子	丁

4
三傳：
- 天空 巳 太常
- 六合 寅 青龍
- 貴人 亥 朱雀

四課：
天空/太常	玄武/白虎	朱雀/勾陳	青龍/白虎
巳	申	丑	辰
申	亥	辰	丁

戊 子 日

9

```
玄武 辰  玄武
青竜 申  螣蛇
螣蛇 子  青竜
```

青螣竜蛇	玄玄武武	貴天人空	勾朱陳雀
申辰	丑子	丑酉	酉戌

5

```
太常 巳  太陰
青竜 申  螣蛇
貴人 丑  天空
```

玄玄武武	青螣竜蛇	勾朱陳雀	貴天人空
辰申	申子	酉丑	丑戌

1

```
勾陳 巳  朱雀
白虎 申  天后
螣蛇 寅  青竜
```

天白后虎	天白后虎	勾朱陳雀	勾朱陳雀
子子	子子	巳巳	巳戌

10

```
太陰 卯  太常
白虎 午  天后
勾陳 酉  朱雀
```

白天虎后	太太陰常	朱勾雀陳	青螣竜蛇
午卯	卯子	亥申	申戌

6

```
螣蛇 子  青竜
天空 未  貴人
天后 寅  白虎
```

天白后虎	天貴空人	天貴空人	螣青蛇竜
寅未	未子	未子	子戌

2

```
玄武 戌  玄武
太常 酉  太陰
白虎 申  天后
```

玄玄武武	太太陰常	朱勾雀陳	六六合合
戌亥	亥子	卯辰	辰戌

11

```
六合 辰  六合
青竜 午  螣蛇
白虎 申  天后
```

六六合合	螣青蛇竜	太太常陰	天貴空人
辰寅	寅子	酉未	未戌

7

```
白虎 午  天后
螣蛇 子  青竜
白虎 午  天后
```

螣青蛇竜	白天虎后	太太常陰	朱勾雀陳
子午	午子	巳亥	亥戌

3

```
貴人 丑  天空
太陰 亥  太常
太常 酉  太陰
```

白天虎后	玄玄武武	貴天人空	朱勾雀陳
申戌	戌子	丑卯	卯戌

12

```
螣蛇 寅  青竜
朱雀 卯  勾陳
六合 辰  六合
```

螣青蛇竜	貴天人空	天貴空人	青螣竜蛇
寅丑	丑子	未午	午戌

8

```
太常 巳  太陰
六合 戌  六合
太陰 卯  太常
```

六六合合	太太常陰	太太陰常	六六合合
戌巳	巳子	卯戌	戌戌

4

```
螣蛇 寅  青竜
太陰 亥  太常
白虎 申  天后
```

青螣竜蛇	太太常陰	太太陰常	螣青蛇竜
午酉	酉子	亥寅	寅戌

戊寅日

1

三傳:
- 勾陳 — 巳 — 朱雀
- 白虎 — 申 — 天后
- 騰蛇 — 寅 — 青竜

四課:

螣青	螣青	勾朱	勾朱
蛇竜	蛇竜	陳雀	雀
寅	寅	巳巳	巳戊

2

三傳:
- 天后 — 子 — 白虎
- 太陰 — 亥 — 太常
- 玄武 — 戌 — 玄武

四課:

天白	貴天	朱勾	六六
后虎	人空	雀陳	合合
子	丑寅	卯辰	辰戊

3

三傳:
- 貴人 — 丑 — 天空
- 太陰 — 亥 — 太常
- 太常 — 酉 — 太陰

四課:

玄玄	天白	貴天	朱勾
武武	后虎	人空	雀陳
戌子	子寅	丑卯	卯戊

4

三傳:
- 螣蛇 — 寅 — 青竜
- 太陰 — 亥 — 太常
- 白虎 — 申 — 天后

四課:

白天	太太	太太	螣青
虎后	陰常	陰常	蛇竜
申亥	亥寅	亥寅	寅戊

5

三傳:
- 六合 — 戌 — 六合
- 白虎 — 午 — 天后
- 天后 — 寅 — 白虎

四課:

白天	六六	勾朱	貴天
虎后	合合	陳雀	人空
午戌	戌寅	酉丑	丑戊

6

三傳:
- 螣蛇 — 子 — 青竜
- 天空 — 未 — 貴人
- 天后 — 寅 — 白虎

四課:

玄玄	勾朱	天貴	螣青
武武	陳雀	空人	蛇竜
辰酉	酉寅	未子	子戊

7

三傳:
- 天后 — 寅 — 白虎
- 青竜 — 申 — 螣蛇
- 天后 — 寅 — 白虎

四課:

天白	螣青	太太	朱勾
后虎	蛇竜	陰常	雀陳
寅申	申寅	巳亥	亥戊

8

三傳:
- 螣蛇 — 子 — 青竜
- 太常 — 巳 — 太陰
- 六合 — 戌 — 六合

四課:

太太	天貴	太太	六六
常陰	空人	陰常	合合
巳未	未寅	卯戌	戌戊

9

三傳:
- 貴人 — 丑 — 天空
- 白虎 — 午 — 天后
- 勾陳 — 酉 — 朱雀

四課:

六六	白天	貴天	勾朱
合合	虎后	人空	陳雀
戌午	午寅	丑酉	酉戌

10

三傳:
- 青竜 — 申 — 螣蛇
- 朱雀 — 亥 — 勾陳
- 天后 — 寅 — 白虎

四課:

青螣	太太	朱勾	青螣
竜蛇	常陰	雀陳	竜蛇
申巳	巳寅	亥申	申戊

11

三傳:
- 六合 — 辰 — 六合
- 青竜 — 午 — 螣蛇
- 白虎 — 申 — 天后

四課:

青螣	六六	太太	天貴
竜蛇	合合	常陰	空人
午辰	辰寅	酉未	未戊

12

三傳:
- 六合 — 辰 — 六合
- 勾陳 — 巳 — 朱雀
- 青竜 — 午 — 螣蛇

四課:

六六	朱勾	天貴	青螣
合合	雀陳	空人	竜蛇
辰卯	卯寅	未午	午戊

戊 辰 日

9

騰蛇　子　青竜
玄武　辰　玄武
青竜　申　騰蛇

勝蛇青竜	青騰 貴天 勾朱	
	竜蛇 人空 陳雀	
子申	申辰 丑酉 酉戊	

5

騰蛇　子　青竜
青竜　申　騰蛇
玄武　辰　玄武

青騰 勝青 勾朱 貴天		
竜蛇 蛇竜 陳雀 人空		
申子 子辰 酉丑 丑戊		

1

勾陳　巳　朱雀
白虎　申　天后
騰蛇　寅　青竜

六六 六六 勾朱	勾朱	
合合 合合 陳雀	陳雀	
辰辰 辰辰 巳巳	巳戊	

10

朱雀　亥　勾陳
天后　寅　白虎
太常　巳　太陰

六六 天貴 朱勾		
合合 空人 雀陳		
戊未 未辰 亥申		

6

騰蛇　子　青竜
天空　未　貴人
天后　寅　白虎

青勝 白天 朱勾 天貴		
竜蛇 虎后 雀陳 空人		
申戊 午亥 亥辰 未子		

2

朱雀　卯　勾陳
騰蛇　寅　青竜
貴人　丑　天空

勝青 朱勾 朱勾	六六	
蛇竜 雀陳 雀陳	合合	
寅卯 卯辰 卯辰	辰戊	

11

白虎　申　天后
玄武　戌　玄武
天后　子　白虎

白天 青勝 太太 天貴		
虎后 竜蛇 常陰 空人		
申午 午辰 酉未 未戊		

7

太常　巳　太陰
朱雀　亥　勾陳
太常　　　太陰

玄玄 六六 太太 朱勾		
武武 合合 常陰 雀陳		
辰戊 戌辰 巳亥 亥戊		

3

貴人　丑　天空
太陰　亥　太常
太常　酉　太陰

天白 勝青 貴天 朱勾		
后虎 蛇竜 人空 雀陳		
子寅 寅辰 丑卯 卯戊		

12

騰蛇　寅　青竜
青竜　午　騰蛇
青竜　午　騰蛇

青勝 勾朱 天貴		
竜蛇 陳雀 空人		
午巳 巳辰 未午	午戊	

8

天后　寅　白虎
天空　未　貴人
騰蛇　子　青竜

天白 勾朱 太太	六六	
后虎 陳雀 陰常	合合	
寅酉 酉辰 卯戊	戌戊	

4

騰蛇　寅　青竜
太陰　亥　太常
白虎　申　天后

玄玄 貴天 太太	青勝	
武武 人空 陰常	竜蛇	
戌丑 丑辰 亥寅	寅戊	

戊　午　日

9
天后　寅　白虎
白虎　午　天后
六合　戌　六合

天后白虎	六合六合	貴人空	勾朱陳雀
寅戌	戌午	丑酉	酉戌

5
六合　戌　六合
白虎　午　天后
天后　寅　白虎

六合六合	天后白虎	勾朱陳雀	貴天人空
戌寅	寅午	酉丑	丑戌

1
勾陳　巳　朱雀
白虎　申　天后
螣蛇　寅　青竜

青螣竜蛇	青螣竜蛇	勾朱陳雀	勾朱陳雀
午午	午午	巳巳	巳戊

10
勾陳　酉　朱雀
螣蛇　子　青竜
太陰　卯　太常

螣青蛇竜	勾朱陳雀	朱勾雀陳	青螣竜蛇
子酉	酉午	亥申	申戌

6
螣蛇　子　青竜
天空　未　貴人
天后　寅　白虎

青螣竜蛇	貴天人空	天貴空人	螣青蛇竜
申丑	丑午	未子	子戊

2
朱雀　卯　勾陳
螣蛇　寅　青竜
貴人　丑　天空

六合六合	勾朱陳雀	朱勾雀陳	六合六合
巳辰	巳午	卯辰	辰戌

11
白虎　申　天后
玄武　戌　玄武
天后　子　白虎

玄武玄武	白天虎后	太常陰	天貴空人
戌申	申午	酉未	未戌

7
白虎　午　天后
螣蛇　子　青竜
白虎　午　天后

白天虎后	螣青蛇竜	太常陰	朱勾雀陳
午子	子午	巳亥	亥戊

3
貴人　丑　天空
太陰　亥　太常
太常　酉　太陰

螣青蛇竜	六合六合	貴天人空	朱勾雀陳
寅辰	辰午	丑卯	卯戌

12
螣蛇　寅　青竜
青竜　午　螣蛇
青竜　午　螣蛇

白天虎后	天貴空人	天貴空人	青螣竜蛇
申未	未午	未午	午戊

8
玄武　辰　玄武
勾陳　酉　朱雀
天后　寅　白虎

玄武玄武	朱勾雀陳	太太陰常	六合六合
辰亥	亥午	卯戌	戌戌

4
螣蛇　寅　青竜
太陰　亥　太常
白虎　申　天后

天后白虎	朱勾雀陳	太太陰常	螣青蛇竜
子卯	卯午	亥寅	寅戌

戊 申 日

9
玄武 辰 玄武
青竜 申 騰蛇
騰蛇 子 青竜
玄武玄武 ｜ 騰蛇青竜 ｜ 貴人天空 ｜ 勾陳朱雀
辰子 ｜ 子申 ｜ 丑酉 ｜ 酉戌

5
騰蛇 子 青竜
青竜 申 騰蛇
玄武 辰 玄武
騰蛇青竜 ｜ 玄武玄武 ｜ 勾陳朱雀 ｜ 貴人天空
子辰 ｜ 辰申 ｜ 酉丑 ｜ 丑戌

1
勾陳 巳 朱雀
白虎 申 天后
騰蛇 寅 青竜
白虎天后 ｜ 白虎天后 ｜ 勾陳朱雀 ｜ 勾陳朱雀
申申 ｜ 申申 ｜ 巳巳 ｜ 巳戌

10
天后 寅 白虎
太常 巳 太陰
青竜 申 騰蛇
天后白虎 ｜ 朱雀勾陳 ｜ 朱雀勾陳 ｜ 青竜騰蛇
寅亥 ｜ 亥申 ｜ 亥申 ｜ 申戌

6
騰蛇 子 青竜
天空 未 貴人
天后 寅 白虎
六合六合 ｜ 太陰太常 ｜ 天空貴人 ｜ 騰蛇青竜
戌卯 ｜ 卯申 ｜ 未子 ｜ 子戌

2
朱雀 卯 勾陳
騰蛇 寅 青竜
貴人 丑 天空
青竜騰蛇 ｜ 天空貴人 ｜ 朱雀勾陳 ｜ 六合六合
午未 ｜ 未午 ｜ 卯辰 ｜ 辰戌

11
天后 子 白虎
騰蛇 寅 青竜
六合 辰 六合
天后白虎 ｜ 玄武太常 ｜ 太常太陰 ｜ 天空貴人
子戌 ｜ 戌申 ｜ 酉未 ｜ 未戌

7
天后 寅 白虎
青竜 申 騰蛇
天后 寅 白虎
青竜騰蛇 ｜ 天后白虎 ｜ 太常太陰 ｜ 朱雀勾陳
申寅 ｜ 寅申 ｜ 巳亥 ｜ 亥戌

3
貴人 丑 天空
太陰 亥 太常
太常 酉 太陰
六合六合 ｜ 青竜騰蛇 ｜ 貴人天空 ｜ 朱雀勾陳
辰午 ｜ 午申 ｜ 丑卯 ｜ 卯戌

12
玄武 戌 玄武
太常 酉 太陰
青竜 午 騰蛇
玄武玄武 ｜ 太常太陰 ｜ 天空貴人 ｜ 青竜騰蛇
戌酉 ｜ 酉申 ｜ 未午 ｜ 午戌

8
太陰 卯 太常
青竜 申 騰蛇
貴人 丑 天空
白虎天后 ｜ 貴人天空 ｜ 太陰太常 ｜ 六合六合
午丑 ｜ 丑申 ｜ 卯戌 ｜ 戌戌

4
騰蛇 寅 青竜
太陰 亥 太常
白虎 申 天后
騰蛇青竜 ｜ 勾陳朱雀 ｜ 太陰太常 ｜ 騰蛇青竜
寅巳 ｜ 巳申 ｜ 亥寅 ｜ 寅戌

戊戌日

9
三傳：天后 寅 白虎 ／ 白虎 午 天后 ／ 六合 戌 六合
四課：白虎 天后 天后 白虎 貴人 天空 勾陳 朱雀
天盤：午 寅 丑 酉　地盤：寅 戌 酉 戌

5
三傳：天后 寅 白虎 ／ 六合 戌 六合 ／ 白虎 午 天后
四課：天后 白虎 白虎 天后 勾陳 朱雀 貴人 天空
天盤：寅 午 酉 丑　地盤：午 戌 丑 戌

1
三傳：勾陳 巳 朱雀 ／ 白虎 申 天后 ／ 螣蛇 寅 青竜
四課：玄武 玄武 玄武 玄武 勾陳 朱雀 勾陳 朱雀
天盤：戌 戌 巳 巳　地盤：戌 戌 巳 戌

10
三傳：朱雀 亥 勾陳 ／ 天后 寅 白虎 ／ 太常 巳 太陰
四課：玄武 玄武 貴人 天空 朱雀 勾陳 青竜 螣蛇
天盤：辰 丑 亥 申　地盤：丑 戌 申 戌

6
三傳：螣蛇 子 青竜 ／ 天空 未 貴人 ／ 天后 寅 白虎
四課：太常 太陰 天空 貴人 螣蛇 青竜
天盤：巳 未 子　地盤：巳 丑 戌

2
三傳：朱雀 卯 勾陳 ／ 螣蛇 寅 青竜 ／ 貴人 丑 天空
四課：白虎 天后 太常 太陰 朱雀 勾陳 六合 六合
天盤：申 酉 卯 辰　地盤：酉 戌 辰 戌

11
三傳：天后 子 白虎 ／ 螣蛇 寅 青竜 ／ 六合 辰 六合
四課：螣蛇 青竜 天后 白虎 太常 太陰 天空 貴人
天盤：寅 子 酉 未　地盤：子 戌 未 戌

7
三傳：太常 巳 太陰 ／ 朱雀 亥 勾陳 ／ 太常 巳 太陰
四課：六合 六合 玄武 玄武 太常 太陰 朱雀 勾陳
天盤：戌 辰 巳 亥　地盤：辰 戌 亥 戌

3
三傳：貴人 丑 天空 ／ 太陰 亥 太常 ／ 太常 酉 太陰
四課：天后 白虎 白虎 天后 貴人 天空 朱雀 勾陳
天盤：子 申 丑 卯　地盤：申 戌 卯 戌

12
三傳：太陰 亥 太常 ／ 天后 子 白虎 ／ 貴人 丑 天空
四課：天后 白虎 太陰 太常 天空 貴人 青竜 螣蛇
天盤：子 亥 未 午　地盤：亥 戌 午 戌

8
三傳：青竜 申 螣蛇 ／ 貴人 丑 天空 ／ 白虎 午 天后
四課：青竜 螣蛇 太陰 太常 太陰 太常 六合 六合
天盤：申 卯 卯 戌　地盤：卯 戌 戌 戌

4
三傳：螣蛇 寅 青竜 ／ 太陰 亥 太常 ／ 白虎 申 天后
四課：六合 六合 天空 貴人 太陰 太常 螣蛇 青竜
天盤：辰 未 亥 寅　地盤：未 戌 亥 戌

己 丑 日

9
三傳：
六合 酉 螣蛇
天后 丑 青竜
白虎 巳 玄武

四課：

六合/螣蛇	白虎/玄武	玄武/白虎	螣蛇/六合
酉	巳	卯	亥
巳	丑	亥	己

5
三傳：
青竜 巳 玄武
螣蛇 丑 青竜
玄武 酉 螣蛇

四課：

青竜/玄武	玄武/螣蛇	天后/六合	六合/白虎
巳	酉	亥	卯
酉	丑	卯	己

1
三傳：
螣蛇 丑 白虎
太陰 戌 太陰
白虎 未 螣蛇

四課：

螣蛇/白虎	螣蛇/白虎	白虎/螣蛇	白虎/螣蛇
丑	丑	未	未
丑	丑	未	未

10
三傳：
天空 午 朱雀
朱雀 戌 太陰
太常 辰 勾陳

四課：

青竜/螣蛇	太常/勾陳	天后/白虎	朱雀/太陰
未	辰	丑	戌
辰	丑	戌	己

6
三傳：
玄武 卯 白虎
朱雀 戌 朱雀
白虎 巳 玄武

四課：

玄武/白虎	勾陳/貴人	六合/螣蛇	太陰/天空
卯	申	酉	寅
申	丑	寅	己

2
三傳：
貴人 子 太常
天后 亥 玄武
太陰 戌 太陰

四課：

天后/玄武	貴人/太常	青竜/六合	天空/朱雀
亥	子	巳	午
子	丑	午	己

11
三傳：
玄武 卯 青竜
白虎 巳 六合
青竜 未 螣蛇

四課：

白虎/六合	玄武/青竜	螣蛇/玄武	六合/天后
巳	卯	亥	酉
卯	丑	酉	己

7
三傳：
螣蛇 亥 六合
青竜 未 天后
天后 卯 青竜

四課：

天后/青竜	青竜/天后	青竜/天后	天后/青竜
丑	未	未	丑
未	丑	丑	己

3
三傳：
天后 亥 玄武
玄武 酉 天后
白虎 未 螣蛇

四課：

玄武/天后	天后/玄武	六合/青竜	青竜/六合
酉	亥	卯	巳
亥	丑	巳	己

12
三傳：
朱雀 寅 天空
六合 卯 青竜
勾陳 辰 勾陳

四課：

六合/青竜	朱雀/天空	玄武/天后	太常/貴人
卯	寅	酉	申
寅	丑	申	己

8
三傳：
白虎 巳 玄武
朱雀 戌 朱雀
玄武 卯 白虎

四課：

螣蛇/六合	天空/太陰	白虎/玄武	貴人/勾陳
亥	午	巳	子
午	丑	子	己

4
三傳：
貴人 子 勾陳
勾陳 辰 太常
太陰 戌 朱雀

四課：

白虎/天后	太陰/朱雀	螣蛇/青竜	勾陳/太常
未	戌	丑	辰
戌	丑	辰	己

己　卯　日

1
```
六合 卯　青竜
貴人 子　太常
天空 午　朱雀
```
六青/合竜	六青/合竜	白膝/虎蛇	白膝/蛇
卯/卯	卯/未	未/	未/己

2
```
膝蛇 丑　白虎
貴人 子　太常
天后 亥　玄武
```
膝白/蛇虎	朱天/雀空	青六/竜合	天朱/空雀
丑/寅	寅/卯	巳/午	午/己

3
```
天后 亥　玄武
玄武 酉　天后
白虎 未　膝蛇
```
天玄/后武	膝白/蛇虎	六青/合竜	青六/竜合
亥/丑	丑/卯	卯/巳	巳/己

4
```
貴人 子　勾陳
玄武 酉　膝蛇
天空 午　太陰
```
玄膝/武蛇	貴勾/人陳	膝青/蛇竜	太勾/常陳
酉/子	子/卯	丑/辰	辰/己

5
```
白虎 未　天后
六合 卯　白虎
天后 亥　六合
```
白天/虎后	天六/后合	天六/后合	六白/合虎
未/亥	亥/卯	亥/卯	卯/己

6
```
朱雀 戌　朱雀
白虎 巳　玄武
貴人 子　勾陳
```
白玄/虎武	朱朱/雀雀	六膝/合蛇	太天/陰空
巳/戌	戌/酉	酉/亥	寅/己

7
```
玄武 卯　白虎
六合 酉　膝蛇
玄武 卯　白虎
```
玄白/武虎	膝青/合蛇	青天/竜后	天青/后竜
卯/酉	酉/未	未/丑	丑/己

8
```
白虎 巳　玄武
朱雀 戌　朱雀
玄武 卯　白虎
```
天青/后竜	勾貴/陳人	白玄/虎武	貴勾/人陳
丑/申	申/卯	巳/子	子/己

9
```
青竜 未　天后
膝蛇 亥　六合
玄武 卯　白虎
```
膝六/蛇合	青天/竜后	玄白/武虎	膝六/蛇合
亥/未	未/卯	卯/亥	亥/己

10
```
六合 酉　天后
貴人 子　太常
玄武 卯　青竜
```
六天/合后	天朱/空雀	天白/后虎	朱太/雀陰
酉/午	午/卯	丑/戌	戌/己

11
```
膝蛇 亥　玄武
天后 丑　白虎
玄武 卯　青竜
```
六天/合后	白六/虎合	膝玄/蛇武	六天/合后
酉/巳	巳/卯	亥/酉	酉/己

12
```
勾陳 辰　勾陳
青竜 巳　六合
天空 午　朱雀
```
青六/竜合	勾勾/陳陳	玄天/武后	太貴/常人
巳/辰	辰/卯	酉/申	申/己

己巳日

1
三傳:
青竜　巳　六合
太常　申　貴人
朱雀　寅　天空

四課:
青六　六白　白螣
竜合　合虎　虎蛇
巳巳　未未　未己

2
六合　卯　青竜
朱雀　寅　天空
螣蛇　丑　白虎

勾勾　青六　天朱
陳陳　竜合　空雀
辰巳　巳午　午己

3
螣蛇　丑　白虎
天后　亥　玄武
玄武　酉　天后

螣白　六青　六青　青六
蛇虎　合竜　合竜　竜合
丑卯　卯巳　卯巳　巳己

4
朱雀　寅　天空
天后　亥　六合
太常　申　貴人

天六　朱天　螣青　勾太
后合　雀空　蛇竜　陳常
亥寅　寅巳　丑辰　辰己

5
六合　卯　白虎
天后　亥　六合
白虎　未　天后

玄螣　螣青　天六　六白
武蛇　蛇竜　后合　合虎
酉丑　丑巳　亥卯　卯己

6
六合　酉　螣蛇
太常　辰　太常
螣蛇　亥　六合

貴勾　六螣　太天
人陳　合蛇　陰空
子酉　酉寅　寅己

7
白虎　巳　玄武
螣蛇　亥　六合
白虎　巳　玄武

白玄　螣六　青天
虎武　蛇合　竜空
巳亥　亥未　未丑　丑己

8
白虎　巳　玄武
朱雀　戌　朱雀
玄武　卯　白虎

玄白　朱朱　白玄　貴螣
武虎　雀雀　虎武　人蛇
卯戌　戌巳　巳子　子己

9
六合　酉　螣蛇
天后　丑　青竜
白虎　巳　玄武

天青　六螣　玄白　螣六
后竜　合蛇　武虎　蛇合
丑酉　酉巳　卯亥　亥己

10
勾陳　申　貴人
螣蛇　亥　玄武
太陰　寅　天空

螣玄　勾貴　天白
蛇武　陳人　后虎
亥申　申巳　丑戌　戌己

11
螣蛇　亥　玄武
天后　丑　白虎
玄武　卯　青竜

六天　青螣　螣玄　六天
合后　竜蛇　蛇武　合后
酉未　未巳　亥酉　酉己

12
太常　申　貴人
太常　申　貴人
天空　午　朱雀

白螣　天朱　玄天　太貴
虎蛇　空雀　武后　常人
未午　午酉　酉申　申己

己 未 日

1
三传:
- 白虎 未 螣蛇
- 螣蛇 丑 白虎
- 太陰 戌 太陰

四课:

白螣虎蛇	白螣虎蛇	白螣虎蛇	白螣虎蛇
未	未	未	未
未	未	未	己

2
三传:
- 六合 卯 青竜
- 天空 午 朱雀
- 天空 午 朱雀

四课:

青六竜合	天朱空雀	青六竜合	天朱空雀
巳	午	巳	午
午	未	午	己

3
三传:
- 螣蛇 丑 白虎
- 青竜 巳 六合
- 青竜 巳 六合

四课:

六青合竜	青六竜合	六青合竜	青六竜合
卯	巳	卯	巳
巳	未	巳	己

4
三传:
- 天后 亥 六合
- 勾陳 辰 太常
- 勾陳 辰 太常

四课:

螣青蛇竜	勾太陳常	螣青蛇竜	勾太陳常
丑	辰	丑	辰
辰	未	辰	己

5
三传:
- 六合 卯 白虎
- 天后 亥 六合
- 白虎 未 天后

四课:

貴勾人陳	六白合虎	天六后合	六白合虎
子	卯	亥	卯
卯	未	卯	己

6
三传:
- 六合 酉 螣蛇
- 太常 辰 太常
- 螣蛇 亥 六合

四课:

六螣合蛇	太天陰空	六螣合蛇	太天陰空
酉	寅	酉	寅
寅	未	寅	己

7
三传:
- 白虎 巳 玄武
- 天后 丑 青竜
- 天后 丑 青竜

四课:

青天竜后	天青后竜	青天竜后	天青后竜
未	丑	未	丑
丑	未	丑	己

8
三传:
- 白虎 巳 玄武
- 朱雀 戌 朱雀
- 玄武 卯 白虎

四课:

白玄虎武	貴勾人陳	白玄虎武	貴勾人陳
巳	子	巳	子
子	未	子	己

9
三传:
- 螣蛇 亥 六合
- 玄武 卯 白虎
- 青竜 未 天后

四课:

玄白武虎	螣六蛇合	玄白武虎	螣六蛇合
卯	亥	卯	亥
亥	未	亥	己

10
三传:
- 螣蛇 亥 玄武
- 朱雀 戌 太陰
- 朱雀 戌 太陰

四课:

天白后虎	朱太雀陰	天白后虎	朱太雀陰
丑	戌	丑	戌
戌	未	戌	己

11
三传:
- 六合 酉 天后
- 六合 酉 天后
- 六合 酉 天后

四课:

螣玄蛇武	六天合后	螣玄蛇武	六天合后
亥	酉	亥	酉
酉	未	酉	己

12
三传:
- 白虎 未 螣蛇
- 太常 申 貴人
- 太常 申 貴人

四课:

玄天武后	太貴常人	玄天武后	太貴常人
酉	申	酉	申
申	未	申	己

己 酉 日

9
騰蛇 亥　六合
玄武 卯　白虎
青竜 未　天后

白虎/玄武	天后/青竜	玄武/白虎	騰蛇/六合
巳/丑	丑/酉	卯/亥	亥/己

5
六合 卯　白虎
天后 亥　六合
白虎 未　天后

騰蛇/青竜	青竜/玄武	天后/六合	六合/白虎
丑/巳	巳/酉	亥/卯	卯/己

1
玄武 酉　天后
白虎 未　騰蛇
騰蛇 丑　白虎

玄武/天后	玄武/天后	白虎/騰蛇	白虎/騰蛇
酉/酉	酉/未	未/未	未/己

10
玄武 卯　青竜
天空 未　朱雀
六合 酉　天后

玄武/青竜	貴人/太常	天后/白虎	朱雀/太陰
卯/子	子/酉	丑/戌	戌/己

6
騰蛇 亥　六合
天空 午　太陰
天后 丑　青竜

騰蛇/六合	太常/太常	六合/騰蛇	太陰/天空
亥/辰	辰/酉	酉/寅	寅/己

2
太陰 戌　太陰
天空 午　朱雀
太常 申　貴人

白虎/騰蛇	太常/貴人	貴人/青竜	天空/朱雀
未/申	申/酉	巳/午	午/己

11
天后 丑　白虎
玄武 卯　青竜
白虎 巳　六合

天后/白虎	騰蛇/玄武	騰蛇/玄武	六合/天后
丑/亥	亥/酉	亥/酉	酉/己

7
玄武 卯　白虎
六合 酉　騰蛇
玄武 卯　白虎

六合/騰蛇	玄武/白虎	青竜/天后	天后/青竜
卯/酉	酉/卯	未/丑	丑/己

3
六合 卯　青竜
騰蛇 丑　白虎
天后 亥　玄武

青竜/六合	白虎/騰蛇	六合/青竜	青竜/六合
巳/未	未/酉	卯/巳	巳/己

12
天后 亥　玄武
貴人 子　太常
騰蛇 丑　白虎

天后/玄武	太陰/太陰	玄武/天后	太常/貴人
亥/戌	戌/酉	酉/申	申/己

8
青竜 未　天后
貴人 子　勾陳
白虎 巳　玄武

青竜/天后	太陰/天空	白虎/玄武	貴人/勾陳
未/寅	寅/酉	巳/子	子/己

4
天空 午　太陰
六合 卯　白虎
貴人 子　勾陳

六合/白虎	天空/太陰	騰蛇/青竜	勾陳/太常
卯/午	午/酉	丑/辰	辰/己

己 亥 日

9
青竜 [未] 天后
螣蛇 [亥] 六合
玄武 [卯] 白虎

青天竜后	玄白武虎	玄白武虎	螣六蛇合
未卯	卯亥	卯亥	亥己

5
白虎 [未] 天后
六合 [卯] 白虎
天后 [亥] 六合

六白合虎	白天虎后	天六后合	六白合虎
卯未	未亥	亥卯	卯己

1
天后 [亥] 玄武
白虎 [未] 螣蛇
螣蛇 [丑] 白虎

天玄后武	天玄后武	白螣虎蛇	螣白蛇虎
亥亥	亥亥	未未	未己

10
太陰 [寅] 天空
白虎 [巳] 六合
勾陳 [申] 貴人

白六虎合	太天陰空	天白后虎	朱太雀陰
巳寅	寅亥	丑戌	戌己

6
天空 [午] 太陰
天后 [丑] 青竜
勾陳 [申] 貴人

天青后竜	天太后陰	六螣合蛇	太天陰空
丑午	午亥	酉寅	寅己

2
太陰 [戌] 太陰
玄武 [酉] 天后
太常 [申] 貴人

玄天武后	太太陰陰	青六竜合	天朱空雀
酉戌	戌亥	巳午	午己

11
天后 [丑] 白虎
玄武 [卯] 青竜
白虎 [巳] 六合

玄青武竜	天白后虎	螣玄蛇武	六天合后
卯丑	丑亥	亥酉	酉己

7
白虎 [巳] 玄武
螣蛇 [亥] 六合
白虎 [巳] 玄武

螣六蛇合	白玄虎武	青天竜后	天青后竜
亥巳	巳未	未丑	丑己

3
六合 [卯] 青竜
螣蛇 [丑] 白虎
天后 [亥] 玄武

白螣虎蛇	玄天武后	六青合竜	青六竜合
未酉	酉亥	卯巳	巳己

12
螣蛇 [丑] 白虎
朱雀 [寅] 天空
六合 [卯] 青竜

螣白蛇虎	貴太人常	玄天武后	太貴常人
丑子	子亥	酉申	申己

8
白虎 [巳] 玄武
朱雀 [戌] 朱雀
玄武 [卯] 白虎

六螣合蛇	太太常常	白玄虎武	貴勾人陳
酉辰	辰亥	巳子	子己

4
青竜 [巳] 玄武
朱雀 [寅] 天空
天后 [亥] 六合

青玄竜武	太貴常人	螣青蛇竜	勾太陳常
巳申	申亥	丑辰	辰己

庚子日

9
玄武 辰 玄武
青竜 申 螣蛇
螣蛇 子 青竜

青螣	玄玄	玄玄	螣青
竜蛇	武武	武武	蛇竜
申	辰	辰	子
辰	子	子	庚

5
螣蛇 子 青竜
青竜 申 螣蛇
玄武 辰 玄武

玄玄	青螣	螣青	玄玄
武武	竜蛇	蛇竜	武武
辰	申	子	辰
申	子	辰	庚

1
白虎 申 天后
螣蛇 寅 青竜
勾陳 巳 朱雀

天白	天白	白天	白天
后虎	后虎	虎后	虎后
子	子	申	申
子	子	申	庚

10
白虎 午 天后
勾陳 酉 朱雀
螣蛇 子 青竜

白天	太太	天白	朱勾
虎后	陰常	后虎	雀陳
午	卯	寅	亥
卯	子	亥	庚

6
六合 戌 六合
太常 巳 太陰
螣蛇 子 青竜

天白	天貴	六六	太太
后虎	空人	合合	陰常
寅	未	戌	卯
未	子	卯	庚

2
玄武 戌 玄武
太常 酉 太陰
白虎 申 天后

玄玄	太太	青螣	天貴
武武	陰常	竜蛇	空人
戌	亥	午	未
亥	子	未	庚

11
六合 辰 六合
青竜 午 螣蛇
白虎 申 天后

六六	螣青	天白	玄玄
合合	蛇竜	后虎	武武
辰	寅	子	戌
寅	子	戌	庚

7
天后 寅 白虎
青竜 申 螣蛇
天后 寅 白虎

螣青	白天	青螣	天白
蛇竜	虎后	竜蛇	后虎
子	午	申	寅
午	子	寅	庚

3
青竜 午 螣蛇
六合 辰 六合
螣蛇 寅 青竜

白天	玄玄	六六	青螣
虎后	武武	合合	竜蛇
申	戌	辰	午
戌	子	午	庚

12
螣蛇 寅 青竜
朱雀 卯 勾陳
六合 辰 六合

螣青	貴天	玄玄	太太
蛇竜	人空	武武	陰常
寅	丑	戌	酉
丑	子	戌	庚

8
太常 巳 太陰
六合 戌 六合
太陰 卯 太常

六六	太太	白天	貴天
合合	陰常	虎后	人空
戌	巳	午	丑
巳	子	丑	庚

4
青竜 午 螣蛇
朱雀 卯 勾陳
天后 子 白虎

青螣	太太	螣青	勾朱
竜蛇	陰常	蛇竜	陳雀
午	酉	寅	巳
酉	子	巳	庚

庚寅日

9
```
玄武 辰 玄武
青竜 申 螣蛇
螣蛇 子 青竜
勾朱 白天 玄玄 ｜ 螣青
陳雀 虎后 武武 ｜ 蛇竜
酉  午  辰  ｜ 子
午  寅  子  ｜ 庚
```

5
```
螣蛇 子 青竜
青竜 申 螣蛇
玄武 辰 玄武
白天 六六 螣青 玄玄
虎后 合合 蛇竜 武武
午  戌  子  辰
戌  寅  辰  庚
```

1
```
白虎 申 天后
螣蛇 寅 青竜
勾陳 巳 朱雀
白天
虎后
申
庚
```

10
```
青竜 申 螣蛇
朱雀 亥 勾陳
天后 寅 白虎
青螣 太太 天白 朱勾
竜蛇 常陰 后虎 雀陳
申  巳  寅  亥
巳  寅  亥  庚
```

6
```
六合 戌 六合
太常 巳 太陰
螣蛇 子 青竜
玄玄 勾朱 六六 太太
武武 陳雀 合合 陰常
辰  酉  戌  卯
酉  寅  卯  庚
```

2
```
天后 子 白虎
太陰 亥 太常
玄武 戌 玄武
天白 貴天 青螣 天貴
后虎 人空 竜蛇 空人
子  丑  午  未
丑  寅  未  庚
```

11
```
六合 辰 六合
青竜 午 螣蛇
白虎 申 天后
青螣 六六 天白 玄玄
竜蛇 合合 后虎 武武
午  辰  子  戌
辰  寅  戌  庚
```

7
```
天后 寅 白虎
青竜 申 螣蛇
天后 寅 白虎
天白 青螣 青螣 天白
后虎 竜蛇 竜蛇 后虎
申  申  寅  寅
寅  寅  庚  庚
```

3
```
青竜 午 螣蛇
六合 辰 六合
螣蛇 寅 青竜
玄玄 天白 六六 青螣
武武 后虎 合合 竜蛇
子  辰  午  午
子  寅  午  庚
```

12
```
六合 辰 六合
勾陳 巳 朱雀
青竜 午 螣蛇
六六 朱勾 玄玄 太太
合合 雀陳 武武 常陰
辰  卯  戌  酉
卯  寅  酉  庚
```

8
```
螣蛇 子 青竜
太常 巳 太陰
青竜 申 螣蛇
螣青 天貴 白天 貴天
蛇竜 空人 虎后 人空
子  未  午  丑
未  寅  丑  庚
```

4
```
勾陳 巳 朱雀
螣蛇 寅 青竜
太陰 亥 太常
白天 太太 螣青 勾朱
虎后 陰常 蛇竜 陳雀
申  亥  寅  巳
亥  寅  巳  庚
```

庚辰日

9

三傳：
- 玄武 辰 玄武
- 青竜 申 騰蛇
- 騰蛇 子 青竜

四課：
騰蛇	青竜	騰蛇	玄武
青竜	騰蛇	玄武	騰蛇
子申	申辰	辰子	子庚

5

三傳：
- 騰蛇 子 青竜
- 青竜 申 騰蛇
- 玄武 辰 玄武

四課：
青竜	騰蛇	騰蛇	玄武
騰蛇	青竜	青竜	玄武
子子	子辰	子辰	辰庚

1

三傳：
- 白虎 申 天后
- 騰蛇 寅 青竜
- 勾陳 巳 朱雀

四課：
六合	六合	白虎	天后
六合	六合	天后	白虎
辰辰	辰辰	申申	申庚

10

三傳：
- 天后 寅 白虎
- 太常 巳 太陰
- 青竜 申 騰蛇

四課：
六合	天空	天后	朱雀
六合	貴人	白虎	勾陳
戌未	未辰	寅亥	亥庚

6

三傳：
- 白虎 午 天后
- 貴人 丑 天空
- 青竜 申 騰蛇

四課：
白虎	朱雀	六合	太陰
天后	勾陳	六合	太常
午亥	亥辰	戌卯	卯庚

2

三傳：
- 朱雀 卯 勾陳
- 騰蛇 寅 青竜
- 貴人 丑 天空

四課：
騰蛇	朱雀	青竜	天空
青竜	勾陳	騰蛇	貴人
寅卯	卯辰	午未	未庚

11

三傳：
- 白虎 申 天后
- 玄武 戌 玄武
- 天后 子 白虎

四課：
白虎	青竜	天后	玄武
天后	騰蛇	白虎	玄武
申午	午辰	子戌	戌庚

7

三傳：
- 天后 寅 白虎
- 青竜 申 騰蛇
- 天后 寅 白虎

四課：
玄武	六合	天后	白虎
玄武	六合	白虎	天后
辰戌	戌辰	申寅	寅庚

3

三傳：
- 騰蛇 寅 青竜
- 天后 子 白虎
- 玄武 戌 玄武

四課：
天后	騰蛇	六合	青竜
白虎	青竜	六合	騰蛇
子寅	寅辰	辰午	午庚

12

三傳：
- 青竜 午 騰蛇
- 天空 未 貴人
- 白虎 申 天后

四課：
青竜	勾陳	玄武	太常
騰蛇	朱雀	玄武	太陰
午巳	巳辰	戌酉	酉庚

8

三傳：
- 天后 寅 白虎
- 天空 未 貴人
- 騰蛇 子 青竜

四課：
天后	勾陳	白虎	貴人
白虎	朱雀	天后	天空
寅酉	酉辰	午丑	丑庚

4

三傳：
- 勾陳 巳 朱雀
- 騰蛇 寅 青竜
- 太陰 亥 太常

四課：
玄武	貴人	騰蛇	勾陳
玄武	天空	青竜	朱雀
戌丑	丑辰	寅巳	巳庚

庚　午　日

9
```
玄武 辰 玄武
青竜 申 騰蛇
騰蛇 子 青竜
```
天后白虎	六合六合	玄武玄武	騰蛇青竜
寅戌	戌午	辰子	子庚

5
```
騰蛇 子 青竜
青竜 申 騰蛇
玄武 辰 玄武
```
六合六合	天后白虎	騰蛇青竜	玄武玄武
戌寅	寅午	子辰	辰庚

1
```
白虎 申 天后
騰蛇 寅 青竜
勾陳 巳 朱雀
```
青竜騰蛇	青竜騰蛇	白虎天后	白虎天后
午午	午午	申申	申庚

10
```
勾陳 酉 朱雀
騰蛇 子 青竜
太陰 卯 太常
```
騰蛇青竜	勾陳朱雀	天后白虎	朱雀勾陳
子酉	酉午	寅亥	亥庚

6
```
六合 戌 六合
太常 巳 太陰
騰蛇 子 青竜
```
青竜騰蛇	貴人天空	六合六合	太陰太常
申丑	丑午	戌卯	卯庚

2
```
青竜 午 騰蛇
勾陳 巳 朱雀
六合 辰 六合
```
六合六合	勾陳朱雀	青竜騰蛇	天空貴人
辰巳	巳午	午未	未庚

11
```
白虎 申 天后
玄武 戌 玄武
天后 子 白虎
```
玄武玄武	白虎天后	天后白虎	玄武玄武
戌申	申午	子戌	戌庚

7
```
天后 寅 白虎
青竜 申 騰蛇
天后 寅 白虎
```
白虎天后	騰蛇青竜	青竜騰蛇	天后白虎
午子	子午	申寅	寅庚

3
```
青竜 午 騰蛇
六合 辰 六合
騰蛇 寅 青竜
```
騰蛇青竜	六合六合	六合六合	青竜騰蛇
寅辰	辰午	辰午	午庚

12
```
玄武 戌 玄武
天空 未 貴人
太常 酉 太陰
```
白虎天后	天空貴人	玄武玄武	太常太陰
申未	未午	戌酉	酉庚

8
```
玄武 辰 玄武
勾陳 酉 朱雀
天后 寅 白虎
```
玄武玄武	朱雀勾陳	白虎天后	貴人天空
辰亥	亥午	午丑	丑庚

4
```
勾陳 巳 朱雀
騰蛇 寅 青竜
太陰 亥 太常
```
天后白虎	朱雀勾陳	騰蛇青竜	勾陳朱雀
子卯	卯午	寅巳	巳庚

庚　申　日

			9				5				1
玄武	辰	玄武		螣蛇	子	青竜		白虎	申	天后	
青竜	申	螣蛇		青竜	申	螣蛇		螣蛇	寅	青竜	
螣蛇	子	青竜		玄武	辰	玄武		勾陳	巳	朱雀	

玄武	螣蛇	青竜	玄武	螣蛇	螣蛇	玄武	玄武	白天	白天	白天	白天
玄武	蛇	青竜	武	蛇青竜	蛇青竜	武	武	虎后	虎后	虎后	虎后
辰	子	辰	子	子	辰	辰		申	申	申	申
子	申	子	庚	辰	申	庚		申	申	申	庚

			10				6				2
貴人	丑	天空		六合	戌	六合		太常	酉	太陰	
朱雀	亥	勾陳		太常	巳	太陰		天空	未	貴人	
朱雀	亥	勾陳		螣蛇	子	青竜		天空	未	貴人	

天后	朱雀	天白	朱勾	六六	太太	六六	太太	青螣	天貴	青螣	天貴
白虎	勾陳	后虎	雀陳	合合	陰常	合合	陰常	竜蛇	空人	竜蛇	空人
寅	亥	寅	亥	戌	卯	戌	卯	午	未	午	未
亥	申	亥	庚	卯	申	庚		未	申	未	庚

			11				7				3
天后	子	白虎		天后	寅	白虎		青竜	午	螣蛇	
螣蛇	寅	青竜		青竜	申	螣蛇		六合	辰	六合	
六合	辰	六合		天后	寅	白虎		螣蛇	寅	青竜	

天后	玄武	天白	玄玄	青螣	天白	青螣	天白	六六	青螣	六六	青螣
白虎	玄武	后虎	武武	竜蛇	后虎	竜蛇	后虎	合合	竜蛇	合合	竜蛇
子	戌	子	戌	申	寅	申	寅	辰	午	辰	午
戌	申	戌	庚	寅	申	寅	庚	午	申	午	庚

			12				8				4
太陰	亥	太常		太陰	卯	太常		勾陳	巳	朱雀	
太常	酉	太陰		貴人	丑	天空		螣蛇	寅	青竜	
太常	酉	太陰		貴人	丑	天空		太陰	亥	太常	

玄武	太常	玄玄	太太	白天	貴天	白天	貴天	螣青	勾朱	螣青	勾朱
玄武	太陰	武武	常陰	虎后	人空	虎后	人空	蛇竜	陳雀	蛇竜	陳雀
戌	酉	戌	酉	午	丑	午	丑	寅	巳	寅	巳
酉	申	酉	庚	丑	申	丑	庚	巳	申	巳	庚

庚戌日

9
```
玄武 辰 玄武
青竜 申 騰蛇
騰蛇 子 青竜
```
白虎天后	天后白虎	玄武玄武	騰蛇青竜
午	寅	辰	子
寅	戌	子	庚

5
```
騰蛇 子 青竜
青竜 申 騰蛇
玄武 辰 玄武
```
天后白虎	白虎天后	騰蛇青竜	玄武玄武
寅	午	子	辰
午	戌	辰	庚

1
```
白虎 申 天后
騰蛇 寅 青竜
勾陳 巳 朱雀
```
玄武玄武	玄武玄武	白虎天后	白虎天后
戌	戌	申	申
戌	戌	申	庚

10
```
天后 寅 白虎
太常 巳 太陰
青竜 申 騰蛇
```
玄武玄武	貴人天空	天后白虎	朱雀勾陳
辰	丑	寅	亥
丑	戌	亥	庚

6
```
六合 戌 六合
太常 巳 太陰
騰蛇 子 青竜
```
騰蛇青竜	太常太陰	六合六合	太陰太常
子	巳	戌	卯
巳	戌	卯	庚

2
```
青竜 午 騰蛇
勾陳 巳 朱雀
六合 辰 六合
```
白虎天后	太常太陰	青竜騰蛇	天空貴人
申	酉	午	未
酉	戌	未	庚

11
```
天后 子 白虎
騰蛇 寅 青竜
六合 辰 六合
```
騰蛇青竜	天后白虎	天后白虎	玄武玄武
寅	子	子	戌
子	戌	戌	庚

7
```
天后 寅 白虎
青竜 申 騰蛇
天后 子 白虎
```
六合六合	玄武玄武	青竜騰蛇	天后白虎
戌	辰	申	寅
戌	戌	寅	庚

3
```
青竜 午 騰蛇
六合 辰 六合
騰蛇 寅 青竜
```
青竜騰蛇	白虎天后	六合六合	青竜騰蛇
午	申	辰	午
申	戌	午	庚

12
```
太陰 亥 太常
天后 子 白虎
貴人 丑 天空
```
天后白虎	太陰太常	玄武玄武	太常太陰
子	亥	戌	酉
亥	戌	酉	庚

8
```
青竜 申 騰蛇
貴人 丑 天空
白虎 午 天后
```
青竜騰蛇	太陰太常	白虎天后	貴人天空
申	卯	午	丑
卯	戌	丑	庚

4
```
勾陳 巳 朱雀
騰蛇 寅 青竜
太陰 亥 太常
```
六合六合	天空貴人	騰蛇青竜	勾陳朱雀
辰	未	寅	巳
未	戌	巳	庚

辛　丑　日

9	5	1
青竜 酉 六合 騰蛇 丑 白虎 玄武 巳 天后 青六 玄天 太貴 貴太 竜合 武后 常人 人常 酉　巳　午　寅 巳　丑　寅　辛	玄武 巳 騰蛇 騰蛇 丑 青竜 青竜 酉 玄武 玄騰 青玄 貴勾 太貴 武蛇 竜武 人陳 常人 巳　酉　寅　午 酉　丑　午　辛	天后 丑 青竜 太常 戌 太常 青竜 未 天后 天青 天青 太太 太 后竜 后竜 常常 常 丑　丑　戌　戌 丑　丑　戌　辛

10	6	2
六合 巳 天后 天后 丑 白虎 天后 丑 白虎 青騰 朱太 朱太 天白 竜蛇 雀陰 雀陰 后虎 未　辰　丑　丑 辰　丑　丑　辛	天后 卯 玄武 勾陳 戌 勾陳 玄武 巳 天后 天玄 天朱 朱天 玄天 后武 空雀 雀空 武后 卯　申　子　巳 申　丑　巳　辛	太陰 子 天空 玄武 亥 白虎 太常 戌 太常 玄白 太天 天太 白玄 武虎 陰空 空陰 虎武 亥　子　申　酉 子　丑　酉　辛

11	7	3
騰蛇 卯 玄武 六合 巳 天后 青竜 未 騰蛇 六天 騰玄 貴太 天 合后 蛇武 人常 空 巳　卯　寅　子 卯　丑　子　辛	六合 亥 青竜 白虎 未 騰蛇 太陰 辰 太陰 騰白 白騰 勾勾 太太 蛇虎 虎蛇 陳陳 陰陰 未　未　戌　辰 丑　未　辰　辛	玄武 亥 白虎 白虎 酉 玄武 青竜 未 天后 白玄 玄白 勾貴 天太 虎武 武虎 陳人 空陰 酉　亥　午　申 亥　丑　申　辛

12	8	4
貴人 寅 勾陳 騰蛇 卯 六合 朱雀 辰 朱雀 騰六 貴勾 太天 玄白 蛇合 人陳 陰空 武虎 卯　寅　子　亥 寅　丑　亥　辛	天后 卯 玄武 天空 申 朱雀 騰蛇 丑 白虎 天玄 六青 太貴 天朱 后武 合竜 常人 空雀 亥　午　申　卯 午　丑　卯　辛	玄武 巳 騰蛇 白虎 未 天后 白虎 未 天后 白天 勾太 太朱 白天 虎后 陳常 陰雀 虎后 未　戌　辰　未 戌　丑　未　辛

辛卯日

9

白虎 未 騰蛇
六合 亥 青竜
天后 卯 玄武

六青	白騰	太貴	貴太
合竜	虎蛇	常人	人常
亥	未	午	寅
未	卯	寅	辛

5

白虎 未 天后
天后 卯 六合
六合 亥 白虎

白天	六白	貴勾	太貴
虎后	合虎	人陳	常人
未	亥	寅	午
亥	卯	午	辛

1

騰蛇 卯 六合
太陰 子 天空
勾陳 午 貴人

勝六	勝六	太太	太
蛇合	蛇合	常常	常常
卯	卯	戌	戌
卯	卯	戌	辛

10

白虎 酉 六合
太陰 子 天空
騰蛇 卯 玄武

白六	勾貴	朱太	天白
虎合	陳人	雀陰	后虎
酉	午	辰	丑
午	卯	丑	辛

6

勾陳 戌 勾陳
玄武 巳 天后
朱雀 子 天空

玄天	勾勾	朱天	玄天
武后	陳陳	雀空	武后
巳	戌	子	巳
戌	卯	巳	辛

2

天后 丑 青竜
太陰 子 天空
玄武 亥 白虎

天青	貴勾	天太	白玄
后竜	人陳	空陰	虎武
丑	寅	申	酉
寅	卯	酉	辛

11

六合 巳 天后
青竜 未 騰蛇
白虎 酉 六合

勾貴	六天	貴太	太天
陳人	合后	人常	陰空
午	巳	寅	子
巳	卯	子	辛

7

天后 卯 玄武
青竜 酉 六合
天后 卯 玄武

天玄	青六	勾勾	太太
后武	竜合	陳陳	陰陰
卯	酉	戌	辰
酉	卯	辰	辛

3

玄武 亥 白虎
白虎 酉 玄武
青竜 未 天后

玄白	天青	勾貴	天太
武虎	后竜	人陳	空陰
亥	丑	午	申
丑	卯	申	辛

12

朱雀 辰 朱雀
六合 巳 騰蛇
勾陳 午 貴人

六勝	朱朱	太天	玄白
合蛇	雀雀	陰空	武虎
巳	辰	子	亥
辰	卯	亥	辛

8

天后 卯 玄武
天空 申 朱雀
騰蛇 丑 白虎

勝白	天朱	天玄	
蛇虎	空雀	后武	
丑	申	申	卯
申	卯	卯	辛

4

朱雀 子 天空
白虎 未 天后
朱雀 子 天空

青玄	朱天	太朱	白天
竜武	雀空	陰雀	虎后
酉	子	辰	未
子	卯	未	辛

辛　巳　日

9
三傳
青竜	酉	六合
螣蛇	丑	白虎
玄武	巳	天后

四課
螣白	青六	太貴	貴太
蛇虎	竜合	常人	人常
丑	酉	午	寅
酉	巳	寅	辛

5
三傳
太常	午	貴人
貴人	寅	勾陳
勾陳	戌	太常

四課
青玄	螣青	貴勾	太貴
竜武	蛇竜	人陳	常人
酉	丑	寅	午
丑	巳	午	辛

1
三傳
六合	巳	螣蛇
天空	申	太陰
貴人	寅	勾陳

四課
六螣	六螣	太太	太太
合蛇	合蛇	常常	常常
巳	巳	戌	戌
巳	巳	戌	辛

10
三傳
天空	申	朱雀
玄武	亥	青竜
貴人	寅	太常

四課
玄青	天朱	朱太	天白
武竜	空雀	雀陰	后虎
亥	申	辰	丑
申	巳	丑	辛

6
三傳
白虎	未	螣蛇
貴人	寅	太常
青竜	酉	六合

四課
白螣	朱天	朱天	玄天
虎蛇	雀空	雀空	武后
未	子	子	巳
子	巳	巳	辛

2
三傳
螣蛇	卯	六合
貴人	寅	勾陳
天后	丑	青竜

四課
螣六	朱朱	天太	白玄
蛇合	雀雀	空陰	虎武
辰	申	申	酉
巳	巳	酉	辛

11
三傳
貴人	寅	太常
朱雀	辰	太陰
勾陳	午	貴人

四課
青六	青螣	貴太	太天
竜合	竜蛇	人常	陰空
酉	未	寅	子
未	巳	子	辛

7
三傳
玄武	巳	天后
六合	亥	青竜
玄武	巳	天后

四課
玄天	六青	勾勾	太太
武后	合竜	陳陳	陰空
亥	戌	辰	巳
巳	巳	辰	辛

3
三傳
天后	丑	青竜
玄武	亥	白虎
白虎	酉	玄武

四課
天青	螣六	勾貴	天太
后竜	蛇合	陳人	空陰
丑	卯	午	申
卯	巳	申	辛

12
三傳
勾陳	午	貴人
青竜	未	天后
天空	申	太陰

四課
青天	勾貴	太天	白天
竜后	陳人	陰空	虎后
未	午	子	亥
午	巳	亥	辛

8
三傳
天后	卯	玄武
天空	申	朱雀
螣蛇	丑	白虎

四課
天玄	勾勾	天朱	天玄
后武	陳陳	空雀	后武
卯	戌	申	卯
戌	巳	卯	辛

4
三傳
貴人	寅	勾陳
六合	亥	白虎
天空	申	太陰

四課
六白	貴勾	太朱	白天
合虎	人陳	陰雀	虎后
亥	寅	辰	未
寅	巳	未	辛

辛未日

1
青竜	未	天后
天后	丑	青竜
太常	戌	太常

青天竜后	青天竜后	太太常常	太太常常
未未	未未	戌戌	戌辛

2
六合	巳	螣蛇
朱雀	辰	朱雀
螣蛇	卯	六合

六螣合蛇	勾貴陳人	天太空陰	白玄虎武
巳巳	午未	申酉	酉辛

3
勾陳	午	貴人
朱雀	辰	朱雀
貴人	寅	勾陳

螣六蛇合	六螣合蛇	勾貴陳人	太空陰
卯巳	巳未	午申	申辛

4
六合	亥	白虎
白虎	未	天后
白虎	未	天后

螣青蛇竜	太朱陰雀	太朱陰雀	白天虎后
丑辰	辰未	辰未	未辛

5
天后	卯	六合
六合	亥	白虎
白虎	未	天后

六白合虎	天六后合	貴勾人陳	太貴常人
亥卯	卯未	寅午	午辛

6
青竜	酉	六合
太陰	辰	太陰
六合	亥	青竜

天白后虎	青六竜合	貴太人	朱天雀空
酉寅	寅未	子巳	巳辛

7
玄武	巳	天后
螣蛇	丑	白虎
太陰	辰	太陰

白螣虎蛇	螣白蛇虎	勾勾陳陳	太陰
未丑	丑未	戌辰	辰辛

8
玄武	巳	天后
勾陳	戌	勾陳
天后	卯	玄武

玄白武虎	朱天雀空	天朱空雀	天玄后武
巳子	子未	申卯	卯辛

9
六合	亥	青竜
天后	卯	玄武
白虎	未	螣蛇

天后玄武	六青合竜	太常貴人	貴太人常
卯亥	亥未	午寅	寅辛

10
玄武	亥	青竜
天后	丑	白虎
天后	丑	白虎

天白后虎	太勾常陳	朱太雀陰	天白后虎
丑戌	戌未	辰丑	丑辛

11
貴人	寅	太常
朱雀	辰	太陰
勾陳	午	貴人

玄青武竜	白六虎合	貴太人常	太天陰空
亥酉	酉未	寅子	子辛

12
天空	申	太陰
玄武	亥	白虎
天空	申	太陰

白玄虎武	天太空陰	太天陰空	玄白武虎
酉申	申未	子亥	亥辛

辛 酉 日

1

```
白虎 酉 玄武
太常 戌 太常
青竜 未 天后
```

白虎/玄武	白虎/玄武	太常/太常	太常/太常
酉/酉	酉/戌	戌/戌	戌/辛

2

```
天后 丑 青竜
白虎 酉 玄武
白虎 酉 玄武
```

青竜/天后	天后/太空	天空/太陰	白虎/玄武
未/申	申/酉	申/酉	酉/辛

3

```
勾陳 午 貴人
朱雀 辰 朱雀
貴人 寅 勾陳
```

六合/螣蛇	青竜/天后	勾陳/貴人	天空/太陰
巳/未	未/酉	午/申	申/辛

4

```
太常 午 貴人
天后 卯 六合
朱雀 子 天空
```

天后/六合	太常/貴人	太陰/朱雀	白虎/天后
卯/午	午/未	辰/未	未/辛

5

```
玄武 巳 螣蛇
螣蛇 丑 青竜
青竜 酉 玄武
```

螣蛇/青竜	玄武/螣蛇	貴人/勾陳	太常/貴人
丑/巳	巳/酉	寅/午	午/辛

6

```
六合 亥 青竜
太常 午 貴人
螣蛇 丑 白虎
```

六合/青竜	太陰/朱雀	玄武/天后	太陰
亥/辰	辰/酉	子/巳	巳/辛

7

```
天后 卯 玄武
青竜 酉 六合
天后 卯 玄武
```

青竜/六合	天后/玄武	勾陳/勾陳	太陰
酉/卯	卯/酉	戌/辰	辰/辛

8

```
白虎 未 螣蛇
朱雀 子 天空
玄武 巳 天后
```

白虎/螣蛇	貴人/太常	天空/朱雀	玄武/天后
未/寅	寅/酉	申/卯	卯/辛

9

```
貴人 寅 太常
太常 午 貴人
勾陳 戌 勾陳
```

玄武/天后	螣蛇/白虎	太常/貴人	貴人/太常
巳/丑	丑/酉	午/寅	寅/辛

10

```
螣蛇 卯 玄武
勾陳 午 貴人
白虎 酉 六合
```

螣蛇/玄武	太陰/天空	朱雀/太陰	白虎/天后
卯/子	子/酉	辰/丑	丑/辛

11

```
天后 丑 白虎
螣蛇 卯 玄武
六合 巳 天后
```

天后/白虎	玄武/青竜	貴人/太常	太陰/天空
丑/亥	亥/酉	寅/子	子/辛

12

```
玄武 亥 白虎
太陰 子 天空
天后 丑 青竜
```

玄武/白虎	太常/太常	太陰/天空	玄武/白虎
亥/戌	戌/酉	子/亥	亥/辛

辛亥日

9

白虎	未	螣蛇
六合	亥	青竜
天后	卯	玄武

白虎螣蛇	天后玄武	太常貴人	貴人太常
未卯	卯亥	午寅	寅辛

5

白虎	未	天后
天后	卯	六合
六合	亥	白虎

天后六合	白虎天后	貴人勾陳	太常貴人
卯未	未亥	寅午	午辛

1

玄武	亥	白虎
太常	戌	太常
青竜	未	天后

玄武白虎	玄武白虎	太常太常	太常太常
亥亥	亥亥	戌戌	戌辛

10

六合	巳	天后
天空	申	朱雀
玄武	亥	青竜

六合天后	貴人太常	朱雀太陰	天后白虎
巳寅	寅亥	辰丑	丑辛

6

太常	午	貴人
螣蛇	丑	白虎
天空	申	朱雀

螣蛇白虎	太常貴人	朱雀天空	玄武天后
丑午	午亥	子巳	巳辛

2

太常	戌	太常
白虎	酉	玄武
天空	申	太陰

白虎玄武	太常太常	天空太陰	白虎玄武
酉戌	戌亥	申酉	酉辛

11

天后	丑	白虎
螣蛇	卯	玄武
六合	巳	天后

螣蛇玄武	天后白虎	貴人太常	太陰天空
卯丑	丑亥	寅子	子辛

7

玄武	巳	天后
六合	亥	青竜
玄武	巳	天后

六合青竜	玄武天后	勾陳勾陳	太陰太陰
亥巳	巳亥	戌辰	辰辛

3

勾陳	午	貴人
朱雀	辰	朱雀
貴人	寅	勾陳

青竜天后	白虎玄武	勾陳貴人	天空太陰
未酉	酉亥	午申	申辛

12

天后	丑	青竜
貴人	寅	勾陳
螣蛇	卯	六合

天后青竜	太陰天空	太陰天空	玄武白虎
丑子	子亥	子亥	亥辛

8

天后	卯	玄武
天空	申	朱雀
螣蛇	丑	白虎

青竜六合	太陰太陰	天空朱雀	天后玄武
酉辰	辰亥	申卯	卯辛

4

玄武	巳	螣蛇
貴人	寅	勾陳
六合	亥	白虎

螣蛇玄武	天空太陰	太陰朱雀	白虎天后
巳申	申亥	辰未	未辛

壬 子 日

9
勾陳 未 朱雀
太常 亥 天空
貴人 卯 太陰

青竜/六合	滕蛇/天后	勾朱/陳雀	貴太/人陰
申/辰	辰/子	未/卯	卯/壬

5
太常 未 太陰
貴人 卯 朱雀
勾陳 亥 天空

天后/滕蛇	白玄/虎武	貴朱/人雀	太太/常陰
辰/申	申/子	卯/未	未/壬

1
太常 亥 天空
玄武 子 青竜
貴人 卯 朱雀

玄青/武竜	玄青/武竜	太天/常空	太天/常空
子/子	子/子	亥/亥	亥/壬

10
六合 午 滕蛇
天空 酉 勾陳
玄武 子 白虎

六滕/合蛇	貴太/人陰	朱貴/雀人	天玄/后武
午/卯	卯/子	巳/寅	寅/壬

6
玄武 午 天后
朱雀 丑 勾陳
白虎 申 玄武

滕六/蛇合	太太/常陰	朱勾/雀陳	玄天/武后
寅/未	未/子	丑/午	午/壬

2
白虎 戌 白虎
天空 酉 太常
青竜 申 玄武

白白/虎虎	太天/常空	天太/空常	白白/虎虎
戌/亥	亥/子	酉/戌	戌/壬

11
滕蛇 辰 天后
六合 午 滕蛇
青竜 申 六合

滕天/蛇后	天玄/后武	貴太/人陰	太太/陰常
辰/寅	寅/子	卯/丑	丑/壬

7
玄武 午 滕蛇
六合 子 白虎
玄武 午 滕蛇

六白/合虎	玄滕/武蛇	勾天/陳空	太貴/陰人
子/午	午/子	亥/巳	巳/壬

3
青竜 戌 白虎
白虎 申 玄武
玄武 午 天后

白玄/虎武	青白/竜虎	太太/常陰	天太/空常
申/戌	戌/子	未/酉	酉/壬

12
天后 寅 玄武
貴人 卯 太陰
滕蛇 辰 天后

天玄/后武	太太/陰常	太太/陰常	玄白/武虎
寅/丑	丑/子	丑/子	子/壬

8
太陰 巳 貴人
青竜 戌 青竜
貴人 卯 太陰

青青/竜竜	太貴/陰人	天勾/空陳	天天/后后
戌/巳	巳/子	酉/辰	辰/壬

4
玄武 午 天后
貴人 卯 朱雀
六合 子 青竜

玄天/武后	天太/空常	太貴/陰人	白玄/虎武
午/酉	酉/子	巳/申	申/壬

壬寅日

1
三傳：
- 太常　亥　天空
- 天后　寅　六合
- 朱雀　巳　貴人

四課：天后/六合　寅/寅　｜　天后/六合　寅/寅　｜　太常/天空　亥/亥　｜　太常/天空　亥/壬

2
三傳：
- 玄武　子　青竜
- 太常　亥　天空
- 白虎　戌　白虎

四課：玄武/青竜　子/丑　｜　太陰/勾陳　丑/寅　｜　天空/太常　酉/戌　｜　白虎/白虎　戌/壬

3
三傳：
- 青竜　戌　白虎
- 白虎　申　玄武
- 玄武　午　天后

四課：青竜/白虎　戌/子　｜　六合/青竜　子/寅　｜　太常/太陰　未/酉　｜　天空/太常　酉/壬

4
三傳：
- 太陰　巳　貴人
- 膳蛇　寅　六合
- 勾陳　亥　天空

四課：白虎/玄武　申/亥　｜　勾陳/天空　亥/寅　｜　太陰/貴人　巳/申　｜　白虎/玄武　申/壬

5
三傳：
- 青竜　戌　白虎
- 玄武　午　天后
- 膳蛇　寅　六合

四課：玄武/天后　午/戌　｜　青竜/白虎　戌/寅　｜　貴人/朱雀　卯/未　｜　太常/太陰　未/壬

6
三傳：
- 玄武　午　天后
- 朱雀　丑　勾陳
- 白虎　申　玄武

四課：天后/膳蛇　辰/酉　｜　天空/太常　酉/寅　｜　朱雀/勾陳　丑/午　｜　玄武/天后　午/壬

7
三傳：
- 膳蛇　寅　玄武
- 白虎　申　六合
- 膳蛇　寅　玄武

四課：膳蛇/玄武　寅/申　｜　白虎/六合　申/寅　｜　太陰/天空　亥/巳　｜　勾陳/貴人　巳/壬

8
三傳：
- 六合　子　白虎
- 太陰　巳　貴人
- 青竜　戌　青竜

四課：六合/白虎　子/未　｜　太常/朱雀　未/寅　｜　天空/勾陳　酉/辰　｜　天后/天后　辰/壬

9
三傳：
- 勾陳　未　朱雀
- 太常　亥　天空
- 貴人　卯　太陰

四課：白虎/青竜　戌/午　｜　六合/膳蛇　午/寅　｜　勾陳/朱雀　未/卯　｜　貴人/太陰　卯/壬

10
三傳：
- 青竜　申　六合
- 太常　亥　天空
- 天后　寅　玄武

四課：青竜/六合　申/巳　｜　朱雀/貴人　巳/寅　｜　朱雀/貴人　巳/寅　｜　天后/玄武　寅/壬

11
三傳：
- 膳蛇　辰　天后
- 六合　午　膳蛇
- 青竜　申　六合

四課：六合/膳蛇　午/辰　｜　膳蛇/天后　辰/寅　｜　貴人/太陰　卯/丑　｜　太陰/太常　丑/壬

12
三傳：
- 膳蛇　辰　天后
- 朱雀　巳　貴人
- 六合　午　膳蛇

四課：膳蛇/天后　辰/卯　｜　貴人/太陰　卯/寅　｜　太陰/太常　丑/子　｜　玄武/白虎　子/壬

壬　辰　日

9
```
勾陳 未 朱雀
太常 亥 天空
貴人 卯 太陰
```
玄白	青六	勾朱	貴太
武虎	竜合	陳雀	人陰
子	申	未	卯
申	辰	卯	壬

5
```
六合 子 青竜
白虎 申 玄武
天后 辰 螣蛇
```
白玄	六青	貴朱	太
虎武	合竜	人雀	常陰
申	子	卯	未
子	辰	未	壬

1
```
太常 亥 天空
螣蛇 辰 螣蛇
白虎 戌 白虎
```
螣螣	螣螣	太天	太天
蛇蛇	蛇蛇	常空	常空
辰	辰	亥	亥
辰	辰	亥	壬

10
```
白虎 戌 青竜
太陰 丑 太常
螣蛇 辰 天后
```
白青	勾朱	朱貴	天玄
虎竜	陳雀	雀人	后武
戌	未	巳	寅
未	辰	寅	壬

6
```
玄武 午 天后
朱雀 丑 勾陳
白虎 申 玄武
```
玄天	勾天	朱勾	玄天
武后	陳空	雀陳	武后
午	亥	丑	午
亥	辰	午	壬

2
```
白虎 戌 白虎
天空 酉 太常
青竜 申 玄武
```
天六	貴朱	天太	白白
后合	人雀	空常	虎虎
寅	卯	酉	戌
卯	辰	戌	壬

11
```
青竜 申 六合
白虎 戌 青竜
玄武 子 白虎
```
青六	六螣	貴太	天太
竜合	合蛇	人陰	空
申	午	卯	丑
午	辰	丑	壬

7
```
太陰 巳 貴人
勾陳 亥 天空
太陰 巳 貴人
```
天天	青青	勾天	太貴
后后	竜竜	陳空	陰人
辰	戌	亥	巳
戌	辰	巳	壬

3
```
螣蛇 寅 六合
六合 子 青竜
青竜 戌 白虎
```
六青	螣六	太太	天太
合竜	蛇合	常陰	空
子	寅	未	酉
寅	辰	酉	壬

12
```
太陰 丑 太常
天后 寅 玄武
貴人 卯 太陰
```
六螣	朱貴	太太	玄白
合蛇	雀人	陰常	武虎
午	巳	丑	子
巳	辰	子	壬

8
```
螣蛇 寅 玄武
太常 未 朱雀
六合 子 白虎
```
螣玄	天勾	天勾	天天
蛇武	空陳	空陳	后后
寅	酉	酉	辰
酉	辰	辰	壬

4
```
太陰 巳 貴人
螣蛇 寅 六合
勾陳 亥 天空
```
青白	朱勾	太貴	白玄
竜虎	雀陳	陰人	虎武
戌	丑	巳	申
丑	辰	申	壬

壬午日

9
勾陳 未 朱雀
太常 亥 天空
貴人 卯 太陰

天玄后武	白青虎竜	勾朱陳雀	貴太人陰
寅戌	戌午	未卯	卯壬

5
青竜 戌 白虎
玄武 午 天后
螣蛇 寅 六合

青白竜虎	螣六蛇合	貴朱人雀	太太常陰
戌寅	寅午	卯未	未壬

1
太常 亥 天空
六合 午 天后
玄武 子 青竜

六天合后	六天合后	太天常空	太天常空
午午	午午	亥亥	亥壬

10
天空 酉 勾陳
玄武 子 白虎
貴人 卯 太陰

玄白武虎	天勾空陳	朱貴雀人	天玄后武
子酉	酉午	巳寅	寅壬

6
玄武 午 天后
朱雀 丑 勾陳
白虎 申 玄武

白玄虎武	朱勾雀陳	朱勾雀陳	玄天武后
申丑	丑午	丑午	午壬

2
白虎 戌 白虎
天空 酉 太常
青竜 申 玄武

螣螣蛇蛇	朱貴雀人	天太空常	白虎
辰巳	巳午	酉戌	戌壬

11
青竜 申 六合
白虎 戌 青竜
玄武 子 白虎

白青虎竜	青六竜合	貴太人陰	太太陰常
戌申	申午	卯丑	丑壬

7
玄武 午 螣蛇
六合 子 白虎
玄武 午 螣蛇

玄螣武蛇	六白合虎	勾天陳空	太貴陰人
午子	子午	亥巳	巳壬

3
螣蛇 寅 六合
六合 子 青竜
青竜 戌 白虎

螣六蛇合	天螣后蛇	太太常陰	天太空常
寅辰	辰午	未酉	酉壬

12
太陰 丑 太常
天后 寅 玄武
貴人 卯 太陰

青六竜合	勾朱陳雀	太太陰常	玄白武虎
申未	未午	丑子	子壬

8
天后 辰 天后
天空 酉 勾陳
螣蛇 寅 玄武

天天后后	勾天陳空	天勾空陳	天天后后
辰亥	亥午	酉辰	辰壬

4
太陰 巳 貴人
螣蛇 寅 六合
勾陳 亥 天空

六青合竜	貴朱人雀	太貴陰人	白玄虎武
子卯	卯午	巳申	申壬

壬　申　日

9

	勾陳	未	朱雀
	太常	亥	天空
	貴人	卯	太陰

滕天蛇后	玄白武虎	勾朱陳雀	貴太人陰
辰子	子申	未卯	卯壬

5

	六合	子	青竜
	白虎	申	玄武
	天后	辰	滕蛇

六青合竜	天滕后蛇	貴朱人雀	太太常陰
子辰	辰申	卯未	未壬

1

	太常	亥	天空
	青竜	申	玄武
	天后	寅	六合

青玄竜武	青玄竜武	太天常空	太天常空
申申	申亥	亥壬	

10

	朱雀	巳	貴人
	青竜	申	六合
	太常	亥	天空

天玄后武	太天常空	朱貴雀人	天玄后武
寅亥	亥申	巳寅	寅壬

6

	玄武	午	天后
	朱雀	丑	勾陳
	白虎	申	玄武

青白竜虎	貴朱人雀	朱勾雀陳	玄天武后
戌卯	卯申	丑午	午壬

2

	白虎	戌	白虎
	天空	酉	太常
	青竜	申	玄武

六天合后	勾太陳陰	天太空常	白白虎虎
午未	未申	酉戌	戌壬

11

	玄武	子	白虎
	天后	寅	玄武
	滕蛇	辰	天后

玄白武虎	白青虎竜	貴太人陰	太太常陰
丑戌	戌申	卯丑	丑壬

7

	滕蛇	寅	玄武
	白虎	申	六合
	滕蛇	寅	玄武

白六虎合	滕玄蛇武	勾天陳空	太貴陰人
申寅	寅申	亥巳	巳壬

3

	玄武	午	天后
	天后	辰	滕蛇
	滕蛇	寅	六合

天滕后蛇	玄天武后	太太常陰	天太空常
辰午	午申	未酉	酉壬

12

	太陰	丑	太常
	天后	寅	玄武
	貴人	卯	太陰

白青虎竜	天勾空陳	太太陰常	玄白武虎
戌酉	酉申	丑子	子壬

8

	天后	辰	天后
	天空	酉	勾陳
	滕蛇	寅	玄武

玄滕武蛇	朱太雀常	天勾空陳	天天后后
午丑	丑申	酉辰	辰壬

4

	太陰	巳	貴人
	滕蛇	寅	六合
	勾陳	亥	天空

滕六蛇合	太貴陰人	太貴陰人	白玄虎武
寅巳	巳申	巳申	申壬

壬戌日

9
```
勾陳 未 朱雀
太常 亥 天空
貴人 卯 太陰
六合/膡蛇  天后/玄武  勾陳/朱雀  貴人/太陰
午/寅      寅/戌      未/卯      卯/壬
```

5
```
太常 未 太陰
貴人 卯 朱雀
勾陳 亥 天空
膡蛇/六合  玄武/天后  貴人/朱雀  太常/太陰
寅/午      午/戌      卯/未      未/壬
```

1
```
太常 亥 天空
白虎 戌 白虎
勾陳 未 太陰
白虎/白虎  白虎/白虎  太常/天空  太常/天空
戌/戌      戌/戌      亥/亥      亥/壬
```

10
```
膡蛇 辰 天后
勾陳 未 朱雀
白虎 戌 青竜
膡蛇/天后  太陰/太常  朱雀/貴人  天后/玄武
辰/丑      丑/戌      巳/寅      寅/壬
```

6
```
玄武 午 天后
朱雀 丑 勾陳
白虎 申 玄武
六合/青竜  太陰/貴人  朱雀/勾陳  玄武/天后
子/巳      巳/戌      丑/午      午/壬
```

2
```
白虎 戌 白虎
天空 酉 太常
青竜 申 玄武
青竜/玄武  天空/太常  太空/太常  白虎/白虎
申/酉      酉/戌      酉/戌      戌/壬
```

11
```
玄武 子 白虎
天后 寅 玄武
膡蛇 辰 天后
天后/玄武  玄武/白虎  貴人/太陰  太陰/太常
寅/子      子/戌      卯/丑      丑/壬
```

7
```
太陰 巳 貴人
勾陳 亥 天空
太陰 巳 貴人
青竜/青竜  天后/天后  勾陳/天空  太陰/貴人
辰/戌      戌/戌      亥/巳      巳/壬
```

3
```
玄武 午 天后
天后 辰 膡蛇
膡蛇 寅 六合
玄武/天后  白虎/玄武  太常/太陰  天空/太空
午/申      申/戌      未/酉      酉/壬
```

12
```
太常 亥 天空
玄武 子 白虎
太陰 丑 太常
玄武/白虎  太常/天空  太陰/太常  玄武/白虎
子/亥      亥/戌      丑/子      子/壬
```

8
```
天后 辰 天后
天空 酉 勾陳
膡蛇 寅 玄武
白虎/六合  貴人/太陰  天空/勾陳  天后/天后
申/卯      卯/戌      酉/辰      辰/壬
```

4
```
太陰 巳 貴人
膡蛇 寅 六合
勾陳 亥 天空
天后/膡蛇  太常/太陰  太陰/貴人  白虎/玄武
辰/未      未/戌      巳/申      申/壬
```

癸 丑 日

9
勾陳 酉 天空
太常 丑 太陰
貴人 巳 朱雀

勾陳／天空　貴人／朱雀　勾陳／天空　貴人／朱雀
酉巳　　巳丑　　酉巳　　巳癸

5
貴人 巳 太陰
勾陳 丑 朱雀
太常 酉 天空

貴人／太陰　太常／天空　貴人／太陰　太常／天空
巳酉　　酉丑　　巳酉　　酉癸

1
勾陳 丑 太陰
白虎 戌 白虎
太陰 未 勾陳

勾陳／太陰　勾陳／太陰　勾陳／太陰　勾陳／太陰
丑丑　　丑丑　　丑丑　　丑癸

10
天后 辰 螣蛇
朱雀 未 勾陳
青竜 戌 白虎

朱雀／勾陳　天后／螣蛇　朱雀／勾陳　天后／螣蛇
未辰　　辰丑　　未辰　　辰癸

6
朱雀 卯 貴人
白虎 戌 青竜
貴人 卯 太陰

朱雀／貴人　玄武／白虎　朱雀／貴人　玄武／白虎
卯申　　申丑　　卯申　　申癸

2
青竜 子 玄武
天空 亥 太常
白虎 戌 白虎

天空／太常　青竜／玄武　天空／太常　青竜／玄武
亥子　　子丑　　亥子　　子癸

11
太陰 卯 貴人
貴人 巳 朱雀
朱雀 未 勾陳

貴人／朱雀　太陰／貴人　貴人／朱雀　太陰／貴人
巳卯　　卯丑　　巳卯　　卯癸

7
朱雀 未 太常
太常 丑 朱雀
朱雀 未 太常

朱雀／太常　太常／朱雀　太常／朱雀　朱雀／太常
未丑　　丑未　　未丑　　未癸

3
天空 亥 勾陳
太常 酉 天空
太陰 未 太常

太常／天空　天空／勾陳　太常／天空　天空／勾陳
酉亥　　亥丑　　酉亥　　亥癸

12
玄武 寅 天后
太陰 卯 貴人
天后 辰 螣蛇

太陰／貴人　玄武／天后　太陰／貴人　玄武／天后
卯寅　　寅丑　　卯寅　　寅癸

8
螣蛇 午 玄武
天空 亥 勾陳
天后 辰 天后

天空／勾陳　螣蛇／玄武　天空／勾陳　螣蛇／玄武
亥午　　午丑　　亥午　　午癸

4
白虎 戌 青竜
太陰 未 太常
螣蛇 辰 天后

太陰／太常　白虎／青竜　太陰／太常　白虎／青竜
未戌　　戌丑　　未戌　　戌癸

癸 卯 日

1
三傳:
勾陳	丑	太陰
白虎	戌	白虎
太陰	未	勾陳

四課:
朱雀/貴人	朱雀/貴人	勾陳/太陰	勾陳/太陰
卯/卯	卯/卯	丑/丑	丑/癸

2
三傳:
勾陳	丑	太陰
青竜	子	玄武
天空	亥	太常

四課:
勾陳/太陰	六合/天后	天空/太常	青竜/玄武
丑/寅	寅/卯	亥/子	子/癸

3
三傳:
勾陳	丑	朱雀
天空	亥	勾陳
太常	酉	天空

四課:
天空/勾陳	勾陳/朱雀	太常/天空	天空/勾陳
亥/丑	丑/卯	酉/亥	亥/癸

4
三傳:
白虎	戌	青竜
太陰	未	太常
騰蛇	辰	天后

四課:
太常/天空	青竜/六合	太陰/太常	白虎/青竜
酉/子	子/卯	未/戌	戌/癸

5
三傳:
太陰	未	太常
朱雀	卯	貴人
天空	亥	勾陳

四課:
太陰/太常	天空/勾陳	貴人/太陰	太常/天空
未/亥	亥/卯	巳/酉	酉/癸

6
三傳:
朱雀	卯	貴人
白虎	戌	青竜
貴人	巳	太陰

四課:
貴人/太陰	白虎/青竜	朱雀/貴人	玄武/白虎
巳/戌	戌/卯	卯/申	申/癸

7
三傳:
太陰	卯	貴人
勾陳	酉	天空
太陰	卯	貴人

四課:
貴人/太陰	青竜/青竜	太常/朱雀	朱雀/太常
巳/戌	戌/卯	丑/未	未/癸

8
三傳:
騰蛇	午	玄武
天空	亥	勾陳
天后	辰	天后

四課:
太常/朱雀	六合/白虎	天空/勾陳	玄武/騰蛇
丑/申	申/卯	亥/午	午/癸

9
三傳:
勾陳	酉	天空
太常	丑	太陰
貴人	巳	朱雀

四課:
天空/太常	朱雀/勾陳	勾陳/天空	貴人/朱雀
亥/未	未/卯	酉/巳	巳/癸

10
三傳:
勾陳	酉	天空
白虎	子	玄武
太陰	卯	貴人

四課:
勾陳/天空	騰蛇/六合	朱雀/勾陳	天后/騰蛇
酉/午	午/卯	未/辰	辰/癸

11
三傳:
朱雀	未	勾陳
勾陳	酉	天空
天空	亥	太常

四課:
朱雀/勾陳	貴人/朱雀	貴人/朱雀	太陰/貴人
未/巳	巳/卯	巳/卯	卯/癸

12
三傳:
天后	辰	騰蛇
貴人	巳	朱雀
騰蛇	午	六合

四課:
貴人/朱雀	天后/騰蛇	太陰/貴人	玄武/天后
巳/辰	辰/卯	卯/寅	寅/癸

癸巳日

課9
```
勾陳 酉　天空
太常 丑　太陰
貴人 巳　朱雀

太常/太陰　勾陳/天空　勾陳/天空　貴人/朱雀
  丑/酉　　 酉/巳　　 酉/巳　　 巳/癸
```

課5
```
貴人 巳　太陰
勾陳 丑　朱雀
太常 酉　天空

太常/天空　勾陳/朱雀　貴人/太陰　太常/天空
  酉/丑　　 丑/巳　　 巳/酉　　 酉/癸
```

課1
```
勾陳 丑　太陰
白虎 戌　白虎
太陰 未　勾陳

貴人/朱雀　貴人/朱雀　勾陳/太陰　勾陳/太陰
  巳/巳　　 巳/巳　　 丑/丑　　 丑/癸
```

課10
```
六合 申　青竜
天空 亥　太常
玄武 寅　天后

天空/太常　六合/青竜　朱雀/勾陳　天后/螣蛇
  亥/申　　 申/巳　　 未/辰　　 辰/癸
```

課6
```
朱雀 卯　貴人
白虎 戌　青竜
貴人 巳　太陰

太陰/太常　青竜/六合　朱雀/貴人　玄武/白虎
  未/子　　 子/巳　　 卯/申　　 申/癸
```

課2
```
朱雀 卯　貴人
六合 寅　天后
勾陳 丑　太陰

朱雀/貴人　螣蛇/螣蛇　天空/太常　青竜/玄武
  卯/辰　　 辰/巳　　 亥/子　　 子/癸
```

課11
```
朱雀 未　勾陳
勾陳 酉　天空
天空 亥　太常

勾陳/天空　朱雀/勾陳　貴人/朱雀　太陰/貴人
  酉/未　　 未/巳　　 巳/卯　　 卯/癸
```

課7
```
貴人 巳　太陰
天空 亥　勾陳
貴人 巳　太陰

貴人/太陰　天空/勾陳　太常/朱雀　朱雀/太常
  巳/亥　　 亥/巳　　 丑/未　　 未/癸
```

課3
```
勾陳 丑　朱雀
天空 亥　勾陳
太常 酉　天空

勾陳/朱雀　朱雀/貴人　太常/天空　天空/太常
  丑/卯　　 卯/巳　　 酉/亥　　 亥/癸
```

課12
```
朱雀 未　勾陳
六合 申　青竜
勾陳 酉　天空

朱雀/勾陳　螣蛇/六合　六合/貴人　太陰/天后
  未/午　　 午/巳　　 卯/寅　　 寅/癸
```

課8
```
螣蛇 午　玄武
天空 亥　勾陳
天后 辰　天后

太陰/貴人　青竜/青竜　天空/勾陳　螣蛇/玄武
  卯/戌　　 戌/巳　　 亥/午　　 午/癸
```

課4
```
白虎 戌　青竜
太陰 未　太常
螣蛇 辰　天后

天空/勾陳　六合/螣蛇　太常/太陰　白虎/青竜
  亥/寅　　 寅/巳　　 未/戌　　 戌/癸
```

癸未日

9
三傳:
- 勾陳 酉 天空
- 太常 丑 太陰
- 貴人 巳 朱雀

四課:
太陰／貴人	天空／太常	勾陳／天空	貴人／朱雀
卯／亥	亥／未	酉／巳	巳／癸

5
三傳:
- 朱雀 卯 貴人
- 天空 亥 勾陳
- 太陰 未 太常

四課:
天空／勾陳	朱雀／貴人	貴人／太陰	太常／天空
亥／卯	卯／未	巳／酉	酉／癸

1
三傳:
- 勾陳 丑 太陰
- 白虎 戌 白虎
- 太陰 未 勾陳

四課:
太陰／勾陳	太陰／勾陳	太陰／勾陳	勾陳／太陰
未／未	未／未	丑／丑	丑／癸

10
三傳:
- 天后 辰 螣蛇
- 朱雀 未 勾陳
- 青龍 戌 白虎

四課:
太常／太陰	青龍／白虎	朱雀／勾陳	天后／螣蛇
丑／戌	戌／未	未／辰	辰／癸

6
三傳:
- 朱雀 卯 貴人
- 白虎 戌 青龍
- 貴人 巳 太陰

四課:
太常／天空	六合／螣蛇	朱雀／貴人	玄武／白虎
酉／寅	寅／未	卯／申	申／癸

2
三傳:
- 貴人 巳 朱雀
- 螣蛇 辰 螣蛇
- 朱雀 卯 貴人

四課:
貴人／朱雀	天后／六合	太空／太常	青龍／玄武
巳／午	午／未	亥／子	子／癸

11
三傳:
- 貴人 巳 朱雀
- 朱雀 未 勾陳
- 勾陳 酉 天空

四課:
天空／太常	勾陳／天空	貴人／朱雀	太陰／貴人
亥／酉	酉／未	巳／卯	卯／癸

7
三傳:
- 朱雀 未 太常
- 太常 丑 朱雀
- 朱雀 未 太常

四課:
朱雀／太常	太常／朱雀	太常／朱雀	朱雀／太常
未／丑	丑／未	丑／未	未／癸

3
三傳:
- 貴人 巳 太陰
- 朱雀 卯 貴人
- 勾陳 丑 朱雀

四課:
朱雀／貴人	貴人／太陰	太陰／天空	天空／勾陳
卯／巳	巳／未	酉／亥	亥／癸

12
三傳:
- 六合 申 青龍
- 玄武 寅 天后
- 六合 申 青龍

四課:
勾陳／天空	六合／青龍	太陰／貴人	玄武／天后
酉／申	申／卯	卯／寅	寅／癸

8
三傳:
- 貴人 巳 太陰
- 青龍 戌 青龍
- 太陰 卯 貴人

四課:
貴人／太陰	白虎／六合	天空／勾陳	螣蛇／玄武
巳／子	子／未	亥／午	午／癸

4
三傳:
- 白虎 戌 青龍
- 太陰 未 太常
- 螣蛇 辰 天后

四課:
勾陳／朱雀	螣蛇／天后	太陰／太常	白虎／青龍
丑／辰	辰／未	未／戌	戌／癸

癸 酉 日

9
勾陳 酉 天空
太常 丑 太陰
貴人 巳 朱雀

貴人朱雀　太常太陰　勾陳天空　貴人朱雀
巳　　　　丑　　　　酉　　　　巳
丑　　　　酉　　　　巳　　　　癸

5
貴人 巳 太陰
勾陳 丑 朱雀
太常 酉 天空

勾陳朱雀　貴人太陰　貴人太陰　太常天空
丑　　　　巳　　　　巳　　　　酉
巳　　　　酉　　　　酉　　　　癸

1
勾陳 丑 太陰
白虎 戌 白虎
太陰 未 勾陳

太常天空　太常天空　勾陳太陰　勾陳太陰
酉　　　　酉　　　　丑　　　　丑
酉　　　　酉　　　　丑　　　　癸

10
天后 辰 螣蛇
朱雀 未 勾陳
青竜 戌 白虎

太陰貴人　白虎玄武　朱雀勾陳　天后螣蛇
卯　　　　子　　　　未　　　　辰
子　　　　酉　　　　辰　　　　癸

6
天空 亥 勾陳
天后 午 玄武
勾陳 丑 朱雀

天空勾陳　螣蛇天后　朱雀貴人　玄武白虎
亥　　　　辰　　　　卯　　　　申
辰　　　　酉　　　　申　　　　癸

2
太陰 未 勾陳
天后 午 六合
貴人 巳 朱雀

太陰勾陳　玄武青竜　天空太常　青竜玄武
未　　　　申　　　　亥　　　　子
申　　　　酉　　　　子　　　　癸

11
太常 丑 太陰
太陰 卯 貴人
貴人 巳 朱雀

太太　天太　貴朱
常陰　空常　人雀
丑　　亥　　巳　　卯
亥　　酉　　卯　　癸

7
太陰 卯 貴人
勾陳 酉 天空
太陰 卯 貴人

勾天　太貴　太朱
陳空　陰人　常雀
酉　　卯　　丑　　未
卯　　酉　　未　　癸

3
太陰 未 太常
貴人 巳 太陰
朱雀 卯 貴人

貴太　太太　太天
人陰　陰常　常空
巳　　未　　酉　　亥
未　　酉　　亥　　癸

12
天空 亥 太常
白虎 子 玄武
太常 丑 太陰

天太　青白　太貴
空常　竜虎　陰人
亥　　戌　　卯　　寅
戌　　酉　　寅　　癸

8
朱雀 未 太常
白虎 子 六合
貴人 巳 太陰

玄天　朱太　玄螣
武后　雀常　武蛇
未　　寅　　亥　　午
寅　　酉　　午　　癸

4
天后 午 玄武
朱雀 卯 貴人
青竜 子 六合

朱貴　天玄　太太　白青
雀人　后武　陰常　虎竜
卯　　午　　未　　戌
午　　酉　　戌　　癸

癸亥日

1

勾陳	丑	太陰
白虎	戌	白虎
太陰	未	勾陳

天空太常	天空太常	勾陳太陰	勾陳太陰
亥	亥	丑	丑
亥	亥	丑	癸

2

白虎	戌	白虎
太常	酉	天空
玄武	申	青竜

太常天空	白虎白虎	天空太常	青竜玄武
酉	戌	亥	子
戌	亥	子	癸

3

太陰	未	太常
貴人	巳	太陰
朱雀	卯	貴人

太陰太常	太常天空	太常天空	天空勾陳
未	酉	酉	亥
酉	亥	亥	癸

4

貴人	巳	太陰
六合	寅	螣蛇
天空	亥	勾陳

貴人太陰	玄武白虎	太陰太常	白虎青竜
巳	申	未	戌
申	亥	戌	癸

5

太陰	未	太常
朱雀	卯	貴人
天空	亥	勾陳

朱雀貴人	太陰太常	貴人太陰	太常天空
卯	未	巳	酉
未	亥	酉	癸

6

朱雀	卯	貴人
白虎	戌	青竜
貴人	巳	太陰

勾陳朱雀	天后玄武	朱雀貴人	玄武白虎
丑	午	卯	申
午	亥	申	癸

7

貴人	巳	太陰
天空	亥	勾陳
貴人	巳	太陰

天空勾陳	貴人太陰	太常朱雀	朱雀太常
亥	巳	丑	未
巳	亥	未	癸

8

螣蛇	午	玄武
天空	亥	勾陳
天后	辰	天后

勾陳天空	天后天后	天空勾陳	螣蛇玄武
酉	辰	亥	午
辰	亥	午	癸

9

勾陳	酉	天空
太常	丑	太陰
貴人	巳	朱雀

天空太常	太陰貴人	勾陳天空	貴人朱雀
亥	卯	酉	巳
卯	亥	巳	癸

10

天后	辰	螣蛇
朱雀	未	勾陳
青竜	戌	白虎

貴人朱雀	玄武天后	朱雀勾陳	天后螣蛇
巳	寅	未	辰
寅	亥	辰	癸

11

太常	丑	太陰
太陰	卯	貴人
貴人	巳	朱雀

太陰貴人	太常太陰	貴人朱雀	太陰貴人
卯	丑	巳	卯
丑	亥	卯	癸

12

太常	丑	太陰
玄武	寅	天后
太陰	卯	貴人

太常太陰	白虎玄武	太陰貴人	玄武天后
丑	子	卯	寅
子	亥	寅	癸

奇門遁甲図表

256

완성된 「遁甲盤(둔갑반)」의 「月盤表(월반표)」에는、「九宮」만 실려있지 않다。이것은 그 해의 十二支에서 「九宮」이 나오기 때문에 보는 月의 十二支에 의해 「九宮」이 달라지기 때문이다。

그 때문에 「九宮」만은、다음 表에 依해 표출해 주기 바란다。표출 방법은 그 年의 十二支와 그 月에 의한다。예를 들면 酉年의 十二月은 「七」이라고 있으며 그 「七」의 九宮表를 보면、九宮의 모든 것을 盤에 표출할 수 있게 된다。丑年의 六月이라면 「二」이라고 있으며、같은 六月이라도 寅年이면 「七」이 된다。이렇게 하여 표출된 「九宮」을 완성시킨 月盤속에 넣어 사용한다。

月九宮早見表

各年 / 各月	子·卯·午·酉年	丑·辰·未·戌年	寅·巳·申·亥年
1 月	九	六	三
2 月	八	五	二
3 月	七	四	一
4 月	六	三	九
5 月	五	二	八
6 月	四	一	七
7 月	三	九	六
8 月	二	八	五
9 月	一	七	四
10 月	九	六	三
11 月	八	五	二
12 月	七	四	一

五	一	三
四	六	八
九	二	七

九	五	七
八	一	三
四	六	二

六	二	四
五	七	九
一	三	八

一	六	八
九	二	四
五	七	三

七	三	五
六	八	一
二	四	九

二	七	九
一	三	五
六	八	四

八	四	六
七	九	二
三	五	一

三	八	一
二	四	六
七	九	五

四	九	二
三	五	七
八	一	六

258

西紀一九七六年 丙辰（陰六局）

南

辛心五 庚傷地	庚芮一 丁杜雀	丁輔三 壬景陳
丙禽四 辛生天	己　六 己　柱	壬英八 乙死合
甲蓬九 丙休符	戊冲二 甲開蛇	乙任七 戊驚陰

東　　西

北

西紀一九七三年 癸丑（陰九局）

南

癸禽八 癸杜符	戊蓬四 戊景天	丙冲六地 丙死
丁輔七 丁傷蛇	甲　九 甲　心	庚任二雀 庚驚
己英三 己生陰	乙芮五 乙休合	辛柱一陳 辛開

東　　西

北

西紀一九七七年 丁巳（陰五局）

南

丙禽四 己休地	乙蓬九 甲生雀	壬冲二 辛傷陳
辛輔三 庚開天	戊　五 戊　心	丁任七 丙杜合
甲英八 丁驚符	己芮一 壬死蛇	庚柱六 乙景陰

東　　西

北

西紀一九七四年 甲寅（陰八局）

南

壬輔七 壬杜天	乙英三 乙景地	丁芮五 丁死雀
甲冲六 甲傷符	辛　八 辛　禽	己柱一陳 己驚
戊任二 戊生蛇	丙蓬四 丙休陰	庚心九 庚開合

東　　西

北

西紀一九七八年 戊午（陰四局）

南

甲任三 戊生符	己輔八 壬傷天	戊心一 庚杜地
辛柱二 己休蛇	乙　四 乙　英	壬芮六 丁景雀
丙冲七 甲開陰	丁禽九 辛驚合	庚蓬五 丙死陳

東　　西

北

西紀一九七五年 乙卯（陰七局）

南

己柱六 辛休地	丁冲二 丙生雀	乙禽四 甲傷陳
戊心五 壬開天	庚　七 庚　任	壬蓬九 戊杜合
甲芮一 乙驚符	丙輔三 丁死蛇	辛英八 己景陰

東　　西

北

西紀一九八二年 壬戌（陰九局）

南

甲冲八 甲杜合	戊任四 戊景陰	丙蓬六 丙死蛇
丁芮七 丁傷陳	壬　九 壬　輔	庚心二 庚驚符
己柱三 己生雀	乙英五 乙休地	辛禽一 辛開天

東　　　　　西

北

西紀一九七九年 己未（陰三局）

南

辛英二 乙景陰	己禽七 辛死蛇	甲柱九 己驚符
乙任一 戊杜合	丙　三 丙　蓬	丁冲五 甲開天
戊輔六 壬傷陳	壬心八 庚生雀	庚芮四 丁休地

東　　　　　西

北

西紀一九八三年 癸亥（陰八局）

南

壬輔七 壬杜天	乙英三 乙景地	丁芮五 丁死雀
甲冲六 甲傷符	辛　八 辛　禽	己柱一 己驚陳
戊任二 戊生蛇	丙蓬四 丙休陰	庚心九 庚開合

東　　　　　西

北

西紀一九八〇年 庚申（陰二局）

南

壬蓬一 丙驚蛇	甲心六 庚開符	己任八 戊休天
戊英九 乙死陰	丁　二 丁　芮	庚輔四 壬生地
庚禽五 辛景合	丙柱七 己杜陳	乙冲三 甲傷雀

東　　　　　西

北

西紀一九八四年 甲子（陰七局）

南

辛輔六 辛杜合	丙英二 丙景陰	癸芮四 癸死蛇
壬冲五 壬傷陳	庚　七 庚　禽	甲柱九 甲驚符
乙任一 乙生雀	丁蓬三 丁休地	己心八 己開天

東　　　　　西

北

西紀一九八一年 辛酉（陰一局）

南

丁芮九 丁驚合	己柱五 己開陰	乙英七 乙休蛇
丙蓬八 丙死陳	甲　一 甲　冲	辛禽三 辛生符
庚心四 庚景雀	戊任六 戊杜地	壬輔二 壬傷天

東　　　　　西

北

西紀一九八八年　戊辰（陰三局）

南

乙輔二　乙景天	辛英七　辛死地	己芮九　己驚雀
甲冲一　甲杜符	丙　三　丙　禽	癸柱五　癸開陳
壬任六　壬傷蛇	庚蓬八　庚生陰	丁心四　丁休合

東　　　　　　西

北

西紀一九八五年　乙丑（陰六局）

南

丁冲五　庚杜合	壬任一　丁景陰	乙蓬三　壬死蛇
庚芮四　辛傷陳	己　六　己　輔	甲心八　乙驚符
辛柱九　丙生雀	丙英二　癸休地	癸禽七　甲開天

東　　　　　　西

北

西紀一九八九年　己巳（陰二局）

南

己禽一　丙生雀	辛蓬六　庚傷陳	乙冲八　甲杜合
癸輔九　乙休地	丁　二　丁　心	丙任四　壬景陰
壬英五　辛開天	甲芮七　己驚符	庚柱三　癸死蛇

東　　　　　　西

北

西紀一九八六年　丙寅（陰五局）

南

己芮四　己傷合	癸柱九　癸杜陰	辛英二　辛景蛇
庚蓬三　庚生陳	甲　五　甲　冲	丙禽七　丙死符
丁心八　丁休雀	壬任一　壬開地	乙輔六　乙驚天

東　　　　　　西

北

西紀一九九〇年　庚午（陰一局）

南

丙心九　丁休地	丁芮五　己生雀	己輔七　乙傷陳
庚禽八　丙開天	癸　一　癸　柱	乙英三　辛杜合
甲蓬四　庚驚符	壬冲六　甲死蛇	辛任二　壬景陰

東　　　　　　西

北

西紀一九八七年　丁卯（陰四局）

南

辛蓬三　甲驚合	癸心八　壬開陰	己任一　庚休蛇
丙英二　乙死陳	乙　四　乙　芮	甲輔六　丁生符
丁禽七　癸景雀	庚柱九　辛杜地	壬冲五　壬傷天

東　　　　　　西

北

西紀一九九四年　甲戌（陰六局）

南

庚輔五　庚杜合	丁英一　丁景陰	壬芮三　壬死蛇
辛冲四　辛傷陳	甲　六　甲　禽	乙柱八　乙驚符
丙任九　丙生雀	癸蓬二　癸休地	戊心七　戊開天

東　　　　　　　　　西

北

西紀一九九一年　辛未（陰九局）

南

乙柱八　癸傷陳	己冲四　甲杜合	丁禽六　丙景陰
辛心七　丁生雀	壬　九　壬　任	癸蓬二　庚死蛇
庚芮三　己休地	丙輔五　乙開天	甲英一　辛驚符

東　　　　　　　　　西

北

西紀一九九五年　乙亥（陰五局）

南

乙芮四　甲景陳	壬柱九　癸死合	丁英二　辛驚陰
丙蓬三　庚杜雀	戊　五　戊　冲	庚禽七　丙開蛇
辛心八　丁傷地	癸任一　壬生天	甲輔六　乙休符

東　　　　　　　　　西

北

西紀一九九二年　壬申（陰八局）

南

甲任七　壬休符	癸輔三　乙生天	壬心五　丁傷地
丙柱六　癸開蛇	辛　八　辛　英	乙芮一　己杜雀
庚冲二　甲驚陰	己禽四　丙死合	丁蓬九　庚景陳

東　　　　　　　　　西

北

西紀一九九六年　丙子（陰四局）

南

丁蓬三　戊死陳	丙心八　壬驚合	辛任一　庚開陰
庚英二　甲景雀	乙　四　乙　芮	癸輔六　丁休蛇
壬禽七　癸杜地	戊柱九　辛傷天	甲冲五　丙生符

東　　　　　　　　　西

北

西紀一九九三年　癸酉（陰七局）

南

丙英六　辛杜陰	癸禽二　丙景蛇	甲柱四　癸死符
辛任五　壬傷合	庚　七　庚　蓬	己冲九　甲驚天
壬輔一　乙生陳	乙心三　丁休雀	丁芮八　己開地

東　　　　　　　　　西

北

甲寅月

陰三局

南

乙輔 乙杜合	辛英 辛景陰	己芮 己死蛇
戊冲 戊傷陳	丙 丙 禽	甲柱 甲驚符
壬任 壬生雀	庚蓬 庚休地	丁心 丁開天

東　西

北

陰六局

南

庚輔 庚杜雀	丁英 丁景陳	壬芮 壬死合
辛冲 辛傷地	己 己 禽	乙柱 乙驚陰
丙任 丙生天	甲蓬 甲休符	戊心 戊開蛇

東　西

北

陰九局

南

甲輔 甲杜符	戊英 戊景天	丙芮 丙死地
丁冲 丁傷蛇	壬 壬 禽	庚柱 庚驚雀
己任 己生陰	乙蓬 乙休合	辛心 辛開陳

東　西

北

甲子月

陰二局

南

丙輔 丙杜陰	庚英六 庚景蛇	甲芮 甲死符
乙冲 乙傷合	丁 丁 禽	壬柱 壬驚天
辛任 辛生陳	己蓬 己休雀	癸心 癸開地

東　西

北

陰五局

南

己輔 己杜合	癸英 癸景陰	辛芮 辛死蛇
庚冲 庚傷陳	甲 甲 禽	丙柱 丙驚符
丁任 丁生雀	壬蓬 壬休地	乙心 乙開天

東　西

北

陰八局

南

壬輔 壬杜地	乙英 乙景雀	丁芮 丁死陳
癸冲 癸傷天	辛 辛 禽	己柱 己驚合
甲任 甲生符	丙蓬 丙休蛇	庚心 庚開陰

東　西

北

甲午月

陰二局

南

丙輔	庚英	戊芮
丙杜地	庚景雀	戊死陳
乙冲	丁	壬柱
乙傷天	丁　禽	壬驚合
甲任	己蓬	癸心
甲生符	己休蛇	癸開陰

東　西

北

陰五局

南

己輔	癸英	甲芮
己杜陰	癸景蛇	甲死符
庚冲	戊	丙柱
庚傷合	戊　禽	丙驚天
丁任	壬蓬	乙心
丁生陳	壬休雀	乙開地

東　西

北

陰八局

南

壬輔	乙英	丁芮
壬杜合	乙景陰	丁死蛇
癸冲	甲	己柱
癸傷陳	甲　禽	己驚符
戊任	丙蓬	庚心
戊生雀	丙休地	庚開天

東　西

北

甲辰月

陰一局

南

丁輔	己英	乙芮
丁杜陳	己景合	乙死陰
丙冲	癸	辛柱
丙傷雀	癸　禽	辛驚蛇
庚任	戊蓬	甲心
庚生地	戊休天	甲開符

東　西

北

陰四局

南

戊輔	甲英	庚芮
戊杜蛇	甲景符	庚死天
己冲	乙	丁柱
己傷陰	乙　禽	丁驚地
癸任	辛蓬	丙心
癸生合	辛休陳	丙開雀

東　西

北

陰七局

南

辛輔	丙英	癸芮
辛杜天	丙景地	癸死雀
甲冲	庚	戊柱
甲傷符	庚　禽	戊驚陳
乙任	丁蓬	己心
乙生蛇	丁休陰	己開合

東　西

北

甲戌月

南

丁 輔 丁 杜 蛇	甲 英 甲 景 符	乙 芮 乙 死 天	陰一局
丙 冲 丙 傷 陰	癸 癸 禽	辛 柱 辛 驚 地	
庚 任 庚 生 合	戊 蓬 戊 休 陳	壬 心 壬 開 雀	

東　　　　　　　　　　西

北

南

戊 輔 戊 杜 天	壬 英 壬 景 地	庚 芮 庚 死 雀	陰四局
甲 冲 甲 傷 符	乙 乙 禽	丁 柱 丁 驚 陳	
癸 任 癸 生 蛇	辛 蓬 辛 休 陰	丙 心 丙 開 合	

東　　　　　　　　　　西

北

南

辛 輔 辛 杜 陳	丙 英 丙 景 合	癸 芮 癸 死 陰	陰七局
壬 冲 壬 傷 雀	庚 庚 禽	戊 柱 戊 驚 蛇	
乙 任 乙 生 地	丁 蓬 丁 休 天	甲 心 甲 開 符	

東　　　　　　　　　　西

北

甲申月

南

乙 輔 乙 杜 雀	辛 英 辛 景 陳	己 芮 己 死 合	陰三局
戊 冲 戊 傷 地	丙 丙 禽	癸 柱 癸 驚 陰	
壬 任 壬 生 天	甲 蓬 甲 休 符	丁 心 丁 開 蛇	

東　　　　　　　　　　西

北

南

甲 輔 甲 杜 符	丁 英 丁 景 天	壬 芮 壬 死 地	陰六局
辛 冲 辛 傷 蛇	己 己 禽	乙 柱 乙 驚 雀	
丙 任 丙 生 陰	癸 蓬 癸 休 合	戊 心 戊 開 陳	

東　　　　　　　　　　西

北

南

癸 輔 癸 杜 合	戊 英 戊 景 陰	丙 芮 丙 死 蛇	陰九局
丁 冲 丁 傷 陳	壬 壬 禽	甲 柱 甲 驚 符	
己 任 己 生 雀	乙 蓬 乙 休 地	辛 心 辛 開 天	

東　　　　　　　　　　西

北

乙　卯　月

南

甲柱 乙傷符	丁冲 辛杜天	庚禽 己景地
己心 戊生蛇	丙　丙　任	壬蓬 甲死雀
辛芮 壬休陰	乙輔 庚開合	戊英 丁驚陳

東　　　　　　　　　西　　陰三局

北

南

壬柱 庚開合	乙冲 丁休陰	戊禽 壬生蛇
丁心 辛驚陳	己　己　任	甲蓬 乙傷符
庚芮 丙死雀	辛輔 甲景地	丙英 戊杜天

東　　　　　　　　　西　　陰六局

北

南

庚柱 甲景雀	辛冲 戊死陳	乙禽 丙驚合
丙心 丁杜地	壬　壬　任	己蓬 庚開陰
戊芮 己傷天	甲輔 乙生符	丁英 辛休蛇

東　　　　　　　　　西　　陰九局

北

乙　丑　月

南

壬冲 丙休天	癸任 庚生地	己蓬 甲傷雀
甲芮 乙開符	丁　丁　輔	辛心 壬杜陳
庚柱 辛驚蛇	丙英 己死陰	乙禽 癸景合

東　　　　　　　　　西　　陰二局

北

南

己冲 己生陳	癸任 癸傷合	辛蓬 辛杜陰
庚芮 庚休雀	甲　甲　輔	丙心 丙景蛇
丁柱 丁開地	壬英 壬驚天	乙禽 乙死符

東　　　　　　　　　西　　陰五局

北

南

丙冲 壬驚蛇	甲任 乙開符	癸蓬 丁休天
庚芮 癸死陰	辛　辛　輔	壬心 己生地
己柱 甲景合	丁英 丙杜陳	乙禽 庚傷雀

東　　　　　　　　　西　　陰八局

北

乙未月　　　　　乙巳月

乙未月

陰二局

南

乙英 / 丙驚天	丙禽 / 庚開地	庚柱 / 戊休雀
甲任 / 乙死符	丁 / 丁蓬	戊冲 / 壬生陳
己輔 / 甲景蛇	癸心 / 己杜陰	壬芮 / 癸傷合

東　　　　　西

北

陰五局

南

丁英 / 己休陳	庚禽 / 癸生合	己柱 / 甲傷陰
壬任 / 庚開雀	戊 / 戊蓬	癸冲 / 丙杜蛇
乙輔 / 丁驚地	丙心 / 壬死天	甲芮 / 乙景符

東　　　　　西

北

陰八局

南

壬英 / 壬生蛇	乙禽 / 乙傷符	丁柱 / 丁杜天
癸任 / 癸休陰	甲 / 甲蓬	己冲 / 己景地
戊輔 / 戊開合	丙心 / 丙驚陳	庚芮 / 庚死雀

東　　　　　西

北

乙巳月

陰一局

南

乙任 / 丁杜陰	辛輔 / 己景蛇	甲心 / 乙死符
己柱 / 丙傷合	癸 / 癸英	戊芮 / 辛驚天
丁冲 / 庚生陳	丙禽 / 戊休雀	庚蓬 / 甲開地

東　　　　　西

北

陰四局

南

戊任 / 戊驚合	甲輔 / 甲開陰	庚心 / 庚休蛇
己柱 / 己死陳	乙 / 乙英	丁芮 / 丁生符
癸冲 / 癸景雀	辛禽 / 辛杜地	丙蓬 / 丙傷天

東　　　　　西

北

陰七局

南

丙任 / 辛休地	癸輔 / 丙生雀	戊心 / 癸傷陳
辛柱 / 甲開天	庚 / 庚英	己芮 / 戊杜合
甲冲 / 乙驚符	乙禽 / 丁死蛇	丁蓬 / 己景陰

東　　　　　西

北

乙亥月

陰一局

南

丙芮 丁驚陰	丁柱 甲開蛇	甲英 乙休符
庚蓬 丙死合	癸 癸冲	乙禽 辛生天
戊心 庚景陳	壬任 戊杜雀	辛輔 壬傷地

東　　　　　　　　　　西

北

陰四局

南

戊芮 戊休合	壬柱 壬生陰	庚英 庚傷蛇
甲蓬 甲開陳	乙 乙冲	丁禽 丁杜符
癸心 癸驚雀	辛任 辛死地	丙輔 丙景天

東　　　　　　　　　　西

北

陰七局

南

乙芮 辛杜地	壬柱 丙景雀	辛英 癸死陳
丁蓬 壬傷天	庚 庚冲	丙禽 戊驚合
甲心 乙生符	戊任 丁休蛇	癸輔 甲開陰

東　　　　　　　　　　西

北

乙酉月

陰三局

南

甲蓬 乙開符	壬心 辛休天	戊任 己生地
丁英 戊驚蛇	丙 丙芮	乙輔 癸傷雀
癸禽 壬死陰	己柱 甲景合	辛冲 丁杜陳

東　　　　　　　　　　西

北

陰六局

南

癸蓬 甲景合	丙心 丁死陰	辛任 壬驚蛇
戊英 辛杜陳	己 己芮	甲輔 乙開符
乙禽 丙傷雀	壬柱 癸生地	丁冲 戊休天

東　　　　　　　　　　西

北

陰九局

南

己蓬 癸傷雀	丁心 戊杜陳	癸任 丙景合
乙英 丁生地	壬 壬芮	戊輔 甲死陰
辛禽 己休天	甲柱 乙開符	丙冲 辛驚蛇

東　　　　　　　　　　西

北

丙寅月

陰一局

南

庚芮 丁傷天	丙柱 己杜地	丁英 乙景雀
甲蓬 丙生符	癸 癸 冲	己禽 辛死陳
壬心 庚休蛇	辛任 甲開陰	乙輔 壬驚合

東 … 西

北

陰四局

南

丙芮 甲生陳	辛柱 壬傷合	癸英 庚杜陰
丁蓬 己休雀	乙 乙 冲	己禽 丁景蛇
庚心 癸開地	壬任 辛驚天	甲輔 丙死符

東 … 西

北

陰七局

南

癸芮 辛杜蛇	甲柱 丙景符	己英 癸死天
丙蓬 壬傷陰	庚 庚 冲	丁禽 甲驚地
辛心 乙生合	壬任 丁休陳	乙輔 己開雀

東 … 西

北

丙子月

陰三局

南

乙蓬 乙景合	辛心 辛死陰	甲任 甲驚蛇
戊英 戊杜陳	丙 丙 芮	癸輔 癸開符
壬禽 壬傷雀	庚柱 庚生地	丁冲 丁休天

東 … 西

北

陰六局

南

庚蓬 庚傷地	丁心 丁杜雀	壬任 壬景陳
辛英 辛生天	甲 甲 芮	乙輔 乙死合
丙禽 丙休符	癸柱 癸開蛇	戊冲 戊驚陰

東 … 西

北

陰九局

南

辛蓬 癸死陰	乙心 戊驚蛇	甲任 丙開符
庚英 丁景合	壬 壬 芮	丁輔 庚休天
丙禽 甲杜陳	戊柱 乙傷雀	癸冲 辛生地

東 … 西

北

丙午月

陰三局

南

乙柱	辛冲	己禽
乙死合	辛驚陰	己開蛇
戊心	丙	癸蓬
戊景陳	丙 任	癸休符
甲芮	庚輔	丁英
甲杜雀	庚傷地	丁生天

東　　　西

北

陰六局

南

戊柱	癸冲	丙禽
庚景地	丁死雀	甲驚陳
乙心	己	辛蓬
辛杜天	己 任	乙開合
甲芮	丁輔	庚英
丙傷符	癸生蛇	戊休陰

東　　　西

北

陰九局

南

癸柱	戊冲	丙禽
癸傷陰	戊杜蛇	丙景符
丁心	甲	庚蓬
丁生合	甲 任	庚死天
己芮	乙輔	辛英
己休陳	乙開雀	辛驚地

東　　　西

北

丙辰月

陰二局

南

甲心	己芮	辛輔
丙開符	庚休天	戊生地
壬禽	丁	乙英
乙驚蛇	丁 柱	壬傷雀
戊蓬	庚冲	丙任
辛死陰	己景合	甲杜陳

東　　　西

北

陰五局

南

丁心	庚芮	己輔
己生合	甲傷陰	辛杜蛇
壬禽	戊	甲英
庚休陳	戊 柱	丙景符
乙蓬	丙冲	辛任
丁開雀	壬驚地	乙死天

東　　　西

北

陰八局

南

丁心	己芮	庚輔
壬死雀	乙驚陳	丁開合
乙禽	辛	丙英
甲景地	辛 柱	己休陰
壬蓬	甲冲	戊任
戊杜天	丙傷符	庚生蛇

東　　　西

北

丙戌月　　　　丙申月

丙戌月

陰二局

南

甲英 丙生符	戊禽 甲傷天	壬柱 戊杜地
丙任 乙休蛇	丁 丁蓬	癸冲 壬景雀
乙輔 辛開陰	辛心 己驚合	己芮 癸死陳

東　　西

北

陰五局

南

乙英 己死合	壬禽 癸驚陰	丁柱 辛開蛇
丙任 甲景陳	戊 戊蓬	甲冲 丙休符
辛輔 丁杜雀	癸心 壬傷地	己芮 乙生天

東　　西

北

陰八局

南

癸英 壬開雀	壬禽 乙休陳	乙柱 丁生合
戊任 癸驚地	辛 辛蓬	丁冲 己傷陰
丙輔 戊死天	甲心 丙景符	己芮 甲杜蛇

東　　西

北

丙申月

陰一局

南

壬任 丁杜天	戊輔 己景地	庚心 乙死雀
甲柱 丙傷符	癸 癸英	丙芮 甲驚陳
乙冲 庚生蛇	己禽 戊休陰	丁蓬 壬開合

東　　西

北

陰四局

南

壬任 戊傷陳	庚輔 壬杜合	丁心 庚景陰
戊柱 己生雀	乙 乙英	丙芮 丁死蛇
己冲 癸休地	癸禽 甲開天	甲蓬 丙驚符

東　　西

北

陰七局

南

壬任 甲生蛇	甲輔 丙傷符	丙心 癸杜天
乙柱 壬休陰	庚 庚英	癸芮 戊景地
丁冲 乙開合	己禽 丁驚陳	戊蓬 己死雀

東　　西

北

丁 卯 月

陰一局

南

甲蓬 / 丁死符	庚心 / 己驚天	丙任 / 乙開地
壬英 / 丙景蛇	癸 / 癸 丙	丁輔 / 辛休雀
辛禽 / 庚杜陰	乙柱 / 甲傷合	己冲 / 壬生陳

東　　　　　　　　　　西

北

陰四局

南

辛蓬 / 甲驚合	癸心 / 壬開陰	己任 / 庚休蛇
丙英 / 己死陳	乙 / 乙 丙	甲輔 / 丁生符
丁禽 / 癸景雀	庚柱 / 辛杜地	壬冲 / 丙傷天

東　　　　　　　　　　西

北

陰七局

南

乙蓬 / 辛驚雀	壬心 / 丙開陳	辛任 / 癸休合
丁英 / 壬死地	庚 / 庚 丙	丙輔 / 甲生陰
己禽 / 乙景天	甲柱 / 丁杜符	癸冲 / 己傷蛇

東　　　　　　　　　　西

北

丁 丑 月

陰三局

南

壬英 / 乙開陳	戊禽 / 辛休合	乙柱 / 甲生陰
庚任 / 戊驚雀	丙 / 丙 蓬	辛冲 / 癸傷蛇
丁輔 / 壬死地	癸心 / 庚景天	甲芮 / 丁杜符

東　　　　　　　　　　西

北

陰六局

南

庚英 / 庚開蛇	丁禽 / 丁休符	壬柱 / 壬生天
辛任 / 辛驚陰	甲 / 甲 蓬	乙冲 / 乙傷地
丙輔 / 丙死合	癸心 / 癸景陳	戊芮 / 戊杜雀

東　　　　　　　　　　西

北

陰九局

南

丁英 / 癸杜天	癸禽 / 戊景地	戊柱 / 丙死雀
甲任 / 丁傷符	壬 / 壬 蓬	丙冲 / 庚驚陳
乙輔 / 甲生蛇	辛心 / 乙休陰	庚芮 / 辛開合

東　　　　　　　　　　西

北

丁未月 　　丁巳月

丁未月

陰三局

南		
己心 乙杜陳	癸芮 辛景合	丁輔 己死陰
辛禽 戊傷雀	丙 丙柱	庚英 癸驚蛇
乙蓬 甲生地	戊冲 庚休天	甲任 丁開符

東　　　西　　北

陰六局

南		
丁心 庚開蛇	甲芮 丁休符	乙輔 甲生天
庚禽 辛驚陰	己 己柱	戊英 乙傷地
辛蓬 丙死合	丙冲 癸景陳	癸任 戊杜雀

東　　　西　　北

陰九局

南		
癸心 癸開天	戊芮 戊休地	丙輔 丙生雀
丁禽 丁驚符	甲 甲柱	庚英 庚傷陳
己蓬 己死蛇	乙冲 乙景陰	辛任 辛杜合

東　　　西　　北

丁巳月

陰二局

南		
丙禽 丙休合	庚蓬 庚生陰	戊冲 戊傷蛇
乙輔 乙開陳	丁 丁心	壬任 壬杜符
辛英 辛驚雀	己芮 己死地	甲柱 甲景天

東　　　西　　北

陰五局

南		
丙禽 己休地	乙蓬 甲生雀	壬冲 辛傷陳
辛輔 庚開天	戊 戊心	丁任 丙杜合
甲英 丁驚符	己芮 壬死蛇	庚柱 乙景陰

東　　　西　　北

陰八局

南		
丙禽 壬生陰	戊蓬 乙傷蛇	甲冲 丁杜符
庚輔 甲休合	辛 辛心	壬任 己景天
己英 戊開陳	丁芮 丙驚雀	乙柱 庚死地

東　　　西　　北

丁 亥 月　　　　丁 酉 月

丁 亥 月

陰二局

南

丙任 丙休合	甲輔 甲生陰	戊心 戊傷蛇
乙柱 乙開陳	丁 丁　英	壬芮 壬杜符
辛冲 辛驚雀	己禽 己死地	癸蓬 癸景天

東　　　西

北

陰五局

南

癸任 己生地	辛輔 癸傷雀	丙心 辛杜陳
己柱 甲休天	戊 戊　英	乙芮 丙景合
甲冲 丁開符	丁禽 壬驚蛇	壬蓬 乙死陰

東　　　西

北

陰八局

南

丁任 壬休陰	己輔 乙生蛇	甲心 丁傷符
乙柱 癸開合	辛 辛　英	丙芮 己杜天
壬冲 戊驚陳	癸禽 丙死雀	戊蓬 甲景地

東　　　西

北

丁 酉 月

陰一局

南

甲柱 丁驚符	壬冲 己開天	戊禽 乙休地
乙心 丙死蛇	癸 癸　任	庚蓬 甲生雀
己芮 庚景陰	丁輔 戊杜合	丙英 壬傷陳

東　　　西

北

陰四局

南

庚柱 戊死合	丁冲 壬驚陰	丙禽 庚開蛇
壬心 己景陳	乙 乙　任	甲蓬 丁休符
戊芮 癸杜雀	己輔 甲傷地	癸英 丙生天

東　　　西

北

陰七局

南

戊柱 甲驚雀	己冲 丙開陳	丁禽 癸休合
癸心 壬死地	庚 庚　任	乙蓬 戊生陰
丙芮 乙景天	甲輔 丁杜符	壬英 己傷蛇

東　　　西

北

戊寅月 ・ 戊子月

戊寅月

陰三局

南

癸冲 乙傷天	丁任 辛杜地	庚蓬 甲景雀
甲芮 戊生符	丙 丙 輔	壬心 癸死陳
辛柱 壬休蛇	乙英 庚開陰	戊禽 丁驚合

東 ・ 西

北

陰六局

南

庚冲 庚景陳	丁任 丁死合	壬蓬 壬驚陰
辛芮 辛杜雀	甲 甲 輔	乙心 乙開蛇
丙柱 丙傷地	癸英 癸生天	戊禽 戊休符

東 ・ 西

北

陰九局

南

乙冲 癸生蛇	甲任 戊傷符	丁蓬 丙杜天
辛芮 丁休陰	壬 壬 輔	癸心 庚景地
庚柱 甲開合	丙英 乙驚陳	戊禽 辛死雀

東 ・ 西

北

戊子月

陰二局

南

乙芮 丙杜陰	丙柱 甲景蛇	甲英 戊死符
辛蓬 乙傷合	丁 丁 冲	戊禽 壬驚天
己心 辛生陳	癸任 己休雀	壬輔 癸開地

東 ・ 西

北

陰五局

南

己芮 己景合	癸柱 癸死陰	辛英 辛驚蛇
甲蓬 甲杜陳	戊 戊 冲	丙禽 丙開符
丁心 丁傷雀	壬任 壬生地	乙輔 乙休天

東 ・ 西

北

陰八局

南

戊芮 壬死地	癸柱 乙驚雀	壬英 丁開陳
丙蓬 癸景天	辛 辛 冲	乙禽 己休合
甲心 戊杜符	己任 丙傷蛇	丁輔 甲生陰

東 ・ 西

北

戊午月

陰二局

南

戊任 丙死陰	壬輔 庚驚蛇	甲心 戊開符
庚柱 乙景合	丁 丁 英	己芮 壬休天
丙冲 辛杜陳	乙禽 己傷雀	辛蓬 甲生地

東　／　西

北

陰五局

南

己任 己杜合	甲輔 甲景陰	辛心 辛死蛇
庚柱 庚傷陳	戊 戊 英	丙芮 丙驚符
丁冲 丁生雀	壬禽 壬休地	乙蓬 乙開天

東　／　西

北

陰八局

南

乙任 壬景地	丁輔 乙死雀	己心 丁驚陳
壬柱 甲杜天	辛 辛 英	庚芮 己開合
甲冲 戊傷符	戊禽 丙生蛇	丙蓬 庚休陰

東　／　西

北

戊辰月

陰一局

南

丁輔 丁景雀	己英 己死陳	乙芮 乙驚合
丙冲 丙杜地	癸 癸 禽	辛柱 辛開陰
庚任 庚傷天	甲蓬 甲生符	壬心 壬休蛇

東　／　西

北

陰四局

南

甲輔 甲傷符	壬英 壬杜天	庚芮 庚景地
己冲 己生蛇	乙 乙 禽	丁柱 丁死雀
癸任 癸休陰	辛蓬 辛開合	丙心 丙驚陳

東　／　西

北

陰七局

南

辛輔 辛死合	丙英 丙驚陰	癸芮 癸開蛇
壬冲 壬景陳	庚 庚 禽	甲柱 甲休符
乙任 乙杜雀	丁蓬 丁傷地	己心 己生天

東　／　西

北

戊戌月　　　　　戊申月

戊戌月　陰一局

南

庚 蓬 丁 開 雀	丙 心 己 休 陳	丁 任 乙 生 合
戊 英 丙 驚 地	癸 癸　芮	己 輔 甲 傷 陰
壬 禽 庚 死 天	甲 柱 戊 景 符	乙 冲 壬 杜 蛇

東　　西

北

戊申月　陰三局

南

戊 英 乙 生 天	乙 禽 辛 傷 地	辛 柱 己 杜 雀
甲 任 戊 休 符	丙 丙　蓬	己 冲 癸 景 陳
庚 輔 甲 開 蛇	丁 心 庚 驚 陰	癸　芮 丁 死 合

東　　西

北

戊戌月　陰四局

南

甲 蓬 戊 景 符	癸 心 壬 死 天	己 任 庚 驚 地
丙 英 己 杜 蛇	乙 乙　芮	戊 輔 丁 開 雀
丁 禽 癸 傷 陰	庚 柱 甲 生 合	壬 冲 丙 休 陳

東　　西

北

戊申月　陰六局

南

丙 英 庚 傷 陳	辛 禽 丁 杜 合	庚 柱 甲 景 陰
癸 任 辛 生 雀	己 己　蓬	丁 冲 乙 死 蛇
戊 輔 丙 休 地	乙 心 癸 開 天	甲　芮 戊 驚 符

東　　西

北

戊戌月　陰七局

南

丁 蓬 甲 傷 合	乙 心 丙 杜 陰	壬 任 癸 景 蛇
己 英 壬 生 陳	庚 庚　芮	甲 輔 戊 死 符
戊 禽 乙 休 雀	癸 柱 丁 開 地	丙 冲 己 驚 天

東　　西

北

戊申月　陰九局

南

癸 英 癸 景 蛇	戊 禽 戊 死 符	丙 柱 丙 驚 天
丁 任 丁 杜 陰	甲 甲　蓬	庚 冲 庚 開 地
己 輔 己 傷 合	乙 心 乙 生 陳	辛　芮 辛 休 雀

東　　西

北

己 卯 月

南

	南		陰三局
乙輔 / 乙生陰	辛英 / 辛傷蛇	甲芮 / 甲杜符	
戊冲 / 戊休合	丙 / 丙　禽	癸柱 / 癸景天	
壬任 / 壬開陳	庚蓬 / 庚驚雀	丁心 / 丁死地	

東　西
北

南

			陰六局
庚輔 / 庚休合	丁英 / 丁生陰	壬芮 / 壬傷蛇	
辛冲 / 辛開陳	甲 / 甲　禽	乙柱 / 乙杜符	
丙任 / 丙驚雀	癸蓬 / 癸死地	戊心 / 戊景天	

東　西
北

南

			陰九局
癸輔 / 癸傷地	戊英 / 戊杜雀	丙芮 / 丙景陳	
丁冲 / 丁生天	壬 / 壬　禽	庚柱 / 庚死合	
甲任 / 甲休符	乙蓬 / 乙開蛇	辛心 / 辛驚陰	

東　西
北

己 丑 月

南

			陰二局
癸冲 / 丙景雀	己任 / 甲死陳	辛蓬 / 戊驚合	
壬芮 / 乙杜地	丁 / 丁　輔	乙心 / 壬開陰	
戊柱 / 辛傷天	甲英 / 己生符	丙禽 / 癸休蛇	

東　西
北

南

			陰五局
甲冲 / 己開符	己任 / 癸休天	癸蓬 / 辛生地	
丁芮 / 甲驚蛇	戊 / 戊　輔	辛心 / 丙傷雀	
壬柱 / 丁死陰	乙英 / 壬景合	丙禽 / 乙杜陳	

東　西
北

南

			陰八局
乙冲 / 壬傷合	丁任 / 乙杜陰	己蓬 / 丁景蛇	
壬芮 / 癸生陳	辛 / 辛　輔	甲心 / 己死符	
癸柱 / 戊休雀	戊英 / 丙開地	丙禽 / 甲驚天	

東　西
北

己未月

南　　　　　　　　　　　　　　　陰二局

乙英 丙傷雀	丙禽 庚杜陳	庚柱 戊景合
辛任 乙生地	丁 丁　蓬	戊冲 壬死陰
己輔 辛休天	甲心 己開符	壬芮 甲驚蛇

東　　　　　　　　　　　　　　　西

北

己巳月

南　　　　　　　　　　　　　　　陰一局

壬禽 丁杜蛇	甲蓬 己景符	庚冲 乙死天
辛輔 丙傷陰	癸 癸　心	丙任 辛驚地
丁英 庚生合	己芮 甲休陳	丁柱 壬開雀

東　　　　　　　　　　　　　　　西

北

南　　　　　　　　　　　　　　　陰五局

甲英 己景符	辛禽 甲死天	丙柱 辛驚地
己任 庚杜蛇	戊 戊　蓬	乙冲 丙開雀
庚輔 丁傷陰	丁心 壬生合	壬芮 乙休陳

東　　　　　　　　　　　　　　　西

北

南　　　　　　　　　　　　　　　陰四局

壬禽 甲死天	庚蓬 壬驚地	丁冲 庚開雀
甲輔 己景符	乙 乙　心	丙任 丁休陳
己英 癸杜蛇	癸芮 辛傷陰	辛柱 丙生合

東　　　　　　　　　　　　　　　西

北

南　　　　　　　　　　　　　　　陰八局

庚英 壬開合	丙禽 乙休陰	戊柱 丁生蛇
己任 甲驚陳	辛 辛　蓬	甲冲 己傷符
丁輔 戊死雀	乙心 丙景地	壬芮 庚杜天

東　　　　　　　　　　　　　　　西

北

南　　　　　　　　　　　　　　　陰七局

壬禽 辛景陳	辛蓬 丙死合	丙冲 癸驚陰
乙輔 壬杜雀	庚 庚　心	癸任 甲開蛇
丁英 乙傷地	己芮 丁生天	甲柱 己休符

東　　　　　　　　　　　　　　　西

北

己 亥 月

陰一局

南

乙芮 丁景蛇	甲柱 己死符	壬英 乙驚天
己蓬 丙杜陰	癸 癸 冲	戊禽 甲開地
丁心 庚傷合	丙任 戊生陳	庚輔 壬休雀

東　　　　　　西

北

陰四局

南

癸芮 戊杜天	己柱 壬景地	戊英 庚死雀
甲蓬 己傷符	乙 乙 冲	壬禽 丁驚陳
丙心 癸生蛇	丁任 甲休陰	庚輔 丙開合

東　　　　　　西

北

陰七局

南

己芮 甲死陳	丁柱 丙驚合	乙英 癸開陰
戊蓬 壬景雀	庚 庚 冲	壬禽 戊休蛇
癸心 乙杜地	丙任 丁傷天	甲輔 己生符

東　　　　　　西

北

己 酉 月

陰三局

南

丁蓬 乙傷陰	庚心 辛杜蛇	甲任 己景符
癸英 戊生合	丙 丙 芮	戊輔 癸死天
己禽 甲休陳	辛柱 庚開雀	乙冲 丁驚地

東　　　　　　西

北

陰六局

南

庚蓬 庚生合	丁心 丁傷陰	甲任 甲杜蛇
辛英 辛休陳	己 己 芮	乙輔 乙景符
丙禽 丙開雀	癸柱 癸驚地	戊冲 戊死天

東　　　　　　西

北

陰九局

南

癸蓬 癸休地	戊心 戊生雀	丙任 丙傷陳
丁英 丁開天	甲 甲 芮	庚輔 庚杜合
己禽 己驚符	乙柱 乙死蛇	辛冲 辛景陰

東　　　　　　西

北

庚寅月

陰二局

南

丙 輔	甲 英	戊 芮
丙 死 蛇	甲 驚 符	戊 開 天
乙 冲	丁	壬 柱
乙 景 陰	丁 禽	壬 休 地
辛 任	己 蓬	癸 心
辛 杜 合	己 傷 陳	癸 生 雀

東　西

北

陰五局

南

己 輔	癸 英	辛 芮
己 驚 天	癸 開 地	辛 休 雀
甲 冲	戊	丙 柱
甲 死 符	戊 禽	丙 生 陳
丁 任	壬 蓬	乙 心
丁 景 蛇	壬 杜 陰	乙 傷 合

東　西

北

陰八局

南

壬 輔	乙 英	丁 芮
壬 驚 陳	乙 開 合	丁 休 陰
癸 冲	辛	己 柱
癸 死 雀	辛 禽	己 生 蛇
戊 任	丙 蓬	甲 心
戊 景 地	丙 杜 天	甲 傷 符

東　西

北

庚子月

陰一局

南

戊 冲	庚 任	丙 蓬
丁 生 地	己 傷 雀	乙 杜 陳
壬 芮	癸	丁 心
丙 休 天	癸 輔	甲 景 合
甲 柱	乙 英	己 禽
庚 開 符	戊 驚 蛇	壬 死 陰

東　西

北

陰四局

南

丁 冲	丙 任	甲 蓬
戊 休 陰	壬 生 蛇	庚 傷 符
庚 芮	乙	癸 心
己 開 合	乙 輔	丁 杜 天
壬 柱	戊 英	己 禽
癸 驚 陳	甲 死 雀	丙 景 地

東　西

北

陰七局

南

甲 冲	丙 任	癸 蓬
甲 休 合	丙 生 陰	癸 傷 蛇
壬 芮	庚	戊 心
壬 開 陳	庚 輔	戊 杜 符
乙 柱	丁 英	己 禽
乙 驚 雀	丁 死 地	己 景 天

東　西

北

庚午月　　　庚辰月

庚午月

陰一局

南

丙心 丁休地	丁芮 己生雀	己輔 乙傷陳
庚禽 丙開天	癸 癸柱	乙英 辛杜合
甲蓬 庚驚符	壬冲 甲死蛇	辛任 壬景陰

東　　西

北

陰四局

南

癸心 甲休陰	己芮 壬生蛇	甲輔 庚傷符
辛禽 己開合	乙 乙柱	壬英 丁杜天
丙蓬 癸驚陳	丁冲 辛死雀	庚任 丙景地

東　　西

北

陰七局

南

辛心 辛生合	丙芮 丙傷陰	癸輔 癸杜蛇
壬禽 壬休陳	庚 庚柱	甲英 甲景符
乙蓬 乙開雀	丁冲 丁驚地	己任 己死天

東　　西

北

庚辰月

陰三局

南

庚禽 乙杜雀	壬蓬 辛景陳	戊冲 甲死合
丁輔 戊傷地	丙 丙心	乙任 癸驚陰
癸英 壬生天	甲芮 庚休符	辛柱 丁開蛇

東　　西

北

陰六局

南

庚禽 庚杜符	丁蓬 丁景天	壬冲 壬死地
辛輔 辛傷蛇	甲 甲心	乙任 乙驚雀
丙英 丙生陰	癸芮 癸休合	戊柱 戊開陳

東　　西

北

陰九局

南

庚禽 癸開合	辛蓬 戊休陰	乙冲 丙生蛇
丙輔 丁驚陳	壬 壬心	甲任 庚傷符
戊英 甲死雀	癸芮 乙景地	丁柱 辛杜天

東　　西

北

庚戌月　　庚申月

庚戌月

南　　陰三局

辛芮 乙開雀	己柱 辛休陳	癸英 己生合
乙蓬 戊驚地	丙 丙冲	丁禽 癸傷陰
戊心 甲死天	甲任 庚景符	庚輔 丁杜蛇

東　　西

北

南　　陰六局

甲芮 庚杜符	乙柱 丁景天	戊英 甲死地
丁蓬 辛傷蛇	己 己冲	癸禽 乙驚雀
庚心 丙生陰	辛任 癸休合	丙輔 戊開陳

東　　西

北

南　　陰九局

癸芮 癸杜合	戊柱 戊景陰	丙英 丙死蛇
丁蓬 丁傷陳	甲 甲冲	庚禽 庚驚符
己心 己生雀	乙任 乙休地	辛輔 辛開天

東　　西

北

庚申月

南　　陰二局

壬蓬 丙驚蛇	甲心 庚開符	己任 戊休天
戊英 乙死陰	丁 丁芮	辛輔 壬生地
庚禽 辛景合	丙柱 己杜陳	乙冲 甲傷雀

東　　西

北

南　　陰五局

辛蓬 己死天	丙心 甲驚地	乙任 辛開雀
甲英 庚景符	戊 戊芮	壬輔 丙休陳
己禽 丁杜蛇	庚柱 壬傷陰	丁冲 乙生合

東　　西

北

南　　陰八局

己蓬 壬驚陳	庚心 乙開合	丙任 丁休陰
丁英 甲死雀	辛 辛芮	戊輔 己生蛇
乙禽 戊景地	壬柱 丙杜天	甲冲 庚傷符

東　　西

北

辛卯月

南

壬禽 丙景地	癸蓬 甲死雀	己冲 戊景陳
戊輔 乙杜天	丁 丁 心	辛任 壬開合
甲英 辛傷符	丙芮 己生蛇	乙柱 癸休陰

東　　　　　　　　　　西

北

陰二局

南

壬禽 己杜陰	丁蓬 癸景蛇	甲冲 辛死符
乙輔 甲傷合	戊 戊 心	己任 丙驚天
丙英 丁生陳	辛芮 壬休雀	癸柱 乙開地

東　　　　　　　　　　西

北

陰五局

南

壬禽 壬生合	乙蓬 乙傷陰	丁冲 丁杜蛇
癸輔 癸休陳	辛 辛 心	己任 己景符
戊英 戊開雀	丙芮 丙驚地	甲柱 甲死天

東　　　　　　　　　　西

北

陰八局

辛丑月

南

丁輔 丁死合	己英 己驚陰	乙芮 乙開蛇
丙冲 丙景陳	癸 癸 禽	甲柱 甲休符
庚任 庚杜雀	戊蓬 戊傷地	壬心 壬生天

東　　　　　　　　　　西

北

陰一局

南

戊輔 戊生雀	壬英 壬傷陳	庚芮 庚杜合
己冲 己休地	乙 乙 禽	丁柱 丁景陰
癸任 癸開天	甲蓬 甲驚符	丙心 丙死蛇

東　　　　　　　　　　西

北

陰四局

南

甲輔 甲開符	丙英 丙休天	癸芮 癸生地
壬冲 壬驚蛇	庚 庚 禽	戊柱 戊傷雀
乙任 乙死陰	丁蓬 丁景合	己心 己杜陳

東　　　　　　　　　　西

北

陰七局

辛未月

南

乙柱 丁生合	辛冲 己傷陰	壬禽 乙杜蛇
己心 丙休陳	癸 癸任	甲蓬 辛景符
丁芮 庚開雀	丙輔 甲驚地	庚英 壬死天

東　　　　　　　　　　　西　　陰一局

北

南

丁柱 甲開雀	丙冲 壬休陳	辛禽 庚生合
庚心 己驚地	乙 乙任	癸蓬 丁傷陰
壬芮 癸死天	甲輔 辛景符	己英 丙杜蛇

東　　　　　　　　　　　西　　陰四局

北

南

甲柱 辛死符	己冲 丙驚天	丁禽 癸開地
癸心 壬景蛇	庚 庚任	乙蓬 甲休雀
丙芮 乙杜陰	辛輔 丁傷合	壬英 己生陳

東　　　　　　　　　　　西　　陰七局

北

辛巳月

南

辛心 乙死蛇	甲芮 辛驚符	癸輔 甲開天
乙禽 戊景陰	丙 丙柱	丁英 癸休地
戊蓬 壬杜合	壬冲 庚傷陳	庚任 丁生雀

東　　　　　　　　　　　西　　陰三局

北

南

庚心 庚驚天	丁芮 丁開地	壬輔 壬休雀
辛禽 辛死符	甲 甲柱	乙英 乙生陳
丙蓬 丙景蛇	癸冲 癸杜陰	戊任 戊傷合

東　　　　　　　　　　　西　　陰六局

北

南

丙心 癸景陳	庚芮 戊死合	辛輔 丙驚陰
戊禽 丁杜雀	壬 壬柱	乙英 庚開蛇
癸蓬 甲傷地	丁冲 乙生天	甲任 辛休符

東　　　　　　　　　　　西　　陰九局

北

辛 亥 月　　　　辛 酉 月

辛亥月

南

庚冲 乙景蛇	甲任 辛死符	戊蓬 己驚天
丁芮 戊杜陰	丙 丙　輔	乙心 癸開地
癸柱 甲傷合	己英 庚生陳	辛禽 丁休雀

東　　　　　　　　　　　　西　陰三局

北

南

乙冲 庚死天	戊任 丁驚地	癸蓬 甲開雀
甲芮 辛景符	己 己　輔	丙心 乙休陳
丁柱 丙杜蛇	庚英 癸傷陰	辛禽 戊生合

東　　　　　　　　　　　　西　陰六局

北

南

癸冲 癸驚陳	戊任 戊開合	丙蓬 丙休陰
丁芮 丁死雀	甲 甲　輔	庚心 庚生蛇
己柱 己景地	乙英 乙杜天	辛禽 辛傷符

東　　　　　　　　　　　　西　陰九局

北

辛酉月

南

辛芮 丙生地	乙柱 庚傷雀	丙英 戊杜陳
己蓬 乙休天	丁 丁　冲	庚禽 壬景合
甲心 辛開符	壬任 己驚蛇	戊輔 甲死陰

東　　　　　　　　　　　　西　陰二局

北

南

庚芮 己傷陰	己柱 甲杜蛇	甲英 辛景符
丁蓬 庚生合	戊 戊　冲	辛禽 丙死天
壬心 丁休陳	乙任 壬開雀	丙輔 乙驚地

東　　　　　　　　　　　　西　陰五局

北

南

壬芮 壬杜合	乙柱 乙景陰	丁英 丁死蛇
甲蓬 甲傷陳	辛 辛　冲	己禽 己驚符
戊心 戊生雀	丙任 丙休地	庚輔 庚開天

東　　　　　　　　　　　　西　陰八局

北

壬寅月

陰一局

南

丙禽 丁休陳	丁蓬 己生合	己冲 乙傷陰
庚輔 丙開雀	癸 癸心	乙任 甲杜蛇
戊英 庚驚地	壬芮 戊死天	甲柱 壬景符

東　　　西

北

陰四局

南

丙禽 戊驚蛇	甲蓬 壬開符	癸冲 庚休天
丁輔 己死陰	乙 乙心	己任 丁生地
庚英 癸景合	壬芮 甲杜陳	戊柱 丙傷雀

東　　　西

北

陰七局

南

丙禽 甲杜天	癸蓬 丙景地	戊冲 癸死雀
甲輔 壬傷符	庚 庚心	己任 戊驚陳
壬英 乙生蛇	乙芮 丁休陰	丁柱 己開合

東　　　西

北

壬子月

陰三局

南

癸輔 乙休地	丁英 甲生雀	庚芮 己傷陳
己冲 戊開天	丙 丙禽	壬柱 癸杜合
甲任 壬驚符	乙蓬 庚死蛇	戊心 丁景陰

東　　　西

北

陰六局

南

癸輔 庚驚陰	丙英 丁開蛇	甲芮 壬休符
戊冲 甲死合	己 己禽	庚柱 乙生天
乙任 丙景陳	壬蓬 癸杜雀	丁心 戊傷地

東　　　西

北

陰九局

南

癸輔 癸死合	戊英 戊驚陰	丙芮 丙開蛇
丁冲 丁景陳	壬 壬禽	庚柱 庚休符
己任 己杜雀	乙蓬 乙傷地	甲心 甲生天

東　　　西

北

壬 午 月

陰三局

南

丁柱 乙驚地	庚冲 辛開雀	壬禽 甲休陳
癸心 戊死天	丙 丙 任	戊蓬 癸生合
甲芮 壬景符	辛輔 庚杜蛇	乙英 丁傷陰

東 ／ 西

北

陰六局

南

庚柱 庚死陰	丁冲 丁驚蛇	壬禽 壬開符
辛心 辛景合	甲 甲 任	乙蓬 乙休天
丙芮 丙杜陳	癸輔 癸傷雀	戊英 戊生地

東 ／ 西

北

陰九局

南

癸柱 癸休合	戊冲 戊生陰	丙禽 丙傷蛇
丁心 丁開陳	壬 壬 任	庚蓬 庚杜符
甲芮 甲驚雀	乙輔 乙死地	辛英 辛景天

東 ／ 西

北

壬 辰 月

陰二局

南

辛心 丙開合	乙芮 甲休陰	丙輔 戊生蛇
己禽 乙驚陳	丁 丁 柱	甲英 壬傷符
癸蓬 辛死雀	壬冲 己景地	戊任 癸杜天

東 ／ 西

北

陰五局

南

辛心 己傷雀	丙芮 癸杜陳	乙輔 辛景合
癸禽 甲生地	戊 戊 柱	壬英 丙死陰
己蓬 丁休天	甲冲 壬開符	丁任 乙驚蛇

東 ／ 西

北

陰八局

南

甲心 壬景符	丙芮 乙死天	戊輔 丁驚地
己禽 癸杜蛇	辛 辛 柱	癸英 己開雀
丁蓬 戊傷陰	乙冲 丙生合	壬任 甲休陳

東 ／ 西

北

壬戌月

陰二局
南

庚冲 丙景合	戊任 庚死陰	壬蓬 戊驚蛇
丙芮 乙杜陳	丁 丁輔	甲心 壬開符
乙柱 辛傷雀	辛英 己生地	己禽 甲休天

東 西
北

陰五局
南

乙冲 己開雀	壬任 甲休陳	丁蓬 辛生合
丙芮 庚驚地	戊 戊輔	庚心 丙傷陰
辛柱 丁死天	甲英 壬景符	己禽 乙杜蛇

東 西
北

陰八局
南

甲冲 壬傷符	壬任 乙杜天	乙蓬 丁景地
戊芮 甲生蛇	辛 辛輔	丁心 己死雀
丙柱 戊休陰	庚英 丙開合	己禽 庚驚陳

東 西
北

壬申月

陰一局
南

己任 丁驚陳	乙輔 己開合	辛心 乙休陰
丁柱 丙死雀	癸 癸英	壬芮 辛生蛇
丙冲 庚景地	庚禽 甲杜天	甲蓬 壬傷符

東 西
北

陰四局
南

己任 甲杜蛇	甲輔 壬景符	壬心 庚死天
癸柱 己傷陰	乙 乙英	庚芮 丁驚地
辛冲 癸生合	丙禽 辛休陳	丁蓬 丙開雀

東 西
北

陰七局
南

己任 辛休天	丁輔 丙生地	乙心 癸傷雀
甲柱 壬開符	庚 庚英	壬芮 甲杜陳
癸冲 乙驚蛇	丙禽 丁死陰	辛蓬 己景合

東 西
北

癸卯月

陰一局

南

丁心 丁杜合	己丙 己景陰	乙輔 乙死蛇
丙禽 丙傷陳	癸 癸　柱	甲英 甲驚符
庚蓬 庚生雀	戊冲 戊休地	壬任 壬開天

東　　西

北

陰四局

南

己心 戊杜地	戊丙 壬景雀	壬輔 庚死陳
癸禽 己傷天	乙 乙　柱	庚英 丁驚合
甲蓬 癸生符	丙冲 甲休蛇	丁任 丙開陰

東　　西

北

陰七局

南

乙心 甲杜陰	壬丙 丙景蛇	甲輔 癸死符
丁禽 壬傷合	庚 庚　柱	丙英 戊驚天
己蓬 乙生陳	戊冲 丁休雀	癸任 己開地

東　　西

北

癸丑月

陰三局

南

壬禽 乙杜合	戊蓬 甲景陰	乙冲 己死蛇
庚輔 戊傷陳	丙 丙　心	甲任 癸驚符
丁英 壬生雀	癸丙 庚休地	己柱 丁開天

東　　西

北

陰六局

南

壬禽 庚杜雀	乙蓬 丁景陳	戊冲 壬死合
丁輔 甲傷地	己 己　心	癸任 乙驚陰
庚英 丙生天	甲丙 癸休符	丙柱 戊開蛇

東　　西

北

陰九局

南

甲禽 癸杜符	乙蓬 戊景天	己冲 丙死地
庚輔 丁傷蛇	壬 壬　心	丁任 庚驚雀
丙英 己生陰	戊丙 乙休合	癸柱 甲開陳

東　　西

北

癸未月

陰三局

南

戊任 乙杜合	乙輔 辛景陰	辛心 甲死蛇
壬柱 戊傷陳	丙 丙英	甲芮 癸驚符
庚沖 壬生雀	丁禽 庚休地	癸蓬 丁開天

東 … 西

北

陰六局

南

庚任 庚杜雀	丁輔 丁景陳	壬心 壬死合
辛柱 辛傷地	甲 甲英	乙芮 乙驚陰
丙沖 丙生天	癸禽 癸休符	戊蓬 戊開蛇

東 … 西

北

陰九局

南

甲任 癸杜符	丁輔 戊景天	癸心 丙死地
乙柱 丁傷蛇	壬 壬英	戊芮 庚驚雀
辛沖 甲生陰	庚禽 乙休合	丙蓬 辛開陳

東 … 西

北

癸巳月

陰二局

南

己柱 丙杜陳	辛沖 甲景合	乙禽 戊死陰
癸心 乙傷雀	丁 丁任	丙蓬 壬驚蛇
壬芮 辛生地	戊輔 己休天	甲英 癸開符

東 … 西

北

陰五局

南

丁柱 己杜蛇	甲沖 癸景符	己禽 辛死天
壬心 甲傷陰	戊 戊任	癸蓬 丙驚地
乙芮 丁生合	丙輔 壬休陳	辛英 乙開雀

東 … 西

北

陰八局

南

壬柱 壬杜天	乙沖 乙景地	丁禽 丁死雀
癸心 癸傷符	甲 甲任	己蓬 己驚陳
戊芮 戊生蛇	丙輔 丙休陰	庚英 庚開合

東 … 西

北

癸 亥 月

南

丙輔 丙杜陳	庚英 庚景合	戊芮 戊死陰
乙冲 乙傷雀	丁 丁 禽	壬柱 壬驚蛇
辛任 辛生地	己蓬 己休天	甲心 甲開符

東　　　　西　　陰二局

北

南

己輔 己杜蛇	甲英 甲景符	辛芮 辛死天
庚冲 庚傷陰	戊 戊 禽	丙柱 丙驚地
丁任 丁生合	壬蓬 壬休陳	乙心 乙開雀

東　　　　西　　陰五局

北

南

壬輔 壬杜天	乙英 乙景地	丁芮 丁死雀
甲冲 甲傷符	辛 辛 禽	己柱 己驚陳
戊任 戊生蛇	丙蓬 丙休陰	庚心 庚開合

東　　　　西　　陰八局

北

癸 酉 月

南

丁英 丁杜合	己禽 己景陰	乙柱 乙死蛇
丙任 丙傷陳	癸 癸 蓬	辛冲 辛驚符
庚輔 庚生雀	甲心 甲休地	壬芮 壬開天

東　　　　西　　陰一局

北

南

庚英 甲杜地	丁禽 壬景雀	丙柱 庚死陳
壬任 己傷天	乙 乙 蓬	辛冲 丁驚合
甲輔 癸生符	己心 辛休蛇	癸芮 丙開陰

東　　　　西　　陰四局

北

南

丙英 辛杜陰	癸禽 丙景蛇	甲柱 癸死符
辛任 壬傷合	庚 庚 蓬	己冲 甲驚天
壬輔 乙生陳	乙心 丁休雀	丁芮 己開地

東　　　　西　　陰七局

北

甲寅日 　　　　 甲子日

甲寅日　陰一局

南

丁輔九	己英五	乙芮七
丁杜合	己景陰	乙死蛇
丙冲八	甲　一	辛柱三
丙傷陳	甲　禽	辛驚符
庚任四	戊蓬六	壬心二
庚生雀	戊休地	壬開天

東　　　　　西

北

甲寅日　陰四局

南

戊輔三	壬英八	庚芮一
戊杜地	壬景雀	庚死陳
己冲二	乙　四	丁柱六
己傷天	乙　禽	丁驚合
甲任七	辛蓬九	丙心五
甲生符	辛休蛇	丙開陰

東　　　　　西

北

甲寅日　陰七局

南

辛輔六	丙英二	甲芮四
辛杜陰	丙景蛇	甲死符
壬冲五	庚　七	戊柱九
壬傷合	庚　禽	戊驚天
乙任一	丁蓬三	己心八
乙生陳	丁休雀	己開地

東　　　　　西

北

甲子日　陰三局

南

乙輔二	辛英七	己芮九
乙杜天	辛景地	己死雀
甲冲一	丙　三	癸柱五
甲傷符	丙　禽	癸驚陳
壬任六	庚蓬八	丁心四
壬生蛇	庚休陰	丁開合

東　　　　　西

北

甲子日　陰六局

南

庚輔五	丁英一	壬芮三
庚杜陳	丁景合	壬死陰
辛冲四	己　六	乙柱八
辛傷雀	己　禽	乙驚蛇
丙任九	癸蓬二	甲心七
丙生地	癸休天	甲開符

東　　　　　西

北

甲子日　陰九局

南

癸輔八	甲英四	丙芮六
癸杜蛇	甲景符	丙死天
丁冲七	壬　九	庚柱二
丁傷陰	壬　禽	庚驚地
己任三	乙蓬五	辛心一
己生合	乙休陳	辛開雀

東　　　　　西

北

甲午日

陰三局

南

乙輔二 乙杜蛇	甲英七 甲景符	己丙九 己死天
戊冲一 戊傷陰	丙　三 丙　禽	癸柱五 癸驚地
壬任六 壬生合	庚蓬八 庚休陳	丁心四 丁開雀

東　　　　　西

北

陰六局

南

庚輔五 庚杜天	丁英一 丁景地	壬丙三 壬死雀
甲冲四 甲傷符	己　六 己　禽	乙柱八 乙驚陳
丙任九 丙生蛇	癸蓬二 癸休陰	戊心七 戊開合

東　　　　　西

北

陰九局

南

癸輔八 癸杜陳	戊英四 戊景合	丙丙六 丙死陰
丁冲七 丁傷雀	壬　九 壬　禽	庚柱二 庚驚蛇
己任三 己生地	乙蓬五 乙休天	甲心一 甲開符

東　　　　　西

北

甲辰日

陰二局

南

丙輔一 丙杜合	庚英六 庚景陰	戊丙八 戊死蛇
乙冲九 乙傷陳	丁　二 丁　禽	甲柱四 甲驚符
辛任五 辛生雀	己蓬七 己休地	癸心三 癸開天

東　　　　　西

北

陰五局

南

己輔四 己杜雀	癸英九 癸景陳	辛丙二 辛死合
庚冲三 庚傷地	戊　五 戊　禽	丙柱七 丙驚陰
丁任八 丁生天	甲蓬一 甲休符	乙心六 乙開蛇

東　　　　　西

北

陰八局

南

甲輔七 甲杜符	乙英三 乙景天	丁丙五 丁死地
癸冲六 癸傷蛇	辛　八 辛　禽	己柱一 己驚雀
戊任二 戊生陰	丙蓬四 丙休合	庚心九 庚開陳

東　　　　　西

北

甲戌日　　　　　甲申日

甲戌日

陰二局

南

丙輔一 丙杜雀	庚英六 庚景陳	戊芮八 戊死合
丁冲九 乙傷地	丁　二 丁　禽	壬柱四 壬驚陰
辛任五 辛生天	甲蓬七 甲休符	癸心三 癸開蛇

東　　　西

北

陰五局

南

甲輔四 甲杜符	癸英九 癸景天	辛芮二 辛死地
庚冲三 庚傷蛇	戊　五 戊　禽	丙柱七 丙驚雀
丁任八 丁生陰	壬蓬一 壬休合	丁心六 乙開陳

東　　　西

北

陰八局

南

壬輔七 壬杜合	丁英三 乙景陰	丙芮五 丁死蛇
癸冲六 癸傷陳	辛　八 辛　禽	甲柱一 甲驚符
戊任二 戊生雀	丙蓬四 丙休地	庚心九 庚開天

東　　　西

北

甲申日

陰一局

南

丁輔九 丁杜地	己英五 己景雀	乙芮七 乙死陳
丙冲八 丙傷天	癸　一 癸　禽	辛柱三 辛驚合
甲任四 甲生符	戊蓬六 戊休蛇	壬心二 壬開陰

東　　　西

北

陰四局

南

戊輔三 戊杜陰	壬英八 壬景蛇	甲芮一 甲死符
己冲二 己傷合	乙　四 乙　禽	丁柱六 丁驚天
癸任七 癸生陳	辛蓬九 辛休雀	丙心五 丙開地

東　　　西

北

陰七局

南

辛輔六 辛杜合	丙英二 丙景陰	癸芮四 癸死蛇
壬冲五 壬傷陳	甲　七 甲　禽	戊柱九 戊驚符
乙任一 乙生雀	丁蓬三 丁休地	己心八 己開天

東　　　西

北

乙 卯 日　　　　乙 丑 日

乙卯日

南 — 陰三局

	南	
甲柱二 / 乙傷符	丁冲七 / 辛杜天	庚禽九 / 己景地
己心一 / 戊生蛇	丙 三 / 丙 任	壬蓬五 / 甲死雀
辛芮六 / 壬休陰	乙輔八 / 庚開合	戊英四 / 丁驚陳

東　北　西

南 — 陰六局

	南	
壬柱五 / 庚開合	乙冲一 / 丁休陰	戊禽三 / 壬生蛇
丁心四 / 辛驚陳	己 六 / 己 任	甲蓬八 / 乙傷符
庚芮九 / 丙死雀	辛輔二 / 甲景地	丙英七 / 戊杜天

東　北　西

南 — 陰九局

	南	
庚柱八 / 甲景雀	辛冲四 / 戊死陳	乙禽六 / 丙驚合
丙心七 / 丁杜地	壬 九 / 壬 任	己蓬二 / 庚開陰
戊芮三 / 己傷天	甲輔五 / 乙生符	丁英一 / 辛休蛇

東　北　西

乙丑日

南 — 陰二局

	南	
壬冲一 / 丙休天	癸任六 / 庚生地	己蓬八 / 甲傷雀
甲芮九 / 乙開符	丁 二 / 丁 輔	辛心四 / 壬杜陳
庚柱五 / 辛驚蛇	丙英七 / 己死陰	乙禽三 / 癸景合

東　北　西

南 — 陰五局

	南	
己冲四 / 己生陳	癸任九 / 癸傷合	辛蓬二 / 辛杜陰
庚芮三 / 庚休雀	甲 五 / 甲 輔	丙心七 / 丙景蛇
丁柱八 / 丁開地	壬英一 / 壬驚天	乙禽六 / 乙死符

東　北　西

南 — 陰八局

	南	
丙冲七 / 壬驚蛇	甲任三 / 乙開符	癸蓬五 / 丁休天
庚芮六 / 癸死陰	辛 八 / 辛 輔	壬心一 / 己生地
己柱二 / 甲景合	丁英四 / 丙杜陳	乙禽九 / 庚傷雀

東　北　西

乙未日　　　　　　　　乙巳日

乙未日

南

乙英一 丙驚天	丙禽六 庚開地	庚柱八 戊休雀	陰二局

東　　　　　　西

甲任九 乙死符	丁　二 丁　蓬	戊冲四 壬生陳
己輔五 甲景蛇	癸心七 己杜陰	壬芮三 癸傷合

北

南

丁英四 己休陳	庚禽九 癸生合	己柱二 甲傷陰	陰五局

東　　　　　　西

壬任三 庚開雀	戊　五 戊　蓬	癸冲七 丙杜蛇
乙輔八 丁驚地	丙心一 壬死天	甲芮六 乙景符

北

南

壬英七 壬生蛇	乙禽三 乙傷符	丁柱五 丁杜天	陰八局

東　　　　　　西

癸任六 癸休陰	甲　八 甲　蓬	己冲一 己景地
戊輔二 戊開合	丙心四 丙驚陳	庚芮九 庚死雀

北

乙巳日

南

乙任九 丁杜陰	辛輔五 己景蛇	甲心七 乙死符	陰一局

東　　　　　　西

己柱八 丙傷合	癸　一 癸　英	戊芮三 辛驚天
丁冲四 庚生陳	丙禽六 戊休雀	庚蓬二 甲開地

北

南

戊任三 戊驚合	甲輔八 甲開陰	庚心一 庚休蛇	陰四局

東　　　　　　西

己柱二 己死陳	乙　四 乙　英	丁芮六 丁生符
癸冲七 癸景雀	辛禽九 辛杜地	丙蓬五 丙傷天

北

南

丙任六 辛休地	癸輔二 丙生雀	戊心四 癸傷陳	陰七局

東　　　　　　西

辛柱五 甲開天	庚　七 庚　英	己芮九 戊杜合
甲冲一 乙驚符	乙禽三 丁死蛇	丁蓬八 己景陰

北

乙亥日

陰一局

南

丙芮九 丁驚陰	丁柱五 甲開蛇	甲英七 乙休符
庚蓬八 丙死合	癸 一 癸 冲	乙禽三 辛生天
戊心四 庚景陳	壬任六 戊杜雀	辛輔二 壬傷地

東　　　　　　　　　　　西

北

陰四局

南

戊芮三 戊休合	壬柱八 壬生陰	庚英一 庚傷蛇
甲蓬二 甲開陳	乙 四 乙 冲	丁禽六 丁杜符
癸心七 癸驚雀	辛任九 辛死地	丙輔五 丙景天

東　　　　　　　　　　　西

北

陰七局

南

乙芮六 辛杜地	壬柱二 丙景雀	辛英四 癸死陳
丁蓬五 壬傷天	庚 七 庚 冲	丙禽九 戊驚合
甲心一 乙生符	戊任三 丁休蛇	癸輔八 甲開陰

東　　　　　　　　　　　西

北

乙酉日

陰三局

南

甲蓬二 乙開符	壬心七 辛休天	戊任九 己生地
丁英一 戊驚蛇	丙 三 丙 芮	乙輔五 癸傷雀
癸禽六 壬死陰	己柱八 甲景合	辛冲四 丁杜陳

東　　　　　　　　　　　西

北

陰六局

南

癸蓬五 甲景合	丙心一 丁死陰	辛任三 壬驚蛇
戊英四 辛杜陳	己 六 己 芮	甲輔八 乙開符
乙禽九 丙傷雀	壬柱二 癸生地	丁冲七 戊休天

東　　　　　　　　　　　西

北

陰九局

南

己蓬八 癸傷雀	丁心四 戊杜陳	癸任六 丙景合
乙英七 丁生地	壬 九 壬 芮	戊輔二 甲死陰
辛禽三 己休天	甲柱五 乙開符	丙冲一 辛驚蛇

東　　　　　　　　　　　西

北

丙寅日

南

庚芮九 丁傷天	丙柱五 己杜地	丁英七 乙景雀	陰一局
甲蓬八 丙生符	癸　一 癸　冲	己禽三 辛死陳	
壬心四 庚休蛇	辛任六 甲開陰	乙輔二 壬驚合	

東　　　　　　　　　　　　西

北

南

丙芮三 甲生陳	辛柱八 壬傷合	癸英一 庚杜陰	陰四局
丁蓬二 己休雀	乙　四 乙　冲	己禽六 丁景蛇	
庚心七 癸開地	壬任九 辛驚天	甲輔五 丙死符	

東　　　　　　　　　　　　西

北

南

癸芮六 辛杜蛇	甲柱二 丙景符	己英四 癸死天	陰七局
丙蓬五 壬傷陰	庚　七 庚　冲	丁禽九 甲驚地	
辛心一 乙生合	壬任三 丁休陳	乙輔八 己開雀	

東　　　　　　　　　　　　西

北

丙子日

南

乙蓬二 乙景合	辛心七 辛死陰	甲任九 甲驚蛇	陰三局
戊英一 戊杜陳	丙　三 丙　芮	癸輔五 癸開符	
壬禽六 壬傷雀	庚柱八 庚生地	丁冲四 丁休天	

東　　　　　　　　　　　　西

北

南

庚蓬五 庚傷地	丁心一 丁杜雀	壬任三 壬景陳	陰六局
辛英四 辛生天	甲　六 甲　芮	乙輔八 乙死合	
丙禽九 丙休符	癸柱二 癸開蛇	戊冲七 戊驚陰	

東　　　　　　　　　　　　西

北

南

辛蓬八 癸死陰	乙心四 戊驚蛇	甲任六 丙開符	陰九局
庚英七 丁景合	壬　九 壬　芮	丁輔二 庚休天	
丙禽三 甲杜陳	戊柱五 乙傷雀	癸冲一 辛生地	

東　　　　　　　　　　　　西

北

丙午日

陰三局

南

乙柱二	辛冲七	己禽九
乙死合	辛驚陰	己開蛇
戊心一	丙 三	癸蓬五
戊景陳	丙 任	癸休符
甲芮六	庚輔八	丁英四
甲杜雀	庚傷地	丁生天

東　　　　　西

北

陰六局

南

戊柱五	癸冲一	丙禽三
庚景地	丁死雀	甲驚陳
乙心四	己 六	辛蓬八
辛杜天	己 任	乙開合
甲芮九	丁輔二	庚英七
丙傷符	癸生蛇	戊休陰

東　　　　　西

北

陰九局

南

癸柱八	戊冲四	丙禽六
癸傷陰	戊杜蛇	丙景符
丁心七	甲 九	庚蓬二
丁生合	甲 任	庚死天
己芮三	乙輔五	辛英一
己休陳	乙開雀	辛驚地

東　　　　　西

北

丙辰日

陰二局

南

甲心一	己芮六	辛輔八
丙開符	庚休天	戊生地
壬禽九	丁 二	乙英四
乙驚蛇	丁 柱	壬傷雀
戊蓬五	庚冲七	丙任三
辛死陰	己景合	甲杜陳

東　　　　　西

北

陰五局

南

丁心四	庚芮九	己輔二
己生合	甲傷陰	辛杜蛇
壬禽三	戊 五	甲英七
庚休陳	戊 柱	丙景符
乙蓬八	丙冲一	辛任六
丁開雀	壬驚地	乙死天

東　　　　　西

北

陰八局

南

丁心七	己芮三	庚輔五
壬死雀	乙驚陳	丁開合
乙禽六	辛 八	丙英一
甲景地	辛 柱	己休陰
壬蓬二	甲冲四	戊任九
戊杜天	丙傷符	庚生蛇

東　　　　　西

北

丙戌日

陰二局

南

甲英一 丙生符	戊禽六 甲傷天	壬柱八 戊杜地
丙任九 乙休蛇	丁　二 丁　蓬	癸冲四 壬景雀
乙輔五 辛開陰	辛心七 己驚合	己丙三 癸死陳

東　　　西

北

陰五局

南

乙英四 己死合	壬禽九 癸驚陰	丁柱二 辛開蛇
丙任三 甲景陳	戊　五 戊　蓬	甲冲七 丙休符
辛輔八 丁杜雀	癸心一 壬傷地	己丙六 乙生天

東　　　西

北

陰八局

南

癸英七 壬開雀	壬禽三 乙休陳	乙柱五 丁生合
戊任六 癸驚地	辛　八 辛　蓬	丁冲一 己傷陰
丙輔二 戊死天	甲心四 丙景符	己丙九 甲杜蛇

東　　　西

北

丙申日

陰一局

南

壬任九 丁杜天	戊輔五 己景地	庚心七 乙死雀
甲柱八 丙傷符	癸　一 癸　英	丙芮三 甲驚陳
乙冲四 庚生蛇	己禽六 戊休陰	丁蓬二 壬開合

東　　　西

北

陰四局

南

壬任三 戊傷陳	庚輔八 壬杜合	丁心一 庚景陰
戊柱二 己生雀	乙　四 乙　英	丙芮六 丁死蛇
己冲七 癸休地	癸禽九 甲開天	甲蓬五 丙驚符

東　　　西

北

陰七局

南

壬任六 甲生蛇	甲輔二 丙傷符	丙心四 癸杜天
乙柱五 壬休陰	庚　七 庚　英	癸芮九 戊景地
丁冲一 乙開合	己禽三 丁驚陳	戊蓬八 己死雀

東　　　西

北

丁　卯　日

南　陰三局

癸蓬二 / 乙生陳	丁心七 / 辛傷合	庚任九 / 己柱陰
己英一 / 甲休雀	丙　三 / 丙　芮	壬輔五 / 癸景蛇
辛禽六 / 壬開地	乙柱八 / 庚驚天	甲冲四 / 丁死符

東　西　北

南　陰六局

乙蓬五 / 庚休蛇	甲心一 / 丁生符	癸任三 / 壬傷天
壬英四 / 辛開陰	己　六 / 己　芮	丙輔八 / 乙杜地
丁禽九 / 丙驚合	庚柱二 / 癸死陳	辛冲七 / 甲景雀

東　西　北

南　陰九局

丙蓬八 / 癸休天	庚心四 / 甲生地	辛任六 / 丙傷雀
甲英七 / 丁開符	壬　九 / 壬　芮	乙輔二 / 庚杜陳
癸禽三 / 己驚蛇	丁柱五 / 乙死陰	己冲一 / 辛景合

東　西　北

丁　丑　日

南　陰二局

丙英一 / 丙死合	庚禽六 / 庚驚陰	戊柱八 / 戊開蛇
乙任九 / 乙景陳	丁　二 / 丁　蓬	壬冲四 / 壬休符
辛輔五 / 辛杜雀	甲心七 / 甲傷地	癸芮三 / 癸生天

東　西　北

南　陰五局

辛英四 / 甲驚地	丙禽九 / 癸開雀	乙柱二 / 辛休陳
癸任三 / 庚死天	戊　五 / 戊　蓬	壬冲七 / 丙生合
甲輔八 / 丁景符	庚心一 / 壬杜蛇	丁芮六 / 乙傷陰

東　西　北

南　陰八局

乙英七 / 壬驚陰	丁禽三 / 乙開蛇	甲柱五 / 丁休符
壬任六 / 癸死合	辛　八 / 辛　蓬	庚冲一 / 甲生天
癸輔二 / 戊景陳	戊心四 / 丙杜雀	丙芮九 / 庚傷地

東　西　北

丁未日　　丁巳日

丁巳日

南

陰一局

	南	
丁禽九 丁開符	己蓬五 己休天	乙冲七 乙生地
丙輔八 丙驚蛇	甲　一 甲　心	辛任三 辛傷雀
庚英四 庚死陰	戊芮六 戊景合	壬柱二 壬杜陳

東　西　北

陰四局

	南	
丁禽三 戊杜合	丙蓬八 壬景陰	辛冲一 庚死蛇
庚輔二 己傷陳	乙　四 乙　心	甲任六 丁驚符
壬英七 甲生雀	戊芮九 辛休地	己柱五 丙開天

東　西　北

陰七局

	南	
丁禽六 辛開雀	乙蓬二 丙休陳	壬冲四 甲生合
己輔五 壬驚地	庚　七 庚　心	辛任九 戊傷陰
戊英一 乙死天	甲芮三 丁景符	丙柱八 己杜蛇

東　西　北

丁未日

陰二局

	南	
丙心一 丙驚合	庚芮六 庚開陰	戊輔八 戊休蛇
乙禽九 乙死陳	丁　二 丁　柱	甲英四 甲生符
辛蓬五 辛景雀	己冲七 己杜地	癸任三 癸傷天

東　西　北

陰五局

	南	
庚心四 己死地	己芮九 癸驚雀	癸輔二 辛開陳
丁禽三 庚景天	戊　五 戊　柱	辛英七 丙休合
甲蓬八 丁杜符	乙冲一 甲傷蛇	丙任六 乙生陰

東　西　北

陰八局

	南	
戊心七 甲驚陰	癸芮三 乙開蛇	甲輔五 丁休符
丙禽六 癸死合	辛　八 辛　柱	乙英一 己生天
庚蓬二 戊景陳	己冲四 丙杜雀	丁任九 庚傷地

東　西　北

丁 亥 日

南

甲任九 丁杜符	丙輔五 己景天	丁心七 乙死地
戊柱八 丙傷蛇	癸　一 癸英	己芮三 辛驚雀
壬冲四 甲生陰	辛禽六 戊休合	己蓬二 壬開陳

東　　　　　　　　西　陰一局

北

南

己任三 戊開合	戊輔八 壬休陰	壬心一 甲生蛇
癸柱二 己驚陳	乙　四 乙英	甲芮六 丁傷符
辛冲七 癸死雀	丙禽九 辛景地	丁蓬五 丙杜天

東　　　　　　　　西　陰四局

北

南

辛任六 辛開雀	乙輔二 丙休陳	癸心四 癸生合
壬柱五 壬驚地	甲　七 甲英	戊芮九 戊傷陰
乙冲一 乙死天	丁禽三 丁景符	己蓬八 己杜蛇

東　　　　　　　　西　陰七局

北

丁 酉 日

南

庚柱二 乙休陳	壬冲七 甲生合	戊禽九 己傷陰
丙心一 戊開雀	乙　三 丙任	乙蓬五 癸杜蛇
癸芮六 壬驚地	己輔八 庚死天	甲英四 丁景符

東　　　　　　　　西　陰三局

北

南

丙柱五 庚生蛇	甲冲一 丁傷符	庚禽三 壬杜天
癸心四 甲休陰	己　六 己任	丁蓬八 乙景地
戊芮九 丙開合	乙輔二 癸驚陳	壬英七 戊死雀

東　　　　　　　　西　陰六局

北

南

乙柱八 癸休天	己冲四 戊生地	丁禽六 丙傷雀
甲心七 丁開符	丙　九 壬任	癸蓬二 庚杜陳
庚芮三 己驚蛇	丙輔五 乙死陰	戊英一 甲景合

東　　　　　　　　西　陰九局

北

戊寅日

南

壬冲九 丁杜雀	戊任五 甲景陳	庚蓬七 乙死合
辛芮八 丙傷地	癸 一 癸輔	丙心三 辛驚陰
乙柱四 庚生天	甲英六 戊休符	丁禽二 壬開蛇

東　　　　　西

北

南

甲冲三 戊景符	戊任八 壬死天	壬蓬一 庚驚地
癸芮二 甲杜蛇	乙 四 乙輔	庚心六 丁開雀
辛柱七 癸傷陰	丙英九 辛生合	丁禽五 丙休陳

東　　　　　西

北

南

丙冲六 辛死合	癸任二 丙驚陰	戊蓬四 癸開蛇
辛芮五 壬景陳	庚 七 庚輔	甲心九 戊休符
壬柱一 乙杜雀	乙英三 丁傷地	丁禽八 甲生天

東　　　　　西

北

戊子日

南

壬芮二 乙景天	戊柱七 辛死地	乙英九 己驚雀
甲蓬一 戊杜符	丙 三 丙冲	辛禽五 癸開陳
丁心六 壬傷蛇	癸任八 甲生陰	己輔四 丁休合

東　　　　　西

北

南

戊芮五 甲傷陳	癸柱一 丁杜合	丙英三 壬景陰
乙蓬四 辛生雀	己 六 己冲	辛禽八 乙死蛇
壬心九 丙休地	丁任二 癸開天	甲輔七 戊驚符

東　　　　　西

北

南

丙芮八 癸開蛇	甲柱四 戊休符	辛英六 丙生天
戊蓬七 丁驚陰	壬 九 壬冲	乙禽二 甲傷地
癸心三 己死合	丁任五 乙景陳	己輔一 辛杜雀

東　　　　　西

北

戊午日

陰三局

南

東		西
丁任二 乙開天	庚輔七 辛休地	壬心九 己生雀
甲柱一 戊驚符	丙三 丙英	戊芮五 甲傷陳
己冲六 壬死蛇	辛禽八 庚景陰	乙蓬四 丁杜合

北

陰六局

南

東		西
丁任五 庚景陳	壬輔一 丁死合	乙心三 壬驚陰
庚柱四 辛杜雀	己六 己英	戊芮八 乙開蛇
辛冲九 丙傷地	丙禽二 甲生天	甲蓬七 戊休符

北

陰九局

南

東		西
丁任八 甲傷蛇	甲輔四 戊杜符	戊心六 丙景天
己柱七 丁生陰	壬九 壬英	丙芮二 庚死地
乙冲三 己休合	辛禽五 乙開陳	庚蓬一 辛驚雀

北

戊辰日

陰二局

南

東		西
丙輔一 丙傷陰	庚英六 庚杜蛇	甲芮八 甲景符
乙冲九 乙生合	丁二 丁禽	壬柱四 壬死天
辛任五 辛休陳	己蓬七 己開雀	癸心三 癸驚地

北

陰五局

南

東		西
己輔四 己景合	癸英九 癸死陰	辛芮二 辛驚蛇
庚冲三 庚杜陳	甲五 甲禽	丙柱七 丙開符
丁任八 丁傷雀	壬蓬一 壬生地	乙心六 乙休天

北

陰八局

南

東		西
壬輔七 壬生地	乙英三 乙傷雀	丁芮五 丁杜陳
癸冲六 癸休天	辛八 辛禽	己柱一 己景合
甲任二 甲開符	丙蓬四 丙驚蛇	庚心九 庚死陰

北

戊戌日

南

陰二局

癸蓬一 丙生陰	己心六 庚傷蛇	甲任八 戊杜符
壬英九 乙休合	丁　二 丁　芮	乙輔四 壬景天
戊禽五 甲開陳	庚柱七 己驚雀	丙冲三 癸死地

東　　西

北

南

陰五局

己蓬四 己傷合	癸心九 癸杜陰	甲任二 甲景蛇
庚英三 庚生陳	戊　五 戊　芮	丙輔七 丙死符
丁禽八 丁休雀	壬柱一 壬開地	乙冲六 乙驚天

東　　西

北

南

陰八局

壬蓬七 壬景地	乙心三 乙死雀	丁任五 丁驚陳
癸英六 癸杜天	甲　八 甲　芮	己輔一 己開合
戊禽二 戊傷符	丙柱四 丙生蛇	庚冲九 庚休陰

東　　西

北

戊申日

南

陰一局

丙英九 丁死雀	丁禽五 己驚陳	己柱七 乙開合
庚任八 丙景地	癸　一 癸　蓬	乙冲三 辛休陰
戊輔四 庚杜天	甲心六 戊傷符	辛芮二 甲生蛇

東　　西

北

南

陰四局

甲英三 戊杜符	庚禽八 甲景天	丁柱一 庚死地
戊任二 己傷蛇	乙　四 乙　蓬	丙冲六 丁驚雀
己輔七 癸生陰	癸心九 辛休合	辛芮五 丙開陳

東　　西

北

南

陰七局

己英六 辛景合	丁禽二 丙死陰	乙柱四 癸驚蛇
戊任五 甲杜陳	庚　七 庚　蓬	甲冲九 戊開符
癸輔一 乙傷雀	丙心三 丁生地	辛芮八 己休天

東　　西

北

己 卯 日　　　　　己 丑 日

己卯日

陰三局

南

乙輔二 乙生陰	辛英七 辛傷蛇	甲丙九 甲杜符
戊冲一 戊休合	丙 三 丙 禽	癸柱五 癸景天
壬任六 壬開陳	庚蓬八 庚驚雀	丁心四 丁死地

東　　西

北

陰六局

南

庚輔五 庚休合	丁英一 丁生陰	壬丙三 壬傷蛇
辛冲四 辛開陳	甲 六 甲 禽	乙柱八 乙杜符
丙任九 丙驚雀	癸蓬二 癸死地	戊心七 戊景天

東　　西

北

陰九局

南

癸輔八 癸傷地	戊英四 戊杜雀	丙丙六 丙景陳
丁冲七 丁生天	壬 九 壬 禽	庚柱二 庚死合
甲任三 甲休符	乙蓬五 乙開蛇	辛心一 辛驚陰

東　　西

北

己丑日

陰二局

南

癸冲一 丙景雀	己任六 甲死陳	辛蓬八 戊驚合
壬丙九 乙杜地	丁 二 丁 輔	乙心四 壬開陰
戊柱五 辛傷天	甲英七 己生符	丙禽三 癸休蛇

東　　西

北

陰五局

南

甲冲四 己開符	己任九 癸休天	癸蓬二 辛生地
丁丙三 甲驚蛇	戊 五 戊 輔	辛心七 丙傷雀
壬柱八 丁死陰	乙英一 壬景合	丙禽六 乙杜陳

東　　西

北

陰八局

南

乙冲七 壬傷合	丁任三 乙杜陰	己蓬五 丁景蛇
壬丙六 癸生陳	辛 八 辛 輔	甲心一 己死符
癸柱二 戊休雀	戊英四 丙開地	丙禽九 甲驚天

東　　西

北

己　未　日

乙英一 丙傷雀	丙禽六 庚杜陳	庚柱八 戊景合	陰二局
辛任九 乙生地	丁　二 丁　蓬	戊冲四 壬死陰	
己輔五 辛休天	甲心七 己開符	壬芮三 甲驚蛇	

東（左）　西（右）　北

甲英四 己景符	辛禽九 甲死天	丙柱二 辛驚地	陰五局
己任三 庚杜蛇	戊　五 戊　蓬	乙冲七 丙開雀	
庚輔八 丁傷陰	丁心一 壬生合	壬芮六 乙休陳	

東　西　北

庚英七 壬開合	丙禽三 乙休陰	戊柱五 丁生蛇	陰八局
己任六 甲驚陳	辛　八 辛　蓬	甲冲一 己傷符	
丁輔二 戊死雀	乙心四 丙景地	壬芮九 庚杜天	

東　西　北

己　巳　日

南

壬禽九 丁杜蛇	甲蓬五 己景符	庚冲七 乙死天	陰一局
辛輔八 丙傷陰	癸　一 癸　心	丙任三 辛驚地	
乙英四 庚生合	己芮六 甲休陳	丁柱二 壬開雀	

東　西　北

壬禽三 甲死天	庚蓬八 壬驚地	丁冲一 庚開雀	陰四局
甲輔二 己景符	乙　四 乙　心	丙任六 丁休陳	
己英七 癸杜蛇	癸芮九 辛傷陰	辛柱五 丙生合	

東　西　北

壬禽六 辛景陳	辛蓬二 丙死合	丙冲四 癸驚陰	陰七局
乙輔五 壬杜雀	庚　七 庚　心	癸任九 甲開蛇	
丁英一 乙傷地	己芮三 丁生天	甲柱八 己休符	

東　西　北

己亥日

南

乙芮九 丁景蛇	甲柱五 己死符	壬英七 乙驚天
己蓬八 丙杜陰	癸 一 癸 冲	戊禽三 甲開地
丁心四 庚傷合	丙任六 戊生陳	庚輔二 壬休雀

東　　　　　　　　　　　西　　陰一局

北

南

癸芮三 戊杜天	己柱八 壬景地	戊英一 庚死雀
甲蓬二 己傷符	乙 四 乙 冲	壬禽六 丁驚陳
丙心七 癸生蛇	丁任九 甲休陰	庚輔五 丙開合

東　　　　　　　　　　　西　　陰四局

北

南

己芮六 甲死陳	丁柱二 丙驚合	乙英四 癸開陰
戊蓬五 壬景雀	庚 七 庚 冲	壬禽九 戊休蛇
癸心一 乙杜地	丙任三 丁傷天	甲輔八 己生符

東　　　　　　　　　　　西　　陰七局

北

己酉日

南

丁蓬二 乙傷陰	庚心七 辛杜蛇	甲任九 己景符
癸英一 戊生合	丙 三 丙 芮	戊輔五 癸死天
己禽六 甲休陳	辛柱八 庚開雀	乙冲四 丁驚地

東　　　　　　　　　　　西　　陰三局

北

南

庚蓬五 庚生合	丁心一 丁傷陰	甲任三 甲杜蛇
辛英四 辛休陳	己 六 己 芮	乙輔八 乙景符
丙禽九 丙開雀	癸柱二 癸驚地	戊冲七 戊死天

東　　　　　　　　　　　西　　陰六局

北

南

癸蓬八 癸休地	戊心四 戊生雀	丙任六 丙傷陳
丁英七 丁開天	甲 九 甲 芮	庚輔二 庚杜合
己禽三 己驚符	乙柱五 乙死蛇	辛冲一 辛景陰

東　　　　　　　　　　　西　　陰九局

北

庚寅日

陰一局

南

丁輔九 丁開地	己英五 己休雀	乙芮七 乙生陳
丙冲八 丙驚天	癸 一 癸 禽	辛柱三 辛傷合
甲任四 甲死符	戊蓬六 戊景蛇	壬心二 壬杜陰

東　　西

北

陰四局

南

戊輔三 戊杜陰	壬英八 壬景蛇	甲芮一 甲死符
己冲二 己傷合	乙 四 乙 禽	丁柱六 丁驚天
癸任七 癸生陳	辛蓬九 辛休雀	丙心五 丙開地

東　　西

北

陰七局

南

辛輔六 辛杜合	丙英二 丙景陰	癸芮四 癸死蛇
壬冲五 壬傷陳	甲 七 甲 禽	戊柱九 戊驚符
乙任一 乙生雀	丁蓬三 丁休地	己心八 己開天

東　　西

北

庚子日

陰三局

南

丁冲二 乙死雀	庚任七 甲驚陳	壬蓬九 己開合
癸芮一 戊景地	丙 三 丙 輔	戊心五 癸休陰
己柱六 壬杜天	甲英八 庚傷符	乙禽四 丁生蛇

東　　西

北

陰六局

南

甲冲五 庚驚符	庚任一 丁開天	丁蓬三 壬休地
丙芮四 甲死蛇	己 六 己 輔	壬心八 乙生雀
癸柱九 丙景陰	戊英二 癸杜合	乙禽七 戊傷陳

東　　西

北

陰九局

南

戊冲八 癸驚合	丙任四 戊開陰	庚蓬六 丙休蛇
癸芮七 丁死陳	壬 九 壬 輔	甲心二 庚生符
丁柱三 己景雀	己英五 乙杜地	乙禽一 甲傷天

東　　西

北

庚午日 | 庚辰日

庚午日

南 ／ 陰三局

己心二 乙驚雀	癸芮七 辛開陳	丁輔九 己休合
辛禽一 甲死地	丙 三 丙 柱	庚英五 癸生陰
乙蓬六 壬景天	甲冲八 庚杜符	壬任四 丁傷蛇

東 ／ 西 ／ **北**

南 ／ 陰六局

甲心五 庚驚符	癸芮一 丁開天	丙輔三 壬休地
乙禽四 辛死蛇	己 六 己 柱	辛英八 乙生雀
壬蓬九 丙景陰	丁冲二 癸杜合	庚任七 甲傷陳

東 ／ 西 ／ **北**

南 ／ 陰九局

己心八 癸死合	丁芮四 甲驚陰	癸輔六 丙開蛇
乙禽七 丁景陳	壬 九 壬 柱	甲英二 庚休符
辛蓬三 己杜雀	庚冲五 乙傷地	丙任一 辛生天

東 ／ 西 ／ **北**

庚辰日

南 ／ 陰二局

癸禽一 丙休蛇	甲蓬六 庚生符	辛冲八 戊傷天
壬輔九 乙開陰	丁 二 丁 心	乙任四 壬杜地
戊英五 辛驚合	庚芮七 甲死陳	丙柱三 癸景雀

東 ／ 西 ／ **北**

南 ／ 陰五局

癸禽四 甲休天	辛蓬九 癸生地	丙冲二 辛傷雀
甲輔三 庚開符	戊 五 戊 心	乙任七 丙杜陳
庚英八 丁驚蛇	丁芮一 壬死陰	壬柱六 乙景合

東 ／ 西 ／ **北**

南 ／ 陰八局

癸禽七 壬生陳	壬蓬三 乙傷合	乙冲五 丁杜陰
戊輔六 癸休雀	辛 八 辛 心	丁任一 甲景蛇
丙英二 戊開地	庚芮四 丙驚天	甲柱九 庚死符

東 ／ 西 ／ **北**

庚戌日

陰二局

南

戊丙一 丙生蛇	甲柱六 庚傷符	癸英八 戊杜天
庚蓬九 乙休陰	丁　二 丁　冲	己禽四 甲景地
丙心五 辛開合	乙任七 己驚陳	辛輔三 癸死雀

東　　西

北

陰五局

南

己丙四 己休天	癸柱九 癸生地	辛英二 辛傷雀
庚蓬三 庚開符	戊　五 戊　冲	丙禽七 丙杜陳
丁心八 丁驚蛇	甲任一 甲死陰	乙輔六 乙景合

東　　西

北

陰八局

南

庚丙七 甲休陳	丙柱三 乙生合	戊英五 丁傷陰
己蓬六 癸開雀	辛　八 辛　冲	癸禽一 己杜蛇
丁心二 戊驚地	乙任四 丙死天	甲輔九 庚景符

東　　西

北

庚申日

陰一局

南

丁蓬九 丁杜地	己心五 己景雀	乙任七 乙死陳
丙英八 丙傷天	甲　一 甲　芮	辛輔三 辛驚合
庚禽四 庚生符	戊柱六 戊休蛇	壬冲二 壬開陰

東　　西

北

陰四局

南

丙蓬三 戊開陰	辛心八 壬休蛇	甲任一 庚生符
丁英二 己驚合	乙　四 乙　芮	己輔六 丁傷天
庚禽七 甲死陳	壬柱九 辛景雀	戊冲五 丙杜地

東　　西

北

陰七局

南

辛蓬六 辛杜合	丙心二 丙景陰	甲任四 甲死蛇
壬英五 壬傷陳	庚　七 庚　芮	戊輔九 戊驚符
乙禽一 乙生雀	丁柱三 丁休地	己冲八 己開天

東　　西

北

辛卯日　　　　辛丑日

辛卯日　陰三局

南

丁禽二 乙生蛇	甲蓬七 辛傷符	壬冲九 己杜天
癸輔一 戊休陰	丙 三 丙 心	戊任五 癸景地
己英六 壬開合	辛芮八 甲驚陳	乙柱四 丁死雀

東　　西

北

辛丑日　陰二局

南

丙輔一 丙景地	庚英六 庚死雀	戊芮八 戊驚陳
乙冲九 乙杜天	丁 二 丁 禽	壬柱四 壬開合
甲任五 甲傷符	己蓬七 己生蛇	癸心三 癸休陰

東　　西

北

辛卯日　陰六局

南

丁禽五 甲開天	壬蓬一 丁休地	乙冲三 壬生雀
甲輔四 辛驚符	己 六 己 心	戊任八 乙傷陳
辛英九 丙死蛇	丙芮二 癸景陰	癸柱七 戊杜合

東　　西

北

辛丑日　陰五局

南

己輔四 己死陰	癸英九 癸驚蛇	甲芮二 甲開符
庚冲三 庚景合	戊 五 戊 禽	丙柱七 丙休天
丁任八 丁杜陳	壬蓬一 壬傷雀	乙心六 乙生地

東　　西

北

辛卯日　陰九局

南

丁禽八 癸死陳	癸蓬四 戊驚合	戊冲六 丙開陰
己輔七 丁景雀	壬 九 壬 心	丙任二 甲休蛇
乙英三 己杜地	辛芮五 乙傷天	甲柱一 辛生符

東　　西

北

辛丑日　陰八局

南

壬輔七 壬驚合	乙英三 乙開陰	丁芮五 丁休蛇
癸冲六 癸死陳	甲 八 甲 禽	己柱一 己生符
戊任二 戊景雀	丙蓬四 丙杜地	庚心九 庚傷天

東　　西

北

辛未日

南

陰二局

	南		
癸柱一 / 丙死地	己冲六 / 庚驚雀	辛禽八 / 甲開陳	
壬心九 / 乙景天	丁 二 / 丁 任	乙蓬四 / 壬休合	西
甲芮五 / 辛杜符	庚輔七 / 己傷蛇	丙英三 / 癸生陰	

東 ／ 北

陰五局

	南		
己柱四 / 己驚陰	癸冲九 / 癸開蛇	辛禽二 / 辛休符	
庚心三 / 庚死合	甲 五 / 甲 任	丙蓬七 / 丙生天	西
丁芮八 / 丁景陳	壬輔一 / 壬杜雀	乙英六 / 乙傷地	

東 ／ 北

陰八局

	南		
壬柱七 / 壬景合	乙冲三 / 乙死陰	丁禽五 / 丁驚蛇	
癸心六 / 癸杜陳	辛 八 / 辛 任	己蓬一 / 己開符	西
甲芮二 / 甲傷雀	丙輔四 / 丙生地	庚英九 / 庚休天	

東 ／ 北

辛巳日

陰一局

	南		
庚心九 / 丁傷合	丙芮五 / 甲杜陰	丁輔七 / 乙景蛇	
戊禽八 / 丙生陳	癸 一 / 癸 柱	甲英三 / 辛死符	西
壬蓬四 / 庚休雀	辛冲六 / 戊開地	乙任二 / 壬驚天	

東 ／ 北

陰四局

	南		
庚心三 / 戊杜雀	丁芮八 / 壬景陳	丙輔一 / 庚死合	
壬禽二 / 甲傷地	乙 四 / 乙 柱	辛英六 / 丁驚陰	西
戊蓬七 / 癸生天	甲冲九 / 辛休符	癸任五 / 丙開蛇	

東 ／ 北

陰七局

	南		
甲心六 / 辛生符	丁芮二 / 丙傷天	乙輔四 / 癸杜地	
戊禽五 / 壬休蛇	庚 七 / 庚 柱	壬英九 / 戊景雀	西
癸蓬一 / 乙開陰	丙冲三 / 丁驚合	辛任八 / 甲死陳	

東 ／ 北

辛亥日

南

己冲九 丁杜合	乙任五 己景陰	辛蓬七 乙死蛇
丁芮八 丙傷陳	癸 一 輔 癸	甲心三 辛驚符
丙柱四 庚生雀	庚英六 戊休地	戊禽二 甲開天

東　西

北

南

丙冲三 戊傷雀	辛任八 甲杜陳	癸蓬一 庚景合
丁芮二 己生地	乙 四 輔 乙	己心六 丁死陰
庚柱七 癸休天	甲英九 辛開符	戊禽五 丙驚蛇

東　西

北

南

甲冲六 辛杜符	辛任二 丙景天	丙蓬四 癸死地
乙芮五 甲傷蛇	庚 七 輔 庚	癸心九 戊驚雀
丁柱一 乙生陰	己英三 丁休合	戊禽八 己開陳

東　西

北

辛酉日

南

己芮二 乙死蛇	甲柱七 辛驚符	丁英九 己開天
辛蓬一 戊景陰	丙 三 冲 丙	庚禽五 甲休地
乙心六 壬杜合	戊任八 庚傷陳	壬輔四 丁生雀

東　西

北

南

丙芮五 庚生天	辛柱一 丁傷地	庚英三 壬杜雀
甲蓬四 辛休符	己 六 冲 己	丁禽八 乙景陳
戊心九 丙開蛇	乙任二 甲驚陰	壬輔七 戊死合

東　西

北

南

辛芮八 甲開陳	乙柱四 戊休合	己英六 丙生陰
庚蓬七 丁驚雀	壬 九 冲 壬	丁禽二 庚傷蛇
丙心三 己死地	戊任五 乙景天	甲輔一 辛杜符

東　西

北

壬寅日

陰一局

南

丙禽九 丁休陳	丁蓬五 己生合	己冲七 乙傷陰
庚輔八 丙開雀	癸　一 癸　心	乙任三 甲杜蛇
戊英四 庚驚地	壬丙六 戊死天	甲柱二 壬景符

東　　　西

北

陰四局

南

丙禽三 戊驚蛇	甲蓬八 壬開符	癸冲一 庚休天
丁輔二 己死陰	乙　四 乙　心	己任六 丁生地
庚英七 癸景合	壬丙九 甲杜陳	戊柱五 丙傷雀

東　　　西

北

陰七局

南

丙禽六 甲杜天	癸蓬二 丙景地	戊冲四 癸死雀
甲輔五 壬傷符	庚　七 庚　心	己任九 戊驚陳
壬英一 乙生蛇	乙丙三 丁休陰	丁柱八 己開合

東　　　西

北

壬子日

陰三局

南

乙輔二 乙休地	辛英七 辛生雀	己丙九 己傷陳
戊冲一 戊開天	丙　三 丙　禽	癸柱五 癸杜合
甲任六 甲驚符	庚蓬八 庚死蛇	丁心四 丁景陰

東　　　西

北

陰六局

南

庚輔五 庚驚陰	丁英一 丁開蛇	甲丙三 甲休符
辛冲四 辛死合	己　六 己　禽	乙柱八 乙生天
丙任九 丙景陳	癸蓬二 癸杜雀	戊心七 戊傷地

東　　　西

北

陰九局

南

癸輔八 癸死合	戊英四 戊驚陰	丙丙六 丙開蛇
丁冲七 丁景陳	甲　九 甲　禽	庚柱二 庚休符
己任三 己杜雀	乙蓬五 乙傷地	辛心一 辛生天

東　　　西

北

壬　午　日

陰三局

南

東			西
丁柱二 乙驚地	庚冲七 辛開雀	壬禽九 甲休陳	
癸心一 戊死天	丙　三 丙　任	戊蓬五 癸生合	
甲芮六 壬景符	辛輔八 庚杜蛇	乙英四 丁傷陰	

北

陰六局

南

東			西
庚柱五 庚死陰	丁冲一 丁驚蛇	壬禽三 壬開符	
辛心四 辛景合	甲　六 甲　任	乙蓬八 乙休天	
丙芮九 丙杜陳	癸輔二 癸傷雀	戊英七 戊生地	

北

陰九局

南

東			西
癸柱八 癸休合	戊冲四 戊生陰	丙禽六 丙傷蛇	
丁心七 丁開陳	壬　九 壬　任	庚蓬二 庚杜符	
甲芮三 甲驚雀	乙輔五 乙死地	辛英一 辛景天	

北

壬　辰　日

陰二局

南

東			西
辛心一 丙開合	乙芮六 甲休陰	丙輔八 戊生蛇	
己禽九 乙驚陳	丁　二 丁　柱	甲英四 壬傷符	
癸蓬五 辛死雀	壬冲七 己景地	戊任三 癸杜天	

北

陰五局

南

東			西
辛心四 己傷雀	丙芮九 癸杜陳	乙輔二 辛景合	
癸禽三 甲生地	戊　五 戊　柱	壬英七 丙死陰	
己蓬八 丁休天	甲冲一 壬開符	丁任六 乙驚蛇	

北

陰八局

南

東			西
甲心七 壬景符	丙芮三 乙死天	戊輔五 丁驚地	
己禽六 癸杜蛇	辛　八 辛　柱	癸英一 己開雀	
丁蓬二 戊傷陰	乙冲四 丙生合	壬任九 甲休陳	

北

壬戌日

南

陰二局

庚冲一 丙景合	戊任六 庚死陰	壬蓬八 戊驚蛇
丙芮九 乙杜陳	丁二 丁輔	甲心四 壬開符
乙柱五 辛傷雀	辛英七 己生地	己禽三 甲休天

東　　西

北

南

陰五局

乙冲四 己開雀	壬任九 甲休陳	丁蓬二 辛生合
丙芮三 庚驚地	戊五 戊輔	庚心七 丙傷陰
辛柱八 丁死天	甲英一 壬景符	己禽六 乙杜蛇

東　　西

北

南

陰八局

甲冲七 壬傷符	壬任三 乙杜天	乙蓬五 丁景地
戊芮六 甲生蛇	辛八 辛輔	丁心一 己死雀
丙柱二 戊休陰	庚英四 丙開合	己禽九 庚驚陳

東　　西

北

壬申日

南

陰一局

己任九 丁驚陳	乙輔五 己開合	辛心七 乙休陰
丁柱八 丙死雀	癸一 癸英	壬芮三 辛生蛇
丙冲四 庚景地	庚禽六 甲杜天	甲蓬二 壬傷符

東　　西

北

南

陰四局

己任三 甲杜蛇	甲輔八 壬景符	壬心一 庚死天
癸柱二 己傷陰	乙四 乙英	庚芮六 丁驚地
辛冲七 癸生合	丙禽九 辛休陳	丁蓬五 丙開雀

東　　西

北

南

陰七局

己任六 辛休天	丁輔二 丙生地	乙心四 癸傷雀
甲柱五 壬開符	庚七 庚英	壬芮九 甲杜陳
癸冲一 乙驚蛇	丙禽三 丁死陰	辛蓬八 己景合

東　　西

北

癸卯日

南

陰三局

壬 心 二 乙 杜 合	戊 芮 七 甲 景 陰	乙 輔 九 己 死 蛇
庚 禽 一 戊 傷 陳	丙　　三 丙　柱	甲 英 五 癸 驚 符
丁 蓬 六 壬 生 雀	癸 冲 八 庚 休 地	己 任 四 丁 開 天

東　　　　　　　　　　　　　西

北

南

陰六局

壬 心 五 庚 杜 雀	乙 芮 一 丁 景 陳	戊 輔 三 壬 死 合
丁 禽 四 甲 傷 地	己　　六 己　柱	癸 英 八 乙 驚 陰
庚 蓬 九 丙 生 天	甲 冲 二 癸 休 符	丙 任 七 戊 開 蛇

東　　　　　　　　　　　　　西

北

南

陰九局

甲 心 八 癸 杜 符	乙 芮 四 戊 景 天	己 輔 六 丙 死 地
庚 禽 七 丁 傷 蛇	壬　　九 壬　柱	丁 英 二 庚 驚 雀
丙 蓬 三 己 生 陰	戊 冲 五 乙 休 合	癸 任 一 甲 開 陳

東　　　　　　　　　　　　　西

北

癸丑日

南

陰二局

乙 禽 一 丙 杜 陳	丙 蓬 六 庚 景 合	庚 冲 八 戊 死 陰
辛 輔 九 乙 傷 雀	丁　　二 丁　心	戊 任 四 甲 驚 蛇
己 英 五 辛 生 地	癸 芮 七 己 休 天	甲 柱 三 癸 開 符

東　　　　　　　　　　　　　西

北

南

陰五局

乙 禽 四 乙 杜 蛇	甲 蓬 九 癸 景 符	丁 冲 二 辛 死 天
丙 輔 三 庚 傷 陰	戊　　五 戊　心	庚 任 七 丙 驚 地
辛 英 八 丁 生 合	癸 芮 一 甲 休 陳	己 柱 六 乙 開 雀

東　　　　　　　　　　　　　西

北

南

陰八局

乙 禽 七 甲 杜 天	丁 蓬 三 乙 景 地	己 冲 五 丁 死 雀
甲 輔 六 癸 傷 符	辛　　八 辛　心	庚 任 一 己 驚 陳
癸 英 二 戊 生 蛇	戊 芮 四 丙 休 陰	丙 柱 九 庚 開 合

東　　　　　　　　　　　　　西

北

癸未日　　　　　癸巳日

癸未日

陰二局

南

庚英一 / 丙杜陳	戊禽六 / 庚景合	壬柱八 / 戊死陰
丙任九 / 乙傷雀	丁　二 / 丁蓬	癸冲四 / 壬驚蛇
乙輔五 / 辛生地	辛心七 / 甲休天	甲芮三 / 癸開符

東　　西

北

陰五局

南

甲英四 / 甲杜蛇	癸禽九 / 癸景符	辛柱二 / 辛死天
庚任三 / 庚傷陰	戊　五 / 戊蓬	丙冲七 / 丙驚地
丁輔八 / 丁生合	壬心一 / 壬休陳	乙芮六 / 乙開雀

東　　西

北

陰八局

南

癸英七 / 壬杜天	壬禽三 / 乙景地	乙柱五 / 丁死雀
戊任六 / 癸傷符	辛　八 / 辛蓬	丁冲一 / 甲驚陳
丙輔二 / 戊生蛇	庚心四 / 丙休陰	甲芮九 / 庚開合

東　　西

北

癸巳日

陰一局

南

丁柱九 / 丁杜合	己冲五 / 己景陰	乙禽七 / 乙死蛇
丙心八 / 丙傷陳	癸　一 / 癸任	辛蓬三 / 辛驚符
甲芮四 / 甲生雀	戊輔六 / 戊休地	壬英二 / 壬開天

東　　西

北

陰四局

南

丙柱三 / 戊杜地	辛冲八 / 壬景雀	癸禽一 / 甲死陳
丁心二 / 己傷天	乙　四 / 乙任	己蓬六 / 丁驚合
甲芮七 / 癸生符	壬輔九 / 辛休蛇	戊英五 / 丙開陰

東　　西

北

陰七局

南

辛柱六 / 辛杜陰	丙冲二 / 丙景蛇	癸禽四 / 癸死符
壬心五 / 壬傷合	甲　七 / 甲任	戊蓬九 / 戊驚天
乙芮一 / 乙生陳	丁輔三 / 丁休雀	己英八 / 己開地

東　　西

北

癸亥日

南

陰一局

丁輔九 丁杜合	己英五 己景陰	乙芮七 乙死蛇
丙冲八 丙傷陳	甲　一 甲　禽	辛柱三 辛驚符
庚任四 庚生雀	戊蓬六 戊休地	壬心二 壬開天

東　西

北

南

陰四局

戊輔三 戊杜地	壬英八 壬景雀	庚芮一 庚死陳
己冲二 己傷天	乙　四 乙　禽	丁柱六 丁驚合
甲任七 甲生符	辛蓬九 辛休蛇	丙心五 丙開陰

東　西

北

南

陰七局

辛輔六 辛杜陰	丙英二 丙景蛇	甲芮四 甲死符
壬冲五 壬傷合	庚　七 庚　禽	戊柱九 戊驚天
乙任一 乙生陳	丁蓬三 丁休雀	己心八 己開地

東　西

北

癸酉日

南

陰三局

丁任二 乙杜合	庚輔七 辛景陰	壬心九 己死蛇
癸柱一 甲傷陳	丙　三 丙　英	甲芮五 癸驚符
己冲六 壬生雀	辛禽八 庚休地	乙蓬四 丁開天

東　西

北

南

陰六局

辛任五 庚杜雀	庚輔一 丁景陳	丁心三 壬死合
丙柱四 辛傷地	己　六 己　英	壬芮八 乙驚陰
癸冲九 丙生天	甲禽二 癸休符	乙蓬七 甲開蛇

東　西

北

南

陰九局

甲任八 癸杜符	丙輔四 甲景天	庚心六 丙死地
癸柱七 丁傷蛇	壬　九 壬　英	辛芮二 庚驚雀
丁冲三 己生陰	己禽五 乙休合	乙蓬一 辛開陳

東　西

北

甲寅日

陽三局

南

己輔二 己杜陰	丁英七 丁景合	乙丙九 乙死陳
戊冲一 戊傷蛇	庚 三 庚 禽	壬柱五 壬驚雀
甲任六 甲生符	丙蓬八 丙休天	辛心四 辛開地

東　　　　西

北

陽六局

南

丙輔五 丙杜地	辛英一 辛景天	甲丙三 甲死符
丁冲四 丁傷雀	乙 六 乙 禽	己柱八 己驚蛇
庚任九 庚生陳	壬蓬二 壬休合	戊心七 戊開陰

東　　　　西

北

陽九局

南

壬輔八 壬杜陰	戊英四 戊景合	庚丙六 庚死陳
辛冲七 辛傷蛇	甲 九 甲 禽	丙柱二 丙驚雀
乙任三 乙生符	己蓬五 己休天	丁心一 丁開地

東　　　　西

北

甲子日

陽一局

南

辛輔九 辛杜合	乙英五 乙景陳	己丙七 己死雀
庚冲八 庚傷陰	壬 一 壬 禽	丁柱三 丁驚地
丙任四 丙生蛇	甲蓬六 甲休符	癸心二 癸開天

東　　　　西

北

陽四局

南

甲輔三 甲杜符	癸英八 癸景蛇	丙丙一 丙死陰
乙冲二 乙傷天	己 四 己 禽	辛柱六 辛驚合
壬任七 壬生地	丁蓬九 丁休雀	庚心五 庚開陳

東　　　　西

北

陽七局

南

丁輔六 丁杜雀	庚英二 庚景地	壬丙四 壬死天
癸冲五 癸傷陳	丙 七 丙 禽	甲柱九 甲驚符
己任一 己生合	辛蓬三 辛休陰	乙心八 乙開蛇

東　　　　西

北

甲午日

南

甲輔九 甲杜符	乙英五 乙景蛇	己芮七 己死陰
庚冲八 庚傷天	壬　一 壬　禽	丁柱三 丁驚合
丙任四 丙生地	戊蓬六 戊休雀	癸心二 癸開陳

東　　　　　　　　西　陽一局

北

南

戊輔三 戊杜雀	癸英八 癸景地	丙芮一 丙死天
乙冲二 乙傷陳	己　四 己　禽	甲柱六 甲驚符
壬任七 壬生合	丁蓬九 丁休陰	庚心五 庚開蛇

東　　　　　　　　西　陽四局

北

南

丁輔六 丁杜合	庚英二 庚景陳	壬芮四 壬死雀
癸冲五 癸傷陰	丙　七 丙　禽	戊柱九 戊驚地
己任一 己生蛇	甲蓬三 甲休符	乙心八 乙開天

東　　　　　　　　西　陽七局

北

甲辰日

南

庚輔一 庚杜陳	丙英六 丙景雀	戊芮八 戊死地
己冲九 己傷合	辛　二 辛　禽	癸柱四 癸驚天
丁任五 丁生陰	乙蓬七 乙休蛇	甲心三 甲開符

東　　　　　　　　西　陽二局

北

南

乙輔四 乙杜天	甲英九 甲景符	丁芮二 丁死蛇
丙冲三 丙傷地	戊　五 戊　禽	庚柱七 庚驚陰
辛任八 辛生雀	癸蓬一 癸休陳	己心六 己開合

東　　　　　　　　西　陽五局

北

南

癸輔七 癸杜蛇	己英三 己景陰	辛芮五 辛死合
甲冲六 甲傷符	丁　八 丁　禽	乙柱一 乙驚陳
戊任二 戊生天	庚蓬四 庚休地	丙心九 丙開雀

東　　　　　　　　西　陽八局

北

甲戌日

陽二局

南

庚輔一 庚杜蛇	丙英六 丙景陰	戊芮八 戊死合
甲冲九 甲傷符	辛二 辛禽	癸柱四 癸驚陳
丁任五 丁生天	乙蓬七 乙休地	壬心三 壬開雀

東　西

北

陽五局

南

乙輔四 乙杜陳	壬英九 壬景雀	丁芮二 丁死地
丙冲三 丙傷合	戊五 戊禽	庚柱七 庚驚天
辛任八 辛生陰	癸蓬一 癸休蛇	甲心六 甲開符

東　西

北

陽八局

南

癸輔七 癸杜天	甲英三 甲景符	辛芮五 辛死蛇
壬冲六 壬傷地	丁八 丁禽	乙柱一 乙驚陰
戊任二 戊生雀	庚蓬四 庚休陳	丙心九 丙開合

東　西

北

甲申日

陽三局

南

己輔二 己杜陰	丁英七 丁景合	乙芮九 乙死陳
戊冲一 戊傷蛇	甲三 甲禽	壬柱五 壬驚雀
癸任六 癸生符	丙蓬八 丙休天	辛心四 辛開地

東　西

北

陽六局

南

丙輔五 丙杜陰	辛英一 辛景合	癸芮三 癸死陳
丁冲四 丁傷蛇	乙六 乙禽	己柱八 己驚雀
甲任九 甲生符	壬蓬二 壬休天	戊心七 戊開地

東　西

北

陽九局

南

壬輔八 壬杜地	戊英四 戊景天	甲芮六 甲死符
辛冲七 辛傷雀	癸九 癸禽	丙柱二 丙驚蛇
乙任三 乙生陳	己蓬五 己休合	丁心一 丁開陰

東　西

北

乙　卯　日　　　　　　乙　丑　日

南　　　　　　　　　　　　　南

丁蓬九 辛景天	甲心五 乙死符	戊任七 己驚蛇
己英八 庚杜地	壬　一 壬　芮	丙輔三 丁開陰
乙禽四 丙傷雀	辛柱六 戊生陳	庚冲二 甲休合

陽一局

乙禽一 庚驚合	丁蓬六 丙開陳	己冲八 甲休雀
壬輔九 己死陰	辛　二 辛　心	庚任四 癸生地
癸英五 丁景蛇	甲芮七 乙杜符	丙柱三 壬傷天

陽二局

東　　　　　　　　西　　　　　東　　　　　　　　西

北　　　　　　　　　　　　　北

南　　　　　　　　　　　　　南

丙蓬三 戊開蛇	辛心八 甲休陰	庚任一 丙生合
甲英二 乙驚符	己　四 己　芮	丁輔六 辛傷陳
戊禽七 壬死天	乙柱九 丁景地	壬冲五 庚杜雀

陽四局

乙禽四 乙生符	壬蓬九 壬傷蛇	丁冲二 丁杜陰
丙輔三 丙休天	甲　五 甲　心	庚任七 庚景合
辛英八 辛開地	癸芮一 癸驚雀	己柱六 己死陳

陽五局

東　　　　　　　　西　　　　　東　　　　　　　　西

北　　　　　　　　　　　　　北

南　　　　　　　　　　　　　南

戊蓬六 丁傷陳	乙心二 庚杜雀	辛任四 壬景地
壬英五 甲生合	丙　七 丙　芮	己輔九 戊死天
庚禽一 己休陰	丁柱三 辛開蛇	甲冲八 乙驚符

陽七局

乙禽七 癸杜雀	丙蓬三 己景地	庚冲五 辛死天
辛輔六 壬傷陳	丁　八 丁　心	甲任一 乙驚符
己英二 甲生合	癸芮四 庚休陰	壬柱九 丙開蛇

陽八局

東　　　　　　　　西　　　　　東　　　　　　　　西

北　　　　　　　　　　　　　北

乙未日

陽二局

<table>
<tr><td colspan="3" align="center">南</td></tr>
<tr>
<td>庚任一
庚生合</td>
<td>丙輔六
丙傷陳</td>
<td>戊心八
戊杜雀</td>
</tr>
<tr>
<td>己柱九
己休陰</td>
<td>甲　二
甲　英</td>
<td>癸芮四
癸景地</td>
</tr>
<tr>
<td>丁冲五
丁開蛇</td>
<td>乙禽七
乙驚符</td>
<td>壬蓬三
壬死天</td>
</tr>
<tr><td colspan="3" align="center">北</td></tr>
</table>

東　西

陽五局

<table>
<tr><td colspan="3" align="center">南</td></tr>
<tr>
<td>甲任四
乙休符</td>
<td>丙輔九
壬生蛇</td>
<td>乙心二
丁傷陰</td>
</tr>
<tr>
<td>癸柱三
丙開天</td>
<td>戊　五
戊　英</td>
<td>壬芮七
庚杜合</td>
</tr>
<tr>
<td>己冲八
甲驚地</td>
<td>庚禽一
癸死雀</td>
<td>丁蓬六
己景陳</td>
</tr>
<tr><td colspan="3" align="center">北</td></tr>
</table>

東　西

陽八局

<table>
<tr><td colspan="3" align="center">南</td></tr>
<tr>
<td>庚任七
甲驚雀</td>
<td>戊輔三
己開地</td>
<td>壬心五
辛休天</td>
</tr>
<tr>
<td>丙柱六
壬死陳</td>
<td>丁　八
丁　英</td>
<td>甲芮一
乙生符</td>
</tr>
<tr>
<td>乙冲二
戊景合</td>
<td>辛禽四
庚杜陰</td>
<td>己蓬九
丙傷蛇</td>
</tr>
<tr><td colspan="3" align="center">北</td></tr>
</table>

東　西

乙巳日

陽三局

<table>
<tr><td colspan="3" align="center">南</td></tr>
<tr>
<td>丁英二
己休地</td>
<td>乙禽七
丁生天</td>
<td>甲柱九
乙傷符</td>
</tr>
<tr>
<td>己任一
戊開雀</td>
<td>庚　三
庚　蓬</td>
<td>辛冲五
甲杜蛇</td>
</tr>
<tr>
<td>戊輔六
癸驚陳</td>
<td>癸心八
丙死合</td>
<td>丙芮四
辛景陰</td>
</tr>
<tr><td colspan="3" align="center">北</td></tr>
</table>

東　西

陽六局

<table>
<tr><td colspan="3" align="center">南</td></tr>
<tr>
<td>丙英五
丙驚陰</td>
<td>辛禽一
辛開合</td>
<td>癸柱三
癸休陳</td>
</tr>
<tr>
<td>丁任四
丁死蛇</td>
<td>乙　六
乙　蓬</td>
<td>己冲八
己生雀</td>
</tr>
<tr>
<td>庚輔九
庚景符</td>
<td>甲心二
甲杜天</td>
<td>戊芮七
戊傷地</td>
</tr>
<tr><td colspan="3" align="center">北</td></tr>
</table>

東　西

陽九局

<table>
<tr><td colspan="3" align="center">南</td></tr>
<tr>
<td>庚英八
甲杜陰</td>
<td>丙禽四
戊景合</td>
<td>丁柱六
庚死陳</td>
</tr>
<tr>
<td>戊任七
辛傷蛇</td>
<td>癸　九
癸　蓬</td>
<td>己冲二
丙驚雀</td>
</tr>
<tr>
<td>甲輔三
乙生符</td>
<td>辛心五
己休天</td>
<td>乙芮一
丁開地</td>
</tr>
<tr><td colspan="3" align="center">北</td></tr>
</table>

東　西

乙亥日

南

陽三局

	南	
癸心二 甲杜地	戊丙七 丁景天	甲輔九 乙死符
丙禽一 戊傷雀	庚 三 庚 柱	丁英五 壬驚蛇
辛蓬六 癸生陳	壬冲八 丙休合	乙任四 辛開陰

東　西

北

陽六局

	南	
丙心五 丙休陰	辛丙一 辛生合	癸輔三 癸傷陳
丁禽四 丁開蛇	乙 六 乙 柱	甲英八 甲杜雀
庚蓬九 庚驚符	壬冲二 壬死天	戊任七 戊景地

東　西

北

陽九局

	南	
辛心八 壬驚陰	壬丙四 戊開合	戊輔六 庚休陳
乙禽七 辛死蛇	癸 九 癸 柱	庚英二 丙生雀
甲蓬三 乙景符	丁冲五 甲杜天	丙任一 丁傷地

東　西

北

乙酉日

南

陽一局

	南	
丙心九 辛傷天	甲丙五 乙杜符	辛輔七 己景蛇
戊禽八 甲生地	壬 一 壬 柱	乙英三 丁死陰
癸蓬四 丙休雀	丁冲六 戊開陳	己任二 癸驚合

東　西

北

陽四局

	南	
丁心三 戊景蛇	壬丙八 癸死陰	乙輔一 丙驚合
甲禽二 乙杜符	己 四 己 柱	戊英六 辛開陳
辛蓬七 壬傷天	丙冲九 丁生地	癸任五 甲休雀

東　西

北

陽七局

	南	
己心六 丁開陳	癸丙二 甲休雀	丁輔四 壬生地
辛禽五 癸驚合	丙 七 丙 柱	甲英九 戊傷天
乙蓬一 己死陰	戊冲三 辛景蛇	壬任八 乙杜符

東　西

北

丙寅日　　　　丙子日

丙寅日

陽三局

南

乙心二 己杜合	壬芮七 丁景陳	辛輔九 乙死雀
丁禽一 甲傷陰	庚　三 庚　柱	丙英五 壬驚地
己蓬六 癸生蛇	甲冲八 丙休符	癸任四 辛開天

東　西

北

陽六局

南

甲心五 丙生符	壬芮一 辛傷蛇	庚輔三 癸杜陰
己禽四 丁休天	乙　六 乙　柱	丁英八 己景合
癸蓬九 庚開地	辛冲二 壬驚雀	丙任七 甲死陰

東　西

北

陽九局

南

乙心八 壬傷雀	辛芮四 甲杜地	壬輔六 庚景天
己禽七 辛生陳	癸　九 癸　柱	甲英二 丙死符
丁蓬三 乙休合	丙冲五 己開陰	庚任一 丁驚蛇

東　西

北

丙子日

陽一局

南

癸柱九 辛死陰	戊冲五 乙驚合	丙禽七 甲開陳
丁心八 庚景蛇	壬　一 壬　任	庚蓬三 丁休雀
甲芮四 丙杜符	乙輔六 戊傷天	辛英二 癸生地

東　西

北

陽四局

南

戊柱三 戊傷地	癸冲八 癸杜天	丙禽一 丙景符
乙心二 乙生雀	甲　四 甲　任	辛蓬六 辛死蛇
壬芮七 壬休陳	丁輔九 丁開合	庚英五 庚驚陰

東　西

北

陽七局

南

丁柱六 丁景陰	庚冲二 庚死合	壬禽四 壬驚陳
癸心五 癸杜蛇	丙　七 丙　任	戊蓬九 戊開雀
甲芮一 甲傷符	辛輔三 辛生天	乙英八 乙休地

東　西

北

丙　午　日

南

陽一局

辛蓬九 辛傷陰	乙心五 乙杜合	己任七 己景陳
庚英八 庚生蛇	甲　一 甲　芮	丁輔三 丁死雀
丙禽四 丙休符	戊柱六 戊開天	癸冲二 癸驚地

東　　西

北

南

陽四局

庚蓬三 戊景地	丁心八 癸死天	甲任一 丙驚符
辛英二 乙杜雀	己　四 己　芮	乙輔六 辛開蛇
丙禽七 甲傷陳	癸柱九 丁生合	戊冲五 庚休陰

東　　西

北

南

陽七局

丁蓬六 丁死陰	庚心二 庚驚合	甲任四 甲開陳
癸英五 癸景蛇	丙　七 丙　芮	戊輔九 戊休雀
己禽一 己杜符	辛柱三 辛傷天	乙冲八 乙生地

東　　西

北

丙　辰　日

南

陽二局

戊芮一 庚死天	甲柱六 丙驚符	壬英八 戊開蛇
丙蓬九 己景地	辛　二 辛　冲	乙禽四 甲休陰
庚心五 丁杜雀	己任七 乙傷陳	丁輔三 壬生合

東　　西

北

南

陽五局

辛芮四 乙生蛇	丙柱九 壬傷陰	乙英二 丁杜合
甲蓬三 丙休符	戊　五 戊　冲	壬禽七 庚景陳
己心八 辛開天	庚任一 甲驚地	丁輔六 己死雀

東　　西

北

南

陽八局

丙芮七 甲開陳	庚柱三 己休雀	戊英五 辛生地
乙蓬六 壬驚合	丁　八 丁　冲	壬禽一 乙傷天
辛心二 戊死陰	己任四 庚景蛇	甲輔九 丙杜符

東　　西

北

丙戌日　　　丙申日

丙戌日

陽二局

南

己任一 甲開天	甲輔六 丙休符	丙心八 戊生蛇
丁柱九 己驚地	辛 二 辛 英	戊丙四 癸傷陰
乙冲五 丁死雀	壬禽七 乙景陳	癸蓬三 壬杜合

東　　　　西

北

陽五局

南

己任四 乙死蛇	癸輔九 壬驚陰	辛心二 丁開合
甲柱三 丙景符	戊 五 戊 英	丙丙七 甲休陳
丁冲八 辛杜天	壬禽一 癸傷地	乙蓬六 己生雀

東　　　　西

北

陽八局

南

己任七 癸生陳	辛輔三 己傷雀	乙心五 辛杜地
癸柱六 壬休合	丁 八 丁 英	丙丙一 乙景天
壬冲二 戊開陰	戊禽四 甲驚蛇	甲蓬九 丙死符

東　　　　西

北

丙申日

陽三局

南

戊英二 己生合	己禽七 丁傷陳	丁柱九 乙杜雀
癸任一 戊休陰	庚 三 庚 蓬	乙冲五 壬景地
丙輔六 癸開蛇	甲心八 丙驚符	壬丙四 甲死天

東　　　　西

北

陽六局

南

甲英五 丙傷符	癸禽一 甲杜蛇	己柱三 癸景陰
丙任四 丁生天	乙 六 乙 蓬	戊冲八 己死合
丁輔九 庚休地	庚心二 壬開雀	壬丙七 戊驚陳

東　　　　西

北

陽九局

南

丁英八 壬杜雀	己禽四 戊景地	乙柱六 庚死天
丙任七 甲傷陳	癸 九 癸 蓬	甲冲二 丙驚符
庚輔三 乙生合	戊心五 己休陰	壬丙一 丁開蛇

東　　　　西

北

丁 卯 日 　　　　　丁 丑 日

南　　　　　　　　　　　　　**南**

丁卯日

陽一局

南

己柱九 辛休雀	丁冲五 乙生地	癸禽七 己傷天
乙心八 庚開陳	壬 一 壬	甲蓬三 丁杜符
辛芮四 丙驚合	庚輔六 甲死陰	丙英二 癸景蛇

東　　　　西

北

陽四局

南

辛柱三 甲休合	庚冲八 癸生陳	丁禽一 丙傷雀
丙心二 乙開陰	己 四 己	壬蓬六 辛杜地
癸芮七 壬驚蛇	甲輔九 丁死符	乙英五 庚景天

東　　　　西

北

陽七局

南

甲柱六 丁生符	乙冲二 庚傷蛇	辛禽四 壬杜陰
壬心五 癸休天	丙 七 丙任	己蓬九 甲景合
庚芮一 己開地	丁輔三 辛驚雀	癸英八 乙死陳

東　　　　西

北

丁丑日

陽二局

南

丙任一 庚驚陰	戊輔六 丙開合	癸心八 戊休陳
庚柱九 甲死蛇	辛 二 辛英	壬芮四 癸生雀
甲冲五 丁景符	丁禽七 乙杜天	乙蓬三 壬傷地

東　　　　西

北

陽五局

南

丁任四 乙驚地	庚輔九 壬開天	甲心二 丁休符
壬柱三 丙死雀	戊 五 戊英	癸芮七 庚生蛇
乙冲八 辛景陳	辛禽一 癸杜合	辛蓬六 甲傷陰

東　　　　西

北

陽八局

南

癸任七 癸死陰	甲輔三 甲驚合	辛心五 辛開陳
壬柱六 壬景蛇	丁 八 丁英	乙芮一 乙休雀
戊冲二 戊杜符	庚禽四 庚傷天	丙蓬九 丙生地

東　　　　西

北

丁未日

南　陽二局

東			西
丁芮一　庚驚陰	己柱六　丙開合	庚英八　戊休陳	
乙蓬九　己死蛇	辛　二　辛　冲	丙禽四　癸生雀	
甲心五　丁景符	癸任七　乙杜天	戊輔三　甲傷地	

北

南　陽五局

東			西
丙芮四　乙死地	乙柱九　甲驚天	甲英二　丁開符	
辛蓬三　丙景雀	戊　五　戊　冲	丁禽七　庚休蛇	
癸心八　辛杜陳	己任一　癸傷合	庚輔六　己生陰	

北

南　陽八局

東			西
癸芮七　癸驚陰	己柱三　己開合	辛英五　辛休陳	
甲蓬六　甲死蛇	丁　八　丁　冲	乙禽一　乙生雀	
戊心二　戊景符	庚任四　庚杜天	丙輔九　丙傷地	

北

丁巳日

南　陽三局

東			西
丙冲二　己開天	甲任七　丁休符	戊蓬九　乙生蛇	
辛芮一　戊驚地	庚　三　庚　輔	己心五　壬傷陰	
壬柱六　甲死雀	乙英八　丙景陳	丁禽四　辛杜合	

北

南　陽六局

東			西
己冲五　丙杜蛇	戊任一　辛景陰	壬蓬三　甲死合	
甲芮四　丁傷符	乙　六　乙　輔	庚心八　己驚陳	
辛柱九　庚生天	丙英二　壬休地	丁禽七　戊開雀	

北

南　陽九局

東			西
壬冲八　壬開陳	戊任四　戊休雀	庚蓬六　庚生地	
辛芮七　辛驚合	甲　九　甲　輔	丙心二　丙傷天	
乙柱三　乙死陰	己英五　己景蛇	丁禽一　丁杜符	

北

丁亥日

陽三局

南

己英二 / 己開天	丁禽七 / 丁休符	乙柱九 / 乙生蛇
戊任一 / 戊驚地	甲 三 / 甲 蓬	壬冲五 / 壬傷陰
癸輔六 / 癸死雀	丙心八 / 丙景陳	辛芮四 / 辛杜合

東 ／ 西

北

陽六局

南

丁英五 / 丙開蛇	丙禽一 / 辛休陰	辛柱三 / 癸生合
甲任四 / 丁驚符	乙 六 / 乙 蓬	癸冲八 / 己傷陳
壬輔九 / 甲死天	戊心二 / 壬景地	己芮七 / 戊杜雀

東 ／ 西

北

陽九局

南

乙英八 / 壬杜陳	辛禽四 / 戊景雀	壬柱六 / 甲死地
己任七 / 辛傷合	癸 九 / 癸 蓬	戊冲二 / 丙驚天
丁輔三 / 乙生陰	丙心五 / 己休蛇	甲芮一 / 丁開符

東 ／ 西

北

丁酉日

陽一局

南

戊蓬九 / 甲休雀	丙心五 / 乙生地	庚任七 / 己傷天
癸英八 / 庚開陳	壬 一 / 壬 芮	甲輔三 / 丁杜符
丁禽四 / 丙驚合	己柱六 / 戊死陰	乙冲二 / 癸景蛇

東 ／ 西

北

陽四局

南

壬蓬三 / 戊生合	乙心八 / 癸傷陳	戊任一 / 丙杜雀
丁英二 / 乙休陰	己 四 / 己 芮	癸輔六 / 甲景地
庚禽七 / 壬開蛇	甲柱九 / 丁驚符	丙冲五 / 庚死天

東 ／ 西

北

陽七局

南

甲蓬六 / 丁休符	己心二 / 庚生蛇	癸任四 / 壬傷陰
乙英五 / 癸開天	丙 七 / 丙 芮	丁輔九 / 戊杜合
戊禽一 / 己驚地	壬柱三 / 甲死雀	庚冲八 / 乙景陳

東 ／ 西

北

戊寅日

南　陽三局

東			西
丁禽二 甲死蛇	乙蓬七 丁驚陰	壬冲九 乙開合	
甲輔一 戊景符	庚　三 庚　心	辛任五 壬休陳	
戊英六 癸杜天	癸芮八 丙傷地	丙柱四 辛生雀	

北

南　陽六局

東			西
丁禽五 丙景陳	丙蓬一 辛死雀	辛冲三 癸驚地	
庚輔四 丁杜合	乙　六 乙　心	癸任八 甲開天	
壬英九 庚傷陰	戊芮二 壬生蛇	甲柱七 戊休符	

北

南　陽九局

東			西
丁禽八 壬杜天	甲蓬四 戊景符	乙冲六 庚死蛇	
丙輔七 辛傷地	癸　九 癸　心	辛任二 丙驚陰	
庚英三 乙生雀	戊芮五 甲休陳	壬柱一 丁開合	

北

戊子日

南　陽一局

東			西
己心九 辛開合	丁芮五 乙休陳	癸輔七 己生雀	
乙禽八 甲驚陰	壬　一 壬　柱	戊英三 丁傷地	
辛蓬四 丙死蛇	甲冲六 戊景符	丙任二 癸杜天	

北

南　陽四局

東			西
甲心三 戊傷符	丁芮八 癸杜蛇	壬輔一 丙景陰	
辛禽二 乙生天	己　四 己　柱	乙英六 辛死合	
丙蓬七 壬休地	癸冲九 丁開雀	戊任五 甲驚陳	

北

南　陽七局

東			西
己心六 丁景雀	癸芮二 甲死地	丁輔四 壬驚天	
辛禽五 癸杜陳	丙　七 丙　柱	甲英九 戊開符	
乙蓬一 己傷合	戊冲三 辛生陰	壬任八 乙休蛇	

北

戊午日

陽一局

南

庚英九 / 辛傷合	辛禽五 / 乙杜陳	乙柱七 / 己景雀
丙任八 / 庚生陰	壬一 / 壬蓬	己冲三 / 丁死地
戊輔四 / 丙休蛇	甲心六 / 戊開符	丁芮二 / 甲驚天

東　　西　　北

陽四局

南

甲英三 / 戊景符	丙禽八 / 甲死蛇	辛柱一 / 丙驚陰
戊任二 / 乙杜天	己四 / 己蓬	庚冲六 / 辛開合
乙輔七 / 壬傷地	壬心九 / 丁生雀	丁芮五 / 庚休陳

東　　西　　北

陽七局

南

乙英六 / 丁開雀	辛禽二 / 庚休地	己柱四 / 壬生天
戊任五 / 甲驚陳	丙七 / 丙蓬	甲冲九 / 戊傷符
壬輔一 / 己死合	庚心三 / 辛景陰	丁芮八 / 乙杜蛇

東　　西　　北

戊辰日

陽二局

南

庚輔一 / 庚生地	丙英六 / 丙傷天	甲芮八 / 甲杜符
己冲九 / 己休雀	辛二 / 辛禽	癸柱四 / 癸景蛇
丁任五 / 丁開陳	乙蓬七 / 乙驚合	壬心三 / 壬死陰

東　　西　　北

陽五局

南

乙輔四 / 乙景陰	壬英九 / 壬死合	丁芮二 / 丁驚陳
丙冲三 / 丙杜蛇	甲五 / 甲禽	庚柱七 / 庚開雀
辛任八 / 辛傷符	癸蓬一 / 癸生天	己心六 / 己休地

東　　西　　北

陽八局

南

癸輔七 / 癸傷陰	己英三 / 己杜合	辛芮五 / 辛景陳
壬冲六 / 壬生蛇	丁八 / 丁禽	乙柱一 / 乙死雀
甲任二 / 甲休符	庚蓬四 / 庚開天	丙心九 / 丙驚地

東　　西　　北

戊戌日

陽二局

南

庚柱一 庚景地	丙冲六 丙死天	戊禽八 戊驚符
己心九 己杜雀	甲　二　甲　任	癸蓬四 癸開蛇
丁芮五 丁傷陳	乙輔七 乙生合	壬英三 壬休陰

東　　　　　　　西

北

陽五局

南

乙柱四 乙傷陰	壬冲九 壬杜合	丁禽二 丁景陳
丙心三 丙生蛇	戊　五　戊　任	庚蓬七 庚死雀
甲芮八 甲休符	癸輔一 癸開天	己英六 己驚地

東　　　　　　　西

北

陽八局

南

丙柱七 癸生陰	庚冲三 己傷合	戊禽五 甲杜陳
乙心六 壬休蛇	丁　八　丁　任	壬蓬一 乙景雀
甲芮二 戊開符	己輔四 庚驚天	癸英九 丙死地

東　　　　　　　西

北

戊申日

陽三局

南

辛任二 己景蛇	丙輔七 丁死陰	癸心九 乙驚合
甲柱一 戊杜符	庚　三　庚　英	戊芮五 甲開陳
乙冲六 癸傷天	丁禽八 丙生地	己蓬四 辛休雀

東　　　　　　　西

北

陽六局

南

辛任五 丙杜陳	癸輔一 辛景雀	己心三 癸死地
丙柱四 丁傷合	乙　六　乙　英	戊芮八 己驚天
丁冲九 庚生陰	庚禽二 甲休蛇	甲蓬七 戊開符

東　　　　　　　西

北

陽九局

南

辛任八 甲死天	甲輔四 戊驚符	戊心六 庚開蛇
乙柱七 辛景地	癸　九　癸　英	庚芮二 丙休陰
己冲三 乙杜雀	丁禽五 己傷陳	丙蓬一 丁生合

東　　　　　　　西

北

己 卯 日

南　　　　　　　　　　　陽一局

辛輔九 辛傷地	乙英五 乙杜天	甲芮七 甲景符
庚冲八 庚生雀	壬　一 壬　禽	丁柱三 丁死蛇
丙任四 丙休陳	戊蓬六 戊開合	癸心二 癸驚陰

東　　西　　北

南　　　　　　　　　　　陽四局

戊輔三 戊休陰	癸英八 癸生合	丙芮一 丙傷陳
乙冲二 乙開蛇	甲　四 甲　禽	辛柱六 辛杜雀
壬任七 壬驚符	丁蓬九 丁死天	庚心五 庚景地

東　　西　　北

南　　　　　　　　　　　陽七局

丁輔六 丁生陰	庚英二 庚傷合	壬芮四 壬杜陳
癸冲五 癸休蛇	丙　七 丙　禽	戊柱九 戊景雀
甲任一 甲開符	辛蓬三 辛驚天	乙心八 乙死地

東　　西　　北

己 丑 日

南　　　　　　　　　　　陽二局

丙禽一 甲傷蛇	戊蓬六 丙杜陰	癸冲八 戊景合
甲輔九 己生符	辛　二 辛　心	壬任四 癸死陳
己英五 丁休天	丁芮七 乙開地	乙柱三 壬驚雀

東　　西　　北

南　　　　　　　　　　　陽五局

丙禽四 乙開陳	乙蓬九 壬休雀	壬冲二 丁生地
辛輔三 丙驚合	戊　五 戊　心	丁任七 甲傷天
癸英八 辛死陰	己芮一 癸景蛇	甲柱六 己杜符

東　　西　　北

南　　　　　　　　　　　陽八局

丙禽七 癸景天	甲蓬三 己死符	戊冲五 辛驚蛇
乙輔六 壬杜地	丁　八 丁　心	壬任一 乙開陰
辛英二 戊傷雀	己芮四 甲生陳	癸柱九 丙休合

東　　西　　北

己未日

陽二局

南

壬任一 庚開蛇	乙輔六 丙休陰	丁心八 戊生合
甲柱九 己驚符	辛 二 辛英	己芮四 甲傷陳
戊冲五 丁死天	丙禽七 乙景地	庚蓬三 壬杜雀

東　　　西

北

陽五局

南

壬任四 乙景陳	丁輔九 壬死雀	庚心二 丁驚地
乙柱三 丙杜合	戊 五 戊英	己芮七 庚開天
丙冲八 辛傷陰	辛禽一 甲生蛇	甲蓬六 己休符

東　　　西

北

陽八局

南

壬任七 甲傷天	甲輔三 己杜符	己心五 辛景蛇
戊柱六 壬生地	丁 八 丁英	辛芮一 乙死陰
庚冲二 戊休雀	丙禽四 庚開陳	乙蓬九 丙驚合

東　　　西

北

己巳日

陽三局

南

甲冲二 己景符	己任七 丁死蛇	丁蓬九 乙驚陰
癸芮一 甲杜天	庚 三 庚輔	乙心五 壬開合
丙柱六 癸傷地	辛英八 丙生雀	壬禽四 辛休陳

東　　　西

北

陽六局

南

辛冲五 丙死雀	癸任一 辛驚地	己蓬三 癸開天
丙芮四 丁景陳	乙 六 乙輔	甲心八 己休符
丁柱九 庚杜合	庚英二 壬傷陰	壬禽七 甲生蛇

東　　　西

北

陽九局

南

丁冲八 壬杜合	己任四 甲景陳	乙蓬六 庚死雀
丙芮七 辛傷陰	癸 九 癸輔	辛心二 丙驚地
庚柱三 乙生蛇	甲英五 己休符	壬禽一 丁開天

東　　　西

北

己　亥　日

陽三局

南

甲心二　己死符	丙芮七　丁驚蛇	癸輔九　乙開陰
壬禽一　戊景天	庚　三　庚柱	戊英五　壬休合
乙蓬六　癸杜地	丁冲八　丙傷雀	己任四　甲生陳

東　　西

北

陽六局

南

庚心五　丙杜雀	丁芮一　甲景地	丙輔三　癸死天
壬禽四　丁傷陳	乙　六　乙柱	甲英八　己驚符
戊蓬九　庚生合	己冲二　壬休陰	癸任七　戊開蛇

東　　西

北

陽九局

南

庚心八　壬景合	丙芮四　戊死陳	丁輔六　庚驚雀
戊禽七　甲杜陰	癸　九　癸柱	己英二　丙開地
壬蓬三　乙傷蛇	甲冲五　己生符	乙任一　丁休天

東　　西

北

己　酉　日

陽一局

南

辛柱九　辛休地	乙冲五　乙生天	己禽七　己傷符
庚心八　庚開雀	甲　一　甲任	丁蓬三　丁杜蛇
丙芮四　丙驚陳	戊輔六　戊死合	癸英二　癸景陰

東　　西

北

陽四局

南

戊柱三　戊生陰	癸冲八　癸傷合	丙禽一　丙杜陳
乙心二　乙休蛇	己　四　己任	辛蓬六　辛景雀
甲芮七　甲開符	丁輔九　丁驚天	庚英五　庚死地

東　　西

北

陽七局

南

乙柱六　丁傷陰	辛冲二　庚杜合	己禽四　甲景陳
戊心五　癸生蛇	丙　七　丙任	癸蓬九　戊死雀
甲芮一　己休符	庚輔三　辛開天	丁英八　乙驚地

東　　西

北

庚寅日

陽三局

南

己輔二	丁英七	乙芮九
己杜陰	丁景合	乙死陳
戊冲一	甲　三	壬柱五
戊傷蛇	甲　禽	壬驚雀
癸任六	丙蓬八	辛心四
癸生符	丙休天	辛開地

東　西

北

陽六局

南

丙輔五	辛英一	癸芮三
丙杜陰	辛景合	癸死陳
丁冲四	乙　六	己柱八
丁傷蛇	乙　禽	己驚雀
甲任九	壬蓬二	戊心七
甲生符	壬休天	戊開地

東　西

北

陽九局

南

壬輔八	戊英四	甲芮六
壬開地	戊休天	甲生符
辛冲七	癸　九	丙柱二
辛驚雀	癸　禽	丙傷蛇
乙任三	己蓬五	丁心一
乙死陳	己景合	丁杜陰

東　西

北

庚子日

陽一局

南

乙禽九	己蓬五	丁冲七
甲驚蛇	乙開陰	己休合
甲輔八	壬　一	癸任三
庚死符	壬　心	丁生陳
庚英四	丙芮六	戊柱二
丙景天	戊杜地	癸傷雀

東　西

北

陽四局

南

乙禽三	戊蓬八	癸冲一
戊驚陳	癸開雀	丙休地
壬輔二	己　四	丙任六
乙死合	己　心	甲生天
丁英七	庚芮九	甲柱五
壬景陰	丁杜蛇	庚傷符

東　西

北

陽七局

南

乙禽六	甲蓬二	己冲四
丁死天	庚驚符	壬開蛇
戊輔五	丙　七	癸任九
癸景地	丙　心	戊休陰
壬英一	庚芮三	丁柱八
己杜雀	甲傷陳	乙生合

東　西

北

庚 午 日

南 ／ 陽一局

丙芮九 辛死蛇	庚柱五 乙驚陰	辛英七 己開合
甲蓬八 庚景符	壬　一 壬　冲	乙禽三 丁休陳
癸心四 丙杜天	丁任六 甲傷地	己輔二 癸生雀

東（左）西（右） 北

南 ／ 陽四局

庚芮三 甲驚陳	丁柱八 癸開雀	壬英一 丙休地
辛蓬二 乙死合	己　四 己　冲	乙禽六 辛生天
丙心七 壬景陰	癸任九 丁杜蛇	甲輔五 庚傷符

東（左）西（右） 北

南 ／ 陽七局

壬芮六 丁驚天	甲柱二 庚開符	乙英四 壬休蛇
庚蓬五 癸死地	丙　七 丙　冲	辛禽九 甲生陰
丁心一 己景雀	癸任三 辛杜陳	己輔八 乙傷合

東（左）西（右） 北

庚 辰 日

南 ／ 陽二局

甲冲一 庚生符	丁任六 丙傷蛇	己蓬八 戊杜陰
壬芮九 己休天	辛　二 辛　輔	庚心四 癸景合
癸柱五 丁開地	戊英七 甲驚雀	丙禽三 壬死陳

東（左）西（右） 北

南 ／ 陽五局

壬冲四 乙休雀	丁任九 壬生地	庚蓬二 丁傷天
乙芮三 丙開陳	戊　五 戊　輔	甲心七 庚杜符
丙柱八 辛驚合	辛英一 癸死陰	癸禽六 甲景蛇

東（左）西（右） 北

南 ／ 陽八局

丙冲七 癸休合	庚任三 甲生陳	戊蓬五 辛傷雀
乙芮六 壬開陰	丁　八 丁　輔	壬心一 乙杜地
辛柱二 戊驚蛇	甲英四 庚死符	癸禽九 丙景天

東（左）西（右） 北

庚戌日

南 (陽二局)

	南	
甲心一 庚休符	乙芮六 丙生蛇	丁輔八 戊傷陰
癸禽九 己開天	辛 二 辛 柱	己英四 癸杜合
戊蓬五 丁驚地	丙冲七 乙死雀	庚任三 甲景陳
	北	

南 (陽五局)

	南	
辛心四 乙休雀	丙芮九 甲生地	乙輔二 丁傷天
癸禽三 丙開陳	戊 五 戊 柱	甲英七 庚杜符
己蓬八 辛驚合	庚冲一 癸死陰	丁任六 己景蛇
	北	

南 (陽八局)

	南	
辛心七 癸生合	乙芮三 己傷陳	丙輔五 辛杜雀
己禽六 甲休陰	丁 八 丁 柱	庚英一 乙景地
癸蓬二 戊開蛇	甲冲四 庚驚符	戊任九 丙死天
	北	

庚申日

南 (陽三局)

	南	
己柱二 己杜陰	丁冲七 丁景合	乙禽九 乙死陳
戊心一 戊傷蛇	庚 三 庚 任	壬蓬五 壬驚雀
甲芮六 甲生符	丙輔八 丙休天	辛英四 辛開地
	北	

南 (陽六局)

	南	
戊柱五 丙開陰	壬冲一 辛休合	庚禽三 甲生陳
己心四 丁驚蛇	乙 六 乙 任	丁蓬八 己傷雀
甲芮九 庚死符	辛輔二 壬景天	丙英七 戊杜地
	北	

南 (陽九局)

	南	
壬柱八 壬杜地	戊冲四 戊景天	庚禽六 庚死符
辛心七 辛傷雀	甲 九 甲 任	丙蓬二 丙驚蛇
乙芮三 乙生陳	己輔五 己休合	丁英一 丁開陰
	北	

辛卯日　　　　辛丑日

陽一局

南

甲冲九	辛任五	乙蓬七
辛死符	乙驚蛇	己開陰
丙芮八	壬　一	己心三
甲景天	壬　輔	丁休合
戊柱四	癸英六	丁禽二
丙杜地	戊傷雀	癸生陳

東　　西

北

陽二局

南

庚輔一	丙英六	戊芮八
庚驚陰	丙開合	戊休陳
己冲九	甲　二	癸柱四
己死蛇	甲　禽	癸生雀
丁任五	乙蓬七	壬心三
丁景符	乙杜天	壬傷地

東　　西

北

陽四局

南

癸冲三	丙任八	辛蓬一
戊開雀	癸休地	丙生天
戊芮二	己　四	甲心六
乙驚陳	己　輔	辛傷符
乙柱七	壬英九	丁禽五
壬死合	丁景陰	甲杜蛇

東　　西

北

陽五局

南

乙輔四	壬英九	丁芮二
乙死陰	壬驚合	丁開陳
丙冲三	戊　五	庚柱七
丙景蛇	戊　禽	庚休雀
甲任八	癸蓬一	己心六
甲杜符	癸傷天	己生地

東　　西

北

陽七局

南

乙冲六	辛任二	己蓬四
丁生合	甲傷陳	壬杜雀
戊芮五	丙　七	癸心九
癸休陰	丙　輔	戊景地
壬柱一	甲英三	丁禽八
己開蛇	辛驚符	乙死天

東　　西

北

陽八局

南

癸輔七	己英三	甲芮五
癸景地	己死天	甲驚符
壬冲六	丁　八	乙柱一
壬杜雀	丁　禽	乙開蛇
戊任二	庚蓬四	丙心九
戊傷陳	庚生合	丙休陰

東　　西

北

辛未日

南

陽二局

庚蓬一	丙心六	甲任八
庚景陰	丙死合	甲驚陳
己英九	辛　二	癸輔四
己杜蛇	辛　丙	癸開雀
丁禽五	乙柱七	壬冲三
丁傷符	乙生天	壬休地

東　　　西

北

南

陽五局

乙蓬四	壬心九	丁任二
乙驚陰	壬開合	丁休陳
丙英三	甲　五	庚輔七
丙死蛇	甲　丙	庚生雀
辛禽八	癸柱一	己冲六
辛景符	癸杜天	己傷地

東　　　西

北

南

陽八局

丙蓬七	庚心三	甲任五
癸死地	己驚天	辛開符
乙英六	丁　八	壬輔一
壬景雀	丁　丙	乙休蛇
辛禽二	己柱四	癸冲九
甲杜陳	庚傷合	丙生陰

東　　　西

北

辛巳日

南

陽三局

辛芮二	丙柱七	癸英九
甲生陳	丁傷雀	乙杜地
壬蓬一	庚　三	戊禽五
戊休合	庚　冲	壬景天
乙心六	丁任八	甲輔四
癸開陰	丙驚蛇	辛死符

東　　　西

北

南

陽六局

癸芮五	甲柱一	戊英三
丙杜天	辛景符	癸死蛇
辛蓬四	乙　六	壬禽八
丁傷地	乙　冲	甲驚陰
丙心九	丁任二	庚輔七
庚生雀	壬休陳	戊開合

東　　　西

北

南

陽九局

乙芮八	辛柱四	壬英六
壬傷蛇	戊杜陰	庚景合
甲蓬七	癸　九	戊禽二
辛生符	癸　冲	丙死陳
丁心三	丙任五	庚輔一
乙休天	甲開地	丁驚雀

東　　　西

北

辛亥日　　　　　　辛酉日

辛亥日

陽三局

南

戊禽二 己杜陳	己蓬七 丁景雀	丁冲九 乙死地
癸輔一 戊傷合	庚　三 庚　心	乙任五 甲驚天
丙英六 癸生陰	辛芮八 丙休蛇	甲柱四 辛開符

東　　　　西

北

陽六局

南

戊禽五 丙傷天	甲蓬一 辛杜符	庚冲三 癸景蛇
己輔四 丁生地	乙　六 乙　心	丁任八 己死陰
癸英九 庚休雀	辛芮二 甲開陳	丙柱七 戊驚合

東　　　　西

北

陽九局

南

戊禽八 甲生蛇	庚蓬四 戊傷陰	丙冲六 庚杜合
甲輔七 辛休符	癸　九 癸　心	丁任二 丙景陳
辛英三 乙開天	乙芮五 己驚地	己柱一 丁死雀

東　　　　西

北

辛酉日

陽一局

南

甲心九 辛開符	戊芮五 乙休蛇	丙輔七 己生陰
丁禽八 庚驚天	壬　一 壬　柱	庚英三 丁傷合
己蓬四 丙死地	乙冲六 戊景雀	辛任二 甲杜陳

東　　　　西

北

陽四局

南

壬心三 戊生雀	乙芮八 甲傷地	戊輔一 丙杜天
丁禽二 乙休陳	己　四 己　柱	甲英六 辛景符
庚蓬七 壬開合	辛冲九 丁驚陰	丙任五 庚死蛇

東　　　　西

北

陽七局

南

壬心六 丁死合	戊芮二 庚驚陳	乙輔四 壬開雀
庚禽五 甲景陰	丙　七 丙　柱	辛英九 戊休地
丁蓬一 己杜蛇	甲冲三 辛傷符	己任八 乙生天

東　　　　西

北

壬寅日 / 壬子日

壬寅日

陽三局

南

東			西
丁冲二 己杜雀	乙任七 丁景地	壬蓬九 乙死天	
己丙一 戊傷陳	庚 三 庚 輔	甲心五 壬驚符	
戊柱六 癸生合	癸英八 丙休陰	丙禽四 甲開蛇	

北

陽六局

南

東			西
戊冲五 丙驚合	壬任一 甲開陳	庚蓬三 癸休雀	
己丙四 丁死陰	乙 六 乙 輔	丁心八 己生地	
癸柱九 庚景蛇	甲英二 壬杜符	丙禽七 戊傷天	

北

陽九局

南

東			西
甲冲八 壬休符	壬任四 戊生蛇	戊蓬六 庚傷陰	
乙丙七 甲開天	癸 九 癸 輔	庚心二 丙杜合	
己柱三 乙驚地	丁英五 己死雀	丙禽一 丁景陳	

北

壬子日

陽一局

南

東			西
辛輔九 辛死陰	乙英五 乙驚合	己丙七 己開陳	
庚冲八 庚景蛇	甲 一 甲 禽	丁柱三 丁休雀	
丙任四 丙杜符	戊蓬六 戊傷天	癸心二 癸生地	

北

陽四局

南

東			西
戊輔三 戊驚陰	癸英八 癸開合	丙丙一 丙休陳	
乙冲二 乙死蛇	己 四 己 禽	辛柱六 辛生雀	
甲任七 甲景符	丁蓬九 丁杜天	庚心五 庚傷地	

北

陽七局

南

東			西
丁輔六 丁休地	庚英二 庚生天	甲丙四 甲傷符	
癸冲五 癸開雀	丙 七 丙 禽	戊柱九 戊杜蛇	
己任一 己驚陳	辛蓬三 辛死合	乙心八 乙景陰	

北

壬 午 日　　　　　　　壬 辰 日

陽一局

南

辛 蓬 九 辛 休 陰	乙 心 五 乙 生 合	甲 任 七 甲 傷 陳
庚 英 八 庚 開 蛇	壬　一 壬　芮	丁 輔 三 丁 杜 雀
丙 禽 四 丙 驚 符	戊 柱 六 戊 死 天	癸 冲 二 癸 景 地

東　　　　　　　　西

北

陽二局

南

壬 芮 一 甲 景 陳	乙 柱 六 丙 死 雀	丁 英 八 戊 驚 地
癸 蓬 九 己 杜 合	辛　二 辛　冲	己 禽 四 癸 開 天
戊 心 五 丁 傷 陰	丙 任 七 乙 生 蛇	甲 輔 三 壬 休 符

東　　　　　　　　西

北

陽四局

南

戊 蓬 三 戊 死 陰	癸 心 八 癸 驚 合	丙 任 一 丙 開 陳
乙 英 二 乙 景 蛇	甲　四 甲　芮	辛 輔 六 辛 休 雀
壬 禽 七 壬 杜 符	丁 柱 九 丁 傷 天	庚 冲 五 庚 生 地

東　　　　　　　　西

北

陽五局

南

丁 芮 四 乙 傷 天	甲 柱 九 壬 杜 符	己 英 二 丁 景 蛇
壬 蓬 三 丙 生 地	戊　五 戊　冲	癸 禽 七 甲 死 陰
乙 心 八 辛 休 雀	丙 任 一 癸 開 陳	辛 輔 六 己 驚 合

東　　　　　　　　西

北

陽七局

南

乙 蓬 六 丁 驚 地	辛 心 二 庚 開 天	甲 任 四 壬 休 符
戊 英 五 癸 死 雀	丙　七 丙　芮	癸 輔 九 戊 生 蛇
壬 禽 一 甲 景 陳	庚 柱 三 辛 杜 合	丁 冲 八 乙 傷 陰

東　　　　　　　　西

北

陽八局

南

戊 芮 七 癸 開 蛇	壬 柱 三 己 休 陰	癸 英 五 辛 生 合
甲 蓬 六 壬 驚 符	丁　八 丁　冲	己 禽 一 乙 傷 陳
丙 心 二 戊 死 天	乙 任 四 甲 景 地	辛 輔 九 丙 杜 雀

東　　　　　　　　西

北

壬戌日

南 (陽二局)

東			西
己禽一 庚傷陳	庚蓬六 丙杜雀	丙冲八 戊景地	
丁輔九 己生合	辛二 辛心	戊任四 甲死天	
乙英五 丁休陰	壬芮七 乙開蛇	甲柱三 壬驚符	

北

南 (陽五局)

東			西
己禽四 乙開天	甲蓬九 壬休符	辛冲二 丁生蛇	
庚輔三 丙驚地	戊五 戊心	丙任七 庚傷陰	
丁英八 辛死雀	壬芮一 甲景陳	乙柱六 己杜合	

北

南 (陽八局)

東			西
己禽七 甲景蛇	辛蓬三 己死陰	乙冲五 辛驚合	
甲輔六 壬杜符	丁八 丁心	丙任一 乙開陳	
壬英二 戊傷天	戊芮四 庚生地	庚柱九 丙休雀	

北

壬申日

南 (陽三局)

東			西
辛英二 己休雀	丙禽七 丁生地	癸柱九 乙傷天	
壬任一 甲開陳	庚三 庚蓬	甲冲五 壬杜符	
乙輔六 癸驚合	丁心八 丙死陰	己芮四 辛景蛇	

北

南 (陽六局)

東			西
丁英五 丙杜合	丙禽一 辛景陳	辛柱三 癸死雀	
庚任四 丁傷陰	乙六 乙蓬	癸冲八 己驚地	
壬輔九 庚生蛇	甲心二 壬休符	己芮七 甲開天	

北

南 (陽九局)

東			西
甲英八 壬驚符	庚禽四 甲開蛇	丙柱六 庚休陰	
壬任七 辛死天	癸九 癸蓬	丁冲二 丙生合	
辛輔三 乙景地	乙心五 己杜雀	己芮一 丁傷陳	

北

癸卯日

南

癸芮九 甲杜陳	戊柱五 乙景雀	丙英七 己死地	
丁蓬八 庚傷合	壬　一 壬　冲	庚禽三 丁驚天	陽一局
己心四 丙生陰	乙任六 戊休蛇	甲輔二 癸開符	

東 … 西

北

南

丙芮三 戊杜天	甲柱八 癸景符	庚英一 丙死蛇	
癸蓬二 乙傷地	己　四 己　冲	丁禽六 甲驚陰	陽四局
戊心七 壬生雀	乙任九 丁休陳	壬輔五 庚開合	

東 … 西

北

南

己芮六 丁杜蛇	癸柱二 庚景陰	丁英四 壬死合	
甲蓬五 癸傷符	丙　七 丙　冲	庚禽九 戊驚陳	陽七局
乙心一 己生天	戊任三 甲休地	壬輔八 乙開雀	

東 … 西

北

癸丑日

南

丙冲一 庚杜雀	戊任六 丙景地	癸蓬八 戊死天	
庚芮九 己傷陳	辛　二 辛　輔	甲心四 癸驚符	陽二局
己柱五 丁生合	丁英七 乙休陰	乙禽三 甲開蛇	

東 … 西

北

南

己冲四 乙杜合	癸任九 甲景陳	辛蓬二 丁死雀	
庚芮三 丙傷陰	戊　五 戊　輔	丙心七 庚驚地	陽五局
丁柱八 辛生蛇	甲英一 癸休符	乙禽六 己開天	

東 … 西

北

南

甲冲七 癸杜符	癸任三 己景蛇	己蓬五 辛死陰	
戊芮六 甲傷天	丁　八 丁　輔	辛心一 乙驚合	陽八局
庚柱二 戊生地	丙英四 庚休雀	乙禽九 丙開陳	

東 … 西

北

癸未日　　　　　　　　癸巳日

癸未日

南　　陽二局

壬英一 庚杜雀	乙禽六 丙景地	丁柱八 戊死天
癸任九 甲傷陳	辛　二 辛　蓬	甲冲四 癸驚符
戊輔五 丁生合	丙心七 乙休陰	庚芮三 壬開蛇

東　　　　西　　北

南　　陽五局

丙英四 乙杜合	乙禽九 壬景陳	壬柱二 丁死雀
辛任三 丙傷陰	戊　五 戊　蓬	丁冲七 庚驚地
癸輔八 辛生蛇	甲心一 癸休符	庚芮六 甲開天

東　　　　西　　北

南　　陽八局

甲英七 癸杜符	辛禽三 甲景蛇	乙柱五 辛死陰
癸任六 壬傷天	丁　八 丁　蓬	丙冲一 乙驚合
壬輔二 戊生地	戊心四 庚休雀	庚芮九 丙開陳

東　　　　西　　北

癸巳日

南　　陽三局

己蓬二 己杜陰	丁心七 丁景合	乙任九 乙死陳
戊英一 戊傷蛇	甲　三 甲　丙	壬輔五 壬驚雀
癸禽六 癸生符	丙柱八 丙休天	辛冲四 辛開地

東　　　　西　　北

南　　陽六局

戊蓬五 丙杜地	壬心一 辛景天	甲任三 癸死符
己英四 丁傷雀	乙　六 乙　丙	丁輔八 己驚蛇
癸禽九 甲生陳	辛柱二 壬休合	丙冲七 戊開陰

東　　　　西　　北

南　　陽九局

壬蓬八 壬杜陰	戊心四 戊景合	甲任六 甲死陳
辛英七 辛傷蛇	癸　九 癸　丙	丙輔二 丙驚雀
乙禽三 乙生符	己柱五 己休天	丁冲一 丁開地

東　　　　西　　北

癸亥日

南

<table>
<tr><td>己輔二
己杜陰</td><td>丁英七
丁景合</td><td>乙丙九
乙死陳</td><td rowspan="3">陽三局</td></tr>
<tr><td>戊冲一
戊傷蛇</td><td>庚 三
庚 禽</td><td>壬柱五
壬驚雀</td></tr>
<tr><td>甲任六
甲生符</td><td>丙蓬八
丙休天</td><td>辛心四
辛開地</td></tr>
</table>

東　　西

北

南

<table>
<tr><td>丙輔五
丙杜地</td><td>辛英一
辛景天</td><td>甲丙三
甲死符</td><td rowspan="3">陽六局</td></tr>
<tr><td>丁冲四
丁傷雀</td><td>乙 六
乙 禽</td><td>己柱八
己驚蛇</td></tr>
<tr><td>庚任九
庚生陳</td><td>壬蓬二
壬休合</td><td>戊心七
戊開陰</td></tr>
</table>

東　　西

北

南

<table>
<tr><td>壬輔八
壬杜陰</td><td>戊英四
戊景合</td><td>庚丙六
庚死陳</td><td rowspan="3">陽九局</td></tr>
<tr><td>辛冲七
辛傷蛇</td><td>甲 九
甲 禽</td><td>丙柱二
丙驚雀</td></tr>
<tr><td>乙任三
乙生符</td><td>己蓬五
己休天</td><td>丁心一
丁開地</td></tr>
</table>

東　　西

北

癸酉日

南

<table>
<tr><td>乙任九
辛杜陳</td><td>己輔五
乙景雀</td><td>丁心七
己死地</td><td rowspan="3">陽一局</td></tr>
<tr><td>辛柱八
庚傷合</td><td>壬 一
壬 英</td><td>癸丙三
丁驚天</td></tr>
<tr><td>庚冲四
丙生陰</td><td>丙禽六
甲休蛇</td><td>甲蓬二
癸開符</td></tr>
</table>

東　　西

北

南

<table>
<tr><td>乙任三
甲杜天</td><td>甲輔八
癸景符</td><td>癸心一
丙死蛇</td><td rowspan="3">陽四局</td></tr>
<tr><td>壬柱二
乙傷地</td><td>己 四
己 英</td><td>丙丙六
辛驚陰</td></tr>
<tr><td>丁冲七
壬生雀</td><td>庚禽九
丁休陳</td><td>辛蓬五
庚開合</td></tr>
</table>

東　　西

北

南

<table>
<tr><td>乙任六
丁杜蛇</td><td>辛輔二
庚景陰</td><td>己心四
壬死合</td><td rowspan="3">陽七局</td></tr>
<tr><td>甲柱五
癸傷符</td><td>丙 七
丙 英</td><td>癸丙九
甲驚陳</td></tr>
<tr><td>壬冲一
己生天</td><td>庚禽三
辛休地</td><td>丁蓬八
乙開雀</td></tr>
</table>

東　　西

北

断易（五行易）表

干支空亡表

子丑	寅卯	辰巳	午未	申酉	戌亥	空亡
						空亡에 해당하는 干支
甲寅	甲辰	甲午	甲申	甲戌	甲子	
乙卯	乙巳	乙未	乙酉	乙亥	乙丑	
丙辰	丙午	丙申	丙戌	丙子	丙寅	
丁巳	丁未	丁酉	丁亥	丁丑	丁卯	
戊午	戊申	戊戌	戊子	戊寅	戊辰	
己未	己酉	己亥	己丑	己卯	己巳	
庚申	庚戌	庚子	庚寅	庚辰	庚午	
辛酉	辛亥	辛丑	辛卯	辛巳	辛未	
壬戌	壬子	壬寅	壬辰	壬午	壬申	
癸亥	癸丑	癸卯	癸巳	癸未	癸酉	

六十四卦早見表

地 ☷	山 ☶	水 ☵	風 ☴	雷 ☳	火 ☲	沢 ☱	天 ☰	上卦 ＼ 下卦
地天泰 52 (三四七)	山天大畜 19 (三四三)	水天需 55 (三五一)	風天小畜 34 (三四六)	雷天大壮 53 (三四九)	火天大有 8 (三四一)	沢天夬 54 (三五〇)	乾為天 1 (三四〇)	天 ☰
地沢臨 51 (三四九)	山沢損 20 (三四三)	水沢節 10 (三四一)	風沢中孚 23 (三四四)	雷沢帰妹 64 (三五二)	火沢睽 21 (三四三)	兌為沢 57 (三五〇)	天沢履 22 (三四四)	沢 ☱
地火明夷 15 (三四二)	山火賁 18 (三四三)	水火既済 12 (三四二)	風火家人 35 (三四六)	雷火豊 14 (三四二)	離為火 41 (三四七)	沢火革 13 (三四二)	天火同人 48 (三四八)	火 ☲
地雷復 50 (三四九)	山雷頤 39 (三四七)	水雷屯 11 (三四一)	風雷益 36 (三四六)	震為雷 25 (三四四)	火雷噬嗑 38 (三四七)	沢雷随 32 (三四七)	天雷无妄 37 (三四六)	雷 ☳
地風升 29 (三四五)	山風蠱 40 (三四七)	水風井 30 (三四五)	巽為風 33 (三四六)	雷風恒 28 (三四五)	火風鼎 43 (三四八)	沢風大過 31 (三四六)	天風姤 2 (三四〇)	風 ☴
地水師 16 (三四二)	山水蒙 45 (三四八)	坎為水 9 (三四一)	風水渙 46 (三四八)	雷水解 27 (三四五)	火水未済 44 (三四八)	沢水困 58 (三五〇)	天水訟 47 (三四八)	水 ☵
地山謙 62 (三五一)	艮為山 17 (三四二)	水山蹇 61 (三五一)	風山漸 24 (三四四)	雷山小過 63 (三五一)	火山旅 42 (三四七)	沢山咸 60 (三五一)	天山遯 3 (三四〇)	山 ☶
坤為地 49 (三四九)	山地剥 6 (三四一)	水地比 56 (三五一)	風地観 5 (三四〇)	雷地予 26 (三四四)	火地晋 7 (三四一)	沢地萃 59 (三五一)	天地否 4 (三四〇)	地 ☷

六十四卦十二支表

◆

乾宮八卦全図

1 乾為天　六冲

六親	干支	爻	世応
父母	戌土	一	世
兄弟	申金	一	
官鬼	午火	一	応
父母	辰土	一	
妻財	寅木	一	
子孫	子水	一	

2 天風姤

六親	干支	爻	世応
父母	戌土	一	
兄弟	申金	一	
官鬼	午火	一	応
兄弟	酉金	一	
子孫	亥水	一	
父母	丑土	--	世

（寅妻）

3 天山遯

六親	干支	爻	世応
父母	戌土	一	
兄弟	申金	一	応
官鬼	午火	一	
兄弟	申金	一	
官鬼	午火	--	世
父母	辰土	--	

（寅妻　子子）

4 天地否　六合

六親	干支	爻	世応
父母	戌土	一	応
兄弟	申金	一	
官鬼	午火	一	
妻財	卯木	--	世
官鬼	巳火	--	
父母	未土	--	

（子子）

5 風地観

六親	干支	爻	世応
妻財	卯木	一	
官鬼	巳火	一	
父母	未土	--	世
妻財	卯木	--	
官鬼	巳火	--	
父母	未土	--	応

（申兄　子子）

6　山地剝

六親	爻	世応	干支
妻財	--		寅木
子孫	--	世	子水（申子）
父母	--		戌土
妻財	--		卯木
官鬼	--	応	巳火
父母	--		未土

7　火地晋

六親	爻	世応	干支
官鬼	一		巳火
父母	--		未土
兄弟	一	世	酉金
妻財	--		卯木
官鬼	--		巳火
父母	--	応	未土（子子）

8　火天大有

六親	爻	世応	干支
官鬼	一	応	巳火
父母	--		未土
兄弟	一		酉金
父母	一	世	辰土
妻財	一		寅木
子孫	一		子水

坎宮八卦全図

9　坎為水　六冲

六親	爻	世応	干支
兄弟	--	世	子水
官鬼	一		戌土
父母	--		申金
妻財	--	応	午火
官鬼	一		辰土
子孫	--		寅木

10　水沢節　六合

六親	爻	世応	干支
兄弟	--		子水
官鬼	一		戌土
父母	--	応	申金
官鬼	--		丑土
子孫	一		卯木
妻財	一	世	巳火

11 水雷屯

- 兄弟 -- 子水
- 官鬼 一応 戌土
- 父母 -- 申金
- 官鬼 -- 辰土
- 子孫 一世 寅木
- 兄弟 一 子水

午妻

12 水火既済

- 兄弟 --応 子水
- 官鬼 一 戌土
- 父母 -- 申金
- 兄弟 一世 亥水
- 官鬼 -- 丑土
- 子孫 一 卯木

午妻

13 沢火革

- 官鬼 -- 未土
- 父母 一 酉金
- 兄弟 一世 亥水
- 兄弟 一 亥水
- 官鬼 -- 丑土
- 子孫 一応 卯木

午妻

14 雷火豊

- 官鬼 -- 戌土
- 父母 --世 申金
- 妻財 一 午火
- 兄弟 一 亥水
- 官鬼 --応 丑土
- 子孫 一 卯木

15 地火明夷

- 父母 -- 酉金
- 兄弟 -- 亥水
- 官鬼 --世 丑土
- 兄弟 一 亥水
- 官鬼 -- 丑土
- 子孫 一応 卯木

午妻

16 地水師

- 父母 --応 酉金
- 兄弟 -- 亥水
- 官鬼 -- 丑土
- 妻財 --世 午火
- 官鬼 一 辰土
- 子孫 -- 寅木

艮宮八卦全図

17　艮為山　六冲

官鬼	一世	寅木
妻財	--	子水
兄弟	--	戌土
子孫	一応	申金
父母	--	午火
兄弟	--	辰土

18　山火賁　六合

官鬼	一	寅木
妻財	--	子水
兄弟	--応	戌土
妻財（申子）	一	亥水
兄弟（午父）	--	丑土
官鬼	一世	卯木

19　山天大畜

官鬼	一	寅木
妻財	--応	子水
兄弟	--	戌土
兄弟（申子）	一	辰土
官鬼（午父）	一世	寅木
妻財	一	子水

20　山沢損

官鬼	一応	寅木
妻財	--	子水
兄弟	--	戌土
兄弟（申子）	--世	丑土
官鬼	一	卯木
父母	一	巳火

21　火沢睽

父母	一	巳火
兄弟（子妻）	--	未土
子孫	一世	酉金
兄弟	--	丑土
官鬼	一	卯木
父母	一応	巳火

22 天沢履

六親	爻	世応	干支
兄弟	一		戌土
子孫	一	世	申金
父母	一		午火
兄弟	--		丑土
官鬼	一	応	卯木
父母	一		巳火

伏：子妻

23 風沢中孚

六親	爻	世応	干支
官鬼	一		卯木
父母	一		巳火
兄弟	--	世	未土
兄弟	--		丑土（申・子孫伏）
官鬼	一		卯木
父母	一	応	巳火

伏：子妻

24 風山漸

六親	爻	世応	干支
官鬼	一	応	卯木
父母	一		巳火
兄弟	--		未土
子孫	一	世	申金
父母	--		午火
兄弟	--		辰土

伏：子妻

25 震為雷　六冲

六親	爻	世応	干支
妻財	--	世	戌土
官鬼	--		申金
子孫	一		午火
妻財	--	応	辰土
兄弟	--		寅木
父母	一		子水

26 雷地予　六合

六親	爻	世応	干支
妻財	--		戌土
官鬼	--		申金
子孫	一	応	午火
兄弟	--		卯木
子孫	--		巳火
妻財	--	世	未土

伏：子父

震宮八卦全図

27 雷水解

伏神	六親	爻	干支
	妻財	--	戌土
	官鬼	--応	申金
	子孫	一	午火
	子孫	--	午火
	妻財	一世	辰土
子父	兄弟	--	寅木

28 雷風恒

伏神	六親	爻	干支
	妻財	--応	戌土
	官鬼	--	申金
	子孫	一	午火
	官鬼	一世	酉金
寅兄	父母	一	亥水
	妻財	--	丑土

29 地風升

伏神	六親	爻	干支
	官鬼	--	酉金
	父母	--	亥水
午子	妻財	--世	丑土
	官鬼	一	酉金
寅兄	父母	一	亥水
	妻財	--応	丑土

30 水風井

伏神	六親	爻	干支
	父母	--	子水
	妻財	一世	戌土
午子	官鬼	--	申金
	官鬼	一	酉金
寅兄	父母	一応	亥水
	妻財	--	丑土

31 沢風大過

伏神	六親	爻	干支
	妻財	--	未土
	官鬼	一	酉金
午子	父母	一世	亥水
	官鬼	一	酉金
寅兄	父母	一	亥水
	妻財	--応	丑土

32 沢雷随

伏神	六親	爻	干支
	妻財	--応	未土
	官鬼	一	酉金
午子	父母	一	亥水
	妻財	--世	辰土
	兄弟	--	寅木
	父母	一	子水

巽宮八卦全図

33 巽為風 六冲

六親	爻	世應	地支	五行
兄弟	一	世	卯	木
子孫	一		巳	火
妻財	--		未	土
官鬼	一	應	酉	金
父母	一		亥	水
妻財	--		丑	土

34 風天小畜

六親	爻	世應	地支	五行	伏
兄弟	一		卯	木	
子孫	一		巳	火	
妻財	--	應	未	土	
妻財	一		辰	土	酉官
兄弟	一		寅	木	
父母	一	世	子	水	

35 風火家人

六親	爻	世應	地支	五行	伏
兄弟	一		卯	木	
子孫	一	應	巳	火	
妻財	--		未	土	
父母	一		亥	水	酉鬼
妻財	--	世	丑	土	
兄弟	一		卯	木	

36 風雷益

六親	爻	世應	地支	五行	伏
兄弟	一	應	卯	木	
子孫	一		巳	火	
妻財	--		未	土	
妻財	--	世	辰	土	酉鬼
兄弟	--		寅	木	
父母	一		子	水	

37 天雷无妄 六冲

六親	爻	世應	地支	五行
妻財	一		戌	土
官鬼	一		申	金
子孫	一	世	午	火
妻財	--		辰	土
兄弟	--		寅	木
父母	一	應	子	水

38 火雷噬嗑

六親	爻	納支
子孫	一	巳火
妻財	--世	未土
官鬼	一	酉金
妻財	--	辰土
兄弟	--應	寅木
父母	一	子水

離宮八卦全図

39 山雷頤

伏神	六親	爻	納支
	兄弟	一	寅木
巳子	父母	--	子水
	妻財	--世	戌土
酉官	妻財	--	辰土
	兄弟	--	寅木
	父母	一應	子水

40 山風蠱

伏神	六親	爻	納支
	兄弟	一應	寅木
巳子	父母	--	子水
	妻財	--	戌土
	官鬼	一世	酉金
	父母	一	亥水
	妻財	--	丑土

41 離為火 （六冲）

六親	爻	納支
兄弟	一世	巳火
子孫	--	未土
妻財	一	酉金
官鬼	一應	亥水
子孫	--	丑土
父母	一	卯木

42 火山旅 （六合）

伏神	六親	爻	納支
	兄弟	一	巳火
	子孫	--	未土
	妻財	一應	酉金
亥官	妻財	一	申金
	兄弟	--	午火
卯父	子孫	--世	辰土

43 火風鼎

六親	爻	干支
兄弟	一	巳火
子孫	--應	未土
妻財	一	酉金
妻財	一	酉金
官鬼	一世	亥水
子孫	--	丑土
卯父		

44 火水未済

六親	爻	干支
兄弟	一應	巳火
子孫	--	未土
妻財	一	酉金
亥官 兄弟	--世	午火
子孫	一	辰土
父母	--	寅木

45 山水蒙

六親	爻	干支
父母	一	寅木
官鬼	--	子水
酉妻 子孫	--世	戌土
兄弟	--	午火
子孫	一	辰土
父母	--應	寅木

46 風水渙

六親	爻	干支
父母	一	卯木
兄弟	一世	巳火
酉妻 子孫	--	未土
亥官 兄弟	--	午火
子孫	一應	辰土
父母	--	寅木

47 天水訟

六親	爻	干支
子孫	一	戌土
妻財	一	申金
兄弟	一世	午火
亥官 兄弟	--	午火
子孫	一	辰土
父母	--應	寅木

48 天火同人

六親	爻	干支
子孫	一應	戌土
妻財	一	申金
兄弟	一	午火
官鬼	一世	亥水
子孫	--	丑土
父母	一	卯木

坤宮八卦全図

49 坤為地（六冲）

六親	爻	干支五行	世応
子孫	--	酉金	世
妻財	--	亥水	
兄弟	--	丑土	
官鬼	--	卯木	応
父母	--	巳火	
兄弟	--	未土	

50 地雷復（六合）

六親	爻	干支五行	世応
子孫	--	酉金	
妻財	--	亥水	
兄弟	--	丑土	応
兄弟	--	辰土	
官鬼	--	寅木	巳父
妻財	一	子水	世

51 地沢臨

六親	爻	干支五行	世応
子孫	--	酉金	
妻財	--	亥水	応
兄弟	--	丑土	
兄弟	--	丑土	
官鬼	一	卯木	世
父母	一	巳火	

52 地天泰（六合）

六親	爻	干支五行	世応
子孫	--	酉金	応
妻財	--	亥水	
兄弟	--	丑土	
兄弟	一	辰土	世
官鬼	一	寅木	巳父
妻財	一	子水	

53 雷天大壮（六冲）

六親	爻	干支五行	世応
兄弟	--	戌土	
子孫	--	申金	
父母	一	午火	世
兄弟	一	辰土	
官鬼	一	寅木	
妻財	一	子水	応

54 沢天夬

六親	爻	干支	世応
兄弟	--	未土	
子孫	一	酉金	世
妻財	一	亥水	
兄弟	一	辰土	
官鬼	一	寅木	応
妻財	一	子水	
巳父			

55 水天需

六親	爻	干支	世応
妻財	--	子水	
兄弟	一	戌土	
子孫	--	申金	世
兄弟	一	辰土	
官鬼	一	寅木	
妻財	一	子水	応
巳父			

56 水地比

六親	爻	干支	世応
妻財	--	子水	応
兄弟	一	戌土	
子孫	--	申金	
官鬼	--	卯木	世
父母	--	巳火	
兄弟	--	未土	

兌宮八卦全図

57 兌為沢 六沖

六親	爻	干支	世応
父母	--	未土	世
兄弟	一	酉金	
子孫	一	亥水	
父母	--	丑土	応
妻財	一	卯木	
官鬼	一	巳火	

58 沢水困 六合

六親	爻	干支	世応
父母	--	未土	
兄弟	一	酉金	
子孫	一	亥水	応
官鬼	--	午火	
父母	一	辰土	
妻財	--	寅木	世

59　沢地萃

六親	爻	干支
父母	--	未土
兄弟	一応	酉金
子孫	一	亥水
妻財	--	卯木
官鬼	--世	巳火
父母	--	未土

60　沢山咸

六親	爻	干支
父母	--応	未土
兄弟	一	酉金
子孫	一	亥水
兄弟	一世	申金
卯妻 官鬼	--	午火
父母	--	辰土

61　水山蹇

六親	爻	干支
子孫	--	子水
父母	一	戌土
兄弟	--世	申金
兄弟	一	申金
卯妻 官鬼	--	午火
父母	--応	辰土

62　地山謙

六親	爻	干支
兄弟	--	酉金
子孫	--世	亥水
父母	--	丑土
兄弟	一	申金
卯妻 官鬼	--応	午火
父母	--	辰土

63　雷山小過

六親	爻	干支
父母	--	戌土
兄弟	--	申金
亥子 官鬼	一世	午火
兄弟	一	申金
官鬼	--	午火
卯妻 父母	--応	辰土

64　雷沢帰妹

六親	爻	干支
父母	--応	戌土
兄弟	--	申金
亥子 官鬼	一	午火
父母	--世	丑土
妻財	一	卯木
官鬼	一	巳火

◼ 편 저 김 우 영 ◼

대한역학풍수연구학회 회장(前)

◼ 저 서 · 편 저 ◼

관상법 총람

사주총서

알기쉬운 관상법

적천수의 실제

사주추명학

택일명감

처음 공개된 신비의 역학비전

명복상의산 점술학전서	定價 38,000원

2015年 9月 05日 인쇄
2015年 9月 10日 발행
　편 저 : 김 우 영
　발행인 : 김 현 호
　발행처 : 법문 북스
　　　〈한림원 판〉
　공급처 : 법률미디어

１５２-０５０
서울 구로구 경인로 54길4
TEL : 2636-2911~3, FAX : 2636~3012
등록 : 1979년 8월 27일 제5-22호
Home : www.lawb.co.kr

▮ ISBN 978-89-7535-326-0 03180
▮ 파본은 교환해 드립니다.
▮ 본서의 무단 전재·복제행위는 저작권법에 의거, 3년 이하의
　징역 또는 3,000만원 이하의 벌금에 처해집니다.